한국의 독자들에게

『신학이란 무엇인가』*Christian Theology: An Introduction* 제6판을 한국의 독자들에게 소개하게 되어 기쁘기 그지없습니다. 나는 옥스퍼드 대학교에서부터 기독교 신학 입문을 강의해 왔습니다. 그 강의들이 1993년 처음으로 출판된 이 책의 기초가 되었습니다. 무엇보다 이 책은 독자들이 기독교 사상에 대해 아는 것이 거의 없다는 것을 전제로 쓰였습니다. 즉 독자들이 기독교 신앙의 핵심 사상을 스스로 탐험하며 지적인 즐거움을 누릴 수 있도록 모든 것을 신중하고 명료하게 소개하고 설명하려 했습니다. 이러한 접근법은 큰 성공을 거두어, 많은 독자들이 기독교 신학이 지적으로 흥미롭고 영적으로 깊이 있다는 사실을 이 책을 통해 깨닫게 되었다고 나에게 말해 주었습니다.

1993년 이후 이 책은 판을 거듭하며 출판되었습니다. 독자들이 주신 조언을 참고하면서, 내용을 보완하고 다양한 자료와 논의를 새롭게 소개하여, 신뢰할 만하고 읽기 쉬운 책으로 만드는 데 주력했습니다. 이번 6판에서는 몇 가지 중요한 변화가 이루어졌습니다. 무엇보다 성령론을 집중적으로 다루는 장이 새로 추가되었고, 여러 항목을 좀 더 이해하기 쉽도록 다시 썼으며, 일부 주제는 최근 논의의 발전을 보여줄 수 있는 새로운 자료를 넣었습니다.

여러분은 개인적으로 공부하거나 수업에서 교재로 사용하며 이 책을 읽을 것입니다. 신학의 역사를 다루는 처음 네 장부터 이 책을 시작하는 것이 아마도 가장 많은 도움이 될 것입니다. 여기서 여러분은 기독교 신학이 긴 시간 동안 어떻게 발전되어 왔는지 선명하게 알게 될 뿐 아니라, 히포의 아우구스티누스, 토마스 아퀴나스, 마틴 루터, 장 칼뱅, 칼 바르트와 같은 신학사의 주요 인물들에 대한 안목을 얻게 될 것입니다. 2부에서는 신학의 자기이해와 방법론이 어떻게 발전했는지를 살펴보고, 성경이 신학에서 차지하는 역할 같은 여러 쟁점들을 집중적으로 탐구하게 됩니다. 마지막으로 이 책의 가장 큰 비중을 차지하고 있는 3부는 기독교 신학의 주요 주제들을 다루며, 전통 교리에 대한 기독교적 성찰을 자세한 설명을 덧붙여 제공합니다. 이 책에 담긴 내용들이 독자들의 학업에 적절하고 또 쉽게 이해될 수 있는지는 제 학생들을 통해 검증했습니다. 한국의 독자들도 훌륭하게 번역 출간된 이 책을 마음껏 활용하여 신학의 세계를 즐겁게 맛보기를 소망합니다. 여러분의 신학 탐구 여행에 함께할 수 있다는 것은 내게 크나큰 영예요 기쁨입니다.

알리스터 맥그래스

신학이란 무엇인가

Alister E. McGrath

Christian Theology: An Introduction

신학이란 무엇인가

알리스터 맥그래스

[기독교 신학 입문]

복 있는 사람

신학이란 무엇인가

2014년 2월 20일 초판 1쇄 발행
2019년 3월 18일 초판 9쇄 발행
2020년 10월 26일 개정판 1쇄 발행
2024년 7월 23일 개정판 6쇄 발행

지은이 알리스터 맥그래스
옮긴이 김기철
펴낸이 박종현

(주) 복 있는 사람
주소 서울특별시 마포구 연남동 246-21(성미산로23길 26-6)
전화 02-723-7183(편집), 7734(영업·마케팅)
팩스 02-723-7184
이메일 hismessage@naver.com
등록 1998년 1월 19일 제1-2280호

ISBN 979-11-91987-13-3 03230

이 도서의 국립중앙도서관 출판시도서목록(CIP)은
서지정보유통지원시스템(http://seoji.nl.go.kr)과 국가자료공동목록시스템(http://www.nl.go.kr/kolisent)에서
이용하실 수 있습니다. (CIP 제어번호 : 2020041705)

Christian Theology: An Introduction
by Alister E. McGrath

The original English 25th Anniversary 6th edition first published 2017

© 2017 by John Wiley & Sons Limited

Edition history: Blackwell Publishers Limited (1e, 1993; 2e, 1996), Blackwell Publishing Limited (3e, 2001; 4e, 2007), John Wiley & Sons Limited (5e, 2011)

감사의 글

이번에 발간한 6판은 1판¹⁹⁹³, 2판¹⁹⁹⁶, 3판²⁰⁰¹, 4판²⁰⁰⁷, 그리고 5판²⁰¹¹을 강의실에서 폭넓게 사용해 본 결과를 바탕으로 다시 한번 다듬었다. 앞서 나온 판본들은 오스트랄라시아·캐나다·중국·홍콩·영국·미국에서 저자의 수업에 참여한 학생들을 대상으로 검증했다. 저자와 출판사는 매우 귀중한 논평과 제안으로 이 책의 틀을 세워 준 드류 대학교·킹스 칼리지(런던)·맥길 대학교·옥스퍼드 대학교·프린스턴 신학교·리젠트 칼리지(밴쿠버)·리들리 칼리지(멜버른)·휘튼 칼리지(일리노이)·위클리프 홀(옥스퍼드)의 학생과 교수들에게 감사드린다. 중국어·네덜란드어·핀란드어·독일어·이탈리아어·일본어·한국어·러시아어로 번역한 분들께서 본문의 명료성과 구조에 관련해 중요한 제안을 주신 것에 대해서도 진심으로 감사드린다.

또 책을 개정하여 이번 판을 내는 데 귀한 도움을 주신 다음의 분들에게도 감사를 표하는 바이다. 데이비드 체르니 교수(아주사퍼시픽 대학교), 셰릴 클레먼스 박사(브레시아 대학교, 오웬즈보로), 조애나 콜리컷 박사(히스롭 칼리지, 런던), 데이비드 이튼 교수(바틀스빌 웨슬리안 대학), 제임스 프랜시스 박사(선더랜드 대학교), 스콧 한 박사(스투벤빌 대학교), 톰 할스테드 박사(매스터즈 칼리지, 산타클라리타), 마이런 J. 호튼 박사(페이스 침례교 신학교), 마크 존슨 교수(마케트 대학교), 닐 N. 존스 박사(스틸맨 칼리지), 존 C. 클라센 박사(캘버리 신학교), 캐스린 A. 클라인한스 교수(와트버그 칼리지, 웨이벌리, 아이오와), 글렌 크라이

더 교수(댈러스 신학교), 필 롱 박사(그레이스 바이블 칼리지), 제럴드 매컬럭 교수(로욜라 대학교, 시카고), 클라이브 마쉬 박사(요크 대학교 리폰 칼리지), 티머시 마쉬케 박사(컨커디어 대학교, 위스콘신), 폴 K. 모저 교수(로욜라 대학교, 시카고), 데니스 응기엔 교수(토론토), 크리스토퍼 패트리지 박사(체스터 대학교), 알베르트 라펠트 박사(프라이부르크), 하비 솔가닉 박사(미주리 뱁티스트 칼리지), 로버트 송 박사(더럼 대학교), 매튜 토머스 박사(리젠트 대학교), 이안 튜톤 박사(카디프 대학교), 로버트 월 박사(시애틀 퍼시픽 대학교), 에드워드 비렝가 박사(로체스터 대학교), 조지 와일리 교수(베이커 대학교), 수잔 우드 박사(세인트 베네딕트 대학과 세인트 존 대학교, 미주리).

저자와 출판사는 이 책을 최신 상태로 유지하기 위해 노력하고 있으며, 다음 개정판에서 개선해야 할 점에 대해 독자들이 주실 제안을 기쁜 마음으로 기대하고 있다.

서문

스위스의 위대한 신학자인 칼 바르트Karl Barth, 1886-1968는 기독교 신학의 지평을 가장 탁월하게 열어 보여준다. 그가 열어 보이는 정경은, 마치 움브리아나 토스카나에서 만나는 장엄한 풍경과도 같이 머리와 가슴에 모두 감동을 주며, 우리를 숨이 멎는 경외심에 젖게 만든다. 가장 멀리 떨어진 정경조차도 믿을 수 없을 만큼 선명하게 눈에 들어온다. 바르트만이 아니라 수많은 신학자들이, 기독교 신학의 연구는 신앙생활을 새로운 깊이로 인도하는 일에서뿐만 아니라 순전히 지적인 면에서도 신나는 일임을 강조해 왔다. 신학을 공부하는 것은, 때로는 충만하게 하고 때로는 도전으로 다가오지만 언제나 깊은 흥미를 불러일으키는 탐사 항해를 출발하는 일과 같다.

나는 기독교 신학이 누구라도 공부하고 싶어할 만큼 큰 매력을 지닌 학문이라는 확신을 품고 이 책을 썼다. 기독교가 새롭게 확장되고 특히 환태평양 지역에서 두드러지게 번창하는 때를 맞아, 기독교 신학의 연구는 현대의 지적 문화를 열어가는 일에서 핵심적인 역할을 계속하게 될 것이다. 또한 기독교 신학은 유럽의 중세와 종교개혁 시대를 비롯해 인류 역사의 많은 시대를 사로잡았던 주요 쟁점과 문제들을 이해하고자 하는 사람들에게도 근본적으로 중요하다.

그런데 옥스퍼드 대학교에서 30년 이상 기독교 신학을 전문으로 가르쳐 온 선생으로서 나는 안타깝게도, 대학교와 신학교에서 신학을 공부하는 학생들에게서 이러한 열심과 흥분의 감정을 찾아보기가 어렵다는 것을 알게 되었다. 학생들은 혼란스러운 기독교 신학 용어들, 최근의 신학 저술들이 보여주는 난해함, 그리고 기독교인의 삶과 목회의 실제적인 문제들과는 상관없어 보이는 특성으로 인해 당황하고 좌절할 때가 흔하다. 나는 기독교 신학이 누구라도 공부해 보고 싶은, 가장 보람차고 결실이 있고 정말 **흥분되는** 학문 가운데 하나라고 믿는 사람으로서 이러한 상황을 개선하고자 애써 왔다. 옥스퍼드 대학교를 비롯한 여러 학교에서 30년 넘게 학부생과 신학생들에게 신학을 가르쳐 온 경험에서 나온 이 책은 그러한 관심사에 대한 응답이다. 학생들과 만나는 강의에서 내가 구상한 다양한 접근법을 시험하면서, 이 책에서 다루는 여러 가지 개념들을 가장 효과적으로 설명하고 전달할 수 있는 방법을 찾아내는 데 10년의 세월이 걸렸다.

내가 이 책을 처음 쓴 때가 1993년이었는데, 그 당시에 초보자용 기독교 신학 입문서가 절실히 필요했던 것이 책을 쓰게 된 동기였다. 그 당시에도 많은 입문서들이 있었지만 그것들은 대부분 독자들이 이미 많은 것을 알고 있으리라는 턱없이 낙관적인 가정을 전제로 하여 쓰인 책들이었다. 이렇게 된 데는 서구 문화에서 일어난 종교적 상황의 변화가 한 원인으로 작용했다. 요즈음 서구에서 기독교 신학을 공부하려는 학생들 가운데 많은 이들이 갓 회심한 사람들이다. 그들의 선배인 과거 세대와는 달리 그들은 기독교의 본질에 관해, 그리고 전문적인 용어나 그 사상의 구조에 관해 물려받은 지식이 거의 없다. 이러한 학생들은 공부하려는 학문에 대한 열정은 있으나 기본 지식은 보잘것없으며, 따라서 신학은 모든 것을 일일이 소개하고 설명해 줄 필요가 있다. 그래서 이 책은 독자들이 기독교 신학에 대해 아는 것이 전혀 없다는 전제하에 순수한 입문서로 저술되었다. 모든 것을 명료하게 소개하고 가능한 한 간략하게 제시했다. 이 책을 쓰면서 잊지 않고 추구했던 핵심 가치가 표현의 단순함과 설명의 명료함이다.

어떤 사람들은, 이런 의도로 인해 결과적으로 책에서 전문성과 독창성이라는 특성이 결여된다고 보기도 한다. 독창성이라는 것이 다른 모든 곳에서는 의문의 여지없이 그 나름의 장점을 지니지만 이러한 종류의 책에서는 부담이 될 가능성이 크다. 독창성이란 새로움과 발전을 함축하는 것으로, 나는 이 책을 쓰면서 아무리 흥미롭고 중요한 것이라 해도 나 자신의 생각을 덧씌우는 일을 피했다. 무엇보다도 교육적인 요소를 우선적으로 고려했다. 이 책에서 내가 목표로 삼은 것은 설득이 아니라 설명explain이다. 내가 원하는 관심사는 나의 관점을 다른 사람에게 강요하는 것이 아니라 기독교 신학의 풍요로운 내용으로 들어가는 입구를 가리키는 일이다.

따라서 이 책은 규범적prescriptive이 아니라 서술적descriptive인 성격을 띤다. 이 책의 목적은 독자들에게 무엇을 믿으라고 가르치는 것이 아니라, 지금까지 사람들이 믿어 온 것을 독자들에게 설명해 주고 그래서 그들 스스로 마음을 정할 수 있도록 훈련시키는 데 있다. 이 목적을 이루기 위해 이 책에서는 독자들이 이용할 수 있는 여러 자료들을 제시하고 그 역사적 뿌리를 설명해 주며, 분석과 성찰을 통해 그 자료들의 장점과 약점을 파악할 수 있도록 하였다.

책의 제목과 차례에서 분명하게 드러나듯이, 이 책은 기독교 신학 자체에 대한 개론서이지 특정한 유형이나 학파에 속한 기독교 신학에 대한 개론서는 아니다. 이 책에서는 오랜 세월 거대한 전통으로 이어져 온 기독교 사상의 핵심 주제들, 곧 모든 기독교 교파와 단체에게 공통된 주제들을 다룬다. 최근에 와서 신학자들 사이에 과거와의 대화가 중요하고 유용하다는 인식이 늘어 가면서 기독교 사상의 전 영역에서 '복원과 재전유reappropriation의 신학'이 등장하고 있음을 본다. 원칙적으로 이 책은 독자들이 기독교 전통의 풍부한 자원의 진가를 올바로 알아보게 하는 일을 돕는 데 목적이 있다. 이 책이 가톨릭이나 정교회나 개신교 등의 특정한 한 가지 입장에 서 있는 저술은 아니지만, 가톨릭과 정교회와 개신교의 관점과 통찰들을 탐구하여 분명하게 밝히는 일에도 큰 관심을 기울였다.

이러한 저술 원칙은 당연히 기독교 신학의 많은 문제들, 그중에서도 특히 방법론과 관련된 문제들에 대한 논의가 제한적일 수밖에 없다는 것을 의미한다. 만일 내 원고에서 포기한 자료들까지 포함해서, 이 책이 다루는 수많은 쟁점의 복잡한 내용들을 제대로 논하고자 한다면 현재 분량보다 다섯 배 가까이 되는 책이 필요할 것이다. 그러므로 독자들은 이 책이 약도와 같은 입문서라는 점을 알 필요가 있다. 이 책을 통해 문제가 되는 내용을 개략적으로 이해함으로써 좀 더 깊이 문제들을 탐구하는 데 도움을 얻을 수 있을 것이다. 경험을 통해 내가 확실하게 깨달은 사실은, 만일 누군가가 나서서 논의의 배경과 문제의 본질과 의미, 사용되는 용어들을 설명해 주는 수고를 아끼지 않는다면 학생들이 훨씬 더 쉽게 핵심 쟁점들을 이해하고 평가할 수 있다는 점이다. 나의 독자들이 영어 외에 다른 언어는 알지 못한다는 것을 전제로, 신학자들의 개념에 포함된 라틴어와 그리스어, 독일어 용어나 구절들은 모두 번역하고 설명을 달아 놓았다.

안타깝게도, 지면의 부족 때문에 이전 판의 독자들이 다루어 주길 바란 신학적 개념이나 운동, 사상가들을 전부 싣지는 못했다. 지면상의 압박으로 인해 많은 독자들이 거듭 포함하기를 요청했는데도 생략한 자료들이 있으며, 나 자신도 좀 더 깊이 다루고 싶었으나 그렇게 하지 못한 내용도 있다. 나 자신이 고통스럽게 인지하고 있는, 그러한 결점들에 대해 깊이 사과드린다. 이 책의 초판에서 다룬 자료와 그 자료들을 논한 방식은, 최근에 학생들을 직접 가르친 경험과 여러 나라 학생들을 대상으로 의견을 조사해서 학생들이 원하는 자료가 무엇이고 또 그들이 어렵게 느끼기에 자세한 설명이 필요한 것은 무엇인지를 파악하려고 노력한 결과로 선택한 것들이다.

그 후 출간된 판본들에서는 조직신학을 배우고 가르치는 많은 분들까지 염두에 두고서 탐구의 범위를 확대하였으며, 또 힘이 닿는 대로 그분들의 제안에 따라 수정하고 개선하려고 노력했다. 4판에서는 훨씬 더 광범위한 자료들을 참고하였으며, 그 결과로 몇 가지 사항을 근본적으로 수정하고 본문을 크게 개정하였다. 이 일에 크고 친절한 도움을 주신 분들에 대해서는 '감사의 글'에 자세히 밝혀 놓았다. 이렇게 수정한 내용을 많은 분들이 반겨 주었다. 6판은 더욱 분명한 전달을 위해 본문 전체를 검토했고, 여러 독자들이 요청한 많은 분량의 중요한 자료들을 추가로 포함하였다. 또한 20년이 지난 지금, 대학과 신학교가 신학을 가르치는 방법을 조금 더 정확하게 반영하기 위해 이 책을 구조적으로 수정할 필요가 분명해졌다. 많은 독자의 요청을 받아들여 6판에서는 성령론을 다루는 새 장을 추가했다. 이런 긍정적인 발전으로 인해, 개념들을 가능한 한 최선의 형태로 제시하기 위해서는 많은 자료들을 재배치해야만 했다. 이런 변화에 관심이 있는 독자들은 그 내용을 일목요연하게 정리해 놓은, 책 앞쪽의 작은 단락("이 책의 구조: 5판과 6판 비교하기")을 참조하기 바란다.

원판 출간 25주년을 기념하기 위해 발행된 이 새로운 개정판이 독자들에게 용기를 북돋아 주어 기독교 신학의 지적·영적 보화와 비밀들을 발굴하고 기쁨과 논쟁점들을 찾는 일에 도움이 되는 것이 내 바람이다. 독자들이 방대한 정신세계에 대한 탐험을 시작할 때 길잡이가 될 수 있다는 것은 내게 크나큰 명예다. 어떻게 하면 이 탐구 여행을 더 쉽고 흥미로우며 가치 있는 일로 만들어 갈 수 있을지에 대해 여러분이 주시는 어떠한 제안이라도 출판사와 저자는 기꺼이 환영한다.

알리스터 맥그래스
옥스퍼드 대학교

일러두기

- 이 책에 나오는 인명과 지명은 새번역 성경의 음역을 기본으로 하되, 일반화된 명칭은 국립국어원 외래어표기법 일반 용례를 따랐다.

- 독자들이 신학과 관련된 글을 읽을 때 자주 마주치게 되는 전문용어와 이 책에서 중요하게 논의되는 용어들은 저자의 표기법에 따라 원어를 병기했다. 그리스어, 라틴어, 독일어, 영어 등의 철자와 대소문자 표기도 그대로 살렸다.

감사의 글 • 서문 • 학생들에게 • 교사들에게 • 이 책의 구조 • 동영상과 오디오 자료들

신학용어 해설 • 인용 자료 출전 • 찾아보기

학생들에게

: 이 책을 사용하는 법

기독교 신학은 매우 흥미진진하면서도 씨름해 볼 만한 주제다. 이 책의 목적은 신학 공부를 가능한 한 쉽고 보람찬 것으로 만드는 데 있다. 이 책은 여러분이 기독교 신학에 대해 아무것도 모른다는 가정 아래 집필되었다. 물론 여러분이 이미 알고 있는 것이 많다면 그만큼 이 책을 공부하는 것이 더 쉽다고 느낄 것이다. 이 책의 공부를 마치는 그날, 여러분은 전문적인 신학 논쟁과 토론을 이해하고, 전문적인 강연에서 즐거움을 얻고, 한층 난해한 독서도 충분히 감당할 수 있을 만큼 지식이 풍성해질 것이다.

이 책에는 많은 자료들이 실려 있는데, 그 까닭은 책의 성격이 포괄적이기 때문이다. 사실 이런 유형에 속하는 어떤 입문서보다도 더 많은 자료가 실려 있다. 이 책에 실린 자료의 양 때문에 지레 겁먹지 말기를 바란다. 그 자료들을 모두 섭렵해야 하는 것은 아니다. 신경을 많이 써서 최선의 형태로 자료들을 정리해 놓았다. 이 책의 구조—아주 간단하다—를 파악해 두면 교사들이나 학생들 모두 이 책을 훨씬 더 효과적으로 이용할 수 있을 것이다. 책은 크게 3부로 이루어져 있다.

'길라잡이'라고 이름 붙인 1부에서는 기독교 신학이 발전해 온 역사를 다룬다. 네 장으로 이루어진 이 첫 부분에서는 여러분이 신학을 공부하는 중에 만나는 핵심 용어와 개념들을 소개하면서 역사적인 지식을 제공한다. 그중에서 많은 것들은 뒤에서 다시 설명하지 않는다. "처음 나올 때 확실히 다지고 넘어가라"는 것을 이 책의 원리로 삼았다. 여러분이 나중에 만나게 될 중요한 신학 쟁점들을 제대로 이해하기 위해서는, 그 쟁점들의 배경이 되는 역사적 사실에 대해 어느 정도 알아둘 필요가 있다.

또 여러분은 기독교 신학의 원천과 방법을 둘러싼 논의들, 간단히 말해 "기독교는 그 개념들을 어디에서 얻는가"라는 논의에 관해서도 어느 정도 알 필요가 있다. 2부에서는 이러한 쟁점들을 소개하며, 그래서 여러분이 3부에 나오는 자료들을 다룰 수 있도록 준비시킬 것이다.

마지막이자 가장 양이 많고 열 개의 장으로 이루어진 3부에서는 기독교 신학의 주요한 교리 주제들을 다룬다. 중요한 것 세 가지만 예를 든다면, 하나님·예수 그리스도·천국에 관하여 기독교인들은 무엇을 믿는가라는 것들이다. 자료를 주제별로 정리해 놓았으며, 따라서 별 어려움 없이 여러분이 필요한 자료들을 찾을 수 있을 것이다. '세부 차례'를 이용하면 특정 주제가 있는 곳을 찾는 데 도움이 될 것이다. 그래도 어려움이 있다면 '찾아보기'를 이용하기 바란다. 3부의 내용을 제시하는 순서는 5판까지 독자들과 널리 상의한 결과로 변경되었다. 자세한 내용은 "책의 구조: 5판과 6판 사이의 변화"에 설명되어 있다.

하지만 이 책에 실린 장들을 모두 읽을 필요는 없다. 또한 이 책에서 정한 차례대로 읽지 않아도 된다. 각 장은 그 자체로 어느 정도 완결된 단위로 다룰 수 있다. 책 안에서 교차 참조할 수 있도록 표시를 해놓았으며, 그래서 독자들은 책 전체와 각 장에서 연관된 주제들을 쉽게 찾을 수 있다. 한 번 더 강조하건대, 이 책의 분량만 보고 겁먹지 말기를 바란다. 이 책이 방대한 이유는 많은 내용을 포괄하기 때문이며, 그래서 여러분에게 필요한 모든 자료를 제공하고 있다. 이 책은 한 권만으로도 웬만한 문제를 해결할 수 있는 참고서로 의도된 것이며, 따라서 여러분이 알아야 할 거의 모든 자료를 포함하고 있다.

만일 여러분이 혼자서 신학을 공부할 목적으로 이 책을 사용한다면, 책에서 정한 차례대로 읽어 갈 것을 권한다. 여러분은 출판사 웹사이트에서 이 책의 전체적인 내용에 접근하는 방법과 그것을 최대한 활용하는 방법을 알려주는 유익한 동영상과 오디오 자료들을 만날 수 있다. 그 내용은 각 장에 대한 안내 역할도 해줄 것이다. 그러나 강의와 병행하여 사용하고자 하더라도, 교수가 제시한 강의 순서와 이 책의 어떤 부분이 서로 관련되는지 어렵지 않게 파악할 수 있을 것이다. 그래도 잘 모르겠으면 교수에게 도움을 청하기 바란다.

만일 이해할 수 없는 용어에 부딪힌다면, 여러분이 취할 수 있는 방도는 세 가지다. 첫째, 이 책의 뒤에 있는 '신학용어 해설'을 참조하라. 거기서 간단한 설명을 확인할 수 있다. 둘째, '찾아보기'를 활용하라. 이 책에서 핵심 문제들이 폭넓게 분석되는 자리를 '찾아보기'를 통해 확인할 수 있을 것이다. 셋째, 인터넷을 검색해 그 용어가 어떻게 정의되고 논의되는지 찾아보기 바란다.

이 책에 실린 주요한 인용문들은 모두 출전을 밝혀 놓았다. '인용 자료 출전' 부분을 이용하면 인용문의 출처를 확인할 수 있으며, 그 인용문을 본래 맥락에서 심도 있게 연구할 수 있을 것이다. 이 입문서의 자매편으로 널리 읽히는 『신학이란 무엇인가 Reader』*The Christian Theology Reader*에서는 인용된 본문들을 좀 더 온전한 형태로 이용할 수 있게 해놓았다. 여러분이 원할 경우 교차 참조를 적절하게 이용하면 자료들을 좀 더 깊이 다룰 수 있으며, 그냥 건너뛰어도 무방하다.

특별히 이 책을 위한 웹 사이트를 만들어 각 장을 공부하는 데 필요한 폭넓고 자세한 참고 자료들과 (팟캐스트를 포함해) 동영상과 오디오 자료들을 실어 놓았다. 이 자료들은 여러분이 신학 수업을 시작할 때 이 책의 사용에 도움을 줄 것이다. 이 웹 사이트는 정기적으로 업데이트되며, 여러분이 심화 독서를 위한 적합한 자료를 찾을 수 있도록 도와줄 것이다. 웹 사이트 주소는 www.wiley.com/

mcgrath이며, 비밀번호 없이 이용할 수 있다.

　　마지막으로, 차례, 자료 배열 방식, 글쓰기 양식, 제시된 설명 등을 포함해 이 책의 모든 내용은 오스트랄라시아·캐나다·중국·홍콩·영국·미국에서 저자의 강의에 참여한 학생들 및 개인 독자들과 함께 점검한 것들이다. 독자들이 가능한 한 쉽게 이 책에 다가갈 수 있도록 애썼다. 그러나 좀 더 개선할 점은 없는지 저자와 출판사는 교사와 학생 여러분의 제안을 기다리며, 여러분이 주시는 제안은 기꺼이 이번 6판 이후의 개정판에 반영하겠다.

교사들에게

기독교 신학은 학생들을 흥분시켜야 마땅한 주제다. 실제로는 학생이나 교사들 모두 이 과목을 공부하고 가르치는 일이 어렵다고 느낄 때가 많고, 심지어 어떤 때는 낙심하기까지 한다. 옥스퍼드 대학교의 한 학생이 내게 털어놓은 대로, 학생들은 "흥미 있는 부분에 도달하기도 전에" 파악해야 할 방대한 자료에 가로막혀 기가 죽어 버린다. 교사들이 이 과목을 어렵게 느끼는 것은 주로 두 가지 이유에서다. 첫째, 교사들은 수준 높은 사상을 소개하고 논하기를 원하지만 학생들이 배경지식을 전혀 몰라서 그런 사상을 다루고 이해하는 일이 완전히 불가능하기 때문이다. 둘째, 학생들이 알아야 할 많은 양의 신학 지식과 기본 용어들을 가르치기에는 시간이 턱없이 부족하다고 느끼기 때문이다.

이 책의 목표는 이 두 가지 어려운 점을 해결하는 데 있으며, 그래서 초보적인 신학을 가르치는 일에 따르는 힘들고 지루한 업무에서 교사들을 자유하게 해주는 것이다. 이 책은 여러분의 학생들이 짧은 시간에 놀라울 정도로 많은 양의 정보를 습득할 수 있게 해줄 것이다. 이 책을 어떻게 이용할지 방향을 정하기 위해서는 학생들에게 준 조언을 읽어 보면 도움을 얻을 수 있을 것이다. 하지만 교사인 여러분의 입장에서는 아래에서 지적하는 사항들을 주의할 필요가 있다.

이 책의 내용은 교사인 여러분이 특별한 추가 연구 없이도 파악할 수 있는 것들이다. 이 책에서 제공하는 모든 설명은 오스트랄라시아·캐나다·중국·홍콩·영국·미국에 있는 대학들에서 강의 중에 학생들을 대상으로 검증했으며, 학생들이 별도의 도움을 받지 않고서도 제시된 논점들을 이해할 수 있다고 말할 때까지 다듬어졌다. 한 가지 사례를 들자면, 영국에서는 16살 난 어린 학생들이 이 책을 재미있게 잘 이해하면서 공부한다는 이야기를 들었다. 여러분은 학생들이 미리 이 책을 읽어 강의를 들을 기초를 다지도록 지도하여, 수업시간에는 훨씬 더 알차고 흥미 있는 주제들을 다룰 수 있을 것이다. 여러분을 대신해 어려운 일은 다 해결해 놓았으니, 여러분은 기초 입문 수준의 주제들에 소중한 시간을 낭비할 필요 없이 가르치는 일에 매진하며 마음껏 누리면 되겠다.

이 책의 6판에서 새롭게 제공된 자료들은 여러분의 짐을 가볍게 해줄 것이다. 이번 판을 위해 특별히 동영상과 오디오 자료들을 제작했는데, 이 자료들에서는 학생들에게 이 교재 및 교재의 접근법을 소개하고, 이 교재에서 다루게 될 쟁점들에 대한 개관적인 정보를 제공한다. 이 자료들은 아주 평이하고 이해하기 쉽게 편집되었으며, 여러분의 학생들이 이 자료가 없을 때 훨씬 더 빠르게 신학의 주제들에 친숙해지고 자신감을 얻게 해줄 수 있을 것이다.

교사 여러분이 만일 이 책의 이전 판본을 사용하고 있다면, 제3부의 내용이 다르게 배열된 점에 주의해야 한다. 이것은 성령론을 새로운 한 장으로 도입한 결과다. 이 새로운 장은 많은 독자들이 요청했던 것이고, 대학과 신학교의 많은 강의에 적합할 것으로 생각된다. 성령론 장에 앞뒤로 인접하는 장들은 전체 내용을 보다 더 유연하게 제시하기 위해 재배열되었다. 이 변화는 '이 책의 구조: 5판과 6판의 비교'에서 자세히 요약되었다. 여기서 이전 판과 새로운 판을 비교해볼 수 있고, 여러분의 강의 노트나 그 밖의 관련된 자료들에 필요한 변화를 줄 수 있을 것이다.

이 책은 신학적으로 중립을 지키며, 특정 교파의 견해를 옹호하지 않는다. 또한 특정한 견해들에 제기된 비판을 다루지만, 이 책 자체가 그러한 견해들을 비판하지는 않는다. 이 책은 독자들에게 어떻게 생각하라고 강요하지 않으며, 사람들이 생각해 온 것들이 어떤 것인지를 제시할 뿐이다. 이 책에서 내가 바라는 일차적인 목표는 기독교 신학의 다양한 주제들을 독자들에게 소개하여 그들이 그것들을 이해할 수 있게 하는 데 있다. 이 말은 곧 나의 입장과 무관한 많은 신학적 견해들에 대한 논의도 포함했으며, 그것들을 가능한 한 공정하고 정확하게 제시하려고 노력했다는 것이다. 독자들은 이 책의 이러한 특성을 높게 평가해 줄 것으로 믿는다. 우리는 그런 평가를 받으려고 노력하였다. 혹 책을 읽다가 잘못 제시된 것이라고 판단되는 내용이 있으면 저자나 출판사에게 알려주기 바란다. 그러면 다음 판에서 수정하도록 하겠다.

이 책은 명확·공정·균형을 목표로 쓰였으며, 따라서 교사인 여러분은 이 책이 제공하는 내용을 기초로 삼아 여러분 나름의 독특한 견해와 접근방식을 적용할 수 있을 것이다. 이 책은 여러분이 가르치는 학생들이 아퀴나스(또는 아우구스티누스나 바르트나 루터)를 **이해**하도록 돕기는 하겠지만 그들에게 아퀴나스(또는 아우구스티누스나 바르트나 루터)에게 **동의**하라고 강요하지는 않는다. 이 책의 목적은, 여러분의 학생들이 이 책을 읽어 여러 쟁점에 대한 기초적이고 충분한 지식을 지니고 있다는 가정하에, 교사인 여러분이 기독교 전통의 고전 자료들을 마음껏 다룰 수 있게 하는 데 있다.

처음 네 장(1부)에서는 역사신학을 개괄적으로 다루고, 그 다음 네 장(2부)에서는 철학적 신학의 여러 면모와 흔히 '기초신학'으로 표현되는 많은 질문을 포함해 신학 방법에 관련한 문제들을 간단히 살피며, 나머지 열 장(3부)에서는 조직신학의 주요 주제들을 다룬다는 점을 확인하기 바란다. 2,000년 넘게 이어오며 출간된 기독교 신학자들의 글 가운데 대표적인 글들을 공정하게 선별하여 싣고자 노력했다.

신학자들의 원저작에서 뽑은 많은 인용문을 이 책에서 만나게 될 것이다. 그렇게 한 것은 의도적으로 취한 방침이다. 여러분의 학생들이 그저 신학자들에 관해 쓴 글을 읽는 것이 아니라, 신학자들의 글을 직접 읽는 습관을 기르는 것이 중요하다. 이 책의 목적은, 학생들이 원본 저술과 씨름하도록 격려하고, 또 그럴 수 있도록 지원해 주는 데 있다. 만일 이러한 훈련이 가치 있다고 생각한다면, 이 책의 자매편인 『신학이란 무엇인가 Reader』를 이용하는 것도 고려해 볼 만하다. 이 책에서 독자들은 350개 이상의 원본 자료들을 만나게 되는데, 이러한 유형에 속하는 어떤 교재보다도 훨씬 더 많은 양이다. 그런 자료를 다룸으로써 통상적으로 얻는 것보다 훨씬 큰 도움을 얻을 수 있다. 『신학이란 무엇인가 Reader』에 들어 있는 읽을거리들은 글마다 별도로 "생각해 볼 만한 질문들"을 달았으며, 또 자세하게 출처를 밝혀 놓아서 특별한 어려움 없이 그 글의 본래 상황에 이르기까지 살펴볼 수 있을 것이다.

만일 여러분이 조직신학의 기본 주제들을 다루는 과목을 가르친다면, 그 과정을 시작하기 전에 학생들에게 앞의 여덟 장을 읽도록 강권하기를 바란다. 그렇게 해서 학생들은 여러분이 가르치는 수업에서 최상의 것을 얻는 데 필요한 배경지식을 마련할 수 있을 것이다. 각 장의 마지막에 나오는 '돌아보는 질문'은 학생들이 과제로 받은 부분을 제대로 이해했는지, 아니 정말 읽었는지 판단하는 데 도움이 될 것이다.

이 책은 입문서이기 때문에, 어떤 쟁점들은 여러 차례 소개하고 거듭 설명하게 된다. 이렇게 하는 것은 의도적인 방침인데, 이 책의 독자들 중에는 자신들이 정말 중요하다고 생각하는 부분에 이르기 위해 성큼 여러 장을 건너뛰는 이들이 있으며, 그래서 연관된 자료들을 놓치는 경우가 있다는 사실을 알았기 때문이다. 이 책은 전체 내용을 원래 제시된 순서대로 읽을 때 가장 효과를 볼 수 있지만, 충분히 융통성이 있기 때문에 다른 어떤 방식으로 공부해도 좋다.

전용 웹 사이트를 통해 이 책을 가르치는 데 필요한 보조 자료들을 추가로 제공하고 있다. 출판사에서 관리하며 매해 업데이트되는 이 웹 사이트에는 각 장에 필요한 참고 목록과 특별히 유익한 동영상 및 오디오 자료들(팟캐스트도 포함해서)을 충분히 실었고 또 인터넷에서 이용할 수 있는 신학적인 자료들을 링크해 놓았다. 이것은 독서 목록을 인쇄하여 제공하던 오래된 관행을 대신한 것이다. 인쇄된 자료들은 빠르게 시대에 뒤떨어지게 되고 무엇보다도 포괄적이지 못할 때가 많다. 이에 더해 웹 사이트는 강의개요와 시험을 위한 질문과 답을 포함하는 쪽으로 다듬어지고 있다. 웹 사이트를 방문하여 자료들이 여러분에게 도움이 되는지 살펴보기 바란다. 여러분이 추가로 독서 자료와 링크, 기타 자료를 제공해 주어 웹 사이트가 더욱 유용하게 되도록 도움을 주시면 참으로 감사하겠다. 이 전용 웹 사이트에는 비밀번호가 없어 누구나 인터넷을 통해 접속할 수 있다. 웹 사이트 주소는 www.wiley.com/mcgrath이다.

저자와 출판사는 이 책이 최대한 유용하고 철저하도록 최선을 다하겠으며, 또 여러분이 주시는 개선을 위한 제안이나 논평을 언제나 환영한다. 특히 여러분이 강의를 하면서 기독교 신학을 가르치는 데 유용한 접근법으로 확인한 것이 있다면 어떤 것이라도 알려주면 감사하겠다.

이 책의 구조

: 5판과 6판 비교하기

저자와 출판사는 독자들이 보내 주는 평가를 아주 귀하에 여기며, 학생과 교사들을 포함해 많은 독자들의 요구에 확실하게 응답하기 위해 6판 전체에 걸쳐 많은 내용을 개선하였다. 지난 5년 동안 특별히 성령을 별개의 장으로 분리하여 소개해 달라는 많은 요청이 있었다. 이 일은 오늘날 기독교 신학을 가르치는 방식에서 일어난 변화와, 특히 기독교 주류 교파들 내에서 은사주의 운동이 두드러지게 된 영향으로 보인다. 이제 6판은 특별히 성령의 신학을 다루는 새로운 한 장을 포함하며, 이 중요한 신학 주제를 확장시켜 논의한다.

성령 신학의 도입과 관련해서 구조상 몇 가지 변화가 일어났는데, 이것은 독자들이 이 책을 가능한 한 쉽게 읽도록 하기 위한 것이다. 교육학적인 이유에서 삼위일체론(5판에서는 신론 바로 다음에 위치했다)은 새로운 성령론 다음에 이어지도록 했다. 독자들은 먼저 성령 신학, 특히 성령의 신성에 대한 고전 교부들의 논쟁을 숙지하고 그 다음에 삼위일체론의 몇 가지 중요한 부분을 공부하면 요점의 파악이 훨씬 쉬울 것이다. 독자들의 요청에 따라 이루어진 두 번째 변화는 "역사적 예수 연구"와 관련된 많은 자료를 줄이고, 이것을 그리스도론을 다루는 장의 적절한 자리에 재배치한 것이다.

이러한 변화들은 다음과 같이 요약할 수 있다. 이 책의 1부와 2부의 순서에는 변화가 없다. 처음 여덟 장의 주제와 순서는 변화하지 않았다. 이 책의 3부를 구성하는 열 개의 장의 순서는 위에서 말한 이유에서 변경되었다.

장	5판	6판
09	신론	신론
10	삼위일체론	예수 그리스도의 인격
11	그리스도의 위격에 관한 교리	구원의 본성과 기초
12	신앙과 역사	성령
13	그리스도 안의 구원	삼위일체론
14	인간의 본성과 죄와 은총	인간의 본성과 죄와 은총
15	교회론	교회론
16	성례전	성례전
17	기독교와 세계 종교들	기독교와 세계 종교들
18	마지막 일들: 기독교의 희망	마지막 일들: 기독교의 희망

동영상과
오디오 자료들

이 책의 발간 25주년을 기념하기 위해 사용자들의 취향에 맞을 것으로 생각되는 특별한 일을 준비하였다. 팟캐스트를 포함해 동영상과 오디오 자료들을 『신학이란 무엇인가?』 6판의 독자들을 위해 특별히 마련한 것이다. 모든 자료는 알리스터 맥그래스 교수가 이 목적을 위해 특별히 다시 만들었다. 독자들은 이 동영상과 오디오들을 공유 웹 사이트에서 무료로 내려받을 수 있다. 출판사 웹 사이트에 있는 알리스터 맥그래스의 신학 교재 전용 사이트의 주소는 다음과 같다.

www.wiley.com/legacy/wileychi/mcgrath.

이 자료들은 『신학이란 무엇인가?』의 5판 이전의 판본에 대해서도 사용될 수 있다. 물론 6판에서는 내용 배열에 변화가 있고, 3부에서 장들의 제목과 몇 가지 핵심 내용이 변경되었다(이에 대해 "이 책의 구조: 5판과 6판 비교하기"를 보라). 제시된 동영상들은 이미지 선명도에 따라 두 가지 포맷으로 제공된다. 이 파일들은 자막이 달려 있어서 여러분은 내용을 수월하게 따라잡을 수 있을 것이다. 음성 자료들은 운전이나 조깅 중에도 신학을 공부할 수 있게 하려는 특별한 목적을 위해 제작되고 녹음되었다. 저자와 출판사는 내용과 관련된 독자들의 더 많은 제안을 기쁘게 기다릴 것이며, 제안된 내용을 그때마다 웹 사이트에 추가할 것이다.

1부 길라잡이: 시대·주제·인물로 본 기독교 신학

서론

기독교 신학의 거창한 문제들과 씨름해 본 사람이라면 누구나 그중 많은 것들이 이미 다루어진 것이라는 사실을 알게 된다. 신학을 공부하면서 마치 전에는 그런 것이 존재하지 않은 양하는 것은 사실상 불가능하다. 과거에는 문제가 어떤 식으로 다루어졌고 또 어떤 답이 제시되었는지를 살피기 위해 다른 사람의 어깨너머로 기웃거리는 일은 늘 있는 일이다. '전통'이라는 개념에는 과거의 신학적 유산을 진지하고 기꺼이 받아들이는 태도가 포함된다. 과거를 진지하게 다루고 강조하는 것은 주로 가톨릭과 동방정교회 신학자들의 입장이지만, 많은 개신교 저술가도 기꺼이 동의하고 있다. 위대한 개신교 신학자 칼 바르트[1886-1968]는 신학적으로 탁월했던 과거의 권위자들이 오늘날의 신학 논쟁에서도 여전히 큰 비중을 차지하고 있음을 언급하면서 이런 생각을 분명하게 밝힌다.

신학에 관해 말하자면, 오늘날 우리의 신학에 대해서만큼 과거의 신학에도 책임을 다하지 않는다면 우리는 교회에 속할 자격이 없다. 아우구스티누스와 토마스 아퀴나스, 루터, 슐라이어마허를 비롯한 모든 신학자들은 죽지 않고 살아있다. 그들도 우리와 함께 교회에 속한 것이 확실하듯이, 그들은 지금도 살아있는 목소리로 우리에게 말을 걸어오고 또 그렇게 들어 달라고 요청한다.

가톨릭이나 개신교, 정교회를 가릴 것 없이 기독교 신학의 저술들은 대부분 과거의 주요 신학자들과 밀접하게 연계된다. 그 신학자들은 오늘날의 기독교 신학 성찰에서도 여전히 중요한 원천이 되기 때문이다. 따라서 과거 기독교의 주요 인물들의 목소리와 대화에 익숙해지는 것이 중요하다. 그들의 말과 대화는 오늘 이 시대의 논쟁들에 꼭 필요한 판단 기준을 제시해 줄 뿐만 아니라 그 자체만으로도 흥미가 있다.

실제로 교육상 필요에 따라 기독교 신학의 역사를 폭넓게 구분하는 데는 대체로 의견이 일치한다. 기독교 신학의 발전 과정을 간략하게 (그러나 중요하다) 개관하는 여기서 우리는 다음과 같이 네 개의 사상 시대를 구분해 살펴본다.

❶ 교부시대: 약 100년-700년(1장)
❷ 중세와 르네상스: 약 700년-1500년(2장)
❸ 종교개혁과 그 이후의 시대: 약 1500년-1750년(3장)
❹ 근현대: 약 1750-현재(4장)

교부시대는 언제 끝났는가? 또 중세는 언제 시작되었는가? 케임브리지의 저명한 역사학자 조지 매컬리 트리벨리언[1876-1962]은, 역사의 "시대들"은 확정적인 실체라기보다 단지 도움이 되는 틀로 보는 것이 가장 옳다는 사실을 깨우쳐 준다. "날짜와는 달리, 시대는 사실이 아니다. 시대라는 것은 우리가 과거의 사건들을 다루면서 세우는 회고 개념으로서, 논의의 초점을 맞추는 데는 도움이 되지만 너무나 자주 역사적 사고의 방향을 잃게 만든다." 트리벨리언이 주장한 논점은 타당하다. 그렇다고 해도 우리는 여전히 자료들을 다루기 용이한 묶음이나 항목별로 체계화할 필요가 있다. 그게 지난 2천년 동안 이루어진 엄청난 양의 신학 논의 사이에서 갈피를 잡지 못하고 헤매는 것보다 낫다.

이 책의 첫 부분에서는 신학 성찰에서 획기적인 사건들의 흐름을 예비적으로 개관한다. 위에서 구분한 네 시대와 관련된 중요한 발전들을 살펴보면서 구체적으로 다음과 같은 내용들을 다룬다.

❶ 기독교 사상이 형성된 중심지들의 지리적 위치
❷ 논쟁거리가 된 신학적 쟁점들
❸ 신학적 쟁점과 연계된 학파들
❹ 각 시대의 주요 신학자들과 그들이 다룬 특정 관심사들

이제 본론을 시작한다. 기독교 사상의 첫 번째 주요 시대는 흔히 "교부시대"라고 말한다. 이 명칭은 무엇을 의미하는가? 이 시대에서 무슨 일이 일어났을까? 함께 탐구해 보자.

교부시대

: 약 100년-700년

기독교는 기원후 1세기 팔레스타인에서, 더 구체적으로는 유대 지역 가운데서도 예루살렘에서 시작되었다. 기독교는 자신을 유대교의 연장이자 유대교가 발전한 것이라고 보았으며, 전통적으로 유대교와 관계가 있는 지역들, 특히 팔레스타인에서 처음으로 번성하였다. 그러나 기독교는 빠르게 주변 지역으로 퍼져 나갔으며, 이러한 확산은 타르수스(다소)의 바울 같은 초기 기독교 전도자들의 노력으로 이루어졌다.

──────── 초기 신학 활동의 중심지들

기원후 1세기 말에 이르러 기독교는 지중해 동쪽 지역에 널리 퍼졌으며 로마제국의 수도인 로마에서도 튼튼하게 자리 잡았다. 수도 로마에 설립된 교회가 점차 힘을 얻으면서 로마의 지도자들과 예를 들어

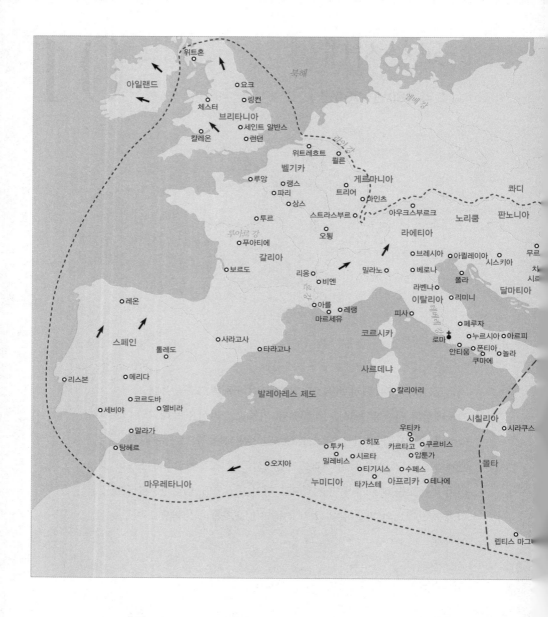

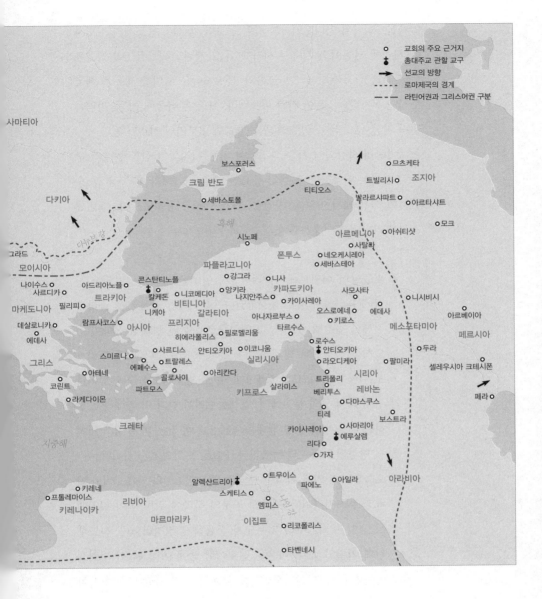

사마티아

보스포러스
크림 반도
다키아
세바스토폴
티티오스

모이시아
그라드

므츠케타
트빌리시
조지아
발라르샤파트
아르타샤트
모크

아르메니아
아쉬티샷

시노페
폰투스
네오케시레아
사탈라
세바스테아

파플라고니아
나이수스
사르디카
아드리아노플
콘스탄티노플
강그라
니사
카파도키아
사모사타
니시비시

필리피
마케도니아
트라키아
칼케돈
니코메디아
앙카라
나지안주스
카이사레아
오스로에네
에데사
아르베이아
페르시아

데살로니카
에데사
람프사코스
아시아
니케아
갈라티아
비티니아
프리지아
아나자르부스
키로스
메소포타미아
두라

그리스
스미르나
사르디스
히에라폴리스
필로멜리움
타르수스
로수스
안티오키아
팔미라
셀레우시아 크테시폰

아테네
에페수스
트랄레스
안티오키아
이코니움
라오디케아
시리아
페라

코린트
파트모스
골로사이
실리시아
레바논
트리폴리
라케다이몬
아리칸다
살라미스
키프로스
베리투스
다마스쿠스

크레타
티레
보스트라

지중해
카이사레아
사마리아
리다
예루살렘
가자

키레네
알렉산드리아
트무이스
아일라
아라비아
프톨레마이스
스케티스
파에노
리비아
멤피스
키레나이카
이집트
리코폴리스
마르마리카
타벤네시

알렉산드리아와 안티오키아와 같은 동로마 제국의 큰 도시의 지도자들 사이에 갈등이 생겨나기 시작했다. 그 결과 4세기경 로마제국은 둘로 갈라졌다. 서방제국은 로마가, 동방제국은 위대한 새로운 제국 도시인 콘스탄티노플이 각각 다스렸다. 이 일은 나중에 이 두 지역을 권력 거점으로 삼은 서방교회와 동방교회의 분열의 전조가 된다.

이렇게 확장되어 가는 과정에서 많은 지역들이 신학 논쟁의 주요 중심지로 떠올랐다. 특별히 중요한 장소로 아래의 세 곳을 들 수 있는데, 이 중에서 앞의 두 지역은 그리스어를 사용하였으며, 세 번째 지역은 라틴어를 사용하였다.

❶ 오늘날의 이집트에 위치한 도시 알렉산드리아는 기독교 신학 교육의 중심지로 등장하였다. 이 도시는 오랜 세월 플라톤 전통과 접촉해 왔으며, 그 영향으로 독특한 형태의 신학이 이 도시를 중심으로 발전하였다. 신학을 공부하다 보면 그리스도론(예수 그리스도의 정체성과 의미를 연구하는 신학 분과)이나 성서 해석 등의 분야에서 '알렉산드리아 학파'의 견해라고 말하는 것을 만나게 될 텐데270, 501-504쪽, 이 말은 바로 이 지역에서 형성된 기독교의 독특성과 중요성을 가리키는 것이다.

❷ 오늘날의 터키에 위치한 안티오키아(안디옥)와 카파도키아(갑바도기아) 지역이다. 지중해 동부의 북쪽에 위치한 이 지역에서는 이른 시기부터 기독교가 튼튼하게 정착하였다. 사도행전에 기록된 대로, 바울은 선교여행 중에 여러 번 이 지역을 방문했으며, 또 안티오키아는 교회의 초기 역사에서 여러 차례 중요한 역할을 담당했다. 안티오키아는 빠르게 기독교 사상을 이끄는 중심지로 자리 잡았다. 알렉산드리아와 마찬가지로 안티오키아에서도 그리스도론* 및 성서 해석과 관련해 독특한 방식이 발전하였다. 이 독특한 신학 양식을 가리키는 말로 흔히 '안티오키아 학파'라는 용어가 사용된다271, 504-507쪽.

● **그리스도론**
 Christology

예수 그리스도의 정체성. 그중에서도 특히 그의 신성과 인성 문제를 중점적으로 다루는 기독교 신학의 한 분야.

고대 도시 카르타고. 로마의 아프리카 속주에서 중심 도시였다.

4세기에 이 지역에서 활동한 중요한 신학자들이 '카파도키아 교부들'로, 이들은 특히 삼위일체 교리에 큰 기여를 한 것으로 유명하다.

❸ 아프리카의 북서부, 특히 오늘날의 알제리와 튀니지에 위치한 지역이다. 고대에 이 지역은, 지중해의 주요 도시이자 한때 지역의 패권을 놓고 로마와 정치적으로 겨루었던 카르타고에 속했었다. 기독교가 이 지역으로 유입되던 시대에는 로마의 식민지였다. 이 지역에서 활동한 주요 사상가들로는 테르툴리아누스^{약 160-220}, 카르타고의 키프리아누스^{258 사망}, 히포의 아우구스티누스³⁵⁴⁻⁴³⁰가 있다.

시간의 흐름에 따라 지중해 연안의 다른 도시들, 예를 들어 로마, 콘스탄티노플, 밀라노, 예루살렘 등도 또한 기독교인의 삶과 사상에 중요한 중심지가 되었다.

교부시대는 기독교 사상사에서 가장 흥미롭고 창조적인 시대에 속한다. 이 시대는 또 신학적인 이유에서도 중요하다. 개혁교회와 동방정교회, 로마가톨릭교회, 루터교회, 성공회 등 주류에 속하는 기독교 교회들이 모두 교부시대를 가리켜 기독교 교리의 발전 과정에 우뚝 선 길잡이로 여긴다. 이 교파들은 제각기 자기네 교회가 초기 교회 사상가들의 견해를 계승하고 확장했으며, 나아가 필요한 경우 비판하는 일도 한다고 여긴다. 이를테면 17세기 성공회의 저명한 저술가 랜슬롯 앤드루스Lancelot Andrewes, 1555-1626는 이르기를, 주류 기독교는 두 권의 성서와 세 개의 신조,* 네 번의 공의회, 초기 다섯 세기의 기독교 역사 위에 서 있다고 주장하였다.

● **신조**
신경, creed

모든 기독교인이 공통적으로 인정하는 기독교 신앙을 간단하게 정의한 것. 대표적인 신조로는 '사도신경'과 '니케아 신조'를 들 수 있다.

용어 해설

'교부'patristic 라는 말은 '아버지'를 뜻하는 라틴어 파테르pater에서 유래하였으며, 초기 교회 교부들이 활동한 시대와 그 시기에 발전한 독특한 개념들을 가리킨다. 이 용어는 성차별적인 의미를 지니며, 아직도 문헌들 속에서 일반적으로 통용되는 성 포괄적인 용어는 등장하지 않았다. 이 이유에서 "교부 신학자들" 대신에 "초기 교회 신학자"라고 말하기를 좋아하는 사람들도 있다. 하지만 이 책에서 우리는 "교부"라는 용어를 계속 사용할 것이다. 이 용어는 바로 그 생성기의 시대를 가리키는 의미로 널리 사용되기 때문이다. 아래와 같은 서로 연관된 용어들이 자주 등장하며, 따라서 이에 대해 살펴둘 필요가 있다.

❶ **교부시대**patristic period: 이 시대는 명확하게 한정하기가 어려우며, 대체로 신약성경의 기록이 끝난약 100년경 때부터 칼케돈 공의회451 때까지를 가리키는 것으로 여겨진다.

❷ **교부신학**patristics: 이 용어는 일반적으로 '교부들'*patres*에 관해 연구하는 신학 분과를 뜻하는 것으로 사용된다.

❸ **교부학**patrology: 이 용어는 한때 문자적으로, '신학'theology이 '하나님*theos*에 관한 연구'를 뜻하는 것처럼, '교부들에 관한 연구'를 의미했었다. 하지만 근래에 와서 그 의미가 바뀌었다. 오늘날 이 용어는 독일의 저명한 학자 요하네스 크바스텐Johannes Quasten, 1900-1987의 저술에서 보듯이, 독자들이 교부 사상가들의 주요 개념과 그 개념들의 해석에 따르는 문제들을 손쉽게 다룰 수 있도록 해주는, 교부 문헌에 대한 해설서 manual를 가리키는 말이 되었다.

교부시대의 신학적 의제

교부시대는 여러 가지 신학적 쟁점들을 명료하게 다듬은 일에서 두드러진 가치를 지닌다. 초기 시대에 해결해야 했던 쟁점 가운데 하나가 기독교와 유대교의 관계였다. 신약성경의 바울서신들에서 이 문제가 일련의 교리적·실천적 쟁점들로 논의되면서 그 중요성이 분명하게 드러났다. 유대인에게 할례가 의무인 것처럼 이방(곧 비유대적) 기독교인들도 할례를 받아야 하는가? 기독교인들은 유대교의 음식 규례를 지켜야 하는가? 또 구약성경은 어떻게 해야 올바로 해석할 수 있는가?

그런데 곧이어 다른 쟁점들이 전면으로 등장했다. 2세기에 특히 중요했던 쟁점은 변증론* 문제였다. 기독교 역사 초기에 교회는 국가로부터 자주 박해를 당했고, 사람들은 흔히 개인의 집에서 숨어서 예배를 드릴 수밖에 없었다. 이 사실에서 우리는, 초대교회에서 순교자 유스티누스Justinus Martyr, 약 100-165와 같은 저술가들이 일어나 이교적이고 적대적인 사회에 대항하여 기독교의 믿음과 실천을 설명하고 옹호했던 변증론이 왜 그토록 중요했었는지를 이해할 수 있다.

• **변증론**
apologetics

기독교 신앙을 옹호하는 일을 중점적으로 다루는 신학 분야로서, 특히 기독교의 믿음과 교리를 합리적으로 정당화하고자 노력한다.

로마 황제 콘스탄티누스
(272-337; 재위 306-
337).

비록 초기 시대에 서방에서 리옹의 이레나이우스Irenaeus of Lyons, 약 130-200, 동방에서 오리게네스Origenes, 약 185-254처럼 탁월한 신학자들이 배출되기도 했으나, 신학적 논의가 본격적으로 활발히 이루어진 것은 교회에 대한 박해가 끝나고 나서부터였다.

4세기에, 콘스탄티누스가 회심하고 뒤이어 로마 황제가 되면서 신학 논의를 위한 분위기가 형성되었다. 콘스탄티누스는 황제로 다스리는 동안272-337; 재위 306-337 교회와 제국의 화해를 성공적으로 이루어 냈으며 그 결과 교회는 궁지에 몰려 있다는 피해의식에서 풀려나게 되었다. 321년, 콘스탄티누스는 일요일을 공휴일로 선포하였다. 콘스탄티누스가 로마제국에 미친 영향의 결과로 건설적인 신학적 논의가 공적 행사가 되었다. 배교자 율리아누스가 다스린 불안정했던 짧은 기간330-363; 재위 361-363을 제외하면, 이제 교회는 국가의 확고한 지원에 기댈 수 있게 되었다.

이렇게 해서 신학은 교회의 비밀회합이라는 은밀한 자리에서 벗어나 로마제국 전역에서 공적인 관심과 흥밋거리가 되었다. 점차로 교리 논쟁들이 정치 및 신학에서 중요한 문제가 되어 갔다. 콘스탄티누스는 자신이 다스리는 제국 안에 하나로 통일된 교회를 두기 원했으며, 그래서 교리적 차이점들을 논하고 해결하는 일을 최우선적인 관심사로 삼았다. 이로 인한 중대한 결과 중 하나는 니케아 공의회325의 소집이었다. 공의회는 예수 그리스도의 정체성과 중요한 의미를 가장 잘 표현할 수 있는 방법을 찾아 잠재적 분열의 소지가 있는 교회 내부의 논쟁을 해결하려고 시도했다.

그 결과 교부시대 후기약 310-451는 기독교 신학 역사에서 최고의 절정기로 발전하게 되었다. 이제 신학자들은 박해의 위협 없이 자유롭게 연구하면서 교회 안에서 조성되던 신학적 의견 일치를 확고히 하는 데 필요한 중요한 쟁점들을 다룰 수 있게 되었다. 그러한 합의를 이루는 데는 대규모의 논쟁과 고통스러운 학습과정이 필요했으며, 그러한 과정을 겪으면서 교회는 불일치와 끊임없는 긴장을 엄연한 현실로 인정할 수밖에 없다는 사실을 깨달았다. 그렇기는 하지만 이 기간 동안에 상당한 합의가 이루어졌으며, 또한 그 결과가 교회일치적인 신조들로 구체화되었던 것을 볼 수 있다.

기독교 신학에서 교부시대는 상당히 중요한 비중을 차지한다. 하지만 오늘날 신학을 공부하는 많은 학생들이 이 시대를 매우 어렵게 여긴다. 그 이유를 다음과 같은 네 가지로 정리할 수 있다.

❶ 교부시대에 다루어진 문제들 중 적지 않은 것이 현대 세계에서는 극히 부적절한 것으로 보인다. 당시에는 그러한 논쟁점들이 매우 중요해 보였을지 몰라도, 오늘날의 독자들이 그 쟁점들에 공감하고 그것들이 왜 그렇게 관심을 끌었는지 이해하는 일은 쉬운 일이 아니다. 이 점과 관련해서 교부시대를 종교개혁 시대와 비교해 보는 것이 흥미롭다. 종교개혁 시대에는 현대 교회에서도 여전히 관심 있게 논의되는 많은 쟁점들이 다루어졌다. 또 오늘날 신학을 가르치는 많은 교사들에 따르면, 학생들은 이러한 종교개혁 시대의 관심사들을 훨씬 쉽게 받아들인다.

❷ 교부시대의 논쟁점들은 상당 부분 철학의 전문적인 문제들을 기초로 형성되었으며, 독자들이 그 당시의 철학적 쟁점들을 어느 정도 알고 있을 때에야 그 의미를 이해할 수 있다. 기독교 신학을 배우는 학생들이 플라톤의 '대화편'에 나오는 관념들을 어느 정도 알고 있다고는 하나, 이 관념들은 교부시대를 거치며 지중해 주변 세계에서 커다란 비판과 발전의 과정을 겪었다. 중기 플라톤주의와 신플라톤주의는 원래의 플라톤 사상과 다르며 또 서로 간에도 크게 다르다. 교부시대에 나온

많은 철학적 개념들의 생소함이 갓 신학 공부를 시작한 학생들이 교부시대의 논쟁들에서 전개되는 것이 무엇인지를 제대로 이해하기 어렵게 만든다.

❸ 교부시대는 교리적으로도 요동치던 시대로, 이때에 '니케아 신조' 같은 문서나 '그리스도의 두 본성' 같은 교리를 포함해 수많은 표준과 지표들이 점차로 모습을 드러냈다. 신학 논쟁에 매우 중요한 정경 성서를 확정한 일도 4세기에 이루어졌다. 다른 시대(이를테면 그리스도의 위격이 중요한 쟁점이 되지 않았던 종교개혁 시대)가 기독교 교리와 관련해 비교적 안정을 유지한 것을 아는 학생들은 교부시대의 이런 모습에 혼란스러워한다.

❹ 이 시대에 들어와 교회는 정치적·언어적 이유로 인해 헬라어를 사용하는 동방교회와 라틴어를 사용하는 서방교회로 크게 분열되었다. 동방의 신학자들과 서방의 신학자들은 신학적 기풍에서 현저한 차이가 있었음을 많은 학자들이 밝혀 놓았다. 동방교회 신학자들은 일반적으로 철학에 큰 관심을 품고 신학적인 사변에 몰두하였으며, 그에 반해 서방교회 신학자들은 대체로 철학이 신학에 끼어드는 것을 반대하고 신학은 오직 성서 속에 나타난 교리들을 탐구하는 것이라고 여겼다.

———————————————————— 주요 신학자들

이 책 전반에 걸쳐서 교부시대의 신학자들이 계속 언급될 것이다. 다음에 살펴볼 신학자들이 특히 중요하며, 이들은 따로 자세히 살펴볼 가치가 있다.

순교자 유스티누스^{약 100-165}

2세기에 이교 세력의 강력한 비판에 맞서 기독교를 옹호하는 일에 전념한 기독교 사상가들이 바로 '변증가'들인데, 그 가운데서 가장 뛰어난 사람이 유스티누스일 것이다. 유스티누스는 팔레스타인에서 태어났지만 나중에 로마에 정착하였으며 그곳에서 기독교 교사로 명성을 얻었다. 유스티누스는 '제1변증서'^{First Apology}에서 주장하기를 이교의 위대한 사상가들에게서도 기독교 진리의 흔적을 찾아볼 수 있다고 하였다. 그는 '로고스의 씨앗'^{logos spermatikos} 이론에서, 하나님은 고전철학 속에 심어 놓은 진리의 실마리들을 통해, 장차 그리스도 안에서 완성될 최종 계시에 이르는 길을 예비하셨다고 주장했다. 우리는 동방교회에서 두드러졌던 경향, 곧 복음을 그리스 철학 이론과 연계하고자 애썼던 초기의 대표적인 신학자를 유스티누스에게서 만날 수 있다.

리옹의 이레나이우스^{약 130-202}

이레나이우스도 나중에 로마에 정착하였으나 스미르나(서머나, 오늘날의 터키 지역)에서 태어난 것으로 보인다. 그는 178년경 리옹의 주교가 되었으며 그 후 죽을 때까지 20년 동안 그 직책에 있었다. 이레나이우스는 영지주의의 도전_{58쪽}에 맞서 기독교 정통신앙을 열렬히 수호한 일로 특히 유명하다. 그의 가장 중요한 저술인 『이단들을 반박함』^{Adversus haereses}에서는 기독교의 구원 이해를 힘 있게 옹호하고, 특히 비기독교적인 해석들에 맞서 사도적 증언을 굳게 따르는 데 전통의 역할이 중요함을 강조하였다.

테르툴리아누스^{약 160-220}

테르툴리아누스^{Tertullianus}는 원래 북아프리카의 도시 카르타고에서 태어난 이교도였으나 30대에 기독교로 개종하였다. 그는 서방교회에 커다란 영향을 끼쳤으며 이 때문에 흔히 라틴 신학의 아버지로 불린다. 그는 구약과 신약은 제각각 다른 신과 관계가 있다고 주장한 시노페의 마르키온Marcion of Sinope, 약 85-160에 맞서서 구약과 신약의 통일성을 옹호하였다. 이렇게 함으로써 그는 삼위일체론이 들어설 기초를 놓았다. 테르툴리아누스는 비성서적 자료들에 근거해 기독교 신학이나 변증론을 세우는 일을 강력히 반대하였다. 그는 성서의 충족성 원리를 가장 강력하게 옹호한 초기 인물에 속하며, 하나님을 아는 참 지식을 얻고자 세속 철학들(예를 들어 플라톤이 아테네에 세웠던 아카데메이아 학파의 철학)에 의지하는 사람들을 비난하였다.

오리게네스약 185-254

대도시 알렉산드리아에서 활동한 오리게네스는 3세기 기독교의 수호자로 활약한 중요한 인물 중 한 사람이다. 그의 신학은 동방 기독교 사상이 발전하는 데 중요한 터전이 되었다. 오리게네스가 기독교 신학의 발전에 끼친 주요한 공헌은 두 개의 폭넓은 영역에서 볼 수 있다. 성서 해석 분야에서 오리게네스는 알레고리적(풍유적) 해석이라는 이론을 발전시켰으며, 성서의 표면적 의미와 깊고 영적인 의미를 구별할 필요가 있다고 주장하였다. 그리스도론 분야에서 오리게네스는 성부의 완전한 신성과 성자의 비교적 열등한 신성을 구별하는 전통을 세웠다. 학자들 가운데는 오리게네스의 이러한 견해의 당연한 결과가 아리우스주의*라고 보는 이들이 있다. 오리게네스는 또한 '만물의 회복'apocatastasis이라는 개념을 적극적으로 받아들였는데, 이 개념에 의하면 인간과 사탄을 포함해 모든 피조물이 구원에 이르게 된다.

● 아리우스주의
Arianism

교회 초기의 대표적인 그리스도론 이단으로, 예수 그리스도를 하나님의 피조물 가운데 으뜸가는 존재로 여기며 그의 신적 지위를 부정한다. 아리우스 논쟁은 4세기에 그리스도론이 발전하는 데 중요하였다.

카르타고의 키프리아누스 258 사망

키프리아누스Cyprianus of Carthage의 초기 삶에 대해서는 알려진 것이 거의 없다. 아마도 200년경 북아프리카의 이교도 부모에게서 태어났을 것이다. 그는 유명한 법률가이자 탁월한 실력을 갖춘 수사학자가 되었다. 246년경에 기독교로 개종하였으며, 248년에는 북아프리카의 큰 도시인 카르타고의 주교로 선출되었다. 데키우스 황제의 박해 기간인 258년 카르타고에서 순교하였다. 그는 주요 논문인 「보편 교회의 단일성」On the Unity of the Catholic Church 에서 기독교인들의 가시적이고 구체적인 일치가 중요하다고 강조하였으며, 주교들의 역할은 그러한 일치를 보장하는 데 있음을 주장하였다. 이 책은 교회의 본질에 대해 밝혀 온 기독교의 논의 가운데 우뚝 선 지표로 널리 인정받고 있다.

아타나시우스약 293-373

4세기에 크게 문제가 되었던 그리스도론 쟁점들과 관련해 중요한 인물로 인정받는 사람이 아타나시우스Athanasius다. 그는 아직 20대일 때 『말씀의 성육신에 관하여』On the Incarnation of the Word 라는 논문을 썼다. 그는 이 논문에서 성육신 개념, 곧 하나님이 예수 그리스도의 인격 안에서 인간의 본성을 취하셨다는 믿음을 강력하게 옹호하였다. 이 쟁점이 매우 중요하다는 사실이 아리우스 논쟁64-65쪽을 통해서 확인되었으며, 이 논쟁에서 아타나시우스는 핵심적인 공헌을 하였다. 아타나시우스는 만일 아리우스약 260-336의 말대로 그리스도가 완전한 하나님이 아니라면 다음과 같은 파괴적인 결과들이 따른다고 주장하였다. 첫째, 피조물이 다른 피조물을 구원하는 것은 불가능하며 따라서 하나님은 인간을 구속할 수 없다. 둘째, 기독교인들은 그리스도를 경배하고 그에게 기도하는 까닭에 기독교 교회는 우상숭배의 죄를 짓는다는 결론이 나온다. 우상숭배를 "인간이 만든 것이나 피조물을 예배하는 것"이라고 정의할 수 있다면, 이렇게 그리스도를 예배하는 것은 곧 우상숭배라는 결론에 이르게 되는 것이다. 마침내 이러한 주장들이 승리를 거두었고 아리우스주의를 무너뜨렸다.

카파도키아 교부들

신학 문헌에서 이 용어는 오늘날의 터키에 위치한 카파도키아 지역에서 활동하고 그리스어를 사용한 교회에 속했던, 세 명의 중요한 신학자(두 사람은 형제이며, 한 사람은 그 두 사람의 친구다)를 가리키는 말로 널리 사용된다. 세 명의 '카파도키아 교부들'은 다음과 같다.

- ❶ **대 바실리우스**약 330-379: 카이사레아의 주교이며 카이사레아의 바실리우스라고도 불린다. 니사의 그레고리우스의 형이다.
- ❷ **니사의 그레고리우스**약 335-394: 니사의 주교였고 대 바실리우스의 동생이다.
- ❸ **나지안주스의 그레고리우스**329-389: 사시마의 주교, 후에는 콘스탄티노플의 주교를 지냈다.

이 세 사상가들은 따로 떼어 놓아도 저마다 매우 중요한 인물들이다. 하지만 이들은 하나가 되어 4세기에 삼위일체 교리가 발전하는 데 커다란 공헌을 하였다. 이들은 '실체'*hypostasis* 개념을 강조함으로써 한 실체와 세 위격(位格)으로 이루어진 신성 개념을 일관되고 확고하게 세울 수 있었다.

히포의 아우구스티누스 354-430

흔히 히포의 아우구스티누스Augustinus of Hippo라고 알려진 아우렐리우스 아우구스티누스는 기독교 교회의 오랜 역사를 통틀어 가장 위대하고 강력한 영향을 끼친 인물이라고 할 수 있다. 밀라노의 암브로시우스 주교의 설교에 감명을 받아 기독교 신앙에 매료된 아우구스티누스는 밀라노의 한 정원에서 극적인 회심을 경험하였다.

이후 이탈리아를 떠나 북아프리카로 돌아간 아우구스티누스는 395년에 히포(오늘날의 알제리에 위치)의 주교가 되었다. 그 후 35년 생애 동안 그는 서방 기독교 교회의 미래에 큰 영향을 미친 수많은 논쟁을 목격하였으며, 그 논쟁들을 해결하는 데 결정적인 기여를 하였다. 신약성경, 그중에서도 특히 바울서신에 대한 깊이 있는 주석을 통해 그는 "기독교 신앙의 두 번째 설립자"(히에로니무스)라는, 오늘날까지 이어지는 명성을 얻게 되었다. 중세 초기의 신학적 부흥기에는 아우구스티누스의 많은 저술들이 주요한 갱신과 발전의 기초가 되었으며 그로 인해 서방교회에 대한 그의 영향력이 확고해졌을 것이다.

아우구스티누스의 중요한 공헌 가운데 하나는 신학을 학문적 분과로 발전시킨 데 있다. 사실 초대교회 때에는 '조직신학'이라고 부를 만한 것이 나타나지 않았다. 초대교회의 주된 관심사는 비판자들에 맞서서 기독교를 수호하고(순교자 유스티누스의 변증론 저술들에서) 이단에 맞서서 기독교 사상의 핵심 내용을 명료하게 밝히는 데(리옹의 이레나이우스의 반영지주의 저술들에서) 있었다. 그럼에도 처음 4세기 동안 중요한 교리들이 발전하였으며 특히 그리스도의 위격 교리와 삼위일체 교리가 분명하게 그 모습을 드러냈다.

아우구스티누스는 기독교 사상을 종합하는 데 크게 기여하였으며, 이러한 면모는 그의 주저인 『하나님의 도성』*On the City of God*에서 가장 잘 드러났다. 찰스 디킨스의 유명한 소설처럼, 아우구스티누스의 『하나님의 도성』은 두 도시, 곧 세상의 도시와 하나님의 도시에 관한 이야기다966쪽. 이 외에도 아우구스티누스는 기독교 신학의 세 가지 중심 분야에서 큰 공헌을 했다고 말할 수 있다. 도나투스 논쟁을 통해 다져진 교회와 성례전에 관한 교리808-811쪽, 펠라기우스 논쟁을 통해 형성된 은총론747-757쪽, 그리고 삼위일체론708-712쪽이 그것이다. 흥미롭게도 아우구스티누스는 그리스도론에 대해서는 전혀 다루지 않았는데, 그랬더라면 그의 탁월한 지혜와 혜안에 힘입어 그리스도론도 더욱 풍성해졌을 것이다.

———————————————— 주요 신학 논쟁과 발전

앞에서 살펴보았듯이 교부시대는 기독교 신학의 외형을 다듬는 일에서 매우 중요했다. 특히 다음과 같은 신학 분야들이 교부시대에 집중적으로 탐구되었다.

정경 신약성서의 범위

처음부터 기독교 신학은 성서에 근거를 둔 것으로 인정되었다. 그러나 '성서'라는 용어가 실제로 뜻하는 것이 무엇인지에 대해서는 다소 불확실했다. 교부시대에 이르러 분명하게 선을 그어 신약성경을 확정 짓는 결정이 이루어졌다. 이 과정을 가리켜 흔히 '정경의 확정'이라고 말한다. '정경'canon이라는 말은 설명이 필요하다. 이 말은 척도나 표준을 뜻하는 그리스어 카논kanon에서 유래했다. '정경 성서'란 분명하게 선을 그어 확정한 문서들로, 기독교 교회 안에서 권위 있는 것으로 인정된 문서들의 묶음을 의미한다. '정경의'canonical라는 말은 정경에 속하는 것으로 인정되는 성서 문헌들을 가리키기 위해 사용된다. 이렇게 해서 누가복음은 '정경'으로 불리는 반면에 도마복음은 '외경'(정경 성서 밖에 있는 문서)으로 구분된다.

　신약성경의 저자들에게 '성서'라는 말은 일차적으로 **구약성경의 문헌**을 의미했다. 그러나 얼마 지나지 않아 초기의 기독교 저술가들(순교자 유스티누스와 같은 이들)이 '신약성경'(구약성경과 구분해서)에 대해 언급하게 되었으며, 두 모음집을 모두 권위 있는 것으로 인정해야 한다고 주장하게 되었다. 이레나이우스 때에 이르러 대체로 네 권의 복음서를 인정하게 되었으며, 2세기 후반에 와서는 복음서와 사도행전과 서신들이 영감으로 기록된 성서의 자격을 지닌다는 데에 의견 일치를 보게 되었다. 이렇게 해서 알렉산드리아의 클레멘스 Clemens of Alexandria, 약 150-215는 네 권의 복음서, 사도행전, 14권의 바울서신(히브리서도 바울의 저작으로 보았다), 요한계시록을 받아들였다. 테르툴리아누스는 "복음적이고 사도적인 문헌들"을 "율법 및 예언서들"과 나란히 읽어야 하며, 이 두 가지가 모두 교회 안에서 권위를 지닌다고 주장하였다. 점차로 영감 받은 성서로 인정되는 책들의 목록과 그 책들이 배치되어진 순서에 대해 의견이 하나로 모아지게 되었다. 아타나시우스가 367년에 배포한 39번째 '부활 축일 서신'에 보면 신약의 정경을 27권으로 밝히고 있는데, 이것이 지금 우리가 알고 있는 성경이다.

특히 몇 권의 책들이 논쟁의 대상이 되었다. 서방교회는 히브리서가 어느 특정한 사도에게 속하지 않는다는 점을 들어 정경에 포함하기를 주저했으며, 동방교회는 요한계시록(종종 묵시록이라고도 말한다)에 대해 유보적인 태도를 보였다. 네 권의 작은 책들(베드로후서, 요한2·3서, 유다서)은 신약성경의 문서들을 언급하는 초기 목록에서 빠질 때가 많았다. 지금은 정경 밖에 있는 몇 권의 책이 교회 일부에서 호의적으로 다루어졌지만 결국에는 보편적 정경에 포함되지 못했다. 이 사례에 해당하는 책으로 클레멘스의 첫 번째 편지(클레멘스는 초기 로마의 주교로, 96년경에 이 서신을 썼다)와 「디다케」Didache가 있다. 「디다케」는 초기 기독교인들의 도덕과 교회생활을 다룬 짧은 지침서로서, 2세기 초에 기록된 것으로 추정된다. 그러나 동방과 서방의 지역적인 차이에도 불구하고 정경에 관한 일치된 견해는 기독교 세계 내부에서 매우 빠르게 등장한 것으로 보인다.

문헌들의 순서 역시 심한 변동을 겪었다. 어느 책이 가장 먼저 나타났을까? 서신들은 어떻게 배열되어야 할까? 사도행전은 어디에 배치되어야 적당할까? 복음서가 먼저 정경 안에서 영예로운 자리를 차지하고 그 뒤에 사도행전이 온다는 데에는 일찍이 의견이 일치되었다. 동방교회는 일곱 권의 '공동서신'(야고보서, 베드로전·후서, 요한 1·2·3서, 유다서)을 14권의 바울서신(히브리서도 바울서신으로 인정했다) 앞에 놓으려 했으며, 반면에 서방교회는 바울서신들을 사도행전 바로 뒤에 놓고 그 뒤에 공동서신을 배치하려고 했다. 동방교회에서는 한동안 요한계시록의 지위를 놓고 논쟁이 벌어지기도 했으나, 결국 요한계시록은 동·서방교회 모두에서 정경의 마지막을 장식하게 되었다.

그렇다면 정경의 결정은 어떤 기준에 의해 이루어졌는가? 교회에 의한 권위의 **부여**가 아니라 권위의 **승인**이 기본 원리였던 것으로 보인다. 달리 말해 해당 문헌들에다 임으로 권위를 부여한 것이 아니라 이미 지니고 있던 권위를 승인한 것이다. 이레나이우스의 주장에 의하면, 교회는 정경을 **창안**하는 것이 아니라 이미 성서 안에 있는 권위에 근거해서 정경 성서를 **승인**하고 **보존**하고 **수용**하는 것이다. 초기 기독교인들 가운데는 사도의 저작성 apostolic authorship 을 결정적으로 중요하게 여긴 사람들이 있는가 하면, 사도성이 입증되지 않은 책들도 기꺼이 받아들이려는 이들도 있었다. 어떻게 선별되었는지 자세한 내막은 알 수 없지만 5세기 초에 서방교회에서 정경이 확정되었다는 것은 분명하다. 그 후 종교개혁 시대까지는 정경의 문제가 다시 제기되지 않았다.

● 영지주의
  Gnosticism

선택받은 자에게만 주어지는 영적인 지식 또는 그 지식 위에 형성된 종교 체계를 주장한 종교 사상.

전통의 역할: 영지주의 논쟁

초기 교회는 영지주의*라 불리는 운동 때문에 커다란 어려움에 직면했다. 오늘날의 뉴에이지 현상과도 비슷한 이 다양하고 복잡한 운동은 로마제국 후기 시대에 큰 힘을 발휘했다. 영지주의의 기본 개념들은 지금 여기서 우리가 관심을 둘 문제가 아니다. 지금 다루려는 중요한 사안은 영지주의가 여러 가지 면에서 기독교와 매우 유사하게 보였다는 사실이다. 영지주의 저자들은 신약성경 본문을 거침없이 비정통적 방식으로 해석하였으며, 성서의 바른 해석 방법과 관련해 중요한 문제들을 제기하였다. 이런 까닭에 초기의 많은 기독교 사상가들, 특히 이레나이우스는 영지주의를 심각한 도전으로 보았다.

이러한 상황에서 전통에 대한 호소가 매우 중요한 일이 되었다. 초기 기독교인들은 성서를 어떻게 해석했을까? '전통'이라는 말은 한편으로는 "전해 주거나 넘겨주는 행위"를 가리키기도 하지만 문자적으로 "전해받거나 넘겨받은 것"을 의미한다. 이레나이우스는 주장하기를, '신앙의 규범'*regula fidei*은 정경 성서들이 증언하는 것이며, 사도적 교회가 그것을 충실하게 보존해 왔다고 하였다. 교회는 사도 시대 이후로 그때까지 동일한 복음을 신실하게 선포해 왔다. 영지주의자들은 자기들도 그렇게 초대교회와 연속성을 지닌다고 주장할 자격이 없었다. 그들이 한 일은 새로운 관념들을 고안해서 그것을 부당하게 '기독교적'이라고 주장한 것에 불과하다.

그래서 이레나이우스는 교회의 가르치고 선포하는 직무와 교회 직분자들(특히 주교들)의 연속성을 중요하게 여겼다. '전통'은 교회의 신조들과 공적인 교리 선언들 속에 반영되어 있는 "성서에 대한 전통적 해석" 또는 "기독교 신앙에 대한 전통적 진술"을 뜻하게 되었다. 이렇게 교회의 가르침을 공적으로 표현한 신조들을 확정 지은 일은 매우 중요하다. 이에 대해서는 다음 항목에서 자세히 살펴본다.

테르툴리아누스도 이와 유사한 견해를 주장하였다. 그의 주장에 의하면, 성서는 전체로서 읽기만 한다면 얼마든지 명료하게 이해할 수 있다. 그러면서도 그는 어떤 구절들의 해석과 관련해서는 논쟁을 피할 수 없다는 점을 인정했다. 그는 걱정스러운 마음으로, 이단자들은 성서로 하여금 얼마든지 자기네가 좋아하는 것을 말하게 만들 수 있는 사람들이라고 꼬집었다. 이런 까닭에 교회의 전통이 매우 중요하게 되었으며, 전통이란 교회 안에서 성서를 이해하고 해석해 온 방식을 뜻하게 되었다. 따라서 성서의 올바른 해석은 참된 기독교 신앙과 규율이 유지되어 온 곳에서만 이루어질 수 있었다. 아타나시우스도 이와 비슷한 생각을 가져서, 아리우스가 만일 교회의 성서 해석에 충실했더라면 예수 그리스도의 본질을 왜곡해 주장하는 일도 일어나지 않았을 것이라고 보았다.

따라서 전통이란 사도들에게 물려받은 것으로, 교회를 성서에 대한 바른 해석으로 인도하고 지시하는 유산이라고 생각하게 되었다. 전통은 성서에 덧붙여진 "계시의 비밀스런 원천"이 아니었다. 이러한 생각을 이레나이우스는 '영지주의'라고 하며 물리쳤다. 그와 달리 전통은, 교회가 기이한 성서 해석에 빠지지 않고 사도들의 역사적인 가르침에 충실하다는 것을 보증해 주는 수단으로 여겨졌다.

에큐메니컬 신조들의 확정

creed(신조)라는 영어 단어는 "나는 믿는다"를 뜻하는 라틴어 *credo*에서 온 것으로, 신조들 중에서도 가장 널리 알려진 사도신경은 "하나님을 믿사오며"I believe in God라는 말로 시작한다. 신조라는 말은 모든 기독교인에게 공통된 기독교 믿음의 핵심을 요약한 신앙의 진술을 가리킨다. 이런 까닭에 개신교의 특정 교파에서 가르치는 신앙 진술에는 결코 '신조'라는 말을 붙이지 않는다. 특정 교파와 관련된 신앙의 진술은 보통 '신앙고백'confession이라고 부른다(루터교의 아우크스부르크 신앙고백이나 개혁교회의 웨스트민스터 신앙고백이 그 예다). '신앙고백'은 어느 한 교파와 관련된 것으로서 그 교파에서 주장하는 믿음의 내용과 강조점들을 담고 있으며, '신조'는 전체 기독교 교회와 관련된 것으로 모든 기독교인이 인정하고 권위 있게 여기는 믿음의 진술을 담는다. 신조란 기독교 신앙의 요점을 간략하게 제시한 공식적 진술로, 권위가 있어 누구나 인정하는 것이다.

교부시대에 두 개의 신조—사도신경과 니케아 신조—가 등장하여, 점차 전체 교회가 그 권위를 인정하고 존중하는 지위에 오르게 되었다. 중요한 종교 의식, 그중에서도 특히 세례를 행할 때 사용하기에 편리한 기독교 신앙의 요약문이 필요하게 되었고 이것이 계기가 되어 두 신조가 발전하였다. 초기 교회에서는 보통 부활절에 새 신자들에게 세례를 베풀었으며, 이때 공개적으로 신앙과 헌신을 고백하도록 사순절 기간을 준비와 교육의 기간으로 이용하였다. 세례 받기를 원하는 회심자는 교인들 앞에서 자신의 신앙을 선언해야 했고, 그 의식에서 회심자들이 사용하는 동일한 형태의 신앙 선언문으로 이 신조들이 사용되기 시작했다.

사도신경은 서방 기독교인들에게 가장 친숙한 신조였을 것이다. 사도신경은 크게 세 부분으로 나뉘어 하나님, 예수 그리스도, 성령을 다룬다. 또 교회와 심판과 부활에 관한 내용도 담고 있다. 이 신조가 형성된 역사는 복잡한데, 세례 지원자들이 공적으로 고백해야 했던 신앙의 선언에 그 뿌리를 두고 있다. 이 신조는 8세기에 최종 형태가 완성된 것으로 보이는데, 전해지는 말에 의하면 12개 조항 각각은 열두 사도들에게서 온 것이라고 주장된다. 하지만 그런 생각은 역사적으로 신빙성이 없다. 이 신조의 서방교회판과 동방교회판 사이에는 작은 차이가 있다. 그리스도와 관련된 구절인 "지옥으로 내려가"와 "성도의 교제와"라는 구절(아래에서 괄호로 묶어 놓았다)은 동방교회 사도신경에는 나오지 않는다.

사도신경
❶ 나는 전능하신 하나님, 천지의 창조주를 믿습니다.
❷ 나는 그분의 유일하신 아들, 우리 주 예수 그리스도를 믿습니다.
❸ 그는 성령으로 잉태되어 동정녀 마리아에게서 나시고,
❹ 본디오 빌라도에게 고난을 받아 십자가에 못 박혀 죽으시고,

[지옥으로 내려가]

❺ 장사된 지 사흘 만에 죽은 자 가운데서 다시 살아나셨으며,

❻ 하늘에 오르시어 전능하신 아버지 하나님 우편에 앉아 계시 다가,

❼ 거기로부터 살아있는 자와 죽은 자를 심판하러 오십니다.

❽ 나는 성령을 믿으며,

❾ 거룩한 공교회와 [성도의 교제와]

❿ 죄를 용서받는 것과

⓫ 몸의 부활과

⓬ 영생을 믿습니다.

니케아 신조는 그리스도의 위격과 성령의 사역에 관한 내용이 추가되어 훨씬 길다. 니케아 신조는 그리스도의 신성을 둘러싼 여러 논쟁에 대응하고자 "하나님으로부터 오신 하나님이시며"와 "아버지와 동일 본질을 지니시며"라는 표현을 포함해 그리스도와 하나님의 일치를 강하게 긍정하는 내용을 포함하였다. 이 신조는 그리스도의 신성 494-498쪽에 관하여 아리우스주의와 논쟁을 벌이는 가운데 발전하였다. 325년 6월에 열린 니케아 공의회에서는 아리우스주의자들에 대해 반론을 제기하면서 예루살렘에서 세례 때 사용했던 신조를 기초로 삼아 간략한 신앙 진술문을 작성하였다. 이 진술문은 제1차 콘스탄티노플 공의회381에서 더욱 세밀하게 다듬어졌고, 그 후 "니케아-콘스탄티노플 신조"로 알려졌다. 이 어색한 이름은 얼마 지나지 않아 자연스럽게 "니케아 신조"로 축약되었다.

이 신조의 목적은 그리스도의 지위를 피조물로 본 아리우스파에 맞서 그리스도의 신성을 확고히 하려는 데 있었으며, 그 내용은 세 가지 신앙 조항에 더해 네 가지 면에서 아리우스 견해를 명백하게 단죄하는 내용으로 이루어져 있다. 니케아 공의회의 진행 상황을 담은 세부적인 기록은 오늘날 사라지고 없으며, 따라서 우리는 이차 자료

(아타나시우스나 카이사레아의 바실리우스 같은 교회 역사가 및 저술가들)에 의존해서 니케아 신조의 본문을 확인할 수밖에 없다.

니케아 신조

우리는 하나님이 한분이심을 믿으며,

그분은 아버지이며 전능자이시고,

보이는 것과 보이지 않는 모든 것,

하늘과 땅을 창조하신 분이심을 믿는다.

우리는 한 주님이신 예수 그리스도를 믿으며,

그분은 하나님의 독생자이시며

영원히 아버지로부터 태어나셨고,

하나님으로부터 오신 하나님이시며

빛으로부터 오신 빛이시며

참 하나님으로부터 오신 참 하나님이시며

창조되지 않고 태어나신 분이며

아버지와 동일 본질을 지니시며

세상 만물이 그분을 통해서 창조되었음을 믿는다.

그분은 우리를 위해서,

또 우리의 구원을 위해서

하늘로부터 오셔서 몸을 입으시고

인간이 되셨다.

그분은 고난당하시고 사흘 만에 다시 사신 후 하늘로 오르셨으며,

장차 산 자와 죽은 자를 심판하러 다시 오실 것이다.

또 우리는 성령을 믿는다.

"그리스도는 존재하지 않은 때가 있었다"거나 "태어나기 전에는 존재하지 않았다", "무로부터 존재하였다"라고 말하는 사람들, 그리고 하나님의 아들은 다른 실체나 본질을 지니거나 변하거나 바뀔 수 있다고 주장하는 사람들이 있는데, 보편적이며 사

도적인 교회는 그들을 정죄한다.

이렇게 발전한 신조들은 초기 교회에서 교리적인 합의를 이루는 데 중요한 요소였다. 커다란 논쟁을 통해 발전한 교리 가운데 하나가 그리스도의 위격에 관한 것이었다. 다음으로 이것에 대해 살펴본다.

예수 그리스도의 두 본성: 아리우스 논쟁

교부시대를 거치며 결정적인 형태를 갖춘 두 가지 교리는 그리스도의 위격(앞서 말했듯이 이것을 다루는 신학 분야를 '그리스도론'이라고 한다)에 관한 교리와 신성의 본질에 관한 교리다. 이 두 교리는 서로 유기적인 관계 속에서 발전했다. 초기 교회는 325년에 예수의 의미를 하나님과 같은 "동일 본질"*homoousios*로 이해하는 것이 최선이라고 확정 지었다(호모우시오스라는 말은 "동일한 존재의" 또는 "같은 실체의"라고도 옮길 수 있다).

이 그리스도론 공식은 기독교인들에게 예수 그리스도가 영적으로 얼마나 소중한 존재인지를 지적인 수준에서 확고하게 제시한 것이라고 볼 수 있다. 그러나 또 한편으로는 단순하기 짝이 없는 신 개념들을 향해 강하게 도전한 것이기도 하다. 만일 예수 그리스도를 하나님과 "동일한 본질을 지닌 존재"로 인정한다면, 하나님에 관한 교리 전체가 이 믿음에 비추어 재고되고 재수립되어야 한다. 이러한 까닭에 교회 내에서 그리스도론에 대한 합의가 이루어진 후에야 삼위일체 교리가 발전하기 시작했다. 그리스도의 신성을 확고하고 분명한 출발점으로 삼을 수 있게 되면서 비로소 하나님의 본질에 대한 신학적 성찰을 시작할 수 있었다.

초기 교회의 그리스도론 논쟁들은 주로 지중해 동쪽 지역에서 일어났으며, 그리스어를 도구로 사용했고, 또 주요 그리스 철학 이론의 테두리 안에서 이루어졌다. 이 사실이 말해 주는 것은 초기 교회의 그리스도론 논쟁에서 실제로 사용된 많은 용어들이 그리스 철학 전통에서 오랫동안 사용해 온 그리스어 용어들이었다는 점이다.

교부시대 그리스도론의 주요 특징들에 대해서는 뒤488-511쪽에서 자세하게 다룰 것이다. 여기 첫 단계에서는 두 개의 학파와 두 개의 논쟁, 두 개의 공의회를 살펴봄으로써 교부시대 그리스도론 논쟁의 주요 지표들을 간략하게 정리한다.

학파 | **알렉산드리아 학파**는 그리스도의 신성을 강조하면서 그 신성을 "인간의 몸을 입은 말씀"이라는 면에서 해석하려는 경향이 있었다. 이 학파에게 가장 중요한 성경 본문은 "말씀이 육신이 되어 우리 가운데 거하시매"라고 말하는 요한복음 1:14이다. 이렇게 성육신 사상을 강조함으로써 성탄절 축일을 특별히 중요한 것으로 여기게 되었다. 이에 반해 **안티오키아 학파**는 그리스도의 인간성을 강조하였으며, 그의 도덕적 모범을 특별히 중요하게 여겼다501-504쪽.

논쟁 | 4세기에 일어난 **아리우스 논쟁**은 기독교 교회의 역사에서 가장 중요한 사건 가운데 하나다. 아리우스Arius, 약 250-336는, 성경에서 그리스도가 하나님과 동등하다는 점을 보이기 위해 그리스도에게 붙인 호칭들은 단순히 의례상의 호칭에 불과한 것이라고 주장하였다. 그리스도가 모든 피조물 가운데 가장 탁월한 존재이기는 하지만 그 역시 피조물로 보아야 한다는 것이다.

이러한 주장에 대해 아타나시우스가 격렬하게 맞섰다. 아타나시우스는 기독교의 구원 이해('구원론'이라고 불리는 신학 분과)에서 가장 핵심적인 것이 그리스도의 신성이라고 강변하였다. 그는 아리우스의 그리스도론이 구원론*으로서 부적합하다고 주장하였는데, 아리우스가 말하는 그리스도는 타락한 인간을 구속할 수 없기 때문이다. 결국 아리우스주의(아리우스 이론을 따르는 운동)는 이단으로 확정되었다.

• **구원론**
soteriology

기독교 신학에서 구원(그리스어 *soteria*)에 관한 이론을 다루는 분야.

이 문제는 또 다른 논쟁으로 이어졌다. 라오디케아의 아폴리나리우스Apollinarius, 약 310-390를 중심으로 발생한 **아폴리나리우스 논쟁**은 그리스도가 완전한 인간인지 아니면 부분적으로만 인간인지의 문제를 놓고 다투었다. 아리우스의 강력한 반대자였던 아폴리나리우스는 그리스도를 완전한 인간으로 볼 수 없다고 주장하였다. 그리스도에게서 인간의 영혼은 하나님의 로고스("말씀" 혹은 "담론")로 대체되었으며 그 결과 그리스도는 완전한 인간성을 지니지 않는다는 것이었다. 이 견해에 의하면 그리스도는 인간의 본성을 완벽하게 구속할 수 없다는 의미가 되며, 그래서 나지안주스의 그레고리우스 같은 사상가들에 의해 심각한 문제가 있는 것으로 배척되었다503-504쪽.

공의회 | 니케아 공의회325는 최초의 기독교인 황제 콘스탄티누스가 자기의 제국 안에 분열을 일으키는 그리스도론적 의견 차이를 해소할 목적으로 소집하였다. 콘스탄티누스는 교회의 일치가 제국의 안정에 필수적인 요소라는 사실을 알았고, 그리스도의 정체성을 둘러싼 논쟁을 해결해 교회의 평화를 이루기 원했다. 콘스탄티누스는 제국의 도처에 흩어져 있는 기독교 지도자들을 니케아(현대 터키의 도시 이즈니크)로 소집했다. "종교회의"synod("함께 모인다"는 뜻의 그리스어 synodos로부터 왔다)라는 단어는 흔히 이 공의회를 가리킬 때 사용되었다. 니케아는 최초의 "보편 공의회"•였다(이것은 기독교 세계 전체로부터 소환된 감독들의 보편 총회를 뜻하며 여기 모인 초기 감독들의 결정은 전체 교회에 대한 규범으로 여겨졌다). 공의회는 기독교 사상이 발전한 처음 다섯 세기 동안 교리를 해명하고 확정하는 일에 중요한 역할을 담당하였다.

니케아 공의회에서는 예수가 하나님 아버지와 호모우시오스(동일한 본질의, 또는 존재에서 동일한)homoousios의 관계에 있다고 선언하고, 나아가 그리스도의 신성을 강력하게 주장하는 사람들을 편들어 아리우스의 견해를 배척함으로써 아리우스 논쟁을 해결하였다. 네

• 보편 공의회
ecumenical council

전 세계 기독교계에서 소집된 주교들의 회합. 여기서 내린 결정을 지금도 여러 교회들이 규범으로 인정하고 있다.

니케아 공의회에서는 그리스도의 정체성에 관해 합의를 이루었으며, 그 견해를 니케아 신조라고 불리는 신앙 선언문에 담아 발표하였다.

번째 보편(에큐메니컬) 공의회인 **칼케돈 공의회** ● **451**에서는 니케아 공의회의 결정들을 추인하였으며, 그 후 발생한 그리스도의 인성과 관련된 새로운 논쟁들을 처리하였다.

삼위일체 교리

● **칼케돈 신조**
   Chalcedonian definition

칼케돈 공의회(451)에서 예수 그리스도는 인성과 신성의 두 본성을 지닌 것으로 인정한다고 공식적으로 선언한 규정.

초기 교회의 그리스도론 논쟁이 해결되자 이어서 이러한 결정들의 결과에 대한 탐구가 이루어졌다. 기독교 신학에 있어 매우 창조적이고 흥미 있는 이 기간에 삼위일체 교리가 명시적인 형태를 갖추기 시작했다. 이 교리의 기본 내용은 하나님 안에 성부·성자·성령의 세 위격이 존재하며 이 셋은 신성에서 동일하고 지위에서 동격인 것으로 보아야 한다는 것이다. 성부와 성자의 동격은 니케아 공의회를 중심으로 일어난 그리스도론 논쟁에서 확립되었으며, 성령의 신성은 이 공의회의 여파로 특히 아타나시우스와 카이사레아의 바실리우스의 저작들을 통해 확립되었다.

　　삼위일체를 둘러싼 주요 논쟁들은 점차로 삼위일체의 근본적 타당성 문제를 뛰어넘어 삼위일체를 이해하는 방식에 집중하게 되었다. 두 가지 전혀 다른 견해가 모습을 드러냈는데, 하나는 동방교회와 관련된 것이고 다른 하나는 서방교회와 관계가 있었다.

　　동방교회의 견해는 지금도 그리스정교회 및 러시아정교회에서 계속해서 중요한 것으로 인정하고 있으며, 특히 오늘날의 터키에 속한 지역에서 활동했던 세 명의 사상가에 의해 발전하였다. 함께 묶어서 '카파도키아 교부들'로 불리는 카이사레아의 바실리우스, 나지안주스의 그레고리우스, 니사의 그레고리우스는 성부와 성자와 성령을 경험하는 다양한 방식들을 고찰함으로써 삼위일체에 관해 성찰하기 시작했다. **서방교회**의 견해는 특히 히포의 아우구스티누스와 관계가 있는데, 하나님의 단일성에서 출발해 하나님의 사랑이 함축하는 의미들을 탐구함으로써 하나님의 본질에 대한 우리의 이해를 넓혀 주었다. 이 견해들에 대해서는 나중에 자세히 살펴본다705-712쪽.

　　삼위일체 교리는 보기 드물게 동·서방교회가 모두 관심을 가졌던 신학 쟁점에 속한다. 다음으로 우리는 서방교회와 깊은 관계가 있었고 특히 히포의 아우구스티누스가 주도적인 역할을 했던 두 가지 신학 논쟁을 살펴본다.

교회론: 도나투스 논쟁

서방교회 안에서 교회의 거룩성과 관련한 문제로 커다란 논쟁이 일어났다. 도나투스파는 아프리카에 근거를 둔 기독교인 집단으로 오늘날의 알제리 지역에서 활동했는데, 로마 교회가 북아프리카에서 영향력을 확장하는 것에 반감을 품었다. 도나투스파는 아래에서 살펴볼 이유 때문에 교회의 회원 자격에 대해 점차 강경한 태도를 취하게 되었다. 그들의 주장에 따르면 교회란 성도들saints의 모임이며 죄인들은 그 안에 들어갈 수 없었다.

　　이 쟁점은 303년 디오클레티아누스 황제244-311; 재위 284-305 때 시작되어 313년 콘스탄티누스가 회심할 때까지 지속된 박해로 말미암아 중요성이 크게 부각되었다. 이 박해 기간 동안에는 성서를 소지하는 것이 법으로 금지되었고, 그래서 많은 기독교인들이 자기의 성서 사본을 로마 당국에 넘겨주었다. 곧이어 이 사람들은 박해에 굴복하지 않았던 다른 기독교인들에게 정죄를 당했다.＊ 박해가 끝난 후 이 변절자들—*traditores*, "[자기의 성서를] 넘겨준 사람들"을 의미하는 라틴어—가운데 많은 이들이 다시 교회로 돌아왔다. 도나투스파는 그들을 쫓아내라고 요구했다. 그들은 더러워진 사람들이었다.

아우구스티누스는 이와는 다른 주장을 펴서, 교회는 성도와 죄인들이 '섞인 몸'일 수밖에 없다는 견해를 내세워 박해나 다른 이유로 실수한 사람들을 내치기를 거절하였다. 교회의 목회나 설교의 타당성은 그 일을 수행하는 목회자들의 성결함에 좌우되는 것이 아니라 예수 그리스도의 인격에 달린 것이다. 목회자가 인격적으로 부적합하다고 해서 성례전의 타당성이 손상되는 것은 아니라는 주장이었다. 이 견해는 빠르게 교회 내에서 규범으로 인정되었으며, 교회의 본질과 목회자에 관한 기독교 사고에 커다란 영향을 끼쳤다.

도나투스 논쟁은 최초로 교회에 관한 교리('교회론'이라 부른다) 및 그와 연관된 성례전의 효력 같은 문제들을 드러내어 중점적으로 다룬 논쟁이었다. 이 도나투스 논쟁에 대해서는 나중에 자세히 살펴본다811-816쪽. 이 논쟁에서 비롯된 많은 문제들이 종교개혁 시대에 와서 다시 등장하게 되며, 그때에 교회론의 쟁점들이 한 번 더 전면으로 부각된다816-825쪽. 은총의 교리에 대해서도 똑같이 말할 수 있는데, 다음으로 이 교리에 대해 살펴본다.

은총론: 펠라기우스 논쟁

그리스어를 사용한 동방교회의 신학 형성 과정에서는 은총의 교리가 중요한 쟁점이 되지 못하였다. 그런데 410년대에 이 문제를 둘러싸

● **공의회 우위설**
conciliarism

교회나 신학과 관련된 권위를 이해하는 방식으로, 신앙과 행위의 문제들을 결정하는 데서 보편 공의회의 역할을 중요하게 여기는 이론.

고 커다란 논쟁이 발생하였다. 영국인 수도사로 로마에서 활동한 펠라기우스Pelagius, 약 354-420가 인간의 도덕적 책임의 필요성을 강하게 주장하였다. 로마 교회의 도덕적 방종에 놀란 그는 구약성경의 율법과 그리스도의 모범을 따라 끊임없이 인격을 개선해야 한다고 외쳤다. 이러한 주장을 펼치는 펠라기우스가 반대자들—대표적인 인물이 아우구스티누스다—의 눈에는 기독교인의 삶을 시작하고 계속해 가는 과정에 하나님의 은총grace이 개입할 자리를 전혀 허용하지 않는 것으로 비추어졌다. 펠라기우스와 그의 추종자들의 사상에 기초를 둔 복합적 운동인 펠라기우스주의*는 인간의 자율적 종교로, 곧 인간이 자기 구원의 주도권을 쥘 수 있다고 믿는 종교로 여겨지게 되었다.

아우구스티누스는 펠라기우스주의에 강하게 반대하였으며, 기독교인의 삶은 처음부터 끝까지 모든 면에서 하나님의 은총이 주도한다고 주장하였다. 아우구스티누스에 의하면, 인간에게는 구원을 향한 첫걸음을 내딛는 데 필요한 자유조차 없다. 인간은 '의지의 자유'를 누리기는커녕 죄에 물들어 왜곡된 의지를 지니고 있으며, 이것이 인간을 하나님에게서 멀어지고 죄로 기울게 만든다. 이러한 죄를 향한 성향을 막을 수 있는 것은 하나님의 은총뿐이다. 은총을 옹호하는 아우구스티누스의 열의는 매우 강했으며, 이 때문에 그는 나중에 '은총 박사'라고 불리게 되었다.

돌아보는 질문

1장은 많은 학생들이 읽게 될 첫 부분이기에 기본 수준과 표준 수준, 두 묶음의 질문을 제시한다. 첫 묶음의 질문들은 아주 기초적인 것이며, 두 번째 묶음의 질문들은 이 책의 나머지 장에서 제시하는 질문들과 같은 수준이다.

기본 수준

❶ 42-43쪽 지도에서 다음의 도시와 지역들을 찾아보라.
— 알렉산드리아, 안티오키아, 카파도키아, 콘스탄티노플, 히포, 예루살렘, 로마

❷ 그 지도에다 선을 그어 라틴어 지역과 그리스어 지역을 구분해 보라. 라틴어는 그 선의 서쪽 지역에서 사용한 언어였으며 그리스어는 동쪽 지역의 언어였다. 질문 1에서 언급한 각 도시들이 사용한 언어가 무엇인지 확인하라.

❸ 다음의 사상가들은 어떤 언어와 관계가 있는지 확인하라.
— 아타나시우스, 히포의 아우구스티누스, 오리게네스, 테르툴리아누스

❹ 교부시대에 일어난 중요한 운동으로 아리우스주의와 도나투스주의, 영지주의, 펠라기우스주의를 들 수 있다. 각 운동과 관련된 논쟁들을 다음의 신학자들과 연결해 보라.
— 아타나시우스, 히포의 아우구스티누스, 리옹의 이레나이우스
　(한 신학자가 하나 이상의 논쟁에 관여했음을 기억하라.)

표준 수준

❶ 아리우스 논쟁에서 다루었던 주요 쟁점은 무엇인가? 아리우스의 반대자들은 왜 이 쟁점을 그렇게 중요하게 여겼는가?

❷ 확정된 신조들을 사용하게 된 일이 왜 많은 교회에서 바람직한 발전으로 환영받았는가?

❸ 성서의 정경에 대해 합의를 이룬 것이 왜 중요했는가? 이러한 합의가 그 당시 신학 논쟁에 가져온 실제적 차이는 무엇인가?

❹ 영국의 역사학자 토머스 칼라일Thomas Carlyle은, 역사란 기본적으로 위대한 개인들의 전기라고 말했다. 지금까지 읽은 1장의 내용을 기초로, 여러분은 이 기간에 기독교 신학을 형성하는 데 가장 중요한 역할을 한 인물이 누구라고 생각하는가?

❺ 이 초기 시대에 교회에 관한 교리에 상대적으로 관심이 적었던 이유는 무엇인가? 또 여러분은 도나투스 논쟁이 동방교회가 아니라 서방교회에서 일어난 이유가 무엇이라고 생각하는가?

중세와 르네상스

: 약 700년-1500년

02

5세기에 서로마 제국이 붕괴하고 서서히 해체되면서 서유럽의 모습도 변화하기 시작하였다. 지방들과 도시 국가들이 무질서하게 합쳐진 형태가 나타나기 시작했고, 각각의 영토와 영향력 확보를 위해 격렬하게 경쟁했다. 그러나 이러한 분열의 시대 동안 기독교 교회는 점차 발전해서 정치적이고 세속적인 역할을 맡게 되었으며, 이로 인해 교회는 서구 문명의 중심에 놓였다. 1100년 무렵에 정치, 경제적으로 상당한 안정을 이루게 되면서 교회는 중세 문화를 형성하는 일에서 중심 역할을 담당하는 위치에 서게 되었다.

7세기에 이슬람 세력이 지중해 지역으로 밀고 들어오면서 이 지역 전반에 걸쳐 정치적 안정이 깨지고 구조적 변화가 크게 일어났다. 11세기에 이르러 어느 정도 안정이 회복되면서 세 개의 주요 세력이 등장해 이전에 로마제국이 누렸던 지위를 차지하게 되었다.

❶ 콘스탄티노플(오늘날 터키의 이스탄불)을 중심으로 한 비잔티움:

이 지역을 이끈 기독교는 그리스어를 기반으로 삼았으며, 아타나시우스와 카파도키아 교부들, 다마스쿠스의 요하네스[약 676-749] 같이 지중해 동부에서 활동한 교부 신학자들의 저술에 크게 의지하였다. 비잔틴 신학의 독특한 주제들에 대해서는 뒤 86-90쪽에서 살펴본다.

❷ **프랑스, 독일, 저지대 국가들, 이탈리아 북부 지역으로 이루어진 서유럽**: 이 지역은 로마와 그 주교인 '교황'을 중심으로 한 기독교가 지배하였다. (그러나 '교회 대분열' 때에 이르러 혼란이 발생하였다. 교황 자리를 놓고 두 명의 경쟁자가 한 사람은 로마에서, 다른 사람은 프랑스 남부의 아비뇽에서 일어나 다투었다.) 이 지역에서는 파리를 비롯한 몇몇 도시의 대성당과 대학교를 중심으로 신학이 발전하였으며, 아우구스티누스[354-430], 암브로시우스[약 337-397], 프아티에의 힐라리우스[약 300-368]의 라틴어 저술들에 크게 의지하였다.

❸ **지중해 남부와 동부 멀리까지 상당 부분을 아우르는 이슬람의 칼리프 왕조 지역**: 이슬람의 팽창이 계속되면서 1453년에 콘스탄티노플이 함락되었고 서유럽의 많은 지역에도 충격을 주었다. 15세기 말에 이르러 이슬람은 유럽 대륙의 두 지역, 스페인과 발칸 반도에 확고한 터전을 마련하였다. 이러한 팽창은 1490년대에 스페인에서 무어인들이 패하고 1523년 비엔나 외곽에서 이슬람 군대가 패배를 당함으로써 마침내 멈추었다.

중세는 기독교 신학에서 매우 창조적이고 혁신적인 시대였다. 유럽의 궁정과 수도원, 그리고 뒤이어 대학교들이 신학적 성찰이 이루어지는 중요한 자리가 되었으며, 이곳들을 중심으로 기독교 사상과 삶의 관계를 다루는 새로운 이론들이 발전하였다. 이 시대는 르네상스가 꽃을 피움으로써 한층 더 충만한 활력을 공급받았다. 역동적 문화 프로그램인 르네상스는 과거 고전 시대를 창조적으로 다시 수용해서 사회와 교회 전반의 사상과 삶을 되살리고자 애썼다. 수많은 신학적 지표들이 이 시대에 뿌리를 두고 있는 까닭에, 이 시대에 이루어진 신학적 업적과 발전을 헤아리고 규명하는 것은 매우 중요하다. 그러나 우리는 중세의 개념 정의와 관계된 몇 가지 문제를 먼저 생각해야 한다.

'중세'의 정의

언제 한 시대가 끝나고 다른 시대가 시작되었는지를 정확하게 밝히는 일은 쉽지 않다. 기독교 신학의 역사에 대한 전통적 평가에 따르면, 중세는 교부시대의 종언을 알리는 칼케돈 공의회451 때부터 서부 유럽에서 일어난 거대한 신학적 르네상스 때까지 이어진다. 이러한 시대 구분은 여러 가지 이유에서 만족스럽지 못하다. 그중 가장 분명한 이유는 '중세'가 서유럽에만 국한된 문화 발전 과정이라는 점이다. 이러한 구분은 동방의 로마제국이 410년에 일어난 로마 멸망의 영향을 비교적 적게 받았다는 사실을 간과한다. 서로마제국이 붕괴되면서 서유럽 지역 대부분에 사회적·정치적 불안정을 일으켰던 반면에, 동로마제국은 동서의 분열 이후에도 천 년 동안 계속해서 존속했다. 비잔틴 신학의 발전은 서유럽의 역사 범주들과 딱 들어맞지 않는다. 이러한 구분은 또한 서방의 기독교 신학에서 일찍이 일어난 갱신운동들을 간과한다. 서로마제국 최초 황제인 샤를마뉴747?-814; 재위 800-814가 통치하던 기간에 이루어진 중요한 발전이 그 예다.

이 기간 동안에 기독교 역사에서 일어난 매우 중요한 사건 가운데 하나는 "교회 대분열"Great Schism이다. 9세기와 10세기 동안에 콘스탄티노플에 근거를 둔 동방교회와 로마에 터를 둔 서방교회의 관계가 여러 가지 이유로 점차 악화되었다. 니케아 신조의 서방교회판

651-658쪽에 들어 있는 한 구절을 둘러싼 견해 차이는 이렇게 점차 악화되어 가는 분위기에서 결코 작은 문제가 아니었다. 서방교회는 성령을 "아버지와 아들로부터 나오는" 것이라고 보았으며 동방교회는 성령이 "아버지로부터"만 나온다고 주장했다(이 논쟁을 흔히 필리오케 논쟁이라고 부르며, 라틴어 *filioque*는 "그리고 아들로부터"를 뜻한다). 이러한 갈등에는 다른 요소들도 크게 작용하였는데, 예를 들어 라틴어를 사용하는 로마와 그리스어를 사용하는 콘스탄티노플 간의 정치적인 대립, 로마 교황의 권위를 갈수록 더 강조한 일 등이 그것이다. 서방의 가톨릭교회와 동방의 정교회가 최종적으로 갈라선 날짜는 정확하지 않지만 대체로 1054년으로 볼 수 있다.

이러한 갈등이 낳은 주요한 결과 가운데 하나가 동방교회와 서방교회 사이에서 신학적인 교류가 거의 이루어지지 않았다는 점이다. 토마스 아퀴나스Thomas Aquinas, 약 1225-1274와 같은 서방 신학자들은 자유롭게 그리스 교부들의 저술을 이용하기는 했지만, 이 저술들을 그 이전 시대에만 속하는 것으로 보았다. 저명한 학자인 그레고리우스 팔라마스Gregorius Palamas, 약 1296-1357 같은 후대의 정교회 신학자들의 저술은 서방에서 거의 관심을 끌지 못했다. 서방교회의 신학에서 정교회 전통의 풍요한 자산을 재발견하게 된 것은 20세기에 들어와서야 가능했다.

'중세 신학'이라는 용어는 주로 이 시기의 서방 신학을 가리키는 말이다. 반면에 1453년 콘스탄티노플이 함락되기 전까지, 거의 같은 기간에 이루어진 동방교회 신학을 가리켜서는 '비잔틴 신학'이라고 부른다. 이 기간에 서부 유럽에서 기독교 신학의 중심지는 점차 북쪽으로 이동하여 프랑스와 독일 한가운데 자리 잡게 되었다. 로마가 여전히 기독교 권력의 중심지이기는 했으나 지적 활동은 차차 베크, 샤르트르, 랭스와 같은 프랑스 수도원들로 옮겨가게 되었다. 중세 대학교들이 설립되면서 신학은 신속하게 학문 연구에서 중심을 차지하게 되었다. 전형적인 중세 대학교는 네 개의 학부를 두었는데, 하위 과정인 교양학부와 상급에 속하는 신학·의학·법학의 세 학부다. 이제 다음으로 서부 유럽에서 이루어진 이러한 발전들을 살펴보고, 이어서 비잔티움에서 이루어진 발전을 살펴보겠다.

────────────────── 서부 유럽의 중세 신학적 지표

한동안 역사학자들은 '중세'가 언제 시작되었다고 보아야 하느냐의 문제로 논쟁을 벌였다. 이 질문에 대한 답은 예상할 수 있듯이 어떤 정의를 따르느냐에 따라 달라진다. 많은 사람들은 529년 무렵 거의 동시에 발생했던 두 사건, 곧 플라톤이 아테네에 세운 학원인 아카데메이아의 해체와 몬테카시노 대수도원의 설립이, 비록 중세를 연 직접적 원인은 아닐지라도, 고대 말기에서 중세로의 전환을 가르는 기준이 된다고 본다. 또 어떤 사람들은 410년에 게르만 추장 알라리크 370-410가 로마를 정복한 일에서 중세가 시작되었다고 주장하는데, 그 결과로 지적 활동의 중심지가 지중해 주변 세계에서 점차 테오도리쿠스 대왕과 샤를마뉴 대제가 지배하는 북부 유럽 세계로 옮겨가고, 그 뒤를 이어 프랑스의 대수도원 및 대성당의 학교들과 파리와 옥스퍼드의 대학교들로 이동했다고 본다. 따라서 우리는 최초의 서로마 제국 황제인 샤를마뉴카롤링거 왕조, 742-814 때에 신학이 다시 번성했던 일을 고찰하는 것으로 중세 서방 신학의 발전에 대해 간략하게 살펴보는 일을 시작한다.

중세기 신학 교육기관의 등장

샤를마뉴가 다스리던 때에 교회 내에서 정신적 삶을 갱신하고자 하는 일치된 노력이 이루어졌다. 일련의 황제 포고령을 통해 북유럽 전역에 걸쳐 두 종류의 신학 교육기관이 설립되었다. 수도원 학교(주로

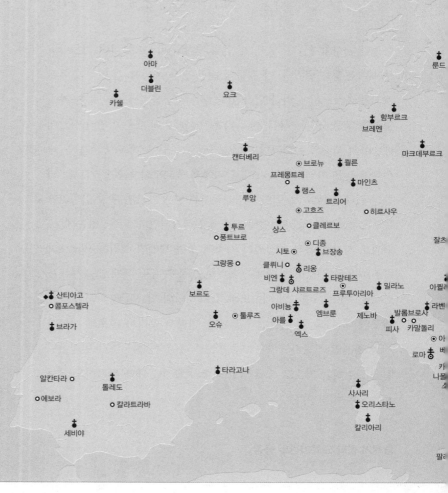

트론헤임

룬드

아마
더블린
카쉘
요크
함부르크
브레멘
마크데부르크

캔터베리
브로뉴
퀼른
프레몽트레
랭스
마인츠
루앙
트리어
히르사우
투르
상스
클레르보
잘츠
퐁트브로
시토
디종
브장송
그랑몽
클뤼니
리옹
비엔
타랑테즈
밀라노
아퀼
그랑데 샤르트르즈
프루투아리아
라벤
산티아고
보르도
아비뇽
콤포스텔라
엠브룬
제노바
발롬브로사
아
브라가
오슈
툴루즈
아를
피사
카말돌리
엑스
베
로마
카
나폴
알칸타라
타라고나
소
톨레도
에보라
칼라트라바
샤사리
오리스타노
세비야
칼리아리
팔

♚ 교황 관할 도성
♟ 대주교 관할 교구
⊙ 공의회 장소
◆ 순례지
○ 수도회 근거지
◉ 수도원 개혁 중심지

♟ 리가

○마리엔부르크

♟ 리보프

♟ 그랜

♟ 컬로처

♟라구사
♟안티바리

♟브린디시
♟오트란토

바실리우스회 수도원들

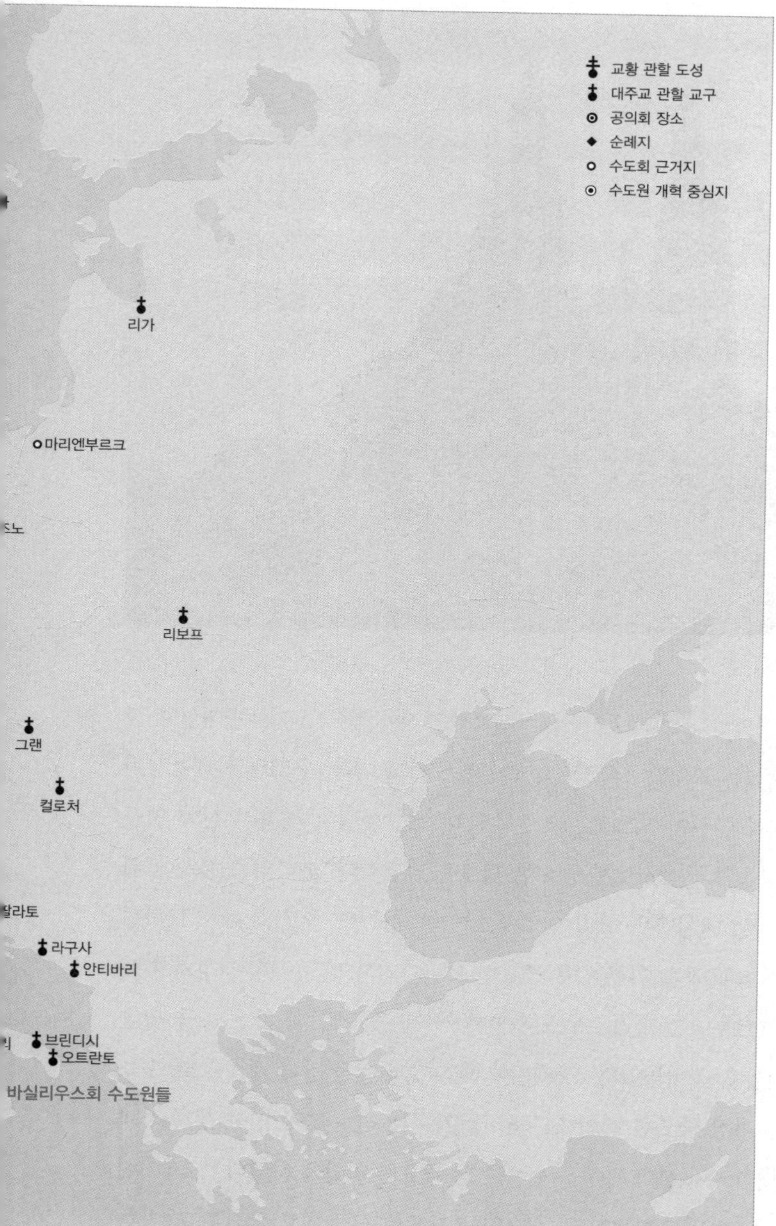

독일의 풀다 수도원. 744
년에 설립된 이 수도원은
9세기 때 신학 연구를 주
도한 중심지였다.

수도사의 소명을 지닌 사람들을 교육하는 것이 목적이었다)와 대성당 학
교(폭넓은 교육을 목적으로 주교가 세운 학교)이다. 수도원과 대성당이
배움의 산실이 되었고, 13세기에 대학이 설립될 때까지 신학 연구
와 교육의 중심지로서 중요한 역할을 담당했다. 파리의 북서쪽에 위
치한 랑 대성당은 랑의 안셀무스Anselmus of Laon, 1117 사망가 지도하면
서 신학 교육을 위한 매우 중요한 보금자리가 되었으며, 전성기 때에
는 페트루스 아벨라르두스Petrus Abaelardus, 1079-1142와 같은 재능 있는
학자들을 끌어들였다. 12세기에 파리에 세워진 왕립 생 빅토르 수도
원은 가장 중요한 신학 교육의 장 가운데 하나였으며, 갓 생겨난 파
리 대학교에 신학 과정을 세우는 데 중요한 역할을 하였다. 12세기에
이 수도원에서 활동한 위대한 인물 가운데는 생 빅토르의 위그약 1096-
1141, 페트루스 롬바르두스약 1100-1160, 생 빅토르의 앤드류1175 사망, 생
빅토르의 리카르두스1173 사망 등이 있다.

　　이러한 학교들의 중요성이 두드러지게 된 것은 또 다른 발전과도 관계가 있다. 특정 수도회와 연계되어 독특한 형태의 신학들이 발전하였다. 중세에 들어와 새로 주요한 수도회들이 여럿 설립되었다. 1098년에는 손 강 근처의 황무지 한가운데 있는 시토에 시토 수도회가 들어섰다. 시토 수도회를 이끈 유명한 지도자 중 한 사람이 위대한 영적 저술가이자 설교자인 클레르보의 베르나르두스Bernardus of Clairvaux, 1090-1153였다. 14세기 초에는 시토회의 수도원과 수녀원이 600여 개에 이르렀다고 평가된다.

그로부터 1세기가 지나서 다른 두 개의 중요한 수도회가 설립되었다. 프란체스코 수도회와 도미니크 수도회다. 프란체스코회는 아시시의 프란체스코Francesco of Assisi, 약 1181-1226가 설립하였는데, 그는 부유한 삶을 포기하고 가난과 기도의 삶을 살기로 선택했다. 귀족 여인인 아시시의 클라라가 그에게 동참했으며, '가난한 클라라회'Poor Clares를 설립하였다. 프란체스코 회원들은 짙은 회색 수도복을 입었던 까닭에 흔히 '회색 탁발수도사'라고 불렸다. 이 수도회는 개인적이고 집단적인 청빈을 강조한 것으로 유명하다.

도미니크회(흰색 수도복 위로 검은색 외투를 입었던 까닭에 흔히 '검은 탁발수도사'로 불렸다)는 스페인 사제인 도미닉 데 구즈만Dominic de Guzman, 1170-1221이 설립하였으며, 교육을 특히 강조하였다. 중세 말에 이르러 도미니크회는 유럽의 주요한 도시 대부분에다 수도원을 세웠으며, 교회의 지성적 삶에 매우 중요한 공헌을 하였다.

신학의 발전이라는 점에서, 독특한 신학교들이 수도회 단체들과 연계되었다는 사실을 아는 것이 중요하다. 모든 수도회가 학문적 신학을 중요하다고 생각하지는 않았다. 예를 들어, 시토회는 학문적인 성격이 강한 신학보다는 영성을 특히 중요하게 여겼다. 중세 신학의 형성에 커다란 영향을 미친 수도회로는 아래의 세 곳을 들 수 있다. 각 수도회는 그들 나름의 독특한 신학을 발전시켰으며 다른 수도회들과 차별화된 모습을 보여준다.

❶ 도미니크 수도회: 이 수도회의 독특한 신학 이론은 대 알베르투스Albertus the Great, 약 1200-1280, 토마스 아퀴나스, 타랑테즈의 페트루스Petrus of Tarantaise, 1102-1174와 같은 주요 사상가들에 의해 발전하였다.

❷ 프란체스코 수도회: 중세의 주요한 신학자 세 사람이 이 수도회와 관계가 있었다. 보나벤투라1221-1274, 둔스 스코투스1266-1308, 오캄의 윌리엄약 1285-1347이 그들이다.

❸ 아우구스티누스 수도회: 이 수도회의 독특한 신학적 견해는 처음에는 로마의 질스Giles of Rome, 약 1244-1316에 의해 발전하였으며, 뒤이어 스트라스부르의 토마스Thomas of Strasbourg, 약 1275-1357와 같은 사상가들에 의해 발전하였다.

대학교들의 설립

11세기 후반에 프랑스에서 정치적인 안정이 어느 정도 회복되자 파리 대학교가 다시 전면으로 등장하고 빠르게 유럽의 지적 중심지로 인정받게 되었다. 파리의 노트르담 대성당이 새롭게 건립되면서 그 영향하에 센 강의 왼쪽 기슭과 시테 섬 위에 신학을 교육하는 '학교들'이 여럿 세워졌다.

그러한 학교들 가운데 하나가 소르본 대학으로, 이 대학은 점차 큰 명성을 얻게 되어 '소르본'이라는 말이 전체 파리 대학교를 가리키는 약칭으로 사용되기에 이르렀다. 16세기에 와서까지 파리는 철학과 신학 연구의 중심지로 널리 인정받았으며, 여기서 공부한 학생들 가운데 로테르담의 에라스무스약 1466-1536와 장 칼뱅1509-1564 같은 탁월한 인물들이 있었다. 곧이어 유럽의 다른 지역에도 이러한 학문의 중심지들이 세워졌다. 기독교 교회의 삶을 지적·법적·영적 측면에서 굳게 다지는 것을 목적으로 신학을 발전시키는 새로운 노력이 이루어졌다.

파리 대학교는 곧 페트루스 아벨라르두스, 대 알베르투스, 토마스 아퀴나스, 보나벤투라와 같은 학자들에 힘입어 신학 성찰의 중심 자리로 우뚝 섰다. 처음에 파리 대학교와 경쟁한 가장 중요한 맞수는 영국의 옥스퍼드 대학교였다. 그러나 14세기와 15세기에 이르러 서부 유럽의 여러 지역으로 대학교들이 놀라울 정도로 퍼져 나갔으며, 특히 독일을 비롯한 몇 곳에 중요한 대학교들이 설립되었다.

신학 교재: 『네 권의 명제집』

신학교육에는 가르치는 자와 교재가 필요하다. 중세기의 가장 영향력이 컸던 교재는 페트루스 롬바르두스의 『네 권의 명제집』이었는데, 이 책은 그 후 4백 년 동안 널리 사용되었다. 1140년을 얼마 앞두고 페트루스 롬바르두스Petrus Lombardus, 약 1100-1160는 파리 대학교에서 가르치기 시작했다. 그가 관심을 가졌던 중요한 일 가운데 하나는 자기 학생들이 신학의 난해한 쟁점들과 씨름하도록 만드는 것이었다. 그의 노력으로 이 교재가 만들어졌다. 이 책은 기본적으로 성서와 교부 저술들에서 뽑은 인용문들을 주제에 따라 정리한 것이었다.

롬바르두스가 자기 학생들에게 부여한 과제는 간단했다. 그가 모아 놓은 다양한 인용문들을 조화시킬 수 있는 신학을 세우라는 것이었다. 이 책은 아우구스티누스의 유산을 연구하는 데 매우 중요한 것으로 입증되었으며, 학생들은 이 책을 통해 아우구스티누스의 개념들과 씨름하며 명백하게 모순된 본문들은 그 모순점을 신학적으로 합당하게 설명해 조화시켜야 하는 과제를 수행하였다217-218쪽.

1215년에 이르러 이 책은 그 시대의 가장 중요한 교재로 확고히 인정받게 되었다. 롬바르두스의 저술을 연구하고 주석하는 일이 신학자들의 의무가 되었다. 그러한 연구의 결과로 나타난, 『명제집에 대한 주석』Commentaries on the Sentences으로 알려진 저술들은 중세에 가장 널리 퍼진 신학 장르가 되었다. 이에 대한 뛰어난 사례를 토마스 아퀴나스, 보나벤투라, 둔스 스코투스의 글들에서 볼 수 있다. 롬바르두스의 책은 16세기에도 계속 사용되었으며, 마틴 루터[1483-1546]가 그 책에 주석을 달기도 했다.

정신의 대성당: 스콜라주의

스콜라주의라는 이름은, 중세 때에 고전 신학과 철학의 문제들을 토론한 커다란 학교들[라틴어 *scholae*]에서 유래했다. 스콜라주의는 1200년에서 1500년 사이에 꽃핀 중세의 운동으로, 종교적 믿음을 합리적으로 정당화하고 그러한 믿음들을 체계적으로 제시하는 일을 중요한 과제로 삼았다. 따라서 '스콜라주의'는 **믿음의 특수한 체계**를 가리키는 것이 아니라 **신학을 행하고 조직화하는 특정한 방식**을 가리킨다. 즉 자료를 제시하고 차이점들을 명료하게 구분하며 나아가 신학에 대한 종합적인 견해를 세우는 일을 수행하는 고도로 세련된 방법을 가리킨다. 스콜라주의 신학 체계의 광대한 지식에 감탄한 프랑스의 철학자요 역사가 에티엔 질송[Étienne Gilson, 1884-1978]은 스콜라주의를 중세기에 축조된 거대한 성당에 비유했다. 그에 표현에 따르면 스콜라주의는 질서, 복잡성, 아름다움을 보여주는 "정신의 대성당"이다.

　　스콜라주의는 기독교 신학의 여러 핵심 분야에, 그중에서도 특히 이성과 논리가 신학에서 어떤 역할을 하느냐에 대한 논의에 크게 기여했다고 말할 수 있다. 흔히 가장 영향력 있는 세 명의 스콜라주의 사상가로 꼽히는 토마스 아퀴나스와 둔스 스코투스, 오캄의 윌리엄은 이 분야의 신학에 엄청난 공헌을 하였으며 그 후로도 계속해서 이정표와 같은 역할을 해왔다. 교황 레오 13세[1810-1903]는 1873년에 주교들에게 보내는 회칙 「영원하신 아버지」[*Aeterni Patris*]를 통해 아퀴나스의 지위를 더욱 높였다. 그를 신학 교육과 성찰을 위한 모델로 추서한 것이다.

이탈리아 르네상스와 인문주의의 발흥

프랑스 말인 '르네상스'*는 14세기와 15세기에 이탈리아를 중심으로 일어난 문학과 예술의 부흥운동을 가리키는 말로 오늘날 널리 사용된다. 이탈리아 르네상스의 중심 주제는 고대 그리스와 로마의 문화적 영광으로 되돌아가는 것이었다. 라틴어 표어인 ad fontes("근원으로 돌아가자")는 이 운동의 목적에 대한 간결한 요약이었고, 중세기를 지나쳐 직접 고전 시대의 사상과 문화와 접촉하려는 시도를 뜻하였다. 고전 시대는 르네상스를 위한 자원인 동시에 규범이었다. 문어나 구어에서와 마찬가지로 또한 그림과 건축에서도 고대는 르네상스가 받아들일 수 있는 문화적 자료로 여겨졌다. '인문주의'*라는 용어는 이러한 문화적 프로그램을 가리키는 용어로 널리 사용되었다. 물론 '인문주의'는 후에 하나님의 존재나 적합성을 부정하는 세계관, 또는 순전히 세속적인 관점을 따르는 세계관을 뜻하는 것이 되었다. 이러한 의미는 르네상스 시대에 그 말이 뜻했던 것과는 완전히 다르다. 그 시대의 인문주의자들은 대부분 종교적이었으며 또한 기독교를 갱신하고 순수성을 회복하는 데 관심이 있었지 기독교를 없애려고 하지는 않았다. 이러한 쇄신의 과정은 서구 사상의 근원으로 돌아감으로써 이루어졌을 것이다.

르네상스는 기독교 신학에 중요한 영향을 끼쳤다. 사람들은 교회의 미래를 여는 열쇠를 스콜라 신학에서 얻는 것이 아니라, 성서 본문과 교부시대의 저작들에 직접 몰두해서 찾으려고 했다. 인문주의 프로그램은 고대 세계 안에 있는 근대 서구 문화의 원천과 자료로 돌아가서, 그 고전적 사상과 가치가 서구 문화를 재생하고 갱신하도록 도우려는 것이었다. 기독교 인문주의자들은 중세의 복잡한 신학 체계를 건너뛰어 신약성서의 단순한 내용으로 돌아가라고 주장했다. 또한 기독교 신학의 이런 갱신은 중세의 불가타역 라틴어 성서가 아니라 그리스어 원본의 신약성서에 기초해야 한다고 말했다.

● 르네상스
문예 부흥, Renais-
sance

14-16세기, 이탈리아를 중심으로 하여 유럽 여러 나라에서 일어난 인간성 해방을 위한 역동적 문화 프로그램. 과거 고전 시대를 창조적으로 다시 수용해서 사회와 교회 전반의 사상과 삶을 되살리고자 애썼다. 도시의 발달과 상업자본의 형성을 배경으로 하여 개성·합리성·현세적 욕구를 추구하는 반(反) 중세적 정신운동을 일으켰으며, 문학·미술·건축·자연과학 등 여러 방면에 걸쳐 유럽 문화의 근대화에 사상적 원류가 되었다.

● 인문주의
humanism

엄밀한 의미로 유럽의 르네상스와 연관된 지적 운동을 가리킨다. 이 운동의 핵심 요소는 세속적이거나 세속화하는 사상 체계(오늘날에는 흔히 이런 의미로 쓰인다)가 아니라 고대의 문화적 업적에 대한 새로운 관심이었다. 이 고대의 문화는 르네상스 시대에 유럽 문화와 기독교의 갱신을 위한 주요 자원으로 인정되었다.

불가타역은 중세기에 널리 사용되던 라틴어 성경이었다. 르네상스는 신학자들에게 라틴어뿐만 아니라 히브리어와 그리스어에도 능통할 것을 요구하였다. 인문주의의 등장과 더불어 신학에서 이루어진 가장 의미 있는 발전 가운데 하나는 불가타 역본의 신뢰성에 대해 의문이 증가한 일이었다. 그리스어와 히브리어에 대한 지식이 증가하고 또 원어들로 성경을 연구하는 일에 대한 인식이 늘어감에 따라 불가타 역본이 신뢰할 수 없는 것으로 확인되었다면, 그러한 잘못된 번역에 근거한 신학적 관념들은 어떻게 되겠는가? 이 문제에 대해서는 이 장의 뒷부분에서 다시 살펴본다106-107쪽.

지금까지 서부 유럽을 중심으로 살펴보았으므로 다음은 이 기간에 동부 유럽에서 일어난 중요한 발전들을 몇 가지 살펴본다.

―――――――――――――――― 비잔틴 신학: 중심 주제들

그리스어를 말하는 중세기 동방교회의 독특한 신학은 "비잔틴" 신학으로 알려져 있다.

이 이름은 그리스 도시인 비잔티움에서 유래했는데, 콘스탄티누스272-337; 재위 306-337가 330년에 이 도시를 자신이 다스리는 동로마제국의 새로운 수도로 삼았다. 이때 도시 이름이 콘스탄티노플(콘스탄티누스의 도시)로 바뀌었다. 그런데도 옛 도시의 이름이 그대로 남아서, 1453년에 이슬람 군대의 침략으로 콘스탄티노플이 함락될 때까지 이 지역에서 번창한 독특한 신학 양식에다 그 이름을 붙여 사용하게 되었다.

유스티니아누스 황제재위 527-556 때에, 비잔틴 신학은 지성적인 면에서 상당히 중요한 세력으로 부상하기 시작했다. 동방과 서방 교회의 관계가 점차 소원해지면서(이 과정은 최종적으로 분열된 1054년보다 훨씬 전에 시작되었다) 비잔틴 신학자들도 자신들이 서방 신학과

다르다는 사실을 강조하게 되었으며(그 예를 필리오케[*filioque*]와 관
련된 문제에서 볼 수 있다) 논쟁적인 저술들을 통하여 자기들의 이론
을 강화했다651-658쪽. 예를 들어, 비잔틴 신학자들은 법률적이거나 관
계적인 범주들을 사용한 서방 신학과는 달리 주로 신화(神化)deification
라는 관점에서 구원을 이해하는 경향이 있었다. 이에 더해 그들은 서
방의 가톨릭 진영에서 중요하게 생각했던 연옥 교리를 못마땅하게
여겼다. 이렇게 해서 중세에 동방과 서방 교회의 재통합을 이루고자
했던 모든 시도는 정치와 역사와 신학의 여러 요소들이 복잡하게 얽
혀 가로막히게 되었다. 콘스탄티노플이 함락되던 때에도 동방과 서
방 교회의 차이는 여전히 줄어들지 않은 상태였다.

비잔틴 신학의 독특한 성격을 파악하기 위해서는 그 신학의 전
체적인 윤곽을 살펴볼 필요가 있다. 비잔틴 신학자들은 기독교 신앙
을 체계화하는 데는 별로 관심이 없었다. 그들이 보기에 기독교 신

학은 이미 '주어진' 것이었으며, 따라서 그들이 할 일은 반대자들에 맞서 그것을 옹호하고 추종자들에게는 설명해 주는 것뿐이었다. 비잔틴 신학의 전반적인 기풍에서 볼 때 '조직신학'이라는 관념은 다소 낯선 것이었다. 다마스쿠스의 요하네스는 동방교회 특유의 신학을 통합한 책으로서 중요성을 인정받는 『정통신앙에 관하여』*On the Orthodox Faith*를 썼는데, 그조차도 사변적이거나 독창적인 사상가라기보다는 우선적으로 신앙의 주석가로 평가받고 있다.

비잔틴 신학은 아타나시우스가 『말씀의 성육신에 관하여』에서 처음으로 제시한 원리를 그대로 따르고 있다고 볼 수 있다. 그 책에서 아타나시우스는 신학을 성인들*saints*의 정신을 표현하는 것이라고 주장했다. 따라서 비잔틴 신학(그리스정교회와 러시아정교회에 속한 현대의 계승자들까지 포함하여)은 파라도시스(전통)*paradosis*라는 관념을, 그중에서도 특히 그리스 교부들의 저술을 매우 중요하게 여긴다. 니사의 그레고리우스약 335-394와 고백자 막시무스Maximus the Confessor, 약 580-662, 그리고 디오니시우스 아레오파기타Dionysius the Areopagite라는 가명으로 활동한 저술가(5세기 말과 6세기 초에 살았을 것으로 추정된다) 등이 이런 면에서 중요하다.

비잔틴 신학의 역사에서는 두 가지 논쟁이 특히 중요하다. 첫 번째는 725년에서 842년 사이에 발생한 논쟁인데, 보통 '성상파괴 논쟁'이라고 불린다. 이 논쟁은 황제 레오 3세685-741; 재위 717-741가 유대인과 이슬람교도들이 개종하는 데 성상이 장애가 된다고 판단하여 성상을 파괴하도록 결정한 일에 맞서서 터져 나왔다. 이 논쟁에서는 몇몇 중대한 쟁점들을 다루고 가장 중요한 문제로 하나님을 형상의 모양으로 나타내는 것을 성육신 교리가 어디까지 정당화할 수 있느냐의 쟁점을 다루기도 했지만, 논쟁의 성격은 다분히 정치적이었다.

두 번째는 14세기에 일어난 논쟁인데, 헤시카즘의 문제를 중심으로 다루었다. 헤시카즘•이란 신자들이 육체적인 훈련을 통해 자기의 눈으로 '신성한 빛'을 볼 수 있게 해주는 명상 방법이다. 헤시카즘

● 헤시카즘
hesychasm

침묵을 의미하는 그리스어 hēsychia에서 유래. 동방교회와 밀접한 관계가 있는 전통으로, 하나님을 뵙는 수단으로서의 '내적 고요'라는 관념을 크게 강조하였다. 특히 신신학자 시메온 (949-1022)과 그레고리우스 팔라마스(약 1296-1359) 같은 학자들과 관계가 있다.

은 '내적 고요'라는 관념을 내적으로 직접 하나님을 뵙는 수단으로 여겨 굉장히 강조하였다. 헤시카즘은 특히 신(新)신학자 시메온[949-1022]과 1347년에 테살로니카의 대주교로 선출된 그레고리우스 팔라마스 같은 학자들과 관계가 있다. 반대자들은 헤시카즘의 방법이 하나님과 피조물의 차이를 가볍게 여기는 경향이 있다고 주장하였으며 특히 하나님을 "볼 수 있다"고 말하는 데 놀라워했다.

이러한 비판에 맞서 팔라마스는 오늘날 팔라미즘Palamism이라고 알려진 교리를 발전시켰다. 이 이론은 신의 활동과 신의 본질을 구분한다. 이러한 구분을 통해 팔라마스는, 헤시카즘이 신자들로 하여금 볼 수도 없고 말로 표현할 수도 없는 신의 '본질'을 만나게 하는 것이 아니라 신의 '활동'을 만나게 하는 것이라고 주장함으로써 헤시카즘 이론을 옹호한다. 신자들이 신의 본질에 직접 접촉하는 것은 불가능하지만, 하나님이 신자들과 하나 되는 방식인 비창조적 활동에는 직접 접촉하는 것이 가능하다고 보았다.

팔라마스의 신학은 특히 평신도 신학자인 니콜라스 카바실라스 Nicholas Cabasilas, 약 1320-1390가 옹호하고 발전시켰다. 그가 지은 『그리스도 안의 삶』Life in Christ은 비잔틴 영성을 다룬 고전으로 남아 있다. 그의 저작은 근래에 들어와 블라디미르 로스키[1903-1958]와 장 메옌도르프[1926-1992] 같은 신팔라미즘 학자들에 의해 재평가되었다288쪽.

비잔틴 신학의 전성기는, 그 지역에서 기독교에 맞서 지하드(성전)jihad를 펼치던 터키의 이슬람 군대에게 대도시 콘스탄티노플이 함락된 1453년에 끝나게 된다. 이 일로 한 시대가 종말을 맞았다. 비잔티움의 멸망과 함께 정교회의 지적·정치적 지도자들이 대부분 러시아 쪽으로 넘어갔다. 러시아인들은 10세기에 비잔틴 사람들의 선교로 개종을 했으며 1054년의 대분열 때에는 그리스(동방) 편을 들었다. 15세기 말에 이르러 모스크바와 키예프는 총대교구로 확정되었으며 각각 그 나름의 정교회 신학을 형성하게 되었다. 오스만 제국에 흡수되었던 그리스가 1831년 터키의 지배에서 해방되고 나서야 비로소 이 지역에서 정교회 신학의 갱신이 이루어질 수 있었다.

이 장에서 지금까지 살펴본 자료들을 볼 때, 중세와 르네상스 기간에 서방과 동방의 기독교 신학이 크게 발전했음을 알 수 있다. 그 뒤를 잇는 신학자들은, 이 시대가 여러 가지 신학 분야에서 이정표와 같은 두드러진 지위를 차지하며 또한 이 시대의 사상가들이 영구한 중요성을 지닌다고 인정한다. 스콜라주의와 인문주의의 발전이 서방 신학의 형성에 매우 중요했듯이, 비잔틴 제국의 융성과 몰락은 그 뒤를 이어 러시아와 그리스에서 이루어진 그리스정교회의 발전을 제대로 이해하는 데 특별히 중요하다.

주요 신학자들

놀라운 창의성으로 가득했던 이 시대에 유명한 신학자들이 많이 등장하였는데, 그 가운데서도 다음에 살펴볼 사람들이 특히 중요하고 흥미롭다.

다마스쿠스의 요하네스 약 676-749

'다마스쿠스의 요하네스'Johannes of Damascus로 알려진 이 시리아 신학자는 동방교회의 가장 영향력 있는 사상가 중 한 사람이었으며 대체로 마지막 그리스 교부로 여겨진다. 그의 당시에는 이슬람이 북아프리카의 많은 지역과 지중해 동부 지역을 휩쓸고 있었고 시리아는 확고하게 이슬람의 통치를 받고 있었다. 요하네스는 다마스쿠스의 칼리프인 압둘 말렉의 집안에서 양육받았으며 자기 아버지의 뒤를 이어 칼리프를 섬기는 최고 재무 책임자가 되었다. 우리는 그에 관하여 아는 것이 별로 없으며, 신뢰성이 떨어지는 후대의 자료들을 통해 단편적인 정보를 확인할 수 있을 뿐이다. 726년에서 730년 사이의 어느 날, 그는 칼리프의 궁정에서 맡았던 직책을 포기하고 예루살렘 동남쪽에 있는 성 사바스 수도원으로 들어갔다.

그는 활동 초기에 성상파괴 논쟁에 휘말렸으며, 성상을 파괴하려는 사람들을 열렬히 반대했다. 얄궂게도 요하네스가 이슬람 궁정에서 누린 지위 때문에 비잔티움에 있던 그의 많은 적대자들은 그에 맞서 이렇다 할 조치를 취할 수 없었다. 성상 사용에 대한 그의 옹호는 성육신 교리를 바탕으로 이루어졌는데, 성육신 교리를 근거로 하나님은 자신을 드러내 보이기를 좋아하신다는 점을 입증하고, 하나님의 모습과 신적 진리들을 제시하기 위해서 물질적 형태들이 사용될 수 있다는 점을 주장했다.

요하네스의 대표적인 저술은 3부로 이루어진 『지식의 원천』*The Fountain of Wisdom*이다. 1부에서는 아리스토텔레스의 존재론이 기독교 교리를 이해하는 데 도움이 된다는 전제 위에서 그 존재론을 주로 다룬다. 2부는 이전에 에피파니우스 콘스탄치아*약 310-403*가 이단에 관해 쓴 글을 새롭게 개정한 것이다. 3부가 가장 중요하고 흥미롭다. '정통신앙에 대한 세밀한 분석'이라는 제목이 달린 3부에서는 그가 초기 사상가들에게서 받아들인, 기독교 신앙의 기본 내용들을 자세하게 논하고 있다. 이 3부는 그 자체만으로 한 권의 저술로 인정받으며, 대체로 '정통신앙'이라는 간략한 이름으로 불린다. 라틴어권과 헬라어권 기독교인들이 모두 이 책을 높이 평가했으며, 1150년에는 피사의 부르군디우스*Burgundius of Pisa, 1193 사망*가 라틴어로 번역하였다. 이 책은 페트루스 롬바르두스의 『네 권의 명제집』과 토마스 아퀴나스의 『신학대전』에도 인용되었다.

신(新)신학자 시메온 *949-1022*

시메온*Simeon the New Theologian, Symeon이라고도 쓴다*은 949년에 소아시아 파플라고니아의 부유한 가정에서 태어났다. 11살이 되자 더 나은 교육을 받기 위해 대도시인 콘스탄티노플로 옮겨갔다. 그의 부모는 아들이 정치 쪽에서 일할 것을 바랐으나, 20세 때 그는 영적인 체험을 하고 하나님과의 직접적인 만남의 중요성을 확신하게 되었다. 그 즉시 정치에 대한 꿈을 접지는 않았지만, 강력한 빛으로 생생하게 현존하는 하나님에 대한 황홀 체험은 그에게 깊고 확고한 감명을 남겨 놓았다. 27세가 되어 그는 스투디오스 수도원으로 들어가 '경건한 시메온'Symeon the Pious, 약 918-986의 영적 가르침을 받게 되고, 스승에 대한 존경의 표시로 자기 이름인 그레고리우스를 시메온으로 바꾸었다. 그 후 그는 콘스탄티노플에 있는 성 마마스 수도원으로 들어갔으며 거기서 사제로 안수 받고 마지막에는 수도원장이 되었다. 이 기간 그는 수도원의 기도와 묵상 생활을 갱신해 나갔으며, 관상 기도와 묵상의 힘을 강조하면서 다수의 영적 서적을 집필하였다.

시메온은 근대 정교회에 신학적으로 가장 중요한 영향을 끼친 한 사람으로 인정받으며 그에 따른 존경을 받고 있다. 그의 신학에서는, 지금은 전통이 된 비잔틴 교리의 많은 주제들을 다루었으며, 특히 성육신 교리를 강조하고 신화deification로서의 구속을 역설하였다. 정교회에서는 복음서 저자인 요한(동방정교회 전통에서는 '신학자 요한'이라고 부른다), 나지안주스의 그레고리우스329-389('신학자 그레고리우스'라고 부른다)와 구별하기 위해 그를 '신신학자 시메온'이라고 부른다.

캔터베리의 안셀무스약 1033-1109

안셀무스는 이탈리아 북부에서 태어났지만 얼마 안 있어 그 당시 학문의 중심지로 명성을 키우고 있던 프랑스로 이사하였다. 그는 짧은 시간에 논리학과 문법 과목을 통달하고, 노르망디의 베크 수도원에서 교사로서 큰 명성을 얻었다. 12세기의 신학적 르네상스가 시작되던 때 안셀무스는 두 가지 논의 영역에서 결정적 기여를 하였다. 하나님의 존재 증명, 그리고 그리스도의 십자가 죽음에 대한 합리적 해석이 그것이다.

『프로슬로기온』(이 단어를 다른 언어로 번역하는 것은 사실상 불가능하다)Proslogion은 1079년경에 나왔다. 이 탁월한 책에서 안셀무스는, 지고의 선이신 하나님의 존재와 속성을 믿게 해주는 논증을 제시하고자 씨름한다. 이 책에서 제시한 분석은 흔히 '존재론적 논증'ontological argument이라고 불리지만, 안셀무스 자신은 그것을 "논증"으로 여기지 않았고 "존재론적" 방식으로 진술하지도 않았다. 그의 이론을 이런 식으로 부르게 된 것은 데카르트1596-1650의 저술에서 발견된다. 안셀무스의 주장은, 만일 하나님이 "그보다 더 큰 것을 생각할 수 없는 존재"로 생각된다면, 하나님의 존재가 그 정의 안에 이미 함축되어 있는 것으로 드러난다는 의미였다. 이 증명은 처음 나왔을 때부터 논쟁거리가 되었지만, 오늘날에도 여전히 철학적 신학에서 흥미로운 요소로 다루어지고 있다. 또 『프로슬로기온』은 신학과 관련해 분명하게 이성을 강조하고 논리의 역할을 인정한다는 점에서도 중요한 가치를 지닌다. 이 책은 여러 가지 점에서 스콜라주의 신학의 진면목을 선구적으로 보여준다. 안셀무스의 '이해를 추구하는 신앙'fides quaerens intellectum이란 구절은 널리 퍼져 나가 많은 사람들이 사용하게 되었다.

노르만족의 영국 침략1066이 있은 후 1093년에 안셀무스는 캔터베리의 대주교로 초빙되며, 이렇게 해서 영국 교회에 대한 노르만 세력의 영향력을 더욱 확고히 다지게 되었다. 이때가 그의 생애에서 행복하기만 한 기간은 아니었다. 교회와 군주 사이에서 땅의 소유권을 놓고 격한 다툼이 이어졌기 때문이다. 한동안 영국을 떠나 이탈리아에서 지내는 동안, 안셀무스는 그의 저작 가운데 가장 중요한 『왜 하나님은 인간이 되셨는가』Cur Deus homo를 썼다. 이 책에서 안셀무스는 하나님이 인간이 될 수밖에 없는 필연적인 이유를 합리적으로 증명하고, 하나님의 아들이 인간의 몸을 입고 순종한 결과로 인간이 누리게 된 은혜에 대해 분석했다.

● 속죄
  atonement

윌리엄 틴데일(William
Tyndale)이 1526년에
라틴어 *reconciliatio*
를 영어로 번역하기 위해
최초로 고안한 용어다.
그 후 이 용어는 "그리스
도의 사역"이나 "그리스
도가 죽음과 부활을 통
해 신자들에게 베푸는 은
택"이라는 의미를 지니
게 되었다.

이 논증은 그리스도의 죽음과 부활의 의미, 그리고 그것이 인간
에게 지니는 중요성을 분석하는 이론인 '속죄론'●이 논의되는 곳에
서는 어디서나 근본적으로 중요하게 다루어진다. 이 논증에 대해서
는 나중에 자세히 살펴본다505-507쪽. 또 이 책은 스콜라주의의 전형적
인 특성들을 가장 잘 보여준다. 이성에의 호소, 논증의 논리적 전개,
개념들의 함의에 대한 집요한 탐구, 그리고 기독교 신앙은 원래 합리
적이며 또한 합리적인 것으로 입증될 수 있다는 기본 신념 등이 그것
이다.

토마스 아퀴나스약 1225-1274

토마스 아퀴나스는 이탈리아의 로카세카 성에서 아퀴노 랜덜프 백작
의 막내아들로 태어났다. 그의 별명이 '벙어리 황소'였던 것으로 미
루어 보건대 몸이 꽤 비만했던 것 같다. 10대 후반인 1244년에 아퀴
나스는 '설교자들의 수도회'로도 알려진 도미니크회에 들어가기로
마음먹었다. 그의 부모는 이 생각에 반대했는데, 그들의 소망은 아퀴
나스가 베네딕트 수도회에 들어가 결국은 중세 교회에서 가장 높은
직책에 속하는 몬테카시노 대수도원장이 되는 것이었다. 그의 형들
은 동생의 마음을 바꾸기 위해 가문 소유의 한 성에다가 그를 한 해
동안 가두었다. 아퀴나스는 가족의 완강한 반대를 무릅쓰고 끝내 자
신의 길로 갔으며 결국 중세의 가장 중요한 종교사상가 중 한 사람이
된다. 그의 스승 한 사람이 "저 황소가 포효하는 소리를 온 세상 사람
이 듣게 될 것이다"라고 말했다고 전해진다.

아퀴나스는 파리에서 학업을 시작했으며, 1248년에 쾰른으로
떠났다가 1252년에 신학을 공부하기 위해 파리로 돌아왔다. 4년 후에
그는 대학교에서 신학을 가르칠 자격을 획득하였다. 그 후 3년간 마태
복음에 관해 강의했으며, 『이교도 논박 대전』*Summa contra Gentiles*을 쓰
기 시작했다. 이 중요한 저술에서 아퀴나스는, 이슬람인과 유대인들

사이에서 일하는 선교사들을 위해 기독교 신앙을 옹호하는 주요한 논증들을 제시하였다. 1266년에 그는 그의 많은 책 가운데서도 가장 유명한 저작, 흔히 라틴어 제목에 따라 *Summa Theologiae*(『신학대전』)로 알려진 책을 쓰기 시작하였다. 이 저술에서 아퀴나스는 핵심적인 교리 문제들(그리스도의 신성 등)을 자세히 분석할 뿐만 아니라 기독교 신학의 핵심 요소들(신앙에서 이성이 맡는 역할 등)을 깊이 연구하였다. 이 저술은 세 부분으로 나뉘며, 두 번째 부분은 다시 둘로 나뉜다. 1부에서는 주로 창조주 하나님을 다룬다. 2부는 *prima secundae*와 *secunda secundae*로 표기된 두 부분(문자적으로는 "두 번째 부분의 첫째"와 "두 번째 부분의 둘째"를 뜻한다)으로 나뉘며 인간이 하나님께로 회복됨을 다룬다. 3부에서는 그리스도의 인격과 사역이 인간의 구원을 이루는 방식을 다룬다.

1273년 12월 6일에 아퀴나스는 이제 더 이상 글을 쓰지 않겠다고 선언했다. "내가 지금까지 쓴 모든 것이 다 지푸라기와 같다"라고 말했다. 어쩌면 과로에 의해 일종의 좌절감을 겪었을 가능성이 있다. 1274년 3월 7일에 그는 세상을 떠났다. 아퀴나스가 신학에서 이룬 주요 공헌 가운데 다음의 것들이 특히 중요하며, 이것들에 대해서는 이 책의 여러 곳에서 다루게 될 것이다.

❶ **다섯 가지 길***: 신의 존재를 증명하는 다섯 가지 방법365쪽.
❷ **유비의 원리**: 이것은 피조물을 통해 하나님을 인식하는 데 신학적인 기초를 제공한다382-387쪽.
❸ **신앙과 이성의 관계**294-297쪽.

* **다섯 가지 길**
The Five Ways
토마스 아퀴나스가 주장한 다섯 가지 '신 존재 증명'을 말한다. 경험 지식-인과관계-우연적 존재-진리와 가치-목적론적 논증.

둔스 스코투스1266-1308

둔스 스코투스Duns Scotus는 분명히 중세의 가장 탁월한 지성인 가운데 한 사람이다. 그는 짧은 삶을 사는 동안 케임브리지와 옥스퍼드,

파리 대학교에서 가르쳤으며, 『명제 주해서』^{Commentary on the Sentences}를 세 권 펴냈다. 그는 용어들이 함축하는 여러 의미들을 매우 탁월하게 구분 짓는 능력으로 인해 '명민한 박사'^{subtle doctor}라고 불렸으며, 기독교 신학에서 매우 중요한 성과를 많이 이루었다. 여기서는 그중 세 가지만 살펴본다.

❶ 스코투스는 아리스토텔레스가 세운 인식론의 옹호자였다. 중세 초기에는 이와는 다른 **조명설**(照明說)^{illuminationism}이라는 인식론이 주도하고 있었다. 히포의 아우구스티누스로 거슬러 올라가는 이 이론에서는 하나님이 인간의 지성에 빛을 비추어 주심으로써 인식이 발생한다고 보았다. 앙리 드 강^{Henry of Ghent, 약 1217-1293}과 같은 학자들이 옹호하던 이 이론에 대해 스코투스는 통렬한 비판을 퍼부었다.

❷ 스코투스는 신적 의지가 신적 지성에 우선하는 것으로 보았는데 이 견해는 흔히 **주의설**(主意說)^{voluntarism} •이라고 불린다. 토마스 아퀴나스는 신적 지성의 우위성을 주장한 반면, 스코투스는 신적 의지가 앞선다는 가정을 기초로 삼아 신학을 연구하는 새로운 길을 열었다. 한 가지 예를 들어 그 논점을 살펴본다. 공로, 곧 하나님의 상을 받을 자격으로서의 인간의 도덕적 행위라는 개념을 생각해 보라. 어떤 근거에서 이러한 결정이 이루어지는가? 아퀴나스는 신적 지성이 인간의 도덕 행위의 고유한 가치를 알아본다고 주장하였다. 그 다음에 신적 지성은 신적 의지에게 인간의 도덕 행위에 적합하게 상을 주라고 알려준다. 스코투스는 전혀 다른 주장을 펼친다. 도덕 행위를 보상하려는 신적 의지는 그러한 도덕 행위의 고유한 가치에 대한 평가가 있기 전에 이루어진다. 이 견해는 칭의 및 예정의 교리들과 관련해서 매우 중요하다. 이에 대해서는 나중에 좀 더 자세히 살펴본다_{762-764쪽}.

• 주의설
  主意說, voluntarism

하나님은 신적인 의지의 행동에 의해 어떤 행동의 공로적 가치를 판정한다는 견해. 오캄의 윌리엄은 하나님의 자유를 옹호하여, 하나님은 어떤 식으로든 인간의 행동에 합당하게 보상하는 일에서 자유로워야 한다고 주장하였다. 따라서 인간 행동의 도덕적 가치와 공로적 가치 사이에는 직접적인 관계가 없다.

❸ 스코투스는 예수의 어머니 마리아의 무흠수태* 교리를 강력
하게 옹호했다. 아퀴나스는 마리아가 인간에게 공통된 죄의
조건을 지녔다고 가르쳤다. 마리아는 그리스도를 제외한 다
른 모든 사람과 마찬가지로 죄 라틴어 macula로 더럽혀졌다는 것
이다. 하지만 스코투스는 그리스도가 완전한 구속 사역을 통
해 마리아를 원죄에 오염되지 않게 하였다고 주장했다. 중세
말에 이르러 '무흠 이론'(라틴어 immacula에서 온 말로, "죄에
서 자유로운"이라는 의미)이 우세하게 된 것은 스코투스의 영향
때문이었다.

● **무흠수태**
**immaculate con-
ception**

예수의 어머니인 마리아
가 어떤 죄에도 오염되지
않고 수태하였다는 믿음.

오캄의 윌리엄약 1285-1347

오캄의 윌리엄William of Ockham은 스코투스가 주장한 견해들을 여러 가
지 이어받아 발전시켰다고 볼 수 있다. 그중에서 특히 중요한 것은
주의설의 견해를 일관되게 옹호하면서 신적 지성보다 신적 의지를
우월하게 여겼다는 점이다. 그러나 오캄이 기독교 신학의 역사에서
중요한 지위를 확고하게 누릴 수 있었던 까닭은 그의 철학적 견해 때
문이라고 말할 수 있다. 그의 가르침 가운데서 두 가지 중요한 요소
를 살펴본다.

❶ **오캄의 면도날**: 보통 '절약의 원리'라고도 불린다. 오캄은 단순
성이 신학의 미덕이자 철학의 미덕이라고 주장하였다. 그는
이 '면도날'을 사용해서 꼭 필요하지 않은 가정들을 모두 제
거하였다. 이 사실은 그의 칭의신학에서 주요한 함의를 지닌
다. 중세 초기의 신학자들(토마스 아퀴나스도 포함된다)은, 하나
님이 죄인인 인간을 의롭게 하기 위해서는 '창조된 은총의 습
성'created habit of grace이라는 것을 도구로 삼을 수밖에 없다고
주장하였다. 창조된 은총의 습성이란 하나님이 인간의 영혼

에 주입하여, 죄인을 의롭다고 선언할 수 있게 해주는 매개적인 초자연적 실체를 말한다. 오캄은 이런 생각이 적합하지 않고 꼭 필요한 것도 아니라고 보아 거부하였으며, 칭의란 하나님이 직접 죄인을 받아들이는 것이라고 주장하였다. 하나님이 개인을 용납하는 데는 이러한 매개체가 전혀 필요 없다는 것이었다. 아퀴나스가 매개적 실체를 통해 일어나는 일이라고 생각한 것을 오캄은 '창조된 은총의 습성' 같은 매개 수단이 없이 직접적으로 발생한다고 주장하였다. 이렇게 해서 칭의를, 종교개혁에서 제안하게 되는 식으로 개인적인 관점에서 이해하는 길이 열렸다.

❷ 오캄은 유명론(唯名論)nominalism의 열렬한 옹호자였다. 그가 이런 태도를 지니게 된 한 가지 이유는 그가 사용한 면도날 때문이었다. 그는 보편universals을 전혀 필요 없는 가정이라고 단정 짓고 제거해 버렸다. 서유럽에서 '근대적 방식'이 큰 영향을 끼치게 된 것은 상당 부분 오캄의 덕택이었다. 그의 사상 가운데서 특별히 중요성을 인정받은 요소가 '하나님의 두 능력의 변증법'이다. 이 이론을 사용해서 오캄은 사물이 현재 존재하는 방식과 선택 가능했었던 존재 방식을 대조할 수 있었다. 이에 대한 자세한 논의는 다음에 살펴본다430-431쪽. 여기서는 오캄이 오늘날까지도 중요한 '하나님의 전능'에 관한 논의에 결정적인 기여를 하였다는 사실을 밝히는 것으로 충분하다.

로테르담의 에라스무스약 1469-1536

르네상스의 가장 중요한 인문주의 사상가로 인정받는 데시데리우스 에라스무스Desiderius Erasmus of Rotterdam는 16세기 전반기의 기독교 신학에 커다란 영향을 끼쳤다. 그는 자기 사상을 펼치기 위해 새로운

| 길라잡이: 시대·주제·인물로 본 기독교 신학

인쇄 매체를 활용한 최초의 신학자 중 한 사람
이었다. 에라스무스는 16세기의 종교개혁을 위
한 지적 기반을 다지는 데 큰 역할을 했으며, 특
히 최초로 헬라어 신약성서를 인쇄본으로 펴
내고106-107쪽 교부 사상가들의 많은 문헌을 출
판하는 등 광범위한 출판 활동에서 두드러졌
다. 그의 『그리스도의 군사들을 위한 지침서』
*Handbook of the Christian Soldier*는 베스트셀러가 되었
으며, 종교 출판물에서 탁월한 지표로 자리 잡
았다.

로테르담의 데시데리우
스 에라스무스(약 1469-
1536). 그는 북유럽의 르
네상스에서 주요한 역할
을 하였고, 개신교와 가
톨릭의 종교개혁 초기에
커다란 기여를 하였다.

　　그는 『그리스도의 군사들을 위한 지침서』
에서 그 시대의 교회가 힘을 모아 성경과 교부들의 저술로 돌아갈 때
에야 개혁을 이룰 수 있다는, 당시로서는 매우 파격적이고 매력적인
명제를 주장하였다. 규칙적인 성서 독서를 통해 새로운 평신도 신앙
을 열 것을 주장하고, 이러한 평신도 신앙을 기초로 교회가 개혁되고
갱신될 수 있다고 보았다. 에라스무스는 이 저술을 평신도를 위한 성
서 지침서로 여기고, '그리스도의 철학'에 대한 간단하지만 깊이 있
는 주석을 제시하고자 했다. 여기서 '철학'이란 학문적 철학이라기보
다는 일종의 실천적 도덕을 뜻한다. 신약성경은 선과 악에 대한 지식
을 가르치며, 그에 따라 성서 독자들은 악은 멀리하고 선을 사랑하게
된다. 신약성경은 '그리스도의 법'이며, 기독교인들은 여기에 순종할
의무가 있다. 그리스도는 기독교인들이 본받아야 할 모범이다. 하지
만 에라스무스는 기독교 신앙을 단순히 도덕규범을 외적으로 준수하
는 것이라고 생각하지 않았다. 그는 특히 인문주의적 관점에서 내적
종교를 강조하였으며, 그 결과로 성서 독서가 독자들을 **변화**시키고
그들에게 하나님과 이웃을 사랑하게 되는 새로운 동기를 부여해 준
다고 주장하였다.

　　에라스무스는 또한 학문적으로도 방대한 사업을 펼쳤으며, 그 가

운데 다음의 두 가지가 기독교 신학의 발전과 관련해 특히 중요하다.

❶ 최초의 헬라어 신약성경을 출판하였다. 앞서 말했듯이 이것
은 신학자들이 신약성경의 원문을 직접 다룰 수 있게 해주었
으며, 폭발적인 결과를 낳았다.
❷ 아우구스티누스의 저술을 포함해 교부들의 문서를 신뢰할 수
있는 판본으로 펴냈다. 이렇게 해서 신학자들은 '명제들'로 알
려진, 간접적이고 맥락을 무시한 인용문들을 의지하는 데서
벗어나 그 주요 문헌들의 온전한 본문을 손에 넣을 수 있게
되었다. 그 결과 아우구스티누스의 신학을 새롭게 이해하게
되었으며, 그 시대의 신학이 발전하는 데 크게 기여하였다.

─────────── 주요한 신학적 논쟁과 업적

이 기간 동안에 신학의 여러 가지 주요 쟁점들이 다시 전면으로 떠올
랐는데, 그중에서 특히 중요한 것들을 다음에서 살펴본다. 여기서는
간단히 언급하고 자세한 내용은 이 책의 뒷부분에서 다룬다.

교부시대 유산의 통합

12세기와 그 뒤를 이은 신학적 부흥기 동안에 기독교 신학자들은 교
부시대에서 유산으로 물려받은 풍부한 신학 자원들을 수집하고 통합
하는 일을 시작했다. 서방교회는 라틴어를 사용했던 까닭에, 서방 신
학자들은 자연스럽게 히포의 아우구스티누스가 저술한 중요한 저작
들로 돌아가 그것을 자신들의 신학 성찰의 출발점으로 삼게 되었다.
페트루스 롬바르두스가 지은 『네 권의 명제집』은 주로 아우구스티누
스의 저술에서 뽑아낸 인용문들('명제들')을 비판적으로 편집한 책으

로, 중세의 신학자들은 그 책에 실린 인용문들을 주석하는 것을 과제로 삼았다.

신학에서 이성이 맡는 역할에 대한 탐구

온전히 신뢰할 수 있는 기초 위에 기독교 신학을 세우려는 새로운 관심은 신학에서 이성이 어떤 역할을 하는가에 대한 진지한 탐구로 이어졌다. 바로 이것이 스콜라주의의 핵심적이고 확고한 특성이다102쪽. 중세 초기에 신학의 부흥이 이루어지면서 두 개의 주제가 신학 논의의 중심으로 떠오르기 시작했다. 하나는 기독교 신학을 **조직화**하고 **확장**할 필요성이었으며, 다른 하나는 신학의 **본질적 합리성을 입증**할 필요성이었다.

중세 초기의 신학이 대체로 아우구스티누스의 견해를 반복하는 것에 불과했지만, 점차로 아우구스티누스의 개념들을 체계화하고 더욱 발전시켜야 한다는 압력이 증가했다. 그렇다면 이 일을 어떻게 이룰 수 있겠는가? 가장 서둘러 채워야 할 것이 '방법론'이었다. 그리고 어떤 철학 체계를 기초로 삼아 기독교 신학의 합리성을 증명할 수 있는가도 문제였다.

11세기 사상가 캔터베리의 안셀무스는 기독교 신학의 합리성에 대한 신념을 두 개의 라틴어 구절로 표현하였다. 그의 독창성을 보여주는 이 두 구절은 "이해를 추구하는 신앙"*fides quaerens intellectum*과 "나는 이해하기 위하여 믿는다"*credo ut intellegam*이다. 그의 기본적인 통찰은, 신앙이 이해보다 앞서 오지만 그럼에도 그 신앙의 내용은 합리적이라는 것이다. 이렇게 정의한 공식들을 통해, 이성에 대한 신앙의 우위성, 그리고 신앙의 온전한 합리성이 확립되었다. 『모노로기온』*Monologium*의 서문에서 안셀무스는, 성서 자체를 기초로 삼아서는 성서 안의 어떤 것도 증명하지 않을 것이며 반대로 "합리적 증거와 진리의 자연적 빛"을 기초로 삼아서는 할 수 있는 한 모든 것을 입증하겠다고 분명하게 밝혔다. 그러나 안셀무스는 결코 합리주의자가 아니다. 이성에 한계를 두기 때문이다.

11세기와 12세기 초에는 철학이 두 가지 면에서 기독교 신학의 이루 말할 수 없이 소중한 자산이 될 수 있다는 확신이 점차 늘어 갔다. 첫째, 철학은 신앙의 합리성을 입증해 줄 수 있으며 따라서 기독교 밖의 비판자들에 맞서 신앙을 지켜줄 수 있다. 둘째, 철학은 신앙의 조항들을 체계적으로 연구하고 정리할 수 있는 방법을 제공하여 그 조항들을 더 깊이 이해할 수 있게 해준다. 그러면 어떤 철학인가? 이 문제는 12세기 말과 13세기 초에 아리스토텔레스의 저술들을 재발견함으로써 해결되었다. 1270년경에 이르러서는 아리스토텔레스가 '그 철학자'the Philosopher로서 우뚝 서게 되었다. 보수적 진영에 속한 사람들의 격렬한 반대가 있기는 했으나, 그의 사상이 신학적 사유를 주도하게 되었다.

토마스 아퀴나스와 둔스 스코투스 같은 사상가들의 영향으로, 아리스토텔레스의 사상이 기독교 신학을 통합하고 발전시키는 최상의 도구가 되었다. 기독교 신학의 개념들은 아리스토텔레스 철학의 명제들을 기초로 조직적으로 정리되고 체계화되었다. 또한 아리스토텔레스의 개념들을 기초로 기독교 신앙의 합리성도 입증되었다. 토마스 아퀴나스의 『이교도 논박 대전』은 이슬람 세계에 기독교 신앙의 매력을 보여줄 수 있는 신학 저술로서 탁월성을 인정받았는데, 기독교와 이슬람교가 공유하는 아리스토텔레스의 철학 사상을 근간으로 저술되었기 때문이다.

스콜라주의: 신학 체계의 발전

교부들의 유산, 그중에서도 특히 아우구스티누스의 유산을 통합하려는 노력에 대해서는 앞에서 살펴보았다100쪽. 스콜라주의의 본질이라고 할 수 있는 이 체계화에 대한 욕구는 앞에서 언급한 복잡한 신학 체계를 형성하는 결과를 낳았다. 이러한 발전을 가장 분명하게 보여주는 것이 토마스 아퀴나스의 『신학대전』일 것이다. 이 저작은 기독교 신학의 포괄적이고 종합적인 면모를 가장 확실하게 담아낸 작품에 속한다.

　이렇게 신학 체계의 중요성을 강조한 결과로 중세 후기에 여러 신학 "학파"들이 등장하였다. 특히 중요한 학파로는 토마스주의(토마스 아퀴나스의 저술에 기초한다)나 스코투스주의(둔스 스코투스의 저술에 기초한다)라고 불리는 학파들과, 오캄의 윌리엄의 사상에서 나온 "근대적 방법"*via moderna*을 기초로 삼은 학파들이 있었다.

　조화와 일관성을 강조한 이런 특성은 스콜라주의에서 매우 중요하게 여겼던 주제 가운데 하나, 곧 토론의 사용에도 반영되었다. 이것은 스콜라주의의 대표적인 저술들이 채용했던 변증법적 방법에서 볼 수 있다. 그런 저술로는 토마스 아퀴나스의 『신학대전』이나 "진리에 관한 정규토론집"과 같은 다수의 『정규토론집』을 들 수 있다. 파리 대학교에서 행한 강연들에 기초한 이 저술들에서 아퀴나스는 모든 사람이 참여하도록 질문을 제시하고 폭넓은 의견들을 정리했다. 이런 의견들을 검토한 후에 아퀴나스는 반대 의견을 제시하고 어떻게 자기 견해가 반대자들의 견해보다 더 나은지를 입증하였다. 이 과정에서는 흔히 용어들이 지니는 다양한 의미들을 구분하고, 아퀴나스 자신의 견해와 일치하는 여러 권위 있는 이론에 대한 해석을 다루었다. 이런 식의 변증법적 방법은 신학으로부터 다른 학문 분야, 예를 들어 철학과 그 당시 새로 등장하던 자연과학에로 쉽게 확장될 수 있었다.

성례전 신학의 발전

초대교회는 성례전에 관한 논의에서는 비교적 엄밀하지 못했다. '성례전'이라는 용어를 어떻게 정의하고 또 성례전에는 어떤 것들을 포함해야 하는가866-871쪽에 대해 일반적 합의가 거의 이루어지지 않았다. 대체로 세례와 성만찬이 성례전에 속한다는 데는 의견이 일치했으나 안타깝게도 그 외의 것들과 관련해서는 그러지 못했다. 그러나 중세에 들어와 신학이 부흥하게 되면서 점차 교회는 사회 속에서 중요한 역할을 담당하게 되었다. 교회의 공적인 예배 활동을 지탱하는 지적인 기반을 다지고 또 예배의 이론적 측면들을 통합하라는 새로운 압력이 교회에 가해졌다. 그 결과 이 기간 동안에 성례전 신학이 크게 발전하게 되었다. 성례전의 정의와 수, 세부적 모습들에 관해 합의가 이루어졌다.

은총 신학의 발전

아우구스티누스의 유산에서 가장 중요한 것은 '은총의 신학'이었다. 하지만 아우구스티누스가 펼친 은총의 신학은 반대자들과 뜨겁게 논쟁하는 가운데 그들의 도전과 반박에 답하고자 급하게 이루어진 것이다. 그래서 은총을 주제로 다룬 그의 저술들이 대체로 체계적이지 못했다. 아우구스티누스는 필요할 때마다 단편적인 견해를 주장했으며, 그러한 견해들을 적절한 신학적 기반 위에 체계화하는 일은 하지 못했다. 중세의 신학자들은 아우구스티누스의 은총 이론을 통합하여 신뢰할 만한 기반 위에 세우고 그 의미를 탐구하는 것이 자신들에게 맡겨진 과제라고 여겼다. 그 결과 이 기간에 은총과 칭의의 교리들이 놀랍게 발전했으며, 종교개혁 시대에 이르러 이 핵심 쟁점을 둘러싸고 논쟁이 벌어질 터전이 마련되었다.

구원 과정 속의 마리아의 역할

이처럼 은총과 칭의에 대해 새롭게 일어난 관심은 예수 그리스도의 어머니, 마리아가 구원에서 맡는 역할을 새롭게 이해하려는 노력으로 이어졌다. 마리아를 섬기는 일에 관심이 늘고 이에 더해 원죄와 구속의 본질을 다루는 깊이 있는 신학적 사변이 겹쳐지면서 마리아와 관련한 여러 가지 견해가 등장하였다. 이러한 견해 가운데 많은 것이 둔스 스코투스와 관계가 있다. 그는 마리아론(마리아를 다루는 신학 분야)Mariology을 전에 비해 훨씬 확고한 기초 위에 세운 사람으로 인정된다. 유흠론자들(모든 사람과 마찬가지로 마리아도 원죄가 있다고 주장하는 사람들)maculists과 무흠론자들(마리아는 원죄에서 보호받았다고 주장하는 사람들)immaculists 사이에서 격렬한 논쟁이 일어났다. 이에 더해, 마리아를 공동구속자coredemptrix로 볼 수 있느냐(다시 말해 예수 그리스도와 마찬가지로 마리아도 구속자로 볼 수 있느냐)를 두고 커다란 논쟁이 있었다.

르네상스: 신학 원전으로의 회귀

인문주의의 의제 가운데서 핵심 요소는 서유럽 문화의 원천인 고대 로마와 아테네로 돌아가는 것이었다. 신학 쪽에서 이에 대응하는 운동은 기독교 신학의 기초 자료들, 무엇보다도 신약성경의 자료들로 돌아가는 것이었다. 이 의제는 성경이 신학의 자료로서 근본적으로 중요하다는 것과 교부시대의 저술가들이 성서의 초기 해석자였다는 것을 인정하도록 이끌었다.

　　최초로 인쇄된 그리스어 신약성경은 1516년에 에라스무스에 의해 출판되었다. 에라스무스의 본문은 생각만큼 믿을 만한 것이 못 되었다. 사실 그는 신약성경 대부분을 담은 것으로는 겨우 네 권의 필사본을 손에 넣었고, 마지막 책인 요한계시록의 경우는 단 하나의 필사본을 얻었다. 공교롭게도 이 요한계시록 사본에는 다섯 절이 빠져 있었으며, 에라스무스는 그 빠진 구절들을 라틴어로 된 불가타 성서* 구절을 그리스어로 다시 번역해 보충해야만 했다. 그런데도 이 성서는 문학적으로 획기적인 작품으로 인정받았다. 처음으로 신학자들은 그리스어로 된 신약성서 원본과 라틴어로 번역된 불가타 성서의 본문을 비교할 수 있었다. 그들은 몇 가지 교리들이 그리스어 원

● 불가타 성서
　Vulgate

대부분 히에로니무스가 라틴어로 번역한 성경으로, 중세의 신학은 주로 이 성경을 기초로 삼았다.

본 신약성서를 잘못 번역한 라틴어 본문에 기초하고 있음을 곧바로 발견할 수 있었다.

에라스무스는 불가타역 신약성경의 몇 가지 주요한 본문들이 옳지 않음을 입증하였다. 번역상의 오류를 보여주는 전형적인 사례 두 가지를 살펴봄으로써 에라스무스의 성서 지식이 옳다는 것을 확인할 수 있다.

❶ 불가타 성서는 예수가 사역을 시작하면서 하신 말씀(마 4:17)을 "**고해하라.** 천국이 가까이 왔다"로 옮겼다. 이렇게 번역함으로써 천국의 도래가 고해성사와 의미상 직접 연결되었다. 에라스무스는 원래의 그리스어 본문은 "**회개하라.** 천국이 가까이 왔다"로 번역해야 옳다고 지적했다. 바꿔 말하면, 불가타 성서는 외적인 실천(고해성사)을 가리키는 것처럼 보이는데 반해 에라스무스는 그 본문이 뜻하는 것이 내적이고 심리적인 태도, 곧 '회개한 마음'이라고 주장했다. 이렇게 해서 중세 교회의 성례전 체계를 정당화해 주던 중요한 근거가 도전받게 되었다.

❷ 누가복음 1:28의 불가타역에 따르면 가브리엘 천사는 마리아에게 "은혜가 가득한"라틴어로 *gratia plena* 사람이라고 인사하며, 그렇게 해서 필요할 때면 언제나 끌어다 쓸 수 있는 은혜로 가득한 창고라는 이미지를 그려낸다. 그러나 에라스무스의 주장에 의하면, 이 그리스어 본문은 단순히 "은혜를 입은 사람"이나 "은혜를 받은 사람"을 뜻한다. 마리아는 다른 사람들에게 은혜를 베풀어 줄 수 있는 사람이 아니라 하나님의 은혜를 받은 사람일 뿐이다. 이렇게 해서 중세 신학의 중요한 업적을 떠받치던 성서적 기반이 인문주의의 신약성경 연구로 말미암아 크게 흔들리게 되었다.

이러한 발전의 결과로 불가타 역본의 신빙성이 무너졌으며, 훨씬 더 바르게 이해한 성서 본문을 기초로 신학을 개정하는 길이 열렸다. 또 신학과 관련해서도 성서 학문이 중요하다는 사실이 확인되었다. 신학은 잘못된 번역을 근거로 해서는 결코 온전할 수 없다! 이렇게 해서 1520년대부터 기독교 신학에서 성서학 연구가 지극히 중요한 역할을 한다는 점이 인정받기 시작했다. 이 점은 또 종교개혁의 신학적 관심사와도 연결되는데, 이에 대해서는 다음 장에서 살펴본다.

다음 장에서 우리는 '종교개혁'이라고 알려진 운동에 대해 살펴보게 된다. 로마가톨릭과 개신교를 아우르는 근대 서구 기독교의 독특성을 잘 보여주는 것이 바로 종교개혁이라고 말할 수 있다.

돌아보는 질문

❶ 중세와 르네상스 시대에 서방교회 신학자들이 주로 사용한 언어는 무엇인가?

❷ "인문주의자들은 고대 로마 시대를 연구하는 데 관심이 깊었던 사람들이다." 이 문장이 뜻하는 것을 구체적으로 설명하라.

❸ 스콜라주의 신학의 주요 특징들은 무엇이었는가?

❹ 성상파괴 논쟁에서 중심에 놓였던 쟁점은 무엇인가?

❺ 중세 시대에 성례전 신학에 그렇게 관심이 컸던 이유를 무엇이라고 생각하는가?

❻ 라틴어로 *ad fontes*라는 표어가 뜻하는 것은 무엇인가?

종교개혁 시대

: 약 1500년-1750년

03

기독교 신학은 중세를 거치며 커다란 발전과 변화를 이루었다. 중세 절정기에 이르러서는 기독교 신학에서 매우 중요한 여러 가지 업적이 이루어졌다. 그중에서 특히 토마스 아퀴나스[약 1225-1274]의 신학은 오늘날까지도 널리 논의되고 있다. 그러나 중세 말기에 이르러 변화의 압력이 나타났다. 르네상스가 힘을 얻으면서 신학 교육과 학문적 탐구가 이루어지던 많은 중심지를 휩쓸었고, 새로운 신학 패러다임과 표현방식에 대한 요구가 거세지게 되었다. 인문주의 저술가들은 복잡한 스콜라주의 사상을 싫어했으며, 신약성서 및 히에로니무스[약 347-420]나 아우구스티누스[354-430] 같은 주요한 교부 사상가들의 저술을 직접 다루기를 선호하였다. 기독교 신학의 방법과 개념과 용어들에서 주요한 전환이 이루어질 무대가 서유럽에 조성되었다. 역사적으로, 이 패러다임 전환은 16세기 초에 발생하기 시작하였다. 이 운동은 복합적인 성격을 지녔지만, 지금은 일반적으로 '종교개혁'이라는 한 단어로 부른다.

'종교개혁'이라는 용어는 다양한 의미를 가지고 있고, 그것을 구분할 줄 아는 것이 도움이 된다. 신학과 교회사에 관한 많은 저서는 그 용어를 다음과 같은 네 가지 요소를 묶은 의미로 사용한다. 루터교, 개혁주의 교회(흔히 칼뱅주의라고 부른다), '급진적 종교개혁'(지금까지도 흔히 '재세례파'라고 부른다), 그리고 '반종교개혁' 또는 '가톨릭 종교개혁'이 그것이다. 넓은 의미에서 '종교개혁'이라는 용어는 이 네 가지 운동 전체를 가리키지만, 보통 특별히 이 시기에 일어난 개신교* 운동들을 지시하는 데 사용된다. 최근의 연구는 '종교개혁들'이라는 복수형을 사용하기도 하는데, 이것은 종교개혁 운동이 다채로운 면모를 갖는다는 점을 강조한다.

역사가들은 이 시대의 특징을 이루는 중요한 현상으로, 사회 정치적인 부분까지 미친 종교개혁의 여파, 특정 종파를 따라 분열된 유럽의 탄생, 세속정부와 교회의 권력자들이 종교적·사회적·성적 기강을 강화한 일, 근대적 형태의 자본주의의 등장, 종교전쟁의 발발을 든다. 그러나 이 시기는 근대 기독교 신학의 발전에 주축이 된 중요한 시대이기도 하다. 이번 장은 이 점을 밝힐 것이다. 기독교의 새로운 형태들이 등장하면서 여러 가지 근본적인 물음들이 제기되었다. 교회의 본질, "구원"에 이르기 위해 필요한 것(그리고 이 문제를 논하는 데 사용할 수 있는 언어), 신학적 권위의 자리, 기독교인의 삶과 사고에서 전통의 역할, 그리고 무엇보다도 성서 해석의 방법과 같은 문제들이었다. 서유럽에서 이처럼 불안정하고 혼돈스런 기간에 신학적인 논쟁과 충돌이 난무하였으며, 이것은 그 이후의 시대에 신학 논쟁이 터져 나오는 데 커다란 영향을 끼쳤다.

이번 장에서는 이 시기 끝 무렵에 서유럽의 기독교(주로 개신교)가 유럽이라는 터전에서 "신세계"로 옮겨가면서 발생한 여러 가지 발전적 결과에 대해서도 살펴본다. 기독교 신학은 서서히 서유럽의

● 개신교
복음주의, evangelical

처음에는 1510년대와 1520년대에 독일과 스위스에서 두드러졌던 개혁운동들을 가리켰으나, 지금은 주로 영어권 신학에서 성경의 절대적 권위와 그리스도의 대속적 죽음을 크게 강조하는 운동을 가리킨다.

전진기지를 넘어 전 세계적 현상으로 확장했고, 이 발전은 최종적으로 근대라는 시대 안에 터를 발견하고 정착하였다. 이것은 다음 장에서 다루게 될 것이다.

프로테스탄트 종교개혁에 대응해 가톨릭교회는 내부를 단속하고 질서를 다지는 쪽으로 나아갔다. 프랑스와 독일 사이의 긴장으로 빚어진 유럽의 정치적 불안 때문에 1530년대 말과 1540년대 초에는 공의회를 소집하지 못했다. 그러나 당시의 교황 바오로 3세 1468-1549는 마침내 트리엔트 공의회 1545를 소집할 수 있었다. 이 공의회는 가톨릭 사상과 실천 규정을 명료하게 다듬고 경쟁자인 종교개혁파 사람들에 맞서 그것들을 옹호하려고 애썼다. 이것은 지금까지도 가톨릭 사상의 지표로 남아 있다.

이어질 본문에서 우리는 "종교개혁 시대" 내부에 나타난 6가지의 주요 운동들을 살펴보고, 그것들이 가진 신학적 중요성 가운데 일부를 설명할 것이다.

독일의 종교개혁: 루터교회

루터파 종교개혁은 독일 지역을 중심으로 일어났으며, 마틴 루터 1483-1546라는 카리스마 넘치는 인물의 권위 있고 설득력 있는 인격의 영향을 크게 받았다. 루터는 칭의 교리에 큰 관심을 기울였으며, 이 교리는 그의 종교사상의 핵심이 되었다. 루터의 종교개혁은 처음에는 주로 비텐베르크 대학의 신학 교육을 개혁하는 데 관심을 둔 학문적 운동이었다. 비텐베르크 대학은 그리 뛰어난 학교가 아니었고, 루터와 그의 신학부 동료들이 펼친 개혁활동은 이렇다 할 관심을 얻지 못했다. 이러한 운동이 큰 관심을 끌고 비텐베르크 대학에서 나누던 생각들이 많은 대중의 주목을 받게 된 것은 루터의 개인적인 활동 덕분이었다. 그 대표적인 예가 로마의 성 베드로 대성당을 재건축하는 자금을 모으고자 면벌부를 판매한 일에 항거하여 유명한 '95개 논

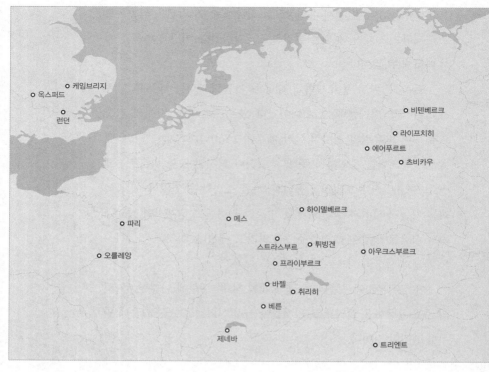

유럽 종교개혁 당시 신학과 교회 활동의 중심 지역들

제'를 게시한 일[1517. 10. 31]이었다.

　　사실상 루터의 종교개혁은 그가 바르트부르크의 은신 생활에서 비텐베르크로 돌아온 1522년에 시작되었다. 루터는 1521년 보름스 의회에 의해 '거짓 교리'를 편 죄로 유죄 판결을 받았다. 그의 생명을 염려한 높은 지위에 있던 지지자들이 아이제나흐의 바르트부르크 성에다 그를 비밀리에 피신시켜 안전에 대한 위협이 사라질 때까지 머물게 하였다. 그가 없는 동안에, 루터의 학문적 동료였던 칼슈타트 Andreas Bodenstein von Karlstadt가 혼란에 빠져들던 비텐베르크에서 개혁 활동을 시작하였다. 종교개혁이 칼슈타트의 어리석음 때문에 무너지는 것을 막기 위해서는 자신이 필요하다고 확신한 루터는 안전한 피난처를 박차고 나와 비텐베르크로 돌아왔다.

이 무렵에 루터의 학문적 개혁 프로그램은 교회와 사회를 개혁하는 프로그램으로 바뀌었다. 루터의 활동 무대는 이제 더 이상 대학이라는 관념 세계가 아니었다. 이제 그는 자신이 종교적·사회적·정치적 개혁운동의 지도자로 인정되고 있음을 알았으며, 그 시대의 많은 사람들이 이 운동을 유럽에서 새로운 사회·종교적 질서를 여는 길로 생각하였다. 사실 루터의 개혁 프로그램은 울리히 츠빙글리[1484-1531] 같은 동료 개혁자들이 펼친 프로그램과 비교해서 훨씬 보수적인 것이었다. 게다가 그의 개혁 프로그램은 사람들이 예상했던 것에 훨씬 못 미치는 성공을 거두었다.

프로테스탄트 종교개혁자 마틴 루터(1483-1546). 그는 초기의 종교개혁에서 주도적인 역할을 하였으며 종교개혁의 독특한 신학 이론이 발전하는 데 크게 기여하였다.

루터의 운동은 독일 지역에만 묶여 있었고, 외국에서는 스칸디나비아로 퍼져 나간 것을 제외하면, 다 익은 사과처럼 품 안으로 굴러떨어질 듯했던 지역들이 전혀 이 운동을 지지해 주지 않았다. 루터가 생각했던 '경건한 군주'(이것은 사실상 교회에 대한 군주의 통제권을 인정하는 것이었다)라는 역할은 기대했던 만큼 인기를 얻지 못했던 것으로 보이는데, 특히 칼뱅[1509-1564] 같은 개혁 사상가들이 퍼뜨린 공화주의적인 정서에 비추어 볼 때 그랬다. 영국이 그에 대한 분명한 사례가 된다. 저지대 국가들처럼 영국에서 우세했던 프로테스탄트 신학은 루터주의가 아니라 개혁주의였다.

스위스의 종교개혁: 개혁교회

개혁교회(장로교회가 여기 속한다)를 낳은 스위스 종교개혁은 16세기 초에 스위스 연방[라틴어 *Confederatio Helvetica*] 내에서 이루어진 발전에 뿌리를 두고 있다. 독일의 종교개혁이 주로 학문적인 맥락에서 시작되었던 데 반해, 개혁교회는 성경의 모범을 따라 교회의 도덕과 예배를 개혁하려는 다양한 노력들(교리의 개혁을 필수적인 것으로 보지는 않았다)에서 시작되었다. 이 종교개혁에 명확한 형태를 제공한 사람은 장 칼뱅John Calvin, 1509-1564이지만, 그 시작은 스위스의 주요 도시 취리히에서 활동한 울리히 츠빙글리Huldrych Zwingli, 1484-1531와 하인리히 불링거Heinrich Bullinger, 1504-1575 같은 초기 개혁자들이 이끌었음을 기억할 필요가 있다.

츠빙글리 같은 초기 개혁주의 신학자들은 대개 학문적인 배경에서 출발했으나, 그들의 개혁안은 본질상 학문적인 것이 아니었다. 그 개혁안들은 스위스의 취리히, 베른, 바젤 같은 도시의 교회들을 대상으로 실행되었다. 루터는 자신의 사회·종교적 개혁 작업에서 칭의론이 핵심이 된다고 확신했는 데 반해, 초기 개혁주의 사상가들은 특정한 교리는 물론 교리 자체에도 별로 관심이 없었다. 그들의 개혁안은 주로 제도 및 사회, 윤리의 문제와 관계가 있었으며, 여러 가지 점에서 인문주의 운동에서 나온 개혁 요구들과 비슷했다.

개혁교회가 확립된 과정은 대체로 츠빙글리가 전투 중에 사망1531한 후 그의 계승자 하인리히 불링거의 지도로 취리히 종교개혁이 안정된 때로부터 시작해, 1550년대에 제네바가 이 운동의 본거지가 되고 장 칼뱅이 이 운동의 핵심 대표자로 등장하게 된 일로 끝났다고 평가된다. 1520년에서 1560년 사이에 개혁교회 내에서 점진적으로 권력 이동이 이루어졌으며(처음에는 취리히에서 베른으로, 나중에는 베른에서 제네바로), 마침내 제네바와 그 도시의 정치체제(공화주의) 및 종교사상가들(처음에는 칼뱅, 그의 사후에는 테오도르 베자1519-1605)이 개혁교회 내에서 주도권을 쥐게 되었다. 이러한 발전은 개혁주의 목회자들을 훈련하는 제네바 아카데미의 설립1559을 통해 확고하게 다져졌다. 나폴레옹 전쟁의 여파로 1814년 제네바가 스위스에 합병되었지만, 종교개혁 시대에 그 도시는 독립 도시였다. 이 사실에서 알 수 있는 것은 오늘날 '스위스 종교개혁'이라는 용어를 사용하는 것이 부정확하고 시기에 대한 혼동을 낳을 수도 있다는 점이다.

개혁교회의 종교 사상을 가리키는 말로 보통 '칼뱅주의'라는 말이 사용된다. 종교개혁과 관련된 문헌에서는 여전히 널리 발견되지만 이러한 관행은 이제 대체로 외면당하고 있다. 16세기 후반의 개혁주의 신학은 칼뱅의 사상보다는 다른 자료들을 근거로 삼았다는 사실이 점점 더 확실해지고 있다. 16세기 후반과 17세기의 개혁주의 사상을 가리켜 '칼뱅주의'라고 부르는 것은 그것이 본질상 칼뱅의 사상이라는 의미인데, 이제는 칼뱅의 사상이 그의 계승자들에 의해 교묘하게 수정되었다는 사실이 대체로 인정되고 있다. 오늘날에 와서는, 칼뱅의 유명한 교재인 『기독교 강요』 *The Institutes of the Christian Religion*나 이 책에 기초한 교회 문헌들(1563년의 『하이델베르크 교리문답』이 그 예다)을 터전으로 삼았던 종교사상가들(테오도르 베자, 윌리엄 퍼킨스, 존 오웬과 같은 이들)이나 당시의 교회들(주로 스위스와 저지대 국가들, 독일의 교회들)을 가리키는 말로 주로 '개혁주의'* 라는 용어가 사용된다.

● **개혁주의**
Reformed

장 칼뱅(1509-1564)과 그의 계승자들의 저술에서 영감을 받은 신학 전통. 문헌 속에서 '칼뱅주의'라는 말이 자주 나타나지만, 오늘날에는 이 말 대신에 개혁주의라는 말을 더 즐겨 사용한다.

급진 종교개혁: 재세례파

'재세례파' *Anabaptist* 라는 말은 문자적으로 "다시 세례를 주는 자"를 뜻하며, 재세례파의 실천 가운데서 가장 두드러진 특징이라고 할 수 있는, 공개적으로 자신의 신앙을 고백한 사람만이 세례를 받아야 한다는 주장을 가리킨다. 재세례파는 처음에 취리히 근처에서 나타났는데, 1520년대 초반 이 도시에서 일어난 츠빙글리의 종교개혁의 여파로 발생한 것으로 보인다. 츠빙글리가 자신이 내건 개혁원리에 충실하지 못하다고 주장한 일단의 사람들—그들 가운데 한 사람이 콘라트 그레벨 *Conrad Grebel, 약 1498-1526*이다—을 중심으로 재세례파가 형성되었다. 츠빙글리는 설교하는 것과 행동이 서로 달랐다는 것이다. 그레벨은, 츠빙글리가 "오직 성서로만" 라틴어 *sola scriptura*이라는 신학적 원리를 따른다고 고백하면서도 유아세례라든가 교회와 세속정부의 결탁, 기독교인의 전쟁 참가처럼 성경이 허용하거나 명령하지 않는 많은 관례들을 존속시켰다고 보았다. 그레벨 같은 사상가들은 "오직 성서로만"의 원리를 철저하게 적용하여, 개혁파 기독교인들은 성서에서 분명하게 가르치는 것만을 믿고 실천해야 한다고 외쳤다. 이 일에 크게 놀란 츠빙글리는 이 운동이 취리히의 개혁교회를 그 역사적 뿌리인 과거 기독교 전통에서 단절시키려고 위협하는 파괴적인 현상이라고 주장하였다.

다양한 형태로 갈라진 재세례파 운동들 속에서 몇 가지 공통된 요소를 찾아볼 수 있다. 외적 권위에 대한 전반적인 불신, 성인 신자의 세례를 옹호하고 유아세례를 거부함, 재산의 공동 소유, 평화주의와 무저항에 대한 강조 등이 그것이다. 이 가운데서 세 번째 요소를 살펴보자. 1527년에, 취리히와 베른, 장크트갈렌의 정부들은 재세례파 사람들이 "참된 기독교인은 자본금을 기초로 이자나 수익을 주고받아서는 안 되며, 또한 현세의 모든 물질은 자유롭게 공동으로 나누며 누구나 그것들에 대해 온전한 권리를 갖는다"라고 믿는다는 이유로 그들을 고발하였다.

이런 사실을 근거로 흔히 재세례파를 '종교개혁 좌파'(롤란드 H. 베인튼)나 '급진 종교개혁'(조지 헌스턴 윌리엄스)이라고 부른다. 윌리엄스는 '급진 종교개혁'을 '제도권 종교개혁'magisterial Reformation과 대비시키는데, 그는 루터파와 개혁파의 개혁운동을 하나로 묶어 넓은 의미로 제도권 종교개혁이라고 보았다. 이 용어들은 종교개혁을 연구하는 학계에서 점차 수용되고 있다.

영국의 종교개혁: 성공회

영국의 종교개혁은 대륙에서 일어난 개혁운동과는 조금 다른 모습으로 나타났다. 교회 내에 개혁을 향한 요구가 어느 정도 널리 퍼져 있기는 했지만 개혁을 주도한 세력은 1509년에 왕위에 오른 헨리 8세

¹⁴⁹¹⁻¹⁵⁴⁷였다. 1527년 헨리 8세는 아라곤의 캐서린과의 결혼을 무효로 하기 위한 첫 조처를 취했다. 이 결정은 잉글랜드의 왕위 계승권을 지키려는 헨리의 열망에서 나온 것이었다. 캐서린과의 결혼에서 얻은 자식은 딸인 메리 튜더뿐이었으며 헨리는 아들을 상속자로 삼기 원했다. 교황은 이 결혼을 무효로 하기를 거부했으며, 따라서 재혼할 길이 막혀 버렸다.

그 결과 헨리는 영국에서 교황의 권위를 제한하는 쪽으로 움직이게 되었다. 헨리는 영국에서 교황의 권위 대신에 자신의 권위를 세우는 정책으로 서서히 바꾸어 갔던 것으로 보인다. 영국 국교회의 설립은 바로 이러한 계획의 일부였다. 헨리는 교리나 신학의 문제에는 별로 관심이 없었으며 주로 종교와 정치를 둘러싼 권력의 실제적 문제들에 온 관심을 기울였던 것으로 보인다. 그는 토머스 크랜머 Thomas Cranmer, 1489-1556를 캔터베리 대주교로 임명하였으며, 이 일은 프로테스탄트의 영향이 적지 않게 영국 교회에 흘러드는 결과를 낳았다.

1547년에 헨리가 사망하자 그의 아들 에드워드 6세¹⁵³⁷⁻¹⁵⁵³가 왕위를 계승하였다. 에드워드는 왕이 되었을 때 겨우 아홉 살이었으며 따라서 실제 권력은 그의 고문들이 휘둘렀는데, 이들은 대체로 개신교를 크게 옹호한 사람들이었다. 에드워드의 치세에도 대주교의 직책을 유지한 크랜머는 프로테스탄트 형식이 강조된 공식 예배를 도입하였으며 주요한 프로테스탄트 사상가들(마틴 부처, 피에트로 마르티레 베르밀리 같은 사람들)을 영국에 정착시켜 종교개혁을 신학적으로 지원하도록 하는 일에 힘을 쏟았다. 그러나 뜻밖에 에드워드가 1553년에 일찍 사망하였으며, 그로 인해 나라는 종교적인 혼란에 빠져들었다.

에드워드의 뒤를 이어 메리 튜더¹⁵¹⁶⁻¹⁵⁵⁸가 왕이 되었는데, 그녀는 철저히 가톨릭에 공감하는 사람이었다. 메리는 개신교를 억압하는 여러 조치들을 실행하였으며 가톨릭교회를 회복시켰다. 몇 가지 조치는 심각한 반발을 불러일으켰으며, 그중에서 가장 심한 것은 1556년에 토머스 크랜머를 옥스퍼드에서 공개적인 화형에 처한 일이었다. 크랜머를 대신해 온건파 가톨릭 사람인 레지널드 폴Reginald Pole이 캔터베리 대주교가 되었다. 1558년에 메리가 죽었을 때 가톨릭교회는 아직 완전히 회복되지 못한 상태였다.

엘리자베스 1세1533-1603가 배다른 자매의 뒤를 이어 왕이 되었으나, 그녀의 종교 정책은 어떤 모습으로 나타날지 불분명한 상태였다. 마침내 엘리자베스는 복합적인 정책을 실시했다. 그것은 프로테스탄트와 가톨릭 사람들을 모두 만족시키는 한편 종교의 문제와 관련해 최고의 권위를 여왕에게 부여하는 것을 목적으로 삼았던 것으로 보인다. 이른바 '엘리자베스의 타협 정책'1558-1559을 통해 영국의 국가교회로 개혁 성공회를 세웠으며, 프로테스탄트식의 신앙 조항들에다 가톨릭 성격이 강한 전례를 덧붙여 받아들였다. 이러한 결과에 만족하는 사람은 아무도 없었으며, 많은 사람들이 그것을 두고 타협이라고 생각했다. 그렇지만 이로써 영국은 종교 갈등의 시대를 끝내고 그 당시 유럽 곳곳에서 들끓고 있던 심각한 종교 투쟁을 피할 수 있었다.

가톨릭 종교개혁

오늘날 이 용어는 대체로 트리엔트 공의회가 시작된 1545년 이후의 기간에 가톨릭교회 내에서 일어난 부흥운동을 가리킨다. 예전의 학문 저술들에서는 이 운동을 가리켜 흔히 '반종교개혁'Counter-Reformation이라고 부르는데, 이 말대로 가톨릭교회는 프로테스탄트 종교개혁의 영향을 차단하기 위하여, 그것에 맞서 싸우는 수단을 발전시켰다. 하지만 또 한편으로 가톨릭교회는 프로테스탄트가 비판을 제기할 수 있는 근거를 제거하고자 내부에서부터 자신을 개혁함으로써 종교개혁에 대응했다는 사실도 점차 분명해지고 있다. 이런 의

1545년에 시작된 트리엔트 공의회는 가톨릭교회를 개혁하고 신학적 기초를 강화하는 데 큰 역할을 하였다.

미에서 볼 때, 이 운동은 프로테스탄트 종교개혁에 대한 반동일 뿐만 아니라 그에 못지않게 가톨릭교회 자체의 종교개혁이었다고 할 수 있다.

북유럽에서 일어난 프로테스탄트 종교개혁의 바탕을 이루었던 것과 동일한 관심사가 가톨릭교회, 특히 스페인과 이탈리아 가톨릭교회로 흘러들어 와 갱신운동으로 이어졌다. 가톨릭 종교개혁을 선두에서 이끌었던 트리엔트 공의회는 혼란을 낳는 많은 문제들에 대해 가톨릭교회의 가르침을 명료하게 밝혔으며, 또 성직자의 행실과 교회의 질서, 종교 교육, 선교 활동과 관련해서도 시급한 개혁을 시작하였다.

교회 내부의 개혁운동은 오래된 여러 수도회들을 개혁하고 새 수도회들(예수회가 한 예다)을 설립함으로써 크게 탄력을 받았다. 가톨릭 종교개혁의 신학적인 면모에 관해서는 성서와 전통, 이신칭의, 성례전에 대해 가르쳤던 내용을 통해 살펴볼 수 있을 것이다. 가톨릭 종교개혁의 결과로, 처음에 개혁을 부르짖는 원인이 되었던 많은 문제점들 — 인문주의자들과 프로테스탄트 양쪽에서 제기한 — 이 제거되었다.

가톨릭 교회 내부의 개혁을 위한 이 운동은 루터와 칼뱅 같은 프로테스탄트 저자들의 견해를 드러내어 신학적으로 논의하는 작업을 동반했다. 이러한 새로운 신학적 확신은 로베르토 벨라르미노[1542-1621] 등의 많은 저자의 작품에서 분명히 나타난다. 그 확신은 또한 페트루스 카니시우스[1521-1597]의 『기독교 교리의 전체』[1555]와 같은 대표작을 포함하여 그 시대에 풍성하게 발전하던 교리문답 문서들에도 반영되었다.

제2차 종교개혁: 교파화 과정

오늘날 대체로 '제2차 종교개혁'으로 알려진 이 기간에는 프로테스탄트 운동 초기에 거둔 성과와 깨달음을 확고하게 다듬는 노력이 이루어졌다. 그리고 기독교 신학을 체계화하는 여러 노력을 통해 개혁자들의 통찰들을 통합하고 정리했다. 이 과정은 흔히 '교파화 과정'confessionalization 이라고 불리는데, 이것은 곧 아우크스부르크 신앙고백[1530]과 같은 '신앙고백들'을 앞세워 자신의 정체성을 밝히는 형태로 교회들이 발전했음을 의미한다. 프로테스탄트 운동의 힘이 커지면서 여러 개신교 집단 사이에서, 특히 루터파 교회와 개혁파 교회 사이에서 긴장이 점차 커지게 되었으며, 마침내는 앞서 일어난 개신교와 가톨릭 사이의 긴장에 못지않게 되었다.

1560년대에, 칼뱅주의*가 지금까지 루터파가 장악했던 지역을 크게 잠식하기 시작하면서 독일의 상황은 훨씬 더 복잡하게 되었다. 바로 그 지역에 이제 세 개의 주요 기독교 교파, 곧 루터파와 칼뱅파와 가톨릭교회가 굳건히 자리 잡았다. 세 교파 모두 자신의 정체성

● **칼뱅주의**
 Calvinism

전혀 다른 두 가지 의미로 사용되는 애매한 용어다. 첫째, 이 말은 장 칼뱅이나 그의 저술에 큰 영향을 받은 종교 단체(예를 들면 개혁주의 교회)와 개인(예를 들면 테오도르 베자 등)의 사상을 가리킨다. 첫 번째 의미는 장 칼뱅 자신의 사상을 가리킨다. 둘째, 이 말은 장 칼뱅 자신의 사상을 가리킨다. 첫 번째 의미가 훨씬 더 널리 사용되기는 하지만 이 용어가 잘못된 것이라는 인식이 늘고 있다.

을 확고히 다지고 각각 경쟁 상대로부터 자신을 구분해야 한다는 커다란 압박감을 느꼈다. 루터파•는 자신들이 칼뱅파 및 가톨릭과 어떤 면에서 다른지를 설명해야 했다. 신학은 이러한 차이점들을 밝히고 "우리는 이것을 믿으나 그들은 저것을 믿는다"라고 해명할 수 있는 가장 믿을 만한 방법이 교리라는 것을 확인하였다. 새롭게 교리를 강조하는 일이 두드러졌던 1559년에서 1622년 사이의 기간을 가리켜 일반적으로 '정통주의 시대'라고 부른다. 프로테스탄트와 가톨릭이 모두 자기 이론 체계의 합리성과 세련됨을 입증하려고 노력하면서 양 진영의 신학에서 새로운 형태의 스콜라주의가 발전하기 시작했다.

● 루터주의
Lutheranism

마틴 루터와 관련된 기독교사상으로, 특히 '소교리문답'(1529)과 '아우크스부르크 신앙고백'(1530)에 잘 나타나 있다.

종교개혁 이후의 운동들

프로테스탄트와 가톨릭 양쪽의 종교개혁은 뒤이어 신학을 강화하는 기간으로 이어졌다. 루터파와 개혁파(또는 '칼뱅파')의 프로테스탄티즘에서는, 교리를 정의하고 그 표준을 정하는 일을 중요하게 여긴 '정통주의' 시대가 열렸다. 청교도주의•는 이렇게 교리를 강조하는 흐름에 공감하기도 했으나, 그보다는 영적이고 목회적인 적용을 더 강조하였다. 이와는 달리 경건주의는 교리를 강조하는 데 반감을 품었으며, 교리적 정통성에 대한 강조가 신자들에게 필요한 '활기찬 신앙'을 가려 버린다고 여겼다. 트리엔트 공의회 이후의 가톨릭주의에서는, 프로테스탄티즘은 혁신적인 것이며 그러므로 이단적 교설이라고 주장하면서 가톨릭 전통의 연속성을 한층 더 강조하였다.

● 청교도주의
Puritanism

16세기 후반에 영국에서 영어권 세계를 대표하는 유명한 신학이 등장했다. 청교도주의는 신앙의 경험적 측면과 목회적 측면을 특히 강조한 개혁파 정통주의의 한 형태라고 보는 것이 가장 타당할 것이다.

가톨릭주의의 강화

트리엔트 공의회 1545-1563에서 가톨릭교회는 종교개혁에 대한 태도를 명확히 밝혔다. 이 공의회가 낳은 주요한 결과는 다음과 같이 요약할 수 있다. 첫째, 공의회는 애초에 종교개혁이 일어나는 데 적지 않은 원인으로 작용했던 교회 내의 문제점들을 개선했다. 교회 내의 부패와 폐해를 차단하기 위한 조치들이 취해졌다. 둘째, 공의회는 종교개혁으로 인해 논쟁거리가 된 기독교 신앙의 핵심 주제들에 대해 가톨릭의 체계적인 가르침을 확정했다. 성서와 전통의 관계, 칭의론, 성례전의 본질과 역할 등의 문제였다. (트리엔트 공의회에서는 그리스도론이나 삼위일체론 같은 문제들은 논하지 않았는데, 그 까닭은 이것들이 프로테스탄트와 다툰 논쟁의 주제가 아니었기 때문이다.) 이렇게 해서 가톨릭주의는 이제 프로테스탄트 쪽 반대자들의 도전에 맞설 만반의 준비를 갖추었다. 16세기의 마지막 10년 동안, 가톨릭교회는 프로테스탄티즘에 맞서 일관되고 확신에 찬 비판을 가했다.

이러한 새로운 자신감을 가장 잘 보여주는 한 가지 표지를 가톨릭의 교부학 연구에서 찾아볼 수 있다. 프로테스탄트가 교부시대에 호소했던 것은 처음에 매우 효과가 있어서, 16세기 중반의 가톨릭 학자들 가운데는 아우구스티누스 같은 교부 사상가들이 실제로 프로테스탄트의 원조였다고 생각하는 이들도 있었다. 그러나 16세기 후반 30여 년 사이에, 가톨릭 학자들은 교부 사상가들과 자신들이 연속성을 지닌다는 점을 점차 확신하게 되었다. 이러한 연속성을 밝혀낸 가장 중요한 저술이 마르그랭 드 라 비뉴^{Marguerin de La Bigne}가 1575년에 2절판으로 펴낸 8권짜리 『교부 총서』^{Library of the Fathers}다. 이어서 앙투안 아르노와 같은 이들도 저술 활동을 통해 크게 기여하였다.

이처럼 새롭게 가톨릭 전통의 연속성을 확신하게 됨으로써 가톨릭교회의 가르침이 불변성을 지닌다는 점을 더욱 분명하게 강조할 수 있게 되었다. 자크 베니뉴 보쉬에^{Jacques-Bénigne Bossuet, 1627-1704}는 자신의 책 『프로테스탄트 교회 변동사』^{History of the Variations of the Protestant Churches}에서 교회의 가르침은 시대가 흘러도 변하지 않고 동일하다고 주장하였다. 사도들은 자기 계승자들에게 확정된 진리 체계를 전해 주었으며, 이 진리 체계는 세대를 이어가면서 보존되어야 한다. 그러나 프로테스탄트 사람들은 혁신적인 것을 끌어들이거나 교회의 핵심적인 가르침의 일부를 부정함으로써 그 가르침에서 이탈했다. 따라서 그들은 정통으로 인정받을 권리를 상실했다.

> 교회의 가르침은 언제나 동일하다.……복음은 결코 최초의 모습에서 달라질 수 없다. 따라서 만일 어떤 사람이, 예전에는 '신앙에 속하는 것'이라고 보지 않던 것을 신앙에 속한다고 주장한다면 그것은 이단의 교설이요 정통과는 전혀 다른 것이다. 거짓 가르침이나 그와 관련된 주장을 분별하는 것은 어렵지 않다. 그런 것은 언제나 새로운 까닭에, 고개를 내미는 순간 즉시 확인할 수가 있다.

이렇게 해서 라틴어 구호, 셈페르 에아뎀(언제나 동일한)*semper eadem*이 프로테스탄티즘에 맞서는 가톨릭의 반론에서 매우 중요한 요소가 되었다. 보쉬에가 볼 때 프로테스탄티즘은 하나의 혁신이며, 그런 까닭에 이단에 속한다는 것을 어렵지 않게 입증할 수 있었다.

청교도주의

16세기 후반에 영국에서 영어권 세계를 대표하는 유명한 신학이 등장했다. 청교도주의는 신앙의 경험적 측면과 목회적 측면을 특히 강조한 개혁과 정통주의의 한 형태라고 보는 것이 가장 타당할 것이다. 대표적인 청교도 신학자들인 윌리엄 퍼킨스William Perkins, 1558-1602 와 윌리엄 에임스William Ames, 1576-1633, 존 오웬John Owen, 1618-1683 의 저술들은 분명 테오도르 베자의 영향을 크게 받았으며, 특히 그리스도의 죽음의 의의, 선택과 섭리 속에 나타난 하나님의 주권에 관한 그들의 주장에서 그 영향을 분명하게 확인할 수 있다.

근래에 들어와 청교도주의의 목회신학이 특별한 학문적 관심의 대상이 되고 있다. 17세기 초에 활동한 로렌스 채더턴Laurence

Chaderton, 존 도드 John Dod, 아서 힐더샘 Arthur Hildersam 같은 인물들은 목회적 쟁점들에 초점을 맞추어 신학을 연구하는 데 관심이 있었다. 청교도의 목회 전통은 대체로 리처드 백스터 Richard Baxter, 1615-1691 의 사역과 저술들을 통해 정점에 도달한 것으로 평가된다. 백스터가 명성을 얻게 된 것은 부분적으로 그의 방대한 책인 『기독교인을 위한 지침서』 Christian Directory, 1673 때문이었는데, 네 부분으로 이루어진 이 책은 신학의 비전을 기독교인의 일상적인 삶에 비추어 구체적으로 설명한다. 하지만 그의 목회신학 저술 가운데 가장 탁월한 책은 청교도주의 시각에서 목회의 쟁점을 다룬 『참된 목자』 Reformed Pastor, 1656 라고 할 수 있다.

17세기 초 영국에서 청교도주의가 주요한 신학적·정치적 세력이기는 했으나, 이 운동의 가장 의미 있는 발전은 신세계에서 일어났다. 영국 왕 찰스 1세의 억압적인 종교 정책으로 인해 많은 청교도들이 영국을 떠나 북아메리카의 동부 해안 지역에 정착하였다. 그 결과 청교도주의는 17세기의 북아메리카 기독교에서 주요한 세력을 형성하였다. 미국의 가장 중요한 청교도 신학자는 조나단 에드워즈 Jonathan Edwards, 1703-1758 로, 그는 하나님의 주권을 강조하는 청교도 신앙으로 무장하여 합리주의 세계관의 등장으로 생겨난 새로운 문제들과 적극적으로 씨름하였다. 비록 에드워즈가 영적인 지도자로서 큰 인기를 누리고 특히 18세기의 '대각성 운동'(이 운동에서 그는 탁월하고 주도적인 역할을 맡았다) 이후에 큰 힘을 발휘했지만, 그의 신학이 구체적인 모습을 드러낸 것은 윤리학이었다. 고린도전서 13장을 다룬 그의 연속설교는 1746년에 『사랑과 그 열매』 Charity and its Fruits 로 출판되었다.

청교도주의는 몇 가지 점에서, 특히 기독교적 경험이라는 쟁점과 관련해서 경건주의*와 유사성을 지닌다. 다음으로 경건주의에 대해 살펴본다.

● 경건주의
Pietism

17세기의 독일 사상가들과 밀접한 관계가 있는 기독교의 한 운동으로, 신앙을 인격적으로 받아들이는 일과 기독교인의 삶에 성결이 필요함을 강조하였다. 이 운동은 영어권 세계에서 감리교회를 통해 가장 잘 알려졌다.

경건주의

주류 프로테스탄티즘 내에서 점차 정통주의가 힘을 얻게 되면서, 정통주의의 잠재적 결함과 약점이 점점 더 분명하게 드러났다. 좋게 보아, 프로테스탄트 정통주의란 기독교에서 주장하는 진리의 합리성을 옹호하고 교리의 정당성을 주장하는 일에 몰두했던 운동이라고 말할 수 있다. 그러나 대체로 정통주의는 신학을 일상생활의 문제들과 연관 짓는 일보다는 학문적인 세부 문제들의 논리성에 집착하는 것처럼 보일 때가 많았다. '경건주의' Pietism 라는 용어는 라틴어 피에타스 ("경건"이나 "성결"로 옮기는 것이 가장 낫다) pietas 에서 온 것으로, 기독교 교리가 기독교인의 일상적인 삶에 중요하다고 강조한 이 운동을 보고 반대자들이 경멸하는 말로 처음 사용한 것이다.

경건주의 운동은 대체로 1675년에 필리프 야코프 슈페너 Philip Jakob Spener, 1635-1705 의 책 『경건한 열망』 Pious Wishes 의 출간과 함께 시작되었다고 여겨진다. 이 책에서 슈페너는 30년전쟁 1618-1648 이후 독일 루터파 교회가 처했던 상태에 대해 탄식하면서, 그 당시의 교회를 다시 일으킬 방안을 제시하였다. 그 가운데 중요한 것이 개인적인 성경 연구를 새롭게 강조한 일이었다. 학구적인 신학자들은 그의 제안을 조롱했다. 그러나 독일 교회 쪽에서는 그 제안들이 큰 영향을 끼친 것으로 확인되었는데, 이는 30년전쟁 동안 충격적인 사회현상을 경험하면서 정통주의에 대해 환멸을 느끼고 그 무기력함을 더 이상 참을 수 없게 된 데서 나온 반작용이었다. 교리의 개혁은 반드시 삶의 개혁을 동반해야 한다는 것이 경건주의의 주장이었다.

경건주의는 여러 방향으로 다양하게 발전하였으며 특히 영국과 독일에서 두드러졌다. 이 운동을 대표하는 사람들 가운데 특별히 다음의 두 사람을 주목할 필요가 있다.

❶ 니콜라우스 루트비히 그라프 폰 친첸도르프 Nikolaus Ludwig Graf

von Zinzendorf, 1700-1760 는 독일 마을 헤른후트의 이름을 딴 헤른후터 Herrnhuter로 널리 알려진 경건주의 공동체를 세웠다. 친첸도르프는 당시의 메마른 합리주의와 무기력한 정통주의와 결별하고, 그리스도와 신자 사이의 인격적이고 친밀한 관계를 기초로 하는 '마음의 종교'의 중요성을 강조하였다. 인격적인 신앙에 대한 친첸도르프의 강조는 '산 믿음' living faith이라는 구호로 표현되었다. 그는 프로테스탄트 정통주의가 죽어 버린 교리를 고집하는 데 맞서 이 구호를 내걸었다. 이러한 관념들을 슐라이어마허 1768-1834가 받아들여 발전시켰으며, 또 다른 쪽에서는 영국에 경건주의를 도입한 존 웨슬리 1703-1791 가 발전시켰다.

❷ 존 웨슬리 John Wesley는 영국 교회 안에서 메소디스트 운동을 일으켰으며, 이 운동이 나중에 독자적인 힘을 지닌 교파인 감리교회 Methodism를 낳게 되었다. 자기에게 "구원을 얻는 유일한 길인 신앙이 없다"고 생각했던 웨슬리는 1738년 5월 런던의 올더스게이트 거리에서 열린 한 집회에서 "이상하게 마음이 뜨거워지는" 회심 경험을 하였으며, 그 체험을 통해 기독교인의 삶에는 '살아있는 신앙'이 필요하다는 점과 경험이 중요한 역할을 한다는 사실을 깨달았다. 웨슬리가 기독교 신앙의 경험적 측면을 강조한 일은 그 당시 영국의 무기력했던 종교와는 분명하게 대조를 이루었으며 영국에서 주요한 종교 부흥을 낳게 되었다.

경건주의는 비록 다양한 갈래로 나뉘고 제각각 차이도 컸으나, 기독교 신앙을 평범한 신자들의 경험 세계에 적합한 것으로 제시하는 데 성공했다. 경건주의란 교리적 정통주의를 일방적으로 강조하는 태도에 맞서서, 인간 본성의 깊은 차원들과 연결된 신앙을 옹호한 운동이라고 볼 수 있다.

근대 초기에 들어와서, 과학의 진보로 말미암아 신학의 중요성이 문제시되는 최초의 논쟁이 발생하였다. 여기서는 니콜라우스 코페르니쿠스[1473-1543]와 갈릴레오 갈릴레이[1564-1642]에 의해 발전한 이론들을 살펴보고 그것들이 어떻게 성서 해석을 둘러싼 심각한 신학 논쟁에 불을 지폈는지 살펴본다.

중세 초기에 가장 널리 퍼진 우주모델은, 2세기 전반 이집트의 알렉산드리아에서 활동한 천문학자 클라우디오스 프톨레마이오스가 고안한 것이었다. 그 모델은 지구가 우주의 중심이라고 보았다. 점차 행성과 별의 움직임을 정교하고 자세하게 관찰할 수 있게 되면서 이 모델의 문제점들이 계속 드러났다. 처음에는 추가로 주전원(周轉圓)들을 덧붙이는 것으로 모순된 문제들을 해결할 수 있었지만, 15세기 말에 이 모델은 너무 복잡하고 비대해져서 붕괴 직전에 이르렀다. 그렇다면 무엇이 중세기 동안 이 모델을 대체할 수 있었을까?

16세기에, 지구 중심적인 태양계 모델이 점차 쇠퇴하면서 태양 중심적 모델에 관심이 쏠렸다. 이 모델은 태양이 태양계 중심에 있는 것으로 설명했다. 코페르니쿠스의 논문 『천구의 회전에 관하여』[1543]는 지구가 태양 둘레의 궤도를 도는 많은 행성 중 하나임을 예시하였다. "코페르니쿠스 혁명"은 기존 모델과의 완전한 결별을 뜻했으며, 지난 천 년 동안 인간의 실재 인식에서 일어난 가장 중요한 변화 가운데 하나로 인정된다. 교회는 지구 중심적 시각으로 성경을 해석하는 것에 익숙했기 때문에, 그것을 성경 자체의 명확한 가르침으로 가정했다. 17세기 초 몇십 년 동안에 이탈리아에서 태양을 중심으로 삼는 태양계 모델을 둘러싸고 새로운 논쟁이 발생하였다. 여기서 코페르니쿠스의 태양계 이론을 강력하게 옹호했던 갈릴레오 갈릴레이의 견해가 논쟁의 중심에 놓였다. 처음에 갈릴레오의 견해는 교회의 주류 진영 안에서 호의적으로 수용되었다.

갈릴레오를 둘러싼 논쟁을 흔히 과학 대 종교의 갈등, 혹은 자유론 대 권위주의의 싸움이라고 보기도 하지만, 실질적인 쟁점은 성경의 올바른 해석과 관계가 있었다. 갈릴레오를 비판한 사람들은 그의 가르침이 몇몇 성경 구절들과 모순된다고 주장했다. 예를 들어, 여호수아 10:12에서는 여호수아의 명령에 따라 태양이 멈추었다고 말하지 않느냐고 비판자들은 주장했다. 지구 둘레를 도는 것이 태양이라는 사실을 성경 본문이 확실하게 증명하고 있다는 말이었다. 이에 대해 갈릴레오는 그것은 당시에 일반화된 표현양식에 불과할 뿐이라는 주장으로 맞받아쳤다. 여호수아는 근대 천체역학의 복잡한 내용들을 알지 못했으며, 따라서 자기에게 '익숙한' 언어 표현을 사용한 것이라고 볼 수 있다.

갈릴레오의 견해에 대한 교황의 공식적인 정죄는 주로 성경은 "거룩한 교부들과 지혜로운 신학자들이 공통으로 가르치는 방식과 이해 방식에 따라" 해석되어야 한다는 논증에 기초해 있었다. 달리 말해, 성경에 대한 혁신적인 해석은 그 자체로 잘못이라는 말이다. 이렇게 해서, 갈릴레오의 이론은 기독교 사상에서 전례가 없는, 혁신적인 것으로 여겨져 배척당할 수밖에 없었다.

여기서 두 번째 사항은, 프로테스탄티즘*과 가톨릭주의 사이에서 프로테스탄트가 이단적인 혁신 운동이냐 아니면 참된 기독교를 올바로 회복한 운동이냐는 문제를 두고 오랫동안 격렬하게 다투어 온 논쟁에 비추어서 생각할 필요가 있다. 가톨릭 전통의 불변성이라는 개념은 프로테스탄티즘을 공격하는 가톨릭의 반론에서 핵심 요소였다. 앞서 언급했듯이 122쪽 자크 베니뉴 보쉬에는 "교회의 가르침은 언제나 동일하다"고 주장하였다. 새로움은 이단의 표지였다. 그리고 그때에 갈릴레오의 성경 해석은 혁신을 대표하는 것으로 여겨졌다.

당시의 매우 격앙되고 정치적인 환경에서 갈릴레오의 견해는 불가피하게 새로운 저항에 부딪히게 되었다. 여기서 문제의 핵심은 '신학적 혁신'이라는 요소였다. 즉 특정한 성경 구절을 갈릴레이식

● 프로테스탄티즘
Protestantism

스파이어 의회(1529)가 열린 후에 가톨릭교회의 믿음과 실천에 '항거한' 사람들을 가리키는 용어. 1529년 이전에 그러한 운동을 펼친 개인과 집단은 자신들을 '개신교인'(evangelical)이라고 불렀다.

으로 해석하는 것을 용인하면 프로테스탄트티즘에 대한 가톨릭의 비판, 곧 프로테스탄트들이 새로운(따라서 잘못된) 성경 해석을 끌어들였다는 비판을 심각하게 약화시킬 수 있다는 것이었다. 불행하게도 갈릴레오는 이러한 논쟁의 한가운데로 휩쓸려 집중포화를 얻어맞았다.

이 논쟁은 일반적으로 종교와 과학 사이의 충돌을 열고, 19-20세기 동안 양자 사이에서 벌어질 "전쟁"의 무대를 마련한 것으로 여겨진다. 하지만 이것은 그 논쟁의 의미를 과대해석한 것이다. 그 논쟁은 올바른 성경 해석을 찾고, 그 시대의 문화적 및 과학적 가정들을 반영할 수 있는 초기 성경 해석을 다루려는 근본적인 노력이었다. 달리 말해 그것은 성경 본문 그 자체와의 충돌이 아니었다. 우리는 뒤에서392-394쪽, 코페르니쿠스와 갈릴레오의 이론 모두를 주류 기독교 내에 수용될 수 있게 했던 몇 가지 성경 해석 모델을 살펴볼 것이다.

주요 신학자들

종교개혁 시대는 기독교 신학의 역사에서 가장 창조적인 시대로 여겨진다. 우리는 이 시대의 처음 기간에서 특히 중요한 인물로 꼽히는 세 명의 신학자를 살펴보며 시작한다. 그들은 마틴 루터·장 칼뱅·울리히 츠빙글리이다. 그 가운데서도 앞의 두 사람이 중요하다. 츠빙글리도 그 자체로 중요한 인물이기는 하지만 루터와 칼뱅의 독창적인 재능과 그보다 더 두드러진 신학적 영향력에 의해 가려 버렸다. 우리는 이 시대의 후기 면모에서 중요했던 일부 신학자도 이어서 살펴보고, 그들이 신학 발전에 공헌한 바를 밝힐 것이다.

마틴 루터 1483-1546

루터는 1517년에 면벌부를 비판하는 '95개조 논제'를 발표함으로써 처음으로 대중의 관심을 받게 되었다. 이 일은 라이프치히 논쟁 1519. 6-7으로 이어졌으며, 이 논쟁에서 루터는 스콜라주의에 맞선 급진적 비판자로 명성을 얻게 되었다. 1520년에 그는, 신학의 개혁자로서 자신의 명성을 공고히 하는 논문 세 편을 발표하였다. 「독일의 기독교인 귀족에게 호소함」*Appeal to the Christian Nobility of the German Nation*에서 루터는 교회 개혁의 필요성을 열정적으로 외쳤다. 16세기 초의 교회는 교리와 실천 모두에서 신약성서와는 동떨어져 있었다. 그는 힘차고 재치 넘치는 독일어를 사용해, 대중들이 매우 어려운 신학 개념들에 쉽게 다가갈 수 있게 하였다.

이 저술의 놀라운 성공에 힘을 얻은 루터는 그 여세를 몰아 「바빌론의 포로가 된 기독교 교회」*The Babylonian Captivity of the Christian Church*를 발표하였다. 힘이 넘치는 이 논문에서 루터는 복음이 제도 교회의 포로가 되었다고 주장하였다. 그의 주장에 의하면, 중세 교회는 사제와 성례전의 복잡한 체계 속에 복음을 가두어 버렸다. 교회가 복음의 종이 되어야 마땅한데도 반대로 교회가 복음의 주인이 되었다. 이 논점은 「기독교인의 자유」*The Liberty of a Christian*에서 한 단계 더 발전하는데, 여기서 루터는 믿음에 의한 칭의 교리가 기독교인의 삶에 지니는 의미를 파헤쳤다.

루터는 종교개혁자들 가운데서 가장 독창적인 인물이었다고 볼 수 있다. 하지만 그의 신학적인 영향은 어떤 주요한 신학 저술에 근거한 것이 아니다. 루터의 저술들은 대부분 특정한 논쟁에 답하면서 작성된 것들이다. 오직 그가 쓴 두 권의 『교리문답서』 1529만이 기독교 신앙의 기본 개념들을 조직적으로 제시한 글이라고 볼 수 있다. 그의 저술들은 주로 목회적 의도를 담고 있으며 그 때문에 학문적 신학 저술로 받아들이기가 쉽지 않다. 그럼에도 루터 신학의 여러 면모들은 서양 기독교 사상에 깊은 영향을 미쳤다. 예를 들어 1518년의 한 문서(『하이델베르크 논쟁』)에서 간략하게 제시된 그의 '십자가 신학'은 20-21세기 신학에 커다란 영향을 미쳤으며, 위르겐 몰트만 Jürgen Moltmann, 1926 출생 의 『십자가에 달리신 하나님』같은 저술에서 분명하게 드러났다420-423쪽.

울리히 츠빙글리 1484-1531

스위스 종교개혁자 울리히 츠빙글리는 빈 대학교와 바젤 대학교에서 교육을 받았으며, 그 후 스위스 동부의 교구에서 활동하였다. (츠빙글리의 이름을 표기하는 철자에 약간 변화가 있다. "Huldrych"보다 "Ulrich" 또는 "Huldreich"로 쓰는 것이 더 낫다고 생각된다.) 그는 기독교 인문주의 사상과 특히 에라스무스약 1466-1536 의 저술에 열정적인 관심을 쏟았으며, 그렇게 해서 당시의 교회가 개혁될 필요가 있다는 신념을 품게 된 것이 분명하다. 1519년에 그는 취리히에서 사역하게 되었고, 그 도시의 주요 교회인 그로스뮌스터 교회의 설교단을 통해 개혁 사역을 전파하였다. 처음 이 사역은 주로 교회의 도덕성을 개혁하는 일을 중심으로 삼았다. 그러나 곧이어 교회의 기존 신학, 그중에서도 특히 성례전 신학을 비판하는 데까지 확대되었다. 특히 '츠빙글리주의'라는 용어는, 그리스도가 성만찬에 임재하지 않으며 성만찬이란 그리스도의 죽음을 기념하는 것으로 보는 것이 가장 옳다고 주장한 츠빙글리의 신념을 가리키는 말로 사용된다.

츠빙글리는 초기에 종교개혁이 스위스 동부로 전파되는 과정에서 매우 중요한 역할을 하였다. 그러나 그는 루터나 칼뱅처럼 큰 영향은 끼치지 못했는데, 그에게는 루터의 독창성이나 칼뱅의 체계화의 능력이 없었다. 독자들은 츠빙글리의 이름이 매우 다양한 형태로 나타나는 것을 볼 터인데, 울리히Ulrich 와 훌드라이히Huldreich 로 쓰기도 하며, 흔히 훌드리히Huldrych 가 즐겨 사용된다.

장 칼뱅 1509-1564

칼뱅은 1509년에 파리의 북동쪽, 누아용에서 태어났다. 스콜라주의가 지배하던 파리 대학교에서 공부한 후 인문주의 색채가 더 강한 오를레앙 대학교로 옮겨서 민법을 공부하였다. 처음에는 학자로서의 진로를 탐색했으나 20대 중반에 회심을 경험하고 나서 점차 파리의 개혁운동들과 깊이 관계를 맺었으며, 그 후 바젤로 도피하여 살게 된다. 마침내 그는 그 당시에 사보이 공국 Duchy of Savoy 으로부터 독립을 쟁취한 제네바에 정착했으며 1535년에 프로테스탄티즘으로 개종하였다. 칼뱅이 사망한 1564년에 제네바는 그의 이름을 내건 국제적인 개혁운동의 중심지로 성장하였다. 지금도 칼뱅주의는 인간의 역사에서 가장 중요하고 힘 있는 지적 운동 가운데 하나로 기억된다.

2세대 종교개혁자들은 이전 세대보다 조직신학 저술의 필요성을 훨씬 더 절감하였다. 종교개혁 2기의 중심인물인 칼뱅은 개신교 신학의 기본 개념을 명료하게 보여주고, 성서적인 기초 위에서 그 개념들을 정당화하고 가톨릭의 비판에 맞서 그것들을 옹호할 수 있는 저술의 필요성을 깨달았다. 1536년에 그는 『기독교 강요』라는 제목을 단, 분량이 6장(章)에 불과한 작은 책을 펴냈다. 그 후 25년 동안 그는 이 책에 매달려 장을 추가하고 자료를 재배열하면서 열심히 다듬었다. 최종판이 나왔을 때[1559] 이 책의 분량은 80장(章)이었으며 네 권의 책이 되었다. 이렇게 해서 『기독교 강요』는 16세기의 가장 중요한 종교 서적 가운데 한 권으로 우뚝 서게 되었다.

아빌라의 테레사 1515-1582

이번 장에서 살펴본 저술가들은 대부분 조직신학자들이다. 아빌라의 테레사 Teresa of Avilà 는 전혀 다른 관점에서 신학에 다가가는 모습을 보여주는데, 그것은 '신비주의 신학' 또는 '영성'이라고 부를 수 있는 것으로서 관심 있게 살피고 존중할 가치가 있다. 테레사에게 신학이란 하나님과의 변화된 인격적 관계를 다루는 것으로, 인간의 말로서는 온전히 담아낼 수가 없는 것이다. 테레사는 16세기 후반에 스페인에서 일어난 거대한 영성 부흥운동에 속했던 카르멜 수도회의 회원이었다. 그녀의 저술 중 가장 유명한 것은 『영혼의 성』 *The Interior Castle of the Soul* 으로, 이 책에서 테레사는 삼위일체적인 신학의 틀을 사용하여 어떻게 하나님께서 신자들의 삶에 빛을 비추고 그 삶을 변화시키시는지를 탐구한다. 개인 신자들은 기도가 성숙해짐에 따라 하나님과의 깊은 친교에 이르게 되는데, 이것을 성의 가장 밖에 있는 방(또는 저택)에서부터 한가운데 있는 빛으로 찬란한 방을 향해 가는 여행이라는 이미지로 묘사한다. 테레사는 1970년에 교황 바오로 6세[1897-1978]에 의해 '교회 박사'로 선언되었으며, 이 영예를 누린 최초의 여성이 되었다.

테오도르 베자[1519-1605]

유명한 칼뱅주의 저술가인 베자(프랑스 이름으로 테오도르 드 베즈라고도 불린다)는 1559년에서 1599년까지 제네바 아카데미에서 신학교수로 있었다. 세 권으로 된 『신학논문집』 *Theological Treatises, 1570-1582* 에서 그는 아리스토텔레스의 논리학을 사용하여 개혁주의 신학의 주요 요소들을 합리적으로 일관성 있게 설명하고 있다. 그 결과 칼뱅의 신학을 견고하게 다지고 합리적으로 옹호할 수 있게 되었으며, 그러는 가운데 칼뱅의 신학에서 미해결인 채 꼬여 있던 문제들(주로 예정과 속죄 교리와 관련된 문제들)을 명료하게 밝히게 되었다. 어떤 학자들은 논리적인 명료성을 확보하고자 했던 베자의 관심이 여러 가지 중요한 점에서 칼뱅을 잘못 해석하는 결과를 낳았다고 주장하였으며, 반면에 다른 학자들은 베자가 일부 미해결의 문제들을 깔끔하게 정리하여 칼뱅신학을 부드럽게 다듬었을 뿐이라고 주장하고 있다.

로베르토 벨라르미노[1542-1621]

트리엔트 공의회 이후 가톨릭 신학의 황금기 동안에 이름을 날린 신학자 가운데서 가장 중요한 인물이 로베르토 벨라르미노일 것이다. 그는 1560년에 예수회에 들어갔으며, 그 후 1576년에 로마에서 논쟁신학controversial theology 교수가 되었다. 그는 1599년 추기경이 될 때까지 그 교수직에 있었다. 그의 가장 중요한 저술로 인정받는 것은 『이 시대의 이단들에 대한 기독교 신앙논쟁 강의』Disputations Concerning the Controversies of the Christian Faith, 1586-1593 로, 이 저술에서 그는 프로테스탄트(루터파와 칼뱅파 양쪽의) 비평가들에 맞서 가톨릭 신학의 합리성을 강력하게 주장한다.

요한 게르하르트[1582-1637]

요한 게르하르트Johann Gerhard 는 루터파 정통주의 신학자 중에서 가장 중요한 인물이라고 할 수 있다. 그는 1616년에 예나 대학교의 신학교수로 임명되었으며, 이곳에서 평생 동안 가르쳤다. 게르하르트는 칼뱅파의 강력한 반대에 맞서서 루터파 신학을 조직적으로 제시할 필요성을 느꼈다. 루터파의 조직신학 저술들의 기본 형태는 1521년에 필리프 멜란히톤Philip Melanchthon, 1497-1560 이 『일반원리』Loci communes의 초판을 출판하였을 때 정해졌다. 이 책에서는 주제들을 체계적으로 다루는 것이 아니라 논제별로 다루었다. 게르하르트는 이 전통을 이어갔으나 점차로 아리스토텔레스의 논리학 저술들을 근거로 사용하는 것이 가능하다고 생각했다. 그가 지은 『신학의 일반원리』Theological Commonplaces, 1610-1622 는 오랫동안 루터파 신학의 대표적 저술로 인정받았다.

조나단 에드워즈 1703-1758

조나단 에드워즈가 미국 최초의 대신학자라는 데는 거의 모든 사람이 동의한다. 그가 미국 최고의 신학자라는 주장에는 일부 중요한 이견이 있기는 하나 여전히 많은 사람들이 동의한다. 에드워즈는 그 시대의 가장 중요한 부흥운동이라고 할 수 있는 '대각성 운동'에서 주요한 역할을 맡았다. 1757년에 에드워즈는 프린스턴의 뉴저지 대학(현재의 프린스턴 대학교)의 학장으로 초빙을 받았다. 1758년 3월 22일, 천연두 예방접종의 부작용으로 프린스턴에서 사망하였다.

에드워즈는 탁월한 신학자로 기억된다. 그는 반지성적이고 도덕적으로 무절제했던 운동에다 지적이고 영적인 힘을 불어넣어 준 청교도 저술가라고 말할 수 있다. 더 중요한 사실로, 그는 계몽주의에서 전통적 기독교 신학에 가해진 도전을 분명하게 인식했던 신학자였으며, 합리주의 문화 속에서 기독교 신앙을 개념화하고 선포할 수 있는 새로운 길을 열어 보인 신학적 혜안과 통찰력을 지닌 신학자였다.

———————————— 주요한 신학적 논쟁과 업적

종교개혁 시대에 사람들은 많은 주제에 대한 격렬한 신학적 논쟁을 목격했으며, 그것들은 17세기 이후까지 이어졌다. 중점적으로 다루어진 주제는 기독교 신학의 자료들, 이것을 해석하는 방법, 은혜의 성격, 교회의 본질 등이었다. 이제 이 문제들을 하나씩 살피며 그 중요한 의미를 찾아본다.

신학의 자료들

종교개혁의 주류는 새로운 기독교 전통을 세우는 일이 아니라 기존 전통을 갱신하고 교정하는 데 관심이 있었다. 기독교 신학은 궁극적으로 성서에 근거한다고 보았던 루터와 칼뱅 같은 개혁자들은 기독교 신학의 일차적이고 결정적인 자료인 성서로 돌아가야 한다고 주장하였다. "오직 성서로만"● 이라는 구호는 프로테스탄트 개혁자들을 대표하는 특징이 되었으며, 기독교 신학에서 필요충분한 자료는 성경뿐이라는 그들의 기본적인 신념을 표현한 것이었다. 그러나 이것이 곧 종교개혁자들이 전통의 중요성을 부정했다는 의미는 아니며, 이 점에 대해서는 나중에 다시 살펴본다289-291쪽.

이처럼 성경을 새롭게 강조한 일은 곧바로 많은 결과를 낳았는데, 그중에서 다음의 것들이 특히 중요하다.

❶ 성서에 근거한 것으로 입증할 수 없는 믿음은 거부하든지 아니면 아무에게도 구속력이 없는 것이라고 분명히 밝혀야 한다. 예를 들어, 종교개혁자들은 마리아의 무흠수태 교리(예수의 어머니인 마리아가 어떤 죄에도 오염되지 않고 수태하였다는 믿음)에는 아예 신경 쓰지 않았다. 그들은 이 교리가 성경의 보증을 전혀 받지 못한다고 생각했으며 따라서 폐기해 버렸다.

❷ 성서가 교회 안에서 차지하는 공적 위상을 새롭게 강조하였다. 주해 설교와 성경 주석, 성서신학 저술들(칼뱅의 『기독교 강요』가 그 예다)이 종교개혁 운동의 특징으로 자리 잡았다.

트리엔트 공의회는 이러한 흐름에 대응하여 신학적인 논의에서는 성서와 전통이 동일한 비중을 지닌 것으로 인정해야 한다고 주장하였다. 성서는 신뢰할 수 있는 방식으로 해석되어야 한다고 보았다. 프로테스탄트들은 성서를 지나치게 주관적이고 개인적인 방식으로 해석했으며 그 결과 교회의 질서와 교리 모두에 파괴적인 영향을 미쳤다는 것이다.

● 성서 원리
Scripture principle

교회의 믿음과 실천들은 성서에 근거해야만 한다는 이론으로, 주로 개혁주의 신학자들과 관계가 있다. 성서에 근거한 것으로 입증되지 않는 것은 신자들에게 구속력이 있는 것으로 받아들일 수 없다. 이 원리를 한마디로 요약해서 표현한 것이 "오직 성서로만"(sola scriptura)이다.

은총론

종교개혁 초기에는 마틴 루터의 개인적인 의제가 종교개혁을 주도하였다. 교회가 알지도 못하는 사이에 펠라기우스주의에 빠졌다고 확신했던 루터는 믿음으로만 의롭게 된다는 독특한 교리를 발전시켰다. "내가 어떻게 은혜로우신 하나님을 발견할 수 있을까?"라는 물음과 "오직 믿음으로"*sola fide* 라는 구호는 서유럽의 많은 지역으로 퍼져나갔으며, 그렇게 해서 많은 교회들이 그의 목소리에 귀 기울이게 되었다. 이 교리는 여러 가지 쟁점들과 복잡하게 얽혀 있으며, 이에 대해서는 뒷부분에서 적당한 때에 자세히 살펴볼 것이다764-779쪽.

이신칭의(以信稱義) 교리는 루터의 종교개혁과 밀접한 관계가 있다. 칼뱅은 이 교리를 계속 지지하면서도 다른 한편으로는 후기 개혁주의 신학에서 훨씬 더 중요해진 견해를 발전시켜 나갔다. 즉 칭의론이 아니라 예정론과 연관 지어서 은총을 논했다. 개혁주의 신학자들에게, '하나님의 은총'이라는 기본명제는 하나님께서 죄인들을 의롭게 하셨다는 사실에서 다룰 문제가 아니라, 반대로 하나님께서는 인간의 공로나 업적과는 상관없이 인간을 선택하셨다는 점에서 이해해야 할 문제였다. '무조건적 선택'의 교리786쪽는 공로와는 상관없이 허락되는 은총의 본질을 간략하게 표현한 말로 여겨졌다.

트리엔트 공의회와 후기의 가톨릭 신학자들은 이러한 프로테스탄트의 견해가 아우구스티누스의 가르침을 곡해한 것이라고 주장했으며, 아우구스티누스의 개념들로 되돌아갈 것을 강력하게 외쳤다. 그들은 프로테스탄트가 믿음으로만 의롭게 된다는 점을 강조하게 되면서 기독교인의 삶에서 선한 행위를 중요하게 여기는 신약성서의 가르침에서 멀어졌다고 보았다. 이에 더해 그들은 개신교도들이 칭의에 대한 아우구스티누스의 가르침을 잘못 이해해서, 아우구스티누스가 가르친 내용은 분명 "의롭게 되는 것"이었는데도 그것을 "의롭다고 여겨지는 것"으로 해석했다고 주장하였다.

성례전론

종교개혁 시대에 성례전의 특성에 대한 강한 관심이 나타났다. 가톨릭주의가 일곱 성례전의 전통적 개념을 강하게 옹호했던 반면에, 프로테스탄트의 종교개혁은 오직 두 개의 적절한 성례전만 있다는 믿음 주위로 재빠르게 결집하였다. 그 두 가지는 세례와 성만찬이다. 이에 더해 프로테스탄트는 일종성찬식(communion in one kind, 성직자는 빵과 포도주를 받도록 허용하고 평신도는 빵만 받도록 제한하는 관례)이라는 개념을 거부하였다.

그렇다면 성례전에서 무슨 일이 일어나는 것일까? 1520년대에 이르러, 종교개혁 진영 내에서 성례전을 눈에 보이지 않는 하나님의 은총의 외적 표징으로 보는 견해가 체계적으로 자리 잡게 되었다. 이렇게 칭의 교리와 성례전을 연계한 일(루터와 비텐베르크에 있는 그의 동료인 필리프 멜란히톤이 특히 강조하였다)은 성례전 신학에 대한 새로운 관심을 불러일으켰다. 곧이어 이 신학 분야는 격렬한 논쟁의 주제가 되었는데, 개혁자들과 그 반대편에 있는 가톨릭 사람들은 성례전의 수와 본질 문제를 놓고 다투었고 또한 루터와 츠빙글리는 성찬식에 그리스도가 실제로 임재하느냐의 문제로 격렬하게 다투었다903-905쪽.

트리엔트 공의회는 성례전의 수와 본질과 관련해 전통적인 가르침을 재확인하면서, 루터파와 개혁주의 양쪽의 비판자들에 맞서서 '화체설'(化體說)을 강력히 옹호하였다. 많은 프로테스탄트 저자들이 성례전을 은총의 수여가 아니라 은총의 표징signifying으로 해석하는 경향을 보였던 반면에, 트리엔트 공의회는 성례전이 단순히 은총의 표징의 기능을 행한다기보다 오히려 은총의 원인이며 은총을 전달한다는 전통 사상을 강하게 고수하였다.

첫 세대 종교개혁자들이 은총의 문제와 씨름했다면 2세대 개혁자들은 방향을 바꿔 교회의 문제를 놓고 다투었다. 은총론의 문제로 가톨릭교회의 주류 가르침에서 갈라져 나온 개혁자들은 이러한 분리를 정당화할 수 있는 일관된 교회론을 세우고 또한 서유럽의 여러 도시에 들어서는 새로운 개신교 교회들에게 기반을 제공해야 하는 필요성을 절감하게 되었다. 마틴 부처Martin Bucer, 1491-1551와 장 칼뱅과 같은 저술가들은 교회란 제도로서가 아니라 하나님의 말씀을 설교하고 성례전을 바르게 집전한다는 의미로 정의되어야 한다고 주장하였다. 이 이해는 그 이후로 전 세계 기독교 안에서 점차 중요해졌으며, 이에 대해서는 나중에 자세히 살펴본다816-825쪽.

이러한 발전에 대응하여 트리엔트 공의회는 교회의 역사적이고 제도적인 측면을 다시 한번 강조하면서, 개신교도들이 스스로 교회의 울타리를 벗어났다고 주장하였다. 교회는 하나님께서 제정하고 세우신 사회이고, 그 울타리 밖에서는 구원이 불가능하다는 것이었다.

─────────────────────────────── 신학 문헌들의 발전

16세기의 프로테스탄트 종교개혁은 신학 문헌이 크게 발전하는 결과를 낳았으며, 이 문헌들을 통해 그 당시 신학적 쟁점들의 정확한 면모를 확인할 수 있다. 프로테스탄트 종교개혁의 가장 흥미로운 특성 가운데 하나는 자신들의 사상을 옹호하고 전달할 필요를 분명하게 인식했다는 점이다. 이런 이유에서 몇 가지 중요한 장르의 신학 문헌이 등장했으며, 그 당시 중요한 기능을 담당했다.

❶ 교리문답서: 종교개혁의 관점에서 기독교 신앙을 평이하게 설

명한 것으로, 특히 어린아이들을 교육하기 위한 것이었다.

❷ 신앙고백서: 종교개혁에 속한 집단들(루터파, 개혁파, 재세례파)의 주요한 신학적 주장을 진술한 것으로서, 성인 회중을 대상으로 작성되었다.

❸ 조직신학 저술들: 멜란히톤의 『일반원리』와 칼뱅의 『기독교 강요』가 이에 해당하며, 루터파나 개혁주의의 신학을 체계적으로 분석하고 옹호한 것이다.

이제 이러한 장르의 신학 문헌들을 하나씩 살펴본다.

교리문답서

교리문답서로 인정할 만한 것이 중세 교회에서도 발견되기는 하지만 대체로 종교개혁 시대에 들어와 교리문답서가 널리 사용되었다. 1528년에서 1529년까지 작센 지방에 있는 루터파 교회들을 순방한 기록을 보면 목회자 대부분과 평신도들 전체가 기독교의 기초적인 가르침에 대해 무지했다는 사실을 알 수 있다. 이러한 사실에 충격을 받은 루터는 일반 백성들의 언어인 독일어로 된 교리문답서*를 만들어 일반 교인들이 기독교의 기본 내용에 대한 지식을 늘릴 수 있는 대책을 세우기로 결심했다.

루터가 이 일에 관심을 갖고 나서 첫 번째 결과는 1529년 4월에 그 모습을 드러냈다. 루터 자신은 그것을 '독일 교리문답'이라고 불렀지만 오늘날에는 대체로 '대교리문답'으로 알려져 있다. 이 문헌은 십계명과 사도신경, 주기도문에 대한 상세한 분석을 담고 있다. 이 항목들에 이어서 교회의 두 가지 성례전, 곧 세례와 '제단의 성례'(성만찬)를 다룬다. 이 문헌 다음으로 1529년 5월에, 오늘날 '소교리문답'이라고 불리는 저술이 나왔다. 이 문헌은 구체적인 목적을 염두에 두고 쓰였으며, 다루기가 부담스럽지 않고 가르치기가 쉬우며 전체적

● 교리문답
catechism

기독교 교리를 쉽게 설명한 입문서로, 보통 질문과 답의 형태로 이루어져 있으며 종교 교육을 위한 용도로 사용된다.

으로 표현이 단순해서 널리 인정받고 사용되었다. 이 저술은 커다란 성공을 거두며 루터파 교회들 사이에서 널리 채용되었다. 질문과 대답으로 이루어진 이 책의 형태는 암기하여 배우기에 알맞았으며, 따라서 지역 학교에서도 많이 사용하였다.

개혁주의 교회들도 이 문헌 장르의 가치와 거기서 얻을 수 있는 교육적 이점을 즉각 알아챘다. 칼뱅은 얼마간의 실험을 거친 후 마침내 '제네바 교리문답'을 프랑스어[1542]와 라틴어[1545]로 펴냈다. 이 교리문답은 개혁주의를 지지하는 지역에서 1563년까지 널리 사용되었다. 이 무렵에 『하이델베르크 교리문답』이 등장했다. 이 중요한 문헌은 독일의 팔라티나트 지역에서 개혁주의가 발전함으로써 나올 수 있었다. 선제후 프리드리히 3세[1515-1576]는 개혁파 신학자 두 사람(카스파르 올레비아누스[1536-1587]와 자카리아스 우르지누스[1534-1583])에게 자기 영내의 교회들에서 사용하기에 적합한 교리문답을 만들어 줄 것을 의뢰했다. 그 결과로 나온 것이 독일어로 쓰이고 129개의 질문으로 이루어진 이 교리문답인데, 자료를 52개 단위로 구분하여 일 년 동안 지속해서 정규적인 교육에 사용할 수 있었다.

개신교에서 교리문답이 널리 사용되고 그로 인해 의미 있는 결과가 나타나자 가톨릭 쪽의 반대자들도 그 양식을 받아들여 발전시켰다. 초기의 가톨릭 교리문답은 문답의 방식을 피하고 신학적으로 중요한 문제들을 집중적으로 논하는 형태로 나타났다. 이런 특성을 탁월하게 보여주는 사례를 요한 디텐버거[Johann Dietenberger, 1475-1537]가 1537년에 펴낸 교리문답서에서 볼 수 있다. 이 교리문답서의 구성은 사도신경과 주기도문, 십계명, '성모송'[Hail Mary], 그리고 일곱 개의 성례에 관한 논의로 이루어진다. 그러나 문답 방식이 뛰어나다는 것이 밝혀지면서, 1554년에서 1558년 사이에 페트루스 카니시우스[Petrus Canisius, 1521-1597]가 발간한 세 권의 교리문답서에 문답 방식이 채용되었다. 이 저술은 라틴어로 쓰였으며, 1566년에 나온 훨씬 양이 많은 '트리엔트 교리문답서'도 역시 라틴어로 쓰였다. 이 교리문답서는 번거로운 체제로 인해 사용하기가 거의 힘들었지만, 트리엔트 공의회의 여파로 등장하게 되었다는 사실은 이 장르의 중요성을 크게 인정한 것이라고 볼 수 있다.

신앙고백서

종교개혁이 성서에다 얼마나 큰 권위를 부여했는지에 대해서는 이미 앞에서 살펴보았다. 그렇지만 성경은 해석이 필요했다. 제도권 종교개혁자들과 급진 종교개혁자들 간의 논쟁에서 분명하게 드러났듯이, 해석과 관련한 쟁점들은 해결하기도 어렵고 불화의 원인도 되었다. 혼란을 해결하기 위해서는 종교개혁의 개념들을 정돈해 주는 일정한 형태의 '공식적' 수단이 필요했다. 이러한 역할을 담당한 것이 '신앙고백서'들이다. 이러한 문서들은 종교개혁 사상에 포함해 다루어야 할 만큼 중요한 것이었다.

제도권 종교개혁에서는 성서의 권위를 크게 강조하는 한편, 기독교의 일치를 이루는 일에서 과거—이 개념을 보통 '전통'이라는 단일 원천의 이론으로 부른다—도 일정한 역할을 맡는다고 인정하였다290쪽. 대체로 프로테스탄트 신학자들은 다음과 같은 삼중의 권위를 인정하였다.

❶ **성서**: 제도권 종교개혁자들은 기독교인의 신앙 및 행위에서 성서가 최고의 권위를 지닌다고 보았다.
❷ **기독교 세계의 신조들**: 제도권 종교개혁자들은 사도신경이나 니케아 신조 같은 문헌들이 초대교회의 일치된 견해를 담고 있으며 또 성서에 대한 정확하고 권위 있는 해석이라고 보았다. 물론 이러한 신조들은 그 권위에서는 이차적이거나 파생적인 것이었지만 급진 종교개혁의 개인주의를 저지할 수 있는 중요한 수단으로 여겨졌다(급진 종교개혁에서는 대체로 이

러한 신조들에다 어떠한 권위도 부여하지 않았다). 주류 종교개혁
내의 여러 집단들뿐만 아니라 가톨릭도 프로테스탄트와 마찬
가지로 신조들의 권위를 인정하였다.

❸ **신앙고백서들**: 이것은 종교개혁 내의 각 집단들이 권위 있는
것으로 받아들인 문서들을 가리킨다. 예를 들어 아우크스부
르크 신앙고백[1530]은 초기의 루터파 교회들에게 권위 있는 것
으로 인정되었다. 하지만 다른 집단들은 그렇게 생각하지 않
았다. 종교개혁 내의 다양한 집단들이 각자 그 나름의 신앙고
백을 내세웠다. 어떤 신앙고백들은 특정 도시에서 일어난 종
교개혁과 관련되었다. 바젤의 제일 신앙고백[1534]과 제네바 신
앙고백[1536]이 그 예다.

이렇게 해서 종교개혁의 기본 뼈대는 성서가 일차적이고 보편적
인 권위를 지니고, 신조는 보편적이긴 하나 부차적인 권위를, 신앙고
백은 3차적이고 지역에 국한된 권위를 지니는 것으로 정해졌다(각각
의 신앙고백은 특정한 지역의 교회나 교파에서만 구속력이 있는 것으로 받
아들였기 때문이다). 종교개혁 내 개혁주의 진영의 발전은 복합적인 양
상을 띠었으며 그 결과 다양한 신앙고백들이—제각각 특정 지역과
연계되어—등장하여 힘을 발휘하게 되었다. 특히 중요한 신앙고백
서들은 다음과 같다.

시기	이름	지역
1559	갈리아 신앙고백	프랑스
1560	스코틀랜드 신앙고백	스코틀랜드
1561	벨직 신앙고백	저지대 국가들
1563	39개조 신앙고백	영국
1566	제2헬베티아 신앙고백	스위스 서부

조직신학 저술들

종교개혁 신학을 체계적으로 다듬어야 할 필요성이 초기부터 분명하게 제기되었다. 이러한 필요를 충족시킨 첫 작품은 루터파 종교개혁에서 나왔다. 필리프 멜란히톤은 1521년에 『일반원리』를 출간함으로써 루터파 조직신학 저술을 위한 명확한 양식을 세웠다. 이 저술의 초판에서는 이신칭의라는 중요한 주제를 포함해 주로 루터파 종교개혁과 관련된 주제들만을 다루었다.

그러나 점차 논쟁적이고 교육적인 사안들이 문제가 되면서 멜란히톤은 이 저술을 크게 확대할 필요를 느꼈다. 하지만 멜란히톤은 단순히 자료들만 추가했고, 그렇게 해서 통일된 구조가 무너지게 된 것에는 신경 쓰지 않았다. 얼마 안 있어 이렇게 자료를 처리하는 방식은 복잡하고 무질서하며 따라서 16세기 후반과 17세기의 신학 논쟁에 적합한 체계적 분석을 제공해 줄 수 없다는 사실이 분명해졌다. 이런 방식으로 쓰인 저술 가운데 최후의 것이면서 가장 방대한 것은 예나 대학교의 교수 요한 게르하르트가 출간한 9권짜리 책인 『신학의 일반원리』[1610-1622]다. 바로 이러한 이유로 해서 멜란히톤이 세운 조직신학 방식은 훨씬 더 조직적인 장 칼뱅의 체계에 묻혀 완전히 힘을 잃었다. 이제 다음으로 장 칼뱅을 살펴보자.

칼뱅의 『기독교 강요』는 프로테스탄트 종교개혁의 개혁파 진영에서 나왔다. 1536년 3월에 출간된 초판은 1529년에 나온 루터의 소교리문답[140-141쪽]을 바탕으로 삼았다. 『기독교 강요』의 두 번째 판은 칼뱅이 스트라스부르에 머무는 동안에 라틴어로 저술하여 1539년에 출간되었다. 그 후 이 책은 판을 거듭하며 개정과 확대가 이루어졌는데, 1559년에 나온 최종판은 80장으로 이루어졌다. 1536년의 최초의 판본이 6장으로 되었던 것에 비하면 놀라울 정도로 확대된 것이다. 자료들은 네 권의 '책'으로 나뉘어 다음과 같은 형태로 구성되었다.

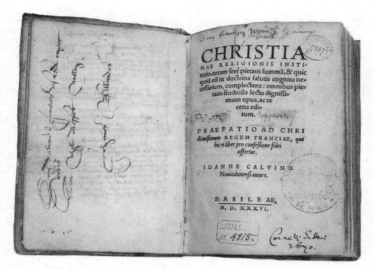

장 칼뱅의 『기독교 강요』는 16세기의 가장 영향력 있는 신학 저술 가운데 하나로, 1536년에 초판이 나왔다.

❶ 창조자 하나님을 아는 지식
❷ 구속자 하나님을 아는 지식
❸ 예수 그리스도의 은총에 참여하는 방법
❹ 우리를 예수 그리스도에게 인도하기 위해 하나님이 사용하는 외적 수단

칼뱅이 1543년판의 4중적 구조를 그대로 가져와 새롭게 자료를 구분했다고 볼 수도 있다. 그러나 칼뱅 자신도 자주 언급했던 중세의 탁월한 신학자인 페트루스 롬바르두스가 『네 권의 명제집』에서 자료를 네 부분으로 구분하는 것을 눈여겨보았던 칼뱅이 그 방식을 채용한 것이라고 설명하는 사람들도 있다. 칼뱅이 페트루스 롬바르두스의 개신교 쪽 계승자이기를 자처했을까? 또 자신의 『기독교 강요』가 그의 위대한 신학 교재를 계승한 것이라고 생각했을까? 이에 대해 우리로서는 분명하게 말할 수 있는 것이 아무것도 없다. 우리가 아는 것은 『기독교 강요』가 당시 프로테스탄트 종교개혁의 가장 강력한 신학 저술로 자리 잡았으며, 또한 그의 맞수인 루터와 멜란히톤

과 츠빙글리의 저작들을 무색하게 만들 정도로 중요하게 되었다는 사실뿐이다.

트리엔트 공의회 이후에 가톨릭교회에서 이루어진 신학의 갱신 과 강화 노력의 결실로 방대한 양의 조직신학 저술들이 발간되었다. 이 저술들은 매우 다양한 형태를 띤다. 많은 가톨릭 학자들이 개신교 학자인 멜란히톤이 처음으로 사용한 '로치'*loci*, 곧 주제별로 논하는 신학의 형식을 좋게 보았다. 스페인의 도미니크회 신학자인 멜키오르 카노*Melchior Cano, 1509-1560* 는 그 형식이 가톨릭 개념들을 제시하는 데 도 편리하고 개신교의 개념들과 다투는 데도 이점이 있다는 사실을 알아차리고 그것을 받아들였다. 카노의 『신학의 일반원리』*Theological Commonplaces* 는 그의 사후 3년이 지난 1563년에 출간되었으며, 모두 26판이 발행되었는데 스페인에서 8판, 이탈리아에서 9판, 독일에서 7판, 프랑스에서 2판이 나왔다. 그 뒤로 한 세기 동안 수많은 학자들 이 이러한 체계를 채용해 책을 출판하였으며, 그 예로 세라피무스 락 티우스 *라치, 1613 사망* 와 페트루스 드 로르카 *1606 사망* 를 들 수 있다.

오늘날 대다수의 학자들은 그 당시 가톨릭 신학이 주로 프로테 스탄티즘을 논박하는 일에 매달렸다고 생각하며, 이때 논쟁신학을 거의 예술의 경지로까지 발전시킨 사람으로 로베르토 벨라르미노를 꼽는다. 그의 대표적인 저술은 1586년에 처음 발간된 『이 시대의 이 단들에 대한 기독교 신앙논쟁 강의』다.

❶ '종교개혁'이라는 용어가 뜻하는 것은 무엇인가?

❷ 이 시대의 프로테스탄트 사상가들 가운데서 이신칭의 교리와 관계가 깊은 사람은 누구인가?

❸ 여러 종교개혁들이 시작되고 발전해 가는 것에 인문주의는 어떤 영향을 끼쳤는가?

❹ 프로테스탄트 개혁자들이 기존의 교회론을 개정하는 데 그토록 큰 공을 들인 이유는 무엇인가?

❺ 신앙고백주의 confessionalism 와 경건주의가 발전하는 데 영향을 끼친 요소들은 어떤 것인가?

❻ 트리엔트 공의회 이후의 가톨릭 사상가들(공의회 이후 시기에 활동한 저자들)은 왜 자기네 교회와 초대교회의 연속성을 그토록 강조했는가?

04

근현대

: 약 1750년–현재

신학의 역사를 다루는 마지막 장인 4장에서는 1750년 무렵부터 현재까지 기독교 신학이 발전해 온 과정을 살펴본다. 이 기간에 기독교는 중요한 변화를 겪었고 또 전통적 본거지인 유럽을 벗어나 밖으로 확장하였다. 물론 그 안에서도 커다란 갈등과 어려움을 겪었다. 기독교 신학은 이 시기에 걸쳐 유럽과 북미의 저술가들의 깊은 영향을 받았으나, 점차 전 세계적인 현상이 되기에 이르렀다.

1750년 무렵 이후로 기독교 신학의 저술과 연구와 논쟁이 엄청나게 늘고 다양화된 까닭에 이 개괄적 장에서는 몇 가지 주요한 경향과 발전을 훑어보는 것으로 만족할 수밖에 없다. 지면의 제약으로 인해 신학 전반을 포괄적으로 다루고 필요한 모든 것을 세세하게 논하기는 힘들다. 그러나 다양한 목적에 맞게끔 세부적인 사항을 완벽하게 다루지는 못해도 할 수 있는 한 현대의 신학 지평을 골고루 살펴볼 것이다.

먼저 최근 몇 세기 동안 기독교 신학이 펼쳐진 환경이 어떠한 문화적 발전 현상들로 이루어졌는지 살펴본다. 이어서 그 시대의 신학을 형성하는 데 중요한 역할을 한 일부 신학자를 살펴본다. 그들 모두는 최근의 신학 논쟁에서도 여전히 인용되며 연구되고 있다. 마지막으로 이 기간 동안에 중요한 것으로 등장한 운동이나 학파들을 살펴본다.

서구의 문화 발전과 신학

"근세"의 등장은 기독교 신학에 새로운 도전장을 던졌다. 종교 전쟁의 결과로 제도화된 종교에 대한 문화적 불신이 증가했고, 종교의 사회적 역할과 합리성은 의문시되었다. 아마 더욱 중요한 것은 르네 데카르트René Descartes, 1596-1650 의 『방법서설』1637과 스피노자Spinoza, 1632-77의 『윤리학』1677 이 출간되어 신앙의 토대와 유효성을 평가하는 일과 관련해서 이성의 역할을 강조하는 문화를 창조한 일일 것이다. 현대 철학의 결정적인 특징은 하나님을 끌어들이지 않고서 이성의 필연적 진리에만 기초하여 믿음의 확실성을 수립하려고 시도한 것이다. "계몽주의"•라는 어휘는 19세기 후반에 이 새로운 문화적 분위기를 가리키기 위해 도입되었다. 그것은 인간 이성의 근본 역할을 강조하여 18세기 서구 문화 안에서 주도권을 잡았다.

계몽주의는 유럽과 미국의 많은 지역에서 다양한 형태를 취했던 복잡한 운동이었다. 계몽주의의 분명한 특성 중 하나는 세상의 비밀을 꿰뚫어 파악하는 이성의 능력을 강조한 데 있다. 이제 인류는 하나님의 도움을 받을 필요 없이 스스로 생각할 수 있다. 독립적인 인간 이성은 전통적으로 신학자들의 몫으로 맡겨졌던 세상의 여러 면모를 포함해 세상 전체를 이해할 수 있게 되었다. 흔히 계몽주의와 동의어로 사용되는 '이성의 시대'라는 구절은 오해하기 쉽다. 이 말은 그 시대 이전에는 이성이 무시되거나 하찮은 것으로 여겨져 왔다는 의미를 함축한다. 2장에서 살펴보았듯이101-102쪽 중세 시대는 '이

• 계몽주의
  the Enlightenment

서구 문화에서 1750년 무렵에 시작된, 인간의 이성과 자율성을 강조하는 운동. 18세기 서유럽과 북아메리카 사상의 대표적인 특성으로 자리 잡았다.

성의 시대'라고 불릴 자격이 충분하다. 하지만 중세는 이성을 주로 비판적인 도구로 생각했다. 이에 반해 계몽주의는 이성을 신뢰할 수 있는 지식의 토대로 다루었다.

그런데 이런 변화가 서구의 문화적 분위기 속에서 어떻게 나타났을까? 이에 답하기 위해 우리는 서유럽에서 종교 전쟁 이후 형성된 종교에 대한 무관심을 살펴볼 필요가 있다.

종교 전쟁과 종교적 무관심

1700년 경에 서유럽은 끝이 보이지 않는 종교 전쟁에 지쳐 있었다. 전쟁은 사회적 분열과 경제적 궁핍을 초래했다. 30년 전쟁[1618-1648]은 루터주의, 개혁주의, 가톨릭주의의 지역과 국가가 모두 참여한 국제적인 종교 갈등이었고, 마침내 독일 내전으로 이어졌다. 그 전쟁이 우여곡절 끝에 베스트팔렌 평화조약[1648]으로 끝났을 때, 종교적 열정은 종교 전쟁 때문에 한 방울도 남김없이 증발한 상태가 되었다. 사람들은 그것으로 충분하다고 여겼다. 평화를 향한 열망은 종교 논쟁에 대하여 관용을 강조하고, 서로 더 많이 인내하는 쪽으로 이끌었다.

이렇게 해서 계몽주의가 종교를 국가 정책이라기보다 사적인 믿음의 문제로 주장하게 되는 무대가 마련되었다. 지적 영역과 정치적 영역 모두에서 종교는 국제적 그리고 국가적 갈등의 원천으로 여겨졌고, 복이라기보다는 짐으로 느껴졌다. 종교적 광신에 대한 혐오가 나타났으며, 이것은 쉽게 종교 자체에 대한 혐오로 변화했다.

존 로크[1632-1704]는 자신의 저서 『관용에 관한 편지』*A Letter concerning Toleration*, 1689에서 종교가 사회적 갈등과 불안의 기저가 되지 않도록 최소한 어느 정도까지 종교적 다양성에 대해서는 관용이 필요하다고 주장하였다. 로크의 사상은 종교 논쟁에 지쳐 있었던 시대의 반교리적 분위기 속에서 큰 공감을 얻었다. 로크는 제한적인 종교적 관용을 베풀어야 하는 세 가지 근본 이유를 설명했다.

❶ 서로 진리라고 주장하며 다투는 종교들 사이에 국가가 [끼어 들어] 판단하는 일은 불가능하다. 이 땅의 어떤 심판자도 그 러한 논쟁을 해결하기 위해 나설 수 없다고 로크는 주장했다. 이런 까닭에 종교적 다원성을 용인해야 한다.

❷ 비록 어떤 종교가 다른 모든 종교들보다 훨씬 우월하다는 점 을 인정한다고 해도, 그 종교를 법으로 강요하는 것이 이 종 교가 지닌 바람직한 목표에 이르게 해 주지는 않는다.

❸ 종교적 획일성을 강요해서 얻는 결과는 계속해서 다원성을 인정함으로써 얻는 결과보다 훨씬 나쁘다. 종교적인 강압은 내적인 불화를 일으키며 심지어 종교 전쟁으로 이어지기도 한다. 종교의 도그마가 아니라 인간 이성이 종교 갈등으로 이 어지는 분쟁을 해결하는 최선의 방법이 된다고 보아야 한다.

18세기에 이렇게 이성을 치켜세웠던 현상의 의미를 가장 잘 보 여주는 예를 크리스티안 볼프Christian Wolff, 1679-1754의 책, 『신과 세계 와 영혼, 그리고 세상 모든 것에 관한 이성적 사유』Reasonable Thoughts about God, the World, the Human Soul, and just about everything else, 1720에 실린 권두 삽화에서 만날 수 있다. 지성을 칭송하는 이 멋진 그림은, 이성 을 뜻하는 자애롭고 따뜻한 태양이 세상을 향해 미소를 보내며 미신 의 구름과 그늘을 몰아내고 있는 모습을 담고 있다. 새로운 이성의 시대가 밝았다. 밤이 낮에게 길을 내주어야 하듯 이전 세대를 뒤덮었 던 어둠은 사라지게 된다. 이것이 전쟁으로 피폐해진 유럽의 희망과 두려움 속에 울려퍼진 강력한 미래상이었다. 이성에 호소하는 것이 사회와 종교, 정치의 안정을 이루는 길이 될 수 있을까?

계몽주의의 발흥

19세기 이후에 "계몽주의"Enlightenment로 알려진 운동은 18세기 유럽과 북미에서 나타났던 문화적·지적 현상을 가리키는 것으로 이해되는데, 이 지역에서는 일반적으로 이성을 종교적 믿음의 편파성을 극복하는 수단으로 강조했다. 계몽주의가 출현한 원인 중 하나는 17세기 후반에 발달한 영국의 이신론이었다. 아이작 뉴턴[1643-1727]은 우주가 지적 창조자가 합리적으로 설계하고 제작한 커다란 기계와 같다고 주장하였다. 이신론은 신앙의 초자연적 차원들을 극단적으로 축소했으며, 기독교를 본질상 인간 이성과 조화를 이루는 합리적인 도덕 종교로 제시하였다. 하나님은 뉴턴역학이 밝혀낸 조화롭고 질서잡힌 우주의 창조자로 이해되었다. 하나님은 더 이상 하나님이 신경쓰지 않아도 스스로 규칙 바르게 움직이는 멋진 기계적 우주를 만드신 "신성한 시계제작자"였다.

영국의 많은 저술가들이, 인간의 영혼 속에 이성을 판단과 도덕의 토대로 심어 놓은 창조자 하나님이라는 개념을 채용한 종교 이론들 개발하였다. 이성은 인간 영혼의 빛이며, 문화적 특수성을 초월한다. 인간 이성의 자립성에 대한 확신이 점차 커짐에 따라 계몽주의 사상가들은 자신들이 기독교 신앙이 지닌 불필요한 초자연적 짐으로 여겨왔던 것을 이제는 처리할 수 있다고 믿었다. 계몽주의자들의 이러한 믿음은 몇 가지로 구분되는 단계를 거치며 발전하였다.

19세기 후반 계몽주의가 펼친 주장의 첫째 단계는 기독교의 믿음은 합리적이라는 것, 따라서 비판적 검증을 능히 견뎌낼 수 있다는 것이었다. 이런 유형의 이론은 존 로크의 『기독교의 합리성』 *Reasonableness of Christianity*, 1695과 18세기 초 독일의 몇몇 철학 학파의 사유 안에서 볼 수 있다. 기독교는 자연종교를 합리적으로 보완해 준다. 이렇게 해서 하나님의 계시라는 개념은 확증되지만, 반면에 계시만이 진리에 접근하는 배타적인 길을 제시한다는 사상은 거부되었다.

계몽주의가 펼친 주장의 둘째 단계는 기독교의 기본 개념들은 합리적이라는 것, 따라서 이성 자체에서 이끌어낼 수 있다는 것이다. 신의 계시라는 개념에 호소할 필요가 전혀 없었다. 존 톨랜드^{John} Toland, 1670-1722 의 『신비롭지 않은 기독교』^{Christianity Not Mysterious}, 1696 와 매튜 틴들^{Matthew Tindal, 1657-1733} 의 『창조만큼이나 오래된 기독교』 ^{Christianity as Old as the Creation}, 1730 에 따르면 기독교는 본질상 자연종 교의 복사판이었다. 기독교는 자연종교를 초월하는 것이 아니라 자연종교의 한 가지 사례일 뿐이다. 이른바 '계시종교'는 사실 이성으로 자연을 성찰함으로써 알 수 있는 것들을 재확인한 것에 불과하다. '계시'는 계몽된 이성이 이미 알고 있는 도덕적 진리들을 합리적으로 다시 밝힌 것일 뿐이다.

18세기 중엽에 본질상 완성된 이런 변화의 마지막 셋째 단계에서 계몽주의를 이끄는 대표자들은 확신에 찬 나머지 계시를 판단하는 이성의 능력까지 확증했다. 1794년과 1807년 사이에 3부작으로 출판된 토마스 페인^{Thomas Paine, 1737-1809}의 『이성의 시대』^{Age of Reason}는 많은 사람들에게 그 입장을 드러내는 고전적 진술로 여겨진다. 이성과 자연은 우리가 알 필요가 있는 모든 것을 가르쳐 준다. 계시나 지적 권위를 내세우는 다른 모든 주장들은 기만적인 허위라고 여겨져 배척되었다.

기독교 신학에 대한 계몽주의의 비판: 사례 연구

계몽주의의 합리적 종교는 여러 가지 주요 영역에서 전통적인 기독교 신학과 갈등을 일으켰다. 다음의 주제들이 특히 중요하다.

계시 개념 | 계시 개념은 전통적인 기독교 신학에서 핵심이 되는 중요한 것이었다. 많은 기독교 신학자들(토마스 아퀴나스^{약 1225-1274}와 장 칼뱅¹⁵⁰⁹⁻¹⁵⁶⁴ 등)이 하나님에 대한 자연적 인식의 가능성을 인정하면서도, 이 자연적 지식은 성서에서 증언하는 초자연적인 신의 계시에 의해 보완될 필요가 있음을 분명히 주장했다. 계몽주의는 초자연적

계시라는 개념 자체를 점차 강하게 비판하기 시작했다. 첫째, 초자연적 계시는 필요 없다. 둘째, 초자연적 계시에서는 인간 이성이 지니는 보편성을 찾아볼 수 없다. 이성은 누구나 손에 넣을 수 있는 데 반해 계시는 선택된 소수에게만 허락된 것이라고 주장했다. 이와 관련해 고트홀드 에브라힘 레싱¹⁷²⁹⁻¹⁷⁸¹ 등의 계몽주의 사상가들이 전통적 계시 개념에 대한 자신들의 생각을 드러내기 위해 사용한 구절이 '특수성의 걸림돌'the scandal of particularity이다. 하나님의 계시가 어떻게 지리적이나 역사적인 영역에 한정되거나 예수 그리스도의 역사적 인격과 결부되어 제한될 수 있겠는가?

성경의 지위와 해석 | 개신교와 가톨릭을 포함해 정통 기독교 내에서는 여전히 성경을 하나님의 영감으로 기록되어 교리와 도덕의 원천이 되는 것으로 보았으며 다른 유형의 문헌과 차별화하였다. 계몽주의는 이러한 가정에 문제가 있다고 보고 성서에 대한 비판적 연구 방법을 일으켰다. 독일의 계몽주의 신학자들은 이미 이신론 속에 퍼져 있던 개념들을 발전시키면서, 성경은 많은 사람의 노력으로 이루어진 작품이요 여러 곳에서 내적인 모순을 드러낸다는 명제를 주장하였으며 또한 성경도 여타 문헌들과 마찬가지로 동일한 문헌 분석과 해석 방법론을 따라야 한다고 보았다.

예수 그리스도의 정체성과 의미 | 계몽주의가 정통 기독교 신앙에 크게 도전한 세 번째 영역은 나사렛 예수의 인격과 관계가 있다. 특히 두 가지 중요한 발전을 주목할 필요가 있다. '역사적 예수 탐구'538-551쪽와 '도덕적 속죄 이론'599-608쪽이 그것이다.

이신론과 독일 계몽주의는 모두 역사의 실제 예수와 신약성경이 그의 의미를 해석한 것 사이에는 심각한 모순이 있다는 명제를 주장하였다. 인간의 초자연적 구속자라는 성서적 초상 밑바탕에는 평범한 인물, 상식을 지닌 탁월한 교사가 숨어있다는 것이다. 계몽적 합리주의에서 초자연적 구속자는 받아들일 수 없었지만, 계몽된 도덕 교사라는 관념은 그렇지 않았다. 라이마루스를 비롯한 여러 학자들은 신약성경에 나오는 예수에 관한 기록 너머로 들어가 훨씬 더 평범하고 인간다운 예수, 곧 그 시대의 새로운 정신이 받아들일 수 있는 인물을 밝혀내는 것이 가능하다고 주장하였다.

계몽주의 사상가들이 예수에 관한 전통적인 관념을 비판한 두 번째 요소는 그의 죽음의 의미(보통 속죄론이라고 불리는 신학 분야)와 관계가 있다. 예수의 십자가 죽음은 자기희생과 헌신을 탁월하게 보여주는 도덕적 모범이요, 그를 따르는 이들에게도 그처럼 자기희생과 헌신을 실천하도록 고무하는 것으로 재해석되었다. 정통 기독교에서는 예수의 죽음(그리고 부활)이 그의 종교적 가르침보다 훨씬 더 본질적인 중요성을 지닌 것으로 생각한 데 반해, 계몽주의에서는 그의 죽음을 부차적인 것으로 깎아내리고 부활을 부정하고는 그의 도덕적 가르침을 강조하였다.

삼위일체론 | 삼위일체 하나님(성부·성자·성령) 교리는 계몽주의 사상가들에게 크게 조롱당했다. 그들은 삼위일체론이 논리상 불합리한 것이라고 주장하였다. 합리적인 사람이 어떻게 그처럼 수학적으로 말도 안 되는 주장을 받아들일 수 있겠는가? 합리주의*의 거센 비판 앞에서 많은 정통주의 기독교 사상가들은, 이런 시대적 흐름 속에서는 삼위일체론을 효율적으로 옹호하는 것이 불가능하다고 여겨 이 개념을 멀리하게 되었다. 삼위일체론이 다시 부흥한 때가 계몽주의의 영향력이 쇠퇴하기 시작하던 20세기였다는 사실을 주목할 필요가 있다.

기적에 대한 비판 | 기독교의 전통적인 변증론에서는 신약성경의 '초자연적 증거들', 그중에서도 최고의 증거인 부활을 근거로 삼아 예수 그리스도의 정체성과 의미를 논했다. 뉴턴주의의 가장 중요한

● **합리주의**
rationalism

진정한 인식은 경험이 아닌 생득적인 이성에 의하여 얻어진다고 하는 태도. 데카르트, 스피노자, 라이프니츠 등이 이러한 태도를 보인다.

지적 유산이라고 할 만한 것이 우주의 기계론적 질서와 체계를 새롭게 밝혀낸 것인데, 그로 말미암아 신약성서에 기록된 기적 사건들, 그중에서도 특히 나사렛 예수의 부활에 의문이 제기되었다. 데이비드 흄[1711-1776]의 『기적에 관하여』 *Essay on Miracles, 1748* 는 증거에 의거해 기적의 불가능성을 입증한 연구로 널리 인정되었다. 흄은 주장하기를, 신약성서에 나오는 부활 같은 기적들과 상응하는 현상이 오늘날에는 발생하지 않으며 따라서 신약성서의 독자들은 그러한 기적에 대한 증거라고 사람들이 내세우는 것에 전적으로 의존할 수밖에 없다고 하였다. 그러한 기적에 상응하는 일이 일어나지 않는 오늘날, 인간의 증언만으로는 결코 어떤 기적이 발생했음을 입증할 수 없다는 것이 흄의 논지였다. 이와 비슷하게, 프랑스의 합리주의 사상가 드니 디드로[Denis Diderot, 1713-1784]도 파리 시민이 모두 나서서 죽은 남자가 다시 살아났다고 보증한다 하더라도 자기는 결코 그 말을 믿지 못하겠다고 단언하였다.

원죄의 부정 | 인간의 본성은 타락했으며 결점투성이라고 주장한 정통주의 원죄론에 대해 계몽주의는 격렬하게 반박하였다. 볼테르[1694-1778]와 장 자크 루소[1712-1778] 같은 프랑스 계몽주의의 대표적 인물들은 이 교리가 인간의 능력과 관련해 비관주의를 키우고 나아가 인간의 사회·정치적 발전을 저해하며 자유방임적인 태도를 조장한다고 비판하였다. 독일 계몽주의 사상가들은 이 교리가 역사적으로 비교적 후대인 4-5세기 때에 히포의 아우구스티누스[354-430]에게서 나왔다는 사실을 근거로 비판했는데, 그들은 이 사실이 원죄론의 영구한 타당성과 적합성을 부정하는 것이라고 보았다.

악의 문제 | 계몽주의 시대에 와서 세상에 존재하는 악을 이해하는 태도가 근본적으로 변하였다. 중세 때에는 악의 존재가 기독교의 일관성에 위협이 되는 것으로 생각하지 않았다. 자비롭고 전능하신 하

나님과 악이 동시에 존재하는 데서 비롯되는 모순은 믿음에는 장애가 되지 않았다. 계몽주의가 등장하면서 이러한 상황이 급작스럽게 바뀌었다. 악의 존재는 기독교 신앙의 신뢰성과 일관성을 위협하는 도전으로 변하였다. 볼테르의 소설 『캉디드』 *Candide, 1759* 는 자연적 악 (예를 들면, 1755년에 발생한 저 유명한 리스본 지진)으로 말미암아 기독교 세계관에 제기된 난제들을 분명하게 다룬 많은 작품 가운데 하나다. 독일 철학자 고트프리트 빌헬름 라이프니츠 Gottfried Wilhelm Leibniz, 1646-1716 가 고안한 '신정론'(神正論)이라는 용어가 등장한 것이 이 시대였으며, 이 사실은 악의 존재가 계몽주의의 종교 비판에서 새로운 중요성을 지니게 되었다는 것을 말해 준다.

마르크스주의: 기독교에 맞선 지적 경쟁자

현대에 등장한 세계관들 가운데서 가장 중요한 것에 속하는 마르크스주의는 20세기 기독교 신학에 아주 커다란 영향을 끼쳤다. 대표적인 경우는 라틴아메리카의 해방신학과 1960년대에 위르겐 몰트만 1926- 이 제안한 '희망의 신학'이다. 따라서 이 운동의 면모가 어떠한지 그리고 이 운동이 기독교 신학에 어떤 의미를 지니는지 이해하는 것이 중요하다.

칼 마르크스 Karl Marx, 1818-1883 는 1844년에 발표한 『경제학-철학 수고』 *Economic and Philosophic Manuscripts* 에서 종교 일반(그는 개체 종교들을 구분하지 않는다)은 사회·경제적 조건들에 대한 직접적 반응이라는 논지를 펼쳤다. "종교의 세상은 현실 세상의 반영일 뿐이다." 종교는 사회·경제적 소외의 산물이다. 종교는 그러한 소외로부터 생겨나며, 동시에 대중들이 자신의 상황을 깨닫지 못하고 또 그에 대해 행동하지 못하도록 정신을 중독시킴으로써 그러한 소외를 조장하기도 한다. 종교란 사람들이 자신이 처한 경제적 소외를 참아 내게 해주는 위로거다. 만일 그러한 소외가 존재하지 않는다면 종교적인 믿음이나 실천을 부추기는 일도 없을 것이다.

　　1917년의 러시아혁명은 마르크스주의가 그렇게도 바라던 돌파구를 열어 주었다. 그러나 마르크스주의가 소련 내에서 수정된 형태(마르크스-레닌주의)로 자리 잡기는 했지만 다른 곳에서는 성공을 거두지 못한 것으로 드러났다. 제2차 세계대전 후 동유럽에서 마르크스주의가 성공을 거둔 것은 그 지역의 정치적인 혼돈과 소련의 군사력이 주요인으로 작용했기 때문이다. 그 지역 국가들에서 이루어진 마르크스주의 실험은 1970년대와 80년대에 경제적 실패와 정치적 퇴보라는 결과로 이어졌으며, 그것은 곧바로 이 새로운 철학에 대한 환멸을 낳았다. 유럽에서 마르크스주의는 쇠퇴의 나락으로 빠져들었다. 마르크스주의의 주요 옹호자들은 정치적인 경험이 없고 노동계급의 기반을 잃어버린, 추상적인 이론가들로 대체되었다. 사회주의 혁명이라는 이상은 점차 호소력과 신뢰를 상실하였다.

　　미국과 캐나다에서는 마르크스주의가 대략 1970년부터 1990년까지 학계에 큰 영향을 끼치기는 했지만 사회적으로는 애초부터 힘을 거의 얻지 못했다. 그러나 마르크스의 이념들은 현대 기독교 신학 속에서 알맞게 수정된 형태로 새로운 활로를 찾았다. 라틴아메리카에서 나온 해방신학*은, 진짜 '마르크스주의'라고 부를 수는 없어도 그 나름으로 제대로 된 마르크스주의의 통찰을 도입했다고 볼 수 있다. 해방신학에 대해서는 뒤에서 다시 살펴본다185-188쪽.

다윈주의: 인간의 기원을 밝힌 새 이론

영국의 박물학자 찰스 다윈Charles Darwin, 1809-1882은 그의 책 『종의 기원』Origin of Species에서 생물종들의 기원에 관한 새로운 이론을 주장함으로써 전통적인 기독교 믿음에 대해, 특히 대중들이 널리 받아들이고 있던 믿음의 내용들에 근본적인 의문을 제기하였다. 대중적인 기독교에서는—예를 들어 윌리엄 페일리William Paley, 1743-1805의 저서에

- 해방신학
liberation the-
ology

원래는 복음의 해방하는 능력을 강조하는 모든 신학 운동을 가리키지만, 1960년대 후반 이후 라틴아메리카에서 일어난 운동을 가리키는 말이 되었다. 이 운동은 정치적 행동을 강조하고, 가난과 억압에서 정치적인 해방을 쟁취하는 것을 목표로 삼는다.

서 나타난 것과 같이—하나님이 특별한 창조 행위를 통해 만물을 개별적으로 창조했다고 주장한 데 반해 다윈은 오랜 시간에 걸쳐 이루어진 진화를 주장하고 이 진화를 통해 새로운 종이 등장했다고 제안하였다.

페일리는 자연의 복잡성이 설계자 하나님이 존재한다는 증거가 된다는 주장을 폈다. 예를 들어, 사람 눈의 정교한 구조는 설계자이자 창조자인 하나님의 지혜를 분명하게 보여준다. 다윈의 이론은 이처럼 자명해 보이는 자연의 설계를 다른 방식으로 설명하였으며, 따라서 페일리 이론의 신뢰성을 심각하게 손상시켰다. 그러나 이런 생각과는 달리 다윈이 한 일은 일부 대중적인 신학의 오류를 입증한 것에 불과하다고 주장하는 사람들이 있었다. 이 주장에 따르면, 사려 깊은 신앙 유형들은 다윈의 이론에서 아무런 영향도 받지 않았다. 예를 들어 저명한 저술가인 찰스 킹즐리Charles Kingsley, 1819-1875는 주장하기를, 실제로 다윈이 한 일은 생명의 새 터전을 열어 놓은 것이라고 하였다. "지금까지 우리는 하나님께서 매우 지혜로우셔서 모든 만물을 지으실 수 있는 분이라고 알았다. 그런데 이제 보니 그분은 그보다 훨씬 더 지혜로우셔서 만물이 스스로 이루어 갈 수 있도록 해놓으셨다."

흔히 다윈을 가리켜 신앙을 새로운 위기에 빠뜨린 사람이라고 말하는데, 역사를 살펴보면 그렇게 말할 수 있는 증거는 생각보다 빈약하다. 오늘날 우리가 부딪히는 논쟁 가운데 많은 것이 훨씬 최근에 나타난 일들이며, 특히 미국 내의 여러 가지 종교적 갈등에서 비롯된 것들이다. 이 문제는 나중에 논의할 것이다795-801쪽.

다윈주의는 신학적으로 특히 중요한 세 가지 문제를 제기했는데, 학문적 신학은 이 문제를 지금까지도 계속 논의 중이다.

❶ 창세기의 처음 두 장은 어떻게 해석되어야 할까? 대중적인 종교 저술가와 설교자들은 흔히 그 본문이 역사적 사건을 문자적으로 기술하고 있다고 해석했다. 그렇다면 이 이야기들의

지위는 어떻게 평가되어야 할까?

❷ 다윈은 현재 인류가 자연 안에서 차지하는 지배적 지위가 역사적 우연이며 진화가 계속해서 전개됨에 따라 인류는 그 지위를 잃을 수 있다고 암시했다. 이것을 받아들인다면, 인류는 어떤 의미에서 하나님의 창조의 정점으로 말해질 수 있을까?

❸ 다윈의 성찰은 긴 진화 과정에서 엄청난 낭비가 있었음을 강조한다. 이 주장은 새로운 신학적 주제가 되지 않았던 반면에, 세계 내에 존재하는 고통의 문제에 대해 새로운 의미를 제시하였다.

제1차 세계대전: 위기의 신학

1914년 6월 28일 오스트리아의 대공작 프란츠 페르디난드가 세르비아의 국수주의자에 의해 암살되었다. 그는 오스트리아–헝가리 왕좌의 상속자였는데, 이 사건은 엄청난 국가 간 갈등을 촉발했다. 그 당시 유럽의 강대국들은 한 국가의 전쟁 선언이 사실상 유럽 전체의 갈등으로 확실히 이어지는 조약상의 의무로 서로 연결되어 있었다. 그 사건이 일으킨 갈등과 파괴의 무대가 전대미문의 규모로 컸기 때문에, 영어권 국가들은 그것에 "세계대전"Great War 이라는 이름을 붙여주었다.

세계대전이 끝나자 상당한 사람들이 미몽에서 깨어났다. 그렇게 막대한 자원과 인명을 소비한 전쟁 비용이 과연 그만큼의 가치가 있는 것인가? 제1차 세계대전이 유럽 문화에 준 충격은 아무리 과장해도 지나치지 않았다. 전쟁 직후의 시기는 19세기의 문화적 유산이 최종적으로 붕괴하는 것을 목격한 시대로 널리 인식되었다. 그 충격은 지적 창조 활동의 모든 영역을 흔든 충격파를 동반했다. 세계대전의 가장 중요한 신학적 결과 중 하나는 스위스의 개신교 신학자 칼 바르트1886-1968 와 관련된 "위기의 신학"이었다. 독일에서 신학을 공부했던 바르트는 자유주의 개신교에서 발견했던 이전의 지배적인 신학 방법에 환멸을 느끼게 되었다. 흔히 "문화 개신교"라고도 불렸던 이 신학 이론은 문화의 흐름에 철저히 순응하였다. 바르트는 세계대전이 그런 신학의 신뢰성을 철저히 무너뜨렸다고 보았다. 동시대의 문화적 규범들에 뿌리를 내린 신학이 어떻게 그런 문화 규범들을 비판하고 나설 수 있겠는가?

세계대전의 여파를 느끼며 스위스의 작은 마을 자펜빌에서 개혁교회 목사로서 목회할 때 발전시켰던 바르트 자신의 신학 방법은 하나님과 문화 사이의 불연속성에 강조점을 두는 것이었다. 그는 이렇게 선언했다. 하나님과 인간의 문화 사이에는 "빙하의 크레바스"와 같은 틈이 있고, 이 틈은 오직 하나님 편에서만 연결될 수 있다. 인간의 문화는 결코 하나님에 대한 진정한 지식의 기초가 될 수 없다.

덴마크의 철학자 쇠렌 키르케고르의 표현을 인용하면서 바르트는 하나님과 인간 사이에 "무한한 질적 차이"가 있다고 주장했다. 구약성서의 예언자처럼 바르트는 하나님의 전적 거룩성과 그분이 인간 일반으로부터, 특히 인간의 문화로부터 아주 멀리 떨어져 계신다는 점을 강조했다. 하나님은 "인간 너머에, 그리고 모든 인간적인 것에 대한 무한한 질적 구분 안에 계시며, 우리가 하나님이라고 이름 붙이고 경험하고 상상하고 예배하는 것과 결코 동일하지 않으시다."

바르트는 철저히 성상 파괴적인 신학 방법, 곧 하나님을 자연세계나 인간의 문화에 연결하려는 모든 시도를 거부하는 신학 방법을 채택했다. 하나님은 오직 하나님 자신이 알려지도록 선택하신 방법을 통해서만, 달리 말하면 하나님의 자기계시인 예수 그리스도 안에서만 알려지신다. 여러 사람이 바르트를 따랐는데, 그 가운데 한 사람인 프리드리히 고가르텐[1887-1967]은 1920년에 "우리 문화의 위기"라는 주제로 강연을 하면서, 당시 유럽 문명의 위기는 "하나님과 세상 사이의 절대적인 구분을 명료하게 드러내 보이는, 하나님의 멸절하시면서 창조하시는 행위"라고 보아야 한다고 주장하였다. 신학은 종말을 고한 시대와 아직 도래하지 않았고 알려지지 않은 새로운 시대 사이에 위치하고 있다. 그것은 "빈 공간" 안에서 살아가는 것과 같다.

우리는 이 중요한 운동의 몇 가지 주제를 나중에 살펴볼 것이다262-

264, 337-340쪽.

포스트모더니즘: 현대 신학의 의제들을 넘어서

제2차 세계대전 이후의 서구에서 중요한 문화적 변화들이 일어났
다. 변화는 일반적으로 계몽주의의 확고한 전제들 가운데 많은 부분
을 제거하는 작업을 포함하고 있었다. 1980년경부터 "포스트모더
니즘"•이라는 용어가 이 문화적 변화를 가리키는 데 널리 사용되었
다. 장 프랑수아 리오타르1924-1998 가 『포스트모던의 조건』*Postmodern*
Condition, 1979 에서 처음으로 포스트모더니즘을 독특한 지적·문화적
운동으로 제안한 것에 공감한 사람들이 널리 의견을 모으면서 이 용
어를 사용하게 되었다.

　　그러면 포스트모던의 조건은 무엇인가? 그것이 기독교 신학에 대
하여 함축하는 의미는 무엇인가? 포스트모더니즘의 철학적 토대는
마르틴 하이데거1889-1976 의 『존재와 시간』*Being and Time*, 1927, 루트비
히 비트겐슈타인1889-1951 의 『철학적 탐구』1953, 그리고 한스 게오르
크 가다머1900-2002 의 『진리와 방법』1960 으로 거슬러 올라간다. 이 작
품들에 공통되는 특징은, 철학이 명제에 의존할 때 그 명제의 진리
는 증명될 수 있는 것이 아니고 단지 가정될 뿐이라는 사실을 인식함
으로써, 인간 지식의 궁극적 토대가 반드시 필요하다는 주장을 거부
하는 것에서 볼 수 있다. 이러한 거부는 계몽주의 방법론에서 완전히
갈라서는 것을 의미했으며, 인간 지식의 본성에 관해 새 방식으로 생
각할 길을 열어 주었다. 그렇게 해서 그 거부는 기독교 신학을 위한
새로운 기회를 창조했다. 그것은 "특수성의 걸림돌"과 같은 "현대적"
관념에 대한 도전, 그리고 모든 믿음은 이성적으로 증명될 수 있어야
한다는 요청에 대한 도전을 뜻했다.

　　포스트모던의 조건을 계몽주의의 합리성 개념에 대한 비판이자

● **포스트모더니즘**
postmodernism

20세기 후반에 시작된
문화 현상으로, 계몽주
의의 보편적이고 합리적
인 원리들에 대한 신뢰가
전반적으로 붕괴한 결과
로 등장하였다. 이 운동
의 특징으로는 절대적인
것을 부정하고, 객관적이
고 합리적으로 실재를 규
정하는 시도를 거부한 일
등을 들 수 있다.

동시에 대안들의 제안이라고 생각하면 도움이 된다. 리오타르는 "포스트모던의 조건"이 "거대서사meta-narratives에 대한 불신"을 특징으로 한다고 주장했다. 여기서 그는 만물을 포괄적으로 설명하는 틀을 제공한다고 주장하는 "지배 담론master story"에 대해 점점 더 강한 의구심을 나타내고 있다. 리오타르는 계몽주의가 "다른 내러티브들을 예속시키고 조직하고 설명하는 내러티브"를 찾으려 했던 것이 부분적으로는 자기 정당화의 문제에 지나지 않았다고 주장했다. 계몽주의자들이 이성에 호소해서 무지와 미신을 극복했다는 이야기를 들려준 것은 계몽주의 자체를 정당화하려는 시도에 그쳤다는 것이다.

이 주제들은 최근에 포스트모던 운동 내에서 나온 많은 저술들을 통해 퍼져 나가고 있다. 포스트모던 철학자들은 보편적 인간 이성이 진리와 정의를 추구하는 중립적이고 객관적인 관점이라고 주장하는 소위 "계몽주의 프로젝트"에 근본적인 의혹을 제기했다. 인간 이성이 절대적이고 보편적이라는 사상은 도전의 대상이 되었다. 거대서사는 권력 구조를 통해 영향력을 확보한 단순한 내러티브에 지나지 않는다는 것이다. "진리"가 보편적 합리성에 기초하고 있다는 사상도 거부되었다. 이성은 특정 사회나 제도의 중심 서사와 권력 구조들에 비추어 규정된, 상황적이고 상대적인 문제라고 보아야 한다. 거대서사는 해방으로 이끌지 않는다. 오히려 다양한 형태의 전체주의를 합법화하고 강화할 뿐이다.

이와 연관된 것으로, 텍스트의 의미를 다룰 때 고정되거나 절대적 의미를 획득하는 것은 불가능하다고 주장하는 이론이 있다. 미셸 푸코Michel Foucault, 1926-1984, 장 보드리야르Jean Baudrillard, 1929-2007, 자크 데리다Jacques Derrida, 1930-2004 같은 저술가들은, 언어는 궁극적으로 자의적이고 변덕스러우며 제멋대로라고 주장하였다. 언어는 어떠한 포괄적이고 절대적인 언어 법칙에도 근거하지 않으며 따라서 의미를 밝혀낼 능력이 없다. 보드리야르의 주장에 의하면, 현대사회는 인위적인 기호 체계들로 이루어진 끝없는 그물망에 사로잡혀 버렸는데,

그러한 기호 체계들은 아무런 의미도 담고 있지 않으며 그저 그것을 만들어 낸 사람들의 신념 체계를 영속화시킬 뿐이다.

이러한 경향을 제대로 폭로하면서 그 경향이 텍스트나 언어와 얽혀 있음을 드러내 보여주는 포스트모더니즘의 한 흐름이 **해체이론** deconstruction 이다. 해체이론이란, 텍스트를 작성한 저자의 정체성과 의도는 그 텍스트의 해석과는 전혀 상관없는 것이며 나아가 그 텍스트 속에서는 어떤 식으로든 불변의 의미를 발견할 수 없다고 주장하는 비판적 방법론이다. 텍스트의 독해를 다루는 이 이론의 바탕에서 두 개의 일반적인 원리를 볼 수 있다.

❶ 글로 쓰인 모든 것은 저자가 생각하지 않고 또 의도하지도 않았던 의미들을 전달할 수가 있다.

❷ 저자는 원래 자기가 의도한 의미를 정확하게 글로 표현할 수 없다.

그렇다면 이 원리는 기독교 신학에 어떤 의미가 있을까? 1980년 대와 90년대의 "포스트모던 전환"에 의해 특히 다음과 같은 신학의 두 영역이 영향을 받았다.

성경 해석 │ 전통적인 성경 해석학은 역사비평적 방법이 주도해 왔다. 19세기에 발전한 이 방법은 복음서 본문들의 '삶의 자리' *Sitz im Leben* 를 확인하는 것 같은 비판적이고 역사적인 방법의 적용을 중요하게 여겼다. 프랭크 커모드 Frank Kermode, 1919-2010 와 해럴드 블룸 Harold Bloom, 1930 출생 같은 1980년대를 대표하는 문학비평가들은 "제도가 인정한" 성경 해석이라든가 "학문적으로 존경할 만한" 성경 해석이라는 사상에 도전했다. 따라서 성서 텍스트에는 의미—교회가 권위로 부여한 것이든 학문 공동체가 주장한 것이든—가 있다는 주장은 포스트모더니즘 내에서 심각하게 의심스러운 것으로 대접받았다. 그렇지만 스탠리 피쉬Stanley Fish, 1938 출생가 소개한 '해석 공동체'라는 개념은 성경 해석과 관련해 중요한 의미를 지닌다. 이 개념은 텍스트를 읽는 특정한 방식을 중심으로 어떻게 공동체가 형성되는지를 강조한다.

조직 신학 | 포스트모더니즘은 본성상 '체계화'라는 개념이나 '의미'를 발견했다는 주장에 대해 적대적이다. 마크 테일러Mark Taylor의 책 『실수하기』Erring, 1984는 포스트모더니즘이 조직신학에 미친 영향이 어떠한지를 잘 보여준다. 테일러는 신학적 체계를 구축하는 전통적 방식이 아니라 '실수하기'라는 이미지를 사용해 진리나 의미 문제들을 다가치적 관점에서 다루는 반(反) 조직적인 신학을 발전시켰다. 테일러의 연구는 프리드리히 니체1844-1950가 선언한 '신 죽음'의 결과들을 탐구한다. 이러한 기초 위에서 테일러는 자아, 진리, 의미와 같은 개념들을 제거할 것을 주장한다. 언어는 어떤 것도 지시하지 않으며, 진리는 어떤 것과도 대응하지 않는다.

그러나 이 주제들에 대한 최근의 성찰은 위에서 언급한 과거의 반응들이 예상하는 것보다 기독교 신학이 포스트모던의 맥락에서 더욱 효과적으로 다루어질 수 있다는 것을 보여주었다. 어떤 사람은 포스트모더니즘을 압제자로 보지만, 많은 사람은 그것을 계몽주의적 합리주의의 속박과 감금을 깨주는 해방자로 본다. 그 결과 신학적 탐구를 위한 새로운 범주가 열렸다. 예를 들어 내러티브 신학과 특히 신의 창조적이고 구속적인 활동의 이야기 속에서 인간 상황을 찾아내는 『신의 연극』Hans Urs von Balthasar, 1905-1988과 같은 신학 사상이 새롭게 떠올랐다.

———————————— 세계화: 세계 기독교와 세계 종교

근대에 들어와 기독교가 계속해서 전 세계로 확장됨에 따라, 기독교

는 전에는 알지 못했던 세상 속으로 들어가 그 일부로 자리 잡게 되었다. 20세기에 사하라 사막 이남 지역과 한국에서 기독교가 괄목하게 성장한 일이 이러한 흐름을 대표한다. 이런 현상은 서유럽의 기독교 현실과는 정반대된다. 기독교는 동남아시아 지역에서 계속 확장하고 있으며, 중국 본토에서도 성장하고 있다. 여기서는 꽤 오랜 세월에 걸쳐 기독교 신학 전통을 지녀 온 인도와, 현재 기독교 전통이 형성되고 있는 남아프리카의 신학에 대해 간단하게 살펴본다.

인도

인도 아대륙에는 비교적 이른 시기에 기독교가 정착했다. 전승에 따르면, 사도 도마가 1세기에 인도 마르 토마$^{Mar\ Thoma}$ 교회를 세웠다고 한다. 이 주장이 신앙적 열의에 의해 어느 정도 과장된 것이라고 해도, 4세기 무렵에 기독교가 인도의 종교적 환경에 자리 잡아 토착화되었다고 믿을 만한 근거는 충분하다. 유럽의 식민지 개척자들이 인도에 들어옴으로써 인도 기독교에 새로운 시대가 열렸으며, 이때 유럽의 다양한 상황이 반영된 여러 유형의 복음이 수입됨으로써 토착 기독교 전통이 보완되었다. 시간이 흐르면서 네덜란드와 영국, 프랑스인들이 인도로 들어와 정착했으며 그들은 제각각 자기네 방식의 기독교를 들여왔다.

초기에 복음전도는 교역 사업에 비해 부차적인 것으로 여겨졌다. 선교단체와 개인들이 인도에서 특별한 반대에 부딪히지 않고 활동할 수 있었지만 영국 정부의 지원은 전혀 받지 못했다. 예를 들어 동인도회사는 인도 원주민들의 반감을 불러일으키고 회사의 주 업무인 교역을 위협할 수도 있다는 이유에서 선교사들의 활동에 제약을 가했다. 그러나 특허조례(1813. 7. 13 영국 의회에서 통과)가 제정됨으로써 영국 선교사들의 신분이 보장되었으며 제한적으로나마 인도에서 복음전도 사역을 펼칠 자유가 허용되었다. 종교적인 긴장의 증가는 불가피했다. 벵골에서는 침략적인 서구화에 맞서서 1830년에 다르마 사바Dharma Sabha가 결성되었다. 1857년에 일어난 항쟁(현대 영어권 저술가들은 대체로 '세포이 반란'이라고 부른다)은 이렇게 서구화에 대한 분노가 증가한 결과로 여겨진다.

이 지역에서는 유럽에서 기원한 몇몇 형태의 기독교에 대한 관심이 토착 신학의 발전으로 이어졌다. 케숩 춘더 센Keshub Chunder Sen, 1838-1884은 그리스도가 인도 종교의 최고의 것들을 완성하였다는 가정을 기초로 기독교 신학 이론을 발전시켰다. 그의 주장에 의하면, 브라만(우주의 근본)Brahman은 나눌 수 없고 말로 설명할 수 없는 것이지만 그 내적 관계인 사트(존재)Sat, 치트(이성)Cit, 아난다(지복)Ananda를 통해 이해할 수 있다. 이 셋의 관계를 기독교에서 가르치는, '존재'인 성부 하나님, '로고스'인 성자 하나님, 그리고 '위로자'나 '기쁨과 사랑을 주는 존재'인 성령 하나님과 연관지어 논할 수 있다고 보았다. 최근에 와서 라이문도 파니카Raimundo Panikkar, 1918출생는 이와 유사한 견해를 『힌두교의 익명의 그리스도』Unknown Christ of Hinduism, 1964에서 주장하였다. 이 책에서 파니카는 힌두교의 실천 속에, 특히 정의와 자비의 문제와 관련해 그리스도가 숨은 채 존재한다고 주장하였다.

아프리카

기독교는 처음에 주로 영국 선교사들을 통해 사하라 사막 이남의 아프리카 지역에 전해졌다. 처음부터 기독교는 서구의 상업적·정치적 이해와 강하게 결탁되었다. 영국의 선교사 데이비드 리빙스턴David Livingstone, 1818-1873은 1857년 케임브리지에서 행한 유명한 연설에서, 자신이 아프리카로 돌아가려는 목적은 "교역과 기독교를 위한 길을 열기 위해서"라고 공언했다. 유럽 선교사들 대개가 아프리카의 문화에 대해 알지 못했으며, 그 결과 지역적 상황에 둔감하여 그 지역의 믿음 체계와 상호작용하는 일이 얼마나 중요한지 깨닫지 못했다. 따라서 '아프리카 신학'은 지역 문화와 아무런 상호작용 없이 그저 유럽 신학을 아프리카에 옮겨 놓은 것에 불과했다.

1960년대와 1970년대에 아프리카가 오랜 식민지 상태에서 벗어나기 시작하면서, 지금까지 유럽의 식민지 세력에게 억압당했던 아프리카 문화와 가치들을 되찾는 일에 관심이 늘게 되었다. 1970년대 이후의 가장 중요한 발전 가운데 하나는 케냐의 존 음비티John Mbiti, 1931 출생와 가나의 콰메 베디아코Kwame Bediako, 1945-2008 같은 아프리카 토착 기독교 신학자들이 등장한 일이었다. 이 신학자들은 서구의 신학적 규범을 따르는 대신 아프리카 고유의 신학 패러다임을 개발하는 일에 매달렸다. 이러한 접근방식을 잘 보여주는 예가 탄자니아의 신학자 찰스 니야미티Charles Nyamiti, 1931 출생가 저술한『우리의 조상 그리스도』Christ as our Ancestor, 1984 다. 이 작품은 아프리카의 전통적 견해를 진지하게 받아들여 그 안에 담긴 변증적 가능성을 탐구하고 내부로부터 그것을 기독교화하려고 시도한다.

따라서 남아프리카에서는 전통 아프리카 문화 및 종교와 교류하는 것이 매우 중요하다. 그런데 근래에 들어와 남아프리카에서는 백인 통치 기간에 남아프리카에서 인종차별을 강제해 온 이데올로기*—아파르트헤이트(남아프리카의 공용어로 "분리"를 뜻한다)apartheid—와 씨름하는 일이 기독교 신학의 중심 의제가 되었다. 여러 해 동안 남아프리카의 신학 논의는 사실상 이 한 가지 쟁점과 씨름해 왔으며, 신학적인 근거들을 내세워 그 이데올로기를 전혀 인정할 수 없다고 주장하였다. 이러한 흐름은 서구 신학자들에 의해 촉진되었으며, 이들은 해방신학과 유사하게 자유와 정의를 위한 투쟁이라는 면에서 아파르트헤이트에 대한 신학적 논의를 이해할 수 있었다. 그러나 1990년대 초에 아파르트헤이트 정책이 종식됨으로써 이제 기독교 신학은 아프리카 지역 문화와의 상호교류라는 전통적인 과제로 되돌아갈 수 있게 되었다.

● 이데올로기
ideology

어떤 사회나 집단의 행동과 사고방식을 지배하는 신념과 가치체계를 말하며 주로 세속적인 의미로 쓰인다.

세계화와 서구 기독교 신학

세계화는 서구 신학에 중요한 영향을 끼쳤다. 19세기에서 20세기 초까지 활동한 대부분의 기독교 신학자들은, 예를 들어 인도에서 식민지 행정가와 교육자로 일했던 사람들의 경우에서 보듯, 일정 기간 외국에서 봉사한 경험에 기초해서 타종교를 이해하였다. 기독교와 타종교의 관계를 기독교의 관점에서 성찰한 가장 중요한 연구들은 미국이나 영국, 독일과 같은 단일 종교 문화권 출신으로서 비기독교 문화에 몰두했던 신학자들을 통해 이루어졌다. 최근 수십 년 동안 많은 사람이 불교, 힌두교, 이슬람 국가로부터 서구 세계로 이주했다. 그로 인해 서구에서 기독교의 종교적 독점은 깨졌고 다문화 공동체가 생겨났으며, 타종교들도 서구에서 현존하는 중요한 존재가 되었다. 이것은 그 지역의 기독교 교회들에게 깊은 의미의 질문을 던졌다. 교회는 그런 공동체들을 어떻게 환대해야 할까? 이 문제는 또 기독교 신학의 전통적 질문에 대해서도 새로운 힘과 맥락을 제공했다. 기독교 신앙은 다른 종교의 신앙과 어떻게 지적으로 조화를 이룰 수 있을까? 기독교의 복음전도 및 변증과 관련해서는 어떤 문제가 생겨날까? 여기서 기억해야 할 한 가지 중요한 사실은, 신학은 흔히 "타자"와의 만남을 통해, 다시 말해 의미 있는 도전으로 다가오는 세계관이나 종교와의 만남을 통해 발전한다는 점을 기독교 역사가 분명하게 보여준다는 것이다. 이 사실은 교부시대에 이루어진 기독교와 플라톤주의의 대화, 20세기에 이루어진 기독교와 마르크스주의의 대화에서 확인할 수 있다. 타종교들과의 대화에서도 동일한 전망을 기대할 수 있을 것이다.

이러한 사실은 여러 사례를 통해 확인할 수 있다. 영국의 신학자 존 힉John Hick, 1922-2012은은 영국 도시 버밍엄에서 지낸 경험을 통해 그의 "종교 다원주의" 신학을 세웠다. 1970년대에 버밍엄은 인도 아대륙에서 건너온 수많은 힌두교도와 무슬림들의 정착지였다. 힉의 이론은, 모든 종교가 그 나름대로 독특하고 타당하게 "궁극적 실재"

를 이해하는 방식이라고 인정할 수 있는 신학적 틀을 제공하고자 애썼다. 비록 이 "다원주의적" 연구 방법의 지적 일관성은 폭넓은 비판과 마주쳐야 했지만955-957쪽, 20세기의 마지막 10년 동안 자유주의 종교학의 영역에서 매우 큰 영향력을 발휘했다.

또 다른 학자들은 다양한 종교 전통에 속한 사람들이 함께 모여 자신들의 경전에서 뽑은 본문을 나누어 읽고 토론하는 일의 중요성을 깨닫기 시작했다. 1995년에 기독교 신학자인 데이비드 포드David F. Ford, 1948 출생와 유대인 학자 피터 옥스Peter Ochs, 1950 출생가 경전교차연구 학회The Society for Scriptural Reasoning를 창립하였다. 힉의 획일화하는 방법론과는 달리, 경전교차연구에서는 유대교와 기독교, 이슬람교가 자신들의 경전의 지위와 권위와 특성을 그들 방식대로 이해할 수 있다고 인정하며 여러 종교전통을 포괄하는 의견의 일치를 이루라고 강요하지 않는다. 이 과정은 연구하는 주제와 관련해 합의나 의견 일치에 도달하지 않고서도 좀 더 깊은 이해에 이를 수 있게 해준다. 이 과정은 서로를 심층적인 이해로 이끌고, 탐구되는 주제에 대한 합의 또는 동의 형태를 반드시 요청하지는 않는다.

기독교 신학이 이처럼 변화하는 문화적 상황에 어떻게 대응하고 있는지 설명해 주는 다른 예는 쉽게 찾을 수 있다. 2013년 11월 로마의 성 베드로 성당에서 교황 프란체스코1936 출생가 공표한 교황 권고인 "복음의 기쁨"Evangelii Gaudium은, 종교 간의 대화가 종교들 사이의 갈등을 줄이고 나아가 기독교 신앙의 독특성을 밝힐 수 있는 수단으로서 중요함을 확증한 신학 문헌의 좋은 사례이다.

―――――――――――――――――――――― 주요 신학자들

지난 200년 동안의 신학 저술들을 자세히 살펴보면, 비교적 소수의 신학자들만이 계속해서 신학의 표준으로 언급되는 것을 볼 수 있다.

유럽의 백인 남성들이 신학을 지배해 왔다고 여기는 사람들은, 이 사실을 가리켜 자신들의 생각을 입증해 주는 것이라고 생각하지 않을까 걱정된다. 앞으로 이런 형편이 바뀌어서 점차 새로운 인물들이 인정을 받게 되고, 그 결과 새로 개정되어 나올 이 책에서는 그 사람들을 다룰 수 있게 되기를 희망한다.

이번 항목에서는 최근 시대의 신학 사상에 커다란 영향을 미쳤던 신학자들의 면모와 그들이 다루었던 의제를 간단히 소개한다. 이 책의 다른 곳에서 많은 내용을 상세하게 논하겠지만, 우선 이 간단한 소개를 통해 독자들은 현대 신학의 복잡한 틀 속에서 그들이 어떤 위치에 있는지 분간하는 데 도움을 얻을 수 있을 것이다.

슐라이어마허 1768-1834

프리드리히 다니엘 에른스트 슐라이어마허 Friedrich Daniel Ernst Schleier macher 는 19세기의 가장 중요한 프로테스탄트 신학자로 널리 인정받는다. 그는 계몽주의 내부의 "종교를 경멸하는 교양인들"에게 기독교를 적합하고 이해할 수 있는 것으로 제시할 필요를 논함으로써 명성을 얻었다. 그의 저서 『기독교 신앙』 1821-1822, 개정판 1830-1831 은 '절대 의존의 경험'을 근거로 삼아 기독교 신앙을 조직적인 이론으로 다듬었다. 그는 임마누엘 칸트 1724-1804 를 해석하고 비판한 일과 해석학을 다룬 저술로도 널리 존경받지만, 무엇보다도 19세기와 20세기 초에 자유주의 개신교가 등장하는 데 지적인 터전을 닦은 신학자로 유명하다.

존 헨리 뉴먼 1801-1890

영어권 신학자로서 존 헨리 뉴먼 John Henry Newman 만큼 큰 영향을 끼친 사람도 없다. 뉴먼은 옥스퍼드 대학교에서 공부했으며 이어서 옥

독일의 프로테스탄트 신학자이자 목회자인 F. D. E. 슐라이어마허(1768-1834). 그는 계몽적 합리주의에 대해 신학적으로 대응하는 일에서 주도적인 역할을 하였다.

스퍼드 대학교회의 사제가 되었다. 그는 성공회 내에서 고교회 High Church 전통을 갱신하고자 애썼던 옥스퍼드 운동의 중심인물이었다. 그는 1845년에 가톨릭교회로 개종하고 1879년에는 추기경이 되었다. 뉴먼은 역사신학에 관한 책을 몇 권 썼지만 이 책들은 그의 진면목을 제대로 보여주지 못했고 대체로 문제의 여지가 있는 주장들을 담고 있다. 그의 가장 중요한 저술로는 교리의 발전을 다룬 것—1845년에 나온 『기독교 교리의 발전에 관한 논고』 Essay on the Development of Christian Doctrine를 보라—과 신앙과 이성의 관계를 명료하게 논한 것—특히 1870년에 나온 『승인의 원리』 Essay in Aid of a Grammar of Assent를 보라—이 있다.

칼 바르트 1886-1968

오늘날 스위스의 신학자 칼 바르트는 20세기의, 아니 종교개혁 이후의 기간을 통틀어서도, 가장 위대한 프로테스탄트 신학자로 인정받고 있다. 원래 자유주의 개신교 내에서 교육받은 바르트는 하나님의 계시를 강조하면서 기존의 다양한 신학을 재평가하는 일에 힘썼다. 바르트가 세운 신학 양식은 처음에 '변증법적 신학' 또는 '신정통주의'라는 이름으로 불렸다. 그렇기는 하나 이 두 가지 꼬리표는 모두 그의 신학적 의제를 이해하는 데 별로 도움이 되지 않는다. 바르트에게 신학은 자율적인 학문 분과로서, 하나님의 자기계시 안에서 발견한 것에 응답하는 것을 과제로 삼았다. 바르트의 초기 저술들은 대체로 건설적이기보다는 비판적인 성격이 강했으나(1919년에 나온 유명한 『로마서』가 그 예다), 『교회 교의학』(완성하지 못하고 사망했다) Church Dogmatics에 와서는 훨씬 적극적이고 건설적인 신학을 보여준다. 바르트는 신학의 여러 분야에 큰 영향을 끼쳤으며 특히 계시 개념에 커다란 영향을 주었다. 20세기에 삼위일체 신학이 부흥한 것은 그의 영향을 받아 이루어진 것이라고 평가된다.

폴 틸리히 1886-1965

폴 틸리히 Paul Tillich 는 원래 독일에서 신학을 공부했으나 나치즘에 반대한 일 때문에 교수직에서 물러날 수밖에 없었다. 그는 미국으로 이주하여 처음에는 뉴욕의 유니온 신학교에서 가르쳤으며 그 후 하버드 대학교에서 교수직을 얻었다. 1940년에는 미국 시민권을 얻었다. 틸리히는 슐라이어마허의 신학 프로그램을 계승하여 확장했다고 볼 수 있다. 그의 신학 의제를 간략하게 요약하면, "신앙이 당대의 문화를 받아들이지 못할 이유가 없고, 그 시대의 문화도 신앙을 받아들이지 못할 까닭이 없다"라는 원리를 기초로 삼아 신앙과 문화를 상호 연관시키려는 시도라고 말할 수 있다. 실존주의를 폭넓게 받아들인 틸리히는 인간의 '궁극적 물음들'과 기독교 신앙이 제시하는 답 사이의 '상관관계' correlation 를 강조하면서 현대 서구 문화에 기독교 신앙을 해석해 제시하였다. 이 이론은 『흔들리는 터전』 *The Shaking of the Foundations*, 1948 같은 저술들에서 명료하게 제시되었지만 그의 주저인 『조직신학』 *Systematic Theology*, 1951-1963 에서 가장 깊이 있게 다루어졌다.

칼 라너 1904-1984

20세기에 이름을 날린 가톨릭 신학자들 가운데 가장 중요한 인물이라면 독일의 신학자이며 예수회 회원인 칼 라너 Karl Rahner 를 들 수 있다. 라너가 이룬 업적 가운데 가장 인상 깊은 것 하나는 에세이를 신학 연구의 도구로 다시 살려냈다는 점이다. 라너의 사상을 파악하기 위해 이용할 수 있는 중요한 자료는 묵직한 교의신학 저술이 아니라, 1954년에서 1984년 사이에 출판된 에세이들을 비교적 틀에 구애받지 않고 느슨한 형태로 모아 놓은 총서인 『신학논총』*Theological Investigations*이다. 이 에세이들은 비교적 체계적이지 못한 신학 방법으로도 어떻게 일관성을 지닌 신학 작업을 해낼 수 있는지를 잘 보여준다. 라너의 신학 방법에서 가장 중요한 요소라면 '초월적 방법'transcendental method을 들 수 있는데, 그는 이 방법을 통해 기독교가 하나님의 초월성을 상실한 세상에 응답할 수 있다고 보았다. 이전 세대들이 이 문제를 해결하고자 자유주의나 현대주의식 타협 전략을 사용하였는 데 반해, 라너는 초월적인 것에 대한 감각을 회복하는 일은 오로지 기독교 신학의 고전 자료들, 특히 아우구스티누스와 토마스 아퀴나스의 자료들을 다시 채용함으로써만 가능하다고 주장하였다. 라너의 이 특별한 이론은 토마스주의와 독일 관념론 및 실존주의의 핵심 요소들을 통합한 것이다.

한스 우르스 폰 발타자르1905-1988

스위스의 가톨릭 신학자인 한스 우르스 폰 발타자르Hans Urs von Balthasar는 최근의 신학 논쟁, 그중에서도 특히 아름다움beauty의 문제와 관련한 논쟁에 아주 큰 영향을 끼쳤다. 폰 발타자르의 주저는 1961년에서 1969년까지 출판된 『주님의 영광』*The Glory of the Lord*이다. 이 책에서 그는 기독교가 하나님의 자기계시에 대한 응답이라는 사상을 펼치면서, 특히 주님의 아름다움에 대한 비전에 응답하는 것이 신앙이라는 점을 강조한다. 그가 신학을 선과 아름다움과 진리에 대한 관상contemplation이라는 면에서 분석한 것은 많은 사람들에게 칭송을 받았다. 다른 주요한 저술로는 다섯 권으로 된 『신의 연극』*Theo-Drama: Theological Dramatic Theory*, 1971-1983이 있다. 이 책에서는 그가 '하나님의 연출'이라고 이름 붙인 것, 곧 성금요일과 거룩한 토요일과 부활의 날에 발생한 사건들 속에 분명하게 나타나 있는 하나님의 행위와 인간의 응답을 다룬다. 그리고 예수 그리스도와 실재 자체의 관계를 다룬 『신의 논리』*Theo-Logic*, 1985-1987 가 있다.

위르겐 몰트만 1926 출생

독일의 프로테스탄트 신학자 위르겐 몰트만 ᴶürgen Moltmann 은 영국의 노팅엄 근처에 있는 전쟁포로 수용소에서 지내던 시절에 자신의 신학적 관심사를 발전시켰다. 이때 라인홀드 니버 Reinhold Niebuhr, 1892-1971 의 명작, 『인간의 본성과 운명』*The Nature and Destiny of Man*, 1941 을 읽었다고 한다. 독일로 돌아온 후 몰트만은 신학자의 삶을 시작한다. 그가 전 세계의 주목을 받게 된 책이 3부작, 『희망의 신학』*The Theology of Hope*, 1964, 『십자가에 달리신 하나님』*The Crucified God*, 1972, 『성령의 능력 안에 있는 교회』*The Church in the Power of the Spirit*, 1975 다. 첫 번째 책에서 몰트만은 마르크스주의 저술가인 에른스트 블로흐 Ernst Bloch, 1885-1977 와 나눈 대화를 통해 희망의 문제를 다루었다. 『십자가에 달리신 하나님』에서는 고난당하는 세상에 대한 그리스도의 적합성을 탐구하였으며 '고난당하는 하나님'이라는 선구적인 이론을 발전시켰다. 몰트만은 계속해서 신학의 다른 분야에서도 주목할 만한 공헌을 하였지만(창조론, 삼위일체론, 생태신학적 이론에서 두드러진다) 지금도 주로 앞의 세 저술로 많은 사람들의 관심을 끌고 있다.

볼프하르트 판넨베르크 1928-2014

독일의 프로테스탄트 신학자인 볼프하르트 판넨베르크 Wolfhart Pannenberg 는 1960년대에 '역사로서의 계시'에 관한 저술로 유명해졌다. 이 신학 이론을 통해 그는 계시가 역사 과정의 자체 내에서 분별될 수 있다고 주장하였다. 판넨베르크가 볼 때, 하나님은 이스라엘의 역사 및 예수 그리스도의 삶과 죽음과 부활 속에 나타난 행동을 통해 자기 자신을 나타낸다. 그는 『예수: 신과 인간』Jesus: God and man, 1968에 서 이 주제를 펼치면서, 그리스도의 부활이 역사를 바르게 해석할 수 있는 기준점을 제공한다고 주장하였다. 판넨베르크는 신학 방법론의 문제들을 관심 있게 연구하였으며—그의 초기 저술인『신학과 과학 철학』Theology and the Philosophy of Science, 1977에서 가장 잘 나타난다—최 근에 와서는 기독교 신학과 자연과학의 상호작용에 대해서까지 논의 가 확대되었다. 그의 성숙한 신학 이론은『조직신학』Systematic Theology, 1988-1993에서 볼 수 있다.

현대 신학의 주요 운동들

앞에서 우리는 현대 기독교 신학에 광범위하게 영향을 미친 문화 현 상들을 살펴보았고 그에 더해 교파와 관련된 몇 가지 쟁점들도 다루 었다. 다음으로 최근에 서구 신학에서 나타난 주요 운동과 경향들을 탐구한다. 지면 관계상 여기서는 여덟 개의 주요 운동만 살펴보고, 나 머지는 나중에 설명한다.

자유주의 개신교

• **자유주의 개신교**
liberal Protes-
tantism

19세기 독일을 중심으로
일어난 운동으로, 종교와
문화의 연속성을 강조한
다. 슐라이어마허(1768-
1834) 때부터 폴 틸리히
(1886-1965)의 시대까
지 번성하였다. 동시대의
문화에 적합하도록 믿음
을 재구성하는 데 관심을
가진다.

자유주의 개신교•는 현대 기독교 사상에서 일어난 가장 중요한 운동 가운데 하나가 분명하다. 그 뿌리는 복잡하게 얽혀있다. 하지만 슐라 이어마허가 인간의 감정을 중요하게 여기고171쪽 기독교 신앙과 인간 의 상황을 연계시킬 필요성을 강조하면서 체계화한 신학 이론에 응 답하여 나타난 것이 자유주의 개신교라고 볼 수 있다. 자유주의 개신 교 사상가들은 기독교가 현대 세계 속에서 진정한 지적 대안으로 살 아남기 위해서는 믿음을 재구성하는 일이 필수적이라고 보았다. 이 러한 근거에서 그들은 기독교의 교리적 유산뿐만 아니라 전통적인 성경 해석 방법론에 대해서도 자유로울 수 있어야 한다고 생각했다. 전통적인 성서 해석 방식이나 믿음의 내용들이 인간 지식의 발전에 의해 붕괴되어 가는 상황에서 할 수 있는 일은 그러한 전통적 요소들을 포기하거나 아니면 당시에 새롭게 알려진 세계관과 조화되도록 재해석하는 것이었다.

이러한 방향 전환이 신학에 미친 영향은 크다. 기독교 신앙의 많은 내용들이 현대의 문화 규범과 심각하게 어긋나는 것으로 생각되었다. 이렇게 어긋나는 것들은 다음과 같은 두 가지 방식으로 다루어졌다.

❶ 그러한 신앙의 내용들을, 잘못된 전제조건에 근거하거나 시대에 뒤진 것이라고 보아 폐기했다. 이러한 예에 해당하는 것이 원죄 교리다. 이 교리는 신약성경을 아우구스티누스의 저술에 비추어 잘못 해석한 결과로 생겨났다고 여겨졌다. 이런 주제들에 관해 아우구스티누스가 주장한 내용은 운명론적인 종파(마니교)에 깊이 빠졌던 그의 경험에 의해 크게 영향을 받은 것이었다.

❷ 그러한 신앙의 내용들을 그 시대의 정신과 잘 어울릴 수 있는 방식으로 재해석하였다. 예수 그리스도의 신성을 포함해 그의 인격에 관한 핵심적인 교리들이 이 범주에 속한다(그래서 신성은, 예수가 모든 인간이 본받을 만한 특성들을 지닌 존재라는 의미로 재해석되었다).

이렇게 교리를 재해석하는 작업(이 작업은 '교의사' 운동에서 계속된다)412-413쪽과 더불어 기독교 신앙을 인간 세계 안에, 무엇보다도 인간의 경험과 현대 문화 안에 세우려는 새로운 관심도 볼 수 있다. 기독교 신앙의 근거를 성서나 예수 그리스도의 인격 안에서만 찾는 일에는 여러 가지 난점이 있음을 간파한 자유주의는, 신앙의 뿌리를 인간 공통의 경험에서 찾고자 했으며 또 현대 세계관과 조화되는 방식으로 신앙을 해석하려고 애썼다.

자유주의는 진보와 번영의 새 세상으로 도약하는 인간이라는 비전에 고취되었다. 이러한 믿음은 진화론으로부터 새로운 활력을 공급받았으며, 19세기 후반 서유럽의 문화적 안정과 진보라는 확고한 바탕에서 양육되었다. 갈수록 종교는 현대인의 영적 필요를 처리하고 사회에 윤리적 지침을 제공해 주는 것으로만 인정받게 되었다.

자유주의 개신교를 비판한 많은 사람들, 예를 들어 유럽의 칼 바르트와 북아메리카의 라인홀드 니버[1892-1971]는 이 운동이 지나치게 낙관적인 인간 본성 이해에 기초한 것이라고 여겼다. 그들은 이러한 낙관주의는 제1차 세계대전을 겪으면서 힘을 잃어버렸으며 그 결과 자유주의는 문화적 신뢰성을 상실했다고 생각하였다. 낙관적인 생각은 커다란 오산이었음이 드러났다. 긍정적으로 평가해, 자유주의는 기독교 신앙을 현대 문화가 받아들일 수 있는 형태로 새롭게 제시하는 일에 헌신한 운동이라고 볼 수 있다. 계속해서 자유주의 사상가들은 자신의 역할이 서로 융화할 수 없는 두 가지 대안, 곧 전통적 기독교 신앙을 단순히 되풀이하는 것(자유주의 비평가들은 이것을 흔히 '전통주의'나 '근본주의'라고 부른다)과 기독교를 철저히 거부하는 것 사이에서 중재자가 되는 것이라고 여겼다. 그들은 이 두 가지 융통성 없는 대안 사이에서 중립적인 길을 찾는 일에 열정적으로 헌신하였다.

자유주의 개신교가 가장 성숙하고 힘 있게 다듬어진 모습을, 독일 출신 이민자이자 가장 영향력 있는 미국 신학자 중 하나로 널리 인정받는 폴 틸리히[1886-1965]의 저술들에서 만날 수 있다. 틸리히의 신학 작업은 '상관관계'correlation라는 용어로 요약할 수 있다. 틸리히에 의하면, 실존론적 질문들—그가 즐겨 쓰는 용어로는 '궁극적 질문들'—은 인간의 문화에 의해 밝혀지고 구체화된다. 현대의 철학과 문학과 창조적 예술들은 인간을 사로잡은 문제들이 어떤 것인지 제시한다. 신학은 이러한 질문들에 대한 답을 제시하며, 그 과정을 통해 복음을 현대 문화에 상관시킨다. 복음은 문화에 말을 건네야 하는데, 그렇게 말을 건네는 것은 문화가 던지는 현실적인 질문들을 귀 기울여 들을 때에만 가능하다.

따라서 '자유주의자'라는 말은 "슐라이어마허와 틸리히의 전통을 따라, 동시대의 문화에 적합하도록 믿음을 재구성하는 데 관심을 지니는 신학자"(데이비드 트레이시)라고 정의하는 것이 가장 적합해 보이며, 이러한 정의를 따르면 탁월한 현대 사상가 대다수를 자유주의자라고 부를 수 있을 것이다. 그러나 오늘날 '자유주의자'라는 용어가 상당히 모호하고 혼동된 의미로 사용된다는 사실을 기억할 필요가 있다.

자유주의 개신교는 여러 가지 점에서 비판을 받아 왔으며, 그 가운데 대표적인 것들은 다음과 같다.

❶ 자유주의 개신교는 인간의 보편적 종교경험이라는 개념을 매우 중요하게 여긴다. 하지만 이 개념은 모호하고 그릇 정의된 것이어서 공적으로 검증하거나 평가하기가 불가능하다. 또 여러 가지 확실한 근거에서, '경험'이라는 것은 자유주의에서 생각하는 것보다 훨씬 더 폭넓게 해석될 수 있다는 점을 지적할 수 있다.

❷ 자유주의는 일시적인 문화 현상들을 지나치게 강조하며 그 결과 세속적 의제에 무비판적으로 끌려다니게 될 때가 많다고 비판자들은 생각한다.

❸ 자유주의는 동시대의 문화에 어울리는 것이 되려고 하다가 기독교의 독특한 교리들을 너무 쉽게 포기해 버렸다는 지적이 있다.

자유주의는 1970년대 말과 1980년대 초에 북아메리카에서 정점에 이르렀다. 비록 자유주의가 신학교나 종교학과에서는 여전히 독특한 지위를 누리고 있지만, 1990년대의 문화적 변화로 말미암아 현대 신학이나 교회의 전체적 삶에서 점차 세력이 약해져 가는 처지에 있다. 후기자유주의 학파에 속한 비평가들이 자유주의의 약점을 간파하였는데, 이에 대해서는 뒤에서 살펴본다. 위에서 다룬 것과 상당 부분 동일한 비판을 아래에서 살펴볼 '모더니즘'이라는 운동에도 그대로 적용할 수 있다.

모더니즘

'모더니즘'(근대주의)modernism이라는 말은 19세기 끝 무렵에 활동한, 가톨릭 신학자들로 이루어진 학파를 가리키는 말로 최초로 사용되었다. 이 학파는 전통적인 기독교 교리, 그중에서도 특히 나사렛 예수의 정체성과 의미를 다룬 전통적 교리들에 비판적 태도를 취하였다. 이 운동은 급진적인 성서비평을 긍정적으로 보았으며, 신앙의 신학적 차원보다는 윤리적 차원을 더 강조하였다. 여러 면에서 모더니즘은 가톨릭교회 내의 일부 학자들이 그때까지 가톨릭교회가 전반적으로 무시해 오던 계몽주의와 타협하려고 했던 시도라고 말할 수 있다.

가톨릭의 모더니즘 사상가들 가운데서 특별히 주목할 사람이 알프레드 루아지1857-1940와 조지 티렐1861-1909이다. 1890년대에 루아지는 성서의 창조 기사에 관한 전통적인 이론을 비판하고 나섰으며 교리의 진정한 발전은 성서 내에서 찾아볼 수 있다고 주장하였다. 그의 대표작이 1902년에 출판된 『복음과 교회』The Gospel and the Church다. 이 중요한 저술은 2년 전에 아돌프 폰 하르낙Adolf von Harnack, 1851-1930이 펴낸 기독교의 기원과 본질을 다룬 책인 『기독교의 본질』What is Christianity?의 논지에 직접 응답한 것이다. 루아지는 예수와 교회 사이에는 연속성이 전혀 없다고 본 하르낙의 견해를 거부하였다. 그러나 하르낙이 자유주의 개신교의 관점에서 기독교의 기원을 설명하고 또 복음서를 해석하는 데 성서비평의 역할과 타당성을 인정한 것에 대해서는 크게 찬동하였다. 그 결과 1903년에 가톨릭 당국은 루아지의 책을 금서목록에 포함하였다.

영국의 예수회 소속 학자인 조지 티렐은 루아지를 따라 전통적인 가톨릭 교의에 대해 과격하게 비판했다. 루아지와 마찬가지로 그도 『기로에 선 기독교』Christianity at the Crossroads, 1909에서 기독교의 기원에 관한 하르낙의 논의를 비판했으며, 잘 알려진 대로 하르낙이 역사적으로 예수를 재구성한 것을 "깊은 우물 수면에 비친, 자유주의 개신교의 희미한 얼굴"이라고 여겨 거부하였다. 또 이 책에서 티렐은 루아지의 저술을 옹호하면서, 가톨릭에서 공식적으로 루아지와 그의 책을 적대시함으로 말미암아 그 책이 가톨릭 견해와 대립하는 자유주의 개신교를 옹호한 것이요 "모더니즘이란 개신교를 추종하고 합리주의를 옹호하는 운동에 불과하다"는 인상이 널리 퍼지게 했다고 주장하였다.

이러한 인식이 퍼지게 된 원인은 일부분 개신교 주류 교파들 내에서 유사한 모더니즘 태도가 큰 영향력을 미치게 된 때문인 것으로 보인다. 영국에서는 1898년에 자유주의 종교사상의 발전을 도모하는 교인연합Churchmen's Union이 설립되었으며 1928년에 그 이름을 근대 교인연합Modern Churchmen's Union으로, 그리고 2010년에는 현대 교회Modern Church로 바꾸었다. 이 모임에 참여한 사람들 가운데 특별히 헤이스팅스 래쉬달Hastings Rashdall, 1858-1924이 눈에 띈다. 그의 책 『기독교 신학의 속죄 개념』Idea of Atonement in Christian Theology, 1919은 영국 모더니즘의 일반적인 모습을 보여준다. 알브레히트 벤야민 리츨Albrecht Benjamin Ritschl, 1822-1889과 같은 자유주의 개신교 사상가들의 초기 저술들을 다소 무비판적으로 받아들인 래쉬달은 중세 사상가인 페트루스 아벨라르두스1079-1142의 속죄 이론이 대속 제물이라는 개념에 근거한 전통적 이론보다 더 쉽게 현대의 사고방식에 수용될 수 있다고 주장하였다. 그리스도의 죽음을 주로 하나님의 사랑의 표현이라고 해석하는 이 도덕적 또는 모범적 속죄 이론은 1920년대와 1930년대 영국의 사상에, 특히 성공회 사상에 커다란 영향을 끼쳤다. 그러나 제1차 세계대전과 그 뒤를 이어 1930년대에 유럽에서 등장한 파시즘으로 인해 이 운동에 대한 신뢰성이 무너지게 되었다. 1960년대에 이르러서야 갱신된 모더니즘, 곧 급진주의가 영국 기독교의 주요 특성으로 자리 잡게 되었다.

미국의 모더니즘도 비슷한 모습으로 등장하였다. 19세기 말과 20세기 초에 성장한 자유주의 개신교는 보수적인 성격이 강한 복음주의 진영에 직접적인 도전으로 다가왔다. 뉴먼 스미스Newman Smyth, 1843-1925는 『개신교의 몰락과 가톨릭교회의 발흥』Passing Protestantism and Coming Catholicism, 1908에서 가톨릭의 모더니즘이 여러 가지 면에서 미국 개신교의 스승이 될 수 있을 터인데, 특히 교의 비판 및 교리의 발전에 대한 역사적 이해에 관해 배울 필요가 있다고 주장하였다. 모더니즘에 대응해 근본주의가 등장함으로써 상황은 갈수록 복잡하게 분열되어 갔다.

미국의 모더니즘은 제1차 세계대전을 경험하면서 자기 성찰의 기간을 거치게 되고 리처드 니버H. Richard Niebuhr, 1894-1962와 같은 사상가들의 급진적인 사회현실주의에 의해 강화되었다. 1930년대 중반에 이르러 모더니즘은 방향을 잃은 것처럼 보였다. 해리 에머슨 포스딕Harry Emerson Fosdick, 1878-1969은 1935년 12월 4일자 「크리스천 센추리」The Christian Century지에 기고한 논문에서 "모더니즘을 뛰어넘을" 필요에 대해 역설했다. 월터 마샬 호튼Walter Marshall Horton은 『현실주의 신학』Realistic Theology, 1934에서, 미국 신학 내의 자유주의 세력은 궤멸하였다고 말했다. 하지만 이 운동은 전후 시대에 와서 새로운 신뢰를 얻게 되고 베트남전쟁 기간 동안에 활짝 꽃피었다.

여기서 다시 20세기가 시작되는 무렵으로 돌아가, 자유주의에 맞서 일어났던 초기의 운동으로서 특히 칼 바르트의 이름과 밀접한 관계가 있는 신정통주의에 대해 살펴본다.

신정통주의 •

• 신정통주의
neo-orthodoxy

칼 바르트(1886-1968)
의 사상 일반을 가리키
는 용어로, 특히 그가 개
혁파 정통주의 시대의
신학적 주제들을 근거로
삼아 펼친 논의 방식을
가리킨다.

슐라이어마허와 그의 계승자들을 중심으로 일어난 자유주의 신학은
제1차 세계대전을 겪으면서 완전한 배척까지는 아니더라도 점차 커
다란 환멸감을 낳게 되었다. 사실 슐라이어마허는 기독교를 종교경
험의 수준으로 끌어내렸으며, 그 결과 기독교를 하나님 중심적인 것
이 아니라 인간 중심적인 일로 변질시켜 버렸다고 많은 학자들이 주
장하였다. 전쟁의 트라우마와 공포가 인간의 문화적 규범에 호소했
던 신학 방법의 신뢰성을 파괴했다는 것이다. 자유주의 신학은 인간
적인 가치들을 중요하게 여겼는데, 그러한 가치들이 그토록 엄청난
규모의 세계적 전쟁을 낳았다면 어떻게 그것을 참된 것으로 받아들
일 수 있겠는가? 칼 바르트[1886-1968]와 같은 저술가들은 하나님의 '타
자성'[otherness]을 강조함으로써, 오염된[tainted] 인간 중심적 자유주의
신학에서 벗어날 수 있다고 믿었다.

이러한 생각은 20세기의 가장 탁월한 신학 업적 가운데 하나인
칼 바르트의『교회 교의학』[1936-1969]에서 체계적으로 다루어졌다. 바
르트는 생전에 이 대작을 마무리하지 못했으며, 그 가운데 구속론은
완전하지 못하다.『교회 교의학』전체를 꿰뚫고 흐르는 기본 주제는
성서가 증언하는, 그리스도 안에 나타난 하나님의 자기계시를 진지
하게 다루어야 한다는 것이다. 이것은 단순히 칼뱅이나 루터가 이미
강조했던 주제를 되풀이하는 것처럼 보이기도 하지만 바르트는 상당
한 창의성과 엄격함으로 자기 고유의 이론을 다듬어 냈으며, 이로 인
해 독창적이고 주요한 사상가로 확고히 인정받게 되었다.

『교회 교의학』은 다섯 권으로 되어 있으며 각 책은 다시 세부적
인 부분으로 나뉜다. 1권은 하나님의 말씀을 다루는데, 바르트에게
하나님의 말씀은 기독교 신앙과 신학의 출발점이자 원천이 된다. 2
권에서는 신론을 다루며, 3권에서는 창조론을 다룬다. 4권에서는
화해론을 다룬다('화해'를 어떤 사람들은 '속죄'라고 부르기도 한다. 독

스위스의 개신교 신학자 칼 바르트(1886-1968). 그의 책 『교회 교의학』은 20세기 신학에서 가장 중요한 저술 가운데 하나로 인정받는다.

일어 *Versöhnung*은 이 두 가지 의미를 다 지닌다), 완성되지 않은 마지막 5권에서는 구속론을 다룬다.

'바르트주의'라는 평범한(그리고 별로 유용하지 않은) 말 외에 두 개의 용어가 바르트의 이론을 가리키는 데 사용되어 왔다. 첫째는 '변증법적 신학'* 이라는 말로, 이것은 1919년 바르트가 『로마서』에서 사용한 '시간과 영원의 변증법'이나 '하나님과 인간의 변증법'이라는 표현에서 온 말이다. 이 용어는 하나님과 인간 사이에는 연속성이 없으며 모순이나 변증법적 관계가 있다고 본 바르트 특유의 주장에 주목한 것이다. 두 번째는 '신정통주의'로, 이 용어는 특히 17세기 개혁적 정통주의 시대의 사상과 바르트 사이의 연속성에 착안한 것이다. 여러 가지 면에서 바르트는 17세기의 주요한 개혁주의 사상가들에게게서 영향을 받았다고 말할 수 있다.

바르트의 이론에서 가장 두드러진 특징이라면 '하나님의 말씀의 신학'을 들 수 있다. 바르트의 논의를 따르면, 신학이란 성서를 통해 우리에게 계시된 예수 그리스도를 터전으로 삼고 그 위에 기독교 교회의 선포를 견고히 다지고자 애쓰는 학문이다. 신학은 인간의 상황이나 인간의 문제에 대한 응답이 아니다. 신학은 하나님의 말씀에 대한 응답이며, 하나님의 말씀은 그 본성상 응답을 요구한다.

1930년대에 신정통주의는 라인홀드 니버를 비롯한 여러 신학자들의 저술을 통해 북미 신학에서 주도적인 위치를 차지했으며, 자유주의 개신교가 그 당시에 펼치던 사회사상의 낙관적 가정들을 비판하였다.

신정통주의는 여러 가지 점에서 비판을 받았다. 그러한 비판 가운데 특히 중요한 것들은 다음과 같다.

❶ 하나님의 초월성과 '타자성'을 강조함으로써 하나님이 멀리 계신 존재요, 심지어는 아무런 관계도 없는 존재로까지 여겨지게 되었다. 이러한 사고가 극단적인 회의주의를 낳는 원인이 되었다고 주장하는 사람들이 적지 않았다.

❷ 하나님의 계시만을 근거로 삼는다는 신정통주의의 주장은 순환논증에 해당한다. 그러한 주장은 바로 그 계시 외에는 어떤 것으로도 검증이 불가능하기 때문이다. 달리 말해, 신정통주의의 진리 주장을 외부에서 입증해 줄 수 있는 확고한 판단 기준이 없다. 이 사실 때문에 많은 비평가들은 신정통주의가 일종의 '신앙주의'fideism라고, 곧 자신의 테두리 밖에서 오는 비판에는 철저히 귀를 막은 믿음 체계라고 주장해 왔다.

❸ 신정통주의는 다른 종교에 끌리는 사람들에게 효과적으로 대응할 수 없으며, 다른 종교들을 타락하고 왜곡된 것이라고 폄훼하는 것 외에는 다른 길을 알지 못한다. 이에 반해 다른 신학 이론들은 타종교의 존재를 제대로 평가할 수 있고 그것을 기독교 신앙과 연관지어 다룰 수가 있다.

해방신학들

'해방신학'이라는 용어는, 사회적으로나 정치적으로 소외된 공동체에서 형성되어 그 공동체에 종교 사회적인 힘을 부여하는 토대를 제공하는 유형의 신학들을 가리는 말로 사용된다. 많은 사람이 '흑인 신학'을 이 운동의 훌륭한 예로 본다. 흑인 신학 중 가장 유명한 것은 1924년 제임스 콘James H. Cone, 1938-2018이 저술한 대표작 『흑인 해방 신학』1970 이다.

그러나 '해방신학'은 일반적으로 1960-70년대의 라틴 아메리카 상황에서 싹튼 독특한 신학 형태를 가리키는 말로 널리 사용된다. 이 운동은 1968년에 라틴아메리카의 가톨릭 주교들이 콜롬비아 메데인에서 모인 회의에서 시작되었다. 보통 CELAM Ⅱ(제2차 라틴아메리카 주교회의)로 불리는 이 모임에서는 지금까지 교회가 억압적인 정부들을 옹호해 왔다는 사실을 인정하고 앞으로는 가난한 사람들의 편에 설 것을 선언함으로써 그 지역 전체에 충격파를 던졌다.

이러한 목회적·정치적 태도는 곧바로 견고한 신학적 기초에 의해 보완되었다. 페루의 신학자인 구스타보 구티에레즈^{Gustavo Gutiérrez,} 1928 출생는 『해방신학』^{Theology of Liberation}, 1971 을 펴내, 이 운동을 분명하게 밝혀 주는 대표적 주제들을 소개하였다. 이것들을 여기서 살펴보려고 한다. 또 다른 유명한 저술가들로는 브라질의 레오나르도 보프^{Leonardo Boff, 1938 출생}와 우루과이의 후안 루이스 세군도^{Juan Luis Segundo, 1925-1996}, 아르헨티나의 호세 미구에즈 보니노^{José Miguéz Bonino, 1924-2012}가 있다. 보니노는 가톨릭 사상가들이 주도한 이 논의에서 개신교 쪽 인물(구체적으로 감리교인)이라는 점이 특이하다.

라틴아메리카 해방신학의 기본 주제를 요약하면 다음과 같다.

❶ **해방신학은 가난한 자와 억압당하는 자들을 지향한다.** "기독교의 진리와 실천을 이해하는 일에서 진정한 신학 자원은 가난한 사람들이다"(혼 소브리노). 라틴아메리카의 상황에서 교회는 가난한 사람들의 편에 선다. "하나님은 확고하고 분명하게 가난한 사람들 편이다"(보니노). 하나님이 가난한 사람들 편이라는 사실은 훨씬 더 깊은 깨달음으로 연결된다. 기독교 신앙의 해석과 관련해 가난한 사람들이 각별히 중요한 위치를 차지한다는 점이다. 기독교의 신학과 선교는 언제나 '아래로부터의 관점'에서, 곧 가난한 사람들의 고난과 슬픔에서 시작해야 한다.

❷ **해방신학은 실천에 대한 비판적 성찰을 수행한다.** 구티에레즈의 말대로 신학은 "기독교의 실천^{praxis}을 하나님의 말씀에 비추어 비판적으로 반성하는 일"이다. 신학은 사회참여나 정치행

동에서 분리되지 않으며 또 분리되어서도 안 된다. 전통적 서구 신학에서 행동을 반성의 결과라고 여기는 데 반하여 해방신학은 그 순서를 뒤집는다. 행동이 먼저 오고 그 뒤를 반성이 따른다. "신학은 세상을 설명하는 일을 멈추고 변혁하는 일을 시작해야 한다"(보니노). 진정한 하나님 지식은 가난한 사람들의 문제에 무관심하거나 동떨어진 것일 수 없으며, 오히려 그런 문제에 참여하고 헌신하는 것을 통해 얻을 수 있다. 헌신을 지식의 장애물이라고 본 계몽주의의 견해가 철저히 거부된다.

위의 두 번째 논의는 커다란 논쟁을 불러일으켰는데, 해방신학이 분명히 마르크스주의 이론에 근거를 두고 있는 것처럼 보인다는 것이 그 이유였다. 해방신학자들은 자신들이 마르크스를 이용한 것에 대해 두 가지 근거를 들어 옹호했다. 첫째, 마르크스주의는 라틴아메리카의 현 상황을 꿰뚫어 볼 수 있게 해주는 '사회분석의 도구'(구티에레즈)가 되며, 가난한 사람들이 처한 혹독한 상황을 개선할 수 있는 수단이 된다. 둘째, 마르크스주의는 불의한 현 사회체제를 해체하고 좀 더 공평한 사회를 세울 수 있는 정치 프로그램을 제공해 준다. 실제로 해방신학은 자본주의에 대해 극히 비판적이며 사회주의를 강력하게 긍정한다. 해방신학자들은 토마스 아퀴나스가 아리스토텔레스를 자기의 신학 방법론으로 이용했다는 점을 예로 들어, 자신들도 단지 그와 같은 일을 하는 것이라고 주장했다. 다시 말해 기독교의 본질적인 믿음에다 내용을 제공하기 위해 세속 철학자를 이용한다는 것이다. 해방신학에서 분명히 밝히는 바에 따르면, 하나님이 가난한 사람들을 편들고 그들과 함께한다는 주장은 라틴아메리카의 상황에서 끌어내거나 마르크스주의 정치이론에 근거해서 추가한 내용이 아니라 복음의 기본 내용에 속한다.

최근의 신학 논의에서 해방신학이 큰 비중을 차지한다는 것은 분명하다. 해방신학의 영향을 밝히기 위해 다음과 같은 두 가지 핵심적인 신학 쟁점을 살펴본다.

성서 해석학 | 성서를 해방의 이야기로 읽는다. 이집트에서 노예로 살던 이스라엘의 해방, 억압에 대한 예언자들의 고발, 가난한 이들과 버림받은 자들을 향한 예수의 복음선포가 특히 중요한 이야기다. 복음을 이해하기 위해 성서를 읽는 것이 아니라 성서가 담고 있는 해방의 통찰력을 라틴아메리카의 상황에 적용하려는 관심에서 성서를 읽는다. 서구의 신학에서는 이러한 견해에 우려를 나타내면서, 위에 언급한 이야기들을 이런 식으로 해석하는 성서 연구를 용납할 수 없다고 주장하였다.

구원의 본질622쪽 | 해방신학은 구원과 해방을 동일한 것으로 보고, 구원의 사회적·정치적·경제적 측면을 강조한다. 이 운동은 특히 '구조적인 악'을 강조하면서, 타락한 까닭에 구속이 필요한 것은 개인이 아니라 사회라고 주장하였다. 비판자들의 눈에는 해방신학이 구원을 완전히 이 세상적인 일로 바꾸고 구원의 초월적이고 영원한 차원을 무시해 버린 것으로 보인다.

페미니즘

페미니즘feminism은 현대 서구 문화 속에 중요한 요소로 자리 잡았다. 본질상 페미니즘은 여성의 해방을 추구하는 전 세계적 운동으로, 현대의 신학과 실천이 성평등을 인정하고 남녀 간의 올바른 관계를 인식해야 한다고 주장한다. 오랫동안 이 운동을 가리켜 온 용어인 '여성해방'에서 알 수 있듯이 이 운동은 실질적인 해방운동이며, 현대사회에서 여성의 평등을 성취하기 위해 애쓰면서 그 과정을 가로막는 신념, 가치, 사고방식 등의 장애물을 무너뜨리기 위해 싸운다.

따라서 페미니스트 신학은 남성 지배적 전통을 간파해 비판하고, 전통 신학의 언어와 표상을 개정함으로써 하나님과 인간을 남성 중심적으로 보는 시각에 도전하는 것을 목표로 한다. 근래에 들어와 이 운동은 점차 다양한 형태로 갈라지게 되었는데, 그 한 가지 이유는 다른 문화와 인종집단에 속한 여성들을 이해하고 그들의 다양한 이론을 인정하기 위해서였다. 그래서 북미 지역의 흑인여성들에게서 나온 종교 저술들은 '흑인여성신학'이라고 불리게 되었다.

페미니즘은 (대부분의 종교에 대해서 그렇듯이) 기독교와 충돌하였는데, 여성에게 부여하는 역할이나 하나님의 형상을 그리는 방식에서 여성을 열등한 인간으로 취급한다는 인식 때문이었다. 시몬 드 보부아르Simone de Beauvoir, 1908-1986 는 『제2의 성』The Second Sex, 1945 과 같은 저술을 통해 이러한 생각을 깊이 있게 논하였다. 다수의 탈기독교 페미니스트들, 그중에서 특히 『하나님 아버지를 넘어서』Beyond God the Father, 1973 의 저자인 메리 데일리Mary Daly, 1928-2010 와 『신학과 페미니즘』Theology and Feminism, 1990 을 쓴 대프니 햄슨Daphne Hampson, 1944 출생은, 남성적인 하나님 상징체계와 남성적인 구원자상을 갖추고 오랜 세월 남성 지도자와 사상가들이 주도해 온 기독교는 여성에 반하는 뿌리 깊은 편견에 물들어 있으며 거기서 풀려나기가 불가능하다고 주장한다. 이들은 여성들이 기독교의 억압적인 환경을 버려야 한다고 외친다. 또 다른 이들, 예를 들어 『아프로디테의 웃음』Laughter of Aphrodite, 1987 을 쓴 캐롤 크라이스트Carol Christ, 1945 출생 와 『변화하는 신들』Changing of the Gods, 1979 의 저자인 나오미 루스 골든버그Naomi Ruth Goldenberg 는 고대의 여신 종교들을 되찾고 (아니면 새로운 여신 종교를 창안하여) 전통적인 기독교를 완전히 버림으로써 여성들이 종교적인 해방을 성취할 수 있다고 주장하였다.

그러나 기독교에 대한 페미니즘의 평가가 위의 학자들이 주장하듯이 적대적인 쪽으로만 기운 것은 아니다. 신약성경 이후로 기독교 전통이 형성되고 발전하는 데 여성들이 적극적으로 활동하였으며 또 기독교 역사 전체에서 여성들이 지도자로서 중요한 역할을 맡아 왔다는 점을 강조하는 페미니스트 사상가들이 있다. 많은 페미니스트 저술가들이 기독교의 과거사를 재평가하고, 수많은 여성들이 신앙을 실천하고 지키고 전하는 데 헌신했는데도 많은 교회와 역사가들(대부분 남성이다)에게 무시당해 왔다는 점을 인정하고 그 여성들을 존중할 수 있어야 한다고 주장하고 있다. 이러한 논의에서 중요한 인물이 사라 코클리Sarah Coakley, 1951 출생다. 코클리는 『권력과 복종: 영성과 철학과 성』Powers and Submissions: Spirituality, Philosophy and Gender, 2002에서, 어떻게 페미니즘이 비판과 교정이라는 자기 특유의 역할을 잃지 않으면서 초기 교회의 특정 인물들을 새롭게 평가하는 건설적인 일을 감당할 수 있는지 탐구한다.

페미니즘이 기독교 사상에 끼친 가장 주요한 공헌이라면 전통 신학의 공식들에 도전했다는 것이다. 흔히 전통 신학의 공식들은 가부장적이며(남성 지배라는 신념을 고수한다)이며 성차별적(여성에 대한 편견에 젖어 있다)이라고 지적되어 왔다. 이러한 면에서 특히 중요한 신학 분야는 다음과 같다.

하나님의 남성상399쪽 │ 많은 페미니스트 이론가들은 기독교 전통에서 한결같이 하나님에 대해 남성대명사를 사용해 온 것을 집중적으로 비판한다. 그들의 주장에 의하면, 여성대명사를 사용하는 것은 그에 대응하는 남성형을 사용하는 것 못지않게 논리적이며 또한 하나님을 과도하게 남성적 역할로 그려내고 강조하는 것을 교정할 수 있게 해준다. 로즈메리 래드포드 류터Rosemary Radford Ruether, 1936 출생는 『성차별과 신학』Sexism and God-Talk, 1983에서, '신/여신'God/ess이라는 말이―표현이 어색해서 제대로 호소력을 발휘하지 못할 것 같아도―정치적인 면에서 볼 때 하나님을 가리키기에 옳은 용어라고 주장하였다.

샐리 맥페이그Sallie McFague, 1933 출생는 『은유신학』Metaphorical

Theology, 1982에서, '아버지'와 같은 남성적 하나님 모델이 지니는 은유적 속성들을 다시 생각해 볼 필요가 있다고 주장하였다. 즉 **유비**analogies는 하나님과 인간 사이의 유사성을 강조하는 특성이 있으며, **은유**metaphors는 이러한 유사성들 한가운데서도 하나님과 인간 사이의 주요한 차이점(예를 들어, 성별의 영역에서)에 주목한다.

죄의 본질 | 많은 페미니스트 사상가들은 자존심이나 야망, 지나친 자부심 같은 관념들을 죄로 여기는 것은 근본적으로 남성 중심적인 사고라고 주장하였다. 그들은 이러한 사고가 여성들의 경험과는 일치하지 않는다고 주장하였다. 여성들은 자존심의 **결핍**, 야망의 **결핍**, 자부심의 **결핍**을 죄로 경험하는 경향이 있다. 이러한 맥락에서 특히 중요한 것은 페미니즘이 비경쟁적 관계라는 관념을 중요하게 여긴다는 점이다. 비경쟁적인 관계는 남성 지배 사회에서 여성들이 흔히 보여온 반응인 낮은 자존감과 수동성이라는 태도를 뛰어넘는다. 이 점을 특별히 강조한 사람이 주디스 플라스코Judith Plaskow, 1947 출생로, 그녀는 『성, 죄와 은총』*Sex, Sin and Grace*, 1980에서 라인홀드 니버의 신학을 페미니스트 관점에서 날카롭게 비판하였다.

그리스도의 인격610쪽 | 많은 페미니스트 사상가, 그중에서도 특히 『성차별과 신학』의 저자인 로즈메리 래드포드 류터는 그리스도론이 기독교 안에서 이루어지는 많은 성차별의 뿌리라고 주장하였다. 엘리자베스 존슨Elizabeth Johnson, 1941 출생은 그녀의 책 『예수를 깊이 생각하라: 그리스도론에서의 부흥의 파도』*Consider Jesus: Waves of Renewal in Christology*, 1990에서 예수의 남성상이 어떻게 신학적 오류의 주된 원인이 되었는지를 탐구하고 그에 대해 적절한 교정 방법을 제시하였다. 특히 중요한 분야로 다음의 두 가지를 들 수 있다.

첫째, 그리스도의 남성상은 남성만이 하나님의 형상을 제대로 보여준다거나 남성만이 하나님에 대한 유비나 역할 모델로 적합하다는 신념을 떠받치는 신학적 근거로 이용될 때가 많았다. 둘째, 그리스도의 남성상은 흔히 인간의 표준에 관한 믿음 체계를 떠받치는 기초로 사용되어 왔다. 그리스도의 남성상을 근거로 삼아, 인간의 표준은 남성이며 그에 반해 여성은 열등하거나 이상적인 상태에 미치지 못한 존재라고 주장해 왔다. 토마스 아퀴나스가 여성을 가리켜 잘못 태어난 남성이라고 말한 것(시대에 뒤진 아리스토텔레스의 생물학에 근거한 것이 분명하다)이 이러한 경향을 잘 보여주며, 이런 사고는 교회의 지도력이라는 쟁점과 관련해 중요한 함의를 지닌다.

이러한 사고방식에 맞서 페미니스트 저술가들은 그리스도의 남성상은 그의 유대인 신분과 마찬가지로 그의 정체성에서 부차적인 요소일 뿐이라고 주장하였다. 예수가 남성이라는 것은 그의 역사적인 실체를 구성하는 우연적 요소이지 그의 정체성의 본질적 요소가 아니다. 따라서 이런 우연적 요소를 남성의 여성 지배를 위한 근거로 사용하는 일은, 그것이 유대인의 이방인 지배를 정당화한다거나 목수의 배관공 지배를 정당화해준다고 주장하는 것만큼이나 용납할 수 없는 일이다.

전통 신학에 대해 페미니즘이 제기하는 비판의 타당성은 이후 적절한 곳에서 다시 살펴볼 것이다. 그러나 여성신학 자체는 그것이 등장했던 배경을 고려할 때 알 수 있듯이, "유럽 중심주의"라는 비판을 받아왔다.

흑인신학과 여성신학

'흑인신학'은 1960년대와 1970년대에 미국에서 활기를 띤 운동으로, 흑인들이 경험하는 현실을 신학적으로 해명하고자 애썼다. 미국의 흑인 공동체 내에서 신학적인 면에서 해방을 도모했던 첫 운동은 1964년에 출간된 조셉 워싱턴^{Joseph Washington}의 『흑인 종교』^{Black Religion}에서 볼 수 있다. 이 책은 북아메리카의 상황에서 흑인 종교의 독특성을 힘 있게 주장하였다. 워싱턴은 흑인신학의 통찰들을 주류 개신교파 내에서 통합하고 조화시킬 필요성을 강조하였다. 그러나 이 노력은 앨버트 클리지Albert Cleage, 1911-2000의 『흑인 메시아』Black Messiah, 1968가 등장하면서 완전히 한쪽으로 밀려나게 되었다. 디트로이트 소재 '검은 성모 성소'Shrine of the Black Madonna의 목사인 클리지는 흑인들을 향해 백인의 신학적인 억압으로부터 벗어날 것을 외쳤다. 성서는 흑인 유대인들에 의해 기록된 것이라고 주장한 클리지는 바울이 흑인 메시아의 복음을 유럽 사람들이 수용할 수 있게끔 왜곡한 것이라고 강변하였다. 『흑인 메시아』는 상당히 과장된 내용을 담고 있기는 하지만 흑인 기독교인들의 정체성을 찾고 그것을 확고히 함으로써 그들의 힘을 규합하는 계기가 되었다.

이 운동은 1969년에 자체의 신학적 독특성을 확고한 선언문에 담아냈다. 미시간 주 디트로이트에서 열린, '공동체 조직을 위한 범종교적 협의회'에서 발표한 '흑인 선언'Black Manifesto에서는 흑인들의 경험이라는 쟁점을 확고한 신학적 의제로 다루었다.

이 운동에서 가장 중요한 저술가라면 제임스 콘James H.Cone, 1938-2018을 들 수 있다. 그의 책 『흑인 해방신학』Black Theology of Liberation, 1970은 흑인들의 해방 투쟁에 함께하는 하나님이라는 관념을 중심 논지로 삼는다. 콘은 억압당하는 자들을 향한 예수의 깊은 애정을 언급하면서 '하나님은 흑인'이라고, 억압당하는 사람들과 하나 되는 분이라고 주장했다. 하지만 콘이 바르트의 범주를 이용한 것에 대해 비판이 제기되었다. 흑인신학이 흑인의 경험을 체계화하는 데 왜 백인신학의 범주들을 이용해야 하는가라는 문제제기였다. 그가 흑인의 역사와 문화를 좀 더 충분히 사용하지 않은 이유는 무엇인가? 콘은 나중에 펴낸 저술들에서 '흑인의 경험'을 흑인신학의 중심 자료로 폭넓게 사용함으로써 그러한 비판에 응답하였다. 그럼에도 콘은 계속해서 바르트가 강조한 하나님의 자기계시로서의 그리스도 중심성을 인정하고(그리스도를 '흑인 메시아'라고 말하기는 하지만), 인간의 경험 일반을 해석하는 데서 성서의 권위를 주장하였다.

'여성주의자'womanist 라는 용어는 인종 차별적인 백인 문화에 맞서 싸우는 젊은 흑인 여성의 이야기를 전개하는『컬러 퍼플』The Color Purple, 1982 로 잘 알려진 앨리스 워커Alice Walker, 1944 출생 의 에세이 모음집에서 처음으로 사용되었다. 이 학파의 대표자는 재클린 그랜트Jacquelyn Grant 와 들로레스 윌리엄스Delores Williams 다. 그랜트는『백인 여성의 그리스도와 흑인 여성의 예수』White Woman's Christ and Black Women's Jesus, 1989 에서 말하기를, 백인 페미니스트 신학자들은 유럽 중심적이며 다른 인종에 속한 여성들을 공평하게 대우하지 않는데 반해 흑인신학은 남성들에 의해 지배되어 왔다고 주장하였다. 그 결과로 "흑인신학과 페미니즘 신학을 포함해 신학에서 흑인 여성들을 찾아볼 수 없게 되었다"고 그녀는 주장한다. 최근에 흑인 신학 안에서 아프리카계 미국인 여성들의 독특한 경험과 통찰을 강조하는 추세가 나타나고 있다.

후기자유주의

● 후기자유주의
postliberalism

1980년대에 듀크 대학교와 예일 대학교 신학부를 중심으로 일어난 신학 운동. 인간의 경험에 의존하는 자유주의를 비판하고 공동체의 전통이 신학에서 주도적인 역할을 한다고 주장하였다.

후기자유주의 ● Postliberalism 는 1980년 무렵에 등장하였으며, 자유주의 개신교 세계관의 타당성에 관해 증대하던 회의가 반영된 신학 형태이다. 이 운동은 미국에서 시작되었으며 처음에는 예일 신학교의 폴 호머Paul Holmer, 1916-2004 와 한스 프라이Hans Frei, 1922-1988, 조지 린드벡George Lindbeck, 1923 출생 같은 신학자들이 이끌었다. 신학에서 '예일 학파'라는 말이 딱 맞는 표현은 아니지만, 1970년대 후반과 1980년대 초반에 예일 대학교에서 일어난 여러 신학 운동들 사이에는 분명 '가족 유사성'이 있었다. 그 후로 후기자유주의적 흐름은 북미와 영국의 학구적 신학에서 확고하게 자리를 잡게 되었다. 이 운동의 중심을 이루는 기초는 한스 프라이에 의해 발전한 내러티브 신학 이론들, 그리고 경험과 사고를 형성하고 해석하는 일에서 문화와 언어의 중요성을 강조한 사회적 해석학파들이다.

알래스데어 매킨타이어Alasdair MacIntyre, 1929 출생 같은 철학자들의 저술에 기초한 후기자유주의는 '보편적 합리성'을 주장하는 전통 계몽주의와 모든 인간에게 공통된 직접적 종교경험을 가정하는 자유주의를 모두 거부한다. 모든 사고와 경험은 역사와 사회를 통해 매개된 것이라고 주장하는 후기자유주의는 종교 전통들로 돌아가 그 가치들을 내적으로 차용해서는 그 위에다 신학을 세운다. 그러므로 후기자유주의는 **반토대주의적**(지식의 보편적인 토대라는 관념을 거부한다는 점에서)antifoundational이며 **공동체주의적**(개인을 앞세우기보다 공동체의 가치와 경험과 언어를 강조한다는 점에서)communitarian이고 **역사주의적**(경험과 사고를 형성하는 데서 전통 및 그 전통과 연결된 역사적 공동체들이 중요하다고 주장한다는 점에서)historicist이다.

이 운동의 철학적 뿌리들은 복잡하게 얽혀 있다. 이 운동에서는 앞서 언급한 철학자 알래스데어 매킨타이어의 견해가 특히 존중되는 것을 볼 수 있다. 그의 견해는 도덕적 삶과 내러티브 및 공동체의 관계를 강조한다. 이런 점에서 후기자유주의는, 두드러지게 획일화를 추구하면서 이론(모든 종교는 동일한 것을 가르친다는 이론)과 관찰(종교들은 서로 다르다는 사실)을 일치시키고자 했으나 실패한 자유주의의 흐름에 맞서서 다시 기독교 신앙의 **특수성**을 크게 강조한 운동이라고 볼 수 있다.

후기자유주의를 비판하는 자유주의 신학자들은 후기자유주의가 가치와 합리성 같은 보편적인 규범들을 무시함으로써 '게토 윤리'라든가 일종의 '신앙주의'fideism나 '부족주의'tribalism에 빠져든 것이라고 주장하였다. 이 비판에 대해 후기자유주의자들은, 자유주의는 계몽주의가 끝났다는 사실을 인정할 수 없을 것이며, 또 '보편적 언어'라든가 '인간 공통의 경험' 같은 관념들은 한스 게오르크 가다머Hans-Georg Gadamer의 유명한 비유를 들어 말하면 로빈슨 크루소의 상상의 섬과 같은 허구일 뿐이라고 맞받아친다.

후기자유주의는 아래와 같은 기독교 신학의 두 영역과 관련해 특히 중요하다. 일반적으로 동의하는 사실은 후기자유주의가 조직신학에 어느 정도 영향을 주었지만, 기독교윤리 분야에 가장 큰 영향력을 미쳤다는 것이다.

조직신학 | 폴 호머의 『신앙의 문법』Grammar of Faith, 1978 에서, 기독교는 기독교적인 '언어 놀이'language games 의 구조와 형태를 제어하는 중심 문법을 가지고 있다는 생각을 펼쳤다. 이 언어는 신학이 고안하였거나 강요하는 것이 아니다. 그것은 신학이 궁극적으로 의존하는 성서의 패러다임 속에 이미 내재해 있는 것이다. 따라서 신학의 과제는 성서 밖의 규칙들을 부과하는 것이 아니라 성서 안에 있는 이러한 규칙들(하나님을 예배하고 하나님에 관해 말하는 방식들)을 식별해내는 것이다.

이 사상은 조지 린드벡의 『교리의 본질』Nature of Doctrine, 1980 안에서 더욱 발전하였다. 린드벡은 신학이란 일차적으로 예수 그리스도에 대한 성서 내러티브를 통해 전달된, 기독교 전승의 규범적 기초들을 탐구하는 '기술학문'descriptive discipline 이라고 주장했다. 진리는, 적어도 부분적으로는, 기독교 신앙의 독특한 교리 전승들을 그대로 따르는 일과 동일한 것으로 여겨진다. 이 때문에 후기자유주의를 비판하는 사람들은 후기자유주의가 공적인 영역을 버리고 기독교식의 게토로 숨어 버린 것이라고 비난하였다. 후기자유주의자들이 주장하는 대로 기독교 신학이 체제 내적인(다시 말해 기독교 전통의 내적 관계를 탐구하는 일에 한정된)intrasystemic 것이라면, 신학의 타당성은 공적으로 합의되거나 보편적인 기준이 아니라 신학 자체의 기준에 따라 판정되어야 한다. 또 이러한 주장은, 신학은 외부의 기준을 가져야 하고 공적으로 검증받을 필요가 있으며 그렇게 해서 타당성을 인정받게 된다고 주장하는 사람들로부터도 비판을 받았다.

기독교 윤리 │ 스탠리 하우어워스^{Stanley Hauerwas, 1940 출생}는 후기자유
주의 윤리학을 탐구한 가장 뛰어난 신학자로 널리 인정받는다. 도덕
적 이념이나 가치들의 보편적 체계라는 계몽주의 사고를 거부한 하
우어워스는, 기독교 윤리란 역사적 공동체(교회)의 윤리적 비전을 밝
히고 그러한 비전을 교회 구성원들의 삶 속에 실현하는 일을 다루는
것이라고 주장한다. 따라서 윤리는 공동체 내부의 도덕 가치들을 연
구한다는 점에서 체제 내적인 성격을 지닌다. 도덕적이라는 것은 특
정한 역사적 공동체의 도덕적 비전을 밝히고, 그 도덕적 가치들을 수
용하며, 그것들을 그 공동체 내에서 실천한다는 것을 의미한다.

급진 정통주의

마지막으로 우리는 최근에 영어권 신학에서 등장해 중요한 논쟁과
논의를 일으키는 운동을 살펴본다. '급진 정통주의'●radical orthodoxy 라
는 용어는 1990년대에 등장하고, 존 밀뱅크^{John Milbank, 1952 출생}, 캐서
린 픽스탁^{Catherine Pickstock, 1952 출생}, 그레이엄 워드^{Graham Ward, 1955 출생}
와 같은 학자들이 이끌어 온 폭넓은 신학 경향을 가리킨다. 이 세 사
람은 처음에 케임브리지 대학교에서 활동하였다. 이 운동의 개념들
은 존 밀뱅크의 『신학과 사회이론: 세속적 이성을 넘어서』*Theology and
Social Theory: Beyond Secular Reason*, 1993 와 특히 그가 편집한 『급진 정통주
의: 새로운 신학』*Radical Orthodoxy: A New Theology*, 1999 같은 책들 속에서
제시되었다.

　　어떤 의미에서 이 운동은 '급진적'일까? 일부 사람이 '자유주의
적' 또는 '수정주의적'이라는 의미로 '급진주의'의 용어를 사용하는
반면에, 이 학파는 기독교 정통의 뿌리로 되돌아가려는 운동의 노력
을 강조하며, 전통 교리를 수정한다기보다는 부활시키는 것을 목표로
삼는다. 이 운동의 의제는 복잡하고 어려운데, 기독교가 근대성과 탈
근대성 모두에 대한 대안을 스스로 마련하기 위해 기독교 신학의 일

● **급진 정통주의**
　radical orthodox

1990년대에 영어권 신
학에서 등장해 중요한 논
쟁과 논의를 일으킨 운
동. 이 운동의 의제는 복
잡하고 어려운데, 기독교
에서 근대성과 탈근대성
모두에 대한 대안으로 일
어난 운동이라고 이해하
는 것이 가장 적합하다.
근대의 것이든 탈근대의
것이든 모든 세속주의를
폐기하고 대신 히포의 아
우구스티누스의 저술에
서 본받을 만한 모델을
발굴해 포괄적인 기독교
의 관점을 확고히 다지는
것이다.

관성 있는 전망에 기초해서 일으킨 운동으로 이해하는 것이 가장 적합하다. 밀뱅크와 픽스탁, 워드가 하려는 일은 근대의 것이든 탈근대의 것이든 모든 세속주의를 폐기하고 대신 히포의 아우구스티누스의 저술에서 본받을 만한 모델을 발굴해 포괄적인 기독교의 관점을 확고히 다지는 것이다. 이 운동이 얼마나 성공할지 판단하는 것은 아직 이르지만, 당분간 계속해서 논의의 주제가 되리라는 점은 분명하다.

이렇게 과거 몇 세기의 흐름을 간략하게 살펴봄으로써 이 기간에 기독교가 크게 확장되고 놀랍게 발전했다는 사실을 분명하게 알게 되었다. 이제 다음 단계로 기독교의 중심 주제들을 상세하게 살펴보려고 한다. 먼저 2부에서 자료와 방법론의 여러 쟁점들을 살펴보는 일로 시작한다.

❶ 계몽주의의 주요한 특성들은 무엇인가?

❷ 계몽주의 사상에서 크게 영향을 받은 기독교 신학 분야는 어떤 것들인가? 그 이유는 무엇인가?

❸ 다음 운동들의 특징을 요약하라.
  ― 자유주의 개신교, 신정통주의, 복음주의, 해방신학

❹ 다음 신학자들은 어떤 신학 운동과 관계가 있는가?
  ― 칼 바르트, 레오나르도 보프, 제임스 콘, 스탠리 하우어워스, 이브 콩가르, 로즈메리 래드포드 류터, 슐라이어마허

❺ 최근의 많은 신학 운동들은 '복원의 신학'을 강조한다. 오늘날 과거의 개념들을 회복하는 일에 관심이 늘고 있는 이유는 무엇인가?

2부 자료와 방법론

05

서론

: 예비적 고찰

기독교 신학의 구체적인 개념들을 다루기 전에 먼저 그 개념들이 발전해 온 방식을 헤아려 볼 필요가 있다. 신학의 원천 자료는 무엇인가? 신학은 그 기초 개념과 주제를 어떻게 다듬어 내는가? 이 책의 2부에서는 이 문제들과 이와 연관된 사항들을 살펴보며, 그 다음으로 3부로 넘어가 기독교 신학의 구체적인 내용을 다루게 된다. 2부에서는 흔히 "기초신학"이라는 이름으로 부르는 많은 주제들, 예를 들어 계시의 본질과 같은 주제들을 다룬다.

이 책의 두 번째 주요 부분을 시작하는 이번 장은 기독교 신학 분과의 토대를 이루는 일반적인 주제들을 탐구한다. 먼저 "신앙"이 의미하는 것이 무엇인지를 살피는 일로 시작한다.

자료와 방법론

앞에서 "나는 하나님을 믿습니다"라는 기독교 사도신경의 첫 문장을 언급했다. 여기서 "하나님을 믿는다"고 말하는 것은 무엇을 의미할까? "믿음"belief이나 "신앙"faith 이라는 말을 어떻게 이해하여야 할까?

우선 "신앙"이라는 말의 의미를 두 가지로 구분해서 이해할 필요가 있다. 전통적으로 기독교 신학자들은 믿음의 내용들의 묶음으로 이해한 신앙과 믿는 행위로 이해한 신앙으로 구분해 왔다. 신학 문헌에서 신앙의 내용과 신앙 행위의 차이를 표현하기 위해 두 개의 라틴어 구절이 종종 사용되었다.

❶ **믿게 되는 신앙**Fides quae creditur : 이것은 믿음의 내용을 구성하는 객관적 신조의 집합을 가리킨다. 예를 들어 사도신경이나 니케아 신조에 명시된 내용을 생각할 수 있으며, 기독교 신앙의 기본적 믿음의 윤곽을 제공하는 것으로 이해된다.
❷ **믿는 신앙**Fides qua creditur : 이것은 신뢰하고 동의하는 주관적 행위를 가리킨다. 이 행위에 의해 믿는 개인은 기독교 신앙의 기본 사상을 받아들인다.

이러한 신앙의 객관적인 측면과 주관적인 측면의 관계는 신학 저술들에서 반복적으로 논의되고 있다. 신앙을 바르게 이해하기 위해서 이 두 요소가 모두 필요하다는 점에는 교파 구분을 초월해 모두가 동의한다. 신앙은 인간의 지성과 마음과 의지에 영향을 끼친다. 이것은 성공회 작가인 그리피스 토마스W. H. Griffith-Thomas, 1861-1924의 신앙에 관한 진술에서 잘 나타난다.

[신앙은] 합당한 증거라는 토대 위에서 지성의 확신으로 시작된다. 또 신앙은 확신을 토대로 삼고서 마음이나 감정의 신뢰로 계속 이어진다.

그리고 신앙은 의지의 동의를 통해 완성되는데, 이 의지의 동의로 말미암아 확신과 신뢰가 행실로 나타나게 된다.

성서에 나오는 "신앙"이라는 말의 의미에는 하나님을 신뢰한다는 개념이 포함된다. 이것은 아브라함의 소명(창 15:1-6)에 관한 구약성서 이야기의 중심에 놓여 있다. 이 이야기는 하나님이 어떻게 아브라함에게 밤하늘의 별들과 같이 셀 수 없이 많은 후손을 약속하셨는지 말해 준다. 아브라함은 하나님을 믿었다. 이것은 자신에게 주어졌던 그 약속을 신뢰했음을 뜻한다. 아브라함은 단순히 신이 존재한다는 것을 받아들인 것이 아니었다. 그는 바로 그 하나님을 신뢰했다. 존 맥쿼리 John Macquarrie, 1919-2007 도 비슷한 핵심을 가리켰다. 그는 "신앙은 단순한 믿음이 아니고 실존적 태도" 곧 "수용과 헌신"을 포함하는 태도라고 밝힌다.

하나님이나 나사렛 예수에 대한 신뢰의 결과를 지적인면에서 탐구하는 이 과정은 흔히 11세기에 캔터베리의 안셀무스 Anselm of Canterbury, 약 1033-1109 가 제안한 표어를 통해 틀을 갖추게 되었다. 안셀무스는 하나님을 신뢰하게 된 사람이 그 신뢰가 의미하는 지적인 지평을 탐구하기 시작하는 과정을 가리키는 말로 "이해를 추구하는 신앙" fides quaerens intellectum 이라는 라틴어 구절을 사용했다. 안셀무스가 의미한 것은 신앙을 이해로 대체하려는 것이 아니라, 신앙을 이해로 보충하려는 것이었다. 그는 이것을 하나님께 대한 신뢰로부터 하나님 이해로 나아가는 자연스러운 과정으로 보았다.

그렇다면 신앙은 신뢰라는 인간적 행위에 그치는 것일까? 아니면 하나님이 어떻게든 그 과정에 개입하시는 것일까? 이 문제는 신앙과 구원에 있어 인간과 하나님의 상호작용을 탐구했던 펠라기우스 논쟁 747-757쪽과 관련하여 특히 중요하다. 가톨릭교회 교리서가 이 요점을 잘 표현한다.

믿는다는 것은 오직 성령의 은혜와 내적인 도우심에 의해 가능하다. 그러나 믿음이 인간 본연의 행위라는 사실도 역시 참이다. 하나님을 신뢰하는 것과 그분이 계시하신 진리를 굳게 붙드는 것은 인간의 자유와 반대되지 않고, 인간 이성과 모순되지도 않는다.

장 칼뱅John Calvin, 1509-1564도 자신의 『기독교 강요』1559 안에서 이 생각을 표현했다. 그는 하나님의 약속에 신뢰로 응답하는 믿음의 중요성과 이 인간적 응답을 가능하게 하는 성령의 역할 둘 다를 강조했다.

이제 우리는 아래와 같이 말함으로써 신앙에 대한 올바른 정의에 도달하게 된다. 신앙이란 우리를 향한 하나님의 자비를 확고하고 분명하게 아는 지식인데, 이 지식은 그리스도 안에 나타난 하나님의 은혜로운 약속이 참되다는 사실에 근거하며 또 성령을 통하여 우리의 정신에 계시되고 우리의 마음에 보증된 것이다.

그렇다면 신앙은 이성과 어떤 관계에 놓일까? 우리는 이 질문을 이성을 신학의 근원으로 관찰하는 6장에서, 더욱 상세하게는 철학과 신학의 관계를 숙고하는 8장에서 논의할 것이다. 여기서는 몇 가지의 앞선 성찰이 도움이 된다.

최근에 신앙과 이성의 관계를 다룬 중요한 논의 가운데 하나를 1998년 교황 요한 바오로 2세1920-2005가 공표한 회칙 「신앙과 이성」 Fides et Ratio에서 볼 수 있다. 이 회칙은 신앙과 이성이 함께 작용한다는 선언으로 시작한다. 인간은 진리를 알고자 갈망하고, 끊임없이 그것을 찾고 있다. "인간의 마음속 깊은 곳에 하나님을 향한 갈망과 향수의 씨앗이 숨어 있다."

그렇다면 이성이 홀로 인간을 그 진리로 인도할 수 있을까? 이 회칙에서는 진리를 향한 인간의 적법한 탐구라는 말로 철학에게 멋진 찬사를 보낸다. 철학은 "인간의 가장 고상한 과제들 가운데 하나"
이며, "실존의 궁극적인 진리를 찾고자 하는 열망으로" 이루어진다.
그러나 외부 도움이 없는 인간 이성은 삶의 신비를 완전히 꿰뚫어 통
찰하지 못한다. 예를 들어 이성은 "우리가 왜 여기 있는가?"와 같은
물음에 대답하지 못한다. 그런 까닭에 하나님은 은혜로 이 일들을 계
시를 통해 알려주셨다. 이것들은 하나님이 알려주지 않으셨다면, 여
전히 알 수 없는 상태였을 것이다. "계시를 통해 우리에게 알려진 진
리는 인간 이성이 고안해 낸 논쟁의 산물도 아니고 그것의 완성도 아
니다."

    이 교황 회칙에서는 신앙이 세상의 증거와 상충하는 맹목적 신
뢰가 아니라는 점을 강조한다. 오히려 이 세상 안에는—기독교인은
세상이 하나님의 피조물이라고 믿는다—하나님의 존재와 본성을
나타내는 실마리들이 촘촘히 박혀 있다고 주장한다. 또 회칙은 바울
이 아테네의 아레오파고에서 행한 설교(행 17장)를 토대로, 자연의
경이로움과 우리 내면에 있는 신성에 대한 인간적 감각으로부터 하
나님의 존재를 추론하는 것이 전적으로 합리적인 일이라고 주장한
다. 이것들은 물론 '증거'는 아니다. 그러나 그것들은 신앙의 기본 주
제들을 확인하고 보강해 주는 자료는 될 수 있다. 믿게 된 이후에 우
리는 믿음의 내적 동인과 구조에 대한 이해를 갈망하게 된다. 이것은
안셀무스의 표제어인 "이해를 추구하는 신앙"에서 표현된 근본 사
상이다.

──────────────────────────────── 신학의 정의

신학은 간단히 말해 기독교 신앙의 근본 개념들에 대한 체계적인 연
구이다. '신학'이라는 말은 흔히 기능적인 의미로 사용되어 "일반적
으로 대학이나 신학교에서 이루어지는 전문적인 종교 연구과정"을

뜻한다. 하지만 이러한 정의는 신학이 독자적으로 독특한 학문 분과이며 또 기독교 교회의 사역에 봉사하는 학문 분과라는 특성을 제대로 다루지 못한다. 아래에서 기독교 신학의 본성과 관련해 좀 더 만족스러운 설명을 제시하고, 그 독특한 성격을 몇 가지 살펴본다.

신학의 잠정적 정의

'신학'이라는 용어는 일반적으로 "종교의 개념들에 관한 체계적 연구"를 의미하며, 그 개념들의 자료와 역사적 발전, 상호 관계, 삶에의 적용 등을 다룬다. 특수한 의미에서 '기독교 신학'이란 기독교 신앙의 개념들에 관한 체계적 연구를 의미하며, 그 연구에서는 다음과 같은 쟁점들을 다룬다고 볼 수 있다.

❶ **신학의 자료**: 신학의 핵심 과제는 기독교의 개념들이 근거로 삼는 자료들이 무엇인지, 또 그 자료들이 서로 어떻게 관계되는지를 밝히는 것이다. 대부분의 기독교 신학자들이 이 자료에는 성경, 전통, 이성, 경험이 포함된다고 본다. 기독교 신학에서는 이 네 요소의 우선순위를 어떻게 정할 것인지를 두고 커다란 논쟁이 일어나기도 했다. 신학의 자료라는 주제는 6장에서 상세히 다룰 것이다.

❷ **신학의 발전**: 이것은 기독교의 개념들이 세월이 흐르면서 변화된 방식과 관계가 있다. 흔히 기독교 신학은 자라는 나무에 비유된다. 자랄 때가 있으며 또 가지를 쳐주어야 할 때가 있다. 기독교 신학의 이 측면을 가리켜 보통 '역사신학'이라고 부른다. 이 책에서는 기독교 신학의 각 주제—예를 들어 교회 본질—를 그 주제가 발전해 온 역사의 측면과 그 주제에 대해 오늘날 이루어지는 논의의 측면에서 살펴보는 방법을 따른다.

❸ **신학의 통일성**: 이것은 기독교의 개념들이 서로 연결되어서 총체적인 실재상을 제공하게 되는 방식을 다룬다. 영국의 신학자 찰스 고어Charles Gore, 1853-1932가 "기독교 교의의 놀라운 통일성"이라는 말을 했는데, 이것은 개념들이 서로 연계되어 이룬 체계, 곧 각 개념들이 방수 처리되어 고립된 구획들처럼 엮여 있는 것이 아니라 서로 관계를 맺고 지원해 주는 지적인 그물망을 의미한다. 이 책에서 나중에 살펴볼 내용 중 두 가지만 예를 든다면, 성육신 교리와 삼위일체론 사이에, 또 그리스도의 인격과 그의 사역 사이에는 매우 밀접한 관계가 있다.

❹ **신학의 적용**: 이것은 기독교 신학의 개념들이 기독교인들이 서로 관계를 맺고 기도하고 예배하며 또 세상에서 살아가는 방식에 어떤 변화를 일으키는지에 대해 다룬다. 기독교 신학은 개념들을 묶어 놓은 덩어리에 불과한 것이 아니다. 기독교 신학은 우리 자신과 다른 사람, 이 세상을 새롭게 이해하는 방식을 제시하며, 우리가 행동하는 방식에도 영향을 끼친다. 영국의 평신도 신학자인 C. S. 루이스Lewis, 1898-1963가 남긴 다음과 같은 유명한 말이 기독교 신학의 이런 측면을 잘 대변해 준다. "저는 태양이 떠오르는 것을 믿듯이 기독교를 믿습니다. 그것을 보기 때문만이 아니라 그것에 의지해서 다른 것을 보기 때문입니다."

역사 속에서 발전해 온 신학 개념

'신학'theology이라는 말은 두 그리스 단어, 테오스(하나님)theos와 로고스(말 또는 담론)logos로부터 유래한다. 따라서 생물학biology이 생명그리스어 bios에 관한 담론이듯 '신학'은 하나님에 관한 담론이다. 만일 하나님이 오직 한분이며 그 하나님이 "기독교인들의 하나님"(3세기의 사상가 테르툴리아누스^{약 160-220}에게서 빌린 표현)이라면, 신학의 본질과 범위는 비교적 명료하게 정의된다. 신학이란 곧 기독교인들이 예배하고 흠모하는 하나님에 대한 성찰이다.

'신학'이라는 말은 성경에서 유래한 것이 아니라 교부시대 초기에 기독교 신앙의 몇몇 측면을 가리키는 말로 이따금씩 사용되면서 등장하였다. 그래서 2세기 후반에 활동한 알렉산드리아의 클레멘스 ^{약 150-215}는 기독교의 테올로기아*theologia*와 이교 사상가들의 뮈톨로기아*mythologia*를 대비시키고, '신학'을 이교의 신화론에서 주장하는 거짓 이야기들과 비교되는 "하나님에 관한 기독교의 진리 주장"을 의미하는 것으로 보았다. 교부시대의 다른 저술가들, 예를 들어 카이사레아의 유세비우스^{Eusebius of Caesarea, 약 263-339} 역시 이 용어를 "하나님에 대한 기독교의 이해"를 뜻하는 말로 사용하였다. 하지만 이 말은 기독교 사상의 전체 체계를 가리키는 것이 아니라 하나님과 직접 관계가 있는 측면들만을 가리키는 말로 사용된 것으로 보인다.

하지만 기독교가 발생한 곳은 다신교가 지배하는 세상이었으며, 거기서는 많은 신들에 대한 믿음이 일반적인 현상이었다. 예를 들어 고전적인 로마 문화는 국가적 예식과 가정 예배에서 경배했던 많은 신을 인정했다. 초기 기독교 저술가들에게 맡겨진 과제 중 일부분은 기독교의 하나님을 종교 시장에서 붐비는 많은 신들과 구분하는 것이었다. 이처럼 기독교 신학은 긍정적인 기능과 비판적인 기능을 함께 가졌다. 한편으로 신학은 기독교 신앙의 중심을 이루는 신이 어떤 신인지를 해명하면서 신약성경에 나오는 "우리 주 예수 그리스도의 아버지 하나님"(벧전 1:3) 같은 개념들을 다듬어 냈다. 다른 한편으로 신학은 이 하나님이 왜 주피터나 마르스 같은 로마 시민종교의 신들과 혼동되어서는 안 되는지 입증하였다.

특히 중요한 것으로 신약성경의 하나님과 구약성경의 하나님의 관계를 다루는 문제가 있었다. "우리 주 예수 그리스도의 아버지 하나님"은 구약에 등장하는 뛰어난 인물들인 "아브라함과 이삭과 야곱의 하나님"과 어떤 관계인가? 어떤 의미에서 삼위일체 교리는 기독교 신학자들에게 가해진 압력, 곧 당신들이 내세우는 하나님의 **정체를 밝히라**는 압력에 대한 응답으로 형성된 것이라고 볼 수 있다 684쪽.

시간이 흐르면서 다신론이 시대에 뒤떨어지고 유치한 것으로 보이기 시작했다. 신은 오직 하나이며 그 신은 곧 기독교의 하나님이라는 가정이 널리 퍼져 나가 중세 초기에 이르러 유럽에서는 그러한 주장이 자명한 것으로 인정되었다. 그래서 토마스 아퀴나스약 1225-1274는 13세기에 신 존재에 대한 논증을 펼치면서도 자기가 증명한 신이 '기독교의 신'이라는 점을 입증한다는 것은 생각조차 안 했다. 도대체 어떻게 다른 신이 있겠는가? 신의 존재를 증명하는 것은 당연히 **기독교의 신**의 존재를 증명하는 것이었다.

초기에는 신학이 '하나님에 관한 교리'를 뜻하는 것으로 받아들여졌으나 12-13세기에 이르러 중세의 큰 대학교들―예를 들어 파리 대학교나 옥스퍼드 대학교―이 설립되기 시작하면서 미묘하게 새로운 의미를 지니게 되었다. 대학교에서 이루어지는 기독교 신앙의 체계적 연구에 적합한 이름이 필요했다. 파리에서 활동한 페트루스 아벨라르두스1079-1142와 푸아티에의 질베르Gilbert of Poitiers, 1070-1154 같은 사상가들의 영향을 받아, 라틴어 테올로기아*theologia* 가 '성스러운 학문 분과'를 의미하게 되면서, 하나님에 관한 교리를 넘어서 기독교 교리 전체를 포괄하는 말이 되었다.

최근에 와서는 인간 현상으로서의 종교에 대한 연구로 관심이 옮겨갔다. '종교학'이나 '종교 연구'는 종교적인 문제들을 탐구하는 일과 관계가 있다. 예를 들어, 기독교와 불교를 연구하면서 그 종교들의 진리에 대한 고정된 관념을 완전히 배제하고 그 믿음이나 실천을 다루는 것이다. 실제로 오늘날 '신학'이라는 용어는 헌신하는 committed 관점에서 종교를 연구하는 것을 가리키며, 이에 반해 '종교학'은 비판적이거나 중립적인 자리에서 연구하는 것을 말한다. 하지만 이렇게 구분하는 방식이 확정적인 것은 아니다.

이 책에서는 '기독교 신학'이라는 말을 기독교 신앙의 근본 개념들에 관한 체계적 연구라는 의미로 사용한다. 이러한 기본적 견해는 칼 라너Karl Rahner, 1904-1984 (가톨릭)와 존 맥쿼리John Macquarrie, 1919-2007 (성공회), 칼 바르트Karl Barth, 1886-1968 (개혁교회) 등 주요한 신학 이론가들이 다양한 형태로 제안한 신학의 정의에서 볼 수 있다. 신학의 본질과 과제에 대해 이 신학자들이 제시한 설명들은 신학의 정체성과 초점을 파악하는 데 도움이 된다. 잠시 시간을 내서 이 세 가지 정의를 살펴보는 것도 좋을 듯싶다.

- ❶ "신학은 신앙의 학문이다. 신학이란 믿음으로 파악하고 받아들인 하나님의 계시를 이성을 통해 체계적으로 설명하고 해설하는 일이다"(칼 라너).
- ❷ "신학은 종교적인 신앙에 참여하고 그것을 성찰함으로써 그 신앙의 내용을 가장 명확하고 일관되고 유용한 언어로 표현하려고 시도하는 연구라고 정의할 수 있다"(존 맥쿼리).
- ❸ "신학은 하나님의 사역 속에 선포된 하나님의 말씀에 관한 지식을 탐구하는 학문으로, 하나님의 말씀을 증언하는 성서라는 학교에서 배우는 학문이며 하나님의 말씀이 불러낸 공동체에게 꼭 필요한 진리를 찾고자 궁구하는 학문이다"(칼 바르트).

학문 분과로서 신학의 발전

기독교 신학의 입문서인 이 책에서는 기독교 신학이 매우 가치 있고 흥미로우면서도 공부하기가 그리 어렵지 않은 학과임을 분명히 밝혔다. 그런데 이 학과가 어떻게 생겨났을까? 어떻게 신학은 학문의 교과과정 속에 자리 잡게 되었는가?

초기 교회 시대에 신학은 주로 교회 안에서 수행되었다. 신앙의 지적 내용을 확고히 이해하는 것은 기독교의 가르침, 설교, 변증에 필수 요소로 간주되었다. 이에 대한 훌륭한 예는 예루살렘의 키릴로스약 313-386가 350년경 예루살렘에서 행한 교리문답 강의에서 찾아볼 수 있다. 이 강의는 신앙의 주요 주제에 대한 기본적인 이해를 전개하고 그것이 삶과 사고에 끼치는 함축적 의미를 탐구하며, 그 결과에 따라 기독교를 유대교와 이교로부터 구별한다. 그러나 플라톤과 아리스토텔레스가 고전 시대에 발전시킨 철학 아카데미에 견줄 만한 어떤 "신학 아카데미"가 따로 있었던 것은 아니다.

신학이 학문의 한 분야로 자리 잡는 역사에서 가장 중요한 계기는 12세기에 서부 유럽에서 대학교들이 설립된 일일 것이다. 파리, 볼로냐, 옥스퍼드 같은 중세의 위대한 대학교들은 일반적으로 교양·의학·법학·신학을 공부하는 네 개의 학부를 두었다. 교양학부는 입문 단계로, 학생들이 세 개의 '상급학부'에서 더 발전된 연구에 참여할 수 있는 자격을 얻는 과정이었다. 이러한 발전의 결과로 유럽 대학교들에서 신학이 상급 연구과정의 중요한 요소로 자리 잡게 되었다. 서부 유럽에 더 많은 대학교들이 설립되면서 학문적인 신학 연구는 널리 확산하였다.

처음에 서유럽에서 기독교에 관한 연구는 대성당과 수도원77쪽에 부설된 학교를 중심으로 이루어졌다. 일반적으로 신학은 이론적인 주제가 아니라 기도와 영성과 같은 실제적인 문제들을 다루는 일이라고 생각되었다. 그러나 대학교들이 설립되면서 기독교 신앙에 대한 학문적 연구가 점차로 수도원과 대성당을 벗어나 공공의 영역으로 옮겨갔다. 13세기 파리 대학교에서는 '신학'이 하나님에 관한 믿음만이 아니라 기독교 신앙 일반에 대한 체계적인 논의를 의미하는 말로 널리 사용되었다. 신학이라는 말을 이런 의미로 사용한 예를 페트루스 아벨라르두스의 저서 같은 초기의 저술들에서 제한된 형태로나마 찾아볼 수 있다. 그런데 13세기에 와서 그 말의 일반적인 용법이 확립되는 데 결정적인 역할을 한 저술이 등장하였다. 바로 토마스 아퀴나스의 『신학대전』이었다. 점차 신학은 실제적 학문이 아니라 이론적 학문으로 받아들여지게 되었다. 물론 이러한 발전에 대한 우려도 없지 않았다.

헤일스의 알렉산더Alexander of Hales, 약 1183-1245 와 보나벤투라1221-1274 같은 13세기 초의 많은 신학자들이 이처럼 신학의 실제적인 측면이 무시되는 현상에 대해 우려를 나타냈다. 그러나 신학을 사변적이고 이론적인 학과라고 본 토마스 아퀴나스의 주장이 신학자들 사이에서 점차 큰 인기를 얻게 되었다. 이 일이 중세의 많은 영성 저술가들을 놀라게 했으며, 그중에서 특히 토마스 아 켐피스Thomas à Kempis, 1379-1471 는 이런 현상이 하나님께 대한 순종으로 이끌기보다는 하나님에 관한 사변을 조장한다고 생각했다.

종교개혁 시대에는 마틴 루터와 같은 사상가들이 신학의 실제적인 측면을 되살리려고 노력했다. 장 칼뱅이 1559년에 설립한 제네바 아카데미는 처음부터 목회자의 신학 교육에 관심을 두었으며, 교회의 목회 사역에서 실제로 필요한 것에 방향을 맞추었다. 이처럼 신학을 기독교 사역의 실제적 문제들과 관련된 것으로 보는 전통은 개신교의 많은 신학교와 대학에서 계속 유지되었다. 그러나 대학교를 배경으로 활동한 후기의 개신교 저술가들은, 비록 영성과 윤리 분야에서는 신학이 분명히 실천적인 특성을 지닌다는 점을 인정하면서도 대체로 신학을 이론적인 학과로 보는 중세의 사고방식으로 복귀했다.

18세기에 계몽주의가 등장하면서 특히 독일에서, 신학이 대학교 안에 속한 것에 대해 문제가 제기되었다. 계몽주의 사상가들은 학문의 탐구가 어떠한 외적 권위나 지적 선입견으로부터도 자유로워야 한다고 주장하였다. 신학은 합리적 분석이 아니라 기독교의 신조들이나 성경에 나오는 '신앙의 조항들'에 근거한 것이요, 그렇기 때문에 신뢰할 수 없는 것으로 여겨졌다. 점차로 신학은 시대에 뒤처진 것이라고 생각되었다. 철학자 임마누엘 칸트1724-1804 는 대학교의 철학부가 진리를 추구하는 일을 담당하며 그에 반해 다른 학부들(신학이나 의학, 법학)은 윤리라든가 건강과 같은 실제적인 문제들을 다룬다고 주장하였다. 점차 철학이 진리와 관련된 쟁점들을 다루는 분과로 받아들여지게 되었으며, 대학교에 신학부가 계속 존립하는 것을 정당화하기 위해서는 다른 근거를 찾아야만 했다.

대학교 안에 신학부가 필요하다는 점을 가장 그럴듯하게 증명해 보인 사람이 19세기 초의 슐라이어마허[1768-1834]였다. 그는 올바로 교육받은 성직자를 두는 것은 교회와 국가 모두의 유익을 위해 꼭 필요한 일이라고 주장하였다. 슐라이어마허는 『신학연구 개요』*Brief Outline of the Study of Theology*, 1811 에서 신학은 세 가지 중요한 요소로 이루어진다고 말했다. 그 세 가지는 철학적 신학('기독교의 본질'을 밝힌다)과 역사신학(교회의 현 상황과 필요를 이해하기 위해 교회의 역사를 연구한다), 실천신학(교회의 지도력과 실천의 '전문 기술들'을 다룬다)이다. 신학을 이렇게 이해함으로써, 올바로 교육받은 성직자를 두는 것이 사회에 중요하다는 사회적 공감대와 신학의 학문적 자격을 연결시켜 볼 수 있게 되었다. 이러한 생각은 슐라이어마허가 활동했던 19세기 초 베를린에서 완벽하게 수용될 수 있었다. 그러나 서구에 세속주의와 다원주의가 등장하면서 점차 이러한 생각의 타당성이 의문시되었다.

강력한 세속의 물결을 수용한 나라들에서는 사실상 대학교 교육과정에서 기독교 신학이 제외되었다. 1789년의 프랑스혁명 때에는 공교육에서 기독교 신학을 완전히 배제하는 일련의 조치들이 이루어졌다. 오스트레일리아에 있는 오래된 대학교들은 대부분(시드니 대학교와 멜버른 대학교 등) 매우 세속적인 전제들 위에 설립되었으며 원칙상 신학은 받아들이지 않았다. 요즘에는 이렇게 강력한 세속적 이데올로기가 점차 힘을 잃고 있으며 그 결과 오스트레일리아에서도 대학 과정에서 신학이나 신학과 밀접한 관계가 있는 지식을 공부할 수 있게 되었다.

하지만 오늘날 서구에서, 특히 북아메리카에서 큰 영향력을 행사하는 것은 세속적 사고가 아니라 다원주의적 사고방식이다. 이러한 형편에서는, 기독교 신학이 공교육에서 독특한 지위를 누리는 것은 다른 종교들에 비해 한 종교에게만 특혜를 주는 것으로 여겨져 문제가 되었다. 이러한 흐름의 여파로 다양한 종교를 아우르는 '종교학부'가 주립대학교들에 설립되기에 이르렀다. 따라서 이러한 맥락에서 기독교 신학을 가르칠 수는 있게 되었어도 어디까지나 전반적인 종교 연구의 한 부분으로 취급되었다. 이러한 이유로 해서 현재 기독교의 신학 교육과 연구는 주로 신학교 안에 보금자리를 트는 방향으로 바뀌고 있으며, 그 안에서 훨씬 더 헌신한 태도로 여러 주제들을 다룰 수 있게 되었다.

이제 다음으로 신학의 구조를 둘러보고 그것을 이루는 다양한 요소들을 살펴본다.

신학의 구조

에티엔 질송[1884-1978]은 스콜라 신학의 거대한 체계를 가리켜 '정신의 대성당'이라는 비유로 표현했다. 참으로 힘이 넘치는 이미지로, 영속성과 견고함, 질서, 체계를 느끼게 한다. 이러한 특성들이 바로 중세 시대의 사상가들이 소중하게 여겼던 것들이다. 교부 시대나 중세 시대의 오랜 신학 작품을 읽어 보면 '신학'이라는 용어가 지금은 분리되고 독립된 것으로 여겨지는 넓고 다양한 학과들을 모두 포함하고 있었음이 분명하게 나타난다. 신학에 대한 이런 시각은 장 르클레르크[Jean Leclercq, 1911-1993]의 『배움에 대한 사랑과 하나님을 향한 갈망』[1981]을 읽을 때 부분적으로 파악할 수 있다. 르클레르크는 중세 수도원 문화가 어떻게 배움을 향한 사랑을 양육했는지 탐구한다. 그 사랑 안에서 신학은 성경의 묵상, 지혜 탐구, 예전과 기도, 작업과 노동, 목회적 관심 등을 모두 하나로 묶어 포함하는 것으로 여겨졌다.

계몽주의 이전의 사상가들은 변증학, 영성, 목회적 돌봄, 조직신학 사이의 현대적 구별에 대하여 알지 못했다. 그들은 그것들이 구별되지만, 전체로서의 신학의 여러 면모로서 서로 연결되어 있다고 보았다. 이집트의 수도사요 작가인 에바그리우스 폰티쿠스Evagrius Ponticus, 약 345-399는 신학을 기도의 의미로 이해했다. "신학자라면 당신은 진심으로 기도할 것이다. 만일 진심으로 기도한다면 당신은 신학자다."

신학이 독특하고 일관된 체계를 지닌다는 생각은 여전히 중요하다. 신학은 복합적인 학문으로서, 연관된 여러 분야들을 하나로 통합하기 때문이다. 물론 불편한 동맹 관계로 맺어질 때도 있다. 다음으로, 현대 신학을 구성하는 주요 분야들을 살펴본다.

성서신학

많은 신학자들은 기독교 신학의 궁극적 원천이 성경이며, 성경은 이스라엘 역사와 예수 그리스도의 삶과 죽음과 부활이라는 두 차원에서 기독교의 역사적 근거를 담고 있다고 본다. 1500년대 초에 등장한 인문주의 성서 연구는 기존의 라틴어역 성경에서 여러 가지 번역 오류들을 밝혀냈다105-107쪽. 그 결과 기존의 몇몇 기독교 교리를 수정할 수밖에 없는 처지에 놓이게 되었다. 이 교리들이 근거로 삼은 성서 구절들은 그때까지 이 교리들을 지지해 주는 의미로 해석되어 왔는데, 이제 전혀 다른 내용을 뜻한다는 사실로 밝혀졌기 때문이다. 16세기의 종교개혁은, 신학이 성서에서 완전히 격리되어 온 시대를 끝내고 다시 신학과 성서를 조화시키고자 노력한 운동이라고 말할 수 있다.

따라서 조직신학은 성서학에 의존한다. 물론 어느 정도 의존하느냐는 논의의 여지가 있다. 독자들은 성경의 역사적·신학적 역할을 두고 오늘날 벌어지는 학문적 논쟁들이 이 책에서 자주 언급되는 것을 보게 될 것이다. 예를 들어, 지난 두 세기 동안에 성서학 연구에서 이루어진 성과를 어느 정도 이해하지 않고서는 현대 그리스도론의 방법론적 흐름을 파악하기가 불가능하다. 루돌프 불트만Rudolf Bultmann, 1884-1976이 발전시킨 케리그마kerygmatic 신학은 현대의 신약성서 지식과 조직신학, 철학적 신학(특히 실존주의)을 하나로 결합한 것이라고 볼 수 있다. 이 사실에서 우리는 아주 중요한 사실을 확인할 수 있다. 조직신학은 다른 지식 분야의 발전과 격리된 채로, 완전히 방수처리가 된 폐쇄 공간에서 이루어지지 않는다는 사실이다. 조직신학은 다른 학문들(특히 신약학과 철학)의 발전에 민감하게 반응한다.

조직신학

'조직신학'이라는 용어는 "신학의 체계적인 조직화"로 이해되어 왔다. 그런데 '조직적'이라는 말이 뜻하는 것은 무엇인가? 이 말은 두 가지 중요한 의미를 지닌다. 첫째, 이 용어는 "교육하거나 설명하려는 의도에 따라 체계화된" 것이라는 의미로 사용되어 왔다. 달리 말해, 기독교 신앙의 핵심 주제들을 사도신경의 구조에 맞추어서 명료하고 질서 잡힌 개요로 제시하는 것이 주된 의도다. 둘째, "방법론의 여러 전제들에 따라 체계화된" 것을 뜻할 수 있다. 즉, 어떻게 지식을 얻는가에 관한 철학적 개념들이 자료가 배치되는 방식을 결정한다. 이 견해는 신학 방법론에 대한 관심이 훨씬 더 커진 근대에 와서 특히 중요해졌다.

고전 시대의 신학에서는 신학의 내용을 일반적으로 사도신경이나 니케아 신조의 순서에 따라, 곧 신론에서 시작해 종말론으로 끝나는 것으로 배열하였다. 신학의 조직화를 보여주는 고전적 사례를 여러 저술에서 볼 수 있다. 서방 신학에서 최초로 나온 중요한 신학 교재는 1155년에서 1158년 사이에 페트루스 롬바르두스약 1100-1160에 의해 파리 대학교에서 편집된 것으로 추정되는, 『네 권의 명제집』이다. 본질적으로 이 책은 교부 문헌 전체에서, 그중에서도 특히 아우구스티누스[354-430]의 저술에서 뽑은 인용문들(즉 '명제들')을 모아 놓은 것이다. 이 인용문들은 주제별로 배열되었다. 네 권 가운데 첫 번째 책은 삼위일체를 다루며 둘째는 창조와 죄, 셋째는 성육신과 기독교인의 삶, 넷째이자 마지막 책은 성례전*과 마지막 때의 일들을 다룬다. 이 명제들을 주석하는 일이 토마스 아퀴나스와 보나벤투라, 둔스 스코투스[1226-1308] 등 중세 신학자들의 일반적인 관행이 되었다. 한 세기 뒤에 나온 토마스 아퀴나스의 『신학대전』은 페트루스 롬바르두스의 것과 유사한 원리들을 사용해서 기독교 신학 전체를 세 부분으로 나누어 탐구하면서도, 또한 철학적인 문제들(특히 아리스토텔레스가 제기한 문제들)에 큰 비중을 두고 교부시대 저술가들의 다양한 견해를 조화시킬 필요성을 크게 강조하였다.

개신교 쪽의 사례로는 종교개혁 시대의 것으로 두 가지를 들 수 있다. 루터파에 속하는 필리프 멜란히톤[1497-1560]은 1521년에 『일반 원리』를 펴냈다. 이 저술은 기독교 신학의 핵심 내용들을 탐구하면서 주제별로 배치하였다. 장 칼뱅의 『기독교 강요』는 개신교 신학 가운데 가장 큰 영향력을 지닌 책으로 인정된다. 이 책의 첫판은 1536년에 나왔고 최종 완결판은 1559년에 나왔다. 1559년 판은 네 권으로 이루어지며, 1권은 신론을 다루고, 2권은 하나님과 인간 사이의 중보자인 그리스도, 3권은 구속의 전유, 마지막 권은 교회의 생활을 다룬다. 이와 비슷한 흐름을 따르는 주요한 조직신학 저술로 훨씬 더 최근에 나온 책으로는 칼 바르트의 방대한 『교회 교의학』[1936-1969]이 있다.

근대에 들어와서 방법론의 쟁점들이 훨씬 더 중요하게 되었으며 그 결과 '프롤레고메나' prolegomena [227쪽]라는 문제가 비중 있게 다루어지게 되었다. 이러한 관심에 크게 영향을 받은 근대 조직신학 저술로는 1821년과 1822년에 걸쳐 초판이 나온 슐라이어마허의 『기독교 신앙』을 들 수 있다. 이 책에서는 신학이란 인간 경험의 분석과 밀접

● 성례전
sacrament

예수가 친히 제정한 것이라고 여겨지는 교회의 예식 또는 예전. 가톨릭교회의 신학과 실천에서는 일곱 개의 성례전(세례·견진·성체·고해·혼인·신품·종부성사)을 인정하지만, 개신교는 대체로 두 개의 성례전(세례와 성만찬)만을 신약성서에서 발견할 수 있다고 주장한다.

한 관계가 있다는 전제에 따라 자료의 구성이 이루어진다. 그래서 잘 알려진 대로 슐라이어마허는 삼위일체론을 그의 조직신학 책 마지막 부분에 배치하였다. 이는 아퀴나스가 삼위일체론을 시작 부분에 배치한 것과 대조를 이룬다.

철학적 신학

신학은 그 자체가 지적인 학문으로, 유사 이래로 인간의 호기심을 자극해 온 수많은 물음을 다룬다. 하나님은 존재하는가? 하나님은 어떤 모습일까? 우리는 왜 여기에 존재하는가? 이러한 물음들은 기독교 공동체 안에서뿐만 아니라 밖에서도 제기된다. 그렇다면 이 양편의 논의들은 서로 어떻게 관계를 맺는가? 하나님의 본성에 관한 기독교의 논의는 서구 철학 전통의 논의와 어떤 관계가 있는가? 공통된 기반이 있는가? 철학적 신학을 달리 설명한다면 기독교 신앙과 다른 지적 활동 사이에서 '공통된 근거 찾기'라고 부를 수 있을 것이다. 비종교적인 논증이나 고찰에서 출발해 종교적 결론을 도출해 내는 철학적 신학의 사례로 흔히 거론되는 것이 토마스 아퀴나스의 '다섯 가지 길'(다섯 가지 신 존재 증명)이다.

철학적 신학은 또한 개념들을 명료화하는 중요한 역할을 맡는다. 커다란 신학 논쟁들에서 다루었던 문제들은 철학적으로도 중요한 주제들이었으며 엄밀한 철학적 성찰에 의해 규명할 수 있는 문제들이었다. 하나님과 시간의 관계, 하나님의 불변성과 전능 개념, 그리고 인식의 근거와 확실성 같은 쟁점들이 그 예에 속한다. 특히 두드러진 사례라면 기독교에서 말하는 '인격이신 하나님'의 의미를 탐구하고 규명하는 일에서 '인격' 개념에 대한 철학적 반성이 중요한 역할을 했다는 점이다. 특히 유대교 철학자 마틴 부버^{Martin Buber, 1878-1965}의 저술들이 중요했는데 이에 대해서는 나중에 살펴본다. 철학적 신학이라는 일반적 분야는 현대 철학에서 가장 흥미 있는 분과 가운데 하나로 널리 인정되고 있으며, 앨빈 플랜팅가Alvin Plantinga, 1932 출생와 니콜라스 월터스토프Nicholas Wolterstorff, 1932 출생, 리처드 스윈번Richard Swinburne, 1934 출생 같은 사상가들이 다양한 신학 분야에 크게 기여하였다.

신학자들 가운데는 철학적 신학의 지위를 인정하지 않으려는 사람들이 있었다. 예컨대 2세기의 테르툴리아누스는 다음과 같이 물었다. "아테네가 예루살렘과 무슨 관계가 있는가? 다시 말하자면, (플라톤의) 아카데메이아가 교회와 무슨 관계가 있는가?" 훨씬 최근에 와서는 칼 바르트의 저술들 속에서 이와 동일한 비판적 대응을 볼 수 있다172, 183-185쪽. 바르트는 이런 방식으로 철학을 이용하는 것은 궁극적으로 하나님의 자기계시를 특정한 철학에 의존하는 것으로 만들어 버리며 하나님의 자유를 제한하는 것이라고 주장했다. 하지만 기독교 신학 전체를 놓고 볼 때, 이러한 대화와 성찰의 과정이 생산적이고 도움이 되며 또 신학 작업에 필수적이라는 데 견해의 일치가 이루어지고 있다.

역사신학

신학에는 역사가 있다. 이 통찰은 너무 쉽게 무시되는데, 특히 철학적 성향이 두드러진 사람들이 그렇다. 기독교 신학이란 각 시대가 최상의 방법이라고 여기는 것에 비추어서 신앙의 기초 자료들을 이해하려는 시도라고 말할 수 있다. 이 말의 의미는 곧 지역의 환경이 신학의 형성에 주요한 영향을 미친다는 것이다. 기독교 신학은 역사의 모든 시대에 적용되는 하나님의 구원 행위를 다루며 그런 까닭에 보편적이라고 주장된다. 그러나 신학은 또한 특정 문화들 속에서 경험되는 하나님의 구원 사역을 다룬다는 점에서 특수성을 지니며, 특정한 상황에서 복음을 따라 살고자 애쓰는 사람들의 인식과 한계에 의해 형태가 정해진다. 그러므로 기독교의 **보편성**과 그 **특수한 적용**은 모순되기보다는 서로를 보완한다. 이 요점은 스위스의 개신교 신학자 에밀 브루너Emil Brunner, 1889-1966가 특히 명확하게 말했다. "영원한 복음은 있지만, 영원한 신학은 존재하지 않는다.……복음은 언제나 같은 것으로 남아 있지만, 복음에 대한 우리의 이해는 언제나 새롭게 얻어져야 한다."

역사신학은 개념들이 발전하거나 특별한 형태를 지니게 된 역사적 상황을 탐구하는 것을 목표로 삼는 신학의 한 분과다. 역사신학은 상황과 신학의 관계를 밝히는 것을 목표로 한다. 예를 들어, 역사신학은 이신칭의 교리*가 르네상스 후기에 처음으로 근원적 중요성을 지니게 된 것이 우연이 아니라는 사실을 입증한다. 또 라틴아메리카의 해방신학이 제시하는 구원 개념이 어떻게 그 지역의 사회경제적 상황과 밀접하게 연관되었는지를 보여준다. 역사신학은 자유주의나 보수주의 같은 세속의 문화적 경향들이 어떻게 신학 속에서 그에 상응하는 형태로 나타나게 되었는지도 설명해 준다.

● 이신칭의 교리
doctrine of justification by faith

기독교 신학에서 죄인이 어떻게 하나님과의 교제를 회복할 수 있는지를 다루는 분야. 이 교리는 종교개혁 시대에 매우 중요한 주제로 다루어졌다.

기독교가 그 배경이 되는 문화로부터 무의식적으로 여러 개념과 가치들을 받아들인다는 점은 너무도 자명하기에 재차 언급할 필요도 없어 보인다. 하지만 이 사실을 아는 것이 굉장히 중요하다. 이 사실이 말해 주는 것은, 기독교 신학에는 신학의 기초 자료들에 의해 규정되거나 공급되는 것이 아닌, **잠정적**이거나 **조건적인** 요소가 있다는 점이다. 쉽게 말해, 이제껏 기독교의 개념이라고 생각해 왔던 것들이 사실은 세속의 환경으로부터 빌려온 개념이라는 것이 드러나는 경우가 있다. 이에 해당하는 고전적 사례가 하나님의 무감각impassibility of God이라는 개념, 곧 하나님은 고통을 느끼지 않는다는 개념이다. 이 개념은 그리스 철학 내에서 튼튼하게 다듬어졌다. 이런 철학 진영의 인정과 신뢰를 얻기 원했던 초기의 기독교 신학자들은 이 개념에 전혀 문제를 제기하지 않았다. 그 결과 이 개념은 기독교 신학의 전통 속으로 깊숙이 들어와 자리 잡게 되었다.

기독교 역사에 대한 연구는 신학의 고착된 견해들을 교정할 수 있는 강력한 도구를 제공해 준다. 기독교 역사를 연구함으로써 우리는 다음과 같은 사실을 알게 된다.

❶ 어떤 개념들은 매우 제한된 환경에서 생겨났다. 따라서 그 개념들은 시간을 두고 검증하고 타당성을 확인할 필요가 있다. 즉 흔히 말하는 '수용의 과정'이 필요하다.

❷ 신학에서 형성된 개념들은 되돌릴 수 없는 것들이 아니다. 부적합하거나 도움이 안 되는 것으로 판명된 과거의 신학 공식은 수정할 수 있다.

따라서 역사신학의 연구는 실증적인 특성과 전복적인 특성을 지닌다. 이를테면 역사신학은 신학자들이 얼마나 쉽게 "그 시대의 자아상"(알래스데어 매킨타이어)에 휩쓸려 길을 잃는지 밝혀낸다. 그런데 이런 사태는 과거에만 국한된 일이 아니다! 현대에 유행하는 신학 사상들도 사실은 반짝 유행하는 문화 현상에 대해 무조건반사로 반응한 것에 불과할 때가 너무 많다. 역사 연구를 통해 우리는 과거의 잘못들을 집어낼 뿐만 아니라 오늘날에도 그러한 잘못이 심상치 않은 모습으로 되풀이되는 일을 경계할 수 있다. "역사는 반복된다. 그럴수밖에 없다. 첫판에 귀 기울여 듣는 사람이 전혀 없다"(우디 알렌).

바로 이런 이유로 해서 이 책에서는 오늘날 논의되는 쟁점들의 역사적 배경에 대한 정보를 독자들에게 최대한 많이 제공하려고 한다. 신학적 쟁점들은 그 문제를 둘러싼 논쟁이 어제 갓 시작된 것인 양 다루어질 때가 너무 많다. 그러한 쟁점들을 명료하게 논하기 위해서는 우리가 어떻게 현재 이 자리에까지 도달하게 되었는지를 파악하는 일이 꼭 필요하다.

게다가 과거에 여러 쟁점을 둘러싸고 이루어진 논의들은 현재에도 중요한 자료가 된다. 칼 바르트나 칼 라너 같은 신학자들이 얼마나 자주 과거의 사상가나 논쟁들과 대화를 나누었는지 알지 않고서는 그들을 이해하는 것이 불가능하다. 히포의 아우구스티누스와 니사의 그레고리우스^{약 335-394}, 토마스 아퀴나스는 오늘날의 논쟁 속에서 살아있는 목소리로 다가와 말을 건다. 그들은 이정표로 우뚝 버티고 서서, 끝없이 이어지는 숱한 신학 논쟁의 용어들을 정의해 준다.

실천 신학과 목회 신학

목회와 실천이 기독교를 이루는 두드러진 요소인데도 학문적인 신학 논의에서는 이러한 면이 제대로 다루어지지 않는다. 라틴아메리카의 해방신학은 서구 신학의 학문적인 편향성을 제대로 수정하여 사회에 적용 가능한 방향으로 건강하게 돌려놓았다고 많은 신학자들이 주장해 왔다. 여기서 신학이란 순수 이론적 반성이라기보다는 변혁적 행동에 대한 모델을 제시하는 것이라고 정의된다.

그러나 이러한 학문적인 편향성은 최근에 와서야 나타난 것이다. 신학적 반성과 목회 돌봄의 연계는 초기의 많은 기독교 저술가들에게서 발견되는 특성이며, 특히 교황 그레고리우스 1세^{Gregorius the Great, 약 540-604} 의 『사목지침서』^{Books of Pastoral Rules, 590} 가 그런 특성을 잘 보여준다. 신학의 온전성과 목회적 활용성을 나란히 놓고서 그 각각은 나머지 것이 없이는 완전할 수 없다고 믿었던 운동 가운데 대표적인 사례가 청교도주의다. 리처드 백스터¹⁶¹⁵⁻¹⁶⁹¹ 와 조나단 에드워즈¹⁷⁰³⁻¹⁷⁵⁸ 두 사람은 신학이 목회 돌봄과 영혼의 양육을 통해서 완전하게 구현될 수 있다고 주장하였다.

훨씬 더 최근에는 이렇게 신학이 목회 돌봄을 통해 구현된다는 확신이 깊어지면서 목회신학이 새로운 관심을 끌고 부활하게 되었다. 슐라이어마허는 대학의 전통적인 신학 커리큘럼에 "실천신학"을 추가해서 성경학, 조직신학, 교회사를 보충했다. 그는 "실천신학"을 그리스도인의 삶과 사역을 위한 "기술의 법칙"을 개발할 수 있는 학문으로 이해했다.

목회신학(또는 실천신학, 용어는 아직 고정되지 않았다)은 제2차 세계대전 이후에 서양에서 새로운 힘을 얻었다. 스위스의 신학자이며 칼 바르트의 초기 동료인 에두아르트 투르나이젠 Eduard Thurneysen, 1888-1974 은 1946년에 고전적 저술『목회학 원론』 A The-ology of Pastoral Care 을 출간하였다. 이 책에서는 치유와 희망을 낳는 하나님의 말씀을 인간에게 전달하는 도구로서 설교의 역할을 강조하였다. 그러나 이 분야의 주도권은 신속하게 미국으로 넘어갔으며, 에드워드 팔리 Edward Farley, 1929-2014 와 돈 브라우닝 Don S. Browning, 1934-2010 같은 학자들이 중심이 되어 어떻게 기독교 전통이 교회의 목회적 사명을 다듬고 풍요롭게 하는 데 도움이 될 수 있겠는가에 대한 탐구가 이루어졌다.

목회신학에서는 신학을 상담과 치유의 실제적 기법과는 아무런 관계가 없는 학구적 과목으로 보는 대신, 신학적 기초가 어떻게 목회 돌봄을 위해 뼈대와 자료를 제공해 줄 수 있는지를 중요하게 여긴다. 목회신학은 "우리가 믿음으로 살면서 부딪히는 문제와 도전들 앞에서 어떻게 행동해야 하는가라는 물음에 답을 주려고 애쓴다"(브라우닝). 따라서 실천신학은 사상과 행동이 접속하는 영역을 다룬다. 스티븐 패티슨 Stephen Pattison 과 제임스 우드워드 James Woodward 가 다음과 같이 이 분과를 이해하기 쉽게 설명한다.

실천신학은 종교적 신념, 전통, 실천 등이 현대적 경험, 질문, 행동과 만나는 곳이고, 서로를 풍족하게 하고 지적으로 비판하며 실천적으로 변화시키기 위한 대화를 진행하는 장소다.

따라서 본질상 실천신학이란 복음과 기독교 전통에 비추어서 교회의 행위를 비판적으로 반성하는 학문이다. 이처럼 신학은 상황들을 평가하는 방법을 알려주고 또 그 상황들을 처리하는 자료를 제공해 준다.

영성 또는 신비신학

얼마 전부터 '영성'이라는 용어가 종교의 경건한 실천과 특히 신자의 개인적이고 내적인 체험을 가리키는 말로 인기를 얻으며 널리 사용되고 있다. 이 신학 분야를 가리키는 말로 오래전에 사용되었고 지금도 학문적인 글에서 마주치게 되는 용어들이 '영성신학'과 '신비신학'이다. 신학의 영적 차원(순수학문의 차원과 대비되는)을 가리키기 위해 '신비적'이라는 말을 사용한 것은 6세기 초에 디오니시우스 아레오파기타가 쓴 논문 「신비신학에 관하여」On Mystical Theology에서 시작된다.

현대 용어인 '영성'과 '신비주의'는 17세기 프랑스로 거슬러 올라가 잔느 귀용Madame de Guyon, 1648-1717과 사회 명사들이 어울려 이룬 살롱 소사이어티salon society에서 그 기원을 찾을 수 있다. 프랑스어 스피리투알리띠(영성)spiritualité와 미스티시스므(신비주의)mysticisme는 모두 신성한 것이나 초자연적인 것에 대한 직접적이고 내적인 지식을 가리키는 말로 사용되었으며 그 당시에는 거의 동의어로 받아들여졌다. 그 이후로 두 용어가 널리 사용되어 왔으며, 그러면서도 한편으로는 세부적인 의미의 변화로 말미암아 정확한 의미를 두고 혼란이 빚어지게 되었다. 그래서 어떤 학자들은 두 용어가 하나님과의 본래적이고 인격적인 관계를 전혀 다르게 말하는 방식이라고 주장한 데 반해, 다른 학자들은 신비주의란 직접적이고 인격적인 하나님 체험을 크게 강조하는 특별한 형태의 영성으로 볼 수 있다고 주장하였다. 오늘날 많은 학자들은 '신비주의'라는 용어가 도움이 안 되고 혼란만 일으킨다고 생각해서 이 용어를 쓰지 않으려고 한다. 따라서 '영성'이라는 말이 '신비신학'과 '영성신학', '신비주의'를 포함해 옛 문헌들에 나오는 많은 용어들을 대신해 쓰이게 되었다.

영성은 흔히 종교를 객관적이고 중립적으로 연구하는 순수학문과 대비되는데, 여기서 순수학문이란 특정 종교의 신봉자들이 자신들의 신앙을 체험하고 실천하는 방식을 다루는 것이 아니라 그 종교의 핵심적인 믿음과 실천들을 규명하고 설명하는 것을 뜻한다. '영성'이라는 용어는 명확하게 정의하기가 어려운데, 그 이유는 우선 그것이 다양한 의미로 사용되고 있기 때문이며 또 그 분야를 전공하는 학자들 사이에서도 용어의 타당한 용법에 대해 의견을 달리하기 때문이기도 하다. 그렇지만 대체로 영성이 하나님에 대한 경험과 그 경험의 결과로 나타나는 삶의 변화를 의미한다는 점은 분명하다. 따라서 영성이란 삶을 통해 얻는 하나님 체험과 기도의 삶, 그리고 그러한 삶에서 비롯되는 행동을 가리킨다. 하지만 그와 동시에 영성은 그러한 삶의 바탕을 이루는 신학적 신념들과 분리해서는 온전히 이해할 수 없다.

영성이 기독교 신학에서 중요한 요소라는 점, 그리고 신학교들에서 이 분야를 연구하고 가르치는 일에 관심이 늘고 있다는 데에는 대체로 의견이 일치하지만, 신학과 영성이 정확히 어떻게 상호작용하는지의 문제를 두고는 최근 몇십 년에 걸쳐 커다란 논쟁이 벌어지고 있다. 이 책의 한계로 인해 여기서 이 논쟁에 대해 다루지는 못하지만, 기독교 영성 분야를 다룬 제대로 된 개론서들을 통해 어렵지 않게 그에 대해 살펴볼 수 있을 것이다.

변증학

변증학은 그리스어 apologia('방어' 또는 '정당화')에서 유래하며, 기독교 신학에 항상 필수적인 한 부분이었다. 변증학이란 그 시대의 문화에서 기독교의 합리성과 도덕성에 제기하는 우려와 씨름하는 것이라고 보는 게 가장 적합하다. 이 과목은 오랜 역사를 가지고 있으며, 기독교가 지적인 적대자를 만났을 때 중요한 역할을 맡으며 나타나는 경향을 보였다. 예를 들어 초대교회의 가장 중요한 변증가 중 한 명인 순교자 유스티누스Justin Martyr, 약 100-165는 기독교에 대한 격렬한 반발과 의심이 휩쓰는 2세기 로마의 상황에서 저술했다. 유스티누스는 이교도와 유대인 비판자들에 맞서 기독교의 지적 완전성을 변호했고, 저들의 주된 비판을 확인하고 응수했다. 중세 시대에 토마스 아퀴나스Thomas Aquinas는 이슬람과 유대인 비판자들과 맞서 기독교를 합리적으로 방어하기 위해 『이교도 논박 대전』Summa contra Gentiles을 저술했다.

특히 교회가 계몽주의의 합리성이 등장한 후 새로운 도전에 직면해야 했을 때, 변증학은 서구 문화에서 중요한 위치를 점하게 되었다. 조지프 버틀러Joseph Butler, 1692-1752의 『종교의 유비』1736는 기독교가 그 새로운 지적 환경에 직면해서 스스로 방어할 수 있다고 주장했다. 20세기에 이르러 변증학 분야는 특히 중요하게 되었다. 이 분야의 주요 대표자 중 한 사람은 평신도 신학자 루이스C. S. Lewis이다. 루이스는 기독교 신앙의 기본 사상을 평범한 청중에게 매력적이고 고무적인 방법으로 설명하고 정당화할 수 있는 능력으로 명성을 얻었다. 이 이론을 적용한 그의 첫 작품이 『고통의 문제』1940였다. 이 책에서 루이스는 고통과 고난을 이해하는 독특한 방식을 제시하는데, 그 방법으로 고통과 고난이 신앙에 제기하는 난제들을 최소화할 수 있다고 보았다. 그의 가장 성공적인 작품은 1952년의 『순전한 기독교』 Mere Christianity였는데, 대중 설문 조사에서 20세기의 가장 영향력 있는 종교 서적으로 확인되곤 했다.

프롤레고메나의 문제

낯선 주제에 관해 연구를 시작하는 사람이라면 누구나 어디에서부터 시작해야 하는가라는 동일한 문제에 직면하게 된다. 철학, 자연과학, 신학 등 학문에 따라 연구하는 방식이 매우 다양하며 그래서 이 문제에 깔끔하게 답하는 것이 쉽지가 않다. 신학의 경우, 어디에서부터 신학 연구를 시작해야 하는지에 관한 논쟁은 '프롤레고메나의 문제'로 알려져 왔다. 그리스어 프롤레고메나prolegomena는 '서설'(序說)이라고 번역이 가능한데, 풀어 말하면 신학 연구를 시작하기에 앞서 다룰 필요가 있는 것들을 가리킨다.

어떤 출발점을 취하느냐의 문제는 신학만이 아니라 연관된 많은 과목들에서도 중요하다. 대표적인 사례라면 신앙 밖에 있는 사람들에게 기독교를 신뢰할 수 있도록 해명하는 것을 목표로 삼는 변증학을 들 수 있다. 예를 들어, 2세기의 변증가들(지적인 반대자들이 기독교에 진지하게 귀 기울일 수 있게 하려고 노력한, 순교자 유스티누스 같은 사람들)은 기독교인과 이교도들이 공유할 수 있는 경험과 믿음의 내용을 발굴하고자 애썼다. 바로 이 점에서 출발함으로써 변증가들은, 기독교가 이교도들과 공통된 경험과 개념들에 근거한 것이요 또한 기독교가 그들의 경험과 개념들을 보완해 줄 수 있다는 점을 입증할 수 있다고 생각했다.

계몽주의 시대 이후로 프롤레고메나의 문제가 훨씬 더 중요해졌다. 신학에서 기독교 신앙의 내용을 다루기 전에 어떻게 사람이 하나님에 관한 사실을 알 수 있는가의 문제를 해명할 필요가 있다. 우리가 하나님에 관한 내용을 어떻게 알 수 있는가에 대해 논하는 것은, 하나님에 관해 무엇을 아느냐에 대해 논하는 것 못지않게 중요하다. 유럽과 북아메리카에서 세속화 현상이 점차 강해지면서 신학자들은 이제 더 이상 자기네 독자들이 기독교 신앙에 공감할 것이라고는 바랄 수 없게 되었다. 따라서 신앙 밖의 사람들이 신앙의 진리와 접촉할 수 있게 해주는 공통된 출발점을 찾는 일이 무엇보다도 중요하다는 데 많은 학자들이 동의한다.

이렇게 인간 실존의 기본 경험들을 바탕으로 기독교 신학을 세우려 애쓰는 이론 가운데서 특별히 다음의 것들이 중요하다.

❶ 슐라이어마허는 인간 경험의 공통된 특성을 '절대의존의 감

정'이라고 주장했다. 기독교 신학에서는 인간의 이 기본 정서를 '하나님께 의존하는 감정'이라고 해석하여 구체화했으며, 또 죄와 구속의 교리와 연관지어 다루었다.

❷ 폴 틸리히 1886-1965 는 인간이란 자기의 실존에 관해 '궁극적 질문'을 묻는 존재라는 신념을 기초로 '상관관계 방법' 173쪽 을 발전시켰다. "조직신학은 상관관계 방법을 사용하여 다음과 같은 절차를 밟는다. 먼저 실존적인 질문들을 쏟아 내는 인간 상황에 대해 분석한다. 그 다음으로 기독교 메시지가 제시하는 상징들이 이러한 질문들에 대한 답이 된다는 점을 입증한다."

❸ 칼 라너는 인간 본성의 한계를 초월하려는 인간의 기본적인 충동이 중요하다고 강조한다. 인간은 자신의 현재 모습보다, 또는 자신의 힘으로 성취할 수 있다고 여기는 것보다 훨씬 더 큰 것을 위해 지음 받았다는 의식을 지닌다. 기독교의 계시는 이 '더 큰 것'이 무엇인지를 알려주며, 인간의 경험 또한 이것을 지향한다.

그런데 이 이론들은 (그중에서도 슐라이어마허와 그의 동료들이 주장한 이론은 특히 더) 거센 저항에 부딪혔다. 이러한 비판 가운데 가장 두드러진 형태를 칼 바르트가 이끈 신정통주의 학파에서 볼 수 있다 183-185쪽. 신정통주의 학파는 이런 이론들이 신학을 인간의 필요에 맞추거나 인간 실존의 철학이라는 울타리 안에 가두는 것이라고 생각하며 비판했다.

바르트는 기독교 신학이 자율적이고 독립적인 것이요 어떤 식으로든 인간의 철학에 의존하지 않는다고 주장했다. 하나님은 인간의 도움이 없이도 자신을 완벽하게 계시할 수 있는 분이다. '프롤레고메나'라는 용어를 "신학이 가능하기 위해 먼저 논할 필요가 있는 것들"이라고 보아서는 안 된다. 그와는 달리 "신학에서 가장 먼저 말해야 하는 것들"로, 곧 하나님의 말씀의 교리를 가리키는 것으로 이해해야 한다.

　방법에 관한 문제들이 현대 신학을 주도해 왔는데, 이렇게 된 데는 보편적이고 신뢰할 수 있는 기초 위에 지식을 세우는 것을 강조한 계몽주의의 영향이 컸다. 하지만 근래에 와서 계몽주의에 대해 철학적 비판이 이루어지면서, 지식과 관련해 그러한 '보편적' 기초가 정말 존재하는지에 대해 의문이 제기되고 있다. 신학이라는 것이 죽은 말에다가 마차를 매다는 것은 아닌가? 게다가 프린스턴 대학교의 제프리 스타우트Jeffrey Stout의 말대로, "방법론에 매달리는 것은 목청을 가다듬는 것과 같다. 한없이 그 일만 하다가는 관객을 잃어버리게 된다."

　오늘날 이런 식으로 방법론에 집착하는 현상에 대한 반발이 있어 왔으며 특히 후기자유주의194-197쪽 진영에서의 비판이 두드러진다. 한스 프라이1922-1988와 조지 린드벡1923-2018, 로널드 티에만Ronald Thiemann, 1946-2012 같은 저술가들은 기독교 신앙은 언어와 같은 것이라고 주장하였다. 당신이 그것을 말하거나 말하지 않거나 둘 중의 하나라는 것이다. 기독교는 다원적 상황에서 선택할 수 있는 하나의 대안으로, 보편적인 척도나 논증 원리 따위에 근거할 필요가 없는 것이라고 보았다. 이런 태도가 반대자들의 눈에는 그저 신앙주의•로 일탈한 것으로 비추어진다. 즉 자체 내부의 표준에 의해 정당화되고 다른 누군가의 인정을 받거나 그들과 공유할 필요도 없는 체계에 불과하다는 것이다.

• 신앙주의
fideism

기독교 신학에서 기독교 신앙 외에 어떠한 외부 자료의 비판이나 평가도 필요하지 않다고 (또는 가능하지 않다고) 보는 견해.

──────────────────────── 신학에서의 헌신과 중립

신학자들은 어느 정도까지 '헌신해야'committed 하는가? 이 물음을 구체적인 형태로 바꾸면 이렇다. 기독교인이 아닌 사람이 기독교 신학을 가르치거나 평가하는 것이 가능한가? 기독교 신앙에의 헌신은 기독교 신학을 공부하거나 가르치려는 사람이 반드시 갖추어야 할 조

건인가?

이 물음은 기독교 전통에서 오랫동안 논의되어 왔다. 이에 대한 논쟁은 12세기에 파리 대학교가 세워지면서 본격적으로 시작된 것으로 보인다. 신학이란 헌신한 신자로서 기독교 신앙을 옹호하는 일이라고 믿는 사상가들(클레르보의 베르나르두스[1090-1153])과, 신학이란 학구적인 분야로서 거기 종사하는 사람은 거리를 두는 태도가 필요하다고 주장한 학자들(페트루스 아벨라르두스) 사이에서 공개적인 대결이 이루어졌다. 앞의 사람들은 대체로 수도원을 중심으로 활동하였으며 뒤쪽 사람들은 대학교에 속했다는 점이 눈에 띈다. 양쪽 사람들은 각각 자신들의 견해를 지지하는 다수의 논증들을 내세웠으며, 따라서 이 논쟁은 해결되지 않은 채 남겨졌다. 양쪽에서 제시한 주요 사항들을 아래에서 살펴본다. 우선 중립과 객관적 자세를 강조하는 주장 두 가지를 살펴본다.

❶ 진리를 탐구하는 일에는 학자 편에서 완전하게 거리를 두는 것이 필요하다. 만일 학자가 어떤 이론(예를 들면 기독교의 진리)에 이미 헌신한 상태라면, 그는 자기가 연구할 자료에 대해 편향된 평가를 내릴 수가 있다. 계몽주의는 객관적이고 회의적인 탐구자라는 사상을 옹호했고, '헌신'과 '진리'가 서로 양립할 수 있다는 생각에 의문을 제기했다. 기독교 신앙에 대해 판단할 수 있는 지적 자격을 갖춘 사람은 신앙에 대해 중립적인 사람이고 그것에 헌신하는 사람이 아니라는 것이다.

❷ 신학은 자신의 지적 신뢰성과 방법론, 개념들에 관해 철저히 따져 물을 각오를 해야만 한다. 오늘날 대학의 비판적 환경 속에서 신학자들은, 다른 곳에서라면 제기되지 않았을 어려운 질문들을 묻도록 강요당한다. 그래서 볼프하르트 판넨베르크[Wolfhart Pannenberg, 1928-2014]는 신학이 비판적 질문들과 대면하고 응답하기 위해서는 대학의 환경 안에 위치해야 한다

고 주장한다. 미국의 가톨릭 신학자인 데이비드 트레이시^{David}

Tracy, 1939 출생도 비슷한 방법을 선택하며 강조했다. 기독교 믿

음의 진리 주장은 지성과 정당성을 갖춘 공적이고 보편적인

규범들 안에서 자신의 근거를 제시해야 한다는 것이다.

중립을 옹호하는 두 가지 주장을 살펴보았고, 이어서 헌신을 지

지하는 세 가지 주장을 살펴본다.

❶ 라틴아메리카의 해방신학자들은 '학문적 거리둠'이라는 관

념을 비난하면서, 그런 태도가 사회정의와 정치적 변혁이라

는 대의에 심각한 방해가 된다고 주장해 왔다. 만일 어떤 것

이 참되다면 그것에 헌신하지 못할 이유가 무엇인가? 해방신

학자들은 한편으로 마르크스주의 원리와 다른 한편으로 일부

전통적인 기독교 개념들을 근거로 삼아 진리와 헌신 사이에

는 아무런 갈등도 없으며, 진리는 사실상 헌신을 요청하는 것

이라고 주장하였다.

❷ 학문은 겉으로 드러나든 아니든 이미 어떤 개념이나 가치

들에 헌신한 행위다. 프랑스 사회학자 피에르 부르디외^{Pierre}

Bourdieu, 1930-2002가 지적했듯이 "이미 구조가 정해진 것이 사

방에 존재한다." 신학에 대해서도 동일한 사실을 말할 수 있

지 않을까? 달리 말해, "거리를 둔다"고 주장하는 사람일지라

도 사실은 드러나지 않게 이미 헌신한 처지에 있고 일정한 전

제들을 따르고 있는 것이다.

❸ 기독교 신학은 공동체의 신앙에 응답하는 데서 출발한다. 캔

터베리의 안셀무스가 말한 유명한 구절을 빌려 말하면, 신학

은 "이해를 추구하는 신앙"*fides quaerens intellectum*이다204쪽. 따

라서 신앙은 헌신을 수반한다. 기독교 신학을 냉정한 관점에

서 순수학문으로 연구하는 것은 기독교가 선포와 기도와 예

배에 관련된다는 사실을 놓치는 것이다. 바로 이러한 행위들이 신학의 출발점이 된다. 게다가 신학자가 신앙을 선포하지 않고 하나님께 기도하지 않으며 부활한 그리스도를 예배하지 않는다면 그는 신학이 진정 어떠한 것인지 이해했다고 말할 수 없다.

위에서 살펴본 중립을 옹호하는 주장과 반대하는 주장들은 그 나름의 강점과 약점을 지닌다. 예를 들어, 기독교 신앙 밖에 있는 사람만이 신앙의 개념들에 대해 신뢰할 만한 평가를 내릴 수 있다는 주장, 곧 기독교 신학을 연구할 최고의 자격을 지닌 사람은 기독교인이 아닌 사람이라는 주장에 대해 생각해 보라. 이 주장에는 그 나름의 장점이 있다. 외부의 관찰자는 냉정한 질문을 묻고 비판적인 판단을 내리며, 또 기독교 신앙 안에 있는 사람들이 자명하다고 여기는 것들의 문제점을 알아차릴 가능성이 훨씬 더 크다. 하지만 외부의 관찰자는 기독교 신앙의 내적인 힘들, 예를 들어 기도나 예배의 삶 같은 것들을 알지 못하는 까닭에 신학의 발전을 이끌어 온 동기가 무엇인지 이해할 수가 없다. 비판적인 관점은 몰이해를 대가로 치르고서야 지켜낼 수 있는 것이다.

이러한 여러 이유로 인해 신학에서 헌신을 둘러싼 논쟁은 더 이상 진전하지 못하고 막혀 버리게 되었다. 그러나 최근 몇십 년 사이의 사회변화로 인해 기독교 신학이 대학교가 아니라 신학교로 옮겨 가고 따라서 훨씬 더 헌신적인 환경에서 연구할 수 있게 되었다. 유럽과 북미, 오스트레일리아에서 다문화주의가 형성됨에 따라 대학교 안에서 기독교 신학이 특권적 지위를 누리는 데 대해 세속 진영의 불만이 증가하였다. 왜 기독교는 이렇게 특별한 지위를 누려야 하고 유대교나 이슬람교는 그러지 말아야 하는가?

미국에서는 앞에서 살펴본 이러한 흐름의 결과로, 기독교가 아닌 다양한 종교들이나 종교 일반에 대해 연구하는 '종교학부'가 탄생했다. 기독교 신학을 공부하는 학생들은 대체로 목사 안수를 받는 데 목적이 있으므로 이러한 현상은 학생들이 기독교 신학을 가르치는 신학교로 몰리게 하는 결과를 낳았다. 그래서 유럽 가톨릭의 대표적 신학자인 한스 우르스 폰 발타자르[1905-1988]와 이브 콩가르[1904-1995]를 포함해 상당수의 주요 신학자들이 대학교에서는 자리를 얻지 못했다. 이와 마찬가지로 미국의 많은 현대 복음주의 신학자들은 세속 대학교의 '종교학' 학부보다는 신학교의 환경 안에서 활동하기를 선호한다.

정통과 이단

오늘날 '정통'과 '이단'이라는 용어는 그 본래의 신학적 의미를 많이 잃어버렸다. 근대에 들어와 등장한 반권위주의적인 태도들로 인하여 '정통주의'(문자적 의미는 "옳은 의견"이다)는 "강압적인 권위로 사람들에게 강요한 교의"에 불과한 것으로 생각되었으며, 또 '이단'은 편협한 교회나 국가 권력자들에게 억압당한 희생자들이라는 생각이 퍼지게 되었다. 뒤에서 살펴보겠지만, 발터 바우어[Walter Bauer, 1877-1960]는 후대 사람들이 '이단'이라고 판정한 기독교 형태들이 사실은 '정통적' 견해들보다 훨씬 먼저 존재했으며 영향력도 더 컸던 견해들이라는 논제를 펼쳤다. 로마 교회가 의도적으로 이 견해들을 억압해 이단으로 몰아붙였으며, 상대적으로 인기가 없었던 자기네 개념들을 '정통주의'로 강요했다는 것이다. 최근의 학계에서는 이 논제가 크게 의문시되고 있으며, 반면에 자유주의 성향이 두드러진 진영에서는 인기를 유지하고 있다.

기억해야 할 사실은 이단이 흔히 변방으로 밀려난 사회집단들과 관계가 있다는 점이다. 예를 들어 도나투스파(4세기 후반 북아프리카에 있었던 이단 집단)[811-816쪽]는 주로 그 지역 토착민인 베르베르인들로부터 지지를 받았으며, 이에 반해 그들의 적대자인 가톨릭은 주로 로마인 정착민들로 이루어졌다. 지금까지 기독교 교회가 무절제하게 안팎의 적대자들을 억압해 왔던 것에 비추어 볼 때, '이단'이라는 관념은 여전히 신학적으로 중요하며 따라서 좀 더 자세히 살펴볼 필요가 있다. 여기서는 이단과 정통이라는 개념을 역사적 측면과 신학적 측면에서 살펴본다.

역사적 측면

'정통'*과 '이단'이라는 개념은 특히 초대교회와 관계가 깊다. 이 개념들은 어떻게 생겨났는가? 이단을 정통에서 타락한 것으로 봐야 할까? 독일의 역사학자 발터 바우어는 『초기 기독교의 정통과 이단』 *Orthodoxy and Heresy in Earliest Christianity*, 1934에서, 초기 기독교에서는 교회의 일치를 교리의 차원이 아니라 한분이신 주님과의 관계라는 면에서 다루었다고 주장했다. 기독교의 일치를 이루는 근간은 한분 주님을 예배하는 일이었지 공식적인 교리 내용이 아니었다(여기에서 '정통'이 어떤 식으로 정의되었는지 알 수 있다).

계속해서 바우어는, 초기 교회에서 용인되었던 다양한 견해들이 후기 교회에 와서 점차 의심스러운 것으로 생각되기 시작했다고 말한다. 정통적인 것으로 합의된 견해가 등장하기 시작했으며, 그에 따라 이전에는 용인되었던 의견들이 부적합한 것으로 배척되었다. 그런데 이단과 정통을 가르는 이 구분이 어떻게 정해지게 되었을까? 바우어에 의하면 '정통주의'는 로마 교회의 힘이 점차 커지면서 나타난 것으로, 로마 교회는 자기 견해를 다른 이들에게 강요하면서 자신이 거부하는 견해들을 가리키기 위해 '이단'이라는 말을 사용하였다. 정통과 이단을 가르는 기준이라는 것이 바우어가 보기에는 매우 독단적이었다. 바우어가 교리적 표준이라는 개념에 반감을 품었던 것은 그런 교리적 표준들이 기독교에서 후대에 등장한 것이라는 확신

• 정통
orthodoxy

여러 가지 의미로 사용되는 말로, 그 가운데 다음의 것들이 가장 중요하다. 이단과 대비되는 말로 "올바른 신앙"을 뜻하는 정통신앙. 러시아와 그리스에서 두드러진 기독교의 형태를 가리키는 정교회. 16세기 말과 17세기 초에 프로테스탄티즘 내에서 일어난, 교리를 정의하는 일을 중요하게 여겨 강조했던 운동을 가리키는 정통주의.

이 있었기 때문이다.

최근에 와서 바우어의 주장은 크게 비판을 받고 있으며 앞으로 계속 살아남을지도 확실치 않다. 역사를 돌아볼 때, 초기의 기독교 공동체들이 신앙의 확실성을 추구하면서 신앙의 핵심 주제들을 개념화하고 표현하는 다양한 방법을 탐구하는 데 힘썼다는 점은 분명하다. 이러한 초창기의 결실 가운데서 일부가 후기 세대에 의해 배척되었다는 것도 확실하다. 하지만 이렇게 배척한 일은 권력이나 권위와는 별 관계가 없으며 오히려 신앙의 핵심 주제들을 표현하는 최선의 방도를 찾고자 했던 노력과 더 관계가 깊다고 할 수 있다.

신학적 측면

이단과 정통 개념의 역사적 뿌리를 두고 벌어진 논쟁을 보면 그 개념들이 구시대적인 관심사일 뿐이라는 생각이 든다. 그러나 이 개념들은 여전히 신학적 중요성을 지닌다. 이단은 신학적으로 중요한 문제다. 이 사실을 가장 잘 보여주는 것이, 이단에 관한 가장 중요한 논의 가운데 하나인 슐라이어마허의 『기독교 신앙』[1821-1822]이다. 슐라이어마허는 이단을 가리켜 기독교의 **겉모양**은 갖추고 있으나 그 **본질**에서는 모순된 것이라고 주장하였다.

> 기독교 안에서 경험하는 모든 종교적 감정이 예수가 이룬 구속과 관련된다는 것이 기독교의 독특한 본질이라고 할 때, 이단이 발생하는 방식을 두 가지로 말할 수 있을 것이다. 다시 말하자면 이렇다. 이 근본 공식이야 대체로 유지되겠지만……엄밀한 의미의 구속이 성취되는 것이 불가능하게끔 인간 본성을 정의하거나 아니면 구속자가 구속을 이룰 수 없는 방식으로 구속자를 정의하거나 둘 중의 하나다.

슐라이어마허의 이단 논의는 흥미롭고 중요하기에 좀 더 자세히 살펴본다. 그의 논의는 우선 이단과 불신앙이 어떻게 다른지 밝히고 있으며, 다른 한편으로는 이단이라는 말 자체가 남용되어 믿을 수 없는 것이 될 위험성이 있을지라도 여전히 신학에서 필요한 개념이라는 점을 분명히 한다.

하나님은 예수 그리스도를 통해 우리를 구속한 것이지 그 외의 다른 인물이나 방법으로 구속하지 않았다는 것이 기독교 고유의 핵심 개념이라고 슐라이어마허는 주장한다. 그러므로 기독교에서 주장하는 하나님과 예수 그리스도, 인간 본성에 대한 이론은 이러한 구속론과 일치해야 한다. 이 주장이 함축하는 의미를 살펴보면 다음과 같다.

❶ 기독교에서 주장하는 **하나님**의 본성에 관한 이론은, 하나님이 그리스도를 통해 인간의 구속을 이룰 수 있다는 점을 분명하게 보여주어야 한다.

❷ 기독교에서 주장하는 **그리스도**의 정체성에 관한 이론은, 하나님은 오직 그리스도를 통해서만 우리를 구속할 수 있다는 점을 분명하게 보여주어야 한다.

❸ 기독교에서 주장하는 **인간**에 관한 이론은, 구속이 가능하며 또한 진정한 것이라는 사실을 명확하게 보여주어야 한다.

달리 말해, 하나님과 그리스도와 인간에 관한 기독교의 주장은, 오직 그리스도를 통한 구속이라는 원리와 **일치해야** 한다는 것이 핵심 내용이다.

슐라이어마허에 의하면, 하나님이 예수 그리스도를 통해 우리를 구속하셨다는 사실을 부인하는 것은 기독교 신앙의 가장 근본적인 진리를 부정하는 것이 된다. 이 원리의 수용 여부에 따라 기독교에 속하느냐 아니냐로 갈라진다. 그러나 무엇이 정통이고 이단이냐를 구분하는 일은 이렇게 인정하고 받아들인 원리를 어떻게 이해하느냐에 따라 달라진다. 달리 말해 이단이란 불신앙에 속한 견해가 아니라, 신앙의 상황으로 인해 기독교의 핵심 믿음을 그릇되거나 부적합하게 이해하는 것을 말한다. 슐라이어마허에게 이단은 근본적으로 **기독교 신앙의 부적합한 형태 또는 온전치 못한 형태**이다.

슐라이어마허는 그리스도를 통한 구속이라는 주제를 분석하고 그것을 기초로 삼아, 구속론을 부적합하게 이해한 데서 생겨난 이단을 다음과 같이 네 가지로 밝힌다.

❶ **에비온주의** Ebionitism: 이 이론에서 그리스도의 인격을 해석한 것에 따르면, 그리스도는 인간에 비해 오직 그만을 구속자로 인정해야 할 만큼 본질적으로 우월한 존재가 아니다.

❷ **가현설** Docetism: 여기서 그리스도의 인격을 해석한 것을 보면, 그리스도는 인간의 겉모양만을 취하였으며 따라서 우리를 구속의 본질적 차원과 연결시켜 줄 수 없다.

❸ **펠라기우스주의** Pelagianism: 이 이론에 의하면, 인간은 자력으로 구속을 성취할 능력이 있으며 따라서 그리스도가 필요하지 않다.

❹ **마니교** Manichaeism: 이 이론에 의하면, 인간은 그리스도 안에 허락된 구원에 응답할 수 없다.

슐라이어마허는 위에서 살펴본 네 이단을 기독교 신앙의 '자연 발생적 이단'이라고 부르며, 또 그것들은 모두 그리스도를 통한 구속이라는 교리를 잘못 해석한 데서 생겨난 것이라고 주장한다. 이것들이 초기 교회 안에서 분란을 일으킨 가장 중요한 이단들이었던 것도 우연은 아니다.

이렇게 해서 결론적으로 슐라이어마허는 이단이란 기독교 신앙을 부적합하거나 모순되게 이해하는 방식이라고 말한다. 겉으로는 정통신앙의 모양을 띠지만 신학적인 깊이를 잃어버려서 신앙의 핵심 내용을 온전히 지켜내지 못한 것이 이단이라고 말할 수 있다. 슐라이어마허의 이론은 이단을 다루는 효과적인 사고방식으로 인정받았으며 최근의 많은 저술가들이 이어받아 발전시키고 있다(저자의 책, 『그들은 어떻게 이단이 되었는가』[Heresy, 2009]를 보라).

기독교와 세속 문화의 관계

신학은 문화 일반이라는 구체적인 상황 속에서 이루어진다. '문화'라는 말은 정의하기가 그리 만만치 않다. 스위스 신학자 에밀 브루너 Emil Brunner, 1889-1966 는 『기독교와 문명』Christianity and Civilization, 1948 에서 문화를 가리켜 '의미의 물질화'materialization of meaning 라고 정의하였다. 기독교 역사를 살펴보면 교회와 문화의 관계를 분명히 밝히기 위해 교회가 끊임없이 노력해 왔음을 알 수 있다. 기독교인들은 자신이 속한 곳이 어디라고 보아야 하는가? 문화 안에 있는가, 아니면 그 밖인가? 기독교인들은 문화를 무시해야 하는가, 아니면 담을 쌓고 문화를 멀리해야 하는가? 그도 아니면 문화를 변혁하기 위해 애써야 하는가? 또 훨씬 더 중요한 문제로, 이와 같은 태도들의 신학적 근거는 무엇인가? 사람들이 기독교 복음의 핵심이라고 믿는 것은 그들이 문화에 대해 취하는 태도에 어떤 영향을 끼치는가?

　이와 같은 문제들이 기독교 역사 전체에 걸쳐서 논의되었지만 특히 교부시대에 중요하게 다루어졌다. 초대교회 때 일어난 가장 중요한 논쟁 가운데 하나가 고대 세계의 방대한 문화적 유산―시·철학·문학―을 기독교인들이 어느 정도까지 받아들일 수 있느냐와 관계가 있었다. '시의 기법'ars poetica 같은 고전적 저술 양식을 이용해 신앙을 해설하고 전달하기 원했던 기독교 저술가들은 그런 기법을 어느 선까지 받아들이고 적용할 수 있었을까? 아니면 그런 문학 도구를 이용하는 것 자체가 기독교 신앙의 본질적 요소들을 훼손하는 행위였을까? 기독교는 고대 유산들을 무시해야 했는가 아니면 수정된 형태로나마 수용이 가능했는가? 이 문제는 중요하고 또 큰 관심사가 되는 까닭에, 이 논의에 도움이 되는 중요한 사상가들을 폭넓게 인용하여 살펴본다.

순교자 유스티누스약 100-165

이 중요한 문제에 일찍이 답을 제시한 사람이 순교자 유스티누스였다. 2세기 때의 사상가인 그는 기독교와 플라톤주의의 유사성을 규명하여 복음을 전달하는 도구로 사용하는 일에 각별한 관심을 기울였다. 유스티누스는 온 세상에 신적 지혜의 씨앗들이 뿌려졌다고 보았는데, 이 말은 기독교인들이 교회 밖에서도 여러 모양으로 깃들어 있는 복음을 만날 수 있고 찾을 수 있다는 의미였다. 따라서 기독교인들은 "올바르게 말해진 것"이라면 모두 신적 지혜에 근거한 것이라는 사실을 알기 때문에 자유롭게 고전 문화를 이용할 수 있다는 것이 유스티누스의 주장이었다.

유스티누스의 주장은 그 중요성에도 불구하고 기독교 교회에서 대체로 냉담한 대접을 받았다. 주요한 난점은 그의 이론이 기독교와 고전 문화를 구분할 수 있는 적절한 근거를 제시하지 못하고, 또한 기독교 신학과 플라톤주의가 동일한 신적 실재를 보는 다른 방식일 뿐이라는 투로 말함으로써 이 둘을 거의 동일시하는 것으로 보였다는 점이다. 유스티누스의 제자 타티아노스Tatianos, 약 120-180는 고전 시와 수사학의 가치에 대해 회의적이었으며 이것들은 모두 사람을 속이고 진리 문제를 가볍게 여기는 태도를 조장한다고 보았다.

테르툴리아누스약 160-220

이러한 유스티누스식의 이론에 대해 가장 혹독하게 비판한 사람이

3세기 때 로마의 변호사였다가 기독교로 개종한 테르툴리아누스였다. 그는 이렇게 물었다. "아테네가 예루살렘과 무슨 관계가 있는가? 아카데메이아(플라톤이 세운 학원)가 교회와 무슨 상관이 있는가?" 제기된 질문의 형태 속에 이미 테르툴리아누스의 분명한 답이 들어 있다. 기독교는 그러한 세속적 이론들을 멀리함으로써 자신의 독특한 정체성을 지켜내야 한다는 것이다. 이렇게 이교 문화의 모든 요소를 철저히 거부함으로써 얻게 된 이점은 이해하기가 쉽다는 것이었다. 테르툴리아누스에 의하면, 기본적으로 기독교는 주위의 정신적·도덕적 환경으로부터 어떤 식으로든 오염되기를 거부했던 반문화적 운동이었다.

그러나 일관되게 부정적인 태도를 고수한 이 이론에는 여러 가지 난제가 있었다. 이 견해는 기독교인들이 복음선포 같은 매우 바람직한 목적을 위해 지적·문화적 유산을 이용하거나 연구하는 것을 인정하지 않는 듯 보였다. 초기 기독교의 많은 사상가들은 설교와 글쓰기 능력을 키우고 그래서 교회 밖의 사람들에게 쉽게 신앙을 전달하기 위해 고전 수사학을 공부하였다. 이 일을 테르툴리아누스가 막아 버린 것인가?

로마제국의 황제 콘스탄티누스가 개종하면서 이 문제는 훨씬 더 중요해졌다. 그의 개종으로 기독교의 삶과 사상 일체와 고전 문화와의 관계를 훨씬 더 긍정적으로 평가할 길이 열렸다. 이러한 변화는 매우 중요하며 따라서 그 배경에 대해 좀 더 살펴볼 필요가 있다. 기독교는 처음 로마에서 중요한 존재로 등장한 이후 법적으로 애매한 지위를 유지해 왔다. 기독교는 법적으로 승인받지 못해 어떤 특별한 권리도 누리지 못했지만 다른 한편으로는 규제를 당하지도 않았다. 그러나 기독교가 수적으로 힘이 커지면서 기독교를 무력으로 억압하려는 시도가 간헐적으로 이루어졌다. 이러한 박해는 때로는 북아프리카와 같은 지역에 국한하여 발생했고 때로는 로마제국 전역에서 일어나기도 했다.

이러한 형편에서는 많은 기독교인들이 고전 로마문화에 대해 부정적으로 생각하는 것이 당연한 일이었다. 이 문화는 기독교를 박멸하기를 원하는 억압자의 문화였다. 이러한 환경에서 테르툴리아누스의 주장에 담긴 힘이 분명하게 각인되었다. 로마문화의 규범들을 인정하는 것은 기독교 신앙을 배신하는 것과 마찬가지였다.

313년 콘스탄티누스의 개종으로 말미암아 기독교와 고전 문화의 상호작용이라는 쟁점은 새로운 중요성을 띠게 되었다. 이제 로마제국은 복음의 종이 되었다. 그렇다면 로마의 문화에 대해서도 똑같이 말할 수 있지 않을까? 기독교인들이 로마 정부를 긍정적으로 보았다면 그 문화에 대해서도 역시 그렇게 말할 수 있지 않을까? 마치 매우 흥미로운 가능성들을 향해 문이 활짝 열린 것과 같았다. 313년 이전에는 이런 일이 그저 꿈에 불과했다. 313년을 넘어오면서 문화를 탐구하는 일은 주요 기독교 사상가들에게 맡겨진 긴급한 문제가 되었다.

히포의 아우구스티누스 354-430

히포의 아우구스티누스는 '고전 문화의 비판적 수용'이라는 이름이 딱 어울리는 이론을 발전시켰다. 아우구스티누스가 보기에 상황은 출애굽 당시 이스라엘이 이집트의 노예상태에서 탈출했을 때와 비슷했다. 이스라엘은 이집트의 우상들을 버리고 나왔지만 이집트의 금과 은은 가지고 나왔는데, 그 보화들을 더 적합하고 좋은 일에 쓰기 위해서였다. 그렇게 해서 그 보화들은 전보다 더 고귀한 목적을 위해 해방된 것이다. 이와 아주 유사한 방식으로 기독교인은 고대 세계의 철학과 문화를 수용할 수 있으며, 또 그렇게 하는 것을 당연하게 여겼다. 이렇게 해서 고대 세계의 철학과 문화는 기독교 신앙의 대의에 봉사할 수 있게 되었다. 아우구스티누스는 그 당시 유명했던 몇몇 기독교인들이 어떻게 고전적 지혜를 사용하여 복음의 진보를 이루었는

지 밝힘으로써 자신의 주장을 확고하게 다졌다.

> 철학자들, 그중에서도 특히 플라톤주의자라고 불리는 사람들이 만일 우리의 신앙과 일치하고 참된 것을 말한다면, 그것을 부정해서는 안 된다. 오히려 그 사람들이 그것을 불법적으로 점유하였다는 사실을 깨닫고 그것을 우리의 몫으로 주장해야 마땅하다. 이집트 사람들은 우상을 섬기는 무거운 짐을 지고 있었는데, 이스라엘 자손들은 그것을 미워하여 버리고 나왔다. 그런데 이집트 사람들은 또 많은 금은과 옷을 소유했고, 우리 조상들은 이집트를 떠나면서 더 좋은 일에 쓰려는 생각으로 은밀하게 그것들을 챙겨 나왔다(출 3:21-22, 12:35-36).……이와 똑같이, 이교의 학문은 온전히 거짓 가르침과 미신으로만 이루어지지 않았다.……이교 학문도 역시 진리로 사용하기에 적합한 뛰어난 가르침과 훌륭한 도덕적 가치들을 담고 있다. 정말이지 그것들 가운데서는 한 분 하나님을 예배하는 데 합당한 진리들이 발견되기도 한다. 이것은 그들이 소유한 금과 은이라고 말할 수 있는데, 그들이 자기 힘으로 창안한 것이 아니라 온 세상에 퍼져 있는, 하나님의 섭리의 광산에서 캐낸 것이

요, 그런데도 부적절하고 불법적으로 마귀를 경배하는 일에 사용해 온 것이다. 그러므로 기독교인들은 이 진리들을 불운한 굴레에서 풀어내어 가져다가 복음을 선포하는 적절한 용도로 사용할 수가 있다.

여기서 핵심 주제는 그때까지 이교도들의 수중에 있던 사고방식―또는 글쓰기나 말하기 방식―을 해방하여 받아들여서는 복음에 봉사하도록 한다는 것이다. 아우구스티누스의 주장을 정리하면, 사고하거나 자기를 표현하는 데 사용되는 본질적이고 중립적이면서도 가치가 있는 방법들은 "하나님의 섭리의 광산에서 캐낸" 것들이요, 또 그것들이 이교 문화 안에서 "부적절하고 불법적으로 마귀를 경배하는 일에 사용"되면서 문제가 되었다는 것이다.

이렇게 해서 아우구스티누스의 이론은 선하거나 참되고 아름다운 것들은 어떤 것이든 복음에 이바지하는 데 이용할 수 있다는 주장을 지지하는 근거가 되었다. 바로 이러한 견해가 서구 교회의 주도적인 생각으로 자리 잡았으며, 기독교 저술가들이 교회 밖의 문학 장르들을 비판적으로 수용할 수 있는 신학적 근거가 되었다. 이미 교회 안에 들어와 있으며 설교나 성서 주석과 같이 기독교의 용도에 완전히 적합하다고 인정받은 문학 양식들에 더해, 완전히 세속적 문화에 뿌리를 둔 다른 것들도 추가될 수 있을 것이었다. 연극과 소설―장차 이루어질 발전을 예상하면―같은 것들이 그 예다.

이렇게 해서 기독교 신학과 예전(禮典)과 영성이 고대 세계의 문화 전통과 창조적으로 상호작용하게 되는 환경이 형성되었다. 이는 의심할 바 없이 인류의 지성사에서 이루어진 가장 흥미롭고 풍요로운 문화적 상호교류의 한 사례일 것이다.

20세기의 리처드 니버 1894-1962

앞서 살펴보았듯이 지난 2천 년 동안 신학자들은 신학과 문화의 관계에 대해 논쟁을 계속해 왔다. 근래에 와서는 미국의 사상가 리처드 니버가 제시한 신학틀이 이 쟁점을 다루는 데 유용한 도구로서 널리 인정받고 있다. 니버는 널리 알려진 『그리스도와 문화』*Christ and Culture*, 1951에서 다섯 가지 신학 패러다임, 곧 뼈대를 제안하였다. 이 책은 1949년 1월과 2월에 텍사스 주 오스틴 신학교에서 행한 강연을 기초로 저술되었다. 이 다섯 가지 패러다임은 "이상적 유형"으로 간주해야 한다. 어떤 개인이나 그룹도 그 유형과 정확하게 일치하지 않을 것이며, 한 유형의 대표자가 자주 다른 유형의 특성도 함께 나타낼 것이라는 점에 유의해야 한다. 니버가 제시한 다섯 가지 견해는 다음과 같다.

❶ **문화와 대립하는 그리스도:** 이 견해에서는 문화를 반대하여 거부하고 문화에서 완전히 분리되는 것을 중요하게 여긴다. 이 견해에 의하면, 하나님 나라의 가치는 세상의 가치와 대립한다. 앞서 살펴보았듯이 테르툴리아누스가 이 범주에 속하며, 니버는 세계 부정의 작가인 러시아의 레프 톨스토이1828-1910나 메노 시몬스*Menno Simons, 1496-1551* 같은 재세례파 사상가들도 이 범주에 포함한다. 재세례파 사상가들은 시골에다 대안적인 기독교 공동체를 세울 필요가 있다고 주장하였다. 그들은 세속의 권력이나 권위와는 어떤 관계도 맺기를 거부했으며 특히 폭력 사용을 부정하였다. 이 점과 관련해서 급진 사상가들과, 사회 및 문화와의 적극적인 교류를 주장한 주류 종교개혁자들(루터와 칼뱅 등) 사이에서 갈등이 빚어진 것을 볼 수 있다. 오늘날 북미의 개신교 근본주의 진영에서도 이와 유사하게 문화를 거부하는 태도를 발견할 수 있다.

❷ **문화에 속한 그리스도:** 이 견해는 대체로 '문화와 대립하는 그리스도' 이론과 정반대된다. 즉 이 견해에서는 문화와 기독교의 차이점을 따지지 않고 둘을 하나로 엮으려 노력한다. 세계

긍정의 접근법을 19세기 독일의 자유주의 개신교에서 찾아볼 수 있는데, 여기서는 독일 문화를 기독교 이념들과 통합하려고 했다. 자유주의 개신교에 영감을 불어넣은 것이 진보와 번영의 새 세계로 도약하는 인간이라는 비전이었다. 진화론이 이 신념에다 새로운 활력을 불어넣었으며, 19세기 후반 서유럽의 문화적 안정에 힘입어 이 신념이 왕성하게 자라났다. 오늘날의 해방신학과 페미니스트 신학이 이와 유사한 경향을 보여주는 사례다.

❸ 문화 위에 있는 그리스도: 이 견해에서는 문화에 대한 근본적 질문들과 기독교 계시의 답을 상호 관련시키려고 노력한다. 토마스 아퀴나스가 말한, "은총은 문화를 파기하는 것이 아니라 완성시킨다"는 유명한 공리가 이 견해를 지지하는 것으로 볼 수 있다.

❹ 문화와 역설적 관계에 있는 그리스도: 이 견해의 바탕에는 '이원론'이라고 할 만한 이론이 자리 잡고 있다. 이러한 이원론적 사고에 의하면 기독교인은 '두 개의 영역'(영적인 영역과 세속적인 영역)에 속하며 따라서 두 영역 모두에 책임을 다하는 긴장 속에서 살아야 한다. 니버는 16세기 독일의 종교개혁자인 마틴 루터가 기독교와 문화의 관계를 이런 방식으로 이해한 대표적 인물이라고 보았다. 이 견해에 의하면, 기독교 공동체는 이 세상과 어느 정도 긴장 관계를 유지하며 살아야 한다. 루터는 이 긴장 관계를 그의 '두 왕국'(세상의 왕국과 하나님의 왕국) 이론에서 다루었다. 전혀 다른 권위가 다스리는 이 두 영역은 서로 겹치고 공존하며, 그 결과 기독교인은 한 왕국에 살면서도 다른 권위에 복종하려고 노력하는 긴장을 경험한다.

❺ 문화를 변혁하는 그리스도: 이 견해에는 세속 문화의 가치와 목표를 하나님 나라를 섬기는 쪽으로 개종시키고자 노력하는

'개종주의자들'이 속한다. 앞에서 히포의 아우구스티누스가 이 범주에 속하는 것을 살펴보았다. 장 칼뱅과 존 웨슬리[1703-1791], 조나단 에드워즈도 비슷한 견해를 취한다.

니버의 접근 방식은 여러 면에서 비판을 받아 왔다. 우선은 포함할 필요가 있는 다른 범주들에 대해 생각해 보는 것이 쉽다. 해방신학은 이 다섯 가지 범주 가운데 어느 것과도 맞아 떨어지지 않는다. 게다가 니버는 "문화"라는 말을 다소 제한적인 의미로 사용하는데, 이것은 많은 그리스도인이 문화의 특정 측면(예를 들어 사회활동이나 봉사)은 긍정하지만 다른 측면(예를 들어 외설물)은 거부한다는 사실을 설명하지 못한다. 그 이유는 문화에 대한 일관성 없는 태도 때문이 아니라, 문화가 복잡하기 때문이다. 니버가 신앙과 문화 사이의 신학적 관계를 분명히 밝히는 것이 중요하다고 생각했던 것은 제2차 세계 대전의 영향을 받은 것이었다. 이 영향력은 최근에 이르러서는 끝난 것으로 보인다. 서구 문화는 그 이후 상당히 변화되었다. 그래서 많은 신학자는 니버의 다섯 가지 범주가 현재는 유용성을 상실하지 않았는지 의심한다. 그러나 이 범주들은 여전히 신학 문헌들 안에 폭넓게 인용되고 있고, 기독교 신학에서 사용되는 문화에 대한 주요 접근법을 설명하는 데—물론 한계 내에서!—도움을 주고 있다.

이번 장에서 우리는 본격적으로 신학을 연구하기 전에 예비적인 단계로 여러 가지 쟁점들을 살펴보았다. 그 목적은 신학의 실질적인 주제들을 다루기에 앞서 기초를 조금이나마 명료하게 다지는 데 있다. 다음 장에서는 신학의 기초가 되는 자료들에 대해서 탐구한다.

돌아보는 질문

❶ 신학에 대한 다음의 정의를 비판하라. "신학은 하나님에 관한 담론이다." 이 정의의 강점과 약점은 무엇인가?

❷ 신학을 학문 분과로 보는 생각에 어떤 문제가 제기되어 영성에 대한 관심이 교회와 신학교 안에서 발전하게 되었는가?

❸ 다음의 저술들이 신학이 발전하는 데 어떤 역할을 했는지 설명하라.
  — 페트루스 롬바르두스의 『네 권의 명제집』, 장 칼뱅의 『기독교 강요』, 슐라이어마허의 『기독교 신앙』

❹ 여러분은 기독교 신학자가 되기 위해서는 반드시 기독교인이어야 한다고 생각하는가?

❺ 오늘날 기독교 신학에서 '이단'이라는 개념은 시대착오적이고 부적합한 것인가?

❻ 기독교와 문화의 관계에 대해 히포의 아우구스티누스가 펼친 주장을 여러분은 어떻게 평가하겠는가?

신학의 자료

06

대부분의 학문과 마찬가지로 기독교 신학도 많은 자료들을 기초로 삼는다. 이러한 자료들의 정체성, 신학적 분석을 위한 그것들의 상대적 중요성, 그리고 그것들이 신학적 성찰에 사용되는 방법에 관하여 기독교 전통 안에서 커다란 논의가 있어 왔다. 이번 장에서는 이 자료들의 정체성을 탐구하고 또 이 자료들이 구성신학constructive theology 을 위해 어떻게 사용되는지를 평가한다.

　　기독교 전통에서는 대체로 다음과 같은 네 가지 중요한 자료를 인정한다. 이것들은 흔히 "웨슬리의 4대 원리"Wesleyan Quadrilateral 라고 불리며, 존 웨슬리John Wesley, 1703-1791 의 저술을 바탕으로 하는 감리교의 특징이다. 웨슬리는 기독교 신앙의 살아 있는 핵심이 성경에서 계시되고, 전통에 의해 조명되고, 개인적 경험을 통해 삶으로 인도되며, 이성으로 확증되었다고 주장했다. 웨슬리는 신학의 이러한 네 가지 원천을 통합한 모범적 신학자다. 그러나 이것은 특정 교파나 학파의 견해가 아니라 기독교 신학 전체를 대표하는 것으로 보는 것이 좋을 것이다. 주요 질문은 아래에서 열거된 네 가지 원천이 서로 어떻게 관련되는가에 관한 것이다.

❶ 성서("성경"이라고도 부른다)
❷ 전통
❸ 이성
❹ 종교경험

이 자료들이 모두 동등하게 중요한 것으로 인정되지는 않지만 제각각 신학이라는 분과에서 그 나름의 기여를 한다. 이제 이것들에 관해 구체적으로 살펴본다.

성서

'성경'Bible과 '성서'Scripture라는 용어, 그리고 여기서 파생한 '성경적'과 '성서적'이라는 형용사는 사실상 서로 바꾸어 쓸 수 있는 말이다. 두 용어는 기독교인의 사고에 권위가 있는 것으로 인정되는 문헌들의 묶음을 가리킨다. '성경'이라는 특별한 단어는 설명이 필요하다. 현대 영어의 많은 단어처럼 이 단어도 그리스어에서 유래하였다. 영어로 옮겨진 그 그리스도어 문구는 "타 비블리아"ta biblia; 그 책들이었다. 이것은 복수형이며, 글자 그대로는 기독교인들이 권위가 있다고 간주한 책이나 문헌을 모은 것을 뜻하였다. 성경이 그저 기독교에서 수행하는 공식적 학문 연구의 대상에 불과한 것이 아님을 분명하게 알아 둘 필요가 있다. 성경은 공적 예배에서 읽고 해설하는 것이기도 하고, 또한 신자 개인의 묵상과 헌신의 주제가 되기도 한다. 먼저 기독교 성경의 주요 구성요소를 살펴본다.

구약성경

'구약성경'이라는 말은 기독교의 성경 가운데서 유대교가 성스러운 것으로 인정한(지금도 역시 그렇다) 책들을 가리켜 기독교 학자들이 쓰는 표현이다. 기독교인들이 볼 때 구약성경은 나사렛 예수의 도래를 위한 무대이며, 나사렛 예수는 구약성경의 중심 주제와 제도들을 완성한 인물이다. 예수와 신약성경 저자들까지 포함해 초대 기독교인들은 오늘날 구약성경이라고 불리는 책을 가리켜 단순히 '문서'나 '기록' 그리스어 *graphé* 이라는 말로 불렀다. 이 책을 가리켜 구약성경이라는 구체적인 이름으로 부르게 된 것이 언제 확정되었는지는 확실하지 않다.

물론 유대인들은 지금도 이 문헌을 성스러운 것으로 주장한다. 여기서 알 수 있는 사실은 동일한 이 전집이 여러 집단에 의해 서로 다른 방식으로 불리고 있다는 것이다. 이런 까닭에 이 문서들의 전집을 다르게 이름 짓자는 여러 제안이 있었으나 그중 어느 것도 일반적으로 수용되지 않았다. 그러한 제안으로 다음의 세 가지를 들 수 있다.

❶ **히브리 성경** The Hebrew Bible: 구약성경을 이렇게 부르는 견해에서는 이 성경이 히브리어로 쓰였으며 히브리 사람들에게 성스러운 책이라는 점을 강조한다. 그러나 이 명칭은 구약과 신약이 본질적인 연속성을 지닌다고 보는 기독교의 견해를 온전히 담아내지 못한다. 그 외에도 구약성경의 일부가 히브리어가 아닌 아람어로 쓰였다는 사실도 작은 문제가 된다.

❷ **첫 번째 언약** The First Testament: 구약성경을 이 이름으로 부를 때, 일부 사람들이 경멸적인 의미로 사용하는 '구' old라는 말을 피할 수 있다. '구'라는 말은 '한물간'이라든지 '가치가 없는'이라는 뜻을 지닌다고 흔히 주장한다. 구약성경을 첫 번째

언약으로, 신약성경을 두 번째 언약으로 부르는 것은 이 두 전집 사이의 연속성을 강조한다.

❸ **타나크**Tanakh: 히브리어로 '율법서와 예언서와 성문서'torah, nevi'im, ketuvim의 머리글자를 조합해 만든 말로서, 기독교인들이 '구약성경'이라고 부르는 책을 유대인들이 부르는 표준방식이다. 이 용어는 유대교에서 완전한 것으로 인정하여 사용하지만, 이스라엘과 교회가 연속성을 지닌다고 생각하는 기독교의 독특한 견해는 반영하지 않는다.

오늘날 '구약성경'이라는 전통적 이름 외에는 널리 인정되는 대체 용어가 없으며, 따라서 본서에서는 이 용어를 사용한다. 그렇지만 독자들은 대안으로 제시된 명칭들에 어떤 것이 있으며, 또 그러한 명칭들을 제안하게 된 쟁점이 무엇인지 알아둘 필요가 있다.

신약성경

27권으로 이루어진 신약성경은 구약성경에 비해 상당히 짧다. 신약성경 전체는 그 당시 지중해 동쪽 세계에서 널리 사용되던, 후기 형태의 헬라어(종종 코이네koinē라고 말해지는데, 이것은 '평범한' 또는 '일상의'를 가리키는 그리스어로부터 유래했다)로 기록되었다. 신약성경은 마태·마가·누가·요한의 네 **복음서**로 시작한다. '복음'gospel이라는 말은 기본적으로 '기쁜 소식'을 뜻한다. 사복음서의 저자들—다른 말로 '복음서 기자들'이라고도 한다—은 각각 기쁜 소식의 배경을 이루는 기본 사건들을 기록하였다. 이 네 권의 책은 예수 그리스도의 가르침을 담고 있을 뿐만 아니라 부활에서 정점에 도달하게 되는 그의 삶을 기술한다.

다음으로 기독교의 확장에 관한 기록이 이어진다. 복음서에 기록된 사건들이 그 시대에 어떻게 받아들여졌는가? 복음은 어떻게 팔

시나이 사본(Codex Si-naiticus). 현존하는 가장 오래된 그리스어 성경 사본으로 4세기에 제작되었다.
[사진출처: 런던 브리티쉬 도서관, 2015]

레스타인을 넘어 유럽으로 퍼져 나갔는가? 이러한 물음들을 신약성경의 다섯 번째 책에서 다룬다. 이 책의 이름은 **사도행전**이지만 보통 간단하게 '행'이라는 약어로 표기한다. 누가복음과 사도행전은 같은 사람인 누가가 기록한 것으로 인정된다.

그 다음에 신약성경을 이루는 부분은 **편지들**인데, 아직도 옛 표현을 따라 **서신들**이라고 부르기도 한다. 이 편지들은 기독교 믿음의 내용과 행위에 관한 가르침을 담고 있으며, 기독교 신앙의 중심인물인 예수 그리스도의 정체성과 의미에 관해 점차 합의를 이루어 가던 교리적 내용을 보여준다.

서신들은 대부분 바울이 썼는데, 그는 유대교에서 기독교 신앙으로 회심하고 나서 복음을 전하고 교회를 세우는 사역에서 큰일을 감당하였다. 이 편지들은 주로 그가 세운 여러 교회를 권면하기 위해 보낸 것들이다. 그 밖에도 사도 베드로와 요한이 쓴 편지들이 있다. 서신들은 교리를 논하는 책일 뿐만 아니라 기독교 신앙의 모든 측면에 대한 생생한 증언을 담고 있는, 도덕적 지침과 영적인 격려와 더불어 교리적 가르침을 포괄하는 책으로 봐야 한다. **목회서신**은 바울이 디모데에게 보낸 두 권의 편지와 디도에게 보낸 편지를 가리키는 것으로서 특히 목회에 중요한 문제들을 다룬다.

신약성경은 **요한계시록**(또는 묵시록)으로 끝난다. 이 책은 그 자체로 독립된 분야를 이룬다. 요한계시록은 역사의 종말에 대한 비전을 열어 보이는데, 여기서 저자는 천국을 보고 또 신자들을 위해 마련된 새 예루살렘을 맛본다.

제2정경과 외경 문헌들

성서를 가리키는 말로 흔히 '정경의'canonical라는 형용사가 사용된다. 이 말은 그리스어 카논(규칙이나 규범, 잣대)kanōn에서 온 것으로, 기독교 공동체의 합의를 통해 '성서에 속하는' 것으로 확정한 문헌, 곧 기독교 신학을 위해 권위가 있는 것으로 확정한 문헌을 가리킨다. 가톨릭과 개신교 신학자들은 '외경' 또는 '제2정경'이라고 불리는 별도의 문헌들의 지위와 관련해 오랫동안 논쟁을 벌여 왔다.

구약의 내용과 관련해, 한쪽에 히브리 성경을 놓고 다른 쪽에 그리스어와 라틴어 번역 성경들(칠십인역 성경이나 불가타역 성경)을 놓고 비교해 보면, 뒤의 성경들에는 앞의 성경에 들어 있지 않은 많은 내용들이 포함되어 있음을 알 수 있다. 16세기의 종교개혁자들은 히에로니무스약 347-420의 견해에 따라 정경 성서로 인정되는 구약성경 책들만이 원래 히브리 성경에 속하는 것이라고 주장하였다.

이렇게 해서 '구약성경'과 '외경'이 구분되었다. 즉 구약성경은 히브리 성경에 들어 있는 책들로 이루어지고, 반면에 외경은 히브리 성경에는 없으나 그리스어 성경과 라틴어 성경에는 들어 있는 책들을 가리킨다. 종교개혁자 중에는 외경 문서들이 성경 읽기에 빛을 비추어 준다고 긍정적으로 본 사람들도 있지만 대체로 이 문서들이 기독교 신학의 근거로 사용될 수 없다는 쪽으로 의견이 모아졌다. 1546년 트리엔트 공의회에서는 구약성경을 "그리스어 성경과 라틴어 성경에 들어 있는 구약의 책들"이라고 정의하였으며, 따라서 구약성경과 외경의 구분을 완전히 없애 버렸다.

사실 이러한 구분은 처음에 생각했던 만큼 중요한 것이 아니다. 16세기에 이 문제를 두고 벌어진 논쟁을 살펴보면, 이 문제와 관련해 정말 중요했던 신학적 쟁점은 기껏해야 죽은 사람을 위해 기도하는 것이 적절한 것이냐의 문제였다. 외경에 속하는 '마카베오서'에서는 이러한 기도를 권장하는 데 반해, 개신교 신학자들은 그런 관행을 인정하지 않으려 했다.

오늘날 신학적으로 진정 중요하게 다루어지는 쟁점은 성서의 정경에 관한 문제다. 교회가 정경을 결정했다는 사실은 곧 교회가 성서를 능가하는 권위를 지닌다는 의미인가? 아니면 교회는 다만 정경 성서가 이미 지니고 있는 권위를 인정하고 공식적으로 확인한 것에 불과한 것인가? 성서 정경의 확정은 교회의 외적 권위를 성경에다 **부여**함으로써 이루어진 것인가, 아니면 성경이 본래 지닌 권위를 교회가 **인정**함으로써 이루어진 것인가? 앞쪽의 견해는 주로 가톨릭 학자들에게 인기가 있으며 반면에 뒤쪽의 견해는 개신교 학자들이 주장한다.

사실 최근에 들어와서는 신앙 공동체와 성서, 다시 말해 백성과 그 책은 서로 공존하는 것이요, 이 둘을 분명하게 선을 그어 구분하려는 시도는 독단적인 태도일 뿐이라는 견해가 점점 더 힘을 얻고 있다. 성서 정경은 이미 성서를 귀하게 여기고 사용하고 있던 신앙 공동체로부터 복합적인 과정을 통해 생성된 것이라고 볼 수 있다. 이 쟁점들에 대해 좀 더 살펴본다.

구약과 신약의 관계

기독교에서 사용하는 '구약'과 '신약'이라는 말은 신학적인 성격이 짙은 용어다. 이 두 용어의 바탕에는, 신약의 그리스도가 도래함으로써 지금까지 하나님이 다스려 온 세상을 상대화하고 폐기하였는데, 구약은 바로 그리스도 이전의 그 시대를 내용으로 삼는다는 믿음이 깔려 있다. 거의 동일한 문헌 전집을 두고 유대 학자들은 '율법서와 예언서와 성문서'라고 부르고 기독교 학자들은 '구약성경'이라고 부른다. 따라서 기독교인이 아닌 사람들이 이 전집을 꼭 구약성경이라고 불러야 할 이유는 없으며, 그저 관례적으로 이 말을 사용하는 것이다.

기독교에서 이렇게 신약과 구약으로 구분하게 된 바탕에는 '언약'이나 '세대'dispensation라는 신학적 틀이 있다. 그리스도가 오심으로 인해, 하나님이 전에 역사 속에서 행하신 일과 연속성을 지니면서도 완전히 새로운 일이 시작되었다는 것이 기독교의 기본적인 믿음이다. 이러한 믿음이 구약에 대한 독특한 태도를 낳았는데, 다음과 같은 세 가지 원리로 요약할 수 있다.

❶ 신학적 원리와 개념들(예를 들어, 인간의 역사 속에서 일하시는 주권적인 하나님이라는 개념 같은 것들)은 기독교에서도 받아들인다. 그러면서도 특히 예수 그리스도의 인격과 연관지어 설명하는 방식으로 새로운 초점을 제시한다.

❷ 윤리적 원칙들(예를 들어, 하나님을 사랑하고 이웃의 온전성을 존중해야 하는 원칙들)은 기독교에서도 받아들이다.

❸ 제의상의 관습들(할례와 음식규정, 희생제사 같은 것들)은 과거 하나님께서 인간을 다루시던 시대에 속한 것으로 간주되며 따라서 기독교인들에게는 더 이상 구속력을 지니지 못한다. 예를 들어, 구약성경에 나오는 희생제사 제도는 그리스도의 희생을 가리키는 "예표"—즉 "전조"나 예시—라고 이해한다. 완전한 희생제사가 이루어진 까닭에 구약의 희생제사 제도는 폐기되었다.

그런데 기독교 신학에서 볼 때, 구약과 신약은 서로 어떤 관계가 있는가? 이와 관련한 급진적인 견해는 2세기의 저술가로서 144년에 기독교에서 쫓겨난 마르키온약 85-160에게서 볼 수 있다. 마르키온은 구약성경이 기독교와는 전혀 상관없는 종교의 신성한 문서라고 주장하였다. 마르키온에 따르면, 기독교는 사랑의 종교로서 구약의 율법적이고 폭압적인 신이 어떤 식으로든 들어설 자리가 없다. 그는 "새 포도주를 낡은 가죽 부대에 넣는 자가 없나니 만일 그렇게 하면 새 포도주가 부대를 터뜨려 포도주가 쏟아지고 부대도 못쓰게 되리라"고 말하는 누가복음 5:37과 같은 성서 본문을 근거로 삼아 기독교가 유대교와 완전히 관계를 끊어야 한다고 주장했다. 계속해서 그는 기독교가 유대교의 신, 신앙, 의식과 아무런 관계도 갖지 말아야 한다고 주장했다. 마르키온에 의하면, 그리스도의 목적은 구약성서의 신─세상을 조성하는 일을 담당한 반신(半神)적인 존재인 영지주의의 '데미우르고스'démiourgos와 매우 유사하다─을 물리치고 참된 은총의 하나님을 예배하게 하는 데 있었다. 3세기의 신학자 테르툴리아누스약 160-220는 마르키온의 핵심 가르침을 간단하게 요약하여, "가혹하고 호전적인 심판자인 신과 부드럽고 온화하고 극히 선한 신으로 등급이 갈라지는" 전혀 별개의 두 신으로 구분하여 설명하였다.

이러한 개념이 마틴 루터1483-1546의 저술 속에 희미하게 깃들어 있다. 루터는 구약과 신약이 모두 한 하나님의 행위와 관계가 있다고 주장하면서도 다른 한편으로는 율법과 은총이 완전히 대립되는 것이라고 강조한다. 루터에 의하면, 유대교는 행위에 의한 칭의 개념을 철저히 고수하였으며 사람이 자기의 업적을 통해 하나님 앞에서 인정받는 것이 가능하다고 믿었다. 이와는 달리 복음에서는 칭의가 완전히 값없이 선사되는 것이요 오직 하나님의 은총으로부터 오는 것임을 강조하였다. 구약 속에서도 은총을 찾아볼 수 있고(이사야 40-55장이 그 예다) 신약에서도 율법이 발견되지만(마태복음 5-7장의 산상수훈이 그 예다) 대체로 루터는 구약성경은 율법의 종교이며 은총을 강조하는 신약성경과는 대조를 이룬다고 주장하였다.

기독교 신학에서 다수를 차지하는 견해에서는 두 성경의 **연속성**

● **성경의 장과 절**

성경은 본문을 잘 찾아
보도록 돕기 위해 각 책
별로 장(chapter)과 절
(verse)로 나뉘어 있다.
본래 히브리어와 그리스
어 성경 본문에는 장과 절
의 구분이 없었는데 나중
에 추가되었다. 다음 사항
을 유의하도록 하자.
• 성경 구절을 인용할 때
해당 성경이 구약인지
신약인지, 저자는 누구
인지 등을 반드시 밝힐
필요는 없다.
• 장절의 구분이 성경의
내용을 찾아보는 데 도
움이 되기는 하지만, 논
증의 흐름을 방해하는
장애물이 될 수도 있다.

을 강조하면서도 동시에 둘 사이의 **차이**를 인정하였다. 장 칼뱅[1509-1564]은 두 성경의 관계와 관련해 명쾌하고도 전형적인 이론을 펼쳤다. 그의 주장에 따르면 신약과 구약은 다음과 같은 세 가지 점에서 근본적인 유사성과 연속성을 지닌다. 첫째, 칼뱅은 하나님의 뜻의 불변성을 강조한다. 하나님은 구약성경에서 어떤 일을 행하고 이어서 신약성경에서 그와는 완전히 다른 일을 행할 수 없다. 두 성경 사이에는 행위와 의도와 관련해 근본적인 연속성이 존재한다. 둘째, 두 성경은 모두 예수 그리스도 안에 나타난 하나님의 은혜를 선포하고 찬양한다. 구약성경이 '멀리서 희미하게' 예수 그리스도를 증언할 수밖에 없겠지만 그럼에도 예수의 도래에 대한 구약의 증언은 참된 것이다. 셋째, 두 성경은 '동일한 표징과 성례전'을 담고 있으며 하나님의 동일한 은혜를 증언한다.

그래서 칼뱅은 두 권의 성경이 근본적으로 동일한 것이라고 주장한다. 두 성경은 경륜*administratio*에서는 다르나 실체*substantia*에서는 동일하다. 실체와 내용 면에서 두 성경 사이에는 불연속성이 전혀 없다. 구약성경은 하나님의 구원 계획에서 우연히 신약성경과는 다른 시기에 놓이게 되었다. 하지만 그 내용은 (올바로 이해하면) 동일하다.

칼뱅은 이 일반적 원리를 요약해서 "전체 율법과의 관계에서 볼 때, 복음은 단지 겉으로 명료하게 제시되었다는 점에서만 율법과 다르다"고 주장한다. 구약과 신약 양쪽에서 모두 그리스도가 증언되고 성령의 은혜가 베풀어지지만 특히 신약에서 훨씬 더 분명하고 완벽하게 나타난다. 이러한 견해가 주류 기독교의 특징이 되어 왔다. 예를 들어 제2차 바티칸 공의회의 선언문 속에서도 이러한 견해를 볼 수 있다. 이 공의회는 구약성경이 기독교인들에게 어떤 의미가 있는지를 다음과 같이 선언하였다.

그리스도의 교회는, 하나님의 구원 계획에 따라 교회의 신앙과 선택이 족장들과 모세와 예언자들에게서 시작되었음을 인정한다. 교회는 또 그리스도의 모든 신실한 자들, 곧 믿음으로 아브라함의 자녀가 된 사람들 (갈 3:7 참조)이 아브라함과 함께 부르심을 받았음을 인정하며, 하나님께서 선택된 백성을 노예의 땅에서 해방하신 일 속에는 교회의 구원이 신비롭게 예표되어 있음을 단언한다. 따라서 교회는, 한없이 자비로우신 하나님과 옛 계약을 맺은 그 백성을 통해 교회가 구약의 계시를 이어받았음을 분명히 기억한다.

정경 성서: 역사적 쟁점과 신학적 쟁점

앞에서 우리는 '성서'라는 말이 가리키는 것이 무엇인지에 대해 점진적인 합의에 이르게 된 것이 교부시대에 이루어진 업적 가운데 하나였다는 사실을 살펴보았다. '정경'의 형성과 관련해 다음과 같은 두 가지 연관된 질문이 따라 나온다. 첫째, 이 과정은 실제로 어떻게 이루어졌는가? 둘째, 이 과정을 이끈 신학적 원리들은 무엇인가? 이번 항목에서 우리는 신약성서의 정경 형성을 역사적인 측면과 신학적인 측면에서 살펴본다.

역사적인 쟁점들 | 역사적으로 볼 때, 신약성서 정경의 형성은 지속적인 수용 과정을 거쳐 이루어졌다. 그 과정을 거치며 지중해 주변에 퍼져 있던 기독교 공동체들은 어떤 종교 문서들을 표준에 맞는 것으로 인정할 것인지에 대해 점차 합의에 이르게 되었다. 역사 증거에 따르면 초기 기독교인들은 매우 다양한 책들을 사용했고, '규범이 되는' 문서와 '도움이 되는' 문서를 특별히 구분하지 않았다. 또 지역에 따라 좋아하는 책이 달랐다. 예를 들어 어떤 교회들에서는 디다케와 클레멘스의 서신, 헤르마스 목자서신 같은 저술들을 즐겨 읽었다. 그러나 점차 보편적인 타당성과 권위가 있는 저술들로 범위를 좁히기로 정하고, 그러면서도 지역의 교회들이 이 저술들에다 다른 자료들을 덧붙이는 것도 막지 않는 방향으로 의견의 일치가 이루어졌다.

● **성경과 관련한 일반적 용어들**

● 모세오경: 구약성경의 처음 다섯 권인 창세기, 출애굽기, 레위기, 민수기, 신명기를 가리킨다.
● 율법서: 모세오경을 가리키는 다른 이름이다.
● 대예언서: 구약성경의 예언서에서 처음 네 권인 이사야, 예레미야, 에스겔, 다니엘을 가리킨다.
● 소예언서: 구약성경의 예언서 중 나머지 12권인 호세아, 요엘, 아모스, 오바댜, 요나, 미가, 나훔, 하박국, 스바냐, 학개, 스가랴, 말라기다.
● 공관복음서: 복음서의 처음 세 권인 마태복음, 마가복음, 누가복음을 가리킨다.
● 제4복음서: 요한복음
● 목회서신: 디모데전서와 후서, 디도서를 함께 묶어 부르는 이름이다. 이 서신들에서는 특히 목회 문제나 교회의 질서에 관해 다룬다.
● 공동서신: 신약성경의 서신 중에서 분명하게 개인에게 보낸 편지가 아닌 야고보서, 베드로전서, 베드로후서, 요한1·2·3서, 유다서를 가리킨다.

'정경'이란 교회가 인정해야 할 권위 있는 문서목록을 뜻하는 것이 아니라 이미 기독교 세계에서 널리 받아들여 사용해 오던 문서들을 권위와 유용성에 따라 공식화한 것이었다.

3세기 중반쯤에, 오늘날 우리가 신약성경이라고 부르는 책의 핵심 부분들에 대해 교회들 사이에서 광범위한 합의가 이루어졌으며, 그와 더불어 일부 교회 지도자들과 공동체들이 경계선에 놓인 책이라고 본 네 권의 책—베드로후서, 요한2·3서, 유다서—을 둘러싸고 낮은 수준의 지루한 논쟁이 벌어지기도 했다. 그 당시에 벌어진 교리 논쟁을 보면 이 네 권의 책들에 대한 언급이 거의 나오지 않는데, 이 책들의 경계를 정하는 논쟁이 생각보다 중요하지 않았던 것으로 보인다. 이렇게 합의된 사항은 기독교 공동체들에게 의무로 강요되지 않았다. 비록 하나로 통합하는 결정이 이루어지기는 했으나 그 결정은 기존의 관례나 합의를 승인한 것이라고 보는 것이 가장 옳다. 후대의 학자들은 어떤 저술이 정경에 속하는지를 판정하는 기준(예를 들어, 사도들이 저술한 것인가)을 세우려고 애썼지만, 증거에 의하면 초기의 기독교인들은 '정경 판정의 기준'을 실제로는 생각하지 않았고, 다만 그 문서들이 얼마나 널리 수용되고 사용되는가에 기초해서 행동했다.

역사적으로 볼 때, 첫 4세기에 일어난 큰 신학 논쟁들에서는 정경의 범위라는 문제가 생각보다 중요하지 않았던 것으로 확인되었다. 이 시기에 그리스도론과 삼위일체론을 둘러싼 논쟁들은 주로 이미 권위가 널리 인정된 신약성서의 문헌들(특히 네 권의 복음서)을 바탕으로 이루어졌다. 이 시기의 교리 논쟁들을 보면 베드로후서와 요한 2, 3서, 유다서에 대한 언급이 거의 나오지 않으며, 따라서 이렇게 경계를 정하는 논쟁들은 우리가 생각하는 것보다는 기독교 신학의 발전에 덜 중요했던 것으로 보인다.

신학적인 쟁점들 | 정경의 형성 과정과 관련된 신학적인 문제는 수

용 과정에서 '수용하는 공동체'와 '수용되는 문헌'이 어떤 역할을 하느냐와 관계가 있다. 정경이 형성되는 역사 과정은 특정 문헌을 포함하는 결정뿐만 아니라 배제하는 결정으로 이루어졌다. 이 일은 당연히 신앙 공동체와 신약성경의 관계에 대한 신학적 문제를 일으켰으며, 이 문제는 오늘날의 신학적 논의에서도 여전히 중요하게 다루어진다. 신약성서 정경을 선택하는 데서 교회가 문헌들보다 우월한 권위를 행사했는가? 아니면 교회가 한 일은 단지 이 문헌들 속에 이미 존재하던 권위를 확인한 것이었는가? 첫 번째 견해는 주로 교회의 권위를 강조하며, 두 번째 견해는 주로 문헌의 권위를 강조한다.

공동체와 문헌, 교회와 성경의 관계를 어떻게 보아야 할 것인가라는 쟁점과 관련해 기독교 사상사에서는 다음과 같은 세 가지 견해가 나타났다.

❶ **교회가 성서보다 권위 있다**: 주로 가톨릭 신학자들이 주장하는 이 견해는 흔히 히포의 아우구스티누스354-430가 남긴 다음과 같은 말로 표명된다. "나로 말하자면, 가톨릭교회의 권위가 내 마음을 움직이지 않았다면 복음을 믿지 않았을 것이다." 성경 문헌의 권위는 수용의 과정을 거쳐 확정되며, 이 수용 과정은 정경 판정의 기준인 사도전승에 따라 이루어진다. "교회는 사도전승에 의지해 어떤 문서들이 성경 목록에 포함되어야 할지를 판단하였다"(『가톨릭교회 교리서』).

❷ **성서가 교회보다 권위 있다**: 주로 개신교 신학자들이 주장하는 이 견해에서는, 교회는 성경의 본질적 특성을 승인할 뿐이며 성경 저작들은 교회의 승인 결정과는 상관없이 이러한 특성을 소유한다고 주장한다. 예를 들어, 장 칼뱅은 성령의 비밀스러운 (또는 내적인) 증거에 대해 말하면서 성령만이 신자들의 마음속에 영감 받은 성서의 진정성을 확인시켜 줄 수 있다고 말했다. 그러므로 교회가 어떤 저술을 두고 "정경에 속한다"라고 선언

하는 경우, 교회는 성서의 본질적 특성을 밝히는 것이지 교회의 판단을 권위 있는 것으로 내세워 강요하는 것이 아니다.

❸ **교회와 성서는 일체를 이룬다**: 이 견해에서는 공동체와 문서의 유기적 통일을 강조하며 따라서 어느 한쪽에다 '권위'를 부여하는 것을 인정하지 않는다. 이 세 번째 견해는, 정경 형성의 역사 과정은 앞서 언급한 두 가지 신학적 도식의 어느 것과도 딱 맞아떨어지지 않는다고 생각하는 사람들이 주로 주장한다. '사람'에게 권위를 부여하는 이들이 있고 '책'에다 권위를 부여하는 사람들이 있는데, 이 견해는 그 두 가지, 곧 '사람과 책'이 교차하는 지점에다 이 쟁점을 배치한다. 이것은 앞의 두 모델 어느 것과도 모순되지 않으며, 오히려 그 둘 모두를 폭넓은 맥락에서 다룰 수 있게 해준다.

여기서 한 가지 더 살펴보아야 할 신학적 쟁점은 정경을 정하는 과정이 최종적으로 완결되었는가 하는 문제다. 정경은 이제 고착되었는가? 아니면 적어도 이론적으로나마 새로운 책을 추가하거나 기존의 책을 뺄 수 있는 가능성이 남아 있는가? 신학자들은 대체로 정경이 고정되었다고 생각하면서 교회가 승인한 최종적인 문서목록이 교회의 신앙에 대한 신뢰할 수 있는 증언이라고 주장한다. 그런데 최근에 콥트어로 기록된 도마복음 같은 영지주의 문서들이 발견되면서 일부 학자들이 늦게나마 그 문서들을 정경에 포함할 것을 주장했다. 이에 대해 다른 학자들은 그 문서들이 한참 뒤의 시대에 속한 것이며 또 극히 일부 지역에서만 영향을 미쳤다는 점을 근거로 그와 같은 주장을 받아들이기를 거부했다.

하나님의 말씀

'하나님의 말씀'과 '주의 말씀'이라는 용어는 기독교 신학에서처럼 기독교 예배에도 깊숙이 뿌리를 내리고 있다. '말씀'은 행동과 의사소통을 함축한다. 어떤 사람의 성품과 뜻이 그가 사용하는 말을 통해 표현되듯이, 사람들은 하나님께서 하신 말씀을 통해 하나님의 목적과 뜻을 알게 된다는 것이 성경(특히 구약성경)의 가르침이다.

'하나님의 말씀'이라는 용어는 복합적이고 미묘한 의미를 담고 있으며 또 여러 개념들을 포괄한다. 이 용어는 폭넓고 서로 연관된 세 가지 의미를 지니는데, 이러한 의미들은 성경과 기독교 전통 양쪽 모두에서 찾아볼 수 있다.

❶ '하나님의 말씀'이라는 용어는 예수 그리스도가 몸을 입은 하나님의 말씀(요 1:14)이라는 사실을 가리키는 말로 사용된다. 신약성경에서는 하나님의 말씀이 여러 가지 의미로 사용되는데, 그중에서 가장 중요하게 사용되는 의미가 이것이다. 기독교 신학에서 그리스도를 "몸을 입은 하나님의 말씀"이라고 말하는 것은 하나님의 뜻과 목적과 본성이 예수 그리스도의 인격을 통해 역사 속에 알려졌다는 개념을 표현한 것이다. 예수 그리스도의 말뿐만 아니라 그의 행위와 성품, 그리고 그의 신학적 정체성도 하나님의 본질과 목적을 드러내 보여준다.

❷ '하나님의 말씀'이라는 용어는 그리스도의 복음이나 예수에 관한 선포나 메시지를 가리키는 말로도 사용된다. 이런 의미에서 하나님의 말씀은 하나님께서 그리스도의 삶과 죽음과 부활을 통해 이루시고 드러내신 것을 가리킨다.

❸ '하나님의 말씀'은 넓은 의미에서 성경 전체를 가리키는 말로 사용된다. 이때 성경은 그리스도의 강림의 배경이 되고, 그가 행한 이야기를 들려주며, 그의 삶과 죽음과 부활이 신자들에게 어떤 의미가 있는지를 밝혀 주는 책이다. 많은 기독교인들에게 '하나님의 말씀'은 '성경'을 신학적으로 달리 표현한 것

또는 '성경'과 동등한 것을 의미한다. 이것은 성경 자체가 '하나님의 말씀'인지 또는 그것이 '하나님의 말씀'을 포함하거나 중재하는지에 대한 질문을 남긴다.

위에서 살펴본 내용들이 칼 바르트[1886-1968]가 사용하는 '하나님의 말씀'이라는 용어의 바탕을 이룬다. 바르트는 교회 안에서 성서가 어떠한 위치에 있는지를 **신학적으로**(역사적이나 문학적이라는 말과 대비되는 의미로) 해명하면서, 그리스도 안에 나타난 하나님의 자기계시라는 관점에서 성서를 설명한다. 바르트는 '하나님 말씀의 삼중 형태'라는 개념을 통해 그리스도 안에 구현된 하나님의 말씀, 이 말씀에 대한 성서의 증언, 그리고 마지막으로 신앙 공동체의 설교를 통한 말씀의 선포라는 세 가지 요소를 구분한다. 따라서 교회의 설교와 예수 그리스도의 인격은 직접적이고 유기적인 관계가 있다.

이 견해에는 몇 가지 난점이 있다. 보수성이 강한 일부 개신교인들은 성경을 하나님의 계시와 동일한 것으로 보아서는 안 된다고 강하게 주장한 바르트의 견해에 문제가 있다고 생각했다. 바르트는 성경을 하나님의 계시에 대한 '증언'이나 '징표'라고 보았다. 그런데 바르트는 또, 계시는 이러한 증언을 '우회'하지 않는다고 주장한다. 하나님은 이 증언을 통해 말씀하시며, 그렇게 해서 증언은 계시가 된다. 이러한 주장이 성경의 권위를 끌어내려, 성경에서 인간의 말로 전해지는 것을 하나님의 말씀으로 받아들이는 인간의 주관적인 수용에 종속시키는 것일까? 바르트를 비판하는 사람들은 그의 주장을 이런 식으로 받아들였지만, 바르트는 결코 그렇게 생각하지 않았다.

이야기 신학

사회 인류학자와 사회학자, 역사 철학자, 문학 이론가들은 한결같이, 인간이 의미와 관련된 근본 물음들을 탐구하는 일에서 이야기들을 이용하는 것을 자연스럽게 여긴다는 점을 강조해 왔다.

> 근본적으로 우리는 우리가 듣고 말하는 큰 이야기larger narratives 곧 우
> 리에게 참되고 의미 있는 것으로 여겨지는 거대서사metanarratives 안에
> 우리 자신을 배치함으로써 실재가 무엇인지, 우리가 누구인지, 그리고
> 우리는 어떻게 살아야 하는지를 이해할 수밖에 없는 동물이다.

성경의 중심을 이루는 문학 양식은 이야기narrative다. 성경은 하
나님의 본성과 성품, 그리고 그리스도를 통해 성취된 구속을 보여주
는 많은 이야기들을 들려준다. 아브라함의 소명, 이집트에서의 탈출,
바벨론의 포로생활, 예수 그리스도의 오심 등의 이야기들은 하나님
의 본성과 목적을 보여주는 거대한 이야기의 작은 부분들이다. 그렇
다면 이 사실은 성서를 신학과 연계하는 일에서 어떤 의미를 지니는
가? 최근에 발전한 '이야기 신학'은 이 주제에 관해 많은 것들을 밝혀
준다.

이야기 신학은 성경이 하나님에 관한 이야기를 들려준다는 사
실에서 시작한다. 이 이야기는 하나님의 본성과 성격을 '제시'하거나
표현한다. 예를 들어 구약성경은 하나님께서 이스라엘을 이집트에
서 이끌어 내어 약속의 땅으로 인도하신 일과, 그 일이 하나님의 백
성에게 어떤 의미가 있는지를 들려주고 거듭 설명하는 이야기가 뼈
대를 이룬다고 말할 수 있다. 이와 비슷하게 신약성경에서도 역사 속
에 펼쳐지는 하나님의 구속 행위에 관한 이야기가 중심을 이루는데,
이 이야기에서는 예수 그리스도의 삶과 죽음과 부활이 핵심이 된다.
이 이야기는 기독교인들에게 어떤 의미가 있을까? 또 기독교인들이
사고하고 행동하는 방식에는 어떤 영향을 미칠까? 한 예로, 예수 그
리스도의 이야기가 기독교인들에게 어떤 타당성이 있는지, 곧 그 이
야기가 기독교인들이 생각하고 행동하는 방식에 어떤 영향을 주는지
를 체계적으로 해명하고 있는 바울서신들을 살펴보는 것이 도움이

된다.

이야기 신학이 등장하게 된 것은 이성의 객관적 진리를 금과옥조로 여기는 계몽주의가 쇠퇴한 데서 부분적인 이유를 찾을 수 있다. 계몽주의 성서 해석자들은 성서의 이야기식 구조를 눈엣가시로 여겼으며, 성서에서 명제적 진리를 뽑아내는 것을 목표로 삼았다. 한스 프라이[1922-1988]는 탁월한 저서인 『성서 이야기의 몰락』*The Eclipse of Biblical Narrative*, 1974에서 이러한 경향을 지적하면서, 계몽주의의 쇠퇴는 곧 이야기에 대한 계몽주의의 편견이 더 이상 신학에서 큰 힘을 쓸 수 없게 되었다는 것을 뜻한다고 주장하였다. 성서의 이야기를 다시 하나님의 계시를 전달하는 방법으로 사용할 수 있는 길이 활짝 열렸다.

이 발전의 바탕이 된 것은 특히 한스 프라이[Hans Frei], 조지 린드벡[George Lindbeck, 1923-2018], 스탠리 하우어워스[Stanley Hauerwas, 1940 출생]와 같은 후기 자유주의 저술가들의 저작 속에서 '이야기 신학'이 출현한 것이다. 그러나 이야기 신학은 결코 확정된 운동이 아니며, 체계화된 학파가 아니라 하나의 신학 경향으로 보는 것이 더 낫다는 점을 기억할 필요가 있다. 이야기의 중요성은 톨킨[J.R.R. Tolkien, 1892-1973]이나 루이스[C.S. Lewis, 1898-1963]와 같은 기독교 문학의 작가에게서 분명히 나타난다. 두 사람은 성육신과 부활의 의미와 같은 신학 주제를 탐구할 수 있는 세련된 서사 이론을 발전시켰다.

성서 이야기는 1940년대와 50년대의 '비신화화'[demythologi-zation] 논쟁에서 핵심적으로 중요한 역할을 맡았다. 신약학자 루돌프 불트만[Rudolf Bultmann, 1884-1976]은 신약성서가 3층 우주에 대한 믿음과 같이 시대에 뒤진 신화의 영향을 받았다고 주장했다. 그는 신화를 성경에서 제거하는 것이 필요하다고 생각했다. 첫째는 신화가 시대에 뒤진 것이었기 때문이고, 둘째는 그것이 이야기이기 때문이었다. 불트만은 그런 신화들 대신에 실존철학적인 틀을 받아들여야 한다고 주장했다.

불트만을 혹독하게 비판했던 사람 중 하나인 루이스는 그런 비신화화가 불가능하다고 주장했다. "우리는 우리 믿음을, 은유와 상징을 벗겨낸 형태로 재진술하도록 요청받고 있다. 우리가 그렇게 하지 않는 이유는 그렇게 하는 것이 불가능하기 때문이다." 루이스는 기독교가 "진정한 신화"로서 가장 잘 이해되며, 그것을 다른 방법으로 표현한다면 세상을 참되고 현실적으로 표현할 수 있는 능력을 반드시 잃게 될 것으로 보았다. 기독교의 선포에서 이야기와 은유, 상징을 제거하는 일은 필연적으로 그 선포를 변형하거나 왜곡하는 결과를 낳을 수밖에 없다.

그러면 이 이론의 장점과 약점은 무엇인가? 이 이론이 학문적 신학 안에서 큰 인기를 얻는 이유는 무엇인가? 이 새로운 신학이 성서의 중심성을 다시 확보하는 데 관심을 둔 현대 신학자들에게 특히 인기가 있는 까닭은 다음의 중요한 사실들을 통해 알 수 있다.

❶ 이야기는 성서에서 발견되는 중요한 문학 양식이다. 이야기라는 관점에서 신학을 하는 것은 이론적인 면에서 파고드는 신학에 비해 훨씬 더 성서에 충실할 수가 있다. 예를 들어 루이스C.S. Lewis는 기독교적 이야기가 일차적으로 중요하며, 교리는 이야기로부터 파생되었다는 점에서 이차적인 것이라고 주장했다. 이야기가 상상력에 호소하는 반면에, 교리는 지성에 호소한다. 따라서 이야기 신학은 흔히 학문적 신학 저술의 특징으로 거론되는 '추상성'이라는 따분한 느낌을 벗어나게 해준다.

❷ 이야기 신학에서는 하나님께서 역사 속에서 우리를 만나시며 또 역사에 개입하여 우리에게 말을 건네신다고 주장한다. 성육신 이론에서 강조하는 것은, 예수 그리스도의 이야기는 동시에 하나님의 이야기라는 점이다. 이야기 신학은 하나님이 시공간으로 이루어진 우리 세상에 실제로 개입하였으며, 실제 역사 속으로 들어와 우리가 있는 곳에서 우리를 만나 주셨

다고 단언한다. 흔히 조직신학에서는 계시가 마치 정보은행이라도 되는 양 하나님이 우리에게 일련의 개념을 제공해 준다는 식으로 설명한다316쪽. 이야기 신학은 하나님께서 우리 역사 속으로 들어오셨다는 핵심 통찰을 되찾을 수 있게 해준다. 하나님의 이야기가 우리의 이야기에 끼어든다. 우리는 성경에서 만나는 하나님의 이야기에다 우리의 이야기를 비추어 봄으로써 우리의 이야기를 이해할 수 있다. 이야기 신학의 이러한 면모는 커다란 영향을 끼쳤으며 특히 윤리학 분야에서 그 영향이 두드러졌다. 복음서의 이야기들이 기독교 신자들에게 적합한 행동양식을 제시한다고 주장한 윤리학자들 가운데서 가장 눈에 띄는 사람이 스탠리 하우어워스다. 예를 들어, 그는 예수 그리스도의 이야기가 기독교 신자들의 이야기에 고유한 형태를 결정한다고 보았다. 이야기라는 관점에서 윤리를 다룸으로써 그것이 실제의 삶에 깊이 뿌리를 내릴 수 있다. 복음은 결코 체계화된 윤리학 원리 같은 것이 아니다. 복음은 하나님과의 만남이 개인의 삶과 나라들의 역사에 끼치는 영향에 관해 다룬다. 성서 저자들은 이러한 이야기들을 들려주는 가운데 "이 일은 하나님의 은혜로 변화된 결과이며, 저 일은 기독교인의 행실에 적합한 모범이다"라고 외칠 수 있다.

❸ 성서가 이야기라는 특성을 지닌다는 점을 인정할 때 우리는 이야기에 등장하는 인물의 유한한 지식과 하나님의 전지하심 사이의 긴장을 성서가 얼마나 효과적으로 전달해 주는지 알게 된다. 로버트 알터Robert Alter, 1935 출생는 그의 책 『성서 이야기의 기교』Art of Biblical Narrative, 1981에서 이 점에 대해 다음과 같이 말했다. "성서 이야기란, 등장인물의 유한한 지식과 해설자에 의해 조용하면서도 단호하게 표현되는 하나님의 전지하심을 대조하며 살피는 과정을 통해, 도덕적·영적·역사적 지식의 가능성을 실험하는 이야기 장치라고 볼 수 있다." 구

약성경 가운데서는 특히 욥기가 이런 점을 분명하게 보여준다. 성서의 이야기식 구조는 독자들에게 이야기를 하나님의 시각에서 볼 수 있게 해주고, 상황에 대한 인간의 무지나 오해가 하나님의 시각에서 본 실제 사실과 어떻게 얽혀 있는지를 파악할 수 있게 해준다.

성서 해석의 여러 가지 방법

모든 텍스트는 해석을 필요로 하며, 성서도 예외일 수 없다. 어떤 의미에서, 기독교 신학의 역사는 성경 해석•의 역사라고 말할 수 있다. 여기서는 신학을 공부하는 학생들이 흥미를 가질 만한 몇 가지 성서 해석 방법을 살펴본다. 그러나 이 주제가 방대한 까닭에 대표적인 이론 몇 가지만을 선별하여 다룬다는 것을 밝혀 둔다.

우리가 주목해야 할 첫 번째 주요 성경 해석방법은 구약성서를 해석하는 수단으로 초대교회에서 널리 사용된 '모형론'(또는 유형론, 예표론)typology이다. 영어로 보통 "type"로 번역되는 그리스어 typos(모형)는 "인물"이나 "예견," "원형"등의 의미를 지닌다. 모형은 세 가지 주요한 범주로 구분된다. 인물(그리스도의 모형이 되는 모세와 같은 사람)과 사건(구속의 모형이 되는 출애굽 같은 사건)과 제도(교회의 모형이 되는 이스라엘 백성)가 그것이다. 풍유allegory는 주로 성서적 이미지와 관련이 있지만, 모형론(유형론)은 주로 역사적 사건이나 개인과 관련된다.

이러한 모형론을 보여주는 초기 시대의 중요한 사례로는 2세기의 신학자 사르디스의 멜리토Melito of Sardis, 약 180 사망의 『유월절 설교』Homily on the Passover에서 찾아볼 수 있다. 멜리토는 바울 서신에서 일부 구절을 인용하여 유월절을 그리스도의 죽음의 '모형'으로 볼 수 있다는 사상을 발전시켰다. 이집트에서 죽임을 당한 유월절 어린양을 "땅 위에 사는 사람 가운데서, 죽임을 당한 어린 양"(계 13:8)의 예시로 볼 수 있듯이, 저 옛날 이집트에서 기념한 유월절은 "우리들의 유월절……그리스도"Christ our Passover(고전 5:7)를 예시하는 것이라고 볼 수 있다.

그렇다면 '모형론'과 '풍유'allegory의 차이는 무엇일까? 이 두 가지는 순수한 문자적 또는 역사적 독서보다 더 깊은 의미를 찾아내는 본문 독서방법이다. 학자들은 성경에 대한 '모형론적' 또는 '풍유적' 독서가 무엇을 의미하는지, 그리고 그 둘을 똑같이 받아들일 수 있는지에 대해 일치된 의견을 내지 못하고 있다. 현재까지 합의된 내용은 다음과 같이 요약할 수 있다.

모형론은 "구약성서에 등장하는 사건과 제도와 인물들과 신약성서에 나오는 것들 사이의 유사점을 다루는 것이다"(장 다니엘루). 모형론은 신약성서에 나오는—특히 예수 그리스도와 관련된—사건들을 구약성서에 기록되거나 예언된 유사한 상황을 성취한 것으로 해석한다. 이에 반해 풍유법은 구약성서의 말씀들을, 사건들(예를 들어, 그리스도의 죽음과 부활)이 아니라 종교적인 이상이나 가치들을 가리키는 상징이나 표지로 사용한다. 많은 학자들은 풍유법이 본문 속에 있는 의미를 발굴하기보다는 오히려 본문 속에 의미를 투사해 읽어 내는 수단이 되기 쉽다고 우려한다.

그리스어를 사용하는 교회 안에서 두 개의 중요한 해석 학파가 등장했다.

하나는 대도시 알렉산드리아에, 다른 하나는 안티오키아에 위치했다. **알렉산드리아 학파**의 성서 해석은 유대인 철학자 알렉산드리아의 필로Philo of Alexandria, 약 BC 30-AD 50와 초기 유대교 전통에서 고안한 방법을 따라, 성서의 문자적 해석에다 풍유적 접근으로 보충하였다. 그러면 풍유allegory란 무엇인가? 그리스 철학자 헤라클레이토스는 풍유를 가리켜 "어떤 것을 말하면서, 그것과는 다른 의미를 담아내는 것"이라고 정의하였다. 필로는 텍스트 속에 감추어진 깊은 의미를 분별하기 위해서는 성서 표면에 드러난 의미 아래를 살펴보는 것이 필요하다고 주장하였다. 이러한 생각을 알렉산드리아에서 활동한 신학자들이 받아들였으며, 그 가운데 가장 중요한 인물이라면 클레멘스^{약 150-}215와 오리게네스^{약 185-254}, 맹인 디디무스^{Didymus the Blind, 약 313-398}를 들 수 있다(히에로니무스는 디디무스가 풍유적 성서 해석 방법을 적용해서 이룬 영적 통찰력을 보고서 그를 '눈뜬 디디무스'라고 불렀다).

언뜻 보기에 이것은 해석자가 텍스트에 자신의 해석을 투사하는 함정^{eisegesis}에 빠진 것으로 보일 수도 있다. 그러나 디디무스의 저술들(제2차 세계대전 중에 이집트에 있는 한 무기고에서 우연히 발견되었다)이 분명하게 보여주듯이, 이것이 반드시 그렇게 되는 것은 아니다. 구약성경의 이미지와 텍스트들이 풍유적으로 해석이 가능하다는 데에 합의가 이루어졌던 것으로 보인다. 예를 들어, 예루살렘은 대체로 교회를 나타내는 알레고리*로 받아들여졌다.

이와는 대조적으로 **안티오키아 학파**는 역사적인 맥락에 비추어 성서를 해석하는 데 강조점을 두었다. 타르수스의 디오도루스^{Diodorus of Tarsus, 약 390 사망}, 요하네스 크리소스토무스^{Johannes Chrysostomus, 약347-407}, 몹수에스티아의 테오도루스^{Theodorus of Mopsuestia, 약 350-428}와 같은 사상가들이 이끈 이 학파에서는 구약성서 예언들의 역사적인 자리를 강조했는데, 이 점은 알렉산드리아 전통에 속한 오리게네스 같은 인물들에게서는 전혀 찾아볼 수 없는 것이다. 테오도루스는 구약의 예언에 관해 논하면서 예언의 메시지는 기독교인 독자들에게도 깊은 의미가 있지만, 직접 그 메시지를 받은 사람들에게도 합당하다는 점을 강조하였다. 모든 예언적 계시는 역사적으로나 문자적으로 단일하고 일관된 의미를 지닌 것으로 이해해야 한다고 보았다. 그 결과, 테오도루스는 비교적 얼마 안 되는 구약성경 구절만이 직접 그리스도를 가리키는 것으로 해석했으며, 이에 반해 알렉산드리아 학파는 구약성경의 많은 역사적인 구절과 예언적인 구절 속에 그리스도가 숨겨진 내용으로 들어 있다고 보았다.

서방교회에서는 이와는 좀 다른 이론이 나타났다. 밀라노의 암브로시우스^{Ambrosius of Milan, 약337-397}는 성서의 의미를 삼중적으로 보

● 알레고리
풍유, allegory

성서 본문을 어떻게 해석해야 할 것인가를 다루는 한 방식으로, 이 이론에서는 성서 이미지들이 깊고 영적인 의미를 지닌다고 보며 그 의미를 성서 해석자들이 밝혀낼 수 있다고 주장한다.

는 방식을 발전시켰다. 즉 해석자는 **자연적인** 의미 외에 **도덕적인** 의미, 그리고 **합리적**이거나 **신학적인** 의미를 분별해 낼 수 있다. 아우구스티누스는 이 견해를 받아들였지만 이중적 의미를 주장하였다. **문자적-육체적-역사적** 의미와 **풍유적-신비적-영적** 의미가 그것인데, 그러면서도 어떤 구절들은 양쪽 의미를 다 가질 수 있다는 점도 인정하였다. "예언자들의 말은 삼중적 의미를 지니는 것으로 보인다. 어떤 사람은 땅 위의 예루살렘을 말하고, 다른 사람은 하늘의 도시를, 또 다른 사람은 그 두 가지를 다 말하는 것을 보면 그렇다." 구약성서를 역사적인 수준에서만 이해하는 것은 받아들일 수가 없으며, 구약을 이해하는 열쇠는 본문을 바른 방식으로 드러냄으로써 바르게 해석하는 것이라고 보았다.

> 그리스도 안에서 폐기되는 것은 구약성경이 아니라 그 앞을 가로막은 휘장이며, 따라서 그리스도를 통해 구약성경을 이해할 수 있게 된다. 말하자면 그리스도가 없을 때는 불분명하고 숨겨졌던 것이 활짝 드러난다.……[바울은] "율법이나 구약성경이 폐지되었다"고 말하지 않는다. 그러므로 가려져 있던 것이 주님의 은혜로 인해 쓸모없는 것으로 폐기되었다고 말하는 것은 옳지 않다. 그와는 반대로, 유용한 진리를 가렸던 덮개가 제거된 것이다.……비밀스러운 진리들은 표상을 통해 전달되며, 이 표상들은 해석에 의해 빛 가운데로 드러나게 된다.

이러한 해석학적 방법을 사용해 아우구스티누스는 구약과 신약의 일치를 강조할 수 있었다. 그리스도께서 구약성서의 참된 의미를 감추던 "베일을 찢으셨다." 그래서 독자들은 두 성경이 표현 양식에서는 서로 달라도 동일한 신앙을 증언한다는 것을 깨달을 수 있게 되었다. 아우구스티누스는 이 생각을 "신약성경은 구약성경 속에 감추어져 있으며 구약성경은 신약성경에 의해 열린다"라는 한 문장으로 다듬어 냈으며, 이 말은 성서 해석의 문제에서, 특히 구약과 신약의 관계와 관련해서 매우 중요한 개념이 되었다.

이런 식으로 성서의 **문자적** 혹은 **역사적** 의미와 깊은 차원의 **영적** 혹은 **풍유적** 의미로 구분하는 방법이 중세 초기의 교회에서 널리 사용되었다. 중세 때 채용된 표준적인 성서 해석 방법은 콰드리가*, 곧 '성서의 4중적 의미'로 알려진 것이다. 라틴어 콰드리가는 원래 말 네 마리가 끄는 이륜마차를 뜻했다. 이 말이 기독교에서 사용되면서 텍스트의 네 가지 의미를 따져 가며 성서를 읽는 방법을 의미하게 되었다. 이 방법은 원래 문자적 의미와 영적 의미를 구분한 데서 시작되었다. 성서는 서로 다른 네 가지 의미를 지닌다. 문자적 의미 외에 세 가지 비문자적 의미를 구분해 낼 수 있다. 기독교인들이 무엇을 믿어야 할지를 규정하는 풍유적 의미, 기독교인들이 행하여야 할 것이 무엇인지를 밝혀 주는 교훈적 또는 도덕적 의미, 그리고 기독교인들이 희망으로 품어야 할 것이 무엇인지를 알려주는 종말론적anagogical 의미가 그것이다. 다시 정리하면, 성서의 네 가지 의미는 다음과 같다.

● **콰드리가**
Quadriga

성경을 해석하는 4중적 방식을 가리키는 라틴어로, 문자적 의미, 풍유적 의미, 교훈적 의미, 종말론적 의미로 구분한다.

❶ **문자적 의미**: 성서 본문의 의미를 문자 그대로 받아들인다.

❷ **풍유적 의미**: 다르게도 이해할 수 있는 모호한 성서 구절들을 해석하여 교리 명제들을 도출한다.

❸ **교훈적/도덕적 의미**: 성서 구절들을 해석하여 기독교인의 행실을 이끄는 윤리적 지침을 도출한다.

❹ **종말론적 의미**: 성서 구절들을 해석하여 장차 새 예루살렘에서 하나님의 약속이 성취될 것을 보이면서 기독교인들이 품을 희망의 근거를 제시한다.

풍유적 해석의 뛰어난 예를 12세기 클레르보의 베르나르두스 1090-1153가 아가서를 주해한 것에서 볼 수 있다. 베르나르두스는 "우리 집은 백향목 들보, 잣나무 서까래로구나"(아 1:17)라는 구절을 풍유적으로 해석한 것을 통해, 별 볼 일 없는 것으로 묻혀 버렸을 구절

베를린 브란덴부르크
문 위에 있는 콰드리가
(*Quadriga*, 말 네 마리
가 끄는 이륜마차). 마차
를 끄는 네 마리의 말이
라는 이미지는 중세의 성
경 주석가들이 흔히 사용
한 성경 해석의 네 가지
방법을 가리키는 유비로
이용되었다.

들에다 교리적 혹은 영적 의미를 투사해 읽어 내는 방식을 밝히 보여
준다.

'집'이라는 말에서 우리는 큰 무리를 이룬 기독교인들이라는 의미를 발
견할 수 있다. 이 무리는 '들보'의 역할을 하는, 권력과 위엄을 지닌 사
람들, 곧 교회와 정부의 통치자들에 의해 하나로 통합된다. 이 사람들
이 지혜와 확고한 법을 수단으로 그들 모두를 하나로 엮어 준다. 그렇지
않고 모든 사람이 제각각 하고 싶은 대로 행한다면 벽은 기울고 무너져
결국에는 집 전체가 허물어질 것이다. '서까래'라는 것은 들보에 튼튼히
고정되어 집을 품위 있게 꾸며 주는 것으로, 서까래라는 말에서 우리는
제대로 교육받은 성직자의 온화하고 질서 잡힌 삶과 또 교회의 예전이
바르게 시행되는 것을 떠올릴 수 있다.

그런데 이것이 독자들로 하여금 본문 속에다 자기 생각을 욱여
넣어서 성서 구절을 제 마음대로 해석할 수 있게 하는 길을 열어 놓
은 것은 아닐까? 이러한 잠재적 문제는, 그 어떤 것도 우선 성서의 문

자적 의미를 바탕으로 입증되지 않는다면 비문자적 의미를 따라 믿어서는 안 된다고 주장함으로써 해결하였다. 성서의 문자적 의미가 우선한다는 이 주장은 오리게네스가 채용한 풍유적 방법을 에둘러 비판한 것이라고 볼 수도 있다. 사실상 이 풍유적 방법은 성서 해석자에게 자기가 좋아하는 '영적인' 해석에 따라 마음대로 모든 구절을 읽어 내도록 허락한 것이었다. 1515년에 마틴 루터는 이 원리에 대해 다음과 같이 말했다. "성서를 해석해서 찾아낸 풍유적 의미나 교훈적, 종말론적 의미는 다른 곳에서 그 의미가 문자적으로 진리라고 분명하게 언급되지 않는다면 결코 타당한 것이 될 수 없다. 그렇지 않으면 성서는 웃음거리가 되고 말 것이다."

'콰드리가'는 스콜라 시대에 대학의 신학부에서 성서학 연구의 주요한 방법으로 사용되었다. 그러나 이것이 16세기의 첫 20년 동안 성서 해석자들이 이용할 수 있는 유일한 방법은 아니었다. 프로테스탄트 종교개혁자로서 성서 해석에다 이런 스콜라주의● 식 이론을 비중 있게 받아들인 사람은 마틴 루터뿐이었으며, 그는 초기에 행한 시편 등의 성서 강해에서 이 방식을 채용하였다. 종교개혁 초기 시대에 개혁과 인문주의 운동을 펼친 진영에서 성서 해석과 관련해 가장 큰 영향을 끼친 이론은 로테르담의 에라스무스[1466-1536]가 제시한 방법이었다. 다음으로 이에 대해 살펴본다.

에라스무스는 『그리스도의 군사들을 위한 지침서』[1503] 98쪽에서 '문자'와 '영', 곧 성서의 외적 말과 그 말에 실제로 담긴 내적 의미 사이의 구분을 중요하게 여겼다. 특히 구약성경의 경우 본문의 단어들은 조개껍질과 같은 것으로서 그 안에 의미의 핵을 담고 있을 뿐, 그것 자체가 핵심 의미는 아니다. 본문의 표면적 의미는 보통 더 깊고 은밀한 의미를 감추고 있으며, 이것을 밝혀내는 것이 계몽되고 책임 있는 해석자의 과제다. 에라스무스에 따르면, 성서 해석은 성서의 문자가 아니라 그 뒤에 숨어있는 의미를 밝혀내는 작업이다. 이런 점에서 볼 때, 앞에서 살펴보았던 알렉산드리아 학파와 많이 비슷하다.

● 스콜라주의
scholasticism
중세와 밀접한 관계가 있는 독특한 기독교 신학 이론으로 기독교 신학을 합리적으로 정당화하고 체계적으로 제시하는 것을 중요하게 여겼다.

그러나 후기에 펴낸 저술들에서 에라스무스는 최선의 역사적 도구들을 사용해 정확한 텍스트를 확보하고, 또 성서 해석을 가능한 한 텍스트와 일치시키는 것이 중요하다고 강조하였다. 1516년에 그가 그리스어 신약성경을 처음 출판하는 일을 하면서, 신약성경의 텍스트를 가장 정확하게 밝혀내고 신뢰할 수 있는 해석을 제시하는 것의 중요성을 깨달았다고 볼 수 있다.

이와 유사한 견해를 프로테스탄트 개혁자 울리히 츠빙글리[1484-1531]에게서도 찾아볼 수 있다. 츠빙글리는 에라스무스와 비슷하게 성경 해석자는 '성서의 자연적 의미'를 밝힐 필요가 있다고 주장하였다. 여기서 성서의 자연적 의미란 반드시 성서의 문자적 의미와 일치하는 것은 아니다. 츠빙글리는 인문주의를 배경으로 삼았기에 성서 텍스트 내의 다양한 담화 형태를 구별할 수 있었다. 좋은 사례가 최후의 만찬 이야기에서 발견되는데, 이 이야기에서 나사렛 예수는 빵을 떼면서 "이것은 내 몸이니라"(마 26:26)라고 말한다. 이 말의 문자적 의미는 "이 빵조각이 내 몸이다"이겠으나 그 자연적 의미는 "이 빵조각은 내 몸을 뜻한다"이다894-897쪽. 츠빙글리가 보기에는 이것이 이 구절의 옳은 해석이다.

츠빙글리가 성서의 좀 더 깊은 의미(피상적인 의미와 대조되는)를 탐구한 것은 아브라함과 이삭의 이야기(창 22장)에서 잘 드러난다. 이 이야기에서 아브라함은 하나님이 원하신다면 이삭을 기꺼이 바칠 준비가 된 인물로 그려진다. 이 이야기가 담고 있는 역사적인 설명들이 너무나도 쉽사리 본문의 실제 의미로 받아들여진다. 츠빙글리의 주장에 의하면, 이 이야기는 그리스도에 대한 예언적 예시로 읽을 때에만 그 참된 의미를 파악할 수 있으며, 그런 관점에서 보면 아브라함은 하나님을 나타내고 이삭은 그리스도를 가리키는 표상(전문적인 말로 하면 '예표')이 된다.

근대가 시작되어, 계몽주의의 가정들을 토대로 삼은 새로운 합리적 해석 방식들이 학계에 더욱 많이 수용되면서 성서 해석학은 놀라우리만치 복잡해졌다. 이러한 발전을 이 책의 테두리 안에서 제대로 다루는 일은 불가능하다. 하지만 지난 두 세기 반 동안 성서 해석에서 나타난 폭넓은 흐름을 살펴보는 것은 도움이 될 것이다. 학문적인 성서 해석 분야에서 계몽주의의 영향을 받은 주요 이론으로 네 가지를 들 수 있다.

❶ **합리적 접근법**: 이 접근법은 H. S. 라이마루스[1694-1768]의 저술에서 볼 수 있다. 이 이론에서는 구약성경과 신약성경이 모두 일련의 초자연적인 허구에 근거한 것이라고 주장한다. 라이마루스는 철저하고 논리적인 비판을 통해 성경의 초자연적 요소들을 진지하게 받아들여서는 안 된다고 주장했다. 그러므로 합리적 원리에 따라 성경을 이성의 종교의 보편적 진리들(비록 흐릿하기는 하지만)을 담고 있는 것으로 해석하는 것이 필요하다. 그런데 더 최근에 와서 이성의 보편성 및 신학에 대한 이성의 적격성에 대한 신뢰가 전반적으로 붕괴되면서, 이 접근법의 매력은 확연하게 줄어들었다.

❷ **역사적 접근법**: 이 접근법에서는 성서를 기독교의 기원*에 대한 기록으로 다룬다. 이 전통을 가장 탁월하게 대표하는 초기 인물인 F. C. 바우어[Baur, 1792-1860]는 "하나님의 영원한 보좌에서 내려와 동정녀의 태에서 인간이 된 하나님의 독생자"라는 말로 기독교 신앙의 기원을 설명하는 것은 이제 더 이상 허용되지 않는다고 주장하였다. 그 대신에 초자연적이지 않은 합리적 용어로 기독교의 기원을 설명하는 것이 가능하다고 F. C. 바우어는 주장하였다. 기독교가 어떻게 존재하게 되었는지를 해명하는 열쇠가 헤겔주의에 있다고 믿은 바우어는 기독교 신앙의 기원을 전통적인 설명 대신에 헤겔주의 역사철학에 근거해 설명하였으며, 그에 비추어서 신약성경을 해석하였다. 헤겔주의가 쇠퇴하면서 바우어의 영향력도 수그러들

> • **기독교의 기원**
> history of religions
> school
>
> 종교의 역사. 그중에서도 특히 기독교의 기원을 논하는 이론으로, 이 이론에서는 구약과 신약성경이 영지주의와 같은 다른 종교들과 만나 그에 대응하면서 발전한 것으로 다룬다.

었다.

❸ **사회학적 접근법**: 1890년대에 이르러 자유주의에 속한 많은 기독교인들이 기독교 교리나 신학적 문제에 대한 관심을 접고 폭넓은 범주의 '종교 일반'을 탐구하기 시작하였다. 이러한 흐름에 따라 서구의 많은 대학교들에서 '종교학'을 가르치는 학부들이 크게 발전하였다. 그런데 종교는 사회현상이다. 즉 종교는 '관념' 자체를 넘어서는 많은 것들과 관련되는 까닭에 '사회사'의 범주에 속하는 것이다. 이렇게 해서 사회학적인 방식으로 성서를 해석하는 길이 활짝 열렸으며, 기독교를 종교라는 일반적 현상에 속하는 특정한 사례로 다루게 되었다. 이러한 접근법의 예를 제임스 프레이저 James Frazer, 1854-1941 의 『황금가지』 The Golden Bough, 1890-1915 에서 볼 수 있는데, 이 책에서는 비교인종학(여러 민족과 그들의 전통을 연구하는 학문)을 폭넓게 성경에 적용하였다.

❹ **문학적 접근법**: 이 방법은 성서의 독특한 문학 범주들을 올바로 다루는 것을 중요하게 여긴다. 이러한 접근법 가운데 최근에 큰 영향을 끼치고 있는 것이 **이야기 신학**이다. 이에 대해서는 이번 장의 앞부분에서 다루었다 105-107쪽.

성서해석에 대한 서로 다른 두 가지의 접근법을 또한 살펴보아야 한다. 첫째는 라틴아메리카 해방신학의 독특한 실천 praxis 해석학이 있다 185-188쪽. 이 해석학에서는 가난한 사람들이 성경을 읽는 중에 경험하는 연대성을 강조한다. 그래서 레오나르도 보프 1938 출생 는 텍스트와 독자 사이에서 '해석학적 중재' hermeneutical mediation 가 일어난다고 주장한다. 즉 가난한 사람들은 텍스트에서 묘사된 상황과 자신의 삶에서 경험하는 상황 사이에 이루어지는 공명 때문에, 자신들이 성서와 관계를 맺을 수 있다는 것을 깨닫는다. 보프의 주장을 따르면, "해방신학자들은 가난한 사람들의 문제와 애통과 희망이라는 짐 전체를 끌어안고 성서로 나아가며 하나님의 말씀에서 빛과 영감을 찾는다."

이렇게 해서 해방신학은 성서 해석자의 과제가 이론적인 것이 아니라 실천적인 것이라고, 구체적으로 말해 '해방의 중재'라고 주장한다. 보프의 말대로 "해방의 해석학은 성서 텍스트의 변혁적 동력을 찾아내고 활성화시키려고 노력한다." 기독교는 해방의 실천•이며, 순수 이론적 개념이나 개인의 인격적 경건이 아니라 정치사회적 해방의 실천이라는 범주로 성서를 해석한다.

두 번째 접근법은 포스트모던 신학자들이 채택한 것으로, 텍스트에 본질상 내재된 의미가 있다는 생각이나 텍스트가 저자가 의도한 의미를 그대로 전달할 수 있다는 생각에 의심을 품는다. 1940년대의 "새로운 비평"과 1960년대의 "구조주의"에서는, 텍스트를 그 저자와 완전히 별개의 것으로 여기고 그 텍스트만을 토대로 삼아 의미를 확립하는 원리를 찾고자 시도하였다. 이러한 성경 해석에 따른 이른바 '독자 반응' 학파는 능동적인 독자가 텍스트에 의미를 부여할 수 있다고 주장한다. 텍스트의 의미는 저자가 의도한 메시지 안에 있는 것이 아니라, 독자가 텍스트를 접할 때 떠오르는 생각과 느낌에 있다는 것이다. 따라서 의미는 텍스트 자체에 내재된 것이 아니고 독자가 만들어가는 어떤 것이다.

그러나 이 접근법의 내부에 상당한 편차가 있다는 점을 놓쳐서는 안 된다. 스탠리 피쉬Stanley Fish, 1938 출생와 같은 일부 이론가들은 독자가 독자적으로 의미를 창조할 수 있다는 견해를 주장한다. "텍스트와 그 모든 특성들은 독자의 해석 전략interpretive strategies에 의해 규정되고 비로소 성립하게 된다"는 점에서, 독자가 텍스트를 지배한다고 말할 수 있다.

그러나 독자와 텍스트 사이에 일어나는 상호작용의 중요성에 주목하는 다른 사람들도 있다. 폴 리쾨르Paul Ricoeur, 1913-2005는 독서에 대하여 "텍스트의 세계가 독자의 세계와 교차하는 과정"이라고 묘사한다. 텍스트는 광범위한 해석을 제공하지만, 이 범위는 텍스트 자체

• 실천
  프락시스, praxis

문자적으로 "행동"을 뜻하는 그리스어로, 칼 마르크스가 사유에 비해 행동의 중요성을 강조하기 위해 사용하였다. 이렇게 실천(프락시스)을 강조한 것은 라틴아메리카의 해방신학에 커다란 영향을 끼쳤다.

에 의해 제한된다. "텍스트는 유한한 해석의 공간이다. 하나의 해석만 있는 것은 아니지만, 무한한 해석이 가능한 것도 아니다."

성서의 영감 이론

성서는 신적인 기원에서 나온 것이기 때문에 기독교 신학에서 특별한 위상을 차지한다고 보는 생각은 신약성경 자체뿐만 아니라 그 후의 성경에 관한 성찰에서도, 비록 희미한 형태로나마 찾아볼 수 있다. 성서가 영감으로 기록된 방식과 그 사실이 함축하는 의미를 논할 때 중요한 요소가, 성서를 가리켜 "하나님이 숨을 불어넣은"*theopneustos* 것이라고 말하는 디모데후서 3:16-17이다. 이 개념은 초기 기독교 사상 속에서 널리 사용되었으며 논쟁의 여지가 없는 사실로 인정되었다. 그리스어를 사용한 유대인 철학자, 알렉산드리아의 필로는 성서가 완전히 영감에 의해 이루어진 것이라고 보았으며 하나님은 자신의 뜻을 전하기 위한 수동적인 도구로 성서 저자들을 사용했다고 주장하였다.

이 쟁점은 종교개혁 시대에 와서 논쟁거리로 떠오르기 시작했다. 그 이유는 칼뱅의 저작에서 두 가지로 설명된다. 칼뱅은 두 부류의 사람들에 맞서서 성서의 권위를 옹호하고자 했다. 한편은 가톨릭교회 사람들로, 이들은 교회가 성서를 권위 있는 것으로 인정한 데서 성서의 권위가 나온 것이라고 주장하였다. 다른 편은 재세례파와 같은 급진적 성향의 개신교 이론가들로, 이들은 사람은 누구나 성서를 완전히 제쳐 두고서도 하나님의 직접적이고 인격적인 계시를 구할 권리가 있다고 강변하였다. 칼뱅은 성령이 성서를 통해 일하셨으며 (급진주의자들의 주장처럼 성서를 건너뛴 것이 아니다) 또 성령이 직접 숨을 불어넣음으로써 성서에 권위를 부여하셨기 때문에 성서의 권위를 받쳐 주는 외부의 지원(예를 들어 교회의 인정)이 전혀 필요 없다고 주장하였다.

여기서 기억해야 할 중요한 사실은 종교개혁자들이 영감이라는 문제를 성서 텍스트의 역사적인 확실성이라든지 사실적 무오성과 연관지어 생각하지 않았다는 점이다. 칼뱅의 조정 accommodation 이론390-392쪽이란, 하나님이 계시를 받게 될 공동체들의 능력에 맞추어 조절한 형태로 자신을 계시하셨다는 것이다. 따라서 칼뱅의 주장을 창세기 1장에 적용해 설명하면, '창조의 날들'과 같은 개념은 언어를 알맞게 조절하여 말하는 방식, 곧 하나님이 사용한 '어린이 말투'라는 것이다. 성경의 '무류성'(無謬性)이나 '무오성'(無誤性) 개념은 개신교 안에서 나중에 발전된 개념이며, 미국에서는 19세기 중반에 와서야 등장하였다.

기독교에서 일반적으로 성서의 영감과 권위를 인정한다는 사실은 개신교와 가톨릭 양쪽에서 나온 다수의 주요한 신앙고백 문서들을 살펴보면 알 수 있다. 예를 들어, 1994년의 『가톨릭교회 교리서』 결정판에서는 하나님의 영감에 근거하여 성서의 권위를 다진다.

> 하나님은 성경의 저자이시다. 하나님의 계시는 성령의 감동으로 성경에 글로 담겨지고 표현되어 보존된 것이다. 그러므로 거룩한 어머니인 교회는 사도의 신앙에 따라 구약과 신약의 모든 책을, 그 각 부분과 함께 전체를 거룩한 것으로 여기고 정경으로 인정한다. 그 이유는 이 책들이 성령의 감동으로 기록된 것이고, 하나님께서 저자이시며, 또 그렇게 교회에 전달되었기 때문이다. 하나님께서는 성경의 인간 저자들에게 영감을 주셨다.

계몽주의 시대가 열리면서 성경이 특별한 지위를 지닌다는 생각에 반론이 제기되었다. 합리주의적 전제들이 힘을 얻고 성서의 비판적 연구가 발전한 것이 주된 이유였다. 이때 영감의 문제를 다룬 다양하고 흥미로운 이론들이 나타났다.

첫째, 요한 고트프리드 헤르더Johann Gottfried Herder, 1744-1803는 세

속주의와 낭만주의의 주요한 개념을 펼친 사람으로, 영감이라는 개념을 예술적이거나 미학적인 의미로 해석해야 한다고 주장하였다. 헤르더는 『히브리 시가의 정신』*Spirit of Hebrew Poetry*, 1782-1783에서, 성서 영감을 설명하는 데 가장 적합한 모델을 예술 작품에서 얻을 수 있다고 말했다. 위대한 소설이나 시, 그림을 가리켜 "영감이 넘친다"고 말하는 것처럼 성서에도 그와 같은 생각을 적용할 수 있다는 것이다. 따라서 영감을 하나님의 선물이 아니라 인간의 성취라고 생각하게 되었다.

> 우리는 성경을 인간의 방식으로 읽어야 한다. 성경은 인간이 인간을 위해 쓴 책이기 때문이다. 사용된 언어가 인간의 것이며, 기록하고 보존한 수단들이 인간의 것이고, 또 우리가 성경을 이해하는 의미와 성경을 이용하는 목적 전체가 인간적인 것이다.

헤르더는 독자들이 '하나님의 말씀'을 인간의 방식으로 읽으면 읽을수록, 하나님의 형상을 지닌 인간의 창조자이자 성경의 저자인 하나님의 의도를 더 깊이 이해할 수 있다고 주장했다. 종교적 경험이 시와 음악과 미술을 통해 매개된다고 보았던 헤르더는 계시로서의 성경이 아니라 시가로서의 성경을 강조했다. 실제로 헤르더는 시가를 성스러운 것으로 여기고 나아가 성서의 시적 특성이 성서의 거룩하고 영감된 지위를 보증해 준다고 생각하게 되었다.

둘째, 찰스 하지Charles Hodge, 1797-1878와 벤저민 워필드Benjamin B. Warfield, 1851-1921로 대표되는 구 프린스턴 학파는 헤르더가 옹호했던 자연주의적 이론을 단호히 거부하고 초자연적 영감 이론을 내세웠다. "영감이란 성령께서 성서의 저자들에게 끼친……초자연적이고 비범한 감화력이다. 이로 인해 성서 저자들의 말은 하나님의 말씀과 동일한 것이 되고 그 결과 완전히 무오한 것이 된다." 워필드가 영감 때문에 성서 저자들의 인간성과 개성이 폐기되는 것은 아니라고 조심스럽게 강조하기는 하지만, 어쨌든 그는 "그들의 말이 하나님의 말씀과 동일한 것이 되고 그 결과 언제 어느 경우든 절대 오류가 없는 것이 될 만큼" 저자들의 인간성이 억눌리게 된다고 주장한다.

셋째, 영감이란 독자들이 성경 텍스트 안에 있는 하나님의 말씀을 분별할 수 있도록 하나님께서 지도하시는 일이라고 말하는 사람들도 있다. 방금 위에서 살펴보았듯이, 워필드는 성서의 영감을 성서 본문 안에 포함하고 그렇게 해서 성서 자체가 그것을 읽는 모든 사람에게 객관적인 하나님의 말씀이 된다고 주장하였다. 이와는 달리 어떤 이들은 주관적인 영감 이론을 주장하여, '영감을 받은' 것은 성서 자체가 아니라 독자의 성경 이해라고 보았다. 침례교 신학자 오거스터스 스트롱Augustus H. Strong, 1836-1921의 주장에 의하면, 성서의 권위를 성서의 말 속에 포함시킴으로써 신자 개인이나 신앙 공동체의 수용과는 상관없이 성서의 말들이 자체적으로 권위를 지니기나 한 것처럼 주장해서는 안 된다. 그러므로 영감에는 객관적 측면과 주관적 측면이 있음을 인정해야 한다.

기독교 신학의 원천인 성서와 관련하여 몇 가지 문제들을 살펴보았으므로 이제 다음으로 전통의 역할을 살펴본다.

───────────────────────────── 전통

'전통'tradition 이라는 말은 라틴어 트라디치오(넘겨줌이나 물려줌, 전해줌)traditio에서 왔다. 프랑스의 도미니크회 신학자인 이브 콩가르Yves Congar, 1904-1995에 의하면 '전통'이라는 기술적 용어는 원래 로마의 법률 문서에서 사용되었는데, 기증자로부터 수혜자에게 재산이 이양되는 것을 의미한다. 기독교 신학자들이 이 용어를 사용하기 시작했을 때, 그것은 매우 귀중하고 중요한 무엇, 즉 '신앙의 유산' 또는 복음 그 자체의 '전승'을 의미하게 되었다.

전통 개념은 신약성서에서도 찾아볼 수 있다. 예를 들어 바울은 그의 독자들에게 이르기를, 자기는 기독교 신앙의 핵심 내용을 전하는데, 그도 그것을 다른 사람들에게서 전해 받은 것이라고 말한다(고전 15:1-4). 전통이란 다른 사람에게 가르침을 전달하는 행위—바울은 이 일이 교회 안에서 이루어져야 한다고 주장하였다—와 이렇게 전달된 가르침의 덩어리, 두 가지 모두를 가리키는 말이다. 따라서 가르침의 내용뿐만 아니라 과정도 전통이라고 볼 수 있다. 목회서신(신약성경의 서신들 가운데 바울의 후기 저작에 속하는 디모데전·후서와 디도서 세 권을 가리키며, 주로 교회의 조직과 기독교 가르침의 전달에 관한 문제를 다룬다)에서는 특히 "네게 부탁한 아름다운 것을 지키라"(딤후 1:14)고 강조한다.

전통의 중요성에 관해 다투었던 논쟁이라면 2세기의 영지주의 논쟁을 들 수 있다. 영지주의 쪽 비판자들로부터 계속해서 성경을 잘못 풀었다고 비판을 당한 이레나이우스^{약130-202}는 오히려 그들이 성경을 제멋대로 해석한 것이라고 반박하며 맞섰으며, 성서 본문만이 아니라 이 본문을 읽고 이해하는 특정한 방식도 교회 내부에서, 그것도 오직 교회 내부에서만, 전승되었다고 주장했다.

> 진리를 깨우치고자 하는 사람이라면 누구나, 온 세상 모든 교회에 전해진 사도들의 전통을 의지해야 한다. 사도들에게서 주교로 세움 받은 사람들과 그들의 계승자로 오늘까지 교회 안에 있는 사람들로서 이쪽 사람들이 주장하는 그런 것을 전혀 알지도 못하고 가르치지도 않는 사람들을 우리는 얼마든지 예로 들 수 있다.

이레나이우스가 주장하는 요점은 기독교의 가르침과 삶과 해석은 사도 시대*로부터 그의 시대까지 끊어지지 않고 하나로 연결되어 있다는 것이다. 교회는 교회의 가르침을 지켜온 사람들과 주류 기독교 신앙을 담은 공적이고 표준적인 신조들을 얼마든지 보여줄 수 있

● **사도 시대**
apostolic era

대체로 기독교 역사에서 예수 그리스도가 부활한 때(AD 약 35)로부터 마지막 사도가 사망한 때(약 90)까지의 기간을 가리킨다. 많은 교회들이 이 시대에 형성된 개념과 관례를 그들 나름의 의미와 관점에 따라 규범적인 것으로 인정하고 있다.

라파엘로 산치오의 「아테네에서 설교하는 사도 바울」(1515-1516). 사도 바울의 설교를 통해 유럽으로 기독교 신앙과 전통이 전달되었다.

다. 바로 이것이 영지주의자들이 주장하는 신비롭고 비밀에 싸인 가르침과 다른 점이라고 이레나이우스는 주장했다. 영지주의의 가르침은 공개적으로 살펴 판단할 수도 없고 또 사도들에게서 유래한 것도 아니다. 그러므로 전통은 사도들의 처음 가르침에 충실하다는 것을 확증해 주는 보증인이며, 영지주의자들이 저지른 성경 본문의 왜곡과 개변을 막아 내는 보호자다.

　　이러한 생각은 5세기 초에 들어와 레랭의 빈켄티우스Vincentius of Lérins, 약 445 사망에 의해 더욱 발전하였는데, 그는 많은 교리들이 적합한 근거도 없이 개변되는 것에 대해 염려하였다. 빈켄티우스는 특히 아우구스티누스의 예정론 가운데 몇 가지 사항을 우려하면서 그것이 성급하고 즉흥적으로 나온 현명하지 못한 견해라고 생각했다. 그러한 이론들을 판정할 수 있는 공적인 표준이 필요했다. 그렇다면 그러한 오류로부터 교회를 안전하게 보호할 수 있는 표준은 무엇일까? 빈켄티우스의 답은 명확했다. 바로 '전통'이다.

이렇게 다양하고 많은 오류들 때문에, 보편 교회의 규칙에 따라 예언자와 사도들을 해석할 수 있는 규칙을 세울 필요가 있다. 지금 보편 교회 안에서 가장 크게 관심을 두어야 할 사항은 언제 어디서나 모든 사람이 믿어 온 것을 지켜야 한다는 것이다. 이 규칙은 진정으로 보편적인 것이 어떤 것인지를 말해 준다. 이 규칙은 모든 것을 보편적으로 이해하는 이성과 언어의 기준에서 봐도 확실한 것이다. 만일 우리가 이 하나의 신앙을, 곧 전체 교회가 세상 어디서나 고백하는 신앙을 참되다고 인정한다면, 우리는 '보편성'universality을 따르는 것이 된다. 만일 우리가 위대한 성도들과 선조들이 분명하게 선포한 그 가르침에서 이탈하지 않는다면, 우리는 '고대성'antiquity을 인정하는 것이다. 또 우리가 이러한 고대성을 인정하면서 주교와 지도자들이 가르친 것을 모두(혹은 거의 모두라도) 따른다면, 우리는 '일치성'consensus을 지키는 것이 된다.

이 보편성과 고대성과 일치성이라는 세 가지 기준은 '빈켄티우스의 원리'Vincentian canon로 알려지게 되었으며, 근래에 들어와 에큐메니컬 논의에서 큰 중요성을 지니게 되었다.

그렇지만 이러한 전통 이해에는 몇 가지 약점이 있었다. 예를 들어, 전통을 순전히 정적인 관념으로 생각해서, 오늘날에도 그대로 반복해야 하는 과거의 사고방식이라고 보는 것이다. 이런 견해에 대해 우려하는 소리가 19세기의 일부 가톨릭 진영에서 나왔다. 특별히 흥미를 끄는 것이 가톨릭 튀빙겐 학파의 설립자인 요한 아담 묄러1796-1838의 견해다. 1832년에 발간되어 널리 읽힌 『비교신조론』Symbolism에서 묄러는 전통을 교회 안에서 살아 움직이는 목소리로 보는 개념을 제시하고, 이 전통에 의지할 때 기독교 공동체의 성서 해석이 오류로부터 안전하게 보호받을 수 있다고 주장하였다.

전통이란 신자들의 마음속에 항상 거하며 살아 움직이는 말씀이다. 넓은 의미에서 성서 해석은 이러한 전통에 비추어 이루어진다. 논쟁이 된 주제에 대해 전통이 내리는 선언은 곧 교회의 판결이며, 따라서 교회는 신앙의 문제들에서 심판자가 된다. 객관적인 의미에서 전통은 모든 세대를 통해 전해지고 외적인 역사적 증거에 의해 증명된, 교회의 일반적 신앙이다. 이런 의미에서 전통은 성서 해석의 표준이자 규범, 곧 신앙의 규범이 된다.

뮐러는 분명 전통을 주관적인 측면과 객관적인 측면으로 나누어 이해한다. 여기서 빈켄티우스가 주장한 교리적 일치성이라는 개념과 얼추 일치하는 것이 객관적인 측면, 곧 "모든 세대를 통해 전해지고 외적인 역사적 증거에 의해 증명된, 교회의 일반적 신앙"이다. 그런데 이 객관적 측면이 교회 안에서 화석화되어 변질되지 않도록 막아주는 것이 주관적인 요소다.

이 쟁점은 지금도 여전히 중요하다. 20세기에 가톨릭과 정교회에서 똑같이 '전통'과 '전통주의'를 구분하려는 노력이 이루어졌다. 전통주의란 과거의 교리나 도덕 형식들에 융통성 없이 맹목적으로 매달리는 것을 의미하며, 이에 반해 전통이란 전승되어 온 신앙을 교회가 생생하고도 충실하게 지키는 것을 가리킨다. 이러한 견해를 『가톨릭교회 교리서』[1994]에서도 볼 수 있는데, 교리서에서는 성서와 전통의 밀접한 관계를 강조한다.

주님께서 명령하신 대로 복음은 두 가지 방식으로 전해졌다.

❶ 구두로는, 사도들이 그리스도의 말씀과 삶과 사역을 통해 받거나 성령께서 깨닫게 해주셔서 받은 것을 자신들의 설교와 모범을 통해 또는 그들이 세운 제도들을 통해 전하였다.

❷ 문서로는, 사도들과 그 뒤를 이은 사람들이 성령의 감동을 받아 구원

의 소식을 기록함으로써 전해졌다. 사도들은 완전하고 생생한 복음이 교회 안에 영구히 보존되도록 하기 위해 주교들을 세워 그들을 계승하게 하였다. 그리고 그들에게 교도직을 물려주었다. 영감 받은 책들 속에 특별한 방식으로 표현된 사도들의 가르침은 세상 끝날까지 지속적으로 계승되어 보전되도록 정해졌다. 성령 안에서 이루어지는 이러한 생생한 전달은, 성경과 밀접한 관계가 있으면서도 분명하게 구별되는 까닭에 전통이라고 부른다. 이 전통을 통해서, 교회는 자신의 모든 것과 자신이 믿는 모든 것을 교리와 생활과 예배 안에서 영속시키며 모든 세대의 사람들에게 전달한다.……성령 안에서 당신의 '말씀'을 통해 이루시는 성부의 자기소통은 교회 안에 계속 현존하고 작용한다.

위의 인용문에서 교회의 역할이, 성서에 기초한 신앙의 내용을 각 세대에게 전달해 주는 살아있는 유기체로 그려지고 강조되고 있는 데 주목할 필요가 있다. 여기서 전통은 성서와는 별개의 것으로서, 계시의 정적인 원천이 아니라 기독교 신앙을 전달해 주는 능동적이고 살아있는 과정으로 이해된다. 전통은 우리를 우리의 기원과 연결해주는 살아 있는 강이다(교황 베네딕토 16세).

장 메옌도르프John Meyendorff, 1926-1992와 같은 유명한 정교회 신학자들의 글에서도 이와 비슷한 내용을 볼 수 있다. 메옌도르프는 널리 알려진 책 『살아있는 전통』Living Tradition, 1978에서, 전통을 명제적 진리들을 쌓아 놓은 덩어리나 단순히 과거의 통찰들을 되풀이하는 일이라고 생각해서는 안 된다고 주장하면서 이렇게 말했다.

참된 전통은 언제나 **살아있는** 전통이다. 전통은 변하면서도 언제나 동일하다. 변하는 까닭은 그 본질적인 내용이 바뀌기 때문이 아니라 다양한 상황에 직면하기 때문이다. 전통의 내용은 추상적인 명제가 아니라 "내가 곧 진리다"라고 말씀하시는, 살아계신 그리스도 자신이다.

따라서 '전통'이라는 말은 전달되는 대상을 뜻할 뿐만 아니라 신학적이거나 영적인 통찰들을 평가하고 판별하여 한 세대에서 다른 세대로 전해 주는 적극적인 성찰의 과정까지를 뜻하는 것이 분명하다. 기독교 신학 안에서 전통을 이해하는 세 가지 폭넓은 방식을 볼 수 있는데, 이제 그에 대해 살펴본다.

전통의 단일 원천 이론

초대교회에서 발생한 여러 논쟁들, 그중에서도 특히 영지주의의 위협에 맞선 논쟁에 응답하는 가운데 특정한 성서 구절들을 이해하는 '전통적 방식'이 발전하기 시작했다. 리옹의 이레나이우스 같은 2세기의 교부 신학자들은 성서의 어떤 본문을 해석할 때, 그 해석 방식이 사도들에게서 유래한 것이라고 권위를 부여하는 이론을 발전시켰다. 성서에는 자의적이거나 개인의 의도에 맞춰 해석하는 방식이 결코 적용될 수 없었다. 기독교 교회의 역사적 연속성이라는 맥락 안에서 해석해야만 했다. 성서 해석의 변수는 역사적으로 확정되고 '주어진' 것이었다. 여기서 전통이란 단지 "신앙 공동체 안에서 성서를 해석하는 전통적 방식"을 의미한다. 이것이 전통의 '단일 원천 이론'single-source theory이다. 풀어 말해, 신학은 성서를 근거로 삼으며, 전통은 성서를 해석하는 전통적 방식을 의미한다.

종교개혁 주류는 이 이론을 채택하였으며, 삼위일체론이라든가 유아세례 관습 같은 것들도 그와 연관된 전통적인 성서 해석들이 성서와 일치하는 것으로 입증되기만 하면 받아들일 수 있다고 보았다. 이러한 사실을 놓고 볼 때, 제도권 종교개혁자들이 교회의 집단적 판단보다 개인적 판단을 더 높게 보았다거나 일종의 개인주의에 빠졌다고 주장하는 것은 잘못이라는 것이 분명해진다. 하지만 급진적 종교개혁의 경우에는 이러한 지적이 분명 사실이라고 말할 수 있다.아래를 보라.

전통의 이중 원천 이론

14세기와 15세기에는 앞에서 살펴본 것과는 다소 다른 전통 이해가 발전하였다. **성서에 더해,** '전통'이 그 자체로 독특하고 독립된, 계시의 원천으로 받아들여졌다. 성서는 많은 문제들에 대해 입을 다물고 있지만 하나님께서는 자비롭게도 이렇게 부족한 부분을 채우기 위해 계시의 두 번째 원천을 준비해 놓으셨다는 것이다. 그 두 번째 원천이 바로 사도들에게서 시작된, 글로 기록되지 않은 전통의 흐름이다. 이 전통은 교회 안에서 한 세대에서 다른 세대로 전달되었다. 이것이 전통의 '이중 원천 이론'dual-source theory이다. 풀어 말해, 신학은 두 개의 전혀 다른 원천, 곧 성서와 글로 기록되지 않은 전통에 근거한다.

그러므로 이중 원천 이론에서 보면, 성서에 명확하게 나오지 않는 믿음은 글로 기록되지 않은 전통에 호소함으로써 정당화될 수 있다. 이 견해는, 종교개혁이 제기한 위협에 맞서서 가톨릭의 견해를 설명하고 옹호하는 것을 과제로 삼았던 트리엔트 공의회에서 강력하게 옹호되었다. 트리엔트 공의회는 성서가 계시의 유일한 원천이라고 생각해서는 안 된다고 결정했다. 이렇게 해서 공의회는 성서와 전통 두 가지가 같은 성령에 의해 영감된 것이며 또 가톨릭교회에 의해 똑같이 보호되고 전달되어야 한다고 주장했다.

이 진리와 규범은 글로 기록된 책들과 또 기록되지 않은 전통들 속에 들어 있다. 이 전통들은 사도들이 그리스도로부터 또는 사도들로부터 받아서 성령의 지시를 따라 손에서 손으로 전달하여 우리에게 전해진 것이다. 정통 교부들의 모범을 따라 [교회는] 구약성경과 신약성경이 모두 하나님께서 지으신 것임을 알기에 그 두 책을 똑같이 애정과 존경의 마음으로 받아들이고 귀하게 여긴다. 이와 마찬가지로 구두의 전통도 신앙에 관한 것이든 도덕에 관한 것이든, 그리스도께서 친히 또는 성령께서 명하셨고 계승을 통해 가톨릭교회 안에 보존되어 온 것이기에 역시 애정과 존경의 마음으로 받아들이고 귀하게 여긴다.

제2차 바티칸 공의회 1962-1965 는 이러한 견해를 미묘하게 수정하여, 앞에서 논의한대로 '전통'을 "성경에 대한 전통적 해석"으로 이해하였다. 또 공의회는 "하나님의 말씀이 교회 안에서 온전히 성취될 때까지 교회가 끊임없이 신성한 진리의 충만함을 향해 나아감에 따라," 다시 말해 말씀에 대한 성찰의 결과로, "전승된 말씀과 사실들에 대한 이해가 성숙"하게 된다고 주장하였다.

방금 살펴본 두 가지 견해는 모두 전통의 가치를 인정한다. 세 번째 견해는 사실상 전통을 부정하는 것으로, 흔히 '재세례파' • 로 불리는 급진 종교개혁 진영에서 두드러졌으며 뒤이어 계몽주의에 공감하는 사상가들에 의해 발전하였다.

전통의 철저한 거부

토마스 뮌처 Thomas Müntzer, 1489-1525 와 카스파르 슈벵크펠트 Caspar Schwenkfeld, 1490-1561 같은 16세기의 급진적 신학자들이 볼 때, 개인은 누구나 성령의 인도를 받아 성서를 자기가 좋아하는 대로 해석할 권리가 있었다. 급진파인 제바스티안 프랑크 Sebastian Franck, 1499-1543 에게 성서는 "일곱 개의 봉인으로 닫혀 있어서 다윗의 열쇠, 곧 성령의 조명이 없는 사람은 아무도 열 수가 없는 책이다." 이렇게 해서 개인주의로 나가는 길이 열렸으며, 개인의 사사로운 판단이 교회의 공동체적인 판단 위로 높아지게 되었다. 따라서 급진주의자들은 유아세례의 관습(제도권 종교개혁은 여전히 따르고 있었다)을 비성서적인 것으로 거부하였다(신약성경 속에는 이 관습에 대한 분명한 근거가 없다).

이와 비슷하게 삼위일체와 그리스도의 신성 교리들도 부적합한 성서적 근거에 기초한 것으로 여겨져 거부되었다. 급진파들에게는 전통이 끼어들 여지가 전혀 없었다. 1530년에 제바스티안 프랑크는

> • 재세례파
> **Anabaptism**
>
> "다시 세례를 베푸는 사람들"을 뜻하는 그리스어에서 온 말로, 16세기 종교개혁의 급진파를 가리키는 말이다. 메노 시몬스와 발타자르 후브마이어 같은 사상가들이 기초를 놓았다.

"어리석은 암브로시우스와 아우구스티누스, 히에로니무스, 그레고리우스, 그들 가운데 그 누구도 주님을 알지 못한다. 맹세컨대 그들은 하나님께서 가르치라고 보낸 사람들이 아니다. 오히려 그들은 모두 적그리스도의 사도들이다"라고 썼다.

이 견해는 전통의 굴레에서 벗어나기를 갈망했던 계몽주의 시대에 와서 더욱 발전하였다. 과거의 압제로부터의 정치적인 해방(프랑스혁명의 핵심 주제였다)은 곧 과거의 정치적·사회적·종교적 관념들을 완전히 포기하는 것을 의미했다. 계몽주의 사상가들이 인간의 이성에다 그처럼 높은 가치를 부여한 이유 가운데 하나는 지식을 얻기 위해 전통에 의지해야 할 필요를 이성이 면제해 주었다는 데 있었다. 알아야 할 가치가 있는 지식은 모두 이성만으로 손에 넣을 수 있었다.

따라서 전통을 존중하는 것은 옛 권위에 대한 굴종이요 구시대의 사회·정치·종교 제도에 스스로 노예가 되는 것으로 여겨졌다. "근대의 사상은 권위의 위기 속에서 태어났고, 권위로부터 벗어나면서 모양을 갖추었으며, 애초부터 일체의 전통적인 영향에서 벗어난 자율을 꿈꾸었다"(제프리 스타우트). 또한 마이클 폴라니Michael Polanyi, 1891-1976는 다음과 같이 말했다.

우리는 입증되지 않은 많은 신념들이 아주 어린 시절부터 우리에게 주입된다고 경고 받은 바 있다. 종교의 도그마, 옛사람들의 권위, 학교에서 가르치는 것, 유아교육의 격언들, 이 모든 것이 하나로 엮여서 전통이라는 덩어리를 이루며, 우리는 이것들을 단지 전부터 다른 사람들이 믿어 왔기 때문에, 또 그들이 우리에게도 믿으라고 가르쳤기 때문에 받아들이는 경향이 있다.

이렇게 계몽주의는 전통을 철저하게 거부했다. 이성에는 과거의 가르침으로 채워야 할 빈자리가 전혀 없다. 최근 수십 년 사이에 기독교 신학에서 새롭게 전통에 대해 관심을 기울이고 존중하게 된 것도 계몽주의의 영향이 수그러들면서 나타난 현상이라고 볼 수 있다.

신학과 예배: 예전 전통의 중요성

기독교 전통의 중요한 구성요소 가운데 하나가 예배의 고정된 형식, 곧 흔히 **예전**이라고 부르는 것이다. 근래에 들어와, 기독교 신학자는 기도하고 예배하는 사람이며 이렇게 헌신하는 가운데 그의 신학 성찰이 모양을 갖추게 된다는 사실을 다시 발견하게 되었다. 이것은 기독교 교회의 첫 시대부터 인정되어 온 사실이다. "렉스 오란디, 렉스 크레덴디"*lex orandi, lex credendi*라는 라틴어 구절은 대략 "당신의 기도가 당신의 믿음을 결정한다"로 번역할 수 있는데, 이 말은 신학과 예배가 서로 영향을 끼친다는 사실을 뜻한다. 기독교인들이 믿는 것은 그들이 기도하고 예배하는 방식에 영향을 주며, 기독교인들이 기도하고 예배하는 방식은 그들이 믿는 것에 영향을 끼친다.

이 점의 중요성을 특히 잘 보여주는 것이 초대교회 시기에 영지주의와 아리우스주의를 둘러싸고 벌어진 두 논쟁이다. 영지주의자들은 '육체'와 '영혼'을 가르는 철저한 이원론을 기초로 물질은 본래부터 악하다고 주장하였다. 이에 대해 이레나이우스는 빵과 포도주와 물이 기독교의 성례전에 사용된다는 사실을 근거로 삼아 반박했다. 이 물질들이 기독교 예배에서 그토록 중요한 지위를 인정받는다면, 어떻게 그것들이 악할 수가 있겠는가?

아리우스약260-336는 그리스도가 하나님의 피조물 가운데 최고의 존재일 뿐이라고 주장하였다. 이에 맞서 아타나시우스약293-373와 같은 사람들은, 그런 그리스도론은 기독교인이 예배하는 방식과는 완전히 어긋난 것이라고 반박하였다. 아타나시우스는 그리스도를 예배하고 그에게 기도하는 실천의 신학적 중요성을 강조하였다. 만일 아리우스가 옳다면 기독교인들은 하나님이 아니라 피조물을 예배해서 우상숭배의 죄를 짓는 것이 된다. 아리우스는 신학이 예전을 비판해야 한다고 믿었는 데 반해 아타나시우스는 신학자들이 예배 형태와 실천을 진지하게 참고해야 한다고 믿었다.

최근에 예전과 신학의 관계에 대해 새로운 관심이 늘고 있다. 감리교회 저술가인 제프리 웨인라이트Geoffrey Wainwright, 1939 출생는 『송영』 Doxology, 1980에서, 초기 시대부터 신학적 주제가 기독교 예배에 통합되어 온 방식을 논하였다. 교회의 예전은 순전히 감정적인 수준에서 끝나는 것이 아니라 지성적 요소들을 포함한다. 따라서 위에서 언급했듯이, 예배와 신학적 성찰은 유기적으로 하나가 되고 그런 까닭에 신학과 예전의 밀접한 관계는 자연스러운 것이다.

가톨릭 신학자인 아이단 카바나Aidan Kavanagh, 1929-2006는 『예전신학』On Liturgical Theology, 1984에서, 예배가 기독교 신학의 일차적 원천이며 자극제라고 주장했다. 그는 **일차 신학**(예배)과 **이차 신학**(신학적 성찰)으로 분명하게 나누어 구분했다. 이 말은 곧 예배가 신학보다 우위에 있다는 것이다. 그런데 만일 예전의 발전이 신뢰할 수 없는 것이 되어 버린다면 어떻게 되는가? 신학이 예전을 규정하고 비판하는 역할을 하는가? *lex orandi*와 *lex credendi*의 상대적인 권위와 관련된 이 문제는 좀 더 깊이 다루어야 할 과제이며, 앞으로 한동안 논쟁의 주제가 될 것으로 보인다.

─── 이성

세 번째로 다룰 주요한 신학적 원천은 인간의 이성이다. 기독교 신학에서는 언제나 이성의 중요성을 인정해 왔는데, 계몽주의 시대에 와서 특별히 이성을 강조하게 되었다149-153쪽. 기독교 전통에서 이성에 대한 강조가 어떻게 변해왔는지를 살펴보는 것으로 논의를 시작한다.

자료와 방법론

이성과 계시: 세 가지 모델

인간은 합리적 존재이며 그런 까닭에 이성이 신학에서 주요한 역할을 하게 되는 것은 당연한 일이라고 하겠다. 그러나 기독교 신학에서는 이성의 역할이 무엇이냐를 두고 커다란 논쟁이 계속되어 왔다. 앞에서 철학 및 세속 문화에 대한 교부들의 태도를 논하면서239-244쪽 그 당시에 나타났던 다양한 견해들을, 플라톤주의를 어느 정도 무비판적으로 수용한 경우(순교자 유스티누스약 100-165)와 철학은 신학에서 어떤 역할도 맡지 않는다고 부정한 경우(테르툴리아누스), 세속 철학에서 적어도 몇 가지 개념을 기꺼이 받아들인 경우(아우구스티누스)로 나누어 살펴보았다. 교부시대 이후의 견해들을 살펴보는 것이 도움이 되는데, 이 기간에는 폭넓게 나누어 다음과 같은 세 가지 견해가 발견된다.

신학은 합리적 학문이다 | 토마스 아퀴나스약1225-1274 같은 사상가들에게서 볼 수 있는 이 견해는, 기독교 신앙은 근본적으로 합리적이며 따라서 이성을 도구로 탐구할 수 있고 또 이성의 도움을 받을 수 있다는 가정을 기초로 삼는다. 뒤에서 살펴볼 아퀴나스의 '다섯 가지 길'365쪽은 이성이 신앙의 개념들을 지지해 줄 수 있다는 그의 신념을 분명하게 보여준다.

그러나 아퀴나스와 그가 대표하는 기독교 전통에서는 기독교가 이성에 의해 결정되는 것에만 한정된다고 생각하지 않았다. 신앙은 이성을 초월하는 것이며, 이성만으로는 간파하거나 파악할 수 없는 계시의 진리와 통찰들과 관계가 있다. 이성의 역할은 계시를 통해 알게 된 것을 확실하게 정돈하고 그것이 함축하는 의미가 무엇인지를 탐구하는 것이다. 이런 의미에서 신학은 스키엔치아*scientia*, 곧 계시를 통해 알려진 것을 합리적 방법을 사용해 밝히는 합리적 학문이다. 앞에서 언급했듯이 에티엔 질송1884-1978은 기독교를, 인간 이성이라는 기반 위에 서 있으나 그 상부구조물은 순수이성으로 이해할 수 있는 영역 너머로 치솟아 있는 대성당에 비유하였다. 기독교는 합리적인 기반 위에 서 있으나 그러한 기반 위로 우뚝 솟은 건물은 이성이 밝혀낼 수 있는 수준을 훨씬 능가한다. 따라서 철학은 안칠라 테올로기애*ancilla theologiae*, 곧 '신학의 시녀'다354-357쪽.

신학은 이성의 통찰을 그대로 따른다 ㅣ 17세기 중반에 잉글랜드와 독일에서 새로운 견해가 등장하였다. 기독교는 이성적이라는 주장이었다. 앞서 토마스 아퀴나스는 이 말을 신앙이 합리적 기초 위에 확고하게 세워지는 것이라는 의미로 이해한 데 반해 이 새로운 학파에서는 신앙의 모든 요소 곧 기독교 믿음의 모든 내용이 이성에서 나왔다는 점이 반드시 제시되어야 한다고 주장하였다. 신앙이 합리적이라면, 신앙의 모든 것이 이성에 의해 추론될 수 있어야 한다는 것이다.

이 견해를 분명하게 보여주는 사례를 처베리의 허버트Lord Herbert of Cherbury, 1583-1648의 저술, 그중에서도 특히 『종교의 진리에 대하여』*On the Truth of Religion*, 1624에서 볼 수 있는데, 이 책에서 그는 선천적 하나님 의식과 인간의 도덕적 의무에 기초를 둔 합리적 기독교를 주장하였다. 이러한 견해는 두 가지 중요한 결과를 낳았다. 첫째, 실질적으로 기독교는 이성으로 증명이 가능한 개념들로 변했다. 만일 기독교가 합리적이라면, 기독교의 체계 가운데서 이성으로 입증이 불가능한 것들은 모두 합리적인 것으로 인정받을 수 없으며 따라서 폐기해야 한다. 둘째, 이성이 계시보다 우위에 있는 것으로 생각되었다. 이성이 앞서고 그 다음에 계시가 온다.

이렇게 해서 이성은 계시로부터 아무런 도움을 받지 않고서도 무엇이 옳은지를 확정하는 능력이 있는 것으로 인정되었다. 기독교는 이성을 따라야 하며, 이성이 말하는 것을 시인할 때 인정받게 되고 제 뜻을 마음대로 펼칠 때는 인정받을 수 없다. 그러니 우리가 하나님과 세상과 우리 자신에 관해 알아야 할 모든 것을 이성이 말해 줄 수 있는데 무엇 때문에 계시 개념으로 골머리를 앓아야 하는가? 이러한 인간 이성의 총체적 능력을 절대적으로 확신했던 합리주의에서는 성경을 통해 그리스도 안에 나타난 계시라는 교리를 하찮게 여겼다.

신학은 궁극적으로 이성이 다스린다 | 결국 이러한 합리주의적 견해는 다음과 같은 논리적 결론에 이르게 되었다. 사실 기독교는 이성과 합치하지 않는 주요한 교리들을 다수 포함하고 있다. 이성은 종교보다 우월한 것이기에 종교를 심판할 권리가 있다. 이 접근법은 이신론과 관계가 있다. 이신론은 합리주의의 그런 형식에 기초한 영국의 종교 운동이다. '이신론'("신"을 뜻하는 라틴어 *deus*에서 유래)deism이라는 용어는, 하나님이 창조자라는 점은 인정하지만 창조된 세상에 하나님이 계속해서 관여하거나 특별하게 임재한다는 사실은 부정하는 신관을 가리키는 말로 폭넓게 사용된다. 이 말은 흔히 '유신론'("신"을 의미하는 그리스어 *theos*에서 유래)theism과 대비된다. 이 이론에서는 하나님이 계속해서 세상에 관여한다는 점을 인정한다.

이신론의 좋은 사례는 매튜 틴들Matthew Tindal, 1657-1733의 『창조만큼이나 오래된 기독교』1730이다. 틴들은 기독교는 "자연종교의 재판(再版)에 지나지 않는다"는 유명한 말을 남겼다. 정의와 합리성, 지혜 같이 일반적으로 용인된 인간의 관념들을 확장한 것이 신이라고 본다. 이러한 보편종교는 모든 시대 모든 곳에서 만날 수 있으며, 이에 반해 전통적 기독교는 그리스도 이전에 살았던 사람들은 알 수 없는 신적 계시라는 개념에 근거한 것이다. 틴들의 견해가 널리 퍼진 때는 지식사회학이라는 근대 학문이 '보편적 이성'이라는 개념에 회의론을 일으키기 전이었다. 그리고 그의 견해는, 이신론의 두드러진 특성이자 나중에 계몽주의에서 큰 힘을 발휘한 합리주의를 보여주는 탁월한 모델이다.

영국의 이신론 사상은 이 사상에 공감하고 친숙한 사람들의 저술과 번역을 통해 유럽 대륙(특히 독일)으로 전해졌다. 이에 대한 사례가 볼테르의 『철학서간』*Philosophical Letters*, 1733이다. 다음으로 살펴볼 계몽적 합리주의는 흔히 영국 이신론이 활짝 피어난 것이라고 평가된다.

계몽적 합리주의

계몽적 합리주의의 기본 가정은 세상과 우리 자신, 그리고 하나님(만일 존재한다면)에 관해 우리가 알 필요가 있는 모든 것을 인간 이성이 완벽하게 말해 줄 수 있다는 것이다. 18세기 합리주의 철학자인 크리스티안 볼프Christian Wolff, 1679-1754의 야심찬 제목이 달린 책, 『신과 세계와 영혼, 그리고 세상 모든 것에 관한 이성적 사유』Reasonable Thoughts about God, the World, the Human Soul, and just about everything else, 1720의 앞부분에 실린 그림 한 장이 이처럼 이성에 보내는 확고한 신뢰를 가장 그럴듯하게 그려낸다. 이 판화는 미신과 전통과 신앙이라는 옛 관념들을 상징하는 어둠과 그늘로 뒤덮인 세상의 모습을 담고 있다. 그런데 판화의 위쪽에서 태양이 떠올라 언덕과 골짜기를 비추며, 지금까지 음울하게 살아왔을 것이 뻔한 농부들의 얼굴에서 미소가 떠오르게 한다. 메시지는 분명하다. 이성은 계몽하며, 기독교 신앙의 안개와 어둠을 거두어 내고 인간의 합리성이라는 찬란한 빛을 열어 보인다는 것이다. 신의 계시는, 비록 그런 것이 있다고 해도, 부적절한 것이다. 이러한 사고가 낳은 결과에 대해서는 앞에서 계몽주의가 기독교 신학에 끼친 일반적 영향을 살펴볼 때 이미 상세하게 논했다153-157쪽.

여기서, 독자들이 흔히 동일한 것이라고 혼동하는 '이성'과 '합리주의'의 차이점을 분명히 밝힐 필요가 있다. 이성은 증거와 논증을 기초로 하는, 인간의 기본적인 사고능력이다. 이성은 신학에 대해 중립적이며, 이성을 하나님 지식의 유일한 원천이라고 생각하지만 않는다면 신앙에 아무런 위협이 되지 않는다. 이성을 하나님 지식의 유일한 원천으로 생각하는 순간 이성은 합리주의로 변한다. 합리주의란 배타적으로 인간 이성만을 의지하고 신의 계시에는 어떠한 가치도 허용하지 않는 태도다.

계몽적 합리주의는 다른 것의 도움 없이 인간의 이성만으로 인간이 알아야 할 모든 것을 제시해 줄 수 있다는 신념이라고 말할 수 있다. 애초부터 이성을 의지하였기에 다른 것에 귀 기울일 필요가 없다. 원칙을 따지자면, 기독교인이라고 해서 독특하면서 동시에 옳은 것이라고 주장할 수 있는 것을 가질 수 있는 것이 아니다. 만일 어떤 것이 독특하다면 그것은 이성의 도리에서 이탈한 것이며 따라서 결코 참일 수 없다. 간단히 말해, 다르다는 것은 곧 틀렸다는 것이다.

이렇게 기독교를 합리주의적 입장에서 비판한 사례는 주로 그리스도론(어떻게 예수가 하나님이며 동시에 인간일 수 있는가)과 삼위일체론(한분 하나님이 어떻게 조잡한 논리적 모순에 빠지지 않으면서도 세 위격으로 존재할 수 있는가) 쪽에서 볼 수 있다. 18세기의 프랑스혁명에 깊은 영향을 받은 사람인 미국의 초기 대통령 토머스 제퍼슨Thomas Jefferson, 1743-1826은 이러한 교리들에 합리적인 비판을 퍼부었다. 그의 주장에 의하면, 예수는 매우 단순하고 합리적인 스승으로, 극히 간단하고 합리적인 신 관념을 담은 단순하고 이성적인 복음을 가르쳤다. 그런데 기독교가 모든 것을 필요 이상으로 복잡하게 만들었다는 것이다.

이것의 직접적인 결과로 나타난 것이 신약성서 연구에서 '역사적 예수 탐구'로 알려진 운동이었다538-551쪽. 18세기 말에 등장한 이 탐구의 바탕에는 신약성서가 예수를 완전히 잘못 이해했다는 신념이 깔려 있다. 진짜 예수, 곧 "역사의 예수"는 갈릴리 출신의 평범한 선생으로서, 이성에 기초해서 온전히 상식과 일치하는 생각들을 가르쳤다. 그런데 신약성서가 그를 매우 그릇되게 죄인들의 부활한 구원자로 주장하였다는 것이다.

따라서 이성은 그리스도를 판단할 수 있는 위치에 있다고 인정받게 되었다. 임마누엘 칸트1724-1804는 그의 유명한 저술『이성의 한계 안에서의 종교』Religion within the Limits of Reason Alone, 1793에서 이성과 양심이 예수 그리스도의 권위보다 앞선다는 것을 강하게 주장하였다. 그리스도는 이성이 가르치는 것을 인정하는 한에서만 존경받을 수 있으며, 이성에 반하거나 벗어날 때는 배척당하게 된다.

그러므로 계몽적 합리주의는 독립적인 인간 이성의 탁월함을 인정하였으며, '계시'에 의존하지 않고 이성만으로도 종교에 관해 알아야 할 모든 것을 확보할 수 있다고 주장하였다. 그에 더해 이성은 기독교와 같은 종교들이 내세우는 진리들을 심판하고 종교의 많은 관념들을 '비합리적'인 것으로 판정해 제거할 수 있는 능력을 지녔다. 이런 생각이 18세기 말과 19세기에는 강한 힘을 발휘했을지 모르지만 오늘날에는 수상쩍은 것으로 대접받고 있다. 다음으로 그 이유에 대해서 살펴본다.

계몽적 합리주의에 대한 비판

계몽주의 사상은 이제 우리가 살펴볼 여러 가지 발전으로 인해 심각하게 신뢰성을 잃게 되었다. 계몽주의 사상에 공감하는 대부분의 저술가들은 유클리드의 다섯 가지 기하학 공리를 받아들였다. 유클리드는 이 다섯 개의 공리를 기초로 완전한 기하학 체계를 세울 수 있었으며, 이 기하학 체계는 이성만을 기초로 삼은 보편적이고 참된 체계를 보여주는 사례라고 여겨져 왔다. 스피노자[1632-1677]와 같은 철학자들은 이와 동일한 방법을 철학에도 적용할 수 있다고 주장하였다. 유클리드의 기하학이 그런 것처럼, 보편적이고 튼튼한 합리적 토대 위에 철학과 윤리학이라는 안정된 체계가 세워질 수 있는 것으로 보았다.

이런 식의 유추는 19세기에 들어와 비유클리드 기하학이 발견되면서 힘을 잃게 되었다. 다른 방식의 기하학 이론 또한 존재하며 그 각각의 이론들이 유클리드 기하학만큼이나 내적으로 참되다는 사실이 밝혀졌다. 그렇다면 어떤 이론이 옳은가? 이 물음에는 답이 없다. 그 이론들은 서로 다르고 또 그 나름의 장점과 문제점이 있다.

이제 합리주의에 대해서도 거의 같은 점을 지적할 수 있다. 한때는 오직 하나의 합리적 원리가 존재한다고 주장되었지만 점차로 다양한 '합리성들'이 존재하고 또 존재해 왔다는 사실이 인정되고 있다. 탐험가들이 18세기에 아프리카, 아시아, 호주를 항해한 뒤 유럽으로 돌아왔을 때, 그들은 서유럽 사람들과 거의 관계가 없는 다른 합리성과 규범을 선택하는 문화에 대한 지식을 가지고 왔다. 이 사실로 미루어보면, 인간의 이성이 계몽주의에서 생각했던 것처럼 보편적인 것은 아니라고 말할 수 있지 않은가? 또 합리성이 지역에 따라서도 다른 형태를 지니는 것 아닌가?

철학자 알래스데어 매킨타이어[1929 출생]는 진리와 의미에 대한 합리주의 견해를 역사적으로 깊이 연구한 책인 『누구의 정의이고 어떤 합리성인가?』[Whose Justice? Which Rationality?, 1988]에서, 계몽주의는 실제에서 결코 충족될 수 없는 정당화 기준을 주장한 것이라고 결론내렸다.

합리적인 사람이라면 누구나 부정할 수 없는 원리들이 무엇이냐의 문제에서, 계몽주의자들뿐만 아니라 그 계승자들 사이에서도 합치된 의견을 찾을 수 없다는 사실이 분명해졌다. 『백과전서』[Encyclopédie]의 저작자들이 한 가지 답을 내놓았고, 루소가 두 번째 대답, 벤담이 세 번째, 칸트가 네 번째, 스코틀랜드의 상식철학파 사람들과 이들을 계승한 미국과 프랑스 철학자들이 다섯 번째 답을 내놓았다. 그 뒤를 이은 역사에서도 이러한 불일치를 줄이지는 못했다. 따라서 계몽주의가 남긴 유산은, 불가능한 것으로 판명된 합리적 정당화라는 이상이었다.

철학자 한스 게오르크 가다머[1900-2002]가 "역사적 계몽주의에 대한 로빈슨 크루소식의 꿈, 크루소만큼이나 허황되다"라고 통렬하게 비판한 것도 이런 이유 때문이다. 가다머는 사회와 그 이념들을 비판할 수 있는 객관적인 위치를 확보하기 위해 역사와 문화를 초월하는 것이 가능하겠는가라는 문제와 깊이 씨름하였다. 그가 볼 때 계몽주의는 자기의 약속을 이행하지 못했다. '보편적 합리성'이라는 관념은 오늘날 많은 사람들에게 '허구'에 불과한 것으로 대접받는다. 포스트

모더니즘에서는 다양한 합리성들이 존재하며 그것들 각각은 그 자체로 존중받을 자격이 있다고 주장하고 있다. 그 합리성들을 판정할 수 있는 특권적인 관점, 보편적인 '이성' 개념 같은 것은 존재하지 않는다.

이제 신학의 자원으로서의 이성의 면모에 대해 살펴보는 일을 마치고 마지막으로 종교경험이 신학에서 차지하는 위치에 대해 살펴본다.

─────────────── 종교경험

'경험'experience은 애매한 용어다. 이 말의 기원은 비교적 잘 알려져 있다. "삶의 여정에서 일어나는 일"로 해석할 수 있는 라틴어 익스페리엔치아experientia에서 왔다. 이렇게 넓은 의미에서 볼 때 경험은 "직접적인 삶의 체험을 통해 얻고 축적된 지식의 덩어리"를 뜻한다. '경험이 있는 교사'라든가 '경험 많은 의사'라는 말이 있는데, 그 의미는 그들이 실제적인 적용을 통해 기술을 배웠다는 뜻이다.

그런데 이 말에 나중에 새로운 의미가 더해졌으며, 여기서는 주로 이런 의미에 관심을 기울인다. 이 말은 개인의 내적 삶, 곧 개인들이 자신의 주관적 감정과 정서를 인식하게 되는 삶을 가리키는 것이 되었다. 경험은 일상생활로 이루어진 외적 세계와 대립되는 내적이고 주관적인 경험 세계와 관계가 있다. 종교경험의 중요성을 강조한 것이 초기 감리교회•의 특색이었으며, '웨슬리의 4대 원리'Wesleyan quadrilateral라는 용어는 보통 성서·전통·이성·경험을 묶어 가리키는 말로 사용된다. 이 네 가지 요소 중 앞의 세 가지를 통해 웨슬리가 주장하는 것은, 성경 해석은 비판 이성의 학문들을 이용함으로써 어리석은 것이 되지 않도록 해야 하며 다른 시대의 집단적인 기독교 지혜와 사도 시대로부터 우리 시대까지 이어지는 여러 문화의 조명을 받

• 감리교회
  Methodism

존 웨슬리는 영국 교회 안에서 메소디스트 운동을 일으켰으며, 이 운동이 나중에 독자적인 힘을 지닌 교파인 감리교회를 낳게 되었다. 기독교인의 삶에는 '살아있는 신앙'이 필요하다는 점과 경험이 중요한 역할을 한다는 사실을 강조했다. 이러한 감리교는 그 당시 영국의 무기력했던 이신론(Deism)과는 분명하게 대조를 이루었으며 영국에서 주요한 종교 부흥을 낳게 되었다.

아야 한다는 것이다. 웨슬리가 가장 강조하는 것은, 성서의 메시지를 생생한 믿음으로 받아들여서 하나님의 임재를 체험해야 한다는 것이다. 이러한 웨슬리 특유의 강조점을 보여주는 것이 4대 원리의 네 번째 요소인데, 이것은 또한 경건주의의 특징을 잘 보여주는 면모이기도 하다125쪽.

경험의 중요성을 강조한 사람이 웨슬리만은 아니다. 하버드 대학교의 심리학자인 윌리엄 제임스William James, 1842-1910는 저명한 저술인 『종교적 경험의 다양성』The Varieties of Religious Experience, 1902에서, 종교 일반 그리고 구체적으로 기독교에서 주관적 요소들이 중요한 역할을 한다는 점을 강조하였다. 제임스는 폭넓은 저술과 개인적인 증언을 근거로 종교경험 자체와 씨름하면서 그러한 경험들이 지니는 표면적 의미를 밝혀냈다. 제임스는 그러한 종교경험의 특징을 다음과 같은 네 가지로 규명하였다.

❶ **언표불가능성**ineffability: 경험은 "표현하는 것이 불가능하다." 말로는 경험을 제대로 묘사할 수 없다. "경험의 특성은 직접 경험해야 하는 것이다. 그것은 다른 이들에게 알려주거나 전달하는 것이 불가능하다."

❷ **특수한 지적 성질**noetic quality: 그러한 경험은 큰 힘이 있어서, 시간을 초월하는 깊은 진리에 대한 통찰과 지식을 제공해 준다. 이렇게 "추론적인 지성으로는 알 수 없는 깊은 진리를 통찰한 상태"가 "비록 말로 표현하는 것은 불가능해도, 의미와 중요성으로 충만한 계몽과 계시들"이라고 여겨진다.

❸ **일시성**transiency: "신비적 상태는 오래 지속되지 않는다." 그런 상태는 대체로 30분에서 한두 시간 정도 이어지며, 그 경험이 되풀이되면 알아볼 수는 있지만 그 특성은 정확한 기억으로 남지 않는다. "그런 상태가 사라질 때, 그 특성은 기억 속에 재현되지만 어디까지나 불완전할 수밖에 없다."

❹ **수동성**passivity: "사전에 미리 자발적으로 준비함으로써 신비적 상태를 끌어낼 수는 있지만" 일단 그런 상태가 시작되면 체험자는 "강력한 힘에 사로잡히고 붙들리기나" 한 것처럼 아무런 힘을 쓸 수 없다고 느낀다.

제임스는 세 번째와 네 번째 요소가 다른 것에 비해 "비교적 덜 중요하다"고 보면서도 모든 종교경험 현상에서 빠지지 않는 것이라고 주장한다.

제임스의 연구로 분명하게 밝혀진 사실은 기독교가 개념(성서와 이성, 전통에 관한 논의에서 밝혀내는 것들)만을 주제로 다루는 것이 아니라는 점이다. 기독교에서는 또한 개인의 내면적 삶을 해석하고 그 변화를 주제로 다룬다. 아래에서 우리는 독자들이 기독교 신학에서 계속 마주치게 될, 경험과 신학 사이의 관계를 묻는 네 가지 주요 접근법을 살펴본다.

❶ 경험은 기독교 신학을 위한 기초 자료를 제공한다.
❷ 기독교 신학은 인간 경험 및 그것으로부터 발생하는 '궁극적 질문들'과 관련된다.
❸ 기독교 신학은 인간 경험을 해석하는 준거 틀을 제공한다.
❹ 하나님은 단순히 인간 경험을 객체화한 것이다.

이제 이 네 가지를 차례로 살펴본다.

경험은 기독교 신학의 기초가 된다

인간의 종교적 경험이 기독교 신학을 위한 기초 자료가 된다는 개념은 분명 여러 가지 장점이 있다. 이 말은 기독교 신학이 인간의 경험, 곧 어떤 소집단에만 한정된 것이 아니라 모든 인간에게 공통된 경험과 관련된다는 것을 뜻한다. 흔히 이 견해는 '특수성의 걸림돌'(나사렛 예수가 속한 특정한 역사적 위치 때문에 다른 역사 상황에서는 그에 대해 직접 아는 것이 불가능하다는 생각)the scandal of particularity 과 맞설 때 유용해 보인다.

최근에 종교 간 대화에 관심을 가진 사람들이 이 접근법을 환영하였다. 종교 간 대화는 세계의 모든 종교가 기본적으로 동일한 종교 경험—흔히 초월적인 것에 대한 원체험a core experience of the transcendent 이라고 불린다—에 대한 인간의 응답이라고 본다. 따라서 신학은 세계의 다른 종교들의 바탕에도 똑같은 경험이 있다는 것을 인정하고 그러한 공통된 인간 경험을 기독교의 시각에서 성찰하는 노력이라고 말할 수 있다. 뒤에서 기독교와 다른 종교들의 관계를 다루게 될 때 다시 이 점에 대해 살펴볼 것이다916-938쪽.

신학은 인간 경험을 연결한다

개신교 신학자 폴 틸리히Paul Tillich, 1886-1965 와 가톨릭 신학자 데이비드 트레이시David Tracy, 1939 출생는 신학과 인간 경험 사이의 상관관계를 발전시켰다. 만일 인간이 공통된 경험을 지닌다면, 그 경험이 '종교적'인 것이냐 아니냐를 떠나, 기독교 신학이 그 경험에 관해 말하는 것이 가능하다. 그러므로 공통된 출발점이 무엇이냐에 대해 의견을 모으는 일이 필요하지 않다. 출발점은 이미 인간의 경험 속에 놓여 있다. 이러한 견해를 가장 잘 보여주는 것이 1952년에 출간되어 큰 인기를 얻은 폴 틸리히의 강연집, 『존재에의 용기』The Courage to Be일 것이다. 여기서 틸리히는 현대 문화에서 발생하는 인간의 곤경에 대한 다양한 분석을 "기독교 메시지에서 사용된 상징"이 제공하는 "응답"과 "상호 관련"시킨다.

그러나 이 견해에는 난점도 있다. 가장 명백한 난점은 인간의 역사와 문화 전체를 돌아볼 때 '공통된 원체험'에 대한 경험적 증거가 극히 적다는 사실이다. 이 개념은 주장하기는 쉬우나 사실상 증명하기가 거의 불가능하다. 이러한 비판은 예일 대학교의 저명한 신학자인 조지 린드벡이 주장한 '경험-표현적' 교리 이론에서 가장 완숙하고 정교하게 제기되었다. 린드벡은 『교리의 본질』[1984]에서 기독교 교리의 본질에 관한 중요한 분석을 펼치면서[196쪽] 인간의 공통된 경험에 근거한 모델들을 비판하였다.

신학은 경험을 해석하는 틀이다

이 견해는 경험을 초점이 맞지 않거나 애매한 것, 즉 기독교 신학이 제공하는 틀을 사용하여 해석될 필요가 있는 것으로 간주한다. 신학은 경험을 해석하는 것을 목적으로 삼는다. 신학이란 경험의 의미를 포착하기 위해 경험 위로 던지는 그물과 같은 것이다. 경험은 저절로 의미가 드러나는 것이 아니라 해석될 필요가 있다.

예를 들어, 기독교의 창조론과 죄론 사이의 대립을 이용하여 인간의 공통 경험, 예를 들면 불만 의식이나 알 수 없는 것을 갈망하는 호기심을 해석하는 것이 가능하다. 아우구스티누스가 창조론을 통해 경험의 의미를 분석한 것을 살펴봄으로써 신학과 경험의 관계를 설명할 수 있다.

아우구스티누스에 의하면, 우리가 느끼는 불만의 감정은 기독교의 창조론, 곧 우리가 하나님의 형상으로 지음 받았다는 이론의 필연적인 결과다. 인간의 본성 안에는 하나님과 관계를 맺을 수 있는 능력이 내재되어 있다. 하지만 인간 본성의 타락으로 말미암아 이 잠재된 능력이 파괴되었다. 그래서 이제는 자연스럽게 다른 것들로 이러한 욕구를 채우려고 애쓰게 되었다. 그 결과 피조물이 하나님을 대신하게 되었다. 하지만 그것들은 만족을 주지 못한다. 그래서 인간은 갈망의 감정, 곧 무언가 알 수 없는 것을 갈망하는 마음을 지니게 되었다.

이러한 현상은 인류 문명이 시작된 이래로 존재해 왔음을 알 수 있다. 플라톤은 대화편 「고르기아스」^{Gorgias}에서, 인간을 물이 새는 단지에 비유한다. 도대체 인간이란 만족할 줄 모른다. 이런 감정을 가장 멋지게 표현하고 신학적으로도 가장 뛰어나게 해석한 말을 다음과 같은 아우구스티누스의 고백에서 볼 수 있다. "주님께서는 당신을 위해 우리를 지으셨기에 주님께 돌아가 당신 안에서 쉼을 얻기까지는 참된 안식을 누릴 수 없습니다."

이와 동일한 주제가 아우구스티누스의 여러 저술에서, 특히 그의 자서전인 『고백록』^{Confessions}에서 반복된다. 인간은 그의 현 존재 속에서 불완전할 수밖에 없는 운명을 타고났다. 인간의 희망과 뿌리 깊은 갈망은 그저 희망과 갈망으로 지속될 뿐이다. 아우구스티누스는 창조와 구속이라는 주제를 하나로 엮어서 '갈망'이라는 인간 경험을 해석한다. 인간은 하나님의 형상으로 창조된 까닭에 자기가 구하는 것이 무엇인지도 모른 채 하나님과 관계 맺기를 갈망한다. 하지만 인간은 죄로 말미암아 혼자 힘으로는 그 갈망을 채울 수 없다. 이렇게 해서 현실적인 좌절감과 불만이 생겨난다. 그리고 이러한 불만은―신학적 해석과는 별개로―인간의 공통된 경험을 이룬다. 아우구스티누스는 이러한 감정을 가리켜, "이루 말할 수 없는 탄식으로 점철된 인생의 방랑길에서, 예루살렘을 기억해 내고 온 마음이 그곳을 향해 뛰어오른다. 그곳은 나의 고향 예루살렘이요, 나의 어머니 예루살렘이다"라는 말로 표현했다.

아우구스티누스의 이런 견해는 20세기, 옥스퍼드 대학교의 문학평론가이자 신학자인 C. S. 루이스¹⁸⁹⁸⁻¹⁹⁶³에게서도 발견된다. 아우구스티누스처럼 루이스도, 시공간을 넘어선 차원을 지향하는 인간의 깊은 감정을 알았다. 인간의 내면에는 깊고 강렬한 갈망의 감정이 있는데 이 세상에 속한 물건이나 경험으로는 결코 그 갈망을 채울 수 없다고 루이스는 주장했다. 루이스는 이 감정을 '기쁨'이라고 이름 짓고, 기쁨은 그것의 원천이자 목표가 되는 하나님을 가리킨다고 하였다(1955년 출간된 그의 유명한 자서전 제목이 『예기치 못한 기쁨』 [*Surprised by Joy*]이다). 루이스에 의하면 기쁨이란 "다른 어떤 만족과도 비교도 할 수 없을 만큼 좋은, 채워지지 않는 갈망이며……그것을 맛본 사람이라면 누구나 다시 원하게 된다."

　루이스는 1941년 6월 8일에 옥스퍼드 대학교에서 행한 '영광의 무게'라는 제목의 설교에서 이 문제를 좀 더 깊이 다루었다. 루이스는 "어떠한 자연적 행복으로도 다 채울 수 없는 열망", "원하는 것이 무엇인지 또 그것이 있는 곳이 어느 쪽인지 알 수 없어 헤매기만 할 뿐인 열망"에 관해 말했다. 간절히 원하던 것이 성취될 때 열망은 다시 채워지지 않은 상태로 되돌아간다는 점에서 볼 때 인간의 열망은 자기기만적인 특성을 지닌다. 루이스의 기본 논점은 온전히 아우구스티누스에게서 빌려온 것이다. 즉 피조물은 창조자를 향한 갈망의 감정을 불러일으키며, 피조물로는 그 갈망을 채울 수 없다는 것이다. 이런 방식으로 아우구스티누스 고유의 틀이 인간의 공통된 경험에 적용되어, 신학적으로 타당한 해석을 이끌어 낸다.

신은 인간 경험의 잘못된 해석이다

앞에서 살펴보았듯이, 많은 신학자들은 경험 중심의 신학이 계몽적 합리주의가 처한 곤경이나 기독교 계시의 특수성에 따르는 난점에서 벗어날 길을 제시했다고 여겼다. 슐라이어마허[1768-1834]는 인간 경험을 기독교 신학의 출발점으로 삼은 대표적인 신학자다. 특히 슐라이어마허는 '절대의존의 감정'이 신학에서 중요하다는 데 유의하였다. 이러한 감정의 본질과 뿌리를 탐구함으로써 이 감정의 뿌리가 하나님에게 있다는 사실을 밝혀낼 수 있었다.

　그러나 독일의 무신론 철학자인 루트비히 포이어바흐[Feuerbach, 1804-1872]는 그런 접근법에 잠재적인 문제가 있다고 주장하였다. 경험은 하나님께로 인도하지 못하며, 하나님은 단순히 인간 경험의 부적

절한 객체화일 뿐이다. 포이어바흐는 그의 저명한 저술, 『기독교의
본질』*Essence of Christianity*, 1841 초판 서문에서 "종교의 초자연적 신비
들은 아주 단순한 자연적 진리들에 근거한 것이다"라고 말했다. 그의
주장에 의하면, 인간은 자신의 열망과 필요와 두려움 등의 개념을 이
상화하여 그것을 구현하는 존재로 신들을 창조했다. 인간의 '감정'은
하나님과 아무런 관계가 없다. 그것은 순전히 인간에게서 비롯된 것
이며 인간의 과도한 상상력이 잘못 이해한 것이다. 만일 감정이 종교
의 본질적인 수단이나 장치라면, 하나님의 본성은 감정의 본질을 표
현한 것에 지나지 않는다. 소위 '하나님 경험'은 자아도취와 자기만
족에 빠진 감정일 뿐이다. 우리는 하나님을 경험한다고 생각하지만
사실 자기 자신을 경험한다.

　　포이어바흐의 종교 비판은 비유신론적nontheistic 종교나 외부에
서 오는 신과 인간의 만남을 주장하는 신학(칼 바르트의 신학이 그 예
다)과 다툴 때면, 그 위세가 상당히 약화된다는 점을 지적할 수 있다.
하지만 인간의 감정이나 심리 상태를 유신론적으로 해석하거나 다듬
은 이론에다 그의 비판을 적용할 때면 제 기능을 온전히 발휘하게 된
다. 사람들이 말해 온 것이 정말 하나님이나 그리스도인가? 아니면
우리는 가상의 초월적인 평면 위에다, 혹은 우리가 잘 알지도 못하는
먼 과거의 역사적 인물에다 우리의 갈망과 두려움을 투사한 것에 불
과한가? 그리스도론은 나사렛 예수의 역사 속에 객관적인 근거를 두
어야 한다는 신념(볼프하르트 판넨베르크의 저술 속에서 특히 두드러진
다)은 적어도 부분적으로는 포이어바흐의 종교 비판에서 나온 결실
이다.

　　칼 마르크스Karl Marx, 1818-1883는 포이어바흐가 그런 범주적 실수
에 대한 근본적인 원인을 설명하지 못했다고 생각했다. 인간이 자신
의 감정을 하나님의 존재라는 관점에서 잘못 해석하도록 이끈 원인
은 무엇일까? 마르크스의 대답은 사회경제적 조건이다. 인간의 경험
을 하나님의 존재라는 관점에서 해석하게 된 것은 경제적 궁핍의 결

과였다는 것이다. 만일 이러한 사회 형편이—가령 사회주의 혁명을 통해—바뀌게 된다면, 그렇게 잘못된 방식으로 경험을 해석할 이유는 더 이상 존재하지 않게 될 것이다.

> 따라서 포이어바흐는 "종교적 감정" 자체가 사회적인 산물이라는 사실과 자기가 분석하는 추상적 개인이 특정한 사회 형태에 속한다는 사실을 간파하지 못한다.……철학자들은 다양한 방식으로 세계를 해석해 왔을 뿐이다. 그러나 중요한 일은 세상을 변화시키는 것이다.

포이어바흐와 마르크스는 이처럼 종교에 객관적 근거가 없다고 주장했다. 종교의 기원은 사회적 또는 심리적 요소에 근거해 설명해야 한다는 것이다. 이 주장은 지그문트 프로이트Sigmund Freud, 1856-1939에 의해 더욱 발전되었다. 프로이트는 신앙을 정신분석학으로 설명했는데, 이에 따르면 하나님을 믿는 신앙은 '소원-성취'이다.

종교적 믿음에 대한 이런 환원주의적 접근법들은 종교 사상이 우리에게 하나님에 관해서는 아무것도 말해 주지 않고 다만 인간에 관하여 많은 것을 말할 뿐이라고 주장한다. 이 사고방식은 많은 대학에서 '종교학 연구'가 부상한 현실을 이해하는 데 중요하다. 종교 사상은 종종 다문화 사회의 요구에 봉사한다는 측면에서 정당화되기는 하지만, 종교 사상가들은 종교를 연구하는 가장 큰 이유는 인간 본성그 자체에 대해 더 많이 배우는 것이라고 주장한다.

이번 장에서는 기독교 신학에서 사용할 수 있는 자료들에 대해, 그리고 그 자료들의 가능성과 한계를 둘러싼 몇 가지 논쟁들에 대해 간략하게 살펴보았다. 다음 장에서는 대부분의 기독교 신학에서 주요한 역할을 담당하는 계시 관념에 대해 살펴본다.

돌아보는 질문

❶ 20세기 말에 이야기 신학이 많은 신학자들에게 인기를 끌었던 이유는 무엇인가?

❷ "오직 성경만이 개신교인들의 종교다"(윌리엄 칠링워스). 여러분은 이 유명한 말에 동의하는가?

❸ 여러분은 '합리적' 신학과 '합리주의적' 신학을 어떻게 구분하겠는가?

❹ 인간 이성에 대한 계몽주의의 견해는 왜 비판을 받게 되었는가?

❺ 이레나이우스가 영지주의 쪽 비판자들을 논박하면서 전통을 중요한 자원으로 인정한 이유는 무엇인가?

❻ 트리엔트 공의회가 성서와 전통의 관계에 관해 가르친 내용을 간략하게 설명하라.

❼ 루트비히 포이어바흐가 경험 중심의 신학에 대해 비판한 내용을 간략하게 설명하라. 여러분은 그의 주장이 얼마나 설득력 있다고 생각하는가? 또 그의 비판에 가장 취약한 신학은 어떤 것이라고 생각하는가?

07 하나님을 아는 지식
: 자연적 지식과 계시된 지식

2011년, 여섯 살 난 한 소녀가 하나님께 "누가 하나님을 발명했어요?"라고 묻는 편지를 썼다. 소녀의 아버지는 유명한 신학자이자 캔터베리 대주교인 로완 윌리엄스Rowan Williams, 1950 출생에게 편지 사본을 보내 도움을 요청했다. 윌리엄스는 다음과 같이 답장을 보냈다.

> 사랑하는 룰루 양, 아무도 나를 발명하지 않았단다. 하지만 많은 사람들이 나를 발견하고는 깜짝 놀랐지. 사람들은 온 세상을 둘러보면서 참 아름답구나, 참 신비하구나 생각하고, 세상이 어디서 왔는지 궁금해하다가 나를 발견했단다. 사람들은 아주 조용히 숨죽여 자기 자신을 생각하다가 뜻밖에 평화와 사랑을 느끼게 되었고, 그때 나를 발견했단다. 그래서 사람들은 나에 관한 생각을 다듬어 냈지. 어떤 생각은 알기 쉽고, 다른 생각은 매우 어렵단다. 나는 사람들이 내가 어떤 모습인지 잘 알 수 있도록 도와주기 위해 가끔씩 힌트를 보내 주었어. 특히 예수의 삶 속에다 분명한 힌트를 담아 놓았단다.

윌리엄스가 룰루에게 전한 이 매력적인 대답은 계시에 대한 질문을 던진다. 어떻게 하나님을 알 수 있을까? 어떤 사람들은 이 세상의 복잡한 것들과 모호한 것들 속에서 하나님을 찾아야 한다고 생각한다. 다른 사람들은 그들 자신 너머를 가리킨다고 생각되는 경험을 통해, 또 다른 사람들은 예수 그리스도의 인격 안에서 하나님을 찾아야 한다고 생각한다.

이러한 논쟁에서 다루는 쟁점이 **계시**, 곧 하나님은 자신을 알리기로 정하였으며 자연과 인간의 역사를 통해 자신을 드러냄으로써 그것을 가능하게 하였다는 기독교의 개념이다. 스코틀랜드의 대신학자인 휴 로스 매킨토시 Hugh Ross Mackintosh, 1870-1936는 계시에 관한 핵심적인 문제들을 요약해 다음과 같이 말했다. "하나님에 관한 종교적 지식은 어떤 것이든 계시를 통해 얻는다. 그렇지 않다면 우리는 하나님이 자신을 알리지 않더라도 하나님을 알 수 있다는 어처구니없는 착각에 빠지게 된다."

계시의 본질과 필요성에 관한 논의는 기독교 전통에서 중요하고도 흥미 있는 주제로 다루어져 왔다. 이번 장에서 살펴볼 것이 이 주제다. 이 주제는 몇 가지 중요한 질문을 던진다. 예를 들어 인간의 본성적 능력은 제한되어 있는지, 또는 하나님의 존재와 본질을 자연적인 방식으로 식별하는 것은 불가능한지와 같은 질문이다. 인류는 하나님이 어떤 분인지에 대하여 들어야만 알 수 있다. 기독교 전통에는 인간의 자연적인 능력이 하나님을 완전히 볼 수 없다는 것을 암시하는 '구름'이나 '베일'과 같은 이미지가 풍부하다. 이러한 논의에서 가장 중요한 요소 중 하나가 하나님에 관한 '자연적인' 지식(자연의 질서를 성찰함으로써 얻는다)과 '계시된' 지식의 관계에 관한 것이다. 이 점에 대해서는 뒤에서 곧 살펴볼 것이다. 그에 앞서 먼저 '계시'라는 용어가 의미하는 것이 무엇인지에 대해 살펴본다.

모든 시대에 기독교 신학의 중심 주제는 하나님의 자기계시였다. 이 주제는 성경 전체에서 발견되고, 여러 가지 형태를 취하고 있다. 그중 세 가지가 중요하다.

❶ 하나님은 예를 들어 이스라엘의 출애굽이나 예루살렘 사람들을 바빌론 유배 생활에서 구출해 내는 역사적 행동으로 자기를 나타내셨다. 성경 저자들은 이집트 포로생활에서 이스라엘을 구출하는 행위를 하나님의 능력과 사랑에 대한 계시로 이해했고, 이것을 매년 열리는 유월절 축제(출 12:14)를 통해 기념하였다.

❷ 하나님은 창조 질서의 아름다움 또는 위엄을 통해 계시되신다. "하늘이 하나님의 영광을 선포……하는도다"(시편 19:1). 자연세계의 광대함도 종종 하나님의 영광의 현시로 여겨진다. 이것은 욥기의 마지막 장의 중심 주제로서 하나님이 욥을 초대하여 창조 질서를 관찰하고 그 질서와 비교하여 욥 자신의 무의미함을 깨닫도록 하신다고 설명한다(욥 38:1-42:6).

❸ 하나님의 정체성과 의도는 아브라함과 모세와 같은 개인에게 주어졌던 환상, 꿈, 또는 개인적인 알림을 통해 계시된다. "여호와의 말씀이 환상 중에 아브람에게 임하여 이르시되 아브람아 두려워하지 말라. 나는 네 방패……이니라(창 15:1).

신약성경에도 이 세 가지 주제가 모두 나오지만, 기독교 고유의 개념, 곧 하나님의 자기계시는 예수 그리스도의 인격에 집중되고 그 인격을 통해 전달되고 구체화된다는 개념에 의해 보완된다. 그리스도는 보이지 않는 하나님의 형상(그리스어 *eikon*)으로 묘사된다(골 1:15).

하나님의 자기계시라는 개념은, 인간의 능력만으로 하나님의 본성과 목적을 확실하게 파악하려는 시도는 완전히 실패할 수밖에 없다는 사실을 함축한다. 대부분의 기독교 신학자들이 하나님에 대한 자연적인 지식이 가능하다고 인정하지만326-344쪽 그러한 자연적 지식은 범위와 깊이와 일관성에 있어서 제한적일 수밖에 없다고 여겨진다. 계시라는 개념이 뜻하는 것은 기독교 신학에 널리 퍼져 있는 신념, 곧 우리는 "하나님이 어떤 분인지 귀 기울여 들을"(에버하르트 융엘) 필요가 있다는 사실이다.

일상적인 용법에서, '계시'라는 용어는 "어떤 것을 완전하게 드러내 보여주는 것" 또는 "이제까지 모호하고 불분명했던 것이 온전히 드러나는 것"을 의미한다. 그러나 신학의 테두리 안에서 '하나님의 계시'를 말할 때는 하나님의 자기계시가 남김없이 드러났다는 것을 뜻하지 않는다. 예를 들어, 그리스정교회 전통에 속한 많은 저술가들은 하나님의 계시가 하나님의 신비를 파괴하지는 않는다고 주장한다. 존 헨리 뉴먼1801-1890의 '유보'reserve 이론도 같은 점을 강조한다. 하나님에게는 언제나 우리가 완전히 파악할 수 없는 훨씬 많은 것이 있다. 마틴 루터1483-1546는 하나님의 자기계시가 부분적이기는 하지만, 그런데도 그 부분적인 계시는 신뢰할 만하고 충분하다고 주장했다. 루터는 이 점을 주장하기 위해 '하나님의 감추어진 계시'라는 개념을 고안했는데, 이 개념은 그의 '십자가 신학'을 이루는 가장 중요한 요소 중 하나다.

일상적인 용법에서 '계시'라는 말의 또 다른 의미는 "사실들을 알려준다"는 것이다. 예를 들어 신문의 헤드라인은 정부가 새로운 정책을 "공표한다"는 소식을 전할 수 있다. 신학적인 계시 개념에도 분명히 이런 개념이 포함된다. 그러나 이 말은 또한 단순히 하나님에 대한 지식을 드러내는 것 이상을 함축하고 있다. 여기서 핵심적인 주제가 '하나님의 자기 드러냄'이다. 우리는 다른 사람들에 대해 말할 때 그 사람에 '관해' 아는 것과 그 '사람'을 아는 것으로 구분 지어 생각한다. 앞의 것은 두뇌활동에 따른 지식, 곧 개인에 관한 정보(키와 직업 같은 것들)의 덩어리를 뜻한다. 뒤의 것은 인격적인 관계를 의미한다. 기독교의 맥락에서 계시는 하나님에 관한 정보를 아는 지식과 관계를 통한 지식 두 가지를 모두 의미한다. 발전된 의미에서 볼 때 '계시'란 지식의 체계를 전해 주는 것에 더해 역사 속에 나타난 하나님의 인격적인 자기 드러냄을 의미한다. 이 질문은 나중에 "인격적인 하나님" 개념을 논할 때 403-407쪽 더 깊이 탐구할 것이다.

　　여기서 먼저 기독교 신학에서 사용되는 계시 모델들을 살펴볼 필요가 있다. 다음 항에서 그러한 모델 네 가지를 집중적으로 다룬다.

계시의 모델들

신학 개념들이 대체로 그렇듯 계시도 복잡한 개념이다. 보통 '계시'로 번역되는 그리스어 아포칼립시스*apokalypsis*는 기본적으로 "어떤 것을 가리고 있는 막을 제거하여 눈으로 볼 수 있게 하는 것"이라는 의미를 지닌다. 신학자들은 계시 개념의 다양한 측면을 밝히고 해명하고자 몇 가지 계시 모델을 고안하였다. 이제 그러한 모델 네 가지를 살펴본다. 물론 네 가지 외에 다른 모델을 포함하는 것도 가능하다. 이 네 가지 모델들은 서로 배타적이지 않다는 점을 분명히 알아둘 필요가 있다. 네 모델들은 각각 자기들이 중요하게 여기는 관점에 비추어 전체의 특정 측면이나 차원에 다가가 살피는 것이라고 볼 수 있다. 그러므로 어느 한 모델을 주장한다고 해서 나머지 셋 전부나 일부를 부정하는 것은 아니다.

교리로서의 계시

● 복음주의
　개신교, evangelica

처음에는 1510년대와 1520년대에 독일과 스위스에서 두드러졌던 개혁운동들을 가리켰으나, 지금은 주로 영어권 신학에서 성경의 절대적 권위와 그리스도의 대속적 죽음을 크게 강조하는 운동을 가리킨다.

이 견해는 주로 보수적인 복음주의●와 가톨릭의 신스콜라 학파에서 강조해 왔으며, 수정되고 보완된 형태로 여전히 기독교 전통 속에서 큰 힘을 행사하고 있다. 복음주의자들이 계시를 매개하는 것에서 성서의 역할을 강조한 데 반해, 가톨릭의 신스콜라주의 사상가들은 대체로 전통, 특히 교회의 교도권(교회의 가르치는 직무)magisterium의 역할에 큰 비중을 두었다. 오랜 세월에 걸쳐 축적된 교회의 지혜를 의미하는 '계시의 보고'나 '진리의 보고'라는 용어가 이러한 맥락에서 사용된다. 이 견해에서는 계시가 대체로(전부는 아니지만) '하나님은 사랑이시다'와 같은 명제의 형태로 이루어졌다고 생각한다.

계시의 본성에 대한 이런 견해가 제1차 바티칸 공의회에서 공표한 신앙의 본질에 대한 교리 선언의 바탕을 이루고 있다. 이 선언에서는 다음과 같이 말한다.

> 그러므로 성서와 전통이 가르치는 하나님의 말씀에 담겨 있는 모든 것, 그리고 교회의 엄정한 판단에 따른 것이든 교회의 근원적이고 보편적인 교도권(教導權)에 속한 것이든 교회가 신성한 계시로 가르치는 모든 것은 거룩하고 보편적인 신앙으로 믿어야 한다.

이 견해는 분명 계시가 교회에서 가르친 교리 진술들의 형태로 나타난다는 것을 인정한다. 이러한 진술들은 기록된 성서와 기록되지 않은 전통이라는 양쪽에서 찾아볼 수 있다. 많은 가톨릭 신학자도 하나님의 계시에 대한 명제적 접근법을 주장했는데, 그중에서 가장 유명한 사람이 레지날드 가리구 라그랑즈Reginald Garrigou-Lagrange, 1877-1964이다. 여기서 신앙은 계시된 진리에 대한 동의로 이해된다.

일부 보수적인 개신교인들도 이러한 견해를 주장한다. 그들은 성경을 통해 매개되는 교리적인 정보를 계시라고 이해하며, 성경은 명제적 교리 진술들을 모은 책이요 이런 명제적 진술들이 결합하여 기독교 신학의 기반을 이루게 된다고 생각한다. 이런 식의 견해를 칼 헨리1913-2003가 6권으로 펴낸 책, 『하나님, 계시, 권위』1976-1983에서 볼 수 있다. 이 책은 미국의 보수적 복음주의 진영에서 적지 않은 영향을 끼쳤다. 헨리의 이론은 계몽적 합리주의의 영향을 받은 것이 분명하며, 이 사실에서 그의 이론이 명제적 계시를 강조하고 있는 이유가 설명된다. "우리가 '명제적 계시'라는 말로 뜻하는 것은, 하나님께서 당신의 계시를 선택된 대언자들에게 인지적 진리의 명확한 형태를 통해 초자연적 방법으로 알려주셨다는 것이다." 헨리에게 계시란 "하나님의 본성에 관한 지시적 정보"referential information 이며 이것은 성경 속에 들어 있다.

복음주의 전통에 속한 다른 학자들은 이처럼 순전히 명제적인 이론에 반대하여 계시란 하나님의 행위와 말씀이 혼합된 것으로 보아야 한다고 주장하였다. 뛰어난 복음주의자인 제임스 패커의 저술에서 그러한 주장을 볼 수 있다. 스탠리 그렌즈Stanley J. Grenz, 1950-2005 는 『복음주의 신학의 갱신』Revisioning Evangelical Theology, 1993 에서, 하나님의 계시는 신적 진리를 전달하는 것과 관계가 있다고 주장하였다. 그러면서도 그는 그 진리를 명제적 언명에만 한정하는 것에 반대하여, 하나님의 본성과 성품을 밝히는 일에서 이야기와 전통이 맡는 역할에 좀 더 큰 관심을 기울여야 한다고 주장하였다.

이 이론은 여러 가지 이유로 비판을 받아 왔다. 비평가들은 이 이론이, 문헌의 장르를 이해함으로써 성경 구절의 의미를 파악하게 되는 방식을 간과하며 또 진리를 전달하는 일에서 명제들의 역할을 과대평가한다고 주장한다. 이 이론은 전통적인 계시 이해의 한 부분일 뿐 그 전부는 아니다. 여러 가지 계시 모델들은 서로 배타적이라기보다는 보완적인 것으로 볼 수 있으며, 그런 점에서 명제적인 계시 모델이 다른 모델들을 배제할 필요는 없다. 계시가 하나님에 관한 정보를 담고 있다고 주장한다고 해서 그 계시가 하나님의 임재를 매개하거나 인간 경험의 변화를 수반하기도 한다는 사실을 부정해야 하는 것은 아니다. 예수 그리스도 안에 나타난 하나님의 자기계시라는 기독교의 핵심개념은, 우리로 하여금 단순히 하나님이 어떤 분인지를 듣는 일에서 끝나지 않고 하나님이 어떤 분인지를 보게 된다는 관점에서 생각할 수 있는 길을 열어준다.

예를 들어, 가톨릭교회 교리서는 하나님에 관한 진리를 전달하는 이런 계시의 중요성을 인정하면서도 동시에 하나님을 인격적으로 신뢰하거나 하나님께 헌신한다는 독특한 개념도 강조한다. "신앙이란 무엇보다도 인간이 인격적으로 하나님께 귀의(歸依)하는 것이며, 또한 하나님께서 계시하신 진리 전체에 대하여 자유로이 동의하는 것이다."

후기자유주의 신학자인 조지 린드벡George Lindbeck, 1923 출생은 『교리의 본질』1984 196, 306쪽에서 순전히 인지적인 계시 이해에 대해 비판하였다. 린드벡은 계시를 "객관적 실재들에 관한 정보를 제공하는 명제나 진리 주장들"로만 이해하려는 모든 시도는 주지주의나 문자주의에 해당하는 것으로 보고 배척해야 한다고 주장한다. 이런 견해는, 하나님에 관한 객관적 진리를 확정적이고 완벽하게 무시간적 명제의 형태로 진술하는 것이 가능하다고 보는 그릇된 가정에 근거하기 때문이다. 그의 논점은 명확한 사실을 밝혀 준다. 인간의 언어로는 하나님을 온전하게 파악하는 것이 불가능하다는 것이다

하지만 인지적 교리 이론 모두가 이렇게 취약한 것은 아니다. 하나님에 관한 철저하고 명확한 진술이 계시를 통해 전해지고 명제들에 의해 개념화된다고 보는 견해는, 교리적 진술들에는 진정한 인지적 요소가 존재한다는 견해와 분명하게 구분될 필요가 있다. 예를 들어, 중세의 신학자들은 대부분 계시를 역동적인 개념으로 이해하였다. 중세 신학자인 릴의 알랭Alan of Lille, 1202 사망의 말대로, 교리는 "신적 진리를 추구하는 중에 그 진리를 인식하는 것"이라고 보아야 한다. 이 신학자들이 볼 때, 계시는 실재에 대해 **불완전**하기는 하나 **신뢰할 수 있는** 설명을 제공해 준다.

하나님의 현존으로서의 계시

영국의 신학자 윌리엄 템플William Temple, 1881-1944은 그의 주저 『자연,

인간, 하나님』[1924]에서 "어떤 특수한 계시를 통해 인간이 파악할 수 있도록 제시되는 것은 하나님에 관한 진리가 아니라 살아계신 하나님 그 자신이다"라고 말했다. 이와 유사한 사고는 교회사의 이른 시기에서도 찾아볼 수 있다. 예를 들어 계시가 인격적 현존을 수반한다는 인식은 존 헨리 뉴먼John Henry Newman이 1866년에 지은 '지극히 거룩하신 분을 찬양하라' Praise to the Holiest 는 찬송에서 특히 명료하게 언급되었다.

> 은총보다 더 존귀한 선물로
> 살과 피를 정결케 하셨습니다.
> 하나님께서 현존하시고,
> 주님 자신을,
> 그 거룩하신 모습을 보이셨습니다.

계시를 하나님의 현존으로 이해하는 이 모델은 특히 유대인 철학자 마틴 부버Martin Buber, 1878-1965 408-412쪽의 '대화적 인격주의'에 영향을 받은 1930-40년대의 개신교 신학자들과 관련이 있다. 예를 들면 프리드리히 고가르텐Friedrich Gogarten, 1887-1967, 임마누엘 히르쉬 Emanuel Hirsch, 1888-1972, 에밀 브루너Emil Brunner, 1889-1966, 디트리히 본회퍼Dietrich Bonhoeffer, 1906-1945 등이 그들이다. 계시를 하나님에 관한 객관적인 정보라고 본다면, 하나님은 '그것'으로 추락하게 된다. 그러나 하나님을 '당신'(thou)이라고 생각한다면 그때 계시는 개체 신자와의 관계라는 면에서, 또는 그 신자 안의 현존이라는 면에서 이해해야 한다. 이 이론을 가장 잘 보여주는 것이 에밀 브루너의 저술,『만남으로서의 진리』Truth as Encounter, 1937라고 할 수 있다. 이 책에서는 계시를 하나님의 인격적인 소통으로, 곧 하나님이 신자들 안에서 인격적 현존을 이루시고 나누어 주셨다는 개념으로 설명한다. "하나님의 주권과 사랑은 오직 하나님의 자기 내어줌을 통해서만 전달될 수 있다."

브루너의 논점은 하나님이 계시 과정에서 그저 정보만을 알려주시는 것이 아니라는 점이다. 계시란 하나님에 관한 단순한 정보가 아니라 하나님의 인격적인 현존을 전달하는 일과 관계가 있다. 브루너는 마틴 부버가 '나와 너' 및 '나와 그것'의 관계를 분석한 것을 기초로 삼아 계시에는 분명히 관계적 요소가 있다고 주장한다. 하나님은 '그것'이 아니라 '너'Thou로, 대상이 아니라 인격체로 경험된다. 계시는 목적론적 특성을 지니며, 목표를 향해 나아가는 과정이다. 여기서 목표란 계시하는 하나님과 응답하는 인간 사이에 상호 관계를 이루는 것이다.

따라서 '만남으로서의 진리'라는 브루너의 개념은 계시를 바르게 이해하는 데 필요한 두 가지 요소를 말해 준다. 계시는 **역사적**이고 **인격적**인 것이다. 역사적이라는 말로 브루너가 말하는 것은, 진리란 영원한 이념들의 세계에 속한 항구적인 것이 계시를 통해 우리에게 전달되거나 알려지는 것이 아니라 시공간 속에서 발생하는 것이라는 사실이다. 이와 같이 브루너는 계시를 하나님에 관한 말이나 명제라고 주장하는 모든 계시 개념을 비판한다. 이런 개념들은 하나님을 **인격**으로 보지 않고 **객체**의 자리로 끌어내림으로써 하나님을 객체화한다. "어떤 말이나 단어도 인격이신 하나님의 신비에는 합당하지 않다." 계시를 하나님에 관한 정보 자료를 알려주는 것으로 생각해서는 안 된다. "계시는 단순한 지식의 소통이 아니라 생명을 나누어 주고 삶을 새롭게 하는 교제다."

물론 이 모델을 비판하는 사람들은, 이 모델이 계시의 본질에 관한 유일의 설명이라고 보는 주장에 대해서는 당연히 이의를 제기한다. 이 모델은 전체 그림의 한 부분일 수 있다. 이 모델이 결코 완벽한 그림일 수는 없다. 여러분은 어떤 사람에 관한 사실을 모른 채 그 사람에 관해 안다고 말할 수 있겠는가?

경험으로서의 계시

세 번째 주요한 모델은 인간의 경험을 중심에 놓는다. 하나님이 개인의 경험을 통해 계시되거나 인식될 수 있다고 본다. 많은 가톨릭 현대주의자180-182쪽는 이 접근법을 강조했다. 예를 들어 조지 티렐George Tyrrell, 1861-1909은 계시 개념을 정보로 보는 것이 부적절하다고 간주했다. 계시는 정보 전달이 아니라 영혼의 변화에 관한 것이다. 티렐은 1909년 런던 킹스 칼리지King's College에서 열린 비공식 강의에서 계시는 인지적이라기보다 체험적이라고 주장했다.

> 그리스도가 죽으셨다는 사실은 그 의미가 모든 사람에게 분명한 명제다. 그가 우리 죄를 위하여 죽으셨다는 것도 또한 대부분의 사람에게 지적으로 이해될 수 있다. 그러나 그 명제의 신적인 의미는 오직 내면의 영적 경험, 즉 우리 자신의 신성한 종교 생활에 비추어 드러난다. 계시는 말씀이나 진술, 또는 그것이 불러일으키는 지적 사고에 의존하지 않는다. 계시는 오직 그리스도를 통한 구속의 경험에 놓여 있는데, 계시가 그 경험의 사건을 일으키고 경험은 계시를 해석한다.

이 견해는 19세기 독일 자유주의 개신교와 밀접한 관계가 있으며, 그중에서도 특히 슐라이어마허F.D.E. Schleiermacher, 1768-1834와 알브레히트 리츨Albrecht Benjamin Ritschl, 1822-89이 중요하다. 슐라이어마허의 배경을 이루는 사상이 모라비아 경건주의인데, 이 경건주의에서는 그리스도에 대한 인격적인 헌신과 회심에 대한 인격적인 자각을 크게 강조하였다. 감리교회를 포함해 18세기에 나타난 경건주의 운동들은 대부분 '체험적 종교'(경험에 기초를 둔 종교를 뜻한다)와 '산 믿음'(융통성 없는 신학적 정통주의와 대립되는 개념)이라는 관념들을 굉장히 중요하게 여겼다. 우리는 앞에서 존 웨슬리1703-1791와 같은 경건주의 저술가들이 이 주제를 얼마나 중요하게 여겼는지에 대해 살펴보았다125-126쪽.

슐라이어마허는 1796년에 베를린으로 이사하여 병원 소속목 사로서 새 임무를 맡게 되었다. 이사한 지 일 년도 안 되어 그는 계몽주의 정신에 반대하는 사상가들과 저술가들의 모임인 '아테나이움'Athenaeum에 참여했다. 또 노발리스Novalis와 프리드리히 슐레겔Friedrich Schlegel, 1772-1829 같은 낭만주의• 운동의 주요 인물들과 교제했다. 이러한 교제와 활동의 결과로, 낭만주의 사상에 깊이 뿌리내리고 개인의 종교적 의식과 감정의 역할을 새롭게 강조한 신학을 세우게 되었다.

『기독교 신앙』The Christian Faith, 개정판 1830-1831에서 슐라이어마허는, 기독교 신앙은 원래 개념적인 것이 아니라고 주장하였다. 오히려 일차적인 종교적 진리를 이차적으로 표현한 것이 교리라고 보아야 하며, 여기서 종교적 진리란 구속의 경험을 말한다고 주장하였다. 기독교 경건Frömmigkeit은 기독교 신학의 근원적 기초라고 할 수 있다. 그러나 이것은 개인의 경건이 아니라 교회의 공동체적 경건을 뜻하는 것으로 보아야 한다. 이 경건의 본질은 어떤 합리적이거나 도덕적인 원리가 아니라 '감정'das Gefühl, 곧 직접적인 자의식이다. 슐라이어마허에 의하면, 알 수 없는 어떤 것에 의존하고 있다는 인간의 일반적 의식은 하나님에게로의 전적인 의존 의식인 기독교 신앙의 테두리 안에서 파악되고 해석된다. 이러한 '절대의존의 감정'이 기독교 신학의 출발점이 된다. 나중에 알로이스 비더만Alois E. Biedermann, 1819-1885이 평한 것처럼, 슐라이어마허의 신학은 인간의 깊고 내적인 감정들을 비판적으로 탐구한 것이라고 볼 수 있다. 따라서 인간의 지성은 인간의 감정에 관해 성찰하며, 그렇게 함으로써 그 감정을 해석한다.

이 모델의 큰 약점 가운데 하나를 루트비히 포이어바흐1804-1872가 제기한 비판들을 통해 확인할 수 있다. 포이어바흐는 그런 경험은 '자아에 대한 경험'에 불과한 것이라고 주장하였다. 우리는 이미 이 난점에 대해 다루었으며308-310쪽, 그러한 난점이 슐라이어마허의 신

• 낭만주의
Romanticism

계몽주의의 중추를 이루는 핵심 주제들. 그중에서도 특히 인간 이성을 통해 실재를 알 수 있다는 주장에 반하여 나간 운동. 낭만주의는 실재를 일련의 합리적 단순성으로 끌어내리는 모든 시도에 대해 저항하였다. 그 대신 인간의 상상력에 호소하였으며, 상상력이 자연과 인간의 감정에서 관찰되는 복잡성과 긴장들의 종합을 이루어 낼 수 있다고 주장하였다.

학과 같은 경험 중심의 신학에 어떤 의미가 있는지 살펴보았다. 이 모델은 또 조지 린드벡 같은 후기자유주의 신학자들에게도 비판을 받았다. 린드벡은 모든 인간에게 공통된 직접적인 종교경험을 근거로 삼는 것은 부당하다고 보는데, 그런 경험은 '그릇된 보편개념'false universal이기 때문이라고 주장하였다.

역사로서의 계시

'역사로서의 계시'를 중심 주제로 다루는 이 독특한 이론은 독일 신학자 볼프하르트 판넨베르크[1928-2014]와 관계가 있다[175쪽]. 판넨베르크에 의하면, 기독교 신학이 근거로 삼는 토대는 공적으로 파악할 수 있는 보편 역사에 대한 분석이지, 그러한 역사에 대한 특수한 해석이라든가 개인적인 실존의 내적 주체성이 아니다. 역사 자체가 계시다(아니면 계시가 될 자격을 지닌다). 판넨베르크에게 계시란 본질상 '하나님의 행위'로 인식되고 **해석**될 수 있는, 보편적이고 공적인 역사 사건이다. 판넨베르크는 「계시론에 관한 교의학적 논제들」Dogmatic Theses on the Doctrine of Revelation, 1968이라는 논문에서 이 견해를 일곱 개의 논제로 제시한다. 그 가운데서 앞의 다섯 논제가 이 계시 모델과 관련해 특별히 관심을 가질 만하다.

* 성육신
  incarnation

하나님이 예수 그리스도의 인격 속에서 인간의 본성을 입은 것을 가리키는 용어. 하나님이 인간이 되었다는 점을 크게 강조하는 신학적 견해를 가리켜 흔히 '성육신주의'(incarnationalism)라고 부르기도 한다.

❶ 성경에 기록된 하나님의 자기계시는 신의 현현(顯現) 방식에 따라 직접적으로 발생한 것이 아니라 역사 속에서 하나님의 행위로 간접적으로 이루어졌다('신의 현현'이란 하나님이 일시적인 형태로 나타나는 것으로서 반드시 물질적 형태를 취할 필요는 없다. 신의 현현은 성육신*과 대조되는데, 성육신은 하나님께서 그리스도의 인격 속에서 항구적인 모습으로 계시된 것을 말한다).

❷ 처음에는 계시를 완전히 이해할 수 없으며, 오직 계시 역사의 끝에 가서야 완벽하게 파악할 수 있다.

❸ 하나님의 특별한 현시와 달리 역사 속에 나타난 하나님 계시는 공적이고 보편적으로 알 수가 있으며, 볼 수 있는 눈을 가진 사람이라면 누구에게나 개방된다.

❹ 이스라엘 역사 속에서는 하나님의 보편적 계시가 완전히 이루어지지 않았다. 나사렛 예수의 운명 안에서 역사의 종말이 예시되었다는 점에서, 하나님의 보편적 계시는 그의 운명 안에서 최초로 실현되었다.

❺ 그리스도 사건 그 자체만으로는 하나님을 계시하는 것이라고 볼 수 없다. 그리스도 사건은 하나님이 이스라엘을 다루시는 역사의 테두리 안에 위치한다.

이러한 기초 위에서, 판넨베르크는 그리스도의 부활을 역사 안에서 이루어지는 하나님 계시의 중심 사건으로 주장할 수 있었다. 이 점에 대해서는 나중에 부활에 관하여 분석할 때 다시 살펴본다.

판넨베르크의 계시 이해는 환대와 비판을 거의 비슷하게 받았다. 보편사를 근거로 삼아 복음을 입증한다는 생각은 창조적이고 참신한 시도로 인정받았으며, 오랫동안 마르크스주의에게 빼앗겼던 고도의 지적 기반을 신학에 되돌려 준 것으로 여겨졌다. 이러한 계시 이해는 특히 루트비히 포이어바흐가 파놓은 함정308-310쪽을 피할 수 있게 해주는 것으로 보였다. 포이어바흐는 인간의 경험에서 출발한 슐라이어마허의 계시 이해는 인간의 감정을 객관화하여 그 위에 세운 신학에 불과하다고 주장했었다. 역사를 근거로 삼은 판넨베르크는 신학이란 구속이나 하나님의 현존에 대한 인간의 감정에서 시작하는 것이 아니라 역사에서 시작하는 것이라고 주장했고, 그러할 때 사상 체계가 포이어바흐의 함정에 빠지는 것을 피할 수 있다고 믿었다.

이제 우리는 하나님이 자연 질서를 통해서 어떤 방식으로 어느 정도까지 인식될 수 있느냐라는 중요한 문제를 살펴본다. 신학 논의에서 중요한 이 분야는 전통적으로 '자연신학'이라 불려 왔으며, 최근에 기독교 신학과 자연과학의 대화를 촉진하는 일에 관심이 늘면서 그 중요성이 더욱 커졌다. 과연 자연세계를 연구해서 그 창조자에 대한 인식을 늘릴 수 있을까?

"하늘이 하나님의 영광을 선포하고 궁창이 그의 손으로 하신 일을 나타내는도다"(시 19:1). 이 유명한 구절은 기독교 성경이 가르치는 일반 주제, 곧 피조물인 이 세상을 통해 그것을 창조한 하나님의 지혜에 관해 알 수 있다는 사실을 가르치는 것으로 보인다. 이 주제를 탐구하는 분야는 신학 가운데서도 가장 풍성한 결실을 낳았다.

전통적으로 자연신학은 계시라든가 기타 신적인 도움에 의지하지 않고 자연세계를 통해 하나님에 관한 지식을 얻는 것이라고 여겨져 왔다. 특별히 종교철학자들이 그렇게 생각했다. 미국의 종교철학자인 윌리엄 올스턴William P. Alston, 1921-2009 은 그의 주저『하나님 인식』*Perceiving God*, 1991 에서 자연신학을 가리켜, "종교적 믿음과는 전혀 상관없고 그런 믿음을 가정하지도 않는 전제들에서 출발해 종교적 믿음을 지지하는 학문"이라고 정의하였다. 전통적인 가톨릭 사상에서는, 삼위일체나 성육신 같은 신비들을 내세우지 않은 채 하나님의 존재와 성품 특성들을 밝혀서 계시신학의 터전을 닦는 일을 자연신학이라고 한다.

'자연신학'의 정의와 장점에 대하여 기독교 신학 내부에 상당한 불일치가 있었다. 서구 신학의 전통 안에 여섯 가지의 주요 접근법을 구분할 수 있다. 이것들은 서로 모순되지 않으며, 신학자들은 이것들 가운데 하나 이상을 채택하는 것이 일반적이다.

❶ 자연신학은 철학의 한 분과로서 이성이 계시의 도움 없이 하나님에 관해 말할 수 있는 것을 탐구한다. 그것은 "종교적 믿음과는 전혀 상관없고 그런 믿음을 가정하지도 않는 전제들에서 출발해 종교적 믿음을 지지하는 학문"(윌리엄 올스턴)이다. 많은 사람에게 이것은 자연신학에 대한 기본 이해가 되었다. 자연신학의 이 특정한 공식은 근대 초기의 개신교 상황에서 주로 변증의 목적으로 나타났다. 가톨릭 안에서 자연신학에 대한 이 접근법은 종종 하나님이 "인간 이성의 자연적인 빛 속에서 피조물에 대한 성찰로부터도 확실히 알려질 수 있다"는 제1차 바티칸 공의회의 선언과 관련이 있다.

❷ 자연신학은 자연의 질서와 복잡성을 성찰해서 하나님의 존재를 증명하거나 확증하려고 애쓴다. 자연신학에 대한 이 접근법은 흔히 '물리-신학'physico-theology으로 알려져 있으며, 18세기와 19세기 초에 특히 영국에서 영향력이 있었다. 윌리엄 페일리William Paley, 1743-1805의 유명한 『자연신학』1802이 이 종류의 접근법의 좋은 예이다.

❸ 자연신학은 인간 마음이 하나님을 갈망하거나 그쪽을 향해 기울어지는 자연적 경향의 지적 결과이다. 이 접근법은 전통적으로 토마스 아퀴나스Thomas Aquinas, 1225-1274가 발전시킨 "하나님을 보려는 자연적인 열망"에 호소한다.

❹ 자연신학은 자연에 대한 인간 경험과 기독교 복음에 대한 경험 사이의 유비 또는 지적 공명을 탐구한다. 따라서 자연신학은 인간 이성과 실재의 구조 사이의 '구조동일성'isomorphism이라는 개념을 분명히 드러내고 확장한다. 이 견해의 변형된 형태를 조지프 버틀러Joseph Butler, 1692-1752와 존 폴킹혼John Polkinghorne, 1930 출생의 저서에서 찾아볼 수 있다.

❺ 자연신학이란, 하나님의 존재를 인정하지 않는 "자연주의적" 관점에서 자연세계를 해명하는 것은 본질상 결함을 지닐 수

밖에 없다는 점과 또 유신론적 이론은 자연 질서에 대한 포괄적이고 일관된 해석을 제시할 필요가 있다는 사실을 입증하려는 시도이다.

❻ 자연신학natural theology은 무엇보다도 '자연의 신학'theology of nature 으로 보아야 한다. 다시 말해, 자연신학은 자연세계에 대한 기독교 특유의 이해로서, 자연에 대한 세속적이거나 자연주의적 설명과는 대조되는 기독교 신앙의 핵심적인 가정들을 반영한다. 이러한 자연의 신학은 일차적으로 창조론의 관점을 뼈대로 삼아 세워진다.

이제 자연신학에 대한 논의를 시작하면서, 먼저 이 주제와 관련해 역사적인 지표로 인정받는 견해를 살펴본다. 그것은 토마스 아퀴나스가 세운 이론으로, 특히 가톨릭 신학에 큰 영향을 끼쳤다.

토마스 아퀴나스약1225-1274의 자연신학

자연신학의 개념을 다룬 고전적 이론에서 가장 중요한 것이 창조론이다. 그리고 이 점을 가장 잘 보여주는 것이 토마스 아퀴나스의 『이교도 논박 대전』이다. 이 책은 이 주제를 다룬 문헌 가운데 가장 탁월한 것으로 인정받고 있으며, 1259년에서 1261년 사이에 파리에 이어 나폴리에서 저술되었다. 이 저술에서 다룬 가장 중요한 주제 가운데 하나가 하나님을 창조와 연관지어 파악하는 방식이었다. 이 관계를 아퀴나스는 인과율의 관점에서 다음과 같이 분석한다.

아퀴나스가 볼 때, 하나님은 모든 피조물의 원인이며 그 결과로 창조 질서 안에는 근본적으로 '하나님과의 유사성'similitudo이 존재한다. 피조물은 결코 자연발생적으로 존재한다고 말할 수 없기 때문에, 만물이 존재하는 것은 창조자와 피조물의 인과율적 의존 관계의 결과라고 볼 수 있다. 아퀴나스는 기본적으로 아리스토텔레스식의 인과율 범주들을 사용하여, 다음과 같이 간략하게 요약할 수 있는 견해를 주장한다.

❶ A가 B의 원인이라고 가정해 보자.
❷ 또 A는 Q라는 특성을 지닌다고 가정해 보자.
❸ 그렇다면 B도 A라는 원인에서 나온 결과라는 점에서 Q라는 특성을 지니게 된다.

아퀴나스가 펼친 전체 논증은 복잡하고 적잖이 어렵다. 그러나 결론은 분명하다. 결과 안에는 그 원인을 식별하는 데 도움이 되는 특성들이 들어 있다. 말하자면 결과로서 발생한 것 속에는 물리적이거나 형이상학적인 흔적이 들어 있으며, 그 흔적들을 기초로 삼아 원인의 존재에 대해 귀납적인 논증을 펼칠 수 있고 또 그 원인의 일부 측면을 밝힐 수 있다는 것이다. 하나님이 세상을 창조했다면, 창조세계의 질서 속에서 (이른바) 하나님의 '서명'을 발견할 수 있다. 이에 대해 아퀴나스는 다음과 같이 말한다.

[하나님의] 작품을 깊이 묵상함으로써 우리는 적지 않게 하나님의 지혜를 느끼고 그에 대해 탄복하게 된다.……따라서 우리는 하나님의 작품들을 성찰함으로써 하나님의 지혜를 추론할 수 있다.……이처럼 하나님의 작품들을 살펴보는 일은 하나님의 장엄한 능력에 대한 경탄을 낳으며 나아가 인간의 마음속에 하나님에 대한 경외를 불러일으킨다.……또한 인간의 영혼을 하나님의 선하심에 대한 사랑으로 타오르게 한다.……피조물의 선함과 아름다움과 기이함이 인간의 마음에 그토록 매혹적인 것이라면, 그 원천인 하나님 자신의 선하심(피조물에게서 발견되는 보잘것없는 선함과 비교해)은 타오르는 인간의 정신을 하나도 남김없이 자기에게로 끌어당길 것이다.

그러므로 작은 시냇물 같은 피조물의 아름다움 속에서 거대한 강 같은 하나님의 아름다움을 부분적으로나마 발견할 수 있다.

아퀴나스가 볼 때, 하나님에게 돌릴 수 있는 가장 근본적인 속성 가운데 하나가 '완전'perfection이다. 이 개념은 도덕적인 면에서 명료하게 파악되는 것이지만, 아퀴나스는 이 개념을 사용해 창조 질서의 차원에서 하나님의 독특성을 설명한다. '완전'은 하나님이 지닌 특성이며, 또 아래와 같은 의미에서는 하나님의 피조물이 지닌 특성이 된다.

❶ 하나님의 완전과 비교해서 등급이 떨어지는 정도로
❷ 또 피조물이 하나님의 창조 행위의 결과라는 점에서

이렇게 볼 때, '완전'은 하나님의 고유한 속성이면서도 하나님과 모든 피조물의 형이상학적인 근원적 관계로 말미암아 창조 질서 속에도 깃들어 있다.

그 후로 가톨릭의 자연신학 이론은 토마스 아퀴나스가 처음 세운 이론 위에 세워지고 그것을 가다듬거나 수정해 왔다. 제1차 바티칸 공의회의 '가톨릭 신앙에 관한 교의헌장'1870에서는, 하나님이 자연적이고 초자연적인 두 가지 방식으로 자신을 계시하셨다는 사실을 신앙의 주제로 확정하였다.

어머니인 거룩한 교회는, 자연적인 인간 이성을 도구로 사용해 만물의 시작과 끝이 되시는 하나님을 피조물로부터 알 수 있다고 주장하며 가르친다. "창세로부터 그의 보이지 아니하는 것들 곧 그의 영원하신 능력과 신성이 그가 만드신 만물에 분명히 보여 알려졌나니"(롬 1:20). 그러나 지혜로우시고 선하신 하나님은, 당신 자신과 당신의 뜻의 영원한 계명을 또한 초자연적인 다른 방식으로도 인간에게 계시하시기를 기뻐하셨다.

이러한 후대의 논의로부터 특별히 중요한 두 가지 사항이 따라 나온다. 첫째, 자연신학의 정당한 역할을 인정한다고 해서 이성이 신앙을 대체할 수 있다고 말하는 것은 아니다. 철학적 성찰이 그리스도 안에 계시된 하나님의 은총을 대신할 수 있는 것도 아니다. 신앙과 은총은 여전히 모든 신자들에게 가장 중요한 것이다. 그러나 자연신학은 모든 사람에게 공통된 도구를 사용하여 특정한 진리들을 확증할 길을 열어 준다. 따라서 자연신학은 변증론에서 중요한 역할을 담당한다. 이와 관련해 토마스 아퀴나스가 『이교도 논박 대전』을 저술한 목적 가운데 하나가, 이성에 기초한 공통된 믿음을 통해 이슬람 독자들에게 기독교 신앙을 이해시키는 데 있었다는 사실을 기억하는 것이 중요하다.

둘째, 자연을 통해 하나님에 관해 알게 된 것은 어떤 것이든 계시된 진리에 추가되는 진리의 '근거'나 '기초'로 인정해서는 안 된다. 많은 가톨릭 신학자는 대체로 자연신학(자연적 이성에 비추어 하나님에 관해 알게 되는 것)과 계시신학(신앙에 의지해 하나님에 관해 알게 되는 것) 사이의 연속성을 인정하는 경향이 있다. 이와 대조적으로 개신교인들은 일반적으로 하나님에 대한 자연적 지식과 계시된 지식의 차이를 강조하는 경향이 있다.

이 점을 염두에 두고 장 칼뱅이 16세기에 전개한 자연신학의 고전적·개신교적 설명을 살펴보기로 하자.

장 칼뱅1509-1564의 자연신학

장 칼뱅의 『기독교 강요』첫 권은 우리가 어떻게 하나님에 관해 알게 되는가라는 중요한 논의로 시작한다. 칼뱅은 피조물 전체에서, 곧 인간과 자연 질서와 역사 과정 속에서 하나님에 관한 일반적 지식을 얻을 수 있다고 주장한다. 그러한 지식의 근거로서 중요한 두 가지를 확인할 수 있다. 그것은 주관적 근거와 객관적 근거다. 주관적 근거는 '하나님에 대한 감각'*sensus divinitatis* 혹은 '종교의 씨앗'*semen religionis*

으로, 하나님이 모든 인간 속에 심어 놓은 것이다. 하나님은 인간에게 하나님의 존재를 아는 내재적 감각이나 예감을 부여했다. 그것은 마치 하나님에 관한 어떤 것이 모든 인간의 마음속에 새겨진 것과 같다. 칼뱅은 이 내재적인 하나님 의식의 결과를 세 가지로 말한다. 종교의 보편성(이것은 기독교의 계시에 의해 다듬어지지 않을 때 우상숭배로 변한다)과 고통당하는 양심과 하나님에 대한 노예적인 두려움이 그것이다. 칼뱅은 이 세 가지가 모두 기독교 선포를 위한 접촉점으로 유용하게 사용될 수 있다고 주장한다. 객관적 근거는 세상의 질서에 대한 경험과 성찰이다. 인간에게서 정점에 이른 창조세계의 질서를 관찰함으로써 하나님의 지혜와 정의를 깨닫게 되고 하나님이 창조자임을 알게 된다.

여기서 분명히 알아야 할 사실은 칼뱅이 이렇게 창조세계의 질서로부터 얻는 하나님에 관한 지식이 기독교 신자들에게 고유한 것이라거나 심지어 그들에게만 국한되는 것이라고 주장하지 않는다는 점이다. 칼뱅은 **누구든지** 창조 질서를 지적이고 합리적으로 성찰하면 하나님 개념에 도달할 수가 있다고 주장한다. 창조세계의 질서는 하나님의 현존과 본성과 속성을 드러내 보여주는 '극장' 혹은 '거울'이다. 하나님은 보이지 않고 파악이 불가능한 존재이지만 기꺼이 피조물의 옷을 입고서 눈에 보이는 피조물의 형상을 통해 자신을 알려주신다.

인간의 정신 속에 타고난 본능에 의해 하나님을 인식하는 감각이 있다는 것은 논란의 여지가 없다.……하늘과 땅에는 하나님의 놀라운 지혜를 선포하는 증거가 셀 수 없을 만큼 많다. 천문학과 의학과 온갖 자연과학을 이용하여 자세히 살펴야 할 비밀스러운 일들이 있는가 하면 또한 가장 어리석고 무지한 사람들이라도 분명하게 알아볼 수 있어서 그들이 눈을 뜨고 있는 이상 부인할 수 없는 것들도 있다.

따라서 칼뱅은 자연과학(예를 들어 천문학과 의학)을 적극 권장하는데, 그러한 학문들이 창조세계의 놀라운 질서와 그 질서가 가리키는 하나님의 지혜를 깊이 밝혀 줄 수 있는 능력이 있기 때문이다. 그러나 이 단계에서 칼뱅은 기독교 특유의 계시 원천들에 호소하지는 않는다. 그의 논증은 경험적인 관찰과 추론에 근거한다. 칼뱅이 성서 인용문을 끌어댄다면, 그것은 하나님에 관한 자연적 지식 일반을 뒷받침하기 위한 것이지 그런 자연적 지식을 우선적으로 앞세우기 위해서가 아니다. 그는 기독교 공동체 안팎에 있는 사람들이 똑같이, 창조세계 안에서 하나님을 알 수 있는 방법이 있다고 강조한다.

이렇게 하나님에 관한 일반 지식의 기초를 다지고 나서, 칼뱅은 그 지식의 단점을 분명히 밝힌다. 여기서 그는 고대 로마의 사상가인 키케로^{BC 106-43}를 대화 상대로 삼는다. 키케로의 『신의 본성에 관하여』^{On the Nature of the Gods}는 하나님에 관한 자연적 지식을 다룬 고전 작품 중에서 가장 영향력 있는 저술로 꼽는다. 칼뱅은, 하나님과 인간 사이의 인식상의 거리^{epistemic distance}가 원래도 엄청나게 멀지만 인간의 죄로 말미암아 훨씬 더 벌어졌다고 주장한다. 하나님에 대한 우리의 자연적 지식은 불완전하고 혼잡스러우며 심지어는 모순될 때도 있다. 자연적인 신 인식은 인간이 하나님의 뜻을 몰랐다고 변명할 가능성을 차단하는 역할을 한다. 그렇기는 해도 자연적 신 인식은 하나님의 본성과 성품과 목적을 완벽하게 설명하는 근거로는 적합하지 못하다.

이 점을 분명히 밝힌 후 이어서 칼뱅은 계시 개념을 도입한다. 성경은 자연을 통해 하나님에 관해 알 수 있는 것을 강조하면서 그와 동시에 이러한 일반 계시를 명료하게 밝히고 강화한다. "세계 질서와 모든 피조물을 통해 분명히 알게 된 하나님에 관한 지식은 말씀을 통해 훨씬 더 분명하고 알기 쉽게 설명된다." 역사 속에 나타나고 예수 그리스도의 삶과 죽음과 부활에서 정점에 도달하는 하나님의 구속 행위를 신자들이 알게 되는 것은 성서를 통해서만 가능하다. 칼뱅에 의하면, 계시의 초점은 예수 그리스도의 인격이며 또 하나님에 관한 지식은 그를 통해 매개된다. 따라서 하나님은 예수 그리스도를 통해서만 온전히 알 수 있으며, 예수 그리스도는 성서를 통해서만 알 수 있다. 하지만 창조세계의 질서는 이 계시에 대한 중요한 접촉점이 되며 또 부분적으로나마 이 계시를 드러내 보여준다.

기본 개념을 정리하면, 창조자 하나님에 관한 지식은 자연과 계시 모두를 통해 얻을 수 있으며, 자연을 통해 알게 된 지식을 계시가 명료하게 해주고 확증하며 넓혀 준다는 것이다. 그런데 구속자 하나님에 대한 지식—칼뱅은 이 지식을 기독교 고유의 하나님 지식이라고 본다—은 그리스도 안에서, 성서를 통해, 기독교 계시에 의해서만 얻을 수 있다.

르네상스: 하나님의 두 책

자연신학과 계시신학을 상호연관시키는 매우 흥미로운 방법 하나가 르네상스 시대에 특히 인기가 있었다. "하나님의 두 책"이라는 은유가 자연과 성경이 어떻게 창조적 대화로 인도될 수 있는지를 가리키는 데 사용되었다. "자연의 책"은 하나님을 가리켜 보이는 것으로 생각되었고, 반면에 "성경의 책"은 거기다 풍부한 지적 내용을 제공해 주고 나아가 단순히 이해를 증진시키는 것을 넘어 구원으로 인도하는 것으로 여겨졌다. 벨직 신앙고백[1561]은 이러한 틀을 사용해 하나님에 대한 지식을 두 가지의 전혀 다른 방법으로 얻을 수 있다는 점을 확증한다.

> 첫째는 우주의 창조와 그 보전과 다스림을 통해 알게 된다. 우주는 우리 눈앞에 펼쳐진 가장 아름다운 책으로, 그 안에 있는 크고 작은 모든 피조물은 마치 수많은 부호들처럼 우리를 이끌어 사도 바울이 말한 바, 그의 보이지 아니하는 것들 곧 그의 영원하신 능력과 신성(롬 1:20)을 바

라보게 만든다. 그 모든 것들은 사람들로 확신에 이르게 하기에 족하며, 따라서 그 누구도 변명할 수 없게 된다. 둘째, 하나님은 그의 거룩하고 신성한 말씀으로 더욱 분명하고 온전하게 자기 자신을 알리신다. 그렇게 해서 우리가 이 세상의 삶에서 그분의 영광과 우리의 구원에 관하여 꼭 알아야 할 것들을 알려주신다.

여기서 두 가지 요점이 드러난다.

❶ 하나님을 아는 방식에는 두 가지가 있다. 하나는 자연의 질서를 통해 아는 지식이며, 다른 하나는 성서를 통해서 아는 지식이다.

❷ 두 번째 방식이 첫 번째 방식에 비해 훨씬 더 분명하고 완전하다.

17세기에 "두 책"의 모델은 문화적으로 광범위한 영향을 끼쳤다. 자연과 성서는 하나님에 대한 지식을 제공해 주는, 독특하면서도 상호 보완적인 두 가지 원천으로 받아들여졌다. 프랜시스 베이컨1561-1626은 『학문의 진보』Advancement of Learning, 1605에서 하나님의 '말씀의 책'과 하나님의 '작품의 책'을 모두 연구하라고 권했다. 로버트 보일Robert Boyle, 1627-1691은 1674년에 펴낸 소책자, 『자연신학과 비교해 본 신학의 탁월성』The Excellency of Theology Compared with Natural Theology에서 "위대한 두 책, 곧 성경과 자연은 그 저자가 동일하며, 따라서 성경 연구는 탐구적인 사람이 자연을 연구하는 데서 누리는 즐거움을 결코 방해하지 않는다"고 평하였다. 보일은 세상을 가리켜 자주 "하나님께서 인간에게 보낸 서신"이라고 말했다. 이와 유사한 생각이 토머스 브라운Sir Thomas Browne, 1605-1682이 1643년에 펴낸 책 『의사의 종교』Religio Medici에서도 발견된다.

내가 신성한 지식을 얻는 책이 두 권이 있다. 기록된 하나님의 책 외에 또 하나 그분의 종인 자연이라는 책이 있으며, 이 책은 온 우주와 세상에 만인이 볼 수 있도록 펼쳐져 있다. 앞의 책에서 하나님을 볼 수 없었던 사람들은 뒤의 책에서 그분을 만나 왔다.

한분 하나님이 저자인 두 책이라는 이 은유는, 기독교 신학 및 신앙을 17세기와 18세기 초에 점증하던 자연과학에 대한 관심 및 지식과 하나로 묶는 데 아주 중요했고, 지금도 그렇다.

동방정교회와 자연신학

기독교 전통 안에서 자연신학에 관한 토론을 지배했던 것은 대체로 서구의 목소리였다. 하지만 정교회 전통에서도 "두 책"의 모델과 연관된 몇 가지 주제를 반영하는 독특한 자연신학 이론을 발전시켰다는 사실을 주목할 필요가 있다. 예를 들어 카이사레아의 바실리우스 Caesarea의 Basil, 약 330-379 는 인간이 창조질서를 통해 하나님을 직관하는 본성을 지녔다고 강조하였다.

우리는 창조주의 형상과 모양으로 지어졌고 지성과 이성을 부여받았다. 그래서 우리의 본성은 완전하며 하나님을 알 수 있다. 이런 식으로 피조물들을 마치 편지나 글이나 되는 양 여겨 그 아름다움을 끊임없이 묵상할 때, 만물을 다스리시는 하나님의 지혜와 섭리를 읽어낼 수 있다.

정교회에서 하나님이 세상을 합리적 방식으로 지으신 일을 강조하는 것은 중요한 의미가 있다. 인간의 합리성은 '하나님의 형상'이 반영된 것으로, 창조의 결과물에서 하나님의 본성과 관련된 중요한 내용을 파악해 낼 수가 있다. 중세 후기의 여러 신학자들은 '자연적' 질서와 '초자연적' 질서로 구분해 강조하는 경향이 있었는 데 반해, 정교회는 언제나 창조자와 피조물 사이에서 근본적인 구분이 이루어지는 것으로 생각해 왔다. 정교회에서는 '자연적 계시'와 '초자연적 계시'로 가르고 후자가 전자를 완성한 것이라고 보는 것이 합당하다고 주장한다. 대체로 정교회는, 인간이 하나님의 도움 없이도 성찰 작업을 할 수 있기나 하듯이 여겨 인간이 세상을 신학적으로 성찰하는 일에 하나님의 영향을 인정하지 않으려는 스콜라주의나 현대주의의 견해를 거부한다.

루마니아의 정교회 학자인 두미트루 스타닐로에^{Dumitru Stăniloae,} ¹⁹⁰³⁻¹⁹⁹³가 이 전통을 대표하는 탁월한 인물이다. 스타닐로에는 1978년에 루마니아어로 출간한 『교의 신학』에서 정교회 쪽 자연신학의 중심 주제들을 다음과 같이 분명하게 밝힌다.

> 정교회는 자연 계시와 초자연적 계시를 구분하지 않는다. 자연 계시는 초자연적 계시에 비추어 완전히 알려지고 이해된다.……초자연적 계시는, 하나님이 자연 계시를 통해 세계 내에 유지하시는 내적 운동을 향한 방향을 회복시키고 그 운동을 더욱 확고히 지지한다.……결과적으로 초자연적 계시는 자연 계시 자체를 보다 더 분명히 밝혀 준다.

칼 바르트와 에밀 브루너 논쟁¹⁹³⁴

많은 사람에게 자연신학과 관련된 이정표가 될 만한 논쟁이라면, 1934년 두 사람의 개혁주의 개신교 신학자 칼 바르트¹⁸⁸⁶⁻¹⁹⁶⁸와 에밀 브루너¹⁸⁸⁹⁻¹⁹⁶⁶ 사이에 벌어진 것을 예로 들 수 있다. 바르트는 일찍이 일체의 자연신학 개념에 반감을 표명한 일로 주목을 받았다. 바르트가 보기에 '자연신학'이란 하나님에 관해 알아야 할 것들을 하나님의 자기 드러내심^{self-disclosure}에 의지하지 않고서도 밝혀낼 수 있다고 주장함으로써 계시를 폐기하려는 인간의 체계적인 시도였다. 따라서 자연신학에 대한 바르트의 적대감은 자연신학이 하나님의 자기계시의 필연성과 독특성을 파괴한다고 보는 그의 기본적 신념에서 비롯된 것이다. 만일 그리스도 안에 나타난 하나님의 자기계시를 제쳐 놓고 하나님에 관한 지식을 얻을 수 있다면, 인간이 하나님을 아는 장소와 시간과 수단을 마음대로 정할 수 있다는 결론에 이르게 된다.

바르트가 보기에, 자연신학과 인간의 자율성이라는 주제는 밀접하게 얽혀 있다. 바르트가 이해한 바에 의하면, 자연신학은 인간이 자신이 가진 수단으로 하나님을 찾고자 하는 욕구를 긍정하고 대표한다. 그래서 자연신학은 계시의 2차 자료를 예수 그리스도와 대등하게 여기는 것으로 보인다. 바르트에게 계시는 오직 하나님을 통해서 이루어지는 것으로, 하나님께서 기꺼이 자신을 알리기로 한 은혜로운 결정의 결과로 나타난 것이다. 하나님의 자기계시를 무시하고 그 외부에서 하나님을 알 수 있는 방법은 존재하지 않는다.

일부 사람들은 바르트의 이런 제안에 깜짝 놀랐다. 로마서 1:19-20과 같이 하나님에 관한 어떤 종류의 자연 지식을 가리키는 성경 구절, 곧 하나님의 존재의 보이지 않는 것들이 창조 질서를 통해 알려진다고 말하는 구절들은 어떻게 되는 것일까? 칼뱅이 하나님에 관한 자연적인 지식을 인정하는 이유는 왜일까? 바르트와 같은 개혁주의 사상가는 어쩔 수 없이 자기 전통을 진지하게 받아들여야만 하는 것일까? 에밀 브루너Emil Brunner는 자연신학에 대한 바르트의 부정적 평가에 의구심을 표현했던 1930년대 개혁 신학자들 중 한 사람이었다.

1934년에 브루너는 『자연과 은총』Nature and Grace이라는 제목으로 책을 출판하였다. 이 책에서 그는 "우리 세대의 신학적 과제는 진정한 자연신학으로 돌아가는 길을 찾는 것이다"라고 주장하였다. 브루너는 이 이론을 창조론 안에서, 그중에서도 특히 인간이 '하나님의 형상'imago Dei으로 지음 받았다는 개념 안에서 다루었다. 인간의 본성이 구성된 방식을 살펴보면 하나님의 존재와 유사한 특성을 볼 수 있다. 인간 본성이 죄성을 지님에도 불구하고 자연 속에서 하나님을 분별할 수 있는 능력이 남아 있다. 죄인인 인간은 여전히 자연과 역사 사건들 속에서 하나님을 분별할 수 있으며 하나님 앞에서 자신의 죄를 인식할 수 있다. 따라서 인간의 본성 속에는 하나님의 계시를 위한 '접촉점'독일어 *Anknüpfungspunkt*이 있다.

브루너는 이 '접촉점'이라는 개념을 일찍이 1927년에 사용했으며, 이 개념은 그의 인간 본성 이해에서 핵심적인 요소다. 브루너가 볼 때, 인간의 본성에는 이미 하나님의 계시에 대한 접촉점이 존재한다. 따라서 계시는 그 계시가 어떤 것인지 이미 어느 정도 인식하고 있는 인간 본성에게 자신을 드러낸다. "회개하라"는 복음서의 요청을 예로 들어 보자. 만일 인간이 이미 죄가 무엇인지 어느 정도 인식하고 있지 못하다면 그러한 회개의 요청은 완전히 무의미한 것이라고 브루너는 주장한다. 따라서 회개하라는 복음서의 요청은 적어도 '죄'와 '회개'가 어떤 의미인지를 어느 정도 알고 있는 사람들에게 선포된 것이다. 계시는 죄가 의미하는 것이 무엇인지 완전하게 이해할 수 있게 해주지만, 어디까지나 그 일은 인간이 이미 지닌 죄의식을 기초로 이루어진다.

바르트는 브루너가 자연신학을 긍정적으로 평가한 것을 두고 하나님이 자신을 알리기 위해서 도움을 필요로 한다거나 계시 행위에서 인간이 어떤 식으로든 하나님과 협력한다는 주장을 펴는 것으로 생각했다. "성령은……성령이 세운 그 접촉점 이외의 다른 접촉점은 필요로 하지 않는다." 바르트는 인간의 본성 안에 내재한 '접촉점' 따위는 없다고 보았다. 그런 접촉점이 있다면 그것은 하나님의 계시의 결과일 뿐이다. 그것은 인간 본성의 불변적 특성에 속하는 것이 아니라 하나님의 말씀에 의해 조성된 것이다. 바르트는 1920년대 후반에 브루너가 '대화적인' 계시 이론을 강조하는 데 대해 우려를 나타내기 시작했으며, 1929년에 이르러서는 두 사람의 관계가 완전히 끊어지게 되었다.

브루너에 맞선 바르트의 대응을 여러 가지 방식으로 이해할 수

● 존재 유비
    analogia entis

토마스 아퀴나스와 밀접
하게 관련된 이론으로,
하나님께서 세상을 창조
하셨기 때문에 창조세계
의 질서와 하나님 사이
에 일치점이나 유비가
존재한다는 개념이다. 이
개념은 이미 알려진 자
연 질서의 대상과 관계
로부터 하나님에 관한
결론을 도출하는 방식들
에다 이론적 타당성을
제공해 준다.

● 신앙 유비
    analogia fidei

창조세계의 질서와 하나
님 사이의 일치점은 오로
지 하나님의 자기계시를
통해서만 확인할 수 있다
는 이론으로, 특히 칼 바
르트와 관계가 있다.

있지만 무엇보다도 피조물과 창조자 사이의 연속성 개념을 비판했다고 보는 것이 도움이 된다. 바르트는 이 연속성 개념을 존재 유비*, 곧 피조물 자체에서 발견되는 하나님과 피조물 사이의 일치라는 개념으로 표현했다. 바르트는 1929년 이후부터 존재 유비 개념을 집중적으로 비판하기 시작했는데, 이 개념을 브루너의 자연신학 이론의 근거로 보았던 것이 분명하다. 바르트가 존재 유비를 반박한 것에 따르면, 본질적으로 인간의 언어와 하나님의 언어는 한 점에서 만나지 못한다. 바르트가 나중에 『교회 교의학』에서 주장한 대로, 하나님에 관해 말하는 것이 인간에게 "허용되고 명령으로 주어졌지만" 인간의 언어는 "오직 '근사치'만 말할 수 있으며 매 순간마다 교정될 필요가 있다." 인간이 '근사치'나 '묘사'의 수준으로 하나님에 관해 말하는 것조차도 그 대상인 하나님과 딱 맞아떨어지지 않으며, 따라서 인간의 언어는 하나님에 관한 지식을 표현하고 주장하는 데 적합하지 않다. 하나님, 곧 예수 그리스도 안에서 우리를 만나시는 살아계신 하나님은 우리가 우리의 능력을 수단으로 마음대로 다룰 수 있는 분이 아니기 때문이다. 따라서 자연신학은 신학적으로 그릇된 인간 본성의 이해 위에 근거하는 것이며, 이 점은 우리가 하나님에 관한 언어를 어떻게 사용하고 또 하나님에 관한 개념들을 어떻게 세워야 하는지와 관련해 중요한 함의를 지닌다.

자연신학 논쟁은 이 역사적인 대결에서 해결되지 않았으며, 오늘날까지도 1934년 당시 바르트와 브루너가 그들의 저술을 통해 실제로 주장했던 것이 무엇이냐를 둘러싸고 벌어지는, 싫지만은 않은 논쟁의 형태로 계속되고 있다.

──────────────── 자연에서 하나님을 찾는 이론들

창조론은 자연적인 신 인식의 관념에다 신학적인 기초를 제공해 준

다. 하나님이 세상을 창조했다면, 하나님의 피조물에는 하나님의 손길이 깃들어 있다고 보는 것이 당연하다. 조각상에는 조각가 특유의 양식이 분명하게 나타나고 그림에는 화가의 서명이 기록되어 있듯이 피조물 속에서 하나님의 현존을 확인할 수 있다고 주장된다. 그런데 피조물의 어느 부분에서 그것을 찾을 수 있는가? 창조세계 어디에서 하나님을 발견할 수 있는가?

오랜 세월 이 쟁점을 성찰해 온 풍성한 전통 속에서 세 가지 주요한 답을 발견할 수 있다. 인간 이성, 세상의 질서, 그리고 세상의 아름다움이 그것이다.

인간 이성

히포의 아우구스티누스는 그의 주저 『삼위일체론』*On the Trinity*에서, 피조물 속에서 하나님을 분별할 수 있다면 당연히 우리는 그 피조물의 정점에서 하나님을 찾을 것으로 기대해야 한다고 주장한다. 아우구스티누스는 하나님의 피조물 가운데 정점은 바로 인간의 본성이라고 (창세기 1-2장을 근거로) 주장한다. 또한 아우구스티누스는 그가 속한 문화에서 배운 신플라톤주의의 명제들을 기초로 삼아 인간 본성의 정점은 이성적으로 생각할 수 있는 능력이라고 주장한다. 그렇게 해서 그는 결론으로, 인간의 논리적 사고 과정 속에서 하나님의 흔적을 발견할 수 있다고 말한다. 아우구스티누스는 이것을 '삼위일체의 흔적들'(라틴어 vestigium은 '지문'을 뜻한다)이라고 불렀다. 이러한 논증을 기초로 아우구스티누스는 삼위일체*에 대한 '심리학적 유비'로 알려지게 된 이론을 펼친다708-712쪽.

세상의 질서

앞에서 우리는 토마스 아퀴나스의 신 존재 증명이 자연 속에는 설

* **삼위일체**
Trinity

하나님에 관한 기독교 특유의 교리로서, 하나님이 성부·성자·성령으로 복잡하게 체험되는 방식을 다룬다. 이 교리는 흔히 '세 위격이신 한분 하나님'과 같은 간략한 공식으로 표현된다.

명을 필요로 하는 질서가 있다는 인식을 기초로 다듬어졌다는 사실을 살펴보았다. 이와 마찬가지로 인간의 정신이 이러한 자연 질서를 인식하고 탐구할 수 있다는 사실도 매우 중요하다. 인간 본성에는 세상에 관하여 질문을 하도록 촉구하는 무엇인가가 있는 것으로 보인다. 또 세상에는 주어진 물음에 답을 가능하게 하는 무엇인가가 있는 것으로 보인다. 저명한 이론 물리학자이자 기독교 변증가인 존 폴킹혼John Polkinghorne, 1930출생은 이 점에 관하여 다음과 같이 설명한다.

> 우리가 너무나 익숙해 있어서 늘 당연한 일로 여겨온 것은 우리가 세상을 이해할 수 있다는 사실이다. 이것이 과학을 가능하게 해주는 것이다. 하지만 다른 식으로 말할 수도 있을 것이다. 우주만물은 질서 정연한 우주가 아니라 무질서한 혼돈으로 존재해 왔을지도 모른다. 또는 우리로서는 파악할 수 없는 합리성을 지니고 있는지도 모른다.……우리의 정신과 우주 사이에, 안에서 경험하는 합리성과 밖에서 관찰되는 합리성 사이에 일치가 존재한다.

우리 정신이 지닌 합리성과 우리가 이 세상 속에 존재하는 것으로 관찰하는 합리성 — 질서정연함orderedness — 사이에는 근원적인 일치가 있다. 따라서 이론 수학(인간 정신의 풍요로운 산물)의 추상적 구조는 이 세상을 이해하는 데 중요한 실마리를 제공해 준다. 폴킹혼은 이 모든 것이 일종의 자연신학으로서, 기독교 계시에 대한 온전한 지식에 이르는 길을 열어 준다고 주장한다.

세상의 아름다움

많은 신학자들이 세상을 관조할 때 솟구치는 아름다움의 감정을 기초로 삼아 자연신학을 세워 왔다. 이 주제를 가장 두드러지게 탐구한 사람이 저명한 미국 신학자인 조나단 에드워즈[1703-1758]일 것이다.

> 눈앞에 한없이 펼쳐지는 세상의 장대함, 끝닿은 데 없이 치솟은 하늘
> 등, 이 모든 것은 하나님의 영적인 나라의 무한한 장엄함과 높음과 거룩
> 함을 나타내 보이는 예표다. 이 세상 속에 심기고 깃든 그분의 권능과
> 지혜와 거룩함과 사랑을 참으로 신비롭게 드러내며, 이 세상에 전해져
> 광대한 세계와 높은 하늘에 실린 도덕적이고 자연적인 선, 빛, 지식, 거
> 룩함, 행복을 보여준다.

이러한 미적 황홀감은 에드워즈의 자전적 저술 곳곳에 퍼져 있
으며, 그중에서도 특히 『문집』Miscellanies에서 두드러지게 발견된다.
에드워즈가 보기에, "우리가 꽃이 만발한 초원과 산들바람에서 기쁨
을 느낄 때" 경험하는 아름다움의 인식은 하나님의 거룩하심을 나타
내는 실마리가 되며, 이것을 성서는 신뢰할 만한 신학적 기초 위에서
명료하게 밝히고 확증해 준다.

한스 우르스 폰 발타자르[1905-1988]도 20세기 가톨릭 사상가로
서 아름다움의 신학적 중요성을 강조한 사람이다. 그러나 폰 발타자
르 자신은 '미학적 신학'이라는 관념에 아예 거리를 두었다. 그의 주
저 『주님의 영광』[1961-1969]은 미학적 신학이 아니라 '신학적 미학'으로
보는 것이 마땅하다. 폰 발타자르에 의하면 '아름다움'이라는 범주는
인간이 하나님에게 적용할 수 있는 범주가 아니라 하나님의 계시에
대한 서술로 보아야 한다. 폰 발타자르는 자연의 아름다움에서 하나
님의 존재를 끌어내는 철학적 논증을 펼친 것이 아니다. 오히려 그는
우리가 자연을 아름다움으로 경험하는 것은 신앙의 원인이나 조건이
아니라 결과라고 주장한다. 우리가 아름다움을 통해 하나님께 다가
가는 것이 아니라 하나님께서 그리스도의 아름다움을 통해 우리에게
다가오신다.

위에서 살펴본 것들은 기독교 신학자들이 비록 잠정적이고 부적

합한 것일지라도 자연을 통해 하나님을 인식할 수 있는 방식을 설명하려고 한 몇 가지 방법들이다. 그러나 오늘날 갈수록 크게 주목받는 기독교 신학과 자연과학 사이의 학제 간 대화의 중요성을 고려하지 않고서는 '자연신학'에 관해 논하는 것이 불가능하다. 그렇다면 기독교 신학과 자연과학의 관계는 무엇일까?

───────── 자연과학과 기독교 신학: 상호작용의 모델들

기독교 신학과 자연과학 사이에는 긴 상호작용의 역사가 있다. 대체로 과학사가들은 서구에서 근대 과학이 등장하고 이어져 오는 데 신학적 요인들이 상당히 긍정적인 역할을 수행하였다는 견해를 주장한다. 자연과학의 발전을 이끈 다수의 핵심적인 인물들은 진지하게 종교에 헌신했던 사람들이라는 사실을 주목할 필요가 있다. 어쩌면 더 중요한 것은, 그들이 계발한 자연에 관한 새 이론들이 종교적인 가정들, 특히 질서 정연한 창조세계라는 기독교의 이해에 토대를 둔 가정들에 의해 뒷받침되었다는 사실일 것이다. 역사가들은 근대 초기에 서유럽에서 일어난 과학 혁명의 종교적 기원을 논하는 일에서 대체로 다음과 같은 세 가지 주제를 중요한 것으로 인정하고 강조한다.

❶ 기독교의 창조론은 규칙적인 우주라는 개념을 주장하는데 이 우주의 규칙성은 경험적인 연구로 밝혀낼 수 있다. 이러한 사고가 과학이 출현하는 데 필수적인 요소였다. 폴 데이비스^{Paul Davies, 1946 출생}가 지적하는 것처럼, "르네상스 시대의 유럽에서, 오늘날 우리가 과학적인 탐구방법이라고 부르는 것을 지지해 주었던 것은 신중한 자연 연구를 통해 분별할 수 있도록 창조 질서를 세우신 합리적인 하나님에 대한 믿음이었다."

❷ 자연을 연구하는 것은 하나님의 지혜와 아름다움에 대한 인

간의 인식을 높이고 심화시키는 것으로 널리 간주되었다. 자연의 규칙성과 아름다움이 창조주의 특성을 반영하는 것으로 본다는 점에서, 자연 연구를 위한 근본적인 종교적 동기가 부여되었다.

❸ 16세기와 17세기의 많은 자연철학자들은, 그리스철학을 통해 알려진 연역적 과정을 사용해, 자연에 관한 진리에 도달하는 수단으로 여겨져 온 자율적인 인간 이성을 더 이상 신뢰할 수 없는 것으로 의심하게 되었다. 전통적으로 기독교의 원죄 교리를 통해 해명해 온 인간의 합리적 능력의 한계에 대해 우려가 증가하였으며, 그 결과 자연철학자들은 경험적인 방법을 신뢰할 수 있는 진리를 찾는 수단으로 인정하게 되었다. 순수 이성이 아니라 실험이 자연에 관한 신뢰할 수 있는 지식을 세우는 토대로 인정받게 되었다

그렇다면 자연과학과 기독교 신학 사이에서 현재 일어나는 상호작용을 이해하기 위한 지적인 틀은 무엇일까? 이런 이론들을 범주화하는 여러 가지 방식이 제시되었으며, 그 가운데 하나가 이언 바버 Ian G. Barbour, 1923-2013가 갈등과 독립, 대화, 통합의 네 가지 유형으로 나눈 분류법이다. 바버의 이론은 과학과 종교 분야에서 많은 저자들에게 받아들여지기도 했지만 여러 가지 이유로 비판도 받았다. 이 책이 목적으로 삼고 있듯이, (포괄적인 개념의 "종교"가 아니라) 신학이 과학과 맺는 관계를 연구하는 데는 바버의 이론이 그리 적합하지 않다는 점만 간단히 밝혀 둔다. 아래에서 우리는 현대 문화에서 널리 통용되는, 신학과 과학의 관계를 이해하는 세 가지 방식을 살펴본다.

전쟁: "갈등" 유형

과학과 신학의 관계를 이해하는 방식으로서 가장 큰 힘을 발휘하는

것 중의 하나는 과학과 신학이 항구적인 전쟁 상태에 있다고 보는 이론이다. 이 견해는 19세기 후반에 널리 유행하였으며, 리처드 도킨스Richard Dawkins, 1941 출생가 『만들어진 신』God Delusion, 2006에서 제시한 '새로운 무신론'New Atheism이 이 견해를 적극적으로 채용함으로써 새로운 활기를 띠게 되었다. 도킨스는 과학이 종교를 무너뜨리는 것은 시간문제일 뿐이라고 보았다. 과학과 종교의 관계를 '전쟁'으로 보는 모델은 오늘날 역사가들에게 신뢰할 수 없는 것으로 대접받는다. 하지만 대중문화 속에서 이 모델이 끈질기게 큰 영향을 끼치는 것은 막지 못하고 있다.

하지만 과학과 신학 사이의 전쟁을 외친 것이 '새로운 무신론'뿐만은 아니다. 특히 미국 내의 보수적 성향이 강한 개신교에서도 이러한 견해가 발견된다. 이들의 견해에 의하면, 창세기의 창조 이야기는 세계의 기원을 밝혀 주는 바른 지식이며, 이 지식은 자연과학이 주장하는 반대 이론들에 맞서 타당성을 지닌다. 이 견해에서는 성서 이론과 과학 이론이 서로 보완적인 것이라고 생각하지 않는다. 오히려 성서 자료가 인간의 기원과 발전에 관한 타당하고 객관적인 설명을 제시한다고 여기며, 이러한 설명은 진화 이론과는 상충하기 때문에 진화론은 잘못된 것이라고 주장한다. 이 견해는 특히 미국의 보수적 복음주의와 관계가 깊다. 이 이론은 점차 '과학적 창조론'(창조과학)이라는 이름으로 굳어지고 있으며 헨리 모리스Henry M. Morris, 1918-2006 같은 학자들의 연구에서, 그중에서도 특히 모리스의 『과학적 창조설』Scientific Creationism, 1974에서 두드러지게 발견된다.

과학과 신학 사이에 본질상 갈등이 존재한다는 생각은 점차 지지를 얻지 못하고 있다. 역사적인 증거에 따르면, 과학과 신학 사이에는 갈등도 있었으나 그에 못지않게 상호 협동과 수렴도 이루어졌다. 그리고 그 양상은 매우 복잡해서 하나의 '거대서사'로 환원할 수 없다.

고립: 비중첩non-overlapping 유형

많은 과학자들이 과학과 신학의 관계와 관련해서 "NOMA"(중첩되지 않는 앎의 권역non-overlapping magisteria)이라는 개념을 긍정적으로 받아들인다. 이 개념은 진화생물학자인 스티븐 제이 굴드Stephen Jay Gould, 1941-2002가 대학 캠퍼스에서 과학과 종교 간의 적대감을 감소시키는 수단으로 개발했다. 굴드의 견해에 따르면 "과학의 권역"은 "경험 영역"을 다루는 반면, "종교의 권역"은 "궁극적 의미의 문제"를 다룬다 ("권역"이라는 용어는 "권위" 또는 "자격"의 영역을 가리킨다). 굴드는 두 권역이 겹치지 않고 겹칠 수도 없다고 주장한다. 그들은 서로 대화할 필요가 없으며, 공통점이 별로 없다는 점에서 서로를 가르치기 위해 의견을 나눌 수도 없다.

이와 비슷한 접근법이 기독교 신학의 방법과 사상의 독자적 특수성을 강조하려는 신학자들에 의해 채택되었다. 세속의 개념과 방법론을 수용하려고 했던 자유주의 신학의 흐름에 맞서 신정통주의는 신학의 독특성을 주장하였다. 칼 바르트가 『교회 교의학』에서 펼친 창조론 논의 속에서 이런 경향을 분명하게 볼 수 있다. 바르트에 의하면, 창조는 신학적 사건으로 자연과학에 비추어 해명하거나 해석할 수 없다. 철학이 신학에서 토대의 역할을 할 수 없다고 본 바르트의 견해가 자연과학에 그대로 적용된다. 자연과학은 그 나름의 고유한 활동 영역이 있으며, 그 영역을 벗어나서 기독교 신앙을 해명하거나 정당화할 수 없다.

이와 유사한 견해를 신정통주의의 영향을 받은 미국 신학자들의 저술에서도 볼 수 있다. 랭던 길키Langdon Gilkey, 1919-2004의 책, 『천지를 지으신 이』Maker of Heaven and Earth, 1959가 대표적인 사례다. 길키는 신학과 자연과학은 실재에 다가가는 서로 다르고 독립적인 방법으로 보는 것이 가장 합당하다고 주장한다. 자연과학은 '어떻게'라는 물음을 물으며, 신학은 '왜'라는 물음을 묻는다. 자연과학은 이차원인(자연 내의 상호작용들)을 다루며, 신학은 일차원인(자연의 궁극적 기원과 목적)을 다룬다.

칼 라너 역시 과학과 신학의 독특성을 주장한다. 라너는 길키와 유사한 틀을 제시하여 과학은 '후험적인'*a posteriori* 경험들과 관계가 있으며 반면에 신학은 '선험적인'*a priori* 질문들과 관계가 있다고 주장한다. 라너는 과학자들이 신학자 노릇을 하려고 하거나 신학자들이 과학자 노릇을 하려고 할 때 일이 잘못되기 시작하는데 그 까닭은 그들이 그들 각 분야의 고유한 특성이나 한계를 존중하지 않기 때문이라고 주장한다.

강화: 상호보완 유형

신정통주의에서는 신학과 자연과학이 서로 별개의 의제와 방법론을 지녔다고 생각한 데 반해, 훨씬 최근에 등장한 일부 개신교 사상가들은 두 학문 사이에 건설적인 대화가 필요하다고 주장한다. 과학과 신학이 서로 다른 방법론과 자료를 사용한다는 점을 존중하는 한편, 그 두 분야가 삶과 사고의 특정 측면, 곧 실재에 대한 우리의 시각을 나름대로 강화해 주는 측면에 빛을 비춰 주는 것이라고 볼 수 있다.

볼프하르트 판넨베르크Wolfhart Pannenberg의 저술들이 좋은 예를 보여준다. 판넨베르크는 자연과학의 통찰들이 기독교의 창조론 이해에 빛을 비추어 줄 수 있다고 보았다. 판넨베르크는 두 영역의 독특성을 주장하면서도 두 학문이 서로 영향을 주고받을 수 있으며 서로에게 유익이 될 수 있다고 주장하였다.

저명한 스코틀랜드 신학자인 토머스 토런스1913-2007의 저술에서도 이와 유사한 개념을 볼 수 있다. 토런스는 신학과 자연과학이 모두 그 나름의 방식으로 실재론을 따른다고 주장하는데, 그 근거로 신학과 자연과학에서 다루는 실재라는 것은 두 학문이 파악하려고 시도하기 이전부터 존재하고 있는 것이라는 점을 들었다. 신학과 자연과학은 사물이 존재하는 방식 그대로를 인정할 필요가 있으며, 또 두 학문의 탐구방식은 그들이 만나는 실재의 본성에 합치해야 한다. 토런스의 견해는 하나님의 자기계시의 우선성을 강조하는 이론에 뿌리를 두고 있다. 하나님의 자기계시는 인간의 이성적 행위와는 상관없는, 객관적 실재로 여겨진다. 토런스가 바르트를 무비판적으로 옹호하는 사람은 아니지만, 이 분야에서만큼은 확실하게 바르트의 의제와 일치하는 주장을 편다.

나도 세 권으로 이루어진 『과학적 신학』Scientific Theology, 2001-2003에서 이와 유사한 이론을 펼쳤다. 이 저술에서 나는 자연과학과 기독교 신학은 모두 이론적으로 표현이 가능한 외적 실재와 씨름하는 일을 한다고 주장했다. "과학적 신학에서는, 하나님의 실재가 세상 속의 다양한 차원에 깃들어 있다고 보고 그 실재를 체계적 원리에 따라 해명하는 일을 과제로 삼는다." 나는 인식과정에 인식 대상의 적극적 개입을 긍정하는 비판적 실재론critical realism을 제시하면서, 신학적 분석의 다양한 차원을 탐구하기 위해 로이 바스카Roy Bhaskar, 1944-2014 의 '실재의 층위구조'stratification of reality라는 개념을 이용했다.

최근에 나는 『우주, 하나님 지으신 모든 세계』Inventing the Universe, 2015에서 과학과 신학의 내러티브가 상호작용할 수 있게 함으로써, 과학 및 신학의 내러티브를 풍부하게 할 필요가 있다고 주장했다. 우주의 기원에 대한 과학의 내러티브는 창조에 대한 기독교적 내러티브와 동일하지 않다. 그러나 둘은 이중 나선과 같이 서로 얽혀 우리 우주에 대한 보다 더 만족스러운 시각을 제공할 수 있다.

이번 장에서 우리는 계시라는 중요한 신학 개념에서 비롯되는 많은 주제를 살펴보았고, 어떻게 하나님이 자연이나 이성을 통해 알려질 수 있는지에 대해서도 몇 가지 요점을 다루었다. 다음 장에서 우리는 철학과 신학 사이의 대화와 논쟁을 살펴볼 터인데, 이것은 지금까지 기독교 신학의 매혹적인 면모였고 앞으로도 그럴 것이다.

돌아보는 질문

❶ 여러분은 '계시'라는 말을 어떻게 이해하는가?

❷ 신학이란 성경에서 발견되는, 계시된 진리들을 주해하는 것이라고 주장하는 신학자들이 많다. 이 견해의 강점과 약점은 무엇인가?

❸ 에밀 브루너가 진리를 인격적 관념으로 보아 그토록 강조한 이유는 무엇인가? 그가 이러한 주장으로 말하고자 한 요점은 무엇인가? 이 견해에 대해 어떤 비판을 제기할 수 있겠는가?

❹ 하나님의 계시를 '두 책'으로 이해한 개념은 기독교 신학과 자연과학의 관계에 대해 어떤 영향을 끼쳤는가?

❺ 자연신학에 관하여 바르트와 브루너가 벌인 논쟁의 배후에 놓여 있는 문제를 비판적으로 평가해 보라.

❻ 이번 장에서 다룬, 자연과학과 기독교 신학의 관계를 이해하는 네 가지 방식 각각이 지닌 장점은 무엇이라고 생각하는가?

08

철학과 신학

: 대화와 논쟁

"아테네가 예루살렘과 무슨 관계가 있는가? 다시 말해 아카데메이아가 교회와 무슨 상관이 있는가?" 이것은 3세기에 테르툴리아누스약 160-220가 물었던 질문이다. 테르툴리아누스가 묻고 있는 핵심은 기본적으로 기독교 신학이 세속 철학, 특히 플라톤주의와 어떤 관계가 있느냐는 물음이다. 그리스 도시 아테네는 기원전 387년에 플라톤이 세운 세속 학문기관인 아카데메이아의 근거지였다. 테르툴리아누스가 볼 때, 기독교 신학자들은 이교에 속한 철학자들과는 전혀 다른 정신세계에 속한 사람들이었다. 이 둘 사이에 어떻게 대화가 가능하겠는가? 이교 철학자들이 기독교를 오염시키고 타락하게 만들 게 뻔하지 않은가?

그런데 이러한 태도에 찬동하지 않고 오히려 세속 철학의 세계와 우호적으로 대화를 나누고 거기에 건설적으로 참여할 것을 권장한 이들도 있었다. 진리는 모두 다 하나님의 진리가 아닌가? 분명 기독교 신학과 세속 철학이 대화를 나눈 좋은 사례도 있지 않은가?

2세기에 순교자 유스티누스^{약 100-165}는 플라톤주의에 특별히 열의 있는 태도를 보였으며, 그 때문에 그의 비판자들은 그가 플라톤의 사상들을 제대로 비판하여 다루지 않은 채 덜컥 세례를 준 것이 아니냐고 의심을 품게 되었다. 아우구스티누스³⁵⁴⁻⁴³⁰는 세속 철학을 비판적으로 선택하여 수용할 것을 권했으며, 그 수용 과정을 모세의 인도로 이집트에서 탈출한 이스라엘이 이집트의 보화를 강취해 나온 일에 비유하였다. 모세도 "이집트 사람의 모든 지혜를" 배우지 않았던가(행 7:22).

카이사레아의 바실리우스^{약 330-379}는 철학이라는 이교도의 작품을 계속 읽어야 하는지 궁금해하는 젊은 신자들에게 행한 4세기의 강의에서 다음과 같은 유사한 접근법을 권고했다.

> 우리는 미덕을 칭찬하거나 악을 비난하는 철학자들의 문장을 기꺼이 받아들일 수 있다. 꿀벌들이 꽃에서 꿀을 추출하는 법을 아는 것처럼(우리는 향기와 색깔을 즐길 뿐이다), 그 작가들에게서 단순한 즐거움과 오락 그 이상을 찾는 사람들은 자신의 영혼에 소중한 것을 발견하게 될 것이다. 우리는 꿀벌이 꽃을 이용하는 것과 같은 방식으로 철학의 글들을 사용해야 한다. 꿀벌들은 모든 꽃을 무차별적으로 방문하지 않고 꽃 전체를 집으로 옮기려고 하지도 않는다. 오히려 그들은 필요에 맞는 것을 취하고 나머지는 뒤에 버려둔다. 같은 방법으로 우리는 이교도의 저술에서 우리를 돕고 진리와 연결되어 있는 것은 취하고 나머지는 무시하면 된다.

최근에 와서는 교황 요한 바오로 2세^{John Paul II, 1920-2005}가 신학과 철학의 대화가 중요함을 강조했다. 그는 회칙 「신앙과 이성」^{Faith and Reason, 1998}에서 철학의 온전성을 인정하고, 철학의 역할이 교회가 자신의 개념들을 탐구하고 옹호하며 가르치는 일을 돕는 데 있다고 말했다.

교회는 사람들의 삶을 더욱 가치 있게 해주는 목표들을 성취하는 일에서 이성이 참으로 큰 힘을 발휘한다는 점을 인정하지 않을 수 없다. 교회는 철학 안에서 인간의 삶에 관한 근본 진리를 아는 길을 발견한다. 동시에 교회는 신앙을 더 깊이 이해하고 복음의 진리를 알지 못하는 사람들에게 그것을 전달하는 일에 철학이 필수불가결의 수단이 되는 것으로 여긴다.

신학과 철학이 문제를 다루는 방식이 서로 다르고 또 기초로 삼는 자료도 다르기는 하지만 두 학문은 여러 가지 면에서 비슷한 문제들을 다룬다. 우리는 어떻게 확실한 지식을 얻는가? 종교 언어는 어떤 지위에 있는가? 하나님의 존재는 '증명'이 가능한가? 이것은 광대한 주제로서 그 자체만으로도 제대로 탐구하기 위해서는 여러 권의 책이 필요하다. 여기서 우리는 전반적인 논의 주제들을 아래와 같이 간략하게 소개할 수밖에 없으며, 이 주제들을 깊이 연구하는 일은 독자들의 손에 맡긴다. 여기서 소개하는 내용들은 독자들이 이 책을 포함해 여러 책을 읽어 가는 과정에서 마주치게 될 주요 논쟁들의 맥락을 파악하는 데 도움을 줄 것이다.

———————————— 철학과 신학: '시녀'라는 관념

기독교 신학에서 가장 흥미 있는 면모 중 하나는 신학이 존재해 온 2천 년 동안 다양한 철학파들과 상호작용해 온 방식이다. 앞서 기독교와 고전 문화의 상호작용에 대해 살펴보면서 언급했듯이 239-247쪽, 이 사상 학파들은 때로는 기독교 신앙의 동맹자가 되기도 했고 때로는 적이 되기도 했다.

기독교 신학 내에는 기독교 전통 외부의 지적 자료들을 기독교 사상을 발전시키는 도구로 삼아 온 긴 역사가 있다. 이런 방식을 흔

라파엘로가 1510년에서 1511년에 걸쳐 그린 「아테네 학당」에서 플라톤과 아리스토텔레스의 모습. 플라톤(왼쪽)은 그의 대화편 「티마이오스」를 들고 있으며, 아리스토텔레스(오른쪽)는 「니코마코스 윤리학」을 들고 있다. 플라톤의 손은 위쪽을 가리키고 아리스토텔레스는 수평 방향을 가리키고 있는 모습에 주목하라. 이것은 플라톤이 초월적인 형상의 세계를 강조하고 아리스토텔레스는 자연세계를 중요하게 여긴 일을 뜻하는 것으로 보인다.

히 라틴어로 '안칠라 테올로기애'(신학의 시녀)라고 부르는데, 그 밑바탕에는 신학의 발전을 자극하고 기독교 사상가와 문화 환경 사이의 대화를 열어주는 데 철학 체계들이 큰 도움이 될 수 있다는 기본적인 사고가 깔려 있다. 이러한 신학적 견해를 보여주는 역사적인 사례로서 가장 중요한 것 두 가지는 플라톤주의 및 아리스토텔레스주의와 신학의 대화다.

플라톤주의와의 대화는 기독교 교회의 처음 다섯 세기 동안에 특히 그리스어를 사용하는 지중해 동부 지역에서 매우 중요했다. 그 지역에 기독교가 퍼지면서 기독교는 경쟁적인 세계관들과 마주치게 되었는데, 그중에 가장 중요한 것이 플라톤주의였다. 그러한 세계관들은 긍정적으로도 부정적으로도 받아들여질 수 있었다. 즉 대화와 지적인 발전을 위한 기회이기도 했고 기독교의 존립에 대한 위협이기도 했다. 순교자 유스티누스나 알렉산드리아의 클레멘스 같은 저술가들은 기독교 자체의 온전성을 해치지 않으면서도 플라톤주의가 지닌 분명한 지적 장점들을 이용해 기독교의 세계관을 세우는 방법이 무엇인가라는 과제와 씨름했다. 결국 둘 사이에는 일부 유사한 점이 있기는 하지만 기독교는 플라톤주의가 아니라는 결론에 이르렀다.

스콜라 신학의 전성기인 13세기에 들어와 새로운 논쟁이 시작되었다. 중세 학자들이 새롭게 발견한 아리스토텔레스는 물리학, 철학, 윤리학을 포함해 지적 생활의 모든 부분에 유용한 새 자료를 제공해 주는 듯했다. 그래서 신학자들도 조직신학을 세우는 데 아리스토텔레스의 개념과 방법들을 어떻게 사용할 수 있을 것인지를 밝히고자 애쓸 수밖에 없었다. 지금까지 나온 신학 저술 가운데 가장 위대한 것으로 인정되는 토마스 아퀴나스^{약 1225-1274}의 『신학대전』이 하나의 예다.

이 두 가지 경우에서, 다른 지식 분야를 '신학의 시녀'로 이용하는 것은 기회이면서 동시에 그에 못지않게 위험이 따르는 일이었다. 이러한 기회와 위험이 무엇인지를 바로 아는 것이 매우 중요하다. 다른 학문을 비판적으로 수용함으로써 신학이 얻을 수 있는 두 가지 중요한 기회는 다음과 같이 요약할 수 있다.

❶ 다른 학문을 수용함으로써 이전보다 훨씬 더 엄밀하게 개념들을 탐구할 수 있게 된다. 기독교 신학에서 개념들을 세우고자 애쓸 때 부딪히는 문제들이 흔히 다른 학문들에서도 동일한 문제로 다루어지는 것을 볼 수 있다. 예를 들어 토마스 아퀴나스는 아리스토텔레스의 '부동의 동자'^{unmoved mover}라는 개념이 하나님 존재를 옹호하는 과제에서 유용한 근거로 사용될 수 있음을 깨달았다.

❷ 다른 학문을 수용함으로써 기독교 신학은 다른 세계관들과의 대화에 참여할 수 있게 된다. 이러한 대화는 교회가 자신이 속한 세속 세계를 향해 증언하는 일에서 중요한 요소다. 2세

기 때 순교자 유스티누스는, 많은 플라톤주의자들이 플라톤주의와 기독교 사이에 존재하는 다양한 평행 현상에 감명을 받아 개종을 진지하게 고려할 것이라고 굳게 믿었다. 이와 비슷하게 바울은 아레오바고 연설(행 17:22-31)에서 스토아 철학의 몇 가지 주제를 근거로 삼아 아테네 문화에 기독교 메시지를 전하고자 노력했다.

하지만 위에서 살펴본 긍정적 측면들 외에도 수용에 따르는 분명한 위험도 있음을 알 필요가 있다. 그것은 본래 기독교에 속하지 않은 개념들이 기독교 신학에 들어와 중요한(심지어는 규범적인) 역할을 차지하게 되는 것이다. 예를 들어, 논리적 추론의 적합한 방식을 다룬 아리스토텔레스의 개념들이라든지 지적 학문의 적합한 출발점을 다룬 데카르트의 개념들이 기독교 신학으로 파고들 수 있는 것이다. 이런 것들이 어떤 때에는 중립적인 역할을 하기도 하지만 다른 경우에는 부정적인 함의를 드러내고 기독교 신학의 온전성을 파괴하며 종국에는 신학을 왜곡하는 결과를 낳기도 한다. 독일의 위대한 종교개혁자인 마틴 루터[1483-1546]는 중세 신학이 아리스토텔레스의 개념을 상당히 무비판적이고 과도하게 사용한 결과 그러한 왜곡 현상을 많이 낳았다고 주장하였다.

이러한 우려에도 불구하고, 이 접근방식은 여전히 널리 통용되고 있다. 19세기의 많은 독일 신학자들은 헤겔[1770-1831]과 칸트[1724-1804]를 도움이 되는 대화 상대자로 여겼다. 20세기에 루돌프 불트만[1884-1976]과 폴 틸리히[1886-1965]는 실존주의와의 대화가 신학적인 면에서 생산적일 수 있다고 생각했다. '대화 인격주의'의 철학은 하나님을 '인격'으로 말하는 것이 무엇인지 성찰할 때 도움을 주는 여러 문제를 전개한다 403-412쪽. 최근에 토머스 토런스 Thomas F. Torrance, 1913-2007 와 이 책의 저자인 알리스터 맥그래스[1953 출생] 같은 저술가들은 자연과학이 기독교 신학의 명확하고 생산적인 대화 파트너가 될 수 있으며, 또 우리로 하여금 인간의 언어와 개념이 어떻게 실재의 본성을 표현할 수 있는지를 이해하도록 도와준다고 주장한다. 아래에서 우리는 신학과 철학의 관계와 관련해 제기되는 가장 중요한 논의 가운데서 두 가지를 살펴볼 것인데, 먼저 가장 유명한 문제인 하나님의 존재는 증명이 가능한가에 대해 살펴본다.

── 하나님의 존재는 증명이 가능한가: 네 가지 접근법

신앙과 이성의 관계에 대한 논의는 흔히 하나님의 존재는 증명이 가능한가, 또 그러한 증명이 불신자들을 신앙으로 이끌기에 적합한가라는 문제의 형태로 제기된다. 이 질문에 대해 그렇다고 주장하는 학자들이 있기는 하지만, 기독교 신학 내에서 일반적으로 일치된 견해는, 이성이 개인들에게 하나님에 대한 신앙을 심어 주지는 못해도 신자들이 하나님을 믿는 것에 대한 합리적 근거를 제시할 수는 있다는 것이다. 오스트리아의 철학자 루트비히 비트겐슈타인Ludwig Wittgenstein, 1889-1951 은 『문화와 가치』Culture and Value에서 이 점을 다음과 같이 명료하게 밝혔다.

> 신 존재 증명은 실제로 사람들에게 하나님이 존재한다는 사실을 확신시켜 줄 수 있는 것이어야 마땅하다. 그러나 내가 보기에, 그러한 증명을 주장한 신자들이 하려고 했던 일은, 그들 자신이 그러한 증명의 결과로 믿게 된 것이 아닌데도, 자신들의 믿음에다 지적인 토대와 분석을 제공하는 것이었다.

그렇다면 하나님의 존재를 '증명'하는 것은 가능할까? 아니면 증명은 수학과 논리학에만 국한되는 것인가? 바뤼흐 스피노자Baruch Spinoza, 1632-1677 와 르네 데카르트 • René Descartes, 1596-1650 와 같은 근대

● 데카르트주의
Cartesianism

르네 데카르트(1596-1650)와 관련된 철학사상으로, 특히 인식 주체와 인식 대상의 분리를 강조하고, 사유하는 개별적 자아의 존재가 철학적 성찰의 올바른 출발점이 된다고 주장한다.

의 많은 철학자는 그런 종류의 믿음이 명확하고 필연적인 논증으로 증명되어야 한다고 주장했지만, 비트겐슈타인Wittgenstein과 같은 포스트모던 철학자들은 그런 믿음을 '신념'fiduciary(우리가 믿는 것 또는 신뢰할 만한 것으로 여기는 것들)으로 간주해야 한다고 주장했다. 왜 그런가? 그런 믿음은 결국에는 헌신에 의존하는데, 그 헌신의 대상인 진리는 가정되어야 할 뿐 입증될 수는 없기 때문이다.

하나님의 존재에 대한 논의는 일찍이 고전 시대부터 시작했지만, 현대의 모든 논의가 전거로 삼는 고전적 탐구는 중세 때에 나타났다. 특히 신 존재 '증명들'에 관한 논의는 대체로 11세기 캔터베리의 안셀무스약 1033-1109와 13세기 토마스 아퀴나스가 제시한 이론을 그 출발점으로 삼는다. 안셀무스가 세운 이론은 신 존재에 대한 '존재론적 논증'•으로 알려졌다. 토마스 아퀴나스는 자연의 결과들에서 출발해 자연의 창조자인 하나님 안에 있는 그 원인을 찾아가는 논증을 펼치는 '다섯 가지 길'을 주장하였다. 우리는 이 두 종류의 논증을 하나씩 살펴보고, 이어서 훨씬 더 최근에 이 주제를 둘러싸고 이루어지는 논의들을 몇 가지 살펴본다.

캔터베리의 안셀무스와 존재론적 논증

캔터베리의 안셀무스약 1033-1109는 이탈리아에서 태어났다. 1059년에 노르망디로 이주하여 유명한 베크 수도원에 들어갔으며, 1063년에 부원장이 되고 1078년에 수도원장이 되었다. 1093년 그는 캔터베리의 대주교로 임명되어 영국으로 건너갔다. 그는 기독교의 지적인 기반을 적극적으로 옹호한 일로 유명한데, 특히 하나님의 존재에 대한 '존재론적 논증'과 밀접한 관계가 있다. 존재론적 논증은 1079년에 지은 그의 저술 『프로슬로기온』에서 처음으로 주장하였다('존재론적'[ontological]이라는 말은 '존재'[being] 개념을 다루는 철학 분과를 가리킨다). 사실 안셀무스 자신은 자신의 논의를 가리켜 단 한 번도 존

• **존재론적 논증**
  ontological argument

하나님의 존재를 증명하는 방법 가운데 하나로, 스콜라주의 신학자인 캔터베리의 안셀무스(약 1033-1109)와 밀접한 관계가 있는 이론을 가리키는 말이다. 이 논증에 따르면, 하나님은 생각해낼 수 있는 그 어떤 존재보다 더 큰 존재이므로 관념으로서만 존재하는 어느 존재보다 더 큰 것이 분명하며 따라서 하나님은 실제로 반드시 존재하는 것이 분명하다.

재론적 논증이라 부른 적이 없다. 이 사실을 아는 것이 매우 중요하다.『프로슬로기온』은 논리적 논증을 다룬 책이 아니라 묵상의 책이다. 이 책에서 안셀무스는 하나님 개념이 자신에게 얼마나 자명한 것으로 드러났는지 또 그 개념이 함축하는 의미가 무엇인지에 관해 깊이 성찰하고 있다.

『프로슬로기온』에서 안셀무스는 하나님을 "그보다 더 큰 것을 생각할 수 없는 어떤 것"으로 정의하고 있다. 그렇다면 이 말이 함축하는 의미는 무엇인가? 안셀무스는 다음과 같이 주장한다. 만일 어떤 사람이 하나님은 진정 그보다 더 큰 것을 생각할 수 없는 어떤 것이라는 점을 인정하고서 하나님은 존재하지 않는다고 주장한다면 그것은 모순이다. 왜 그런가? 우리는 존재하지 않는 하나님보다 훨씬 더 큰 어떤 것, 곧 존재하는 하나님을 생각할 수 있기 때문이다.

따라서 하나님은 "그보다 더 큰 것을 생각할 수 없는 어떤 것"으로 정의된다. 그런데 그러한 존재에 대한 개념과 실재는 별개의 문제다. 백 달러짜리 지폐를 생각하는 것과 백 달러짜리 지폐를 내 손에 쥐고 있는 것은 완전히 별개의 문제다. 당연히 만족감에서 훨씬 떨어지는 것이다! 안셀무스가 주장하는 요점은, 어떤 것에 대한 개념은 그 실재에 비해 훨씬 열등하다는 것이다. 그러므로 "그보다 더 큰 것을 생각할 수 없는 어떤 것"으로서의 신 개념은 모순을 안고 있다. 하나님의 실재는 이 개념보다 훨씬 더 뛰어날 것이기 때문이다. 달리 말해, 하나님에 관한 이러한 정의가 옳으며 또 이것이 인간의 정신 속에 존재한다면, 그에 상응하는 실재도 마땅히 존재해야만 한다.

안셀무스의 논증을 단계별로 번호를 붙여 정리함으로써 논의의 각 단계를 평가해 보는 것이 도움이 될 것이다.

❶ 하나님은 있을 수 있는 가장 큰 존재다.
❷ 하나님은 인간의 정신이나 오성(悟性) 속에 존재한다.
❸ 정신의 관념으로만 있는 존재는, 정신적 개념으로뿐만 아니

라 실제로도 있는 존재보다 크지 못하다.

❹ 만일 하나님이 인간의 정신 속에만 존재한다면, 하나님은 있을 수 있는 가장 큰 존재가 아니다.

❺ 따라서 하나님은 정신 속의 개념으로뿐만 아니라 실제로도 반드시 존재한다는 결론이 나온다.

이 논점을 안셀무스는 아래와 같은 구절로 표현했다. 이 구절은 오랜 세월에 걸쳐 많은 사람들이 깊은 관심을 기울여 연구해 왔다(덧붙여, 이렇다 할 결론에 이르지 못했다는 사실도 밝혀 둔다).

이것[하나님에 대한 정의]은 완전히 참된 까닭에 결코 참이 아니라고는 생각할 수 없다. 왜냐하면, 존재하지 않는 경우를 생각하기가 불가능한 그런 것을 생각하는 것이 진정 가능하기 때문이다. 이런 것은 존재하지 않는 경우를 생각할 수 있는 것보다 훨씬 위대한 것이다. 따라서 만일 (그보다 더 큰 것을 생각할 수 없는) 이것이 존재하지 않는다고 생각할 수 있다면, 이때 말하는 '그보다 더 큰 것을 생각할 수 없는' 그것은 진짜 '그보다 더 큰 것을 생각할 수 없는 어떤 것'이 아니다. 이것은 모순이다. 그러므로 '그보다 더 큰 것을 생각할 수 없는 어떤 것'은 참으로 존재하며 또 그것을 존재하지 않는 것으로 생각할 수 없다는 것은 참되다. 그런데, 오 주님, 당신이 바로 그런 분이십니다.

이 논증에 달린 한 가지 명백한 난점은 모방적 아류에 취약하다는 점이다. 이와 비슷하게 어떤 완전한 것의 존재를 증명할 수 있다고 주장하는 이론들이 따라붙을 수가 있다. 이런 유사한 반응 가운데서 가장 유명한 사례를 11세기 마흐무띠에 수도원의 베네딕트회 수도사였던 가우닐로^{Gaunilo}에게서 볼 수 있다. 그는 「어리석은 자들을 위한 변명」(안셀무스가 인용한 시편 14:1의 "어리석은 자는 그의 마음에 이르기를 하나님이 없다 하는도다"는 구절에서 따왔다)^{A Reply on Behalf of the}

Fool 이라는 글을 통해 반박하였다. 가우닐로는 안셀무스의 '논증'(안셀무스가 실제로 그것을 논증으로 생각하지 않았다는 것이 분명한데도)에는 명백한 논리적 약점이 있다고 주장하였다. 그는 더 이상 완전한 섬을 생각할 수 없을 정도로 멋진 섬을 상상해 보라고 제안한다. 동일한 논증을 펼친다면, 그 섬의 실재는 그 섬에 대한 단순한 개념보다 반드시 더 완전하며 그런 까닭에 그 섬은 반드시 존재하는 것이 된다고 가우닐로는 주장한다. 가우닐로는 자신의 반론을 다음과 같이 제시한다.

> 광대한 바다 어딘가에, 존재하지 않는다는 것을 밝히기가 어렵기(혹은 불가능하기) 때문에 '사라진 섬'이라고 불리는 어떤 섬이 있다고 사람들은 말한다. 또 그 섬은 전설에 나오는 '행복한 섬'보다 훨씬 뛰어나서 온갖 종류의 고귀한 재화와 기쁨으로 가득한 복된 곳이요, 또 소유자나 거주민이 없기에 사람이 사는 다른 어떤 섬들보다 모든 면에서 풍요로움이 뛰어난 섬이라고들 말한다. 그런데 어떤 사람이 내게 이 섬에 대해 말한다면, 거기에 크게 어려운 것이 없기 때문에 쉽사리 그 말하는 것을 이해할 수 있다. 하지만 만약 그 사람이 내게 다음과 같이 논리적으로 따져 말한다면 어떻겠는가? "다른 모든 섬들보다 훨씬 뛰어난 이런 섬이, 당신의 생각 속에 의심할 수 없게 존재하는 것처럼 실제로도 어딘가에 반드시 존재한다는 것을 의심해서는 안 된다. 당신의 마음속뿐만 아니라 실제로도 존재한다는 것은 훨씬 더 뛰어나다는 것이요 그렇기 때문에 그 섬은 틀림없이 존재한다."

가우닐로가 제기한 이 응답은 안셀무스의 논증에 잠재되어 있는 심각한 약점을 폭로한 것으로 널리 인정받는다. 이와 동일한 방식으로 우리도, 안셀무스의 논지대로라면 백 달러짜리 지폐에 대한 개념은 곧 우리가 손에 그 지폐를 쥐고 있다는 것을 뜻하는 것이라고 주장할 수 있을 것이다. 따라서 단지 어떤 것—완전한 섬이든 하나님이든—에 대한 개념이 그것이 존재함을 보증해 주는 것은 아니다.

하지만 안셀무스도 그렇게 쉽게 물러서지 않는다. 안셀무스 논증에서는 하나님이 "그보다 더 큰 것을 생각할 수 없는 존재"라는 것이 하나님에 대한 정의의 본질적인 요소가 된다. 그러므로 하나님은 섬이라든지 백 달러짜리 지폐와는 완전히 다른 범주에 속한다. 다른 모든 것을 초월하는 것이 하나님의 본성을 구성한다. 신자들이 '하나님'이라는 말이 뜻하는 바를 이해하기만 한다면, 그때 하나님은 그들에게 실제로 존재한다. 이것이 바로 안셀무스가 『프로슬로기온』에서 펼치는 명상의 의도다. 즉 하나님의 본성에 대한 기독교의 이해가 어떻게 하나님의 실재에 대한 믿음을 강화시켜 주는가에 대하여 성찰하는 것이다. 그의 '논증'은 사실상 이러한 신앙의 맥락 밖에서는 전혀 힘을 발휘하지 못하며, 또 안셀무스도 그의 논증을 이런 식으로 일반적인 철학에서 사용할 의도가 전혀 없었다.

게다가 안셀무스는 가우닐로가 자신을 전혀 이해하지 못했다고 주장한다. 그가 『프로슬로기온』에서 펼친 논증은 다른 모든 존재보다 사실상 더 큰 존재가 있다는 개념을 다룬 것이 아니다. 오히려 안셀무스는 매우 커서 결코 그보다 더 큰 것을 생각할 수 없는 존재를 주장했다. 이 논쟁은 오늘날까지 계속되어 왔으며, 지금도 안셀무스의 논증이 진정한 기초를 지니고 있느냐의 문제로 논쟁이 벌어지고 있다.

근대에 이루어진 이 논증에 대한 논의에는 근대 비판철학의 창시자로 널리 인정받는 독일 철학자 임마누엘 칸트[1724-1804]가 영향을 끼쳤다. 칸트는 독일의 쾨니히스베르크(지금의 러시아 칼리닌그라드)에서 태어났으며, 고향의 대학에서 공부하고 그 대학의 교수가 되어 논리학과 형이상학을 가르쳤다. 그가 지은 주요 저술에는 『순수이성비판』*Critique of Pure Reason*, 1781 과 『실천이성비판』*Critique of Practical Reason*, 1788, 『이성의 한계 안에서의 종교』[1793] 가 있다. 칸트는 하나님 존재의 존재론적 논증에 주된 비판을 제기했으며, 그 비판의 핵심 논제는 다음과 같은 형태를 띤다.

칸트는 "존재는 술어가 아니다"라고 주장한다. 안셀무스의 존재론적 논증은 그릇되게 존재를 사물이 지니거나 결여하는 속성이라고 여긴다. 칸트에 의하면, 어떤 사물이 "존재한다"고 말하는 것은 그것에다 존재의 속성을 부여하는 것이 아니라, 그 사물이 이 세계 속에 예시되어 있다고 말하는 것이다. 그 결과, 하나님 개념을 생각할 수 있다는 것이 필연적으로 한 걸음 더 나아가 "하나님이 존재한다"는 개념으로 이어지지는 않는다. 칸트는 전에 가우닐로가 '이상적인 섬'이라는 이미지를 들어 제시했던 논점과 다소 동일한 내용을 주장하기 위해 백 달러짜리 지폐라는 유비를 사용한다. 즉 어떤 개념을 생각하는 것이 그 개념의 대상이 반드시 존재한다는 것을 뜻하지는 않는다는 것이다. 이 점을 칸트는 다음과 같이 설명한다.

> **이다/있다**는 분명히 실재적 술어가 아니다. 다시 말해, 사물의 개념에다 보탤 수 있는 어떤 것의 개념이 아니다. 그것은 한낱 사물 또는 어떤 규정 그 자체의 설정이다. 논리적 사용에서 그것은 단지 판단의 연결어(繫辭)일 따름이다. **신은 전능이다/하다**라는 명제는 객관을 갖고 있는 두 개념, 곧 신과 전능을 포함한다. **이다/있다**라는 작은 말은 거기에 덧붙여진 또 하나의 술어가 아니라, 오히려 단지 술어를 주어와 **관련지어** 정립한 것일 뿐이다. 이제 내가 주어(신)를 그것의 모든 술어들(전능도 그 가운데 속하는데)과 함께 총괄하여, 신이 있다 또는 신은 있다고 말한다면, 나는 신이라는 개념에 새로운 술어를 정립한 것이 아니고, 단지 주어 그 자체를 그것의 모든 술어들과 함께 정립한 것이며, 그것도 대상을 나의 개념과 관련시켜 정립한 것뿐이다.

이러한 논증 체계는 기독교 신학, 특히 변증론 분야에 커다란 영향을 끼쳤다. 하지만 안셀무스의 논증은 계속해서 사람들의 지지를 받고 있으며, 여전히 오늘날 신 존재 논증의 타당성과 효용성을 둘러싼 논쟁을 야기하는 주요한 자극제가 되고 있다. 예를 들어, 앨빈 플랜팅가를 비롯한 여러 사람들은 하나님 존재의 내적 정합성을 강조하는 방식으로 이 논증을 다시 다루고 있다.

이렇게 성 안셀무스의 논증을 재구성한 이론들에 대해 우리는 다음과 같이 판정할 수밖에 없다. 그 이론들은 자체의 결론을 "증명하거나 확립했다"고 말할 수는 없을 것이다. 그러나 그 이론들의 핵심 전제를 인정하는 것이 합리적이며, 바로 그런 이유에서 그 결론을 받아들이는 것이 합리적이라는 사실을 알 수 있다.

토마스 아퀴나스의 '다섯 가지 길'

토마스 아퀴나스약 1225-1274는 중세의 가장 유명하고 영향력 있는 신학자라고 말할 수 있다. 이탈리아에서 태어난 그는 파리 대학교와 북부의 여러 대학교에서 가르치고 저술하면서 유명해졌다. 그에게 명성을 안겨 준 주요 저작은 인생 말년에 저술한 『신학대전』인데, 그는 이 책을 완성하지 못하고 사망했다. 하지만 그는 이 외에도 중요한 저술을 많이 남겼으며, 그중에서 『이교도 논박 대전』은 기독교 신앙의 합리성, 특히 하나님의 존재를 다룬 중요한 책이다. 아퀴나스는 하나님의 존재를 가리키는 표지들을 인간 일반의 세계 경험에서 도출하여 밝히는 것이 완전히 타당한 일이라고 믿었다. 그의 '다섯 가지 길'은 하나님의 존재를 밝히는 논증의 다섯 가지 갈래를 뜻하며, 그 각각은 세상의 특정 측면을 근거로 삼아 세계 창조자의 존재를 "가리킨다."

그렇다면 아퀴나스가 밝히는 표지들에는 어떤 것이 있는가? 아퀴나스가 기본으로 삼는 사고 체계는 이 세계에는 그 창조자인 하나님이 반영되어 있다는 것인데, 이 개념은 그의 '존재 유비' 이론을 통해 훨씬 더 구체적으로 다듬어진다. 화가가 자기 작품임을 밝히기 위해 그림에다 서명을 하는 것처럼 하나님은 피조물에 신적인 '서명'을 새겨 놓았다. 우리가 세계 속에서 관찰하는 것—예를 들어 세계의 질서를 나타내는 징표들—은 그 창조자인 하나님의 존재를 기초로 삼아 설명할 수 있다. 하나님은 세상의 제일원인이자 설계자다. 하나님은 이 세상을 존재하게 하였으며 그 위에다 신적 형상과 모습을 새겨 놓았다.

그러면 우리는 하나님의 존재에 대한 증거를 찾기 위해 세상 어디를 보아야 하는가? 아퀴나스는 세상의 질서가 하나님의 존재와 지혜를 가장 분명하게 확인시켜 주는 증거라고 주장한다. 이 기본 가정은 '다섯 가지 길' 모두의 기초를 이루며, 그 가운데서도 '설계 논증', 곧 '목적론적 논증'이라 불리는 논증에서 특별히 중요하다. 이제 이 다섯 가지 길을 하나씩 살펴보며, 이어서 그중 두 가지를 좀 더 집중적으로 다룬다.

첫 번째 길은 세상의 사물은 움직이거나 변한다는 경험 지식에서 출발한다. 세상은 정적이지 않고 역동적이다. 이에 대한 사례를 드는 것은 어렵지 않다. 비가 하늘에서 내린다. 돌은 골짜기로 굴러떨어진다. 지구는 태양 주위를 돈다(굳이 말하자면, 이것은 아퀴나스가 몰랐던 사실이다). 아퀴나스의 이 첫 번째 논증은 보통 '운동을 통한 논증'이라고 불린다. 하지만 여기서 말하는 '운동'은 실제로는 훨씬 더 일반적인 의미로 받아들여지며, 따라서 여러 가지 면에서 '변화'라는 말로 번역하는 것이 더 적합하다.

자연은 어떻게 움직이게 되었을까? 자연은 왜 변화하는가? 왜 고정되어 있지 않은가? 아퀴나스는 움직이는 모든 것은 다른 무엇인가에 의해 움직이게 된 것이라고 주장한다. 모든 운동에는 원인이 있다. 사물은 저절로 움직이지 않으며, 다른 무언가에 의해 움직이게 된다. 그런데 운동의 각 원인은 그 자체에도 원인이 있어야 한다. 그리고 그 원인도 또한 원인이 있어야 한다. 이렇게 해서 아퀴나스는 우리가 보는 이 세상의 배후에는 운동을 일으키는 연속적 원인들의 체계가 자리 잡고 있다고 주장한다. 그런데 이 원인들은 그 수가 무한할 수 없기 때문에 이 연속된 고리의 시원에는 오직 하나의 원인이 있어야 한다는 것이 아퀴나스의 주장이다. 이 최초의 운동 원인으로부터 다른 모든 운동이 비롯된다. 이것이 인과관계로 이루어진 거대한 고리의 시작이며, 우리는 이것이 세상을 움직이는 방식 안에 반영되어 있음을 본다. 아퀴나스는 이렇게 사물이 운동을 한다는 사실로부터 그 모든 운동의 최초의 단일 원인이 존재한다고 주장하는데, 그것이 바로 하나님이라고 결론을 내린다.

> 하나님의 존재는 다섯 가지 길을 통해 증명할 수 있다. 가장 확실한 첫 번째 증명은 변화를 근거로 삼는 논증이다. 이 세상에 속한 사물들이 변화를 겪는다는 것은 명백한 사실이다. 그런데 변화를 겪는 것들은 모두 다른 무엇인가에 의해 변화된다.……그런데 만일 어떤 것을 변하게 하는 것이 무엇이든 그것 자체도 변화한다면, 그것도 역시 다른 무엇인가에 의해서 변화하는 것이 분명하며, 그다음에 이것도 마찬가지로 또 다른 무엇인가에 의해 변화된다. 그러나 이렇게 무한히 거슬러 올라갈 수 없는 것이, 만일 그럴 경우 이 변화 과정을 낳은 제일원인은 없으며 따라서 변화를 일으키는 자도 있을 수 없기 때문이다. 그 이유는 변화하는 이차적인 것들은, 마치 지팡이가 손에 의해 움직여지지 않고서는 움직일 수 없듯이 제일원인에 의해 변하게 되지 않고서는 변할 수 없는 까닭이다. 따라서 우리는 다른 무엇에 의해서도 변하되지 않는, 변화의 제일원인에 도달할 수밖에 없으며, 그것이 바로 하나님이라는 사실은 모든 사람이 안다.

여기서도 위의 근본 구조를 몇 가지 간략한 진술로 요약하는 것이 논증의 흐름을 분명히 하는 데 도움이 될 것이다.

❶ 우주 안에는 운동이 있다. 예를 들어, 지팡이는 움직인다.
❷ 사물들은 스스로 움직이지 못한다. 그것들은 다른 무엇인가에 의해 움직여진다. 무엇인가가 지팡이를 움직인다.

❸ 이렇게 사물들이 다른 것에 의해 움직여지는 일은 무한히 역행될 수 없다.

❹ 따라서 다른 어떤 것에 의해 움직여지지 않는 '원동자'prime mover가 틀림없이 존재한다.

❺ 이 부동의 원동자가 하나님이다.

두 번째 길은 인과관계라는 개념에서 출발한다. 달리 말해, 아퀴나스는 세상 속에 존재하는 원인과 결과들을 지적한다. 하나의 사건(결과)은 다른 사건(원인)이 끼치는 영향에 의해 설명된다. 앞에서 간단히 살펴본 운동 개념이 이러한 원인-결과의 체계를 보여주는 좋은 예다. 아퀴나스는 위에서 사용한 것과 비슷한 추론 과정을 펼쳐서, 모든 결과를 거슬러 올라가면 최초의 단일 원인에 도달하게 되는데 이것이 바로 하나님이라고 주장한다.

세 번째 길은 우연적으로 존재하는 것들과 관계가 있다. 달리 말해, 세계에는 필연적으로 존재하지 않는 것들(인간이 그 예다)이 있다. 아퀴나스는 이러한 유형의 존재들과 필연적인 존재(필연적인 이유로 거기에 있는 존재)를 대조한다. 아퀴나스는 하나님은 필연적 존재인 데 반해 인간은 우연적 존재라고 주장한다. 우리가 여기에 존재한다는 사실은 설명이 필요하다. 우리는 왜 여기에 있는가? 무엇이 우리로 하여금 존재하게 만들었는가? 아퀴나스는, 한 존재가 있게 된 것은 이미 존재하는 무엇인가가 그것을 있게 했기 때문이라고 주장한다. 즉, 우리가 존재하는 것은 다른 존재가 원인으로 작용했기 때문이다. 우리는 일련의 인과관계에서 이루어진 결과다. 아퀴나스는 이 일련의 과정을 거꾸로 거슬러 그 기원을 추적함으로써 존재를 낳은 최초의 원인은 필연적으로 존재하는 것일 수밖에 없으며 이것이 바로 하나님이라고 주장한다.

네 번째 길은 진리와 선, 고결함 같은 인간의 가치에서 출발한다. 이 가치들은 어디에서 오는가? 무엇이 이 가치들을 낳았는가? 아퀴나스는 그 자체로 참되고 선하고 고결한 어떤 것이 틀림없이 있으며 바로 그것으로 인해 우리가 진리와 선과 고결함에 대한 개념을 지니게 된다고 주장한다. 이 개념들의 기원이 하나님이며, 하나님은 이 개념들의 최초 원인이라고 아퀴나스는 주장한다.

마지막으로 다섯 번째 길은 보통 '목적론적 논증' 혹은 '설계 논증'이라고 불린다. 아퀴나스는 이 세계가 지적 설계의 확실한 흔적을 보여준다고 말한다. 자연의 과정과 사물들은 지성적인 특정 목적에 맞추어 조정된 것처럼 보인다. 그것들은 어떤 목적을 지닌 것처럼 보이고 또 설계되어진 것처럼 보인다. 그러나 사물은 자신을 설계하지 못한다. 즉 그것은 그 외의 다른 존재에 의해 설계되고 움직이게 되었다. 아퀴나스는 이러한 관찰을 근거로 논증을 시작해 자연 질서의 원천은 하나님이어야 한다고 주장한다.

중세의 위대한 철학자이자 신학자인 토마스 아퀴나스(약 1225-1274). 그는 하나님의 존재를 둘러싼 논쟁에서 획기적인 공헌을 이룬 일로 유명하다.

아퀴나스의 논증은 대부분 그 구조적인 면에서 상당히 유사하다. 각 논증은 인과관계의 연속된 순서를 추적하여 그 단일 원인으로 거슬러 올라가고 이것을 하나님과 동일시하는 방식으로 이루어진다. 중세 때 둔스 스코투스[1266-1308]와 오캄의 윌리엄[약 1285-1347] 같은 아퀴나스 비판자들이 '다섯 가지 길'에 대해 많은 비판을 하였다. 특히 중요한 비판으로는 다음과 같은 것이 있다.

❶ 원인을 좇아 무한히 역행한다는 개념이 왜 불가능한가? 예를 들어, 운동을 통한 논증은 원인과 결과의 연쇄가 어디에선가는 멈춘다는 것을 입증할 수 있을 때에야 진정 힘을 발휘할 수 있다. 아퀴나스는 부동의 원동자가 반드시 있어야 한다고 주장한다. 그러나 그는 이 점을 입증하지 못한다.

❷ 이 논증들은 왜 한 분 하나님에 대한 믿음으로만 귀결하는가? 예컨대 운동을 통한 논증은 다수의 부동의 원동자들에 대한 믿음으로 이어질 수도 있다. 궁극적인 원인이 오직 하나만 존재할 수 있다고 주장하기 위해 특별히 내놓을 만한 이유는 그 역할을 맡아 주실 하나님이 오직 한분뿐이라고 하는 기독교의 근본적인 주장 외에는 실제로 없는 것 같다.

❸ 이 논증들은 하나님이 계속해서 존재한다는 사실을 입증하지 못한다. 하나님은 사물이 발생하도록 한 후에 존재하기를 멈추었을 수도 있다. 계속해서 사건이 발생한다는 것이 반드시 그 사건을 일으킨 이가 계속 존재한다는 것을 뜻하는 것은 아니다. 오캄은 주장하기를, 아퀴나스의 논증들은 한때 하나님이 존재했다는 믿음으로 이끄는 것이지 그 하나님이 현재도 존재한다는 믿음으로 인도하지는 못한다고 말했다. 오캄은 이러한 난점을 극복하기 위하여, 계속해서 우주를 지탱하는 하나님 개념에 기초해 꽤 복잡한 논증을 펼쳤다.

지금까지 살펴본 논증들은 종교철학 내에서 사용하고 발전시켜 온 고전적 논증에 속한다. 그렇다면 중세 때의 이 논증들이 최근 시대에 들어와서는 어떻게 확대되었을까? 다음으로 근대에 들어와 다시 일어난 논의에 대해 간략하게 살펴본다.

칼람 논증

흔히 '칼람*kalam* 논증'이라고 불리는 이 논증은 중세 초기에 번창한 아라비아 철학파에서 그 이름이 유래하였다. 무타칼리문(칼람 이론의 실천가들이라고 알려진 이슬람 신학자들)*mutakallimun*은 인과관계를 중요하게 여기는 신 존재 증명을 발전시켰다. 일부 학자들은 이 논증을 위에서 살펴본 우주론적 논증의 변형이라고 여긴다. 하지만 다른 학자들은 이 논증이 독특한 특징을 지니고 있다고 여겨 독립된 별개의 논증으로 다루는 것이 옳다고 주장한다. 이 논증의 기본 구조는 다음과 같은 네 가지 명제로 정리할 수 있다.

❶ 시작이 있는 것은 모두 원인이 있다.
❷ 우주는 존재하기 시작한 때가 있다.
❸ 따라서 존재하는 우주의 시작은 원인이 되는 그 무엇인가로부터 비롯된 것이 분명하다.
❹ 그 원인이 될 수 있는 것은 오직 하나님뿐이다.

이 논증의 구조는 명료하며, 그 함의에서도 더 이상 발전시킬 것이 없어 보인다. 이 논증에 따르면, 만일 어떤 것의 존재가 시작된 적이 있다고 말할 수 있다면, 그것에는 틀림없이 원인이 있다는 결론이 따라 나온다. 만일 이 논증을 빅뱅 개념과 연계해 본다면, 이 논증이 우리의 논의에 타당성을 지닌다는 사실이 분명해질 것이다. 근대 우주론에서는 우주에 시작이 있다는 사실을 강하게 주장한다. 만일 우주가 어떤 시점에 존재하기 시작했다면 그 우주에는 분명 원인이 있었다고 보아야 한다. 그렇다면 하나님 이외에 어떤 원인이 있을 수 있겠는가? 독자들은 이 논증의 기본 윤곽과 위에서 언급한 아퀴나스의 '다섯 가지 방법' 사이에 어느 정도 유사성이 있다는 것을 알아챌 것이다.

최근에 와서 이러한 칼람 논증의 형태를 둘러싸고 큰 논의가 이루어지고 있다. 이 논증의 대표적인 옹호자 가운데 한 사람이 윌리엄 레인 크레이그William Lane Craig, 1949 출생다. 그는 이 논증의 주된 특징을 다음과 같이 설명한다.

존재하기 시작한 모든 것은 그렇게 존재하게 한 원인이 있다. 우주는 과거에 존재하기 시작했기 때문에, 우리는 우주가 존재의 원인을 가지고 있다고 결론 내린다.……전체 우주를 초월해 있으면서 그 우주를 있게 한 원인은 존재한다.

이 논증을 둘러싼 논쟁의 중심에는 다음과 같은 세 가지 문제가 있다.

❶ 원인이 없이도 시작된 것이 있을 수 있는가? 데이비드 흄[1711-1776]은 그의 대화록에서 주장하기를, 어떤 것의 존재에 대한 명확한 원인을 반드시 밝히지 않더라도 그것이 존재함을 인식하는 것이 가능하다고 말하였다. 하지만 이 주장은 심각한 난제들을 낳는다.

❷ 우리는 우주에 시작이 있다고 말할 수 있을까? 어떤 점에서 이것은 심원한 철학적 물음이다. 그러나 다른 점에서 볼 때 이것은 물리학과 천문학의 쟁점들과 관련된 과학의 문제이며, 우주의 팽창 비율 및 빅뱅의 증거인 우주배경복사에 관한 관찰 사실을 기초로 다루어질 수 있는 것이다.

❸ 만일 우주가 어떤 '원인에 의해서' 시작된 것이라고 볼 수 있더라도, 그 원인이 곧 신이라고 말할 수 있을까? 이와 관련해 유명한 한 가지 논증은 다음과 같은 논지를 편다. 원인은 그것이 일으킨 사건보다 앞서야 한다. 따라서 우주가 시작되게 한 원인을 말하는 것은 곧 우주에 앞서 존재한 무엇인가에 대해 말하는 것이다. 그리고 이것이 하나님이 아니라면 과연 무엇이겠는가?

전통적인 칼람 논증이, 20세기 후반에 중요한 이론으로 등장한 빅뱅 이론에 의해 새롭게 생명이 연장되었다는 점은 분명하다. 그러나 제기된 철학적 쟁점들은 여전히 논쟁거리로 남아 있다. 우주가 '설계'되었다고 말할 수 있느냐의 문제를 중심으로 유사한 논쟁이 벌

자료와 방법론

어지고 있는데, 다음으로 이 쟁점에 대해 살펴본다.

고전적인 설계 논증: 윌리엄 페일리

'목적론적 증명'이라고도 불리는 '설계 논증'은 하나님 존재에 대한 철학적 논증 가운데서도 가장 폭넓게 논의되는 것에 속한다. 앞에서 살펴보았듯이 이 논증은 토마스 아퀴나스가 그의 '다섯 가지 길'에서 다섯 번째로 다루었다. 아퀴나스는 자연의 질서 속에는 설계를 보여주는 분명한 표지들이 존재한다고 주장한다. 사물은 그저 존재하는 것이 아니다. 그것들은 지성의 특정한 목적에 따라 설계된 것으로 보인다. 이렇게 분명하게 목표 지향적인 자연의 특성을 가리키기 위해 '목적론적'(어떤 목표를 향해 방향이 정해진)teleological 이라는 용어가 널리 사용된다.

바로 이러한 자연의 측면이 흔히 자연과학과 관련돼 논의되어 왔다. 자연의 질서정연함—자연법칙에서 분명하게 드러난다—은 자연이 어떤 목적을 위해 '설계'되었다는 것을 나타내는 표지로 보인다. 달리 어떤 방법으로 이러한 질서를 설명할 수 있겠는가? 과학에 대한 자연주의적 접근방식들, 특히 물질은 본래 스스로 형태를 부여할 수 있는 능력이 있다고 주장하는 이론들이 그 자체만으로 근대의 기독교 변증가들에게 위협으로 여겨진 것은 바로 이러한 이유 때문이다.

고전적인 설계 논증에 가장 중요한 공헌을 한 사람이 영국의 신학자이자 자연철학자인 윌리엄 페일리1743-1805 일 것이다. 그의 책 『자연신학』1802 은 19세기 전반에 영국 대중들의 종교사상에 막대한 영향을 끼쳤으며, 찰스 다윈도 이 책을 읽었다고 전해진다. 페일리는 아이작 뉴턴 경1643-1727 이 발견한 자연의 규칙성에서, 특히 통상적으로 '천체역학'으로 알려진 분야와 관련해서 큰 감명을 받았다. 전체 우주는 규칙적이고 이해할 수 있는 원리에 따라 작동하는 복잡한 기계장치와 같아 보였다. 페일리는 세계를 기계장치로 보는 뉴턴식 이미지에서 즉각 시계의 은유를 떠올렸으며, 작동하는 세계 속에 그토록 분명히 드러난 정교한 체계를 세운 이가 누구냐는 질문을 하게 되었다.

페일리의 가장 중요한 주장 가운데 하나는 기계장치에는 '설계'contrivance가 함축되어 있다는 것이다. 산업혁명이 발전하던 시대에 글을 썼던 페일리는 영국의 지식계급에서 기계류—시계, 망원경, 양말 제조기, 증기기관 같은 것들—에 대해 늘어난 관심을 변증적인 자원으로 이용하고자 애썼다. 당시 영국은 산업혁명을 겪고 있었으며, 그 과정에 기계류가 산업에서 점차 중요한 역할을 담당하게 되었다. 페일리는 그처럼 복잡한 기계장치가 아무런 목적도 없이 우연히 존재한 것이라고 주장하는 이는 정신이 이상한 사람이라고 말한다.

기계장치는 설계를 전제로 한다. 다시 말해 목적의식과 설계하고 제작하는 능력이 전제되어 있다는 것이다. 구체적으로는 인간의 몸과 넓게는 이 세계가 모두 기계장치와 같은 것으로서 수단과 목적을 잘 조화시켜 설계하고 제작된 것이라고 볼 수 있다. 그러므로 세계는 시계—특별한 목적을 지니고 제작된 물건—에 비유할 수 있다는 것이 페일리의 주장이다.

페일리의 『자연신학』맨 처음에 나오는 구절은 하나님을 창조자로 그리는 이미지로 인해 널리 알려졌다. 하나님은 시계공이며 자연은 시계다.

들판을 걷는데 돌덩이가 내 발에 차였다고 상상해 보자. 그리고 그 돌이 어떻게 거기에 있게 되었는지 질문을 받았다고 가정해 보자. 내가 알고 있는 것과는 반대로 그 돌이 원래부터 거기 있었다고 대답하는 것이 가능할 것이다. 그리고 이 대답이 불합리하다는 사실을 입증하기는 그리 쉽지 않을 것이다. 그러나 땅 위에서 시계를 하나 발견했고 그 시계가 어떻게 거기에 있게 되었는지의 물음과 씨름해야 한다고 가정해 보자.

앞의 질문에 답했던 식으로, 곧 내가 아는 한 그 시계는 언제나 거기에 있던 것이라고 답할 수는 없다. 왜 이 대답이 돌덩이에 대해서처럼 시계에는 도움이 되지 못할까? 돌에 대해 했던 대답이 왜 시계의 경우에는 받아들여질 수 없을까? 그 이유는 다음과 같다. 시계를 꼼꼼히 살펴보면 돌에서는 볼 수 없는 것, 곧 시계의 여러 부분들이 하나의 목적을 위해 짜 맞춰지고 조합되었다는 것을 알 수 있다. 구체적으로 말해 모든 부품이 하나로 조합되고 조정되어 시간을 가리키도록 정해졌다. 그리고 여러 부품들이 현재의 구조와 다른 식으로 짜였거나 현재의 상태와는 다른 순서나 방식으로 배열되었다면, 그 기계는 전혀 작동하지 않거나 아니면 정해진 용도에 전혀 합치하지 못하는 것이 될 것이다.

이어서 페일리는 시계의 세부적인 모습을 그리면서 특히 시계 몸체와 원통형 용수철, 맞물려 있는 톱니바퀴들, 유리 뚜껑에 대해 설명한다. 이렇게 꼼꼼하게 분석하고 나서 페일리는 다음과 같은 매우 중요한 결론을 내린다.

위에서 살펴본 기계장치(그것을 이해하고 파악하기 위해서는 기구를 통해 검사할 필요가 있고 또 그 주제에 관한 약간의 선행 지식이 필요하지만, 앞서 말했듯이 일단 이해하고 파악하기만 하면)에 의해 우리는 확실하게 그 시계를 만든 제작자가 있다는 피할 수 없는 결론에 이르게 된다. 즉 우리가 지금 당연하게 생각하는 그 시계의 목적에 맞게 시계를 제작하고 또 그 구조를 이해하고 용도를 설계한 기술자 혹은 여러 명의 기술자들이 어느 때 어떤 곳엔가 틀림없이 존재했다는 사실이다.

페일리의 영어 문체는 그 시대의 취향이 반영되어 현란하다. 하지만 그가 밝히고자 하는 논점은 분명하다. 페일리가 사용한 이미지와 유비들은 이 유명한 시계의 비유를 포함해서 대부분 17세기 말이나 18세기의 영국 학자들의 글에서 빌려온 것이다. 그렇기는 해도 페일리는 이 논증과 거기 연관된 이미지들을 매우 대중적인 형태로 제시하는 데 성공하였다.

페일리의 논증에서 핵심적인 요소는, 자연은 설계된—즉 지성에 의해 분명한 목적에 맞춰 조성된—생물학적 구조로 이루어진다는 것이다. "시계에서 볼 수 있는 계획의 증거와 설계의 징후들이 모두 자연의 대상 속에도 존재한다." 차이점이 있다면 시계에 비해 자연이 훨씬 더 뛰어나게 설계를 드러내 보여준다고 페일리는 주장한다.

페일리는 자연을 기초로 한 신 존재 증명에 대한 영국 대중들의 태도에 막대한 영향을 끼쳤다. 그의 영향력이 다양한 면모로 나타난 것을 잘 보여주는 것이 저 유명한 『브리지워터 논문집』*Bridgewater Treatises*, 1833-1840이다. 물론 이 논문집은 이와 별도로 다른 분야의 복잡한 이론도 다루고 있다. 유신론에 반기를 든 저명한 진화생물학자인 리처드 도킨스1941출생는 목적론을 반박하는 유명한 저술 중 한 권에다 『눈먼 시계공』*The Blind Watchmaker*, 1986이라는 제목을 달아서, 찬사에 빗대 페일리를 비꼬고 있다. 도킨스가 볼 때, 페일리가 하나님과 동일시한 시계공은 자연선택의 눈멀고 목적 없는 과정에 불과할 뿐이다.

'설계 논증' 개념은 18세기에 데이비드 흄이 제시한 많은 근거들을 통해 비판을 당했다. 흄의 비판 가운데 중요한 것들을 다음과 같이 요약할 수 있다.

❶ 세계 속에서 관찰한 설계로부터 직접 그 세계를 창조한 신을 추정하는 것은 불가능하다. 설계를 찾아내고 그것으로부터 그 설계를 작성한 존재가 있다는 추론으로 나아가는 것과, 그 존재가 다름 아닌 신이라고 주장하는 것은 전혀 별개의 일이다. 따라서 논증의 연결고리가 논리적으로 설득력이 없다.

❷ 우주의 설계자가 존재한다고 주장하는 것은 무한한 역행으로 이어질 수 있다. 그 설계자는 누가 설계했는가? 앞에서 우

리는 아퀴나스가 무한한 역행이라는 개념을 부정했다고 말했다. 하지만 그는 이 점을 철저하게 정당화하지는 못했으며, 자기가 그 연속 과정을 부정한 것을 그의 독자들이 자명하게 옳은 것으로 받아들일 것이라고 생각했다. 하지만 사실은 그렇지 않다는 것이 흄이 주장하는 논점이다.

❸ 설계 논증은 기계와의 유비를 통해 작동한다. 이 논증은 시계와 같이 분명히 설계되고 제작된 것과 비교함으로써 타당성을 획득한다. 그런데 이 유비가 타당한 것인가? 왜 우주를 식물이라든가 기타 살아있는 유기체에 비유하지 않는가? 식물은 설계된 것이 아니다. 그저 자랄 뿐이다. 이 논점은 페일리의 논증과 관련해서 매우 중요하다.

지금까지 고전적인 신 존재 논증을 다루었다. 이어서 고전 신학에서 논쟁거리가 되었던 다른 주제, 신학 언어의 본질에 대해 살펴본다. 과연 인간의 언어는 하나님을 의미 있게 담아낼 수 있는가?

신학 언어의 본질

신학은 하나님에 관한 '말'이다. 그런데 인간의 언어를 사용하여 어떻게 하나님을 설명하고 논할 수 있을까? 루트비히 비트겐슈타인은 이 논점을 다음과 같이 그럴듯하게 표명했다. 인간의 말이 커피의 독특한 향조차 제대로 묘사할 수 없는데 어떻게 신처럼 불가해한 것을 제대로 다룰 수 있겠는가?

신학 언어는 어떤 실재를 가리키는가?

지난 2세기 동안 신학에서 이루어진 가장 흥미로운 논쟁 가운데 하나는 신학 언어가 어떤 대상, 예를 들어 우리가 "하나님"이라고 부르는 실재를 지시하느냐의 문제와 관련이 있었다. 기독교 신학자들은 대부분 이른바 "실재론"에 속하는 견해를 따랐으며, 신학 언어에 대응하는 외적 지시대상이 존재한다고 주장했다. 예를 들어, 토머스 F. 토런스는 엄밀한 형태의 신학적 실재론을 제시하였으며, 신학이 사물들의 실재를 설명해 준다고 주장하였다. "신학과 모든 학문적 탐구는 이해될 수 있는 대상과 이해하는 지성 사이의 상호작용으로 작동한다"

이와 비슷하게 이 책의 저자인 알리스터 맥그래스^{Alister McGrath}도 지성적인 학문 분야 혹은 과학이 각자의 독특한 성격에 따라 실재를 설명해야 하는 내적 의무를 지고 있다고 주장한다. 신학은 하나님의 독특한 본성과 성격을 표현하려고 시도하는 반면에, 인간의 언어와 사상이 하나님을 정당하게 평가하는 과제에 대해서는 제한된 능력에 불과하는 점에 유념한다.

흔히 실재론은 실재가 인식 주체인 인간에게서 일어나는 성찰과는 상관없이 인간 정신에 직접 영향을 미친다고 주장하는 "소박한 실재론"^{naive realism}과 이에 대비되는 "비판적 실재론'^{critical realism}으로 나뉜다. 비판적 실재론에서는 인간의 정신이 스스로 처분할 수 있는 도구들—수학 공식이나 정신의 모델—을 사용해 최선을 다해 그 실재를 표현하려고 노력한다는 점을 인정한다.

'비판적 실재론'의 핵심 특징은 인간 정신이 인지^{perception} 과정 안에서 적극적으로 활동한다는 점을 인정하는 것이다. 인간 정신은 외부 세계의 지식을 단순히 수동적으로 수용하는 것이 아니라, 오히려 '정신의 지도'를 사용해서 그 지식을 능동적으로 구성해간다. 신약학자 N. T. 라이트^{N. T. Wright, 1948 출생}는 이러한 "비판적 실재론의" 방법을 받아들이는데, 이에 대해 다음과 같이 설명한다.

[비판적 실재론이란] 인식 대상이 인식 주체와는 다른 존재로 존재한다는 것, 즉 인식 대상의 실재를 인정하지만(그러므로 "실재론"), 우리가 이

실재에 접근할 수 있는 유일한 길은 인식 주체와 인식 대상 간의 적절한 대화라는 나선형 방법을 통해서만 가능하다는 것을 인정하는(그러므로 "비판적") 것이라고 "인식" 과정을 설명하는 방식이다.

이 입장은 관찰자와 무관한 외부 세계가 존재한다는 개념에 이의를 제기하지 않는다. 다만 이 입장이 인정하는 것은 인식 주체가 인식 과정 안에 포괄된다는 것, 이 포괄은 세계에 대한 실재주의적 관점 안에서 어떻게든 표현되어야 한다는 것이다.

하지만 이와는 달리 어떤 사람들은 종교 언어는 하나님을 지시하는 것이 아니라 인간의 경험이나 이념들을 서술하는 것으로 봐야 옳다는 견해를 주장했다. 루트비히 포이어바흐 Ludwig Feuerbach, 1804-1872는 인간이 하나님 개념을 구성하며, 그래서 종교 언어는 하나님에 관한 우리의 개념을 지시할 뿐이고 하나님이라 부르는 어떤 독립된 실재를 가리키지 않는다고 주장했다.

영국 성공회의 급진적인 철학자 돈 큐핏 Don Cupitt, 1934 출생은 '비-실재론' Non-realism을 다음과 같이 잘 설명했다. 우리는 "객관적이고 영원한 진리라는 개념을 버려야 한다. 그 대신에 우리는 모든 진리를 인간의 즉흥적 창작으로 보아야 한다." 우리는 실재에 반응하는 것이 아니라, 오히려 무엇이든지 우리가 실재로 여기기로 선택한 것만을 창조한다. 실재는 우리가 구성하는 것이지, 우리가 반응하는 어떤 것이 아니다. "우리가 그 모든 세계관을 구성했고 그 모든 이론을 만들었다……그것들이 우리에게 의존하는 것이지, 우리가 그것들에 의존하는 것이 아니다."

부정의 방법과 긍정의 방법

기독교 신학의 고전적 논쟁에서는 하나님에 관해 무엇을 말할 수 있느냐의 문제가 중요하게 다루어졌다. 이 논쟁은 흔히 신학에서 부정의 방법과 긍정의 방법이라는 이름으로 이루어졌다. 이 용어들은 설명이 필요하다.

❶ "부정의"apophatic 라는 용어는 "부정적인"을 뜻하는 그리스어 *apophatikos*에서 왔으며, 이 말은 또 "아니라고 말하다"나 "부인하다"라는 동사에서 온 것이다. 이 용어는 우리가 인간의 언어를 사용해 하나님을 말할 수 없으며 하나님은 근본적으로 그러한 언어를 초월한다는 사실을 강조하는 신학 방법을 가리킨다. 때로 이 용어는 *via negativa*(부정의 길)라고 불리기도 한다.

❷ "긍정의"kataphatic, cataphatic 라는 용어는 "긍정적인"을 뜻하는 그리스어 *kataphatikos*에서 왔으며, 이 말은 또 "예라고 말하다"나 "긍정하다"라는 동사에서 왔다. 이 용어는 하나님에 대해 긍정적으로 진술할 수 있다고 주장하는 신학 방법을 가리킨다. 때로 이 용어는 *via positiva*(긍정의 길)라고 불리기도 한다.

일반화하기가 조금 조심스럽지만 대체로 부정의 방법은 동방정교회 쪽에서 사용하였으며, 반면에 서방의 신학 전통은 훨씬 더 긍정의 방법 쪽으로 기울었다.

여기서 다루는 쟁점은 어렵지만 중요하다. 서방의 견해는 비교적 이해하기가 쉽다. 토마스 아퀴나스와 같은 사상가들은 하나님에 관해 다음과 같이 긍정적이고 단정적인 진술을 하는 것이 가능하다고 주장한다.

하나님은 존재한다.
하나님은 지혜롭다.
하나님은 아버지다.

여기서는 하나님이 긍정적인 용어로 묘사된다. 예를 들어 아퀴나스는 하나님을 아버지라고 말하면서, 기독교 신학은 우리가 인간의 언어를 사용하여 하나님에 관해 의미 있게 말할 수 있도록 허용한다고 주장한다. 아퀴나스는 인간 언어의 한계를 조심스럽게 강조하면서도 또 한편으로는 우리가 성경과 기독교 전통의 방식을 본받아서 인간 지성이 친숙하게 다룰 수 있는 개념과 이미지들을 사용해 그처럼 긍정적인 진술을 할 수 있다고 주장한다. 따라서 신학적 반성이란 이러한 개념과 이미지들을 성찰하고 나아가 인간 이성을 적절히 사용해서 그 개념과 이미지들로부터 가능한 한 많은 이해를 도출하는 일을 기본으로 한다.

이와 대조적으로 부정의 신학에서는, 인간의 언어는 제약을 지니고 있어서 결코 하나님을 온전히 다룰 수 없으며 또한 하나님을 인간의 수준으로 끌어내리는 위험에 빠지게 된다고 주장한다. 카파도키아 교부들*이 보통 이 전통을 대표하는 사람들로 거론된다. 예를 들어, 카이사레아의 바실리우스약330-379는 하나님에 관한 논의에서 다음과 같이 말했다.

> 나는 하나님이 존재하신다는 것을 안다. 하지만 하나님의 실체는 이해의 범위를 넘어선 것이라고 생각한다.……우리가 예배하는 대상은 우리가 그 실체를 파악할 수 있는 분이 아니라, 그 실체가 존재한다는 사실을 파악할 수 있는 그런 분이다.

바실리우스가 주장하는 요점은, 우리는 하나님이 존재한다고 말할 수는 있지만 인간의 언어로는 하나님의 본성을 전혀 파악할 수 없다는 점이다. 인간의 언어는 하나님을 포착할 능력이 없다. 인간 이성으로는 하나님이 존재한다는 다소 버겁지 않은 통찰은 다룰 수 있을지 몰라도 하나님의 본성을 파악하는 것은 불가능하다.

이 두 가지 이론은 그 나름의 장점과 약점이 있으며, 이에 대해

● **가파도키아 교부들 Cappadocian fathers**

교부시대에 그리스어권에서 활동한 세 명의 주요 사상가들로, 카이사레아의 바실리우스, 나지안주스의 그레고리우스, 니사의 그레고리우스를 말한다. 세 사람 모두 4세기 말에 활동하였다. '카파도키아'는 세 사람이 근거지로 삼았던, 소아시아(오늘날의 터키)에 있는 지역이다.

간단히 살펴보면서 논의를 마친다. 긍정의 방법은 하나님에 관해 긍정적인 사실들—예를 들어 "하나님은 사랑이다"와 같은 것—을 말할 수 있게 해준다. 이것은 기독교의 기본 내용을 교회 밖의 사람들에게 설명하는 데 도움이 된다. 그러나 이 방법은 인간의 말로 담아낼 수 있는 수준을 훨씬 능가하는 하나님을 인간적인 수준으로 끌어내릴 위험을 안고 있다. 부정의 방법은 언어의 한계를 강조함으로써 하나님의 신비를 지켜낸다. 그러나 많은 사람들은 이 방법이 원론적으로 긍정적 진술을 거부하는 것에 대해 못마땅하게 여기는데, 이 방법을 따르면 우리는 하나님이 어떤 분이신지에 대한 가장 기본적인 지식조차도 알지 못한 채 만족해야 하기 때문이다. 이 문제를 둘러싼 논쟁은 오늘날에도 계속되고 있다.

아래에서 우리는 긍정의 전통을 중심으로 살펴보면서, 부정의 apophatic 방법*을 옹호하는 사람들이 밝혀낸 잠재적 문제들을 극복하기 위하여 긍정의 방법에서 하나님에 관한 언어를 어떻게 다듬는지 살펴본다.

유비

어떻게 우리는 하나님에 관해 긍정적이면서 의미 있게 말할 수 있는가? 어떻게 우리는 인간의 언어를 사용하면서도 하나님을 인간의 수준으로 끌어내리지 않고 하나님에 관해 말할 수 있는가? 이 질문에 대한 신학의 대답에서 기초가 되는 가장 기본적인 개념이 '유비의 원리'라는 것이다. 하나님이 세상을 창조했다는 사실은 하나님과 세상 사이에 근본적인 '존재 유비'analogia entis가 있음을 가리킨다. 세상의 존재 속에 하나님의 존재가 표현되었으며 그런 까닭에 하나님과 세상 사이에는 연속성이 있다.

이러한 근거에서 아퀴나스는 창조 질서 내의 실체들을 하나님에 대한 유비로 사용하는 것이 적합하다고 주장한다. 물론 이 방법의 한

• **부정의 방법**

인간의 범주를 사용해서는 하나님을 알 수 없다고 강조하는 신학의 한 방법. 신학에 대한 부정적("부정"이나 "부인"을 뜻하는 그리스어 *apophasis*에서 왔다) 방법들은 동방정교회의 수도원 전통과 깊은 관계가 있다.

계를 이해하고 인정해야 한다는 조건을 덧붙인다. 이 방법을 통해서 신학은 하나님을 창조된 존재나 사물의 수준으로 끌어내리지 않을 수 있다. 신학은 단지 그러한 존재와 하나님 사이에는 유사성, 곧 상응점이 있으며 이러한 유사성으로 인해 그 존재는 하나님을 가리키는 표지가 될 수 있다는 사실을 주장할 뿐이다. 창조된 실체는 하나님과 **동일시**되지 않으면서도 **유사한** 것으로 인정된다.

　　"하나님은 우리의 아버지시다"라는 진술을 생각해 보라. 아퀴나스는 이 진술을 하나님은 인간의 아버지와 **유사하다**는 의미로 이해해야 한다고 주장한다. 달리 말해, 하나님은 아버지와 닮은 점이 있다. 하나님은 어떤 면에서는 인간의 아버지와 비슷하며 다른 면에서는 다르다. 진짜 비슷한 점들이 있다. 인간 아버지가 자기 자녀를 돌보듯이 하나님은 우리를 돌보신다(마 7:9-11을 보라). 우리의 아버지가 우리를 낳았듯이 하나님은 우리 존재의 궁극적 근원이 되신다. 인간 아버지가 그렇듯 하나님은 우리에게 권위가 있다. 이와 마찬가지로 진짜 차이점도 있다. 예를 들어, 하나님은 인간이 아니다. 인간에게 어머니가 필요하다는 점이 신적인 어머니가 필요하다는 것을 뜻하지 않는다. 다시 말해 두 신을 필요로 하지 않는다.

　　아퀴나스는, 하나님의 계시가 일상적 존재로 이루어진 우리 세상의 이미지와 개념들을 통해 이루어지지만 그것이 하나님을 일상적 세상으로 끌어내리는 것은 아니라고 주장한다. "하나님은 우리의 아버지시다"라고 말한다고 해서 그것이 하나님이 또 하나의 인간 아버지일 뿐이라고 말하는 것은 아니다. 뒤에서 살펴보겠지만 이 말은 또 하나님을 남성으로 생각할 수 있다는 의미도 아니다399-403쪽. 그와는 달리, 이 말의 뜻은 인간의 아버지에 대해 생각함으로써 하나님을 생각하는 데 도움을 받을 수 있다는 것이다. 인간의 아버지는 유비다. 모든 유비와 마찬가지로 이 유비도 몇 가지 점에서 한계를 지닌다. 그럼에도 이 유비는 하나님에 관해 사고하는 데 매우 유용하고 강력한 도구가 되며, 이 도구를 통해 우리는 우리가 사는 세계에 속한 어휘와 이미지를 사용해 세상을 궁극적으로 초월하는 것을 묘사할 수 있게 된다.

"하나님은 사랑이시다"라고 말할 때 우리는 우리에게 있는 사랑할 수 있는 능력을 가리키며 그렇게 해서 가장 완전한 하나님의 사랑을 그려내려고 한다. 우리는 하나님의 사랑을 인간의 사랑 수준으로 끌어내리는 것이 아니다. 오히려 인간의 사랑은 하나님의 사랑을 가리키는 표지로 사용되며, 인간의 사랑이 제한적으로나마 하나님의 사랑을 비추어 준다고 말하는 것이다.

그러나 우리 모두 경험을 통해 잘 알듯이 유비란 한계가 있다. 유비가 더 이상 힘을 쓸 수 없을 때가 있다. 여기서 살펴보아야 할 두 가지 주요한 문제가 있다. 먼저 가장 명백한 문제로, 우리는 유비가 실제로 **본질**identity인 것으로 잘못 생각할 수가 있다. 구약성경의 유명한 유비 가운데 하나(시 28:1, 31:2-3)를 예로 들어 말하면, 우리는 "하나님은 바위와 **같다**"라고 생각하지 않고 그릇되게도 "하나님은 **바위다**"라고 생각한다. 이런 생각은 인간의 언어로 신적인 것을 담아내려고 씨름하는 방식을 제대로 이해하지 못한 것이다. 이것이 바로 아퀴나스가 "피조물에 관해 범하는 오류는 어느 것이든 하나님에 관한 오류로 이어진다"고 날카롭게 지적했던 이유 가운데 하나다. 우리가 유비를 오해한다면 결국 하나님에 관해서도 오해하게 된다.

그렇다면 유비가 한계에 부딪힐 때가 언제인지 어떻게 알 수 있는가? 우리가 유비를 지나치게 밀고 나갈 때는 언제인가? 이 문제에 대한 답을 논하기에 앞서, 문제를 분명히 하기 위해 신학의 다른 분야에서 한 가지를 예를 들어 살펴본다. 신약성경은 예수가 자신의 생명을 죄인들을 위한 '몸값'ransom으로 주었다고 말한다(막 10:45, 딤전 2:6). 이 유비가 뜻하는 것은 무엇인가? 일상생활에서 '몸값'이라는 단어는 다음과 같은 세 가지 의미로 사용된다.

❶ **해방**: 몸값은 포로 된 사람을 자유롭게 풀어 주는 것이다. 어

떤 사람이 납치되고 몸값이 요구되었을 때에 그 몸값을 지불하고 자유를 얻는다.

❷ 지불금: 몸값은 사람을 자유롭게 풀어 주기 위해 지불되는 금액이다.

❸ 몸값을 받는 사람: 몸값은 보통 그 개인을 납치한 사람이나 중개인에게 지불한다.

따라서 예수가 죄인들을 위한 '몸값'으로 죽었다고 말할 때 이 세 가지 개념을 함축한다고 볼 수 있다. 그런데 성경에 이 세 가지 개념이 모두 나오는가? 신약성경이 예수가 죽음과 부활을 통해 우리를 노예상태에서 해방했다고 선포한다는 것은 의심할 바 없는 사실이다. 우리는 죄와 죽음의 공포에 사로잡힌 상태에서 자유롭게 풀려났다(롬 8:21, 히 2:15). 또 신약성경이 예수의 죽음을 우리의 해방을 이루기 위해 지불되어야 할 몸값으로 이해했다는 것도 분명하다(고전 6:20, 7:23). 우리의 해방은 값비싸고 소중한 일이다. 이 두 가지 사실에서 볼 때, 성경에서 말하는 '구속'은 그 말의 일상적 용법과 일치한다. 그러면 세 번째 측면은 어떤가?

예수의 죽음이, 우리를 해방하기 위해 어떤 특별한 인격체나 영적인 힘(예를 들어 악마)에게 치른 값이었다는 암시가 신약성경에는 나오지 않는다. 하지만 처음 4세기 동안에 활동한 일부 사상가들은 이 유비를 극단까지 밀고 나갈 수 있다고 생각해, 하나님은 예수를 우리를 해방하는 값으로 치름으로써 악마의 권세에서 우리를 구원했다고 주장하였다578-586쪽. 이 개념은 교부시대에 그리스도의 죽음의 의미를 논할 때에도 계속해서 등장하였다. 그러나 이 개념이 유비를 적절한 한계 너머까지 밀어붙여 사용한 것은 아닌지 따져 볼 필요가 있다.

어떠한 유비가 한계를 벗어나 그릇되게 사용되었는지는 어떻게 알 수 있는가? 그러한 유비들의 한계가 무엇인지는 어떻게 확인할 수 있는가? 이러한 문제들이 오랜 기독교 역사에 걸쳐 논의되어 왔다. 20세기에 이 문제를 다룬 중요한 논의는 영국의 종교철학자 이안 램지Ian T. Ramsey, 1915-1972의 책, 『기독교 강화: 논리적 탐구』Christian Discourse: Some Logical Explorations, 1965에서 볼 수 있다. 이 책에서 램지는 모델이나 유비들이 독립적인 것이 아니라 서로 상호작용하며 한정한다는 개념을 주장한다.

램지의 주장에 의하면, 성서는 우리에게 하나님이나 구원에 관한 하나의 단일한 유비(또는 모델)를 제시하는 것이 아니라 여러 가지 유비를 제공한다. 유비나 모델들은 제각각 하나님이나 구원의 본질에 대해 우리가 지닌 이해의 특정 측면을 밝혀 준다. 하지만 유비들은 또한 서로 상호작용한다. 그것들은 서로 한정한다. 유비들은 우리가 다른 유비의 한계를 이해할 수 있게 도와준다. 유비나 비유는 어느 것도 그 자체로 완벽할 수 없다. 그러나 하나로 묶은 유비와 비유의 집합은 하나님과 구원에 대해 일관되고 포괄적인 이해를 제공해 줄 수 있다.

이미지들이 어떻게 상호작용하는지를 보여주는 사례를 통해 이 점을 분명하게 설명할 수 있다. 왕과 아버지와 목자라는 유비들을 예로 들어 보자. 이 세 가지 유비는 모두 권위 개념을 담고 있으며, 이 개념이 우리의 하나님 이해에 근본적으로 중요하다는 점을 말한다. 그러나 왕은 독단적으로 행할 때가 많고, 언제나 자기 백성들의 최고 유익을 위해 행동하는 것도 아니다. 따라서 하나님을 왕으로 그리는 유비가 잘못 이해될 때 하나님을 폭군 같은 존재로 그려낼 수가 있다. 그러나 아버지가 자기 자녀에게 보이는 온화한 자비심(시 103:13-18)과 선한 목자가 자기 양 떼의 행복을 위해 애쓰는 헌신(요 10:11)을 강조하는 성경의 내용을 통해서 폭군 이미지가 그 유비의 본래 의미가 아니라는 사실이 분명해진다. 권위는 온화하고 지혜롭게 행사되어야 한다.

아퀴나스의 유비 이론은 우리가 하나님을 생각하는 방식에 근본적으로 중요하다. 그의 유비 이론은 하나님이 성경의 이미지와 유비들을 통해 자신을 우리에게 계시하는 방식을 밝히 보여주며, 어떻게 하나님이 우리 세상을 **초월**하면서도 동시에 그 세상을 **통해** 그리고 그 **안에서** 계시될 수 있는지를 우리에게 납득시켜 준다. 하나님은 시공간에 속한 대상이나 인물이 아니다. 그러나 시공간에 속한 대상이나 인물의 도움을 받아 우리는 하나님의 성품이나 본성을 깊이 이해할 수 있다. 무한하신 하나님이 인간의 말과 유한한 이미지를 통해서, 그리고 그 안에서 계시될 수 있다.

은유

유비와 은유가 정확히 어떤 차이가 있는지는 여전히 논쟁거리가 되고 있다. 아리스토텔레스는 은유를 가리켜 "다른 어떤 것을 가리키는 데 적합한 용어를 끌어다 사용하는 것"이라고 정의하였다. 이 정의는 매우 폭이 넓어서 유비까지 포함해 거의 모든 형태의 언어를 포괄한다. 현대의 용법에서 '은유'metaphor라는 말은 다소 다른 의미를 지니게 되었고 다음과 같이 유용한 정의가 이루어졌다. 은유란 어떤 것에 대해 말하면서 다른 것을 가리키는 용어들을 끌어다 설명하는 방법이다. 넬슨 굿맨Nelson Goodman, 1906-1998의 유명한 표현으로 말하면, 은유는 "옛 언어에게 새 기교를 가르치는 일"이다. 이 정의에는 당연히 유비가 포함된다. 그렇다면 그 둘의 차이는 무엇인가?

이 문제와 관련해 일반적인 의견의 일치가 이루어지지 않았다는 점을 다시 한번 분명히 해둘 필요가 있다. 학자들은 제각각 자신의 의제를 반영해서는 자기만의 정의를 내리고 있다. 이 문제에 대해 잠정적인 답을 찾아본다면, 유비는 적합하다는 느낌을 주는 데 반해 은유는 놀람의 감정이든가 첫눈에 의심스러운 마음을 일으키는 것이라고 말할 수 있다. 예를 들어, 다음과 같은 두 가지 진술을 생각해 보라.

하나님은 지혜로우시다.

하나님은 사자^{lion} 다.

첫째 진술에서는, 하나님의 본성과 인간의 '지혜' 사이에 유비적 관계가 있음이 긍정되고 있다. 인간의 지혜와 하나님의 지혜라는 관념 사이에는 언어적 차원과 존재론적 차원에서 직접적 유사성이 존재하는 것으로 볼 수 있다. 인간의 지혜는 하나님의 지혜를 보이는 유비로 사용된다. 이 비교는 우리에게 어떤 놀라움도 일으키지 않는다.

두 번째 진술에서, 이 비교는 우리를 깜짝 놀라게 한다. 하나님을 사자에 비유하는 것은 적합해 보이지 않는다. 하나님과 사자 사이에 여러 가지 유사성이 있을지는 모르지만 분명 둘은 많은 차이가 있다. 현대의 일부 학자들이 볼 때, 은유는 유사성과 상이성을 뒤섞고 있으며, 비교되는 두 대상 사이의 유사점과 차이점 모두를 포함하고 있다.

이러한 점을 염두에 두고, 최근 몇십 년 사이에 신학적 관심사로 떠오른 은유의 세 가지 특성을 살펴본다.

❶ 은유는 비교되는 두 사물 사이의 **유사성**과 **상이성**을 모두 함축한다. 최근에 나타난 저술들, 그중에서도 특히 샐리 맥페이그[1933 출생]의 저술은 바로 이러한 근거에서 신학 언어의 본질이 유비적인 것이 아니라 은유적인 것이라고 강조한다. 맥페이그는 다음과 같이 말한다.

은유는 언제나 "-이다"와 "-이 아니다"의 특성을 지닌다. 즉 어떤 주장을 할 때 그것은 정의가 아니라 단지 개연적인 진술로서 말하는 것이다. 풀어 말해, "하나님은 어머니다"라는 말은 하나님을 어머니라고 정의하는 것이 아니며 또 "하나님"과 "어머니"라는 용어 사이의 동일성을 주장하는 것도 아니다. 우리가 하나님과 관련해 어떻게 말해야 할지 모르는 것을 어머니라는 은유를 통해 고찰하게 된다는 사실을 말하는 것이다. 이 바탕에는 하나님에 관한 말은 모두 간접적인 것이라는 전제가 놓여 있다. 즉 하나님 언어 God-language 는 다른 경우에도 합당한 서술을 사용해서 우회적으로만 언급이 가능하기 때문에 그 어떤 말이나 언어로 직접 하나님을 말할 수 없다는 것이다. 하나님을 어머니라고 말할 때 우리는 모성과 관련된 특성을 고찰하고 그것을 불완전하지만 계몽적인 도구로 사용해서 하나님이 우리와 맺으시는 관계의 특성을 진술하는 것이다.

"하나님 아버지"라고 말하는 것은 유비가 아니라 은유라고 보아야 하며, 하나님과 아버지 사이에는 (유비에서처럼) 직접적 유사성보다는 중요한 상이점들이 있음을 말하는 것이다.

❷ 은유는 명확한 언명들로 환원할 수 없다. 기독교 신학에서 은유가 지니는 가장 매력적인 특성이라면 **결론이 정해지지 않은 성격**일 것이다. 문학비평가들 중에는 은유를 일련의 동등한 문자적 표현들로 바꿀 수 있다고 말하는 사람들이 있지만 다른 사람들은 비유의 규모에 어떤 한계도 정할 수 없다고 주장한다. 따라서 "하나님 아버지"라는 은유는, 언제 어디서나 타당성을 지니는 명확한 언명으로 환원될 수 없다. 은유는 암시적인 특성을 지니고 있어서 미래의 독자나 해석자들이 거기에서 얼마든지 새로운 의미를 발견할 수 있다. 은유란 우리가 이미 알고 있는 것을 우아하게 서술하거나 기억하게 해주는 구절이 아니다. 은유란 사람들이 놓치거나 잃어버린 깊은 차원의 의미를 발견하도록 이끈다.

❸ 은유는 흔히 매우 **감정적인 함의**를 지닌다. 신학적 은유들은 기독교 신앙의 감정적 차원을 끌어내어 그것을 예배에 적합한 방식으로 표현해 낼 수 있다. 예를 들어, "빛이신 하나님"이라는 은유는 조명이라든가 순결, 영광스러움 같은 매우 강력한 함의를 지닌다. 이언 바버 Ian G. Barbour, 1923-2013 는 『신화와 모델, 패러다임』 *Myths, Models and Paradigms*, 1974 에서 은유 언어

의 이러한 측면을 다음과 같이 요약한다.

시적 은유들은 특정 맥락에서 직접적 표현이나 통찰을 나타내기 위해 일시적으로 사용되는 데 반해, 종교적 상징들은 종교 공동체의 성서와 예전, 지속적 삶, 사상 속에서 그 공동체의 언어의 일부가 된다. 종교적 상징들은 인간의 감정과 정서를 표현해 내며 또 강력한 힘으로 응답과 헌신을 불러일으킨다.

조정

세 번째 이론에서는 신학 언어의 정확한 본질을 따지는 대신에 신학 언어의 용법에서 바탕을 이루는 일반 원리들을 중점적으로 다룬다. 우리가 다루려는 이 이론의 기본 개념은 그리스의 고전 수사학 이론에서 유래한 것으로, 오리게네스약185-254와 같은 교부 저술가들이 적극적으로 받아들였다. 오리게네스는, 하나님이 죄인인 인간에게 말씀하실 때에 인간 아버지가 어린 자녀와 대화하면서 경험하는 것과 무척 흡사한 문제들에 부딪혔다고 주장한다. "교사가 아이들에게 '유아 언어'로 말하거나 아버지가 아이들 수준에 맞춰 자녀들을 어르듯이, 하나님은 우리들 수준으로 내려오시어 우리의 연약함에 맞게 자신을 조정하신다." 아이들에게 말하는 사람은 그들이 처리할 수 있는 지적 수준에 한계가 있다는 점을 알 필요가 있다고 오리게네스는 주장한다. 아이들을 어른처럼 대하여 그들의 이해력과 경험을 넘어서는 말과 개념을 사용하면 의사소통은 실패할 수밖에 없다. 아이들의 능력을 고려해야 한다.

16세기에 장 칼뱅1509-1564이 이 견해를 받아들였다. 그는 흔히 '조정'accommodation이라 불리는 이론을 발전시켰다. 여기서 조정이라는 말은 "상황의 요구와 그 상황을 파악하는 인간의 능력에 맞게 조정하거나 바꾸는 일"을 뜻한다. 칼뱅에 의하면, 하나님은 계시하실 때 인간의 지성과 정신의 역량에 맞춰 조정하였다. 하나님은 우리가 이해할 수 있는 수준에 맞춰 자신의 초상화를 그리신다. 여기서 칼뱅의 사고 바탕에 놓여 있는 유비는 하나님은 웅변가라는 유비다. 훌륭한 웅변가는 청중의 한계를 잘 알며 그에 맞춰 말하는 방식을 조절한다. 의사소통이 가능하기 위해서는 웅변가와 청중 사이의 틈에 다리를 놓아야 한다. 계시 과정에서 하나님은 우리의 수준으로 내려와야만 한다. 인간 어머니가 몸을 숙여 아이를 안듯이, 하나님은 몸을 구부려 인간의 수준으로 낮아지신다.

이러한 조정의 사례를 성경에서 묘사하는 하나님 모습에서 볼 수 있다. 칼뱅은 하나님이 흔히 입과 눈, 손과 발을 지닌 모습으로 그려지고 있음을 지적한다. 이것은 하나님이 인간이라고 말하는 것처럼 보인다. 또 영원하고 영적인 하나님을 육체를 지닌 인간 수준으로 끌어내린 것처럼 보이기도 한다(이 쟁점을 가리켜 흔히 인간의 모습을 본떠 그려낸 하나님이라는 의미에서 '신인동형론'[anthro-pomorphism]이라고 부른다). 칼뱅은 인간의 빈약한 지성 때문에 하나님이 이렇게 그림을 통한 방식으로 신적 자기계시를 이룰 수밖에 없었다고 주장한다. 하나님을 입이나 손을 가진 존재로 묘사하는 하나님 이미지는 하나님의 '유아 언어'로서, 하나님께서 우리의 수준으로 내려오셔서 우리가 알아들을 수 있는 그림을 사용하시는 방식이다. 하나님에 관해 말하는 데는 보다 더 난해한 방식이 적합하겠지만 우리로서는 그런 방식들을 이해하기가 어렵다.

칼뱅의 관심은 신학 언어의 본질에 관해, 곧 그것이 유비인지 은유인지 아니면 그가 익숙했던 다른 면모의 언어 방식인지에 관해 일반론을 펴는 데 있지 않았다. 그의 기본 관심은 신학 언어를 액면 그대로 받아들이는 것은 불가능하다는 점을 분명히 하는 데 있었다. 신학자들은 그러한 조정의 본질이 무엇인지, 그리고 그 규모는 어느 정도인지 결정을 내려야 한다. 신학 언어의 지위가 결정적으로 중요한 것으로 확인되는 계기가 된 큰 논쟁, 곧 코페르니쿠스의 태양계 이론에 대해 칼뱅이 보인 응답의 바탕을 이루는 것이 바로 이 원리다. 이 사례 연구는 매우 중요하기에 좀 더 상세하게 논하면서 우리가 방금 다룬 개념들의 적용을 구체적으로 살펴볼 필요가 있다.

사례 연구: 코페르니쿠스 논쟁

신학과 자연과학 사이에서 벌어진 가장 주요한 대결 가운데 하나가 16세기에 코페르니쿠스[1473-1543]가 태양 중심적 태양계 이론을 펴냄으로써 발생했다. 그 전까지는 지구 중심적 이론, 곧 태양을 비롯해 모든 천체가 지구를 중심으로 회전한다는 이론이 일반적으로 받아들여졌다. 심지어 성경조차도 태양이 움직인다고 말했다.

코페르니쿠스[1473-1543]는 『천구의 회전에 관하여』[1543]를 펴내 지구가 태양의 둘레를 돈다고 주장하였다. 코페르니쿠스 이론이 발표되면서 기존 이론에 대해 그리고 성서를 해석하는 기존 방식에 대해 급진적인 도전이 일어났다. 코페르니쿠스의 이론이 지닌 과학적인 장점들이 분명해지면서 성경의 권위와 신뢰성에 새로운 위협이 가해지는 것처럼 보였다. 코페르니쿠스의 지동설은 천동설을 가리키는 것이 분명한 성경의 견해와 어떻게 조화될 수 있겠는가? 코페르니쿠스의 태양계 이론을 긍정적으로 수용하면서 동시에 성경의 신뢰성을 지켜내는 데 칼뱅의 신학 방법이 결정적인 공헌을 했다고 말할 만한 충분한 근거가 있다.

칼뱅은 자연과학의 수용과 발전이라는 면에서 두 가지 주요한 공헌을 했다. 첫째, 그는 자연에 대한 과학적 연구를 적극 권장하였다. 둘째, 그는 그러한 연구가 발전하는 데 방해가 되는 커다란 걸림돌을 제거하였다. 그의 첫 번째 공헌은 특히 그가 창조세계의 질서정연함을 강조한 일과 관계가 있다. 물질세계와 인간의 몸은 모두 하나님의 성품과 지혜를 증언한다. 따라서 칼뱅은 천문학과 의학을 연구하는 일을 추천한다. 이 학문들은 신학보다 더 깊이 자연세계를 탐구할 수 있고 따라서 창조세계의 질서와 창조자의 지혜를 보여주는 더욱 확고한 증거를 찾아낼 수 있다.

따라서 칼뱅은 자연의 과학적 연구에 새로운 종교적 동기를 부여했으며, 이런 과학적 연구는 피조물 속에 담긴 하나님의 지혜로운 손길을 밝혀내는 도구로 여겨지게 되었다. 피조물에 대한 상세한 연구를 통해서 하나님을 더 잘 알 수 있게 되었다. 자연신학이 개혁주의 전통에서 지니는 중요성에 대해서는 앞에서 이미 살펴보았다331-334쪽. 자연신학에 대한 관심은 자연과학에 대한 관심과 호흡을 같이 한다고 분명하게 말할 수 있다.

영국에서 과학 연구와 조사를 위해 세운 주요 기관인 왕립협회 Royal Society가 이러한 개념을 적극적으로 받아들였다. 이 협회의 초기 회원들은 상당수가 칼뱅의 열렬한 옹호자였으며 그의 저술을 잘 알았고, 또 그 저술들이 그들의 연구 분야에 잠재적 타당성을 지닌다고 보았다. 리처드 벤틀리Richard Bentley, 1662-1742는 1692년에 뉴턴의 『자연철학의 수학적 원리』Principia mathematica, 1687를 기초로 한 일련의 강연을 했는데, 이 강연에서 그는 뉴턴이 주장한 우주의 규칙성을 설계의 증거로 해석하였다. 여기에는 우주를 "하나님의 영광으로 가득한 극장"으로 보고 인간은 그 안에 속한 관람객으로 그리는 칼뱅의 사고가 분명하게 깃들어 있다. 창조세계를 자세히 연구함으로써 창조자의 지혜를 더 깊이 이해하게 된다.

여기서 특히 우리의 관심을 끄는 것이 칼뱅의 두 번째 공헌이다. 칼뱅은 자연과학의 발전을 가로막은 커다란 장애물을 제거한 사람으로 널리 인정받는다. 그 장애물이란 오늘날도 근본주의● 쪽에서 큰 영향력을 행사하는 성서 문자주의다. 칼뱅은 성서에서 하나님이나 세상에 관해 말하는 모든 진술을 다 문자적으로 받아들여서는 안 되는데 그 까닭은 그 진술이 독자들의 수준에 맞게 조정된 것이기 때문이라고 주장하였다. 성서에서 분명하게 태양이 지구 둘레를 돌고 있다고 말하는 경우, 그것은 그 말씀을 듣는 독자들의 세계관에 맞추어

● 근본주의
fundamentalism

미국에서 시작된 프로테스탄트 기독교의 한 형태로, 무오한 성경의 권위를 특히 강조한다.

조정한 것일 뿐 우주에 관한 과학적 진술을 하고 있는 것은 아니다. 과학이 발견한 사실들이 성경의 진술들과 어떤 관계인지를 다룬 칼뱅의 논의는 그가 기독교 사상에 기여한 가장 가치 있는 공헌의 하나로 여겨진다.

이러한 개념이 과학 이론에 끼친 영향은 특히 17세기에 크게 두드러졌다. 예를 들어, 17세기의 영국 저술가 에드워드 라이트Edward Wright, 1561-1615는 성서 문자주의자들에 맞서 코페르니쿠스의 태양 중심적 태양계 이론을 옹호하면서 주장하기를 첫째, 성서는 물리학을 다루는 것이 아니며 둘째, 성서가 말하는 방식은 "유모가 아기에게 말할 때처럼 평범한 사람들의 언어 방식과 이해 능력에 맞춰 조정된 것"이라고 하였다. 이 두 가지 주장은 모두 칼뱅에게서 직접 끌어온 것으로, 이러한 점에서 칼뱅은 자연과학이 등장하는 데 근본적인 기여를 한 것이라고 주장할 수 있다.

이렇게 해서 신학의 방법과 관련한 몇 가지 쟁점들을 간략하게 살펴보는 일을 마쳤다. 이제 직접 기독교 신학의 중심 주제들을 다룰 차례이며, 기독교의 신론에서 시작한다.

자료와 방법론

돌아보는 질문

❶ 테르툴리아누스는 왜 신학자들이 철학과 아무런 관계가 없다고 주장하였는가? 그의 생각은 옳은가?

❷ 캔터베리의 안셀무스가 행한 신앙의 합리성에 대한 성찰을 어떻게 평가하겠는가? 마흐무띠에의 가우닐로가 안셀무스의 접근법을 비판한 점은 옳았는가?

❸ 천문학과 물리학의 진보에 관심이 늘면서 우주론적 논증이 새롭게 중요성을 인정받게 되었다. 여러분은 하나님 존재를 둘러싸고 벌어지는 현대의 논쟁에서 이 논증이 어떤 잠재력을 지닌다고 보는가?

❹ 윌리엄 페일리의 시계 유비에 대해 설명하라. 그가 이 방법으로 주장하려고 한 논점은 무엇인가? 그때 이후로 이 유비가 비판을 받아 온 이유는 무엇인가?

❺ 여러분은 유비와 은유를 어떻게 구분하겠는가?

❻ 코페르니쿠스 논쟁에서 문제가 되었던 신학적 쟁점은 무엇인가?

3부 기독교 신학

09 신론

이 책의 앞선 여덟 장에서 기독교 신학이 발전해 온 역사를 둘러보고 이어서 자료와 방법론에 관한 여러 쟁점들을 살펴보았다. 이후에도 역사 및 방법론과 관련한 문제들이 거듭해서 등장하겠지만 마지막 3부에서는 주로 신학의 실질적 내용을 다루게 된다. 우리는 전통적인 기독교 신조들의 구조를 빌려와 기독교 신학의 주요 주제들을 탐구하는 뼈대로 사용할 것이다. 이러한 신조들이 한결같이 하나님에 대한 신앙을 선언하는 일로 시작하듯이, 우리도 기독교의 신론을 살펴보는 일로 이 마지막 부분을 시작한다.

이번 장에서는 신론과 관련된 여러 가지 중요한 문제들을 탐구한다. 전통적인 주제 다수를 살펴볼 것이지만 특별히 현대와 관련된 문제들, 예를 들어 페미니즘이 등장하면서 제기된 관심사, 세계적 고통에 대한 새로운 관심, 환경문제로 증가하는 불안과 같은 일련의 문제들도 역시 비중 있게 다룰 것이다. 10장과 11장을 마친 이후 12장과 13장에서는 성령의 인격과 사역, 그리고 기독교의 독특한 교리인 삼위일체론을 살펴본다. 이 교리는 기독교 신학에서 가장 어려운 분야에 속하지만 가장 공부할 가치가 있는 분야이기도 하다.

1960년대 이후로 서구 문화에서 점차 중요성이 커져온 성차 gender 문제를 다루는 것으로 기독교의 신론에 대한 논의를 시작한다. 하나님은 남성인가? 정말이지 하나님이 '성'을 지닌다고 말하는 것이 가능하기나 한 일일까? 이 문제가 수많은 사람들에게 매우 중요한 문제인 까닭에 우리의 탐구를 시작하기에 적합한 주제일 것이다.

───────────── 하나님은 남성인가

구약성서와 신약성서는 모두 하나님에 대해 남성 언어를 사용한다. 그리스어 테오스 theos 는 당연히 남성형이며, 성서 전체에서 하나님에 대해 사용된 유비들도 전사와 아버지, 왕, 목자같이 대부분 남성형이다. 이 사실이 하나님은 남성이라는 것을 의미하는가? 만일 그렇다면, 많은 페미니스트 저술가들이 제대로 지적했듯이 남성과 여성 신자들의 관계에서 중요하고도 어려운 문제가 생겨난다.

성서의 언어가 하나님에 대해 주로 남성적 동류어를 사용하는 것이 사실이지만, 이 현상은 고대 이스라엘의 사회학 및 인류학과 밀접한 관계가 있으며, 그로 인해 남성적 동류어들이 하나님을 표현하는 말로 우월한 지위를 차지하게 되었다는 점을 기억할 필요가 있다. 하지만 이런 가부장적인 문화 환경에서도 하나님은 성적으로 남성이라고 생각되지 않았다. 게다가 이스라엘은 하나님의 여러 성품을 표현하는 데 여성적 이미지도 중요하다는 점을 인정하였다. 이스라엘을 낳은 하나님(신 32:18)이라든가, 출산을 돕는 산파(사 66:9-11)와 같은 하나님, 어머니가 자식을 돌보듯이 이스라엘을 돌보시는 하나님(사 66:13) 등의 이미지를 예로 들 수 있다. 또 쉽게 간과하는 사실로 이 문화에서는 빵을 준비하는 일이 여성의 일로 여겨졌다는 점을 들 수 있는데, 이 사실에 비추어 우리는 이스라엘이 광야에서 방황할 때 하나님께서 그들을 위해 만나를 예비하신 일(출 16:4, 15)을 새로운 눈으로 볼 수 있다.

또 하나님에 관한 남성 언어의 지위와 관련해서도 중요한 문제가 있다. 쟁점을 압축해 다음과 같이 질문할 수 있다. 하나님에 대해 남성적 유비 언어를 사용한다고 해서 하나님이 남성이라는 것을 의미하는가? 여성적 유비 언어를 사용한다고 하나님을 여성이라고 말할 것인가? 4세기에 나지안주스의 그레고리우스329-389는 하나님을 아버지라고 부른다고 해서 남성이라고 주장하거나 성령이라는 말이 문법상 중성이기 때문에 성령을 비인격적인 대상으로 보는 관념을 거부하였다. 그레고리우스는 하나님이 아버지가 되신다는 것은 성별이나 생물학적 번식과는 아무런 관계가 없다고 주장하였다. 오히려 그것은 근본적으로 관계를 나타내는 관념이다. 하나님은 여자가 아니다. 하나님은 남자도 아니다. 하나님은 하나님이시다.

앞에서 우리는 신학 언어의 유비적 본질에 관해 살펴보았다377-379쪽. 그러한 유비들을 사용했다는 것은 고대 근동의 농촌사회에서 끌어낸 인물이나 사회적 역할이 하나님의 행위나 성품을 나타내기에 적합한 모델로 인정되었다는 것을 뜻한다. 그러한 유비 가운데 하나가 아버지라는 유비다. 그런데 "고대 이스라엘 사회에서 아버지는 하나님을 나타내기에 적합한 모델이다"라고 말하는 것은, "하나님은 남성 인간이다"라거나 "하나님은 고대 이스라엘의 문화적 매개변수의 지배를 받는다"라는 말과 같은 것이 아니다. 남성이나 여성이라는 성별은 창조 질서의 속성이며 그런 까닭에 결코 하나님의 속성으로 삼을 수는 없다. 창조주 하나님 안에 그와 같은 양극성이 존재한다고 가정할 근거가 전혀 없다.

구약성서에서는 하나님에게 성기능을 부여하는 일을 극구 피하는데, 그런 의미들은 이교의 색채를 강하게 드러내기 때문이다. 가나안의 풍요 제의들에서는 남신과 여신 모두의 성기능을 중요하게 여겼다. 구약성서에서는 하나님의 성이나 성별을 중요하게 여기는 사고를 용납하지 않는다. 볼프하르트 판넨베르크[1928-2014]는 이 점을 『조직신학』[1990]에서 다음과 같이 주장한다.

> 구약성경에서 하나님을 가리켜 이스라엘을 자애롭게 돌보는 분으로 말해야 할 때면 특별히 부성적인 보살핌이라는 말이 사용된다. 아버지의 역할을 성적으로 정의하는 일은 끼어들 틈이 없다.……하나님을 성적인 면에서 구별하여 이해하는 것은 다신론을 주장하는 것이 된다. 따라서 이스라엘의 하나님에게는 성적 구별이 배제된다.……이스라엘에 대한 하나님의 돌봄이 어머니의 사랑이라는 모습으로 표현될 수도 있다는 사실은 하나님을 아버지로 이해하는 것에서 성적인 구별 같은 생각이 어느 정도 희박한가를 분명하게 보여준다.

최근에 많은 신학자들은 하나님이 남성이 아니라는 점을 분명히 밝히려고 시도하면서 하나님을 '어머니'(하나님의 여성적 측면을 밝혀준다)나 '친구'(하나님의 성 중립적 측면을 밝혀 준다)로 보는 개념을 탐구해 왔다. 이에 대한 뛰어난 사례는 샐리 맥페이그[Sallie McFague, 1933 출생]의 『하나님의 모델』[*Models of God*, 1987]에서 볼 수 있다. 그녀는 "하나님 아버지"라는 말이 하나님이 남성이라는 것을 뜻하지 않는다고 밝히면서 다음과 같이 쓰고 있다.

> 하나님 어머니라고 말한다고 해서 그 의미가 하나님이 어머니(또는 아버지)라는 것은 아니다. 우리가 하나님을 어머니로도 아버지로도 그리기는 하지만 이 두 말과 그 외의 다른 은유들이 하나님의 창조적인 사랑을 표현하기에 얼마나 부적합한지 잘 알고 있다.……그럼에도 우리는 이 사랑에 대해 말할 때면 우리에게 친밀하고 소중한 언어, 곧 우리에게 생명을 주고 그 몸을 내어주어 우리를 낳고 보살펴 지켜주는 어머니와 아버지라는 말을 사용한다.

노리치 성당에 있는 영국 신비주의 저술가 노리치의 줄리안(약 1342-1416) 조각상. 『하나님의 사랑의 계시』로 유명하다.

이와 유사한 견해가 1994년의 『가톨릭교회 교리서』에서도 발견되는데, 여기서는 어버이의 이미지, 특히 부성의 이미지가 복음의 핵심 주제를 드러내는 방식을 강조한다.

하나님을 "아버지"라고 부름으로써 신앙의 언어는 주로 두 가지 측면을 가리킨다. 먼저 하나님께서는 만물의 근원이시고 초월적인 권위를 지니셨다는 것이며, 다음으로 하나님은 당신의 모든 자녀를 자비와 사랑으로 보살피신다는 것이다. 하나님의 어버이다운 부드러움은 또한 모성의 이미지로도 표현할 수 있는데, 이때는 하나님의 내재성, 그리고 창조자와 피조물 사이의 친밀성을 강조하는 것이다. 이처럼 신앙의 언어는 인간의 부모에 대한 경험에서 도움을 얻는다. 어떤 면에서 인간은 부모에게서 처음으로 하나님의 모습을 보게 된다. 그러나 경험을 통해 우리는 또 인간인 부모들이 잘못될 수도 있고 부성과 모성을 왜곡해 보여줄 수도 있다는 것을 알게 된다. 그러므로 하나님께서는 인간의 성별을 초월하신다는 사실을 기억하는 것이 중요하다. 그분은 남자도 여자도 아닌 하나님이시다. 그분은 인간적인 부성과 모성의 근원이자 척도이면서도 그것을 초월하신다. 그 누구도 하나님 아버지와 같은 아버지일 수는 없다.

성서의 하나님상이 대부분 남성이라는 사실에서 빚어진 쟁점에 새롭게 관심이 쏠리면서 기독교 역사 초기의 영적 문헌들에 대한 진지한 연구가 이루어졌으며 그 결과 초기 시대에 사용된 여성적 이미지들을 좀 더 새롭게 이해하게 되었다. 이에 대한 탁월한 사례가 『하나님의 사랑의 계시』다. 이 저술은 영국의 저술가 노리치의 줄리안(약 1342-1416)이 1373년 5월에 체험한 16가지 환상을 기록한 책이다. 이 환상들은 하나님과 예수 그리스도를 두드러지게 모성적인 언어로 표현한다는 점에서 주목할 만하다.

> 내가 보니 하나님께서는 우리의 아버지 되심을 기뻐하십니다. 또 우리
> 의 어머니 되심을 기뻐하십니다. 또한 주님은 우리의 참 남편이 되셔서
> 우리의 영혼을 사랑하는 신부로 맞으심을 기뻐하십니다.……하나님은
> 근원이시고 실체이시며, 본래 존재하는 것 그 자체이십니다. 하나님은
> 본래 존재하는 것들의 참 아버지이며 어머니이십니다.

──────── 인격적인 하나님

오랜 세월 기독교의 신학자와 신자들은 전혀 거리낌 없이 하나님을
인격적인 용어로 표현해 왔다. 기독교는 인격적 색채가 뚜렷한 속성
들, 예를 들어 사랑, 진실성, 목적 같은 속성으로 하나님을 설명해 왔
다. 기독교의 기도는 부모와 자녀의 관계를 본떠 만들어진 것이라고
많은 저술가들이 지적해 왔다. 기도란 "어떤 사람이 우리를 대하는
행동 전반을 보고서 그가 신뢰할 만하다고 확신이 설 때 그를 온전히
신뢰하게 되는"(존 오만) 은혜로운 관계라고 말할 수 있다.

바울이 중요하게 여기는 구원론적 이미지 가운데 하나인 '화
해'(고후 5:19 참조)는 분명 인간의 인격적 관계를 본떠 다듬어진 것이
다. 죄인인 인간과 하나님의 관계가 믿음을 통해 변화되는 것은 두
사람, 예컨대 사이가 틀어진 남편과 아내 사이의 화해와 비슷하다.

따라서 '인격적인 하나님'이라는 개념을 기독교의 하나님 이해
에 본질적 요소로 주장하는 데는 확고한 근거가 있다. 그러나 이 개
념에는 신중하게 다루어야 할 여러 가지 난제가 따른다. 특히 다음과
같은 문제들이 중요하다.

❶ 인격적 하나님이라는 개념은 하나님이 인간이라는 의미로 이

해될 수가 있다. 하나님을 '인격'이라고 말하는 것은 하나님을 우리의 수준으로 끌어내리는 것이다. 폴 틸리히[1886-1965]는 인격적인 용어를 사용해 하나님에 대해 말하는 일에 따르는 '위치 배정의 어려움'을 지적한다. 하나님을 인격이라고 말하는 것은 하나님이 인간과 마찬가지로 특정한 장소에 위치한다는 것을 뜻한다. 우주에 대한 현대의 지식에 비추어 볼 때, 이러한 가정은 매우 부적합한 것으로 보인다.

❷ 삼위일체론에서는 하나님을 '세 인격'(이 경우 우리말로는 '위격'이라고 번역한다—옮긴이) persons 이라고 말한다. 그러므로 하나님을 '한 인격'이라고 말하는 것은 삼위일체를 부정하는 셈이 된다. 역사적으로 이 반론은 정당한 것으로 인정되었다. 하나님을 '한 인격'으로 말했던 많은 학자들은 대체로 하나님이 세 인격이라는 주장을 인정하지 않았다. 그래서 영국의 유명한 경험주의 철학자이자 주교인 조지 버클리 George Berkeley, 1685-1753 는 『철학논평』 Philosophical Commentaries 에서 바로 이 점을 근거로 하나님을 '인격'으로 말하지 말 것을 주장하였다.

그러나 이러한 난제들은 어느 정도 해결이 가능하다. 첫 번째 난제에 대해서는, 하나님을 '인격'이라고 말하는 것은 유비로 사용한 것이라고 답할 수 있다. 하나님이 인격과 비슷하다고 말하는 것은 하나님이 사람과 관계를 맺을 수 있는 능력과 의지가 있음을 긍정하는 것이다. 이 말은 하나님이 인간이라거나 우주 안의 특정한 곳에 위치한다는 의미가 아니다. 모든 유비는 어느 지점에선가는 힘을 잃게 된다. 유비의 이런 측면을 고집해서는 안 된다.

두 번째로 삼위일체론과 관련된 난제에 대해서는 '인격'이라는 용어가 오랜 세월이 흐르면서 의미가 크게 바뀌었다는 점을 지적할 수 있다. 아래 두 문장에서 '인격'이라는 말은 동일한 의미가 아니다.

❶ 하나님은 세 인격(위격)이다.

❷ 하나님은 인격이다.

13장에서 기독교 삼위일체론의 근거와 본성을 더 자세히 탐구할 때 이 요점을 함께 다룰 것이다679-738쪽. 여기서는 '인격'이라는 용어에 대해 좀 더 구체적으로 살펴본다.

'인격'의 정의

일상 언어에서는 '인격'person이라는 말이 '인간 개인'과 거의 같은 의미로 쓰이게 되었다. 하지만 '인격성' 개념에는 고립된 개인 그 이상의 깊은 뜻이 담겨 있다. 기독교 신학자들이 왜 인격적 하나님의 개념에 그렇게 큰 중점을 두었는지 이해하기 위해서는 인격이 무엇을 의미하는지 상세히 탐구해야 한다.

'인격'이라는 단어는 원래 '가면'이라는 의미를 지닌 라틴어 페르소나persona에서 유래하였다. 이 라틴어 단어는 여신 페르세포네Persephone를 가리키는 에트루리아어 단어와 어원상 관련이 있을 것이다. 이 여신의 축제에 참여하는 사람들은 가면을 썼으며, 기록에 의하면 그 축제는 보통 광란의 도가니로 변하였다. 키케로 시대에 와서 이 단어는 여러 가지 의미를 지니게 되었다. '가면'이라는 의미가 여전히 중심이기는 했으나 중요한 의미들이 더해졌다. 가면은 로마의 극장에서 배우들이 자기가 맡은 배역을 나타내기 위한 도구로 많이 사용되었다. 이렇게 해서 페르소나는 '연극에서 쓰는 가면'이라는 의미와 '연극의 등장인물', '연극의 배역'이라는 의미를 지니게 되었다.

기독교 신학에서 이 개념은 3세기에 활동한 테르툴리아누스약160-220가 처음으로 사용하였다. 테르툴리아누스는 이 개념이 기독교의 하나님 사상의 어떤 면모를 로마 문화 안으로 전달하는 데 유용하게 사용될 수 있다고 보았다. 그에게 인격이란 **말하고 행동하는** 존재였다. 초기 기독교 사상가들에게 '인격'이란 어떤 사람이 그의 말과 행동을 통해 드러내 보이는 개성을 가리키는 말이다. 특히 사회적 관계라는 개념이 강조된다. 인격이란 사회적 드라마 속에서 다른 사람과 관계를 맺으면서 특정 역할을 수행하는 사람을 말한다. 인격은 사회적 관계로 얽힌 그물망 안에서 일정한 역할을 맡는다. '개성'은 사회적 관계를 함축하지 않는 데 반해, '인격성'은 한 개인이 관계의 그물망 안에서 맡는 역할과 관계가 있으며 바로 그 역할로 인해 다른 사람들이 그를 독특한 인격으로 파악한다. 따라서 '인격적인 하나님'이라는 개념이 뜻하는 것은, 우리가 다른 사람과 관계를 맺는 것과 유사한 방식으로 우리와 친밀한 관계를 맺을 수 있는 하나님이라는 것이다.

'비인격적인 하나님'이라는 말이 함축하는 의미가 어떤 것인지를 살펴보면 도움이 된다. 이 말은 멀리 있거나 초연한 하나님, 그리고 (하나님이 우리를 다룬다 해도) 인간의 개성은 고려하지 않은 채 막연하게 인간을 다루는 하나님을 가리킨다. 사랑과 같은 인격적 관계의 개념은 하나님이 우리를 다루시는 일에 상호 관계적 특성을 부여한다. 이 개념이 인격적인 하나님 관념에는 들어 있지만 비인격적인 신성 개념에서는 찾아볼 수 없다. '비인격적'이라는 개념은 매우 부정적 의미를 담고 있으며, 이러한 부정적인 개념이 하나님의 본성을 논하는 기독교의 사고 속으로 흘러들어 왔다.

이 점은 고대 그리스의 철학자 아리스토텔레스와 17세기의 철학자 바뤼흐 스피노자1632-1677의 비인격적인 신 개념을 살펴볼 때 분명하게 확인할 수 있다. 영국의 종교철학자 C. C. J. 웹Webb, 1865-1954은 아리스토텔레스의 신 관념의 한계에 대해 다음과 같이 지적하였다.

아리스토텔레스는 어떤 의미로도 우리를 향한 하나님의 사랑에 대해 말하지 않으며 또 말할 수도 없다. 아리스토텔레스의 신학 원리에 의하면, 신이 사랑하고 알 수 있는 것은 오직 자기 자신뿐이다.……신은 완전히 초월적이며 인격적인 교제의 테두리를 벗어나 있다. 아리스토텔레스의 충실한 계승자인 토마스 아퀴나스가 자신의 신앙과 종교 체험에 맞추어 인간에 대한 하나님의 섭리, 그리고 인간과 하나님의 교통이라는 개념을 포함하기 위해 자기 스승의 신 관념을 뜯어고칠 수밖에 없었다는 점을 살펴보는 것이 매우 도움이 된다.

스피노자도 자기 나름의 합리적 신 관념을 다듬어 가면서 이와 동일한 어려움을 겪었다. 그는 인간이 하나님을 사랑해야 한다고 주장했지만 하나님이 이 사랑에 어떻게 응답할 수 있는지에 대해서는 설명할 수 없었다. 그 사랑은 일방적이다. 인간 개개인을 사랑하고 또 그들의 사랑을 받는 인격적인 하나님에게서 볼 수 있는 양방향의 관계를 스피노자는 인정하지 않았다. 스피노자가 볼 때, 하나님 편에서 품는 정념은 그의 존재에 변화를 일으킨다. 하나님은 더 큰 완전으로 나아가든지 아니면 더 열등한 완전으로 나아가게 된다. 어느 쪽이든 하나님의 완전이 손상을 입는다. 하나님이 더 완전하게 되든가(이 경우 처음에 하나님은 완전하지 않은 것이다) 덜 완전하게 되든가(이 경우 하나님은 고난으로 인해 더 이상 완전하지 않게 된다) 둘 중의 하나이기 때문이다. 그래서 하나님이 누군가를 사랑한다고 말하는 것이 불가능한데, 그러한 사랑은 완전한 하나님이라는 개념과 모순되기 때문이라고 스피노자는 주장한다. 그는 『에티카』*Ethics*, 1677에서 이 점을 분명하게 밝힌다.

정리 17: 신은 정념이 없으며, 기쁨이나 슬픔 같은 일체의 경험에 영향을 받지 않는다.
증명: 모든 관념은 신과 관련된 한에서 참되다. 다시 말해 그것들은 타당하다. 그러므로 신은 정념이 없다. 즉 신은 더 큰 완전으로나 더 낮은 완전으로 변할 수 없다. 따라서 신은 기쁨이나 슬픔 같은 어떤 감정에

의해서도 영향을 받지 않는다. 증명 끝Q.E.D

결론: 엄밀히 말해 신은 아무도 사랑하지 않으며 아무도 미워하지 않는다. 왜냐하면 신은 기쁨이나 슬픔 같은 어떤 감정에 의해서도 영향을 받지 않으며, 따라서 그 누구도 사랑하거나 미워하지 않기 때문이다.

그렇다면 '인격'이라는 것은 어떤 의미일까? 다음으로 우리는 기독교 신학에서 큰 관심을 끌고 있는 인격 개념을 현대 철학에서 어떻게 분석하고 있는지 살펴본다.

대화적 인격주의: 마틴 부버

앞의 8장에서 신학의 시녀ancilla theologiae라는 개념을 소개했다. 이것은 신학의 몇 가지 핵심 주제를 설명하고 예시하기 위해 철학을 신학적으로 사용하는 것을 의미했다. 20세기의 많은 신학자가 하나님을 인격으로 말하는 것이 무엇인지 해명하기 위해 '대화 인격주의'라고 알려진 철학 운동에 합세했다. 이 운동의 주요 대표자는 유대인 저술가 마틴 부버Martin Buber, 1878-1965였다.

부버1878-1965는 1927년에 출간한 그의 주저 『나와 너』(독일어 원제목은 Ich und Du이며, 영어 you가 단수이자 친밀감을 담고 있음을 분명히 하기 위해 보통 I and Thou로 번역된다)I and You에서 관계를 두 가지 범주로 확연하게 구분한다. **나-너**I-You의 '인격적인' 관계와 **나-그것**I-It의 '비인격적인' 관계이다. 우리는 먼저 이 기본적인 구분을 구체적으로 살펴보고 이어서 그것들의 신학적 의미를 고찰한다.

❶ **'나와 그것'의 관계:** 부버는 주체와 객체의 관계, 예를 들어 인간과 연필의 관계를 논하기 위해 이 범주를 사용한다. 인간은 능동적인 반면에 연필은 수동적이다. 이 구분은 철학적인 언어로 흔히 **주체-객체 관계**subject-object relation라고 불리는데, 이

관계에서는 능동적인 주체(여기서는 인간)가 피동적인 객체(여기서는 연필)에 관계한다. 부버에 의하면, 주체는 '나'로서 행동하며 객체는 '그것'으로서 작동한다. 따라서 인간과 연필의 관계는 '나-그것'의 관계로 표현할 수 있다.

❷ **'나와 너'의 관계:** 이 범주에서 우리는 부버 철학의 핵심에 이르게 된다. '나와 너'의 관계는 능동적인 두 주체, 곧 **두 인격** 사이에서 이루어진다. 이 관계는 **상호적**이고 **호혜적**인 특성을 지닌다. "근원어 '나-너'의 '나'는 인격으로 나타나고 자기 자신을 주체성으로 인식한다." 달리 말해 사람들 사이의 인격적 관계는 '나-너' 관계의 본원적 특성을 구체적으로 표현한 것이라고 부버는 말한다. 부버의 '나-너' 관계라는 개념에서 핵심이 되는 것은 관계 그 자체, 곧 두 인격을 이어주는 만질 수 없고 볼 수 없는 끈이다.

'나-그것'의 지식은 간접적이며 객체를 통해 매개되고 특정한 내용을 지닌다. 이와는 대조적으로 '나-너'의 지식은 직접적이고 즉각적이며 특정한 내용을 지니지 않는다. '그것'은 측정 가능한 변수들, 예를 들어 높이와 무게, 색상 같은 것을 통해 알 수 있다. 그것에 대해 우리는 물리적으로 분명하게 묘사할 수 있다. 그러나 '너'는 직접적으로 알게 된다. 영어에서는 **무엇에 관하여 아는 것**과 **누구를 아는 것**을 구분하는 것이 가능하다. 이와 거의 동일한 구분이 부버가 사용하는 '나-그것'과 '나-너'의 범주 바탕에 놓여 있다. 나는 '그것'에 관하여 안다. 그러나 나는 너를 알며 너는 나를 안다. 무엇에 관하여 아는 것은 그 지식의 내용을 표현할 수 있다는 것이다. 하지만 엄밀히 말해 어떤 사람을 아는 것에는 내용이 없다. 이런 식의 특수한 지식은 관계적이며 따라서 정보의 형태로 표현하는 것이 아예 불가능하다.

따라서 부버에게 '나-너'의 관계는 상관적이고 호혜적이며 대칭적이고 내용이 없다. 관계를 맺는 두 상대는 만남 속에서 자기 고유의 주체성을 유지하면서 다른 상대를 객체가 아니라 주체로 인식하게 된다. '나-그것'의 관계는 능동적 주체가 수동적 객체를 탐구하고 조사하는 것이라고 볼 수 있는 데 반해 '나-너'의 관계는 상호 능동적인 두 주체의 만남을 가리킨다. 이 관계는 실제적인 내용이 없음에도 실제로 존재하는 것인데, 바로 이 관계가 인격적인 상호작용의 실제적 중심이 된다. 부버의 용어로 말해 이 관계는 "특정한 내용이 아니라 현전^Presence, 곧 능력으로서의 현전"이다.

따라서 부버는 경험의 세계와 관계의 세계를 나누어 구분한다. 특히 그는 직접적이고 매개되지 않는 '나-너' 관계의 호혜성을 크게 강조한다.

> '너'와 나의 만남은 은총으로 이루어진다. 결코 노력해서 이루어지는 것이 아니다. 내가 너에게 근원어를 말하는 것은 내 존재 전체의 행위이며 나의 본질적 행위다. '너'는 나를 만난다. 그리고 나는 '너'와의 직접적인 관계로 들어간다. 따라서 관계란 선택받는 것이며 동시에 선택하는 것이고, 피동이며 동시에 능동이다.……'너'에 대한 관계는 직접적이다. '나'와 '너' 사이에는 어떤 개념도 끼어들지 않는다.

그런데 이러한 인격 이론이 신학과 관련해서 어떤 의미가 있는가? 우리가 하나님을 인격 개념으로 이해하고 탐구하는 데 부버의 철학은 어떤 도움을 주는가? 신학적으로 중요하고 도움이 되는 것으로 여러 가지 점을 언급할 수 있다. 부버 자신도 『나와 너』의 마지막 부분에서 이러한 점 몇 가지를 제시한다. 그러면서 자신의 이론이 하나님—그가 좋아하는 말로는 '절대적인 너'—에 관한 사고와 논의에 어떠한 함의를 지니는지를 탐구하였다.

❶ 부버는 하나님이 한 개념이나 정교한 개념 형식으로 환원될

수 없다고 주장한다. 부버에 의하면, 이러한 방식으로 다룰 수 있는 것은 오직 '그것'뿐이다. 부버에게 "하나님은 본질상 결코 '그것'이 될 수 없는 '너'이다. 다시 말해, 하나님은 일체의 객관화 시도를 벗어나 있고 모든 서술을 초월하는 존재다." 신학은 하나님의 현존과 씨름하여 인식하는 방법을 배울 필요가 있으며 또 이러한 현존은 개념들의 정교한 체계로 환원이 불가능하다는 점을 깨달아야 한다.

❷ 부버의 이론은 계시 개념과 관련하여 귀중한 지혜를 제공해 준다316-325쪽. 기독교 신학에서, 하나님의 계시란 하나님에 관한 사실을 알려주는 일뿐만 아니라 하나님의 자기계시를 가리킨다. 하나님에 관한 개념들의 계시는 인격이신 하나님의 계시로 보완될 필요가 있다. 계시란 내용을 가리킬 뿐만 아니라 하나님의 임재이기도 하다. 따라서 계시에는 하나님을 '그것'으로 아는 지식과 '너'로 아는 지식이 포함된다. 우리는 하나님에 관한 사실들을 알 뿐만 아니라 또한 하나님을 안다. 이와 유사하게 하나님에 '관한' 지식에는 하나님을 '그것'과 '너'로 아는 지식이 모두 포함된다. 계시에서는 인간으로 하여금 하나님을 알고 또 하나님에 관해 아는 것을 가능하게 해주는 하나님을 주제로 다룬다. 따라서 부버의 이론 체계는 이러한 계시 개념을 훨씬 더 엄밀하고 보완적인 틀 속에서 다룰 수 있게 해준다.

❸ 부버의 '대화적 인격주의'는 또한 하나님을 수동적 객체라고 보는 개념, 곧 19세기 자유주의 신학의 특성 중 가장 큰 약점으로 드러나 크게 비판받은 개념을 비판할 수 있는 길을 열어준다. 19세기의 특징을 잘 보여주는 성차별적인 구절인 '인간 man의 하나님 탐구'는 이 개념의 기본 전제를 요약적으로 잘 말해 준다. 다시 말해 하나님은 소위 능동적 주체라는 (남성) 신학자들이 발견해 주기만을 기다리는 '그것', 곧 수동적 객체

라는 것이다. 변증법적 신학파에 속한 저술가들, 그중에서 특히 에밀 브루너[1889-1966]는 『만남으로서의 진리』[1937]에서 하나님을 '너'요 능동적 주체로 보아야 한다고 주장하였다. 하나님은 인간을 제치고 주도적으로 행하셔서 자신을 계시하고 기꺼이 역사적이고 인격적인 모습으로, 곧 예수 그리스도 안에서 자기를 알리신다. 따라서 신학이란 인간의 하나님 탐구가 아니라 하나님의 자기계시에 대한 인간의 응답이라고 보는 것이 마땅하다.

이처럼 '인격적인 하나님'을 강조할 때 많은 문제가 생겨나는데, 그중 하나는 하나님이 인간의 경험을 어느 정도까지 공유할 수 있느냐는 문제다. 하나님이 인격적이라면 우리는 하나님이 인간을 "사랑한다"고 말할 수 있다. 그런데 이런 식의 주장을 어디까지 밀고 나갈 수 있을까? 예를 들어 하나님에게 "고난당한다"는 말을 쓸 수 있을까?

하나님도 고난을 당하는가

기독교 신학은 흥미진진한 문제들을 많이 쏟아 놓는다. 그중에는 그 자체만으로도 흥미로운 문제가 있는가 하면 훨씬 더 큰 주제로 이끌어 주는 까닭에 흥미 있는 문제도 있다. 이러한 두 특성을 모두 지닌 문제가 하나님이 고난을 당한다고 말할 수 있겠는가라는 문제다. 만일 하나님을 고난당하는 분으로 볼 수 있다면, 하나님과 고통당하는 인간 세계 사이에 즉각 접촉점이 형성된다. 그럴 때 하나님은 피조물이 당하는 고난과 무관한 존재로 생각할 수 없게 된다. 이 문제는 악과 고난이라는 쟁점과도 밀접한 관계가 있다.

그러나 이 문제는 또 다른 측면에서도 흥미롭다. 이 문제 앞에서 우리는 왜 그토록 많은 사상가들이 '고난당하는 하나님'이라는 생각과 주장에 대해 본능적으로 반감을 드러내는지에 생각이 미치게 된다. 이 점을 이해하기 위해서는 초기 기독교 신학의 배경이 된 역사를 살펴볼 필요가 있다. 기독교가 팔레스타인에서 시작되기는 했지만, 오늘날의 터키나 이집트 같은 지중해 동부 지역으로 빠르게 퍼져나갔으며 안티오키아나 알렉산드리아 같은 도시들에 터를 잡았다. 이 과정에서 기독교는 헬레니즘 문화 및 그리스 사고방식과 접촉하게 되었다.

이 사실에서 제기되는 중요한 문제 가운데 하나는 다음과 같다. 헬레니즘 문화 환경에서 활동하면서 기독교 신학자들은 자연스럽게 그리스 고유의 사상을 자기네 사고 속으로 받아들였을까? 달리 말해 팔레스타인에 뿌리를 둔 복음이 헬레니즘이라는 프리즘을 통해 굴절되고 왜곡된 것인가? 특히 관심 있게 살펴볼 일은 형이상학의 용어들이 신학에 도입되었다는 점이다. 일부 학자들은 이 일을 두고 그리스의 정적인 사고방식이 셈 족의 역동적 세계관에 덧씌워지고 그 결과 복음이 왜곡되었다고 주장하였다.

계몽주의 시대 이후로 이 문제가 매우 진지하게 다루어져 왔다. 그렇게 해서 나타난 중요한 운동이 '교의사' 운동이다(교의사란 *Dogmengeschichte*라는 묵직한 독일어에 대한 잠정적인 번역이다). 아돌프 폰 하르낙[1851-1930]과 같은 학자들은 최소한 몇 가지의 그리스 고전 개념이 부당하게 기독교 신학 속으로 흡수되었다고 보았다. 학자들의 견해에 의하면 이런 것들 가운데 하나가 '고난을 초월하는 하나님'이라는 개념이다. 다음에서 우리는 고대의 이교 사상인 하나님의 아파테이아*apatheia*, 곧 하나님은 인간의 모든 감정과 고통을 초월한다고 보는 견해인 하나님의 '무감각'impassibility 개념에 대해 살펴본다.

고전적 견해: 하나님의 무감각

고전적 신 이해에서 중심을 이루는 것이 '완전' 개념으로, 이것은 플라톤의 「국가론」 같은 대화편에서 볼 수 있다. 완전하다는 것은 변하지 않고 자기 충족적이라는 것이다. 따라서 그러한 완전한 존재는 외부에 있는 어떤 것에 의해 변화되거나 영향을 받는 것이 불가능하다. 게다가 앞에서 하나님의 완전에 대한 스피노자의 견해를 다룰 때 언급했듯이 406-408쪽 완전은 매우 정적인 용어들로 다루어진다. 만일 하나님이 완전하다면, 어떤 식으로든 변화는 불가능하다. 만일 하나님이 변한다면, 완전에서 **멀어지든지**(이 경우 하나님은 더 이상 완전한 존재가 아니다) 아니면 완전을 **향해 다가가게 된다**(이 경우 하나님은 지금까지 완전한 존재가 아니었다). 이러한 개념을 가르쳐 온 아리스토텔레스는 "변화는 나쁜 쪽으로의 변화일 수밖에 없다"고 주장했으며 따라서 자기가 생각하는 신적 존재에게서 변화와 고난을 배제하였다.

이러한 사고가 초기 시대에 기독교 신학 속으로 흘러들어 왔다. 헬레니즘 시대의 유대인으로서 저술 활동을 통해 초기 기독교 사상가들에게 큰 영향을 준 알렉산드리아의 필로약 BC 25-AD 50 는 『하나님의 불변성에 관하여』 *That God is Unchangeable* 라는 글에서 하나님의 무감각을 강력하게 옹호하였다. 그는 하나님이 고난을 겪는 것처럼 말하는 성경 구절들은 은유로 보아야 하며 문자적인 의미로 받아들여서는 안 된다고 주장하였다. 하나님의 변화를 인정하는 것은 곧 하나님의 완전을 부정하는 것이었다. "변하지 않는 분을 변한다고 가정하는 것만큼 커다란 불신앙이 어디에 있겠는가?"라고 필로는 물었다. 반박이 아예 불가능한 질문 같아 보였다.

필로는 하나님을 고난을 당하거나 '정념'과 같은 일을 겪는 존재로 볼 수 없었다. 이 개념을 받아들인 중세 저술가 캔터베리의 안셀무스약 1033-1109 는, 하나님이 우리의 경험의 눈으로 보면 동정심을 지닌 분이지만 신적 존재 자체에서는 그렇지 않다고 주장하였다. 안셀무스는 『프로슬로기온』에서, 사랑과 동정의 언어를 하나님에게 사용할 때는 완전한 비유로 보아야 한다고 주장하였다. 따라서 우리가 하나님을 동정적인 분으로 경험한다고는 말할 수 있지만, 이렇게 말한다고 해서 하나님이 동정적이라는 의미가 되는 것은 아니다.

> 우리의 경험에서 보면, 당신은 진정 동정적인 분이십니다. 그러나 당신 스스로는 결코 그렇지 않습니다. 당신께서 고통당하는 우리를 돌아보실 때 우리는 동정의 힘을 경험하게 되지만 당신 자신은 이런 느낌을 경험하지 않기 때문입니다. 따라서 불행한 사람들을 구원하시고 당신께 죄 지은 이들을 용서하신다는 점에서 당신은 동정적이십니다. 그리고 불행한 일에 연민을 느끼면서도 어떠한 영향도 받지 않으신다는 점에서 당신은 동정적이지 않으십니다.

토마스 아퀴나스[1225-1274]도 죄인들을 향한 하나님의 사랑에 관해 성찰하면서 이와 비슷한 견해를 주장한다. 사랑이라는 것은 여린 마음을 함축하며 잠재적으로 하나님이 우리의 슬픔에 영향을 받거나 우리의 불행에 마음이 흔들릴 수 있다는 점을 뜻할 수 있다. 하지만 아퀴나스는 자비의 하나님과 사랑의 하나님을 말하는 데 어려움이 없었고, 자비와 사랑이 하나님의 경험이나 감정이 아니라 하나님의 존재를 가리킨다는 점을 분명히 밝혔다. "자비를 고난에 대한 감정이 아니라 영향이라고 본다면, 하나님에게도 자비라는 속성을 돌릴 수가 있다.……다른 사람의 불행에 대해 슬퍼하는 일은 하나님의 성품에 속하지 않는다."

여기서 많은 독자들은 분명한 난점이 드러난다고 느낄 것이다. 복음서는 예수 그리스도가 다른 사람들의 고통에 깊은 연민을 느꼈다는 사실을 분명히 말하기 때문이다. 예수 그리스도는 사람들의 불행에 대해 슬퍼했다. 심지어 그리스도는 고난을 당하고 십자가에서 죽었다. 전통적인 기독교 신학에서는 예수 그리스도가 인간의 몸을 입은 하나님이라고 주장한다. 따라서 그리스도가 하나님이시고 그리스도가 고난당하셨다면, 하나님이 그리스도 안에서 고난을 당했다는 결론에 이르게 된다(이 논점이 '속성의 교류'507-509쪽 다).

하지만 대부분(전부는 아니다)의 교부 저술가들은 그렇지 않다고 주장했는데, 이들은 하나님의 완전성과 무감각을 가르치는 이교 사상에 크게 영향을 받았던 것으로 보인다. 이들이 볼 때, 그리스도는 인간 본성에서만 고난을 겪었을 뿐 신성에서는 고난당하지 않았다. 따라서 하나님은 인간의 고난을 겪지 않았으며 세상에 속한 이런 측면의 영향에서 벗어나 있었다.

이러한 무감각한 하나님이라는 개념이 교부시대와 중세에 상당한 영향을 끼쳤던 반면, 이 흐름과 맞섰던 저항도 있었다. 특기할 만한 것은 마틴 루터Martin Luther, 1483-1546가 1518년에서 1519년 사이에 기초를 닦은 '십자가 신학'일 것이다. 이 신학은 고통을 당하며 십자가에 못 박히신 하나님을 분명히 말한다. 루터는 『하이델베르크 논쟁』Heidelberg Disputation, 1518에서 하나님에 관한 두 개의 상반된 사고방식을 대조하였다. '영광의 신학'은 피조물 안에서 하나님의 영광과 권능과 지혜를 찾아낸다. '십자가 신학'은 그리스도의 십자가의 고난과 수치 안에서 숨어 계신 하나님을 분별한다. 루터는 십자가에 달린 그리스도의 고난과 함께하시는 하나님에 대해 말하면서 의도적으로 '십자가에 달린 하나님'이라는 도발적이고 당혹스러운 표현을 사용한다.

영국의 저술가 찰스 웨슬리Charles Wesley, 1707-1788도 성육신을 토대로 하나님의 고난에 대해 말할 수 있다고 보았다. 웨슬리는 자기가 지은 한 찬송가에서, 성육신이 하나님을 곧바로 고난과 죽음이라는 경험으로 이끌어 갔다는 자기의 믿음을 표현하기 위해 다음과 같은 극적 반전을 이루는 구절을 사용한다. "고통당할 수 없는 그분이 고난을 겪으시고, 죽을 수 없는 분이 죽으신다."

20세기: 패러다임 변경

20세기 후반에 이르러 많은 사람들은 '고난당하는 하나님'의 사상에 대한 서구 신학의 사고에 패러다임의 변화가 있었다는 결론을 내렸다. 한때 이단으로 여겨졌던 것이 새로운 정통이 된 것처럼 보였다. 무엇이 고난당하는 하나님의 사상을 재발견하도록 압박했을까? 세 가지를 말할 수 있는데, 그것들은 모두 제1차 세계대전이 끝난 직후의 시대 상황과 관계가 있다. 이 세 가지 요소는 모두 하나님의 무감각과 관련된 전통적 개념에 대해 폭넓은 회의론을 불러일으켰다.

첫째 요소는 저항적 무신론의 등장이다. 제1차 세계대전이 빚어낸 엄청난 충격은 서구의 신학적 성찰에 깊은 영향을 끼쳤다. 이 시대의 고난 경험으로 말미암아 낙관적인 인간 본성 이해로 무장한 자유주의 개신교는 완전히 붕괴하고 말았다는 인식이 널리 퍼지게 되었다. 이러한 정신적 충격의 여파로 변증법적 신학이 등장한 것도 우연은 아니다. 그 영향으로 나타난 또 다른 결과가 '저항적 무신론'protest atheism이라고 알려진 운동이었는데, 이 운동은 하나님에 대한 믿음에 저항해 철저한 도덕적 항의를 제기하였다. 세상을 휩쓰는 고난과 고통에 초연한 하나님을 어떻게 믿을 수 있겠는가?

이러한 사고의 흔적을 도스토예프스키[1821-1881]가 쓴 19세기 고전적 소설인 『카라마조프가의 형제들』[1880]에서 볼 수 있다. 이 사고는 20세기에 들어와 훨씬 더 풍성하게 발전했으며 흔히 도스토예프스키의 소설 속 인물인 이반 카라마조프를 모델로 사용하였다. 하나님에 대한 카라마조프의 반항(하나님 개념에 대한 반항이라고 말하는 것이 더 정확할 것이다)은 순진무구한 어린아이의 고난이 정당화될 수도 있다는 사실을 그가 거부하는 데서 시작된다. 알베르 카뮈[1913-1960]는 『반항하는 인간』The Rebel, 1951에서 이러한 사고를 펼쳤는데, 이 책에서 그는 카라마조프의 반항을 '형이상학적 도전'이라는 측면에서 설명하였다. 초연하고 냉담하며 마음이 굳은 하나님에 맞선 이러한 저항을 가리켜 위르겐 몰트만1926 출생은 "유일하게 진지한 무신론"이라고 말했다. 도덕적 성격이 두드러진 이 무신론은 신학적으로 신뢰할 만한 응답을 요구하였는데, 몰트만은 고난당하는 하나님 신학이 그러한 응답을 제시할 수 있다고 생각했다.

둘째 요소는 루터의 재발견이다. 루터 탄생 400주년을 맞은 1883년에 『바이마르판 루터 전집』이 출간되기 시작했다. 이를 통해 루터의 저술들(이 가운데 많은 것이 아직도 출판되지 않았다)을 이용할 수 있게 됨으로써 루터 연구가 특히 독일 신학계에서 다시 활기를 띠었다. 1920년대에는 칼 홀Karl Holl, 1866-1926과 같은 학자들이 루터에 대해 새로운 관심을 불러일으켰다. 그 결과 루터의 많은 개념들, 그중에서도 특히 '십자가의 신학'에 대한 관심이 상당한 활기를 띠게 되었다. "고난 속에 숨어계신 하나님" 같은 루터의 개념이 등장했을 때는, 문화 쪽에서 이 개념들과 호흡을 맞출 수 있는 분위기가 최고조로 무르익어 있었다.

셋째 요소는 교의사 운동의 영향력 증대라고 할 수 있다. 이 운동은 19세기가 저물어 가던 때에 절정에 이르렀지만 이 운동이 지닌 의미들이 전체 기독교 신학 속으로 스며드는 데는 시간이 좀 더 걸렸다. 제1차 세계대전이 끝난 무렵에는, 기독교 신학 속에 방대한 그리스 개념들(하나님의 무감각이라는 개념이 그 예다)이 둥지를 틀고 있다는 인식이 널리 확산되었다. 이제 이러한 개념들을 제거하는 일에 꾸준하게 관심이 모아졌다. 저항적 무신론으로 말미암아 고난당하는 하나님에 관해 논하는 것이 변증적인 면에서 필요하다는 분위기가 조성되었다. '교의사' 운동에서는 기독교 사상이 교부시대에 잘못된 방향으로 선회했다고 보았으며, 또 이 문제를 성공적으로 되돌릴 수 있다고 주장하였다. 하나님은 고난을 겪지 않는다거나 고통을 모르는 존재라고 보는 기독교의 주장은 잘못된 것으로 인정되었다. 그리스도 안에서 고난당한 하나님이라는 참된 기독교 개념을 회복할 때가 무르익었다.

일본의 저술가인 가조 기타모리Kazoh Kitamori, 1916-1998 는 『하나님의 아픔의 신학』Theology of the Pain of God, 1946 에서 참된 사랑은 아픔에 뿌리를 두고 있다고 주장하였다. "하나님은 상처 입은 주님으로, 자기 안에 아픔을 품고 있다." 하나님은 자신도 아파하고 고난을 겪기 때문에 인간의 고난에 의미와 품위를 부여줄 수 있다. 몰트만과 마찬가지로 기타모리도 루터의 '십자가 신학'에 크게 의존하고 있으며, 십자가 신학이 제2차 세계대전의 패배와 히로시마와 나가사키의 핵 폭발로 인한 국민들의 희생으로 충격에 휩싸인 일본에 특히 적합하다고 보았다.

고난당하는 하나님 사상을 받아들이는 새로운 분위기를 조성하는 데 일조한 다른 영향들도 확인할 수 있다. **과정사상**441-443쪽의 등장으로 하나님을 "고난에 함께하며 이해하는 분"(A. N. 화이트헤드)이라고 말하는 새로운 길이 열렸다. 그러나 많은 사람들이 이 개념을 환영하면서도 이 개념을 낳은 신학적 틀을 받아들이는 데는 주저하였다. 과정사상에서 창조성의 우위를 강조한 것이 전통적으로 기독교에서 생각해 온 하나님의 초월성과 모순된다고 보았기 때문이다. 고난에 함께하는 분이라는 하나님 개념을 하나님의 자기 제한으로, 특히 그리스도의 십자가로 해명하는 것은 받아들일 만한 견해였다.

구약성경에서 하나님을 이스라엘의 정념pathos을 함께 나누는 분으로 묘사하고 있다는 점에 주목한 새로운 구약 연구가 이루어졌다. 아브라함 헤셸Abraham Heschel, 1907-1972 의 『예언자들의 하나님』God of the Prophets, 1930 과 T. E. 프레타임Fretheim 의 『하나님의 고난』Suffering of God, 1984 등이 그 예다. 하나님은 당신의 백성이 당하는 고난에 가슴 아파하신다. 만일 고전적 유신론이 이러한 통찰을 제대로 다루지 못한다면 그만큼 안타까운 일도 없다는 주장이 나왔다.

마지막으로 '사랑'이라는 관념이 20세기에 들어와 커다란 논의 주제로 다루어졌다. 안셀무스와 아퀴나스 같은 고전 전통에 속한 신학자들은 사랑을 다른 사람을 향한 배려와 선의가 구체화되고 표현된 것이라는 측면에서 정의했다. 그래서 하나님을 "감정의 변화 없이 사랑하는 분"으로, 곧 어떤 사람을 사랑하면서도 그가 처한 상황에 감정적으로 영향을 받지 않는 분으로 말할 수가 있었다. 그러나 이 문제가 새로운 관심을 끌면서 이런 식의 사랑 관념에 의문이 제기되었다. 서로 고통과 감정을 나누지 않고서도 사랑에 관해 말하는 것이 정말 가능할까? 진정한 '사랑'이란 사랑하는 사람의 고통을 깊이 꿰뚫어 보고 그래서 사랑하는 사람의 절망을 함께 나누는 것이 아닐까? 이러한 문제 제기로 말미암아 무감각한 하나님에 대한 직관적 타당성이 힘을 잃었다(그러나 흥미롭게도 지적 확실성은 흔들리지 않았다).

아마 하나님의 고통에 대한 최근의 가장 중요한 논의는 독일의 신학자 위르겐 몰트만Jürgen Moltmann에게서 시작되었을 것이다. 몰트만의 사상을 살펴본다.

고난당하는 하나님: 위르겐 몰트만

20세기 후반에 이르러 고통당하는 하나님을 말하는 것은 '새로운 정통'이 되었다. 몰트만의 『십자가에 달리신 하나님』은 이 사상을 설명한 가장 중요하고 영향력 있는 연구로 널리 인정되며, 열띤 토론의 주제가 되었다.

몰트만은 『십자가에 달리신 하나님』에서 십자가가 참된 기독교 신학의 기초이자 척도라고 주장하였다. 그리스도의 수난, 특히 하나님께 버림받아 외치는 "나의 하나님, 나의 하나님, 어찌하여 나를 버리셨나이까"(막 15:34)라는 울부짖음은 기독교 사고의 중심이 된다. 십자가는 아버지와 아들 사이의 사건으로 보아야 마땅하며, 그 사건 속에서 아버지는 죄인인 인간을 구속하기 위해 자기 아들의 죽음을 겪는다.

몰트만은 고통을 겪지 않는 하나님은 완전한 하나님이 아니라 **결함이 있는** 하나님이라고 주장한다. 하나님은 그 무엇에 의해서도 변하거나 고난을 겪도록 강요당할 수 없는 존재라는 점을 강조하면서 몰트만은 하나님이 스스로 고난당하기로 택하셨다고 주장한다. 하나님의 고난은 하나님이 스스로 고난을 겪기로 선택하고 또 기꺼이 고난을 받아들인 데서 나온 직접적인 결과다.

> 고난을 겪을 수 없는 하나님은 그 어떤 인간보다 더 가련하다. 고난을 경험할 수 없는 하나님은 개입할 수 없는 존재인 까닭이다. 고난과 불의가 그에게 아무런 영향도 미치지 않는다. 그리고 그는 완벽하게 무감각하기 때문에 어떤 것에 의해서도 영향을 받거나 흔들리지 않는다. 그는 눈물이 없기에 울 수도 없다. 게다가 고난을 겪을 수 없는 이는 사랑할 수도 없다. 그래서 그는 또한 사랑이 없는 존재다.

여기서 몰트만은 우리가 앞에서 살펴본 여러 가지 사항들을 결합하면서, 사랑은 사랑하는 사람으로 하여금 사랑받는 대상의 고통 속에 참여하게 만든다는 개념을 밝히고 있다.

고난당하는 하나님 개념은 기독교 정통의 눈으로 얼핏 보면 이단적인 것처럼 보일 수도 있다. 교부시대에는 하나님의 고난과 관련한 두 가지 이론을 용납할 수 없는 것으로 여겼다. 성부수난설과 신수난설이 그것이다. 앞쪽의 설은 이단으로, 뒤쪽의 설은 잘못될 가능성이 큰 이론으로 보았다. 다음으로 넘어가기 전에 이 두 이론에 대해 간단하게 살펴본다.

성부수난설patripassianism은 3세기에 등장했으며, 노에투스Noetus와 프락세아스Praxeas, 사벨리우스Sabellius 같은 사상가들과 관계가 있다. 이 이론의 핵심은 아버지가 아들로서 고난당했다는 믿음이다. 달리 말해 그리스도가 십자가에서 당한 고난은 성부의 고난으로 보아야 한다는 것이다. 이 사상가들에 의하면, 신성의 구분은 단지 양태modes 또는 외적 작용에 따른 것일 뿐이다. 성부와 성자와 성령은 한 동일한 신적 실체가 서로 다르게 표현된 것, 곧 서로 다른 존재 양태

● 사벨리우스주의

기독교 초기의 삼위일체
이단으로, 한분 하나님이
역사 과정에 다른 모양
으로 나타난 것을 삼위일
체의 세 위격이라고 보았
다. 대체로 '양태론'의 한
유형으로 간주된다.

● 신수난설

6세기에 등장해 논쟁을
일으킨 이론으로, 일부
사람들은 이단이라고 보
았다. 요한 막센티우스
같은 사상가들과 관계가
있으며 "삼위일체 중 한
분이 십자가에 달렸다"
는 주장을 펼쳤다.

일 뿐이다. 흔히 사벨리우스주의Sabellianism●로 알려진 이 양태론에
대해서는 삼위일체론을 다룰 때 좀 더 자세히 살펴본다700-703쪽.

신수난설theopaschitism●은 6세기에 일어났으며, 요한 막센티우스
Johann Maxentius와 같은 사상가들과 관계가 있다. 이 운동이 내세운 기
본 구호는 "삼위일체 가운데 한 분이 십자가에 달렸다"는 것이다. 이
공식은 얼마든지 정통적인 의미로 해석할 수 있으며(마틴 루터의 '십
자가에 달린 하나님'이라는 유명한 공식으로 다시 등장하였다), 비잔티움
의 레온티우스Leontius of Byzantium, 약 500-543 같은 사람들의 지지를 받았
다. 그러나 교황 호르미스다스Hormisdas, 523 사망 같은 신중한 저술가들
은 이 이론이 혼란을 낳고 잘못된 길로 이끌 가능성이 있다고 보았으
며, 그래서 점차 사용되지 않게 되었다.

고난당하는 하나님 이론은 신수난설을 다시 끌어들이고, 성부수
난에 따르는 난점을 피해 가는 방식으로 하나님의 고난과 그리스도
의 고난의 관계를 해석한다. 예를 들어, 기타모리는 아버지와 아들이
고난당하는 방식에 차이가 있다고 구분한다. "성자 하나님의 죽음 속
에 숨어 계신 성부 하나님은 아파하시는 하나님이다. 따라서 하나님
의 아픔은 성자 하나님만의 아픔이거나 성부 하나님만의 아픔이 아니
라 본질적으로 하나인 두 위격의 아픔이다." 이 이론을 가장 정교하게
다듬은 형태를 몰트만의 『십자가에 달리신 하나님』에서 볼 수 있다.

몰트만은 성부와 성자가 고난을 당하지만 그 고난을 서로 다른
방식으로 경험한다고 주장한다. 아들은 십자가의 고통과 죽음이라는
고난을 겪으며 아버지는 아들을 포기하고 잃어버리는 고난을 겪는
다. 아버지와 아들이 모두 십자가에 휘말리지만 그 휘말리는 방식은
동일(성부수난설의 견해)하지 않고 서로 다르다. "아들이 수난당할 때
아버지는 포기에 따른 아픔을 겪는다. 아들이 죽을 때 그 죽음은 하
나님에게까지 미치며, 아버지는 버림받은 인간에 대한 사랑 가운데
서 자기 아들의 죽음을 겪는다."

"죽음은 하나님에게까지 미친다"는 몰트만의 확신에 찬 주장은

자연스럽게 하나님이 죽음을 겪는다고 말할 수 있는지, 더 급진적으로 말해 하나님은 죽었다고 말할 수 있는지를 논하는 일로 이어진다.

하나님의 죽음?

하나님이 고난을 겪는 것이 가능하다면 한 걸음 더 나아가 죽는 것도 가능할까? 아니면 하나님은 이미 죽은 것인가? 이러한 물음은 그리스도 안에 나타난 하나님의 고난을 논하는 곳에서는 언제나 빠지지 않고 다루게 되는 것들이다. 신학 교재들 못지않게 찬송가도 기독교의 믿음의 내용을 증언한다. 기독교 교회에서 중요하게 여기는 많은 찬송가들이 하나님의 죽음을 다루고 있으며, 불멸의 하나님께서 십자가에서 죽을 수밖에 없었던 역설을 기뻐 노래한다. 가장 유명한 예가 18세기에 나온 찰스 웨슬리 Charles Wesley의 찬송가 '어찌 날 위함이 온지' And Can It be? 일 것이다. 이 곡에는 다음과 같은 가사가 나온다.

> 놀라운 사랑!
> 주 나의 하나님께서
> 날 위해 죽으셨으니,
> 이 어찌된 일인가?

이 가사는 인간의 몸을 입은 불멸의 하나님이신 예수 그리스도가 자신을 죽음에 내어놓음으로써 사랑과 헌신을 나타내셨다는 생각을 표현한다. 같은 찬송가의 다른 가사에서도 이러한 생각이 드러나고 있다.

> 참 놀라운 신비,
> 영원하신 분이 죽으셨네.
> 그분의 기이한 섭리를

그런데 어떻게 하나님의 '죽음'을 말할 수 있느냐고 사람들은 의아해한다. 1966년 미국에서 몇 주 동안 신학이 전국적으로 신문의 머리기사를 장식했다. 「타임」지에 하나님이 죽었다고 선언하는 기사가 실렸다. 별로 이름이 알려지지 않았고 서로 공통점도 없는 세 명의 학자—폴 밴 뷰런Paul Van Buren, 1924-1998, 윌리엄 해밀턴William Hamilton, 1924 출생, 토머스 알타이저Thomas J. J. Altizer, 1927 출생—가 돌연 새롭고 급진적인 신 죽음의 신학 예언자들로 떠올랐다. '신이 없는 신학'이 그들의 특징이었는데, 사실 그 저술가들은 전혀 다른 관심사와 의제를 가지고 있었다. '신의 죽음'은 실제로는 언론이 만들어낸 것이었다.

'신은 죽었다'와 '신의 죽음' 같은 구호들이 전국적인 관심사가 되었다. 「크리스천 센츄리」지는 1966년 2월 16일자 판에 독자들에게 '신의 죽음 클럽'에 가입하기를 권하는 풍자적인 신청서를 게재했다. 학구적인 잡지들의 낱말 맞추기에는 신의 죽음theothanasia, 신의 죽음학theothanatology, 신의 죽음에 대한 명상theothanatopsis 같은 용어들이 새롭게 등장했다. 그 전문용어들은 반짝 고개를 내밀었다가는 당연하다는 듯이 곧바로 사라져 버리고 말았다.

'신의 죽음'이라는 구호 이면에서 우리는 다음과 같은 두 가지 독특한 해석의 흐름을 볼 수 있다.

그 첫 번째 흐름은 인간의 문명이 하나님 관념을 폐기할 수 있는 단계에 도달했다고 보는 신념으로, 이 견해는 특히 19세기 독일 철학자 프리드리히 니체Friedrich Nietzsche, 1844-1900와 관계가 있다. 서양, 특히 서유럽에서 19세기에 형성된 신앙의 위기가 마침내 절정에 도달했다. 그는 『즐거운 학문』The Happy Science, 1882에서 "신은 죽었다! 신은 이제 죽은 존재다! 우리가 그를 죽였다!"라고 선언함으로써 신이 들어설 여지를 허용하지 않는 일반적인 문화 환경을 대변한다. 이와 유사한 관념이 1960년대에 일어난 '신의 죽음' 운동의 특징을 이루었으며, 이 운동에 관계한 신학자 가운데 한 사람인 윌리엄 해밀턴의 다음과 같은 글에서 그러한 관념을 확인할 수 있다.

> 우리는 신 경험의 부재에 대해 말하고 있는 것이 아니라 신의 부재에 대한 경험을 말하고 있는 것이다.……신의 죽음을 인정하지 않을 수가 없다. 우리가 하나님에 관해 말할 수 있다고 확신해 왔던 근거가 사라져 버렸다.……이제 남아 있는 것이라고는 종교의 신들이나 우상들뿐만 아니라 하나님까지 사라져 버렸고, 남아 있지 않으며, 그래서 믿을 수 없다는 느낌뿐이다. 그런데 이런 경험은 신경증에 걸린 몇몇 사람에게 한정된 것도 아니고, 사사롭고 내적인 것도 아니다. 신의 죽음은 우리 역사의 공적인 현상이 되었다.

이와 비슷하게 폴 밴 뷰런은 『복음의 세속적 의미』Secular Meaning of the Gospel, 1963에서 '하나님'이라는 말이 이제는 아무런 의미도 없게 되었다고 주장하면서, 어떻게 하면 복음을 순전히 비신학적인 용어로 진술할 수 있는가라는 문제와 씨름하였다. 초월적 하나님에 대한 믿음은 예수의 생활 방식을 중요하게 여기는, '예수 윤리'에 대한 헌신으로 대체되었다. 토머스 알타이저는 『기독교 무신론의 복음』Gospel of Christian Atheism, 1966에서 이 문제에 다시 초점을 맞추어, 이제 예수를 하나님이라고 논하는 것은 통할 수 없게 되었지만 하나님을 예수라고 말하는 것은 여전히 가능하다고 주장하면서, 하나님에 대한 믿음을 더 이상 주장할 수 없게 된 대신에 예수의 말과 행동에다 도덕적 권위를 부여하였다.

이에 뒤따라 나온, 서구 사회의 완전한 세속화에 대한 예언은 전혀 성취되지 않았지만, '신의 죽음'이라는 주제는 서구 문화사에서 중요한 한 시대의 분위기를 완전히 사로잡아 버렸다. 그 뒤를 이어 미국의 종교와 사회에서 하나님의 번영을 강조하는 흐름이 다시 부흥함으로써 이 운동은 현실과 동떨어진 기이한 현상으로 밀려나게 되었다.

두 번째 흐름으로는, "하나님이 그리스도 안에서 죽었다"고 말할 수 있을 만큼 예수 그리스도가 하나님과 온전한 일체를 이룬다고 보는 매우 독특한 믿음을 들 수 있다. 하나님이 그리스도 안에서 고난을 겪었듯이 우리는 또한 하나님이 동일한 방식으로 죽음, 곧 '사멸성'perishability을 경험한다고 말할 수 있다(융엘). 이 이론은 신학적인 면에서 꽤 중요한 것인데도 문화적인 면에서는 별 흥미를 끌지 못하였다. 미국에서 이루어진 발전, 특히 "신은 죽었다"는 구호가 널리 퍼진 현상에 대한 대응으로 에버하르트 융엘Eberhard Jüngel은 「살아계신 하나님의 죽음」The Death of the Living God, 1968이라는 논문을 썼다. 이 논문에서 그는 그리스도의 죽음을 통해 하나님이 '사멸성'에 속하게 된다고 주장하였다. 융엘은 『세상의 신비이신 하나님』God as the Mystery of the World, 1977에서 이 개념을 자세하게 밝히면서, '하나님의 죽음'이라는 주제는 하나님이 자신과 고난으로 가득한 덧없는 이 세상을 동일시했음을 분명하게 보여주는 것이라고 주장하였다.

위르겐 몰트만은 『십자가에 달리신 하나님』에서 이와 비슷한 개념들을 논하면서 '하나님 안의 죽음'에 관해 (약간 모호한 투로) 말한다. 하나님은 고난당해 죽는 모든 사람들과 하나가 되며, 그래서 인간의 고난과 죽음을 함께 나눈다. 이렇게 해서 인간 역사의 이 측면들이 하나님의 역사 속으로 편입된다. "그리스도의 십자가 안에서 하나님을 인식한다는 것은……곧 하나님 안에서 십자가와 헤어날 수 없는 고난, 죽음, 절망적 거절을 인식하는 것을 의미한다." 몰트만은 엘리 비젤Elie Wiesel, 1928 출생의 소설 『밤』Night, 1960에 나오는 유명한 구절, 곧 아우슈비츠의 처형 장면을 담은 일화를 통해 이 점을 제시한다. 세 사람이 교수형을 당하는 것을 지켜보던 사람들 가운데서 "하나님은 어디에 있는가?"라는 물음이 터져 나왔다. 이 일화를 사용해 몰트만은 그리스도의 십자가를 통해 하나님이 죽음을 맛보고 죽음의 영향을 받는다는 주장을 편다. 하나님은 죽음이 어떤 것인지 아신다.

사도신경은 "나는 전능하신 하나님을 믿습니다"라는 확신에 찬 구절로 시작한다. 이처럼 '전능'하신 하나님에 대한 믿음은 전통적인 기독교 신앙의 본질적 요소다. 그러면 하나님을 "전능하다"고 말하는 것은 어떤 의미일까? 상식적인 사고방식에서는 전능을 다음과 같이 정의한다. 하나님이 전능하다면 그는 무엇이든 할 수 있다. 물론 하나님은 네모난 동그라미나 둥근 삼각형을 만들 수는 없다. 이것은 논리적인 자기모순이다. 그렇다면 하나님의 전능이라는 개념은, 하나님은 명백하게 모순되지 않는 것이라면 무엇이든지 할 수 있어야 한다는 의미라고 볼 수 있다.

다음과 같은 물음에 의해 훨씬 더 난해한 문제가 제기된다. 하나님은 너무나 무거워서 하나님도 들 수 없는 돌을 만들 수 있는가? 만일 하나님이 그런 돌을 만들 수 없다면, 하나님의 절대적 완전이라는 개념은 부정되는 것으로 보인다. 그런데 하나님이 그런 돌을 만들 수 있다면, 하나님도 할 수 없는 어떤 일이 생기게 된다. 즉 하나님이 그 돌을 들어 올리지 못하는 것이다. 따라서 적어도 표면상으로는 하나님이 전능하지 않은 것으로 드러난다.

이런 식의 논리적 탐색은 하나님에 관해 말하는 것의 난점들을 밝혀 준다는 점에서 분명한 가치가 있다. 기독교 신학의 가장 중요한 규칙 가운데 하나는 단어들의 의미에 관해 엄밀하게 질문하는 것이다. 세속의 환경에서 하나의 의미를 지닌 단어가 신학적인 테두리 안에서는 훨씬 더 발전하고 난해하며 미묘한 의미를 지니는 일이 흔하다. '전능'omnipotence이 이에 대한 탁월한 예다. 이제 이에 대해 살펴본다.

'전능'을 정의하기

C. S. 루이스1898-1963가 그의 유명한 책, 『고통의 문제』*The Problem of*

Pain, 1940에서 제시한 몇 가지 논증을 돌아봄으로써 전능에 대한 정의를 살펴본다. 루이스는 다음과 같은 말로 시작한다. "만일 하나님이 선하시다면 당신의 피조물이 완전한 행복을 누리기 원하실 것이며, 하나님이 전능하시다면 당신의 뜻대로 하실 수 있을 것이다. 그러나 피조물들은 행복하지 않다. 따라서 하나님은 선하지 않거나 능력이 없든지, 아니면 두 가지 모두 아니다." 이것은 고통에 관한 문제를 가장 단순하게 표현한 것이다. 그런데 "하나님은 전능하다"고 말하는 것이 의미하는 것은 무엇인가? 루이스는 그 말이 하나님은 무슨 일이든 할 수 있다는 사실을 뜻하는 것은 아니라고 주장한다. 하나님이 어떤 일을 하기로 그리고 특정한 방식으로 행하기로 선택하셨다면, 그때 나머지 다른 가능성들은 배제되는 것이다.

> 만일 당신이 "하나님은 피조물에게 자유의지를 줄 수 있으며 그와 동시에 안 줄 수도 있다"고 말한다면, 당신은 하나님에 관해 **어떤 것**을 말하는 데 실패한 것이다. 단어들을 무의미하게 조합해 놓고 그 앞에다 "하나님은 가능하다"라는 말을 갖다 붙인다고 해서 갑자기 의미가 생겨나는 것이 아니다. 물론 하나님에게는 **모든 것**이 가능하다는 말은 여전히 참이다. 다시 말해, 본질적으로 불가능성이란 그 '것들'이 아니라 비실재들에 해당하는 것이다.

따라서 하나님은 **논리상** 불가능한 일은 어떤 것도 할 수가 없다. 그러나 루이스는 이 사례를 한 걸음 더 밀고 나아가 이렇게 주장한다. 하나님은 신적 본성과 일치하지 않는 것은 어떤 것도 할 수 없다. 논리만이 아니라 하나님의 본성도 하나님으로 하여금 어떤 것을 하지 못하게 막는다는 것이 그의 주장이다.

여기서 논하는 쟁점은 오래전에 캔터베리의 안셀무스가 『프로슬로기온』에서 하나님의 본성을 헤아릴 때 깊이 다루었다. 안셀무스는, 모든 것을 할 수 있는 능력으로서의 전능이 반드시 좋은 것은 아니라고 지적했다. 만일 하나님이 전능하다면, 거짓말을 하거나 정의를 깨뜨리는 것과 같은 일도 행할 수 있다. 하지만 이것은 분명히 기독교의 하나님 본성 이해와 모순된다. 그러므로 하나님의 전능 개념은 하나님의 본성과 성품에 대한 기독교의 이해에 의해 한정되어야 한다. 이 점은 토마스 아퀴나스가 하나님이 죄를 지을 수 있느냐는 문제를 논하는 곳에서 특히 명료하게 밝혔다.

> 흔히들 하나님이 전능하다고 말한다. 그러나 이렇게 말하는 바를 이해하는 것은 어렵게 느껴지는데, 그 까닭은 "하나님께서 '모든 것'을 하실 수 있다"고 말할 때 그것이 뜻하는 바가 무엇인지 확실하지 않기 때문이다.……만일 하나님이 자신의 능력이 미치는 모든 것을 할 수 있기 때문에 전능하다고 말한다면, 그러한 전능 이해는 순환론적인 것이요, 하나님은 자기가 할 수 있는 모든 것을 할 수 있기 때문에 전능하다고 말하는 것에 지나지 않는다.……죄를 짓는 것은 완전한 행위에 속하지 못한다. 따라서 죄를 지을 능력이 있다는 것은 그 행위에서 불완전할 수가 있다는 말이며 이것은 전능과는 일치하지 않는 것이다. 하나님이 죄를 지을 수 없는 것은 하나님이 전능하기 때문이다.

아퀴나스의 논의는, 하나님의 전능이라는 개념과 관련해 좀 더 명료한 설명이 필요하다는 것을 보여준다. 이 주제와 관련해 이루어진 중요한 진전을 14세기 사상가인 오캄의 윌리엄^{약 1285-1347}이 '하나님의 두 가지 능력'•을 구분한 데서 볼 수 있다.

하나님의 두 가지 능력

만일 외부에서 하나님에게 절대적으로 신뢰할 수 있는 행동을 하도록 제한을 가하는 힘이 없다면, 하나님은 어떻게 절대적으로 신뢰할 만하게 행할 수 있는가? 이 문제는, 아베로에스^{Averroes, 1126-1198}가 처

• **하나님의 두 가지 능력**
two power of God

하나님의 '절대적 능력'(*potentia absoluta*)은 하나님이 어떤 행동 과정이나 세계의 질서를 세우는 일을 시작하기 전에 존재했던 대안들을 가리킨다. 하나님의 '한정된 능력'(*potentia ordinata*)은 창조자 하나님이 신적 본성과 성품을 따라 세워놓은 창조 질서를 가리킨다. '하나님의 두 가지 능력'은 현재 하나님이 마음대로 선택할 수 있는 서로 다른 두 개의 대안을 가리키는 것이 아니다. 그와는 달리 이것은 구원의 역사 속에 있는 서로 다른 두 계기를 뜻한다.

음으로 주장한 일종의 결정론에 대한 반응으로 13세기에 파리 대학교에서 뜨겁게 논의되었다. 아베로에스에 의하면, 하나님의 신뢰성은 전적으로 외부의 압력에 근거한다. 하나님은 특정한 방식으로 행동할 수밖에 없었으며, 그렇게 해서 신뢰할 수 있게 행동하였다. 그러나 대부분의 신학자들은 이 견해를 매우 의심스러운 것으로 여겼으며, 이 견해가 하나님의 자유를 철저히 부정하는 것이라고 보았다. 그러나 외부의 강압에 의해서가 아니라면, 어떻게 하나님이 신뢰할 수 있게 행동한다고 말할 수 있겠는가?

이에 대해 둔스 스코투스[1266-1308]와 오캄의 윌리엄[약 1285-1347] 같은 기독교 사상가들이 내놓은 답은 다음과 같은 형태를 띤다. 하나님의 신뢰성은 전적으로 하나님의 본성 자체에 근거한다. 하나님은 어떤 사람이나 어떤 것이 신뢰할 수 있는 방식으로 행하라고 강요해서 그렇게 행동하는 것이 아니라, 하나님이 자유롭고 의도적으로 그렇게 행하기로 한 **결정에 따라** 그렇게 행동한다. 하나님의 신뢰성이나 신실성은 외부의 강요에 의해 이루어지는 것이 아니라 하나님 자신의 성품에 의해 결정된다.

오캄은 "나는 전능하신 아버지 하나님을 믿습니다"라는 사도신경의 첫 구절에 대한 논의에서 "전능하신"*omnipotens*이라는 말이 뜻하는 것이 정확히 어떤 것인지 묻는다. 그의 주장에 의하면, 이 말은 하나님이 현재 모든 것을 다 할 수 있다는 의미가 아니다. 하나님은 **한때** 어떤 방식으로든 자유롭게 행할 수 있었다. 하지만 그때 그렇게 행함으로써 하나님은 이제 하나님의 사랑과 의로운 뜻이 반영된 사물의 질서를 세워 놓았으며, 한 번 세워진 그 질서는 마지막 때까지 지속될 것이다. 따라서 현재 하나님은 그렇게 세워진 질서와 모순되는 것은 어떤 것도 행할 수가 없다.

오캄은 이렇게 상이한 대안을 설명하기 위해 두 가지 중요한 용어를 사용한다. 하나님의 '절대적 능력'*potentia absoluta*은 하나님이 어떤 행동 과정이나 세계의 질서를 세우는 일을 시작하기 전에 존재했던 대안들을 가리킨다. 하나님의 '한정된 능력'*potentia ordinata*은 창조자 하나님이 신적 본성과 성품을 따라 세워놓은 창조 질서를 가리킨다. "하나님의 두 가지 능력"은 현재 하나님이 마음대로 선택할 수 있는 서로 다른 두 개의 대안을 가리키는 것이 아니다. 그와는 달리 이 것은 구원의 역사 속에 있는 서로 다른 두 계기를 뜻한다.

이러한 구분은 중요하지만 어렵다. 따라서 이 구분에 대해 좀 더 자세히 살펴본다. 오캄은 우리가 하나님의 전능에 관해 말하게 되는 전혀 다른 두 상황을 고려해 보라고 말한다. 첫째 상황은 이렇다. 하나님은 모든 가능성을 앞에 두고 있다. 가령, 세상을 창조할 수도 있고 창조하지 않을 수도 있다. 하나님은 이 가능성 가운데 어떤 것이라도 마음대로 선택하여 실현할 수 있다. 이것이 하나님의 **절대적** 능력이다.

그런데 하나님은 어떤 대안을 선택하여 그것을 실제로 이룬다. 이제 우리는 하나님의 한정된 능력의 영역 안에 있게 된다. 즉 하나님 자신의 결정에 의해 하나님의 능력이 제한당하는 것이다. 오캄의 논점은 이렇다. 하나님은 어떤 대안을 실현하기로 선택함으로써 다른 것들은 실현하지 않기로 선택해야만 한다. 어떤 일을 하기로 선택하는 것은 그 밖의 것들은 하지 않기로 선택한다는 의미다. 하나님이 세상을 창조하기로 선택한 이상 세상을 창조하지 않는 대안은 제외된다. 이 논의가 뜻하는 바는, 하나님이 **한때는** 할 수 있었으나 이제 **더 이상은** 할 수 없는 일들이 있다는 것이다. 하나님이 세상을 창조하지 않는 쪽으로 결정할 수 있었음에도 의도적으로 그 가능성을 포기했다는 것이다. 그리고 그렇게 포기했다는 것은 그 가능성이 이제는 더 이상 열려 있지 않다는 의미다. 이렇게 해서 하나님의 행위가 하나님의 선택을 제한한다.

얼핏 보기에도 이 논의는 역설적인 상황으로 우리를 이끌어 간다. 신적 전능으로 말미암아 하나님은 이제 모든 것을 다 할 수가 없다. 하나님은 신적 능력을 발휘함으로써 선택 가능한 대안들을 제한했다. 오캄이 볼 때, 이제 하나님은 모든 것을 다 할 수는 없다. 하나님은 의도적으로 가능성에 한계를 정했다. 하나님의 선택으로 현재 가능한 대안들에 제한이 이루어졌다. 이것이 모순일까? 그렇지 않다. 만일 하나님이 정말 무엇이든 다 할 수 있다면, 당연히 특정 행동에 얽매일 수도 있어야 하고 또 그 상태를 지속할 수도 있어야 한다. 하나님은 신적 전능을 발휘함으로써 실현 가능한 대안들의 규모를 제한하기로 선택했다. 오캄이 내세운 이 하나님의 자기 제한이라는 관념은 근대 신학에서 중요하며, 따라서 좀 더 살펴볼 필요가 있다.

하나님의 자기 제한

19세기에 들어와 특히 그리스도론 분야에서 '하나님의 자기 제한'이라는 개념이 새로운 관심사로 탐구되기 시작하였다. 하나님의 자기 제한 개념을 논하는 데서 즐겨 사용하는 틀은 그리스도의 '자기 비움'을 말하는 빌립보서 2:6-7에서 가져온 것이다. 이 구절은 바울 이전부터 있었던 찬송으로서 바울이 몇 가지 중요한 신학적 논점을 주장하기 위해 인용한 것이라고 전해진다. 그리스도가 신성에 속한 속성들을, 포기하든지 아니면 보류하는 방식으로 "스스로 비웠다"고 주장하는 견해를 가리키는 말로 '겸허설'("비움"을 뜻하는 그리스어 *kenosis*에서 온 말)kenoticism이라는 용어가 널리 사용되었다.

고트프리트 토마지우스Gottfried Thomasius, 1802-1875와 W. F. 게스Gess, 1819-1891, F. H. R. 폰 프랭크Von Frank, 1827-1894 같은 독일 사상가들은 이 주제에 공감했고, 하나님이 그리스도 안에서 성육신할 때 자기 제한의 방식을 선택했다고 주장하였다. 토마지우스는 하나님(더 정확하게 말해 신적 로고스)이 그리스도 안에서 (전능과 전지, 무소부재와 같은) **형이상학적** 신의 속성은 포기했으며(혹 비워 버렸으며) 반면에 (신적 사랑과 정의, 거룩함 같은) **도덕적** 속성은 계속 유지했다는 견해를 주장하였다. 그러나 게스는 하나님이 성육신할 때 신성에 속한 모든 속성을 포기했으며 따라서 그리스도를 가리켜 어떤 의미로든 "신성하다"고 말하는 것이 사실상 불가능하게 되었다고 주장하였다.

영국에서는 '겸허설' 개념이 뒤늦게 발전하였으며 다소 다른 형태를 띠었다. 전통적인 그리스도론이 그리스도의 인성을 올바로 다루지 못했다(그리스도를 '가현설'*에 가까운 용어들로 설명하는 경향이 있었다)고 확신한 P. T. 포사이스Forsyth, 1848-1921와 찰스 고어Charles Gore, 1853-1932 같은 저술가들은, 그리스도의 인성을 부정하는 것처럼 보이는 신적 속성들은 배제해야 한다고 주장하였다. 그래서 고어는 『성육신한 하나님의 아들』Incarnation of the Son of God, 1891에서, 철저히 세상에 속한 인간성을 지닌 그리스도는 자발적으로 자신을 비워 그의 신적 지식을 포기하였으며 그 결과 인간의 무지 상태에 이르게 되었다고 주장하였다. 따라서 여기서는, 예수가 여러 가지 면에서 지식에 한계가 있는 것처럼 묘사하는 복음서의 내용 때문에 생겨나는 난제가 사라지게 되었다.

얼핏 보기에 이것은 신론이 아니라 그리스도론과 관련된 논쟁처럼 보인다. 그러나 깊이 헤아려 보면, 그리스도의 정체성은 분명 우리로 하여금 하나님의 정체성을 이해할 수 있게 해준다. 이 사실은 디트리히 본회퍼1906-1945의 후기 저술들에서 특히 생생하게 확인할 수 있다. 본회퍼는 십자가에 달린 그리스도의 무력함을 세계 속에서 하나님의 무력함을 보이는 패러다임으로 해석한다. 제2차 세계대전 끝 무렵의 기록들을 담고 있는 그의 『옥중서신』Letters and Papers from Prison에서 본회퍼는 이 점에 대해 다음과 같이 성찰한다.

> 하나님은 자기 자신을 세상에서 밀어내 십자가 위로 나아가게 한다. 그분은 세상 속에서 약하고 힘이 없다. 그런데 이것이 바로 그분이 우리와 함께하시며 우리를 도우시는 방식이요, 유일한 방법이다.……성경은 우리를 이끌어 하나님의 무력함과 고난 앞에 세운다. 고난당하시는 하나님만이 우리를 도우실 수 있다.

● 가현설
Docetism

초기 시대의 그리스도론 이단으로, 예수 그리스도는 인간의 '겉모습'만을 지닌(인간이 아닌), 온전한 신적 존재라고 주장하였다.

'권력'의 개념이 갈수록 의심스러워지는 시대에, '하나님의 전능하심'이 결코 하나님이 독재자라는 의미가 아니라 하나님께서 힘없는 사람들과 함께하기로 선택하셨다는 의미라는 사실을 생각하면 저절로 힘이 솟는다. 이것이 바로 그리스도의 십자가 해석에서 중심이 되는 주제이며, 이에 대해서는 나중에 다시 살펴본다 569-608쪽.

세상 속에서 활동하시는 하나님

어떤 의미에서 하나님이 세상 속에 현존하고 활동한다고 말할 수 있을까? 이 주제를 둘러싼 기독교의 사유는 풍성하며, 그것을 체계화한 여러 모델이 다듬어졌다. 그 모델들은 서로 경쟁하는 것이 아니라 보완적이라고 보는 것이 마땅할 것이다. 우리가 말하려는 하나님의 활동은 어떤 것인가? 이 물음으로 시작한다.

하나님의 '특수한' 행위와 '일반적' 행위

21세기가 시작하고 처음 20년 동안 하나님이 세계 안에서 행동하시는지, 그리고 어느 정도까지 행동하신다고 말할 수 있는지에 대한 관심이 새롭게 증가했다. 하나님의 행동이라는 말은 구약과 신약성경 모두에 본질적인 용어. 이스라엘의 하나님은 결정적으로 역사 안에서 행동하시는 하나님으로 서술되고 묘사되는데, 이것은 규칙적으로 반복된다. 하나님의 정체성과 성격은 인간의 행위와 성찰의 영역 안에서 볼 수 있는 것으로 이해된다. 이스라엘이 이해하고 묘사하는 하나님은 자연과 역사 안에서 행동하는 분이었다. 신약성서는 이 믿음을 이어받아 나사렛 예수의 삶, 죽음, 부활에, 또한 성령의 행위에 집중시켰다. 우리는 12장에서 성령의 신학적 중요성을 살펴볼 것이며, 특히 성령이 세상과 신자들 안에서 일어나는 하나님의 행위 및 현존과 어떻게 관련되는지에 주목할 것이다.

하나님 이해에 있어 이신론자Deist와 유신론자Theist는 흔히 뚜렷이 구별되었다. 두 용어는 신학 문헌들에서 널리 사용되지만, 각각 정확한 의미에 대해서는 아직 몇 가지 논쟁점이 남아있다. 일반적인 의미에서 이신론이라는 용어는 하나님이 세계를 창조하셨다는 사상은 확신하지만, 하나님이 창조세계와 계속해서 관계를 맺으신다는 사상은 받아들이지 않는 사고방식을 가리킨다.

18세기의 많은 사람은 이신론Deism이 매력적이라고 생각했다. 이신론은 우주의 규칙성을 강조하는 과학 발견들(다음 단락을 보라)과 조화를 이루었기 때문이다. 이신론은 오늘날도 커다란 영향력을 발휘하고 있다. "이성의 시대"의 이신론과 유사하게도, 일반적이고 포괄적인 유신론은 제2차 세계대전 이후의 서구 세계에서 강력한 영향을 끼쳐왔으며, 한편으로는 기독교와 이슬람, 유대교라는 세 가지 유일신 종교를 공통된 신학적 기반에 배치함으로써 사회적인 포용성을 확대하는 수단으로서 작용하고 있다.

이와 대조적으로 '유신론'Theism은 하나님의 태초의 창조 활동과, 그 후로도 지속되는 세계에 대한 하나님의 관심을 모두 긍정하는 신관을 가리킨다. 후자의 사상은 종종 '섭리'라는 용어로 표현되기도 한다. 섭리는 대체로 일반적으로 창조 질서를, 특수하게는 인간들을 인도하고 다스리는 하나님의 행위 또는 영향력으로 이해된다.

여기서 이와 관련된 차이점을 살펴볼 필요가 있다. 하나님의 행위라는 개념을 인정할 경우, 이것을 하나님의 일반적인 영향력으로 이해해야 하는가 아니면 창조 질서에 개입하는 특별한 행위로 이해해야 하는가? 이신론이 믿는 하나님은 거의 행동하지 않는 경향을 보인다. 만일 이신론이 하나님이 '행동'한다고 말한다면, 그것은 자연법칙의 인과관계를 통한 행동이다. 하나님은 맨 처음에 세상의 초기 조건들과 자연법칙을 창조하고 그 일을 통해 특별한 목적들을 세워놓을 수 있다. 그래서 일부 학자들은 '하나님의 일반적 행위'와 '특수한 행위'를 구별한다. 전자는 창조세계 전체에 적용되는 하나님의 행위를 가리키며, 후자는 창조 세계의 특정한 시공간에 적용되는 하나님의 행위를 말한다. '하나님의 특수한 행위'의 좋은 예는 '기적' 개념이다. 흔히 이것은 특별히 자연 과정을 거스르는 하나님의 행위라는 뜻으로 해석된다.

우리는 이신론을 더욱 상세히 살펴봄으로써 하나님이 자연 안에서 어떻게 행동하시는지에 대한 논의를 시작한다.

이신론: 하나님은 자연법칙을 통해 일하신다

앞에서 우리는 우주의 기계적 규칙성을 강조한 뉴턴주의가 '이신론'으로 불리는 운동의 발흥과 어떻게 밀접하게 관련되었는지 살펴보았다. 이신론 사상은 다음과 같이 간략하게 요약할 수 있다. 하나님은 자신의 합리적 본성을 반영해 합리적이고 질서 잡힌 모습으로 세상을 창조했으며, 또 하나님의 지속적인 현존이나 간섭 없이도 기능을 수행하고 발전할 수 있는 능력을 그 세상에다 부어 주었다. 시인 알렉산더 포프Alexander Pope, 1688-1744가 아이작 뉴턴1643-1727의 묘비명으로 지은 아래의 유명한 구절은 일반 대중이 뉴턴을 얼마나 중요하게 생각했는지 잘 보여준다.

> 자연과 그 법칙이 밤 깊숙한 곳에 잠겨 있었을 때,
>
> 뉴턴아 있으라, 하나님께서 말씀하시니
>
> 그 모든 것이 빛으로 드러났다.

18세기에 강력한 영향을 끼쳤던 이신론은 세상을 시계로, 하나님을 시계공으로 생각했다. 하나님은 세상을 스스로 지속해 가도록 설계했으며, 그래서 세상은 그 후로 계속적인 간섭이 없이도 돌아갈 수 있게 되었다. 이런 까닭에 윌리엄 페일리1743-1805가 창조주 하나

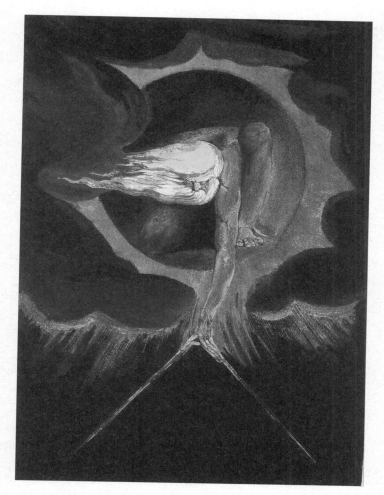

님의 존재를 옹호하는 유명한 변론의 일부로 시계와 시계공이라는 이미지를 사용한 것도 우연한 일이 아니다373-377쪽.

그런데 이신론에 의하면, 하나님은 세상 속에서 어떻게 일하는가? 이 질문에 대한 답은 간단하게 말해 하나님은 세상 속에서 일하지 않는다는 것이다. 시계공과 같이 하나님은 우주에다 규칙성(자연의 법칙에서 발견된다)을 부여하고는 그 기계장치를 작동시켰다. 장치가 작동하도록 힘을 불어넣고 그 작동을 통제하는 원칙을 세워 놓았기 때문에 이제 하나님이 할 일은 남아 있지 않다. 세상은 완벽하게 자동으로 움직이고 스스로 지탱해 가는 거대한 시계와 같다고 말할 수 있다. 하나님은 더 이상 일할 필요가 없다.

여기서 불가피하게 따라 나오는 질문은 하나님이 뉴턴주의 세계관에서 완벽하게 배제될 수 있겠느냐는 것이다. 하나님에게 할 일이 남아 있지 않다면, 신적 존재가 있어야 할 필요가 무엇이겠는가? 세계 내에 스스로 움직여 가는 원리들이 존재한다는 것을 입증할 수 있다면, 전통적인 '섭리' 개념은 더 이상 필요하지 않다. 즉 세상의 모든 존재에 깃들어 활동하면서 그것을 지탱하고 통제하는 하나님의 손길은 더 이상 없어도 된다.

이렇게 해서 뉴턴주의 세계관은 하나님이 세상을 창조했을지는 몰라도, 이제 더 이상 하나님이 개입할 필요가 없다는 견해를 밀고 나갔다. 보존법칙들(예를 들면, 운동량보존의 법칙)이 발견됨으로써 하나님이 피조물에다가 그것이 지속해 가는 데 필요한 모든 장치를 부여했다는 것이 더 분명해진 것 같았다. 천문학자 피에르 시몽 라플라스[Pierre-Simon Laplace, 1749-1827]가 하나님을 천체운동의 지탱자로 보는 사고에 대해 "내게는 그런 가설이 전혀 필요 없다"고 평한 것도 바로 이와 같은 측면을 지적한 것이다.

하나님이 세상 속에서 일하는 방식에 대해 적극적으로 생각하게 된 것은 토마스 아퀴나스와 그의 영향을 받은 근대 사상가들에게서 비롯하였다. 이들의 사고에서는 '이차원인'을 중요한 원리로 사용한다.

토마스주의●: 하나님은 이차원인을 통해 일하신다

중세의 대표적인 신학자 토마스 아퀴나스[약 1225-1274]의 저술들을 바탕으로 하나님의 세계 내 활동이라는 쟁점에 대해 다른 이론이 제기되었다. 하나님의 행위를 설명하는 아퀴나스의 개념에서는 제일원인[primary cause]과 이차원인[secondary cause]을 구분하는 것이 중요하다. 아퀴

● 토마스주의
토미즘, Thomism

중세의 대표적인 신학자이자 철학자인 토마스 아퀴나스(약 1225-1274)의 사상을 가리키는 용어. 이와 연관된 용어인 "신토마스주의"는 고전적 토마스주의가 다양하게 변형된 이론들을 가리키는 말로, 그중에서도 특히 20세기에 활동한 조셉 마레샬(1878-1944)과 자크 마리탱(1882-1973), 에티엔 질송(1884-1978)에 의해 다듬어진 이론을 가리킨다.

나스에 의하면, 하나님은 세상 속에서 직접 일하지 않고 이차원인들을 통해 일하신다.

이 개념은 유추를 통해 설명하는 것이 가장 쉽다. 놀라운 재능을 지닌 한 피아노 연주자를 가정해 보자. 그는 탁월하게 피아노를 연주할 능력이 있다. 그러나 연주의 질은 그가 다루는 피아노의 품질에 달려 있다. 연주자가 제아무리 탁월하다고 해도 음이 맞지 않는 피아노는 끔찍한 음악을 낳을 뿐이다. 이 유추에서, 쇼팽의 야상곡을 연주한다고 할 때 피아노 연주자는 제일원인이며 피아노는 이차원인이다. 두 가지가 모두 필요하며, 또 그 둘은 연주에서 매우 다른 역할을 맡는다. 제일원인이 바라는 목적을 성취하는 능력은 그가 사용해야하는 이차원인에 좌우된다.

아퀴나스는 이러한 이차원인을 사용하여 이 세상 속에 악이 현존하는 문제를 다룬다. 고난과 고통은 하나님의 직접적 행위의 탓으로 돌릴 것이 아니라 하나님이 도구로 사용하시는 이차원인들의 약점과 허물 탓으로 돌려야 한다. 달리 말해 하나님은 제일원인이며, 세상 속의 다양한 매개요소들은 서로 얽혀서 이차원인이 된다.

아리스토텔레스(이 철학자에게서 아퀴나스는 많은 개념을 빌려왔다)가 볼 때, 이차원인들은 그 자체의 힘으로 일을 할 수 있다. 자연의 물질들은 그들의 고유 본성으로 인해 이차원인으로 행동할 능력을 지닌다. 중세의 유신론 철학자들은 기독교인이나 이슬람교인이나 모두 이러한 견해를 인정할 수 없었다. 예를 들어 저명한 이슬람 학자인 알 가잘리al-Ghazali, 1058-1111는, 자연은 철저히 하나님에게 종속되며 따라서 이차원인들이 어떤 독립성을 지닌다고 말하는 것은 옳지 않다고 주장하였다. 하나님이 사물의 직접적 원인이 된다. 만일 번개가 어떤 나무에 불을 냈다면, 그 불은 번개가 아니라 하나님이 원인이 되어 일어난 것이다. 따라서 하나님이 유일하게 다른 원인을 작동시킬 수 있는 제일원인이 된다고 보아야 한다. 과학사를 연구하는 많은 학자들이 볼 때, 이런 식으로 신적 인과율을 따르는 이론(흔히 기회원인론[occasionalism]이라고 불린다)은 자연에서 발생하는 행위와 사건들의 규칙성을 무시하고, 그런 현상들에서 분명히 드러나는 '법칙에 일치하는' 본질을 우습게 여기기 때문에 자연과학이 발전하는 데 전혀 도움이 안 된다.

이렇게 해서 아퀴나스는 하나님을 가리켜 그가 없으면 아무런 일도 일어날 수 없는 '부동의 원동자'요 모든 행위의 제일원인이라고 말한다. 그러나 그는 하나님이 이차원인을 통해 **간접적으로** 행동할 수 있다고 인정한다. 따라서 유신론적 관점에서 이차원인을 해석하면 세계 내의 하나님 행위를 다음과 같이 설명할 수 있다. 하나님은 세상 속에서 이차원인들을 통해 간접적으로 행동한다. 여기서 인과율의 거대한 연결고리를 볼 수 있는데, 이를 거슬러 올라가면 세계 내에서 발생하는 모든 것의 원동자이며 창시자인 하나님에게 이르게 된다. 하지만 하나님은 세상 속에서 **직접적으로** 일하시는 것이 아니라, 하나님이 시작하고 안내하는, 사건들의 연결고리를 통해 일하신다.

아퀴나스 이론에서 말하는 하나님 개념은 어떤 과정을 시작해 놓고 그 과정이 발전하도록 안내하는 하나님이라고 말할 수 있다. 이를테면 하나님은 자연 질서 내의 이차원인들에게 신적 행위를 **위임**하는 것이다. 예를 들어, 하나님은 인간 내부에서 그 사람의 의지를 움직여서 그 결과 병든 사람을 돕도록 할 수 있다. 이때 하나님이 원하는 일은 사람에 의해 **간접적으로** 수행된다. 하지만 아퀴나스에 의하면, 우리는 여전히 이 행동이 어떤 의미에서는 '하나님이 일으킨' 것이라고 말할 수 있다.

영국의 철학적 신학자인 오스틴 파러Austin Farrer, 1904-1968도 이와 유사한 견해를 주장했다. 하나님의 행위를 이런 식으로 설명하는 것을 가리켜 흔히 '이중 행위원인'double agency이라고 부른다. 파러에 의하면 세계 내에서 발생하는 모든 행위는, 세계 안에 있는 하나나 그 이상의 행위자 또는 객체('이차'원인들)가 맡는 인과론적 역할과 또 일어나는 일들의 '제일'원인인 하나님이 맡는 독특한 역할로 구성된다.

따라서 우리는 창조된, 그리고 궁극적으로는 신적 원인에 근거하는, 원인과 결과들로 질서 있게 이루어진 연합체[nexus]에 대해 말할 수 있다. 즉 서로 다른 두 개의 효과 있는 질서로 구분할 수 있다. 창조된 원인과 결과로 이루어지는 '수평적' 질서, 그리고 하나님이 이 수평적 질서를 세우고 유지하는 수단으로 사용하는 '수직적' 질서가 그것이다.

지금까지 살펴본 견해와 분명한 연관성이 있으면서도 여러 가지 면에서 크게 다른 이론을 '과정사상'이라는 운동에서 볼 수 있다. 다음으로 이 이론에 대해 살펴본다.

과정신학: 하나님은 설득을 통해 일하신다

'과정사상'은 영국계 미국 철학자인 알프레드 노스 화이트헤드[1861-1947]의 저술들, 그중에서도 특히 중요한 저작인 『과정과 실재』[Process and Reality, 1929]에서 시작되었다는 데 대체로 의견이 일치한다. 화이트헤드는 전통 형이상학('본질'과 '실체' 같은 개념을 사용한다)에서 주장하는 정적인 세계관에 반대하여 실재를 과정으로 이해했다. 유기적 통일체인 세상은 고정된 것이 아니라 역동적이며 지금도 **발생**하고 있다. 실재는 '현실적 존재'[actual entities] 혹은 '현실적 계기'[actual occasions]라는 구성요소로 이루어지며 따라서 생성과 변화와 사건을 특징으로 한다.

이러한 '존재들' 혹은 '계기들'(이것이 화이트헤드가 본래 사용한 용어다)은 어느 정도 발전할 자유를 지니며 또 그것들을 둘러싼 환경에 영향을 받는다. 바로 이 점에서 생물학적 진화론의 영향을 받았다는 것을 알 수가 있다. 즉 테야르 드 샤르댕[1881-1955]처럼 화이트헤드도 피조물 내에서, 어떤 총체적인 방향과 인도에 따라 이루어지는 발전을 규명하는 데 관심이 있었다. 인과관계란 어떤 존재를 특정한 방식으로 행동하도록 강요하는 문제가 아니라 **영향**과 **설득**의 문제다. 존재들은 '양극적' 방식으로, 곧 정신적 방식과 물리적 방식으로 서로에게 영향을 끼친다. 다른 존재들에 대해서와 마찬가지로 하나님에 대해서도 이와 동일한 사실을 말할 수 있다. 하나님은 과정 자체의 제약 안에서 설득하는 방법으로 일할 수 있을 뿐이다. 하나님도 과정의 "규칙들을 준수한다." 하나님이 다른 존재들에게 영향을 미치는 것과 똑같이 하나님도 그 존재들에게서 영향을 받는다. 화이트헤드의 유명한 표현으로 말하면, 하나님은 우리의 고난을 "이해하는 고난의 동반자"a fellow-sufferer who understands 다. 그러므로 하나님은 세계의 영향을 받는다.

과정신학은 하나님의 전능을 총체적인 세계 과정 내의 설득이나 영향이라는 측면에서 새롭게 규정한다. 이것은 중요한 발전인데, 이러한 방식으로 하나님과 세상의 관계를 이해하는 것이 악의 문제를 다루는 데에서 어떤 설득력이 있는지를 분명하게 보여주기 때문이다. 도덕적 악의 문제를 자유의지라는 관점에서 변호하는 전통적 방식에서는 인간에게 하나님을 거부하거나 불순종할 자유가 있다고 주장하는데, 과정신학에서는 그와 마찬가지로 세계의 개체 구성요소들도 자기들을 설득하거나 영향을 미치려는 하나님의 뜻을 거부할 자유가 있다고 주장한다. 개체 구성요소들은 하나님에게 응답할 의무가 없다. 따라서 하나님은 도덕적 악과 자연적 악에 대해 책임이 없다.

악에 직면해서 하나님을 자유의지라는 관점에서 변호하는 전통적 방식은 도덕적 악을 다룰 경우, 곧 인간의 결정과 행동에서 비롯된 악을 다룰 경우에는 설득력이 있다(물론 그 설득의 정도가 어느 정도냐에 대해서는 논쟁의 여지가 있다). 그렇다면 자연적 악의 경우는 어떨까? 지진과 기아 같은 여러 가지 자연재해에 대해서는 어떻게 말할 수 있을까? 과정사상에서는, 하나님이 자연에 압력을 가해 하나님의 뜻과 목적에 복종하도록 할 수는 없다고 주장한다. 하나님이 할 수 있는 일은 설득과 유인을 통해 내부에서 과정에 영향을 끼치는 것뿐이다. 각 존재는 어느 정도 자유와 창조성을 누리며, 이것을 하나님이 침해할 수는 없다.

이런 식으로 하나님의 행위의 설득적 본질을 강조하는 견해가 분명한 장점을 지니며, 특히 악의 문제에 그 나름의 답(하나님이 직접 통제하지 않으므로 하나님은 사물들이 드러내는 결과에 책임이 없다)을 제시한다는 점에서 뛰어나지만, 과정사상을 비판하는 사람들은 너무 비싼 대가를 치러야 하는 것 아니냐고 주장해 왔다. 하나님의 초월성이라는 전통적 개념은 폐기되었거나, 아니면 단지 하나님이 과정 내의 한 존재로서 지니는 우위성과 영속성을 뜻하는 것으로 철저하게 재해석되었다는 것이다. 달리 말해, 하나님의 초월성이란 기껏해야 하나님이 다른 존재들보다 오래 살고 좀 더 뛰어나다는 것을 의미하게 되었다고 본다.

많은 학자들이 화이트헤드의 기본 개념을 발전시켜 왔으며, 찰스 하트숀[1897-2000]과 존 캅[1925 출생], 슈버트 옥덴[Schubert Ogden, 1928 출생]이 특히 두드러진 역할을 하였다. 하트숀은 화이트헤드의 신 관념을 여러 방향으로 수정했는데, 그중에서 가장 중요한 것은 하나님이 다른 존재에게서 영향을 받을 수 있다는 것이 하나님이 그들의 수준으로 떨어진다는 것을 의미하지는 않는다는 주장이다.

과정사상은 "세계 내의 하나님의 행위"에 관해 말하는 데 아무런 어려움이 없으며, 이 하나님의 행위를 "과정 내에 미치는 영향"이라는 개념으로 설명할 수 있는 틀을 제공한다. 그런데도 이 독특한 견해는 전통적인 신론을 불안하게 한다. 전통적 유신론자들에게, 과정사상의 하나님은 구약과 신약성경에서 증언하는 하나님과는 아무 상관이 없어 보인다.

많은 평론가들이 볼 때, 과정신학의 진정한 강점은 세계 내에 존재하는 고난의 기원과 본질에 빛을 비추어 주는 데 있다. 이러한 강점을 가장 분명하게 확인할 수 있는 방법은 기독교 전통에서 고난의 문제를 해명해 온 다양한 이론들, 곧 신정론*으로 알려진 신학 분야를 살펴보는 것이다. 이 주제는 뒤에서 곧 살펴볼 것이다. 여기서는 이 중요한 논의의 배경을 이루는 창조론에 관하여 먼저 살펴본다.

● 신정론
theodicy

독일의 철학자 고트프리트 빌헬름 라이프니츠(1646-1716)가 고안한 용어로, 세상에 악이 존재하는 문제에 맞서 하나님의 선하심을 정당화하는 이론을 가리킨다.

창조자 하나님 교리는 구약성경에 깊이 뿌리를 내리고 있다(대표적인 예가 창세기 1-2장이다). 신학의 역사를 보면, 창조자 하나님 교리와 구약성경의 권위가 밀접하게 얽혀 있음을 알 수 있다. 구약성경이 기독교에 변함없이 중요한 까닭은 구약성경에서 말하는 하나님과 신약성경에 계시된 하나님이 동일한 하나님이라는 주장 때문이다. 창조자 하나님과 구속자 하나님은 같은 분이다. 영지주의는 하나님을 세상의 창조자로 보는 개념과 구약성경의 권위를 철저하게 공격했다.

창조론의 발전

'창조자 하나님'이라는 주제는 구약성경에서 핵심적인 중요성을 지닌다. 구약 정경의 첫 번째 책, 창세기의 처음 두 장에 나오는 창조 이야기가 주로 주목을 받아 왔다. 그러나 이 주제는 구약성경의 지혜문학과 예언문학 속에도 깊이 자리 잡고 있다는 사실을 알 필요가 있다. 예를 들어, 욥기 38:1-42:6은 구약성경 가운데서도 창조자 하나님에 대한 가장 폭넓은 이해를 선명하게 보여주며, 창조자와 세상을 지탱하는 분으로서의 하나님의 역할을 강조한다.

'창조자 하나님' 개념이 발견되는, 독특하지만 서로 연관된 두 개의 맥락을 볼 수 있다. 첫째는 이스라엘의 예배에서 개인적으로나 집단적으로 하나님을 찬양하는 맥락이며, 둘째는 세상을 창조한 하나님은 이스라엘을 노예상태에서 해방한 바로 그 하나님이며 지금도 계속해서 이스라엘을 지키신다는 점을 강조하는 맥락이다.

창조론은 구약성경의 세 가지 주요 문서—역사서·예언서·지혜서—에서 서로 다른 역할을 맡는다. 역사서에서는, 풍작을 이루기 위해서는 자연신들(예를 들어 가나안의 '엘')을 달래야 한다고 주장하는 가나안의 자연종교와 투쟁하기 위해서 흔히 창조론이 사용된다. 예

시스티나 성당에 있는 미켈란젤로의 프레스코화 「천지창조」(약 1511) 가운데 아담의 창조 부분이다. 하나님이 전통적인 남성상으로 묘사되고, 인간의 두뇌 모양을 한 배경 위에 겹쳐서 그려진 형태를 주목하라. 이것은 미켈란젤로가 '하나님의 마음'을 창조 질서의 합리성이라는 관점에서 묘사한 것이라고 볼 수 있다.

언서, 특히 포로시대의 예언서에서는 이스라엘의 하나님에게 우주적 주권을 돌리기 위해 창조론이 사용된다. 세상을 지으신 하나님은 지금 이스라엘을 억압하는 바벨론을 포함해 온 세상을 다스리는 왕이다. 바빌론의 신들은 이 땅에 속한 피조물일 뿐이며 이스라엘의 하나님과 같은 능력과 권위는 없다. 따라서 창조론은 해방을 소망하는 근거가 된다. 지혜서, 그중에서도 특히 욥기와 잠언에서는 창조론이 지혜를 얻는 일과 밀접한 관계가 있다. 현명한 사람은 창조된 세계 안에서 지혜를 찾고 분별할 수 있으며, 그 지혜의 가르침에 따라 삶을 가꿀 수 있다.

우리의 목적에 비추어 특히 눈여겨볼 것은 '질서화로서의 창조'라는 구약성경의 주제, 그리고 이 '질서'라는 중요한 주제를 우주론적 기반 위에 세우고 합리화하는 방식이다. 구약성경이 창조를 혼돈의 세력에 맞선 투쟁과 승리라는 면에서 설명하고 있다는 점이 자주 논의되어 왔다. 이러한 '질서 확립'은 대체로 두 가지 다른 방식으로 설명된다.

❶ 창조는 형태가 없는 혼돈에다 질서를 부여하는 일이다. 이 모델은 특히 토기장이가 진흙을 주물러서 정교하게 질서 잡힌 그릇을 만들어 내는 이미지와 연결되어 있다(창 2:7, 사 29:16, 64:8, 렘 18:1-6이 그 예다).

❷ 창조는 여러 혼돈 세력에 맞서는 투쟁과 관계가 있다. 이 혼돈 세력은 흔히 용이나 다른 괴물(베헤못이나 리워야단, 나하르, 라합, 타님, 얌 등 여러 가지 이름으로 불린다)로서 반드시 정복해야 할 대상으로 묘사된다(욥 3:8, 7:12, 9:13, 40:15-41:11, 시 74:13-15, 사 27:1).

혼돈의 세력과 싸우는 하나님이라는 구약의 이야기는 우가리트와 가나안의 신화에서도 비슷한 내용을 볼 수 있다. 그러나 양쪽에는 여러 가지로 커다란 차이가 있으며, 특히 구약성경은 혼돈의 세력을 신성하게 여겨서는 안 된다고 주장한다는 점에서 차이가 있다. 창조는 여러 신들이 (미래의) 우주에 대한 지배권을 놓고 다투는 이야기로 보아서는 안 되고, 하나님이 혼돈을 지배하고 세상의 질서를 세우는 이야기로 이해해야 한다.

이 주제는 포로기 시대에 특히 중요해졌다. 이 시기 이전에는 하나님과 이스라엘이 맺은 계약의 주제가 창조론보다 더 중요하게 여겨졌는데, 이것은 근거가 있는 생각이다. 중점이 창조론으로 이동하는 변화는 포로기 시대에 일어난 것으로 보인다. 이 시기의 예언서들은 창조론에 폭넓게 호소했다(예를 들어 이사야 40-55장). 이것은 이스라엘의 하나님이 한 지역에 매인 신이 아니라 전 세계를 다스리는 권위를 가진 분임을 확증했고, 신자들에게 그들이 고향을 떠나 있다고 해서 그 하나님과 접촉하지 못하는 것이 아니라는 사실을 다시 확신시켜 주었다.

구약성경이 가르치는 내용 가운데 가장 중요한 것 하나를 든다면 **자연은 신성한 것이 아니다**라는 주장일 것이다. 창세기의 창조 이야기에서는 하나님이 해와 달과 별을 창조했다는 점을 강조한다. 이 사실은 중요한데도 너무 쉽게 무시된다. 고대에는 천체를 이루는 요소 모두를 신성한 것으로 숭배했다. 구약성경은 하나님이 그것들을 창조했다고 선언함으로써, 그 모두가 하나님에게 종속되며 결코 고유한 신성을 지니지 못한다고 밝힌다.

창조 개념의 몇 가지 특성을 유대교와 기독교의 맥락에서 간략하게 소개하였다. 이제 신학적인 면에서 그 특성들을 살펴본다.

창조론과 이원론

창조론과 관련된 핵심 쟁점으로서 기독교 신학의 첫 시대에 논쟁거리가 된 주제가 **이원론**이었다. 고전적인 이원론은 여러 형태의 영지주의를 통해 나타났는데, 리옹의 이레나이우스^{약 130-202}가 이에 강력하게 맞섰다. 영지주의에서는 두 신, 곧 눈에 보이지 않는 영적 세계의 근원인 최고 신과 눈에 보이는 물질로 이루어진 세상을 창조한 열등한 신이 존재한다고 주장하였다. 히포의 아우구스티누스³⁵⁴⁻⁴³⁰가 젊은 시절에 빠졌던, 영지주의 세계관을 따르는 마니교에서도 이와 비슷한 견해를 볼 수 있다. 이 운동은 영계(선하다)와 물질계(악하다) 사이의 근원적인 갈등을 강조하면서 극히 이원론적인 특성을 보여준다. 일부 영지주의자들은 하나님이 창조세계를 착취했다고 주장하였다. 이에 맞서 이레나이우스는 창조가 순수한 사랑의 행위라고 주장하였다. 하나님께서 "유익을 베풀 수 있는 대상으로 누군가를 갖기 위해" 인류를 창조하셨다는 것이다.

대체로 영지주의는 처음 세상을 창조한 열등한 신(데미우르고스라고 부른다)과 세상에서 인간을 구원하는 신을 분명하게 나누어 구별하였다. 영지주의자들에 의하면, 구약성경은 이 열등한 신과 관계가 있으며, 그에 반해 신약성경은 구속자인 신과 관계가 있다. 이와는 별개로 기독교 초기 단계에서 창조자 하나님에 대한 믿음은 구약성경의 권위에 대한 믿음과 하나로 결합되었다. 창조론에서는 물질세계가 비록 나중에 죄로 인해 오염되기는 했지만 원래 하나님에 의해 선하게 창조되었다고 단언하였다.

영적이며 눈에 보이지 않는 선한 세계와 물질적이며 눈에 보이는 악한 세계로 나누는 이원론 사상은 니케아 공의회[325]에서 배척당했고, 이때 공의회가 발표한 신조는 "전능하신 하나님 아버지, 보이는 것과 보이지 않는 모든 것을 창조하신 분"에 대한 믿음을 선언하는 것으로 시작한다. 이러한 믿음은 확고하게 이원론을 거부했던 톨레도 종교회의[400]에서 재차 강화되었다.

> 만일 이 세상과 그 안에 있는 모든 것이 하나님께 지음 받지 않았다고 믿거나 말하는 사람이 있다면, 저주를 받을지어다.……"태초에 하나님이 천지를 창조하시니라"(창 1:1)는 구절에 나오는 그 하나님이 아니라 다른 신이 세상을 창조했다고 믿거나 말하는 사람이 있다면, 저주를 받을지어다.

이 견해는 교황 레오 1세[약 400-461]가 447년에 발행한 서한에서 한층 더 견고하게 다듬어졌다. 이 서한에서 레오 1세는 '참된 신앙'은 다음과 같은 믿음으로 이루어진다고 규정했다. "모든 영적·물적 피조물의 본질은 선하며, 악한 본성이란 존재하지 않는다. 만물의 창조자이신 하나님께서는 선하지 않은 것은 아예 만들지 않으셨기 때문이다."

그런데 이원론을 극복한 신학을 확연하게 제시하고 그로써 서방교회의 사상에 결정적 영향을 준 사람이 히포의 아우구스티누스였다. 이 일원론적 실재관의 바탕에 놓인 근본원리는 다음과 같이 요약할 수 있다.

❶ 존재하는 모든 것은 하나님에게서 온 것이다. 존재의 다른 원

천이나 기원은 없다.

❷ 존재하는 모든 것은 선하신 하나님에 의해서 선하게 창조되었다.

❸ 세계 내에 존재하는 악을 현실적이고 긍정적인 것이라고 생각해서 그 자체가 독특한 본질을 소유한다고 보아서는 안 된다. 그와 반대로, 악은 '선의 결여'*privatio boni*라고 보아야 한다.

❹ 악은 하나님에게서 기원한 것이 아니라, 인간이 하나님께서 주신 자유를 사용하는 과정에서 나온다.

사도신경은 "천지를 지으신 분"이신 하나님에 대한 믿음 선언으로 시작하며, 따라서 영계와 물질계가 모두 하나님의 피조물임을 긍정한다. 중세 때에 이원론이 여러 가지 형태로 다시 모습을 드러냈는데, 특히 물질은 악하며 악마에 의해 무로부터*ex nihilo* 창조되었다고 가르쳤던 카타리파와 알비파의 견해에서 두드러졌다. 이러한 견해들에 대응해서 제4차 라테란 공의회 1215와 플로렌스 공의회 1442는, 하나님은 무로부터 선한 피조물을 창조하셨다고 분명하게 가르쳤다.

바로 앞에서 우리는 아우구스티누스의 창조론에 대해 간략하게 언급했다. 그러나 아우구스티누스가 창조론의 발전에 끼친 영향은 매우 중요하기 때문에 좀 더 깊이 살펴보고 논할 필요가 있다.

히포의 아우구스티누스와 창조론

히포의 아우구스티누스 354-430는 『창세기의 문자적 의미에 관하여』*On the Literal Meaning of Genesis*, 401-415라는 저술에서, 창세기의 창조 이야기에 대한 신뢰할 만한 해석을 제시하고 그것을 기초로 창조론을 펼친다. 아우구스티누스는 하나님이 한순간의 창조로 모든 것을 존재하게 했다고 주장한다. 그러나 창조된 질서는 고정된 것이 아닌데, 하나님이 그 질서에다 발전할 수 있는 역량을 부여 주었기 때문이다. 이 과정을 설명하기 위해 아우구스티누스는 발아되기 전의 씨앗이라는 이미지를 유비로 사용한다. 하나님은 최초로 창조된 질서 속에다 씨앗(전문용어로 말하면 *rationes seminales*, 곧 '이성을 품은 씨앗')을 깊숙이 심어 놓았으며, 이 씨앗들은 적절한 때에 싹이 나고 자라게 된다. 이것은 그리스어를 쓰는 기독교 사상가들이 창조론을 다지기 위해 널리 사용한 로고스 스페르마티코스*logos spermatikos*, 곧 '로고스의 씨앗' 개념과 명백한 유사성을 지닌다51쪽.

초기 기독교 사상가들은 창세기에 나오는 첫 번째 창조 이야기에서 땅과 물이 생물을 '낳는' 일에 대해 말하는 것을 보고는, 거기서 하나님이 자연 질서 속에다 생명체를 낳는 능력을 부어 주었다는 결론을 끌어냈다. 아우구스티누스는 이러한 생각을 한 단계 더 밀고 나갔다. 하나님은 일련의 잠재적 능력을 완전히 갖춘 세상을 창조했으며, 이 능력들은 하나님의 섭리에 따라 적절한 때에 실현되었다.

아우구스티누스에 의하면, 창세기 1:12의 의미는 자기의 힘으로 사물을 낳는 능력이나 역량이 땅에게 주어졌다는 것이다. "성경은 당연하다는 듯이 땅이 곡식과 나무를 내었다고 말하는데, 이는 땅이 그것들을 낳을 능력을 받았다는 것을 뜻한다." 어떤 사람들은 하나님이 미리 만들어 둔 새로운 종류의 동식물들을 이미 존재하는 세상 속에다 끼워 넣었다는 식으로 창조를 이해하려고 했는데, 아우구스티누스는 이러한 생각이 성서 전체의 증언과 모순되는 것으로 보고 거절하였다. 그와는 달리 하나님은 인간을 포함해 나중에 등장하게 될 모든 종류의 생명체의 가능성을 그 최초의 순간에 다 창조한 것이라고 보아야 한다고 주장하였다.

아우구스티누스의 창세기 해석을 보면, 하나님의 창조 사역을 최초의 창조 행위에서 끝난 것으로 한정하지 않는다. 하나님은 지금도 세계 안에서 활동하면서, 세상의 가능성을 열어 주고 세상이 계속해서 발전하도록 이끌고 있다는 것이 아우구스티누스의 주장이다. 그는 하나님의 창조 작업에는 처음에 세상을 창조한 일과 그 후로 계속되는 세상의 발전, 이 두 가지가 모두 포함된다고 주장한다. 창조에는 두 가지의 '계기'가 있다. 일차적인 창조 행위와, 그리고 계속해서 섭리로 이끄는 과정이 그것이다. 그러므로 창조는 과거에 완료된 사건이 아니다. 하나님은 지금 이 순간에도 활동하면서 "처음 세상을 창조할 때 그 안에 배치한 것들"이 전개되도록 인도하고 지탱해 주는 분이라는 사실을 알 필요가 있다.

이 사실이 뜻하는 것은, 창세기의 첫 번째 창조 이야기는 태초의 물질이 한순간에 존재했으며, 그 안에는 계속 발전해 나갈 인과적 소질이 포함되었다는 사실을 말해 준다는 것이다. 두 번째 창조 이야기는 이러한 인과적 가능성들이 어떻게 땅으로부터 나오고 발전했는지를 설명한다. 창세기의 두 가지 창조 이야기는 하나로 엮어서 하나님이 만물을 한번에 지으셨음을 선언하고, 그에 더해 다양한 생명체들은 시간이 흐르면서, 창조자가 계획한 대로, 순차적으로 그 형태를 드러냈다는 것을 말해 준다.

아우구스티누스가 보기에, 하나님은 우주를 창조하면서 그 우주가 발전하고 전개해 나가도록 섬세하게 설계하셨다. 이 발전은 제멋대로 이루어지는 것이 아니라 정교하게 계획되어 피조물의 구조 속에 삽입되어 있다. 창조된 질서는 하나님의 섭리의 지도를 받으면서 지속적으로 전개된다. 아우구스티누스의 '씨앗' 이미지가 뜻하는 것은 최초의 창조 속에는 그 후 나타나게 될 모든 생명체의 가능성이 담겨 있다는 것이다. 이 말은 하나님이 세상을 불완전하거나 부족한 것으로 창조했다는 의미가 아니다. 그 이유는 "하나님은 처음에 원인 상태로 창조한 것들을 나중에 결과로서 완성하시기" 때문이다. 아우구스티누스의 주장을 따르면, 이 발전 과정은 근본적인 법의 지배를 받으며, 그 법에는 창조자의 뜻이 깃들어 있다. "하나님은 확고한 법을 세우셔서 그 법으로 여러 유형과 특성을 지닌 존재들의 산출을 통제하고 그것들이 은폐된 곳에서 온전히 드러나도록 이끄신다."

무로부터의 창조 이론

기독교는 1세기와 2세기에 처음으로 지중해 동쪽 세계에 뿌리를 내린 후 계속해서 퍼져 나갔다. 그 당시 이 세계는 다양한 그리스 철학 이론이 지배했다. 세계의 기원에 관한 그리스 철학의 일반적 견해는 다음과 같이 요약할 수 있다. 신은 세상을 창조한 존재가 아니다. 그와는 달리 신은 이미 존재하는 물질에다 질서를 부여한 건축자로 생각되었다. 물질은 이미 우주 안에 존재하기 때문에 창조될 필요가 없었다. 물질에게 필요한 것은 명확한 형태와 구조를 얻는 것이었다. 따라서 신은 이처럼 선재하는 물질을 가지고 세상을 조성하는 존재로 생각되었다. 그래서 플라톤은 그의 한 대화편(「티마이오스」)에서 세상은 앞서 존재하는 물질로 만들어졌으며 그 물질에서 현재의 모양을 지닌 세상이 조성되었다는 개념을 주장했다.

대부분의 영지주의 저술가들이 이 사상을 받아들였으며, 다음으로 알렉산드리아의 클레멘스Clement of Alexandria, 약 150-215와 순교자 유스티누스약 100-165 같은 일부 초기 기독교 신학자들이 이 영지주의자들을 따랐다. 이들은 선재하는 물질이 있으며 그 물질이 창조 행위를 통해 세상의 형태를 갖추게 되었다고 믿었다. 달리 말해, 창조는 '무로부터'ex nihilo 이루어진 것이 아니었다. 오히려 창조는 눈으로 이글루를 짓거나 돌로 집을 세우듯이 이미 손에 쥐고 있는 재료를 사용해 건설하는 행위로 생각되었다. 따라서 세상에 존재하는 악은 이처럼 이미 존재하는 물질의 '처치 곤란함'이라는 관점에서 해명할 수 있었다. 하나님이 세상을 창조하면서 사용할 재료들의 품질이 열악했기 때문에 하나님의 계획이 틀어질 수밖에 없었다. 그러므로 세상에 악이나 결점이 존재하는 것은 하나님의 탓이 아니라 세상을 짓는 데 사용한 재료의 결함 탓이라고 보았다.

그러나 영지주의와의 싸움이 시작되면서 이런 개념을 재고할 수밖에 없었다. 선재하는 물질로부터의 창조라는 개념을 거부하게 된 이유는 우선 그 개념이 영지주의와 관련되었기 때문이다. 다른 한편으로는 구약성경의 창조 이야기를 점차 깊이 이해하면서 그 개념의 문제점을 인식하게 되었기 때문이다. 2세기와 3세기의 몇몇 중요한 사상가들은 플라톤주의 세계관에 맞서서 하나님이 **모든 것**을 창조했다고 주장했다. 선재하는 물질은 없으며 따라서 모든 것이 무로부터 창조될 수밖에 없었다. 2세기의 저작에서 이레나이우스는 기독교 창조론에 의하면 피조물은 본래 선한 것이라고 주장했는데, 이러한 생각은 물질세계가 악하다고 본 영지주의 견해와는 분명 달랐다. 안티오키아의 테오필루스Theophilus of Antioch, 약 183-185 사망도 비슷한 시기에 비슷한 생각을 말하였다. "만일 하나님이 선재하는 물질로부터 세상을 만들었다면, 그게 뭐 그리 특별한 일일까? 인간인 장인도 자기가 원하는 것은 무엇이든 이미 존재하는 물질로부터 만들지 않는가? 그러나 하나님은 자기가 원하는 것을 무로부터 만들기 시작하심으로 권능을 보여주신다."

3세기에 활동한 테르툴리아누스는 세상을 창조하기로 한 하나님의 결정에 강조점을 두었다. 세상이 존재하게 된 것은 물질의 본성에 깃든 어떤 본래적 필연성 때문이 아니라 하나님의 자유와 선함에 기인한 것이다. 세상은 하나님을 의존해 존재하게 되었다. 이러한 사고는, 세계가 존재하기 위해서는 어떤 것에도 의존할 필요가 없으며 세상의 특별한 구조는 원래 그렇게 되어 있다고 생각한 아리스토텔레스의 견해와 분명하게 대비된다. 앞서 살펴보았듯이 히포의 아우구스티누스는 그의 저술들을 통해 '무로부터의' 창조 이론을 옹호하고 그 다양한 의미를 탐구하였다.

그러나 기독교 전통이 시작되던 이 초기 단계에 모든 기독교 신학자가 무로부터의 창조라는 견해를 받아들였던 것은 아니다. 초기 기독교 사상가들 가운데서 가장 플라톤에 가까웠던 사람이라고 할 수 있는 오리게네스약 185-254는 선재하는 물질로부터의 창조 이론에 상당한 유익이 있다고 생각했다. 그러나 4세기 말에 이르러 대부분의 기독교 신학자들은 플라톤식의 이론을, 오리게네스를 통해 나타난 것까지도 배척했으며 하나님이 영적 세계와 물질세계를 모두 창조하셨다고 주장했다.

창조론에 담긴 의미

창조자 하나님 교리는 여러 가지 중요한 함의를 지니는데, 그 가운데 몇 가지를 살펴본다.

첫째, 하나님과 피조물은 구별되어야 마땅하다. 피조물은 신성하지 않다. 피조물은 하나님에 의해 창조된 것이요, 따라서 존재론적으로 창조자와 구분된다. 하나님은 필연적으로 존재하며, 창조된 질서는 우연히 존재한다. 창조자와 피조물을 융합하려는 유혹에 맞서 싸우는 일이 일찍부터 기독교 신학에서 다루어 온 중요한 주제였다. 이 주제는 바울의 로마서에도 분명하게 나오는데, 그 첫 장에서는 하나님을 세상의 수준으로 끌어내리려는 경향에 대해 비판하고 있다. 바울에 의하면, 인간은 죄로 말미암아 "피조물을 조물주보다 더 경배하고"(롬 1:25) 섬기려는 선천적 경향이 있다. 기독교 창조신학의 핵심 과제는 하나님과 피조물을 분명하게 구분하고 동시에 피조물은 하나님이 지은 것이라는 사실을 확실히 밝히는 것이다.

둘째, 창조론은 하나님이 세상에 대한 권위가 있음을 함축한다. 성경에서 특별히 강조하는 사실이 창조자는 피조물을 다스리는 권위가 있다는 것이다. 따라서 인간은 피조물의 한 부분을 이루고, 그 안에서 특별한 기능을 담당하는 것으로 생각된다. 창조론에서는 **피조물을 돌보는 인간의 청지기직**이라는 개념을 가르치며, 이 개념은 **세상에 대한 인간의 소유권**이라는 세속적 개념과 대비된다. 피조물은 우리의 소유가 아니며, 우리는 하나님을 대신해 그것을 맡은 것이다. 인간은 하나님의 피조물을 돌보는 청지기로 부름 받았으며 그 청지기직을 어떻게 실천하느냐에 대해 책임을 져야 한다. 이 통찰은 생태계 및 환경문제와 관련해서 매우 중요한데, 지구에 대한 인간의 책임을 논하는 이론적 근거를 이 통찰이 제공해 주기 때문이다.

셋째, 창조자 하나님 교리는 피조물이 본래부터 선하다는 사실을 함축한다. 성경에 나오는 첫 번째 창조 이야기에서 우리는 "하나님이 보시기에 좋았더라"(창 1:10, 18, 21, 25, 31)는 주장을 만난다 ("좋지 아니한" 것은 아담이 홀로 있는 것뿐이었다. 인간은 사회적 존재로 지음 받았고 다른 사람들과 관계를 맺으며 살도록 정해졌다). 기독교 신학에는 세상이 처음부터 악한 장소라고 주장하는 영지주의나 이원론적 사고가 파고들 틈이 없다. 이번 장의 앞부분에서 언급했듯이 세상은 비록 죄로 인해 타락했어도 여전히 하나님의 선한 피조물이며 구속받을 가능성을 지니고 있다.

이렇게 말한다고 해서 피조물이 현재 완전하다는 의미는 아니다. 기독교의 죄론에서 강조하는 핵심 내용 가운데 하나가 이 세상이 하나님의 처음 창조 때 정해진 궤도에서 이탈했다는 점이다. 세상은 원래 정해진 경로에서 어긋났으며, 처음 창조될 때의 영광된 모습에서 이탈하였다. 우리가 보는 세상은 본래 정해진 그 세상이 아니다. 인간 실존의 죄와 악과 죽음은 창조된 질서가 그 정해진 원형에서 어떻게 이탈했는가를 보여주는 표지다. 이러한 이유로 해서 기독교의 구속을 다루는 이론들은 대체로, 피조물을 본래의 온전함으로 회복하고 그 결과 피조물에 심어 놓은 하나님의 목적을 성취할 수 있게 한다는 식의 논지를 펼친다. 또 피조물의 선함을 긍정한다는 것은, 대부분의 신학자들이 그렇듯이, 하나님이 악에 대해 책임이 있다는 주장을 인정하지 않는 것이다. 성경에서 일관되게 피조물의 선함을 강조하고 있는 데서 알 수 있는 사실은 죄의 파괴적인 힘이 하나님이 계획해서 세상 안에 존재하는 것이 아니라는 점이다. 죄는 하나님이 세계를 창조할 때 의도하신 것이 아니다.

넷째, 창세기 창조 이야기의 중심 주제는 인간이, 남자와 여자 모두가, 하나님의 형상으로 창조되었다는 사실이다. 기독교의 인간 본성 이해에서 핵심을 이루는 이 통찰에 대해서는 나중에 자세하게 살펴본다741-745쪽. 하지만 이 개념은 창조론 자체만을 놓고 볼 때도 매우 중요하다. "주님께서는 당신을 위해 우리를 지으셨기에 우리의 마음은 주님 안에서 쉼을 얻기까지는 안식을 누릴 수 없습니다"(히포의 아우구스티누스). 인간의 경험302-306쪽과 본성과 운명을 올바로 이해하는 데 창조론이 얼마나 중요한지를 여실히 보여주는 말이다.

창조자 하나님을 설명하는 모델들

기독교 전통에서는 하나님이 창조자로서 어떤 방식으로 일하시는지가 중요한 논의의 주제로 다루어져 왔다. 하나님이 세상을 창조하신 방법을 그려내는 여러 모델이 발전했으며, 그것들은 제각각 '창조' 개념과 관련해 복잡하게 얽힌 기독교의 다양한 사고에 빛을 비추어 준다.

유출 | 유출emanation이라는 용어는 초기 기독교 사상가들이 하나님과 세상의 관계를 규명하기 위하여 많이 사용했다. 플라톤이나 3세기의 신플라톤주의 철학자 플로티누스204/5-270는 이 말을 사용하지 않았지만, 다양한 형태의 플라톤주의에 공감했던 교부시대의 많은 사상가들은 이 용어가 플라톤의 통찰력을 명료하게 다루는 데 적합하고 편리한 방법이라고 생각했다. 이 견해의 중심이 되는 이미지는 태양이라든가 인간적인 원천인 불에서 쏟아지는 빛이나 열이라는 이미지다. 이러한 창조 이미지(니케아 신조의 "빛으로부터 오신 빛"이라는 구절에 암시되어 있다)는 세상의 창조는 하나님의 창조 에너지가 흘러넘치는 것이라고 볼 수 있다고 주장한다. 빛이 태양으로부터 나오고 태양의 본질을 반영하듯이, 창조 질서는 하나님으로부터 나오고 하나님의 본성을 보여준다. 이 모델에서 보면, 하나님과 피조물 사이에는 **자연적인 또는 유기적인** 관계가 존재한다.

하지만 이 모델에는 몇 가지 약점이 있는데 그중 두 가지를 살펴본다. 첫째, 빛을 발산하는 태양이나 열을 내는 불이라는 이미지는 창조 행위의 의식적인 결정보다는 무의식적인 유출을 함축한다. 기독교 전통에서 한결같이 강조해 온 것이 창조의 행위는 창조하시는 하나님의 우선적 결단에 근거했다는 점인데, 이 모델은 이러한 사실을 제대로 담아내지 못한다.

이 약점에서 자연스럽게 두 번째 약점이 나온다. 두 번째 약점은 지금 살펴보는 모델의 비인격적인 성격과 관계가 있다. 창조 행위 자체와 그 결과인 피조물을 통해 인격성을 나타내시는, 인격적인 하나님이라는 개념을 이 이미지는 온전히 전달하지 못한다. 그렇기는 해도 이 모델은 창조자와 피조물의 밀접한 관계를 명료하게 밝혀 주며 또 우리로 하여금 피조물 속에서 창조주의 정체성과 본성에 관한 사실을 발견할 수 있도록 해준다. 따라서 하나님의 아름다움이 피조물의 본성 속에 반영되어 있다고 볼 수 있게 된다. 이 하나님의 아름다움이라는 주제는 중세 초기의 신학에서 매우 중요했으며, 한스 우르스 폰 발타자르[1905-1988]의 후기 저술들 속에서 다시 중요한 주제로 다루어졌다.

건축 │ 성경의 많은 구절들이 하나님을 정성껏 세상을 건설하는 뛰어난 건축가로 묘사한다(시 127:1이 대표적인 예다). 이 이미지는 힘이 넘치며, 창조 행위의 목적과 설계와 신중한 의도라는 개념들을 떠올리게 한다. 이 이미지는 창조자와 피조물 양쪽 모두에 관심을 갖게 한다는 점에서 중요하다. 이 이미지는 창조자의 기술을 밝히 드러내면서도 동시에 그 결과인 피조물의 아름다움과 질서를 음미하여 그 자체의 가치를 발견하게 하고, 또 그것이 증언하는 창조자의 돌봄과 독창성을 깨닫게 해준다.

하지만 이 이미지에도 결함이 있는데, 이 결함은 앞에서 플라톤의 대화편 「티마이오스」*Timaeus*와 관련해 살펴본 견해와 관계가 있다.

이 견해에서는 창조를 선재하는 물질을 다루는 일로 그린다. 그래서 창조는 이미 존재하고 있는 것에다 모양과 형태를 부여하는 행위가 된다. 이러한 견해는 앞서 살펴보았듯이 '무로부터의' 창조 교리와 심한 갈등을 일으킨다. 하나님을 건축가로 보는 이미지는 이미 손안에 쥐고 있는 물질을 이용해 세계를 조합한다는 의미로 받아들여질 수 있으며, 이런 사고는 분명 무로부터의 창조와 충돌할 수밖에 없다.

그러나 이와 같은 난점에도 불구하고 이 모델은, 예술가의 성품이 그의 작품 속에서 구체화되고 전달되듯이 창조자의 성품이 어떤 방식으로든 자연세계 속에서 표현된다는 통찰을 열어 준다. 특히 이 모델은 '질서화'—주어진 재료들에 통일성이나 체계를 부여하거나 심어 주는 것—라는 개념을 분명하게 긍정한다. '창조'라는 복잡한 개념이 기독교의 테두리 안에서 어떤 의미로 설명되든지 간에 거기에는 분명 질서화라는 근본 주제가 포함된다고 말할 수 있다. 그리고 구약성경의 창조 이야기에서 크게 강조한 것이 바로 이 질서화라는 개념이다.

예술적 표현 | 교회사의 다양한 시대마다 기독교 사상가들은 피조물을 '하나님의 작품'이라고 말하면서, 자체로 아름다울 뿐만 아니라 창작한 사람의 인격을 담아내는 예술 작품과 피조물을 비교했다. 창조세계를 창조자 하나님의 '예술적 표현'으로 보는 이 모델은 앞서 언급했듯이 342-343쪽 18세기 북아메리카의 신학자 조나단 에드워즈의 저술들에서 잘 드러났다.

이 이미지는 앞에서 살펴본 두 모델이 지닌 결함, 곧 비인격적인 특성을 보완해 준다는 점에서 매우 유용하다. 하나님을 예술가로 보는 이미지는 아름다운 것의 창조를 통해 표현되는 인격이라는 개념을 전해 준다. 하지만 이 견해 역시 잠재적 약점이 있음을 밝힐 필요가 있다. 예를 들어 이 모델은, 이미 존재하는 바위를 쪼아서 조각상을 만들어 내는 조각가의 경우처럼 자연스럽게 선재하는 물질을 이용한 창조라는 개념으로 흐를 수가 있다. 하지만 이 모델은 소설을 쓰는 작가나 선율과 화음을 창작하는 작곡가의 경우처럼 적어도 무로부터의 창조를 생각할 수 있는 가능성을 열어 준다. 이러한 생각을 창조적으로 펼친 예를 도로시 세이어즈^{Dorothy L. Sayers, 1893-1957}의 『창조자의 정신』^{Mind of the Maker, 1941}에서 볼 수 있다. 이 책에서는 하나님의 창조 행위와 인간의 저술 행위의 유사성을 주장하였다. 이 모델은 또 우리로 하여금 피조물 안에 나타난 하나님의 자기표현을 탐색하도록 자극하며, 자연신학_{326-340쪽}을 신학적으로 한층 더 신뢰할 수 있는 것으로 볼 수 있게 해준다. 또 창조를 '예술적 표현'으로 보는 개념과 '아름다움'이라는 매우 중요한 개념 사이에는 본질적인 연관성이 있다.

창조론과 기독교의 생태학 이론

20세기가 저물어 가던 몇십 년 동안에, 세상의 가치를 평가하는 인간의 방식에 대해 새로운 관심이 일었다. 20세기를 휩쓴 자연 착취 현상이 기독교의 창조론이 낳은 직접적 결과라고 주장하는 학자들이 있었다. 그 대표적인 예를 역사가인 린 화이트^{Lynn White Jr., 1907-1987}가 1967년에 발표한 유명한 논문에서 볼 수 있다. 그는 인간이 피조물에 대해 권위나 지배권을 갖는다고 본 유대-기독교적 사고가 자연은 인간의 필요를 충족시키기 위해 존재한다는 견해를 낳았으며, 그렇게 해서 심각한 착취적 태도를 정당화했다고 주장하였다. 따라서 기독교는 현대의 생태계 위기에 대해 커다란 죄책감을 느껴야 한다고 그는 주장하였다.

특히 갈수록 심해지는 생태계 위기에 대해 기독교가 책임을 져야 한다는 근거로 화이트가 내세우는 것은, 기독교가 창세기의 창조 이야기에 나오는 '하나님의 형상'이라는 개념(창 1:26-27)을 인간이 세상의 자원을 착취하는 일을 합리화하는 구실로 삼았다는 점이다.

그의 주장에 따르면, 창세기는 피조물에 대한 인간의 지배를 정당화했으며 거기서 피조물의 착취가 시작되었다. 화이트의 논문은 역사와 신학의 면에서 피상적인데도, 구체적으로는 기독교에 대해, 넓게는 종교 일반에 대해 대중이 보이는 과학적 태도를 형성하는 데 커다란 영향을 끼쳤다.

시간이 흐르면서 화이트의 논문을 깊이 있게 다룬 평가가 힘을 얻게 되었다. 오늘날 그의 주장은 심각한 결함을 지닌 것으로 평가된다. 창세기를 자세히 연구함으로써 그 본문이 의미하는 것이 인간은 피조물의 '지배자'가 아니라 피조물을 돌보는 '청지기'이며 '하나님의 동역자'라는 사실이 밝혀졌다. 창조론은 결코 생태학의 적이 아니며, 오히려 환경에 대한 인간의 책임이 중요하다고 가르친다.

캐나다의 저명한 신학자 더글러스 존 홀Douglas John Hall, 1928 출생은 널리 알려진 그의 책 『하나님의 형상을 따라』Imaging God: Dominion as Stewardship, 1986에서 '다스림'이라는 성서의 개념은, 세속의 상황에서 어떻게 해석되느냐와 상관없이 '청지기직'이라는 의미로 이해해야 마땅하다고 주장했다. 간단히 정리하면, 구약성경은 피조물이 인간의 소유라고 말하는데, 이 말은 피조물이 인간에게 위탁된 것이요 인간에게는 그것을 돌보고 보살필 책임이 있다는 의미다. 다른 종교들 속에서도 이와 비슷한 사고방식을 볼 수 있는데, 강조점과 근거에서 분명한 차이가 있다. 생태학적인 면에서 종교의 중요성을 밝힌 아시시 선언1986은 이 중요한 사안을 분명하게 인정했다는 데서 의의가 있다.

따라서 창조론은 생태학에 민감한 윤리를 세우는 기초로 사용할 수 있다. 예를 들어 환경주의자 캘빈 드윗Calvin B. DeWitt, 1935 출생은 성서의 이야기 속에서, 기독교의 창조론이 반영된 네 개의 근본적인 생태학 원리를 어렵지 않게 확인할 수 있다고 주장하였다.

❶ 지구 보호의 원리: 창조자가 인간을 보호하고 돌보듯이 인간은

창조자가 지은 창조세계를 보호하고 돌봐야 한다.

❷ **안식일 원리**: 피조물은 인간이 자원으로 이용하는 결과로부터 복원되어야 한다.

❸ **생육의 원리**: 피조물은 생산 능력을 파괴당하지 않고 온전히 누릴 수 있어야 한다.

❹ **성취와 한계의 원리**: 창조세계 안에서 인간의 역할에는 정해진 한계가 있으며, 또 공간적으로도 지켜야 할 경계가 있다.

이 주제가 더욱 발전하도록 공헌한 사람이 위르겐 몰트만인데, 그는 기독교 신학을 사회·정치·환경의 쟁점들에 신학적으로 엄밀하게 적용하고자 애쓴 사람으로 유명하다. 몰트만은 1985년에 출간한 『창조세계 안에 계신 하나님』*God in Creation*에서, 세계에 대한 착취는 과학기술의 발전과 관계가 있으며 특별히 기독교의 가르침과는 관련성이 별로 없는 것으로 보인다고 주장하였다. 게다가 그는 하나님이 성령을 통하여 창조세계 안에 계시고, 따라서 피조물을 약탈하는 일은 하나님에 대한 반역이 된다는 논리를 편다. 이러한 분석을 기초로 삼아 몰트만은 철저히 삼위일체론의 관점에서 기독교 특유의 생태 윤리를 옹호할 수 있었다.

신정론: 악의 문제

신론과 관련해서 논의되는 중요한 주제가 세계 내에 존재하는 악이라는 문제다. 악이나 고난의 실재는 세상의 창조자 하나님의 선함을 주장하는 기독교의 가르침과 어떻게 조화될 수 있을까? 전통적으로 악의 문제는 다음과 같은 네 단계의 논증으로 이루어졌다.

❶ 하나님은 선하시다.

❷ 선하신 하나님은 고난이나 악을 허용하지 않으신다.

❸ 하지만 세상 속에서는 고난과 악이 발견된다.

❹ 따라서 선하신 하나님은 존재하지 않는다.

여기서 네 번째 주장은 하나님이 존재하지 않는다는 의미로 해석될 수도 있고 하나님은 선하지 않다는 의미로 해석될 수도 있다.

'신정론'theodicy—악과 고난의 실재 앞에서 하나님의 존재나 선하심을 지적으로 옹호하는 일을 가리키는 전문용어—가운데 어떤 이론은 이 딜레마를 논하는 범주들을 새롭게 정의하는 데서 출발한다. 예를 들어, 어떤 것이 처음에는 '악한' 것으로 생각되었으나 자세히 살펴본 결과 처음에는 미처 알아보지 못한 '선'을 낳을 수 있다는 사실이 확인된다. 또 다른 이론은 선과 악 사이의 복잡한 상호작용을 탐색한다. 어떤 선한 것이 남용되거나 오용될 경우 악으로 이어질 수가 있다. 자유의지의 관점에서 악을 이해하는 전통적인 견해 중심에 있는 것이 바로 이 이론으로, 이 견해는 하나님께서 주신 자유를 인간이 오용한 결과가 악이라고 본다. 또한 선은 궁극적으로 악이 실재하는 상황에서만 발전할 수 있다는 주장도 가능하다. 이 주장은 존 힉John Hick, 1922-2012이 펼친 "영혼을 단련하는 골짜기" 신정론의 중심에 자리하고 있으며, 이에 대해서는 아래에서 살펴본다.

이제 우리는 기독교 전통에서 확인할 수 있는 몇 가지 대안을 살펴보면서 그것들이 지니는 장점에 대해 간략하게 논한다.

리옹의 이레나이우스약 130-202

그리스 교부사상에서 주요한 위치에 있는 이레나이우스는 인간의 본성을 완전히 무르익은 현실태actuality가 아니라 가능태potentiality라고 본다. 인간은 성숙과 완전을 향해 성장할 수 있는 확고한 능력을 지닌 존재로 창조되었다. 인간은 이미 완전한 것이 아니라 완전을 이루어가도록 되어 있다. 이러한 성장과 발전의 과정에서, 진정 바른 결정을 내리기 위해서는 선과 악을 만나고 경험하는 일이 필요하다. 우리가 선하게 되고자 원한다면 그 반대의 것을 알 필요가 있다. 이러한 전통에서는 세상을 "영혼을 단련하는 골짜기"(영국의 시인 존 키츠가 사용한 용어)로 보는 경향이 있으며, 여기서는 악과 대면하는 일을 영적 성장과 발전을 위한 필수적인 조건으로 여긴다.

> 하나님은 인간을 땅과 그 안에 있는 모든 것들의 주인으로 지으셨다.……하지만 이 일은 인간이 성숙한 단계에 이를 때에야 가능하다.……인간은 어리석은 아이에 불과할 뿐이다. 자라나서 온전한 성숙에 이를 필요가 있다.……하나님은 이 세상보다 훨씬 좋은 장소를 인간을 위해 준비하셨다.……그곳은 하나님의 말씀이 항상 거니시고 인간과 이야기를 나누실 만큼 아름답고 선한 천국이다. 그곳에서 맞는 미래에는 하나님의 말씀이 인간과 함께 살며 이야기를 나누시고 그들과 교제하며 의로움을 가르치신다. 그러나 인간은 어린아이요 그 정신은 아직 완전히 성숙하지 못했다. 그래서 인간은 번번이 속이는 자에게 넘어가 그릇된 길로 빠져들었다.

이레나이우스의 저술에서는 이 견해가 완벽하게 드러나지 않는다. 이 견해는 현대에 들어와 영국의 종교철학자 존 힉을 통해 분명하게 제시되었다. 그는 이 이론을 가장 설득력 있고 힘 있게 펼친 대표적 인물로 인정되고 있다. 존 힉은 『악과 사랑의 하나님』*Evil and the God of Love*, 1966에서, 인간은 완전하지 못하게 창조되었다고 강조한다. 인간이 하나님께서 원하시는 모습이 되기 위해서는 이 세상에 참여해야만 한다. 하나님은 인간을 자동인형으로 창조한 것이 아니라 하나님에게 자유롭게 응답할 수 있는 개인으로 창조하셨다. 선과 악 사이에서 실제로 선택을 할 수 없다면 "선을 택하라"는 성경의 명령은 의미 없게 된다. 따라서 인간이 세련되고 의미 있는 발전을 이루기 위해서는 세계 안에 반드시 선과 악이 있어야 한다.

이 논증은 특히 인간의 자유를 강조한다는 점에서 호소력이 있다. 또한 하나님의 은혜와 사랑은 고난이나 비통을 겪는 상황 속에서 가장 깊이 체험할 수 있음을 깨달은 많은 기독교인들의 경험과도 일치한다. 그러나 이 이론의 한 가지 면모에 대해서는 큰 비판이 제기되어 왔다. 흔히 주장되는 반론은 이 이론이 악으로 하여금 하나님의 목적 안에서 긍정적인 역할을 하게 함으로써 악의 품위를 높여 주는 것 아니냐는 점이다. 고난을 단지 인간의 영적 성장을 키우는 수단으로만 본다면, 많은 사람을 죽음으로 몰아간 히로시마나 아우슈비츠 같은 사건들에 대해서는 뭐라고 말할 수 있을까? 비판자들의 눈에는 이 견해가 그저 세상 속에 존재하는 악을 묵인하도록 조장할 뿐, 악에 저항하거나 악을 극복하도록 격려하거나 도덕적 지침을 제시하는 데는 전혀 관심이 없는 것으로 비추어진다.

히포의 아우구스티누스354-430

아우구스티누스가 세운 독특한 이론은 서구의 신학 전통에 커다란 영향을 끼쳤다. 4세기에 악과 고난의 문제로 인해 빚어진 쟁점들이 신학적으로 상당한 골칫거리가 되어 고개를 내밀었다. 영지주의—젊은 시절 아우구스티누스를 사로잡았던 마니교는 이것이 변형된 형태였다—에서는 별 어려움 없이 악의 존재를 해명해 냈다. 악은 근본적으로 악한 물질의 본성에서 생겨난 것으로 여겨졌다. 구원의 총체적 목적은 인간을 악한 물질 세계에서 구속하여 물질로 오염되지 않은 영적 세계로 옮기는 것이었다.

앞에서 살펴보았듯이, 많은 영지주의 체계의 핵심에는 '데미우르고스'(선재하는 물질을 사용해 현재의 모습대로 세상을 만드는 책임을 진 반쪽짜리 신)라는 개념이 자리 잡고 있었다. 세상이 이렇게 안타까운 상태에 놓이게 된 것은 이 반쪽짜리 신의 결함 탓이었다. 따라서 구속의 신은 이 반쪽짜리 창조의 신과는 전혀 다른 존재라고 주장되었다.

그러나 아우구스티누스는 이런 생각을 받아들일 수 없었다. 이 이론은 악의 문제는 깔끔하게 해결해 주는 듯했지만 지적으로 너무 과도한 대가를 치러야 했다. 아우구스티누스에게, 창조와 구속은 모두 한분 하나님의 일이었다. 따라서 악이 존재하는 원인을 창조에서 찾을 수는 없었다. 이렇게 하는 것은 하나님에게 책임을 전가하는 일이기 때문이다. 아우구스티누스가 보기에 하나님은 세상을 선한 것으로 창조했으며, 이것은 곧 세상이 악으로 오염되지 않았다는 것을 의미한다. 그렇다면 악은 어디에서 오는가? 이에 답하는 아우구스티누스의 근본적인 통찰은, 악이란 인간이 자유를 오용한 데서 온 직접적인 결과라는 것이다. 하나님은 인간을 선이나 악을 선택할 자유를 지닌 존재로 창조하셨다. 슬프게도 인간은 악을 선택했고 그 결과 세상은 악에 오염되었다.

그러나 아우구스티누스 자신도 인정했듯이 이것으로 문제가 완전히 해결된 것이 아니었다. 만일 선택할 만한 악이 존재하지 않았다면, 어떻게 인간이 악을 선택했겠는가? 인간이 악을 선택하는 것이 가능하려면, 악이 세계 안에 하나의 선택사항으로 존재해야 하는 것이다. 아우구스티누스는 사탄의 유혹에서 악의 기원을 찾았으며, 그렇게 해서 사탄이 아담과 하와를 꾀어 창조자에게 순종하지 않게 했다고 설명했다. 이와 같은 방식으로 아우구스티누스는 하나님에게 악에 대한 책임을 물을 수는 없다고 주장했다.

문제는 아직도 해결되지 않았다. 하나님이 세상을 선한 것으로 창조했다면, 사탄은 또 어디에서 왔느냐가 문제로 남기 때문이다. 아우구스티누스는 다시 한번 악의 근원을 추적해 나간다. 사탄은 타락한 천사이며 원래는 다른 모든 천사들처럼 선하게 창조되었던 존재다. 그런데 바로 이 천사가 하나님처럼 되어 최고의 권위를 손에 쥐고 싶은 유혹에 흔들렸다. 그 결과 그는 하나님에게 반역하고 이어서 세상에다 그 반역을 퍼뜨렸다. 그러자 아우구스티누스의 비판자들은 이에 대해 어떻게 선한 천사가 그토록 악한 존재로 변할 수 있었느냐고 물었다. 그 천사에게 일어난 최초의 타락에 대해서는 어떻게 설명할 수 있겠는가? 여기서 문제는 미해결인 채 무대 뒤로 사라져 버렸다.

칼 바르트 1886-1968

악을 해명하는 기존의 방식들에 크게 불만을 느낀 칼 바르트는 쟁점 전체를 완전히 새롭게 생각할 것을 주장했다. 개혁주의에서 섭리라는 주제를 다루는 방식을 관심 있게 지켜보았던 바르트는 하나님의 전능이라는 관념으로부터 신학의 핵심적인 결함이 생겨났다고 믿었다. 개혁주의의 섭리론과 스토아학파의 이론을 구분하는 것이 거의 불가능하게 되어 버렸다는 것이 그의 주장이었다(말이 나온 김에 덧붙이면, 종교개혁을 연구하는 많은 학자들은 츠빙글리 1484-1531 의 섭리론에 대해서도 이와 똑같은 점을 지적하면서, 츠빙글리의 섭리론이 신약성경보다는 스토아주의 사상가인 세네카 BC 4-AD 65 쪽으로 훨씬 많이 기운 것 같다고 주장한다). 바르트는, 하나님의 전능 개념은 반드시 그리스도 안에 나타난 하나님의 자기계시에 비추어서 이해되어야 한다고 여겼다.

이 원리를 기초로 삼아 바르트는 "쟁점 전체를 철저하게 다시 생각할" 필요가 있다고 주장하였다. 그는 개혁주의에서 주장하는 전능 교리는 대부분 하나님의 능력과 선함이라는 일련의 전제들로부터 논리적으로 추론해 낸 것이라고 보았다. 자신의 신학 체계를 '그리스도론적 집중' Christological concentration 으로 차별화한 바르트는 여기서도 그리스도론적인 방향으로 밀고 나갔다. 그래서 바르트는 전능이라는 선험적 관념을 거부하고, 불신앙과 악과 고난에 대한 하나님의 은총의 승리를 옹호하였다. 신자들은 하나님의 은총의 궁극적 승리를 확신함으로써 악이 지배하는 것처럼 보이는 세상에 맞서 희망과 용기를 품을 수 있다. 바르트 자신도 이 관념을 다듬을 때 나치 독일을 염두에 두고 있었다. 하지만 그의 개념들은 다른 곳에서도 유용성이 입증되었으며, 근래에 와서는 해방신학에서 두드러지는 신정론에도 반영되고 있음을 볼 수 있다.

그런데 바르트의 신정론에서 한 가지 측면이 커다란 논쟁을 불러일으켰다. 바르트는 악을 무성(無性)*das Nichtige*이라고 부르는데, 이것은 무(無)*nothingness*의 불가해한 힘으로서 하나님이 창조를 행할 때 의도하지 않았던 것이다. '무'는 하나님의 의지와는 모순되는 것이다. 무성은 초대받지 않은 원수요 창조된 생명 속으로 스며든 반갑지 않은 침략자다. 그것은 단순한 무가 아니라 다른 모든 것을 무로 추락하도록 위협하고 나아가 세상에 있는 하나님의 모든 목적을 위협하는 것이다. 바르트에 의하면, 은총의 궁극적 승리는 무가 두려워할 대상이 아니라는 점을 확증해 준다. 그러나 바르트의 비판자들은 '무'의 개념에 문제가 있다고 보았으며, 성경 이야기에 충실해야 할 가장 중요한 순간에 그가 독단적이고 형이상학적인 사변에 빠져 버렸다고 주장하였다.

이러한 비판에 맞서 얼마든지 바르트를 옹호할 수 있을 것이다. 그러나 그가 말한 '무'의 개념은 이해하기가 매우 어려우며 또 분명하게 모순되어 보이는 까닭에 그에게 공감하는 많은 해석자들까지도 난감하게 만든다는 사실을 지적할 필요가 있다.

앨빈 플랜팅가 1932 출생

개혁주의 철학자인 앨빈 플랜팅가는 세상 속에 현존하는 악에서 발생하는 문제를 자주 다루었다. 플랜팅가는 기독교 전통을 이어받아 '자유의지에 근거한 변론'을 주장하였는데, 다음과 같이 간략하게 요약할 수 있다.

❶ 자유의지는 도덕적으로 중요하다. 이 말의 의미는, 인간에게

자유의지가 있는 세상은 그렇지 않은 가상의 세상에 비해 훨씬 좋다는 것이다.

❷ 만일 인간이 오로지 선한 일만 하도록 정해졌다면, 이것은 인간의 자유의지를 부정하는 것이다.

❸ 하나님은 할 수 있는 한 가장 좋은 세상을 지어야 한다.

❹ 따라서 하나님은 자유의지가 있는 세상을 창조해야 마땅하다는 결론이 나온다.

❺ 이 말의 의미는, 인간이 악을 행하기로 선택한다 해도 하나님에게는 책임이 없다는 것이다. 하나님은 스스로 정한 제한, 곧 인간에게 선을 행하도록 강제하지 않는다는 제한을 따르고 있는 것이기 때문이다.

이 논증을 살필 때 염두에 두어야 할 중요한 사실은, 플랜팅가가 '전능'과 같은 용어들을 신중하고도 분별력 있게 사용해야 한다고 지적하고 있다는 점이다. 앞에서도 살펴보았듯이, 하나님이 전능하다고 말하는 것은 "하나님이 무엇이든 다 할 수 있다"는 의미가 아니다. 하나님은, 자신의 본성과 성품에 합당하게, 스스로 정한 제약 내에서 일한다. 플랜팅가는 이 점을 자주 언급한다. 예를 들어, 그는 「하나님, 악, 그리고 자유의 형이상학」God, Evil, and the Metaphysics of Freedom 이라는 논문에서, 하나님은 논리적으로 가능한 모든 세상을 다 창조할 수는 없다고 주장한다. 만일 플랜팅가의 논증에 약점이 있다면, 그것은 하나님의 전능에 대한 그의 주장이 아니라 자유가 있는 세상이 자유가 없는 세상보다 훨씬 더 좋다고 말한 주장에서 찾아야 할 것이다.

최근에 이루어진 발전들

고난의 문제는 현대 신학에서도 여전히 중요한 의제로 다루어지고 있으며, 제2차 세계대전에서 경험한 엄청난 공포와, 억압자들에 맞선 피억압자들의 끈질긴 투쟁을 통해서 긴박하고도 중요한 문제로 새롭게 인식되어 왔다. 여러 가지 견해를 만나게 되는데, 그 각각은 서로 다른 배경에서 살펴볼 필요가 있다.

첫째, **해방신학**은 가난한 사람들과 억압당하는 사람들을 중요하게 여기며, 그러한 시각에서 고난에 대한 독특한 견해를 펼친다185-187쪽. 여기서는 가난한 사람들이 당하는 고난을 그저 수동적으로 고난에 끌려가는 것으로 보지 않는다. 오히려 세상의 고난에 맞서는 하나님의 투쟁, 곧 고난 자체에 직접 맞서는 투쟁에 참여하는 것으로 생각한다. 이러한 개념이 라틴아메리카 해방신학자들의 저술에서 다양한 형태로 나타난다. 그러나 이 개념은 흑인신학*의 저술들, 그중에서도 특히 제임스 콘의 저술에서 가장 강력하게 표현되었다고 할 수 있다. 십자가와 부활의 사건은 지금 이 순간 악에 맞서는 투쟁에 비추어서 해석되며, 이 투쟁은 하나님께서 궁극적으로 모든 고난과 그 고난을 가져온 세력에 대해 승리할 것이라는 지식에서 힘을 얻는다. 이와 비슷한 주제를 마틴 루터 킹Martin Luther King, 1929-1968 의 글에서 볼 수 있는데, 특히 「바닷가에 쓰러진 악의 시체」Death of Evil upon the Seashore, 1956 에 분명하게 드러나 있다.

둘째, **과정신학**은 세계 속에 존재하는 고난과 악이 하나님의 능력의 근본적인 제약에서 비롯된 것이라고 본다441-443쪽. 하나님은 강제하는 능력은 덮어 두고 설득하는 능력만 행사한다. 설득이란 다른 사람의 권리와 자유를 존중하면서 힘을 행사하는 방법이라고 말할 수 있다. 하나님이 할 수 있는 일은 과정의 모든 단계로 하여금 가능한 한 최선의 방식으로 행하도록 설득하는 것뿐이다. 하지만 하나님의 자애로운 설득이 좋은 결과를 낳으리라는 보장은 없다. 과정은 하나님에게 복종할 의무가 없다. 하나님은 피조물에게 좋은 것을 주기 원하고 피조물에게 최고 이익이 되도록 행한다. 그러나 만물로 하여금 하나님의 뜻을 행하도록 강제하는 방법은 사용할 수 없다. 그 결과 하나님은 어떤 일들은 일어나지 못하도록 막을 수가 없다. 전쟁과

● 흑인신학
black theology

1960-1970년대에 미국의 흑인 공동체 내에서 신학적인 면에서 해방을 도모했던 운동. 흑인들이 경험하는 현실을 신학적으로 해명하고자 애썼다.

기근과 대학살 등은 하나님이 바라는 일이 아니다. 그러나 그 일들은 하나님이 막을 수 있는 일이 아니다. 하나님의 능력에 근본적인 제약이 있기 때문이다. 그러므로 하나님은 악에 대해 전혀 책임이 없으며, 또 어떤 식으로든 하나님이 악의 존재를 바란다거나 암묵적으로 용인한다고 말할 수도 없다. 하나님에게 부과된 형이상학적 제약들로 인해 하나님이 자연적인 사물의 질서에 어떤 식으로든 간섭하는 일이 막혀 버린다.

고난을 다루는 최근 이론으로 세 번째 것은 **구약성경**의 주제들을 근거로 삼는다. 엘리 비젤 같은 유대인 저술가들은 하나님의 근본적 선함에 대한 믿음의 끈을 놓지 않고서, 구약성경 속에서 세상의 악과 고난에 **저항**하는 여러 구절들을 밝혀낸다. 많은 기독교 사상가들이 이 견해를 받아들였으며, 그 가운데 한 사람인 존 로스John Roth는 이 이론에다 '저항적 신정론'protest theodicy이라는 이름을 붙였다. 여기서 저항이란, 하나님이 세상에 현존하는지 또 그의 목적이 무엇인지에 관해 분명하게 알 수 없어 걱정되는 현실 속에서 믿음의 백성이 하나님에게 보내는 신뢰와 믿음의 응답이다.

이 장에서는 기독교 신론의 서론적 내용을 살펴보았으며, 이 내용은 뒤에서 다루게 될 성령론(12장)과 삼위일체론(13장)의 자료들로 보완될 필요가 있다. 삼위일체론은 하나님에 관해 이신론과 유신론을 뛰어넘는 기독교 특유의 통찰들을 체계적으로 제시한다. 이제 다음으로 기독교 신학의 핵심을 이루는 예수 그리스도의 정체성과 의미라는 주제로 넘어간다.

돌아보는 질문

❶ "하나님은 자신himself을 주Lord로 계시하신다"(칼 바르트). 이 말에서 하나님에 대해 남성적 언어를 사용한 것이 제기하는 난점은 무엇인가? 그 난점들은 어떻게 해결할 수 있겠는가? 여러분은 문제가 그 '자신'이라는 표현에만 있다고 생각하는가, 아니면 '주'라는 말에도 문제가 있다고 생각하는가?

❷ 많은 기독교인들이 하나님과 '인격적 관계'를 맺는다고 말한다. 그들이 이렇게 말하는 의미는 무엇인가? 이런 식으로 말하는 데는 어떤 신학적 통찰이 담겨 있는가?

❸ "하나님은 무엇이든 할 수 있다." 이와 같이 하나님의 전능을 정의하는 것에 대해 여러분은 어떻게 생각하는가?

❹ 많은 사람들이 하나님도 고난을 당한다고 믿는 이유는 무엇인가? 그것이 왜 중요한가?

❺ 하나님을 세상의 창조자로 말하는 주요 방식들을 요약하고 평가하라.

❻ 하나님이 선하신데 왜 세상에 악이 있는가?

10 예수 그리스도의 인격

예수 그리스도는 누구인가? 또 기독교 신앙에서 예수 그리스도가 그토록 중요한 이유는 무엇인가? 그리스도의 인격을 다루는 기독교 교리(그리스도론)에서는, 왜 기독교는 인간 역사의 작은 부분에 속한 한 인물인 '나사렛 예수'가 하나님과 인간 운명의 본질에 대한 열쇠를 쥐고 있다고 믿는가라는 문제를 탐구한다. 이번 장의 논의를 시작하기에 가장 잘 어울리는 것이라면 교황 요한 바오로 2세[1920-2005]가 그의 회칙인 「신앙과 이성」[1998]에서, 나사렛 예수를 기독교 실재관의 중심으로 제시하는 고전적 진술이라고 할 수 있다.

하나님의 아들의 성육신에서 우리는 인간의 정신으로는 상상조차 할 수 없는 영원하고도 결정적인 종합이 이루어진 것을 봅니다. 영원한 것이 시간 속에 들어오고, 전체가 부분 속에 감추어지며, 하나님께서 인간의 모습을 지니신 것입니다. 그러므로 그리스도의 계시를 통해 전해진 진리는 더 이상 특정 장소나 문화에 국한되지 아니하고, 그 진리를 인간 삶에 절대 타당한 의미의 원천이 되는 말씀으로 인정하는 모든 사람들에게 베풀어집니다.

'그리스도론'이라고 불리는 이 신학 분야에서는 나사렛 예수를 커다란 개념 지도 위에 배치하는 일을 한다. 그리스도론은 시간과 영원, 인간성과 신성, 특수성과 보편성이라는 좌표에 따라 그리스도를 배치하고, 특정한 시공간에서 발생한 사건이 어떻게 모든 사람과 모든 시대에 적합한 것일 수 있는가라는 물음에 답을 찾고자 노력한다.

나사렛 예수의 의미에 대한 고전적 기독교의 설명은 '성육신' 개념과, 신성과 인성이라는 그리스도의 '두 본성' 이론으로 구성되었다. 예수 그리스도를 가리켜 "성육신하신 하나님"이라고 말한다. 신학을 처음 공부하는 이들에게 이 개념들이 낯설 것이며, 따라서 이 장의 상세한 부분으로 들어가기 전에 전체 주제를 개괄하여 살펴보는 것이 도움이 될 것이다.

교회가 나사렛 예수의 정체성 및 의미의 문제와 씨름하게 되면서, 특별히 교부시대 동안에 이 문제의 해석 모델이 넓은 영역과 연관되어 있다는 점을 깨닫게 되었다. 4세기 말에 이르러 교회는 집단 지성을 구성해 '두 본성' 공식으로 알려진 것, 곧 "예수는 참 하나님이며 참 인간이다"라는 공식을 나사렛 예수를 설명하는 유일한 방법으로 확정하였다. 이것은 451년 칼케돈 공의회에서 완전한 형태로 다듬어졌기에 흔히 '칼케돈 신조'라고 불린다.

이 장은 예수 그리스도에 관한 이 사고 방법의 기원과 발전을 설명하며 시작한다. 그리고 그 사고 방법이 긴 기독교 신학사 안에서 어떻게 이해되고 발전하고 신학적 배경을 형성해 왔는지 살펴본다.

예수 그리스도의 인격은 기독교 신학에서 핵심적인 중요성을 지닌다. 넓게 보아 신학을 '**하나님**에 관한 말'이라고 정의한다면, 기독교 신학은 예수 그리스도에게 중심 역할을 부여한다. 예수 그리스도는 "하나님의 보이지 않는 형상"(골 1:15)으로 이해되며, 하나님이 어떤 모습인지 볼 수 있게 해준다. 신학에서 예수 그리스도가 차지하는 위치를 기독교적으로 이해하는 데는 네 가지 기본요소가 있다. 첫 번째는 역사적인 것이며, 그에 반해 나머지 셋은 보다 더 두드러지게 신학적인 특성을 지닌다.

예수 그리스도는 기독교의 역사적 출발점이다

이 주장은 비교적 논쟁의 여지가 없다. 이것은 단순히 역사적 사실의 문제로, 예수의 오심으로 기독교 공동체가 존재하게 되었다는 것을 가리킨다. 하지만 이 문제에 대한 해석은 실제로 훨씬 더 복잡하다. 예를 들어, 나사렛 예수가 세상 속으로 무언가 새로운 것을 가져온 것이 있는가라는 문제를 생각해 보자. 계몽주의 사상가들이 볼 때, 나사렛 예수는 단지 자연종교를 되풀이했을 뿐이며, 바울을 포함한 그의 추종자들이 그것을 재빠르게 변조한 것이다. 그의 말과 행위에서 새로운 것은 없다. 예수의 통찰들은, 타당한 것인 한에서는 어떤 것이든 인간의 전능한 이성을 사용해서 획득할 수 있는 것이었다. 그래서 합리주의는 예수에게서 '옳은 것'과 '새것'이라고 할 만한 것을 볼 수 없다고 주장하였다. 그에게 옳은 것이 있다면, 인간의 온전한 이성이 늘 참으로 인식해 온 것들에 동의했다는 것뿐이며, 또 그가 무엇인가 새로운 것(그때까지 이성이 알지 못했던 것)을 말했다면 그것은 당연히 애초부터 비합리적이고 따라서 전혀 가치가 없는 것이다.

이와는 전혀 다른 견해를 독일 자유주의 개신교에서 176-180쪽, 특히 알브레히트 리츨[1822-1889]의 저술에서 볼 수 있다. 리츨은 나사렛 예수가 인간의 상황에 새로운 것, 그때까지 이성이 무시해 왔던 것을 가져왔다고 주장했다. "예수는 **이제까지 알려지지 않았던, 하나님과의 새로운 관계**를 알았다." 합리주의자들은 합리적인 보편종교를 믿었으며 개별적인 세계 종교들은 기껏해야 이 보편적 종교의 그림자일 뿐이라고 생각했는데, 이에 반해 리츨은 그런 보편종교는 이성의 몽상이며 역사적 구체성을 결여한 허상에 불과하다고 주장했다. 기독교는 명확하게 신학적이고 문화적인 특성을 지닌 역사적 종교이며, 그러한 특성은 일부분 나사렛 예수에서 온다.

이러한 역사적 고찰도 중요하지만 기독교 신학은 일반적으로 예수의 의미를 아래에서 살펴볼 세 가지 특별한 **신학적** 틀을 사용해 강조하였다.

예수 그리스도는 하나님을 계시한다

기독교 신학의 핵심을 이루는 요소는 그리스도 안에 이루어진 **하나님의 계시적 임재**라는 개념이다[487-488, 523-526쪽]. 예수 그리스도는 하나님을 기독교 고유의 특별하고 구체적인 방식으로 드러내 보여주는 이로 생각된다. 이러한 확신을 가장 철저하게 다듬어 낸 진술을 칼 바르트의 『교회 교의학』에서 볼 수 있다.

성서가 하나님에 관해 말할 때면, 결코 우리의 주의나 사고가 제멋대로 날뛰도록 허용하지 않는다.……성서가 하나님에 관해 말할 때면, 우리의 주의와 사고를 한 지점으로 몰아가며 거기서 우리에게 알려질 것에 집중하게 한다.……우리의 주의와 사고를 집중해야만 하는 곳이라고 성서가 가르치는 그 한 지점에 관해 우리가 좀 더 깊이 캐묻게 될 때, 성서는 처음부터 끝까지 우리에게 예수 그리스도의 이름을 보여준다.

이러한 확신이 오랜 세월 동안 주류 기독교의 중심이 되어 왔다. 그래서 1세기 말경에 나온 것으로 보이는 '클레멘스의 두 번째 편지'에서 저자는 "우리는 하나님을 생각하듯이 예수 그리스도를 생각해야 한다"는 주장으로 그의 서신을 시작하였다. 영국의 저명한 신학자인 아서 마이클 램지 Arthur Michael Ramsey, 1904-1988 도 바르트와 동일한 신학 논점을 펼치며 이렇게 주장한다. "'예수는 주이시다'라는 고백이 중요한 것은 예수가 하나님이라는 사실뿐만 아니라 하나님은 그리스도를 닮으셨다는 사실을 가리키기 때문이다."

이러한 '그리스도론적 집중'은 기독교와 타종교의 대화에 관심을 둔 사람들 사이에서 커다란 논쟁거리가 되었으며, 이에 대해서는 나중에 다시 살펴본다. 여기서는 다만, 그러한 진술들을 예수 그리스도의 인격 및 사역과 연관 짓지 않고서는 기독교 전통이라는 테두리 안에서 '하나님'에 관해 말하는 것이 불가능하다는 점을 기독교 신학이 분명히 알았다는 것을 역사적 사실로서 밝혀 둔다.

예수 그리스도는 구원의 담지자다

주류 기독교 사상에서 핵심을 이루는 주제는 기독교적 의미로서의 구원이 예수 그리스도의 삶과 죽음과 부활을 통해 그 안에서 분명히 드러났으며, 또 그것을 터전으로 세워졌다는 것이다562-624쪽. '구원'이라는 용어가 복합적이라는 점에 주의할 필요가 있다. "예수 그리스도가 구원을 가능하게 한다"고 주장한다고 해서 다른 수단에 의해 다른 형태의 구원에 이를 수 있다는 점을 부정하는 것은 아니다. 이 주장이 의미하는 것은 단지, 기독교 전통 안에서는 오직 예수 그리스도를 근거로 해서만 구원이 무엇인지를 온전히 이해할 수 있다는 것이다. 우리는 뒤에 가서 기독교 신학에서는 구원의 본질을 어떻게 이해하는지613-623쪽, 그리고 예수 그리스도가 어떻게 그러한 구원의 기초가 되는지에 대해569-609쪽 살펴볼 것이다.

이렇게 예수 그리스도만을 근거로 삼는 구원 이해는, 그 안에 담긴 기독교와 타종교 사이의 대화와 관련한 함의로 말미암아 수정주의자들revisionists을 깜짝 놀라게 했으며, 그 여파로 그들은 이 주제를 관심 기울여 다루게 되었다. 이에 대해서는 이 책의 적당한 곳에서 다시 살펴볼 것이다. 예를 들어, 존 힉1922-2012은 자신이 펼친 타종교에 대한 다원주의적 이론이 그리스도의 부활과 신성, 삼위일체를 포함한 기독교 신앙의 독특한 요소들과 상충한다는 것을 알게 되었다. 그는 모든 종교의 신앙이 기본적으로 동일한 특성을 공유한다는 자신의 의제를 펼치기 위해 이 독특한 요소들을 제거하자고 제안하였으나 별로 호응을 얻지 못했다. 이 주제에 대해서는 17장에서 다시 살펴본다.

예수 그리스도가 구속받은 삶의 형태를 규정한다

기독교의 영성과 윤리에서는 기독교적 실존의 본질을 영적 차원과 윤리적 차원으로 나누어 주요 쟁점으로 다룬다. 신약성경 자체는 구속받은 삶을 보는 시각에서 매우 **그리스도 동형적**Christomorphic 특성을 띤다. 다시 말해 신약성경은 예수 그리스도가 그런 구속받은 삶을 가능하게 할 뿐만 아니라 그 삶의 형태를 결정하기도 한다고 주장한다. 신약성경에서 이러한 생각을 잘 보여주는 것이 "그리스도를 따른다"는 이미지다.

최근에 와서 등장한 '이야기 신학'264-269쪽은 이 주제를 특별히 중요하게 여긴다. 예수 그리스도의 이야기가 기독교 공동체에 절대적인 영향을 끼치는 것으로 강조된다. 기독교의 믿음, 그중에서도 특히 기독교 윤리는 예수 그리스도의 이야기에 의해 형성되며, 예수 그리스도의 이야기는 추상적인 것에 불과했을 가치와 덕의 개념들에다 형태와 내용을 제공해 준다. 따라서 예수가 행동했던 방식이 오늘날의 교회에 지속적인 중요성을 지닌 것으로 인정된다는 점에서 예수 이야기는 기독교의 윤리적 사고에 강력한 영향력을 행사한다.

신약성경의 그리스도 칭호

그리스도론의 일차 자료는 신약성경이다. 이번 항목에서는 신약성경
에 나오는 중요한 그리스도론적 칭호들을 다루고, 그 칭호들이 우리
가 그리스도의 정체성을 파악하는 데 어떠한 의미를 지니는지 살펴
본다. 왜 이러한 칭호들이 그렇게 중요한가? 성서 저자들이 볼 때 이
름은 정체성에 관한 통찰을 담고 있다. 예수를 가리키는 데 사용한
용어들은 예수가 말하고 행한 일, 그리고 그에게 일어난 일들을 숙고
한 열매다. 각각의 칭호들은 그리스도론이라는 융단에다 한 올의 통
찰을 더한 것이라고 볼 수 있다. 아래에서는 신약성경에 나오는 주요
한 그리스도론적 칭호 여섯 가지를 살펴보고 그것들의 의미를 간략
하게 논한다.

메시아

신약성경에서 그리스도를 의미하는 것으로 제시하는 칭호들은 구약
성경의 맥락에 비추어서 이해할 필요가 있다. '그리스도'라는 말을
별 생각 없이 성씨(姓氏)라고 생각하는데 그것은 사실 칭호이며, 하
나님의 메시아^{그리스어 Christos} 가 오실 것을 바라는 구약성서의 소망에
비추어서만 온전히 파악할 수 있는 여러 의미를 담고 있다. 그리스어
Christos는 히브리어 mashiah의 번역어이며, 이 말은 영어 형태인
'메시아'^{Messiah}로 널리 알려졌고 그 근본 의미는 "기름부음을 받은
자"이다. 고대 이스라엘에서는 예언자와 제사장들도 모두 기름부음
을 받았지만 일차적으로 이 용어는 왕을 기름붓는 일에 사용되었다.
고대 이스라엘의 강력한 신 중심적 세계관에서 왕은 하나님이 기름

부어 세운 자로 생각되었다. 따라서 기름부음, 곧 어떤 사람에게 올리
브기름을 바르거나 문지르는 일은 하나님께서 택하셔서 왕의 직무를
맡기셨다는 공적 표시였다.

이 용어는 이스라엘의 미래를 그리는 일련의 소망과 결합되었으
며, 그 소망은 하나님의 새 백성을 다스릴 다윗 같은 새 왕의 도래에
집중되었다. 증거에 의하면, 로마가 지배하던 시대에 그러한 소망이
절정에 이르렀으며 민족주의 감정과 메시아 소망이 밀접하게 연결되
었다. 사해문서가 발견되면서 그 시대가 품었던 이러한 소망의 모습
이 분명하게 드러났다. 1세기 때 팔레스타인에서 어떤 사람을 가리
켜 "기름부음 받은 자"라고 부르는 것은 그 사람의 중요성을 분명히
밝히고 강하게 긍정하는 말이었다.

예수에게 이 칭호를 사용한 것을 보여주는 신약성서의 증거는
복합적이며 또 그 해석도 논란의 여지가 있다. 예를 들어, 메시아는
신적 인물이었다고 주장하는 사람들이 있는가 하면 그렇지 않다고
하면서 메시아는 하나님이 인정하고 기뻐한 사람일 뿐이었다고 주장
하는 사람들이 있다. 그러나 널리 타당성을 인정받는 진술로는 다음
의 네 가지를 들 수 있다.

❶ 예수에게 매료된 사람들 가운데는 예수를 잠재적인 정치적
해방자로 여긴 사람들이 있었다. 예수는 자기 백성들을 규합
하여 로마의 지배를 물리칠 것이다.

❷ 예수는 그를 따르는 사람들에게 자기를 가리켜 '메시아'라고
말하지 못하게 하였다. 이것은 나중에 와서 '메시아 비밀'—
독일의 신약성서학자 빌리엄 브레데William Wrede, 1859-1906가
만든 용어—로 불리게 된다.

❸ 예수가 자신을 메시아라고 생각했더라도 그것은 열혈당파나
민족주의적 성향이 강한 당파들과 관계가 있는 정치화된 형
태로서의 메시아는 아니었다.

❹ 그 당시의 소망은 승리하는 메시아에 대한 기대였다. 예수가
고난을 당했다는 사실은 이러한 기대와는 전혀 어울리지 않
았다. 예수가 메시아였더라도, 백성들이 기대한 메시아는 아
니었다.

그런데 예수의 의미를 이해하는 데서 이 용어가 왜 그렇게 중요
한가? 메시아라는 용어는 예수와 이스라엘의 관계를 확인해 준다는
점에서 매우 중요하다. 이 용어는 예수가 고대 이스라엘의 소망을 성
취한 인물로 받아들여졌다는 사실을 말해 주며 또 유대교와 기독교
가 연속성을 지니는 것으로 볼 수 있는 근거가 된다. 이 쟁점은 1세
기의 팔레스타인에서 매우 중요했고 오늘날에도 여전히 유대교와 기
독교의 관계와 관련하여 중요성을 지닌다.

하나님의 아들

구약성경에서는 '하나님의 아들'이라는 용어가 폭넓은 의미로 사용
되었는데, '하나님께 속함'이라는 의미가 가장 적절한 번역이라고 할
수 있다. 이 용어는 폭넓은 범주들에 두루 적용되며, 이스라엘 백성
전체(출 4:22)를 가리키기도 하고 구체적으로 그 백성을 다스리는 다
윗 왕과 그 후계자들(삼하 7:14)을 뜻하기도 한다. 이런 좁은 의미에
서는 이 용어를 예수와 기독교인들에게도 적용할 수 있다. 예수는 드
러내 놓고 이 용어를 자신에게 사용한 것 같지는 않다. 신약성경의
다른 곳에서, 특히 바울에게나 히브리서에서 이러한 방식으로 이 용
어가 사용된 것을 볼 수 있다. 예를 들어, 바울은 예수가 부활로 인하
여 "하나님의 아들로 선포되었다"고 말하였다(롬 1:4).

바울은 예수와 신자들 모두를 가리켜 '하나님의 아들'이라고 부
른다. 그러나 신자들은 양자로 들여져 아들이 되었으며 예수는 처
음부터 "하나님의 친아들"(롬 8:32)이었다고 구분한다. 요한복음과

요한서신들에서는 신자들을 가리켜 훨씬 더 일반적인 용어인 '자녀'*tekna*라는 말로 부르며 이에 반해 예수에게는 '아들'*huios*이라는 용어를 사용한다. 이 기본 개념의 의미는 다음과 같다. 신자들은 믿음을 통해, 예수가 아버지와 누리는 관계와 동일한 관계 속에 참여할 수 있게 된다. 하지만 예수와 아버지의 관계는 신자와 하나님 사이의 관계보다 앞서며 이 관계를 세우는 기초가 된다.

이 사실은 중요한 쟁점을 제기하는데, 이에 대해 살펴볼 필요가 있다. 독자들 가운데는 '하나님의 아들'이라는 말이 성차별적 언어를 사용한 것이기에 문제가 된다고 생각하는 사람들이 있을 것이다. 간단한 해결책은 '아들'이라는 남성적인 용어를 성별을 포괄하는 말인 '자녀'로 대체하는 것이다. 이렇게 대체하는 것이 이해가 되기는 하지만 이것은 신약성경에서 강조하는 여러 가지 중요한 구별을 흐리게 만든다. 바울은 남자와 여자를 아울러 모든 신자들이 양자로 들여져 하나님의 '아들들'이 된다고 보았다. 이 생각이 담고 있는 요점은, 그 당시의 문화 환경에서는 남자들만 누릴 수 있었던 유산 상속의 권리를 모든 신자들이 누리게 된다는 것이다. 이처럼 문화적으로 중요한 문제를 염두에 두고 이 책에서는 성 편향적인 전통 용어인 '하나님의 아들'과 '사람의 아들'을 사용해서 신약성경의 그리스도론적 칭호들을 다룰 것이다. 삼위일체를 분석하면서 '아버지'와 '아들'이라는 전통적 용어를 그대로 사용하는 것도 같은 이유 때문이다729-730쪽.

사람의 아들

많은 기독교인들이 '사람의 아들'(인자)이라는 말을 '하나님의 아들'의 당연한 짝이라고 생각한다. '하나님의 아들'이 그리스도의 신성을 보완하여 긍정하듯이 이 용어가 그의 인성을 확증해 준다고 본다. 그러나 '사람의 아들'이라는 말은 결코 그처럼 단순한 것이 아니다. '사람의 아들'(히브리어로 *ben adam*, 아람어로 *bar nasha*)은 구약성경에서 세 가지 주요한 맥락에서 사용된다.

- ❶ 예언자 에스겔에 대한 호칭으로 사용되었다.
- ❷ 미래의 종말론적 인물(단 7:13-14)을 가리키는 말로 사용되었다. 그의 도래는 역사의 종말과 다가오는 하나님의 심판을 나타낸다.
- ❸ 하나님과 천사들의 고결한 지위나 영원성과 대조되는 인간 본성의 미천함과 연약함을 강조하기 위해 사용되었다(민 23:19, 시 8:4).

이 가운데 세 번째 의미는 자연스럽게 예수의 인성과 연결되고, 또 공관복음서 속에서 예수의 인성을 가리키는 구절 가운데 몇 가지의 토대를 이루는 것으로 보인다. 그러나 대부분의 학자들이 관심을 쏟는 것은 두 번째 의미다.

독일의 신약학자인 루돌프 불트만은 다니엘 7:13-14이 역사의 마지막 때에 오실 '사람의 아들'에 대한 기대를 담고 있으며 예수 역시 이러한 기대를 가졌다고 주장하였다. 따라서 예수가 "그때에 인자가 구름을 타고 큰 권능과 영광으로 오는 것을 사람들이 보리라"(막 13:26)고 말한 것은 예수가 아니라 다른 인물을 가리키는 것으로 보아야 한다는 것이 불트만의 주장이다. 불트만은 초대교회가 나중에 '예수'와 '사람의 아들'을 하나로 묶었으며 그 둘을 동일한 것으로 이해했다고 주장하였다. 이렇게 해서 초대교회는 이 용어를 예수에게 적용한 것이다.

그러나 이 견해는 보편적인 인정을 얻지 못했다. 다른 학자들은 '사람의 아들'이라는 용어가 고난과 변호, 심판을 포함해 폭넓은 의미를 담고 있으며 그런 까닭에 이 용어를 예수에게 적용하는 것이 자연스럽고 당연한 것이라고 주장했다. 이러한 견해를 주장한 영국의 신약학자인 조지 케어드^{George Caird, 1917-1984}는 예수가 "인류와 그중에서도 특히 약하고 미천한 사람들과 자신이 본질적으로 하나임을 보이기 위해, 그리고 자신의 특별한 직무는 새 이스라엘의 예정된 대표이자 하나님의 심판과 하나님 나라의 담지자라는 것을 보이기 위해" 이 용어를 사용하였다고 주장했다.

주

"예수 그리스도를 주로 시인"하는 일(롬 10:9)은 기독교 초기에 신앙 고백의 한 요소로 자리 잡았으며 또한 예수 믿는 사람들과 그렇지 않은 사람들을 가르는 기준으로 사용되었던 것으로 보인다. '주'Lord, 그리스어 kyrios, 아람어 mar 라는 용어는 신학적으로 중요한 의미들을 지니는데, 그 한 이유는 이 말이 '성스러운 네 글자'Tetragram-maton를 번역하는 말로 사용되었기 때문이다. '성스러운 네 글자'란 히브리어 구약성경에서 하나님의 거룩한 이름을 표현하기 위해 사용한 히브리어 네 글자로, 영어로는 보통 YHWH나 Yahweh(야훼)로 표기한다. 유대교에서는 하나님의 이름을 소리 내어 읽는 것을 불경스럽게 여겼으며, 그래서 다른 말(아도나이adonai)을 대신 사용하였다. 구약성경을 그리스어로 번역한 칠십인역 성경Septuagint에서는 퀴리오스kyrios라는 용어가 하나님의 이름을 번역한 말로 사용되었다.

이렇게 해서, 그리스어 퀴리오스가 성서 문헌에서는 하나님만을 가리키는 말로 쓰이게 되었다. 1세기의 중요한 유대 역사가인 요세푸스는 유대인들이 로마제국 시민종교의 핵심 요소였던 황제숭배에 참여하기를 거부했던 유명한 사건을 기록으로 남겼다. 유대인들은 황제를 '주'kyrios라고 부르기를 거부했는데, 그 이유는 분명 그 용어가 하나님에게만 적합한 것이라는 믿음 때문이었다. 그러므로 신약성경에서 예수를 가리키는 말로 이 용어를 사용한 일은 이처럼 풍부한 의미 전통을 따른 것으로서 예수와 하나님의 동일성을 강도 높게 표현한 것이다.

신약성경의 많은 본문들이 이러한 경향을 보여주는데, 그 본문들은 구약에서 하나님을 가리키는 데 사용한 구절들을 끌어다가 그리스도에게 적용하고 있다. 그러한 사례로서 가장 중요한 것은 바울 이전에 나온 고백이 분명한 빌립보서 2:10-11에서 볼 수 있다. 이 본문에서 작자 미상의 저자는, 모든 사람이 주 하나님 앞에 무릎을 꿇을 것이라고 선언하는 구약성경의 구절(사 45:23)을 가져다가 주 예수 그리스도에게 적용하고 있다.

구주

신약성경의 저자들에게 예수는 "구주……곧 그리스도 주"(눅 2:11)다. 이 주제는 신약성경 전체에 걸쳐서 나타난다. 예수는 자기 백성을 그들의 죄에서 구원하실 것이며(마 1:21), 오직 그의 이름으로만 구원을 얻을 수 있고(행 4:12), 그는 "구원의 창시자"(히 2:10)다. 표면적으로 보면 기본 개념은 아주 간단하다. 즉 예수는 구원하는 분이다.

하지만 언뜻 보아 간단한 이 진술이 사실은 겉보기보다 훨씬 더 복잡하다는 것을 알 수 있다. 예수 그리스도에 대한 신약성경의 진술들은 유대교라는 배경에 비추어 이해해야 한다. 그런데 구약성경에 의하면 오직 한분, 이스라엘의 주 하나님만이 구원하실 수 있다. 예언자들은 계속해서 이스라엘을 향해 그들이 자기 힘으로는 구원을 이룰 수 없으며 또 그들을 에워싼 다른 나라들도 그들을 구원할 수 없다고 외쳤다. 주님, 오직 주님만이 이스라엘을 구원하시며 그들의 죄를 용서하신다. 이 사실은 이사야 45:21-22 같은 일부 예언서 문헌에서 특히 강조된다.

이 일을 옛부터 듣게 한 자가 누구냐.

이전부터 그것을 알게 한 자가 누구냐.

나 여호와가 아니냐.

나 외에 다른 신이 없나니

나는 공의를 행하며 구원을 베푸는 하나님이라.

나 외에 다른 이가 없느니라.

땅의 모든 끝이여, 내게로 돌이켜 구원을 받으라.

그러므로 신약성경이 예수를 가리켜 '구주'라는 말을 사용한 것은 겉보기보다 훨씬 더 중요한 의미를 지니고 있음이 분명하다. 이 칭호는 엄밀하게 말해 하나님만이 할 수 있는 일을 나사렛 예수가 행할 자격이 있다는 것을 보여준다.

이 주제는 또 예수가 중풍병자를 고친 일을 기록한 복음서 이야기(막 2:1-12)에도 등장한다. 예수는 중풍병자에게 그의 죄가 용서받았다고 말해서 예수를 감시하던 유대교의 율법선생들을 놀라고 화나게 한다. 그들의 반응은 의혹으로 가득 차 있다. "이 사람이 어찌 이렇게 말하는가. 신성모독이로다. 오직 하나님 한 분 외에는 누가 능히 죄를 사하겠느냐"(막 2:7). 이렇게 반발하는 바탕에는 구약의 기본적인 믿음이 깔려 있다. 하나님만이 죄를 용서하실 수 있다는 것이다. 예수가 하나님이 아닌 이상 그에게는 결코 그런 말을 할 권위가 없다. 그는 망상에 사로잡혔거나 아니면 하나님을 모독하는 것이다. 그러나 예수는 자신에게 죄를 용서할 권위가 있다고 단언하고 이어서 그 남자의 병을 고쳐준다(막 2:10-11). 예수의 부활은 예수에게 이렇게 행할 권리가 있음을 확증해 주며, 거슬러 올라가 그가 세상에서 주장했던 권위가 정당한 것이었음을 확인해 준다.

하나님만이 죄를 용서하신다. 그런데 예수가 죄를 용서한다. 하나님만이 구원하신다. 그런데 예수도 구원한다. 그렇다면 이것이 예수의 정체성에 관해 무엇을 말하는가? 구주는 오직 주 하나님뿐이며 하나님 외에는 구원하는 이가 전혀 없음을 누구보다도 잘 알았던 초대 기독교인들이 예수가 구주라고, 곧 예수가 구원할 수 있다고 주장하였다. 이 주장은 구약성경의 전통을 알지 못하는 사람들이 저지른 오해가 아니었다. 이것은 예수의 구속적인 죽음과 부활을 통해 이루어진 일을 보고서 예수가 어떤 분인지를 확신한 데서 나온 진술이었다.

하나님

신약성경은 이스라엘의 엄격한 유일신 신앙을 배경으로 삼아 기록되었다. 이런 유대교 신앙에서는 어떤 사람을 '하나님'이라고 말하는 것은 신성모독이었다. 그런데 저명한 가톨릭 신약학자인 레이먼드 브라운Raymond Brown, 1928-1998은, 신약성경에서 예수를 하나님이라고 부른 확고한 사례 세 가지를 들면서, 거기에 담긴 중요한 함의를 설명했다. 그 세 본문은 다음과 같다.

- ❶ 요한복음의 도입부에서는 "이 말씀은 곧 하나님이시니라"(요 1:1)고 단정 짓는다.
- ❷ 도마의 신앙고백에서 그는 부활한 그리스도를 "나의 주님, 나의 하나님"(요 20:28)이라고 부른다.
- ❸ 히브리서의 도입부에서는 시편을 인용하여 예수가 하나님이라는 증거로 사용한다.

신약성경의 저자들은 이스라엘의 엄격한 유일신 신앙을 배경으로 삼았으며 그런 까닭에 예수를 하나님이라고 말하기를 매우 꺼렸다는 사실을 놓고 볼 때, 이 세 가지 진술은 매우 중요한 의미를 지닌다. 물론 이외에도 많은 본문들이 비슷한 주장을 담고 있다. 이 세 본문은 지금 다루는 쟁점을 설명하기 위해 선택한 것이며, 신약학자들 사이에서 이 쟁점을 논하는 데 중요한 본문으로 인정된 것들이다.

예수의 **정체성**을 밝혀 주는 이 구절들 외에도 **직무**라는 관점에서 예수의 의미를 설명하는 구절들, 곧 예수를 하나님에게 속한 직무나 사명을 행하는 이로 설명하는 신약의 많은 구절들을 근거로 인용할 수 있다. 이러한 구절들 가운데 몇 가지는 매우 중요한 의미를 지닌다.

예수는 인간의 구주다 | 구약성경은 인간의 구주는 오직 한분, 하나님뿐이라고 주장한다. 초대 기독교인들은 오직 하나님만이 구주이며 하나님만이 구원하실 수 있다는 사실을 분명히 알았음에도 나사렛 예수를 자신들의 구주라고 단언하였다. 초대 기독교인들은 물고기를 신앙의 상징으로 삼았는데, 그리스어로 물고기를 표기하는 다섯 개의 그리스어 글자I-CH-TH-U-S가 "예수 그리스도, 하나님의 아들, 구주"라는 의미를 지니기 때문이었다. 신약성경에 따르면, 예수는 자기 백성을 그들의 죄에서 구원한다(마 1:21). 예수는 하나님의 역할을 수행하며, 엄밀히 말해 유대교에서 오직 하나님만이 하실 수 있다고 생각하는 일들을 행한다.

예수는 예배 받으신다 | 초대 기독교인들이 속했던 유대교의 테두리 안에서 예배의 대상은 오직 한분, 하나님뿐이었다. 바울은 로마에 있는 기독교인들을 향해, 인간은 자기를 지으신 분을 예배하여야 하는데도 피조물을 예배하는 잘못에 항상 빠진다고 경고했다(롬 1:23). 그런데 초대 기독교 교회는 그리스도를 하나님으로 예배했다. 이것은 신약성경 속에도 분명하게 나타나 있는 관례다. 고린도전서 1:2은 구약성경에서 하나님을 예배하거나 경외하는 데 쓰이는 언어 형식(창 4:26, 13:4, 시 105:1, 렘 10:25, 욜 2:32 등)을 사용해서 기독교인들을 가리켜 "우리의 주 되신 예수 그리스도의 이름을 부르는" 이들이라고 말한다. 따라서 예수는 예배의 대상이며 하나님의 일을 행하시는 분으로 받아들여진 것이다.

예수는 하나님을 계시한다 | "나를 본 사람은 아버지를 보았다"(요 14:9). 요한복음의 특징을 분명하게 보여주는 이 놀라운 구절은 아버지가 아들 안에서 말씀하시고 행하신다는 믿음, 달리 말해 하나님이

예수 안에서 예수를 통해 자신을 계시하신다는 믿음을 강조한다. 예수를 본 것은 곧 아버지를 본 것이다. 달리 말하면 예수는 하나님의 일을 하는 분이다.

위에서 살펴본 주제와 본문은 예수 그리스도의 정체성을 규명하고 밝히는 일에서 큰 비중을 차지하는 것들이다. 그리스도는 권위 있는 선생이며, 죄를 용서하고, 이스라엘의 소망을 완성하신 분이라는 사실 등을 교회는 잘 알고 있었다. 교회가 당면한 문제는 분명했다. 이러한 통찰들을 깔끔하게 하나로 엮어 낼 수 있는 개념적 틀이 무엇인가였다. 이 모든 요소들을 일관성 있게 다듬어 낼 최상의 '큰 틀'은 무엇인가? 이 모든 통찰들이 제자리를 잡게 하기 위해서는 어떤 지도를 그려야 하는가? 다음으로 이 문제에 대해 탐구하는데, 먼저 초기 교부들이 그리스도의 정체성을 합리적으로 설명했던 방식들을 살펴본다.

――――――― 그리스도의 인격에 관한 교부시대의 논쟁

교부시대에 들어와 그리스도의 인격에 관한 교리에 큰 관심이 모아졌다. 이 교리는 초기 기독교 때에 결정적인 쟁점으로 떠오르게 되었으며, 세 가지 사례만 한정해 말하면 그리스도인들이 로마 제국과 관계를 맺는 방식과 예배하는 방식, 미래에 대한 그들의 희망에 커다란 영향을 끼쳤다. 그리스도의 정체성에 관한 논쟁은 주로 동방교회 안에서 이루어졌으며, 흥미롭게도 히포의 아우구스티누스는 그리스도론에 관해서는 이렇다 할 만한 글을 쓰지 않았는데 아마도 은총과 교회와 삼위일체를 둘러싼 논쟁에 시간을 쏟는 것이 더 옳다고 생각했던 것 같다.

교부 사상가들이 씨름했던 과제는 기본적으로 통일된 그리스도론의 뼈대를 세워, 앞서 간단히 살펴본 몇 가지를 포함해 신약성서에 나오는 그리스도론과 관련된 다양한 실마리와 진술과 이미지와 모델들을 하나로 묶어 통일시키는 일이었다. 이 과제는 복잡한 것으로 확인되었다. 이 문제가 기독교 신학에서 굉장히 중요하다는 점을 고려하여 아래에서 그것이 발전해 온 주요 단계들을 살펴본다.

초기의 탐구들: 에비온주의와 가현설

초기 교회의 신학자들은 예수 그리스도가 인간의 정신과 상상력, 정서, 행동에 끼치는 영향을 밝히는 일이 중요하다는 사실을 알았다. 교회는 처음 4세기 동안 발전해 가면서, 예수 그리스도의 의미를 제대로 밝히지 못하고 그의 정체성을 그릇되게 해석한 견해들과 씨름해야 했다. 예수 그리스도를 개념 지도 안에서 적절하지 못한 곳에 배치하는 것은 그리스도인의 복음전도와 제자직에 치명적일 수 있다. 그리스도론이 형성되던 첫 시대에는 그리스도의 신성이 중심 문제로 다루어졌다. 초기 교부 사상가들은 신약성경이 예수 그리스도를 순전한 한 인간으로 말한다는 점을 확신하고 있었다. 여기서 탐구하고 해명할 필요가 있는 문제는 예수 그리스도가 다른 인간들과 차이를 보이는 방식이었다. 예수는 추가로 예외적인 특성을 지녔는가? 아니면 그에게는 인간의 정상적인 특성 가운데서, 예를 들어 죄성 같은 것이 없었는가?

예수 그리스도를 바른 자리에 위치시키는 최선의 개념 틀을 찾는 과정은 조심스럽게 진행되었다. 생각할 수 있는 모든 가능성을 탐구하고 평가하는 것이 중요하게 여겨졌다. 초기에 등장한 한 가지 방법은 처음 기독교인들이 속했던 사회 환경에 이미 존재하던 범주들을 받아들여서는 그것들을 예수 그리스도의 의미를 개념화하는 작업에 적용하는 것이었다. 이런 흐름은 이미 신약성서 자체에서도 찾아볼 수 있다. 복음서들을 보면, 나사렛 예수를 둘째 엘리야나 유대인의 새 예언자, 이스라엘의 제사장으로 해석한 경우와 같이, 당대의 유대교에서 끌어온 범주들로 예수의 의미를 밝히려고 시도한다.

초기에 등장한 두 가지 견해가 곧바로 이단적인 것으로 거부되었다. 기독교 시대 초기 몇 세기 동안 번창했던 유대 종파인 '에비온주의'는 예수를 평범한 인간이요, 마리아와 요셉 사이에서 태어난 인간의 아들이라고 보았다. 많은 학자들은 초기 2세기 때의 에비온주의가 '하등 그리스도론'—나사렛 예수는 평범한 사람들에 비해 영적으로 탁월한 인물이었다고 보는 견해—을 특징으로 지녔다고 본다. 나사렛 예수는 히브리 예언자가 부름 받는 것과 유사하지만 훨씬 더 강력하게 성령에게 사로잡혀 하나님의 은혜로 선택받은 사람이라고 여겨졌다. 이 접근법은 예수를, 예언자에게서 두드러지게 발견되는 하나님의 임재와 행위라는 유대인의 기존 범주에 맞추어 설명했다.

에비오니즘은 널리 부적절한 것으로 간주되었다. 스위스의 개신교 신학자 칼 바르트는 예수를 본질상 영웅적 인간으로 보거나 하나님이 "입양"한 한 인간으로 여기는 모든 에비온주의적 설명을 반박했다. 바르트는 에비온주의의 특징을 나사렛 예수의 본질적 신성을 거부하고 오직 그의 인성만 주장하는 접근법으로 이해했다. 이 비판은 부분적으로 맞지만, 에비온주의를 유대교로부터 출현한 역사 운동으로 바르게 평가하지는 못했다. 더구나 바르트의 주장은 에비온주의와 아리우스주의를 명확하게 구분하지 못하는데494-498쪽, 아리우스주의도 마찬가지로 그리스도의 신성을 부정하는 특징을 갖는다.

이보다 훨씬 더 중요했던 것으로서 정반대되는 견해를 주장한 가현설Docetism이 있었다. 이 이름은 그리스어로 "-처럼 보이다, -인 듯하다"를 뜻하는 동사 dokeō에서 유래하였다. 가현설의 한 형태로 인식될 수 있는 최초의 명시적 언급은 시리아 안티오키아의 주교로서 로마에서 순교한 안티오키아의 이그나티우스약 35-110의 편지에서 찾을 수 있다. 이그나티우스는, 초기 교회에서 커다란 영향을 끼쳤고 동시에 교회에서 일어난 몇 가지 논쟁에 대한 기록을 담고 있는 일곱 통의 편지로 인해 잘 알려져 있다. 이 편지들은 일부 기독교 교회에게 분명히 영향을 끼치고 있던 두 그룹의 가르침에 대해 우려를 표했다. 하나는 기독교가 유대교의 울타리 안에 남아있기를 바라는 유대주의자들이었으며, 다른 하나는 예수의 고난이 환상이었다고 주장하는 가현론자들이었다. 이그나티우스가 트랄리아Trallia와 스미르나Smyrna에 있는 교회에 보낸 편지는 그리스도가 겉으로만 고난을 겪은 것으로 보였을 뿐이라고 주장하는 사람들이 분명히 있었음을 보여준다. 그는 이렇게 말했다. 그리스도는 "참으로 현실적으로 다시 부활하신 것과 똑같이, 참으로 현실적으로 고통을 겪었습니다. 그의 수난은 상상 속의 환영이 아니었습니다."

명확한 신학 이론이라기보다 신학 내의 한 가지 경향이라고 보는 것이 옳을 가현설의 견해에 의하면 그리스도는 완전한 신이며 그의 인간성은 단지 겉모습에 불과하다. 따라서 그리스도가 당한 고통은 진짜가 아니라 표면적으로만 그렇게 보인 것이다. 가현설은 2세기의 영지주의 저술가들에게 특히 호감을 주었으며, 이 기간에 최고로 발전하였다. 영지주의 그리스도론을 제대로 보여주는 예는 발렌티누스주의에서 볼 수 있다. 이 2세기의 이단은 발렌티누스에게서 시작된 것으로 여겨지는데, 그는 이집트에서 태어나 135년경에 로마로 이주했다. 발렌티누스는 그리스도가 구원자요, 인간 내면에서 신성한 불꽃을 일깨워 인간으로 하여금 참된 고향으로 돌아갈 길을 찾게 해줄 인물이라고 가르쳤다. 육체에 사로잡힌 인간들을 구원하기 위해 그 구원자는 "스스로 잉태되고 몸과 영혼을 지닌 아기로 태어나기를 선택했다."

그런데 여기서 유의해야 할 점이 있다. 초기 기독교 자료에 따르면 예수가 겉으로만 고난을 당한 것처럼 보인다고 주장하는 집단들이 있었지만 그들이 "가현론자들"이라고 불리는 경우는 거의 없다는 사실이다. 예를 들어 리옹의 이레나이우스약 130-202는 나사렛 예수가 "단순히 겉모습만의 인간"이라고 주장하는 많은 비정통의 저술가들을 인용한다. 그러나 그는 이것을 가현설이라고 부르지는 않는다.

순교자 유스티누스^{약 100-165}: 로고스 그리스도론

그러나 2세기 말에 다른 견해들이 등장하기 시작했으며, 그로 인해 가현설의 흐름은 소멸되었다. 2세기의 가장 중요한 변증가 중 한 사람인 유스티누스가 그 견해의 대변자였다. 유스티누스의 그리스도론 방법은 로고스 개념을 사용했다. 로고스는 그 당시 철학에서 널리 쓰인 그리스어 용어이고 흔히 단순히 "말씀"으로 번역되었는데, 이 소박한 번역이 암시하는 것보다 훨씬 풍부한 의미를 가지고 있었다. 중기 플라톤주의는 로고스를 이념과 실재 세계 사이를 매개하는 원리로 보았고, 기독교 신학자들은 이것을 받아들여 나사렛 예수의 역할을 하나님과 인류 사이의 중재자로 다룰 수 있었다.

유스티누스^{약 100-165}는 기독교 신앙이 그리스 고전철학과 유대교 모두의 통찰을 구현하였다는 점을 증명하는 데 특별한 관심을 기울였다. 아돌프 폰 하르낙이 남긴 유명한 논평에 따르면 유스티누스는 "그리스도는 로고스^{Logos}이며 노모스^{Nomos}이다"라고 주장하였다. 달리 말해 그리스도는 유대교의 율법인 '토라'^{그리스어 nomos}와, '말'^{그리스어 logos}이라는 개념을 특히 강조한 그리스 철학 모두를 완성하였다는 것이다. 특별히 흥미로운 것이 유스티누스가 펼친 로고스 그리스도론인데, 이 이론에서 그는 당시 스토아주의와 중기 플라톤주의에서 유행하던 로고스 개념을 받아들여 변증론으로 이용하였다.

유스티누스는 그 당시 철학에서 일반적으로 인간의 모든 지식의 궁극적 출처라고 여긴 '로고스'라는 용어를 받아들여 사용하였다. 그는 하나의 동일한 로고스가 기독교 신자들과 이교 철학자들 모두에게 알려졌다고 주장한다. 하지만 이교 철학자들은 지성을 통하여 로고스를 부분적으로만 파악할 수 있는 데 반해, 기독교인들의 경우 그리스도 안에 로고스가 나타난 까닭에 지성과 역사를 통해 로고스를 완전하게 알 수 있다. 요한복음에 나오는 "말씀이 육신이 되어 우리 가운데 거하시매"(요 1:14)라는 구절은 유스티누스의 사고에서 매우 큰 비중을 차지한다. 유스티누스는, 헤라클레이토스나 소크라테스 같은 기독교 이전의 세속 철학자들은 진리를 부분적으로만 알았는데 그 까닭은 로고스가 세상에 현존하는 방식 때문이라고 생각하였다.

이러한 맥락에서 특히 중요한 개념이 중기 플라톤주의에서 나온 로고스의 씨앗*logos spermatikos* 개념이다. 이 개념에 의하면, 신적 로고스는 인간의 역사 전체에 걸쳐 씨앗을 뿌려 놓았다. 따라서 비기독교인들도 당연히 부분적으로나마 이 '로고스를 품은 씨앗'을 알 수 있다. 그래서 유스티누스는 이교 철학을 통해서는 실마리와 예감으로만 알 수 있는 하나님의 계시를 기독교가 완성하고 토대로 삼았다고 주장할 수 있었다. 구약성경에서 로고스는 신적 현현(하나님의 출현이나 등장)을 통해 일시적으로 알려졌다. 그리스도는 로고스를 완전하게 계시하였다. 유스티누스는 이 점을 『제2변증서』*Second Apology*에서 분명하게 밝힌다.

> 이 점에 관해 우리의 종교는 인간의 모든 가르침보다 훨씬 탁월하다. 즉 우리 인간을 위해 오신 그리스도는 로고스 원리를 하나도 남김없이 완벽하게 나타내 보이신다.……법률가나 철학자들이 훌륭하게 말한 것들은 모두 로고스의 특정 측면을 깨닫고 숙고함으로써 다듬어 낸 것들이다. 그러나 그들은 그리스도이신 로고스를 온전히 알지 못했기 때문에 빈번히 자기모순에 빠지고 말았다.

따라서 그리스 철학의 세계는 기독교 테두리 안에 들어와 견고히 서게 된다. 말하자면 그리스 철학은 그리스도의 도래를 알리는 서곡이며, 그리스도가 도래함으로써 철학이 이제까지 부분적으로만 알았던 것이 완성된다.

오리게네스약 185-254의 저술을 통해 로고스 그리스도론은 온전한 형태로 발전하게 된다. 오리게네스의 그리스도론은 복잡하며 또 그의 해석이 여러 가지 면에서 심각한 문제가 있다는 사실을 분명히 알아둘 필요가 있다. 그의 이론을 간단하게 설명하면 이렇다. 성육신에서 그리스도의 인간 영혼은 로고스와 연합한다. 이 연합이 아주 밀접한 까닭에 그리스도의 인간 영혼은 로고스의 속성들을 공유하게 된다. 그러나 오리게네스는 로고스와 성부가 영원히 공존하기는 하지만 로고스가 성부에게 종속된다고 주장한다.

앞에서 우리는 순교자 유스티누스가, 모든 사람이 부분적으로나마 로고스를 알 수 있지만 로고스의 완전한 지식은 그리스도 안에서만 드러난다고 주장한 것을 살펴보았다. 이와 유사한 개념을 로고스 그리스도론을 채용한 다른 저술가들, 특히 오리게네스에게서 볼 수 있다. 오리게네스는 조명설의 계시 이론을 받아들였다. 이 이론에서는 하나님의 계시 행위를 '하나님의 광선'에 의해 계몽되는 일과 비교하는데, 이 하나님의 광선은 "빛이신 신적 로고스"에서 나온다. 오리게네스는 기독교 신앙 밖에서도—비록 부분적 형태이기는 해도—진리와 구원에 다가갈 수 있다고 보았다.

아리우스^{약 260-336} 논쟁: "예수 그리스도는 피조물 가운데 최고 존재다"

종교와 철학의 범주들 가운데 어떤 것이 나사렛 예수의 의미를 밝히는 데 가장 적합하겠는지를 탐구하는 과정은 4세기에 들어와 분기점에 이르렀다. 이 쟁점을 주제로 삼은 논쟁이 이집트의 대도시 알렉산드리아에 있는 큰 교회에 사제로 있던 아리우스^{약 260-336}에 의해 촉발되었다. 아리우스는 『향연』^{Thalia}이라고 알려진 책에서 자신의 견해를 펼쳤는데, 이 책은 사라지고 없다. 그래서 우리는 아리우스를 공격했던 사람들의 저술을 통해 그의 사상을 알 수 있다.

아리우스가 가르친 근본 주제들은 네 가지 기본 진술로 요약할 수 있는데, 각각 상당한 양의 개념적 해명이 필요하다.

❶ 성자와 성부는 동일한 본질^{ousia}을 갖지 않는다.

❷ 성자는 비록 창조된 존재들 가운데서 기원과 등급이라는 면에서 첫째이고 가장 으뜸이 된다고 해도 어디까지나 창조된 존재 *ktisma* 또는 *poiema*일 뿐이다.

❸ 성자가 이 세상 만물의 창조자이며 그렇기에 세상보다 먼저 그리고 모든 시간에 앞서서 존재한 것이 틀림없지만, 그럼에도 성자는 존재하지 않은 때가 있었다.

❹ 그러므로 '하나님의 아들'이라는 용어는 다른 피조물들과 비교해서 아들의 등급을 강조하기 위해 의도된 은유이며, 공경하는 용어다. 그것은 아버지와 아들이 같은 존재 또는 지위를 공유한다는 뜻이 아니다.

아리우스 논쟁의 결과 가운데 하나는, 성경을 "증거 본문으로 삼는" proof-texting 관행이 전혀 무가치한 일이요 심지어는 신학적으로도 불합리하다는 사실을 확인한 것이었다. 여기서 증거 본문 삼기란 성경에서 몇 개의 구절을 끌어다 대는 것으로 신학 논쟁을 해결할 수 있다고 믿은 극히 순진한 관행을 말한다. 아리우스도 당연히 성경 본문을 근거로 신학적 견해를 세웠다. 예를 들어, 잠언 8:22은 하나님이 처음에 창조하실 때 지혜를 가지셨다고 말한다. 또 바울도 그리스도를 구속받은 사람들 가운데 "맏아들"이라고 말한다(롬 8:29). 문제의 요점은 아리우스가 이 본문들을 자신과 다투는 정통적인 사람들과는 다른 방식으로 해석하는 쪽으로 밀고 나갔다는 데 있다. 아리우스 논쟁에 휘말린 양쪽 편이 모두 자기네 논거를 지지하는 것으로 보이는 성경 본문들을 모을 수 있었다. 사실상 문제로 다루어야 했던 것은 신약성경이 가르치는 총체적인 개념을 밝히는 일이었다. 양쪽 진영이 모두 아무 어려움 없이 자기네 견해를 지지하는 본문들을 찾아냈다는 점에서 볼 때, 아리우스 논쟁은 어떻게 관련된 성경 본문들을 조화롭게 통합해 낼 수 있느냐와 관련된 것이라고 볼 수 있다. 그런 본문들이 가르치는 총체적 틀을 밝혀내는 일이 결정적인 쟁점이 되는 것으로 드러났다.

아리우스의 근본적인 신념은 엄밀한 의미에서 예수 그리스도는 신이 아니라는 점이다. 그는 "피조물 가운데서 첫째", 다시 말해 등급에서 탁월한 존재이지만 분명 신이 아닌 피조물이다. 요한복음의 서두에서 밝히고 있듯이, 로고스인 그리스도는 세계 창조의 작인^{agent}이었다. 하지만 로고스 역시 그 목적을 위해 하나님에 의해 창조되었다. 따라서 아버지는 아들보다 앞서 존재하는 것으로 보아야 한다. "아들이 존재하지 않은 때가 있었다." 이 진술은 아버지와 아들을 별개의 차원에 배치하며, 또 아리우스가 아들은 피조물이라고 힘주어 주장한 것과도 일치한다. 성부만이 "출생하지 않은" 분이시며, 아들은 다른 피조물들과 마찬가지로 동일한 존재의 원천으로부터 나온 것이다.

아리우스는 아들이 다른 모든 피조물과 같지 않다는 점을 애써 강조했다. 인간을 포함한 다른 피조물들과 아들 사이에는 등급의 차이가 있다. 그의 주장에 의하면, 아들은 "완전한 피조물이기는 하나 다른 피조물들 가운데 하나가 아니며, 출생한 존재이기는 하나 출생한 다른 존재들 가운데 하나가 아니다." 이 말은 아들이 다른 피조물들보다 우월하면서도 본질상 출생하고 창조된 본성을 그 피조물들과 공유한다는 의미로 받아들일 수 있다.

따라서 아리우스는 하나님과 창조된 질서를 철저히 구별한다. 중재자라든가 혼합된 존재 같은 것은 있을 수 없다. 아리우스에게, 하나님은 전적으로 초월하고 변하지 않는 존재다. 그러니 어떻게 그러한 신이 역사 속으로 들어오고 인간의 몸을 입을 수 있겠는가? 피조물인 아들은 변하고^{treptos}, 도덕적으로 발전하며^{proteptos}, 고통과 두려움과 슬픔과 피로를 느낄 수 있다. 이러한 특성은 변하지 않는 하나님이라는 관념과 전혀 어울리지 않는다. 변할 수 있는 하나님이라는 관념은 아리우스가 볼 때 이단적인 것이었다. 이에 더해 성자를 하나님으로 여겨 신성하게 생각하는 관념은 유일신 신앙과 하나님의 단일성이라는 근본적 주제들을 파괴하는 것이라고 보았다. 이 주제들은 초기 이슬람교에서 핵심 내용으로 다시 등장하게 된다.

이런 식으로 논증을 펼치면서 아리우스는 하나님이 완전히 초월하시고 범접할 수 없는 분이기 때문에 어떤 피조물도 하나님을 알 수 없다고 강조한다. 아리우스가 볼 때, 아들은 다른 모든 피조물보다 뛰어나다 할지라도 어디까지나 피조물일 뿐이다. 따라서 아리우스는 아들이 아버지를 알 수 없다고 주장한다. "시작이 있는 존재는 시작이 없는 존재를 이해하거나 파악할 능력이 없다." 아들도 다른 도움을 받지 않고서는 아버지를 알 수 없을 만큼 아버지와 아들이 철저히 구별된다. 다른 모든 피조물과 마찬가지로 아들도 자기에게 맡겨진 직무를 수행하기 위해서는 하나님의 은혜에 의존해야 한다.

아리우스는 이렇게 나사렛 예수의 인간성을 확증하면서 예수는 피조물들 가운데서 최고의 존재라고 단언한다. 에비온주의처럼 아리우스도 예수를 엄밀한 의미에서 신이라고 부를 수 없다고 주장하였다. 그러나 에비온주의는 인간 안에 하나님이 임재한다고 보는 기존 유대교 모델을 틀로 삼아, 특히 예언자나 영으로 충만한 개인이라는 관념을 사용해서 예수의 의미를 해석하였다. 이와는 달리 아리우스는 그 시대 그리스 철학의 엄격한 일신론에서 나온 틀 안에서 나사렛 예수를 해명하려고 하였으며, 그 때문에 일체의 성육신 관념을 하나님의 불변성 및 초월성과 모순되는 것으로 여겨 배척하였다. 에비온주의와 아리우스주의는 비슷한 내용을 말하는 듯하지만 사실은 전혀 다른 출발점에서 시작하고 또 매우 다른 전제를 따르고 있다.

아리우스는 하나님이 원칙상 인간의 몸을 입을 수 없다고 단정하는 철학적 선입견에 근거해서 나사렛 예수의 정체성에 대한 자기 이론을 펼쳤다고 흔히들 말한다. 이 주장이 일부분 사실이기는 하지만 전체가 다 옳은 것은 아니다. 아리우스는 그리스의 지성인들이 받아들일 수 없는 개념인 성육신을 기독교에서 점차 강조하게 되면서 많은 사람들이 기독교에서 멀어진다고 생각했던 것이 분명하며, 따라서 그의 관심사는 일부분 변증적인 성격을 지닌다. 오히려 아리우스는 기독교에 대한 자신의 견해는 책임 있는 성서 주석과 철학적인 체계를 신중하고도 적절하게 하나로 묶는 것이라고 주장하였다.

아타나시우스^{약 293-373} : 하나님의 성육신이신 예수 그리스도

그렇다면 나사렛 예수의 정체성을 이처럼 철저하게 합리적으로 설명하는 방법이 왜 그토록 강력한 비판을 받아야 했는가? 가장 끈질기게 아리우스를 비판한 사람이 알렉산드리아의 아타나시우스^{약 293-373}다. 아타나시우스가 보기에, 아리우스는 기독교 신앙의 내적 일관성을 무너뜨리고, 기독교 신앙과 예배의 밀접한 관계를 파괴했다. 아리우스에 대한 아타나시우스의 비판에 바탕이 되는 것으로 다음의 두 가지 점이 중요하다.

첫째, 아타나시우스는 오직 하나님만이 구원하실 수 있다고 주장하였다. 죄의 권세를 깨뜨리고 인간에게 영원한 생명을 줄 수 있는 이는 하나님, 오직 하나님뿐이다. 인간 본성의 근본 특성은 구속될 필요가 있는 존재라는 것이다. 피조물은 결코 다른 피조물을 구원할 수 없다. 창조자만이 창조된 세상을 구속할 수 있다. 만일 그리스도가 하나님이 아니라면 그는 문제의 일부이지 문제의 해답이 아니다.

구원하실 수 있는 분은 오직 하나님뿐이라는 점을 강조하고 나서 아타나시우스는 아리우스주의자들이 맞대응하기 곤란한 논리적 주장을 폈다. 신약성경과 기독교 예전 전통은 똑같이 예수 그리스도를 구주로 받아들인다. 그런데 아타나시우스의 주장에 의하면 오직 하나님만이 구원하실 수 있다. 그렇다면 이 사실을 어떻게 납득할 수 있게 설명할 수 있을까? 가능한 해법은 예수가 인간의 몸을 입은 하나님이라는 사실을 받아들이는 것뿐이라고 아타나시우스는 주장한다. 그의 논증을 아래와 같이 요약할 수 있다.

❶ 피조물은 결코 다른 피조물을 구속할 수 없다.

❷ 아리우스에 따르면 예수 그리스도는 피조물이다.

❸ 그러므로 아리우스의 주장대로라면 예수 그리스도는 인간을 구속할 수 없다.

아리우스는 그리스도가 인간의 구주라는 개념을 결코 포기하지 않았다. 아타나시우스의 논점은 아리우스가 이러한 개념을 부정했다는 것이 아니라 그 주장을 모순되게 폈다는 것이다. 아타나시우스가 보기에 구원에는 하나님의 개입이 필요하다. 그래서 아타나시우스는 "말씀이 육신이 되셨다"(요 1:14)는 성서의 가르침이 뜻하는 것은 하나님께서 우리가 처한 인간 상황을 변화시키기 위해 그 속으로 들어오셨다는 것이라고 주장한다. 아타나시우스는 이 개념을 그의 고전적 저술인 『성육신에 관하여』에서 펼치는데, 여기서 그는 다음과 같이 주장한다. "모든 사람의 주님이며 구세주이신 그분 곧 하나님의 아들이 죽음을 끝내기 위해 우리 가운데 오시지 않았다면, 인류는 완전히 소멸했을 것이다." 아타나시우스가 보기에 하나님이 성육신 안에서 인간이 되신 것은 인간이 신적 존재가 되도록 하기 위함이었다.

아타나시우스가 주장하는 두 번째 논점은 기독교인들이 예수 그리스도를 예배하고 그에게 기도한다는 점이다. 이러한 관례는 거슬러 올라가 신약성경에서 확인할 수 있으며, 초기 기독교가 나사렛 예수의 의미를 어떻게 이해하였는지 밝히는 데 매우 중요하다. 4세기 때에는 그리스도를 경배하고 그에게 기도하는 일이 기독교 공적 예배의 표준적인 특징이었다. 만일 예수 그리스도가 피조물이라면 기독교인들은 하나님 대신 피조물을 예배하는 죄를 지은 셈이며 달리 말해 우상숭배에 빠진 것이라고 아타나시우스는 주장한다. 구약성경의 율법은 분명하게 하나님 외에 다른 사람이나 물건을 예배하지 못하도록 금하지 않았는가? 아리우스는 예수를 예배하는 관행에 반대하지 않았다. 하지만 아타나시우스와 동일한 결론을 끌어내는 데는 반대하였다.

여기서 기독교 예배와 기독교 신앙의 관계가 중요한 쟁점이 된다. 정통주의 교회는 교회의 예배 양식과 완전히 일치하는 예수 그리스도의 정체성에 대한 이해를 유지한다. 아타나시우스는 주장하기를, 기독교인들은 예수 그리스도를 예배하고 받드는 것이 마땅한데 그렇게 함으로써 그가 참으로 어떤 존재인지를, 다시 말해 성육신하신 하나님이라는 사실을 인정하게 되기 때문이라고 말하였다. 만일 그리스도가 하나님이 아니라면, 그에게 예배를 드리는 것은 완전히 잘못된 일이 될 것이다. 만일 아리우스가 옳다면 기존의 기독교 예배 양식은 급격히 변화되어야 할 것이고, 초기 형태의 기독교 기도 및 경배와도 단절될 수밖에 없을 것이다. 아리우스는 기독교인들이 기도하고 예배드리는 전통 양식을 일관성이 없는 것으로 만든 책임을 져야 할 것으로 보았다. 아리우스는 예수께 예배드리는 전통을 인정하기는 했지만, 그 완전성을 훼손시켰다. 만일 아리우스가 맞다면, 기독교인들은 이런 양식으로 그리스도에게 경배하거나 기도하지 말아야 한다. 그리스도는 "피조물 가운데 처음 난 자"로서 존경받을 수는 있으나, 경배의 대상이 되어서는 안 되는 것이다.

여기서 우리는 이단의 근본적인 특성을 본다. 다시 말해, 신앙의 겉모양은 유지하지만 내면에서는 신앙의 정체성이 뒤집혀져 있다. 우리가 고려한 두 가지 점에 초점을 맞추며 아리우스는 그리스도는 인류의 구원자이고 교회는 그를 경배해야 한다고 주장했지만, 그럼에도 그는 구원도 숭배도 적절하지 않게 되는 방식으로 그리스도의 정체성을 해석했다. 신학과 실천 사이의 그런 분명한 긴장은 파열을 일으키지 않은 채 오랫동안 지속될 수 없었다.

교회 안에 평화를 이루기 위해서는 어떤 식으로든 아리우스 논쟁이 해결되어야만 했다. 논쟁은 성부와 성자의 관계를 설명하기 위해 사용된 두 가지 용어를 중심으로 이루어졌다. 어떤 사람들은 "유사 본질의" 또는 "유사한 존재인"을 의미하는 호모이우시오스 *homoiousios* 라는 용어가 성부와 성자의 관계에 대해 더 이상 다투지 않고서도 둘 사이의 밀접성을 긍정할 수 있게 해주는 현명한 절충안이라고 생각했다. 하지만 결국에는 이 용어와 대치하는, "동일 본질의" 또는 "동일한 존재인"을 뜻하는 호모우시오스^{homoousios}라는 말이 우위를 차지했다. 이 말은 상대 용어와 단지 글자 하나가 다르지만 성부와 성자의 관계에 대해서는 매우 다른 개념을 말해 준다. 이 격렬했던 논쟁을 두고 에드워드 기번$^{Edward\ Gibbon}$은 『로마제국 쇠망사』$^{1776-1788}$에서, 모음 한 글자를 둘러싸고 그처럼 엄청난 정력이 허비된 적도 없다고 논평했다. 381년의 니케아 신조—정확히 말해 니케아-콘스탄티노플 신조—에서는 그리스도가 성부와 "동일한 본질"$^{of\ the\ same\ substance}$을 지닌다고 선언했다. 그때 이후로 이 주장은 개신교와 가톨릭, 정교회를 아울러 주류 기독교 교회 내에서 정통 그리스도론의 표준으로 인정받아 왔다.

아리우스에 대한 아타나시우스의 대응을 다루면서 이미 알렉산드리아 학파 그리스도론의 몇 가지 특징을 살펴보았다. 다음으로 그 특징들을 좀 더 구체적으로 살펴보고, 이어서 그와 대립 관계에 있던 안티오키아 학파의 견해를 살펴본다.

알렉산드리아 학파

아타나시우스가 지도자와 대표자였던 알렉산드리아 학파에서 그리스도를 설명하면서 강조한 것이 인간의 구주$^{그리스어\ soter}$라는 의미였다. 예수 그리스도는 인간을 하나님의 삶 속으로 끌어올리거나, 전통적으로 신화(神化)^{deification}라는 말로 표현했듯이 인간을 신이 되게 함으로써 인간을 구속한다. 그리스도론이란 이러한 구원론적 통찰이 지닌 함의를 밝혀내는 것이다. 달리 말하면 나사렛 예수의 **정체성**이 그의 **구원하는 행위**를 통해 드러난다.

알렉산드리아 학파 그리스도론의 뼈대는 다음과 같이 요약할 수 있다. 인간의 본성이 신이 될 수 있으려면 하나님의 본질과 연합해야 한다. 그리고 하나님은 인간의 본성이 하나님의 생명에 참여할 수 있게 해주는 방식으로 인간 본성과 연합해야 한다. 바로 이 일이 예수 그리스도 안에서 하나님의 아들의 성육신을 통해 일어난 것이라고 알렉산드리아 학파는 주장하였다. 삼위일체의 두 번째 위격이 인간의 본성을 취하였으며 그렇게 함으로써 인간 본성의 신화를 보증하였다. 인간이 하나님이 되도록 하나님이 인간이 되었다.

그래서 알렉산드리아 학파의 학자들은 로고스가 인간의 본성을 취한다는 개념을 특별히 강조했다. "취하다"assuming는 개념이 중요하다. 인간 안에 거하는 로고스(구약성경의 예언자들에게서 볼 수 있다)와 스스로 인간의 본성을 취하는 로고스(하나님의 아들의 성육신에서 볼 수 있다)가 구별된다. 요한복음 1:14("말씀이 육신이 되어")이 이 학파의 근본 통찰과 성탄절의 제의 예전을 구현하는 것으로 여겨져 특히 강조되었다. 그리스도의 탄생을 축하하는 일은, 로고스가 세상으로 온 것과 또 세상을 구속하기 위해 친히 인간 본성을 취한 것을 축하하는 것이었다.

이 견해는 그리스도의 신성과 인성의 관계에 대한 문제를 낳았다. 알렉산드리아의 키릴로스약 378-444는 이 학파 내에서 성육신을 통한 신성과 인성의 연합을 강조했던 많은 저술가들 중 한 사람이다. 로고스는 인간의 본성과 연합하기 전에는 '몸이 없이' 존재했으며, 연합을 이룬 후에는 로고스가 인간 본성을 자신에게 일체화하였기에 오직 하나의 본성만 존재한다. 이렇게 그리스도의 한 본성을 강조한 점에서 알렉산드리아 학파는 안티오키아 학파와 구별되는데, 안티오키아 학파•는 그리스도 안의 두 본성이라는 개념을 훨씬 더 적극적으로 받아들였다. 키릴로스는 이 점에 대하여 다음과 같이 말한다.

말씀이 "인간의 몸을 입었다"거나 "인간이 되었다"라고 선언할 때 우리는 말씀이 육이 되면서 말씀의 본질에 어떠한 변화가 일어났다거나 말씀이 영혼과 몸으로 이루어진 완전한 인간으로 변했다고 주장하는 것

• 안티오키아 학파
  Antiochene School

오늘날의 터키에 위치한 도시 안티오키아를 중심으로 활동한 교부들의 학파로. 그리스도론(특히 그리스도의 인성을 강조하였다)과 성서 해석 방법(문자적 주석 방법을 채용하였다)으로 주목을 받았다. '알렉산드리아 학파'가 이 두 분야에서 안티오키아 학파와 경쟁하였다.

이 아니다. 오히려 우리가 말하는 것은, 형언할 수 없고 이해할 수 없는 방식으로 말씀이 합리적 영혼을 지닌 몸을 자기 자신과 인격적으로 연합시켰으며 그렇게 해서 인간이 되고 사람의 아들이라 불리게 되었다는 것이다. 그런데 이 일은 단지 의지나 호의의 행동으로 이루어진 것이 아니며, 단순히 어떤 역할을 맡거나 스스로 인격을 취한 것도 아니었다.

그런데 여기서 어떤 종류의 인간 본성을 취했느냐가 문제가 된다. 라오디케아의 아폴리나리우스약 310-390는 로고스가 완전하게 인간 본성을 취했다는 믿음이 점점 더 확산되는 것을 염려하였다. 그가 볼 때, 이 믿음은 로고스가 인간 본성의 약점에 오염되었다는 것을 의미하였다. 어떻게 하나님의 아들이 전적으로 인간 중심적인 원리들에 오염되도록 방치할 수 있겠는가? 아폴리나리우스의 관점에서 볼 때, 그리스도가 인간의 정신을 지니게 된다면 그의 무죄성이 훼손될 수밖에 없다. 인간의 정신이라는 것은 하나님에 대한 반역과 죄의 원천이지 않은가? 자극하고 이끄는 순수 신적인 힘이 인간의 정신을 대신할 때에만 그리스도의 무죄성이 보존될 수 있다. 이러한 근거에서 아폴리나리우스는 그리스도 안에서 인간적인 정신과 영혼이 하나님의 정신과 영혼으로 대체되었다고 주장하였다. 그리스도 안에서 "신적인 힘energy이 살아있는 영혼과 인간 정신의 역할을 온전케 한다." 따라서 그리스도가 지닌 인간 본성은 완전한 것이 아니다.

이 개념은 아폴리나리우스의 여러 동료들을 깜짝 놀라게 했다. 그리스도에 관한 아폴리나리우스의 견해가 일부 사람들에게는 매력적으로 보였지만 거기에 담긴 구원론적 함의를 파악한 사람들은 충격을 받았다. 만일 로고스가 인간 본성의 일부만을 취했다면 어떻게 인간의 본성이 구속받을 수 있겠는가라는 문제가 제기되었다. 이러한 견해를 대변한 가장 유명한 사람으로 나지안주스의 그레고리우스329-389를 들 수 있는데, 그는 성육신에서 그리스도가 인간 본성을 온전히 취한 것이 구속에서 중요하다고 역설하였다.

만일 그리스도를 인간의 정신이 없는 사람이라고 믿는 사람들이 있다면 그들은 정신 나간 사람들이요 구원받을 자격도 없습니다. 그리스도가 취하지 않은 것은 치유받을 수가 없으며, 그의 신성과 연합된 것만이 구원을 받기 때문입니다.……그런 사람들이 우리의 완전한 구원을 방해하거나 구주에다 인간의 뼈와 힘줄, 외모만을 덧입히지 못하도록 해야 합니다.

안티오키아 학파: 몹수에스티아의 테오도루스약 350-428

소아시아(오늘날의 터키)에서 등장한 학파의 그리스도론은 이집트 알렉산드리아에서 활동한 경쟁 학파의 이론과 크게 달랐다. 가장 커다란 차이점 가운데 하나는 그리스도론에 대한 성찰이 이루어진 정황과 관계가 있다. 알렉산드리아 학파 사람들은 구원론의 문제를 다루는 데 일차적인 관심이 있었다. 그들은 그리스도의 위격에 대한 그릇된 이해가 부적합한 구원 개념과 얽혀 있다고 보아 그리스의 세속 철학에서 끌어온 개념들을 사용하여 인간의 온전한 구속과 어울리는 그리스도상을 세우려고 했다. 앞에서 살펴본 대로 로고스의 개념이 중요한데, 구체적으로 성육신 개념과 관련하여 특히 중요했다.

안티오키아 학파 사람들은 이 점에 대해 전혀 다른 견해를 취했다. 그들의 관심사는 순수 구원론적인 것이 아니라 주로 도덕적인 것이었으며, 그리스 철학의 개념에는 별로 의존하지 않았다. 안티오키아 학파에서 그리스도의 정체성을 설명한 기본 구조는 다음과 같이 간단하게 정리할 수 있다. 인간은 불순종으로 말미암아 타락한 상태에 있으며 자신의 힘으로는 그 상태에서 벗어날 수 없다. 만일 구속이 이루어진다면 그것은 반드시 인간 편에서 새롭게 순종함으로써만 가능하다. 인간으로서는 죄의 굴레를 깨뜨릴 수가 없기 때문에 하나님께서 개입하셔야 한다. 이러한 까닭에 신성과 인성이 일치된 이가 구속자로 오시며 그가 하나님께 순종하는 백성을 다시 일으켜 세운다.

여기서는 그리스도의 두 본성을 적극적으로 옹호한다. 그리스도는 하나님이며 동시에 한 사람의 진정한 인간이다. 이러한 생각이 그리스도의 단일성을 부정하는 것이라고 알렉산드리아 학파가 주장하자 그에 맞서 안티오키아 학파 사람들은, 자신들은 단일성을 존중하면서도 동시에 한 분 구속자가 완전한 인성과 완전한 신성을 지닌다는 점을 긍정하는 것이라고 맞받아쳤다. 그리스도 안에서 인간 본성과 신적 본성이 '완전한 결합'을 이룬다. 그러므로 그리스도의 완벽한 단일성은 그가 신성과 인성의 두 본성을 지닌다는 사실과 모순되지 않는다. 몹수에스티아의 테오도루스^{약 350-428}는 이 점을 강조해 다음과 같이 주장하였다. 예수 그리스도의 영광은 "로고스 하나님에게서 나오는데, 로고스 하나님이 예수를 취하고 그를 자기와 연합시켰다.……그리고 인간 예수가 성자 하나님과 확고한 연합을 이루었기 때문에, 모든 피조물이 그를 경외하고 예배한다." 알렉산드리아 학파 사람들은 여전히 의심을 풀지 않았으며, 이 견해는 '두 아들'의 교리, 곧 예수 그리스도가 단일 인격이 아니라 인간과 신의 두 인격으로 이루어졌다고 주장하는 것이라고 보았다. 그러나 이런 비판은 콘스탄티노플 대주교인 네스토리우스^{약 386-451} 같은 안티오키아 학파의 대표적인 사상가들에 의해 분명하게 배척되었다. 네스토리우스에 의하면, 그리스도는 "두 본성을 가리키는 통칭"이다.

> 그리스도는 그가 그리스도라는 점에서는 나뉠 수 없지만, 그가 하나님이며 또한 인간이라는 점에서 이중적이다. 그는 아들 됨에서는 하나이지만 취하고 또 취해진다는 점에서는 이중적이다.……우리는 두 그리스도나 두 아들, 두 명의 독생자나 두 주님을 인정하지 않으며, 또 한 아들과 다른 아들, 첫 번째 독생자와 새로운 독생자, 첫 번째 그리스도와 두 번째 그리스도도 인정하지 않는다. 우리는 오직 하나의 동일한 아들을 인정한다.

그렇다면 안티오키아 학파의 신학자들은 그리스도 안에서 이루어진 신적 본성과 인간 본성의 연합을 어떤 방식으로 이해했을까? 우리는 앞에서 알렉산드리아에서 우세했던 '취함'assumption 모델, 곧 로고스가 인간의 몸을 취했다는 모델에 대해서 살펴보았다. 그럼 안티오키아에서는 어떤 모델이 사용되었는가? 이에 대한 답은 다음과 같이 요약할 수 있다.

> **알렉산드리아**: 로고스는 일반적인 인간 본성을 취한다.
> **안티오키아**: 로고스는 구체적인 인간을 취한다.

로고스가 인간 본성 일반을 취한 것이 아니라 구체적인 인간을 취한 것이라고 주장한 안티오키아 신학자 가운데, 대표적인 예가 몹수에스티아의 테오도루스다. 테오도루스는 로고스가 일반적이거나 추상적인 인간 본성을 취하는 대신 특정하고 구체적인 인간 개인을 취했다는 견해를 폈다. 그의 저술 『성육신에 관하여』On the Incarnation 에서 이러한 견해를 볼 수 있다. "인간에게 내주할 때에 로고스는 취한 대상[인간] 전체를 자기 자신과 연합시켰으며 또 그 인간으로 하여금 내주하는 이, 곧 본성상 하나님의 아들이신 이가 지닌 존엄성을 남김없이 공유할 수 있게 해주었다."

그러면 인간 본성과 신적 본성은 어떤 관계인가? 안티오키아 학파의 학자들은 알렉산드리아 학파•의 견해가 그리스도의 신성과 인성을 "뒤섞거나 혼동하는" 결과를 낳았다고 확신했다. 그들은 이러한 오류를 피하기 위해 두 본성의 독특한 정체성은 그대로 보존하면서 둘의 관계를 개념화하는 방식을 고안했다. 이렇게 "기뻐하는 뜻에 따른 연합"에서는 그리스도의 인성과 신성이 그리스도 안에 설치된 일종의 방수 구획과 같은 것으로 여겨진다. 그 둘은 결코 서로 섞이거나 상호작용하지 않는다. 두 본성은 독특성을 유지한 채 하나님의 기뻐하시는 뜻에 따라 하나로 결합한다. '위격의 연합'hypostatic union, 곧 그리스도 안에서 신성과 인성의 연합은 하나님의 뜻에 근거한 것이다.

• **알렉산드리아 학파**
Alexandrian School

교부들의 학파 중에서 특히 이집트의 알렉산드리아와 관계가 있는 학파로서. 그리스도론(그리스도의 신성을 강조한다)과 성서 해석 방법(알레고리 주석 방법을 채용하였다)으로 유명하다. 이 두 분야와 관련해 경쟁적 이론을 펼친 학파가 '안티오키아 학파'다.

이것은 몹수에스티아의 테오도루스가 신성과 인성의 연합을 마치 남편과 아내의 결합처럼 순전히 도덕적인 연합으로 생각했다고 말하는 것처럼 보인다. 이것은 또 사람이 옷을 입듯이 로고스가 단순히 인성을 입은 것이요, 그래서 일어난 행위는 일시적이고 취소할 수 있으며, 관련된 어느 편에도 전혀 근본적인 변화를 일으키지 않는다는 말이 아닌가 하는 의혹을 낳는다. 하지만 안티오키아 학파 저술가들이 이러한 결론을 의도하지는 않았다. 그들은 그리스도 안에서 신성과 인성이 뒤섞이는 일을 피하고자 하는 열의에서 그 둘의 독특성을 강조한 것인데, 그 와중에 원래 의도와는 다르게 위격의 연합을 통해 신성과 인성의 결속을 약화시키는 결과를 낳았다고 보는 것이 그들의 견해에 대한 가장 타당한 판단일 것이다.

속성의 교류

많은 교부 사상가들이 큰 관심을 기울여 논의했던 쟁점이, 라틴어로 *communicatio idiomatum*이라 불리는 '속성의 교류' 개념이다. 4세기 말에 이르러, 교회 안에는 다음과 같은 명제가 널리 인정되었다.

❶ 예수는 완전한 인간이다.
❷ 예수는 완전한 하나님이다.

만일 이 두 언명이 동시에 참이라면, 예수의 인간성에 대해 참된 것은 또한 그의 신성에 대해서도 참이어야 하며 그 역도 사실이라고 주장되었다. 다음과 같은 예를 들 수 있다.

❶ 예수 그리스도는 하나님이다.
❷ 마리아는 예수를 낳았다.
❸ 따라서 마리아는 하나님의 어머니다.

이런 식의 주장이 4세기 말의 교회 안에서 널리 퍼졌으며, 이 주장은 흔히 신학자의 정통성을 판별하는 수단으로까지 사용되었다. 마리아가 '하나님의 어머니'라는 데 동의하지 않으면 그리스도의 신성을 인정하지 않는 것으로 생각되었다.

그렇다면 이 원리를 어디까지 밀어붙일 수 있을까? 예를 들어 다음과 같은 주장을 생각해 보자.

❶ 예수는 십자가에서 고난당하였다.
❷ 예수는 하나님이다.
❸ 따라서 하나님은 십자가에서 고난당하였다.

앞의 두 언명은 분명 정통적이며 교회 안에서 널리 인정하였다. 그러나 앞의 정통적인 두 언명에서 결론으로 끌어낸 세 번째 언명은, 이 책의 앞부분에서 '하나님의 고난' 개념을 다룰 때 언급했듯이412-426쪽, 일반적으로 비정통적인 것이요 받아들일 수 없는 것으로 생각되었다.

대부분의 교부 사상가들에게는 하나님이 고난당할 수 없다는 것이 자명한 원리였다. 이 원리에 어느 정도 제한을 둘 수 있느냐를 둘러싸고 교부시대에 많은 논란이 벌어졌다. 나지안주스의 그레고리우스는 하나님이 고난을 겪은 것으로 보아야 하며 그렇지 않으면 하나님의 아들의 성육신이라는 사실에 문제가 발생한다고 주장하였다. 그러나 이 쟁점의 중요성을 가장 분명하게 보여준 것은 네스토리우스 논쟁이었다.

네스토리우스 때에, 테오토코스(문자적 의미는 "하나님을 낳은 이") *theotokos*라는 칭호가 대중들의 신앙과 학구적인 신학 양쪽에서 널리 사용되었다. 그러나 네스토리우스는 이 칭호가 담고 있는 의미에 깜짝 놀랐다. 이 말은 그리스도의 인간성을 부정하는 것으로 보였다. 왜 마리아를 안트로포토코스("사람을 낳은 이")*anthropotokos*나 크리스토토코스("그리스도를 낳은 이")*christotokos*로 부르지 않는가? 그가 주장한 견해에 비난과 분노가 쏟아졌는데, 지금까지 테오토코스라는 용어와 관련해 신학적으로 엄청난 노력이 투자된 것에 비추어 당연한 일이었다.

현대의 학자들은 이 논쟁과 관련된 강한 정치적 성격을 지적하면서 일부 알렉산드리아 저술가들이 제안한 것처럼 네스토리안주의가 정말로 이단이었는지에 대하여 의문을 제기하였다. 네스토리우스는 완전히 합당한 논점을 제시했고 그렇게 해서 중요한 신학 논의의 문을 열었던 것이라고 보는 견해가 점차 힘을 얻고 있다. 예수 그리스도의 인성을 보존하려는 안티오키아 학파의 변증이 그의 신성을 거부한 것은 아니었다. 네스토리우스와 이 전통을 따른 다른 사람들이 나사렛 예수가 도덕적 선함을 계발해야 했고 또 인간으로서 죄에 대한 승리를 성취해야 했다는 점을 강조했을 때, 이것은 다른 한편으로 그가 신성을 지녔다는 믿음을 보충하고 풍요롭게 하는 것으로 생각되어야 했다. 지금은 네스토리우스주의의 신학적 지위에 대하여 학술적인 검토가 이루어졌으며, 19세기와 20세기 초의 작가들이 내린 많은 판단은 의문시되고 있다. 독자들은 이 논쟁에 대한 오래된 설명을 참고할 때, 이러한 중요한 태도 변화를 인식해야 한다.

칼케돈 공의회[451]

초기 기독교 신학의 전환점으로 널리 인정받는 칼케돈 공의회에서 정한 신앙고백문을 살펴보는 것으로, 교부시대에 형성되고 발전한 그리스도론에 대한 분석을 마무리 짓는다.

> 우리 모두는 한목소리로 우리 주 예수 그리스도를 한 분 동일하신 아들로 고백합니다. 그는 완전한 신성과 완전한 인성 안에 계시고 참 하나님 그리고 참 인간이시며, 이성적인 영혼과 하나의 몸으로 구성된 분이십

니다. 그는 신성으로는 아버지와 동일한 실체를 이루시고, 인성과 관련해서는 죄를 제외하고 모든 면에서 우리와 같은 실체이십니다(히 4:15).

이 진술은 성육신 교리의 핵심 주제를 확증한다. 예수 그리스도는 "참 하나님 그리고 참 인간이시며" 신성으로는 하나님과 "하나의 실체"이고, 인성으로는 우리와 "하나의 실체"이시다. 이것은 앞에서 설명한 것처럼 501-507쪽 알렉산드리아 학파와 안티오키아 학파 모두에 해당하는 의미로 해석될 수 있다. 칼케돈 공의회에서 관심을 쏟았던 일은 정말 중요한 것을 확정 짓는 일이었고, 반면에 정통신앙의 핵심 주제들을 어떻게 해석하느냐에 대해서는 상당한 자유를 허용하였다.

1951년에 칼 라너1904-1984는 칼케돈 공의회의 1,500주년을 기념하는 주요한 논문에서, 그 공의회가 내린 정의는 끝이면서 동시에 시작인 것으로 여겨야 한다고 주장하였다. "칼케돈, 끝인가, 시작인가?"라는 글에서 라너는 칼케돈 공의회가 지금까지 누적된 난제들을 해결하고 그리스도론을 둘러싼 교부들의 논쟁에 종지부를 찍었다고 말했다. 그러나 칼케돈 공의회가 미래의 모든 신학이 꼭 따라야 하는, 시대를 초월한 전형을 제정한 것이 아니라 미래의 토론과 해석의 토대로 봉사할 수 있는 원형을 제공했다는 점에서, 그 결론은 또한 시작을 의미하였다. 라너의 이러한 요점은 칼케돈이 그리스 형이상학의 범주—예를 들어 "실체"—를 사용한 것이 도움이 되지 않는다고 느꼈던 사람들에게 중요하다. 라너는 다음 세대에게 그런 사상들의 해석 과정을 계속할 필요가 있음을 강조하기 때문이다.

여기서 소수파의 견해로서 한 가지 중요한 이론을 살펴볼 필요가 있다. 칼케돈 공의회는 기독교계의 전체적인 합의를 끌어내는 데는 성공하지 못했다. 6세기 때 신성과 인성이 완전히 통합되어 하나의 본성을 가진다는 반대 입장이 등장했는데, 오늘날에는 이것을 '합성론'(合性論)miaphysitism으로 부른다. 이것은 문자적으로는 그리스도 안에 "하나의 본성"(그리스어로 '오직 하나'를 뜻하는 mia와 본성을 뜻하는 physis가 합쳐진 단어다)만 있음을 뜻한다("단성론"monophysitis 이라는 용어도 나타났지만, 이것은 주로 콘스탄티노플의 에우티케스약 380-456 의 견해를 가리킨다). 여기서 문제가 되는 "하나의 본성"은 인성이 아니라 주로 신성으로 이해되었다. 이 견해는 꽤 복잡해서 이 책에서 다 다룰 수 없다. 여기서 독자에게 알리고 싶은 것은 아비시니아(에티오피아), 아르메니아, 콥트, 시리아 교회를 포함해 지중해 동쪽 세계의 기독교 교회들 대부분이 그 견해를 규범적인 것으로 받아들이고 있다는 사실이다. 이 견해와 대립하는 칼케돈 공의회의 이론은 그리스도 안의 두 본성, 곧 신성과 인성을 인정하며, 그리스도어로 "두 본성"을 뜻하는 말에서 유래한 양성론(兩性論)dyophysitism으로 불린다(그리스어 dyo는 '둘'을 의미한다).

이제 우리는 교부들의 그리스도론 논쟁을 뒤로하고 중세기에 일어난 몇 가지 발전을 살펴보기로 한다.

———— 중세 그리스도론에서 성육신과 타락의 관계

중세 시대의 두드러진 특징이라면 대부분의 신학 영역을 논리적이고 철학적인 면에서 체계적으로 탐구한 일을 들 수 있으며, 그리스도론도 예외가 아니었다. 캔터베리의 안셀무스약 1033-1109 는 자신의 논문 『왜 하나님은 인간이 되셨는가?』에서 특히 그리스도의 죽음의 중요성에 중점을 두고 성육신의 합리성을 탐구했다. 그러나 신학사의 이 중요한 시기에 다른 논쟁들도 있었다. 이 시대에 일어난 논쟁의 특성을 이해하기 위해, 이 시대를 소란하게 만든 성육신을 둘러싼 신학적 문제를 예로 들어 살펴본다. 성육신은 아담의 타락 때문에 일어났는가, 아니면 어떤 식으로든 일어날 일이었는가?

성육신의 동기에 대한 고전적 설명을 간단하게 요약하면, 인간은 은총으로부터 떨어져 나갔으며 따라서 회복될 필요가 있다는 말로 정리할 수 있다. 이 회복을 이루기 위해서는 하나님의 아들이 성육신하고 십자가를 지는 구원 사역이 필요하다. 그러므로 인간이 죄를 짓지 않았다면 성육신은 전혀 필요 없었을 것이다. 사실 대부분의 기독교 사상가들은, 아담이 죄를 짓지 않았다면 어떻게 되었을 것인가를 따지는 일이 무의미한 일이라고 생각했다. 그러나 그렇지 않은 사람도 있었다.

1106년에서 1135년 사이에 신학자로 활동한 오툉의 호노리우스Honorius of Autun, 1080-1154는, 성육신의 목적은 인간의 죄를 치유하기 위한 것이 아니라 인간의 신성화를 이루기 위한 것이라고 주장하였다. 무죄의 상태에 있든 타락했든 인간은 신성하게 될 필요가 있다. 인간이 이런 식으로 완전히 변형될 필요가 있기 때문에 성육신이 필요하다. "그러므로 인간이 신성화되기 위해서 [하나님의 아들의] 성육신이 필요한 것이요, 죄가 성육신의 이유가 아니라는 것이 분명하다." 이와 비슷한 생각을 베네딕트회 신학자인 도이츠의 루페르트Rupert of Deutz, 약 1075-1130의 저술 속에서도 볼 수 있다. 하나님은 당신의 백성 가운데 거하시기를 원하셨고 그 결과가 성육신이라고 그는 주장하였다. 그러므로 성육신이란 인간의 죄에 대한 반응이 아니라 창조 사역의 정점이라고 볼 수 있다.

이 논쟁에 대해 판정하는 일이 토마스 아퀴나스약 1225-1274에게 맡겨졌다. 이 문제의 매우 사변적인 성질 때문에 골머리를 앓은 그는 그리스도의 오심은 타락의 결과라고 단정 지었으며, 다른 대안을 고려한다고 해서 얻을 것이 거의 없다고 주장하였다.

어떤 사람들은 인간이 죄를 짓지 않았더라도 하나님의 아들이 인간의 몸을 입고 오셨을 것이라고 말한다. 또 다른 사람들은 정반대의 주장을 펼치는데, 우리는 아무래도 이쪽 의견에 동의해야만 할 것 같다. 하나님의 뜻에 속하고 피조물의 한계를 넘어서는 일들은, 하나님의 뜻을 우리에게 보여주는 성서 안에 계시된 것을 통해서만 알 수 있기 때문이다.

그래서 성서를 두루 살펴보면, 첫 인간의 죄를 성육신의 원인으로 설명하고 있기 때문에 성육신은 죄를 치유하기 위한 사역으로 정해진 것임을 알 수 있으며, 따라서 죄가 존재하지 않았다면 성육신도 일어나지 않았을 것이라고 보는 것이 합당하다. 그러나 하나님의 능력은 이런 식으로 제한당하지 않는다. 비록 죄가 존재하지 않았더라도 하나님은 얼마든지 성육신하실 수가 있으셨다.

다음으로 예수 그리스도의 정체성과 의미와 관련하여 오늘날 이루어지는 논의에서 몇 가지 주요한 주제를 살펴본다. 아래의 두 항에서 "신앙과 역사"와 관련된 논쟁들에 더해, 잘 알려진 "역사적 예수 탐구"를 중점적으로 살펴본다.

그리스도의 인격과 사역의 관계

오래된 기독교 신학 저술들에서는 흔히 그리스도의 '인격'과 그리스도의 '사역'을 구분하여 '그리스도론'과 '구원론'이라는 별개의 영역으로 나누어 논한다. 이 책에서도 이러한 구분을 따르는데, 그것은 순전히 교육상의 이유로, 양쪽 분야를 온전히 논하는 일을 단 한 장의 제한된 분량에 모두 담을 수 없기 때문이다. 그러나 점차 이런 식의 구분은 설명을 위한 이유 외에는 별로 도움이 안 되는 것으로 여겨지고 있다. 오늘날에는 대체로 이 두 영역의 밀접한 연관성이 인정되고 있다. 이러한 사고가 형성되는 데 영향을 끼친 요소로서 특히 중요한 것은 다음과 같다.

첫째, 철학자 임마누엘 칸트[1724-1804]는 '물자체'(物自體)*Ding-an-sich*와 그 물체에 대한 인간의 지각을 구분하였다. 우리는 물체를 직접적으로 알 수는 없고 오직 그것을 지각하거나 그것의 영향을 파악하는 한에서만 알 수 있다고 칸트는 주장하였다. 이 주장을 철학적 차원에서 정당화하는 일은 이 책의 한계를 넘어서는 것이지만(또 어떤 경우이든 문제가 있을 수 있지만) 그 주장에 담긴 신학적 함의는 분명하다. 즉 예수의 정체성은 그가 우리에게 끼친 영향을 보고서 알 수 있다는 것이다. 달리 말해 그리스도의 인격은 그의 사역을 통해 알수 있다. 따라서 그리스도론과 구원론이 유기적으로 연결된다. 알브레히트 벤야민 리츨은 이러한 이론을 자신의 책『칭의와 화해에 대한 기독교 교리』Christian Doctrine of Justification and Reconciliation, 1874에 받아들였다. 우리는 "어떤 사물이 우리에게 끼친 영향하에서만 그 본질과 속성을 파악하며, 또 그 사물이 우리에게 끼친 영향의 성질과 규모를 그 실체라고 생각"하기 때문에 그리스도론과 구원론을 구분하는 것은 적절하지 않다고 리츨은 주장하였다.

둘째, 기능적 그리스도론과 존재론적 그리스도론, 풀어 말하면 그리스도의 **기능**이나 **사역**을 논하는 그리스도론과 그의 **정체성**이나 **존재**를 규명하는 그리스도론이 밀접한 관계가 있음이 점차 확인되고 있다. 이것을 간단히 말하자면, 예수 그리스도가 누구인지와 그가 무엇을 행하는지 사이에는 견고한 연결고리가 있다.

일찍이 이러한 관계를 명확하게 밝혀낸 기독교 사상가 중의 한 사람이 아타나시우스다. 그는 오직 하나님만이 구원할 수 있다고 주장한다. 그런데 그리스도는 구원자다. 그리스도의 기능에 관한 이 진술이 그의 정체성에 대해 우리에게 말하는 것은 무엇인가? 예수 그리스도가 구원자의 기능을 행할 수 있다면 그는 도대체 어떤 존재인가? 따라서 그리스도론과 구원론은 두 가지 별개의 사유 영역이라기보다는 동전의 양면과 같은 것이라고 말할 수 있다.

이 논점을 두드러지게 강조한 사람이 볼프하르트 판넨베르크 1928 출생다. 그는 기독교 사상에서 그리스도론과 구원론이 어떻게 밀접하게 연계되었는지 분명하게 밝힌다.

예수의 신성은 우리의 구속자이자 해방자로서의 그의 의미와 떼려야 뗄 수 없을 정도로 밀접하게 연결되어 있다. 멜란히톤이 남긴, "예수 그리스도가 어떤 분인지는 그의 구원 행위를 보고 알 수 있다"는 유명한 말이 이 점을 잘 설명해 준다.……슐라이어마허 이후로 신학에서는 그리스도론과 구원론의 밀접한 결속을 일반적인 사실로 인정해 왔다. 즉 이러한 결속은 현대 그리스도론의 확연한 특성으로 자리 잡았다. 이제 사람들은 더 이상, 중세의 스콜라주의 신학이나 그 뒤를 이은 16-17세기의 개신교 정통주의 교의학에서 그랬던 것처럼 예수 그리스도의 신-인격을 그의 구속 사역과 갈라서 생각하지 않는다. 그와는 달리 슐라이어마허를 따라서, 그 둘을 한 가지 일의 두 측면이라고 생각한다.

이 논점의 중요성은 네스토리우스의 그리스도론(그리스도의 인성, 특히 그의 도덕적 모범을 강조한다)531쪽과 펠라기우스의 구원론(인간 의지의 완전한 자유를 강조한다)747-750쪽을 비교해 보면 분명히 드러난다. 펠라기우스약 354-420는 인간에게 옳은 일을 할 수 있는 능력이 있다고 보았다. 필요한 일은 단지 무엇을 해야 하는가를 아는 것뿐이다. 그리스도는 도덕적 모범을 통해 그에 대한 구체적인 사례를 제시한다. 따라서 이렇게 그리스도를 모범으로 보는 견해는, 인간의 죄의 규모 및 인류 역사 전체의 기이하고 비극적인 현실을 최소한으로 축소하고자 하는 인간 본성 이해와 엮이게 된다. 이 점에 대해, 한 세기 전에 활동한 영국의 신학자 찰스 고어1853-1932가 신랄하게 꼬집어 말했는데, 오늘날에도 자주 인용되는 그 구절은 다음과 같다.

부적절한 그리스도의 인격 개념들은, 인간 본성이 원하는 바를 그릇 이해한 개념들과 한패가 되어 움직인다. 네스토리우스의 그리스도 개념은……그리스도를, 인간이 할 수 있는 일이 무엇인지를 보여주고 또 인간이 충분히 거룩하기만 하면 어떻게 하나님과의 놀라운 연합을 이룰 수 있을지를 보여주는 모범으로 제시한다. 그러면서도 그리스도는 여전히, 동일한 인간 성품의 제약에 갇혀 있고 오직 외부에서만 인간에게 영향을 끼칠 수 있는, 수많은 사람들 가운데 하나일 뿐이다. 그리스도가 인간의 구속자가 될 수 있는 것은 외부에서 탁월한 모범을 통해 인간을 구원할 수 있을 때뿐이지 다른 방법으로는 아니다. 네스토리우스의 그리스도는 논리적으로 펠라기우스의 인간과 밀접하게 연결된다.……네스토리우스의 그리스도는 펠라기우스의 인간에게 딱 어울리는 구세주다.

네스토리우스의 견해에 대하여 앞에서 설명한 것에서 분명히 알 수 있듯이, 현대 신학자들은 고어가 보는 네스토리우스 그리스도론의 특성과 순전히 부정적 평가에 이르는 그의 견해에 더 이상 동의하지 않는다는 점에 유의할 필요가 있다505-509쪽. 그러나 고어의 일반적인 요점은 그리스도론과 구원론 사이의 긴밀한 연결을 분명히 밝혔다는 중요한 의미를 갖는다. 예수 그리스도의 본성과 역할을 도덕적 모범과 연관지어 이해하는 모범론적 구원론exemplarist soteriology은 인간의 상황과 능력에 관한 펠라기우스의 견해와 아주 밀접하게 연결되어 있다. 예수의 도덕적 인격과 우리의 도덕적 인격 사이에 벌어진 틈을 메우기 위해 그와 우리 사이의 존재론적 간격을 축소시키고 있다. 그리스도는 인간 최고의 모범으로서 우리가 본받을 수 있는 본래적인 삶이 어떤 것인지를 보여준다. 우리가 예수를 어떤 인물로 이해하느냐 하는 것은 우리가 타락한 인간 상황을 어떤 식으로 이해하느냐에 따라 좌우된다.

——————— 고대와 현대의 그리스도론 모델들

기독교 신학의 영구한 과제 가운데 하나가 예수 그리스도의 인격 안에서 인간적 요소와 신적 요소가 어떤 관계를 이루는지 분명하게 밝히는 일이다. 칼케돈 공의회451는 기독교 신학에서 거의 결정적인 것으로 인정되는 고전 그리스도론의 지배 원리를 확고히 다듬었다. 그 원리는 다음과 같이 요약할 수 있다. 예수 그리스도가 참 하나님이며 참 인간이라는 점을 받아들이기만 한다면 이것을 논하거나 탐구하는 엄밀한 방식은 별로 중요하지 않다. 옥스퍼드 대학교의 교부학 학자인 모리스 와일즈^{Maurice Wiles, 1929-2005}는 칼케돈 공의회의 의도를 다음과 같이 요약하였다.

> 한편으로는 구주가 완전한 신이어야 한다는 확신이 있었으며 다른 한 편으로는 [인간으로] 취함을 입지 않은 것은 고침받지 못한다는 확신이 있었다. 달리 설명하면, 구원의 원천은 하나님이어야 하며 구원의 자리는 인간이어야 한다는 것이었다. 분명한 사실은 이 두 원리가 상반된 방향으로 치달았다는 점이다. 칼케돈 공의회는 이러한 갈등을 해결하고자 한, 아니 어쩌면 그대로 끌어안고 지내기로 동의한 교회의 조치였다고 볼 수 있다. 이 두 원리를 초대교회 때만큼이나 적극적으로 받아들인다는 것은 이미 칼케돈 신앙을 따르고 있다는 의미가 된다.

칼케돈 공의회에서 그리스도의 두 본성을 인정하기로 결정하고서도 두 본성의 관계에 관해서는 다양한 해석을 받아들이게 된 것은 일부분 그 당시의 정치적인 상황에 원인이 있었다. '그리스도의 두 본성'을 설명하는 가장 좋은 방법을 두고 교회 안에서 심각한 논쟁이 일어나자, 칼케돈 공의회는 현실적인 길을 택하여 어떤 것이든지 합의를 이끌어 낼 수 있는 이론의 손을 들어줄 수밖에 없었다. 그렇게 이루어진 합의는 그리스도가 신이면서 동시에 인간이라는 사실을 인정하는 것과 관계가 있었지 그 신성과 인성이 서로 어떤 관계에 있느냐에 관한 것은 아니었다.•

기독교 신학이 다양한 문화 속으로 확장되면서 다수의 철학 이론들을 신학 탐구의 도구로 받아들였던 까닭에 기독교 전통 안에서 그리스도의 인성과 신성의 관계를 논하는 다양한 방식을 만나게 되

• **단성론**
monophysitism

그리스도 안에는 오직 하나의 본성, 곧 신성만 존재한다고 주장하는 이론. 이 견해는 칼케돈 공의회(451)에서 주장한, 그리스도는 신성과 인성의 두 본성을 지닌다는 정통적인 견해와 달랐다.

는 것도 놀랄 일은 아니다. 다음으로 이러한 여러 방법 가운데 몇 가지를 살펴본다.

하나님은 그리스도 안에 실체적으로 임재한다

성육신 교리, 특히 알렉산드리아 학파에서 발전한 성육신론에서는 신의 본질 혹은 실체가 그리스도 안에 임재한다고 주장한다. 신의 본질은 성육신에서 인간의 본질을 취한다. 교부 사상가들은 마리아를 테오토코스*theotokos*, 곧 "하나님을 낳은 이"라고 부름으로써, 성육신 안에서 신적 실체와 인간적 실체의 연합이 이루어졌다고 주장한다.

하나님이 그리스도 안에 실체적으로 임재한다는 관념은 영지주의와 싸우던 기독교 교회에게 매우 중요했다. 영지주의에서 주장한 핵심 개념은, 물질은 죄에 물들어 악하며 그렇기 때문에 구원은 온전히 영적인 차원하고만 관련된 사건이라는 것이다. 이레나이우스약 130-200는 그리스도 안에 하나님이 실체적으로 임재한다는 개념을 근거로 삼아 성만찬의 빵과 포도주 안에서 그러한 임재가 이루어진다는 사실을 확증한다.

> 만약 몸이 구원을 얻지 못했다면, 주님께서 당신의 피로 우리를 구속하지 않은 것이며, 성만찬●의 포도주 잔은 그분의 피를 담은 것이 아니고, 우리가 뗀 떡은 그분의 몸을 담은 것이 아니다. 그 피는 우리를 구속하기 위해 하나님의 로고스가 참으로 취하신 인간 실체, 그 실체의 혈관과 살과 그 외의 것들과 별개의 것일 수 없기 때문이다.

● 성만찬
　Eucharist
'미사', '주의 만찬', '성체 성사' 등 다양한 이름으로 불려온 성례전을 가리키는 말로, 본서에서는 이 성만찬이라는 말을 사용한다.

이 그리스도론 견해는 구원을 신화(神化)deification로 보는 이미지와도 밀접한 관계가 있다. 신신학자 시메온949-1022은 인간의 영혼과 하나님의 연합에 관해 성찰하던 중에 이 점에 관해 명료하게 밝혔다.

그러나 당신의 본질은 당신의 실체이며 당신의 실체는 당신의 본질입니다. 그래서 당신의 몸과 연합함으로써 나는 당신의 본질에 참여하며, 또 당신의 신성과 연합함으로써 당신에게 속한 것들을 진정 내 것으로 누리게 됩니다.……당신은 나로 신이 되게 하셨습니다. 내 본질로는 죽을 수밖에 없으나 은총으로 신이 되게 하셨습니다. 이는 당신의 영의 능력으로 상반된 것들을 하나로 묶어 신이 되게 하신 것입니다.

이 옛 그림은 칼케돈 공의회에서 이해한 그리스도를 그림으로 표현한 것이다. 이 '만유의 지배자, 그리스도'(Christos Pantokrator) 이미지는 그리스도를 신적 권위를 지닌 인간으로 묘사한다.

우리는 나중에 구원의 본질을 논할 때 이 개념을 다시 살펴볼 것이다616쪽.

그리스도 안에 하나님의 실체적 임재라는 개념은 비잔틴 신학에서 특별히 중요한 것으로 받아들였으며, 이러한 신학적 개념을 기초로 그림, 또는 전문용어로 이콘("그림"을 뜻한다)icon, 그리스어 eikon을 이용해 하나님을 묘사하는 관습을 세웠다. 동방교회 안에서 이러한 관습에 대한 저항이 계속되었는데, 동방교회가 하나님의 초월성과 형언 불가능성을 중요하게 여겼던 까닭이다. 부정apophatic 신학의 전통에서는 하나님의 불가지성을 강조함으로써 하나님의 신비를 지켜내려고 애썼다. 성상icons 숭배는 이러한 흐름과 완전히 모순되는 것으로 보였으며 많은 사람들의 눈에 위험할 정도로 이교신앙에 기운 것으로 비쳤다. 어쨌거나 구약성경에서는 형상을 예배하는 일을 금하지 않는가?

715년에서 730년까지 콘스탄티노플의 총대주교를 지낸 제르마누스Germanus는 공적 예배와 개인적인 경건 생활에서 성상 사용을 적극 권하면서, 그 근거로 다음과 같은 성육신론적 견해를 펼쳤다. "하나님께서 몸과 피에 참여하심으로 우리가 볼 수 있게 되었다는 점에서, 나는 보이지 않는 분인 하나님을 볼 수 있다고 말한다." 이와 유사한 주장을 편 사람이 다마스쿠스의 요하네스^{약 676-749}인데, 그는 성상을 경배할 때 창조된 특정 물건 자체를 예배하는 것이 아니라 물적 질서를 통해 인간을 구속하기 원하시는 창조자 하나님을 예배하는 것이라고 주장하였다.

> 전에는 몸도 얼굴도 없는 하나님을 형상을 통해 표현할 방법이 전혀 없었다. 그러나 이제는 하나님께서 몸을 입어 자신을 나타내 보이시고 사람들과 어울려 사셨기 때문에 우리가 하나님에 관해 본 것을 형상으로 표현할 수 있으며……주님의 영광과 환히 드러난 그분의 얼굴을 관상할 수 있다.

이 견해를 용납할 수 없는 것으로 거부한 사람들이 성상파괴론자들(이들은 성상을 파괴하거나* 제거하려고 했기 때문에 이렇게 불렸다) iconoclast 이다. 하나님을 형상으로 그려내는 일은 하나님을 설명하거나 정의할 수 있다는 의미가 되고, 따라서 결코 받아들일 수 없는 제한을 하나님에게 가하는 것이 된다. 이 논쟁의 여러 면모들을 아직도 그리스와 러시아정교회들에서 볼 수 있는데, 그 교회들에서는 성상을 경배하는 일을 영성의 필수적인 요소로 여기고 있다.

근래에 와서는 하나님의 실체적 현존으로서의 성육신 개념이, 기독교 신앙이 문화 속으로 "육화(肉化-성육신)"하여 문화 상황과 관계 맺는 일을 강조하는 토대로 사용되고 있다. 이러한 견해는 프란체스코 교황이 2013년에 공포한 교황 권고, "복음의 기쁨"*Evangelii Gaudium*에서 특히 분명하게 제시되었다.

> 실재는 개념보다 훨씬 더 중요하다. 이 원리는 말씀의 성육신과 말씀이 실제로 적용되는 일과 관련된다. "여러분은 하나님의 영을 이것으로 알 수 있습니다. 곧 예수 그리스도께서 육신을 입고 오셨음을 시인하는 영은 다 하나님에게서 난 영입니다"(요1 4:2). 말씀이 이미 몸을 입었으며

또 계속해서 새롭게 몸을 입으려고 한다고 보는, 이 실재의 원리는 복음 전도에서 본질적인 요소이다. 이 원리에 비추어 우리는 교회의 역사가 구원의 역사라는 사실을 알게 되며, 우리 민족들의 삶 속에 복음을 뿌려 문화로 자리 잡게 해준 성도들을 기억하며, 2천년에 이르는 교회의 풍성한 전통에서 열매를 거두게 된다. 그래서 우리는 우리에게 새로 지어낸 복음이 필요하기라도 한 양 이 보화와 동떨어진 사상체계를 내세우지 않는다.

그리스도는 하나님과 인간 사이의 중보자다

그리스도론 논의를 이루는 큰 줄기 가운데 하나가 하나님과 인간의 중재라는 개념이다. 신약성경은 여러 곳에서 그리스도를 중보자로 말하며(히 9:15, 딤전 2:5), 따라서 그리스도 안에 하나님이 임재하신 것은 초월적인 하나님과 타락한 인간을 중재하기 위한 것이라는 개념에 무게를 실어 준다. '중재로서의 임재'라는 이 개념은 서로 다르지만 궁극적으로는 서로를 보완하는 두 가지 형태로 나타난다. 하나는 계시의 중재이며 다른 하나는 구원의 중재이다.

　순교자 유스티누스를 비롯한 여러 사람이 주장한 로고스 그리스도론은 그리스도에 의한 계시의 중재 개념을 보여주는 탁월한 사례다. 이 이론에서는 로고스를 초월적 하나님과 피조물 사이의 갈라진 틈을 연결하는 중재 원리로 이해한다. 구약성경의 예언자들 속에 일시적으로 현존했던 로고스가 이제 그리스도 안에서 인간의 몸을 입었고 그렇게 해서 하나님과 인간을 중재하는 확고한 틀이 되었다. 이와 유사한 견해를 에밀 브루너의 『중보자』*The Mediator*, 1927 에서 볼 수 있는데, 1937년에 펴낸 『만남으로서의 진리』에서 그는 한층 더 발전된 이론을 제시하였다. 뒤의 책에서 브루너는 신앙이란 근본적으로 예수 그리스도 안에서 우리를 인격적으로 만나 주시는 하나님과의 인격적 만남이라고 주장하였다. 브루너는 초대교회가 계시를 하나님의 자기계시로 생각하지 않고 하나님께서 자신에 관한 교리적 진리를 알려주는 것으로 오해하였다고 보았다. 브루너에게 '진리'는 그 자체가 인격적 개념이다. 계시는 명제나 지식을 통해 파악할 수 있는 것이 아니라 하나님의 행위, 그중에서도 예수 그리스도의 행위로 이해하여야 한다.

하나님은 예수 그리스도 안에서 인격적이고 역사적인 방식으로 자신을 계시하신다523-526쪽. 따라서 '만남으로서의 진리'라는 개념은 계시를 올바로 이해하는 데 필요한 두 가지 요소를 말해 준다. 계시는 **역사적**인 것이며 또한 **인격적**인 것이라는 점이다. 앞쪽의 것으로 브루너가 말하려는 것은 진리란 영원한 관념 세계에 속하면서 우리에게 전달되거나 알려지는 불변의 것이 아니라 시공간 안에서 **발생**한다는 점이다. 진리는 시공간 속에서 하나님의 행위로 나타난다. 뒤쪽의 것으로 브루너가 강조하는 것은 이러한 하나님의 행위의 내용은 하나님에 관한 복잡한 개념이나 교리들이 아니라 바로 하나님 그 **자신**이라는 점이다. 하나님의 계시는 하나님께서 자기 자신을 우리에게 알려주시는 것이다. 계시 속에서 하나님은 하나님에 관한 개념들이 아니라 하나님 자신을 전달하시는데, 이러한 전달은 성령에 사로잡힌 예수 그리스도의 인격 속에서 가장 두드러지고 확고하게 이루어진다. 브루너가 계시의 인지적 차원을 부정한 것이 지나쳐 보이기는 하지만, 그리스도론과 관련된 중요한 함의들을 분명하게 밝혀 주었다.

이 중재라는 주제를 구원론적으로 더 깊이 다룬 견해를 장 칼뱅 1509-1564 의 『기독교 강요』1559 에서 볼 수 있다. 이 책에서 칼뱅은 그리스도의 인격을 하나님에게서 인간에게로 이르는 구원의 중재라는 면에서 해석한다. 사실상 그리스도는 하나님의 구속 사역을 인간이 누릴 수 있도록 전달해 주는 유일한 통로 또는 초점이다. 하나님께서 처음에 창조한 인간은 모든 면에서 선했다. 타락으로 인해 본래 인간이 지닌 재능과 능력들이 완전히 손상되었다. 그 결과로 인간의 이성과 의지가 모두 죄로 더럽혀졌다. 따라서 불신앙은 이성의 행위이자 동시에 의지의 행위라고 볼 수 있다. 불신앙이란 창조 질서 안에서 하나님의 손길을 인식하지 못하는 일일 뿐만 아니라 의도적으로 그 손길을 인식하지 않으려 하고 하나님께 순종하지 않기로 선택하는 행위다.

칼뱅은 이 불신앙의 결과를 독특하면서도 서로 연관된 두 차원으로 설명한다. 지식의 차원에서 볼 때, 인간은 창조 질서 안에서 하나님을 온전히 분별하는 데 필요한 합리적이고 의지적인 능력을 상실하였다. 여기서 순교자 유스티누스의 로고스 그리스도론과 동일한 견해를 본다. 구원론적인 차원에서 볼 때, 인간은 구원받기 위해 필요한 것을 상실하였다. 인간은 구원받기를 원하지 않으며(죄로 인해 정신과 의지가 병들었기 때문이다), 또 자기 자신을 구원할 능력도 없다(구원은 하나님께 순종하는 것을 전제로 하는데, 죄로 말미암아 그럴 수 없는 처지에 놓였다). 그러므로 하나님에 대한 참 지식과 구원은 모두 인간의 상황 외부에서 와야만 한다. 이런 방식으로 칼뱅은 **중보자** 되시는 예수 그리스도라는 교리의 기초를 다진다.

예수 그리스도는 하나님과 인간의 중보자다. 그러한 중보자가 되기 위해 예수 그리스도는 신이면서 동시에 인간이어야 한다. 우리는 죄로 인해 하나님께로 올라갈 수 없기 때문에 그 대신 하나님께서 우리에게 내려오시기로 선택하셨다. 만일 예수 그리스도 자신이 인간이 아니었다면, 인간들은 그의 임재나 행위에서 어떠한 유익도 얻지 못했을 것이다. "하나님의 아들이 사람의 아들이 되셨으며, 당신의 것을 우리에게 내어주신 것과 같은 방식으로 우리의 것을 받으셨고, 본질상 당신의 것을 은혜를 통해 우리의 것이 되게 하셨다"(장 칼뱅).

하나님은 그리스도 안에 계시로 임재한다

앞서 살펴보았듯이 계시란, "하나님을 알린다"는 일반적이고 협소한 개념뿐만 아니라 마지막 때에 하나님이 완전히 드러나거나 하나님을 가린 "베일이 벗겨진다"는 개념을 포괄하는 매우 복잡한 개념이다314-325쪽. 이 두 개념은, 20세기 독일 신학에서 그리스도론적 관점에서 다듬어진 신 개념이 두드러지게 되면서 최근의 신학에서도 중요한 것으로 인정되고 있다. 하나님은 그리스도의 십자가를 통해 알려진다는 전제를 기초로 하나님의 본질에 대한 이해를 체계화하려 했던 노력을 잘 보여주는 사례가 위르겐 몰트만의 『십자가에 달리신 하나님』1972 이다. 아래에서 우리는 '계시적 임재'를 주장하는, 독특하면서도 서로 연관된 견해들을 칼 바르트와 볼프하르트 판넨베르크를 중심으로 살펴본다.

"그리스도 안에서 하나님이 계시로 임재한다"라는 개념을 다룬 저술로서 가장 방대하고 복잡한 작품이 칼 바르트의 『교회 교의학』이다. 바르트는, 모든 신학은 반드시 그리스도론적인 관점과 토대를 함축하고 있으며 이것을 분명하게 밝히는 것이 신학의 과제라고 계속 주장하였다. 그는 '그리스도 원리'에 기초한 연역적인 그리스도론을 완전히 거부하고 "성서가 증언하는 예수 그리스도 자신"에 기초한 그리스도론을 지지하였다.

『교회 교의학』에서 주장하는 모든 신학적 명제들은, 예수 그리스도에게서 출발한다는 의미에서 그리스도론적이라고 볼 수 있다. 바르트의 후기 사상에서 발견되는 이러한 특성으로 인해 그의 사상이 '그리스도론적 집중' 또는 '그리스도 일원론'Christomonism이라는 호칭으로 불리게 되었다. 한스 우르스 폰 발타자르1905-1988는, 바짝 좁아진 길목을 통해 모래가 위에서 아래로 떨어지는 모래시계에 비교해서 이 '그리스도론적 집중'을 설명한다. 모래시계와 비슷하게 하나님의 계시는 그리스도의 계시라는 핵심 사건을 통해서만 하나님에게서 세계로, 위에서 아래로 전해지며 이 계시 사건 이외에는 하나님과 인간을 이어줄 고리가 없다.

바르트는 그리스도의 인격 교리나 사역 교리를 (이 둘을 구분하기가 불가능하다면 둘 모두를) 기독교 교의학의 중심에 놓아야 한다거나, 그리스도론적 개념이나 원리가 조직적이고 사변적인 연역 체계의 중심점이 되어야 한다고 주장하지 않았다는 사실을 분명히 해둘 필요가 있다. 오히려 바르트는 하나님의 행위인 예수 그리스도가 신학 전체의 기초가 되어야 한다고 주장한다. 교회 교의학은 "그리스도론에 비추어서 결정되어야" 마땅한데, 그 까닭은 신학의 실체와 가능성 자체가 하나님의 계시 행위의 현실성에 의해, 하나님의 말씀을 말하는 것에 의해, 그리고 예수 그리스도 안에 나타난 하나님의 계시적 임재에 의해 결정되기 때문이다.

볼프하르트 판넨베르크는 1968년에 펴낸 『예수: 신과 인간』에서 종말론적 성격이 두드러진 이론을 주장하였다. 판넨베르크는 그리스도의 부활을 묵시론적 세계관의 틀 안에서 해석해야 한다고 보았다. 이 세계관에서 보면 예수의 부활은 마지막 때에 이루어질, 죽은 자들의 보편적 부활을 예시한다. 따라서 예수의 부활은 그러한 보편적 부활뿐만 아니라, 묵시적* 종말 기대를 이루는 다른 요소들, 가령 최종적이고 완전한 하나님 계시 같은 것들을 역사 속으로 앞당겨 끌어들인다. 이처럼 예수의 부활은 그리스도 안에 나타난 하나님의 자기계시와 구조적으로 연결된다.

> * 묵시적인
> **apocalyptic**
>
> 세상의 종말과 마지막 일들을 집중적으로 다루는 저술이나 종교적 사유 양식을 가리키며, 흔히 복잡한 상징체계를 통해 제시된 비전의 모양을 띤다. 이 유형의 저술로 다니엘서(구약)의 후반부와 요한계시록(신약)을 들 수 있다.

모든 사건들의 종말에 이르러서야 비로소 하나님은 자신의 신성을 계시하여 만물을 주관하시고 모든 것을 다스리시는 분으로 나타나실 수 있다. 아직 우리에게는 발생하지 않은 만물의 종말이 예수의 부활에서 이미 발생했다는 바로 그 사실로 인해, 예수를 가리켜 궁극적인 것이 이미 그 안에 현존하며 따라서 하나님 자신, 곧 그의 영광이 예수 안에서 가장 완벽하게 모습을 드러냈다고 말할 수 있다. 예수의 부활 안에 이미 세상의 종말이 현존하며 바로 이 근거에서 하나님이 예수 안에서 자신을 계시한다고 할 수 있다.

따라서 부활은 예수와 하나님의 동일성을 확증해 주며 또 하나님과의 그러한 동일성을 부활 이전의 예수의 사역 속으로 소급 적용해 '계시적 임재'라는 면에서 이해할 수 있게 해준다.

판넨베르크는 자신이 생각하는 계시가 단순히 "하나님에 관한 진술이나 하나님에 관한 사실의 공개"가 아니라고 조심스럽게 강조한다. 그는 **자기계시**self-revelation—하나님의 인격과 분리해서는 생각할 수 없는 인격적 계시—라는 개념을 주장한다. 하나님이 그리스도 안에 계시로 임재하는 한에서만 우리는 그리스도가 하나님을 계시한다고 말할 수 있다.

> 하나님의 자기계시라는 개념은, 계시자와 계시되는 것이 동일하다는 개념을 담고 있다. 하나님은 이 자기계시의 주체이자 내용이다. 그리스도 안에 나타난 하나님의 자기계시에 대해 말하는 것은 그리스도 사건인 **예수**가 하나님의 본질에 속한다는 것을 뜻한다. 만일 이것이 사실이 아니라면 예수의 삶이라는 인간적 사건은 그 삶 속에서 일하시는 하나님을 감추게 되고 따라서 하나님의 완전한 계시를 막아 버리게 된다. 진정한 의미에서의 자기계시는 하나님을 드러내는 매개체가 하나님과 온전히 합치되는 곳에서만 발생한다.……자기계시라는 개념은 하나님과 하나님을 계시하는 사건의 동일성을 요구한다.

그리스도는 하나님의 상징적 임재다

다음으로 살펴볼 견해는, 전통적인 그리스도론 공식들을 실체적 임재로 이해하지 않고 그리스도 안에 나타난 **하나님의 임재에 대한 상징**으로 이해하는 이론이다. 여기서 '상징적'이라는 말은 다른 존재들도 그와 동일한 임재를 경험하고 누릴 수 있다는 점을 가리키는 말이다. 이 견해를 대표하는 가장 중요한 사람이 폴 틸리히인데, 그는 나사렛 예수가 인간의 보편적인 가능성을 상징하는 인물이며, 이 가능성은 특별히 예수를 의지하지 않고서도 성취할 수 있다고 보았다.

틸리히가 볼 때, 기독교의 토대가 되는 사건은 두 가지 요소로 이루어진다. 하나는 '나사렛 예수'라 불리는 사실이며, 다른 하나는 이 사실을 받아들인 사람들이 그를 '그리스도'라고 주장했다는 것이다. 실제적 혹은 객관적인 역사적 예수는 신앙의 근거가 아니며, 그를 그리스도로 인정하는 것과는 별개의 문제다. 틸리히는 나사렛 예수라는 역사적 인물에는 관심이 없다. 틸리히가 나사렛 예수에 관해(신앙의 근거와 관련해서) 인정할 수 있는 것은 기껏해야 그 인물이 예수 아닌 어떤 이름을 가졌어도 무방했을, 성서적 그림과 유사한 '개인의 삶'이었다는 것이다. "그의 이름이 무엇이냐와 상관없이 그 사람 안에서 새로운 존재New Being가 활동했으며 지금도 활동한다."

'그리스도'나 '메시아'라는 상징은 "사물을 새로운 상태로 이끄는 이, 곧 새로운 존재"를 뜻한다. 예수의 의미는 그가 새로운 존재를 역사적으로 구현하였다는 데 있다. "새로운 존재를 낳은 이, 곧 인간을 옛 존재로부터 구원하고 실존적인 소외와 그 파괴적인 결과로부터 해방한 이가 바로 그리스도다." 나사렛 예수라는 한 개인의 삶 속에서, '본질적 인간됨'이 실존의 조건들 아래에서도 그것들에 지배되지 않는 것으로 나타났다. 사실 여기서 우리가 만나는 것은 일종의 실존철학으로, 극히 느슨하게 나사렛 예수와 결합되고 또한 나사렛 예수라는 역사적이고 특정한 개인이 존재하지 않았더라도 크게 문제될 것이 없는 실존철학이다.

따라서 예수는 존재의 신비를 밝혀 주는 상징이라고 말할 수 있다. 물론 예수 외에도 이처럼 빛을 비추는 다른 원천들이 존재한다. 여기서 틸리히는 나사렛 예수를 특별한 도덕적 혹은 종교적 원리를 나타내는 상징이라고 본다. 틸리히는, 하나님은 존재의 근거이며 그래서 하나님 자신이 실존의 조건들 아래에 나타날 수 없다는 사실을 강조한다. 그러므로 '새로운 존재'는 하나님으로부터 와야 하지만 하나님일 수는 없다. 인간이면 누구나 이룰 수 있는, 하나님과의 연합을 성취한 인간이 예수다. 이렇게 틸리히는 '등급 그리스도론'degree Christology을 주장하며, 예수를 하나님에 대한 우리의 인식을 나타내 보이는 상징으로 제시한다.

폴 니터Paul Knitter와 존 힉처럼 종교 간의 대화에 힘썼던 사람들이 이 견해에 크게 호응했다. 이 견해에서 볼 때 예수 그리스도는, 초월적인 것과 관계를 맺거나 구원을 성취하는 것 등 인간이면 누구나 이룰 수 있는 일을 나타내는 많은 상징 가운데 하나다. 인간이 초월적인 것과 맺는 관계를 나타내는 상징 가운데 하나가 예수다. 세계의 다른 종교들 가운데서도 그들 나름의 상징을 만날 수 있다.

성령의 담지자인 그리스도

그리스도 안의 하나님 임재를 설명하는 방법 가운데 중요한 것이 예수를 성령의 담지자로 보는 이론이다. 이 개념은 구약성경에 뿌리를 두고 있으며, 특히 기름부음을 통해 성령의 은사를 받은 카리스마적 지도자들이나 예언자들에게서 유래한다. 앞서 살펴보았듯이478쪽 '메시아'라는 용어는 "성령의 부음을 받은 이"라는 개념과 밀접한 관계가 있다. 이러한 관점에서 그리스도론을 이해하는 방식이 초기 팔레스타인 기독교에서 큰 힘을 발휘했다고 주장할 만한 확고한 근거들이 있다.

1세기 팔레스타인의 메시아 대망 사상을 살펴보면, 종말론적 구원을 이룰 분이 곧 오실 것이요 그가 바로 '주의 영'의 담지자(특히 중요한 본문이 요엘 2:28-32이다)라는 믿음이 두드러졌음을 알 수 있다. 심지어 예수는 이 땅 위에서 사역할 때에도 하나님의 영이 거하는 이로 여겨졌다. 예수가 세례 받을 때에 성령의 부음을 받은 것이 이 점과 관련해 매우 중요하다. 초기에 이 문제를 다룬 이론이 '양자론'*으로 알려졌는데, 에비온주의와 밀접한 관계가 있던 이 견해에 의하면 예수는 평범한 인간이었지만 세례를 받은 후에 특별하고 신적인 카리스마 은사를 받았다.

예수를 성령의 담지자로 보는 생각은 고전적인 그리스도론을 불

● 양자론
養子論, adoption-ism

예수가 그의 사역 기간 중 어느 시점에 (보통 그의 세례 때에) 하나님의 아들로 "입양되었다"고 보는 이단적 견해다. 이에 반해 정통 이론에서는 예수가 본래 잉태되는 순간부터 하나님의 아들이었다고 가르친다.

편하게 여겼던 많은 사람들에게 매력적인 것으로 받아들여졌다. 영국의 교부학 연구자인 G. W. H. 램프 Lampe, 1912-1980가 이에 대한 뛰어난 사례를 보여준다. 램프는 그의 책 『성령이신 하나님』God as Spirit, 1976에서 다음과 같이 주장하였다. 나사렛 예수가 특별한 의미를 지니는 까닭은 하나님의 영의 담지자로서 영으로 충만한 기독교적 실존의 모범이 되기 때문이다. 예수는 "영이신 하나님께서 자유롭게 응답하는 인간의 영 안에 들어와 임재한다"는 사실을 보여주었으며,

"이 일은 예수에게서 구체적으로 구현되었고 또 그를 따르는 사람들에게서도 다양한 모습으로 나타났다."

이 견해를 잘 다듬어 낸 이론을 독일 신학자 발터 카스퍼Walter Kasper, 1933 출생의 저술 『예수 그리스도』Jesus the Christ, 1971에서 볼 수 있다. 카스퍼는 고전적인 그리스도론 모델들에서 특별한 불편을 느끼지 않았다. 하지만 그는 그리스도의 정체성과 신학적 직무를 포괄적으로 설명하는 것에서 성령이 제외되어서는 안 된다는 점을 밝히는 데 관심이 있었다. 따라서 카스퍼는 성령론과 연계된 그리스도론을 주장하면서, 신약성경이 주로 구약성경에서 중요하게 다룬 '주의 영'이라는 개념을 사용해 그리스도를 설명한다는 점을 분명하게 밝힌다. 카스퍼가 볼 때, 공관복음서에 기록된 예수의 독특성은 영으로 충만한 그의 존재에서 나온다. 예수의 참 정체성은 성령과의 전례 없는 관계를 파악할 때에야 설명이 가능하다. 카스퍼에 의하면 성령은 생명을 주는 하나님의 능력으로, 치유와 희망의 종말론적 시대를 열어 준다.

카스퍼는 예수 안에서 주의 영이 일하는 것을 본다. 주의 영이 일할 때 하나님과 인간 사이에 전례 없이 새로운 관계, 부활에 의해 확증되고 강화된 관계가 이루어진다. 이러한 영 그리스도론Spirit Christology을 바탕으로 카스퍼는, 하나님의 보편적인 구원 의지가 유일무이한 역사적 인물로 나타난 것이 바로 예수라고 말한다. 그와 같은 방식으로 성령은 다른 사람들도 하나님의 내적 삶 속으로 들어갈 수 있는 길을 열어 준다. 예수 그리스도의 삶에 충만한 바로 그 성령이 이제 다른 사람들에게도 부어지는데, 그들도 예수와 동일한 하나님의 내적 삶을 누릴 수 있게 하기 위해서다.

이 견해에 대해 볼프하르트 판넨베르크가 우려를 나타냈다. 판넨베르크는 그의 영향력 있는 책 『예수: 신과 인간』1968에서 주장하기를, 예수 안에 임재하는 성령 개념에서 출발하는 그리스도론은 모두 양자론에 빠지고 말 것이라고 하였다. 예수 안의 성령의 임재는 그리스도의 신성을 지탱하는 데 필수적인 근거도, 충분한 근거도 아니다. 하나님은 "예수에게 충만한 성령의 능력으로서만" 그 안에 임재한다는 견해에 의하면, 예수는 단지 예언자적 인물이거나 카리스마적 인물, 곧 하나님에게 '선택받고'adopted 성령의 은사를 받은 사람이 되어 버릴 수가 있다는 것이 판넨베르크의 생각이다. 앞에서 살펴보았듯이, 이와 관련해 판넨베르크가 결정적으로 중요하게 여긴 것은 예수의 사역 속에 현존하는 성령이 아니라 예수의 부활이다.

그런데 카스퍼의 견해가 처음 생각했던 것만큼 판넨베르크의 비판에 취약하지는 않은 것 같다. 판넨베르크가 우려한 것은 카스퍼식의 이론이 예수를 구약성경의 예언자나 카리스마적 종교 지도자들과 동등한 위치에 놓는 그리스도론이 되지 않겠느냐는 것이다. 하지만 카스퍼 역시 예수의 부활이 결정적인 중요성을 지닌다고 주장한다. 판넨베르크와 카스퍼 모두 부활이 소급적인 특성을 지닌다고 생각한다. 판넨베르크는 예수가 사역 기간 중에 했던 종교적 주장들을 부활이 비준하고 정당화하는 것으로 이해한다. 이에 반해 카스퍼는 부활을 성령의 사역과 연계된 것으로 보고, 신약성경의 핵심 본문들(특히 롬 8:11, 벧전 3:18)을 근거로 삼아 이 주장을 정당화한다. 성령의 역할에 대한 기독교의 이해에 근거가 되는 것은 성령이 부활에서 맡는 역할이며, 이러한 이해는 양자론적 그리스도론이 들어설 자리를 허용하지 않는다.

거룩한 삶의 모범인 그리스도

계몽주의는 그리스도론에 대해 여러 가지로 도전했다. 이에 대해서는 다음 장에서 자세히 살펴본다. 그러한 도전 가운데 하나가 예수 그리스도는 본질상 다른 인간들과 다르다는 개념을 공격한 것이었다. 만일 예수가 다른 인간들과 다른 것이 있다면, 그것은 그가 어떤 특성, 곧 원칙상 그 외의 모든 사람도 본받거나 획득할 수 있는 특성을 얼마나 많이 소유했는가로 따질 문제다. 그리스도의 특별한 의미는 그의 존재가 거룩한 삶, 곧 하나님의 뜻과 일치하는 삶을 보여주는 **모범**이라는 데 있다.

이 견해는 안티오키아 학파의 그리스도론에서도 발견되는 특성으로, 이 그리스도론에서는 그리스도 성품의 도덕적 면모들에 특별한 관심을 기울였다. 안티오키아 학파의 많은 학자들은 그리스도의 신성이 그의 인간적인 도덕적 모범에다 권위와 무게를 실어 주는 역할을 하였다고 보았다. 이 견해는 또 그리스도가 신자들에게 끼치는 주관적인 영향을 강조했던 중세 사상가 페트루스 아벨라르두스[1079-1142]의 그리스도론에서도 중요한 요소였다. 하지만 이 사상가들은 모두 그리스도의 '두 본성'이라는 고전 개념을 지지하였다. 그런데 계몽주의에 와서는 그리스도의 신성을 주장하는 것이 점차 문제로 지적되었다. 두 가지 중요한 이론이 제기되었다.

계몽주의에서는 예수 그리스도의 의미를 그의 인간적인 도덕적 모범에서 찾는 '등급 그리스도론'이 발전했다. 그리스도는 삶을 통해서는 탁월한 도덕 교사였으며, 그의 가르침이 권위가 있었던 것은 그의 정체성 때문이 아니라 그의 가르침이 계몽주의의 도덕적 가치들과 일치하기 때문이었다. 또 그리스도는 죽음을 통해 자기를 내주는 사랑의 모범을 세웠으며, 계몽주의는 이 사랑을 도덕의 근간으로 삼았다. 만일 예수 그리스도를 '신'이라고 말할 수 있다면, 그것은 하나님, 다른 인간, 그리고 전체 세상과 올바른 도덕적 관계를 이룬 인격이 어떤 것인지를 그가 삶의 양식을 통해 구체화하고 모범으로 보여주었다는 의미에서 말하는 것이다.

자유주의 개신교에서는 예수 그리스도의 내적인 삶, 또는 그의 '종교적 인격'이 결정적으로 중요하다고 강조했다. 신자와 하나님 사이의 올바른 내적 관계 또는 영적 관계를 예수 그리스도 안에서 볼 수 있다. 신앙에 결정적으로 중요한 것이 바로 이러한 '예수의 내적 삶'이다. 예수의 종교적 인격은 강력한 힘이 있으며, 신자들이 본받을 수 있는 것이다. 오직 지금까지 인간의 종교사나 문화사 속에서 그에 필적할 만한 것을 찾아볼 수 없는 것으로 여겨진다. 이 견해를 대표하는 뛰어난 인물이 빌헬름 헤르만Wilhelm Herrmann, 1846-1922인데, 그는 예수가 새로운 일을 드러내고 그것을 누릴 수 있게 해주었으며, 그렇게 해서 이 새로운 일이 기독교인의 내적 삶에 알려지게 되었다고 생각한다.

신자들이 복음서에서 얻는 '예수의 감화'가 결정적으로 중요하다. 예수의 감화는 신자들에게 신앙의 확실성을 제공하며, 이러한 확실성은 내적 경험에 근거한다. "이러한 경험을 통해 하나님께서 친히 우리를 향해 오신다는 확실성이 우리 마음 안에 생겨난다." 이와 같은 견해를 주장한 글 가운데서 가장 중요한 것이 헤르만이 1892년에 쓴 「우리 신앙의 근거인 역사적 그리스도」The Historical Christ as the Ground of our Faith라고 할 수 있다. 예수라는 역사적 인물이 신앙의 기초로 작용하는 방식을 연구한 이 기본적인 글에서 헤르만은 "예수의 인격에 관한 역사적 사실"과 "예수의 개인적인 삶에 관한 사실"을 엄격하게 구분하고, 후자를 예수라는 인물이 복음서 독자들에게 끼친 심리학적 감화로 이해한다.

영웅인 그리스도

그리스도론의 역사에서 가장 흥미 있는 발전 가운데 하나가 앵글로색슨 시대 영국에서 이루어졌다. 그리스도의 의미를 어떻게 앵글로색슨 문화가 이해하고 받아들일 수 있는 말로 설명할 수 있을까? 독일과 그 뒤를 이어 영국에서 형성된 이 문화권에는 영웅적인 이상이 깊이 배어 있었다. 베어울프와 잉겔드 같은 위대한 영웅들의 이야기는 열광적으로 이야기되면서 그 문화의 영웅적 이상을 생생하게 이어가는 역할을 하였다. 이러한 책들의 영향이 매우 컸던 까닭에 797년에 앨퀸은 히그발드Higbald 주교에게 편지를 써서 수도원의 식당에서 이

교도의 신화가 아니라 성경과 기독교 교부들의 글을 소리 내어 읽어야 한다고 요청할 정도였다. 그렇다면 이교 영웅들의 영향을 차단하는 방법으로 그리스도를 모든 영웅들 위에 뛰어난 영웅으로 그리는 것만큼 더 효과적인 것이 어디 있겠는가?

그 시대의 영웅적 이상에 맞추어 그리스도를 문학적으로 변형한 일은 750년경에 쓰인 고대 영국의 유명한 시, 「십자가의 꿈」*The Dream of the Rood*에서 가장 분명하게 볼 수 있다(rood는 '십자가'를 뜻한다). 극적이고 매우 독창적인 이 작품에서는 그리스도의 죽음과 부활을 이야기하고 해석하는데, 성서에 실려 있는 본래 사건들의 강조점을 크게 바꾸어 놓았다. 시인은 십자가 처형이 중대한 승리임을 강조하기 위해 그리스도를 영웅적인 전투에서 죄와 싸워 물리치는 용감하고 신념에 찬 전사로 묘사하고 있다. 그리스도를 이런 식으로 해석하는 방법은 이 시대에 앵글로색슨 문화에서 크게 존중했던 명예와 용기의 미덕을 근거로 삼았다.

「십자가의 꿈」은 앵글로색슨 문화의 영웅적 이상과 그리스도가 십자가에서 이룬 일을 튼튼하게 연결한 탁월한 시편이다. 이 시의 가장 두드러진 특성이라면, 신중하고도 체계적으로 그리스도를 장엄한 승리를 쟁취하기 위해 십자가에 오르는 영웅으로 그리고 있다는 점이다. 시인은 수동적으로 십자가에 달리는 전통적인 그리스도상을 버리고, 그리스도를 원수들과 싸우기를 열망하면서 열정적으로 전투를 준비하는 모습으로 그리고 있다.

영웅 그리스도가 수행하는 이러한 적극적인 행위는 이 시 속에서 십자가의 말을 통해 울려 퍼진다. 십자가는 자기 자신의 이야기를 시인에게 들려주는 중에, "만인의 주님께서는 의연하고 단호한 각오로 내 위에 달리시기를 원하셨다"고 힘주어 말한다. 이 말은 훨씬 적극적이고 목표가 분명한 그리스도상을 보여주는 것으로, "희생당하신 유월절 어린양"과 같은 수동적인 언어를 사용하는 성서 구절들이 그리스도를 죽인 자들은 적극적인 모습으로 그리고 희생자인 그리스도는 수동적인 모습으로 묘사하는 것과는 다르다.

시인은 전통적인 기독교 신학의 언어를 버리고 계속해서 그리스도를 '젊은 영웅'이나 '전사'라고 부른다. 그리스도는 영웅적이고 공평한 젊은 기사로 묘사되는데, 그 시대에 높이 추앙받던 신화적 영웅인 베어울프를 떠올리게 한다. 「베어울프」*Beowulf*에서 이야기의 주인공은 '힘과 정신력', '용기', '결연한 의지'를 지닌, '왕'이자 '영웅', '용맹스런 전사'로 칭송된다. 베어울프가 괴물 그렌델의 어미와 맞서 싸울 준비를 할 때, 그는 자신의 안위나 목숨 따위는 신경 쓰지 않고 전투에 뛰어들기만을 바란다. 「십자가의 꿈」을 지은이는 성서에 나오는 십자가 처형의 이야기를 전혀 알지 못했고 그래서 성서 자료가 아니라 예전 자료를 원자료로 삼아 자기 생각을 펼친 것이 아닌가 하는 생각도 든다.

자기 비움의 그리스도론

17세기 초 독일에서 기센 대학교와 튀빙겐 대학교에 적을 둔 루터파 신학자들 사이에서 논쟁이 일어났다. 이때 문제가 된 쟁점은 다음과 같다. 복음서에는 그리스도가 이 세상에 사는 동안에 자신의 신적 속성(전지[omniscience]와 같은)을 사용했다는 언급이 전혀 나오지 않는다. 이 사실을 어떻게 설명할 수 있을까? 이 루터파 신학자들 사이에서 두 가지 안이 정통적인 답으로 제시되었다. 그리스도가 자신의 신적 능력을 비밀리에 사용했다는 견해와 그 능력을 사용하기를 완전히 단념했다는 견해다. 첫 번째 견해는 은폐*krypsis*라는 개념으로 알려졌으며 튀빙겐 학파가 열심히 옹호하였다. 두 번째 견해는 자기 비움*kenosis*으로 알려졌고 기센 학파가 열렬히 옹호하였다.

그러나 두 학파 모두 그리스도가 인간의 몸을 입고 있는 동안에 전지와 전능과 같은 핵심적인 신의 속성을 지니고 있었다는 데는 동의했다는 사실을 기억할 필요가 있다. 논쟁이 된 문제는 그 속성들의 사용 여부에 관한 것이었다. 즉 그 속성들을 비밀리에 사용했는가 아니면 아예 사용하지 않았는가 하는 문제였다. 19세기에 와서 훨씬 더 급진적인 이론이 등장했는데, 이 이론에서는 예수의 인간성, 특히 그의 종교적 인격을 더 크게 평가하였다. 이때 알로이스 비더만은 이렇게 말했다. "기독교의 종교적 원리는 엄밀하게 말해 예수의 종교적 인격이라고 정의할 수 있는데, 그것은 하나님과 인간의 관계가 예수의 자의식을 통해 신앙을 고취하는 힘을 지닌 종교적 사실로서 인간의 역사 속에 들어온 것이라고 말할 수 있다."

이 개념의 뿌리는 독일 경건주의, 그중에서도 특히 니콜라우스 폰 친첸도르프[1700-1760]의 저술들에서 그 근본 형태를 볼 수 있다. 그의 '마음의 종교'는 그리스도와 신자 사이의 친밀한 인격적 관계를 특별히 중요한 것으로 강조했다. 이 개념을 슐라이어마허[1768-1834]가 이어받아 방향을 수정하여 발전시켰는데, 그는 자신을 탁월한 '헤른후터'(친첸도르프의 추종자) Herrnhuter 라고 여겼다. 어떻게 그리스도가 신자들을 자신과의 교제로 이끌 수 있는가에 대해 슐라이어마허가 생각한 방식은, 영적인 삶에서 종교 감정이 담당하는 역할을 분석하고 그러한 감정이 신자와 그리스도의 교제 안에 근거한다고 본 친첸도르프의 분석과 매우 유사하다.

하지만 예수의 인성을 중요한 것으로 강조한 일은 신학적으로 많은 문제를 미해결인 채로 남겨 놓았다. 그리스도의 신성은 어떻게 되는가? 그의 신성은 어디에 놓아야 하는가? 그리스도의 인성을 강조하는 것은 곧 그의 신성을 가볍게 여기는 것이 아닌가? 이러한 물음과 의혹이 1840년대와 1850년대 초에 정통주의 진영에서 터져 나왔다. 그러나 1850년대 후반에 이르러 이 문제를 해결할 잠재력을 지닌 것으로 여겨지는 그리스도론 논의가 등장하였다. 이 이론은 그리스도의 신성을 옹호하면서도 동시에 그의 인성을 강조할 수 있는 길을 열어 놓았다. 이 이론이 바로 **겸허설*** 로서, 독일의 루터파 저술가인 고트프리트 토마지우스[1802-1875]와 밀접한 관계가 있다.

● **겸허설**
  kenoticism

그리스도가 인간의 몸을 입을 때 신적 속성을 모두 '포기'하거나 '자기를 비워' 전지나 전능 같은 신적 속성을 버렸다는 점을 강조하는 그리스도론의 한 형태.

토마지우스는 『그리스도의 인격과 사역』Person and Work of Christ, 1852-1861에서, 성육신은 '자기 비움'kenosis, 곧 의도적으로 모든 신성을 내려놓음을 수반하며 그 결과 그리스도는 자원하여 신성의 모든 특권을 포기하고 비천의 상태에 이르렀다고 주장했다. 그러므로 그리스도의 인간성, 특히 그가 인간으로서 당한 고난의 중요성을 강조하는 것은 전적으로 타당하다. 토마지우스의 그리스도론은 초기의 겸허설에서 주장한 그리스도론보다 훨씬 더 급진적이었다. 성육신은 그리스도가 신의 속성을 포기한 것을 의미한다. 그의 탄생에서 부활까지 전 기간에 걸쳐서 신의 속성은 한쪽으로 밀려난다. 빌립보서 2:6-8을 토대로 이론을 세운 토마지우스는, 성육신 때 삼위일체의 두 번째 위격은 완전히 인간의 수준으로 내려섰다고 주장했다. 이렇게 해서 신학적이고 영적인 면에서 그리스도의 인간성을 강조하는 일이 완전히 정당화되었다.

이 그리스도론을 비판한 사람이 이자크 아우구스트 도르너Isaak August Dorner, 1809-1884로, 그는 이 이론이 하나님을 변하는 존재로 만든다고 보았다. 토마지우스의 견해가 하나님의 불변성 교리를 깨뜨렸다는 것이 그의 주장이었다. 흥미롭게도 이 통찰은 많은 진리를 담고 있으며, 또 앞서 살펴본 쟁점인 '하나님의 고난'420-423쪽을 둘러싸고 20세기에 벌어지게 될 논쟁을 예견한 것이라고 볼 수 있다.

이 자기 비움의 이론은 영국에서도 큰 관심을 불러일으켰다. 1891년에 찰스 고어는, 성육신에서 그리스도는 스스로 신의 속성, 그중에서도 특히 전지라는 속성을 포기했다고 주장하였다. 이에 맞서 유명한 전통주의자인 다웰 스톤Darwell Stone, 1859-1941은 고어의 견해가 "교부들이 사실상 합의를 이룬 가르침에 위배되며 또 신성의 불변성과도 모순된다"고 반박하였다. 다시 한번 말하지만, 이러한 논평들은 그리스도론과 신학이 밀접한 관계가 있음을 보여주며, 또한 그리스도론의 고찰이 '고난당하는 하나님' 교리의 발전에 중요하다는 사실을 말해 준다.

앞에서 교부시대와 중세 시대의 그리스도론 논쟁을 살펴보았다. 흥미롭게도 그리스도론은 종교개혁 시대의 요란한 논쟁 속에서는 주요 주제가 아니었다. 가톨릭교회와 주류 개신교인은 각각 예수 그리스도의 정체성 및 의미와 관련해서 성경과 기독교 전통에 확고하게 뿌리를 둔 것으로 여겼던 칼케돈 공의회의 정의에 동의하지 않을 이유가 없다고 생각했다. 그리스도론에 관한 그 다음의 주요 논의는 이른바 '이성의 시대'에 나타난다. 이 시대의 이성적인 가정은 특정한 한 인간이 특권적인 통찰력이나 지위를 가진다는 것에 대한 의구심을 가졌다. 합리주의 저술가들은 초기 교회가 나사렛 예수를 오해했다고 주장했다. 기독교 전통과 신약성경을 넘어서는 것이 필요하며, '이성의 시대'의 가치와 일치하고 보다 단순하고 개연성이 있는 예수 그리스도에 대한 견해를 밝히려고 하였다. 그 결과 우리가 지금 "역사적 예수* 탐구"로 알고 있는 운동이 18세기 후반에 시작되었다.

　　이 단락에서 우리는 "역사적 예수 탐구"의 역사와 신학적 의미를 살펴본다. 이것은 특히 신약학에 중요한 주제지만, 예수 그리스도의 정체성과 의미에 대한 신학 토론과도 분명히 연관성이 있다. 첫 과제는 이 탐구의 기원을 밝히는 것이다.

역사적 예수에 대한 최초의 탐구

역사적 예수에 대한 최초의 탐구는, 예수라는 역사적 인물과 기독교 교회가 그에게 덧씌운 해석 사이에는 커다란 차이가 있다는 전제 위에서 이루어졌다. 신약성경의 배후에 있는 '역사적 예수'는 평범한 종교 교사였으며, 이 평범한 인물을 초대교회 저술가들이 잘못 해석한 것이 '신앙의 그리스도'다. 역사적 예수에게로 돌아감으로써, 불필요하고 적절하지 않은 교리적 첨가물(그리스도의 신성이나 부활 같은

● **역사적 예수**
historical Jesu

주로 19세기에 나사렛 예수라는 역사적 인물을 가리키는 뜻으로 사용된 용어로, 신약성경과 신조들에서 그 인물을 해석해 낸 전통적인 모습과는 대조를 이룬다.

존 에버렛 밀레이의 「부모와 함께 집에 있는 나사렛 예수」(1849-1850). 당시 이 그림은 전통적인 성스러운 상징들은 제거하고 가난한 노동자의 가정을 실제적으로 그렸다는 이유로 크게 비판을 받았다. 사실 밀레이는 나무, 못, 그리스도의 손에 난 상처, 발에 난 피 같은 여러 가지 십자가 상징들을 이 그림 속에 그려 넣었다. 많은 면에서 이 그림의 자연주의는 '역사적 예수 탐구'의 자연주의와 상응한다.

개념)을 모두 벗겨낸, 훨씬 더 신뢰할 만한 기독교의 모습을 찾을 수 있을 것이었다.

이러한 개념은 17세기의 영국 이신론자들도 자주 언급하기는 했지만 18세기 말에 들어와 독일에서, 특히 유고집으로 출판된 헤르만 자무엘 라이마루스의 저술들을 통해 고전적 형태를 갖추게 되었다. 라이마루스는 유대교와 기독교가 모두 잘못된 기초 위에 세워졌다고 확신하였으며 이 사실을 세상에 알릴 만한 큰 책을 쓰려고 했다. 그렇게 노력한 결과로 나온 책의 제목이 『이성적으로 하나님을 예배하는 사람들을 위한 변명』*An Apology for the Rational Worshipper of God* 이었다. 이 책은 합리주의 비평의 기준에 따라 정경 성서 전체를 비판했다. 하지만 논쟁을 일으키는 것을 원치 않았던 라이마루스는 책을 출판하지 않았으며, 그래서 그가 죽기까지 필사본으로 남아 있었다.

어느 날, 이 필사본이 레싱의 손에 들어왔으며 그는 이 저술을 발췌하여 출판하기로 마음먹었다. 이렇게 해서 작자 미상의 단편들이 1774년에 출간되었으며 세상을 떠들썩하게 만들었다. 지금은 대체로 『볼펜뷔텔 단편』*Wolfenbüttel Fragments*이라 불리는 이 책은 다섯 개의 단편을 싣고 있으며 일관되게 부활의 역사성을 비판하고 있다.

「예수와 그의 제자들의 목적에 관하여」라는 제목이 달린 마지막 단편에서는 예수 그리스도에 대한 우리 지식의 본질을 다루고, 복음서의 예수 이야기가 초기 기독교인들에 의해 변경된 것이 아니냐는 문제를 제기하였다. 라이마루스는 예수 자신의 믿음과 의도가 사도적 교회의 믿음과 의도와는 전혀 달랐다고 주장하였다. 라이마루스에 의하면, 예수가 사용한 언어와 하나님상은 유대 묵시환상가들의 것으로서 시대나 정치적으로 극히 한정된 범위에만 국한된 것이었다. 예수는 로마의 지배에서 자기 백성을 구원할 메시아를 기다렸던 후기 유대교의 사상을 이어받았으며, 또 이 과업을 이루도록 하나님께서 자신을 도와주실 것이라고 믿었다. 그가 십자가에서 버림받아 울부짖었던 일은 자기가 착각하고 틀렸다는 사실을 마침내 깨달았다는 것을 의미한다.

그러나 예수의 제자들은 그 일을 포기하지 않았다고 라이마루스는 보았다. 그들은 예수가 품었던, 외국의 압제에서 해방된 이스라엘이라는 구체적이고 정치적인 비전 대신에 '영적 구원'이라는 개념을 고안해 냈다. 또 예수의 죽음으로 야기된 혼란을 덮어버리고자 예수의 부활이라는 개념을 만들어 냈다. 그 결과 제자들은 예수의 죽음이 인간의 죄를 위한 속죄가 된다는 식으로, 예수는 결코 알지 못했던 교리들을 고안해 냈으며 그런 개념을 성서 본문에 끼워 넣음으로써 성서를 자기들의 신념에 일치시켰다. 이렇게 해서 오늘날 우리 손에 들려 있는 신약성서는 억지로 끼워 넣은 거짓된 내용들로 가득 차게 되었다. 사도적 교회는 역사적인 진짜 예수는 우리에게 감추고, 그 대신 인간을 죄에서 구속하는 자라는 거짓된 신앙의 그리스도를 주장하였다.

라이마루스가 비록 당시에는 거의 인정을 받지 못했지만, 그가 제기한 문제들은 그 후 근본적인 중요성을 지니게 되었다. 특히 그가 진정한 역사적 예수와 꾸며낸 신앙의 그리스도를 확고하게 나누어 구분한 것은 극히 중요한 것으로 확인되었다. 신약성경에서 묘사하는 그리스도가 교리적으로 조작된 것이 아니냐는 합리주의의 의혹이 증가하면서 그 직접적 결과로 나타난 것이 '역사적 예수 탐구'다. 역사적인 인물인 진짜 예수를 재구성하고 나아가 그에게서 사도들이 덧입힌 교리적 개념을 벗겨내는 것이 가능하다고 보았다.

예수의 종교적 인격에 대한 탐구

역사적 예수 탐구는 19세기에 자유주의 개신교의 등장과 더불어 훨씬 더 정교한 형태로 나타났다176-180쪽. 낭만주의 같은 운동들이 나타나면서 합리주의는 점차 시대에 뒤진 것으로 여겨지게 되었다322-324쪽. '인간의 정신'과 특히 인간의 삶의 종교적 측면에 대한 관심이 새롭게 일어났다. 이러한 현상은 예수의 종교적 인격에 대한 새로운 관심으로 이어졌다. 그리스도의 '신성'과 같은 개념은 시대에 뒤진 것으로 대접받았다. 누구라도 본받을 수 있는, 예수의 '종교적 인격'이라는 개념이 근대에 들어와 그리스도론 쟁점을 다시 논하는 데 훨씬 더 적합한 방식으로 보였다.

그 결과 역사적 예수의 생애를 구성하는 바탕이 되는 신약성경 자료의 본성에 대해 새로운 관심이 모아졌다. 신약성경 전체와 구체적으로는 공관복음서에 새로운 문학 이론을 적용함으로써, 예수의 인격을 분명하게 보여주는 확고하고 실제 그대로의 초상을 찾을 수 있다는 믿음이 널리 퍼졌다.

19세기 후반에 등장한 '예수의 생애' 운동의 바탕에는, 철저한 역사적 탐구로 밝혀낼 수 있는 예수의 탁월한 종교적 인격이 신앙을 받쳐 주는 확고한 역사적 근거가 된다는 가정이 깔려 있다. 따라서 기독교 신앙을 떠받치는 확고한 근거는 초자연적이거나 반이성적인 것(전통 그리스도론의 약점으로 지적되는)이 아니라, 과학적인 탐구에서 다룰 수 있는 예수의 종교적 인격이었다. 예수가 그 당시 사람들에게 끼친 영향은 어느 시대에나 그를 따르는 사람들에게 재현될 수 있는 것이다.

역사적 예수 탐구에 대한 비판[1890-1910]

자유주의 개신교의 '종교적 인격' 그리스도론을 공격한 세 가지 주요한 비판이 제1차 세계대전이 발발하기 전 20년 동안에 등장했다. 아래에서 그것들을 차례로 살펴본다.

묵시론적 비판 | 주로 요하네스 바이스[Johannes Weiss, 1863-1914]와 알베르트 슈바이처[1875-1965]에 의해 제기된 이 비판에서는, 종말론적 성향이 강한 예수의 하나님 나라 선포가 본질상 칸트식의 자유주의에서 해석한 하나님 나라 개념에 문제를 제기한다고 주장하였다. 1892년에 요하네스 바이스는 『예수가 선포한 하나님 나라』*Jesus' Proclamation of the Kingdom of God*를 출간했다. 이 책에서 그는 자유주의 개신교가 '하나님 나라' 개념을 사회 속에서 도덕적 삶을 실천하는 것이나 탁월한 윤리적 이상을 실천하는 것이라는 의미로 이해했다고 주장하였다. 달리 말해 하나님 나라를 시공간적인 의미로 이해한 것이 아니라 주로 주관적으로 또는 내적이거나 영적인 것으로 보았다. 바이스는 알브레히트 리츨의 하나님 나라 개념이 본질상 계몽주의의 하나님 나라 개념과 얽혀 있다고 보았다. 그 개념은 종말론적 함의를 전혀 지니지 않은 정적이고 도덕적인 개념이었다. 예수의 선포에서 종말론을 재발견함으로써 이러한 하나님 나라 이해뿐만 아니라 그리스도에 대한 자유주의적 초상 전반에 대해 의문이 일게 되었다. 따라서 하나님 나라는 자유주의의 도덕적 가치로 이루어진 정적이고 고정된 영역이 아니라 인간의 가치를 뒤엎어 버리는 파괴적이고 묵시적인 때

로 생각되었다973-975쪽.

바이스가 예수 가르침의 핵심적인 부분(전체가 아니라)이 그의 철저한 종말론적 기대에 의해 결정되었다고 본 데 반해 슈바이처는 예수의 가르침과 태도 전체가 그의 종말론적 사고에 의해 결정되었다고 주장하였다. 예수의 메시지 내용 전체가 철저하고 일관되게 묵시론적 사고에 의해 다듬어졌다는 묵시론적 사고는 19세기 후반 서유럽의 고착된 견해에서는 완전히 낯선 것이었다.

나사렛 예수의 인격과 메시지를 이렇게 일관되게 종말론적으로 해석한 결과로 나타난 것이 낯설고 먼 인물, 이 세상에 속하지 않은 묵시적인 사람이라는 그리스도상이었다. 따라서 예수는 1세기 유대교라는 이질적이고 묵시적인 세상에서 나온 낯선 인물로 우리에게 모습을 드러내며, 그래서 슈바이처가 남긴 유명한 말대로 "그는 알 수 없는 분으로 우리에게 다가온다."

회의론적 비판 │ 빌리엄 브레데1859-1906와 밀접한 관계가 있는 이 견해는 일차적으로 우리가 예수에 대해 아는 지식의 역사적 면모에 의문을 제기한다. 공관복음서의 이야기들은 역사와 신학이 밀접하게 뒤섞여 있어서 구분하기가 쉽지 않다. 브레데에 의하면, 마가는 자기가 얻은 자료에다 마음대로 자신의 신학을 집어넣어서 역사라는 껍질로 치장한 신학적인 그림을 그려냈다. 마가복음은 객관적인 역사가 아니라 사실은 역사를 창조적이고 신학적으로 재해석한 것이다.

만일 브레데의 주장이 옳다면, 마가의 이야기는 그 자체가 하나의 신학적 산물이며 그 테두리를 벗어나는 것이 불가능한 까닭에 그이야기의 배후로 파고들어 예수의 역사를 재구성한다는 것은 불가능하다. 따라서 '진짜' 역사의 예수를 확인할 수 있는 역사적 근거를 세우는 일이 불가능하다는 것이 드러났으며 그런 까닭에 '역사적 예수 탐구'는 종말을 맞게 된다.

교의적 비판 | 교의신학자 마틴 켈러^{Martin Kähler, 1835-1912}가 이끈 이

비평에서는 역사적 예수의 재구성이 함축하는 신학적 의미에 대해 문제를 제기하였다. 신앙은 '신앙의 그리스도'에 근거한 것으로서, '역사적 예수'는 신앙과 관계가 없다. 켈러는 학문적인 역사학자가 밝혀낸 공평하고 잠정적인 예수는 신앙의 대상이 될 수 없다고 정확하게 지적했다. 하지만 역사과학이 역사적 예수에 관한 확실한 지식을 확립하는 것이 불가능하다면, 어떻게 예수 그리스도가 기독교 신앙의 진정한 기초와 내용이 될 수 있겠는가? 어떻게 신앙이 역사적 상대주의의 공격에 무너지지 않으면서 역사적 사건에 기초할 수 있겠는가? 이러한 질문들이 바로 켈러가 『소위 역사적 예수와 역사적 성서의 그리스도』^{The So-called Historical Jesus and the Historic, Biblical Christ, 1892}에서 제기한 것들이다.

켈러에 의하면 그가 이와 같은 주장을 한 이유는 복합적이다. 가장 근본적인 이유는, 그리스도는 '역사적인' 인물이라기보다는 '초역사적인' 인물로 보아야 마땅하며 따라서 그리스도의 일에는 역사비평 방법을 적용할 수 없다는 것이다. 역사비평 방법으로는 예수의 초역사적인(따라서 초인간적인) 특성들을 제대로 다룰 수 없었으며 그래서 그 특성들을 부정하거나 무시할 수밖에 없었다. 사실 역사비평 방법은 그 안에 내재된 교리적 전제들로 인하여 아리우스주의나 에비온주의[•]의 그리스도론으로 빠질 수밖에 없었다.

기독교 사상을 연구하는 많은 역사가들은 이 최초의 '탐구'가 가한 타격이 매우 강력해서 장기간의 '탐구 공백'^{No Quest} 시대가 시작되어 제2차 세계대전이 끝날 때까지 계속되었다고 본다. 역사적인 면에서는, 역사적 예수와 복음서의 예수를 분리하는 것이 불가능하다는 생각이 널리 퍼졌다. 신학적인 면에서는, 기독교가 예수라는 역사적 인물이 아니라 그리스도에 대한 신앙을 기초로 삼기 때문에 역사적 예수 탐구는 신학적으로 타당한 것이 아니라는 견해가 지배적이었다. 이러한 이유로 기존에 역사적 예수가 지녔던 중요성이 약화될

● 에비온주의
Ebionitism

초기 시대의 그리스도론 이단으로, 예수 그리스도가 다른 인간과는 달리 특별한 카리스마적 은사를 받기는 했지만 어디까지나 완전한 인간일 뿐이라고 주장하는 이론이다.

수밖에 없었다.

　이러한 견해가 점차 신학의 분위기를 지배하게 되었으며, 루돌 프 불트만[1884-1976]의 저술들을 통해 절정에 이르게 되었다. 다음으로 이에 대해 살펴본다.

정체된 탐구: 루돌프 불트만

불트만은 예수를 역사적으로 재구성하는 작업이 완전히 막다른 골목에 이르렀다고 보았다. 역사는 그리스도론에 근본적으로 중요한 것이 아니었다. 예수가 존재했다는 사실과, 기독교의 선포(불트만은 이것을 케리그마[kerygma]라고 부른다)는 그의 인격을 근거로 한다는 것만이 중요했다. 그래서 잘 알려져 있듯이 불트만은 그리스도론의 역사적 요소 전체를 하나의 단어 "그것"으로 축소해 버렸다. 필요한 것은 예수 그리스도가 복음선포(케리그마)의 배후에 있다는 그것을 믿는 것뿐이다. 이러한 구호를 앞세워 그리스도론은 역사에 관여하는 일을 접고 완전히 물러나 긴 시간 동안 잠복하게 되었다.

　불트만에 의하면 우리는 케리그마의 배후로 들어가서 그 케리그마를 '자료'로 사용하여 '역사적 예수'와 그의 '메시아 의식' 또는 '내적 삶', '영웅적 행동'을 재구성해 낼 수 없다. 그런 역사적 예수는 더 이상 존재하지 않는 '육신을 따른' 그리스도일 뿐이다. 우리의 주가 되시는 분은 역사적 예수가 아니라 선포되는 예수 그리스도다.

　이처럼 철저하게 역사로부터 이탈한 주장이 많은 사람들을 놀라게 했다. 그리스도론이 예수 그리스도의 인격과 사역에 바르게 근거한 것이라고 어떻게 확신할 수 있겠는가? 예수의 역사가 부적절한 것이라면 어떻게 그리스도론을 점검하는 것이 가능하겠는가? 신약성경과 교의학 분야의 많은 학자들이 볼 때, 불트만은 문제가 되는 심각한 역사 쟁점들을 해결하지 않고 그저 꼬인 문제를 절단해 버린 것처럼 보였다. 불트만에게, 역사적 예수에 관해 알 수 있는 것과 알 필요가 있는 것은 그가 존재했다는 **사실**$^{das\ Dass}$이 전부였다.

역사적 예수에 대한 새로운 탐구

역사적 예수에 대한 '새로운' 탐구는 대체로 에른스트 케제만이 1953년 10월에 역사적 예수의 문제를 주제로 한 강연에서 시작되었다고 생각된다. 케제만의 주장에 따르면, 복음서 저자들은 자기들의 확고한 신학적 관심사와는 별개로 나사렛 예수에 관한 역사적인 정보를 가지고 있었으며, 이러한 역사적 정보를 공관복음서*의 본문을 통해 구체적으로 표현했다. 복음서는 **케리그마**와 역사 이야기를 모두 포함하고 있다.

　이러한 지식을 기초로 케제만은 **예수의** 선포와 **예수에 관한** 선포의 연속성을 밝힐 필요가 있다고 지적한다. 이 땅 위의 예수와 높임 받고 선포된 그리스도 사이에는 분명한 불연속성이 있지만, 역사적 예수 안에 이미 선포된 그리스도가 존재한다는 점에서 그 둘은 한줄기 선으로 연결되어 있다. 케제만이 케리그마를 역사적으로 정당화하기 위해서 역사적 예수에 관한 새로운 탐구를 주장하는 것은 아니라는 점을 분명히 해둘 필요가 있다. 또 그는 역사적 예수와 선포된 그리스도 사이의 불연속성이 필연적으로 전자의 관점에서 후자를 파괴하는 결과를 낳는 것도 아니라고 주장한다. 이와는 달리 케제만은 이 땅 위의 예수와 높임 받은 그리스도의 동일성이 나사렛 예수의 행위와 설교 속에 **역사적으로** 근거한 것임을 **신학적으로** 단언하고 있는 것이다.

　케제만은 이 신학적 주장이, 예수의 사역 속에 이미 예수에 관한 케리그마가 씨앗이나 배아의 형태로 포함되어 있다는 역사적 증거에 의한 것이라고 주장한다. 케리그마가 역사적 요소들을 포함하고 있다는 점에서 역사의 예수와 신앙의 그리스도 관계를 탐구하는 것은 전적으로 옳고 필요한 일이다.

이 '새로운' 역사적 예수 탐구는 19세기의 실패한 탐구와 질적으로 다르다고 분명하게 말할 수 있다. 케제만의 주장의 바탕에는, 역사적 예수와 신앙의 그리스도 사이에 불연속성이 있다고 해서 그 둘이 전혀 무관한 실체들이며 신앙의 그리스도가 역사적 예수 안에 근거나 기초를 둘 수 없다는 것을 뜻하는 것은 아니라는 인식이 깔려 있다. 오히려 케리그마는 나사렛 예수의 행위와 선포 속에서 발견되며, 따라서 예수의 선포와 예수에 관한 선포 사이에는 연속성이 존재한다. 옛 탐구에서는 역사적 예수와 신앙의 그리스도의 불연속성에 비추어 볼 때 신앙의 그리스도는 허구의 인물일 가능성이 크고 따라서 객관적인 역사 연구를 통해 재구성될 필요가 있다고 가정한 데 반해, 케제만은 그러한 재구성은 필요하지도 가능하지도 않다고 주장하였다.

이처럼 '새로운' 역사적 예수 탐구는 역사적 예수와 신앙의 그리스도 사이의 연속성을 분명히 밝히는 데 관심이 있었다. '최초의 탐구'가 신약성경의 그리스도상이 신뢰할 수 없는 것임을 밝히는 데 목적이 있었다면, '새로운 탐구'는 예수 자신의 선포와 예수에 관한 교회의 선포 사이의 연속성을 강조함으로써 그리스도상을 굳건히 다지는 결과를 낳았다.

이 이론이 점차 중요한 것으로 확인되면서 케리그마의 역사적 기초를 다루는 일에 큰 관심이 쏠리게 되었다. 다음과 같은 네 가지 견해가 두드러졌다.

❶ 이 논쟁에서 한 극단을 대변하는 인물인 요아힘 예레미아스 Joachim Jeremias, 1900-1979 의 주장에 의하면, 기독교 신앙은 당연히 신학 연구로 확증 가능한 것에 한정되기는 하지만, 예수가 실제로 말하고 행한 것에 근거한다. 그래서 그는 『신약신학』 New Testament Theology, 1971 의 1부 전체를 신약성서 신학의 핵심 요소인 '예수의 선포'를 다루는 데 할애하였다.

❷ 케제만은 역사적 예수와 케리그마의 그리스도가 동일하게 종 말론적인 하나님 나라의 시작을 선포한다는 점을 들어 그 둘의 연속성을 주장하였다. 하나님 나라의 도래라는 주제는 예수의 선포와 초대 기독교의 케리그마에서 똑같이 중요하게 다루어졌다.

❸ 스위스 신학자 게르하르트 에벨링은 '예수의 신앙'이라는 개념 안에서 연속성을 찾는다. 그는 예수의 신앙을 아브라함의 신앙(로마서 4장에서 언급된)과 유사한 것으로 보았다. 즉 역사적으로 나사렛 예수 안에서 구체화되고 모범으로 제시되었으며 오늘날의 신자들도 따를 수 있는 것으로 선언된 원형적 신앙을 가리킨다.

❹ 권터 보른캄Günter Bornkamm, 1905-1990은 예수의 사역에서 분명히 드러난 권위의 면모를 특별히 강조하였다. 하나님의 현실성은 예수 안에서 인간과 마주 서며 인간에게 철저한 결단을 요구한다. 불트만이 예수의 선포의 본질을 다가오는 미래의 하나님 나라에 두었던 데 반해 보른캄은 강조점을 미래로부터 하나님이 예수의 인격을 통해 각 사람을 만나시는 현재적 대면으로 옮겨 놓았다. '하나님과의 대면'이라는 이 주제는 예수의 사역과 예수에 관한 선포 모두에서 분명하게 나타나며, 이 땅 위의 예수와 선포된 그리스도 사이에 신학적이고 역사적인 연결고리를 제공해 준다.

그 이후로, 이 분야에서 다양한 발전이 이루어졌다. 1970년대와 1980년대에는 예수와 그가 속했던 1세기 유대교 환경의 관계를 연구하는 일에 특별한 관심이 집중되었다. 게자 버메스Geza Vermes, 1924 출생와 E. P. 샌더스Sanders, 1937 출생 같은 영미의 학자들이 발전을 주도하면서 예수의 유대적 배경에 대한 관심이 새롭게 일어났으며 그리스도론 연구에서 역사적 탐구의 중요성이 한층 강조되었다. 그리스도론에서 역사의 의미를 저평가한 불트만의 이론은 적어도 당시에는 신뢰할 수 없는 것으로 평가되었다. 이러한 발전은 '제3의 탐구'로 불리게 된 역사적 예수에 대한 새로운 관심을 통해 나타났다.

역사적 예수에 대한 제3의 탐구

1960년대에 '새로운 탐구'가 완전히 붕괴한 이후에 역사적 예수에 대한 재평가를 시도하는 일련의 저작들이 등장했다. 이렇게 노력한 집단에 붙여진 이름이 '제3의 탐구'였다. 많은 학자들이 이 호칭에 문제가 있다고 지적하면서, 이 용어로 묶인 학자와 저술들에서 이 용어를 공유할 만한 공통점을 찾아볼 수 없다고 주장했다. 예를 들어, 이 집단에 속한 어떤 학자들은 신약성경 외부에 있는 자료들, 특히 콥트어로 기록된 도마복음에 근거하여 분석 작업을 펼치는 데 반해 다른 사람들은 신약성경 자료들, 그중에서도 공관복음의 범위 내에서만 분석 작업을 한다. 이러한 제한에도 불구하고 이 용어가 점차 받아들여지고 있으며, 따라서 이 책에서도 이 호칭을 적합한 것으로 사용한다. 이 탐구의 지지자들 사이에 다양한 견해차가 있기는 하지만, '제3의 탐구'는 여러 가지 공통된 요소가 있으며, 특히 예수의 유대인 신분을 강조하고 1세기의 유대교라는 테두리 안에서 팔레스타인의 사회상을 배경 삼아 예수를 이해할 필요성을 강조한다는 점에서 공통점을 지닌다.

'최초의 탐구'는 계몽주의가 물려준 매우 합리적인 여러 전제들에 비추어 예수의 이야기를 이해하였으며 복음서에 나오는 초자연적인 요소들을 걸러 냈다. '새로운 탐구'는 예수의 말에 초점을 맞추고는 예수 자신의 선포와 신약성서에 나오는 예수에 관한 선포 사이의 연속성을 강조하는 경향이 있었다. '제3의 탐구'는 예수와 그의 배경이 되는 유대교의 관계를 중점적으로 다루면서, 예수의 사명의 독특성은 무엇이며 또 그가 자신의 목적을 어떻게 이해하였는지를 밝혀

냈다. 이 탐구에 기여한 학자들 가운데서 특히 다음의 사람들이 중요하다.

❶ 존 도미닉 크로산John Dominic Crossan, 1934 출생은 본래 예수가 당시 사회의 권력 구조에 도전하는 일에 특히 힘을 기울였던 가난한 유대 농부였다고 주장한다.『역사적 예수』The Historical Jesus, 1991 와『예수: 사회적 혁명가의 전기』Jesus: A Revolutionary Biography, 1994에서 크로산은, 예수가 죄인들과 사회에서 버림받은 사람들과 함께하는 식탁 교제를 통해 일반적인 사회 관습을 무너뜨렸다고 주장한다.

❷ 마커스 보그Marcus L. Borg, 1942 출생는『예수 새로 보기』Jesus: A New Vision, 1988,『예수 새롭게 다시 만나기』Meeting Jesus Again for the First Time, 1994 등의 책에서, 예수는 성전 지배계급에 강력하게 도전하여 유대교를 새롭게 하는 데 관심을 가졌던 전복적인 현자였다고 주장한다.

❸ E. P. 샌더스1937 출생는 예수를 유대 민족의 회복을 위해 힘썼던 예언자적 인물로 보아야 한다고 주장한다.『예수와 유대교』Jesus and Judaism, 1985,『역사의 인물 예수』The Historical Figure of Jesus, 1993 등에서 샌더스는 예수가 이스라엘의 종말론적인 회복을 꿈꿨다고 주장한다. 하나님은 현시대를 끝장내고 새로운 성전을 중심으로 새 질서를 여실 것이며, 그때 예수 자신이 하나님의 대리인으로 행하게 된다.

❹ 영국의 신약성서학자인 N. T. 라이트Wright, 1948 출생는『기독교의 기원과 하나님에 관한 물음』연구 시리즈에서 E. P. 샌더스의 견해를 비판적으로 수용하여 논한다. 그러면서도 예수 그리스도의 도래가 하나님의 백성의 정체성과 관련해 완전히 새로운 것을 가져왔다는 개념을 유지한다. 이 연구 시리즈에 속한 처음 두 권—『신약성서와 하나님의 백성』The New

Testament and the People of God, 1992, 『예수와 하나님의 승리』Jesus and the Victory of God, 1996 —은 근래에 신약성서 연구 분야에서 나온 책들 가운데 가장 뛰어난 것으로 인정받고 있다.

이처럼 '제3의 탐구'를 대표하는 학자들 가운데 몇 사람을 간단히 살펴본 것만으로도 이 탐구가 신학적으로나 역사적으로 일관된 중심이 없다는 사실을 분명히 확인할 수 있다. 유대교나 헬레니즘을 배경 삼아 예수를 이해할 수 있느냐의 문제를 비롯해, 유대교의 율법과 종교 제도에 대한 예수의 태도, 이스라엘의 미래에 대한 그의 생각 및 그 미래와 관련해 예수가 지니는 의미 등의 문제에서 의견이 크게 갈린다. 이러한 명백한 약점에도 불구하고 이 탐구는 꽤 널리 수용되고 있으며, 또한 역사적 예수를 둘러싼 학문적 논의에서 중심적 역할을 할 것으로 보인다.

그리스도의 부활: 사건과 의미

다양한 '역사적 예수 탐구'를 통해 특히 중요한 것으로 드러난 한 가지 주제는 나사렛 예수의 부활의 역사성이었다. 아래에서 우리는 근대에 등장한 주요 견해 몇 가지를 간단하게 살펴보고 그 의미를 평가한다.

계몽주의: 부활은 실제로 일어나지 않았다

계몽주의에서 과거와 동일하게 현재에도 일어나는 사건을 중요하게 여긴 일은 18세기에 부활에 대해 극단적으로 회의적인 태도를 낳았다. 이러한 태도를 확연하게 보여주는 인물이 고트홀트 에프라임 레싱이다. 그는 자신이 예수 그리스도의 부활을 개인적으로 직접 체험하지 못했다고 고백한다. 그리고 왜 보지도 못한 것을 믿도록 강요당해야 하느냐고 묻는다.

레싱이 볼 때, 다른 사람의 증언을 받아들이라고 강요하는 것은 인간의 지적 자율성을 파괴하는 일이다. 오늘날에는 부활에 상응하는 현상이 존재하지 않는다. 부활은 현대인의 경험에 속하지 않는다. 그런데 왜 신약성경의 기록을 신뢰하는가? 레싱에게 부활은 실제로 일어나지 않은, 잘못 이해한 사건에 불과하다.

다비드 프리드리히 슈트라우스: 부활은 신화다

다비드 프리드리히 슈트라우스David Friedrich Strauss, 1808-1874는 그의 책 『예수의 생애』Life of Jesus, 1835에서 그리스도의 부활 문제에 대해 근본적으로 새로운 견해를 주장하였다. 그는 "예수의 부활에 대한 신앙이 어떠한 기적 사실에도 근거하지 않음"을 해명하는 것이 자신의 목적이라고 주장하였다. 슈트라우스는 "기적적이고 객관적인 사건"으로서의 부활은 제쳐 놓고 신앙의 기원을 순전히 주관적인 차원에 배치하였다. 부활에 대한 믿음은 "객관적으로 회복된 삶"에의 응답이 아니라 "마음속의 주관적인 개념"이라고 보아야 한다. 즉 예수의 부활을 믿는 신앙이란 "예수의 인격에 대한 회상"이 크게 강조되면서 그로 인해 기억이 생생한 현존의 개념으로 투사된 결과다. 이렇게 해서 죽은 예수가 가공의 부활한 그리스도로, 적절한 용어로 말하면 신화적인 부활한 그리스도로 변형되었다.

슈트라우스가 이 논쟁에 기여한 독특한 점은 '신화'―복음서 저자들의 사회적 조건과 문화적 관점의 반영―라는 범주를 도입한 것이었다. 따라서 복음서 저자들의 저술이 일부분 '신화적'이었다고 말한 것은 그 저술들의 온전성에 도전한 것이라기보다는 그 저술들이 기록되던 시대의 전근대적인 사고를 지적한 것이었다. 20세기에 들어와 슈트라우스를 가장 날카롭게 재해석한 인물로 루돌프 불트만을 들 수 있다. 이제 부활에 대한 그의 독특한 견해를 살펴본다.

루돌프 불트만: 부활은 제자들의 경험 속에 일어난 사건이다

불트만은 과학의 시대에는 기적을 믿는 것이 불가능하다는 슈트라우스의 기본적 확신을 공유했다. 그 결과로 예수의 객관적 부활을 믿는 것이 더 이상 불가능하게 되었다. 하지만 다른 방식으로 부활을 의미 있게 설명하는 것이 가능하다는 것이 확인되었다. 불트만의 주장에 의하면, 역사란 "개별 사건들이 원인과 결과로 연결되어 이루어진, 결과들의 닫힌 연속체"다. 따라서 다른 기적들과 마찬가지로 부활도 자연이라는 닫힌 계 closed system 를 파괴하게 된다.

1세기에는 예수의 객관적 부활에 대한 믿음이 완벽하게 이치에 맞고 이해 가능한 것이었는지 몰라도 오늘날에는 진지하게 받아들이기가 어렵다. 이런 까닭에 부활은 "단순하고 순진한 신화적 사건"으로 여겨진다. 부활은 역사라는 공적인 무대에서 발생한 것이 아니라 제자들의 주관적인 경험 속에서 일어난 것이다. 불트만이 볼 때, 예수는 진정 다시 일어났는데, 말하자면 케리그마 속으로 다시 부활한 것이다. 예수 자신의 선포는 기독교의 그리스도 선포로 변형되었다. 예수는 기독교의 선포를 구성하는 중심 요소가 되었다. 그는 죽음에서 일으켜져 복음의 선포 속으로 끌려 들어갔다. "부활 자체는 과거 역사의 사건이 아니다. 역사비평이 확증할 수 있는 것은 기껏해야 첫 제자들이 부활을 믿었다는 사실뿐이다."

　　이와 같이 불트만은 역사적 예수에게서 방향을 돌려 그리스도에 대한 선포를 강조했다. "교회를 케리그마의 담지자로 믿는 신앙은 예수 그리스도가 케리그마 안에 현존한다는 믿음에 근거하는 부활절 신앙이다."

칼 바르트: 부활은 비판적 탐구를 초월하는 역사적 사건이다

　　바르트는 초기의 저술들에서 텅 빈 무덤은 부활과 관련해서 별로 중요하지 않다고 주장하였다. 그러나 시간이 흐르면서 그는 불트만이 부활을 실존론적 방법으로 다루는 것에 놀라게 되었는데, 불트만의 견해에 따르면 부활에는 객관적인 역사적 근거가 전혀 없었다. 이런 이유로 바르트는 복음서에 나오는 빈 무덤에 관한 이야기를 크게 강조하게 되었다. 빈 무덤은 "있을 수 있는 모든 오해를 막아 내는, 필수적인 표징"이다. 빈 무덤은 그리스도의 부활이 단순히 내면적이거나 정신적이거나 주관적인 사건으로 끝나는 것이 아니라 역사에 족적을 남겨 놓은 사건이라는 사실을 입증해 준다.

　　이러한 주장은 얼핏 보면 바르트가 부활을 역사적 연구에 맡겨

버리고, 첫 신자들의 내적이고 사사로운 경험이 아니라 세상의 공적 역사 속에서 부활의 자리를 찾고 그 본성을 밝히려고 한 것이 아닌가 하는 인상을 준다. 그러나 사실은 그렇지 않다. 그는 일관되게 복음서의 이야기들을 역사적이고 비판적인 검사에 종속시키기를 거부해 왔다. 왜 그런지는 명백하지 않다. 이 점과 관련해서는 다음의 요인이 그의 사고에 크게 영향을 준 것으로 보인다.

바르트의 주장에 의하면, 바울과 여러 사도들이 요구한 것은 "충분히 입증된 역사적 보고들을 수용하는 것이 아니라 신앙의 결단"이었다. 역사적 연구는 그러한 신앙을 정당화하거나 보증해 줄 수 없으며, 또한 신앙은 역사적 탐구의 잠정적인 결과를 근거로 삼을 수도 없다. 어쨌든 신앙은 빈 무덤이 아니라 부활한 그리스도에게 응답하는 것이다. 빈 무덤 그 자체만으로는 부활한 그리스도에 대한 믿음을 다지는 데 별 효과가 없다고 바르트는 분명하게 밝혔다. 그리스도가 무덤에서 사라졌다는 것이 반드시 그의 부활을 의미하는 것은 아니다. "누군가 그의 시체를 훔쳐 갔을 수도 있고 아니면 그가 죽은 것처럼 보였을 수도 있다."

그 결과, 바르트는 비판에 매우 취약해 보이는 처지에 놓이게 되었다. 그는 불트만의 주관주의적 방법론에 맞서 부활을 공적인 역사에 속한 행위라고 옹호하는 데 신경 쓰다가 미처 그 역사가 비판적으로 연구되어야 한다는 사실을 인정할 준비를 갖추지 못했다. 그 이유는, 한편으로 역사학은 신앙의 기초를 제공할 수 없다는 그의 확고한 신념 때문이었으며 다른 한편으로는 그리스도의 부활은 역사적 탐구로 밝혀내거나 검증할 수 없는, 개념과 사건들로 이루어진 거대한 체계의 일부라는 그의 전제 때문이었다. 이 점과 관련해 사람들이 바르트의 신학적 관심사에 얼마나 많이 공감할지는 모르지만, 그가 신뢰성이 없다는 비판을 피하기는 어려워 보인다. 바로 이런 이유 때문에 볼프하르트 판넨베르크의 견해가 큰 관심을 얻게 되었다고 볼 수 있다.

볼프하르트 판넨베르크: 부활은 비판적 탐구에 개방된 역사적 사건이다

볼프하르트 판넨베르크[1928 출생]의 신학 작업에서 가장 두드러진 특징이라면, 예수의 부활은 증거를 아는 사람들이 한결같이 증언하는 객관적인 역사 사건이라고 주장한다는 점이다. 불트만은 부활을 제자들의 경험 세계 안에서 일어난 사건이라고 본 반면에 판넨베르크는 부활이 보편적이고 공적인 역사 영역에 속한다고 주장하였다.

이것은 곧바로 부활의 역사성이라는 문제를 낳았다. 앞서 언급했듯이 계몽주의에 속한 한 사상가 집단은 소위 예수의 부활에 대해 우리가 아는 지식은 신약성경 안에 있는 것이 전부라고 주장하였다. 오늘날에는 부활에 상응하는 현상을 볼 수 없기 때문에, 그러한 성경 기록의 신뢰성이 크게 의문시될 수밖에 없었다. 이와 유사하게 에른스트 트뢸치[Ernst Troeltsch, 1865-1923]는 역사의 동질성을 주장하였다. 예수의 부활은 역사의 동질성을 완전히 깨뜨린 것이며 그런 까닭에 그 역사성을 신뢰할 수 없다는 것이었다. 이 어려운 문제에 대해 판넨베르크는 먼저 논문 「구속 사건과 역사」에서, 그리고 이어서 『예수: 신과 인간』에서 답을 제시하였다. 이러한 비판에 맞선 그의 기본 주장은 다음과 같이 요약할 수 있다.

판넨베르크가 볼 때, 트뢸치의 역사관은 현학적이고 편협한 것으로, 부당하게 절대법칙의 자리를 차지한 잠정적 견해들을 앞세워 일방적으로 특정 사건들을 배제하였다. 트뢸치가 부당하게 휘두른 "역사비평적• 탐구의 압박"은 "인간 중심적이고 편향된" 것이었다. 트뢸치의 주장에는 인간의 관점만을 역사의 규범적인 관점으로 인정할 수 있다는 전제가 깔려 있다. 판넨베르크의 주장에 의하면, 유비는 언제나 **인간 관찰자의 관점에서 바라본** 유비일 뿐이며, 그러한 관점은 시야가 극히 제한적이어서 비판적 탐구의 절대 확실한 기초로는 사용될 수 없다. 진정한 역사가였던 판넨베르크로서는 유비의 원리를 폐기해야 한다고 주장할 수 없었다. 어쨌든 유비의 원리는 역사 연구

* **역사비평적 방법**
  historicocritical
  method

성경을 포함해 역사적 문헌들을 이해하는 방법으로, 그 문헌들의 바른 의미는 그것들이 기록되던 때의 특수한 역사적 조건에 비추어서 확정되어야 한다고 주장한다..

의 유용하고 검증된 도구였다. 그러면서도 판넨베르크는 단지 그것이 전부라고 주장했다. 즉 유비의 원리는 하나의 작업 도구일 뿐이며 실재에 대한 확정된 견해를 규정할 자격이 없다.

만일 역사학자가 "죽은 사람은 다시 살 수 없다"는 믿음을 전제로 신약성경을 연구하게 된다면, 이미 정해진 그 결론에 맞추어서 신약성경 자료를 읽어 내게 될 것이다. 이러한 탐구에서 "예수는 죽음에서 부활하지 않았다"는 주장은 결론이 아니라 전제로 작용할 것이다. 이 문제에 대한 논의에서 판넨베르크는 부활에 대한 중립적인 접근법을 힘 있게 옹호하고 있는 것을 볼 수 있다. 예수의 부활을 가리키는 역사적 증거들은, 그런 식의 부활은 일어날 수 없다는 교리적인 전제를 앞세우지 않은 상태에서 연구되어야 한다.

판넨베르크는 부활의 역사성을 주장한 후 이어서 묵시론적 의미 구조 안에서 부활을 해석한다. 예수의 부활 안에서 역사의 종말이 선취적으로 발생했다. 바로 이 원리가 부활 사건에 대한 판넨베르크의 해석을 지배한다. 예수의 부활은 역사의 마지막 때에 있을 보편적 부활을 예시하며 예수와 하나님의 일체성을 확증해 주고 또 이러한 하나님과의 일체성에 비추어 부활 이전의 예수의 사역을 해석할 수 있게 해준다.

이 장에서 우리는 그리스도론의 고전적 주제들에 대해 몇 가지 살펴보았다. 이러한 쟁점들은 기독교 신학에서 계속되는 논쟁의 주제들로 다루어질 것이며, 따라서 학생들은 여기서 논한 문제들에 어느 정도 익숙해질 필요가 있다. 하지만 이런 쟁점들은 계몽주의 시대에 대부분 뒤로 밀려나게 되었는데, 훨씬 더 역사적인 성격이 두드러진 문제들이 전면으로 등장하게 되었기 때문이다. 다음 장에서는 이런 문제들을 살펴본다.

돌아보는 질문

❶ 예수 그리스도 없이도 기독교 신학은 가능한가?

❷ 신약성경에서 예수에게 사용한 주요 칭호 가운데 하나의 용법을 연구해 보라. 그러한 방식으로 예수를 부르는 데 담긴 의미는 무엇인가?

❸ 알렉산드리아 학파와 안티오키아 학파의 그리스도론이 지닌 중요한 차이점을 간단하게 정리하라.

❹ "예수 그리스도는 인간의 몸을 입은 하나님"이라는 믿음과 관련된 신학적 논의에는 어떤 것들이 있는가?

❺ 예수 그리스도를 하나님과 인간 사이의 '중보자'라고 말하는 것은 무슨 의미인가?

❻ '역사적 예수 탐구'는 왜 시작되었으며, 이 탐구에서 제기한 새로운 문제들은 무엇인가? 여러분은 그 문제들에 대한 답이 제시되었다고 보는가?

구원의 본성과 기초

11

기독교에서는 예수 그리스도의 삶과 죽음과 부활이 모든 것을 바꾸어 놓았다고 주장한다. 창조 질서, 그리고 무엇보다도 인간은 타락하여 혼란에 빠졌다. 만물은 원래 계획된 상태에 있지 못하다. 이에 대해 무언가 조치를 취할 필요가 있다. 그래서 창조 질서를 정하신 하나님이 그 질서를 바로잡아 새롭게 하기 위해 일하신다. 기독교의 죄론은 뒤틀려 버린 모든 것을 해명하려고 노력한다. 구원론에서는 창조 질서, 그리고 무엇보다도 인간이 하나님과 올바른 관계로 회복되는 것을 다룬다. 리옹의 이레나이우스약 130-202는 2세기 후반에 쓴 그의 고전적 논문 『이단들을 반박함』에서 이러한 사상들을 풍부한 신학적 의미로 요약해서 제시했다.

그러므로 주님은 그분 자신의 피로 우리를 구속하시고, 우리의 생명을 위해 자기 생명을, 우리의 육체를 위해 자기 몸을 내주셨다. 그리고 주님은 아버지의 영을 부어 주셔서 하나님과 인간의 연합과 친교를 불러일으키신다. 성령을 통하여 하나님은 인간에게로 오시며, 반면에 인간은 그의 성육신을 통하여 하나님께로 고양된다. 다시 오실 때 주님은 참으로 확실히 그와의 친교에 근거해서 우리에게 썩지 않는 것을 선사해 주실 것이다.

'속죄'atonement 라는 개념은 그리스도를 통한 인간 상황의 변혁을 가리키는 말로 널리 사용된다. 이 용어는 신학 문헌에서 명사("그리스도는 인간의 죄를 위해 속죄[희생]을 바치셨다")와 동사("그리스도는 인간의 죄를 위해 속죄[대속]하셨다") 둘 다로 쓰인다. 스코틀랜드 신학자인 존 맥레오드 캠벨1800-1872의 이 용어에 대한 설명은 기독교 신학의 전통 안에서 많은 사람의 동의를 얻었다. "속죄란 죄로 인해 우리가 처한 상태와 사랑이신 하나님이 우리에게 원하시는 상태 사이에 놓인 깊은 구덩이를 메우고자 하나님께서 놓은 다리라고 말할 수 있다." 이 설명에 따르면 죄와 구원의 본질뿐만 아니라 그 둘 사이의 구덩이를 메우는 방식도 문제가 된다. 이번 장에서 우리는 두 가지 주요 주제를 탐구할 것이다. 구원의 토대는 무엇인가? 그리고 구원은 어떻게 이해되어야 하는가? 이와 관련된 죄 개념은 14장에서 다룰 것이다.

'속죄'라는 영어 단어의 기원은 1526년 영국의 작가 틴데일약1494-1536이 신약성서를 번역하던 때로 거슬러 올라간다. 그때만 해도 '화해'를 의미하는 영어 단어로서 일반적으로 사용되는 쉬운 단어가 없었다. 그래서 틴데일은 '속죄'라는 단어를 창작해야 했다. 이렇게 만들어진 '속죄'atonement 라는 단어는 'at-one-ment'의 조합인데, 어떤 사람과 '하나가 되다'at one, 또는 '화해하다'를 의미한다. 이 단어에는 곧바로 "예수 그리스도께서 십자가의 죽음을 통해 믿는 자들에게 가져온 유익들"이라는 의미가 추가되었다. 친숙하지 않은 이 단어는 현대 영어에서는 비교적 드물게 사용되었고, 뚜렷이 고풍스런 느낌을 준다. 오늘날 신학자들은 기독교 사상이 완전히 시대에 뒤떨어진 것이라는 인상을 피하기 위해 이 분야를 가리켜 일반적으로 "그리스도의 사역론"이라고 부른다.

기독교 구원론에서는 세상의 구속자인 예수 그리스도를 중점적으로 다룬다. 기독교에서는 그리스도가 만물을 매우 극적이고 철저하게 변화시켰다고 주장하는 까닭에, 만물을 변하게 한 그의 행위와 또 그 행위로 이루어진 차이를 설명할 필요가 있었다. 앞에서 우리는, 나사렛 예수의 의미를 밝히고자 기독교에서 제시한 독특한 개념으로 예수가 구원의 근거가 된다는 것을 살펴보았다476쪽. 이번 장에서는 기독교의 구원론을 다루면서, 나사렛 예수가 어떻게 구원의 근거가 될 수 있는지 또 그 구원이 어떠한 형태를 띠는지 살펴보려 한다.

구원론은 신학 가운데서도 가장 매력적이고 도전해 볼 만한 분야에 속하며, 또 기독교 전통을 거쳐 오면서 매우 다양한 이론 체계로 발전하였다. 한편에서 우리는, 놀라운 상상력으로 타올라서 그리스도의 죽음과 부활을 인간과 전체 우주를 변혁하고 새롭게 하여 하나님의 생명에 참여하도록 해주는 것으로 묘사하는 사상가들을 만난다. 다른 편에서는, 신중할 필요를 느껴 합리성의 테두리를 벗어나지 않으려고 노력한 저술가들을 만난다. 이들은 흔히 그리스도를 최고의 종교적이고 도덕적인 모범을 인간에게 제시하는 인물로 설명한다. 그리스도의 모범은 사람들이 착한 삶을 찾아 살아가려고 애쓸 때 그들을 격려하고 이끌어 준다.

10장에서는 예수 그리스도의 정체성과 관련해 복잡하게 얽힌 쟁점들을 다루었다. 그 논의 가운데 살펴보았듯이, 예수 그리스도의 정체성에서 핵심이 되는 문제는 그의 기능과 관계가 있다. 예수는 무슨 일을 했는가? 그리고 훨씬 더 중요한 문제로, 예수는 지금 무슨 일을 하는가? 앞 장513-516쪽에서 살펴본 대로 아래의 두 가지 중요한 물음은 유기적으로 얽혀 있다.

마티아스 그뤼네발트의
「십자가 처형」(약 1513).
알사스 지방 이젠하임의
성 안토니오 수도원에 있
는 제단화로, 이 수도원
에서는 피부병을 앓는 사
람들을 돌보았다. 예수가
치유한 사람들과 마찬가
지로 예수도 연약하다는
점을 나타내고자 그를 창
에 찔린 모습으로 그리고
있는 것에 주목하라.

예수 그리스도는 누구인가?

예수 그리스도가 이룬 일은 무엇인가?

예수 그리스도의 정체성과 기능은 동전의 양면과 같다. 기능적
그리스도론과 존재론적 그리스도론의 밀접한 관계486, 514-516쪽는 이
런 관점에서 이해해야 한다.

─────────────────── 기독교의 구원 이해

'구원'은 복잡한 개념이다. 그리고 기독교에서만 사용하는 고유 개념
도 아니다. 이 용어는 세속적인 형태로도 얼마든지 사용할 수 있다.

예를 들어, 1920년대 후반 소련의 저술가들은 레닌을 가리켜 소련 민중의 '구원자'라고 부르곤 했다. 1980년대에 아프리카에서 군사 쿠데타로 세워진 정권들은 정치와 경제의 안정을 이루기 위해 흔히 '구제 위원회'를 설치했다. 정치적 해방이라든가 자유를 향한 인류의 투쟁 같은 일에서는 구원이라는 관념이 순전히 세속적인 의미로 사용된다. 이와 마찬가지로 다른 종교 전통들에서도 "구원을 베푼다"고 말한다. 물론 그 종교들에서는 그 말을 기독교에서 사용하는 의미와는 매우 다르게 정의한다.

기독교에서 이해하는 구원의 독특성은 서로 다른 두 영역에서 기인한다. 우선, 구원은 예수 그리스도의 삶과 죽음과 부활에 근거하는 것으로 여겨진다. 둘째, 기독교 전통에서 구원의 구체적인 형태는 그 자체가 그리스도에 의해 형성된다. 이 개념들은 조금 복잡하기에 다음으로 넘어가기 전에 좀 더 자세히 살펴볼 필요가 있다.

예수 그리스도와 연결되어 있는 구원

첫째, 기독교에서는 구원이—나중에 어떤 식으로 정의되든—근본적으로 예수 그리스도의 삶과 죽음과 부활과 연결되어 있다고 주장한다. 이처럼 구원의 완성을 예수 그리스도와 연결 지어 온 것이 기독교 신학의 오랜 전통이었다. 신약성경과 기독교 전통에서는 구속으로 이루어지는 인간 상황의 변혁을 설명하기 위해 다양한 은유를 사용해 왔지만, 그 은유들은 한결같이 예수 그리스도의 인격으로 수렴하며 예수 그리스도를 궁극적 근거와 목표로 삼는다. 1967년에 나온 미국 장로교회의 「신앙고백」은 이 점을 현대적인 용어로 설명한다.

예수 그리스도 안에서 이루어진 하나님의 화해 행위는 신비이며, 이것을 성서는 여러 가지 방식으로 설명한다. 그것은 어린양의 희생, 자기 양 무리를 위해 내주신 목자의 생명, 제사장의 속죄라고 불리며, 또 노예의 속량, 빚의 청산, 율법적 형벌의 대리 배상, 악의 권세에 대한 승리라고도 불린다. 이 말들은 어떤 이론으로도 온전히 밝혀낼 수 없는, 인간을 향한 하나님의 깊은 사랑 속에 담긴 진리를 표현한 것들이다. 그것들은 하나님의 화해 사역의 중대함과 가치와 확실한 완성을 계시한다.

근래에 신학 문헌에 자주 등장하는 중요한 논쟁은 십자가를 구원의 **예증**illustrative으로 볼 것인가 아니면 구원의 **구성요소**constitutive로 볼 것인가의 문제다. 저명한 독일 신학자 마틴 켈러[1835-1912]는 『화해론』Doctrine of Reconciliation, 1898에서 속죄 이론과 관련해 다음과 같이 물었다. "그리스도가 한 일은 단지 바꿀 수 없는 상황에 관해 몇 가지 통찰을 알려준 것인가 아니면 새로운 상황을 만들어 낸 것인가?" 이 질문에서 우리는 구원론의 핵심 주제를 만난다. 그리스도의 십자가는 하나님의 구원 의지를 예증하고 지금까지 모호했던 관념을 분명하게 드러내 보여주는 것인가? 아니면 십자가가 그러한 구원을 가능하게 해준 것인가? 십자가는 구원의 예증인가 구성요소인가?

전통적인 기독교 신학에서는 대체로 두 번째 견해를 주장하였다. 그리스도가 성취한 일을 통해서 무엇인가 새로운 일이 시작되었다. 그리스도의 삶과 죽음과 부활이 이룬 직접적 결과가 구속이다. 좀 더 강하게 표현해, 구원은 그리스도의 삶과 죽음과 부활에 그 근거를 두고 있다. 물론 그리스도가 어떻게 그러한 상황을 가능하게 했느냐에 관해서는 많은 논쟁이 이어져 왔다. 한 예로, 이레나이우스는 '총괄갱신'recapitulation 개념, 곧 인간이 길을 잃은 시점으로 돌아가서 역사의 모든 사건을 '반복'한다는 개념을 주장하였다. 이 이론에 의하면, 그리스도는 아담의 역사를 '총괄갱신'하며, 아담이 실패한 것을 이어받아서는 인간의 타락을 원상태로 되돌린다.

[그리스도가] 성육신하여 인간이 되었을 때, 그는 자기 안에서 인류의 긴 역사를 총괄갱신하여 우리를 위한 구원을 성취했으며 그 결과 우리

는 아담 안에서 잃어버렸던 것, 곧 하나님의 형상과 모양을 예수 그리스도 안에서 되찾을 수 있었다.

이에 반해 첫 번째 견해는 계몽주의에 속한 많은 사상가들이 주장하였는데, 이 견해에 의하면 십자가는 시간을 초월한 진리를 가리켜 보이는 역사적 상징이다. 그리스도가 한 일은 새로운 상황을 연 것이 아니라, 인간이 비록 제대로 파악할 수 없을지라도, 실재의 참된 지식을 알려준 것이다. 존 맥쿼리는 『기독교 신학의 원리』*Principles of Christian Theology*, 1966 에서 이 견해를 강하게 옹호한다.

그것은 특정한 순간에 하나님이 지금까지의 행위들에다 새롭게 화해의 행위를 덧붙인 것이라거나 또는 하나님의 화해 행위가 시작된 시간을 우리가 확정할 수 있다는 것을 뜻하지 않는다. 그와는 달리, 언제나 계속되어 온 행위, 곧 창조와 동근원적equiprimordial인 행위를 특정한 때에 완전히 새롭게 해석한 것이라고 보는 것이 옳다.

이와 유사한 견해를 옥스퍼드 신학자인 모리스 와일즈1923-2005에게서도 볼 수 있는데, 그는 『기독교 교리의 재구성』*Remaking of Christian Doctrine*, 1974에서, 그리스도 사건이란 "하나님의 영원한 본질에 담긴 진리를 구체적인 방법으로 드러내 보인 것"이라고 주장한다. 여기서 그리스도는 하나님의 구원 의지를 성취하는 이가 아니라 구원 의지를 계시하는 이로 이해된다. 그리스도의 도래는 하나님의 구원 의지를 공적으로 드러내 보이고 표현한 것이다.

이 견해에 강하게 반대한 사람들도 있었다. 영국의 신학자 콜린 건튼은 『속죄의 현실성』1989에서, 속죄를 구성적인 것이 아니라고 보는 이론은 주관적이고 모범론적인 구원론으로 빠질 위험성이 있다고 주장하였다. 그리스도는 우리에게 중요한 것을 계시한 데서 끝나는 것이 아니라 우리를 위해 실제로 중요한 일, 곧 그것이 없이는 구원이 불가능한 일을 성취했다는 사실을 분명히 인정해야 한다. 건튼은 "예수의 삶과 죽음과 부활 안에서 이 세상의 현실적 악이 **존재론적으로 폭로되고 치유되는가**"라는 물음을 제기하고는, 그리스도가 우리의 '대리자'라는 의미, 곧 우리가 스스로 할 수 없는 것을 그가 대신 행하였다는 의미를 포기해서는 안 된다고 강조하였다. 이것을 부정하는 것은 구원을 순전히 주관적인 것으로 이해하는 이론으로 빠지는 것이다.

건튼의 이론은 계몽주의 이전에 구원의 근거와 관련된 논의에서 두드러졌던 견해라고 볼 수 있다. 이 견해에서는 그리스도 안에서 무언가 새로운 일이 일어났으며 그로 인해 새로운 삶을 누릴 수 있게 되었다는 기본적인 확신을 주장한다. 이 이론은 현대 복음주의에서도 여전히 강조되고 있으며, 교회의 찬송가와 예전에서 크고 지속적인 힘을 발휘하고 있다.

예수 그리스도에 의해 형태가 정해지는 구원

구원은 예수 그리스도와 연결된다는 기독교 특유의 주장에 더해, 구원은 그리스도에 의해 형태가 정해진다는 그리스도론적 주장을 볼 수 있다. 달리 말해, 예수 그리스도는 구속받은 삶의 모형과 패러다임을 제시한다. 그리스도를 모방하는 것 자체가 기독교적인 삶이라든가 그러한 삶을 낳는다는 생각에 대해 기독교 전통이 철저히 냉담했던 데 반해, 그리스도가 어떤 의미에서는 그러한 삶에 형태를 부여하거나 그러한 삶의 구체적인 내용을 제시한다는 데는 널리 의견의 일치를 이룬다.

단순히 그리스도를 외적으로 모방하는 것이 기독교적인 삶을 낳는다는 생각은 일반적으로 펠라기우스주의에 속하는 것으로 여겨져 왔다755-756쪽. 주류 기독교의 견해는 대체로 그리스도를 통해 기독교적인 삶이 가능해진다고 주장하면서도 그렇게 이루어진 기독교인의 삶이 그리스도에 의해 '형성되는' 방식에는 전혀 다른 두 가지가 있음을 인정한다.

❶ 기독교인의 삶은 신자들이 지속적으로 그리스도를 본받고자 노력하는 형태를 띤다. 기독교인이 되었기 때문에 이제 신자들은 그리스도를 하나님 및 다른 사람들과 맺는 이상적인 관계에 대한 모범으로 삼으며 이러한 관계를 모방하려고 노력한다. 이 견해는 중세 후기에 특히 수도원을 중심으로 활동한 영성가들의 저술에서 가장 분명하게 발견되며, 대표적인 예가 중세 저술가인 토마스 아 켐피스약 1379-1471가 쓴 유명한 『그리스도를 본받아』*Imitation of Christ*, 약 1418이다. 이 책에서는 그리스도가 보인 모범에 자신의 삶을 일치시켜야 하는 인간의 책임을 크게 강조한다.

❷ 기독교인의 삶이란 "그리스도와 일치되어 가는" 과정으로, 그 과정에서 신자들의 삶의 외적 모습이, 신앙 안에서 이루어진 그리스도와의 내적 관계와 일치를 이루게 된다. 루터1483-1546와 칼뱅1509-1564 같은 사상가들이 강조한 이 견해는, 성령을 통해 이루어진 갱신과 중생의 과정을 통해 하나님이 신자들을 그리스도의 모습에 일치되도록 이끌어 간다는 개념을 기초로 삼는다.

구원의 종말론적 차원

이 서론적인 논의에서 마지막으로 살펴볼 쟁점은 구원의 시간적 순서에 관한 것이다. 구원을 신자들에게 이미 발생한 일로 보아야 하는가? 아니면 지금도 일어나고 있는 일인가? 아니면 구원에는 종말론*적 차원이 있는가? 달리 말해, 구원에는 아직 발생하지 않은 일이 있는가? 신약성서에서는 이 물음에 대해 구원은 과거, 현재, 미래와

● **종말론**
eschatology

기독교 신학에서 부활과 지옥, 최후의 심판, 영원한 삶 같은 '마지막 일들'을 다루는 분야.

관련된다는 답을 준다. 칭의 및 그와 연관된 주제들에 대해 바울이 언급한 내용을 살펴봄으로써 이 점을 설명할 수 있다.

바울의 견해를 다룰 때, 방금 언급한 시간적 순서에 관한 물음을 극단적으로 단순화한 이론을 택하는 것이 그럴듯해 보이기도 한다. 예를 들어, 다음과 같이 칭의와 성화와 구원을 과거-현재-미래라는 단순한 틀 속에 욱여넣을 수가 있다.

❶ **칭의**: 과거의 사건으로, 현재적 함의(성화)를 지닌다.

❷ **성화**: 현재의 사건으로, 과거 사건(칭의)에 의존하며 미래적 함의(구원)를 지닌다.

❸ **구원**: 미래의 사건으로, 과거 사건인 칭의와 현재 사건인 성화 속에서 이미 예시되고 부분적으로 경험되었으며 그 두 사건 에 의존한다.

그러나 이 견해는 전혀 합당하지 않다. 칭의는 과거뿐만 아니라 미래와도 관계가 있으며(롬 2:13, 8:33, 갈 5:4-5), 기독교인의 삶의 시작과 최후의 완성 모두와 관계가 있다고 말할 수 있다. 마찬가지로 성화도 과거의 사건(고전 6:11)이나 미래의 사건(살전 5:23)과 연결된 다. 구원은 매우 복잡한 개념으로, 미래의 사건은 물론 과거의 일(롬 8:24, 고전 15:2)이나 현재 발생하고 있는 일(고전 1:18)까지 포함한다.

바울은 칭의라는 용어를 믿음 생활의 시작과 최종적 완성 모두 를 나타내는 말로 사용한다. 칭의는 복잡하고 포괄적인 개념으로서, 최후의 심판을 예시하고(롬 8:30-34) 마지막에 있을 무죄 선고를 앞 당겨서 평결한다. 따라서 의롭게 된 신자들이 현재 누리는 기독교적 실존은 장차 완성될 형벌의 용서에 대한 예시이자 미리 거기에 참여 하는 것이며, 또한 종말론적이고 최종적인 무죄 평결에 대한 현재적 보증이다(롬 5:9-10).

그러므로 우리는 기독교의 구원 이해를 논할 때 구원이 과거와 현재뿐만 아니라 미래의 요소까지 지닌다는 사실을 인정해야 한다. 구원은 단지 미래의 희망만이 아니며, 과거의 성취만도 아니다. 구원은 구원의 확고한 토대가 되는 과거 사건과 연결되며, 나아가 신자들과 하나님 및 다른 사람들과의 관계를 변화시키는 일이 이전에 일어났음을 확증해 주고, 장차 새 예루살렘에서는 신자들의 소망이 완성되고 개인적인 변화가 성취되리라는 것을 보증해 주는 현재적 사건이다. 좀 더 간단하게 말해, 기독교의 구원 이해는 신자들에게 과거에 **일어난 일**, 현재 **일어나고 있는 일**, 그리고 장차 **일어나게 될** 일을 전제로 한다.

구원의 근거: 그리스도의 십자가

'속죄론'이라는 용어는 영어권 신학에서 일반적으로 "그리스도의 사역을 이해하는 방법"을 의미하는 말로 사용된다. 이 용어는 19세기와 20세기 초에 특히 널리 사용되었다. 그러나 현대의 많은 신학자들은 점차로 이 용어가 신학 전반에 도움이 안 되고 방해가 되는 것으로 생각하게 되었다. 이러한 흐름에 맞추어 이 책에서는 이 용어의 사용을 피해 왔다. 전통적으로 '속죄론'이나 '그리스도의 사역'으로 불러온 것을 대신해 이제는 '구원론'("구원"을 뜻하는 그리스어 *soteria* 에서 온 말)soteriology이라는 용어가 점차 널리 사용되고 있다. 구원론은 신학의 폭넓은 두 영역을 포함한다. 하나는 구원이 어떻게 가능한가라는 문제로, 구체적으로는 구원이 예수 그리스도의 역사와 어떤 관계가 있는지를 다룬다. 다른 하나는 구원 그 자체를 어떻게 이해해야 하는가라는 문제다. 이 문제들은 기독교 전 역사에 걸쳐서, 특히 근대에 들어와서 격렬한 논의의 주제가 되었다.

그리스도의 십자가와 부활의 의미를 다루는 논의는 네 가지 핵심적인 주제로 묶어서 살펴보는 것이 가장 도움이 된다. 이 주제들은 서로 배타적이지 않다는 점, 그리고 일반적으로 학자들은 하나 이상의 범주에서 끌어온 요소들을 결합해 이론을 세운다는 점을 분명히 기억할 필요가 있다. 말하자면 이 주제를 다룬 학자들의 이론을 어느 하나의 범주로 묶어 버리거나 환원하는 것은 곧 그들의 사상을 심각하게 훼손할 수 있다는 것이다.

그리스도의 죽음을 해석하는 네 가지 이론을 기독교 신학사 안에서 볼 수 있다. 이것들은 그리스도의 죽음의 신학적 위치를 정하고 그 중요한 의미를 이해시켜주는 최고의 지적인 틀로 여겨진다.

❶ 구약성경의 제사 의식, 특히 희생제사에 기초한 이론으로서 백성들을 하나님의 현존 안으로 들어갈 수 있게 해주는 길로 여겨진다. 그리스도는 보통 불결한 것을 깨끗이 하여 사람들이 하나님께 가까이 갈 수 있게 해주는 죄 없으신 대제사장과 완전한 희생제물로 해석된다.

❷ 그리스도의 죽음과 부활은 죄와 죽음, 사탄에 대한 승리로, 믿는 자들을 그런 것들의 영향력과 지배로부터 해방시켜 준다고 해석하는 이론이다.

❸ 그리스도의 죽음을 '배상'satisfaction으로 보는 속죄 이론이다. 배상을 통해 그리스도는 죄의 형벌에 대한 값을 치렀으며, 그 결과 인간의 죄를 용서하는 것이 도덕적으로 가능해졌다.

❹ 성육신과 속죄를 인류에 대한 하나님의 헌신의 예시로 해석하면서 사랑의 주제를 특히 중시하는 속죄 이론이다.

이 네 가지 이론은 서로 독립적인 것이 아니고 내적 연관성을 가지며, 각기 그리스도의 죽음의 의미에 대한 부분적이고 잠재적·보충적인 설명으로 간주되어야 한다. 따라서 전체 그림을 파악하기 위해서 각각의 이론은 다른 이론으로 보완될 필요가 있다. 먼저 고대 이스라엘의 희생제사 제도의 표상과 개념들을 받아들여 그리스도의 사역을 설명하는 이론에 대해 살펴보는 것으로 시작한다.

희생제물로서의 십자가

구약성경의 이미지와 소망을 물려받은 신약성경에서는 그리스도의
십자가 죽음*을 희생제물로 설명한다. 특히 히브리서에서 두드러지
게 발견되는 이 견해는 그리스도의 희생을, 구약성경의 희생제물로
는 이루지 못하고 그저 흉내만 냈던 일을 완성한 완전하고 효과 있는
희생제물이라고 주장한다. 특히 바울이 사용한 그리스어 힐라스테
리온(롬 3:25)*hilastērion*이라는 말에서 그리스도의 죽음을 희생제물로
이해한 것을 분명하게 볼 수 있다. 그리스도의 죽음은 용서를 성취할
수 있었던 완전하고 효과적인 희생으로 보아야 한다. 용서는 구약의
희생이 성취할 수 없었고 오직 예기만 할 수 있었던 것이다.

이 이론은 특별히 그리스도를 참된 대제사장과 죄에 대한 완전
한 희생제물로 묘사하는 신약성서 문헌인 히브리서와 관련이 있다.
유대교의 '속죄의 날'에 대제사장은 자신의 죄를 위해서는 황소를,
백성의 죄를 위해서는 염소를 희생제물로 드렸다. 히브리서는 예수
그리스도가 최고의 대제사장으로 여겨져야 하며, 그와 비교할 때 이
전의 모든 제사장과 제사제도는 흐릿한 형상이자 예기에 불과하다고
주장한다.

이 개념이 기독교 전통에 들어와서 계속 발전하였다. 인간을 하
나님에게로 되돌리기 위해서는 중보자가 자신을 희생할 필요가 있
다. 이러한 희생이 없이는 회복이 불가능하다. 아타나시우스는 그리
스도의 희생이 옛 언약에서 이루어졌던 희생제물보다 여러 가지 면
에서 훨씬 탁월하다고 주장하였다.

> 그리스도께서는 영원한 효력이 있어 믿을 만하고 본질상 결코 헛되지
> 않는 희생제물을 드리셨다. 율법을 따라 바치는 희생제물은 날마다 바

• 소치누스주의
  Socinianism

기독교의 한 이단으로,
이탈리아의 파우스토 파
올로 소치니(Fausto
Paolo Sozzini, 1539-
1604)와 밀접한 관계가
있다. 그는 '소치누스'라
는 라틴식 이름으로 더
잘 알려졌다. 소치누스
는 삼위일체와 성육신 이
론을 강하게 비판한 일
로 유명하지만, '소치누
스주의'라는 용어는 주로
그리스도의 십자가 죽음
은 초자연적이거나 초월
적인 함의를 전혀 지니지
않는다는 사상을 가리키
는 말로 사용된다. 이 이
론에 의하면, 그리스도가
죽은 것은 인간의 죄를
배상하기 위해서가 아니
라 인간이 죄를 이길 수
있도록 격려하는 탁월한
도덕적 모범이 되기 위한
것이었다.

처야 하며 또 계속해서 정결하게 할 필요가 있기 때문에 신뢰할 수가 없다. 이와는 대조적으로 구주의 희생제물은 완전하게 단 한 번 드려졌으며 그렇게 해서 영원히 신뢰할 만한 것이 되었다.

아타나시우스는 매년 부활절을 맞아 펴냈던 「축일 서신」*Festal Letters*에서 이 점을 좀 더 깊이 다루었다. 이 편지들에서 아타나시우스는 십자가에서 이루어진 그리스도의 희생에 대해 논하고 설명했다. 일곱 번째 「축일 서신」[335]에서 아타나시우스는 그리스도의 희생을 유월절 어린양의 희생이라는 관점에서 설명한다.

> [그리스도는] 진정 하나님 아버지께 속한 분으로, 우리를 위해 몸을 입고 오셨으며 우리를 대신해 자신을 아버지께 드려 스스로 희생제물이 됨으로써 우리를 구속하셨다.……이분은 예전에 희생제물로 드려진 어린양을 통해 예시된 바로 그분이다. 그러나 이제 그가 친히 우리를 위해 죽으셨다. "우리의 유월절 양 곧 그리스도께서 희생되셨느니라"(고전 5:7).

히포의 아우구스티누스는 그리스도가 "고난의 십자가 위에 자신을 온전한 번제물로 바쳐서 죄를 위한 희생제물이 되셨다"라고 선언하였다. 아우구스티누스는 『하나님의 도성』에서, "우리로 하여금 하나님과 연합하여 거룩한 교제를 이룰 수 있게 해주는 모든 일이 곧 진정한 희생제물을 드리는 행위다"라는 말로 깔끔하고 힘 있게 희생제물을 정의함으로써 그리스도의 희생의 본질에 관한 논의 전반에 명료한 방향을 제시하였다. 이러한 정의를 기초로 아우구스티누스는 어려움 없이 그리스도의 죽음을 희생제물이라고 말할 수 있었다. "그리스도의 죽음은 우리를 위해 드려진 가장 완전하고 하나뿐인 희생제물인데, 이 죽음에 의해 그리스도는 권세와 주권자들이 법에 따라 우리에게 죗값을 요구하는 근거였던, 우리의 모든 죄를 폐지하고 깨끗이 소멸하였다." 이 희생에서 그리스도는 제물이며 동시에 제사장이 된다. 그리스도는 자신을 희생제물로 바친다. "그는 우리 죄를 위해 희생제물을 바쳤다. 그런데 그가 어디에서 그 제물, 곧 자기가 바치려는 순수한 제물을 찾아냈는가? 어디에서도 그러한 제물을 찾을 수 없었기에 그는 자기 자신을 바쳤다."

이러한 그리스도의 희생 이해는 중세 때에 결정적으로 중요한 것으로 인정받았고, 서방교회에서 그리스도의 죽음을 이해하는 틀이 되었다. 아우구스티누스의 중요성을 고려해 그의 사상 가운데서 이 주제를 가장 명확하게 표현한 것으로 자주 거론되는 구절 전체를 인용한다.

> 따라서 참되신 중보자, 곧 "종의 형체"를 취하여서 "하나님과 사람 사이의 중보자"가 되신 "사람이신 그리스도 예수"(딤전 2:5)께서 아버지, 곧 한분이신 하나님과 연합하여 "하나님의 본체"(빌 2:6-8)로서 희생제물을 받으신다. 하지만 그는 희생제물을 받으시기보다는, 사람들이 그 제물이 어떤 피조물에게 드려진다는 생각을 하지 못하도록 하기 위해 스스로 "종의 형체"를 취하여 그 희생제물이 되기로 결정하셨다. 따라서 그는 제물을 드리는 제사장이며 동시에 그 제물이 되신다.

12세기 초에 활동한 생 빅토르의 위그 ^{Hugh of St. Victor}는 '희생제물'이라는 이미지가 그리스도의 십자가 사역의 내적 논리를 설명하는 데 도움이 된다고 보았다. 그리스도가 인간의 죄를 대신하는 효과적인 희생제물이 될 수 있는 까닭은 타락하고 죄에 물든 우리의 본성을 그가 하나님 앞으로 가져갈 수 있기 때문이다.

> 그는 우리 본성을 위한 제물을 우리의 본성에서 취하였으며 그래서 드려진 온전한 번제물이 우리가 가진 것에서 나온 것일 수 있었다. 그가 이렇게 행한 까닭은 우리에게 속한 것으로 배상함으로써 그 배상이 우

리와 연결되도록 하기 위해서였다. 자신의 몸을 통해 우리와 교제를 이루신 구속자와 우리가 믿음으로 연합한다면, 우리는 진정으로 이 배상에 포함된 자가 된다.

따라서 그리스도의 희생의 효력은 그의 신성뿐만 아니라 인성에도 근거한다.

십자가 위에서 드려진 그리스도의 희생제물은 '그리스도의 삼중 직무'*munus triplex Christi* 가운데 한 요소와 밀접한 관계가 있다. 16세기 중반에 등장한 이 모형론*에서는 그리스도의 사역을 다음과 같은 세 가지 '직무'로 나눈다. 예언자(그리스도는 이 직무에서 하나님의 뜻을 선포한다)와 제사장(이 직무에서는 죄를 위한 희생제물을 드린다)과 왕(이 직무에서는 자기 백성을 권위로 다스린다)이다.

이러한 그리스도의 삼중 직무 이해는 17세기에 형태를 갖추었으며, 이 시기의 개신교 신학자들의 저술에서 완전한 견해로 인정되었다. 17세기 제네바의 저명한 신학자이자 개혁주의 전통을 대표하는 인물인 프랑수아 투레티니 François Turrettini, 1623-1687 는 이 견해를 다음과 같이 자세하게 설명한다.

• 모형론
typology

"표상"을 뜻하는 그리스어 *typos*에서 유래. 구약성경에 나오는 특정 인물이나 사건이 복음서의 내용을 예시한다고 보는 성경 해석 방식이다. 예를 들어, 노아의 방주는 교회의 '모형'이 된다고 본다.

이러한 그리스도의 중보적 직무는 예언자와 제사장과 왕이라는 세 가지 직능에 의해 수행된다.……죄에 뿌리를 두고 있는, 인간의 삼중적 비극(무지, 죄책, 그리고 죄의 억압과 굴레)은 이러한 삼중적 직무를 필요로 한다. 무지는 예언자적 직무를 통해 치유되며, 죄책은 제사장적 직무를 통해, 죄의 억압과 굴레는 왕적 직무를 통해 치유된다. 예언자의 빛은 오류의 어둠을 몰아내고, 제사장의 공로는 우리의 죄책을 제거하여 화해의 길을 열며, 왕의 권세는 죄와 죽음의 굴레를 벗겨 버린다. 예언자는 우리에게 하나님을 보여주며, 제사장은 우리를 하나님께로 인도하고, 왕은 우리를 하나님과 하나 되게 하여 그분의 영광에 참여하게 해준다. 예언자는 계몽의 영으로 정신을 밝혀 주며, 제사장은 위로의 영으로 마음과 양심을 어루만져 주고, 왕은 성화의 영으로 반역적인 기질을 다스려 준다.

이러한 구분은 16세기 말과 17세기에 개신교 내에 널리 받아들여졌으며 그 결과 그리스도의 죽음을 희생제물로 보는 견해가 개신교 구원론에서 핵심 요소로 자리 잡았다. 존 피어슨John Pearson 은 『신조의 해설』Exposition of the Creed, 1659 에서, 구속을 이루기 위해서는 그리스도의 희생이 반드시 필요하다고 주장하며 특히 그리스도의 희생을 그의 제사장적 직무와 연결 짓고 있다.

그리스도가 이루는 구원(혹은 구속)은 죄인을 죄와 영원한 죽음의 처지에서 해방하여 의로움과 영원한 생명의 상태로 이끈다. 그런데 죄로부터의 자유는 배상 제물이 없이는 이루어질 수 없으며, 따라서 제사장이 반드시 필요하다.

그러나 계몽주의 이후로 이 용어의 의미에 미묘한 변화가 이루어졌다. 본래의 의미보다는 덧붙여진 은유적 의미가 더 중요하게 여겨졌다. 이 용어가 원래는 동물을 잡아 제물로 바치는 특별한 종교 행위를 가리켰었는데, 점차 어떠한 초월적인 지시 대상이나 소망과는 상관없이 개인들이 행하는 영웅적이거나 희생적인 행위, 특히 자신의 생명을 내어놓는 행동을 뜻하게 되었다.

존 로크1632-1704 의 『기독교의 합리성』Reasonableness of Christianity, 1695에서 이러한 경향을 분명하게 볼 수 있다. 로크는 기독교인들에게 필요한 신앙 조항은 그리스도가 메시아라는 믿음뿐이며 죄를 위한 희생제물이라는 개념은 신중하게 배제해야 한다고 주장하였다. "필요한 신앙은 예수가 메시아, 기름부음 받은 사람이며 하나님께서 세상에 보내기로 약속한 인물이라고 믿는 것뿐이다.⋯⋯나는 그리스도가 어디에서 자신을 제사장이라고 불렀는지, 또 자신의 제사장직에 관해 말했는지 도무지 알지 못한다."

이러한 주장을 이신론자인 토머스 처브Thomas Chubb, 1679-1747가 받아들여 그의 『예수 그리스도의 복음 옹호』True Gospel of Jesus Christ Vindicated, 1739에서 발전시켰다. 참된 이성의 종교는 영원한 정의의 법칙과 일치하는 종교라고 생각한 처브는, 그리스도의 죽음을 희생제물로 본 개념은 초기 기독교 사상가들의 변증적 관심에서 생겨난 것으로 그러한 관심 때문에 이 이성의 종교를 유대교의 제의와 일치시키게 되었다고 주장하였다. "유대인들이 성전과 제단, 대제사장, 희생제사 같은 것을 가지고 있었던 것처럼, 사도들은 기독교를 유대교와 닮은꼴로 만들기 위해 기독교 안에서 무언가를 찾아냈으며 그것들에다 앞에 것들의 이름을 비유로 붙여서 부르게 되었다." 그 당시 유행하던 계몽주의에 공감했던 처브는 이것이 말이 안 된다고 보아 거부하였다. "자비를 베풀려는 하나님의 뜻은……전적으로 하나님 자신 안에 있는 선함과 자비로움에서 나오는 것이지, 예수 그리스도의 고난과 죽음같이 하나님 밖에 있는 것들로부터 오는 것이 아니다."

이신론을 비판했던 영국의 저명한 학자 조지프 버틀러Joseph Butler, 1692-1752조차도 『종교의 유비』Analogy of Religion, 1736에서 희생이라는 개념을 복원하려고 시도하던 중 난관에 부딪혀 쩔쩔맸던 경험을 하였다. 그 시대를 주도하던 합리주의적 정신에 맞서 그리스도의 죽음의 희생적 본질을 옹호하면서 그는 자기가 생각했던 것보다 훨씬 많은 것을 양보할 수밖에 없다는 사실을 깨달았다.

> 어떻게 그리고 구체적으로 어떤 방식으로 [그리스도의 죽음이] 이러한 효력을 지니는지에 대해 설명하려고 애쓴 사람들이 적지 않다. 하지만 성서에서는 이 문제에 대한 설명을 볼 수 없다. 옛사람들이 속죄가 이루어지는 방식, 곧 희생에 의해 죄의 용서가 베풀어지는 방식이라고 이해했던 것에 대해 우리는 심각할 정도로 무지한 상태에 있는 것 같다.

호러스 부쉬넬Horace Bushnell, 1802-1876은 『대속적 희생』Vicarious Sacrifice, 1866에서 그 당시 북미 신학에서도, 훨씬 더 건설적인 방식으로이기는 하지만, 이와 동일한 경향이 나타났던 것을 보여준다. 그리스도는 자신의 고난을 통해 우리의 죄의식을 깨우쳐 준다. 그의 대속적 희생은 악 때문에 하나님이 고난당한다는 사실을 알려 준다. 부쉬넬이 "희생을 통한 부드러운 호소"를 말하는 것을 보면, 그가 그리스도의 죽음을 순전히 모범으로 보는 견해 쪽으로 기운 것 같기도 하다. 하지만 부쉬넬은 속죄에는 객관적인 요소가 있다고 분명하게 주장한다. 그리스도의 죽음은 하나님을 감동시키며 또한 하나님을 드러내 보여준다. 부쉬넬의 아래와 같은 주장에서 후대에 등장하게 될 하나님의 고난의 신학을 분명히 예감할 수 있다.

우리가 그리스도의 대속적 희생에 관해 어떤 식으로 말하고 주장하고 믿든지 간에, 우리는 결국 하나님에 관해 동일한 사실을 단언할 수밖에 없다. 그의 대속적 희생 안에는 영원부터 하나님이 온전히 계신다.……그 언덕 위에 나무 기둥이 세워지기 훨씬 전부터 하나님 안에는 십자가가 있었다.……그것은 마치 아주 오래전에, 눈에 보이지 않는 언덕 위에, 눈에 띄지 않는 십자가가 서 있는 것과 같다.

1945년 이후에 특히 독일어권 신학에서 희생이라는 이미지를 사용하는 일이 눈에 띄게 줄었다. 이 현상은 세속의 맥락에서, 특히 국가의 위기 상황에서 이 용어가 수사학적인 가치를 잃어버리게 된 것과 밀접한 관계가 있음이 분명하다. 세속 상황에서 희생 이미지를 사용하는 일은 흔히 구호를 앞세운 선동에 불과한 것으로 변질되었으며, 그래서 이 용어와 개념 모두를 오염시키고 망가뜨린 것으로 여겨졌다. 제1차 세계대전 기간에 영국에서 흔히 "그 사람은 왕과 나라를 위해 자기 목숨을 희생했다"는 식으로 말하고, 1930년대 후반 독일에서 아돌프 히틀러가 국가 재건을 빌미로 경제적 궁핍과 시민의 자유권 박탈을 정당화하고자 희생이라는 이미지를 널리 사용함으로써 그 말에 부정적인 의미가 실리게 되고 기독교의 가르침이나 설교에서 그 말을 사용할 수 없게 만들었다. 하지만 이 용어를 여전히 중요한 것으로 인정하고 있는 현대 가톨릭의 성례전 신학에서는 계속해서 성만찬을 희생으로 이해하고 이 개념에서 풍부한 신학적 이미지를 길어 올리고 있다.

이제 우리는 그리스도의 죽음과 부활의 의미를 설명하는 기독교 사상 안에서 죄와 죽음에 대한 승리라는 주제를 살펴볼 것이다. 초기 기독교가 선포한 한 가지 핵심 주제는 그리스도인들이 죽음과 부활로 말미암아 "죽기를 무서워하므로 한평생 매여 종노릇하는 모든 자들"(히브리서 2:15)로부터 해방되었다는 것이었다. 이 주제는 그리스도의 사역에 대한 신학적 설명과 어떻게 통합될 수 있는가?

승리로서의 십자가

신약성경과 초대교회에서는 그리스도가 십자가와 부활을 통해 죄와 죽음과 사탄을 물리치고 거둔 승리를 크게 강조하였다. 부활절 축하 예전과 밀접하게 연결된 이 승리라는 주제는 서방에서 계몽주의 시대가 열리기 전까지 기독교 전통의 중요한 요소였다. '승리자 그리스도'*Christus victor*라는 주제는 악과 억압의 세력들에 대한 결정적 승리라는 개념을 뼈대로 삼아 일련의 연관된 주제들을 하나로 묶었다. 어떤 의미에서 이것은 '속죄론'이 아니다. 오히려 이것은 그리스도의 죽음과 부활이 이룬 놀라운 결과에 대한 확신의 표현이다. 이것은 속죄론보다 뛰어나고 속죄론의 근거가 될 만한 것으로서, 하나의 이론으로 묶을 수 없는 것이다.

이레나이우스와 같은 그리스 교부 사상가들은 그리스도의 죽음을 몸값으로 그리는 이미지를 매우 중요하게 여겼다. 앞에서 유비의 신학적 기능에 관해 말하면서382-392쪽 신약성경에서는 예수가 죄인들을 위한 '몸값'으로 자신의 생명을 주었다고 말한다는 점(막 10:45, 딤전 2:6)을 살펴보았다. 초기 교부 사상가들 가운데서 가장 사변적인 인물이라 할 만한 오리게네스약 185-254는 이 유비를 속속들이 파헤쳐 그 의미를 밝혀냈다. 만일 그리스도의 죽음이 몸값이라면, 그것은 당연히 누군가에게 지불해야 한다. 그런데 누구에게 지불할 것인가? 하나님은 죄인들에게 몸값을 요구하는 분이 아니라는 점에서 볼 때 몸값을 지불해야 할 대상은 하나님이 아니다. 따라서 몸값은 당연히 악마에게 지불되어야 한다고 오리게네스는 주장하였다.

6세기 말에 교황 그레고리우스 1세약 540-604는 이 개념을 더욱 발전시켰다. 그레고리우스의 논의에 의하면, 악마는 타락한 인간에 대한 권리를 손에 넣었으며 하나님은 그 권리를 존중할 수밖에 없었다. 인간이 이러한 사탄의 지배와 억압에서 해방될 수 있는 길은 악마가 자기 권위의 한계를 벗어나고 그 결과 그 권리들을 박탈당하게 되는 것뿐이었다. 그런데 이 일이 어떻게 가능하겠는가? 그레고리우스는, 만일 죄 없는 사람이 평범한 죄인의 모습으로 세상 속에 들어갈 수 있다면 그 일이 가능하다고 말한다. 악마가 눈치챘을 때는 이미 때가 늦었다. 다시 말해 악마는 이 죄 없는 사람에게 권위를 행사하다가 자기 권위의 한계를 벗어나게 되었고 그렇게 해서 자기의 권리들을 박탈당하게 된다.

그레고리우스는 미끼 꿴 낚싯바늘이라는 이미지를 사용한다. 그리스도의 인성은 미끼이며 그의 신성은 낚싯바늘이다. 거대한 바다 괴물 같은 악마는 미끼를 문다. 곧바로 낚싯바늘을 알아채지만 때는 이미 늦었다. "미끼는 유혹하고 낚싯바늘은 낚아챈다. 그러므로 인간을 구속하기 위해 오신 우리 주님은 악마를 파멸시키기 위해 스스로 낚싯바늘이 되셨다." 다른 사상가들도 이와 동일하게 악마를 포획한다는 생각을 펼치기 위해 다양한 이미지를 연구했다. 그리스도의 죽음을 새 잡는 그물이나 쥐덫 같은 것이라고 보았다. 이런 식으로 십자가의 의미를 설명하는 이론은 곧바로 커다란 소동을 일으켰다. 하나님이 사기죄를 저지르는 것처럼 만들었기 때문이다.

이 주제는 아퀼레이아의 루피누스Rufinus of Aquileia, 약 340-410가 쓴 저술들, 그중에서도 특히 400년경에 나온 사도신경 주석서에서 가장 잘 다루어졌다. 루피누스는 주로 그리스 신학 작품을 라틴어로 번역한 사람으로 언급되지만, 그 자신도 또한 성숙한 신학자였다. 루피누스는 400 년경 사도신경 주석에서 출발하여 그리스도의 죽음의 의미를 논의하는 중에 속죄와 관련된 이론인 "사탄 잡는 함정"Satanic entrapment에 대한 고전적인 진술을 제시했다.

> [성육신의 목적은] 하나님의 아들의 신성을 인간의 몸이라는 형태 아래 감춘 낚싯바늘처럼 되게 하여……이 세상의 권세 잡은 자를 싸움으로 꾀어내는 데 있었다. 그래서 하나님의 아들이 그 권세 잡은 자에게 자신의 몸을 미끼로 내던지고 아래에 숨어있는 신성이 그를 잽싸게 낚아채 잡으려는 것이었다.……그렇게 해서, 미끼 펜 바늘을 문 물고기가 미끼를 뱉어 내지 못하여 물 밖으로 끌려 나와 사람의 음식이 되는 것처럼 죽음의 권세를 쥔 그는 신성의 바늘이 숨겨져 있는 것을 알아채지 못하고 예수의 죽은 몸을 덥석 물었다. 미끼를 무는 순간 잡혔다. 지옥의 문들이 깨어지고, 잘 아는 바와 같이 그는 지옥 구덩이에서 끌어 올려져 다른 이들의 음식이 되었다.

악마에 대한 승리라는 이미지는 대중들에게 엄청난 인기가 있었다. 그리스도의 '지옥 정복'이라는 중세의 개념이 이 이미지가 지닌 힘을 증명해 준다. 이 개념에 따르면 예수는 십자가에서 죽은 후 지옥문을 깨뜨리고 그리로 내려가 갇혀 있던 영혼들을 풀어 주었다. 이 개념은, 그리스도가 "옥에 있는 영들에게 선포하시니라"고 말하는 베드로전서 3:18-22을 근거로 삼는다(근거로서는 상당히 약하다). 샤르트르의 풀베르투스Fulbert of Chartres, 약 960-1028가 쓴 찬송가, '새 예루살렘을 노래하라'Ye Choirs of New Jerusalem에서는 이 주제를 두 절로 표현하는데, 그리스도를 사탄인 뱀을 물리치는(창 3:15) "유다 지파에서 난 사자"(계 5:5)로 그린다.

> 유다 지파에서 난 사자가 사슬을 끊고
> 뱀의 머리를 깨뜨리고
> 죽음의 자리를 향해 크게 외치니,
> 죽음에 사로잡혔던 이들이 깨어난다.
>
> 지옥이 입을 벌려 먹이를 삼켰으나
> 그분의 명령으로 다 토하고,
> 예수께서 앞서 가신 곳으로
> 그가 대속한 무리들이 따라간다.

14세기에 영어로 쓰인 가장 중요한 시 가운데 하나인, 윌리엄 랭글런드^{William Langland}의 '농부 피어스'^{Piers the Plowman}에서도 이와 유사한 개념을 찾아볼 수 있다. 이 시를 보면, 피어스는 잠자는 중에 그리스도가 지옥문을 깨뜨리고 사탄에게 다음과 같이 말하는 꿈을 꾼다.

> 여기에 내 영혼이 있다. 죄지은 영혼들, 내게 귀한 그 영혼들 모두를 구속하기 위한 몸값이다. 그들은 내 것이요 내게서 나왔다. 그러니 그들에 대한 권리는 다 내게 있다.……너는 거짓과 불의로 정의는 아예 무시한 채 내 영역으로 들어와 내게 속한 것들을 훔쳐 갔다. 나는 다른 수단은 제쳐 두고 공정하게 몸값을 지불해서 그들을 되찾으려 한다. 네가 교활한 꾀로 가져간 것을 은혜로 되돌린다.……나무 한 그루 때문에 아담과 모든 인류가 죽게 되었듯이, 이제 내가 못 박힌 나무가 그들을 생명으로 되돌리게 될 것이다.

그런데 이 인용문에서 리옹의 이레나이우스가 주장한 것과 유사한 '총괄갱신'recapitulation이라는 주제가 사용되고 있는 것을 눈여겨보라. '나무'와 '못 박힌 나무'라는 평행구에서 그것을 볼 수 있다.

그러나 계몽주의가 등장하면서 '승리자 그리스도' 이론은 점차 시대에 뒤지고 유치한 것으로 여겨져 신학에서 인기를 잃어버리게 되었다. '지옥 정복' 개념이 중세의 농민들 사이에서는 큰 인기를 누렸지만 계몽주의의 훨씬 세련된 기준에 비추어서는 완전히 유치한 것으로 대접받았다. 이렇게 된 데에는 다음과 같은 요인들이 작용했던 것으로 보인다.

❶ 그리스도의 부활에 대한 믿음을 합리적으로 비판551-552쪽 하게 되면서 '죽음에 대한 승리'를 말하는 것이 애당초 가능하기나 한 일이냐는 의혹이 제기되었다.

❷ 전통적으로 이러한 십자가 이해를 표현해 온 이미지들—예를 들어, 사탄의 모습을 한 인격적인 악마의 존재, 죄와 악을 무기로 인간을 지배하는 사탄—이 전근대적인 미신이라고 여겨져 배척당했다.

현대에 들어와 이 이론이 다시 부흥하게 된 것은 1931년에 구스타프 아울렌Gustaf Aulén, 1879-1977의 책, 『승리자 그리스도』Christus Victor가 나오면서부터다. 원래는 독일어로 써서 「조직신학 연구」Zeitschrift für systematische Theologie, 1930라는 잡지에 발표했던 논문인 이 작은 책은, 영어권에서 이루어진 이 주제에 관한 연구에 커다란 영향을 끼쳤다. 아울렌의 주장에 의하면, 고전적인 그리스도의 사역 개념은 부활한 그리스도가 악의 권세를 이기고 승리함으로써 인간에게 새로운 삶의 가능성을 열어 주었다는 믿음으로 요약할 수 있다. 속죄론의 역사를 매우 압축하여 간략하게 설명하면서 아울렌은 이처럼 극적인 '고전' 이론이, 중세에 추상적이고 법률적인 특성을 띤 이론들이 자리 잡기 시작할 때까지 기독교를 지배해 왔다고 주장했다. 속죄의 도덕성이 새로운 관심 대상이 되면서 정의를 중요하게 여기는 속죄론이 강조되었고 그에 따라 도덕적으로 문제가 많은 '승리자 그리스도' 이론은 뒤로 밀려나게 되었다. 그런데 이 상황이 마틴 루터의 저술들을 통해 완전히 뒤집혔다. 루터는 '승리자 그리스도'라는 주제를 다시 전면으로 내세웠는데, 이는 영적으로 무기력해 보였던 후기 스콜라주의 속죄론에 맞선 그의 대응이었다고 볼 수 있다. 그러나 아울렌의 주장에 의하면, 후기 개신교 정통주의의 스콜라주의적 관심으로 인해 이 이론은 다시 이면으로 밀려나게 되었다. 아울렌은 이제 이 과정을 다시 뒤집어서 이 이론을 회복할 때가 되었다고 주장한다. 이 이론은 현대인이 크게 관심을 두고 귀 기울여 들을 가치가 있다는 것이 그의 생각이었다.

아울렌은 이 이론의 장점들을 밝히는 가운데, 자신이 '고전적' 이론 또는 '승리자 그리스도' 이론이라고 부른 것과 현대 신학에서 두드러지게 된 다른 두 이론을 구분하였다. 현대 신학의 두 이론 가운데 하나는 속죄를 하나님 안에 이루어지는 변화라는 면에서 강조하는 '객관적' 이론이며, 다른 하나는 속죄를 인간의 주관적 의식 안에서 변화를 낳는 것으로 보는 '주관적' 이론이다. 앞의 이론은 캔터베리의 안셀무스와 관계가 있으며 뒤의 이론은 페트루스 아벨라르두스와 관계가 있다. 아울렌은 '승리자 그리스도' 모델을 이 두 이론 모두와 구별할 필요가 있다고 보았다.

이 이론의 핵심 주제는 속죄를 하나님의 투쟁과 승리로 보는 개념이다. 그리스도—승리자 그리스도—는 세상의 악한 권세들, 곧 인간을 억압하고 고난에 빠뜨리는 '폭군들'과 맞서 싸워 승리를 거두며, 하나님은 그리스도 안에서 이 세상과 자신의 화해를 이루신다. 여기서는 특히 두 가지 점을 강조할 필요가 있다. 첫째, 이것은 완전하고 타당한 의미의 속죄론이라는 점이다. 둘째, 이 속죄 개념은 그 자체로 고유하고 명료한 특성을 지니며, 다른 두 이론과 완전히 구별된다는 점이다.

그 후 얼마 안 있어 아울렌 이론의 역사적 근거가 문제로 제기되었다. 그의 이론을 '고전적' 속죄 이론으로 보아야 한다는 주장은 분명 지나친 것이다. 그리스도를 죽음과 사탄을 물리친 승리자로 보는 개념은 확실히 교부들이 생각한 구원의 본질 이해에서 중요한 요소다. 하지만 그것은 여러 가지 견해 또는 이미지 가운데 하나일 뿐이다. 아울렌은 이 개념이 교부 사상가들에게 지니는 중요성을 과대평가했다. 그를 비판하는 사람들은, 만일 어떤 이론에다 '고전적인 속죄 이론'이라는 이름을 붙일 수 있으려면 그것은 그리스도와의 연합을 통한 구속 개념이어야 할 것이라고 주장하였다.

그럼에도 불구하고 아울렌의 견해는 호의적으로 수용되었다. 이렇게 된 연유는 우선 계몽주의 세계관 일반에 대한 환멸감이 증가한 때문이었으며 좀 더 근본적인 이유는 제1차 세계대전의 참사를 경험하면서 세계 안에 존재하는 악의 현실을 깊이 깨닫게 된 때문이었다. 지그문트 프로이트 Sigmund Freud, 1856-1939 는 어떻게 어른들이 자신의 잠재의식 속에 숨어 있는 힘에 의해 영적으로 억압당하게 되는지를 밝혀냈다. 그의 이러한 통찰로 인해 인간 본성이 완전한 합리성을 지닌다고 본 계몽주의의 견해에 심각한 의문이 제기되었고, 또 인간은 알 수 없는 감춰진 힘에 속박되어 있다는 개념이 다시 신뢰를 얻게 되었다. 아울렌의 이론은 이렇게 인간 본성의 어두운 면을 점차 분명하게 인식하게 된 일과도 합치한다고 볼 수 있다. '악의 세력들'에 관해 논하는 일이 지적인 면에서도 가치 있는 일이 되었다.

아울렌의 이론은 또한 세 번째 가능성을 열어 주었다. 그것은 그 당시 주류 자유주의 개신교에서 널리 사용되던, 그러면서도 점차 문제가 있다고 여겨지던 두 가지 대안을 중재하는 일이었다. 고전적인 법률적 이론은 특히 속죄의 도덕성 문제와 관련해서 어려운 신학적 문제들을 낳는 것으로 여겨졌다. 그리고 그리스도의 죽음이 하는 일이 기껏해야 인간의 종교적 감정을 부추기는 것이라고 보았던 주관적 이론은 종교적으로 심히 부적합한 것으로 여겨졌다. 아울렌은 그리스도의 죽음의 의미와 관련해, 법률적 이론의 난점들을 극복하고 동시에 속죄의 객관적 본질을 적극적으로 옹호하는 이론을 제시하였다. 그런데 아울렌의 이론도 역시 몇 가지 심각한 문제가 있는 것으로 밝혀졌다. 그의 이론은 그리스도의 십자가가 악의 세력을 물리치는 방식에 대해서는 합리적인 해명을 하지 못했다. 왜 십자가인가? 왜 다른 방법으로는 안 되는가?

그 이후로, 승리의 이미지는 십자가에 관한 저술 속에서 두드러지게 발전하였다. 루돌프 불트만[1884-1976]은 신약성경의 승리라는 주제에까지 비신화화 이론을 적용하여, 승리를 비본래적 실존과 불신앙에 대한 승리로 해석했다. 폴 틸리히[1886-1965]는 아울렌의 이론을 개정하여, 그리스도의 십자가 승리를 우리의 본래적 실존을 박탈하려고 위협하는 실존론적 세력들에 대한 승리라고 해석하였다. 이처럼 실존론적 이론을 택한 불트만과 틸리히는 본래 철저히 객관적이었던 속죄 이론을 인간의 의식 안에서 이루어지는 주관적인 승리로 바꾸었다.

옥스퍼드의 신학자인 폴 피데스[Paul Fiddes, 1947 출생]는 『과거의 사건과 현재의 구원』[Past Event and Present Salvation, 1989]에서, '승리'라는 관념이 십자가에 관한 기독교의 사유에서 중요한 위치에 있음을 강조하였다. 그리스도의 죽음은 우리에게 새로운 지식을 제공하거나 옛 개념들을 새로운 방식으로 설명하는 것 이상의 일을 한다. 그리스도의 죽음은 새로운 방식의 실존을 가능하게 해준다.

> 그리스도의 승리는 실제로 우리 안에서 승리를 창조한다.……그리스도의 행위는 인간의 역사 속에서 "새로운 실존의 가능성을 열어준" 많은 계기들 가운데 하나다. 새 가능성이 열리고 나면, 다른 사람들도 그 경험을 동일하게 체험하면서 그 가능성을 자신의 것으로 삼을 수 있다.

이제 다음으로 그리스도의 죽음과 부활의 의미를 다루는 기독교 사고에서 용서라는 주제에 대해 살펴본다. 초기 기독교 선포의 한 가지 핵심 주제는 "그를 믿는 사람들이 다 그의 이름을 힘입어 죄 사함을 받는다"(행 10:43)였다. 이 주제는 그리스도의 사역에 관한 이론과 어떻게 통합될 수 있을까?

십자가와 용서

세 번째 접근법은 그리스도의 죽음이 하나님께서 죄를 용서할 수 있는 토대를 놓았다는 개념을 중심으로 한다. 어떻게 거룩하신 하나님이 죄를 그냥 용서하실 수 있는가? 의로운 하나님께서 불의를 용서한다는 것이 가능한가? 그러나 기독교의 믿음은 또한 하나님의 너그러움과 자비도 강조한다. 여기서 이 두 가지를 어떻게 함께 주장할 수 있는가? 어떻게 하나님은 의로우면서도 동시에 자비로울 수 있는가? 그리스도의 사역을 다루는 세 번째 접근법은 이러한 난제를 납득할 만하게 제시하는 것을 목표로 한다. 다시 말해, 신앙의 도덕성과 합리성을 보여주는 동시에 도덕적 죄책이나 불완전함으로서의 죄 개념을 분명히 밝혀야 하는 것이다.

전통적으로 이 개념은 11세기 사상가인 캔터베리의 안셀무스약 1033-1109 와 관련이 있으며, 그는 이 근거 위에서 성육신의 필연성을 증명하였다. 이 모델은 정통주의 시대에 고전적 개신교 교의학 속에 흡수되었으며, 18세기와 19세기의 많은 찬송가들을 통해 표현되었다.

안셀무스가 이 모델을 발전시킨 이유 가운데 하나는 '승리자 그리스도' 이론에 대한 뿌리 깊은 불만 때문이었던 것으로 보인다. 그는 이 이론의 바탕에 '악마의 권리'*ius diaboli* 와 관련해 심각한 문제가 있는 가정들과 하나님이 인간을 구속하면서 완전히 정직하지는 못했다는 암시가 깔려 있다고 보았다. 하나님이 왜 악마의 권리를 존중해야 하는가라는 문제는 말할 것도 없고, 어떻게 악마가 타락한 인간에게 권리를 행사할 수 있는지 안셀무스는 이해할 수가 없었다.

기껏해야 악마는 인간에 대해 실질적인*de facto* 권세—불법적이고 정당성이 없는 권세임에도 실제로 행사되는 권세—를 지닐 뿐이다. 이 권세는 결코 합법적인*de jure* 권위—어떤 확고한 법적·도덕적 원리에 근거한 권위—라고 볼 수 없다. 안셀무스는 악마의 권리 개념을 거부하면서, "나는 이것에서 어떤 힘도 발견할 수 없다"고 평했다. 이와 마찬가지로 안셀무스는 하나님이 구속을 이루는 과정에서 악마를 속인다고 보는 관념에 대해서도 비판하였다. 구속의 과정 전체는 하나님의 의로움을 근거로 이루어지며, 또 그 의로움을 보여주는 것이다. 안셀무스는 하나님의 의로움을 철저하게 강조한다. 하나님이 인간을 구속하는 일은 의로움이라는 신적 본성과 완전히 일치하는 방식으로 이루어진다.

안셀무스의 논문 「왜 하나님은 인간이 되었는가」 Cur Deus Homo, 1099 는 처음부터 끝까지 인간 구원의 가능성 문제와 씨름하면서, 그 내용을 대화 형식으로 기록한 글이다. 이 저술은 가톨릭과 개신교를 포함한 서방교회의 구속론에 엄청난 영향을 끼쳤으며, 따라서 좀 더 자세히 살펴볼 필요가 있다. 이 글에서 안셀무스는 일관된 분석을 펼치면서 성육신의 필연성과 더불어 예수 그리스도의 죽음과 부활이 지니는 구원의 잠재력을 주장한다. 복잡한 그의 논증을 다음과 같이 간단하게 요약할 수 있다.

❶ 하나님은 인간을 원의 original righteousness 의 상태로 창조하였으며, 또한 인간을 영원한 복의 상태로 인도하실 목적을 품으셨다.

❷ 이 영원한 복의 상태는 인간이 하나님께 순종하느냐에 달렸다. 그러나 인간은 죄로 말미암아 이렇게 꼭 필요한 순종을 할 수 없게 되었는데, 이 일은 무엇보다도 하나님께서 인간을 창조하시며 정하신 목적을 좌절시키는 것이다.

❸ 하나님의 목적이 좌절되는 일은 있을 수 없으며, 따라서 이 상황을 해결할 수 있는 수단이 필요하다. 하지만 이 상황은 죄에 대한 배상이 이루어져야만 회복될 수 있다. 달리 말해, 인간의 죄 때문에 빚어진 위법행위를 해결하는 조치가 이루어져야 한다.

❹ 이 일에 필요한 배상을 인간이 치를 수 있는 방법은 없다. 인

간에게는 필요한 자원이 없다. 반면에 하나님은 요구되는 배상을 치를 수 있는 자원을 가지고 있다.

❺ '신-인'God-man이라면 요구되는 배상을 치를 **능력**(하나님 자격으로)과 치러야 할 **의무**(인간의 자격으로)를 모두 가지게 된다. 따라서 요구되는 배상을 치르고 인간의 구속을 성취하기 위해서 성육신이 이루어진다. 이에 더해 안셀무스는 그리스도가 삶과 죽음을 통해 하나님께 온전히 복종한 것이 그의 희생에 인간 본성 전체를 구속하기에 충분한 공로를 실어 주었다고 주장하였는데, 이 주제는 나중에 이 문제를 논하는 저술들을 통해 크게 발전하게 된다.

안셀무스의 설명 가운데 몇 가지 논점은 평가가 필요하다. 첫째, 안셀무스는 속죄를 삼위일체의 측면에서 설명하지 않는다. 이 과정에 성령은 관여하지 않는 것이다. 게다가 안셀무스는 아버지가 아들과 경쟁하는 "상호 대립"의 틀을 가지고 작업한다. 그래서 그는 아버지와 아들 사이의 신적 행위의 연속성을 표현하지 못한다.

둘째, 어떻게 죄가 하나님에 대한 위법행위로 파악되는지 살펴볼 필요가 있다. 그 위법행위의 심각성은 침해당한 쪽의 지위에 비례하는 것으로 그려진다. 이러한 생각은 안셀무스가 당시의 봉건제도에 크게 영향을 받은 때문이며 그래서 하나님을 '봉건 영주'와 같은 존재로 묘사하고 있는 것이라고 많은 학자들은 주장한다. 그러나 사실은 안셀무스가 단지 그 시대에 친숙했던 유비를 받아들여 사유의 도구로 삼았다고 보는 것이 더 옳다. 그의 사상을 구성하는 근본 뼈대는 기독교 전통 자체 내에서도 분명하게 발견된다.

셋째, 안셀무스는 죄를 마치 빚처럼 생각해 그리스도의 죽음으로 제거할 수 있는 것이라고 생각한다. 안셀무스는 죄가 여전히 진행 중인 문제라는 점, 곧 용서뿐만 아니라 제거하거나 치유하는 일이 필요한 문제라는 사실에는 거의 눈길을 주지 않는다. 죄를 주로 경제적인 측면에서 파악하여, 특정 '위법행위'는 그와 동일한 분량의 '공로'를 통해서 상쇄해야 한다는 식으로 생각한다.

넷째, 안셀무스는 구속이 필연적인 일이라고 주장하는 것처럼 보인다. 달리 말해 인간의 구원을 이루기 위해서는 그리스도의 죽음이 **필요하다**고 주장하는 것 같다. 이러한 견해를 취한다는 점에서 그는 소수파에 속한다. 우리는 그리스도의 죽음을 구원의 근거라고 말하는 것은 납득할 수 있다. 그러나 그 말이 곧 구원이 필연적으로 이러한 방식으로 이루어져야 한다는 의미는 아니다. 캐나다의 예수회 신학자인 버나드 로너간Bernard Lonergan, 1904-1984이 지적한 것처럼, 이해가능성intelligibility과 필연성은 동일한 것이 아니다. 아우구스티누스, 토마스 아퀴나스약 1225-1274, 둔스 스코투스1266-1308와 같은 지도적 신학자들도 하나님이 다른 수단을 통해 우리를 구속하실 수 있다고 보았다. 우리는 하나님이 왜 이런 방식으로 일하기로 선택했는지도 이해할 수 있다. 그러나 그런 가능성 때문에 하나님이 꼭 그처럼 특정한 방식으로 인간을 구속해야 한다고 밀어붙여서는 안 된다.

다섯째, '배상'satisfaction 개념의 기원을 놓고 커다란 논쟁이 계속되었다. 그 당시, 위법행위는 적절한 변상을 통해서 해결해야 한다고 정한 독일의 법률에서 이 개념이 유래했을 수도 있다. 그러나 대부분의 학자들은 안셀무스가 이미 교회 안에 있던 고해 제도에서 이 개념을 가져온 것이라고 판단한다. 고해성사에 참여하는 죄인은 죄를 남김없이 고백할 필요가 있다. 사제는 죄가 용서되었음을 선언하면서 그 참회자에게 '배상'에 해당하는 일(예를 들어, 순례여행에 참여하거나 자선을 베푸는 일)을 하라고 요구하곤 하였다. 그 일은 사죄에 감사하는 마음을 공적으로 표현하는 것이었다. 바로 이것에서 안셀무스가 배상 개념을 끌어왔을 가능성이 크다.

'배상' 개념은 13세기에 토마스 아퀴나스에 의해 신학적 기초가 굳게 다져졌다. 아퀴나스는 '그리스도의 배상'이 인간의 죄를 상쇄하기에 적합하다는 점을 세 가지 논의로 설명한다.

가해자가 위법행위의 피해자에게 그 일에서 입은 상처보다 더 큰 기쁨을 얻을 수 있는 것을 제공할 때 적절한 배상은 이루어진다. 그런데 그리스도는 사랑과 순종으로 고난을 당함으로써 인간의 위법행위 전체를 보상하고도 남을 만큼 큰 것을 하나님께 드렸다. 그 까닭은 첫째로 그가 고난을 통해 보여준 사랑의 위대함 때문이며, 둘째로 그가 배상으로 내어놓은 생명, 곧 인간의 생명이면서 동시에 하나님의 생명인 그 생명의 가치 때문이고, 셋째 그가 끌어안은 슬픔의 거대함과 수난의 포괄적 성격 때문이다.

이 주장에서 두 가지 점을 자세히 살펴볼 필요가 있다. 아퀴나스의 첫 번째 논점(그리스도의 사랑의 크기)은 그리스도가 십자가에서 죽어 가며 보여준 사랑의 의미를 강조한 페트루스 아벨라르두스의 생각을 받아들인 것으로 보인다599-601쪽. 둘째로, 아퀴나스는 안셀무스의 견해를 받아들여 그리스도의 죽음의 고유한 가치는 그의 신성에 근거한 것이라고 주장한다. 그리스도의 죽음이 그처럼 중요하고 또 우리를 구속할 능력이 있는 이유는 무엇인가? 아퀴나스의 주장에 의하면, 그리스도 오직 그만이 인간의 몸을 입은 하나님이기 때문이다. 아퀴나스의 말로 하면, "그리스도의 몸의 가치는 몸의 본질뿐만 아니라 그 몸을 취한 인격에 따라서 평가되어야 한다. 그것은 하나님의 몸이며 거기서 무한한 가치가 나오기 때문이다." 왜 한 사람의 죽음이 그처럼 구원에서 중요한 의미를 지녀야 했느냐는 물음에 대해, 아퀴나스는 이 문제에서 그리스도의 중요성은 그의 인성이 아니라 신성에 근거한다는 말로 답한다.

그러나 아퀴나스가 이렇게 그리스도의 신성을 강조하면서도 그리스도의 인성의 중요성을 간과해서는 안 된다는 점을 분명하게 하기 위해 애썼다는 것도 확실하다. 그의 세 가지 논점 가운데서 첫째와 셋째는 그리스도의 사랑과 고난이 구원에서 차지하는 중요성을 강조함으로써 그리스도의 인성이 구속의 과정에서 차지하는 중요한 역할을 인정한 것이라고 볼 수 있다. 안셀무스는 그리스도의 인성을, 인간의 죄에 치러야 할 죗값을 그리스도가 충분히 지닐 수 있게 해주는 수단 정도로만 여기는 경향이 있었다. 이렇게 해서 아퀴나스는 구원론에서 그리스도의 인성의 역할을 훨씬 더 적극적으로 평가할 수 있었다.

그러나 안셀무스의 이론에 수반된 분명한 난점들에도 불구하고, 중요한 진전이 이루어졌다. 하나님은 인간을 구속할 때 처음부터 끝까지 확고하게 정의의 원리에 따라 행하여야 한다고 본 안셀무스의 주장은 도덕적으로 의심스러운 '승리자 그리스도' 이론과 완전히 단절하게 되었다. 안셀무스의 이론을 따르는 후대의 사상가들은 법의 일반적인 원리 안에 그의 이론을 세움으로써 훨씬 더 튼튼한 기초 위에서 논의를 전개할 수 있었다. 16세기는 인간의 법이 지니는 중요성에 대해 특히 민감하였으며, 법이 인간의 죄에 대한 하나님의 용서를 보이는 적합한 모델이 된다고 보았다. 이 시기에 인간의 죄의 용서가 그리스도의 죽음과 관련되는 방식을 이해하기 위해 세 가지 중요한 모델이 사용되었다.

안셀무스의 이론은 서구 교회의 찬송가에 중대한 영향을 끼쳤다. 그것은 "멀리 보이는 푸른 언덕"이라는 성(聖) 금요일 찬송가에서 분명히 볼 수 있다.

> 죄의 값을 치를 수 있는
> 다른 어떤 충분한 것은 없네
> 오직 그분만이 문을 열어 주실 수 있네
> 그것은 하늘의 문, 우리를 들어가게 하시네

이 견해가 서방 교회에서는 매우 큰 영향력을 지녔으나, 동방정교회 신학자들은 신학적으로 결함이 있는 것이라고 보았다. 블라디미르 로스키 1903-1958는 안셀무스의 속죄론에 대하여 몇 가지 우려를 나타냈는데, 그중 세 가지를 언급할 필요가 있다. 첫째, 로스키는 그 속죄론을 구원의 신비를 합리화하려는 시도로 보았는데, 이것은 결국 신비를 황폐화시킨다는 것이다. 많은 정교회 저술가처럼 로스키도 우리는 신비를 마땅히 존중하고 경외해야 하며, 부적절한 합리적 공식으로 격하해서는 안 된다고 믿었다. 둘째, 로스키는 구속은 인간의 죄라는 선입관을 드러내지 말고, 대신에 구원의 목표, 즉 신화(神化)에 초점을 맞추어야 한다고 주장했다. 마지막으로 로스키는 안셀무스가 그리스도의 사역을 환원주의적으로 설명했고, 그리스도의 죽음의 의미에만 성찰의 초점을 맞춘 결과 그의 부활에 대해서는—합리적 방식이로든 또는 상상력을 동원하든 간에—정당하게 평가하지 못했다는 점을 지적했다.

이러한 일반적인 속죄 이론은 계몽주의의 등장과 함께 심각한 비판을 당하게 되었다. 이 이론에 타격을 가한 주요한 비판은 다음과 같았다.

❶ 이 속죄론이 근거로 삼은 원죄 개념을 계몽주의 저술가들은 인정할 수 없었다. 사람은 각자 자기가 지은 도덕적 죄에 책임을 져야 한다. 전통적인 원죄 교리에서 주장한, 유전된 죄책이라는 개념은 당연히 폐기해야 한다.

❷ 계몽주의는 기독교 교리가 모든 면에서 합리적이어야 하고 특히 도덕적이어야 한다고 주장했다. 계몽주의 세계관을 주장하는 사람들에게 이 속죄론은 도덕적으로 의심스러운 것이었는데, 전이된 죄나 공로라는 개념이 특히 그랬다. '대리 배상'이라는 핵심 개념 역시 매우 미심쩍은 것으로 여겨졌다. 한 사람이 다른 사람들에게 돌아갈 벌을 대신 지는 것이 어떻게 도덕적일 수 있겠는가?

이러한 비판들은 '교의사'라는 운동413쪽이 발전하면서 더욱 큰 힘을 얻게 되었다. G. S. 슈타인바르트Steinbart, 1738-1809에서 아돌프 폰 하르낙1851-1930까지 이 운동을 대표하는 여러 학자들은, 안셀무스의 형벌의 대리 교리에서 핵심적 중요성을 지니는 여러 가지 가정들이 하찮고 우연한 역사 사건들을 통해 기독교 신학 속으로 파고들었다고 주장하였다. 예를 들어 슈타인바르트는『순수 철학의 체계』System of Pure Philosophy, 1778에서, 역사를 연구해서 기독교의 구원 논의에 끼어든 것으로 밝혀낸 '독단적인 가정'으로 다음의 세 가지를 들고 있다.

❶ 아우구스티누스의 원죄 이론
❷ 배상 개념
❸ 그리스도의 의로움의 전가 이론

이것들을 근거로 슈타인바르트는 정통주의 개신교의 속죄 이론을 떠받치는 하부구조가 구시대의 유물이라고 단정 지었다.

최근에 와서는 오스트리아의 저명한 심리학자인 지그문트 프로이트가 죄책감의 기원을 어린 시절의 경험에서 찾는 이론을 펼치면서, 그에 비추어 법적 구원론의 핵심 요소인 죄책 개념이 커다란 논의 주제로 다루어지게 되었다. 20세기의 사상가들 중에는, 죄책감이란 사회심리적인 투사일 뿐이며 그 뿌리는 하나님의 거룩성이 아니라 인간의 어리석은 본성에 있다고 주장하는 이들이 있다. 이러한 사회심리적 구조들을 '외부의' 실재라는 상상의 스크린에 투사하고는 그것들을 마치 객관적인 사실인 양 취급한다는 것이다. 이 주장이 비록 심각하게 과장된 것이기는 하지만 한편으로는 명료성이라는 장점을 지니고 있으며, 또 우리가 여기서 논하는 속죄론이 직면하고 있는 커다란 압력이 무엇인지를 인식하게 해준다.

또 다른 학자들은 그리스도가 십자가에서 벌을 받았다는 개념에 대하여 우려를 나타냈다. 예를 들어, 스코틀랜드의 신학자 존 맥레오드 캠벨은 『속죄의 본질』*The Nature of the Atonement*, 1856에서 그리스도의 '대리 참회'vicarious penitence라는 개념을 제시하였다. 즉 그리스도가 온 인류를 대신하여 완전하게 죄를 고백했으며 그것이 구속의 효력을 지닌다는 것이다. 캠벨은 십자가에 달린 그리스도가 "하나님의 눈으로 죄와 죄인들을 보고, 하나님의 마음으로 그들에 관해 느끼는" 분이라고 보았다. 십자가의 처형이 뜻하는 것은 하나님이 그리스도에게 지운 형벌이 아니라, 죄는 미워하고 죄인들은 사랑하는 하나님의 마음을 그리스도가 드러내고 구현했다는 것이다. 옥스퍼드의 신학자인 로버트 모벌리Robert C. Moberly, 1845-1903도 『속죄와 인격』*Atonement and Personality*, 1901에서 이와 유사한 견해를 제시하여, "죄 없는 그리스도 안에서 이루어진 완전한 참회의 희생이 죄를 대속하는 진정한 희생"이라고 주장하였다. 이 두 사람의 견해는 모두 인간이 스스로 해야만 했던 일—여기서는 하나님 앞에서 죄를 참회하는 것—을 그리스도가 했다고 보는 점에서 대리적인 이론에 속한다. 이와 비슷한 견해를 스코틀랜드의 저명한 신학자 토머스 토런스1913-2007의 저술에서도 볼 수 있다.

그럼에도 불구하고 십자가에 대한 전통적인 견해는 계속해서 많은 사람들의 지지를 받고 있다. 제1차 세계대전의 결과로 자유주의 개신교의 진화론적인 도덕 낙관주의가 붕괴하면서160-161쪽 인간의 죄 문제와 인간의 상황 외부에서 오는 구속의 필요성이 다시 강조되었다. 이러한 논의에 불을 붙인 두 가지 중요한 요소가 당시 자유주의 개신교가 직면했던 신뢰성의 위기로 인해 촉진되었다고 볼 수 있다.

제1차 세계대전 중에 영국에서 P. T. 포사이스1848-1921가 저술한 『신의 정당화』*The Justification of God*, 1916에서는 '하나님의 정의' 개념을 새롭게 발견할 것을 열렬하게 호소하였다. 포사이스는 안셀무스에 비해서 십자가의 법률적이고 법정적인 측면에 관심이 적었다. 그가 집중적으로 관심을 기울였던 것은 십자가가 "우주의 총체적인 도덕적 구조와 운동"에 밀접하게 연결된 방식이었다. 속죄의 교리는

'만물의 의로움'과 분리될 수 없는 것이다. 하나님은 이러한 만물의 의로움을 회복하기 위해 일하신다. 하나님이 십자가를 통해 도덕 갱신의 길을 열어 주었다는 것이 그 증거다. 이 도덕 갱신이 인간에게 꼭 필요하지만 인간의 힘으로는 이룰 수 없다는 것을 입증한 것이 제1차 세계대전이었다.

> 십자가는 신학의 주제도 아니며 또 법적인 장치도 아니다. 오히려 그것은 세상의 전쟁보다 훨씬 큰 규모로 나타난, 우주의 도덕적 위기를 가리킨다. 십자가는 온전하신 하나님께서 거룩한 사랑과 의로운 심판과 구속의 은총으로 온 세상의 모든 영혼을 다루시는 신정론이다.

십자가에서 하나님이 목표로 삼는 것은 의로운 수단으로 세상의 의로움을 회복하는 것이다. 이것은 안셀무스 속죄론의 핵심 주제를 창의적으로 새롭게 진술한 것이다.

여기서 살펴볼 더 중요한 논의는 칼 바르트[1886-1968]가 『교회 교의학』에서 '속죄'와 '화해'라는 주제(독일어 *Versöhnung*은 이 두 의미를 다 포함한다)를 폭넓게 다룬 것이다. 바르트는 이 문제를 다루는 항목에다 '우리를 대신하여 심판받은 심판자'라는 제목을 붙였다. 이 제목은 개혁주의의 『하이델베르크 교리문답』[1563]에서 따온 것으로, 이 교리문답에서는 그리스도를 "나를 대신하여 하나님의 심판대 앞에 서시어 내게 미칠 모든 저주를 없애 주신" 심판자라고 말한다. 바르트의 논의는 개혁주의 전통에 속한 이 교리문답서의 본문을 주석하여 확대한 것이라고 볼 수 있는데, 먼저 하나님의 심판의 모습과 그 방식을 다루고 이어서 그 심판을 하나님 자신이 당하는 방식—이것이 안셀무스의 핵심 주제인데 물론 안셀무스는 이 개념을 삼위일체론의 틀 안에서 통합하지는 못했다—을 다룬다.

이 항목 전체가 죄책과 심판과 죄 용서와 관련한 언어와 이미지들로 가득 차 있다. 십자가에서 우리는 하나님께서 죄인인 인간에게 의로운 심판을 행하시는 것을 본다. 바르트는 '죄'가 인간의 본성에서 분리할 수 있는 요소가 아니라는 점을 강조하기 위해 *Sündermensch*(죄인)라는 합성어를 사용한다. 십자가는 자기 충족성과 판단의 자율성이라는 인간의 망상을 폭로한다. 바르트는 창세기 3장이 이러한 망상을 간략하게 제시하고 있다고 말한다. "인간은 자기 자신의 심판자가 되길 원한다."

그러나 상황을 바꾸기 위해서는 그 상황이 근본적으로 잘못된 것임을 인정하는 것이 필요하다. 바르트에게, 그리스도의 십자가는 의로운 심판자가 죄인에 대한 그의 심판을 분명하게 알리는 자리이며 동시에 그 심판을 자신에게로 돌리는 자리가 된다.

> 그렇게 해서 하나님의 아들은 우리 자리로 내려와 인간이 되시고 우리 대신 우리에게 내려진 심판을 받음으로써 인간에 대한 의로운 심판을 완수하셨다.……하나님은 우리가 받을 심판을 당신의 아들에게 행하기로 정하셨기에, 그 심판은 아들의 인격 안에서 아들의 고발과 정죄와 죽음으로 나타났다. 그는 심판하였으며 또 스스로 심판받는 자리로 내려와서 심판받는 심판자가 되었다.……왜 하나님이 인간이 되었을까? 하나님이 인간이 되어 죄인인 우리를 대신해 이 모든 일을 행하고 성취하여 온전케 하시려는 것이요, 그래서 그로 말미암아 우리를 하나님과 화해하게 하고 하나님에게로 돌아서게 하기 위함이다.

이 글에서는 매우 강력한 대리적 특성이 드러난다. 하나님은 우리의 죄를 폭로하고 우리 대신 그 죄를 짊어지고 나아가 죄의 권세를 제압함으로써 의로운 심판을 행한다.

따라서 바르트가 볼 때, 십자가는 '우리를 위해서'와 '우리를 거슬러서'라는 두 가지 의미를 지닌다. 십자가에서 우리 죄가 철저히 폭로되지 않는다면, 십자가는 우리에게서 죄를 제거할 수 없다.

'우리를 위한' 그의 십자가 죽음은 이토록 혹독한 '우리를 거스름'을 포함한다. 이렇게 '우리를 거스르는' 혹독함이 없다면, 십자가는 결코 '우리를 위한' 하나님의 거룩하고 구속적이고 참 도움이 되는 행위일 수가 없다. 바로 여기에서만 인간과 세상이 하나님께로 돌아서는 일이 그 사건이 된다.

법이나 형벌의 관점에서 그리스도의 죽음의 의미를 파악하는 이론은 복음주의 신학에서 여전히 중요한 것으로 다루어진다. 제2차 세계대전 이후에 일어난 복음주의 부흥에서 가장 두드러진 특징 가운데 하나는, 신약성경의 속죄 이해를 현대적으로 탐구하는 일에 집중했다는 점이다. 그 가운데서 레온 모리스Leon Morris, 1914-2006 의 『십자가에 대한 사도적 선포』The Apostolic Preaching of the Cross, 1955와 존 스토트John Stott, 1921-2011 의 『그리스도의 십자가』The Cross of Christ, 1986 같은 저술들은 십자가를 형벌의 관점에서 보는 이론을 계속해서 복음주의 신앙 이해의 핵심이 되는 것으로 다루었다. 이 이론의 일반적인 특징에 대해서는 제임스 패커19266-2020 가 1974년에 특히 명료하게 설명하였다.

그리스도의 죽음은 먼저 하나님에게 영향을 미쳤다. 그의 죽음으로 하나님의 진노가 풀렸다(더 낫게 말해, 하나님이 그리스도의 죽음을 보고 자신의 진노를 풀었다). 그리고 이러한 결과를 통해서만, 그리스도의 죽음은 어둠의 권세에 대한 승리가 되고 또 하나님의 찾고 구원하시는 사랑을 드러내는 계시가 되었다. 여기서 말하는 것은, 서방교회가 죄의 배상이라고 불러온 것, 곧 우리에 대한 하나님의 '부정'No을 긍정으로 바꿀 수 있는 유일한 수단으로 하나님이 정해 놓은 그 배상을 그리스도가 자신의 죽음으로 하나님에게 드렸다는 것이다.……십자가를 짐으로써 예수는 우리의 죄를 속하고, 우리를 지으신 분의 진노를 풀고, 우리를 향한 하나님의 '부정'을 '긍정'Yes으로 바꾸고, 그렇게 해서 우리를 구원하였다.

이제 우리는 그리스도의 죽음을 인류에 대한 하나님의 사랑의 표명과 확증으로 여겨야 한다는 사상을 살펴본다. 초기 기독교 선포의 한 가지 핵심 주제는 "나를 사랑하사 나를 위하여 자기 자신을 버리신 하나님의 아들을 믿는 믿음 안에서 사는 것이라"(갈 2:20)라는 바울의 선언 안에서 찾아볼 수 있다. 이 주제는 그리스도의 사역에 관한 이론과 어떻게 통합될 수 있는가?

하나님 사랑의 본보기인 십자가

신약성경에서 말하는 십자가의 의미 가운데 핵심 요소는 십자가를 인간을 향한 하나님의 사랑의 본보기로 보는 것이다. 그리스도의 죽음을 하나님의 사랑의 본보기로 볼 수 있다는 생각은 기독교 신학 전통의 초기에 알렉산드리아의 클레멘스약 150-215 같은 이들의 저술에서 찾아볼 수 있다. 클레멘스는 그리스도의 성육신과 죽음이 인간을 향한 하나님의 사랑의 강력한 증거요, 또 인간이 그에 상응하여 하나님을 사랑해야 한다는 요청이라고 주장하였다.

> [그리스도가] 내려오셔서 인간의 본성을 입으시고, 우리의 연약한 처지까지 낮아져 기꺼이 인간의 고난을 견뎠기에, 그는 우리를 그의 능력의 자리까지 끌어올릴 수 있었다. 그리고 그는 자신을 몸값으로 삼아 제물로 바치기 직전에, 우리에게 새 언약을 남겨 놓았다. "내가 너희를 사랑한다"(요 13:34). 이 사랑의 본질은 무엇이며 그 크기는 어느 정도인가? 우리 한 사람 한 사람을 위해 그는 자기의 생명, 곧 온 우주와 맞먹는 생명을 내어놓았다. 그리고 이어서 우리도 그와 같이 서로 사랑해야 한다고 요구한다.

히포의 아우구스티누스는 그리스도의 사명을 떠받치는 동기 중하나가 "우리를 향한 하나님의 사랑의 본보기"였다고 강조했던 많은 교부들 중 한 사람이었다. 그러나 아우구스티누스에게 이것은 십자가의 여러 의미 가운데 한 가지일 뿐이었다. 이제 곧 살펴보겠지만, 변하기 쉬운 문화 규범들에 대응하여 속죄를 논한 일부 이론에서는 이 견해가 중심의 자리를 차지하게 되었다.

중세 때 이 점을 강조한 것으로서 가장 중요한 진술을 페트루스 아벨라르두스1079-1142의 저술에서 찾아볼 수 있다. 일부 아벨라르두스 해석자들의 주장대로 그가 십자가의 의미를 하나님 사랑의 본보기로 **축소**한 것은 아니라는 점을 분명히 해둘 필요가 있다. 이러한 생각은 아벨라르두스 구원론을 이루는 여러 가지 요소 가운데 하나일 뿐이며, 그의 구원론은 그리스도의 죽음을 죄에 대한 희생제물로 보는 전통적인 개념을 포함한다. 눈여겨볼 사실은 아벨라르두스가 십자가의 주관적인 영향을 강조했다는 것이다.

아벨라르두스에 의하면, "성육신의 이유와 목적은 그리스도가 그의 지혜로 이 세상을 계몽하고 세상이 그를 사랑하도록 이끄는 데 있었다." 여기에서 아벨라르두스는, 그리스도의 성육신이란 인간에게서 사랑의 응답을 일으킬 목적으로 하나님의 큰 사랑을 공적으로 보여준 것이라고 주장한 아우구스티누스의 개념을 받아들인다. "하나님의 아들은 우리의 본성을 취하였으며, 그 본성 안에서 죽기까지 말씀과 모범으로 우리를 가르치기로 마음을 정했고, 그렇게 해서 사랑으로 자신과 우리를 하나로 묶었다." 그리스도를 통해 드러난 하나님의 사랑의 주관적인 영향을 깊이 헤아려 보면, 이 통찰이 지닌 큰 힘을 확인할 수 있다.

사랑은 그리스도에 대한 우리의 믿음에 비례해 증가한다. 우리는 그리스도 안에서 하나님께서 우리의 인간 본성을 당신과 하나 되게 하셨으며, 또 그와 동일한 본성으로 고난을 당함으로써 그리스도가 "이보다 더 큰 사랑은 없나니"(요 15:13)라고 말한 바로 그 지극한 사랑을 우리에게 나타내 보이셨다는 사실을 믿기 때문이다. 그래서 우리는 그분의 은총으로 말미암아 그분과 그리고 우리 이웃과, 끊기지 않는 사랑의 끈으로 연합하게 된다.……그러므로 그리스도의 고난을 통해 성취된 우리의 구속은 우리 안에 깊은 사랑으로 나타나며, 이 사랑이 우리를 죄의 노예상태에서 해방할 뿐만 아니라 하나님의 자녀의 참된 자유를 누릴 수 있게 해준다. 이는 우리가 무슨 일을 하든지 두려움 때문이 아니라 사랑의 동기에서, 곧 무한한 은총을 우리에게 나타내신 분을 사랑하는 마음으로 하도록 하기 위해서다.

아벨라르두스는 그리스도의 죽음이 왜 하나님의 사랑의 본보기가 되는지를 적절하게 설명해 줄 신학적 근거는 제시하지 못한다. 그렇기는 하나 그리스도의 죽음의 의미를 설명하는 그의 이론은, 그와 동시대에 활동한 캔터베리의 안셀무스 같은 저술가들은 완전히 무시했던, 그리스도의 죽음이 끼치는 강력하고 주관적인 영향을 분명하게 밝혀냈다.

이 주제는 기독교 신학 전 영역에서 발전했으며, 영성 분야에서 두드러지게 응용하였다. 이에 대한 사례를 그 시대의 가장 깊이 있는 영성가 중 한 사람인 스페인의 후아나 델 라 크루스^{Juana de la Cruz, 1481-}에게서 볼 수 있다. 후아나는 스페인의 황금기 동안에 널리 사랑받은 저술인 『위로의 책』^{Book of Consolation}으로 유명하다. 후아나가 비록 아빌라의 테레사 같은 그 시대의 여성 저술가들이 누린 명성에는 이르지 못했지만, 그녀가 생생한 이미지를 사용해 신자와 하나님의 관계를 묘사한 것은 깊이 연구할 가치가 있다. 그리스도의 수난에 관한 그녀의 설명은 여러 가지 면에서 탁월하며, 여성적인 이미지를 사용해 수난의 신학적 의미를 밝혀낸 것이 특히 뛰어나다. 여기서 후아나는 그리스도의 십자가 처형을 출산하는 여성에 비유한다. 후아나는 그리스도가 하나님의 자녀를 낳고자 겪는 고통과 슬픔을 성찰함으로써 인간을 향한 하나님의 사랑을 확고하게 밝혀낸다. 여기서 하나님의 사랑이 모성적 이미지로 표현된다.

그리스도는 모질고 혹독한 수난의 자리에서 엄청난 고통과 아픔을 겪어서 우리 모두를 낳으셨다. 우리가 그분에게 매우 고귀한 희생을 치르게 하였고 또 그가 우리를 낳고자 치른 노고가 극히 엄하여 피가 땀처럼 흐를 정도였기에, 그분이 할 수 있는 일이라고는 마치 사랑 깊은 어머니처럼 *como madre muy piadosa* 아버지께 우리가 구원받고 우리의 영혼이 빛으로 들어갈 수 있도록, 그래서 그가 당하는 고통과 아픔이 헛되지 않도록, 우리를 위해 기도하고 간구하는 것밖에 없었다.

후아나의 이러한 성찰에서 기초가 되는 본문이 마태복음 23:37이다. "예루살렘아, 예루살렘아, 선지자들을 죽이고 네게 파송된 자들을 돌로 치는 자여. 암탉이 그 새끼를 날개 아래에 모음 같이 내가 네 자녀를 모으려 한 일이 몇 번이더냐. 그러나 너희가 원하지 아니하였도다." 후아나는 날개 아래 병아리를 품는 암탉의 이미지가 인간을 향한 하나님의 사랑을 여성의 눈으로 이해하는 방식과 일치한다고 생각하고, 이 이미지를 출산 과정으로서의 예수의 죽음과 연결짓고 그 죽음이 하나님의 사랑에 응답하는 사람들 안에 믿음을 낳는다고 보았다.

계몽주의 세계관이 등장하면서, 희생제물이 하나님의 마음을 움직인다거나 그리스도가 죄에 따르는 형벌이나 배상을 치르기 위해 죽었다고 주장하는 초월적인 개념들로 무장한 속죄 이론에 점차 많은 비판이 제기되었다. 계몽주의의 영향으로 부활에 대해 회의적인 태도가 늘면서, 신학자들은 이런 초월적인 요소를 자신의 속죄신학에 받아들이기를 꺼려했으며 심지어는 이전 세대들이 지녔던 열의에 대해서조차 무관심하게 되었다. 그 결과, 계몽주의에 동조하는 신학자들은 십자가 자체만을 집중적으로 다루게 되었다.

많은 계몽주의 신학자들은 또 그리스도가 완전한 인간이면서 동시에 완전한 신이라고 주장하는 전통적인 '두 본성'의 교리•에도 불편함을 느꼈다. 계몽주의 정신을 가장 잘 담아낸 그리스도론 형태는

• 두 본성의 교리
doctrine of two natures

예수 그리스도가 신성과 인성의 두 본성을 지닌다는 교리. 이와 관련된 용어로는 '칼케돈 신조'와 '위격의 연합'이 있다.

등급 그리스도론, 곧 그리스도와 다른 인간 사이에는 등급의 차이가 있을 뿐 본질의 차이는 없다고 보는 그리스도론일 것이다. 이 이론에서는, 예수 그리스도가 모든 인간이 실제적으로나 잠재적으로 지니는 특성을 구현한 인물이며, 차이가 있다면 그 특성을 구현한 정도에서만 그가 훨씬 탁월했다고 주장한다.

이러한 사항들을 속죄의 신학에 적용할 때, 일관된 유형이 모습을 드러낸다. 이 유형은 G.F.자일러[1733-1807], G.S. 슈타인바르트, K.G. 브렛슈나이더[1776-1848]와 같은 18세기 후반과 19세기 초의 합리주의 신학자들의 저술에서 찾아볼 수 있다. 이 유형의 기본 특성은 다음과 같이 요약할 수 있다.

❶ 십자가는 초월적인 지시체reference나 가치와 연결되지 않는다. 십자가의 가치는 그것이 인간에게 끼치는 영향에서만 찾을 수 있다. 따라서 십자가는 자기 생명을 내어주는 그리스도를 가리키는 한에서만 '희생'이라고 말할 수 있다.

❷ 십자가 위에서 죽은 이는 인간이었으며, 그 죽음은 인간에게 영향을 준다. 이 영향은 감화와 격려의 모양으로 나타나며, 우리로 하여금 예수 안에 세워진 도덕적 모범을 본받게 한다.

❸ 십자가를 우리를 향한 하나님의 사랑의 본보기라고 이해하는 것만이 신학적으로 타당한 해석이다.

이 이론은 19세기 유럽의 합리주의 진영 전체에 방대한 영향을 끼쳤다. 십자가를 에워싼 신비와 비합리적 사고는 폐기되었으며, 남은 것은 예수 그리스도의 삶과 태도에서 제시된 모범을 근거로 삼아 인간의 도덕을 개선하라는 강력하고 극적인 요청이었다. 합리주의 진영 내에서 예수를 이해하는 방식에 어울리는 것은 구원자가 아니라 순교자라는 모델이었다.

이처럼 십자가를 합리주의적으로 이해하는 이론에 맞선 가장 중요한 도전은 슐라이어마허[1768-1834]를 통해 나타났다. 그는 그리스도의 죽음이 **종교적 가치**—순전한 도덕적 가치와 대비된다—를 지닌다고 주장했다. 그리스도가 죽은 것은 도덕 체계를 세우거나 뒷받침하기 위해서가 아니었다. 그가 온 목적은 인간 안에 하나님 의식을 최고로 높이기 위해서였다. 슐라이어마허는, "그리스도의 생생한 영향력이라는 통로"를 통해 인간의 자연적인 하나님 의식을 북돋우고 고양시키는 것이 구속이라고 보았다. 그는 그리스도의 속성을 "지극히 강렬한 하나님 의식"이라고 설명한다. 슐라이어마허의 주장에 의하면, 그리스도의 하나님 의식 안에는 인간의 구속을 이룰 만큼 강력한, 동화시키는 능력이 들어 있다.

슐라이어마허는 카리스마를 지닌 정치 지도자 같은 모델을 생각한 듯싶다. 그런 정치 지도자는 자신의 비전을 아주 명료하고 강력하게 전달해서, 군중들에게 분명하게 이해시킬 뿐만 아니라 군중을 사로잡아 그 비전대로 변화되고 살게 할 수 있는 사람이다. 그런데 그는 그 비전을 그대로 간직한 채 다른 사람들을 그 안으로 끌어들인다. 그 비전은 여전히 그의 비전인 까닭에 그의 인격적 독특성은 훼손되지 않는다.

어떤 사람이 처음으로 자연적으로 결속된 한 집단을 시민사회 속으로 통합한다고 가정해 보자(이런 사례는 전설 속에서 많이 발견된다). 다음과 같은 일이 일어난다. 처음으로 그의 의식 속에 국가의 이념이 떠오르고, 그 이념이 그의 인격 속에 확고하게 자리 잡는다. 이어서 그는 나머지 사람들을 이끌어서 그 이념과 생생한 관계를 맺게 한다. 그는 효과적인 연설을 통해 그 사람들이 자신들의 현 상황에 대한 불만을 분명하게 깨닫게 함으로써 이 일을 수행한다. 자기 삶의 핵심 원리가 되는 그 이념을 사람들 속에 심어 주어 그들이 그러한 삶에 참여하도록 이끄는 창시자에게 권력이 돌아간다.

그러나 이것은 엄밀한 의미에서 모범론*은 아니다. 슐라이어마 허는 이 문제를 탐구하면서 핵심적인 두 독일어, *Urbildlichkeit*와 *Vorbildlichkeit*를 사용하는데, 이 두 용어는 다른 말로 옮기기가 쉽지 않다.

● **모범론**
exemplarism

속죄를 설명하는 특별한 방식으로, 예수 그리스도 가 신자들에게 보인 도덕 적·종교적 모범을 강조 한다.

❶ *Urbildlichkeit*: "이상적인 상태를 보이는 특성"이라고 옮길 수 있을 것이다. 슐라이어마허는 나사렛 예수가 인간의 하나 님 의식의 전형이며 인간의 경건성*Frömmigkeit*의 궁극이라고 보았다. 이것만 놓고 보면, 이 개념은 예수를 인간의 도덕적 모범이라고 본 합리주의의 견해와 비슷해 보인다. 슐라이어 마허는 이 문제를 두 가지 방식으로 해결한다. 첫째, 그는 나 사렛 예수가 단순한 도덕적 모범, 곧 영원한 도덕적 진리들을 예시하는 인물이 아니라고 강조한다. 나사렛 예수는 인간의 완전한 하나님 의식을 보여주는, 이상적이고 유일한 모범이 다. 그리고 이 하나님 의식은 순전히 도덕적이거나 합리적인 개념이 아니라 종교적인 개념이다. 둘째, 앞에서 언급했듯이 그리스도는 이러한 하나님 의식을 다른 사람에게 전해 줄 능 력이 있다. 이 능력을 슐라이어마허는 *Vorbildlichkeit*라는 말로 설명하는데, 다음으로 이에 대해 살펴본다.

❷ *Vorbildlichkeit*: "특정한 이상을 다른 사람들 속에 불러일으 킬 수 있는 특성"이라고 번역할 수 있다. 나사렛 예수는 이상 의 구체적 예시일 뿐만 아니라 그러한 특성을 다른 사람 속에 불러일으키고 세울 수 있는 능력을 지닌 사람이다.

이 견해를 근거로 슐라이어마허는 예수의 인격을 이해하는 기존 방식들을 비판한다. 계몽주의 사상가들이 볼 때, 나사렛 예수는 인간 의 종교 교사이거나 종교적 혹은 도덕적 원리의 본보기에 불과했다. 앞서 살펴본 대로, 이 말은 예수가 그러한 원리나 교훈을 세웠다는 뜻이 아니다. 그의 원리나 가르침이 권위가 있는 까닭은 그것들이 합리적 개념이나 가치와 일치하는 것으로 인정되기 때문이다. 따라서 이성의 권위가 일차적이고 직접적인 것인 데 반하여 예수의 권위는 이차적이고 파생적인 것이다. 이런 주장을 가리켜 슐라이어마허는 그리스도의 사역에 대한 '경험적' 이해라고 불렀다. 경험적 이해란, "그리스도가 구속을 행하였다고 말하지만 그 구속 행위는 인간 안에 완전의 상태를 키워 주는 것이요 가르침과 모범을 통해서만 이루어지는 것이라고 주장하는 견해"를 말한다. 그럼에도 불구하고 전에나 지금이나 슐라이어마허는 속죄를 도덕의 함양이나 삶의 변화로 보는 이론을 가르친 사람이라고 말해진다. 슐라이어마허의 독특한 견해가 그리스도의 죽음을 모범으로 보는 이론에 일관되게 도전한 것이 아니라 오히려 그런 이론으로 해석될 수도 있는 것으로 비추어졌다는 것은 역설이 아닐 수 없다.

영국에서 등장한 모범론적 이론 가운데 가장 중요한 주장을 저명한 근대주의자인 헤이스팅스 래쉬달[1858-1924]에게서 볼 수 있다. 래쉬달은 『기독교 신학의 속죄 개념』[1919]에서 전통적인 속죄 이론을 강하게 비판하면서, 근대의 기준에 적합한 십자가 해석은 중세의 사상가 페트루스 아벨라르두스가 제시한 해석뿐이라고 주장하였다.

> 교회의 초기 신조인 "천하 사람 중에 구원을 받을 만한 다른 이름을 우리에게 주신 일이 없음이라"(행 4:12)는 구절을 다음과 같은 의미로 번역할 수 있다. "사람에게 주신 이상 중에, 그리스도께서 친히 말씀으로 가르치시고 사랑의 삶과 죽음으로 보여주신 도덕적 이상 외에는 우리를 구원할 이상이 없다."

래쉬달이 아벨라르두스의 생각이라고 인용한 것을 실제로 아벨라르두스는 주장하지 않았지만, 래쉬달의 주장은 이 사실에 신경 쓰지 않는다. 다윈의 사상과 성서비평학이 발전했던 시대에는, 그리스도의 죽음을 더 이상 죄라든가 하나님의 형벌이라는 객관적인 개념을 근거로 이해할 여지가 없어 보였다. 그 후에 이와 유사하거나 관계가 있는 이론을 펼친 영국 저술가들로는 G. W. H. 램프[1912-1980]와 존 힉[1922-2012]을 들 수 있다. 램프는 자유주의 가톨릭 학술지 『사운딩스』Soundings에 기고한 「속죄: 율법과 사랑」The Atonement: Law and Love, [1962]에서, '사랑의 기적과 역설'에 근거한 모범론적 이론을 제안하기에 앞서 그가 다루는 주제를 법률적으로 이해하는 이론에 대해 혹독한 비판을 가하였다. 존 힉은 그리스도의 십자가가 보편적인 종교의 가능성을 알게 해주는 것으로 보아야 한다고 주장하였다. 존 힉의 주장에 의하면, 그리스도의 사건은 "인간의 삶 속에서 과거에서 지금까지 줄곧 이루어진 하나님의 창조적인 사역 가운데 하나"일 뿐이다. 이러한 다원주의적 방식에서 보면, 그리스도의 죽음의 독특성은 그가 '눈에 띄는' 이야기가 된다는 사실하고만 관계가 있지 '특별한 진리'와는 상관이 없다.

십자가를 모범으로만 보는 이론들의 주된 난점은 그 이론들의 죄 이해와 관계가 있다. 계몽주의는 '죄' 개념을 미신을 믿던 시대의 유물이라고 보았으며 오늘날에는 그런 것 없이도 잘 지낼 수 있다고 주장하였다. 죄가 어떤 실질적 의미를 지닌다면 그것은 "사물의 참 본질에 대한 무지"라고 할 수 있다. 그래서 그리스도의 죽음도 이러한 죄 관념에 상응하는 방식으로 이해하게 되었다. 즉 그리스도의 죽음은 혼돈에 빠지거나 무지한 인간에게 하나님에 관한 정보를 알려주는 것으로 생각되었다.

그러나 이러한 죄 개념은, 아우슈비츠 수용소와 같은 제2차 세계대전의 잔학상 앞에서 부적합하고 허약하기 짝이 없는 것으로 드러났다. 인간 본성을 근본적으로 선하다고 보았던 계몽주의의 신념은 그러한 사건들을 통해 심각한 타격을 입었다. 계몽주의식 죄 개념의 타당성에 대한 우려가 증가하고 그 결과로 그리스도의 죽음을 모범론으로 이해하는 방식을 포함해 '지식을 통한 구속'이라는 계몽주의적 환상에서 깨어나게 되었다.

폭력과 십자가: 르네 지라르[1923-2015]의 이론

지금까지 우리는 그리스도의 십자가를 조금은 추상적이고 이론적인 측면에서 다루어 온 듯싶다. 독자들 중에는 십자가가 그리스도를 고난과 죽음으로 몰아간 현실적인 폭력행위였다는 사실을 대수롭지 않게 간과하는 이들이 있을지 모르겠다. 십자가 처형이라는 적나라한 폭력행위가 어떻게 기독교에서 십자가의 의미를 성찰하는 일로 편입될 수 있었을까? 또 폭력을 문제해결 수단으로 사용하는 인간의 본능을 생각할 때, 십자가는 이러한 인간의 혼돈스러운 성향에 대해 뭐라고 말할 수 있을까?

　　최근에 신학자들은 프랑스 인류학자인 르네 지라르[René Girard]의 통찰을 관심 있게 다루기 시작했다. 그는 오랫동안 스탠퍼드 대학교에서 가르쳤으며 폭력을 주제로 다룬 많은 책을 출간하였다. 인류학적인 종교 이론을 펼치는 르네 지라르는 폭력이 모든 문화와 인종의 성스러운 제의 행위에서 핵심 요소가 된다고 본다. 그는 널리 알려진 책 『폭력과 성스러움』*Violence and the Sacred*, 1977에서, 성스러운 것의 중심에는 파괴적인 폭력이 존재한다는 논제를 주장하고 희생제물(인간과 동물 모두)과 신화, 제의를 인류학적인 관점에서 연구함으로써 그러한 현상의 발전 과정을 규명하였다. 지라르는 자신이 '모방 욕망'mimetic desire이라고 이름 붙인 것과 이 욕망이 만들어 내는 경쟁 관계 속에서 폭력의 근원을 찾아낸다. "경쟁자는 욕망 주체와 동일한 대상을 욕망하며, 경쟁자의 우월함을 인정하는 것은 오직 하나의 결론에 이를 수밖에 없다. 경쟁은 두 욕망이 우연히 한 대상에서 마주치기 때문에 일어나는 것이 아니다. 오히려 **경쟁자가 대상을 욕망하기 때문에 욕망 주체는 그 대상을 욕망한다**." 이러한 욕망이 상승작용을 일으킬 때 공동체를 압도하여 파괴할 수 있는 폭력으로 이어지게 된다.

하나의 폭력행위는 다른 폭력행위로 이어지면서 계속 증폭하여 통제 불능의 지점까지 이르게 된다. 그런데 이러한 상황에서 폭력은 "다른 대상, 곧 폭력이 먹이로 삼을 수 있는 것으로 향할 수 있다."

지라르에 의하면, 이렇게 대체된 '다른 대상'이 희생제물이 된다. 지라르는 구약성경의 이미지를 사용해 이 제물을 '희생양'scapegoat이라고 부른다. 이 희생양은 아무런 죄도 없는 제3자로, 공동체 폭력의 목표가 되고 그 폭력의 물길을 바꾸는 수단이 된다. 이 희생자는 한 개인을 대신하는 것이 아니라 "공동체 구성원 전체의 대역이 되어 그 구성원들에 의해 제물로 드려진다. 희생제물은 공동체 내의 폭력으로부터 공동체 전체를 보호하는 역할을 하며, 또 전체 공동체로 하여금 자기 공동체 외부에서 희생제물을 선택하도록 부추긴다." 대리 제물, 곧 희생양은 공동체를 대신하여 희생되며, 그 결과 족쇄가 풀린 폭력은 방향을 바꾸게 되고 공동체는 구원받는다. "희생제물의 목적은 공동체의 조화를 회복하고 사회체제를 강화하는 것이다."

그렇다면 이 이론이 기독교의 속죄 이해와 어떤 관계가 있는가? 신약성경은 그리스도의 죽음을 가리키기 위해 희생양이라는 이미지를 사용하지 않는다. 지라르가 답을 한다.

> 여러분은 내게 "하지만 신약성경은 예수를 모방 전염의 상승작용에 희생된 무죄한 희생물이라고 말하기 위해 '희생양'이라는 용어를 사용하지 않는다"고 말할 것이다. 여러분의 말이 옳다. 그러나 성경은 '희생양'과 대등하거나 더 뛰어난 표현을 사용하는데, 바로 '하나님의 어린양'이다. 이 말은 양(실은 염소)이 지니는, 반감을 일으키는 부정적인 속성들을 제거한다. 그 때문에 이 용어는 불의하게 희생당한 죄 없는 희생자라는 개념과 훨씬 더 잘 어울린다.

지라르의 분석은 화해와 평화를 크게 강조하는 공동체가 어떻게 폭력행위에 휘말리게 되는지를 이해하는 데 도움이 된다. 비폭력적인 공동체로서의 교회에게 그리스도의 속죄는 참으로 큰 특전이다. 최근에 지라르는, "십자가의 인류학에 대한 연구를 시작"했으며, 그 연구로 "정통 신학을 되살리고 있다"고 말했다. 지라르 자신은 신학적으로 대안이 될 만한 적절한 속죄 모델을 제시한다고 주장하지는 않지만, 그가 하는 일은 폭력을 특징으로 하는 인간 상황의 본질을 밝히고(창세기에 따르면 타락은 곧바로 폭력과 살인으로 이어졌다) 또 하나님의 구속의 본질(이처럼 중독적이고 무한히 계속되는 폭력의 악순환을 끝낼 수 있는 수단을 제시하는)을 밝히는 것이라고 말할 수 있다. 지라르는 기독교의 속죄론을 위한 기초를 제공하지는 않지만, 속죄론의 핵심 주제들에 빛을 비추어 준다.

남성 구원자가 여성을 구원할 수 있는가 : 페미니즘과 속죄

나사렛 예수는 역사의 특정 시대에 특정 문화에 속해 살았던 유대인 남성이었다. 그렇다면 이 특정한 개인이 어떻게 보편적 의미를 지닐 수 있을까? 이 물음에 기독교가 제시한 답 가운데 하나가 성육신 교리이며, 이 교리는 나사렛 예수가 모든 시대와 모든 인종, 성, 국가, 문화에게 중요하다고 주장한다. 그러나 페미니즘*의 등장으로 이 문제가 다시 전면으로 떠올랐다. 1983년에, 유명한 가톨릭 여성신학자 로즈메리 래드포드 류터^{1936 출생}는 자신의 책 『성차별과 신학』¹⁹⁸³의 한 장을 "남성 구원자가 여성을 구원할 수 있는가"라는 물음으로 시작하였다. 이 날카로운 질문은 커다란 논쟁을 불러일으켰다.

류터 자신은 이 문제에서 나사렛 예수의 남성상은 결정적으로 중요한 것이 아니라고 주장한다. 정말 중요한 것은 예수의 예언자적인 해방 메시지다. 메시지가 우선하며 메시지의 전달자는 부차적이다. 훨씬 더 급진적인 여성주의자들은 다르게 생각했다. 대프니 햄슨

● 페미니즘
feminism

여성의 해방을 추구하는 전 세계적 운동으로, 현대의 신학과 실천이 성평등을 인정하고 남녀 간의 올바른 관계를 인식해야 한다고 주장한다. 오랫동안 이를 가리켜 온 용어인 '여성해방'에서 알 수 있듯이 이 운동은 실질적인 해방운동이며, 현대사회에서 여성의 평등을 성취하기 위해 애쓰면서 그 과정을 가로막는 신념, 가치, 사고방식 등의 장애물을 무너뜨리기 위해 싸운다.

1944 출생과 메리 데일리1928-2010는 이 문제에 대해, 서로 다른 근거에서 이기는 하지만 부정적으로 답했다. 햄슨은 기독교 전통을 남성 이미지가 지배해 왔다는 점을 지적하고 나아가 특정한 한 개인이 보편적인 의미를 지닐 수 있겠느냐는 문제를 제기하였다. 또한 데일리는 여성들이 처한 상황에 초점을 맞추고는 여성들은 한 남성에 **의해** 구원받는 것이 아니라 남성들로**부터** 구원받을 필요가 있다고 주장하였다.

그런데 속죄에 대한 여성주의적 논의는 구원자인 그리스도의 남성상이라는 특정한 문제를 넘어 한 걸음 더 나아갔다. 점차 구속의 양태가 중요한 관심사가 되었으며 대속과 희생적 죽음 같은 개념들이 특히 비판의 주제로 다루어졌다. 예를 들어, 비벌리 해리슨Beverly W. Harrison, 1932-2012과 카터 헤이워드Carter Heyward, 1945 출생는 캔터베리의 안셀무스가 제시한 구속론에는 '사도마조히즘'이 잠재해 있다고 지적하고 이것을 권위적인 폭력과 사회 지배라는 측면에서 분석하였다. 하나님은 형벌을 가하는 사디스트이고 예수는 그 벌을 즐거이 감수하는 마조히스트다. 조앤 브라운Joanne Brown과 레베카 파커Rebecca Parker는, 자기 아들을 십자가에서 고난당해 죽으라고 보내는 아버지라는 개념은, "고난을 찬양하고" 또 "아동학대와 다를 게 없는 잔혹한 신학"을 조장한다고 말했다. "현대 문화를 주도하는 이미지나 신학이 '하나님의 아동학대'—자기 아들에게 고난과 죽음을 요구하고 실행하는 하나님 아버지—인 형편에서, 현대사회에서 그렇게 많은 학대가 벌어진다고 해서 뭐가 이상하겠는가?" 나사렛 예수의 십자가 죽음은 인간이 저지른 악하고 폭력적이고 전혀 필요 없는 불법행위로, 결코 찬양해서도 안 되고 정당화할 수도 없는 일이다.

많은 여성주의 저술 속에서, 십자가는 구원의 상징이 아니라 의로운 사람들에게 수없이 가해진 불의에 대한 상징으로 다루어진다. 그러므로 십자가는 구원의 근거가 될 수 없으며 세상의 불의에 맞선 항거가 된다. 십자가는 비극일 수는 있어도 결코 구속과는 상관이 없는 일이다. 이러한 견해는 자연스럽게, 고난을 수동적으로 받아들일 것이 아니라 어떻게 하면 바꿀 수 있겠는가라는 논의로 이어진다.

그러나 일부 페미니스트 저술가들은 나사렛 예수의 이야기에 대한 그러한 해석이 언어나 역사의 문제와 관련해서 지나치게 단순하다는 사실에 당황하고 있다. 케임브리지 신학자인 자넷 소스키스 1951 출생는 페미니스트 접근법이 단순히 "종교적 언어의 상징적 복잡성"을 무시하며, 비역사적이거나 맥락에서 벗어날 뿐만 아니라 성별도 없는 사람이나 원칙을 제시한 후에, 그것 혹은 그 사람을 신앙에 대한 영감과 기초로 삼고 있다는 염려를 표출하였다.

> 예수의 이야기를 페미니즘의 시각에서 다시 말하려는 많은 여성신학자의 어려움은 그들이 우리에게 그런 값싼 비용을 지불하도록 한다는 것이다. 성차별주의적, 폭력적, 계급질서적인 것은 무엇이라도 반드시 사라져야 한다. 그래서 아버지, 왕, 주님, 피와 관련된 이야기는 모두 사라진다. 우리에게 남겨지는 것은 모든 역사적 특수성을 잃을 위험을 감수해야 하는 성별 없는 선한 인물(또는 일)뿐이다.

이 분야에서 이루어지는 논의에서 확고한 결론을 끌어내는 일은 아직 이르다. 다만 그러한 주제를 둘러싼 중요하고 생산적인 논의들을 살펴보는 것으로 충분하다. 예를 들어, 메노나이트파 저술가인 데니 위버Denny J. Weaver는 여성주의의 시각에서 폭력을 비판하고 그것을 기초로 속죄 이론을 발전시켰다. 『비폭력적인 속죄』The Nonviolent Atonement, 2001에서 위버는 나사렛 예수의 구원 사역을, 그가 이 세상의 구조적 악의 세력들과 맞서 싸운 투쟁과 궁극적 승리의 관점에서 논하는 속죄 이론―승리자 그리스도Christus victor 이야기―으로 제시한다. 또 분명한 사실은, 전통적인 속죄 이론을 주장하는 사람들 가운데서도 여성주의의 비판과 관점을 이해하는 사람들이 전통적 견해의 성서적 근거와 중요한 내용들을 다시 검토하여 이러한 문제제기에 응답할 수 있는 방식으로 다시 세우는 노력을 하고 있다는 점이다.

────────── 그리스도 안의 구원: 고전과 현대의 모델들

앞서 살펴보았듯이 '구원' 개념은 놀라울 정도로 복잡하다. 신학의 과제 가운데 하나가 이 개념의 구성요소들을 비판적으로 분석하는 일이다. 그런데 이 일조차도 생각보다 훨씬 더 복잡한 작업이다. 기독교 구원 이해의 다양한 측면들이 교회사의 특정 시기나 특정 상황에 따라 특별히 인기를 끌었던 것을 확인할 수 있는데, 이는 이러한 구원 이해의 한 측면이 그것이 선포되는 상황의 특성과 맞물려서 나타난 현상이다.

기독교의 선교 이론을 다룬 최근 연구들은 **상황화**context-tualization와 기독교 선포의 **수용자 지향성**receptor-orientation이라는 개념의 중요성을 크게 강조하고 있다. 달리 말해, 기독교 복음은 특정한 상황에 선포되고 그러한 상황 속에서 구원 개념을 상황화하는 것이라고 말할 수 있다. 정신적으로나 정치적으로 억압당하는 사람들에게 복음의 메시지는 '해방의 메시지'다. 개인적인 죄로 억눌려 있는 사람들에게 복음은 사죄와 용서의 '기쁜 소식'이다.

따라서 복음은 그것을 듣는 사람들의 특수한 상황과 관련된다. 달리 말해 복음은 수용자 지향적이다. 만일 아래에서 살펴볼 구원 모델이 기독교의 구원 이해를 완벽하게 구성한 것들이라고 생각한다면, 심각하게 찢기고 축소된 복음이 되어 버릴 것이다. 하지만 구원의 본질을 이해하는 여러 가지 방식 가운데서 강조점의 차이가 있을 수 있다는 점은 널리 인정된다.

여기서 우리는 이러한 다양한 견해들 가운데서 몇 가지를 선택해 살펴보고 그것들이 특별히 관련되고 관심 있게 다루어지는 상황을 밝히고자 한다. 하지만 그 외의 것들, 예를 들어 구원을 도덕적 완전으로 이해하거나 덧없는 이 세상에서 해방되는 일로 이해하는 방식도 얼마든지 이에 대한 사례로 다룰 수 있다는 점을 인정할 필요가 있다.

먼저 신약성경의 바울서신에 나오는 몇 가지 핵심적인 구원론 용어들을 고찰함으로써 '구원'이 어떤 식으로 이해되는가에 대해 살펴본다. 이것은 그 다음으로 살펴볼 신학적 성찰에 커다란 영향을 끼친 것이다.

바울의 구원 이미지

바울서신은 독자들—대체로 논쟁적인 환경에 속했다—에게 기독교 신앙의 몇몇 측면을 설명하고 이어서 그것을 신자들의 삶에 적용하라고 권하는 방식으로 이루어진다. 그러므로 바울이 흔히 그리스도의 죽음을 통해 신자들에게 이루어진 일이 정확히 무엇인가라는 쟁점을 다룬다는 것은 놀라운 일이 아니다. 이러한 점에서 바울이 사용한 이미지 가운데서 다음과 같은 네 가지를 살펴본다.

❶ **양자됨**: 몇 군데에서 바울은 기독교인들이 하나님의 가정에 '입양된' 것이라고 말한다(롬 8:15, 23, 갈 4:5). 여기서 바울은 그리스-로마문화에서 일반적인 (그러나 흥미롭게도 전통적인 유대법에서는 인정하지 않은) 법적 관습을 근거로 사용한 것이라고 널리 인정된다. F. F. 브루스[Bruce]와 같은 바울 연구가들에 따르면, '신자들'이 하나님의 가정에 입양되었다고 말하는 것은 그들이 예수 그리스도와 동일한 유산 상속권을 소유하게 되었으며 따라서 그리스도가 성취한 영광을 누리게 될 것이라고 (물론 먼저 그리스도의 고난에 동참한 다음이기는 하지만) 말하는 것이다.

❷ **칭의**: 바울은 특히 기독교와 유대교의 관계를 다루는 서신(갈라디아서와 로마서 등)에서 신자들이 "믿음으로 의롭게 되었다"고 말한다(롬 5:1-2이 한 예다). 이 말은 신자들이 죄인임에도 불구하고 하나님 앞에서 그들의 죄를 완전히 용서받고 법

적 지위가 변했다는 것을 의미한다. 따라서 "칭의"라는 말과 "의롭게 하다"라는 동사는 "하나님과 올바른 관계를 이루게 됨"이나 "하나님 보시기에 의롭게 됨"을 뜻하게 되었다. 종교 개혁 때에는 칭의라는 용어의 의미를 두고 큰 논쟁이 벌어졌다. 이에 대해서는 뒤에서 곧 살펴본다.

❸ **구속**: 이 용어는 본래 "변상금을 지불하여 어떤 사람을 완전히 석방한다"는 의미를 지닌다. 바울 사상의 배경이 되었던 고대 세계에서는 이 용어가 전쟁포로를 풀어 주는 일이나 주로 가정의 부채를 갚기 위해 돈을 받고 스스로 노예가 된 사람들을 풀어 주는 일을 가리키는 말로 사용되었다. 바울은 기본적으로 이 개념을, 그리스도의 죽음이 신자들을 율법이나 죽음의 종 된 상태에서 해방하여 그 대신 하나님의 종이 되게 한다는 의미로 사용하였다(고전 6:20, 7:23).

❹ **구원**: 여기서 꼭 기억해야 할 사실은, 바울은 그리스도가 신자들에게 베푸는 유익이 어떤 것인지 명료하게 밝히고자 다양한 이미지들을 사용한다는 점이다. 그 이미지 가운데 하나가 '구원'이라는 용어다. 이 용어는 여러 가지 이유에서 다른 이미지들을 누르고 가장 중요한 것으로 인정받게 되었다. 사실 이 용어는 다양한 의미를 포함하고 있으며, 이에 대해서는 자세히 살펴볼 필요가 있다. 바탕에 놓인 관념은 치명적인 질병에서 치유받는 일을 포함해 위험이나 속박에서의 해방이라는 것이다. 이 중요한 바울의 용어는 '치유'와 '해방' 같은 관념을 포함한다. 앞서 지적했듯이, 구원에는 과거(롬 8:24)와 현재(고전 1:18)와 미래(롬 13:11)의 차원이 포함된다는 것이 바울의 견해다. 이 사실은 구원의 종말론적 이해에 중요한 함의를 지닌다.

구원에 관한 바울의 용어들을 살펴보았다. 이제 기독교 신학 전통 안에서 구원 개념이 어떻게 발전하고 탐구되었는지 고찰한다.

신화(神化): 신처럼 되기

"하나님이 인간이 되신 까닭은 인간으로 하나님 되게 하기 위해서였다"(알렉산드리아의 아타나시우스). 널리 애용되는 이 신학 경구는 동방 기독교 전통, 곧 교부시대뿐만 아니라 현대의 그리스와 러시아 정교회 신학 전통에서 이루어진 구원론 성찰의 바탕을 이룬다고 볼 수 있다.

'신화'deification라는 말은 아타나시우스와 같은 사상가들이 널리 사용한 두 개의 그리스 단어를 번역한 것이다. "하나님이 되어 가다"를 뜻하는 *theosis*와 "하나님이 되다"를 의미하는 *theopoiesis*가 그것이다. 전자는 알렉산드리아 학파와 관련되며, 신화를 하나님의 실체와의 하나 됨으로 생각한다. 후자는 안티오키아 학파와 관련되고, 신자와 하나님과의 관계를 하나님의 영역에 참여한다는 의미로 더 많이 해석하는데, 이것은 주로 윤리적 완전성의 측면에서 생각한다. 두 가지 이론의 차이는 미묘하며, 앞서 우리가 주목했던 것과는 매우 다른 그리스도론을 반영한다 501-509쪽.

앞에서 인용한 경구에서 볼 수 있듯이, 이러한 구원 이해는 성육신 교리와 아주 밀접하게 연결되어 있다. 아타나시우스는 구원이 하나님 존재에 인간이 참여하는 것이라고 보았다. 성육신을 통해 신적 로고스가 인간에게 부어진다.

보편적 인간 본성의 가정에 기초해서 아타나시우스는 로고스가 예수 그리스도라는 특정한 인간 실존뿐만 아니라 인간 본성 일반을 취한 것이라고 결론지었다. 그 결과 모든 인간이 성육신에서 시작된 '신화'에 참여할 수 있게 되었다. 인간 본성이 지음 받은 목적은 하나님의 존재에 참여하는 것이다. 그리고 로고스의 강림으로 마침내 이 능력이 실현되었다. *theosis*는 신자들이 하나님의 본질이 아니라 그리스도의 인격에 통합되게 해주는 구원의 수단이다. 여기서 그리스도는 위격의 연합*으로 인해 신성과 인간성을 잇는 중보자다.

'신화'의 강조가 동방 기독교의 두드러진 특징이다. 신화 개념을 비판하는 사람들은 이 개념이 그리스 철학의 개념으로, 동방 기독교 가 잘못 받아들인 것이라고 주장하였다. 하지만 다른 사람들은 이 개념이 성서에 깊이 근거한 것이라고 주장하고, 또 마틴 루터와 장 칼뱅, 조나단 에드워즈1703-1758 같은 이들이 어떻게 이 개념을 받아들였는지(비록 강조하지는 않더라도)를 지적한다.

현대 정교회의 사상가로서 신화의 개념을 두드러지게 강조한 사람이 러시아의 블라디미르 로스키1903-1958 다. 1953년에 '구속과 신화'를 주제로 다룬 글에서 로스키는, 하나님이 인간에게 온 강림과 그로 말미암아 인간이 하나님에게로 오르는 상승의 관계에 관한 정교회 특유의 견해를 펼쳤다.

> 그리스도의 신격divine person이 강림katabasis함으로써 인간은 성령 안에서 상승anabasis이 가능하게 되었다. 하나님의 아들의 자발적인 비하, 곧 구속적인 자기 비움kenosis이 반드시 일어나야 하는 것은 그럼으로써 타락한 인간이 자신의 소명인 신화(theosis), 곧 '창조되지 않은 은총'에 의지해 창조된 존재의 '신화'를 이룰 수 있게 하려는 것이다. 따라서 그리스도의 구속 사역—일반적인 용어로는 말씀의 성육신—은 피조물의 궁극적 목적, 곧 하나님과의 연합을 아는 것과 직접 관계가 있다고 말할 수 있다. 만일 이러한 연합이 하나님이 인간이 되신 분, 곧 아들의 신격 안에서 성취되었다면, 이번에는 각 사람이 은총에 의지해 신이 되는 것, 사도 베드로의 표현으로는 "하나님의 성품에 참여하는 사람"(벧후 1:4)이 되어야 하는 것은 당연한 일이다.

신화의 개념을 '하나님이 됨'theosis과 '하나님과 비슷하게

• 위격의 연합
 hypostatic union

예수 그리스도 안에서 신성과 인성이, 각자의 실체가 혼동되지 않고서도 하나로 연합한다는 이론.

됨'homoiosis theoi 으로써 분명하게 구분할 필요가 있다. 알렉산드리아 학파와 관계가 있는 첫 번째 개념은 신화를 하나님의 실체와의 연합으로 이해한다. 안티오키아 학파와 관계가 있는 두 번째 개념은 신자와 하나님과의 관계를 신적인 것에의 참여라는 관점에서 해석하여 흔히 윤리적 완전이라는 면에서 이해한다. 이 두 견해의 차이는 난해하며, 각각 전혀 다른 그리스도론을 대변한다501-509쪽.

하나님 앞에서 의로움

"어떻게 은혜로우신 하나님을 찾을까?" 마틴 루터의 이 물음은, 죄인은 의로우신 하나님께 인정받기를 바랄 수 없다는 그의 뼈저린 확신에 공감해 온 사람들의 마음을 오랜 세월 동안 대변해 왔다. 루터에게, 구원의 문제는 죄에 얽매인 인간이 도대체 어떻게 하나님의 현존 안에 들게 해줄 의로움을 얻을 수 있겠는가라는 쟁점과 밀접하게 연결된다. 이러한 관심사는 결코 시대에 뒤진 것이 아닌데, C. S. 루이스1898-1963가 『순전한 기독교』Mere Christianity, 1952에서 한 다음과 같은 말이 그 점을 잘 보여준다. "나 자신의 실상을 발견할 때마다, 내가 훌륭한 사람이 못 되는 정도가 아니라 매우 추한 인간이라는 사실을 깨닫는다. 내가 저지른 어떤 일들을 생각하면 혐오감과 두려움에 가슴이 떨린다." 이러한 관심사는 자연스럽게 칭의 문제를 법적이거나 재판의 범주를 이용해 다루는 쪽으로 나아가게 한다. 루터는 복음이 신자들에게 의롭다 인정받을 수 있는 의를 베풀어 준다고 주장한다. 이때의 의란 신자들이 정죄에 이르지 않도록 막아 주며, 하나님의 현존으로 들어가게 해주는 의다766-769쪽.

이러한 통찰들이 후기 개신교 정통주의에서 발전했으며, 개신교의 대중적인 신앙 서적과 찬송가를 통해 널리 퍼져 나갔다. 하나님의 형벌 위협이 매우 진지하고 심각하게 다루어진 시대에(이 주제에 관한 조나단 에드워즈의 열정적인 설교들이 그 예다), 죄로 인한 정죄로부터 자유를 얻는다는 이 개념은 복음의 핵심으로 여겨졌다. 하나님 앞에서의 의로움이라는 관심사를 특히 힘 있게 노래한 찬송가 가운데 하나가 찰스 웨슬리의 '어찌 날 위함이온지'이다. 찬송가의 마지막 절은 다음과 같다.

> 이제 나 어떤 정죄도 두렵지 않아.
> 예수와 그의 모든 것이 내 것이니.
> 살아계신 나의 주님, 나 그분 안에 사네.
> 주님 주시는 의로 옷 입었네.

개인적 성결

서방 기독교에서 가장 두드러진 한 운동에서는 십자가를 개인적 '성결'holiness의 기초로 보아 크게 강조하였다. 나사렛 교회가 포함된 '웨슬리-성결 전통'에서는 개인적으로 성결을 구현하는 일을 중요하게 여겼다. 신자의 성결은 그리스도의 사역에 근거하며, 성령의 사역을 통해 형성된다. 이 운동은 처음에 존 웨슬리1703-1791에게서 시작되었다. 웨슬리는 칭의를 가장 중요하게 여기고 신자들이 그리스도의 의에 의지해 확신을 얻게 된다는 점을 주장하면서도, 성결함에서 성장해 가야 한다고 주장하였다.

웨슬리는 신자의 '완전' 개념을 죄가 없다는 의미가 아니라 포괄적이고 도덕적인 변화가 점차 깊어지는 과정이라는 의미로 이해하였다. 웨슬리는 이 견해를 제시하면서 그가 '신비적 저술가'라고 부르는 사람들의 저작에 의존하였다(이 범주에는 성공회 사람인 윌리엄 로1686-1761, 가톨릭 사람인 프랑수아 페넬롱1651-1715과 프란시스 드 살레1567-1622, 마담 귀용, 그리고 루터파 경건주의자인 아우구스트 프랑케1663-1727가 포함된다). 이 사람들에게서 웨슬리는, 참으로 경건한 마음은 하나님과 사람을 향한 사랑을 일깨우는 정신이요, 그러한 정신이 없는 종교는 공허하고 헛된 것이 되어 버린다는 것을 배웠다.

이러한 개념이 미국 감리교회에서 더 크게 발전하였다. 프랜시스 애즈베리Francis Asbury, 1745-1816는, 신자들은 인생의 어떤 순간에 '완전한 성화'에 도달하게 되기를 바라야 한다고 주장하였다. 19세기 미국 개신교에서 부흥운동이 강조되면서, 기독교인의 삶에서 분명하게 볼 수 있는 전환점을 중요하게 여기게 되었다. 이러한 '성결 설교'의 중심에 자리 잡은 것이, 칭의를 뿌리 삼아 그 뒤에 나타나는 두 번째 결정적 체험인 '완전 성화'에 대한 웨슬리의 가르침이었다. 이렇게 성결의 필요성을 강조하게 된 한 가지 이유는 남북전쟁에 뒤이은 미국의 도덕적 황폐화에 대응하기 위해서였다. 1870년, 남부에 속한 여러 주의 감리교회 감독들이 다시 성화를 강조하기 시작했으며 "지금 이 순간, 이 나라에 필요한 것은 널리 성경적 성결을 다시 회복하는 일 외에는 없다"라고 주장하였다.

후에 이 성결 가르침이 발전하는 데 핵심적인 역할을 한 인물이 당대의 감리교회 여성 가운데 가장 탁월했던 피비 워렐 파머Phoebe Worrall Palmer, 1807-1874였다. 파머는 웨슬리의 완전 성화 교리를 몇 가지 수정하여 발전시켰다. 웨슬리와 마찬가지로 그녀도 완전 성화를 성령의 두 번째 독특한 사역으로 보았으며, 하나님께서 죄로 가득한 신자들의 마음을 깨끗이 씻으시고 하나님의 사랑으로 완전히 채우시는 것이라고 가르쳤다. 이러한 마음의 성결이 천국으로 들어가는 데 필수조건이 된다. 파머의 주장에 의하면, 이 성결은 하나님이 명하신 것이기 때문에 하나님이 성결을 이룰 수 있는 능력도 주시는데, 신자들의 믿음에 합당하게 그 능력을 주신다.

웨슬리가 성결을 은사라고 생각한 것에 반해 파머는 의무라는 면에서 이해하였다. 어떤 점진적인 과정이 아니라 한순간에 온 마음으로 이루는 헌신을 성화의 핵심으로 강조한 것이다. 또 웨슬리는 성결을 점진적으로 완성해 가는 것으로 이해하였는 데 반해 파머는 성결의 즉각적인 요소들을 강조하였다. 이것은 파머의 성결 가르침과 나중에 오순절 운동에서 나타난 견해의 유사성을 보여준다는 점에서 중요하다. 여기서 밝혀 둘 중요한 점은 파머가 완전 성화와 성령 세례를 동일하게 여겼으며 성결과 능력이 밀접하게 연결된 것으로 주장했다는 점이다.

인간의 본래적 실존

실존주의가 등장하면서 인간의 본래적 실존에 대한 관심이 새롭게 일었다357, 527쪽. 실존주의는, 인간을 주체적 실존을 결여한 객체로 다루는 비인간화 흐름에 맞서서 개인의 내적 삶에 관심을 기울여야 한다고 주장하였다. 마르틴 하이데거1889-1976가 '본래적 실존'과 '비본래적 실존'을 구분함으로써 인간 실존의 양극적 구조를 해명하는 중요한 길을 열었다. 두 가지 선택 가능한 길이 드러났다. 이 이론을 발전시킨 루돌프 불트만은 신약성경에서는 두 가지 가능한 인간 실존 양식을 말한다고 주장하였다. 하나님에 대한 신앙을 특징으로 하는 본래적 실존, 곧 구원받은 실존과, 무상한 물질적 질서의 포로가 된 것을 특징으로 하는 비본래적 실존이 그것이다. 불트만은 케리그마*kerygma* 속에서 그리스도가 본래적 실존을 가능하게 하고 누릴 수 있게 해준다고 주장하였다554, 975-976쪽.

불트만은 구원을 '본래적 실존' 개념으로 완전히 대체하지는 않았다. 만일 그랬다면 기독교는 오로지 개인의 경험 세계에만 관계가 있게 된다. 하지만 그가 이 개념을 강조한 것을 보면 본래적 실존이 복음을 통해 제공되는 구원의 전부인 듯한 인상을 받게 된다.

폴 틸리히가 이와 유사한 이론을, 약간 다른 용어들을 통해 주장하였다. 틸리히의 사고 체계 안에서 '구원'은, 자신의 개인적 실존 내에서 갈등을 겪고 있는 사람들에게 통찰을 제공해 주는, 인간 일반의 실존철학으로 추락한 것처럼 보인다. 이 이론은 구원의 초월적 차원을 강조하는 사람들뿐만 아니라 해방신학처럼 기독교 복음의 사회정치적 측면을 강조하는 사람들에게서도 크게 비판을 받았다.

정치적 해방

라틴아메리카의 해방신학에서는 구원을 해방으로 보는 개념을 크게 강조하였다185-188쪽. 레오나르도 보프1938 출생의 책 제목인 『해방자 예수 그리스도』Jesus Christ Liberator, 1972가 이 점을 확실하게 보여준다. 이 책에서 구원은 뿌리 깊고 편만한 빈곤과 사회정치적 정의를 향한 투쟁 등으로 가득한, 라틴아메리카의 정치 현실 속에 상황화된다. 하나님은 파라오의 지배 아래서 노예로 억압당하던 이스라엘을 해방하였던 것처럼 이 세계의 착취당하는 사람들을 편드는 분이다. 이와 비슷하게 예수도 가르침과 사역을 통해 가난한 사람들을 편들고 앞세우는 방식을 실천하였다. 예수 그리스도는 가르침과 삶의 방식 모두를 통해 해방을 가져온다.

이러한 정치적 해방은 신학적으로 죄의 사회적 차원을 강조하는 용어로 표현되었다. 오스카 로메로Oscar Romero, 1917-1980는 사회적 죄social sin를 가리켜 "개인들의 이기심이 영속적인 구조 속에 구체화된 것으로, 이러한 구조를 통해 그 죄를 지지하고 대다수 사람들에게 행사한다"고 정의하였다. 따라서 죄는 서구의 구원 이해에서 흔히 생각하는 것 같은 개인적 차원의 문제가 아니라고 정의된다. 그와는 달리 죄는 억압적이고 악한 사회구조를 뜻하며, 따라서 도전하고 맞서 싸워야 마땅한 것으로 이해된다. 그래서 레오나르도 보프는 그리스도의 죽음의 의미를 구조적인 악의 실재를 폭로하고 그에 맞서 싸우려는 사람들에게 영감을 주는 것으로 이해하였다. 나사렛 예수는 "억압당하는 사람들의 십자가 안에서 하나님이 겪으신 고난을 역사 속에 구체적인 모범으로 보여주었다."

해방신학은, 라틴아메리카의 상황에서 도출해 미리 정해 놓은 해석적 틀에 비추어서 예수라는 인물과 구원 개념을 해석한다는 이유로 비판을 받아 왔다. 하지만 이런 비판에서 자유로울 수 있는 그리스도론과 구원론은 없다. 예를 들어, 계몽주의 사상가들도 예수 그리스도의 인격과 사역을 미리 정해진 틀에 비추어 해석했는데, 그 틀은 그들이 속했던 유럽 중산층의 상황에 맞추어, 또 한편으로는 계몽주의의 특징인 철저한 합리주의적 관점에 맞추어 형성된 것이었다. 이와 마찬가지로 그리스 교부 사상가들도 헬레니즘이라는 프리즘을 통해 그리스도를 이해했으며 그것이 그들의 그리스도론과 구원론에 커다란 영향을 끼쳤다고 말할 수 있다. 그러나 만일 그리스도의 인격과 사역에 대한 이해가 순전히 정치적이거나 사회적인 해방 개념에 종속된 것이라면, 위에서 방금 제시한 비판은 타당하다.

영적 자유

그리스도의 죽음과 부활을 '승리자 그리스도'Christus victor의 관점에서 보는 이론은, 인간을 노예로 부리는 세력들, 곧 사탄의 억압, 악한 영들, 죽음의 공포, 죄의 권세에 대한 그리스도의 승리라는 개념을 크게 강조한다. 초기 교부 사상가들은 이러한 세력들을 일상 세계 속에 실재하는 억압적이고 적대적인 존재라고 보는 데 별 어려움이 없었다. 그 결과 그리스도의 십자가와 부활을 통해 그 세력들의 억압에서 해방된다는 선포는 가장 중요한 것으로 자리 잡았으며, 이러한 사례를 요하네스 크리소스토무스약 347-407와 같은 사상가들의 부활절 설교에서 확인할 수 있다. 또 이와 유사한 개념이 중세 때에 인기 있었던 영적이고 경건한 저술들에서 두드러졌음을 확인할 수 있다. 마틴 루터도 이런 전통을 이어받아, 사탄이 세상 속에서 휘두르는 객관적 권세를 인정하고 복음으로 말미암는 해방을 크게 강조하였다.

  계몽주의 세계관의 등장과 함께, 실제적인 악령이나 인격적 악마에 대한 믿음이 점차 문제가 있는 것으로 드러났다. 계몽주의에 공감하는 사상가들은 대체로 그러한 믿음을 시대에 뒤떨어지고 현대 세계에는 설 자리가 없는 미신으로 보아 배척했다. '승리로서의 구원' 개념이 계속 살아남으려면 재해석될 필요가 있었다. 폴 틸리히의 저술에서 이런 작업이 이루어진 것을 볼 수 있는데, 그의 글에서 구원은 인간을 사로잡아 비본래적 실존 양식 속에 가두어 버리는 **주관적인** 세력들에 대한 승리로 이해된다. 교부 사상가들이 객관적인 세력이라고 여겼던 것을 이렇게 주관적 혹은 실존적 세력으로 다루게 되었다.

──────────────── 구원의 전유

● 전유
專有, 귀속, appro-
priation

삼위일체론의 한 면모로
서. 삼위일체의 모든 외
적 행위 속에서는 세 위
격이 다 활동하지만 그러
한 행위들을 특별히 어느
한 위격의 사역으로 보는
것이 적합하다고 주장하
는 이론. 이 이론에 의하
면, 세 위격이 모두 창조
와 구속 사역에 임재하여
활동하는 것이 맞지만,
창조는 성부의 사역이며
구속은 성자의 사역으로
보는 것이 적합하다.

기독교인의 구원 희망은 그리스도의 죽음과 부활에 근거한다. 하지만 그 구원이 어떻게 매개되고 전유*되는가라는 문제가 남아 있다. 아래에서 우리는 구원의 전유를 전혀 다른 방식으로 이해하는 두 모델을 살펴본다. 하나는 교회의 역할을 강조하고, 다른 하나는 신자의 개인적 헌신을 강조한다.

구원의 수단인 교회

3세기에 카르타고의 키프리아누스[258 사망]는, 교회의 역할을 구속의 중보자이자 보증인으로 보는 기독교 사고에 결정적 영향을 끼치게 되는 표어를 남겼는데, "교회 밖에는 구원이 없다"는 말이 그것이다. 이 간략한 표어는 여러 가지 의미로 해석할 수 있었다. 중세 전체를 지배했던 해석은 로마제국이 몰락한 후 교회의 제도적 권위가 성장한 데서 직접 결과한 것이라고 볼 수 있다. 구원은 교회의 교인이 됨으로써만 얻을 수 있었다. 그리스도는 천국에 대한 희망을 품을 수 있게 해주었으며, 오직 교회만이 그것을 얻을 수 있게 해준다. 구속을 베푸는 데서 교회가 독점권을 행사하였다.

교회의 제도가 천국 소망의 보증인이 된다는 사고는 곧바로 교회 건축에도 반영되었다. 로마네스크식 교회당의 거대한 입구에는 흔히 공들인 조각상들이 세워졌는데, 그 조각상들은 천국의 영광스러운 모습을 담고 있으며 이러한 세상은 오직 이 교회당 안에 들어감으로써만 얻을 수 있다는 의미를 구체적 질감을 통해 선언하는 것이었다. 교회당의 서편에 있는 큰 문 위에는, 이 교회에 들어감으로써만 천국을 얻을 수 있다는 글귀가 명문으로 새겨져 있었다. 이러한 목적에서 교회의 입구는 그리스도와 동일시되어, 지나가는 사람이나 잠시 멈춰 장엄한 장식들을 바라보는 사람들에게 직접 말을 건네 왔다. 이에 대한 뛰어난 사례를 프랑스 남부에 있는 베네딕트 수도회의 마르셀 르 소제St. Marcel-lès-Sauzet 교회당에서 볼 수 있다. 이 교회는 985년에 세워졌으며 12세기에 크게 성장하였다. 교회의 입구에는 다가오는 사람들이 다 볼 수 있도록, 다음과 같은 구절을 선언하는 예수의 모습이 그려져 있다.

> *Vos qui transitis, qui crimina flerae venitis,*
> 지나가는 사람들과 죄를 참회하러 오는 사람들,
> *Per me transite quoniam sum ianua vitae.*
> 나를 통해 가라. 나는 생명의 문이다.

이 구절은 당연히 그리스도를 가리키는 말이기는 하지만(요한복음 10장에 나오는 '양의 문'이라는 그리스도의 이미지를 따왔다) 감각적인 고리는 교회 건물 자체와 연결되어 있다. 이러한 특성은 교회의 문 근처에 놓여서, 천국으로 들어가는 입구는 세례의 성례전과 연결되어 있음을 선포하는 세례반(洗禮盤)의 물리적 위치에 의해 재차 분명하게 강조된다.

다른 한편으로 어떤 사람들은 구원을 교회 제도와 필연적인 관계가 없는 순전히 개인적인 문제로 간주한다. 일부 경건주의 저술가들은 사람이 회개하고 그리스도를 영혼에 받아들여 천국의 확실한 희망을 갖는 것이 개인의 자유로운 결정이라고 주장했다. 교회의 제도는 이 과정에서 어떤 결정적인 역할을 하지 못하지만, 그 이후에는 목회적 지원과 영적 양육을 위한 귀중한 수단이 될 수 있다. 그러므로 사람들이 천국에 들어가는 문은 교회의 기관이나 성례전 제도에 참여하는 것이 아니라, 개인의 회심으로 이해된다. 여기서 회심은 개인들이 각자 자기네 삶의 문을 활짝 열고, 그리스도를 그들의 삶 속에 살아 현존하시는 분으로, 경험하고 느낄 수 있도록 현존하시는 분으로 모셔 들이는 것이다.

기독교 신학자들은 대체로 교회가 어떤 식으로든 구원을 매개하는 일에 관여한다는 데 의견을 같이한다. "모든 구원은 머리이신 그리스도로부터 그분의 몸인 교회를 통하여 온다"(가톨릭교회 교리서). 교회에의 헌신이 구원을 보증해 준다고 주장하는 사람이 있는가 하면, 개개의 신자들이 그리스도의 죽음과 부활에서 유익을 얻고자 한다면 그 나름대로 응답할 필요가 있다고 주장하는 사람이 있으며, 이 두 가지를 다 받아들이는 사람들도 있다. 예를 들어, 마틴 루터는 신앙을 가리켜 그리스도를 끌어안는 손이라고 말했다. 가톨릭교회 교리서는 이렇게 선언한다. "하나님의 자유로운 계획은 인간의 자유로운 응답을 요구한다. 하나님은 인간을 자기 형상으로 창조하셨기 때문이다. 이것은 인간에게 자유와 함께 하나님을 알고 그를 사랑할 수 있는 능력을 주신 것을 뜻한다." 그러나 이런 공동체적 설명과 개인적인 설명을 함께 묶어 주장하고, 개인적으로 구원 얻기를 바라는 사람들에게 교회가 구원의 수단을 매개하는 것으로 이해하는 일이 얼마든지 가능하다.

신자들이 개인이나 공동체로 "그리스도의 은택"에 연결되고 거기서 유익을 얻게 되는 방법을 밝히기 위해 세 가지 주요 모델이 개신교 신학 안에서 사용되어 왔다.

대표자로서 그리스도

이 모델은 그리스도를 인류의 언약의 대표자로 이해한다. 믿음을 통해 신자들은 하나님과 인류 사이의 언약 안에 서게 된다. 그리스도께서 십자가를 통해 성취하신 모든 것은 언약으로 인해 유효하게 되었다. 옛날 자기 백성 이스라엘과 언약을 맺으셨던 것처럼, 하나님은 이제 자기 교회와 언약을 맺으셨다. 그리스도께서는 십자가에 순종함으로써 언약의 백성의 대표자 되셨고, 그들의 대표자로서 그들을 위한 유익을 얻어주신다. 개인들은 믿음에 도달함으로써 언약 안에 서며, 그리스도께서 십자가와 부활을 통해 얻어 주신 모든 유익에 참여한다. 이 유익에는 죄의 완전하고 자유로운 용서도 포함되어 있다.

이 사상은 특별히 매우 복잡한 언약 신학을 발전시킨 16-17세기의 개혁주의 신학과 관련이 있다. 아담은 공로에 의한 옛 언약에서 인간의 대표였으며, 그리스도는 은총에 의한 새 언약에서 우리의 대표가 되셨다. 이러한 언약 신학은 18세기에 영국 청교도들 사이에서 원숙하게 발전된 형태로 나타났다.

그리스도에 참여하기

둘째 이론은 신자들이—믿음을 통하여—부활하신 그리스도에 참여한다는 점을 강조한다. 바울의 유명한 문구를 사용하자면, 그들은 "그리스도 안에" 있다. 그들은 그리스도 안에 사로잡혔으며, 그분의 부활의 생명을 공유한다. 그 결과 그들은 그리스도께서 십자가의 순종으로 얻어 주신 모든 유익에도 참여한다. 이 유익 가운데 하나는 그들이 믿음을 통해 얻는 죄의 용서다. 신약학자인 E.P. 샌더스[1937 출생]는 바울이 말하는 "그리스도에 참여함"의 중요성을 다음과 같이 표현한다.

바울이 보기에 그리스도의 죽음이 지니는 가장 중요한 의미는, 과거의 죄에 대한 속죄를 제공하는 데 있는 것이 아니라(물론 바울도 이것을 기독교의 일반적인 견해로 인정한다), 그리스도의 죽음을 공유함으로써 죄의 권세 곧 옛 에온에 대하여는 죽고 그 결과 하나님에 속하게 되는 데 있다.……이러한 이전은 그리스도의 죽음에 참여함으로써 일어난다.

이렇게 그리스도에게 참여하는 일에는 죄의 용서와 더불어 그리스도의 의를 나누어 받는 일이 따른다. 이 사상은 그리스도와 신자들을 결혼 관계에 비유하는 이미지에서 분명히 볼 수 있듯이 루터의 구원론의 중심이다. 어떤 방식으로든 믿음은 우리를 그리스도와 결합시키고 그의 속성들에 참여할 수 있게 해준다.

대리자로서 그리스도

이 견해에서는 그리스도를 우리의 대리자, 곧 우리 대신 십자가로 나가는 이로 본다. 죄인들은 각자 자기 죄 때문에 십자가에 못 박혀야 하는데, 그리스도께서 그들 대신에 십자가에 못 박히셨다. 하나님께서는 그리스도가 우리의 죄를 지고 우리 자리에 서는 것을 허용하여, 십자가의 순종으로 얻은 그의 의가 우리 것이 될 수 있게 하셨다. 교부시대와 중세의 신학 저술에서는 좀처럼 이 개념을 찾아보기 힘들다. 이것은 16세기에 이르러 특히 칼뱅의 저서에서 중요해졌으며, 제임스 패커와 같은 보수적 개신교 신학자들에 의해 계속 발전되었다.

────────────────────── 구원의 범위

기독교 전통에서는 그리스도를 통해 이루어지는 구원이 미치는 범위를 두고 큰 논쟁이 계속되어 왔다. 두 가지 핵심적인 주장이 이러한 논의에 주도적인 영향을 미치는 것을 확인할 수 있는데, 두 주장 모두 신약성경에 근거를 두고 있다.

❶ 하나님은 모든 사람이 구원받기를 원하신다.
❷ 구원은 그리스도 안에서, 그를 통해서만 가능하다.

구원의 범위를 다루는 문제는 이 두 전제와의 갈등을 해결하는 방식에 따라 다양한 이론으로 나타났다. 여기서 지적해야 할 사실은, 구원의 범위에 관한 논의와 기독교와 타종교의 관계에 관한 논의 사이에는 중요한 평행 관계가 있다는 점이다. 이에 대해서는 17장에서 자세히 살펴본다.

보편구원론: 모든 사람이 구원받는다

그리스도 안의 구속에 대한 기독교의 선포를 듣거나 거기에 응답하는 일과는 상관없이 모든 사람이 구원에 이르게 된다는 견해는 기독교 전통에서 커다란 힘을 발휘해 왔다. 이 견해에서는 하나님의 보편적 구원 의지를 강조하고 그 뜻이 궁극적으로 모든 사람의 보편적 구속을 통해 완성된다고 주장한다. 초기 시대에 이 견해를 대변했던 중요한 인물이 오리게네스로, 그는 『제1원칙들에 대해서』 First Principles에서 이 개념을 길게 논하여 옹호했다. 오리게네스는 모든 이원론에 대해 크게 의심했다. 여기서 이원론이란 지고의 힘을 지닌 두 존재, 곧 하나는 선하고 다른 하나는 악한 존재를 인정하는 모든 믿음 체계를 말한다. 이런 믿음 체계는 다양한 형태의 영지주의에서 두드러졌으며 2세기 후반 지중해 동쪽 세계에서 매우 큰 힘을 발휘했다.

이원론이 치명적 결함을 안고 있다고 본 오리게네스는 이 이론이 기독교의 구원론에 중요한 영향을 줄 수 있다고 지적하였다. 이원론을 거부하는 것은 곧 하나님과 사탄이 각각 자기 몫의 나라를 영원히 지배한다고 주장하는 개념을 거부하는 것이다. 마지막 때에 하나님은 악을 물리치고 피조물을 원래의 모습대로 회복할 것이다. 원래 피조물은 하나님의 뜻에 복종하도록 창조되었다. 따라서 이러한 '회복론적'restorationist 구원론에서 보면, 피조물의 최종적인 구원이 성취될 때는 '지옥'이라든가 '사탄의 나라'에 속한 것들은 아예 없다는 결론에 도달하게 된다. 모든 사람이 "행복한 상태로 회복될 것이며……그 결과 인류는 주 예수 그리스도가 약속한 단일성으로 회복될 것이다."

이와 관련된 이론이 20세기에 와서 특히 칼 바르트에 의해 탁월하게 발전하였다. 바르트의 이론은 나중에 그의 예정론을 다루는 곳에서 살펴볼 것이며, 그때 구원과 은총에 관한 그의 이론을 좀 더 철저히 평가할 것이다789-792쪽. 1960년대에 활동한 영국의 진보적인 신학자 존 로빈슨John A. T. Robinson, 1919-1983은 그의 저술들, 그중에서 특히 『마지막에 하나님이』In the End God, 1968에서 조금은 다른 견해를 제시하였다. 이 책에서 로빈슨은 하나님의 사랑의 본성에 관해 논한다. "모든 사람이 감사하는 마음으로 기꺼이 굴복하게 만들 만큼 강력한 사랑을 그려볼 수 있지 않을까?" 이와 같은 전능한 사랑이라는 개념이 로빈슨의 보편구원론에서 핵심 개념으로 작동하고 있다. 마지막 때에는 사랑이 모든 것을 정복하고 지옥의 존재를 폐기해 버릴 것이다. "사랑의 우주 안에는, '공포의 방' 같은 것을 용납하는 천국은 있을 수 없다."

오직 신자들만 구원받는다

이번 항목에서 살펴볼 견해는 구원의 범위와 관련한 논의에서 가장 영향력 있는 이론 가운데 하나다. 초기 교회에서 이 견해를 가장 열렬히 옹호한 사람이 아우구스티누스였는데, 그는 오리게네스가 주장한 보편구원론과 의식적으로 거리를 두면서 구원의 필수조건으로 믿음이 필요하다는 점을 강조하였다. 그러면서 아우구스티누스는 신약성경에서 구원이나 영원한 생명의 조건이 '신앙'에 있음을 강조하는 많은 구절들을 인용하였다. 그러한 본문의 대표적 사례가, 그리스도가 자신을 가리켜 영원한 생명의 양식이라고 말하는 요한복음 6:51이다. "나는 하늘에서 내려온 살아있는 떡이니 사람이 이 떡을 먹으면 영생하리라. 내가 줄 떡은 곧 세상의 생명을 위한 내 살이니라."

중세의 많은 사상가들이 이 견해를 지지했다. 토마스 아퀴나스는 믿음의 행위가 구원에 이르는 필수조건이라고 주장했다. 이 견해는 당시에 인기 있던 많은 신앙 저술들을 통해 퍼져 나갔으며, 그런 저술 가운데 하나로 단테 알리기에리 Dante Alighieri, 1265-1321 가 지은 『신곡』 Divine Comedy 을 들 수 있다.

종교개혁 시대에 이 견해를 강하게 옹호한 사람이 장 칼뱅이다. 그는 동료 개혁자인 츠빙글리 1484-1531 가 신실한 이교도들도 구원받을 수 있다고 주장한 견해에 반대하였다. "한층 더 한심스러운 것은, 성경에서 구원에 이르는 유일한 문이라고 가르치는 그분의 은총을 제쳐 놓고, 믿음 없는 불경한 사람들에게 천국을 개방하는 사람들의 어리석음이다."

그렇다면 성경에서 하나님은 모든 사람이 구원을 받으며 진리를 아는 데 이르기를 원하신다고 가르치는 것에 대해서 이 사상가들은 무엇이라고 말할 수 있을까? 아우구스티누스와 칼뱅은 그런 본문들은 사회학적인 의미로 해석해야 한다고 주장했다. 하나님은 모든 사람이 아니라 모든 종류의 사람들이 구원받기를 원하신다는 것이다. 구속은 모든 국적과 문화, 언어, 지역, 직업을 고루 포괄한다. 이러한 구원론적 견해는 교회론에서 교회의 보편성을 주장하는 견해와 상응하는 것으로, 이에 대해서는 나중에 살펴본다 853-856쪽.

그런데 이 구원론이 변형되어 나타난 여러 형태들을 살펴볼 필요가 있다. 예를 들어, 구원받기 위해서는 철저히 **기독교적인** 하나님 신앙을 갖는 것이 필요한가? 이 물음은 선교와 복음전도 및 기독교와 타종교의 관계를 이해하는 일에서 아주 중요하다. 존 웨슬리는 '신앙에 대하여'^{On Faith}라는 설교에서, 구원받기 위해서는 하나님에 대한 믿음이 필요하다고 주장하면서도 이 신앙이 특성상 분명하게 기독교적일 필요는 없다고 말했다. 구원에 필요한 것은 "하나님과 하나님의 일에 대한 거룩한 확신으로, 이러한 확신이 있는 사람은 누구나 초보적인 수준에서나마 하나님을 두려워하고 의로운 일을 행하게 된다. 그리고 그렇게 믿는 사람은 국적을 불문하고 누구든지 용납된다고 사도는 인정한다." 그렇다면 이런 폭넓은 유신론적 믿음과 비교해서 기독교식의 믿음이 지닌 이점은 무엇인가? 웨슬리에 따르면, 두 가지 차이점이 있다. 첫째, 그렇게 믿는 사람들은 구속된 삶이 베푸는 완전한 유익을 아직 얻지 못했다. 그들은 '하나님의 아들'이 아니라 '하나님의 종'이다. 둘째, 그들은 구원에의 완전한 보증을 얻지 못했다. 구원의 보증은 오직 그리스도를 통해서만 얻게 된다.

이와 유사한 견해를 20세기 문예 비평가이자 변증론자인 C. S. 루이스에게서 볼 수 있다. 『순전한 기독교』에서 루이스는 선과 진리를 이루기 위해 헌신하는 사람들은, 비록 그리스도에 대한 표면적 지식이 없다 해도 구원받게 될 것이라고 주장하였다. 루이스가 염두에 둔 대상이 철학자들이기는 하지만 어쨌든 자신의 이론을 다른 종교들까지 포함하는 것으로 확장한다. "다른 종교에 속했지만 하나님의 신비한 영향을 받아서 자기 종교에서 기독교와 일치되는 부분에 관심을 기울이고 그렇게 해서 자신도 알지 못한 채로 그리스도에게 속한 사람들이 있다." 이러한 생각은 예수회 신학자인 칼 라너¹⁹⁰⁴⁻¹⁹⁸⁴의 견해와 명백한 유사성을 지니는데, 라너에 대해서는 나중에 살펴본다_{945-952쪽}.

특별한 구속: 오직 선택받은 사람들만 구원받는다

마지막으로 살펴볼 이론은 '특별한 구속', '한정된 구속', '유효한 속죄', '제한적 속죄' 등 여러 가지 이름으로 불린다. 이 이론은 개혁주의와 관계가 있으며 특히 미국의 개혁주의 진영에서 큰 영향을 미치고 있다. 이 이론은 개혁주의의 예정론을 근거로 삼고 있는데, 이에 대해서는 12장에서 살펴본다. 그러나 이 견해의 역사적 뿌리는 9세기의 인물인, 고트샬크 Gottschalk 라고도 불리는 오르바이스의 고데스칼크 Godescalc of Orbais, 약 808-867 의 저술에서 확인할 수 있다. 고데스칼크는 다음과 같은 논의를 펼쳤다.

❶ 그리스도께서 모든 사람을 위해 죽으셨다고 가정해 보자.
❷ 그런데 모든 사람이 다 구원받지는 않을 것이다.
❸ 따라서 그리스도께서 죽으신 것이 구원받지 못한 사람들에게는 효력이 없다는 결론이 나온다. 이 사실은 그리스도의 죽음의 효력과 관련해서 참으로 심각한 문제를 야기한다. 그러나 만일 그리스도가 구원받기로 되어 있는 사람들을 위해서만 죽으셨다면 그는 모든 면에서 자신의 사명을 완수한 것이 될 것이다.
❹ 그러므로 그리스도는 구원받을 사람들을 위해서만 죽으신 것이다.

이와 관련된 주장들이 16세기 말과 특히 17세기에 두드러지게 나타났다. 이 시기에 특히 청교도 진영에서 주장한 교리는 다음과 같이 요약할 수 있다.

❶ 그리스도는 오직 선택받은 사람들만을 위해 죽으셨다. 그의 죽음이 모든 사람을 구속하기에 충분하기는 하지만, 오직 선

택받은 사람들에게만 효력이 있다.

❷ 그 결과 그리스도의 사역은 헛된 것이 아니었다. 그리스도가 죽으심으로 구원하기 원한 사람들은 모두 구원받는다.

이 견해가 확고한 논리적 일관성을 지닌 것은 분명하지만, 이를 비판하는 사람들은 이 이론이 하나님의 사랑과 구속의 보편성을 가르치는 신약성경의 주장을 훼손했다고 생각한다.

이번 장에서는 기독교 구원론의 핵심 사항들을 다루면서, 이 주제에 관한 기독교 사고의 다양하고 풍성한 모습을 확인하였다. 구원론은 은총론, 그중에서도 특히 예정론과 밀접하게 연결되어 있다. 그래서 다음 장들에서는 서로 연관된 이 주제들을 좀 더 자세하게 살펴본다.

돌아보는 질문

❶ 그리스도의 '인격'에 관한 기독교의 이해는 그리스도의 '사역'에 대한 이해와 어떤 관계가 있는가?

❷ 십자가의 의미를 설명하는 다음의 견해들 가운데 하나를 택해 그 중요성을 평가해 보라.
— 죄와 죽음에 대한 승리, 죄의 용서, 인간을 향한 하나님의 사랑의 본보기

❸ 우리는 무엇으로부터 구원을 받는가?

❹ 구원은 인간의 응답을 필요로 하는가?

❺ 기독교의 구원 이해에서 십자가와 부활은 어떤 관계가 있는가?

❻ 여러분은 그리스도의 십자가가 종교적인 맥락에서 폭력의 사용을 정당화해 준다고 생각하는가?

12 성령

성령은 오랫동안 삼위일체론에서 신데렐라 신세였다. 다른 두 자매
는 신학 무도회장에 갈 수 있었으나 성령은 매번 홀로 남겨졌다. 하
지만 이제는 아니다. 20세기에 들어와 거의 모든 주류 교회들 속에서
은사주의 운동이 일어나면서 성령이 신학적 의제로서 매우 중요하다
는 사실이 입증되었다. 최근 몇십 년 동안 성령의 실재와 능력을 새
롭게 체험하게 됨으로써 성령의 인격과 사역에 관한 신학 논의가 큰
영향을 받게 된 것이다. 성령에 관한 신학이 발전해 온 역사와 그 의
미를 살펴본다. 이 신학 분야를 가리켜 흔히 '성령론'pneumatology(영을
가리키는 그리스어 단어인 프뉴마pneuma에서 유래)이라고 부른다.

성경적 증언

성령의 역할에 대한 신학적 성찰은 구약성경과 신약성경 모두에 뿌

리를 두고 있다. 신구약성경은 세계와 인간 경험 안에 하나님이 현존하고 활동하시는 것을 가리키기 위해 "영" 또는 "성령"과 같은 용어를 사용한다. 이것은 히브리어 "루아흐"(ruach)를 가리키는데, 이 한 단어를 영어로 옮기는 데 적어도 세 개의 영어 단어—바람, 숨, 영—가 사용된다. 이 중요한 히브리어 단어는 영어로 표현하기가 사실상 불가능한 깊은 의미를 담고 있다. 전통적으로 간단히 '영'spirit 이라고 번역해 온 루아흐는 여러 가지 의미들로 얽혀 있으며, 각각의 의미는 기독교의 성령 개념의 복잡한 의미에 그 나름의 빛을 비추어 준다.

❶ **바람인 성령**: '바람'이라는 이미지는 힘과 운동과 통제불능이라는 의미를 담고 있으며, 이것들은 모두 성서에 나오는 하나님 개념의 여러 면모들과 상응한다. 구약성경의 저자들은 신중하게도 하나님을 바람과 동일시해서 자연적인 힘의 수준으로 끌어내리지 않는다. 그러면서도 바람의 힘과 하나님의 힘 사이의 유사성을 찾아낸다. 하나님을 영이라고 말하는 것은 '만군의 주'의 넘쳐나는 활력을 떠올리게 하고, 또 홍해를 가르는 강력한 바람(출 14:21)을 통해 이스라엘을 이집트에서 이끌어 내신 하나님의 힘과 능력을 기억하게 해준다. 여기서 루아흐 개념은 하나님의 능력과 더불어 하나님의 구속적 목적도 알려준다.

❷ **호흡인 성령**: 영의 개념은 생명과 관련된다. 하나님은 아담을 창조할 때 그에게 생명의 호흡을 불어넣었으며, 그 결과로 아담이 생명체가 되었다(창 2:7). 마른 뼈들의 골짜기라는 유명한 환상(겔 37:1 - 14) 역시 이 점을 말한다. 마른 뼈들 속에 숨이 들어가자 그들이 살아났다(겔 37:9 - 10). 그러므로 하나님을 마른 뼈로 그리는 모델을 하나님이 생명을 주시는 분이라는 근본적 통찰을 담고 있다. 루아흐는 흔히 하나님의 창조 사역과 연결된다(예를 들어 창 1:2, 욥 26:12 - 13, 33:4, 시편

104:27-31).

❸ **은사인 성령**: '은사'charism라는 전문용어는 "한 개인이 하나님의 영으로 충만하게 되는 것"을 가리키며, 이 은사로 말미암아 그 사람은 그 은사가 아니었다면 수행할 수 없었던 사명을 감당할 수 있게 된다. 지혜의 은사는 보통 성령을 받은 결과라고 설명된다(창 41:38-9, 출 28:3, 35:31, 신 34:9). 이와 비슷하게 예언자의 소명도 성령을 통해 부여되는데(사 61:1, 겔 2:1-2, 미 3:8, 슥 7:12), 이때 성령은 예언자의 메시지, 보통 '주님의 말씀'(다바르dabhar)이라고 불리는 메시지에 권위를 부여해 준다.

신약성서는 성령의 인격과 사역에 대하여 구약성경이 이해한 기본 요소들을 그대로 받아들이며, 성령이 신자들 안에 거주한다는 점을 강조한다. 성령은 믿음을 일으키며(고전 12:3), 인간의 마음에 사랑을 부어 주며(롬 5:5), 기독교인들의 기도를 인도한다(롬 8:26). 성령은 또한 신자들의 구원에 대한 '약속'이나 '보증'으로 여겨진다. 이 것은 하늘에서 완성될 인간 본성의 변화 가운데 처음 국면이다.

───────────────────────────── 교부시대

초대교회는 성령의 문제로 당혹스러워했으며, 기독교의 신 이해를 구성하는 이 분야를 신학적으로 해명하기 위해 애썼다. 성령은 하나님인가? 아니면 성령은 일종의 신적 중재자 또는 대리자였는가? 그도 아니면 하나님에게서 나오는 추상적 힘인가? 초기 기독교 저술가들은 성령에 대하여—예를 들어 순교자 유스티누스약 100-165의 표현을 빌리자면—이렇게 말했다. 우리는 아들이신 예수 그리스도와 성령을 통해 만물을 지으신 창조자를 찬양합니다." 그런데 유스티누스

는 성령의 활동적인 현존을, 세상을 창조한 아버지와 세상에 구원자로 나타난 아들과 분명하게 구분하면서도 구원의 경륜 안에서는 성령에게 명확한 기능이나 역할을 부여하지 않았다. 이 사실은 유스티누스의 일차적인 관심이 예수 그리스도를 하나님의 로고스로 보는 개념을 밝히는 데 있었고, 그래서 성령보다는 그리스도의 인격과 사역을 중심으로 다루었다는 것을 말해 준다.

일부 학자들은 초기 기독교가 성령보다는 하나님과 예수 그리스도를 논의의 중심으로 삼았던 것으로 보인다는 점을 들어 이위일체론(삼위일체론이 아니라)을 따랐다고 주장한다. 초기의 논쟁과 토론이 아버지와 아들의 관계를 중심 주제로 다루었다는 점에서 이 주장은 어느 정도 일리가 있다. 우리는 이미 교부시대, 특히 4세기의 그리스도론 논쟁의 중요성을 살펴보았다. 이것은 기독교 신앙의 몇 가지 핵심 주제를 분명히 밝히는 데 도움을 주었다. 그러나 가장 초기의 기독교 저술가들조차도 하나님을 가리킬 때는 신앙고백의 삼중 양식을 사용하고 있었다. 이 사실은 기독교 신앙의 근본이 아버지, 아들, 영을 포함하고 있었음을 구체적으로 확인해 준다. 성령이 신학 논의의 중심에 놓이게 된 것은 4세기에 이르러서야 가능했다.

135년에서 175년 사이에 활동한 것으로 추정되는 2세기의 사상가 몬타누스Montanus는 교회 초기 시대에 활동한 신학자들 가운데서 흔치 않게 성령의 활동을 중요하게 다룬 학자였다. 몬타누스의 주요 사상은 그를 비판했던 사람들의 저술을 통해 알려졌으며, 따라서 우리가 몬타누스에 대하여 아는 지식은 어느 정도 왜곡된 것이라고 할 수 있다. 그러나 몬타누스가 성령의 현재적 활동을 크게 강조했고 특히 꿈과 환상과 예언적 계시 문제에서 성령의 역할을 중요하게 여겼다는 점은 분명하다. 심지어 몬타누스는 자신과 성령을 동일시하면서, 자기는 하나님의 계시의 원천이요 자기를 통하지 않고서는 계시를 알 수 없다는 주장을 폈을 것이라고 말하는 사람도 있다. 그러나 이 견해를 확인해 주는 증거는 확실하지 않으며, 최근의 학자들은 초기의 몬타누스주의 운동, 특히 프리지아에서 일어난 이 운동의 정통적 성격을 강조하는 경향이 있다.

이번 항에서는, 교부시대에 어떻게 이 신학 분야를, 때로는 망설이는 투로 탐구했었는지를 살펴본다.

초기 교부들의 성찰: 리옹의 이레나이우스^{약 130-202}

초기 기독교에서 성령에 관해 생각할 때 제기되었던 가장 중요한 난점은 성령을 단순히 또 하나의(혹은 다른 성격의) 아들로 생각하는 문제였다기보다 성령에게 합당한 고유의 신학적인 자리를 찾는 일이었다. 2세기 저술가인 리옹의 이레나이우스는 성령의 인격과 사역에 관련해서 초기 교회에서 이루어진 중요한 명료화 과정을 목도한 증인이었다. 삼위일체 신학을 명료한 용어들로 체계화한 일은 한 세기 후에 이루어졌다. 이레나이우스는 이런 전문적인 용어들을 사용하지 않는데, 이유는 단지 그럴 수 없었기 때문이었다. 이레나이우스의 신학은 그 당시에 널리 통용되던 기본적인 "신앙의 규범"을 정교하게 다듬어 낸 것이라고 보는 것이 옳다. 『사도들의 설교에 대한 논증』 *Demonstration of the Apostolic Preaching*에서 이레나이우스는 아버지와 아들과 성령이 구원의 경륜 안에서 별개이면서도 서로 연관된 역할을 맡는다고 주장하였다. 그는 "창조되지 않으신 아버지 하나님," "하나님의 말씀 곧 하나님의 아들이신 우리 주 예수 그리스도," 그리고 "성령"을 믿는 믿음을 확실히 말했다. 이레나이우스는 이렇게 세 위격 각각에 대해 언급하는 가운데 성령의 역할을 간결하게 설명한다. "때가 차서 하나님의 눈앞에 있는 전 세계의 인류를 새롭게 하기 위해 성령이 새로운 방식으로 부어졌다."

이 간결한 진술은 2세기 교회에 널리 퍼져 있었던 일치된 견해가 무엇인지를 보여준다. 이 견해에 따르면 성령은 무엇보다도 인간 본성을 새롭게 하고 회복시키는 하나님의 수단이며 또 예언을 채우는 영감이었는데, 이 견해가 초기 교회 안에서 중요한 역할을 맡았다. 이레나이우스는 아버지 하나님과 하나님의 아들이며 말씀이신 예수 그리스도와 나란히, "성령"이라고 불리는 인격적 실체 개념이 사도들로부터 교회에 전해진 신앙의 본질적 내용을 이룬다고 굳게 믿었다. 그러나 이레나이우스는 이 사상을 새로운 방향으로 발전시켰다. 그가 이루어 낸 발전으로 흔히 거론되는 두 가지가, 말씀과 성령을 창조 사역에 나타난 "하나님의 두 손"으로 이해하는 견해와 성령을 "지혜"(라틴어로 *sapientia*)의 관점에서 논하는 견해이다. 이 두 가지 논점을 간단하게 살펴본다.

이레나이우스는 하나님이 예수 그리스도를 통해 창조 질서를 세우셨다고 보았다. 그러면서도 이 과정에서 성령도 분명한 역할을 담당한다고 주장했다. 이레나이우스는 하나님의 지혜와 말씀을 하나님의 "두 손"으로 말했다. "말씀과 지혜, 곧 아들과 영은 항상 하나님과 함께 계셨으며, 그 안에서 그에 의해서 만물이 지음 받았다." 하나님은 한분이시며 그 하나님은 말씀과 지혜로 만물을 지으시고 질서 있게 배치하셨다. 인간은 "아버지의 손에 의해, 다시 말해 아들과 성령에 의해, 하나님의 모양대로 지음 받았다."

이레나이우스와 관련된 두 번째 주제는 성령을 하나님의 '지혜'로 말하는 것으로, 이것은 성령이 '말씀'과 나란히 태초부터 하나님 안에 계셨다는 것을 뜻한다. 이것은 또 성령이 구원의 경륜 안에서 맡는 독특한 역할, 곧 창조세계를 하나로 묶거나 그것에게 정해진 목표를 향해 나아가게 하는 역할을 밝혀 준다. 초기 기독교 저술가들은 대부분 로고스를 창조의 대리자로 언급하지만, 로고스와 나란히 성령을 창조자에 포함하는 경우는 거의 없었다(이 경우, 안티오키아의 테오필루스Theophilus, 약 183-185는 매우 드문 예외에 속한다). 이와 유사하게 초기의 교부 저술가들 대부분은 바울의 관점에 따라 예수 그리스도를 "하나님의 지혜"로 생각했다(고전 1:24 참조). 하지만 테오필루스와 이레나이우스는 이렇게 선재하는 지혜와 성령을 동일한 것으로 보았고, 따라서 성령과 로고스를 구별했다.

　말씀 및 지혜의 인격과 역할을 이런 식으로 구분한 것을 다음과 같은 중요한 구절에서 분명하게 확인할 수 있다. "우리는, 한분이신 참 하나님께서 우리를 짓고 세우시고 생명의 숨을 불어넣으신 분이시며, 그 지으신 것들로 우리를 양육하시고 당신의 말씀으로 만물을 세우시며 지혜로 그들을 하나로 묶으신다는 것을 알아야 한다." 여기서 이레나이우스는 말씀과 성령의 사역을 서로 분명히 구분 지어 말한다. 말씀은 만물을 "세우시며"*confirmare*, 그에 반해 성령은 "만물을 함께 묶으신다"*compingere*.

아타나시우스약 293-373 : 성령의 신성에 관한 논쟁

처음 3세기 동안에 성령의 역할을 두고 폭넓은 논의가 거의 이루어지지 않았다는 사실은 신학 논쟁이 다른 문제에 휩쓸렸다는 것을 말해 준다. 그리스도론을 둘러싸고 생명이 걸린 정치적 논쟁에 얽혀 있는 상황에서 그리스 교부 사상가들로서는 성령에 대해 걱정하기보다는 훨씬 더 중요해 보이는 문제에 매달릴 수밖에 없었다. 이 점을 잘 보여주는 사람이 4세기의 저술가인 이코니움의 암필로키우스 Amphilochius of Iconium, 약 400 사망 인데, 그는 아리우스 논쟁494-498쪽을 먼저 해결해야 하며 그러고 나서야 성령의 지위와 관련된 논의를 진지하게 다룰 수 있다고 말했다. 초기 교회의 신학은 대체로 공적 논쟁들에 대응하면서 발전했다. 일단 중대한 논쟁이 시작되면 그 결과로 어떤 식으로든 교리가 명료하게 다듬어졌다.

　처음에 성령에 관한 논쟁은 프뉴마토마코이Pneumatomachoi, 곧 '성령 반대자들'로 알려진 집단이 중심이 되어 이루어졌다. 세바스테의 유스타티우스Eustathius of Sebaste, 약 300-377 또는 380 가 이끈 이 집단은 성령의 위격이나 사역은 그 지위나 본성에서 신적 위격과 동일한 것으로 볼 수 없다고 주장하였다. 많은 기독교인들은 아들의 완전한 신성을 받아들이는 데는 어려움이 없었으나 그러한 고백을 성령에게까지 돌릴 수는 없다고 생각했다. 그러면 그들이 우려했던 것은 무엇인가? 가장 신경 썼던 것 가운데 하나가 성경에서는 성령에 대하여 말하면서 결코 신성을 함축하는 용어들로 설명하지 않는다는 것이었다.

트로피치^{Tropici}파라고 알려진 한 집단은 아모스 4:13과 디모데전서 5:21과 같은 본문들을 근거로 삼아, 성령은 하나님이라기보다 피조물일 뿐이라고 보는 자신들의 믿음을 옹호하였다. 아모스 4:13은 하나님이 영(히브리어로 ruach)을 "창조"했다는 의미로 이해할 수도 있다. 그러나 비평가들은 문맥을 살펴볼 때 그것이 가리키는 것은 영이 아니고 "바람"이라고 지적한다. 비슷하게 디모데전서 5:21에 대해서도 성령이 사실 천사였다는 의미로 해석할 수 있다. 더 심각한 문제로, 트로피치파 사람들은 만일 성령이 피조물이 아니라면 그 역시 아들이 되는 것이 아니냐고 주장했다. 결국 성령이 아버지로부터 나오고 또 아버지와 하나라고 이해한다면, 이것은 하나님의 영을 하나님의 아들과 동일시하게 되는 것이다.

이러한 우려스러운 주장에 맞서 아타나시우스^{약 293-373}와 카이사레아의 바실리우스^{약 330-379} 같은 사상가들은 그 당시 세례에서 널리 사용되었던 공식을 근거로 삼아 대응하였다. 기독교인들은 신약성경 시대 이래로 "아버지와 아들과 성령의 이름으로" 세례를 베풀었다(마 28:18-20 참조). 아타나시우스는 이 사실이 성령의 위격이 어떤 지위에 있는지를 이해하는 데 중요한 열쇠가 된다고 보았다. 아타나시우스는 세라피온에게 보낸 한 편지에서, 이 세례 공식은 성령이 성부, 성자와 동일한 신성을 지닌다는 사실을 분명히 보여준다고 주장하였다.

아타나시우스는 트로피치파와 싸우면서 두 가지 중심 과제를 다루었다. 첫째, 그는 성령의 신성을 옹호할 수 있는 견고한 신학적 근거를 제시해야 했다. 둘째, 성령을 아들과 나란히 세울 수 있는 명확한 신학적 자리를 제시하여 성령이 아들과 통합되지 않도록 해야 했다. 성령은 아들이 아버지와 맺는 관계를 그대로 복제한 것이 아니라 아버지와 독특한 관계를 맺는다는 사실을 입증해야 했다. 아타나시우스는 이 두 가지 문제에 다음과 같이 답했다.

첫째, 아타나시우스는 성령의 사역이 확실하게 성령의 신적 본성을 보여준다고 주장했다. 만일 성령 자체가 피조물에 불과하다면 어떻게 인간을 신화(神化)하는 일을 할 수 있겠는가? 분명 바울은 교회를 가리켜 성령이 거주하는 "하나님의 전"이라고 부른다. "성령이 피조물이라면 우리는 하나님에게 참여할 수 없게 된다. 우리가 피조물에 참여하는 것에 불과하다면 우리는 하나님의 본성을 나누어 받지 못하여 그에게 낯선 자가 될 뿐이다." 결국 이 주장이 널리 받아들여지게 되었다. 성령이 인간을 성화시키는 일은 그가 하나님일 때만 가능하다. 피조물은 그 어떤 것도 거룩하게 할 수 없다. 하나님만이 이런 일을 할 수 있다.

둘째, 아타나시우스는 성령과 아들을 모두 하나님으로 인정하면서도 그 둘이 아버지와 서로 다른 양식으로 관계를 맺는 체계를 발전시켰다. 아들과 성령은 아버지의 사역을 공유하지만 뚜렷이 구별되는 정체성을 갖는다. 『세라피온에게 보내는 편지』에서 아타나시우스는 이 점을 분명히 밝혀 주는 몇 가지 이미지를 생각해 냈다. 아버지는 샘이고, 아들은 샘에서 흘러나오는 강이며, 성령은 강물이다. 또 다른 이미지에 따르면, 아버지는 빛이고, 아들은 빛에서 나오는 광채이며, 성령은 "우리에게 빛을 비추어 주시는" 분이다. 성령을 받아들이는 사람은 언제나 아들과 아버지를 함께 받아들인다.

콘스탄티노플 공의회[381]

위에서 말한 것처럼 많은 교부 사상가들은 공개적으로 성령을 '하나님'으로 말하기를 주저했다. 성경에서 그런 관례를 인정하지 않는다는 것이 그 이유였다. 이 점에 관해서는 카이사레아의 바실리우스가 성령에 관한 논문374-375에서 자세하게 논했다. 나지안주스의 그레고리우스에 의하면, 380년에 이르러서도 많은 정통 기독교 신학자들은 성령을 "활동으로 보아야 할지, 창조자로 보아야 할지, 아니면 하나님으로 보아야 할지" 확신하지 못했다.

이렇게 신중한 태도는 381년 콘스탄티노플 공의회에서 다듬어 낸 성령론에 관한 최종 진술에서도 발견된다. 거기서는 성령에 대해 하나님이라는 명시적인 단어 대신에 "주님이시고 생명을 주시는 분, 아버지로부터 나오고, 아버지와 아들과 함께 예배와 영광을 받으시는 분"이라는 보다 더 간접적인 표현으로 설명한다. 비록 '하나님'이라는 말이 명시적으로 사용되지는 않았지만, 성령은 아버지와 아들과 동일한 위엄과 지위를 지닌 분으로 인정된다. 나중에 성령이 성부, 성자와 맺는 정확한 관계가 그 자체로 논쟁거리로 등장하는데, 필리오케filioque 논쟁이 그 예다651-658쪽.

다음에 살펴볼 내용은 4세기 후반에 성령의 신성을 확정하는 데서 결정적으로 중요했던 것들이다. 첫째, 나지안주스의 그레고리우스가 강조한 대로 성경은 하나님에게 속하는 칭호 가운데서 "출생하지 않은"unbegotten이라는 구절을 빼고는 모두 성령에게도 적용하였다. 그레고리우스는 성령을 가리켜 '거룩한'이라는 말을 사용한 것에 특별한 관심을 기울였으며, 이 거룩성은 어떤 외적 근원에서 온 것이 아니라 성령의 본성 자체에서 나온 것이라고 주장하였다. 성령은 성화될 필요가 있는 존재가 아니라 성화시키는 존재로 보아야 마땅하다는 것이다.

둘째, 성령에 속한 고유한 기능들이 성령의 신성을 확증한다. 시각장애인 디디무스약 313-398는 성령에게 맡겨진 일이 하나님의 피조물을 창조하고 새롭게 하고 성화하는 것이라고 주장한 많은 사상가 가운데 한 사람이다. 그렇다면 어떻게 피조물이 다른 피조물을 새롭게 하고 성화시킬 수 있겠는가? 성령이 하나님인 경우에만 이러한 기능을 행하는 것이 타당할 수 있다. 성령이 오직 하나님만 할 수 있는 기능을 행한다면 당연히 신의 본질을 공유한다는 결론이 나온다. 카이사레아의 바실리우스가 이 점을 특히 명료하게 진술한다.

성화되기를 원하는 사람은 누구나 성령께로 나아가며, 덕을 따라 사는 사람은 모두 그분을 찾는다. 성령의 숨은 그들을 새롭게 하며, 그들이 본래의 참된 목적을 추구할 때 그들을 도와주기 때문이다. 다른 사람들을 완전하게 해줄 수 있는 성령에게는 부족한 것이 전혀 없다. 그는 힘의 회복을 필요로 하는 존재가 아니라 생명을 공급해 주는 존재다.……성령이 내주하여 빛을 비추어 줄 때 영혼들은 영적으로 변화되며 그들이 누리는 은혜를 다른 사람들에게 나누어 준다. 이렇게 성령의 내주함에서 오는 것은 미래를 꿰뚫는 예지, 신비한 것들을 아는 지식, 감추어진 것들을 헤아리는 이해, 은총의 선물을 누림, 천국의 시민권, 천사들의 노래로 둘러싸인 자리, 끝없는 기쁨, 하나님 안에 거함, 하나님을 닮아 감이며 무엇보다도 가장 큰일은 하나님이 되는 것이다.

바실리우스가 볼 때, 성령은 피조물들이 하나님을 닮게 하고 또 하나님이 되게 해준다. 그런데 이러한 일을 이룰 수 있는 이는 오직 하나님뿐이다.

셋째, 교회의 세례 공식에서 성령이 언급되는 것을 성령의 신성을 지지하는 것으로 해석하였다. 세례는 "아버지와 아들과 성령의 이름으로"(마 28:18-20) 베풀어진다. 아타나시우스를 비롯해 여러 사람들이, 이 공식에서는 삼위일체의 세 위격의 관계가 아주 튼튼하게 결속되어 있으며, 따라서 아버지와 아들은 신성의 본질을 공유하는 데 반해 성령은 피조물에 불과하다고 주장하는 것이 불가능하다고 보았다. 이와 비슷하게 카이사레아의 바실리우스도 세례 공식은 분명히 성부와 성자와 성령을 분리할 수 없다는 사실을 함축한다고 주장하였다. 바실리우스는 이렇게 언어로 표현된 결속에는 깊은 신학적 의미가 함축되어 있음이 분명하다고 보았다.

이처럼 성령의 완전한 신성을 인정한 것은 교부신학의 발전과정에서 비교적 늦게 이루어졌다. 교리가 논리적으로 발전한 과정을 살펴보면 다음과 같은 역사적 순서를 확인할 수 있다.

1단계: 예수 그리스도의 완전한 신성을 인정
2단계: 성령의 완전한 신성을 인정
3단계: 확고한 삼위일체론의 성립. 이 단계에서는 각 단계에서 밝힌 통찰들을 명료하게 정리해 포함하고, 그것들의 상호 관계를 확정하였다.

이러한 순차적 발전을 밝혀낸 사람이 나지안주스의 그레고리우스로, 그는 시간이 흐르면서 하나님의 계시의 비밀에 대한 이해가 점차 발전하고 명료하게 다듬어졌다고 주장하였다. 그리스도의 신성을 둘러싼 쟁점이 해결되기 전까지는 성령의 신성 문제를 다루는 것이 불가능했다는 것이 그의 주장이다.

구약성경에서는 성부에 대하여 분명하게 선포하였으며 성자에 대해서는 비교적 모호하게 선포하였다. 신약성경에서는 성자를 계시하였으며 성령의 신성에 대해서는 희미하게 보여주었다. 이제 성령은 우리 안에 거하며, 훨씬 더 명료하게 계시된다. 성부의 신성이 아직 확정되지 않는 상태에서 성자를 터놓고 선포하는 일은 적절하지 않았다. 또 성자[의 신성]가 인정되기 전에 성령을 받아들이는 것도 적절하지 않다.……그와 달리 우리는 한 걸음씩 내딛는 점진적인 발전을 통해 앞으로 나아가고 명료성을 늘려감으로써 삼위일체가 환한 빛 가운데 나타나도록 해야 했다.

히포의 아우구스티누스 354-430 : 사랑의 끈인 성령

성령의 신학이 발전하는 데 가장 큰 공헌을 한 사람은 아우구스티누스셨다. 아우구스티누스가 기독교인이 되는 데 일부분 영향을 끼친 사람이 마리우스 빅토리누스Marius Victorinus인데, 이 사람도 이교에서 기독교로 개종한 사람이었다. 빅토리누스는 성령의 역할에 대한 독특한 견해를 보여준다. 그가 지은 찬송가에서 그러한 면모를 확인할 수 있다.

> 우리를 도우소서, 성령님
> 당신은 아버지와 아들을 잇는 끈copula이십니다.
> 멈춰 계실 때 당신은 아버지이시며,
> 나가실 때 당신은 아들이시고,
> 모두를 하나로 묶으실 때, 당신은 성령이십니다.

이러한 흐름의 신학이 양태론* 700-703쪽처럼 보이기도 하지만 그럼에도 매우 중요한 개념을 표현하고 있다. 성령은 "아버지와 아들을 잇는 끈"patris et filii copula이라는 개념이다.

아우구스티누스는 『삼위일체론』에서 성령의 독특성을 주장하였다. 그러나 이러한 독특한 모습을 지니면서도 성령은 아버지와 아들과 같다. 아버지는 오직 아들의 아버지이며, 아들은 오직 아버지의 아들일 뿐이다. 그러나 성령은 아버지와 아들 모두의 영이며, 그 둘을 사랑의 끈으로 묶는다. 아우구스티누스는 이렇게 주장하면서 성경에서는 성령을 명확하게 '사랑'이라고 말하지 않는다는 점을 인정한다. 그렇지만 하나님은 사랑이시고 성령은 하나님인 까닭에 자연스럽게 성령이 사랑이라는 결론에 이르게 된다고 주장한다.

> 성경은 그가 아버지만의 영이나 아들만의 영이 아니라, 아버지와 아들 모두의 영이라고 가르친다. 이것은 아버지와 아들이 서로 사랑하는 상호적인 사랑을 우리에게 말해 준다.……하지만 성경은 "성령은 사랑이시다"라고 말하지 않는다. 만일 성경에서 그렇게 말했다면 우리는 힘들

여 연구할 필요가 없었을 것이다. 성경은 "하나님은 사랑이시다"(요일 4:8, 16)라고 말하며, 그렇게 해서 사랑이신 분이 성부 하나님인지 성자 하나님인지 성령 하나님인지, 아니면 삼위일체 하나님인지 우리가 묻도록 해놓았다.

아우구스티누스는 성령을 한편으로는 아버지와 아들을 하나 되게 하는 끈이라고 보며 다른 한편으로는 하나님과 신자들을 일치시키는 끈이라고 주장한다. 성령은 하나님께서 주신 선물로서 신자들을 하나님과 하나 되게 하고 또 신자들이 서로 연합하게 해준다. 성령은 신자들의 일치를 이루는 끈이며, 교회의 일치는 궁극적으로 이 기초에 근거한다. 교회는 성령이 계시는 '성령의 전'이다. 아버지와 아들을 하나로 묶어 신성에서 일치하게 하는 그 성령은 또한 신자들을 묶어 교회의 일치를 이루게 한다.

성령의 상징들: 비둘기, 불, 기름

초기 기독교의 가장 흥미로운 면모 가운데 하나는 그 근본 믿음과 가치를 다양하고 풍부한 상징을 사용해 표현했다는 점이다. 상징 중에서 가장 중요한 것은 물론 십자가다. 기독교인들은 십자가의 표징으로 세례를 받았다. 교회를 비롯한 기독교 모임의 장소들은 십자가를 가지고 있을 뿐만 아니라, 흔히 십자가 모양으로 지어졌다. 그러나 이 시기에 다른 중요한 상징들도 나타났는데, 그 중 세 가지가 특히 성령과 관련이 있다. 세 가지는 각각—특히 처음 두 가지가—기독교 예배의 역사 안에서 널리 발견된다.

비둘기 ┃ 복음서에서 나사렛 예수의 세례를 묘사하는 부분은 "성령이 비둘기같이 자기에게 내려오심"이라는 표현을 포함한다(막 1:10). 5세기 이후로 계속해서 비둘기의 이미지는 특히 기독교적 세례의 맥락에서 성령을 표현하는 데 사용되었다. 이 이미지는 정교하게 다듬어지기도 했는데, 예를 들어 노아의 비둘기(창 8:9-11)가 그리스도의 "예표"269쪽라고 강조한 데서 볼 수 있다. 시리아의 에프렘Ephrem the Syrian, 약 306-373 은 이런 종류의 유형론적 성찰에 대한 좋은 예를 제시한다.

> 방주는 보호하시는 이의 징표를 돛 삼아 세웠으니,
> 그것은 키잡이의 십자가, 선원의 나무.
> 그분은 우리를 위해 세례의 물 가운데 교회를 세우고자 오셨으며,
> 세 가지 이름으로 그 안에 거하는 이들을 구원하시고,
> 비둘기 대신에 성령이 그들을 헤아려 기름 부으시고,
> 그들에게 구원의 신비를 베푸신다.

비둘기의 이미지는 중세 시대에 널리 사용되었으며, 특히 그리스도의 십자가 처형을 묘사하는 곳에서 분명하게 나타난다. 십자가 사건을 그리는 많은 예술 작품은 삼위일체적 관점에서 다듬어진다. 중심을 이루는 이미지는 고난당하는 그리스도이지만, 아버지와 비둘기(성령을 가리킨다)의 이미지도 흔히 그 배경으로 통합된다. 이렇게 해서 제기하는 논점은 구속이 그리스도와 연관된 사건에 불과한 것이 아니라 삼위일체적 사건이라는 것이다.

불 | 성령의 인격성에 중점을 두는 기독교 축제인 오순절은 전통적으로 불의 이미지와 관련이 있다. 이 전통은 "마치 불의 혀처럼 갈라지는 것들이 그들에게 보여 각 사람 위에 하나씩 임하여 있더니……"(행 2:3)라고 말하는 신약성경의 묘사로 소급되는데, 이것은 최초의 오순절 날에 모였던 사람들 사이에서 나타났던 현상이다. 이 이미지는 기독교 상징으로 널리 사용되었다. 예를 들어 시리아의 에프렘은 태양을 삼위일체의 유비로 사용했다. 태양 자체는 아버지에

상응하고, 그 빛은 아들에게, 그리고 열은 성령에 상응한다는 것이다. 성령에 대한 이러한 상징은 성령이―예를 들어 용광로가 철을 정련하듯이―개인들의 불결함을 불태움으로써 순결하게 하거나 거룩하게 하는 방법을 보여주는 데 자주 사용되었다.

기름 | 세 번째 이미지는 고대 이스라엘의 종교생활에서 풍성한 의미를 지녔던 기름이다. 기름부음은 이스라엘의 왕이나 제사장의 취임식에 행하여졌고, 하나님이 받아들이셨고 또 그것을 보증하신다는 상징이었다. 앞에서 살펴본 대로 중요한 그리스도론적 칭호인 '메시아'는 '기름 부음을 받은 자'라는 히브리 단어에서 유래했다. 비슷하게 예언자 엘리야는 후계자인 엘리사에게 기름을 부으라는 지시를 받았다(왕상 19:16). 이 점과 관련해서 초대교회에 특히 중요했던 본문은 이사야 61:1인데, 나사렛 예수도 갈릴리 사역을 시작할 때 이 구절을 인용했다. "주 여호와의 영이 내게 내리셨으니 이는 여호와께서 내게 기름을 부으사……" 많은 사람이 기름부음과 성령의 임재 사이에 인과적인 관계를 인정한다.

　　지금까지 우리는 삼위일체론에 대하여 성찰하는 중에 나타났던 다양한 이론과 주제를 살펴보았다. 이제 다음으로 역사적으로나 신학적으로 매우 중요했던 한 가지 논쟁을 다룬다. 그것은 성령이 아들과 관련되는 양식에 관한 논쟁이다. 이것은 나중에 '필리오케 논쟁'으로 알려지게 되며, 다음과 같은 내용으로 이루어진다.

필리오케 filioque 논쟁

초기의 교회 역사에서 일어난 가장 중요한 사건 하나를 든다면, 니케아 신조[325]의 본문과 주요 개념들에 관해 동방과 서방을 포함해 로마제국 전체에 걸쳐서 폭넓은 의견의 일치를 이루어 낸 일을 들 수 있다. 이 문서는 교회 역사에서 극히 중요했던 시대에 교회를 교리적으로 안정시키려는 목적으로 고안된 것이었다. 의견 일치를 이룬 본문에서는 성령에 대해 "아버지로부터 나오는"이라고 말한다. 그런데 9세기경에 서방교회는 공식적으로 이 문구를 "아버지 그리고 아들로부터 나오는" 성령이라고 변경했다. 라틴어 단어인 필리오케^{filioque}는 문자적으로는 "그리고 아들로부터"를 의미하는데, 그때부터 이렇게 추가된 내용을 가리키는 말로 사용되었으며, 당대의 서방교회와 그 신학에서 표준으로 자리 잡았다. 지금 이 변경은 서구교회와 신학 안에서 규범이 되었다. 성령의 '이중 발현'$^{double\ procession}$이라는 이 개념이 그리스 신학자들에게는 커다란 골칫거리였다. 그들에게 이 개념은 신학적으로 심각한 문제일 뿐만 아니라 이른바 범접할 수 없는 신조의 문구를 건드린 일이기도 했다. 이러한 악감정이 1054년 무렵에 교회가 동과 서로 분열$_{75쪽}$하게 되는 한 원인이 되었다고 많은 학자들이 생각한다.

필리오케• 논쟁은 신학적인 쟁점 그 자체로도 중요하지만, 그 시대에 동방교회와 서방교회의 관계와 관련된 문제로도 매우 중요하다. 따라서 그 쟁점들에 대해 자세히 살펴볼 필요가 있다. 문제가 된 기본 쟁점은 성령이 단지 아버지로부터 나오느냐 아니면 아버지와 아들로부터 나오느냐에 관한 것이었다. 앞쪽의 견해는 동방교회에서 주장했으며 카파도키아 교부들의 저술 속에서 두드러지게 논의되었다. 뒤쪽의 견해는 서방교회와 관계가 있으며 아우구스티누스의 『삼위일체론』에서 다루어졌다.

그리스의 교부 사상가들은 삼위일체 안에는 존재의 근원이 오직 하나뿐이라고 주장하였다. 삼위일체의 성자와 성령까지를 포함한 만물의 유일하고 지고의 원인은 오로지 성부뿐이다. 성자와 성령은, 비록 다른 방식을 통해서이지만 성부로부터 나온다. 이러한 관계를 표현하기에 적합한 용어를 찾던 신학자들은 마침내 다음과 같은 두 가지 전혀 다른 이미지를 선택하였다. 성자는 성부에게서 **출생**^{begotten}

• **필리오케**
filioque

문자적으로 "그리고 아들로부터"를 뜻하는 라틴어로, 서방교회판 니케아 신조에 나온다. 이 견해에 따르면, 성령은 (동방교회에서 말하는 대로) 아버지로부터만 나오는 것이 아니라 아버지와 아들 모두로부터 나온다.

하고 성령은 성부로부터 **발현**proceeds한다. 이 두 용어를 택한 의도는 성자와 성령이 모두 성부에게서 나오지만 그 방법이 다르다는 것을 설명하기 위해서였다. 이 용어들은 상당히 혼란스러운데, 관련된 두 그리스어gennesis와 ekporeusis를 현대어로 옮기기가 쉽지 않기 때문이기도 하다.

이 복잡한 과정의 이해를 돕기 위해 그리스 교부들은 하나님의 '말씀'이신 아들과 하나님의 '숨'이신 성령이라는 두 이미지를 성서 전승 속에서 찾아냈다. 성부가 말을 할 때에, 그 말을 입 밖으로 내는 것과 동시에 그 말이 상대에게 들리고 수용되도록 하기 위해 숨을 내쉰다. 이렇게 표현된 말이 세계 곳곳으로 퍼져 나간다고 보는 이 선명한 이미지는 성자와 성령의 독특성을 밝히는 데 도움이 되고 동시에 성자와 성령이 성부의 사역 안에서 서로 관련되어 있음을 보여준다.

그러면 왜 다른 그리스 신학자들과 마찬가지로 카파도키아 교부들은 이런 식으로 성자와 성령을 구분하는 일에 그토록 많은 시간과 노력을 기울여야 했을까? 이에 대한 답은 중요하다. 한분이며 동일하신 하나님에게서 성자와 성령이 나오는 방식을 구별하지 못한다면 하나님이 두 아들을 두는 결과가 되었을 터이고 이것은 엄청난 문제들을 낳았을 것이다. 기능이 동일하다는 것은 본질에서도 동일하다는 의미로 받아들여졌을 것이다. 우리는 앞에서 트로피치 집단이 이 문제를 중요한 쟁점으로 삼았던 일을 살펴보았다. 그 답은 성령과 아들을, 아버지로부터 기원하는 방식이라는 측면에서 구분지음으로써 제시되었다. 아들은 아버지로부터 '출생'하며, 영은 아버지로부터 '발현'한다.

이러한 맥락에서 카파도키아 학자들은 성령이 성부와 성자 모두에게서 나온다는 것은 생각도 할 수 없는 일이다. 왜 그런가? 그러한 생각은 성부가 모든 신성의 유일한 뿌리이자 근원이라는 원리를 완전히 무너뜨리기 때문이다. 그것은 하나의 신격 안에 신성의 두 원천이 있다고 보는 것이며, 온통 내적 모순과 갈등으로 가득한 주장이

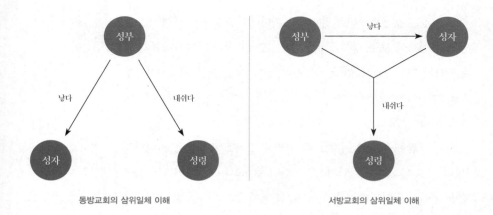

동방교회의 삼위일체 이해   서방교회의 삼위일체 이해

될 수밖에 없기 때문이다. 만일 배타적으로 하나님에게만 속한, 모든 신성의 원천이 되는 능력을 아들이 공유하게 된다면 그 능력은 더 이상 배타적인 것일 수 없다. 이러한 이유로 동방교회는 성령의 '이중 발현'이라는 서방교회의 개념을 완전한 불신앙에 빠진 것이라고 보았다.

하지만 이 생각에 그리스 전통이 모두 동의한 것은 아니었다. 알렉산드리아의 키릴로스^{약 378-444}는 주저 없이 성령이 "성자에게 속한다"고 말했으며, 이와 연관된 개념들이 서방교회 안에서 빠르게 발전했다. 초기의 서방 기독교 사상가들은 신격 안에서 성령이 맡는 정확한 역할에 대하여 신중하면서도 모호한 입장을 취했다. 프와티에의 힐라리우스^{Hilarius 약 300-368}는 「삼위일체론」*On the Trinity*이라는 논문에서, 자기는 "[하나님의] 성령에 관하여 그가 [하나님의] 영이라는 사실 외에는 아무것도 말하지 않겠다"고 단언하는 것으로 얼버무렸다. 이렇게 모호한 태도 때문에 그의 독자들은 그가 사실은 성부와 성자만 온전한 신성을 지닌다고 믿는 이위일체론자^{binitarian}가 아닐까 의심했다. 그러나 같은 논문의 다른 곳에서 힐라리우스는, 신약성경이 성령은 성부로부터만 나오는 것이 아니라 성부와 성자로부터 나오는 것으로 가르친다고 분명하게 밝혔다.

아우구스티누스는 성령이 성부와 성자에게서 발현한다는 이러한 견해를 발전시켜서 고전적인 형태로 다듬어 냈다. 아우구스티누스는 힐라리우스에게서 배운 듯한 개념을 근거로 삼아 성령을 성자로부터 나오는 것으로 보아야 한다고 주장하였다. 그가 근거로 삼은 주요 성경 본문 가운데 하나가, 부활하신 그리스도가 제자들에게 숨을 불어 넣으며 "성령을 받으라"고 말하는 요한복음 20:22이었다. 아우구스티누스는 그의 주요 저작인 『삼위일체론』에서 이 본문에 대해 다음과 같이 설명한다.

> 또 우리는 성령이 성자에게서 나오지 않는다고 말할 수 없다. 어쨌든 성령은 성부와 성자 모두의 영이라고 말할 수 있다. [여기서 요한복음 20:22이 인용됨] 성령은 성부뿐만 아니라 성자로부터도 나온다.

이렇게 말하면서 아우구스티누스는 자기가 동방교회와 서방교회 양쪽에서 폭넓게 합의된 내용을 요약하는 것이라고 생각했다. 불행하게도 그는 그리스어를 사용한 카파도키아 신학자들의 견해가 상당히 달랐다는 사실을 간파할 수 있을 만큼 그리스어 지식이 좋았던 것 같지는 않다. 그렇지만 아우구스티누스는 신격 안에서 성부의 독특한 역할을 옹호하면서 몇 가지 사항을 분명하게 밝힌다.

> 우리가 삼위일체 가운데서 성자만을 하나님의 말씀이라고 말하고, 성령만을 하나님의 은사라고 말하며, 성부 하나님만을 말씀을 낳고 원칙적으로 성령을 발현시킨 분이라고 말하는 확고한 이유가 있다. 내가 '원칙적으로'라는 말을 덧붙였는데 그 까닭은 성령이 성자로부터도 발현한다는 사실을 우리가 알기 때문이다. 그러나 성령은 또한 성부가 성자에게 준 것이기도 하다. 즉 성자는 성령 없이 존재한 적이 없다. 성부가 자신의 독생자인 말씀에게 주는 모든 것은 그가 아들을 낳을 때 함께 주는 것이기 때문이다. 성자는 출생하며, 그렇게 해서 성령은 아버지와 아들의 영이고, 이 공동 선물은 아버지에게서처럼 아들에게서도 나온다.

그렇다면 아우구스티누스가 성령의 역할을 이와 같은 식으로 파악하면서 주장하고자 했던 것은 무엇일까? 그 답은 성령이 성부와 성자를 연결하는 '사랑의 끈'이라고 본 그의 독특한 생각에서 찾을 수 있다. 그는 신격 내의 관계라는 개념을 고안했으며, 삼위일체의 위격들은 그들 상호 간의 관계를 통해 정의할 수 있다고 주장하였다. 따라서 성령은 성부와 성자 사이의 교제와 사랑의 관계라고 볼 수가 있으며, 아우구스티누스는 이 관계가 요한복음에서 성부와 성자의 뜻과 목적이 하나라고 말하는 것의 근거가 된다고 믿었다.

동방교회와 서방교회에서 주장하는 이론의 근본적인 차이점은 다음과 같이 요약할 수 있다.

❶ 동방교회의 의도는 신성의 유일한 원천인 성부의 독특한 지위를 보호하는 데 있었다. 마찬가지로 성자와 성령의 신성이 보호받을 수 있는 것도 그 둘이, 비록 방식은 다르지만 똑같이 정당하게, 성부로부터 나오기 때문이다. 동방교회 사람들이 볼 때, 서방의 견해는 하나님 안에 두 개의 독립적인 신성의 원천을 끌어들이고 성자와 성령의 중요한 구분을 약화시키는 것처럼 보였다. 성자와 성령은 별개이면서도 서로 보완하는 역할을 하는 것으로 보아야 하는데 서방교회 전통은 성령을 그리스도의 영이라고 생각했다. 동방 전통에 속하는 현대의 많은 신학자들, 그중에서도 특히 러시아 학자 블라디미르 로스키[1903-1958]가 서방교회의 이론을 비판해 왔다. 로스키는 「성령의 발현」The Procession of the Holy Spirit이라는 글에서 주장하기를, 서방교회의 접근법은 불가피하게 성령을 비인격화하였으며 그리스도의 위격과 사역을 그릇되게 강조하기에 이르렀고 하나님을 비인격적인 원리로 끌어내렸다고 말했다.

❷ 서방교회의 의도는 성자와 성령을 적절하게 구별하면서도 상호 관계를 맺는다는 점을 확고히 하는 데 있었다. '위격' 개념

을 철저히 관계적인 관점에서 이해함으로써 불가피하게 성령
도 그와 동일한 방식으로 다루게 되었다. 동방교회의 견해에
민감했던 후기의 서방교회 학자들은 자신들의 이론이 하나님
안에 신성의 두 원천이 있다고 전제하지 않는다고 강조하였
다. 이것은 제11차 톨레도 공의회[675]에서 다음과 같이 특히
분명하게 공표되었다.

우리는 삼위일체 안의 세 번째 위격인 성령이 하나님이시며, 아버지
하나님 그리고 아들 하나님과 하나이고 동등하며, 하나의 실체와 하
나의 본성을 이루고 계심을 믿는다. 그러나 성령은 창조되거나 출생
하지 않았고, 아버지와 아들로부터 발현하였으며, 양자 모두의 영이
시다. 또한 우리는 성령이 스스로 독립적으로 존재한다고 말할 수
없고, 출생하였다고 말할 수도 없다. "스스로 독립적으로 존재한다"
고 말하면 두 아버지를 주장하는 셈이 되고, "출생"했다고 말하면 두
아들을 선포하는 셈이 되기 때문이다. 그러나 영은 아버지만의 영도
아니고 아들만의 영도 아니며, 오직 아버지와 아들의 영이다. 성령은
아버지로부터 아들에게로 발현한 것이 아니고, 피조물을 거룩하게
하기 위하여 아들로부터만 발현한 것도 아니며, 오직 아버지와 아들
모두에게서 단번에 발현한 것으로 보인다. 왜냐하면 성령은 양자 사
이의 사랑 또는 거룩함으로 알려져 있기 때문이다. 그래서 우리는
아들이 아버지로부터 파송된 것처럼, 성령은 아버지와 아들 모두로
부터 파송되었다고 믿는다. 그러나 성령의 신성이 아버지 또는 아들
보다 덜한 것은 아니다.

그 후의 공의회들에서도 이와 유사한 개념을 주장하였다. 예를
들어, 리옹 공의회[1274]에서는 "성령은 성부와 성자로부터 나오지만,
두 개의 근원이 아니라 하나의 근원에서 나온 것이라고 볼 수 있다"
고 밝혔다. 하지만 이러한 해명들에도 불구하고 이 교리는 여전히 동

방교회와 서방교회 사이에서 다툼의 원인으로 남아 있으며, 최근에 양쪽 교회 사이에서 개인적이고 제도적인 관계가 우호적으로 변하고 있기는 해도 가까운 미래에 해결될 것 같지도 않아 보인다.

성령: 최근의 논의들

성령론은 현대에 이르러 꽤 중요한 신학적 토론의 주제가 되었는데, 이것은 특히 20세기 초에 일어난 은사주의 갱신 운동의 결과였다. 이 오순절운동은 보통 캔자스 주 토피카에 있는 베델성경대학에서 처음으로 시작되었다고 말해진다. 이 학교는 감리교 감독교회에서 목사로 봉사했던 찰스 폭스 파햄Charles Fox Parham, 1873-1929이 성결 전통에 기초해서 설립한 기관이다. 파햄은 학생들에게 성령의 활동이 기독교인의 삶 속에 계속되고 있다는 것을 보이는 신약성경의 증거를 찾아보라고 요구했다. 그 시대의 개신교 신학교들은 "은사중지론"을 널리 가르치고 이것을 신학의 지혜로 여겼다. 은사중지론에서는 '방언'과 같은 성령의 적극적 은사들은 신약성경 시대에나 있었던 일이요 지금은 더 이상 효력을 발휘하고 있지 않다고 주장하였다.

하지만 파햄은 그렇게 생각하지 않았다. 그 자신이 속한 성결 전통 내에서 은사 현상으로 보이는 일에 대한 보고가 퍼지고 있었다. 1900년 12월 31일 기도회 중에 대학의 한 학생이 그런 경험을 했다. 동일한 경험을 한 학생들이 연이어 나타났다. 파햄과 그의 학생들은 "방언의 은사"가 다시 명확하게 나타났다고 사람들에게 전하기 시작했다. 1905년에 파햄의 설교를 들었던 사람 가운데 아프리카계 미국인 설교자인 윌리엄 시모어William J. Seymour, 1870-1922가 있었다. 그는 1906년 4월에 로스앤젤레스의 아주사 거리에 사도적 믿음 선교회the Apostolic Faith Mission라는 모임을 시작했다.

그 후 2년 동안 아주사 거리에서 '방언'을 강조하는 커다란 부흥

운동이 일어났다. 이 운동은 '오순절 운동'이라고 불리게 되었는데, 이 이름은 신약성경에서 초기 기독교 제자들이 방언 현상을 처음 경험했던 날인 오순절(행 2:1-4)에서 유래하였다. 오순절 운동은 매우 빠르게 그 근원지인 미국을 뛰어넘어 전 세계적인 믿음으로 퍼져 나갔다. 오순절 운동과 기타 은사주의 단체들이 아프리카와 아시아, 라틴아메리카에서 튼튼하게 자리 잡았다.

은사주의 운동의 출현은 성령 신학에 대한 새로운 관심으로 이어졌으며, 특히 종교적인 삶과 사고를 한층 더 경험적인 관점에서 연구하는 접근법을 회복시켰다. 많은 사람들이 세계 내의 성령의 활동과 같은 은사주의 신학의 독특한 강조점들이 있다고 주장하기도 하지만, 오늘날 주도적인 흐름은 가톨릭교회와 개신교 주류 교파들 속에서 은사주의 개념들이 영향을 미치는 것으로 나타나고 있다.

이 단락에서 우리는 이 시기에 이루어진 성령에 관한 몇 가지 중요한 논의를 살펴볼 것이다. 먼저, 18세기 미국의 대표적인 신학자인 조나단 에드워즈가 성령의 그리스도론적 역할을 다룬 논의에 크게 기여한 내용을 살펴보는 것으로 시작한다.

대각성 운동: 조나단 에드워즈 1703-1758

조나단 에드워즈는 미국의 가장 중요한 신학자로 널리 인정받고 있다. 에드워즈는 1740년대 미국의 뉴잉글랜드 지역에서 일어난 "대각성 운동"에서 지도적인 역할을 맡았고, 이 시기에 일어난 영적 각성을 성령의 사역이라고 주장했다. 그는 이 견해를 옹호하는 다수의 저서를 출간했는데, 그중에는 『놀라운 부흥과 회심 이야기』*A Faithful Narrative*, 1737 와 『신앙과 정서』*Religious Affections*, 1746 가 있다. 또 에드워즈는 대각성 운동의 경험적 면모들을 확인하고서 자기가 속한 개혁주의 전통이 성령 신학을 소홀히 다루어 왔다고 확신하게 되었다.

아우구스티누스처럼 에드워즈도 성령이 신격 안에서 아버지와 아들을 정서affection로 묶어 주는 신적, 인격적 사랑이라고 생각했다. 이 정서는 피조물들의 마음속에 전해져서 그들도 하나님과 하나가 될 수 있게 해준다.

> 피조물이 하나님과 교통하거나 그들 서로 간에 교통하는 일은 성령에 의해 이루어진다고 할 수 있다. 신자들이 그리스도와 교통하는 것도 성령에 의해 이루어지는데, 내가 보기에 인간이신 그리스도 예수가 영원한 로고스와 교통하는 것도 바로 성령에 의해 이루어진다. 하나님의 영은 하나님과 예수 그리스도와 교회를 하나로 묶어 주는 완전한 끈이다.

에드워즈의 신학은 '신화'(神化)의 요소들을 포함하고 있는데, 이 요소들은 그가 성령의 변혁적인 역할을 강조하는 특성이 반영된 것이다. 하지만 그는 이 변화를 전형적인 형태를 따라 '거듭남"이라는 관점에서 설명하며, 그래서 "인간이 회개하여 죄에서 하나님께로 돌아설 때, 하나님의 강한 힘에 의해 그 사람 안에서 일어나는 커다란 변화"요 그 결과로 그 사람이 "사악한 인간에서 성결한 인간으로 변하는 일"이라고 이해한다. 에드워즈는 이렇게 이루어지는 변화를 성령의 사역이라고 보았다.

그런데 에드워즈가 성령에 관해 성찰한 내용 가운데 가장 흥미로운 것은 그의 그리스도론과 관계가 있다. 에드워즈가 볼 때, 성령은 실체적 연합hypostatic union에서 결정적인 역할을 담당하며, 그렇게 해서 예수 그리스도의 단일 인격 안에서 신성과 인성이 이루는 연합의 토대를 이룬다. "신적인 지식과 의식이 성령에 의해 인간 예수에게 부어진다." 성령은 그리스도의 인성과 신성을 하나로 결합한다. 그렇게 할 때 성령은 그리스도의 인격에 더해지는 어떤 신성한 것이 아니라, 오히려 신성과 인성의 통일성과 완전성이 유지되도록 만드는 수단이다.

제2차 바티칸 공의회는 1962년에서 1965년까지 로마의 바티칸 시국에서 열렸으며, 가톨릭교회의 신학적 기초를 명료하게 다졌을 뿐만 아니라 가톨릭교회에 새로운 방향 감각을 제시하였다.

제2차 바티칸 공의회의 성령 이해

제2차 바티칸 공의회가 이룬 주요한 결실 가운데 하나는 일관성 있는 성령 신학을 세우고, 성령 신학이 성서와 전통에 근거한 것일 뿐만 아니라 교회의 삶에 밀접하게 연관된다는 점을 밝혀 준 것이다. 제2차 바티칸 공의회를 준비하면서 교황 요한 23세[1881-1963]는 교회가 은사주의 운동을 진지하고도 비판적인 자세로 수용할 필요가 있다고 선언하였다. 이러한 견해를 요한 23세가 1962년에 했던 기도에서 확인할 수 있다. "성령강림절 때 그랬던 것처럼 오늘 우리가 사는 시대에도 당신의 기사들Wonders을 회복시켜 주소서"

가톨릭교회는 오순절 운동과 기타 은사주의 운동들의 등장에 조심스럽게 대응하였으며, 그런 운동들은 성령께서 개인과 교회에게 부어 준 것으로 보이는 영적 은사들의 현현과 제시에 과도하게 의존하고 있다고 여겼다. 그러나 시간이 흐르면서 이 관점은 변하기 시작했다. 은사주의 갱신 운동은 신앙의 경험적 측면을 회복하고 갱신했으며, 그래서 교회의 삶과 구조 속으로 통합될 수 있었다. 예를 들어 요제프 라칭거(후에 교황 베네딕토 16세[1927 출생])는 "개인적 경험의 지지를 받지 못하는 교리적 믿음은 공허하고, 교회의 믿음과 관련되지 못하는 개인적 경험은 맹목적이다"라고 지적하였다.

공의회가 발표한 "교회에 관한 교의헌장"인 「인류의 빛」[Lumen Gentium]은 교회의 삶과 증언에서 성령이 중요하다는 점을 재확인시켜 주었다.

> 아버지께서 아들을 세상에 보내시며 맡겼던 사역이 성취되자, 오순절에 성령이 보내심을 받았는데, 그 목적은 교회를 계속해서 거룩하게 하고 그래서 믿는 사람들이 모두 그리스도를 통해 한분 성령 안에서 아버지께로 나아갈 수 있게 하려는 것이었다.……성령은 교회 안에 거하시며, 또 성전 안에 현존하듯 신실한 사람들의 마음속에 계신다.

그러면 이 사역은 교회의 선교에서 어떤 식으로 이루어지는가? 이것은 "교회의 선교 활동에 관한 교령"인 「만민에게」[Ad Gentes Divinitus]에서 가장 분명하게 확인할 수 있다. 이 문서는 성육신의 중요성을 강조하고, 예수 그리스도의 죽음과 부활의 결과인 구원에서 중심이 교회의 선교라고 밝힌다. 그러면 이것은 어떻게 이루어지는가?

> 이 일을 이루기 위해 그리스도는 아버지로부터 그분의 성령을 보내셨으며, 성령은 그리스도의 구원 사역을 내적으로 계속 실행하고 교회가 땅 위에 널리 퍼지도록 이끄셨다. 의심할 바 없이 성령은 그리스도가 영광을 받으시기 전에도 이미 세상에서 일하셨다. 그러나 오순절을 맞아 성령은 영원히 머물기 위해 제자들 위로 내려오셨다(참고. 요한 14:16).

성령은 다양한 역할을 수행한다. 성령을 통해서 사람들은 신앙의 기본 주제들을 이해하고 그것에 응답하면서 제자된 새 삶을 살 수 있게 된다. 그러나 이것은 외톨이의 삶이 아니다. 성령은 신자들을 하나로 모아 "하나님 하나된 백성"을 세운다. 이러한 공동체의 울타리 안에서 교회의 선교는 시작되며, 교회라는 제도의 경계선을 벗어나 뻗어 나가게 된다.

제2차 바티칸 공의회는 선교 조직과 기구를 포함해 교회를 여전히 제도적인 관점에서 이해하였다. 그러면서도 공의회는 성령이 교회에 의해 제약당하는 게 아니라 교회 안에서 또 교회를 통하여 일하도록 용납하는 것이 중요하다고 밝혔다. 성령이 격려를 힘입어 새로운 사역 기구나 조직이 "세계 복음화"를 향한 교회의 "완전한 헌신"의 징표 역할을 할 수 있다.

어떤 의미에서는 성령을 보는 공의회의 견해는 특별히 혁신적인 것은 아닐 수도 있다. 그 견해는 기독교 성령 신학의 고전적 주제의 일부를 복원한 것으로, 한편으로는 은사주의 운동의 등장에 자극받아 새로운 적합성을 부여하고 다른 한편으로는 선교적 사명의 중요성을 강조한 것이라고 볼 수 있다. 이에 더해 공의회는 사회 변혁과 관련해서도 성령의 중요성을 인정하였다. 공의회 헌장인 「기쁨과 희망」*Gaudium et Spes*에서는 성령이 "[인간의] 숭고한 열망을 불러일으키고 정화하고 강화함으로써" 좀 더 온전하고 철저하게 자유와 정의를 구현하는 방향으로 사회 질서를 이끌어 간다고 말한다. 이 개념은 라틴 아메리카의 해방신학에서 좀 더 온전한 형태로 표명되고 있다. 다음으로 이 해방신학에 대해 살펴본다.

'해방신학': 성령과 능력

앞에서 라틴 아메리카의 가톨릭교회 안에서 일어난 독특한 운동인 해방신학의 중요성에 대해 살펴보았다. 어떤 면에서 생각한다면 해방신학은 1960년대와 그 이후에 라틴 아메리카의 많은 지역에서 득세한 혁명의 열기에 대한 응답이었다고 볼 수 있다. 예를 들어 쿠바에서 혁명이 일어나 피델 카스트로[1926 출생]가 지도자가 된 것도 이 시기였다. 카스트로는 공공연히 마르크스주의 의제를 채택하고, 주변 지역의 다른 국가들에 그것을 전파하려고 시도하였다. 많은 해방신학자들은 마르크스주의가 사회 분석 도구로서 그들의 상황에서 신학을 수행하는 데 도움을 준다고 평가하며, 이것은 아리스토텔레스 사상이 토마스 아퀴나스[약 1225-1274]의 신학 과제 수행에 도움을 주었던 것과 매우 비슷하다고 말한다.

하지만 사회 갱신을 향한 해방신학의 비전을 떠받치는 주된 신학적 요소는, 부분적으로는 제2차 바티칸 공의회에서 유래하고, 또한 부분은 은사주의에서 교회 제도와 구조를 갱신하는 운동의 의의를 성찰한 데서부터 유래했다는 점은 의심의 여지가 없다. 많은 해방신학자들은, 보수주의와 특권을 앞세우는 사회세력으로 너무 쉽게 변질되어 버리는 제도적인 교회관에 맞서 성령이 이의를 제기하고 도전하는 일을 한다고 생각한다.

호세 콤블린[José Comblin, 1923-2011]은 벨기에의 신학자로서 1958년에 브라질로 이주했다. 그의 저서인 『성령과 해방』[1987]은 일반적으로 해방신학에 대한 성령의 중요성을 가장 잘 설명해 주는 작품으로 간주된다. 콤블린은 "교회가 있는 곳에 하나님의 영도 있다"는 이레나이우스의 구절을 중요하게 여긴다. 가난한 사람들이 행동과 자유를 위해 깨어나 공동체로 모이는 곳이라면 어디나 성령이 계신다. 콤블린이 성령을 강조한 것은, 주로 해방을 이끈 인물인 예수 그리스도에게 중점을 두던 시대였던 1980년대의 해방신학 안에서는 낯선 일이었다. 콤블린이 볼 때, 성령의 중요성에 대한 새로운 깨달음은 교회를 인간의 조직을 본떠 제도로 이해하던 전통적 견해의 종말을 뜻했다. 제1차 바티칸 공의회는 교회를 제도로 보는 모델을 강하게 옹호했다. 그러나 '아버지-아들-교회'라는 삼중적 개념은 신학적인 면에서 더 합당한 '아버지-아들-성령'이라는 개념과 이에 수반되는 공동체적 성격이 두드러지는 교회관에게 길을 내주어야 했다.

콤블린이 볼 때, 성령은 "가난하고 억압당하는 사람들의 해방을 통해 세상의 변화를 위해 일하는" 새로운 형태의 공동체를 요청한다. 성령의 창조적이고 강력한 능력은 가난한 사람들의 공동체를 부추겨 자기네 자유를 이루는 일꾼이 되고 나아가 갱신되고 정의로운 사회를 지향해 일하게 만든다. 성령은 "가난한 사람들을 하나로 묶어, 이 땅 위의 모든 권세자들에게 도전하는 새 백성을 세운다." 콤블린은 이러한 해방운동의 의제를 교회와 연계시키는데, 여기서 말하는 교회는 계층체제의 제도가 아니라 신자들의 공동체이다. 성령의 교회의 모든 지체들 안에 현존하면서, 아직도 하나님의 정의와 사랑을 받아들이지 않는 문화와 사회들을 변혁할 능력을 그들에게 부어 준다.

레오나르도 보프Leonardo Boff, 1938 출생도 성령에 대한 바른 이해는 곧 제도적인 교회 모델에 대한 강한 반박으로 이어진다고 보았다. 그는 『교회: 은사와 능력』Church: Charism and Power, 1985에서, 교회의 권위주의적인 특성이라고 여겨지는 것들을 혹독하게 비판하고, 서로 돕고 책임질 줄 아는 교회 공동체들의 중요성을 강하게 주장했다. 이러한 견해는 그의 『삼위일체와 사회』Trinity and Society, 1988에서 신학적으로 깊이 있게 다루어지는데, 이 책에서 그는 하나님을 삼위일체로 보는 기독교의 사고가 사회와 가정과 교회 안에서 이루어지는 관계에 대한 모델이 된다고 주장한다. 올바로 이해된 삼위일체는 "하나님의 사회"라는 모델을 제시함으로써 사회의 해방 활동을 든든하게 받쳐 준다. 이 삼위일체 모델은 계급이나 억압이 끼어들 틈이 없고 동등한 관계로 형성되는 사회와 가정, 교회라는 꿈을 떠받쳐 주는 토대로 작동한다.

페미니즘: 성령과 관계성

엘리자베스 존슨Elizabeth Johnson, 1941 출생은 뉴욕에 있는 포덤 대학교에서 조직신학을 가르치는 가톨릭 신학자이다. 존슨은 성령의 역할과 관련한 최근의 여성주의적 논의에서 특히 두드러진 활동을 해왔다. 이것은 존슨의 주요 저서 『그녀이신 분: 페미니즘 신학 담론과 하나님의 신비』 *She Who is: The Mystery of God in Feminist Theological Discourse*, 1992 와 『여성, 지구, 그리고 창조자 성령』 *Women, Earth and Creator Spirit*, 1993 에서 특히 이런 면모를 확인할 수 있다. 이 저술들 전체에 걸쳐서 존슨은 성령을 "그녀"라고 부른다.

이 사실이 왜 중요한가? 한편으로 이것은 여성에게 해가 되는 것으로 보였던 하나님의 남성상에 대한 페미니즘의 전통적인 비판을 대변한다. 하지만 여기에는 살펴보아야 할 다른 요점이 있다. 신약성서에서 널리 사용되는 그리스어 단어 프뉴마(*pneuma*, 영)는 문법적으로 중성이다. 그래서 많은 번역가들이 성령을 "그것"으로 표현해서 탈인격화시켰다. 그런데 초기 그리스도인들이 사용했던 여러 언어 중 하나인 시리아어 Syriac에서 "영"을 가리키는 단어(*ruha*)는 문법적으로 여성이다. 이보다 더욱 중요한 것은 시리아어를 사용했던 대부분의 기독교 저술가들은 여성적 용어를 사용해 성령에 대해 말하며, 종종 "어머니"라고도 부른다는 점이다. 이 점을 보여주는 고전적 사례는 시리아 사람 아프라하트 Aphrahat the Syrian, 약 270-345 가 지은 『논증집』 *Demonstrations* 으로, 이 책에서는 창세기 2:24에 대해 주해하면서 성령에 대해 다음과 같이 설명한다.

> 남자가 아내를 맞아들이지 않는 동안은 하나님을 아버지로, 성령을 어머니로 사랑하고 공경한다. 그에게 다른 사랑의 대상은 없다. 그러나 그가 아내를 맞이하면 자기의 (참된) 아버지와 어머니를 떠난다.

4세기와 5세기 때, 대부분의 기독교 저술가들이 성령을 남성적 용어로 말하기 시작했다. 그러나 현대의 많은 신학자들은 이들의 오래된 문헌들이 어떤 중요한 통찰을 담고 있겠는지 궁금해한다. 존스의 저술은 이렇게 오랜 전통을 반영한다.

존슨이 다루는 주요 주제 가운데 하나는 성령의 인격과 사역에 대한 바른 이해가 창조 및 창조 안에 있는 우리의 위치에 대해 새로운 이해를 열어 준다는 것이다. 존슨은 기독교인이 창조 안에 임재하시는 성령을 경험할 수 있는 세 가지 방법을 설명한다. 첫째, 자연 속에 나타나는 성령의 내재적 현존을 통하여, 둘째, 관계 속에 나타나는 성령의 현존(과 부재)을 통하여, 셋째, 사회 제도와 구조들 안에 나타나는 성령의 현존(과 부재)을 통하여 경험하게 된다. 여기서 존슨은 성령에 대한 자신의 성찰을 세계 속에 현존하시는 하나님을 이해하는 방법으로 제시하고 있다.

창조 안에서 나타나는 성령의 현존을 강조하면서 존슨은 이러한 인식이 두 가지의 중요한 통찰을 제공한다고 말한다. 첫째, 이 인식은 성령의 창조적 역할(예를 들어 창 1:1에서 볼 수 있다)을 이해할 수 있게 도와주며 동시에 자연세계가 어떻게 하나님을 드러내 보여줄 수 있는지(롬 1:20)를 파악하게 해준다. 둘째, 이 인식은 자연에 대한 더욱 깊은 비전을 선사하며, 또 자연 안에 놓인 우리 자신의 독특한 위치를 알아볼 수 있도록 돕는다. 존슨은 종의 기원에 대한 다윈의 생물학적 설명에 민감하게 응답하면서, 우리가 창조 안에서 하나님의 영의 현존을 확인한다면, 그것은 "도덕적 숙고를 인간 밖의 종들에게까지 확장해야 하며, 도덕적인 태도를 생태계 전체에 적용해야만 한다"는 것을 의미한다고 설명했다.

존슨은 이 분석을 기초로 삼아 창조세계 모든 곳에 성령이 내재함을 강조하는 신학적 견해는 자연세계 안에서 인간만이 특권을 갖는다는 가정에 의문을 제기한다고 주장한다. 창조 안에 성령이 현존하신다는 믿음은 인간 중심적인 세계관을 벗어나 좀 더 생태 중심적인 세계관으로 나갈 것을 요청한다. 이런 세계관에서는 피조물을 단지 인간의 유용성이라는 관점에서 평가하는 것을 벗어나 창조세계를 존중하고 사랑할 것을 요청한다. 이렇게 해서 우리는 "생물 다양성을 보존하라"고 초대하는 신학적 틀을 갖게 된다. "만일 하나의 종이 멸종하면, 하나님의 선하심을 드러내는 한 부분을 잃는 것이다."

그러나 성령의 현존은 자연세계에 국한되지 않는다. 성령의 현존은 인간의 관계들, 그중에서도 특히 인간이 서로 나누는 사랑으로 이루어지는 세상에까지 확장된다. "우리는 인격 속에서 성령을 찾는데, 그 인격이 주고받는 사랑을 창조할 때, 특히 지속하는 힘을 가진 신뢰 속에서 타자의 아름다움을 새롭게 발견할 때, 우리는 그곳에서 성령을 만나며 성령은 우리를 발견한다." 존슨은 인간의 삶에 사랑이 없는 것을 하나님의 영의 부재에 대한 경험으로 생각할 수 있다고 말한다. 그러나 그런 부재의 경험들이 "악에 대해 비판적으로 저항하도록" 도울 수 있다는 점에서 긍정적으로 평가할 수도 있다. 또 하나님의 영의 부재에 대한 경험은 존슨이 분석하는 세 번째 주제인 '사회구조'라는 영역에서도 중요하다. 성령은 관계성의 원천이며, 이 관계는 성령이 "이 세상에 대하여 그리고 하나님의 거룩한 신비 안에서, 사랑과 선물과 친구라는 독특한 정체성을 지닌다는 사실을 반영한다."

마지막으로 존슨은 성령을 관계성의 원천으로 인식하는 것이 페미니즘의 관점에서 권력 구조를 분석할 수 있는 통찰력을 제공한다고 본다. 이 인식은 사람들에게 도전하여, 여성 억압이라든가 가난한 사람들에게 가해지는 불의, 환경 파괴와 같은 손상되고 결함 있는 관계들로 얼룩진 상황 속에 개입하라고 요청한다. 성령을 바르게 이해할 때 우리는 용기를 내어 "모든 존재—남성과 여성, 모든 인종과 사회집단, 우주 속의 모든 피조물까지—가 그 독특성과 상호 관계를 유지한 채로 번성"하도록 일할 수 있게 된다. 올바른 관계성을 제안하는 이 전망은 남성들을 권력을 쥔 여성들로 대체한다고 해서 제대로 실행되는 것이 아니다. 존슨은 여성들을 배제하고 자연을 착취하는 가부장적 문화를 합리화해 온, 하나님에 관한 가부장적인 언어를 개혁할 것을 요청한다. 그러면서도 단순히 기존 사회를 뒤집어엎는 일에는 오류가 있다고 보아 거부한다. 훨씬 더 급진적인 것이 요구되기도 하는데, 존슨은 이것이 성령의 인격과 사역을 올바로 이해하는 데 달려 있다고 생각한다.

성령이 하는 일은 무엇인가? 많은 신학자들이 성령의 사역을 간략하게 요약하려고 노력해 왔다. 예를 들어 카이사레아의 바실리우스는 다음과 같이 압축해서 말한다. "성령을 통해 우리는 구원받아 천국에 이르고, 하늘나라로 돌아가고, 자녀로 택함 받고, 하나님을 '아버지' 라 부르면서 그리스도의 은혜에 참여할 확신을 얻게 되고, 빛의 자녀로 불리고, 영원한 영광에 참여하게 된다." 기독교 전통에서는 일반적으로 성령의 사역이 네 가지 영역과 밀접한 관계가 있다고 생각해 왔다. 하나님의 세계 내 현존, 계시를 통한 하나님의 자기 드러냄, 구원의 전유, 그리고 기독교인의 삶에 활력을 불어넣음이 그것이다. 아래에서 우리는 이 네 가지 영역을 하나씩 다루면서 성령의 역할에 대한 기독교의 이해가 얼마나 풍성한지 간략하게 살펴본다.

세계 안에서 적극적으로 일하시는 하나님의 현존

성령의 인격과 사역을 이해하는 일에서 중심 주제는 하나님께서 기독교의 울타리를 넘어 세상 속에서 현존하시고 일하신다는 사실과 관계가 있다. 성령은 세상 속에서 일하면서, 사람들의 마음과 정신을 하나님과의 만남을 향해 준비시킨다고 말할 수 있다. 이 주제를 잘 보여주는 예를 위(僞) 암브로시우스의 다음과 같은 말에서 볼 수 있다. "어떤 사람이 뭔가 진리에 속하는 말을 했다면, 그것은 성령께서 말씀하신 것이다." 이 주제는 많은 기독교 저술가들에게서 발견되며, 지금은 흔히 "모든 진리는 하나님의 진리다"라는 말로 바꾸어 표현되고 있다. 그러나 원래 문장은 사람들을 진리로 인도하는, 다시 말해 하나님께로 인도하는 분이 성령이라는 사실을 분명히 보여준다.

이같이 성령을 하나님의 활동적인 현존으로 강조하는 것은 선교와 복음화의 본질에 대한 최근의 신학적 성찰에서 중요한 주제가 되었다. 교황 요한 바오로 2세[1920-2005]는 1986년 오순절에 발행한 회칙 「생명을 주시는 주님」[Dominum et Vivificantem]에서, 모든 사람이 종교적 질문을 포함해 삶의 궁극적 문제에 직면하고 그에 대한 답을 찾고자 할 때면 성령이 적극적으로 임재하신다고 강조했다. 이것은 하나님의 활동이 그리스도의 몸인 교회에 국한되지 않고, 하나님이 이미 세상 안에 임재하셔서 사람들의 마음을 밝히고 가르치신다는 것을 의미한다. 이와 비슷한 견해가 1990년에 발표한 회칙 「교회의 선교 사명」[Redemptoris Missio]에서도 발견된다.

> 성령은 교회와 그 지체들 안에서 특별한 방식으로 자신을 나타내신다. 그러나 성령의 임재와 활동은 보편적이고, 공간과 시간의 제약을 받지 않는다. 제2차 바티칸 공의회는 성령이 모든 사람의 마음 속에서 인간의 주도적 노력—종교적인 것을 포함해 진리, 선, 나아가 하나님 자신을 얻으려는 노력—으로 발견되는 "말씀의 씨"를 통해 역사하고 계신다는 점을 상기시켰다.

여기에 한 가지 잠재적인 문제가 있다. 세상 안에서 성령이 행하시는 사역의 독특성을 너무 많이 강조하면, 성령의 사역이 예수 그리스도의 사역과 무관하다거나 잠재적으로 관련이 없다는 결론에 이를 수 있다. 이와는 반대로, 세상 속에서 이루어지는 하나님의 사역의 단일성을 강조하다보면 아들과 성령의 선교를 구분하기 어렵다는 생각을 심어 줄 수 있다.

회칙 「교회의 선교 사명」에서는 이 문제를 인식하고, 세상 안에서 이루어지는 성령의 일반적인 사역은 "그리스도를 대신하는 것"이 아니라, 사람들을 그리스도께로 인도하는 수단으로 보아야 한다고 강조한다. 성령의 사역은 삼위일체적인 '구원의 경륜'이라는 맥락에서 이해해야 한다. 성령의 사역은 독립적이거나 자기만족적인 활동이 아니라, 인간의 마음과 정신을 이끌어 하나님의 충만하심을 발견하고 포용하도록 도와주는 수단으로 보아야 한다.

성령께서 인간의 마음과 민족들의 역사 안에서 그리고 문화와 종교들 안에서 행하시는 모든 일은 복음을 위한 준비물로 쓰임 받으며, 또 그리스도께 비추어서만 온전히 이해될 수 있다. 그리스도는 성령의 능력으로 몸을 입은 하나님의 말씀이며, 그런 까닭에 완전한 인간으로서 모든 사람을 구원하시고 만물을 통일하실 수 있다.

계시의 조명

인간이 그리스도 안에서나 성경을 매개로 발생하는 계시를 통해 하나님을 알게 되는 일에서 성령이 중추적인 역할을 한다는 것은 일반적인 사실로 인정되고 있다. 이레나이우스는 "성령, 그를 통해 예언자들은 예언을 하고, 우리 조상들은 하나님에 대해 알게 되고, 의로운 사람들은 공의의 길로 인도받았다"라고 말했다. 하나님에 대한 참된 지식은 성령의 사역을 통해 일어난다. 성령의 일은 사람들을 하나님의 진리로 인도하는 것이다. 이러한 성령이 없이는 결코 진리를 깨달을 수 없다. 이와 비슷하게 16세기 프로테스탄트 신학자인 마틴 부처도 1536년에 펴낸 복음서 주석에서 하나님의 영이 돕지 않으면 계시는 일어날 수 없다고 주장하였다.

우리는 하나님을 믿고 성령의 감동을 받기 전까지는 영적이지 못하며 따라서 하나님에 관한 일은 어떤 것도 제대로 알 수 없다. 그러므로 우리가 손에 쥔 지혜와 의로움은 성령이 없이는 기껏해야 어둠이요 죽음의 그림자일 뿐이다.

성령은 기독교 전통에서 가장 중요하게 여기는 신학의 원천과 관련해서도 매우 중요한 역할을 담당한다. '성서의 영감' 교리에서는 성경이 그 독특한 기원으로 인해 하나님이 부여한 권위를 지닌다고 주장한다. 다양한 형태로 나타난 성서의 영감 교리는 기독교 전통에서 폭넓게 인정되어 왔다. 이 교리는 성경 자체에서 나온 것으로, 특히 "모든 성경은 하나님의 감동theopneustos으로 된 것"(딤후 3:16)이라고 말하는 본문에 근거한다. 가톨릭과 정교회, 개신교의 신학자들이 신학을 연구하는 일에서 성서에다 부여하는 비중이 서로 다를 수 있겠지만, 성서가 사도적인 기원과 성령의 영감으로 말미암아 다른 문헌들과 구별된다는 점에서는 모두가 의견을 같이한다.

그러나 프로테스탄트 신학에서는 이 외에도 성서가 교회보다 우위에 있다는 점을 주장할 목적으로 성서의 영감 교리를 사용한다. 가톨릭 사상가들은 대체로 성서의 정경• 형성 과정을 근거로 삼아 교회의 권위가 성서의 권위보다 우위에 있다고 주장하는 데 반해, 개신교 사상가들은 이미 성서 안에 존재하던 권위를 교회가 인정한 것뿐이라고 주장하였다. 갈리아 신앙고백1559이 이 점을 잘 보여준다.

> 우리가 이 책들이 정경에 속하며 우리 신앙의 확고한 규범이 되는 것을 아는 까닭은 교회의 일반적인 합의나 동의 때문이 아니라 성령의 증거와 내적 설득 때문이다. 성령은 우리가 교회의 다른 책들, 곧 아무리 유용하다 해도 신앙의 조항으로 삼을 수 없는 그런 책들과 정경을 구분할 수 있게 해준다.

그런데 하나님의 계시만이 성령의 사역과 연계된 것은 아니다. 성령은 또한 인간이 그 계시에 응답하는 일에도 관여하는 것으로 생각되어 왔다. 기독교 신학자들은 대체로 신앙 자체를 성령의 사역의 결과라고 생각해 왔다. 하나님의 진리를 계시하고 그 진리를 인간에게 적용하거나 '보증'하는 것을 성령의 중추적 역할로 보아 강조해 온 사상가 가운데 한 사람이 장 칼뱅1509-1964이다.

● 정경
  canon

규칙이나 규범, 잣대를 뜻하는 그리스어 카논(kanōn)에서 온 것으로, 기독교 공동체의 합의를 통해 '성서에 속하는' 것으로 확정한 문헌, 곧 기독교 신학을 위해 권위가 있는 것으로 확정한 문헌을 가리킨다.

이제 우리는 다음과 같이 말함으로써 신앙에 대한 올바른 정의에 도달하게 된다. 신앙이란 우리를 향한 하나님의 자비를 확고하고도 분명하게 아는 지식으로, 이 지식은 그리스도 안에 나타난 하나님의 은혜로운 약속이 참되다는 사실에 근거하며 또 성령을 통하여 우리의 정신에 계시되고 우리의 마음에 보증된 것이다.

구원의 전유(專有)

우리는 앞에서 교부 사상가들이 성령의 기능을 근거로 삼아 성령의 신성을 정당화한 것을 살펴보았다. 그러한 성령의 기능 가운데 많은 것이 구원론과 직접적인 관계가 있다. 예를 들면 성화sanctification, 곧 인간이 하나님을 닮게 하는 일과 신성화divinization에서 성령이 맡는 역할이 그것이다. 이 점은 전통적으로 신화deification를 강조한 동방교회에서 특히 중요하게 여겼다.

동방 정교회 신학자 바질 크리보쉐인Basil Krivocheine, 1900-1985은 신성화theosis를 이루는 일에서 성령이 중심 역할을 한다고 강조하였다.

신성화는 인간의 전인적 변화의 상태로, 인간이 하나님의 계명을 지키고 복음의 미덕을 취하며 그리스도의 고난에 참여할 때 성령이 일으키시는 것이다. 이때 성령은 인간에게 신적 지성과 썩지 않는 속성을 더해 주신다. 인간이 새로운 영혼을 받는 것이 아니라, 성령이 몸과 영혼으로 된 전인whole man과 본질적으로 하나가 되는 것이다.

앞에서 언급한 것처럼665-667쪽 서방교회의 구원 개념은 존재론적이기보다는 관계적인 특성이 두드러지는데, 그럼에도 구원의 전유에 있어 성령의 역할을 강조한다. 그래서 칼뱅의 '구원의 적용' 이론에서는 성령이 그리스도와 신자 사이에 생생한 관계를 세우는 주요한 역할을 맡는다. 칼뱅에 따르면, "그리스도 안에 있는 하나님의 은혜로운 약속"을 "우리 정신에 계시하고 마음에 보증하시는 분은 성령"이시다. 이것은 그 시대의 개혁주의 신앙고백인 벨직 신앙고백 1551에서 분명히 볼 수 있다.

> 우리는 성령이 이 위대한 신비의 참된 지식을 전해 주기 위하여 우리 마음속에 올곧은 믿음을 창조하신다는 것을 믿는다. 믿음은 예수 그리스도를 그의 모든 공적과 함께 포용하는 것, 그분을 붙드는 것, 그리고 그분 외에는 아무것도 추구하지 않는 것이다.

이와 비슷한 내용을 가톨릭 신학에서도 볼 수 있다. 예를 들어 제2차 바티칸 공의회의 "계시에 관한 교의 헌장"Dogmatic Constitution on Revelation은 인간의 정신과 마음이 계시와 구원을 받아들이도록 준비시키는 일에서 성령이 중요한 역할을 한다고 확고하게 밝혔다. "이러한 믿음의 행위를 실행하기 위해서는 하나님의 은혜와 성령의 내적인 도우심이 선행해야 한다. 성령은 마음을 감동시켜 하나님을 향하도록 도우시며, 정신의 눈을 열어 기쁨을 느끼게 하며, 모든 사람이 기꺼이 진리에 동의하고 믿도록 이끌어 주신다." 구원의 전유에서 성령이 맡는 역할과 관련해 비슷한 견해가 가톨릭교회 교리서에도 나온다. "성령의 은혜는 우리를 의롭게 하는 능력이 있다. 다시 말해, 우리를 죄로부터 정결케 하고 예수 그리스도께 대한 믿음과 세례를 통하여 하나님의 의와 교제할 수 있도록 해주신다."

기독교인의 삶을 새롭게 하다

성령은 기독교인의 개인적인 삶이나 공동체의 삶에서 특히 중요한 역할을 담당한다고 많은 사상가들이 인정한다. 교회의 일치를 이루는 일에서 성령의 역할을 강조했던 많은 이들 가운데 한 사람이 5세기의 사상가 알렉산드리아의 키릴로스Cyril of Alexandria, 약 378-444다.

하나의 동일한 영, 곧 성령을 받은 우리 모두는 서로 연합하고 또 하나님과 연합한 의식을 지니게 된다.……그리스도의 거룩한 몸의 능력이 그에 힘입어 한 몸 안에 거하게 된 사람들을 일치시켰듯이, 우리 모두 안에 거하시며 하나이면서 나뉘지 않는 하나님의 영은 우리 모두를 영적인 일치로 이끄시기 때문이다.

신자들과 교회를 새롭게 하는 성령의 사역을 강조하는 또 다른 고전적 진술은, 전통적으로 중세 신학자인 스티븐 랭턴Stephen Langton, 약 1150-1228에게서 유래했다고 말해지고 종종 "골든 시퀀스"Golden Sequence 라고도 불리는 "오소서, 성령님"Veni Sancte Spiritus 이라는 전례 예문에서 볼 수 있다. 이 찬송가는 여러 가지 이미지를 사용해 성령의 사역을 묘사하는데, 그것들은 모두 인간 본성의 재창조와 갱신, 치유, 새로운 방향 설정에서 성령이 담당하는 역할을 강조한다. 라틴어로 된 이 구절에 친숙한 독자들도 있을 텐데, 그 구절의 리듬과 운율을 깨뜨리지 않고 영어로 옮기는 것은 쉽지 않다. 그중 몇 절의 라틴어 원문을 나의 번역과 함께 아래에서 소개한다. 이 유명한 예식문에서 폭넓게 열어 보이는 성령의 기능을 맛보기 위해서다.

> Lava quod est sordidum(허물들을 씻어 주시고),
> riga quod est aridum(메마른 땅에 물 주시고),
> sana quod est saucium(병든 것을 고치소서).
> Flecte quod est rigidum(굳은 마음 풀어 주시고),
> fove quod est frigidum(차디찬 맘 데우시고),
> rege quod est devium(빗나간 길 바루소서).

그런데, 개인과 교회를 갱신하는 일에서 성령이 맡는 역할을 기독교의 관점에서 올바로 파악하기 위해서는 여기서 한 걸음 더 나아가 적어도 다음과 같은 두 가지 주제를 살펴보는 것이 필요하다. 첫째, 개인과 공동체의 예배와 헌신에서 하나님을 "실재하는 분으로 드러내는" 일이다. 기독교의 기도와 영성과 예배에서 성령이 중요한 역할을 한다는 점은 고대에서 현대에 이르기까지 많은 사상가들이 강조해 왔다. 둘째, 신자들이 도덕적인 면에서 탁월한 기독교적 삶을 살도록 이끌어 주는 것이다. 그래서 마틴 부처는 신자들이 율법을 지키려고 한다면 성령이 꼭 필요하다는 사실을 강조했다.

그러므로 신자들은 율법의 지배를 받지 않는다. 그들 안에는 성령이 계셔서 율법이 할 수 있는 것보다 훨씬 더 완벽하게 모든 것을 가르쳐 주시고, 훨씬 더 철저하게 율법에 복종하도록 힘을 주시기 때문이다. 달리 말해, 성령은 신자들의 마음을 움직이시며 그래서 율법이 명령한 것, 하지만 율법으로는 이룰 수 없는 것을 따라 살게 하신다.

그러나 기독교인의 삶은 개인적인 것으로 끝나는 것이 아니라 공동체적인 것이며, 따라서 성령의 사역에 포함된 교회론적 차원을 기억하는 것이 중요하다. 제2차 바티칸 공의회[1962-1965] 이후로 많은 가톨릭 신학자들이 기독교 공동체를 세우고 유지하는 일과 나아가 세상 속에서 교회의 증언을 촉진하는 일에서 성령의 역할을 탐구해 왔다.• 그래서 『가톨릭교회 교리서』[1994]에서는 교회를 "그리스도의 몸이며 성령의 전"이라고 말한다.

● **아조르나멘토**
aggiornamento

가톨릭교회의 교회 갱신 운동으로서, 교황 요한 23세 및 제2차 바티칸 공의회(1962-1965)와 밀접한 관계가 있다. 이 이탈리아어는 "현대화"나 "갱신"으로 옮길 수 있으며, 제2차 바티칸 공의회의 결실로 나온 신학적·영적·제도적 갱신 운동을 가리킨다.

성령은 사람들을 준비시키고 그들을 찾아가 은혜를 베푼다. 그들을 그리스도께로 이끌기 위해서다. 성령은 그들에게 부활하신 주님을 보여주시고 그의 말씀을 기억하게 하시며 그들의 마음을 열어 주님의 죽음과 부활을 이해하게 하신다.

앞에서 살펴본 것처럼663쪽 선교신학에 대한 관심이 증가하고 이와 밀접한 문제로 다른 문화와 신앙 안에서 하나님의 자취를 추적하는 일의 중요성을 깨닫게 되면서, 많은 학자들이 세상 속에서 그리스도를 선포하는 길을 예비해 온 성령의 역할에 대해 탐구하고 있다.

이 장에서 우리는 성령의 인격과 사역과 관련된 몇 가지 주제를 살펴보았다. 다음 장에서는 기독교의 하나님 이해에서 가장 독특하면서도—많은 사람들 말하듯이—가장 어려운 분야라 할 수 있는 삼위일체론에 대해 살펴본다.

돌아보는 질문

❶ '바람'과 '숨'의 유비가 어떻게 성령의 인격과 사역에 빛을 비춰 주는지 간략하게 설명하라.

❷ 기독교 역사의 초기 몇 세기 동안에 성령의 신학에 상대적으로 관심을 적게 기울였던 이유는 무엇인가?

❸ 교부 저술가들이 성령의 신성과 관련해 펼친 주장들을 요약하라. 여러분은 그 주장들이 얼마나 설득력이 있다고 생각하는가?

❹ 필리오케filioque 논쟁의 바탕이 된 신학적 쟁점들은 무엇인가?

❺ 성령의 사역을 강조하는 것이 제도적인 교회 개념에 대한 반동으로 이어질 수 있는가?

❻ 성령의 사역과 관련된 주요 주제를 요약하라. 어느 것이 가장 중요하다고 생각하는가?

삼위일체론 13

삼위일체론은 기독교 신학에서 가장 난해한 분야에 속한다. 갓 신학 공부를 시작한 많은 사람들이 이 교리 앞에서 당황해한다. 이번 장에서는 이처럼 어렵지만 극히 중요한 교리를 소개하고, 왜 이 교리가 기독교의 신관에서 그토록 근본적 중요성을 지니는지를 신중하게 밝히고자 한다. 개념이 난해하기 때문에 다른 때보다 더 많은 시간을 들여 그 기원과 기초를 살펴볼 것이다. 이번 장이 끝날 무렵에 여러분은, 기독교인들이 왜 이 교리를 믿는지 그리고 이 교리를 설명하기 위해 고안된 다양한 방법들이 어떤 것인지 두루 살펴보았기에 이 교리에 대한 확신이 더욱 굳어지게 될 것이다.

기독교 삼위일체론의 접근법

많은 독자들은 이번 장을 펼치기를 주저할 것이고, 그중 일부는 명백히 비합리적으로 보이는 이 주제에 대하여 우려를 나타낼 수도 있다. 어떻게 해서 기독교 교회는 삼위일체와 같이 직관에 반하는 개념을 신관의 근본 요소로 받아들이게 되었을까? 우리는 먼저 이 교리에 따르는 몇 가지 우려를 살펴보며, 다음으로 그런 우려들을 어떻게 해소할 수 있을지 살펴본다.

삼위일체론의 명백한 불합리성

미국의 제3대 대통령인 토머스 제퍼슨[1743-1826]은 19세기 초에 정통 기독교 신학을 비판했던 대표적인 인물이다. 그는 특히 삼위일체론을 가장 격렬하게 비판했다. 이 "형이상학적 미친 짓거리들"이 인간의 종교적 성장을 방해했다고 주장하면서, 삼위일체론은 "다신론으로 타락한 것이며, 이교와 다른 점이 있다면 훨씬 더 이해하기가 어렵다는 것뿐"이라고 근거를 들이댔다. 그렇다면 왜 기독교는 그런 교리를 끈기 있게 주장해 왔을까?

여기서 근본적인 문제는 인간의 언어로는 초월적인 것을 제대로 다루기가 불가능하다는 점이다. 신적인 것을 묘사하고 기술하려고 할 때 인간의 언어는 자체의 한계로 인해 막혀 버리게 된다. 말과 이미지는 일상의 삶에서 빌려온 것들이며, 하나님의 본성에 관한 고귀한 통찰을 파악하고 담아내려고 할 때는 새로운 용법이 더해진다. 하나님과 인간의 본성에 대한 기독교의 이해와 관련해 분명한 사실은, 우리로서는 하나님의 완전한 실재를 파악할 수가 없다는 것이다. 인간의 정신이 자기의 이해 능력을 완전히 벗어난 것을 파악하려 한다는 것이 가능하기나 한 일인가?

내가 1970년대 중반 옥스퍼드 대학교에서 신학 공부를 시작했을 때 캠피언 홀의 예수회 학자인 에드워드 야놀드[Edward J. Yarnold, 1926-2002]에게 중세 초기의 신학을 배웠다. 어느 날 야놀드 교수와 함께 그의 방으로 가던 중에 커다란 그림을 지나치게 되었다. 그 그림은 바닷가에서 한 노인이 어린 소년과 이야기를 나누는 장면을 담고 있었다. 이것이 무슨 그림이냐고 내가 물었다. 그렇게 해서 히포의 아우구스티누스354-430에 관한 유명한 이야기를 듣게 되었다. 그는 하나님의 신비를 다룬 대작인 『삼위일체론』으로 유명한 사람이었다. 내가 들은 이야기는 이렇다. 어느 날 아우구스티누스는 카르타고에서 멀지 않은, 그의 고향 북아프리카의 해변을 거닐고 있었다. 당시 그는 『삼위일체론』을 집필 중이었다. 모래 위를 걷고 있는데, 한 소년이 손으로 바닷물을 움켜쥐고는 자기가 파놓은 모래 구덩이로 달려가 붓고 있는 것을 발견했다. 아우구스티누스는 놀라서 소년이 똑같은 행동을 열심히 되풀이하는 모습을 지켜보았다.

마침내 더 이상 호기심을 참을 수 없게 된 그가 물었다. 너 지금 무슨 일을 하고 있는지 아니? 돌아온 대답에 그는 한 번 더 놀라게 된다. 소년은 바다를 비우기 위해 자기가 파낸 모래 구덩이에다 물을 옮겨 담고 있었던 것이다. 아우구스티누스는 코웃음을 쳤다. 그 광대한 바닷물을 어찌 이 작은 구덩이에 담을 수 있겠는가? 그러자 소년도 똑같이 비웃었다. 아우구스티누스는 어떻게 하나님의 광대한 신비를 책 한 권 분량에 담아내려고 하는가?

이 이야기는 기독교 신학의 한 가지 핵심적인 주제에 (그리고 영성에도) 빛을 비추어 준다. 하나님께 속한 일을 이해하는 인간의 능력에는 한계가 있다는 점이다. 우리가 하나님을 아는 지식은 우리의 역량에 달려 있다. 아우구스티누스에서 칼뱅에 이르기까지 여러 사상가들이 주장했듯이, 하나님은 인간 본성에 깃든 한계를 아신다. 어쨌든 이 인간 본성은 하나님께서 지으신 것이다. 따라서 하나님은 신적 진리를 드러내 보이는 데서 멈추지 않고 우리의 유한한 능력과 역량에 맞게 다듬고 조절한 모습으로 우리 세상 속으로 들어오신다.

아우구스티누스는 이 논점을 간단하게, *Si comprehendis non est Deus*라고 말한다. 당신이 그것을 이해했다면 그것은 결코 하나님이 아니라는 말이다. 그러나 아우구스티누스는 여기서 하나님을 믿는 믿음이 이성에 반하는 일이라고 말하고 있지는 않다. 오히려 그는 이성은 한계가 분명해서 하나님의 존엄과 영광을 완전히 파악할 수 없다고 말한다. 하나님에 대한 우리의 생각은 비논리적이고 혼란스러울 수밖에 없다. 그 이유는 그때 우리의 생각이 말하려고 하는 것은 우리의 지식과 이해를 완전히 벗어난 것이기 때문이다. 아우구스티누스는 하나님을 인간 지성이 이해할 수 있는 수준으로 끌어내리는 모든 시도가 하나님을 왜곡시킨다고 보았다. 우리는 하나님을 우리가 처리할 수 있는 어떤 것으로 환원하는 대신에, 하나님의 위대하심에 대해 마음을 열 필요가 있다.

스위스 개신교 신학자 에밀 브루너Emil Brunner, 1889-1966도 비슷한 견해를 말하였다. 그는 삼위일체가 실제로 "보호 교리"(독일어로는 Schutzlehre)이며, 하나님에 대한 풍부한 기독교적 이해를 선한 의도이기는 해도 낮은 수준으로 끌어내리거나 단순화하려는 시도로부터 보호하기 위해 고안되었다고 주장하였다. 삼위일체 자체는 성경 안에 계시되어 있지는 않지만, 성경적 선포(그리스어로 케리그마)에 함축된 의미를 진지하게 성찰하는 가운데 생긴 결과였다.

> 삼위일체론은 신학적 성찰의 산물이고 케리그마는 아니다. 케리그마는 하나님이 그리스도 안에서 계시되셨다는 것, 즉 하나님의 순수한 계시이신 그리스도다. 삼위일체론 그 자체는 성경적인 것은 아니지만……기독교 케리그마에서 필연적으로 나타나는 문제를 신학적으로 성찰하는 가운데 생긴 결과다.

전통적으로 기독교 신학은 자신의 한계를 잘 알아서 신비에 대해 지나치게 확신에 찬 주장을 피하고자 노력해 왔다. 그러나 동시에 기독교 신학은 하나님의 신비에 직면해서 침묵 속으로 도망치는 것도 아니라고 생각했다. 또 신학은 '신비들'에 맞서 지적으로 씨름하는 일을 신앙에 해가 되고 부정적인 것으로 여겨 금지하지도 않았다.

19세기 성공회 신학자인 찰스 고어[1853-1932]가 다음과 같이 말한 것은 타당하다.

> 인간의 언어로는 결코 신적 실재를 온전히 표현할 수 없다. 끊임없이 말을 변명하는 인간적 성향, 불가지론의 거대한 무게, 알량한 지식으로는 이를 수 없는 깊이를 알 수 없는 심연에 대한 경외감, 바로 이것이 하나님을 파악하거나 이해하는 데서 자기가 어떠한 형편인지를 아는 신학자들의 마음속에 언제나 자리 잡고 있다. 사도 바울은, "우리가 지금은 거울로 보는 것같이 희미하나"라고, 또 "지금은 내가 부분적으로 아나"라고 말했다. 성 힐라리우스는 "우리는 손에 넣을 수 없는 것에 도전하고, 이를 수 없는 곳을 오르고, 말할 수 없는 것을 말할 도리밖에 없다. 우리는 종교의 심원한 것들을 믿음으로 경배하는 것으로 끝낼 것이 아니라 위태롭기 짝이 없는 인간의 언어에 맡겨야 한다"고 한탄하였다.

기독교 신학을 완벽하게 정의한다면, 우리가 파악할 수 있는 것에 한계가 있음을 인정하면서도 지적으로 씨름하는 일이 가치 있고 필요한 일이라는 것을 믿고서 "신비에 맞서 이성으로 씨름하는 일"이다. 신학이란 우리로서는 완벽하게 이해할 수 없을 만큼 거대한 것과 대면하는 것이며, 따라서 우리 손안에 있는 분석과 해명의 도구들을 이용해 할 수 있는 데까지 최선을 다해 노력해야 하는 일이다.

예수 그리스도에 관한 진술인 삼위일체

기독교 고유의 신론은 예수 그리스도의 정체성에 관한 문제에 답하는 가운데 형성되었다. 삼위일체론은 기본적으로 그리스도론의 형성과 연계되어 발전했다고 보는 것이 옳다[64-67, 488-511쪽]. 앞에서 언급했듯이, 교부시대의 일치된 견해는 예수가 하나님과 '유사 본질을 지닌'*homoiousios* 존재가 아니라 '동일 본질을 지닌'*homoousios* • 존재라는

• **동일 본질의 consubstantial**

문자적으로 "동일한 본질을 지닌"이라는 의미다. 이 용어는 특히 아리우스주의에 맞서 예수 그리스도의 완전한 신성을 주장하는 데 사용되었다.

것이었다. 그런데 말 그대로 예수가 하나님이라면 하나님에 관한 기존 개념들에 대해서는 무엇이라고 말할 수 있겠는가? 예수가 하나님이라면 이제 신이 둘이 되는 것인가? 아니면 하나님의 본질을 근본적으로 재고해야 옳은가? 역사적으로 삼위일체론은 그리스도의 신성 교리와 밀접하게 연계되어 발전했다고 말할 수 있다. 교회에서 그리스도가 하나님이라는 점을 강조하면 할수록, 그리스도가 하나님과 어떤 관계인지 분명하게 밝히라는 압력을 더 크게 받게 되었다. "말씀이 몸을 입고 오지 않았더라면 유대교의 유일신론을 가로막는 장애물은 없었을 것이다"(A. W. 웨인라이트).

기독교의 하나님에 관한 진술인 삼위일체

삼위일체론이 예수 그리스도의 정체성에 대한 기독교 특유의 이해로부터 생겨났다는 것은 일반적으로 인정되고 있다. 성육신—이 개념에 대해서는 10장에서 살펴보았다—은 단순히 나사렛 예수의 정체성에만 관련된 것이 아니다. 성육신은 또한 나사렛 예수 안에서 몸을 입은 하나님의 독특한 본성과 성품과도 관계가 있다. 따라서 삼위일체론은 초월적이면서도 그리스도 안에서 인간이 되었고, 나아가 지금도 성령을 통하여 신자들 안에 내주하시는 하나님을 최선을 다해 설명하려는 시도로 볼 수 있다.

삼위일체론에 대한 이슬람의 비판

유일신을 믿는 세계의 3대 종교, 곧 기독교와 유대교와 이슬람교는 오직 하나의 지고 존재, 우주의 창조자인 주가 있다는 믿음을 공유한다. 흔히 이 믿음은 쉐마*Shema*로 알려진, "이스라엘아 들으라. 우리 하나님 여호와는 오직 유일한 여호와이시니"(신 6:4)라는 구약성서 구절로 요약된다.

일부 이슬람 해석자들은 기독교인들이 별개의 세 신들에게 경배하고 있으며, 이것이 하나님의 절대적 유일성(아라비아 말로는 타우히드[tawhid]라고 표현한다)을 강조하는 이슬람 사상과 명확하게 불일치한다고 믿는다. 초기 이슬람이 아라비아에서 비정통적인 삼위일체 진술들을 포함하는 기독교 이단의 믿음을 만났을 것이라는 추정도 가능하지만, 단순히 삼위일체의 정통 교리를 오해하여 기독교인들이 세 신을 예배한다거나 또는 세 요소로 이루어진 한 신을 예배하는 것으로 판단했다고 보는 것이 더 가능성이 있다. 초기 기독교가 하나님의 나뉘지 않은 권위(그리스어로 monarchia)를 강조했던 것이 이와 관련해서 중요하며, 어떤 면에서는 '타우히드'라는 이슬람 개념과 유사하다고 할 수 있다. 기독교인들은 삼위일체 교리가 하나님의 유일성이나 주권과 모순되거나 그런 속성을 양보하는 것이라고 생각하지 않고, 하나님에 대한 기독교적 이해의 풍부함과 깊이가 완전히 파악되고 표현되도록 보장해 주는 것으로 생각한다.

삼위일체론의 이런 중요한 특성을 마음에 담고서 다음으로 성경 속에서 삼위일체론의 근거들을 살펴본다. 그 다음으로 하나님의 정체성과 행위를 담고 있는 성서의 증언을 오랜 세월 성찰해 온 기독교 전통 속에서 삼위일체론이 발전해 온 모습을 살펴본다.

───────────────────── 삼위일체론의 성경적 기초

무심코 성경을 읽는 사람이라면 성경 전체에서 한눈에 보아도 삼위일체를 뜻하는 것으로 보이는 구절을 단 두 군데에서 만나게 될 것이다. "그러므로 너희는 가서 모든 민족을 제자로 삼아 아버지와 아들과 성령의 이름으로 세례를 베풀고"라고 말하는 마태복음 28:19과 "주 예수 그리스도의 은혜와 하나님의 사랑과 성령의 교통하심이 너희 무리와 함께 있을지어다"라고 말하는 고린도후서 13:13이다. 이 두 구

절은 기독교인의 의식 속에 깊숙이 자리 잡았는데, 첫 구절은 세례와 관계가 있고 둘째 구절은 기독교인의 기도와 축복 형식으로 널리 사용되기 때문이다. 하지만 이 두 구절은 함께 묶어 보든 따로 나누어 보든 삼위일체론을 가르치는 것이라고 보기가 거의 불가능하다.

다행하게도 삼위일체론의 근거가 오직 이 두 구절에서만 발견되는 것은 아니다. 신약성경에 광범위하게 퍼져 있는 하나님의 행위 속에서 삼위일체론의 근거들을 발견할 수 있다. 성부는 그리스도 안에서 성령을 통하여 계시된다. 신약의 문서들 속에서는 성부와 성자와 성령이 아주 밀접하게 연결되어 있다. 세월이 흐르면서 신약성경의 구절들은 이 세 요소들을 커다란 전체의 부분이 되도록 하나로 엮는다. 구원을 베푸는 하나님의 현존과 능력 전체는 이 세 요소를 전부 포괄할 때에만 제대로 설명될 수 있다(이에 대한 예로 고전 12:4-6, 고후 1:21-22, 갈 4:6, 엡 2:20-22, 살후 2:13-14, 딛 3:4-6, 벧전 1:2을 보라).

구약에서도 이와 동일한 삼위일체적 구조를 볼 수 있다. 하나님을 '인격화'personification 하여 나타내는 세 가지 주요 개념이 구약성서 속에서 확인되며, 이것은 자연스럽게 기독교의 삼위일체론으로 연결된다. 그 세 가지 개념은 다음과 같다.

❶ 지혜: 하나님을 이처럼 지혜로 인격화한 것은 욥기, 잠언, 전도서 같은 지혜문학에서 두드러진다. 여기서는 하나님의 지혜라는 속성을 마치 하나님과 분리되어 있으면서도 하나님께 의존해 존재하는 인격체처럼 다룬다('인격화'라는 개념으로 표현한다). 지혜(참고로 언제나 여성으로 취급된다)는 창조에서 활동하고, 세상은 그 모습을 본받아 지어지는 것으로 묘사된다 (욥 28장, 잠 1:20-23, 9:1-6, 전 2:12-17을 보라).

❷ 하나님의 말씀: 여기서는 하나님의 말이나 담화라는 개념을, 하나님에게서 나왔지만 하나님과는 독립하여 존재하는 실재처럼 다룬다. 하나님의 말씀은 사람들에게 하나님의 뜻과 목

적을 알리기 위해 세상 속으로 들어가서 하나님의 인도와 심판과 구원을 전하는 존재로 그려진다(시 119:89, 147:15-20, 사 55:10-11을 보라).

❸ **하나님의 영**: 구약성서는 피조물 속에 있는 하나님의 임재와 능력을 가리키는 말로 '하나님의 영'이라는 구절을 사용한다. 하나님의 영은 예정된 메시아 안에 존재하는 것으로(사 42:1-3), 그리고 옛 질서가 사라지고 나서 시작되는 새 창조의 힘으로(겔 36:26, 37:1-14) 그려진다.

하나님을 '실체화'hypostasization 한 이 세 개념은 엄밀하게 따져서 삼위일체론이 아니다. 이 세 개념은 초월적이고 내재적인 하나님이 피조물 가운데 임재하여 활동하는 양태를 보여주는 것이다. 유일신론적인 신 개념으로는 이러한 역동적인 하나님의 행위를 온전히 담아낼 수가 없다. 그리고 삼위일체론에서 말하고자 하는 것도 바로 신적 행위의 이러한 양태다.

성서 속에 계시되고 기독교인들의 지속적인 경험으로 드러난 하나님의 행위 양태를 끈질기고 비판적으로 성찰해 온 과정에서 열매 맺은 것이 바로 삼위일체론이라고 말할 수 있다. 이렇게 말한다고 해서 성서가 직접적으로 삼위일체론을 담고 있다는 뜻은 아니다. 그와는 달리 성서가 증언하는 하나님은 삼위일체적인 방식으로 이해할 필요가 있는 분이라는 것이다. 이제 다음으로 이 교리가 발전해 온 과정과 그 독특한 용어들을 살펴본다.

삼위일체론의 역사

앞에서 살펴보았듯이 삼위일체에 대한 기독교적 성찰의 출발점은 그리스도 안에서 성령을 통해 일어나는 하나님의 현존과 활동에 대한 신약성경의 증언이다. 2세기 후반에 활동한 리옹의 이레나이우스의 주장에 따르면, 구원의 전체 과정을 살펴보면 그 시작부터 마지막 순간까지 성부와 성자와 성령의 행위로 이루어진다는 것을 알 수 있다. 이레나이우스는 "위격"과 같은 후대 저술가들의 어휘를 사용하지 않았지만, 미래의 삼위일체 논의에서 두드러진 특성을 이룰 "구원의 경륜"이라는 용어를 사용하였다. "경륜"economy이라는 용어는 설명이 필요하다. 그리스어 오이코노미아oikonomia는 기본적으로 "어떤 사람의 업무를 관리하는 방식"을 의미한다(이렇게 볼 때 현대어인 "economy"와의 의미 연관성이 분명해진다). 이레나이우스에게 '구원의 경륜'이란 "하나님께서 역사 속에서 인간의 구원을 관리해 온 방식"을 의미했다.

그 당시 이레나이우스는, 창조자 신은 구속자 신과 전혀 다르다(그리고 열등하다)고 주장하는 영지주의 쪽 비판자들256-258, 447쪽로부터 엄청난 공격을 받았다. 시노페의 마르키온Marcion of Sinope, 약 85-160은 이러한 영지주의 개념을 다음과 같은 식으로 주장했다. 구약성경의 신은 창조자 신이며 신약성경의 구속자 하나님과는 전혀 다르다. 그러므로 신약성경을 따르는 기독교인들은 구약성경을 멀리해야 한다. 이레나이우스는 이 개념을 단호하게 거부했는데, 그는 처음 창조의 순간부터 역사의 마지막 순간까지 구원의 과정 전체는 동일한 한 분 하나님의 사역이라고 주장하였다. 단일한 구원의 경륜이 존재하며, 그 경륜 안에서 창조자이며 구속자인 한분 하나님이 피조물을 구속하기 위해 일하셨다.

그의 『사도들의 설교에 대한 논증』Demonstration of the Apostolic Preaching에서 이레나이우스는 성부와 성자와 성령이 구원의 경륜 속에서 담당하는, 독특하지만 서로 연관된 역할을 강조했다. 그는 자신의 믿음을 다음과 같이 단언했다.

아버지 하나님은 창조되지 않으셨고, 어떤 제한도 받지 않으신다. 그는 보이지 않는 한 분 하나님이시며, 우주의 창조자이시다. 이것이 우리 믿음의 첫 조항이다.……하나님의 말씀, 하나님의 아들, 우리 주 예수 그리스도는……때가 찼을 때 만물을 자기에게로 모으기 위해 인간들 사이에서 한 인간이 되셨고, 볼 수 있고 만질 수 있게 되셨다. 이것은 죽음을 멸망시키고 생명을 가져오며 하나님과 인간 사이의 연합을 회복시키기 위함이다. 성령은……때가 찼을 때 하나님의 눈길 앞에서 전 세계에 걸쳐 인간성을 갱신하기 위해 인간 본성 위에 새로운 방식으로 부어졌다.

위의 구절은 분명하게 경륜적 삼위일체 개념을 보여준다. 즉 각 위격이 구원 경륜의 한 측면을 담당한다는 식으로 신성의 본질을 이해한다. 이레나이우스는 단순하게 "하나님"이나 "아버지," "말씀"이나 "아들," "성령"이나 "지혜"라고 말하는 경향을 보이는데, 가끔은 아들과 성령을 가리키기 위해 하나님의 "두 손"이라는 이미지를 사용한다. "한 분 하나님이 말씀과 지혜를 통해 만물을 지으시고 질서를 부여하셨다." 이처럼 삼위일체론은 무의미한 신학 추론이 아니다. 오히려 이 교리는 그리스도 안에서 일어난 구속에 대한 복잡한 인간 경험에 직접 근거를 두고 있으며, 이 경험을 설명하는 것과 관련이 있다.

기독교 신학자들이 기독교의 신관을 설명하고자 고안한 체계적인 삼위일체 용어들이나 특별한 개념들은 신약성서에 전혀 나오지 않는다. 아타나시우스[약 293-373]가 세라피온에게 보내는 편지에서 주장하듯이, 성경이 함축하는 심오한 주제들과 특히 하나님과 예수 그리스도의 정체성에 대한 기독교의 이해와 연관된 주제들을 다루기 위해서는 교회의 신학 용어가 성경 자체의 용어를 뛰어 넘어 확대될 필요가 있었다. 16세기의 일부 급진 기독교 저술가들은 삼위일체 교리는 성경에 명시되어 있지 않다는 이유에서 성경적 사상이 아니라고 주장했다. 미카엘 세르베투스의 『삼위일체의 오류』 *On the Errors of the Trinity*, 1531는 이 논점을 발전시킨다. 그러므로 삼위일체 교리가 초대교회에서 하나님에 대한 경험을 헤아려 그 의미를 밝히고, 나아가 분명하지 않은 개념들을 명료하게 다듬고자 애쓰는 가운데 형성된 교리임을 염두에 두고, 그 발전 과정을 더듬어 살펴보는 것이 중요하다. 먼저 삼위일체의 용어들이 어떻게 나타나게 되었는지를 살펴본다.

삼위일체 용어들의 출현

삼위일체론에 사용되는 용어들은 학생들이 가장 어려워하는 문제 가운데 하나다. "세 위격, 하나의 실체"라는 구절은 아무리 머리를 짜내도 정확하게 의미가 잡히지 않는다. 그 용어들이 어떻게 등장하게 되었는지를 이해하는 것이 그 의미와 중요성을 파악할 수 있는 가장 효과적인 방법일 것이다.

삼위일체 특유의 용어들이 발전하는 데 크게 기여한 신학자로 테르툴리아누스약 160-225를 들 수 있다. 어떤 자료에 의하면, 테르툴리아누스는 라틴어 명사 509개, 형용사 284개, 동사 161개를 새로 만들어 냈다. 다행스럽게도 그 모든 단어가 살아남지는 않았다. 그러니 그가 삼위일체론에 관심을 기울였을 때 새로운 단어들이 쏟아져 나오게 된 것도 놀랄 일은 아니다. 그 가운데서도 다음의 세 단어가 특히 중요하다.

트리니타스 | '삼위일체'*Trinitas*라는 용어는 테르툴리아누스가 고안하였으며, 그 이후로 기독교 신학의 매우 독특한 요소로 자리 잡았다. 다른 가능성을 찾는 시도도 있었지만, 테르툴리아누스의 영향이 매우 커서 이 용어가 서방교회의 표준이 되었다. 이 책에서 우리는 테르툴리아누스가 고안한 원래의 라틴어 용어를 사용할 것이며, 그에 더해 번역과 설명을 덧붙일 것이다.

페르소나 | 테르툴리아누스는 그리스어권 교회에서 받아들이기 시작했던 그리스어 휘포스타시스*hypostasis*를 라틴어 페르소나(위격) *Persona*로 번역하여 사용했다. 테르툴리아누스가 라틴어로 표현한 의미를 두고 학자들 사이에서 오랫동안 논쟁이 벌어졌다. 이 말이 영어로는 한결같이 person으로 번역된다403-412쪽. 널리 통용되면서 삼위일체의 복잡한 내용에 어느 정도 빛을 비추어 주는 설명은 아래와 같다.

'페르소나'라는 용어는 문자적으로 로마 시대 연극에서 배우가 쓰는 '가면'을 의미한다. 그 당시 배우들은 연극에서 자기가 맡은 다양한 역할이 어떤 것인지를 관객에게 알려주기 위해서 가면을 썼다. 그래서 페르소나라는 말은 "어떤 사람이 맡은 역할"이라는 의미를 지니게 되었다. 테르툴리아누스는 자신의 책을 읽는 독자들이 "하나의 실체, 세 위격"이라는 개념을, 인간의 구속이라는 거대한 연극 속에서 한분 하나님이 서로 구분되지만 연관성을 지닌 다양한 역할을 맡는다는 의미로 이해해 주기를 바랐다고 볼 수 있다.

다양한 역할 배후에는 한 명의 배우가 있다. 창조와 구속의 과정이 복잡하다고 해서 여러 신들이 있다는 것을 의미하지 않는다. 오직 한분 하나님이 계시며 그 하나님이 '구원의 경륜' 속에서 다양한 방식으로 행하신다('구원의 경륜'이라는 용어는 다음 항목에서 자세히 살펴본다).

수브스탄티아 | 테르툴리아누스는 하나님의 계시가 역사 속에서는 본래 복잡하지만 신성 내에서는 근본적 단일성을 지닌다는 개념을 말하기 위해 수브스탄티아(실체)*Substantia*라는 용어를 사용했다. '실체'*substance*는 삼위일체의 세 위격이 공통적으로 소유하는 것이다. 실체를 세 위격과 별개로 존재하는 것으로 생각해서는 안 된다. 오히려 그것은 세 위격이 외적으로는 다양한 모양을 지니지만 그들의 공통된 근원적 일치를 가리키는 것이다.

삼위일체 개념들의 등장

테르툴리아누스는 이렇게 삼위일체 신학에다 독특한 용어를 제공하는 데서 한 걸음 더 나아간다. 그는 또 삼위일체론의 독특한 형태를 다듬는 일에서도 큰 공헌을 하였다. 하나님은 하나이시다. 그러나 하나님을 창조된 질서와 완전히 단절된 분이나 존재로 생각해서는 안 된다. 구원의 경륜은 하나님이 피조물 속에서 일하신다는 사실을 보여준다. 이러한 하나님의 활동은 복잡하며, 분석해 보면 하나님의 행위는 단일성과 독특성을 보여준다. 테르툴리아누스의 주장에 의하면, **실체**substance 는 구원의 경륜의 세 가지 측면을 하나로 통일하는 것이고, **위격**person 은 그것들을 구분 짓는 것이다. 삼위일체의 세 위격들은 독특하지만 나뉘지 않으며distincti non divisi, 다르지만 서로에게서 독립하거나 갈라져 있지 않다discreti non separati. 따라서 인간이 경험하는 구속의 복잡성은 하나님의 세 위격이 인간 역사 속에서 그 신성의 온전한 단일성을 잃지 않은 채 구별되면서도 조화를 이루는 방식으로 행동하신 결과다.

4세기 후반에 이르러 성부와 성자의 관계를 둘러싼 논쟁은 분명히 마무리되는 조짐을 보였다. 성부와 성자가 '하나의 동일한 본질'을 지닌다고 인정함으로써 아리우스 논쟁●이 해결되고 교회 안에서 그리스도의 신성에 대해 합의가 이루어졌다. 하지만 신학을 좀 더 체계화할 필요가 있었다. 성령은 성부와 어떤 관계인가? 또 성자와는 어떤 관계인가? 성령을 하나님의 자리에서 제외해서는 안 된다는 쪽으로 점차 의견이 모아졌다. 카파도키아 교부들, 그중에서도 특히 카이사레아의 바실리우스약 330-379는 삼위일체 신학이 제자리를 잡게 하는 마지막 요소를 튼튼히 다져야 한다는 설득력 있는 논지를 내세워 성령의 신성을 옹호하였다. 성부와 성자와 성령이 동등한 신성을 지닌다는 데 합의가 이루어졌다. 이제 남은 일은 이러한 하나님 이해를 구체적으로 보여줄 수 있는 삼위일체 모델을 고안하는 것이었다.

● **호모우시온**
homoousion

문자적으로 "동일한 본질의"라는 뜻을 지닌 그리스어로, 4세기 때 예수 그리스도가 하나님과 동일한 본질을 지녔다고 주장한 주류 그리스도론 믿음을 가리키는 말로 널리 사용되었다. 이 용어는 그리스도가 "하나님과 유사한 본질(*homoiousios*)을 지녔다"고 본 아리우스의 견해와 충돌하여 큰 논쟁에 휘말렸다.

일반적으로 동방교회의 신학은 세 위격^{hypostases}의 독특한 개별성을 강조하면서도 성자와 성령이 모두 성부로부터 나왔다는 사실을 분명하게 밝힘으로써 세 위격의 단일성을 보호하는 경향을 띠었다. 세 위격의 관계는 존재론적 관계로서, 세 위격 자체의 특성에 기초한다. 따라서 성부에 대한 성자의 관계는 '태어남'과 '아들 됨'이라는 용어로 정의된다. 나중에 살펴보겠지만, 아우구스티누스는 이러한 접근법을 버리고, 세 위격을 관계적인 용어로 설명하는 방법을 택했다.

그러나 서방교회의 견해는 하나님의 단일성, 특히 계시와 구속에서의 단일성에서 출발하고, 세 위격의 관계를 셋 사이의 상호 교제라는 측면에서 해석하는 경향이 두드러졌다. 바로 이러한 견해가 아우구스티누스 사상의 특징을 이루는데, 이에 대해서는 나중에 살펴본다 708-712쪽.

이 사상들은 삼위일체 교리의 발전 단계의 후기에 완성되었으며, 이레나이우스와 터툴리아누스가 명확하게 암시한 바 있다. 니사의 그레고리우스약 335-394 의 글에서도 더욱 본질적으로 표현되었다. 이 지점에서 이 두 가지 사상을 이해하는 것이 매우 유용할 것이다.

페리코레시스(상호내주 또는 상호침투) | 이 그리스어 용어는 6세기에 널리 사용되기 시작했으며, 흔히 라틴어로는 *circumincessio*, 영어로는 mutual interpenetration이라고 번역된다. 이 용어는 삼위일체의 세 위격이 서로 관계를 맺는 방식을 가리킨다. 페리코레시스 *perichoresis* 라는 개념이 뜻하는 것은 세 위격이 개별성을 유지하면서도 동시에 각 위격이 다른 두 위격의 삶에 참여한다는 것이다. 이 개념을 설명하기 위해 흔히 '존재의 공동체'^{a community of being}라는 이미지가 사용된다. 이 존재의 공동체 안에서 각 위격은 자기 고유의 정체성을 유지하면서도 다른 위격 속으로 침투하며 또한 다른 위격의 침투를 받는다.

이 개념은 기독교의 정치사상에 중요한 함의를 지니는데, 이에 대해서는 정치신학을 관심 있게 다룬 레오나르도 보프[1938 출생][278쪽]와 기타 신학자들에게서 자세한 내용을 볼 수 있다. 신성 안의 동등한 세 위격 사이에서 이루어지는 상호 관계는 공동체 내의 인간관계를 다루며 기독교의 정치·사회이론을 세우는 모델이 된다고 주장되어 왔다. 이제 이 문제와 연관된 중요한 개념을 살펴본다.

전유(귀속) | 이 두 번째 개념은 페리코레시스와 관계가 있으며 그 말에서 온 것이다. 양태론을 주장한 이단[700-703쪽]에서는 하나님이 구원 경륜 속의 다른 시점에 다른 '존재의 양태'로 나타난 것이라고 볼 수 있다고 주장하였다. 그래서 하나님이 어떤 시점에는 성부로 존재하여 세상을 창조하고 다른 시점에는 아들로 존재하여 세상을 구원했다는 것이다. '전유'(專有)appropriation 의 교리에서는 삼위일체의 사역은 하나이며 하나님의 모든 외적 활동에는 삼위일체의 모든 위격이 참여한다고 주장한다. 따라서 창조 사역은 성부와 성자와 성령이 다 함께 참여한 일이며, 성부 홀로 행하는 일로 생각해서는 안 된다. 예를 들어, 히포의 아우구스티누스는 삼위일체의 행위들이 하나임을 주장하면서도 또한 세부적인 면에서는 서로 구별된다는 점을 인정한다.

> 성부와 성자와 성령이신, 한분 하나님이 계신다. 이 삼위일체는 생명 속에 분명하게 알려져 있기에 모든 피조물—지적 존재와 동물, 물질에 이르기까지—이 바로 창조적인 삼위일체로부터 존재하게 된 것임을 분명하게 알 수 있다. 모든 피조물은 자체의 형태를 지니며, 또 가장 완전한 질서에 종속한다. 그것은 마치 성부가 창조의 한 부분을 만들고 성자가 다른 부분, 성령이 다른 부분을 만든 것이라는 식으로 생각할 수 있는 것이 아니다. 아버지는 성령의 선물 안에서 아들을 통해 모든 것을 지으셨다.

다른 곳에서 또 아우구스티누스는, 창세기의 창조 이야기(창 1:1-3)는 하나님과 말씀과 성령에 관해 말하고 있으며 따라서 구원사의 이 결정적인 순간에 삼위일체의 세 위격이 모두 현존하여 활동했다는 사실을 가리키는 것이라고 주장하였다. 그렇지만 창조를 성부 하나님의 사역이라고 보는 것 또한 **적절하다**appropriate. 삼위일체의 세 위격이 모두 창조에 관련됨에도 불구하고 창조 사역은 성부의 고유한 행위라고 보는 것이 옳다. 이와 마찬가지로 구속 사역에도 삼위일체 전체가 관여한다(많은 구원론이 이러한 십자가의 삼위일체적 구조를 무시했고 그 결과 빈약한 것이 되어 버렸다)589쪽. 그럼에도 구속을 성자의 고유한 사역이라고 보는 것이 **적절하다.**

상호내주 이론과 전유 이론을 하나로 묶어서 보면 신성을 '존재의 공동체', 곧 그 안에서 세 위격 모두가 하나로 통일되며 서로 공유되고 교환이 되는 공동체로 생각할 수 있게 된다.

합리주의의 삼위일체론 비판: 삼위일체론의 퇴보1700-1900

앞에서 삼위일체론에 대한 비판 몇 가지를 살펴보았다. 이러한 비판 가운데 가장 중요한 것은 다양한 형태의 합리주의에서 나왔는데, 합리주의에서는 삼위일체론이 논리적으로 모순이라는 주장을 폈다. 그런데 일부 기독교 신학자들도 삼위일체론에 대해 비슷한 우려를 나타냈다는 사실을 알 필요가 있다. 18세기와 19세기에 와서 삼위일체론은 배후로 움츠러들었다. 물론 신학교들에서는 여전히 가르쳤다. 하지만 점차 이 교리는 한편에서는 변증적인 면에서 불리하고 또 한편에서는 건설적인 효용이 거의 없는 것으로 대접받게 되었다.

이러한 경향은 16세기에 프로테스탄트 종교개혁의 급진적 진영에서 처음으로 나타나기 시작했다. 종교개혁의 교리와 실천은 모두 성서를 근거로 삼아 정당화되어야 한다는 것이 종교개혁에서 주장하는 핵심 주제였다. 훨씬 더 급진적인 다수의 개혁가들은 삼위일체론이 성경 안에서 전혀 언급되지 않는다고 강변하였다. 삼위일체론은 참된 기독교 교리가 아니라 후대에 와서 길을 잘못 든 신학자들이 펼친 사변과 이론들로 이루어진 것이라고 여겼다. 삼위일체론을 반대하는 움직임은 이미 1520년대 후반에 고개를 내밀었으며, 1550년대에 와서는 급진적 종교개혁 운동의 두드러진 특성이 되면서 프로테스탄트와 가톨릭 양 진영에서 광범위한 관심을 불러일으켰다. 후안 데 발데스Juan de Valdés, 약 1509-1541를 비롯한 여러 학자들이 볼 때, 삼위일체론은 결코 성경 속에서 찾아볼 수 있는 것이 아니었으며 또한 성경을 기초로 삼아 옹호할 수 있는 것도 아니었다.

그런데 서유럽과 북아메리카에서 합리주의가 등장하면서 이 교리의 명백한 비합리성 때문에 기독교 정통주의가 변증적인 면에서 심각한 어려움을 당하는 처지에 놓이게 되었다. 이러한 형편은 특히 18세기에 영국에서 일어난 논쟁에서 두드러졌다. 그 논쟁에서 전통적 기독교를 비판한 이신론자들은 삼위일체론을 가리켜 성서적 근거가 없으며 명백한 모순점들을 안고 있는 것이라고 주장했다. 특히 이 교리가 인간 이성의 한계를 벗어난 꾸며낸 '신비'일 뿐이며 이해할 수도 없는 것을 믿으라고 강요함으로써 이성을 거스르는 것이라고 비판했다.

그러나 진짜 문제는 삼위일체론이 그 명백한 비합리성을 상쇄할 만한 이득을 전혀 주지 못한다는 데 있었다. 캔터베리 대주교였던 존 틸럿슨John Tillotson, 1630-1694이 이 교리를 옹호한 것을 보면, 이성을 넘어서면서도 그 자체로 이성과 모순되지 않는 그런 교리들이 있다는 주장을 되풀이하는 수준에 머물렀다. 하지만 틸럿슨은 삼위일체론이 어떤 통찰이나 가치를 제공해 줄 수 있느냐에 대해서는 아무 말도 하지 못했다. 점차 계몽주의가 시대를 주도하게 되면서 기독교 변증가들은 삼위일체 개념을 연구하는 일을 멀리하고 삼위일체가 아니라 유일신론의 관점에서 기독교를 설명하게 되었다.

이러한 상황은 20세기에 들어와서 완전히 뒤집혔다. 칼 바르트의 선구적인 연구로 프로테스탄트 교의학에서 삼위일체 교리의 위치를 재평가하는 길이 열렸다. 바르트는 삼위일체론을 그의 기독교 교의학의 기본 원리로 삼았으며, 역사 속의 계시 현실성과 삼위일체론을 밀접하게 연계하였다. 삼위일체론이 크게 부흥하게 되는 기초가 다져졌으며, 특히 종교 다원주의에 대한 인식이 증가하는 시대에 이 교리가 기독교의 독특성을 지켜낼 수 있을 것으로 보았다. 현대 신학에서 삼위일체론이 부흥하는 데는 칼 라너와 한스 우르스 폰 발타자르, 토머스 토런스, 로버트 젠슨, 콜린 건튼 같은 신학자들이 크게 기여하였으며, 이러한 부흥 현상은 시들 기미가 보이지 않는다.

삼위일체 유비: 시각화에 따른 문제점

앞서 살펴보았듯이 삼위일체론에도 여러 난점이 있다. 대부분의 사람들이 현실적으로 어려워하는 것은 삼위일체의 **시각화** 문제다. 그처럼 복잡하고 추상적인 개념을 어떻게 이치에 맞게 설명할 수 있을까? 아일랜드의 수호성인인 성 패트릭은 하나의 잎이 셋으로 갈라진 토끼풀을 예로 삼아 설명했다고 전해진다. 니사의 그레고리우스는 그가 쓴 서신에서 사람들이 삼위일체의 실재를 이해하도록 돕기 위해 여러 가지 유비들을 이용하고 있는데, 아래는 그 일부다.

❶ **샘과 우물과 시내의 유비:** 뒤의 것들은 앞의 것에서부터 흘러나오며, 셋 모두는 동일한 실체, 곧 물이라는 실체를 공유한다. 물줄기는 다양한 모습으로 구분이 가능하지만 결코 나뉠 수는 없다.

❷ **목걸이의 유비:** 목걸이에는 많은 고리가 있지만, 그것들이 전부 연결됨으로써 하나가 된다. 이와 마찬가지로 어떤 사람이 성령을 만날 때 그는 성부와 성자도 만나게 된다고 그레고리우스는 주장한다.

안드레이 루블로프의 유명한「삼위일체 이콘」(1410). 이 이콘은 마므레의 상수리나무 곁에서 아브라함에게 나타난 세 천사(창 18장)를 그리고 있는데, 세 천사는 전통적으로 삼위일체를 가리키는 '모형'(type)으로 여겨진다.

● 이콘
  성상, icons

성스러운 그림, 그중에서도 특히 예수를 그린 그림을 말한다. 정교회 영성에서는 '신성을 향한 창문'으로서 중요한 역할을 담당한다.

❸ **무지개의 유비**: 그리스도는 "빛으로부터 오신 빛"이라고 한 니케아 신조에 근거하여 그레고리우스는 무지개가 태양 광선의 다양한 색깔을 분간하고 알아보게 해준다고 주장한다. 오직 한 줄기의 광선이 있지만, 여러 가지 색깔들이 균일하게 섞여 있다.

교부시대의 이러한 유비들이 유용하기는 하지만, 그처럼 난해하고 추상적인 개념을 어떻게 시각화할 수 있겠는가라는 문제를 온전히 해결해 주지는 못한다.

경륜적 삼위일체와 본질적 삼위일체

고전 기독교 신학에서 성부와 성자와 성령은, 다국적기업을 구성하는 세 개의 자회사처럼 신성을 구성하는 세 가지 별개의 독립적인 요소들이 아니다. 그와는 달리 세 위격은 신성 내의 구별을 가리키며, 구속 및 은총에 대한 인간의 경험과 구원의 경륜 속에서 드러나는 것들이다. 하나님에 대한 우리의 경험과 구원사의 복잡한 현상들의 배후에는 한분 하나님, 오직 하나이신 하나님이 계신다는 사실을 삼위일체론은 분명하게 말해 준다.

이런 논점을 가장 체계적으로 다룬 저술 가운데 하나가 칼 라너의 『삼위일체』*The Trinity*, 1970다. 라너의 삼위일체 논의에서 특징적인 것은 '경륜적'economic 삼위일체와 '본질적'(내재적)essential 삼위일체의 관계를 다룬 것이다. 이 두 개의 삼위일체론은 서로 다른 두 하나님을 주장하는 것이 아니라 한분 하나님을 이해하는 두 개의 다른 방식을 의미한다. '본질적' 혹은 '내재적' 삼위일체란 시공간이라는 제한조건 밖에서 신성을 체계적으로 설명하려는 시도라고 말할 수 있다. '경륜적' 삼위일체란 '구원의 경륜' 속에서, 곧 역사 과정 자체 내에서 삼위일체가 알려지는 방식이다. 라너는 "경륜적 삼위일체는 내재적 삼위일체이며, 내재적 삼위일체는 경륜적 삼위일체이다"라는 공리를 세웠다715-717쪽. 이 공리는 다음과 같이 설명할 수 있다.

❶ 구원의 경륜을 통해 알려지는 하나님은 실제로 하나님이 존재하는 방식에 상응한다. 이 둘은 동일한 하나님이다. 하나님은 그 본질에서 삼중적이며 따라서 하나님의 자기소통은 삼중의 형태를 띤다. 하나님의 자기계시는 하나님의 본질적 본성에 상응한다.

❷ 구원의 경륜을 통해 나타나는 하나님의 행위에 대한 인간의 경험은 또 하나님의 내적 역사와 내재적 삶에 대한 경험이기

도 하다. 신적인 관계의 망은 오직 하나뿐이며, 그 망은 별개의 두 형태로 존재한다. 하나는 영원한 형태이며 다른 하나는 역사적 형태이다. 하나는 역사를 초월하며, 다른 하나는 역사의 제한적 요소들에 의해 형태와 조건이 결정된다.

이 이론(기독교 신학 내에서 널리 인정되는 견해다)은 '전유' 개념이 미해결로 남겨 놓은 일부 문제를 해결하며, 역사 속에서의 하나님의 자기 드러냄과 하나님의 영원한 존재를 밀접하게 상호 관련시킨다.

──────────────── 삼위일체와 관련된 두 이단

5장의 한 항목234쪽에서, 이단 개념을 소개하면서 이단이란 **기독교의 부적합한 변형**으로 보는 것이 가장 타당하다고 주장했다. 삼위일체론처럼 복잡한 신학 분야에서는 주제를 연구하는 방식이 당연히 다양하게 발전할 수밖에 없었을 것이다. 또 그 가운데 일부가 자세히 살펴보니 심각하게 부적절한 것으로 드러나는 일도 그리 놀랄 일은 아니다. 이제 신학을 공부하는 이들에게 가장 중요한 두 이단을 살펴본다.

양태론: 시대적 양태론과 기능적 양태론

'양태론'modalism 이라는 용어는 독일의 교의사 학자인 아돌프 폰 하르낙1851-1930이, 2세기 말의 노에투스와 프락세아스 및 3세기의 사벨리우스와 관련된 삼위일체 이단들의 공통된 요소를 설명하기 위하여 사용한 말이다. 이 세 사람은 삼위일체론이 일종의 삼신론으로 변질될 것을 염려하여 하나님의 단일성을 옹호하는 일에 관심을 기울였다(나중에 분명히 밝히겠지만, 이러한 염려는 매우 타당한 것이었다).
하나님의 절대적 단일성을 강하게 옹호한 견해―흔히 '군주신

론'^{monarchianism}이라고 불리는데, 이 말은 "권위의 유일한 원리"를 뜻하는 그리스어 *monarchia*에서 왔다—를 따라 이 사상가들은 한분 하나님의 자기계시가 다른 시대에 각기 다른 방식으로 나타난 것이라고 주장하게 되었다. 그리스도와 성령의 신성은 하나님의 자기계시가 세 가지 다른 방식, 곧 세 가지 '양태'^{mode}로 나타난 것이라는 논리로 설명되었다(그래서 '양태론'이라는 용어가 생겨났다).

양태론에는 다양한 형태가 있지만, 그 모두는 삼위일체의 역학관계에 대해 동일한 견해를 주장한다.

❶ 한분 하나님이 창조자와 율법 수여자의 모습으로 계시된다. 하나님의 이런 면모를 가리켜 '성부'라고 부른다.

❷ 동일한 하나님이 예수 그리스도의 인격 안에서 구주의 모습으로 계시된다. 하나님의 이런 면모를 가리켜 '성자'라고 부른다.

❸ 동일한 하나님이 거룩하게 하고 영원한 생명을 주는 분의 모습으로 계시된다. 하나님의 이런 면모를 가리켜 '성령'이라고 부른다.

따라서 이 세 실체 사이에는 외양과 시대적 위치 외에는 아무런 차이점이 없다. 한분 하나님을 가리키는 세 가지 용어가 있을 뿐이다. 이 이론은 '성부수난설'과 밀접한 관계가 있다. 앞에서 살펴보았듯이 422쪽 성부수난설*에서는 성부와 성자 사이에 근원적이거나 본질적인 차이가 없기 때문에 성부가 성자로서 고난을 당한다고 주장한다.

양태론을 나누어 시대적 양태론과 기능적 양태론으로 크게 구분할 수 있다. 이 구분을 이해하는 것이 중요하다.

❶ **시대적 양태론**에서는 하나님이 역사의 한 시점에서는 성부였으며, 다른 때는 성자, 그리고 마지막으로 성령이었다고 주장한다. 따라서 하나님은 시대에 따라 다른 양태로 나타난다. 이

● **성부수난설**
patripassianism

3세기 때 노에투스와 프락세아스, 사벨리우스 같은 저술가들이 이끈 이단 신학으로, 성부가 성자로서 고난을 당했다는 믿음을 강조하였다. 달리 말해, 그리스도의 십자가 고난은 아버지가 당한 고난으로 보아야 한다는 것이다. 이들의 주장에 의하면, 신성 안의 구분은 양태 혹은 활동의 변화일 뿐이며 따라서 성부·성자·성령은 동일한 신적 실재의 다른 양태 또는 다른 표현이라고 보아야 한다.

양태론에 속하는 고전적 사례가 사벨리우스주의로, 이에 대해서는 아래에서 자세히 살펴본다.

❷ **기능적 양태론**에서는 하나님이 동일한 때에 다양한 방식으로 활동하며, 세 위격이란 이렇게 다른 행동 양태들을 가리키는 것이라고 주장한다.

4세기 말에 활동한 콘스탄티아의 에피파니우스 Epiphanius of Constantia 는 사벨리우스주의의 주요 특성들에 대해 다음과 같이 말했다.

얼마 전에(사실은 최근의 일이다) 사벨리우스라는 사람이 나타났다. 사벨리우스파라는 이름이 이 사람에게서 유래했다. 그의 견해는 몇 가지 하찮은 것을 빼고는 노에투스파의 주장과 동일한데, 그를 추종하는 사람들은 대부분 메소포타미아와 로마 지역에서 활동했다.……그들이 가르치는 교리에 의하면, 성부와 성자와 성령은 하나의 동일한 존재이며 그 세 이름은 하나의 실체 *hypostasis*를 가리키는 것이다. 그것은 인간의 몸과 혼과 영과 똑같은 것이다. 이를테면 성부는 몸이고, 성자는 혼이며, 성령은 신성에 대해 인간의 영과 몸의 관계와 같은 위치에 있다. 또 그것은 태양이 빛과 열과 태양 자체로 이루어지는 것처럼 하나의 실체 *hypostasis*로 존재하지만 세 개의 형태 *energia*를 지닌다. 열은……성령과 유사하고 빛은 성자와 유사하며 반면에 성부는 각 실체의 본질을 통해 자신을 나타낸다. 성자는 광선처럼 한때 방사되어, 세상 속에서 복음전파와 인간 구원에 관련된 모든 일을 완수하고는 마치 태양에서 방사된 빛이 태양 속으로 되돌아가듯이 다시 하늘로 돌아갔다. 성령은 지금도 이 세상과 성령을 받을 자격이 있는 개인들 속으로 들어오고 있다.

이 주장에서 볼 때 사벨리우스주의가 '시대적 양태론'이라는 사실이 분명해진다. 이 양태론의 기본 특성은 한분이신 지고의 하나님이 역사의 다른 시대에 서로 다른 방식으로 행하신다는 믿음이다.

이와는 달리 '기능적 양태론'은 한분 하나님이 역사의 한 시대에 세 가지 다른 방식으로 행한다는 믿음을 주장한다. 따라서 삼위일체의 세 위격은 한분 하나님의 행위의 다양한 면모를 가리킨다. 기능적 양태론은 다음과 같이 간략한 형태로 설명할 수 있다.

성부 하나님은 창조자다.
성자 하나님은 구속자다.
성령 하나님은 성화하시는 분이다.

여기서 삼위일체의 세 위격은 한분이신 지고의 하나님의 세 가지 행위를 가리킨다. 하나님은 창조자로 행하시고(우리는 이 하나님을 '성부'라고 부른다), 구속자로 행하시고(이 하나님을 '성자'라고 부른다), 거룩하게 하시는 분으로 행한다(이 하나님을 '성령'이라고 부른다). 따라서 삼위일체의 위격들은 서로 다른 신적 행위를 가리킨다. 존 맥쿼리[1919-2007]가 제안한 삼위일체론 이해[718쪽]는 이 양태론의 변형된 형태라고 볼 수 있으며, 이 관점에서 깊이 살펴볼 가치가 있다. 또 일부 학자들은 칼 바르트의 삼위일체론이 양태론에 속한다고 주장하는데, 그의 삼위일체론을 하나님이 현재에 다양한 방식으로 일하신다는 의미로 해석할 수 있기 때문이다. 하지만 많은 바르트 연구자들은 이 점을 부정한다.

삼신론

삼위일체론에 의해 빚어진 난점에 대해 양태론이 겉보기에 간단한 (그러나 궁극적으로는 부적합한) 해답을 제시했다면, 삼신론tritheism도 똑같이 깔끔한 해결책을 제시했다. 삼신론의 주장을 따르면 우리는 삼위일체를, 각자 독립적이고 자율적이며 동등하면서도 모두가 신성한 세 존재를 모아 놓은 것이라고 생각하게 된다. 이런 개념이 부조리하다고 여기는 독자들이 많을 것이다. 하지만 바로 이 개념이 교묘한 형태로 주장될 수가 있다. 카파도키아 교부들인 카이사레아의 바실리우스와 나지안주스의 그레고리우스329-389, 니사의 그레고리우스의 저술들 속에서 절제된 형태의 삼신론이 발견된다고 주장하는 비평가들이 있다. 하지만 최근의 학자들은 이 주장에 문제가 있다고 본다.

이 점을 좀 더 깊이 헤아리기 위해 그들의 저술 가운데 가장 중요한 것을 살펴본다. 니사의 그레고리우스가 동료인 아블라비우스에게 보낸, '세 명의 신 따위는 없다'라는 부제가 달린 글이 그것이다. 그보다 먼저 아블라비우스가 그레고리우스에게 편지를 써서, "세 위격, 하나의 실체"라는 공식은 삼신론으로 기우는 것 같다는 우려를 표했었다. 어쨌든 그 공식은 똑같은 인간성을 지닌 세 사람을 상상하게 만든다는 것이다. 그러나 그들은 여전이 별개의 세 인격이지 않은가? 그렇다면 이 공식을 사용하면서도 어떻게 삼신론으로 빠져들지 않는 것이 가능하겠는가?

이에 대한 답으로 그레고리우스는 "'신격'Godhead이라는 말은 특별한 본질을 의미하는 것이 아니라 작용을 뜻한다"고 주장하였다. 그는 '웅변가'라는 일반용어가 어떻게 공통된 일반 성질과 구체적인 특수 성질 모두를 뜻할 수 있는지를 설명함으로써 자신의 논점을 밝힌다.

예를 들어, 웅변가들은 같은 직업을 가지며 그렇기에 각 사람이 같은 명칭으로 불립니다. 하지만 그들은 각자 웅변가로서 자기의 일을 하며, 이 사람은 자기만의 방식으로 주장을 펼치고 저 사람은 그만의 방법대로 일을 합니다. 따라서 인간의 수준에서 볼 때 같은 직업을 가진 개개인의 행동이 구별이 가능하기 때문에, 그들은 당연히 '여럿'이라고 불릴 수가 있습니다. 그들 각 사람은 자기가 속한 환경 안에서 자기 직업의 특별한 개성에 따라 다른 사람들과 구별되는 까닭입니다.

이어서 그레고리우스는 이 생각을 하나님께 적용하여, 삼위일체 세 위격의 작용을 보고서 각 위격의 독특한 정체성을 인식하게 되지만, 신격은 이러한 행위들의 결과라는 점에서 단일성을 지닌다고 주장하였다. 이 논증은 이해하기가 만만치 않으며, 또 기껏해야 인간적인 모델은 하나님의 본성을 온전히 밝히는 데 한계가 있다는 점을 보여줄 뿐이다.

교부시대에 나온 삼위일체론에 관한 논의 가운데 가장 명료한 것이 제11차 톨레도 공의회[675]에서 나왔다. 스페인의 톨레도에서 열리고 겨우 11명의 주교가 참석한 이 공의회에서는 널리 용인되는 서방교회의 삼위일체 견해를 명료하게 제시하였고, 이 견해는 중세 후기에 삼위일체 교리를 논하는 곳에서 계속 인용되었다. 공의회는 아래와 같이 '삼위일체'와 '하나님'이라는 말의 관계를 설명하고, 신격 내의 관계를 강조한다.

> 우리에게 전해져 온 바, 거룩한 삼위일체에 관해 말하는 방식은 이렇다. 그것을 '삼중적'*triplex*이라고 말하거나 믿어서는 안 되고 '삼위일체' 라고 해야 한다. 또 한분 하나님 안에 삼위일체가 존재한다고 말해서도 안 된다. 그와는 달리, 한분 하나님이 삼위일체라고 말해야 옳다. 삼위의 각 이름에서 볼 때, 성부는 성자와 관계를 맺으며, 성자는 성부와 관계를 맺고, 성령은 성부와 성자 모두와 관계를 맺는다. 이러한 관계에서 보아 셋을 위격이라고 부르지만, 우리는 한 본성 또는 한 실체를 믿는다. 우리가 세 위격을 믿는다고 고백하지만, 세 실체를 믿는 것이 아니라 한 실체와 세 위격을 믿는 것이다.

──────── 삼위일체: 고대와 현대의 여섯 가지 견해

지금까지 살펴본 자료들이 분명하게 보여주듯이, 삼위일체론은 기

독교 신학 가운데서 매우 난해한 분야다. 다음으로 우리는 고대와 현대에서 이 교리를 다룬 여섯 가지 견해를 살펴본다. 이 이론들은 각각 삼위일체 교리의 다양한 면모들을 밝혀 주며, 또 이 교리의 근거와 함의에 관한 통찰을 얻게 해준다. 고전 이론 가운데서 가장 중요한 것은 아우구스티누스의 이론이며, 반면에 현대에서는 칼 바르트의 이론이 아주 중요하다. 그러나 카파도키아 교부들이 주장한 이론도 특히 현대 그리스와 러시아의 정교회 신학에서 여전히 중요하다. 따라서 논의를 시작하면서, 현대 기독교 사상에서 여전히 큰 영향을 끼치고 있는 고대의 삼위일체론을 먼저 살펴보는 것이 타당하다.

　　카파도키아 교부들과 아우구스티누스의 삼위일체론을 탐구하기에 앞서 이 이론들을 정형화된 도식에 끼워 넣으려는 순진한 시도들에 대해 조심할 것을 당부한다. 이렇게 정형화된 틀 가운데서 가장 널리 알려진 것은 1880년대에 프랑스 학자 테오도르 드 레뇽Theodore De Régnon, 1831-1893이 주장한 것이다. 드 레뇽은 신격의 삼중성을 강조하는 삼위일체론과 단일성을 강조하는 삼위일체론으로 딱 갈라 구분하였다. 이러한 구분에 따라 카파도키아 교부들의 삼위일체론적 사고는 하나님의 위격의 복수성, 곧 삼중성에서 출발하는 것으로 그려지고, 아우구스티누스는 신의 본질의 분화되지 않은 단일성에서 출발하는 것으로 그려지게 되었다. 이런 식의 정형화된 도식은 전혀 도움이 안 되며, 독자들은 가능한 한 그런 틀에 얽매이지 않기를 부탁한다. 다원성과 통일성 사이의 상호작용은 이 단순한 모델이 허용하는 것보다 훨씬 복잡하다. 이러한 주의사항을 염두에 두며 우리는 6가지의 사례 연구를 살펴볼 것이다.

카파도키아 교부들

앞서 살펴보았듯이 카파도키아 교부들은 성령의 완전한 신성을 확고히 다지는 데 큰 역할을 하였다640-647쪽. 381년, 콘스탄티노플 공의회에서 성령의 완전한 신성이 공식적으로 확정되었다. 신학적으로 중요한 문제가 해결되면서 삼위일체론을 온전하게 다듬는 길이 열리게 되었다. 성부와 성자와 성령의 실체가 동일한 것으로 인정됨으로써 삼위일체 내에서 그들의 상호 관계를 탐구하는 문이 활짝 열렸다. 이렇게 해서 카파도키아 교부들은 또 한 번 주요한 신학적 발전에서 결정적인 역할을 맡게 되었다.

카파도키아 교부들의 삼위일체 이론을 한마디로 정의하면, 한분 하나님이 세 가지 다른 '존재 양식'modes of being으로 존재한다는 것을 긍정하면서 하나님의 단일성을 옹호하는 것이라고 말할 수 있다. 이러한 이론을 가장 잘 표현한 공식이 "세 위격hypostaseis 속의 한 본질ousia"이라는 구절이다. 나눌 수 없는 한분 하나님이 삼위일체의 세 위격 모두에 공통된다. 이 한분 하나님은 세 가지 다른 '존재 양식'—성부와 성자와 성령—속에 동시에 존재한다. 이것은 양태론700-702쪽이라기보다 하나님의 현존과 행동의 복잡성을 인식하는 가운데 신성의 일치를 유지하려는 원칙적인 시도다.

이 삼위일체론의 가장 독특한 성격 가운데 하나는 성부를 우위에 두었다는 점이다. 카파도키아 신학자들 스스로는 성자라든가 성령이 성부에게 종속된다는 것을 인정하지 않는다고 주장하지만, 그럼에도 그들은 성부가 삼위일체의 원천이나 근원이 되는 것으로 보아야 한다고 분명하게 말한다. 성부의 존재는 비록 다른 방식을 통해서이기는 하지만 성자와 성령 모두에게 부어진다. 즉 성자는 성부로부터 '출생'하며 성령은 성부로부터 '발현'한다. 그래서 니사의 그레고리우스는 "한 위격인 성부, 그에게서 성자가 출생하며 성령이 나온다"고 말한다. 이와 비슷하게 나지안주스의 그레고리우스도 삼위일체 안에서 단일성을 이루는 궁극적 근거는 성부이며, "셋은 한 본질(즉 하나님)을 지니고, 그들의 일치의 근거는 성부다"라고 말한다.

그런데 한 실체가 어떻게 세 위격 속에 있을 수 있는가? 이 물음에 대해 카파도키아 교부들은 보편과 특수의 관계, 예를 들어 말하면

인류와 개별 인간의 관계에 빗대어 대답한다. 그래서 카이사레아의
바실리우스는 삼위일체 안의 한 실체는 보편과 비슷하고 세 위격은
특수와 비슷한 것으로 생각할 수 있다고 주장한다. 모든 사람이 공유
하는 인간 공통의 본질은 인간이 모두 동일하다는 것을 의미하지 않
는다. 그것이 뜻하는 바는 모든 인간은 공통의 본질(보편)을 소유하면
서도 그들 나름의 개체성(특수)을 지닌다는 것이다. 이렇게 해서 삼위
일체 내의 세 위격은 각각 독특한 특성을 지닌다.

　　카이사레아의 바실리우스에 의하면, 각 위격의 독특성은 다음과
같다. 성부는 아버지 됨으로 인해 구별되며 성자는 아들 됨으로 구별
되고, 성령은 성결하게 하는 능력에 의해 구별된다. 나지안주스의 그
레고리우스에 의하면, 성부는 '출생하지 않음'("태어나지 않음" 또는
"다른 원천에서 나오지 않음"이라는 의미를 지닌 어려운 개념)*agennesia*에
의해 구별되고, 성자는 '출생함'(이 말은 "태어남" 또는 "어떤 원천에서
나옴"이라고 번역할 수도 있다)*gennesis*에 의해 구별되며, 성령은 '보내
짐'이나 '발현함'에 의해 구별된다. 앞에서 지적했듯이703쪽, 이 유비
에 따르는 난점은 삼신론으로 비추어질 수도 있다는 것이다. 그러나
좀 더 깊이 분석해 보면, 그렇지 않다는 것을 알 수 있다.

히포의 아우구스티누스 354-430

아우구스티누스는 점차 합의를 이루어 가던 삼위일체 논의에서 많은
요소를 받아들였다. 예를 들어, 그가 일체의 종속설(신격 내에서 성자
와 성령을 성부에 열등한 것으로 보는 견해)을 철저히 거부한 데서 그 점
을 알 수 있다. 아우구스티누스는 온전한 삼위일체의 행위는 각 위격
들의 행위 배후에서 분별해야 한다고 주장한다. 따라서 인간은 단순
히 하나님의 형상으로 창조된 것이 아니라 삼위일체의 형상으로 창
조된 것이다. 성자와 성령의 영원한 신성을, 그 둘이 구원의 경륜 내
에서 차지하는 위치와 분명하게 구별하는 것이 중요하다. 비록 성자

와 성령이 성부의 뒤에 오는 것으로 보이지만 이 판단은 성자와 성령이 구원의 과정 속에서 맡는 역할에만 적용되어야 한다. 역사 속에서는 성자와 성령이 성부 하나님께 종속되는 것처럼 보이지만 영원에서는 셋 모두가 동등하다. 이것은 나중에 하나님의 영원한 본성에 근거한 **본질적 삼위일체**essential Trinity 와 역사 속에 나타난 하나님의 자기 계시에 근거한 **경륜적 삼위일체**economic Trinity 를 구분하게 되는 것을 앞서 밝힌 것이라고 볼 수 있다.

아우구스티누스의 삼위일체론에서 가장 독특한 요소라면 성령의 위격과 자리에 대한 그의 주장이라고 할 수 있다. 이 특별한 면모들에 대해서는 앞에서 필리오케 논쟁을 다루는 중에 이미 살펴보았다651-658쪽. 그러나 성령을 가리켜 성부와 성자를 하나로 묶는 사랑으로 이해한 아우구스티누스의 개념에 대해서는 여기서 구체적으로 살펴볼 필요가 있다.

성자를 '지혜'sapientia 와 같다고 본 아우구스티누스는 이어서 성령을 '사랑'caritas 과 동일한 것으로 주장한다. 그는 이렇게 정의하는데 명확한 성서적 근거는 없다고 인정한다. 그러면서도 이것이 성서 자료에서 합리적으로 추론한 것이라고 주장한다. 성령은 "우리를 하나님 안에 거하게 하고, 하나님을 우리 안에 거하게 한다." 이처럼 성령을 하나님과 신자들 사이의 연합의 근거라고 본 것은 성령을 공동체의 창시자로 보는 아우구스티누스의 개념과 연결되기에 중요하다. 성령은 우리를 하나님과 하나로 묶어 주는 신적 선물이다.

그래서 아우구스티누스는 삼위일체 자체 내에도 이와 유사한 관계가 존재한다고 주장한다. 선물에는 분명히 그 선물을 준 이의 본성이 반영된다. 하나님이 우리에게 이루어 주기를 원하는 그런 관계 속에 이미 하나님은 존재한다. 그리고 성령이 하나님과 신자들을 하나 되게 하는 끈인 것과 마찬가지로, 성령은 삼위일체 안에서도 그에 상응하는 역할을 수행하면서 세 위격들을 하나로 묶는다. "성령은……우리를 하나님 안에 거하게 하고, 하나님을 우리 안에 거하게 한다.

그런데 이 일은 사랑의 결과다. 따라서 성령은 사랑이신 하나님이다."

이 논증은 기독교인의 삶 속에서 사랑이 어떻게 중요한지를 밝히는 폭넓은 분석에 의해 보완된다. 아우구스티누스는 고린도전서 13:13("그런즉 믿음, 소망, 사랑, 이 세 가지는 항상 있을 것인데 그중의 제일은 사랑이라")을 근거로 삼아 자신의 생각을 다음과 같은 식으로 펼친다.

❶ 하나님의 가장 큰 선물은 사랑이다.
❷ 하나님의 가장 큰 선물은 성령이다.
❸ 그러므로 성령은 사랑이다.

이 분석 방식은 명백한 약점 때문에 비판을 받았으며, 특히 비인격화된 성령 개념을 낳는다는 것이 비판의 주된 이유였다. 성령은 성부와 성자를 하나로 묶고, 또 성부·성자를 신자들과 결합시키는 접착제와 같아 보인다. '하나님과 결합됨'이라는 개념이 아우구스티누스의 영성에서 핵심을 이루는 특징이며 따라서 이러한 관심사가 그의 삼위일체 논의에서 강조될 수밖에 없었을 것이다.

아우구스티누스의 삼위일체론에서 가장 두드러진 특징 하나는 그가 고안한 '심리학적 유비'다. 이렇게 인간의 정신을 근거로 사용한 추론은 다음과 같이 요약할 수 있다. 하나님이 세상을 창조할 때 피조물에다 독특한 흔적*vestigium*을 남겨 놓았다고 추정하는 것이 가능하다. 그러면 그 흔적을 어디서 찾을 수 있을까? 하나님은 그 독특한 흔적을 자신의 피조물 중 최고의 것에다 새겨 놓았다고 보는 것이 타당하다. 그런데 창세기의 창조 이야기에 의하면 인간이 하나님의 피조물 중 최고라는 결론에 이르게 된다. 따라서 아우구스티누스는 우리가 하나님의 형상을 찾고자 한다면 인간을 살펴보아야 한다고 주장한다.

하지만 여기서 아우구스티누스는 그의 비평가들이 보기에 불필요하고 적합하지 않아 보이는 조치를 취한다. 아우구스티누스는 신플라톤주의 세계관에 기초해서 인간의 정신^{mind}을 인간의 정점으로 보아야 한다고 주장한다. 그러므로 신학자들이 피조물 안에서 '삼위일체의 흔적'^{vestigia Trinitatis}을 찾으려면 인간 개인의 정신을 살펴보아야 한다는 것이다. 이 이론은 명백한 주지주의에 더해 극단적 개인주의의 특성을 지니는데, 그 까닭은 아우구스티누스가 인격적 관계(생 빅토르의 리카르두스와 같은 중세 신학자들이 선호했던 견해)가 아니라 개인의 내적 정신세계를 근거로 삼아 삼위일체를 설명했기 때문이다. 게다가 아우구스티누스의 『삼위일체론』을 처음 읽어 보면, 그가 인간 정신의 내적 작용이 구원의 경륜에 관해서 뿐만 아니라 하나님에 관해서도 많은 것을 말해 준다고 여기는 것처럼 보인다. 아우구스티누스는 이런 유비들의 가치가 제한적이라고 강조하면서도 그 스스로 이러한 비판의 원칙을 무시하고 지나치게 이 유비들을 사용하는 것으로 보인다.

아우구스티누스는 인간의 사고에서 삼중적 구조를 찾아내서는 그 사고 구조가 하나님의 존재 내에 근거한 것이라고 주장한다. 그러한 삼중구조 가운데 기억·이해·의지의 삼중구조도 적잖이 중요하지만 아우구스티누스 자신은 정신·인식·사랑의 삼중구조가 가장 중요하다고 생각한다. 인간의 정신은 비록 완벽하지는 못해도 어쨌든 하나님을 나타내는 이미지다. 인간의 정신 속에 완전히 별개의 실체가 아닌 세 가지 기능이 존재하듯이, 하나님 안에도 세 개의 '위격들'이 존재할 수 있다.

이 견해에는 몇 가지 명백한 난점이 있으며 어떤 것은 심각한 약점이 될 수도 있다. 흔히 지적되어 왔듯이 인간의 정신은 이처럼 간단하고 깔끔하게 세 가지 실체로 환원될 수 있는 것이 아니다. 그러나 결론적으로 말해, 아우구스티누스는 이 '심리학적 유비'를 구성적^{constitutive}인 요소가 아니라 예증적^{illustrative}인 요소로 사용한 것이라고 답할 수 있다. 그의 유비들은 성서와 구원의 경륜을 살펴서 얻은 통찰을 보조하는 시각 자료(비록 창조론에 근거한 보조 자료이기는 하지만)로 사용된 것이다. 근본적으로 아우구스티누스의 삼위일체론은 인간 정신에 대한 그의 분석에서 나온 것이 아니라 성서, 특히 요한복음에 대한 그의 해석에 근거한 것이다.

삼위일체론을 다시 진술해 온 서방 전통에서 가장 중요한 업적들이 20세기에 쏟아져 나왔다. 이제 여러 가지 이론을 살펴볼 것인데, 그중에서 가장 중요한 칼 바르트의 견해를 먼저 살펴본다.

칼 바르트 1886-1968

바르트는 『교회 교의학』 1936-1969 의 시작 부분에서 삼위일체론을 다룬다. 이 사실이 매우 중요한데, 그 까닭은 슐라이어마허가 확정 지었던 삼위일체 교리의 지위를 그가 완전히 뒤집어 놓았기 때문이다. 슐라이어마허에게, 삼위일체는 하나님에 관한 논의 가운데 가장 마지막에 놓을 만한 것이었다. 바르트에게, 삼위일체는 계시를 논하기 위해서는 반드시 먼저 다루어야 할 필요가 있었다. 그래서 삼위일체론이 『교회 교의학』의 앞부분에 배치되었는데, 삼위일체와 관련된 주제가 애초부터 교의학을 가능하게 하는 것이었기 때문이다. 삼위일체론은 죄인인 인간에게 하나님의 계시가 현실적인 것이 되도록 보장해 주고 든든히 받쳐 준다. 바르트의 말대로 삼위일체론은 계시에 대한 '해석상의 확증' explanatory confirmation 이다. 계시의 사실에 대한 주석이 삼위일체론이다.

"**하나님**이 자신을 계시한다. 하나님은 **자신을 통해** 자기를 계시한다. 하나님은 **자기 자신을** 계시한다." 바르트는 이 구절을 가지고 삼위일체론의 바탕을 이루는 계시의 틀을 세운다. 계시 안에서 "하나님께서 말씀하셨다!" *Deus dixit!*. 따라서 이 계시가 전제하고 함축하는 것들에 관해 탐구하는 것이 신학의 과제다. 바르트가 볼 때, 삼위일체론은 해석하고 규정하는 기능을 하며, 이러한 기능은 신학 전체에 미친다. 삼위일체는 풀어야 할 수수께끼가 아니라, 신학을 적절한 관점에 따라 세우고 그렇게 해서 신학의 문제와 수수께끼에 답을 제공해 주는 해석의 틀이다. 바르트가 볼 때, 신학이란 하나님의 자기계시 속에 담긴 것들을 '사후 숙고하는'thinking afterwards 과정이다. 우리는 "존재와 본성 그대로의 하나님과 하나님에 대한 우리의 지식의 관계를 조심스럽게 탐구해야 한다."

바르트는 이러한 설명을 바탕으로 삼아 다음과 같이 삼위일체론을 세운다. 하나님의 자기계시가 일어났다고 할 때, 그런 계시 발생에서 하나님에 관해 알려주는 사실은 무엇인가? 이 계시의 현실성은 하나님의 존재에 관해 우리에게 무엇을 말해 주는가? 바르트가 삼위일체 논의를 펼치면서 출발점으로 삼은 것은 교리나 개념이 아니라, 하나님이 말씀하시고 그 하나님의 말씀이 들려지는 현실성이다. 죄인인 인간은 하나님의 말씀을 들을 능력이 없는데 어떻게 하나님의 말씀이 들려질 수 있겠는가가 문제이기 때문이다.

위 단락은 바르트의 『교회 교의학』 가운데서 '하나님 말씀론'이라는 제목이 붙은 첫 권의 전반부 내용을 간략하게 재구성한 것이다. 여기에는 엄청난 내용이 함축되어 있으며, 따라서 풀어서 설명할 필요가 있다. 두 가지 주제를 신중하게 살펴본다.

❶ 죄인인 인간은 근본적으로 하나님의 말씀을 들을 능력이 없다.
❷ 그런데도 죄인인 인간은 하나님의 말씀을 들어 왔는데, 말씀이 인간에게 그의 죄성을 드러내 보이기 때문이다.

따라서 계시가 발생한다는 사실 자체가 설명이 필요하다. 바르트에게, 계시가 발생한다는 것은 곧 지고하신 하나님이 주님으로서 처음부터 끝까지 계시의 과정을 주도하시며 인간은 그 수용 과정에서 수동적이라는 것을 의미한다. 계시가 계시이기 위해서는 하나님이 죄인인 인간에게 그들의 죄성에도 불구하고 자신을 계시할 수 있어야 한다.

일단 이 역설을 받아들이고 나면 바르트 삼위일체론의 전체 구조를 이해할 수가 있다. 하나님은 신적인 자기계시 안에 있는 그대로 계시로 드러나야 한다고 바르트는 주장한다. 계시자와 계시 사이에는 직접적 일치가 이루어져야 한다. 만일 "하나님이 자신을 주Lord로 계시한다"(바르트 특유의 주장)면 하나님은 "그 이전에 자기 안에서도 주"여야 한다. 계시란 하나님이 영원 속에서 실제 지닌 것을 시간 속에서 되풀이하는 것이다. 따라서 다음의 두 가지 사이에는 직접적인 일치가 있다.

❶ 계시하는 하나님
❷ 하나님의 자기계시

이것을 삼위일체 신학의 언어로 표현하면, 성부는 성자 안에서 계시된다고 말할 수 있다.

그렇다면 성령은 어떤가? 여기서 우리는 바르트의 삼위일체론에서 가장 난해한 내용, 곧 '계시현실화'revealedness, 독일어 Offenbarsein라는 개념을 만나게 된다. 이 개념을 파악하기 위해 우리는 바르트와는 상관없는 예화를 들어 살펴본다. 기원후 30년경, 어느 봄날 예루살렘 외곽을 걸어가는 두 사람을 상상해 보자. 그들은 세 사람이 십자가에 처형당하는 것을 발견하고는 자세히 보기 위해 멈추어 선다. 두 사람 중 하나가 가운데 십자가에 달린 사람을 가리키며 "또 한 명의 범죄자가 처형당하는구나"라고 말한다. 그러자 다른 사람이 그 희생자를 가리키며 "하나님의 아들이 나를 위해 죽으시는 거야"라고 답한다. 나사렛 예수가 하나님의 자기계시라고 말하는 것만으로는 충분하지 않다. 나사렛 예수를 하나님의 자기계시로 **인식**할 수 있게 해주는 수단이 필요하다. 바르트의 '계시현실화'라는 개념이 말하는 핵심이 바로 이렇게 계시를 계시로서 인식하게 되는 것이다.

| 기독교 신학

이처럼 중요한 깨달음을 어떻게 얻을 수 있을까? 바르트는 아주 분명하게, 죄인은 도움이 없이는 이러한 깨달음에 이를 수 없다고 말한다. 바르트는 계시를 해석하는 일에서 인간이 어떤 능동적 역할을 한다는 것을 인정하지 않으며, 만일 인정한다면 하나님의 계시를 인간의 인식이론에 종속시키는 것이라고 생각했다(바르트는 이 견해 때문에 많은 비판을 받았다. 심지어는 이런 생각만 빼면 그의 의도에 공감해 주었을 에밀 브루너 같은 사람들에게도 비판을 받았다)338-340쪽. 계시를 계시로 해석하는 일은 그 자체가 하나님의 사역이며, 좀 더 정확하게 말해 성령의 사역이어야 한다. 인간은 주님의 말씀을 들을 능력 *capax verbi Domini*이 없으며, 그래서 말씀을 듣지 않는다. 듣는 일과 듣는 능력은 성령의 행위로 인해 가능하게 된다.

이 모든 내용에서 판단할 때, 바르트는 일종의 양태론자로서 계시의 다양한 계기들을 한분 하나님의 다양한 '존재 양식'으로 여기는 것처럼 보이기도 한다. 바로 이러한 약점을 들어 바르트를 비판하는 사람들이 있다. 그렇지만 조금 더 깊이 살펴보면 다른 비평들은 어떠할지 몰라도 이 주장은 잘못 짚은 것이라는 사실을 알 수 있다. 예를 들어, 바르트의 이론에서는 성령이 상당히 푸대접을 받는데, 이런 점에서 볼 때 그의 이론이 서방교회 전통 전반의 약점을 반영하고 있다고 볼 수 있다. 그러나 약점이 어떤 것이든 바르트는 교의신학에서 오랫동안 삼위일체론이 무시되어 온 기간을 끝내고 이 교리를 중요한 요소로 끌어올린 것으로 인정된다. 이 회복의 과정은 예수회 신학자인 칼 라너의 노력에 의해 한층 더 굳건하게 다져졌다. 이제 칼 라너에 대해 살펴본다.

칼 라너1904-1984

바르트와 마찬가지로 칼 라너도 20세기에 삼위일체 신학을 갱신하는 일에서 중요한 역할을 한 사람으로 널리 인정받는다. 현대의 삼위

독일의 가톨릭 신학자 칼
라너(1904-1984). 20세
기의 가장 중요한 신학자
가운데 한 사람으로 인정
받는다.

일체 신학이 발전하는 데서 라너가 이룬 특출한 공헌
은 '경륜적' 삼위일체와 '내재적' 삼위일체의 관계를
분석한 것이다. 그의 이론에서는 하나님이 역사 속의
계시를 통해 알려지는 방식과 하나님이 내적으로 존
재하는 방식을 분명하게 구분한다. 경륜적 삼위일체
란 역사 속에서 하나님의 자기 드러냄의 다양성과 통
일성을 우리가 경험하는 방식이라고 볼 수 있으며, 내
재적 삼위일체란 하나님 안에 존재하는 그대로의 하
나님의 다양성과 통일성이라고 볼 수 있다. 이것은 라
너가 두 이론의 관계를 정의한 공리를 따른 것으로, 현대 신학에서
널리 인용되는 그 공리는 다음과 같다. "경륜적 삼위일체는 내재적
삼위일체이며, 내재적 삼위일체는 경륜적 삼위일체이다." 달리 말해
하나님이 역사 속에서 계시되고 경험되는 방식은 하나님이 실제로
존재하는 방식과 일치한다는 것이다.

　　라너의 삼위일체 이해는 가톨릭의 전통적 삼위일체 신학이 지닌
몇몇 경향, 특히 인간의 하나님 경험과 성서의 구원 증언을 과소평가
하면서 '내재적 삼위일체'만을 강조하는 경향을 강력하게 수정하는
역할을 하였다. 라너가 볼 때, '경륜적 삼위일체'는 "구원의 경륜과
그 경륜의 삼중구조에 대하여 성서가 말하는 내용들"과 관계가 있다.
라너는 그의 공리에 따라 구원의 사역 전체는 한분 하나님의 위격
person의 사역이라고 주장한다. 구원의 신비는 복잡하지만, 단일한 하
나님의 위격이 구원의 원천과 기원과 목표임을 분별할 수 있다. 구원
과정의 다양성 배후에서 오직 한분 하나님만을 볼 수 있다.

　　구원 경륜의 단일성이라는 이 근본원리는 이레나이우스에게서
(특히 영지주의자들에 대한 그의 논박에서)283-289쪽 볼 수 있다. 영지주의
자들은 구원의 경륜 속에서 두 신적 존재를 확인할 수 있다고 주장했
다. 라너는 삼위일체 논의의 적합한 출발점은 구원 역사에 대한 우리
의 경험 그리고 그에 대한 성서의 설명이라고 주장한다. 먼저 '구원

의 신비'가 발생하며 그 다음에 우리가 움직여서 그 신비에 관한 이론을 세운다. 이렇게 "구원사와 성서에서 끌어낸, 경륜적 삼위일체에 대한 사전 지식"이 조직적인 성찰 과정을 위한 출발점이 된다. 그러므로 "내재적 삼위일체란 경륜적 삼위일체를 체계화한 개념"이라고 말할 수 있다.

따라서 라너는 내재적 삼위일체론으로 이어지는 신학 성찰의 과정은 역사 속의 구원에 대한 우리의 경험과 지식에서 시작한다고 주장한다. 이 구원사의 복잡성은 근본적으로 하나님의 본성 자체에서 비롯된다. 달리 말해, 우리는 구원의 경륜 속에서 다양성과 단일성을 경험하게 되는데 그 다양성과 단일성은 하나님이 실제로 존재하는 방식과 상응한다. 라너는 이 점을 다음과 같이 설명한다.

(진리의) 역사와 (사랑의) 영 안에서 이루어지는 하나님의 자기소통의 구분은 틀림없이 하나님 '자신 안에' 있어야 한다. 만일 그렇지 않다면, 의심할 바 없이 존재하는 이 구분이 하나님의 자기소통을 폐기할 것이다. 이러한 양태들과 그것들의 구분은 하나님 자신 안에 있거나(우리가 처음에는 그것들을 우리의 관점에서 경험하지만) 아니면 오직 우리 안에만 존재하는 것이 되기 때문이다.

달리 말해, '아버지'와 '아들'과 '성령'은 구원의 신비에 대한 우리 경험의 다양성을 이해할 수 있게 해주는 방법에 불과한 것이 아니다. 또 그것은 하나님이 우리의 역사 속으로 들어오는 목적을 이루기 위해 일시적으로 취하는 역할도 아니다. 그와는 달리 '아버지'와 '아들'과 '성령'은 하나님이 실제로 존재하는 방식을 가리킨다. 삼위일체로 나타나는 바로 그 하나님은 삼위일체시다. 하나님이 자기계시 속에서 알려지는 방식은 하나님이 내적으로 존재하는 방식과 일치한다.

존 맥쿼리 1919-2007

장로교회 전통에 속한, 스코틀랜드 신학자인 존 맥쿼리 John Mac-quarrie 는 실존주의의 관점에서 삼위일체론을 이해한다. 맥쿼리는 『기독교 신학의 원리』 *Principles of Christian Theology, 1966* 에서, 삼위일체론은 "하 나님에 대한 정적인 이해에 맞서 역동적인 이해를 옹호한다"라고 주 장하였다. 그런데 역동적인 하나님이 어떻게 동시에 정적일 수가 있 을까? 맥쿼리는 이 상충하는 문제를 숙고한 후에 결론으로 "만일 하 나님이 자신을 삼위일체로 계시하지 않았더라도 우리는 어떻게든 하 나님을 그런 식으로 생각할 수밖에 없었을 것이다"라고 말한다. 그는 기독교 전통 속에서 하나님에 대한 역동적 개념을 탐구하여 아래와 같은 식으로 정리한다.

❶ **아버지**는 '근원의 존재' primordial Being 로 정의된다. 우리는 이 정의를 "있게끔 해주는 letting-be 궁극적 행위나 동력, 그 무엇 이든 어떤 것이 있게 하는 조건, 존재하는 모든 것뿐만 아니 라 존재의 모든 가능성들의 근원"으로 이해할 수 있다.

❷ **아들**은 '현현의 존재' expressive Being 로 정의된다. 맥쿼리의 주장 에 의하면, '근원의 존재'는 존재들의 세상 속에서 자신을 표 현할 필요가 있는데, 이 일은 근원의 존재가 "현현의 존재를 통해 흘러나옴으로써" 이루어진다. 맥쿼리는 이 이론을 통해 성자가 말씀 곧 로고스이며, 세상의 창조에서 성부의 대리자 가 된다는 개념을 펼친다. 그는 이 존재 형태를 분명하게 예 수 그리스도와 관련짓는다. "기독교인들은 성부의 존재가 무 엇보다도 예수의 유한한 존재 안에서 자신의 표현을 이룬다 는 것을 믿는다."

❸ **성령**은 '일치의 존재' unitive Being 로 정의된다. "존재 Being 와 존 재자들 beings 의 일치를 유지하고 강화하며 필요에 따라 회복

시키는 것이 성령의 기능"이기 때문이다. 성령의 임무는 하나님과 세상(맥쿼리의 표현으로는 '존재'와 '존재자들')의 일치를 새롭게 하고 더 높은 수준으로 증진시키는 것이다. 성령은 존재자들을 이끌어, 최초로 그것들을 있게 한 '존재'와 새롭고도 더욱 풍부한 일치를 이루게 한다.

여기서 분명히 드러나는 점은 맥쿼리의 이론이 삼위일체론과 인간의 실존적 상황을 연계하는 데 큰 도움이 된다는 것이다. 그러나 삼위일체의 위격들에다 실존적 기능을 부여하는 데서 인위적인 조작이 이루어진다는 점에서는 분명한 약점도 있다. 만일 어쩌다 삼위일체가 네 개의 요소로 이루어졌더라면 어떻게 할 것인가라는 의구심을 품는 사람들이 있다. 맥쿼리는 이 상황을 해결하기 위해 네 번째 존재 범주를 고안하지 않았을까? 그러나 이 약점은 특별히 맥쿼리의 이론이 안고 있는 것이라기보다는 실존론적 이론이 일반적으로 안고 있는 문제다.

또 한 가지 흥미로운 문제는 맥쿼리의 이론을 일종의 양태론, 그 중에서도 특히 앞서 살펴본 기능적 양태론701쪽으로 볼 수 있는지의 문제다. 맥쿼리는 삼위일체론을 하나님 안의 세 존재 양태들의 계시로 볼 수 있다고 주장하는 것 같다.

맥쿼리의 견해는 실존주의적 신학 이론의 강점과 약점 모두를 보여준다. 이 강점과 약점을 간략하게 정리하면 다음과 같다.

❶ **강점**은, 이 이론이 기독교 신학과 인간 실존의 구조들이 상호 관련될 수 있는 방식을 제시함으로써 신학에다 강력한 부가적 차원을 제공해 준다는 점이다.
❷ **약점**은, 이 이론이 기존의 기독교 교리들을 실존론적으로 강화할 수 있을지는 몰라도 애초에 교리를 세우는 데는 별로 유용하지 못하다는 점이다.

로버트 젠슨 1930 출생

루터주의 관점에서 글을 쓰면서도 개혁주의 전통에 조예가 깊은 현대 미국 신학자인 로버트 젠슨 Robert Jenson 은 전통적인 삼위일체론을 창조적이고 신선하게 다시 진술하였다. 여러 가지 점에서, 젠슨은 바르트의 견해를 발전시키고 특히 하나님의 자기계시 개념을 소중하게 여겨 새롭게 강조한 사람이라고 볼 수 있다. 그의 책『삼위일체의 본질: 복음서의 하나님』The Triune Identity: God According to the Gospel, 1982 에서는, 지금까지 무시되어 온 이 문제가 새롭게 관심을 끄는 시대에서 삼위일체론을 논하는 데 필요한 근본적인 기준점을 제시한다.

젠슨은 '아버지와 아들과 성령'이라는 구절이 예수 그리스도 안에서 또 그를 통하여 기독교인들이 알게 되는 하나님을 가리키는 고유명 proper name 이라고 주장한다. 하나님이 고유명을 가져야 하는 것은 당연한 일이라고 그는 주장한다. "삼위일체론 논의는 우리에게 다가오신 하나님의 신분을 밝히려는 기독교의 노력이다. 삼위일체론에서는 '성부, 성자, 성령'이라는 고유명과 더불어……그에 상응하는 신분 확인 설명을 신중하게 밝히고 분석하는 일을 한다." 젠슨은 고대이스라엘은 다신론적인 환경에 속했으며 그런 상황에서 '신'이라는 말은 상대적으로 빈약한 정보만을 담고 있었다고 말한다. 자기들 앞에 있는 신의 이름을 밝히는 것이 필요했다. 신약성경의 저자들도 그와 비슷한 처지에 있어서 자신들이 섬기는 신의 정체를 밝히고 그 신을 그 지역, 특히 소아시아에서 섬기고 인정하는 다른 많은 신들과 구별할 필요가 있었다.

따라서 삼위일체론은 기독교의 하나님의 **신분**을 밝히고 **이름**을 붙인다. 그러나 어디까지나 성경의 증언과 일치하는 방식으로 하나님의 정체를 밝히고 이름을 붙인다. 그 이름은 우리가 선택한 이름이 아니다. 그것은 우리를 위해 선택된 이름이며 우리가 사용하도록 위임받은 이름이다. 이렇게 해서 젠슨은 인간이 하나님 개념을 세우는 것에 맞서서 하나님의 자기계시가 우선함을 옹호한다. "복음서는 하나님을 가리켜 예수를 죽은 자들 가운데서 일으켜 세우신 분이라고 말한다. 신학의 과제는 다름 아니라 이 문장을 다양한 방식으로 풀어내는 것이라고 말할 수 있다. 이러한 방식으로 이룬 결과 가운데 하나가 교회의 삼위일체적인 언어와 사고다." 앞쪽의 한 항목414-419쪽에서 우리는 초대교회가 무심결에 하나님에 관한 기독교 특유의 개념들을 기독교가 확산해 들어갔던 헬레니즘 상황에서 나온 개념들과 뒤섞었던 일에 대해 살펴보았다. 삼위일체론이란 바로 그런 식의 왜곡을 막아내는 필수적인 장치였으며 지금도 그렇다는 것이 젠슨의 주장이다. 삼위일체론은 교회로 하여금 자기 신조의 독특성을 발견하게 해주며 또한 경쟁자들의 신 개념에 흡수되는 일을 피할 수 있게 해준다.

하지만 교회는 자기를 둘러싼 지적 환경을 무시할 수 없었다. 경쟁자들의 신 개념에 맞서 기독교의 하나님 개념을 지키는 것이 교회의 한 가지 사명이었다면 다른 하나의 사명은 "복음서에서 가르치는 삼위일체 하나님 개념을 형이상학적으로 분석하는 것"이었다. 달리 말해, 교회는 기독교인들이 자신들의 하나님에 관해 어떤 것을 믿는지 그리고 이 믿음이 그들과 다른 사람들을 어떻게 구분해 주는지 정확하게 설명하기 위해 당시의 철학적 범주들을 이용할 수밖에 없었다. 역설적이게도 기독교를 헬레니즘과 구별하려는 노력이 헬레니즘의 범주들을 삼위일체 논의 속으로 끌어들이는 결과를 낳았다.

따라서 삼위일체론에서 확인할 수 있는 분명한 사실은 성서와 교회의 증언을 통해 하나님의 이름이 정해졌다는 점이다. 히브리 전통에서는 역사적인 사건들을 통해 하나님의 정체성을 밝힌다. 젠슨은, 구약성경이 역사에 나타난 하나님의 수많은 행위들, 예를 들어 이집트 포로생활에서 이스라엘이 해방된 것 같은 사건들을 통해 하나님의 정체성을 밝혀 주었다고 지적한다. 이와 동일한 양식을 신약성경에서도 분명히 확인할 수 있다. 역사적 사건들, 그중에서도 특히 예수 그리스도의 부활이라는 사건을 통해 하나님의 정체성을 분명하게 확인할 수 있다. 하나님은 예수 그리스도와 관련하여 어떠한 분인지 밝혀진다. 하나님은 어떤 분인가? 우리가 말하는 하나님은 어떤 신인가? 그리스도를 죽은 자들 가운데서 일으키신 하나님이다. 젠슨의 말대로, "'하나님'과 '예수 그리스도'라는 용어가 서로를 규정하는 의미 패턴semantic pattern 의 등장"이 신약성경에서 근본적인 중요성을 지닌다.

이렇게 젠슨은 형이상학적 사변으로부터 인격적인 하나님 개념을 되살려 냈다. '아버지'와 '아들'과 '성령'은 **고유명**이며, 우리는 이것을 사용하여 하나님의 이름을 부르고 하나님에 관해 말해야 한다. "언어적인 신분 확인 도구들―고유명이나 신분 확인 내용들, 또는 그 두 가지 모두―은 종교의 필수적인 요소다. 다른 간구나 찬양과 마찬가지로 기도에서도 수신자의 이름을 밝힐 필요가 있다." 그러므로 삼위일체는 신학의 정밀함을 위한 도구가 되며, 또한 우리에게 하나님에 관해 논할 때 정밀할 것을 요구한다.

―――――――――――――― 최근의 삼위일체 논의

20세기 후반에 삼위일체론과 관련해 주목할 만한 연구들이 이루어졌다. 계몽적 합리주의가 무너진 후에 삼위일체론이 새롭게 신뢰를 얻고 그 함의에 대한 인식이 증가하면서 이 교리에 대한 성찰이 폭발적으로 증가하였는데, 이러한 성찰의 효율성과 창조성을 독자들에게 소개하기 위해 최근에 이루어진 네 가지 논의에 대해 간략하게 살펴본다. 그러나 그에 앞서 조직신학 내에서 삼위일체론의 위치와 관련한 고전적인 문제를 살펴보는 것으로 시작한다.

슐라이어마허1768-1834와 삼위일체 교리의 위치

전통적으로 삼위일체론은 기독교 신학 저술에서 시작 부분에 위치했다. 그 까닭은 신학 저술들이 기독교 신조들의 영향을 크게 받았기 때문이다. 신조들은 하나님에 대한 믿음을 선언하는 것으로 시작한다. 그래서 대부분의 신학자들이 자연스럽게 이러한 형식을 따라 신론에 관한 논의를 저술의 시작 부분에 배치하게 되었다. 이러한 고전 전통을 따라 신학을 전개했던 대표적 인물이라고 할 수 있는 토마스 아퀴나스약 1225-1274는 『신학대전』을 신론 일반에 대한 논의로 시작하고 바로 그 뒤에 구체적인 삼위일체론을 배치하는 것을 당연한 일로 여겼다. 그러나 이 방식만이 택할 수 있는 유일한 길이 아니라는 점을 알 필요가 있다. 이 점을 확인하기 위해 슐라이어마허의 『기독교 신앙』1821-1822, 개정판1830-1831에서 신론에 관한 논의가 어디에 위치하는지 살펴본다.

앞서 살펴보았듯이171, 308-310쪽 슐라이어마허의 신학 방법은 '절대의존의 감정'이라는 인간 공통의 경험에서 출발하며, 이어서 기독교적 의미에서 이것을 하나님에 대한 절대의존의 감정이라고 해석한다. 이런 의존 감정으로부터 추론하는 긴 과정의 결과로, 슐라이어마허는 마침내 삼위일체론에 이르게 된다. 이 삼위일체론은 그의 저술 끝부분에 부록으로 배치된다. 칼 바르트와 같은 사람들에게 이것은 슐라이어마허가 삼위일체를 자기 신학의 부록쯤으로 여겼다는 증거로 비추어진다. 또 어떤 사람들에게는 이 사실이 신학자가 하나님에 관해 말할 수 있는 최종 진술, 곧 신학 작업 전체의 절정이 바로 삼위일체라는 것을 의미한다.

슐라이어마허가 삼위일체 개념에 대해 의구심을 지녔던 것은 확실하다. 그 이유 가운데 일부는, 그가 기독교 신앙의 주된 강조점을 다른 곳에 (특히 교회론과 나사렛 예수의 인격에) 두어야 한다고 믿었기 때문이다. 다른 비평가들은 슐라이어마허가 어떻게 삼위일체가 신자들의 직접적인 자의식과 조화될 수 있을지 알지 못했던 것이라고 주장했다. 비교적 우호적인 비평가들의 지적에 따르면, 분명 슐라이어마허는 합리주의적 특성이 두드러지는 상황에서 삼위일체를 옹호하는 일이 중요하다고 여겼으며, 나아가 하마터면 잃어버릴 수도 있었던 몇 가지 중요한 통찰들을 삼위일체가 소중히 간직하고 있다는 사실을 보이고자 노력했다.

위르겐 몰트만^{1926 출생}의 사회적 삼위일체

『삼위일체와 하나님의 나라』*The Trinity and the Kingdom of God*, 1980에서 위르겐 몰트만은 기독교의 신론을 고대 그리스의 실체 형이상학과 근대의 선험적 주관성의 형이상학의 한계로부터 해방시키고자 노력한다. 뒤에서 곧 살펴보겠지만 에버하르트 융엘이 조금 앞서서 이와 유사한 과제와 씨름했다. 하지만 몰트만의 『삼위일체와 하나님의 나라』는 철저히 사회적인 삼위일체론을 제시하였다는 점에서 특별히 중요하다. 몰트만의 사회적 삼위일체론에서는 아버지와 아들과 성령으로 이루어진 공동체 안에서 성령의 위격과 사역이 상대적인 독립성을 지닌다는 점을 강조한다. 몰트만은 일부 사람들에게 불안감을 느끼게 할 정도로 이 방식을 밀고 나가서 삼위일체 안에는 고정된 질서가 없다는 점을 강조한다. 카파도키아 학파의 상호내주● 이론에서 말하듯이 하나님의 단일성은 세 위격이 관계 안에서 이루는 일치다. 이러한 개념 이해를 근거로 몰트만은 "삼위일체의 위격들은 신적 삶의 순환 가운데서 그들 스스로 일치를 이룬다"고 주장한다. 이러한 신 개념은, 세 위격의 실제적인 주체성을 약화시키는 듯한 '일신론'이나 '군주신론'의 신론들과는 완전히 반대되는 것이라고 몰트만은 주장한다. 특히 흥미로운 사실은 몰트만이 이 개념을 사용하여 인간 사회를 철저히 신학적으로 이해한다는 점이다.

"삼위일체는 우리의 사회적 프로그램이다." 위르겐 몰트만에게, 삼위일체론은 하나님을 신적인 세 위격의 연합, 곧 독특하지만 서로 관련된 세 주체의 연합으로 그려낸다. 하나님을 이처럼 서로 사랑하고 영향을 주고받으며 지탱해 주는 사회로 보는 독특한 이해로 인해 기독교 신학이 사회이론을 발전시킬 수 있게 된다. "사회적 삼위

● **상호내주**
perichoresis

삼위일체론과 관련된 용어로, 라틴어로 흔히 '상호침투'(*circumincessio*)라고 표기하기도 한다. 삼위일체의 세 위격 모두가 서로 다른 위격들의 삶에 참여하며 그래서 어느 위격도 나머지 위격들의 활동에서 분리되거나 고립되지 않는다는 개념이다.

일체론은 신 개념에서는 일신론을 극복하고, 인간론에서는 개인주의를 극복하며, 나아가 사회적 인격주의와 인격적 사회주의를 발전시킬 수 있는 위치에 있다." 몰트만이 볼 때, 기독교의 삼위일체 개념은 "교회 안에서 그리고 사회 속에서 진정한 인간 공동체의 모범"을 제시한다. 지나치게 권위적이고 중앙 집중적인 정부 이론들은 하나님의 '군주통치'를 강조하는 신 관념에서 비롯된 것이지, 신적인 단일성과 공동체성을 강조하는 삼위일체적 신론과는 상관이 없다. 따라서 몰트만은 사회적 삼위일체 이론이 신학적인 기능과 사회적인 기능을 지닌다고 본다. 즉 이 삼위일체론은 신학적인 면에서는 그릇된 신 개념을 날카롭게 비판하며, 사회학적으로는 하나님을 사회적 존재라는 관념으로 다듬어서 전체 사회를 위한 적합한 패러다임으로 기능할 수 있게 한다.

> 지배와 종속이 없이 하나 되고 하나를 이루어 가는 기독교 공동체 안에서, 그리고 계급 지배와 독재적인 억압이 없이 하나 되고 하나를 이루어 가는 인류 안에서만 삼위일체 하나님은 드러난다. 그 세상은 사람들이 자신의 힘이나 재산이 아니라 그들이 맺는 사회적 관계에 따라 규정되는 곳이다. 그 세상은 사람들이 각자의 인격적 특성을 제외한 모든 것을 함께 소유하고 서로 나누는 곳이다.

여기서 몰트만이 제시하는 종류의 사회적 삼위일체론들은 여러 가지 이유에서 비판을 받았다. 그 가운데서 가장 중요한 비판은 사회적인 삼위일체 모델들이 현대적인 이상과 사회 및 인간의 관계들을 하나님께로 투사하는 경향이 있으며 그래서 삼위일체론이 이런 이상들에게 타당성을 부여하는 것으로 볼 수 있다는 것이다. 캐런 킬비Karen Kilby와 같은 비평가들의 주장대로, 투사의 위험성이 있다. 다시 말해, 인간 사회의 기존 가치나 규범을 삼위일체 속으로 끼워 넣고는 그것을 삼위일체로부터 읽어 내는 것, 그 결과 하나님께 투사된 것이

즉시 되돌려져 세상에 반영되는 것이다. 이런 우려를 간략하게 정리하면, "사회적인" 삼위일체 이론들은 사회의 중심 규범과 가정들을 대변할 위험이 있다는 것이다. 하지만 이 이론의 지지자들(레오나르도 보프 같은 사람)은 이 이론이 교회와 사회를 이해할 수 있는 견고한 신학적 토대를 제공해 준다고 주장한다.

에버하르트 융엘의 삼위일체와 형이상학

에버하르트 융엘은 그의 난해한 책, 『세상의 신비이신 하나님』[1977]에서 사람들이 "마치 신이 존재하지 않는 것처럼"*etsi Deus non daretur* 살아가는 세상에서 어떻게 하나님에 대해 책임 있게 말하는 것이 가능하겠는가를 탐구한다. 융엘이 볼 때, 문제에 대한 답도 그렇지만 문제 자체도 명확하다. 문제는 서구의 신학이 기독교 계시의 특수한 내용이 아니라 세속 형이상학에서 빌려온 신 개념들을 사용해 하나님 사유를 세웠다는 것이다.

융엘이 우려하는 것은, 특정 형태의 형이상학―그는 이것이 데카르트에게서 온 것이라고 본다―은 제국주의적인 주장을 펼치는데, 이것을 그대로 용납한다면 기독교 본래의 신 개념을 파괴하는 결과를 낳는다는 점이다. 융엘은 피히테와 루트비히 포이어바흐, 프리드리히 니체 같은 기독교 비판가들이 전제로 삼은 신 이해는 기독교 전통이 아니라 서구 형이상학 전통에서 끌어온 것이라고 지적한다. 그렇게 해서 융엘은 19세기와 20세기에 서구 문화에 등장한 주요 무신론들이 부정한 것은 사실 기독교의 신이 아니라 형이상학이 가르치는 부적절한 신 개념이었다고 제대로 밝힌다. 이와 상당히 유사한 주장을 펼치는 알래스데어 매킨타이어는 "19세기와 20세기에 불신앙의 대상으로 밀려난 하나님은 다름 아니라 17세기 때 고안된 신이었다"고 꼬집었다.

융엘의 해답은 기독교가 자체의 고유한 신 개념, 곧 근본적으로 삼위일체적 본질을 지니는 신 개념을 되찾도록 하는 데에 있다는 것이다. 하나님은 십자가에 달린 그리스도에게서 자신을 알리시며, 따라서 신앙은 십자가에 달린 인간 나사렛 예수를 하나님과 동일한 분으로 인식한다는 것이 융엘의 주장이다. 몰트만처럼 융엘도 십자가를 하나님의 삼위일체적 역사의 중심으로 본다. 그리스도의 십자가 죽음을 올바로 해석할 때 고전 유신론의 철학적 일신론에서 완전히 벗어나서 기독교 고유의 본래적인 삼위일체론에 이르게 된다.

융엘은 여기서 한 걸음 더 나아가 삼위일체론적인 '십자가 신학'을 펼친다. 십자가는 성부와 성자의 분화differentiation를 계시한다(그보다 앞서 위르겐 몰트만이 비슷한 견해를 내놓았는데, 그는 성부와 성자가 고난을 서로 다르게 경험하는 방식을 해명하고 그 방식에 함축된 삼위일체적 의미를 설명한다). 하지만 부활은 아버지와 아들, 곧 하나님과 예수의 일치를 보여준다. 이것을 어떻게 해석해야 할까? 융엘은 "하나님과 예수의 동일성을 알기 위해서는 하나님을 하나님으로부터 구분하는 것이 필요하다"는 선언으로 삼위일체론에 이르는 길을 다진다. 신약성서 역시 이런 식으로 성자 하나님(십자가에 달린 예수)과 성부 하나님(예수를 죽은 자들 가운데서 일으키신 분)을 구별한다. 그리고 성부와 성자는 일치의 끈인 성령에 의해 하나가 된다.

그리스도의 십자가 처형과 부활의 관계에서 확인된 하나님 안의 '자기 분화'는 삼위일체론을 세우는 토대가 된다. 이러한 하나님의 자기 분화는 또한 기독교에서 일신론과 형이상학적 유신론, 그리고 이에 대응하는 무신론들을 비판할 수 있는 이론의 토대가 되기도 한다. 여기서 분명하게 드러나는 융엘의 생각은, 교회가 세상과 맞선 싸움을 온전히 감당하기 위해서는 교회 자신의 독특한 하나님 이해를 회복하고 나아가 세속 형이상학에 사로잡혀 있는 상태에서 벗어나는 일이 우선해야 한다고 보았다는 점이다. 그런데 이 일을 이루는 데서 핵심 역할을 하는 것이 바로 삼위일체론이다.

캐서린 모리 라쿠냐[1952-1997]의 삼위일체와 구원

최근에 삼위일체론의 신학적 기초와 함의를 다룬 연구 가운데 가장 인상적인 것이라면 캐서린 모리 라쿠냐Catherine Mowry LaCugna, 1952-1997의 『우리를 위한 하나님: 삼위일체와 기독교인의 삶』God for Us: The Trinity and Christian Life, 1991 을 들 수 있다. 방대하고도 체계적인 이 책은 삼위일체론이 왜 서방교회에서 그렇게 큰 문제가 되었는지를 살피고 그에 대해 몇 가지 해결책을 제시한다. 노트르담 대학교의 신학교수였던 라쿠냐는 이 책에서 서방교회의 삼위일체론이 구원 경륜 속에 나타난 하나님의 계시는 무시하고 하나님의 본성 자체에 대한 사변적인 숙고에 몰입한 경향이 있었다는 핵심 주장을 펼친다.

라쿠냐는 이러한 발전 과정을 추적하여, 니케아 공의회[325] 때 아주 중요했던 테올로기아theologia와 오이코노미아oikonomia 사이의 긴장, 곧 내재적·본질적 삼위일체와 경륜적 삼위일체 사이의 긴장을 밝혀낸다. **오이코노미아**라는 말은 경륜적 삼위일체와 같은 것으로서, 예수 그리스도와 구원 역사를 통해 일하는 성령의 활동 안에 나타난 하나님의 자기소통을 가리킨다. 하나님에 대한 우리의 지식은 모두 이러한 활동의 결과로 알게 된 것이다. 하나님의 영원한 존재에 대한 우리의 지식을 뜻하는 **테올로기아**는 하나님의 구원 경륜 속에 나타난 계시에서 우리가 알게 된 것과 원칙상 겹치는 것이다. 우리는 계시된 것을 벗어나서는 하나님의 내재적 삶을 알 수 없다. 그런데 이 사실을 인정하지 않은 기독교 전통에서는 성서의 계시가 아니라 그리스 철학으로 다듬어진 신 개념을 받아들여 삼위일체론을 세웠다. 앞서 살펴보았듯이 에버하르트 융엘도 『세상의 신비이신 하나님』에서 일찍이 이와 유사한 비판을 제기하였다. 이 문제를 해결하기 위해서는 구원의 경륜을 다시 우리의 하나님 본질 이해에 결정적인 요소로 받아들일 필요가 있다고 라쿠냐는 주장한다.

이러한 목적에서 라쿠냐는 칼 라너의 견해를 창조적이면서도 비판적으로 수용한다. 라쿠냐는 경륜적 삼위일체와 본질적 삼위일체에 대해 라너가 한 말을 수정하여 다음과 같이 말한다. "신학은 구원론과 분리될 수 없으며, 구원론은 신학과 분리될 수 없다." 테올로기아와 오이코노미아의 동일성을 회복할 것을 주장한 라쿠냐는, 그러할 때에야 하나님의 내적 측면과 외적 측면을 가르는 부적절하고 잘못되기 쉬운 구분에서 벗어날 수 있다고 믿었다. 이렇게 "니케아 이전의 성경적 사고방식으로 복귀"함으로써, 오직 하나의 삼위일체적인 하나님의 삶이 있으며 이 삶이 구원사의 전 영역을 포괄하고 지탱한다는 점을 다시 긍정할 수 있게 된다. 이것은 기독교 신앙의 핵심 내용으로서 계시된 것이지 결코 사변적인 교리가 아니다.

> 삼위일체론은 하나님께서 예수 그리스도와 성령을 통해 우리와 이루시는 친밀한 교제를 확증해 준다. 삼위일체론 자체가 기독교인의 삶에 큰 중요성을 지니는 매우 실천적인 교리다. 성경과 신조와 예전(禮典)의 구체적인 언어 및 이미지들과 호흡이 잘 맞는 방식으로 삼위일체론을 다듬어 냄으로써, 기독교의 신론은 윤리와 영성과 교회의 삶뿐만 아니라 다른 신학 분야와도 다시 연결될 수 있게 된다.

사라 코클리[1951 출생]의 페미니즘과 삼위일체

전통적인 삼위일체 신앙 언어에서는 "아버지와 아들과 성령"을 말한다. 표면상으로만 보면 전통적 언어는 남성적인 하나님상의 손을 들어주는 것처럼 보인다. 페미니스트 신학에서 다루는 의제 가운데 하나가 성[gender] 쟁점들에서 생겨난 힘의 불균형을 밝히고 교정하는 일이다. 1973년에 저명한 페미니스트 저술가인 메리 데일리[1928-2010]는 "만일 하나님이 남자라면, 남자가 하나님이다"라고 꼬집어 말했다. 데일리는 신학의 모든 분야와 특히 전통적인 삼위일체 이론에서 남성적인 언어와 이미지가 사용되어 온 데 대해 강하게 비판했다. 그녀는 전통적인 삼위일체론을 가리켜 '소년단'이라든가 '남성 협회'라는 말로 묘사해서 유명해졌다.

그렇다면 대안은 무엇인가? 페미니즘은 이 쟁점을 어떻게 적극적으로 풀어갈 수 있을까? 다양한 견해들이 등장했다. 어떤 페미니스트 저술가들은 전통적인 언어들을 성 구분이 없는 용어로 바꾸어야 한다고 주장했다. 그래서 "아버지와 아들과 성령"을 "창조자, 구속자, 보호자"로 바꾸었다. 다른 사람들은 기독교 역사의 특정 시기에 성령을 여성적 용어로 불렀던 사실을 지적하면서, 그 예로 성령을 여성형 대명사로 지칭했던 시리아 문헌 자료665-667쪽를 들었다. 또 어떤 이들은 삼위일체에서 중요한 것은 계급 구조가 아닌 관계성이라는 점을 강조하면서, 권력 구조를 정당화하려는 방향이 아니라 하나님과 기독교인의 친밀함을 촉진하려는 쪽으로 삼위일체를 해석했다.

이 문제를 가장 건설적이고 흥미롭게 연구한 사람으로 성공회 학자인 사라 코클리를 들 수 있다. 코클리는 특히 교부시대의 기독교 교리를 깊이 연구하여 그 지식을 기초로 삼위일체 이론을 다듬었다. 남성적인 신학 담론이 에로스의 요소는 전혀 없이 합리적이고 냉정한 경향으로 흘렀음을 지적한 코클리는, 삼위일체론의 자료들을 비판적으로 읽음으로써 삼위일체 신학을 온전하게 인식하는 전략을 펼친다.

코클리는 많은 책을 통해 자신의 생각을 주장했는데, 그중에서 『권력과 복종: 영성과 철학과 성』2002이 가장 뛰어나다. 그러나 그녀의 이론의 근간은 「내 가슴을 때려 주소서」Batter my heart라는 제목의 논문에서 가장 쉽게 확인할 수 있다. 이 제목은 존 던John Donne, 1572-1631이 삼위일체의 힘을 탐구하여 노래한 시의 도입부에서 빌려온 것이다. 코클리의 이론에는 세 가지 기본 요소(또는 '공리')가 있다. 그녀는 삼위일체의 모든 개념에는 권력의 관념이 깊숙이 뿌리내리고 있다는 사실을 지적하는 것으로 논의를 시작한다.

하나님을 삼위일체로 보는 전망에서는 삼위일체의 내적 관계(곧 아버지와 아들과 성령의 관계)를 올바른 관계를 위한 원형이나 뼈대로 여긴다. 그래서……만일 "개인적인 것이 정치적인 것"(널리 알려진 페미니즘의 구호)이라면, 아무리 분석한다고 해도 삼위일체론에서 정치적, 영적, 성적 함의를 완전히 벗겨낼 수가 없다.……그러므로 기독교 페미니스트의 과제는 그러한 연관성과 함의들을 색출하고 나아가 힘을 다해 비판하며 그 방향을 바꾸는 것이다.

이러한 개념을 설정하고 나서 코클리는 기독교의 기도 체험과 실천을 삼위일체론을 이해하는 틀로 삼을 것을 주장한다. "기독교의 기도, 그중에서도 특히 비교적 말을 사용하지 않는 관상기도나 은사기도를 분석함으로써 삼위일체론 성찰의 뿌리를 해명하는 매우 분명한 토대를 확보할 수 있다." 특히 코클리는 기도를 통해 하나님과 신자의 친밀한 관계를 세우는 일에서 성령이 맡는 역할을 강조한다. 일부 페미니스트들이 남성적인 삼위일체를 뒤집어엎는 수단으로 성령의 여성성을 주장하는 데 반해, 코클리는 성령의 역할을 예언 및 황홀 체험과 연관지어 논하면서 이 일을 통해 기독교 신앙, 특히 하나님에 대한 합리주의적 해석을 비판할 수 있다고 본다.

마지막으로 코클리는 어떻게 "교회가 정치-교회적 구실을 내세워, 이처럼 성령을 중요하게 여기는 하나님 비전이 중심 무대로 오르는 것을 차단"했는지 밝힌다. 신학의 역사를 두루 살핀 코클리는, 오리게네스[약 185-254]와 니사의 그레고리우스 같은 교부 저술가들은 후대 교회의 특징으로 자리 잡은 냉정하고 확고한 합리주의와는 거리가 먼 성서 해석 이론을 발전시켰음을 지적한다.

그런데 이것은 페미니즘과 어떤 관계가 있는가? 코클리의 견해는 이해하기가 어려우며 또 전통적 삼위일체론의 언어 및 이미지와 직접 대비되는 형태를 취하지 않는다. 오히려 그녀는 전통적 삼위일체론을 새로운 방식으로 이해하고 그 방향을 수정하는 틀을 제시한다. 그녀는 기도의 실천을 통해 하나님에 대한 합리주의적인 이론에서 벗어나 구체적인 경험을 강조하는 이론으로 옮겨갈 수 있다고 주장한다. 기도는 능력을 부어 주는 삼위일체적인 행위이며, 기도 속에서 신자들은 추상적이고 획일적인 신적 실체가 아니라 삼위일체 하나님의 생생한 실재와 관계를 맺게 된다. 비록 코클리가 노골적이고 일반화된 성 개념들을 드러내지는 않지만, 남성적인 신학 작업은 '합리주의', 곧 **로고스**와 연결짓고 여성적인 신학 작업은 '관계성', 곧 **에로스**와 연결짓는다는 점은 분명하다. 코클리의 이론은 오늘날 신학의 역사를 비판적으로 해석하고 삼위일체의 비전을 좀 더 통합적으로 새롭게 이해하려는 노력에 유용한 틀을 제공한다.

——————— 삼위일체론의 르네상스: 몇 가지 사례

새롭게 삼위일체에 대한 관심이 일게 된 토대는 제2차 세계대전 이전 시대에 칼 바르트와 몇몇 신학자들에 의해 다져졌다. 그때 이후로 교회의 삶과 사상 전체를 삼위일체적 관점에서 연구하는 일에 큰 관심이 쏠렸다. 가톨릭과 개신교와 정교회가 똑같이 신앙의 삼위일체적 구조를 탐구하는 일에 열심을 냈다. 이러한 연구의 중요성을 강조한 사람이 삼위일체 신학의 '새로운 전망'을 주장한 대표적 인물인 영국 신학자 콜린 건튼Colin Gunton, 1941-2003 이다.

> 하나님은 삼위일체이며 그런 까닭에 그분에 대한 우리의 응답은 그 존재의 풍성함에 어울리게 특별한 방식으로, 좀 더 정확하게 말해 다양한 방식으로 이루어져야 한다.……이 말을 뒤집어 보면, 삼위일체의 삶 안에서는 모든 것이 다르게 보인다는, 아니 실제로 다르게 존재한다는 의미가 된다.

이제 마지막으로 이러한 이론 가운데 몇 가지를 살펴보면서, 우선 신학의 다른 주제들이 서로 연관되어 있다는 사실을 밝히고 또 그 주제들이 교회의 삶과 증언에 어떤 의미와 유용성이 있는지 살펴본다. 철학자 임마누엘 칸트는 삼위일체론이 합리성과 유용성이라는 두 가지 면에서 문제가 있다고 보았다. 그는 삼위일체론이 "실제와의 관련성이 전혀 없다"고 주장하였다. 그가 문제로 삼은 두 가지에 대해 현대 신학자들은 대체로 부정적인 견해를 나타낸다.

이제 살펴볼 내용은 최근에 이루어진 주요한 발전들을 주제별로 상세하게 고찰한 것이 아니라 간략하게 그 중요성을 헤아려 보는 것이다. 먼저 최근에 선교신학에서 이루어진 발전을 살펴본다.

삼위일체론적 선교신학

삼위일체론이 교회의 선교 활동에서 일정한 역할을 담당한다는 견해가 언제나 있어 왔다. 그러나 제2차 세계대전 이전의 기독교 선교신학은 대체로 그리스도 중심적 특성을 지니고 나사렛 예수의 정체성과 그의 주장에 초점을 맞추었다. 예를 들어, 선교사이자 신학자였던 레슬리 뉴비긴Lesslie Newbigin, 1909-1998 주교는 교회의 본질과 선교에 관련해서 처음에는 강하게 그리스도 중심적인 사고를 펼쳤다. 그의 『하나의 몸, 하나의 복음, 하나의 세계』One Body, One Gospel, One World, 1958는 이러한 견해를 대변하는 고전적 저술이라고 할 수 있다. 하지만 삼위일체론을 깊이 성찰하고 또 인도에서 교회의 삶에 대해 폭넓게 체험한 후에 뉴비긴의 사상에 변화가 나타났다. 『삼위일체론과 현대의 선교』Relevance of Trinitarian Doctrine for Today's Mission, 1963는 그의 사상을 보여주는 대표적 저술로서, 선교에 대한 이해를 좀 더 엄밀하게 삼위일체론적 방식으로 다루게 되는 전환점을 이루었다.

이러한 발전에 다른 신학자들도 큰 기여를 했다. 1960년대 초에 네덜란드의 선교학자인 요하네스 호켄다이크Johannes Hoekendijk, 1912-

1975는, 선교를 그리스도 중심적인 기초 위에 세우고 교회 중심적인 활동으로 이해하는 일반적인 흐름에 강하게 반대하였다. 그 대신 그는 선교신학을 삼위일체론적 토대 위에 세울 것을 주장하였으며, 교회가 아니라 이 세상이 하나님께서 일하시는 일차적 자리가 된다고 보았다. 그는 일반적인 선교신학 이론들은 세상이 아니라 '부적절한 중심'인 교회를 축으로 삼는 까닭에 길을 잃을 수밖에 없다고 주장하였다. 그는 구체적인 선교 활동보다 앞서 하나님이 세상 속에서 일하신다는 사실을 긍정하는, 확고하고 일관된 삼위일체 신학을 세울 때 확실한 방향 전환을 이룰 수 있다고 보았다.

이러한 사고의 전환은 1966년에 제네바에서 열린, 세계교회협의회WCC의 '교회와 사회에 관한 회의'에서도 분명하게 제시되었는데, 이 회의에서는 선교 사역을 삼위일체적 토대 위에 세운 견해를 채택하였다. "우리가 출발점으로 삼는 기본 전제는 삼위일체 하나님이 세상의 주님으로서 그 안에서 일하신다는 것과, 또한 교회의 사명은 그분의 행위를 드러내고 그분의 명령에 응답하며 인류를 이 신앙으로 인도하여 그분께 순종하게 하는 데 있다는 것이다."

이와 같은 발전이 기독교 선교를 이해하는 데 어떠한 의미를 지니는지를 평가하기 위해서는 좀 더 깊이 살펴볼 필요가 있다. 그러나 분명한 사실은, 삼위일체론적 실재관의 지적 풍요로움을 새롭게 인식하는 것이 이러한 선교관을 세우고 다듬는 데 적지 않게 중요하다는 점이다. 오늘날 삼위일체론적인 선교학은 교회의 선교를 논하는 일에서 매우 의미 있고 생산적인 패러다임으로 인정된다. 하지만 이 이론에도 그 나름의 난점이 있으며 여러 비판이 제기된다. 뉴비긴은 서구 신학에서 일어나고 있는 삼위일체론의 부흥을 분명하게 지지하기는 하지만 한편으로 몇 가지 우려를 나타내고 있다. 이렇게 삼위일체를 강조하는 것이 '그리스도의 우주적 주권'과 같은 극히 중요한 개념들을 약화시키는 것은 아닐까? 새로운 틀이 전통적인 선교 이론에 활력을 불어넣는 것이 아니라 대체하는 것은 아닐까? 이러한 논의는 앞으로 계속될 것으로 보인다.

삼위일체론적 예배신학

기독교인들이 예배하는 방식과 사고하는 방식 사이에는 밀접한 관계
가 있음이 분명하다. 예배―또는 송영*―와 신학은 동전의 양면과
같은 것으로 인정되고 있다. 지난 20여 년 동안 예배신학에 대한 관
심이 크게 늘었으며, 거의 대부분의 논의가 삼위일체론을 기초로 삼
았다. 이러한 흐름의 기원을 제프리 웨인라이트의『송영』1980에서 찾
을 수 있는데, 이 책에서는 기독교의 예배를 바르게 이해할 수 있는
유일한 방법이 삼위일체론적인 시각에서 예배를 파악하는 것이라고
주장한다. 기독교인들은 성령 안에서 성자를 통해 성부 하나님을 예
배한다. 웨인라이트는 이러한 통찰을 바탕으로, 예배를 온전히 이해하
는 데서 삼위일체론이 중요하다는 점을 증명하고 그에 더해 이 교리
가 어떻게 기독교인의 예배 경험을 고양할 수 있는지를 보여주었다.

    다른 사람들도 이와 유사한 생각을 주장했다. 제임스 토런스
James Torrance, 1923-2003 는, 얼마나 많은 기독교인들이 예배를 하나님을
향한 인간의 행위에 불과한 것으로 생각해 일신론적 방식으로 하나
님을 예배하는 경향을 보이는지 지적했다. 토런스는 그의 책『예배,
공동체, 삼위일체이신 은혜의 하나님』Worship, Community and the Triune
God of Grace, 1996 에서, 삼위일체론적 틀 안에서 특히 그리스도의 중보
와 성령의 권능을 통해 이루어지는 예배가 어떻게 다를 수 있는지를
연구했다.

    오늘날 예배의 삼위일체론적 구조는 예배신학 속에 깊이 뿌리내
렸으며, 대중적인 면에서도 기독교인들의 예배 경험을 고양할 목적
으로 저술된 책들 속에 깊이 자리 잡았다. 그러나 다른 면에서 보면,
예배의 삼위일체론적 차원에 대한 인식은 오히려 쇠퇴하고 있는 것
으로 보인다. 애즈베리 신학교에서 실시한 조사에 의하면, 1989년에

● 송영
doxology

기독교의 공적 예배와
특별한 관계가 있는 찬
양의 형식을 가리킨다.
'송영적' 신학 이해에서
는 찬양과 예배가 신학
적 성찰에서 중요하다고
강조한다.

서 2004년 사이에 가장 많이 부른 예배 찬송가 72곡 중에서 분명하게 삼위일체나 하나님의 삼위일체적 본성을 노래한 곡은 하나도 없었으며, 삼위일체의 세 위격 전체를 노래하거나 거론한 곡은 단 세 곡뿐이었다. 전통적인 찬송가들과 비교해 볼 때 그 차이가 참으로 놀랍다.

삼위일체론적 속죄신학

속죄신학은 그리스도의 죽음의 의미를 해명하는 일과 관계가 있다. 근대에 논의된 많은 속죄 이론들은 11세기 캔터베리의 안셀무스약 1033-1109가 다듬은 틀을 따랐다. 안셀무스는 그리스도가 하나님에게 배상을 한다는 개념을 기초로 한 이론을 펼쳤다. 이 이론에 대해 콜린 건튼이 삼위일체론의 관점에서 비판을 제기하였다. 건튼은 『속죄의 현실성』*Actuality of Atonement*, 1989에서, 안셀무스의 이론은 속죄를 성부 하나님과 성자 사이의 거래로 여긴다고 주장하였다. 그리스도는 죄인인 인간을 위해 죗값을 떠안고 하나님에게 배상을 한다. 건튼에 의하면, 이것은 삼위일체 신학의 근본 주제들을 무시하는 양극적 이론이다. 삼위일체론적 속죄 이론은 그리스도의 속죄 희생을 신적인 삶 속에서 성부와 성자가 자신을 서로에게 그리고 세상에게 내어주는 영원한 행위로 해석한다. 건튼은 기존의 속죄신학에다 삼위일체론적인 이론들을 덧붙일 수는 없다고 단호하게 주장한다. 처음부터 삼위일체론을 전제로 삼고 거기서부터 논의가 이루어져야 한다.

건튼의 견해를 더욱 발전시킨 사람이 스위스의 신학자 게오르크 플라이더러Georg Pfleiderer, 1960 출생다. 그는 성서에 나오는 다양한 모델과 이미지와 개념들을 하나로 묶은 통합적인 속죄 이론을 주장하였다. 플라이더러는 속죄를 설명하는 데 사용된 풍성한 은유들을 신중하게 받아들여 이 은유들을 조리 있게 정리하고 효과적으로 제시하는 삼위일체론적 틀을 주장한다. 그렇게 해서 승리로서의 속죄는 성부의 사역과 관련되며, 정의로서의 속죄는 성자의 사역과, 희생으로서의 속죄는 성령의 사역과 관련된다.

삼위일체론적 교회론

이처럼 20세기 후반의 신학에서 두드러진 특징으로 자리 잡은 삼위일체론적 사고는 교회론●에도 분명한 영향을 끼쳤다. 전통적으로 교회는 '그리스도의 몸'으로 설명되어 왔으며 본질상 그리스도론적인 용어로 규명되었다. 예를 들어, 1세기 저술가인 안티오키아의 이그나티우스Ignatius of Antioch는 "그리스도가 계신 곳에 보편 교회도 있다"고 주장하였다. 그러나 제2차 세계대전 이후로 교회를 삼위일체의 측면에서 파악하는 경향이 증가해 왔다. 예를 들어 정교회 신학자 게오르그 드라가스George Dragas, 1944 출생는 교회의 정체성을 논하면서 삼위일체론적 기초를 특히 강조한다.

● **교회론**
ecclesiology

기독교 신학에서 교회에 관한 이론을 다루는 분야.

> 본질상 교회는 삼위일체 하나님의 교회로 이해되어야 한다. 거룩한 삼위일체가 교회를 있게 하는 궁극적 기초이자 원천이며, 교회 그 자체는 하나님의 형상과 모양으로 존재한다. 이렇게 복되신 삼위일체의 형상을 지닌 것에서 교회의 존재 형태가 나오며, 이러한 형태는 실제로 교회의 본질을 보여준다.

이러한 견해는 프로테스탄트 사상 속에서도 발견된다. 크로아티아 신학자인 미로슬라브 볼프Miroslav Volf, 1956 출생는 『삼위일체와 교회』 *After our Likeness: The Church in the Image of the Trinity*, 1998에서 유사한 이론을 주장한다. 볼프는 교회의 본질과 선교를 삼위일체론적으로 다듬는 일에 앞서 삼위일체론 자체를 탐구하는 것이 필요하다고 보았다. 볼프는 요제프 라칭거(교황 베네딕트 16세1927 출생)와 요한 지지울라스 1931 출생가 주장한 삼위일체 이론을 비판함으로써 가톨릭 및 정교회의 견해와 자신의 프로테스탄트 견해를 구분한다. 볼프에 따르면, 삼위일체의 단일성을 강조하는 라칭거와 지지울라스는 지역의 개체 교회들을 전체 교회에 비해 열등한 것으로 보는 경향이 있다. 볼프는 삼위일체를 동등한 요소들의 공동체로 보아야 한다고 주장하며, 그러할 때 전체 교회의 삶 속에 지역의 개체 교회들을 소중하게 여기고 받아들일 수 있다는 교회론을 끌어낸다.

최근에 와서 삼위일체론적인 틀이 발전적이고 건설적인 방법이라는 사실을 보여주는 사례들을 쉽게 찾아볼 수 있다. 예를 들어, 타종교에 관한 이론을 일관되고 타당한 것으로 다듬는 데 삼위일체론적인 틀이 사용되고 있다. 삼위일체론적으로 종교경험을 설명하는 라이문도 파니카(『삼위일체와 인간의 종교경험』[Trinity and the Religious Experience of Man], 1973), 삼위일체론의 관점에서 다양한 종교들의 목표를 해명하는 마크 하임(Mark Heim, 『깊도다, 그 풍성함이여』[The Depth of the Riches], 1999), 삼위일체론적 종교신학을 펼치는 가빈 드코스타(Gavin D'Costa, 『종교들의 만남과 삼위일체』[The Meeting of Religions and the Trinity], 2000), 성령론적 종교신학을 연구하는 에이머스 용(Amos Yong, 『영(들)을 분별함』[Discerning the Spirit(s)], 2000) 등이 그 예다. 이러한 논의들은 모두 깊이 탐구할 가치가 있는 것들이다. 그러나 함께 묶어서 보면 삼위일체론적인 틀이 지적인 면에서 어떤 가능성을 지니는지를 분명하게 보여준다. 이 책의 17장에서 타종교에 대한 기독교의 견해를 다룰 때 이 가운데 몇 가지를 살펴볼 것이다.

기독교 신론에 관한 성찰을 마쳤으므로 다음으로 인간의 본성과 하나님의 은혜에 대한 기독교적 이해를 살펴볼 차례다.

❶ 많은 신학자들이 "아버지와 아들과 성령"이라는 전통적인 표현 대신 "창조자, 구속자, 보호자"라는 용어를 선호한다. 이 용어를 사용할 때 얻는 유익은 무엇인가? 또 그때 제기되는 난점들은 무엇인가?

❷ 20세기에 들어와 삼위일체론에 대한 관심이 새롭게 일어나게 된 이유는 무엇인가?

❸ 여러분은 "하나님은 인격이시다"라는 말과 "하나님은 세 인격위격, persons이시다"라는 말을 어떻게 조화시킬 수 있겠는가?

❹ 삼위일체론은 하나님에 관한 교리인가, 아니면 예수 그리스도에 관한 교리인가?

❺ 히포의 아우구스티누스와 칼 바르트의 삼위일체론을 요약하라.

❻ 최근의 신학 논의에서 삼위일체론이 발전한 모습을 몇 가지 찾아 제시하라.

14

인간의 본성과
죄와 은총

11장에서 우리는 기독교 구원론의 기초들을 살펴보면서 특별히 구원의 근거와 본질에 관해 중점적으로 다루었다. 구원과 관련된 여러 가지 세부적인 쟁점들은 아직 다루지 않았다. 그리스도의 십자가 죽음을 통해 성취되고 열려진 구원에 인간이 참여하기 위해서는 무엇을 해야 하는가? 이 물음에서 제기되는 쟁점들은 전통적으로 폭넓게 '은총론'이라는 제목으로 논의되어 왔는데, 은총론에서는 구원에서 하나님의 역할뿐만 아니라 인간의 본성, 죄에 대한 이해까지 함께 다룬다. 기독교 전통에서는 구원론과 은총론을 밀접하게 연계하여 다루어 왔다. 앞에서 이미 이 교리들의 몇 가지 면모를 살펴보았다. 이제 두 교리를 좀 더 자세히 살펴본다.

창세기에 나오는 창조 이야기를 중심으로 발전해 온 기독교 전통에서는 인간이 동물계 위로 우뚝 솟아 있으며 하나님의 창조세계에서 정점을 차지한다고 주장한다. 이러한 주장은 인간이 하나님의 형상으로 창조되었다는 교리에 근거하여 신학적으로 정당화되는데, 먼저 이에 대해 살펴본다.

하나님의 형상

기독교의 인간 본성 이해에 가장 중요한 성경 본문은, 인간이 하나님의 형상*image*과 모양*likeness*대로 지어졌다고 말하는 창세기 1:26-27 이다. 이 개념은 흔히 이마고 데이 *imago Dei* 라는 라틴어 구절로 표현된다. 이 주장이 뜻하는 것은 무엇인가? 특별히 처음 5세기 동안 유대교 신학자들과 기독교의 신학자들은 이 본문을 매우 다른 방식으로 이해하였다. 인간이 하나님의 형상대로 창조되었다는 본문을 유대교에서 해석한 것을 보면, 이 본문이 하나님과의 직접적인 관계를 인정한다는 의미가 되지 않도록 해석하는 경향이 있는데, 신인동형론*에 해당하는 결과가 나올 것을 염려한 때문이었던 것으로 보인다. 일부 유대교 주석학자들은 창세기 1:27의 맥락을 하나님께서 천사들을 대상으로 말씀하신 것이라는 의미로 해석하여 하나님이 인간을 천사의 형상대로 창조한 것이라고 주장했다. 또 다른 주석가들은 이 본문을, 인간은 자기에게 고유한 형상을 따라 창조되었으며 따라서 인간이 나머지 피조물과 구분된다는 의미로 해석해야 한다고 주장했다. 이에 반해 기독교 신학자들은 아무런 어려움 없이 이 구절이 창조자와 인간의 직접적 관계를 말하고 인간을 피조물의 정점으로 말하는 것으로 해석할 수 있었다.

특히 교부시대 초기에는 '하나님의 형상'과 '하나님의 모양'이라

● 신인동형론
anthropomorphism

인간의 모습이나 기타 인간적 특징(손이나 팔 같은)을 하나님에게 덧씌우는 견해.

는 구절을 분명하게 구분하였다. 테르툴리아누스약 160-220가 볼 때, 인간은 죄를 지은 후에도 **하나님의 형상**을 지녔지만 성령의 새롭게 하는 행위를 통해서만이 **하나님의 모양**으로 회복될 수 있다.

> [세례를 통해] 죄가 씻김으로써 죽음이 소멸된다. 죄를 해결할 때 형벌도 폐지되기 때문이다. 인간은 처음부터 '그분의 형상'으로 존재해 왔기에 이제 하나님께로 돌아가 '그분의 모양'으로 회복된다. 하나님의 '형상'을 지닌다는 것은 하나님의 외형과 관계가 있으며, '모양대로'라는 말은 하나님의 영원성을 가리킨다. 태초에 하나님께서 인간에게 불어넣었으나 타락으로 인해 완전히 잃어버렸던 하나님의 영을 돌려받기 때문이다.

오리게네스약 185-254도 이와 비슷한 견해를 주장하였다. '하나님의 형상'은 타락 이후의 인간을 가리키며 그에 반해 '하나님의 모양'은 최후의 완성 때에 완전하게 될 인간 본성을 가리킨다고 말하였다.

> 하나님께서 "우리의 형상을 따라 우리의 모양대로 우리가 사람을 만들고"(창 1:26)라고 말씀하셨다. 이어서 "하나님의 형상대로 사람을 창조하시되"(창 1:27)라는 말이 나오고는 모양에 관해서는 아무 말도 안 하신다. 이 사실이 가리키는 것은, 첫 창조 때에 인간은 존귀한 하나님의 형상을 받았지만 그 모양의 완성은 최후의 완성 때까지 미뤄졌다는 것이다.……태초에 존귀한 형상을 따라 인간에게 가능성으로 허락된 완전은 마지막 때에 인간의 사명 완성을 통해 하나님의 모양으로 완벽하게 완성된다.

교부시대에 등장한 두 번째 견해는 '하나님의 형상'을 인간의 이성이라는 관점에서 해석한 것이다. '하나님의 형상'은 인간의 합리적인 능력으로 이해되었으며, 이 합리적 능력은 하나님의 지혜를 닮은 것이라고 보았다. 히포의 아우구스티누스[354-430]는 인간이 이 능력 때문에 동물과 구별된다고 주장하였다. "우리는 짐승들 위로 우리를 우뚝 서게 해주는 이 능력을 계발하고 새롭게 다듬어야 한다.…… 그러니 우리의 지성을 활용하고……지성으로 우리의 행동을 판단하도록 하자." 여기서 분명히 해두어야 할 것은, 아우구스티누스가 사람들이 흔히 생각하는 것처럼 이 신학적 전제를 인간의 동물 착취를 정당화하는 데 이용하지 않았다는 점이다. 아우구스티누스의 주장에 의하면, 인간 본성의 핵심을 이루는 고유한 특성은 하나님이 인간에게 부여한, 하나님과 관계를 맺을 수 있는 능력이다. 인간의 타락으로 이성이 훼손되었지만 은총에 의해 새롭게 될 수 있다. "원죄에도 불구하고 인간은 창조자의 형상을 따라 하나님을 아는 지식에서 새로워지기 때문이다."

인간이 하나님의 형상대로 창조되었다는 사실은 인간 본성이 원래는 올바르고 존엄하다는 점을 확증해 주는 근거로 널리 받아들여졌다. 4세기 초에 락탄티우스[Lactantius, 약 250-325]는 이 개념을 정치적인 방향으로 발전시켰다. 락탄티우스는 『거룩한 제도』[Divine Institutions, 약 304-311]에서, 하나님의 형상대로 창조되었다는 것은 모든 인간이 동일한 존엄성과 본질을 지닌다는 사실을 확증해 주는 것이라고 주장하고는 곧바로 인간의 권리와 책임에 관한 정치적 이론을 끌어낸다.

> 지금까지 나는 하나님에 관한 일들을 말했다. 이제 다른 사람들에 관한 일을 말하겠다. 하기는 인간은 하나님의 형상인 고로 사람에 관한 것은 또한 하나님과 관련된 것이기도 하다.……우리를 하나 되게 하는 가장 강한 끈은 인간애다. 이것을 파괴하는 사람은 누구든지 범죄자이며 존속 살해자다. 그런데 하나님은 한 인간을 통해 우리 모두를 창조하셨으며 따라서 우리는 모두 한 핏줄을 지녔다. 가장 큰 범죄는 인간을 미워하고 그들에게 해를 가하는 것이라는 결론에 이른다. 이 때문에 우리는 증오심을 키우거나 조장해서는 안 된다. 우리가 한분 하나님의 작품이

라면 형제자매가 아니고 무엇이겠는가? 그러므로 우리의 영혼을 하나 되게 하는 끈은 우리의 몸을 묶는 끈보다 훨씬 더 강하다.

하나님의 형상을 따른다는 창조 교리는 구속론과도 밀접한 관계가 있는 것으로 여겨졌다. 구속을 통해 하나님의 형상이 온전히 성취되고 하나님과의 완전한 관계로 회복되며 영원한 생명에 도달하게 된다. 아담과 하와가 에덴 동산에서 누렸던 복된 상태를 강조한 교부 사상가들이 있었다. 예를 들어, 아타나시우스약 293-373는 하나님께서 인간을 '하나님의 형상'대로 창조하였고 그래서 다른 피조물에게는 허락하지 않은 능력, 곧 하나님의 삶에 참여하며 관계를 맺을 수 있는 능력을 인간에게 주었다고 가르쳤다. 이렇게 로고스와 이루는 교제는 아담이 하나님과 완전한 관계에 있었던 에덴 동산에서 가장 완벽한 모습으로 발견된다.

여기서 중요한 물음이 제기된다. 남성과 여성이 똑같이 하나님의 형상을 지니는가? 초기 교회의 성서 해석자들은 대부분 남성과 여성이 모두 하나님 형상의 담지자라고 생각했다. 그러나 히포의 아우구스티누스는 신약성경에서 바울이 남자는 하나님 형상의 일차 담지자이며 여자는 이차적이고 간접적인 담지자라고 말하는 구절에 눈을 돌렸다. "남자는 하나님의 형상과 영광이니 그 머리를 마땅히 가리지 않거니와 여자는 남자의 영광이니라"(고전 11:7).

아우구스티누스는 하나님이 "여성도 빼지 않고 하나님의 형상에 포함하셨다"고 주장하면서도 여성이 남성과 동일한 방식으로 하나님의 형상을 지닌다고 보기는 어렵다고 생각했다. 이런 맥락에서 흔히 인용되는 구절이 아우구스티누스의 『삼위일체론』에서 가져온 아래 본문이다.

여자는 자기 남편과 함께 엮여서만 하나님의 형상이 되며, 그렇게 해서 두 가지 실체 전체가 하나의 형상이 된다. 그런데 여자는 오직 그에게만 맡겨진 돕는 자의 역할이 있기에 혼자서는 하나님의 형상이 아니다. 그러나 남자로 말하자면 그는 혼자만으로도 하나님의 형상이며, 남자와 여자가 결합하여 하나를 이룰 때와 진배없이 온전하고 완벽한 하나님의 형상을 지닌다.

여기서 아우구스티누스가 말하려는 것은 무엇일까? 위 구절은 여성이 여성이라는 개체가 아니라 인간으로서 하나님의 형상에 참여한다는 의미로 해석될 수 있다. 그러나 또한 여성이 남성과 짝을 이루어 간접적으로 하나님의 형상을 지닌다는 것을 의미할 수도 있다.

죄의 개념

카파도키아 교부들은 아담이 하나님의 형상대로 창조되었다는 사실을, 죽음처럼 인간 본성을 괴롭히는 일상적인 모든 연약함과 무능력에서 아담이 자유로웠다는 의미로 이해했다. 예루살렘의 키릴로스 Kyrillos of Jerusalem, 약 313-386는 아담이나 하와가 이러한 은총의 상태에서 타락하지 않을 수도 있었다고 강조했다. 타락은 그들이 하나님께 등을 돌리고 물질세계를 선택한 결과로 발생했다. 그렇게 해서 인간 본성 안에 있는 하나님 형상이 손상되고 파괴되었다. 키릴로스의 주장에 의하면, 모든 인간이 아담과 하와에게서 나왔기 때문에 인간이면 누구나 이렇게 파괴된 하나님의 형상을 지닌다는 결론에 이르게된다.

그러나 그리스 교부 사상가들은 '타락'에 관해 말하지 않았으며 또 그러한 타락을 나중에 히포의 아우구스티누스에게서 보게 되는 원죄 교리와 같은 식으로 설명하지도 않았다는 점을 분명히 해둘 필요가 있다. 대부분의 그리스 교부 사상가들은 인간이 자유의지를 남용하는 데서 죄가 생겨난다고 주장하였다. 나지안주스의 그레고리우스329-389와 니사의 그레고리우스약 335-394는 유아들이 죄 없이 태어난다고 가르쳤는데, 이러한 생각은 타락한 인간의 보편적 죄성을 주장한 아우구스티누스의 견해와 상충하였다. 요하네스 크리소스토무스약 347-407는, 아담의 불순종으로 말미암아 많은 사람이 죄인이 되었다는 바울의 주장(롬 5:19)을 주석하면서 이 구절을 모든 사람이 형벌과 죽음을 피할 수 없다는 의미로 해석하였다. 아우구스티누스의 후기 원죄론에서 큰 비중을 차지하는 유전된 죄라는 개념은 대체로 그리스 교부 전통과는 무관한 것으로 생각된다.

그러나 초기 기독교 전통 안에서도 아우구스티누스의 원죄 개념과 비슷한 몇 가지 요소들을 찾아볼 수 있다. 옥스퍼드 대학교의 교부학 연구자인 J. N. D. 켈리 Kelly, 1909-1997는 그리스 교부 전통 속에서 '원죄' 개념의 희미한 흔적을 확인하여 세 가지로 정리했다.

❶ 모든 인간이 어떤 식으로든 아담의 불순종에 연루되었다고 보았다. 이 시기의 저술들에서는 모든 인간이 아담과 신비한 연합을 이룬다고 생각한 흐름을 분명히 확인할 수 있다. 인간 모두가 어떤 식으로든 아담의 불순종으로 인해 상처를 입었다.

❷ 아담의 타락이 인간의 도덕적 본성에 영향을 끼쳤다고 보았다. 탐욕과 정욕을 포함해 인간의 모든 도덕적 결함은 아담의 죄에서 기인한 것으로 볼 수 있다.

❸ 아담의 죄가 알 수 없는 방식으로 그의 후손에게 유전되는 것으로 보았다. 니사의 그레고리우스는 인간의 본성에 깃든 죄에 대한 성향을 지적하면서 그것이 부분적으로는 아담의 죄에서 온 것이라고 주장하였다.

그러나 이러한 쟁점들은 펠라기우스 논쟁에서 최초로 자세히 논의되었다. 다음 단락에서 이 논쟁에 대해 살펴본다.

아우구스티누스[354-430]와 펠라기우스 논쟁

5세기 초에 일어난 펠라기우스 논쟁은 인간 본성과 죄와 은총에 관한 문제들을 전면으로 끌어냈다. 이때까지는 교회 안에서 인간의 본성을 둘러싼 논쟁이 거의 일어나지 않았다. 펠라기우스 논쟁은 이런 형편을 바꾸어 놓았으며 인간 본성과 관련된 쟁점이 서방교회의 의제로 굳게 자리 잡았음을 보여주었다.

펠라기우스 논쟁은 히포의 아우구스티누스[354-430]와 펠라기우스[약 354-420]를 중심으로 이루어졌다. 이 논쟁은 역사적으로나 신학적으로 여러 요소가 복잡하게 얽혀 있고 또 서방 기독교 신학에 끼친 영향을 생각할 때, 자세하게 논할 필요가 있다. '펠라기우스주의'란 4세기의 마지막 몇 년 사이에 로마에서 활동한 몇몇 사상가들—중심인물인 펠라기우스와 켈레스티우스[Caelestius], 시리아의 루피누스[Rufinus of Syria]—의 이론이 혼합된 것이라고 보는 것이 가장 적절하다. 펠라기우스주의는 펠라기우스가 주장하고 중요하게 여긴 개념과 사상들로 이루어졌으나 다른 사람들에게서 온 개념도 섞여 있다. 예를 들어, 펠라기우스주의에서 가르치는 죄의 유전과 죽음의 운명 같은 개념들은 펠라기우스보다는 켈레스티우스와 루피누스에게서 온 것으로 보인다. 이런 까닭에 펠라기우스주의는 펠라기우스 자신의 이론을 대변한다기보다는 이들 세 사람의 사상을 종합한 운동이라고 보는 것이 가장 옳다.

이 논쟁의 주요 내용은 다음과 같은 네 가지 제목으로 요약할 수 있다.

❶ 의지의 자유
❷ 죄의 본질
❸ 은총의 본질
❹ 구원의 근거

가 그것이다.

의지의 자유

아우구스티누스가 볼 때, 성경에서 이 문제에 관해 언급하는 복잡하고 많은 진술들을 제대로 다루기 위해서는 하나님의 절대적인 주권과 인간의 진정한 자유 및 책임을 동시에 인정할 필요가 있다. 평생 동안 아우구스티누스는, 기독교 신앙을 지나치게 단순화하고 손상시킨 것이라고 생각한 두 개의 이단과 씨름해야만 했다. 마니교*는 하나님의 주권은 지지했으나 인간의 자유는 부정한 일종의 숙명론이었으며(처음에 아우구스티누스는 여기에 호감을 품었다), 이에 반해 펠라기우스주의는 인간 의지의 완전한 자유는 주장했지만 하나님의 주권은 부정했다. 이 두 견해를 다루기 전에 먼저 '자유의지'라는 용어에 대해 살펴볼 필요가 있다.

'자유의지'(라틴어 *liberum arbitrium*을 번역한 말) free will 라는 용어는 성경이 아니라 스토아 철학에서 온 말이다. 이 말은 2세기의 신학자 테르툴리아누스가 서방 기독교에 소개하였다(새로운 신학 용어를 고안한 테르툴리아누스의 재능에 대해서는 앞에서 언급했다) 690쪽. 아우구스티누스는 이 용어를 받아들이기는 했지만, 죄 때문에 인간의 자유의지에 가해진 제약들을 강조함으로써 이 용어를 바울의 특성이 두드러진 의미로 되돌리고자 애썼다. 아우구스티누스의 기본 개념은 다음과 같이 요약할 수 있다. 첫째, 인간의 타고난 자유를 긍정한다. 인간은 어떤 일을 할 때 불가피해서 하는 것이 아니라 자유롭게 한다. 둘째, 인간의 자유의지는 죄로 말미암아 손상되고 무능력해졌다(그러나 완전히 파괴되거나 사라진 것은 아니다). 그러한 자유의지를 치유하고 회복하기 위해서는 하나님의 은총이 필요하다. 자유의지는 진짜 존재한다. 그러나 죄로 인해 왜곡되고 약해지고 손상되었다.

이 점을 설명하기 위해 아우구스티누스는 접시저울을 유비로 사

● 마니교
  Manicheism

마니교도를 중심으로 형성된 운명론적 특성이 강한 이론으로, 히포의 아우구스티누스가 젊은 시절 이 운동에 가담했었다. 성격이 다른 두 신이 존재한다고 보며, 하나는 악한 신으로 다른 하나는 선한 신으로 생각한다. 그래서 악한 신이 직접 힘을 미친 결과로 악이 존재한다고 보았다.

용한다. 한쪽 접시는 선을 가리키고 다른 쪽 접시는 악을 나타낸다. 만일 두 개의 접시가 평형을 이루고 있다면, 선한 행동을 옹호하는 주장과 악한 행동을 옹호하는 주장의 무게를 재서 올바른 결론을 도출할 수 있다. 이처럼 자유의지는 선한 행동과 악한 행동을 옹호하는 주장을 평가하여 그 결과에 따라 행동한다.

그런데 만일 그 접시들에 물건이 실려 있다면 어떻게 되겠느냐고 아우구스티누스는 묻는다. 만일 누군가가 악한 쪽의 접시에다 무거운 추를 몇 개 올려놓았다면 어찌 되겠는가? 그래도 여전히 저울은 작동하겠지만 이미 그것은 악한 결정을 내리는 쪽으로 기울어져 있다. 아우구스티누스는 이것이 바로 죄로 말미암아 인간에게 일어난 일이라고 주장했다. 인간의 자유의지는 악한 쪽으로 기울어져 있다. 자유의지는 실제로 존재하고, 또 추가 실린 저울이 여전히 작동하듯이 자유의지도 실제로 결정을 내릴 수 있다. 그러나 균형 잡힌 판단을 내리는 대신 악 쪽으로 심하게 편향되어 버린다.

그러나 펠라기우스와 그의 추종자인 엑크라눔의 율리아누스 Julianus of Eclanum 같은 사람들은, 인간은 완전한 자유의지를 소유하며 따라서 자신의 죄에 대해 전적으로 책임을 져야 한다고 보았다. 인간의 본성은 본래 자유롭고 좋게 창조되었으며 어떤 알 수 없는 약점으로 손상되거나 무력해지지 않았다. 펠라기우스에 따르면, 인간의 결함은 어떤 것이든 하나님의 선하심에 부정적인 영향을 미칠 수밖에 없다. 그렇다고 하나님이 직접 간섭하여 인간의 결정에 영향을 미치는 것은 인간의 온전성을 깨뜨리는 일이 된다. 저울의 비유로 돌아가 생각해 보면, 펠라기우스주의자들은 인간의 자유의지는 완전한 평형 상태에 있는 저울과 같으며 따라서 어떤 식으로든 편향되지 않았다고 주장하였다. 아우구스티누스가 생각한 것 같은 하나님의 은총은 전혀 필요 없다(이에 비해 펠라기우스는 아주 독특한 은총 개념을 주장했는데 이에 대해서는 뒤에서 살펴본다).

413년에 펠라기우스는, 최근에 전 재산을 포기하고 수녀가 되기로 결심한 여성인 데메트리아스에게 긴 편지를 보냈다. 이 편지에서 펠라기우스는 자신이 생각하는 인간의 자유의지와 그것이 어떠한 중요성을 가지는지에 대해 설명했다. 하나님은 인간을 지으셨기에 인간이 어떤 일을 할 수 있는지 정확히 아신다. 하나님이 인간에게 내린 모든 명령은 순종할 수 있는 것들이며 또 순종하라고 주신 것이다. 인간의 약함 때문에 그 명령들을 수행하지 못했다고 주장하는 것은 결코 변명이 될 수가 없다. 하나님이 인간의 본성을 지으셨으며, 따라서 인간이 감당할 수 있는 것만 요구하신다.

> [하나님의 명령을 은혜라고 생각하지 않고……] 우리는 하나님께 부르짖으며 "이 일이 너무 어렵습니다! 너무 어려워요! 우리로서는 그 일을 할 수 없습니다. 우리는 인간에 불과하고, 육신이 약해서 할 수가 없습니다!"라고 외칩니다. 이 얼마나 어처구니없는 바보짓인지 모릅니다. 얼마나 뻔뻔한 무례인지 모릅니다. 이렇게 행할 때 우리는 하나님을 두 번이나 무지하다고 비난하는 것이 됩니다. 하나님은 자신이 지으신 피조물을 모르고 또 하나님이 친히 내리신 명령도 모른다는 말입니다. 그것은 마치 하나님께서, 당신이 직접 인간을 지으시고서도 우리가 약하다는 사실을 깜빡 잊고 감당이 불가능한 명령을 내린 것이라고 말하는 것과 같습니다.

그러므로 펠라기우스는 단호하게 "완전은 인간이 이룰 수 있는 일이며 따라서 의무가 된다"고 주장한다.

죄의 본질

아우구스티누스는 타락의 결과로 모든 인간이 죄의 지배를 받게 되었다고 보았다. 인간의 정신은 죄 때문에 어두워지고 약해졌다. 죄로 인해 인간은 명료하게 사고할 수 없으며 특히 고상한 영적 진리와 개넘들을 이해할 수 없게 되었다. 앞서 살펴보았듯이, 인간의 의지도 이와 유사하게 죄 때문에 약해졌다(그러나 완전히 파괴되지는 않았다). 아우구스티누스에 따르면, 죄인들은 심각한 질병에 걸린 것이라고 볼 수 있으며 자신의 병을 고치기는커녕 올바로 진단조차 못하는 처지에 있다. 인간의 질병을 진단(죄)하고 적절한 치료법(은총)을 제시할 수 있는 길은 하나님의 은총을 통해서만 가능하다.

아우구스티누스는 인간에게 자기의 죄를 다스릴 능력이 없다고 보았다. 죄는 태어날 때부터 삶을 오염시키고 그 후 평생 동안 삶을 지배한다. 죄란 인간의 힘으로 전혀 통제할 수 없는 상태를 가리킨다. 아우구스티누스는 인간이 태어나면서부터 선천적으로 죄의 성향을 지닌다고 생각했다. 즉 본래부터 죄짓는 행동 쪽으로 기울어져 있다. 따라서 죄가 여러 가지 죄들을 낳는다. 죄성이라는 근본적 상태가 구체적인 죄의 행동을 일으킨다. 아우구스티누스는 이 논점을 탐구하면서, 질병과 권세와 죄책이라는 세 가지 유비를 사용해서 원죄의 본질을 설명한다.

❶ 첫 번째 유비는 죄를 한 세대에서 다른 세대로 전해지는 유전적 **질병**과 유사한 것으로 다룬다. 이 질병은 인간을 약하고 무능력하게 만들며, 인간의 수단으로는 치유가 불가능하다. 그리스도는, 자신이 "상함으로 우리가 고침을 받게" 하는(사 53:5) 신적인 의사다. 아우구스티누스는 구원을 건강이나 의술의 시각에서 이해한다. 인간은 하나님의 은총으로 고침받으며, 그 결과 인간의 정신은 하나님을 인식하게 되고 의지는 하나님의 은총에 자유롭게 응답할 수 있게 된다.

❷ 두 번째 유비에서는 죄를, 인간을 포로로 잡은 **권세**로 이해한다. 인간은 자기 힘으로 이 권세의 지배에서 벗어날 수 없다. 인간의 자유의지는 죄의 지배를 받고 있으며 은총에 의해서만 해방될 수 있다. 따라서 그리스도는 인간의 해방자이며 죄

의 권세를 깨뜨리는 은총의 원천으로 여겨진다.

❸ 세 번째 유비는 죄를 본질적으로 법 혹은 재판이라는 시각에서 해석해, 한 세대에서 다른 세대로 유전되는 **죄책**이라고 본다. 따라서 그리스도는 죄의 용서와 사면을 베푸는 이가 된다.

그러나 펠라기우스는 죄의 개념을 전혀 다른 방식으로 이해했다. 펠라기우스나 그의 동료들의 생각 속에는 인간의 기질적 죄성이라는 개념이 들어설 자리가 없었다. 펠라기우스는 인간의 자기 개선 능력이 손상되지 않았다고 보았다. 인간은 언제나 하나님과 이웃에 대한 자신의 책무를 이행할 수 있다. 그렇게 하지 못한 것을 변명할 근거는 어디에도 없다. 죄는 의도적으로 하나님에게 대항한 행위라고 보는 것이 옳다.

그래서 종종 펠라기우스주의는 엄격한 형태의 도덕적 권위주의―인간에게는 죄를 짓지 말아야 할 책무가 있다고 보고 또 실수에 대한 변명을 일체 용납하지 않는 주장―에 해당하는 것으로 생각되었다. 인간은 죄 없이 태어나며, 죄는 의도적인 행위의 결과일 뿐이다. 펠라기우스는 구약성경에 나오는 많은 사람들이 사실상 죄가 없다고 주장하였다. 따라서 도덕적으로 올바른 사람들만 교회에 들어오도록 허용해야 한다고 보았다. 타락한 인간 본성 개념을 주장했던 아우구스티누스는 교회를 병원과 같은 것으로 생각해서, 타락한 인간이 교회 안에서 은총을 통하여 치유되고 점차 거룩하게 성장해 간다고 주장하였다811-816쪽. 펠라기우스주의와 도나투스주의는 똑같이 인간의 도덕적 능력을 낙관적으로 이해한다는 점에서 매우 유사하다.

은총의 본질

아우구스티누스가 좋아한 성경 구절 가운데 하나가 "나를 떠나서는 너희가 아무것도 할 수 없음이라"고 말하는 요한복음 15:5이다. 아우구스티누스가 볼 때, 인간은 구원을 이루기 위해 철저히 하나님에게 의존한다. 아우구스티누스는 인간의 타고난 능력—태어날 때부터 인간에게 주어진 것—과 은혜로 허락되는 특별한 은사를 신중하고도 분명하게 구분한다. 아우구스티누스는, 약하고 깨지기 쉬우며 혼돈 가운데 있는 인간의 본성이 회복되고 새로워지기 위해서는 하나님의 도움과 보살핌이 필요하다고 주장하였다. 아우구스티누스에 따르면, 은총은 하나님께서 아무것도 바라지 않고 너그럽게 인간을 배려하는 것으로, 여기서부터 치유의 과정이 시작된다.

415년에 출간된, 펠라기우스주의를 반박하는 중요한 저술*인 『자연과 은총에 관하여』*On Nature and Grace*에서 인용한 아래의 구절이 아우구스티누스 견해의 일반적 특성을 잘 보여준다.

> 처음에 인간의 본성은 흠 없이 깨끗하게 창조되었다. 그러나 우리 모두가 아담에게서 태어나면서 지니게 된 본성은 건강하지 않은 까닭에 의사가 필요하다. 인간이 지음 받을 때 갖게 된 좋은 것들, 곧 생명과 감각과 정신은 인간의 창조자이며 조성자이신 하나님께서 주신 것이다. 그런데 그런 본성이 깨우침과 치료를 필요로 한다는 사실에서, 원래 그렇게 좋았던 특성들을 더럽히고 무력하게 만든 약점들은 흠 없으신 창조자로부터 온 것이 아니라 자유의지로 범한 원죄로부터 온 것임을 알 수 있다. 이 때문에 죄를 범한 인간 본성은 벌을 받아 마땅하다. 비록 우리가 지금은 그리스도 안에서 새 피조물이 되었다 해도 본성으로는 여전히 다른 모든 사람처럼 진노의 자녀이기 때문이다. 그러나 자비가 많으신 하나님은 우리를 사랑하시는 그 큰 사랑 때문에 죄로 인해 죽은 우리를 그리스도와 함께 살리셔서 생명으로 이끄셨으며, 그분의 은총으로 우리는 구원받게 되었다. 그러나 어린아이나 어른이나 가릴 것 없이 구원에 이르기 위해 꼭 필요한 그리스도의 은총은 공로에 대한 대가로 주시는 것이 아니라 값없이*gratis* 주시는 것이다. 바로 이 사실 때문에 그 것을 은총*gratia*이라고 부른다.

● 반(反) 펠라기우스 저작들
anti-Pelagian writings

펠라기우스 논쟁에 대처해 히포의 아우구스티누스가 저술한 글들로, 여기서 그는 은총과 칭의에 관한 자신의 견해를 옹호하였다.

아우구스티누스가 라틴어 그라티스(값없이 또는 거저)*gratis* 와 그라티아(은총 또는 은혜)*gratia* 를 하나로 묶은 것을 특히 눈여겨보라.

펠라기우스 역시 하나님의 은총에 관해 말했지만 그 개념을 매우 다른 방식으로 해석하였다. 펠라기우스의 '은총'은 두 가지 방식으로 이해할 수 있다. 첫째, 은총은 하나님께서 인간에게 자비롭게 베푸신, 인간의 타고난 능력들이라고 말할 수 있다. 펠라기우스는 이러한 능력들이 어떤 식으로든 타락하거나 무기력해지거나 손상되지 않는다고 보았다. 펠라기우스는 인간이 은총을 의지해 죄짓지 않기를 선택할 수 있다고 주장했는데, 이 말의 의미는 하나님께서 주신 이성과 의지라는 타고난 능력을 사용해 인간이 죄를 멀리하기로 선택할 수 있으며 또 그렇게 선택해야 한다는 것이다. 아우구스티누스가 서둘러 지적했듯이, 이러한 주장은 신약성경이 가르치는 은총과는 다른 것이었다.

두 번째, 펠라기우스는 은총을 하나님께서 인간에게 자비롭게 베푸시는 외적인 깨달음이나 교훈이라고 생각하였다. 하나님은 그저 모호하게 인간이 '완전'해야 한다고 요구하기만 하지 않는다. 오히려 하나님은 어떤 점에서 완전해야 하는지 구체적으로 방향을 제시하시는데, 십계명을 지킨다든가 그리스도를 본받는 것이 그 예다. 따라서 은총은 인간에게 도덕적 의무가 무엇인지 알려준다(은총을 통하지 않고서는 인간은 자신의 도덕적 의무가 어떤 것인지 알 수 없다). 하지만 은총은 인간이 그 의무들을 행하도록 도와주지는 않는데, 그 까닭은 도움이 아예 필요 없기 때문이다. 인간에게는 그리스도의 가르침과 모범을 따름으로써 죄를 피할 능력이 있다.

아우구스티누스는 펠라기우스와 그의 추종자들이 "하나님의 은총을 율법과 교훈 속에다" 가두는 잘못을 저질렀다고 주장하였다. 아우구스티누스에 의하면, 신약성경은 은총을 단순한 도덕적 지침이 아니라 인간에 대한 하나님의 도우심으로 이해하였다. 펠라기우스는 은총을 외적이고 수동적인 것으로 생각한 반면, 아우구스티누스는 하나님께서 그리스도를 통해 신자들 안에 실제로 임재하여 구속을 베푸는 것이 은총이라고 보았다.

펠라기우스의 주장에 의하면, 하나님께서는 인간을 창조하시고 옳은 것과 그릇된 것을 아는 지식을 부어 주셨다. 그러나 그 후로는 인간이 자기에게 있는 자원만을 의지하도록 하셨다(하나님께서 이 자원들을 주셨다는 것이 펠라기우스의 주장이다). 마지막 때에 개인들은 자기의 도덕적 책무를 온전히 이루었느냐에 따라 심판을 받게 될 것이다.

그러나 아우구스티누스는 인간이 하나님에 의해 선하게 창조되었는데 그 뒤에 타락하여 하나님에게 등을 돌렸다고 주장했다. 그래서 하나님은 은총을 베푸셔서 타락한 인간을 곤경에서 구출하기 위하여 오셨다. 하나님은 인간 영혼을 치유하고 계몽하며 강하게 하고 또 회복하여 새롭게 하기 위해 계속해서 일하면서 타락한 인간을 도우신다. 펠라기우스가 볼 때, 인간에게 필요한 일은 무엇을 해야 하는지 알려주는 것뿐이며 그 다음에는 인간이 자기 힘만으로 그것을 성취하도록 내버려 두면 된다. 아우구스티누스가 볼 때, 인간에게 필요한 일은 무엇을 해야 하는지 알려주고 이어서 그 목표를 이룰 수 있도록 그 전 과정을 매 순간마다 친절하게 도와주는 것이다.

구원의 근거

아우구스티누스는 인간이 은총의 작용으로 의롭게 된다고 보았다. 인간의 착한 행위조차도 하나님께서 타락한 인간 본성 안에서 일하신 결과다. 구원으로 이끄는 모든 것이 하나님께서 죄인을 사랑해서, 공로를 묻지 않고 값없이 주시는 은사다. 예수 그리스도의 죽음과 부활로 말미암아 하나님은 인간이 받을 자격이 없는 것(구원)을 주시고 또 받아 마땅한 것(유죄 선고)은 거두어 가신다.

포도원 일꾼들의 비유(마 20:1-16)에 대한 아우구스티누스의 주해는 이 점과 관련해 아주 중요하다. 펠라기우스는 하나님께서 엄정하게 공로를 헤아려 각 사람에게 상을 주신다고 주장하였다. 하지만 아우구스티누스에 의하면, 각 사람에게 돌아가는 보상은 그들과 맺은 약속을 근거로 정해진다는 것이 이 비유의 의미다. 아우구스티누스는 일꾼들이 포도원에서 똑같은 시간을 일하지 않았지만 주인은 각 사람에게 동일한 품삯(한 데나리온)을 주었다는 점을 강조하였다. 포도원 주인은 각 사람에게 고용된 때부터 해질 때까지 일하면—어떤 사람은 하루 종일 일하고 다른 사람은 겨우 한 시간 일하게 되겠지만—한 데나리온씩 주기로 약속했다.

이렇게 해서 아우구스티누스는 죄인의 칭의의 근거는 하나님의 은혜로운 약속이라는 중요한 결론을 끌어낸다. 하나님은 그 약속을 지키셔서 죄인들을 의롭다 인정하신다. 포도원에서 그날 늦게 일을 시작한 일꾼들은 하루치 품삯을 요구할 권리가 없고 단지 주인의 관대한 약속만 의지하는 것처럼, 죄인들도 칭의와 영원한 생명을 요구할 수 없으며 오로지 하나님의 은혜로운 약속에 의해 믿음으로 그것을 받게 된다.

그러나 펠라기우스에 따르면, 인간은 자기의 공로를 근거로 의롭게 된다. 인간은 선행으로 구원을 얻게 되는데, 이 선행은 완전히 자율적인 인간의 자유의지를 실천하여 하나님께서 맡기신 책임을 다한 결과다. 이 의무를 이루지 못할 때 인간은 영원한 벌을 받게 될 수 있다. 예수 그리스도는 하나님께서 각 사람에게 요구하는 것이 무엇인지를 그의 행동과 가르침을 통해 분명하게 계시하는 정도로만 구원에 관계한다. 펠라기우스가 '그리스도 안의 구원'을 말하는 경우, 그 말은 "그리스도의 모범을 본받아 이루는 구원"이라는 한정된 의미로 받아들여야 한다.

따라서 펠라기우스주의와 아우구스티누스주의는 완전히 다른 관점을 제시하고 하나님과 인간이 관계 맺는 방식을 전혀 상반되게 파악했음이 분명하다. 결국에는 아우구스티누스주의가 서방교회의 신학 전통에서 우위를 차지하게 된다. 그럼에도 펠라기우스주의

는 여러 시대에 걸쳐서 많은 기독교인들에게 적지 않은 영향을 끼쳤
으며, 특히 은총론을 지나치게 강조한 일이 인간의 자유와 도덕적 책
임을 과소평가하는 결과를 낳았다고 생각하는 사람들에게 큰 영향을
주었다.

펠라기우스 논쟁에서는 은총과 공로의 관계를 주요한 쟁점으로
다루었으며, 이 쟁점은 중세에 아우구스티누스 사상이 부흥하면서
중요하게 논의되었다. 다음으로 우리는 중세 때 이 문제와 관련해 등
장한 몇 가지 쟁점들을 살펴본다.

중세에 이루어진 은총론의 종합

펠라기우스 논쟁의 영향은 참으로 컸다. 그 논쟁으로 인해 중세에 교
회 안에서 다양한 쟁점을 둘러싼 논쟁이 일어났으며, 그 과정에서 아
우구스티누스가 남긴 유산이 새롭게 평가되고 발전했다. 은총과 공
로의 의미를 둘러싼 근대적인 논의가, 펠라기우스 논쟁이 벌어지는
중에 아우구스티누스에 의해 시작되었다고 말할 수도 있으나, 그의
개념들은 중세를 거치면서 수정되고 발전하였다. 아우구스티누스의
유산이 은총과 공로 개념들을 논할 수 있는 틀을 마련해 주었다.

아우구스티누스의 유산

'은총'gratia이라는 용어는 기본적으로 '선물'이라는 개념과 관계가
있다. 이 개념은 아우구스티누스가 도입한 것으로, 그는 구원이 보상
이 아니라 하나님께서 주시는 선물이라는 점을 강조했다. 이로 인해
즉시 '은총' 개념과 '공로' 개념 사이에 긴장이 발생했는데, 은총은 선
물을 가리키고 공로는 보상을 뜻하였기 때문이다. 실제로 문제는 이
보다 훨씬 더 복잡한 것이기에 신중하게 살펴볼 필요가 있다. 아래에

서 우리는 중세 때 이 두 용어를 두고 벌어진 논쟁을 살펴봄으로써, 문제가 된 몇 가지 쟁점들을 해명하고 또 종교개혁 시기에 이 문제로 벌어진 논쟁의 배경 자료로 삼고자 한다.

앞에서 살펴보았듯이 752쪽 아우구스티누스는 몇 가지 이미지를 사용해 은총의 본질을 탐구하였다. 현재의 논의와 관련해 두 가지 이미지를 다시 살펴볼 필요가 있다.

첫째, 은총은 인간이 자초한 죄의 노예상태에서 인간 본성을 자유롭게 해방하는 능력이라고 생각된다. 아우구스티누스는 자유의지가 아주 심각하게 죄의 영향을 받았다는 점을 설명하기 위해 '포로된 자유의지'*liberum arbitrium captivatum*라는 용어를 사용하였으며, 은총이 이러한 처지에서 인간의 자유의지를 구속해서 '해방된 자유의지'*liberum arbitrium liberatum*를 줄 수 있다고 주장하였다. 다시 아우구스티누스의 접시저울 유비를 사용해 말하면, 은총은 저울의 접시가 악한 쪽으로 기울게 만드는 저울추를 제거하며 우리가 하나님을 선택하는 데 필요한 온전한 추를 인식할 수 있게 해준다. 이렇게 해서 아우구스티누스는 은총이 인간의 자유의지를 파괴하거나 훼손하는 것이 아니라 사실은 자유의지를 온전하게 세워 주는 것이라고 주장할 수 있었다.

둘째, 은총은 인간 본성의 치유자로 이해된다. 아우구스티누스가 좋아한 교회 유비 가운데 하나가 환자들로 가득한 병원이라는 유비였다. 기독교인이란 자기가 환자라는 사실을 알기에 병을 고치고자 의사의 도움을 구하는 사람들이다. 그래서 아우구스티누스는 착한 사마리아 사람의 비유(눅 10:30-34)에 근거해, 인간 본성은 길가에 방치된 채 죽어 가다가 사마리아 사람(아우구스티누스는 이 사람이 구속자 그리스도를 가리킨다고 본다)을 만나 겨우 구원받고 고침받은 사람과 같다고 말했다. 위와 같은 설명을 근거로 삼아 아우구스티누스는 인간의 자유의지는 병들었으며 고침받을 필요가 있다고 주장한다.

아우구스티누스는 은총의 기능을 탐구하면서 세 가지 주요한 개넘을 제시하였는데, 그 개념들은 서방 신학에 커다란 영향을 끼쳤다. 그 세 가지 범주는 다음과 같다.

- ❶ **선행 은총**: 라틴어 *preveniens*는 문자적으로 "앞서 가다"라는 의미다. '선행 은총'prevenient grace이라는 말을 사용하여 아우구스티누스는, 사람이 회심하기 전에도 하나님의 은총이 그의 삶 속에서 활동한다는 자신만의 독특한 견해를 옹호한다. 은총은 사람보다 "앞서 가서" 그 사람이 회심을 바라도록 준비시킨다. 아우구스티누스는 어떤 사람이 회심한 이후에만 은총이 그의 삶 속에서 일하는 것은 아니라는 점을 강조한다. 회심에 이르는 과정은 준비 과정이 있으며, 그 과정 속에서 하나님의 선행 은총이 작용한다.
- ❷ **작용 은총**: 아우구스티누스는 하나님께서 죄인들의 협력을 전혀 받지 않고 그들의 회심을 일으킨다고 강조한다. 회심은 하나님 홀로 죄인들을 향해 일하시는 과정이다. 협력 은총과는 달리 선행 은총은 목적을 이루기 위해 인간의 협력에 의존하지 않는데, 이런 특성을 가리키기 위해 사용된 개념이 '작용 은총'operative grace이다.
- ❸ **협력 은총**: 죄인의 회심을 이룬 다음에 하나님은 새로워진 인간의 의지와 협력하여 중생과 성결의 성장을 이루기 위해 일하신다. 죄의 굴레에서 인간의 의지를 해방하였으므로 이제 하나님은 그 해방된 의지와 협력할 수 있다. 아우구스티누스는 회심 이후의 인간 본성 안에서 은총이 일하는 방식을 가리키기 위해 '협력 은총'cooperative grace이라는 용어를 사용한다.

조력 은총과 상존 은총

중세 초기의 신학자들은 '은총'을 간략하게 하나님의 자비하심이나 관대하심을 나타내는 말로 이해하는 경향이 있었다. 그러나 대학의 신학부가 세워지면서 점차 체계화에 대한 요구가 증가하게 되었고 그 결과 은총과 관련해서도 정확하고 엄격한 용어들이 발전하게 되었다. 은총의 본질과 목적을 밝힌 중세의 견해 가운데서 가장 중요한 것을 토마스 아퀴나스에게서 볼 수 있다. 아퀴나스는 아우구스티누스의 은총 분석을 상당히 존중하기는 했지만 한편으로는 그 분석의 실제적 효용성에 대해 커다란 의구심을 품었던 것도 사실이다. 아퀴나스는 은총을 다음과 같이 두 가지 유형으로 분명하게 구분하였다.

❶ **조력 은총**: 흔히 조력 은총actual grace은 "값없이 주시는 은총"을 뜻하는 라틴어 구절, *gratia gratis data*로 표현되었다. 아퀴나스는 이 은총을 인간 본성에 대한 하나님의 행위나 영향을 의미하는 것으로 이해한다.

❷ **상존 은총**: 흔히 상존 은총habitual grace은 "기쁘시게 하는 은총"을 뜻하는 라틴어 구절, *gratia gratis faciens*로 표현되었다. 아퀴나스는 이 은총을 인간의 영혼 속에 창조된 은총의 상존을 의미하는 것으로 이해한다. 이 개념은 어려우며 따라서 좀 더 깊이 살펴볼 필요가 있다.

아퀴나스는 인간과 하나님 사이에 거대한 틈이 있다고 주장한다. 하나님은 직접 인간의 본성 안으로 들어와 현존할 수 없다. 그 대신 중간에 매개물이 놓이고 그 안에서 인간의 영혼은 하나님이 내주할 수 있도록 준비를 갖추게 된다. 이렇게 인간 영혼에 이루어지는 영원한 개조를 '은총의 상존'a habit of grace이라고 부르며, 여기서 상존이라는 용어는 "영원한 어떤 것"을 의미한다. 그러므로 상존 은총이란 실체, 곧 "영혼 속의 초자연적인 것"이다. 아퀴나스는 인간 본성 안에서 이루어지는 이 변화가 인간의 칭의를 위한 토대가 된다고 보았다. 인간 본성을 하나님이 용납할 수 있게 해주는 어떤 일이 인간 본성 안에서 일어났다. 종교개혁자들은 칭의의 근거를 하나님의 자비로운 은총 안에 두고서 이 은총에 의해 죄인들이 하나님께 인정받는다고 보았는 데 반해 아퀴나스는 하나님께 인정받는 그 과정에 매개물이 필요하다고 주장하였다. 이 매개물이 바로 은총의 상존, 곧 '상존 은총'이다.

아퀴나스는 『신학대전』에서 은총의 본질에 관해 논하면서, 은총이라는 말이 일상생활에서 지니는 의미를 다음과 같이 세 가지로 밝힌다.

> 일상 언어에서 쓰이는 '은총'이라는 말은 대체로 세 가지 의미를 지닌다. 첫째, 은총은 어떤 사람이 품은 사랑을 의미할 수 있는데, 예를 들어 한 병사가 왕의 은혜를 입었다거나 왕이 그에게 호의를 베풀었다고 말하는 경우에서 볼 수 있다. 둘째, 은총은 거저 받는 선물을 뜻하는데, "내 호의니까 받아주세요"라고 말하는 데서 볼 수 있다. 셋째, 은총은 거저 받은 선물에 대한 응답을 뜻하는데, 예를 들어 우리가 받은 자선에 감사를 표시하기 위해 하는 말에서 볼 수 있다. 그런데 어떤 사람이 다른 누군가를 사랑하기 때문에 그에게 조건 없이 선물을 베푸는 데서 볼 수 있듯이, 이 세 가지 가운데 두 번째 것은 첫 번째 것에 근거한다. 그리고 세 번째 것은 두 번째 것에 기초하는데, 감사하게 여기는 마음은 거저 받은 선물에 마땅히 따르는 것이기 때문이다. 그런데 만일 '은총'을 두 번째나 세 번째 의미로 이해한다면, 은총은 분명 그것을 받은 사람 속에 무언가를, 곧 값없이 받은 선물이든 그 선물에 대한 감사의 마음이든, 남겨 놓게 된다.……누군가가 하나님의 은총을 받았다고 말하는 것은 그 영혼 속에 초자연적인 것, 곧 하나님으로부터 온 것이 있다고 말하는 것이다.

위의 논의의 바탕에서 우리는, 이러한 '은총'의 의미 모두를 하나로 묶어 볼 때 그런 식으로 '은혜를 입은' 사람은 누구나 그 결과로 변하게 된다고 본 아퀴나스의 생각을 읽을 수 있다. 달리 말해, "하나님의 은총을 받았다"는 말은 그렇게 호의를 입은 사람의 영혼 속에 초자연적인 변화가 이루어질 만큼 하나님의 은혜를 소유하게 되었다는 것이다. 이러한 '변화'를 설명하기 위해 사용된 이미지가 초자연적인 은총의 상존이다. 즉 일시적인 은총의 행위가 거듭 이루어지는 것이 아니라 은총을 받은 사람 안에 영구한 변화가 이루어진다.

상존 은총에 대한 중세 후기의 비판

'상존 은총'이라는 개념은 중세 후기에 이르러 심각한 비판을 받게 되었다. 14세기에 오캄의 윌리엄약 1285-1347 은 그 유명한 '면도날'•을 휘둘러 신학의 모든 영역에서 불필요한 가설들을 제거하려고 하였다. 그가 볼 때, 은총의 상존은 전혀 필요 없는 것이었다. 하나님은 어떤 중간 단계나 매개물을 통하지 않고도 직접 죄인을 온전히 받아들일 수 있다. 오캄은 "다른 경우라면 중간 원인을 통해서만 가능한 일들이라도 하나님은 직접 하실 수 있다"라는 원칙을 따라 상존 은총이 필요한가라는 문제를 제기하였다.

오캄의 주장은 상당히 설득력이 있었기에 15세기 말에 이르러 상존 은총 개념은 신뢰할 수 없는 것으로 여겨지게 되었다. 점차 은총은 하나님의 자비하심이라고 이해되었다. 즉 인간 안에 있는 신적인 본질 또는 유사 신적인 본질이 아니라 인간을 향한 하나님의 태도라고 이해되기에 이르렀다. 이러한 견해를 프로테스탄트 종교개혁에서 받아들여, 은총이란 사실 "하나님의 자비로운 호의"favor Dei 이상도 이하도 아니라고 주장하는 근거로 사용하게 되었다.

공로의 본질과 근거에 관한 중세의 논쟁

펠라기우스 논쟁은 구원이 선한 행동에 대한 보상인가 아니면 하나

• 오캄의 면도날
Ockham's razor

보통 '절약의 원리'라고도 불린다. 오캄은 단순성이 신학의 미덕이자 철학의 미덕이라고 주장하였다. 그는 이 '면도날'을 사용해서 꼭 필요하지 않은 가정들을 모두 제거하였다.

님의 값없는 선물인가의 문제에 관심을 불러일으켰다755-757쪽. 이 논쟁으로 인해 '공로'라는 말이 실제로 뜻하는 것이 무엇인지 밝히는 일이 중요해졌다. 이 용어가 명료하게 정리된 것도 역시 중세 시대였다. 토마스 아퀴나스 때에 이르러서는 대체로 다음과 같은 사항들이 합의되었다.

❶ 엄중하게 정의를 따진다면 인간은 구원을 '보상'으로 요구할 수 없다. 구원은 하나님의 은총의 행위이며, 그 은총을 통해서 죄인은 지금까지 전혀 누릴 수 없었던 것을 비로소 얻게 된다. 인간은 자기의 힘으로는 구원을 이룰 수 없다. 인간이 자기의 공로로 구원을 성취할 수 있다는 생각은 펠라기우스주의로 여겨져 배척되었다.

❷ 죄인들은 하나님이 그들에게 상으로 믿음이나 칭의를 베푸시게끔 만들 만한 일을 행하거나 성취할 힘이 없으며 그런 까닭에 구원에 이를 수 없다. 기독교인의 삶은 오직 은총에 의해서만 시작된다. 하지만 하나님의 은총이 죄인들에게 **작용**하여 회심을 이루며, 그 다음에는 은총이 죄인들과 **협력**하여 그들이 성결함으로 자라가게 한다. 또 이 협력은 공로를 낳는데, 이 공로에 근거하여 하나님은 신자들의 도덕적 행위들을 보상하신다.

❸ 공로는 두 종류로 구분된다. 재량 공로congruous merit 와 적정 공로condign merit 가 그것이다. **적정 공로**는 엄격한 형태의 공로로서, 해당 개개인의 도덕적 행위를 근거로 해서 의롭다 인정되는 공로다. **재량 공로**는 좀 더 느슨한 개념으로서, 인간의 자격이나 업적에 따른 것이 아니라 하나님의 관대하심에 근거한다.

이러한 전반적인 합의를 배경으로 해서 중세 말에 공로의 궁극적 근거에 관한 논쟁이 일어났으며, 이 논쟁에서는 두 견해가 서로 다투었다. 이 논쟁을 통해 중세 후기에 주의설(主意說)이 점차 큰 힘을 발휘하게 된 것을 확인할 수 있다. 그 전에는 토마스 아퀴나스 같은 사상가들이 이끈 **주지설**(主知說)의 흐름이 주도하였다. 아퀴나스는 신자들의 행위의 도덕적 가치와 공로적 가치가 정비례한다고 주장하였다. 하나님의 지성은 어떤 행동의 진정한 가치를 알아보고 그에 합당하게 보상하신다.

이와는 달리 오캄의 윌리엄이 대표하는 **주의설** 쪽에서는 하나님의 의지에 강조점을 두었다. 하나님은 신적인 의지의 행동에 의해 어떤 행동의 공로적 가치를 판정한다. 오캄이 볼 때, 주지설 이론은 하나님에게 공로에 따라 도덕적 행위를 보상해야 하는 의무를 지우며, 그 때문에 하나님의 자유를 훼손하였다. 오캄은 하나님의 자유를 옹호하여, 하나님은 어떤 식으로든 인간의 행동에 합당하게 보상하는 일에서 자유로워야 한다고 주장하였다. 따라서 인간 행동의 도덕적 가치와 공로적 가치 사이에는 직접적인 관계가 없다. 오캄을 비판하는 사람들은 그가 정의와 공평 개념과 관련해 하나님과 인간 사이의 연결고리를 끊어 버렸다고 보았다. 이 개념에 대해서는 나중에, 하나님의 의지의 역할을 집중적으로 논하는 예정론을 다룰 때 다시 살펴본다.

이제 우리는 16세기 종교개혁 시대에 교회를 수렁에 빠뜨렸던 커다란 논쟁으로 넘어가, 믿음에 의한 칭의라는 교리를 중점적으로 살펴본다.

─────── 은총 교리를 둘러싼 종교개혁 시대의 논쟁

지금까지 살펴보았듯이, 그리스도의 십자가 사역이 인간에게 새로운 존재로의 길을 열어 주었다는 개념은 '구원'이나 '구속' 같은 다양한

은유와 이미지들을 통해 설명되었는데, 처음에는 신약성경의 책들 (특히 바울서신)614쪽에서 다음에는 그 성경 본문들을 바탕으로 한 기독교의 신학적 성찰을 통해서 이루어졌다. 다음 단락에서 우리는 기독교의 은총론 논의와 관련해 16세기의 프로테스탄트 종교개혁에서 새롭게 등장한 큰 흐름에 대해 살펴본다.

'은총에 의한 구원'에서 '신앙에 의한 칭의'로

16세기의 프로테스탄트 종교개혁 기간에, 구원을 설명하는 용어에 근본적인 교체가 이루어지기 시작했다. 아우구스티누스 같은 초기 기독교 신학자들은 '은총에 의한 구원'이라는 표현을 사용한 신약성경 본문들(엡 2:5이 그 예다)을 중요하게 여겼다. 하지만 하나님께서 어떻게 죄인들을 용납하실 수 있겠는가라는 문제와 씨름했던 마틴 루터1483-1546는 '신앙에 의한 칭의'를 강조한 바울의 본문들(롬 5:1-2 이 그 예다)에 초점을 맞추었다.

이 두 경우가 근본적으로는 동일한 논점을 펴는 것이라고 볼 수도 있겠지만, 그 논점을 표현하기 위해 사용한 언어가 다르다. 종교개혁이 남긴 가장 중요한 영향 가운데 하나가 '은총에 의한 구원'이라는 구절을 '신앙에 의한 칭의'로 대체한 것이었다. 왜 이런 변화가 일어났는지 그 이유는 분명하지 않다. 마틴 루터의 개인적인 영향 때문이었다고 보는 것이 가장 개연성 있는 설명인데, 루터의 신학 형성에서 특별히 중요한 역할을 했던 것이 '신앙에 의한 칭의' 개념이었다.

칭의론이란 개인이 구원을 얻기 위해 해야 하는 일이 무엇인가라는 문제를 다루는 분야로 생각되었다. 당시의 자료들을 통해 알 수 있듯이, 16세기가 열리면서 이 문제가 점차 빈번하게 논의되기 시작했다. 인문주의의 등장과 함께 개인적 의식이 새롭게 강조되고 인간의 개체성을 새롭게 인식하게 되었다. 이처럼 개인의식에 대해 눈을 뜨게 되면서 새로운 관심사로 떠오른 것이 칭의론, 곧 인간이 한 개

인으로서 어떻게 하나님과 관계를 맺을 수 있겠는가의 문제였다. 죄인이 어떻게 그러한 희망을 품을 수 있겠는가? 이 문제가 마틴 루터의 신학적 관심사의 핵심을 이루었고 또 초기 단계의 종교개혁을 주도했다. 칭의론이 이 시대에 중요했던 점을 고려하여 이 교리에 대해 좀 더 자세히 살펴보는데, 루터의 견해에서 시작한다.

마틴 루터1483-1546의 신학적 혁신

루터는 죽기 한 해 전인 1545년에 자신의 라틴어 저술 전체를 묶어 책으로 펴내면서 첫째 권에 실을 서문을 작성했는데, 거기서 자신이 그 당시의 교회와 어떻게 갈라서게 되었는지 설명하였다. 이 서문을 쓴 목적은 그가 어떻게 자신의 이름으로 거론되는 급진적이고 개혁적인 견해를 주장하게 되었는지를 모르는 독자층에게 자기 자신을 소개하는 데 있었다. 이 '자서전적 단편'(이 이름으로 널리 알려졌다)에서 루터는 자신이 종교개혁자로서의 소명을 지니게 된 배경에 대해 소개하였다. 서두에서 역사적인 사실 몇 가지를 설명하고 1519년까지의 자기 이야기를 다룬 후, 이어서 '하나님의 의'의 문제와 씨름한 개인적인 어려움을 기술하였다.

> 나는 로마서를 통해 바울을 이해하기를 간절히 원했다. 그러나 그러지 못하게 막은 것은 내 심장을 흐르는 냉랭한 피가 아니라 첫째 장에 나오는 "복음에는 하나님의 의가 나타나서"(롬 1:17)라는 구절이었다. 나는 "하나님의 의"라는 구절이 하나님은 의로우시며 불의한 죄인들을 벌하신다는 의미라고 배웠기에 그 구절이 싫었다. 내가 수도사로서 탓할 것 없는 삶을 살았음에도 하나님 앞에서는 불편한 양심을 지닌 죄인이라고 느꼈다. 또 내 행위가 그분을 기쁘시게 해드렸다고는 생각할 수 없었다. 죄인을 벌하시는 의로운 하나님을 사랑하기는커녕 사실 싫어했다.……바울이 이 구절에서 말한 의미를 알고자 필사적으로 매달렸다.

"복음에는 하나님의 의가 나타나서……기록된 바 오직 의인은 믿음으로 말미암아 살리라 함과 같으니라"는 말씀을 밤낮으로 묵상하다가 마침내, "하나님의 의"라는 말의 의미를 의로운 사람은 하나님의 선물(믿음)에 의해 산다는 말로 이해하게 되었다. 또 "하나님의 의가 나타나서"라는 구절은 밖에서 주어지는 의를 뜻하는 것으로, "의인은 믿음으로 말미암아 살리라"는 말씀처럼 자비로우신 하나님은 우리가 믿을 때 그 의로 의롭게 인정해 주신다는 말로 이해하게 되었다. 그 직후 나는 다시 태어난 듯한 기분이 들었고 마치 활짝 열린 천국에 들어선 것 같았다. 그때부터 나는 성경의 모든 면을 새로운 빛에서 보게 되었다.……이전에는 "하나님의 의"라는 구절을 싫어했으나 이제는 사랑하고 귀하게 여기게 되었으며, 그래서 바울이 말한 이 구절은 내게 천국으로 나아가는 문이 되었다.

깨달음의 흥분으로 떨리고 있는 이 유명한 구절에서 루터가 말하는 것은 무엇인가? "하나님의 의"라는 구절에 대한 그의 이해가 완전히 바뀌었다는 것이다. 그렇다면 이러한 변화의 본질은 무엇인가?

이 변화는 근본적이고 중요하다. 처음에 루터는 인간의 행위를 칭의의 전제조건이라고 생각했다. 즉 죄인이 의롭다 인정받기 전에 반드시 행하여야 하는 일이라고 생각했다. 아우구스티누스의 글을 읽으면서 이것이 불가능한 일임을 확신하게 된 루터는 "하나님의 의"를 오로지 **벌주는 의**로 해석할 수밖에 없었다. 그러나 위의 인용문에서 루터는 어떻게 이 구절의 '새로운' 의미, 곧 하나님께서 죄인에게 **주시는 의**라는 의미를 발견하였는지 밝히고 있다. 달리 말해, 하나님께서 죄인을 받으시는 데 필요한 전제조건을 하나님이 제공하신다. 죄인들이 의롭게 되는 데 필요한 것을 자비로우신 하나님이 그들에게 베푸신다.

여기서 루터가 밝힌 요점은, 기독교 복음의 하나님은 개인의 공로에 따라 보상하는 엄격한 심판자가 아니라 죄인들에게 선물로 의로움을 베푸시는 자비롭고 은혜가 많은 하나님이라는 것이다. 루터 연구자들 사이에서는 루터의 칭의신학이 1515년의 어느 시점에 결정적인 변화를 이루게 되었다는 데 대체로 의견이 모아진다.

루터와 칭의 신앙

루터의 사상에서 핵심적인 것이 "믿음으로만 의롭게 된다"는 교리였다. 칭의 개념은 잘 알려져 있다. 그러면 "믿음으로만"이라는 구절은 어떠한가? 의로움에 이르게 하는 믿음의 본질은 무엇인가?

"왜 믿음으로만 의롭게 되는지 이해하지 못하는 사람들이 있는데 그 이유는 믿음이 무엇인지 모르기 때문이다." 이 말을 통해 루터는 간단해서 오해하기 쉬운 이 '믿음'이라는 말을 좀 더 깊이 탐구할 필요가 있다고 지적한다. 루터가 생각한 신앙(믿음) 개념에서 아래와 같은 세 가지 요소를 그의 칭의론과 관련해 중요한 것으로 뽑을 수 있다. 그 뒤를 이어 칼뱅과 같은 사상가들이 이 개념을 이어받아 발전시켰다는 사실에서 루터가 그 당시 종교개혁 사상이 발전하는 데 크게 기여했음을 알 수 있다.

❶ **신앙은 역사적인 지식에 불과한 것이 아니다**: 루터는 복음서의 역사적 확실성을 믿는 것으로 만족하는 신앙은 올바른 신앙이 아니라고 주장한다. 죄인들도 복음서의 역사적 사실들을 완전히 신뢰할 수 있는데, 이 사실 자체만으로는 참된 기독교 신앙에 충분한 것이 아니다. 구원에 이르게 하는 신앙은 그리스도가 '우리를 위하여'*pro nobis* 태어나셨고, 우리를 위해 인간으로 오셨으며, 우리를 위해 구원 사역을 완수하셨다는 사실을 믿고 신뢰하는 것이다.

❷ **신앙은 '신뢰'*fiducia*로 이해해야 한다**: 신앙은 단순히 어떤 것이 참되다고 믿는 일로 끝나지 않는다. 신앙은 그러한 믿음대로

행동할 각오를 하는 것이요, 그 믿음을 의지하는 것이다. 비유를 통해 말하면, 신앙은 그저 어떤 배가 존재한다고 믿는 데서 끝나는 것이 아니라 그 배로 걸어 들어가 우리 몸을 거기에 맡기는 것이다.

❸ **신앙은 신자들을 그리스도와 하나 되게 한다**: 루터는 이 원리를 1520년에 쓴, 신앙의 관계적인 측면을 강조한 『기독교인의 자유』에서 분명하게 밝혔다. 신앙은 추상적인 교리들에 동의하는 것이 아니라 그리스도와 신자가 하나 되는 것이다. 비텐베르크 대학에서 루터의 동료로 일했던 필리프 멜란히톤은 "그리스도를 아는 것은 그가 주는 은택을 아는 것"이라고 말했다. 신앙은 신자들에게 그리스도뿐만 아니라 그가 베푸는 죄의 용서, 칭의, 소망 같은 은택을 누릴 수 있게 해준다.

따라서 '신앙에 의한 칭의' 교리가 뜻하는 것은 죄인들이 믿어서 그 믿음을 근거로 의롭게 된다는 것이 아니다. 이런 생각은 신앙을 인간의 행위나 노력으로 만들어 버린다. 루터의 주장에 의하면, 칭의에 필요한 모든 것을 하나님이 주시며 따라서 죄인이 할 일은 오직 그것을 받아들이는 것뿐이다. 칭의에서는 하나님이 능동적이고 인간은 수동적이다. "믿음을 **통해** 은총에 **의해** 이루어지는 칭의"라는 표현이 이 교리의 의미를 훨씬 더 분명하게 밝혀 준다. 즉 죄인의 칭의는 하나님의 은총에 근거하며 신앙을 통해 받는 것이다.

그러므로 믿음으로만 의롭게 된다는 교리에서는 하나님께서 구원에 필요한 모든 일을 하신다는 사실을 확증한다. 신앙 자체도 인간의 행위가 아니라 하나님의 선물이다.

법정적 칭의 개념

루터가 주장한 믿음으로만 의롭게 된다는 교리의 핵심 내용 가운데 하나가 죄인은 스스로 의롭게 될 수 없다는 것이다. 칭의에서 주도권을 쥐고 죄인을 의롭게 하는 데 필요한 모든 자원을 공급하시는 분이 하나님이다. 그러한 자원 가운데 하나가 '하나님의 의'다. 달리 말해, 죄인들을 의롭게 하는 그 의는 그들 자신의 의가 아니라 하나님께서 주신 의다. 아우구스티누스가 일찍이 이 점을 주장했다. 그런데 루터는 이것을 새롭고도 정교하게 수정하여 '법정적 칭의'forensic justification 개념으로 발전시켰다.

설명하기가 쉽지 않은 이 개념에서는 칭의를 가능하게 하는 의의 위치가 중심 문제로 다루어진다. 자비로운 하나님께서 죄인들에게 의롭게 하는 의를 나누어 주신다는 데는 아우구스티누스와 루터가 의견의 일치를 이룬다. 그런데 그 의가 위치하는 자리는 어디인가? 아우구스티누스는 그 의를 신자들 안에서 발견할 수 있다고 주장했으며, 루터는 그것이 여전히 신자들 외부에 존재한다고 보았다. 아우구스티누스는 문제가 되는 그 의가 내적인 것이라고 보았고 루터는 외적인 것이라고 주장했다.

아우구스티누스는, 하나님께서 죄인들에게 의롭게 하는 의를 부어 주실 때 그 의는 그들의 인격의 일부가 된다고 보았다. 그 결과 그 의는 비록 죄인의 외부에서 시작된 것이지만 그의 인격에 속하게 된다. 이에 반해 루터는 문제의 그 의가 계속해서 죄인 밖에 있다고 보았다. 간단히 말해 그것은 '외적 의'iustitia aliena다. 하나님은 이 의가 죄인의 인격에 속한 부분인 양 '셈하시고' 인정해 주신다. 1515년에서 1516년 사이에 했던 로마서 강의에서 루터는 신앙에 의해 우리에게 전가된imputed '그리스도의 외적 의'—우리 인격의 일부가 된 imparted 것이 아니다—가 칭의의 근거가 된다는 개념을 주장하였다. 루터가 로마서 4:7을 해석한 것이 특히 중요하다.

성도들이 언제나 자기의 죄를 알고 또 하나님의 자비하심에 의지해 그 분께 의를 구하는 까닭에 하나님은 늘 그들을 의롭다고 인정해 주신다.

따라서 그들은 자신들의 눈으로 볼 때도 그렇지만 실제적으로도 의롭지 못하다. 그러나 하나님은 그들이 죄를 고백하는 것을 들으시고 그들을 의롭다고 보아주신다. 사실 그들은 죄인이지만 자비로운 하나님의 헤아림으로 인해 의로운 것이다. 이 사실을 알지 못해서 그들이 의로운 사람이라고 생각하지만, 알고 나면 의롭지 못한 사람이다. 그들은 실제로는 죄인이지만 소망 가운데서 의인이다.

신자들이 의로운 것은 그들에게 전가된 그리스도의 외적 의 때문이다. 즉 신앙을 통해서 그 의가 마치 그들의 것인 양 대접받기 때문이다. 앞에서 우리는 루터의 신앙 이해에 핵심을 이루는 한 요소로서, 신자들은 신앙으로 그리스도와 하나가 된다는 개념을 살펴보았다. 따라서 의롭게 하는 믿음은 신자들이 그리스도의 의와 하나가 되게 하며, 이러한 연합을 근거로 신자들은 의롭게 된다. 그러므로 기독교인은 "자비하신 하나님의 전가에 의해 의로운" 사람들이다.

믿음을 통해 신자들은 그리스도의 의로 옷 입는데, 이는 에스겔 16:8에서 하나님께서 죄인들의 벌거벗은 몸을 옷으로 가려주신다고 말하는 것과 같은 것이라고 루터는 말한다. 루터에게 신앙은 하나님과의 올바른(또는 의로운) 관계다. 따라서 죄와 의는 공존한다. 신자는 내적으로는 여전히 죄인이지만, 외적으로 하나님 보시기에는 의로운 사람이다. 신자는 믿음 안에서 자신의 죄를 고백함으로써 하나님과 바르고 의로운 관계를 이루게 된다. 그들은 자기의 눈으로 보면 죄인이지만 하나님의 관점에서는 라틴어로 coram Deo 의인이다.

루터는 이 이론이 신자들 속에 언제나 존재하는 죄의 문제를 해명하고 동시에 신자들이 점진적으로 변화되어 장차 그 죄가 소멸된다는 점을 가르친다고 보았다. 이렇게 해서 루터는, 신자는 "의인인 동시에 죄인"simul iustus et peccator이라는 유명한 말을 남겼다. 소망 안에서는 의로우나 실제로는 죄인이며, 하나님의 약속 안에서 그리고 하나님 보시기에는 의로우나 현실에서는 죄인이다.

이 개념을 루터의 동역자인 필리프 멜란히톤[1497-1560]이 받아들여 발전시켰으며 오늘날 일반적으로 '법정적 칭의'로 알려진 교리를 낳았다. 루터에게서는 이 교리가 암시만 되고 완전한 모양을 갖추지 못했다. 아우구스티누스는 칭의로 인해 죄인이 **의롭게 된다**고 주장한 데 반해, 멜란히톤은 칭의란 죄인을 **의로운 사람으로 간주하거나 의롭다고 선고하는 것**이라고 보았다. 아우구스티누스는 '의롭게 하는 의'는 인격의 일부로 부여되는 것이라고 보았으며, 멜란히톤은 전가되는 것이라고 주장하였다. 아우구스티누스가 볼 때, 칭의와 성화는 동일한 것의 다른 측면일 뿐이다. 멜란히톤은 의롭다고 선고되는 일과 의롭게 변화되는 과정을 분명하게 구분하여, 앞의 것은 '칭의'로 뒤의 것은 '성화' 또는 '거듭남'이라고 불렀다.

멜란히톤에 따르면, 하나님은 하늘 법정에서*in foro divino* 죄인이 의롭다는 신적 심판을 선고한다. 이렇게 칭의를 법률적으로 이해한 데서 '법정적 칭의'라는 용어가 생겨났다. 이 말은 고대 로마에서 재판을 행하던 장소를 가리키는 라틴어 포럼(장터 또는 안마당)*forum*에서 왔다.

이 개념은 그 당시까지 이어져 온 서방교회의 가르침에서 완전한 단절을 뜻한다는 점에서 중요한 의의가 있다. 아우구스티누스 이후로 칭의는 줄곧 의롭다고 선언되는 일과 의롭게 되어 가는 과정 모두를 가리키는 말로 사용되어 왔다. 멜란히톤의 법정적 칭의 개념은 이런 흐름에서 완전히 갈라섰다. 그 후 대표적인 종교개혁자들 대부분이 이 칭의 개념을 받아들였고, 그렇게 해서 법정적 칭의 개념은 그때 이후로 프로테스탄트와 가톨릭교회*를 구분하는 중요한 차이점이 되었다.

두 교회가 죄인이 어떻게 의롭게 되는가에 대한 견해에서 의견을 달리한 것에 더해, '칭의'라는 말의 근본적 의미가 무엇이냐에 대해서도 의견이 갈리게 되었다. 곧 살펴볼 터이지만, 가톨릭교회가 개신교의 도전에 강하게 맞서 개최했던 트리엔트 공의회는 칭의의 본

● **가톨릭**
catholic

시공간 면에서 교회의 보편성을 가리키며, 또한 이런 특성을 중요하게 여기는 구제적인 교회 조직(흔히 가톨릭교회라고 불린다)을 지칭하는 형용사.

질에 대한 아우구스티누스의 견해를 재확인하였으며 멜란히톤의 견해를 거부하였다.

장 칼뱅1509-1564의 칭의론

종교개혁 후기에 마침내 우위를 차지한 칭의 모델은 1540년대와 1550년대에 칼뱅이 제시한 이론이었다. 칼뱅은 칭의를 다음과 같이 정의하였다.

> 하나님 앞에서 의롭다 인정받는 것은 하나님께서 판단하셔서 의로운 사람이라고 인정해 주시는 것이요, 또 바로 그러한 의에 근거하여 죄인을 받아주시는 것이다.……믿음으로 의롭다 인정받은 사람은, 행함으로 얻는 의를 포기하고 믿음으로 그리스도의 의를 굳게 붙잡은 사람이며 그 의를 입음으로써 하나님 앞에 죄인이 아니라 의인으로 서게 된 사람이다. 그러므로 간단히 말해 칭의란 하나님께서 우리를 의롭다 여겨 당신의 은혜 안에 품어 주시는 것이라고 말할 수 있다. 우리는 칭의가 죄의 용서와 그리스도의 의의 전가로 이루어짐을 안다.……신자들은 그들 스스로 의로운 것이 아니라, 그리스도의 의가 전가되어 그들에게 전해지기 때문에 의로운 것이다. 이 점은 신중하게 논할 필요가 있다.……우리의 의는 우리 안에 있는 것이 아니라 그리스도 안에 있다. 우리는 그 의를 오직 그리스도 안에 참여함으로써만 소유할 수 있다. 사실 그리스도와 함께함으로 우리는 그가 소유한 좋은 것을 모두 누리게 된다.

칼뱅의 이론은 다음과 같은 기본 요소들로 요약할 수 있다. 신앙은 신자들을 그리스도와의 '신비한 연합'으로 하나 되게 한다(여기서 칼뱅은 루터가 강조했던 것, 곧 그리스도의 인격적인 임재가 신앙을 통해 신자들 안에 실제로 이루어진다는 점을 다시 주장한다). 이러한 그리스도와의 연합은 두 가지 결과를 낳는데, 칼뱅은 이것을 '이중 은총'이라고 부른다. 첫째, 신자와 그리스도의 연합은 곧바로 신자의 **칭의**로 이어진다. 그리스도를 통하여 신자는 하나님 보시기에 의롭다고 선포된다. 둘째, 신자와 그리스도의 연합으로 인해―신자가 의롭게 되었기 때문이 아니다―신자는 거듭남을 거쳐 그리스도를 **닮아 가는** 과정을 시작한다. 이렇게 해서 칼뱅은 칭의와 거듭남이 모두 신자가 믿음으로 그리스도와 연합한 결과라고 주장한다. 칭의와 거듭남은 별개의 것이지만 사실상 분리할 수 없는 것이다.

트리엔트 공의회의 칭의론

1540년쯤에 루터는 유럽 전역에서 그 이름을 모르는 사람이 없을 정도로 유명한 사람이 되었다. 사람들은 크고 작은 호감을 품어 그의 저술들을 읽고 연구했으며, 이탈리아의 고위 성직자들도 예외가 아니었다. 이러한 상황을 맞아 가톨릭교회는 신뢰를 회복하기 위해 무언가 대책을 세워야만 했다. 1545년에 소집된 트리엔트 공의회는 루터에 맞서 포괄적인 대책을 마련하는 긴 과정의 출발점이었다. 이 공의회에서 다룬 중심 의제는 칭의론이었다.

트리엔트 공의회의 6차 회기는 1547년 1월 13일에 끝났다. 공의회는 칭의에 관한 교령을 발표해 가톨릭교회의 칭의에 관한 가르침을 아주 명료하게 제시하였다. 루터의 칭의론에 대한 트리엔트 공의회의 비판은 다음과 같은 네 가지 핵심 내용을 다루었다.

❶ 칭의의 본질
❷ 의롭게 하는 의의 본질
❸ 의롭게 하는 믿음의 본질
❹ 구원의 확신

이제 이 네 가지 사항을 하나씩 살펴본다.

칭의의 본질 | 초기 단계인 1515년에서 1519년 사이에 루터는 칭의를 죄인이 내적 갱신을 통해 점차 예수 그리스도의 모습을 닮아 가는 변화의 과정766-769쪽으로 이해하는 경향이 있었다. 그러나 1530년대 중반 이후에 나온, 멜란히톤의 법정적 칭의 이론770쪽의 영향을 받은 것으로 보이는 후기 저술들에서 루터는 칭의를 의롭게 변화되는 과정이 아니라 의롭다고 선언되는 문제로 다루는 경향을 나타냈다. 점차로 그는 칭의를 하나의 사건으로 이해하면서, 이것이 성령의 활동을 통한 거듭남과 내적 갱신의 독특한 과정에 의해 보완되는 것으로 생각하였다. 칭의는 '하나님 앞에서'*coram Deo* 죄인의 외적 상태를 바꾸며, 이에 반해 거듭남은 죄인의 내적 본질을 바꾼다.

트리엔트 공의회는 이 견해에 강하게 반대하였으며, 아우구스티누스가 처음에 주장했던 개념, 곧 칭의란 인간의 본성 안에서 이루어지는 거듭남과 갱신의 과정이며 이 과정에서 죄인의 외적 상태와 내적 본성 모두가 변하게 된다고 보는 개념을 열렬히 옹호하였다. 칭의에 관한 교령 4장에서는 칭의를 다음과 같이 명료하게 정의하고 있다.

> 죄인의 칭의를 간략하게 정의하면, 인간이 첫 아담의 자녀로 태어난 상태에서 두 번째 아담인 우리 구주 예수 그리스도를 통하여 하나님의 자녀가 되는 은총의 상태로 옮겨가는 것이라고 할 수 있다. 복음서에 "사람이 물과 성령으로 나지 아니하면 하나님의 나라에 들어갈 수 없느니라"(요 3:5)고 기록되었듯이, 이러한 이전은 거듭남으로 깨끗해지지 않거나 그렇게 되고자 갈망하는 마음이 없이는 이루어지지 않는다.

따라서 칭의에는 거듭남이라는 개념이 포함된다. 이렇게 간단하게 요약한 것을 교령 7장에서 좀 더 상세하게 설명한다. 여기서는 칭의를 "죄의 면제일 뿐만 아니라, 악한 사람을 의로운 사람으로 변화시키는 은총과 은사들을 기꺼이 받아들일 때 인격 안에서 이루어지는 갱신이며 성화"라고 강조한다. 이어서 트리엔트 공의회는 거룩한 규례canon 11조에서 이 견해를 한층 더 강조하면서, "은총과 자비는 제외하고 오로지 그리스도의 의의 전가나 죄의 면제에 의해서만" 칭의가 일어난다고 가르치거나 "우리를 의롭게 해주는 그 은총은 오직 하나님의 선하신 뜻뿐이다"라고 주장하는 모든 사람을 정죄하였다.

간단히 말해 트리엔트 공의회는 아우구스티누스 때부터 내려온 중세 전통을 따라 칭의가 사건과 과정으로 이루어진다는 견해를 유지하였다. 사건이란 그리스도의 사역을 통해 의롭다고 선언되는 것을 말하며, 과정이란 성령의 내적 사역을 통해 의롭게 되어 가는 것을 가리킨다. 멜란히톤과 칼뱅 같은 종교개혁자들은 이 두 가지를 구분하여, '칭의'를 의롭다고 선언되는 사건이라고 보고 '성화'나 '거듭남'은 그에 수반하는 내적 갱신의 과정이라고 주장하였다.

이처럼 가톨릭과 개신교가 똑같이 '칭의'라는 말을 사용했지만 그 의미는 전혀 달랐다. 트리엔트 공의회에서 사용한 칭의라는 용어는 개신교에서 보면 칭의와 성화 모두를 포함한 것이었다.

의롭게 하는 의의 본질　|　루터는 죄인이 자기 힘으로는 아무런 의로움도 소유할 수 없다고 강조하였다. 죄인들은 하나님으로 하여금 그들을 의롭다고 여기도록 만들 만한 근거를 전혀 가지고 있지 않다. 루터는 '그리스도의 외적 의'iustitia Christi aliena라는 교리를 통해 죄인을 의롭게 하는 의가 그들 외부에 있다는 사실을 분명히 밝혔다. 그 의는 인격의 일부로 심어지는 것이 아니라 전가된 것이며, 내적인 것이 아니라 외적인 것이다.

종교개혁에 맞선 초기 비평가들은 아우구스티누스의 견해를 받아들여 죄인들은 하나님께서 그들의 인격에 주입하신, 혹 심어 주신 내적인 의를 근거로 의롭다 인정받는다고 주장하였다. 이 의로움 자체는 은총의 행위로서 부어진 것이며, 공로로 얻는 것이 아니었다. 그러나 비평가들은, 개인들 속에는 하나님으로 하여금 그들을 의롭다고 인정하게 만들 만한 무엇인가가 틀림없이 있어야 한다고 주장하였다. 루터는 이런 생각을 거부했는데, 하나님은 중간에 있는 의라는 선물을 통해서가 아니라 직접적으로 개인들을 의롭게 하실 수 있다.

트리엔트 공의회는 내적인 의를 근거로 삼는 아우구스티누스의 칭의 개념을 강력하게 옹호했다. 칭의에 관한 교령은 이 점을 아주 명료하게 밝히고 있다.

> [칭의의] 유일한 형상인(形相因)은 하나님의 의로움이다. 이것은 하나님 자신의 의로움을 보이는 의가 아니라 하나님이 우리를 의롭게 하시는 의다. 그래서 그 의로움이 우리에게 부어질 때 우리는 "내면의 영이 새로워지고" 또 의롭다고 인정될 뿐만 아니라 실제로도 의로워져서 의로운 자로 불리게 된다.……하나님께서 우리에게 주 예수 그리스도가 당한 수난의 공로를 나누어 주시지 않는다면 그 누구도 의롭게 될 수가 없는데, 바로 이 일이 죄인의 칭의 안에서 일어난다.

"유일한 형상인"single formal cause 이라는 구절은 좀 더 설명이 필요하다. '형상인'이란 어떤 일의 **직접적인** 원인, 또는 가장 가까운 원인을 말한다. 그러므로 트리엔트 공의회는 하나님께서 우리에게 은혜로이 부어 주신 의로움이 칭의의 직접적인 원인이라고 말하는 것이다. 이것은 칭의의 먼 원인들, 예를 들어 '동력인'(하나님)efficient cause 이나 '공로인'(예수 그리스도)meritorious cause 과 대조된다.

그리고 여기에 사용된 '유일한'이라는 말도 주의할 필요가 있다. 1541년에 개최된 라티스본 회담에서 로마가톨릭과 개신교의 일치를 이루기 위한 한 가지 제안이 특히 주목을 끌었는데, 그것은 칭의의 두 가지 원인, 곧 외적인 의(개신교의 견해)와 내적인 의(로마가톨릭의 견해)를 인정해야 한다는 것이었다. 이 절충안은 어느 정도 가능성이 있어 보였다. 하지만 트리엔트 공의회는 그 일에 신경 쓸 시간이 없었다. '유일한'이라는 단어는 의도적으로 선택된 것으로, 그 하나의 원인 외에 다른 원인이 있을 수도 있다는 생각을 끊어 버리려는 것이었다. 칭의의 직접적이고 **유일한** 원인은 의라는 내적 선물뿐이다.

의롭게 하는 믿음의 본질 | 믿음으로만 의롭게 된다는 루터의 교리는 심각한 비판에 직면하였다. 트리엔트 공의회는 거룩한 규례 12조에서, "의롭게 하는 믿음이란 다름 아니라 그리스도 때문에 죄를 사해 주시는 하나님의 자비하심을 신뢰하는 것"이라는 사상을 거부하고 루터 사상의 핵심 요소인 의롭게 하는 믿음이라는 개념을 정죄하였다. 이렇게 루터의 칭의론을 거부하게 된 요인 가운데 하나는, 앞서 살펴보았듯이 768-774쪽 '칭의'라는 말의 의미가 모호하기 때문이었다. 트리엔트 공의회가 규정한 칭의의 의미에서 볼 때, 사람들이 순종이나 영적 갱신이 없이도 믿음으로 의롭게 될 수 있다고 믿어야 한다는 것은 크게 우려할 만한 것이었다. '칭의'를 기독교적 삶의 시작과 또 그러한 삶의 지속과 성장이라는 두 가지 의미로 이해했던 트리엔트 공의회는, 루터가 (하나님께서 죄인들을 변화시키고 새롭게 한다는 사실은 인정하지 않고) 하나님에 대한 신뢰만을 온전한 기독교적 삶의 기초가 되는 것으로 주장한다고 생각했다.

하지만 루터는 사실 그렇게 주장하지 않았다. 그가 자기 생각을 표현하는 방식이 자주 귀에 거슬렸던 것이 이러한 오해를 낳은 원인이었다고 볼 수 있다. 오히려 그는 기독교인의 삶은 오로지 신앙을 통해서만 시작되며 선행은 칭의를 일으키는 원인이 아니라 칭의에 뒤따라 나오는 것이라고 주장하였다. 트리엔트 공의회도 기독교인의 삶이 신앙을 통해 시작된다는 점을 기꺼이 인정하고 그래서 루터의 견해에 크게 공감할 수 있는 여지가 있었다. 칭의에 관한 교령 8장을 보면, "우리는 믿음에 의해 의롭게 된다는 것을 안다. 신앙은 인간 구원의 시작이고 모든 칭의의 근거이자 뿌리이며 신앙이 없이는 하나님을 기쁘시게 할 수 없기 때문이다"라고 선언한다. 이 일은 중요한 신학 용어의 의미가 문제가 되어 신학적 오해를 낳은 고전적 사례에 해당할 것이다.

구원의 확신　| 종교개혁자들이 대체로 그렇듯이 루터도 신자들이 자신의 구원에 대한 확신을 지닐 수 있다고 보았다. 구원은 하나님께서 자비로운 약속들을 지키신다는 사실에 근거한 것이며, 구원에 대한 확신을 갖지 못하는 것은 결국 하나님의 신실하심과 신뢰성을 의심하는 것이다. 그러나 이러한 확신을 의심으로 흐트러지지 않는, 하나님에 대한 절대적 확신과 같은 것으로 생각해서는 안 된다. 신앙은 확실성과 동일한 것이 아니다. 기독교 신앙의 신학적 근거가 견고하다고 해도, 그 근거에 대한 인간의 인식과 헌신은 흔들릴 수 있다.

　트리엔트 공의회는 개신교에서 내세운 확신의 교리를 매우 회의적으로 보았다. 칭의에 관한 교령은 '이단자들의 헛된 확신에 대한 반박'이라는 제목이 붙은 9장에서 종교개혁자들의 '신실하지 못한' 확신에 대해 비판하였다. 하나님의 선하심과 인자하심은 그 누구도 의심할 수 없는 것인데도 종교개혁자들은 크게 오해하여 "모든 사람이 죄 사함을 받고 의롭게 되었으며, 이러한 죄 사함과 칭의는 오직 믿음으로 이루어진 것이라는 사실을 확실하게 믿지 않는 사람이 있다면 그런 사람은 결코 죄 사함과 칭의를 누릴 수 없다"고 가르친다는 것이 트리엔트 공의회의 주장이었다. 트리엔트 공의회는 "그 누구도 자신이 하나님의 은총을 얻었는지 오류 없이 확실한 신앙으로 알 수는 없다"고 주장하였다.

　트리엔트 공의회의 주장은, 종교개혁자들이 인간의 확신이나 무모함을 칭의의 근거로 삼은 탓에 칭의를 하나님의 은총이 아니라 잘못되기 쉬운 인간의 확신 위에 세우는 결과를 낳지 않았느냐는 것이었다. 이에 반해 종교개혁자들은, 칭의란 하나님의 약속에 근거하는 것이요 그 약속을 담대하게 믿지 못하는 것은 하나님의 신실하심을 신뢰할 수 없는 것으로 만들어 버리는 것이라고 주장하였다.

이번 장의 앞부분에서 은총의 본질에 대해 논하면서 '은총'(은혜)과 '자비로움'의 밀접한 관계에 대해 살펴보았다. 은총을 마치 칭찬받을 만한 행동에 대한 보상이라도 되는 양 사람들에게 베풀어야 할 의무가 하나님에게는 없다. 아우구스티누스가 한결같이 강조하듯이 은총은 선물이다. 하지만 뒤에서 자세히 밝히겠지만, 이처럼 은총이 지니는 선물이라는 특성을 강조한 것이 곧바로 예정론으로 이어졌다. 예정론은 기독교 신학에서 가장 난해하고 헷갈리는 분야 가운데 하나다. 아래에서 우리는 어떻게 은총과 예정론이 밀접하게 연계되었는지 밝히기 위해 아우구스티누스 신학의 몇몇 면모를 살펴보고 이어서 후대에 와서 이루어진 예정론 논의들을 다룰 것이다.

히포의 아우구스티누스 354-430

은총은 보상이 아니라 선물이다. 이 점은 아우구스티누스의 사상에서 근본을 이루는 통찰이다 747-758쪽. 만일 은총이 보상이라면 인간은 선행을 통해 자기의 구원을 손에 넣을 수 있을 것이다. 인간이 스스로 구속을 성취할 수 있게 된다. 그러나 아우구스티누스는 이런 생각이 신약성경에서 가르치는 은총론과 완전히 상충하는 것이라고 보았다. 은총이 지니는 선물이라는 특성을 확실히 한 것이 그릇된 구원론을 막아 내는 방벽이 되었다. 지금까지 아우구스티누스의 은총 이해에 대해 자세히 다루었으므로 그와 관련해서는 더 이상 논하지 않는다.

　아우구스티누스의 논의에는 칭찬할 만한 장점이 많다. 하지만 그의 견해를 깊이 연구하게 되면서 어두운 측면이 드러났다. 펠라기우스 논쟁이 점차 극심해지면서 아우구스티누스의 은총론이 지닌 부정적인 함의들도 분명하게 모습을 나타냈다.

　만일 은총이 선물이라면, 하나님은 어떠한 외적 조건을 따지지 않고서 마음대로 은총을 베풀거나 베풀지 않거나 할 수 있어야 한다. 은총이 그러한 조건을 근거로 베풀어진다면 그것은 더 이상 선물일 수 없으며, 특정 행동이나 태도에 대한 보상이 된다. 아우구스티누스에 따르면, 은총은 베푸는 이의 아량을 담아내어 선물 이상도 이하도 아닐 때에야 자비로운 것일 수가 있다. 그러나 선물은 모든 사람에게 다 주지 않는다. 선물은 특별한 것이다. 오직 일부에게만 은총이 주어진다. 따라서 아우구스티누스가 하나님에게는 은총을 주거나 주지 않을 자유가 있다는 신념을 근거로 삼아 '하나님의 자비로움'을 옹호한 것은 은총의 **보편성**이 아니라 **특수성**을 긍정한 것이 된다.

　　이러한 통찰을 아우구스티누스의 죄론과 연결해 생각하면, 그것이 함축하는 온전한 의미가 분명해진다. 모든 인간이 죄로 더러워졌으며 죄의 굴레에서 벗어날 수 없다. 오직 은총만이 인간을 자유롭게 풀어줄 수 있다. 하지만 은총은 누구에게나 베풀어지지 않으며 일부 사람들에게만 허용된다. 그 결과 일부 사람만, 곧 은총을 받는 사람들만 구원받게 된다. 아우구스티누스에게, 예정*이란 선택되지 않은 사람들에게는 하나님이 구원의 수단을 허락하지 않는다는 것을 의미했다.

성도의 예정이란 다름 아니라, 하나님께서 예지하셔서 은택을 예비하신 것을 말하는데 이로써 구원받는 모든 사람이 가장 확실하게 구원에 이르게 된다. 하나님의 공의로운 심판에서 밀려난 사람들이 있을 곳이 두로와 시돈 사람들이 던져진 곳, 지옥이 아니라면 어디겠는가? 그런데 그 사람들도 그리스도의 이적 표징들을 보았더라면 믿었을 것이다. 하지만 그들에게는 그것을 믿도록 허락되지 않았고 그 때문에 그들은 믿음에 이르는 길을 알 수 없었다. 이 사실에서, 어떤 사람들은 태어나면서부터 이해력이라는 하나님의 은사를 그 정신 안에 지니고 있어서 그들의 정신을 울리는 말씀을 듣거나 표적을 보게 되면 믿음에 이르게 된다고 말할 수 있다. 그러나 인간을 초월하는 하나님의 결정으로 이 사람

● 예정
　predestination

아우구스티누스가 처음 사용한 '예정'이라는 용어는 하나님께서 처음에 그리고 영원히 어떤 사람들은 구원하고 다른 사람들은 구원하지 않기로 정하셨다는 것을 뜻한다. 아우구스티누스의 후계자들은 말할 것도 없고 그와 동시대의 많은 사람들은 이러한 생각을 받아들일 수 없었다. 펠라기우스의 사상에서도 당연히 이와 유사한 개념을 찾아보기 힘들다.

들이 은총으로 예정되지 않았거나 지옥의 무리에서 구별되지 않았다면, 그들은 듣거나 볼 때 믿음으로 이끌어 주는 하나님의 말씀이나 행위를 전혀 만날 수 없게 된다.

여기서 기억해야 할 중요한 사실은, 이렇게 말하면서 아우구스티누스가 어떤 사람들은 저주로 예정되었다고 주장하지는 않았다는 점이다. 하나님께서는 타락한 인간의 무리에서 어떤 사람들을 선택하셨다는 것이 이 말의 요점이다. 선택된 소수의 사람들만 구원으로 예정되었다. 아우구스티누스에 의하면, 나머지 사람들이라고 당연히 저주의 형벌에 처해지는 것은 아니며, 그들은 단지 구원으로 선택되지 못했을 뿐이다.

아우구스티누스는 예정을 **적극적**이고 **긍정적**인 것으로 이해하여 하나님 편에서 숙고하여 내린 구속의 결정으로 다루는 경향이 있다 (물론 그도 이러한 관점을 일관되게 유지하지는 않는다). 하지만 그를 비판하는 사람들이 지적했듯이, 이렇게 누군가를 구속하기로 결정한 것은 다른 사람들은 구속하지 않기로 결정했다는 말이 된다.

이 문제는 9세기에 들어와 예정론을 둘러싸고 큰 논쟁이 벌어지면서 새로이 두드러지게 되었다. 이 논쟁에서 베네딕트회 수도사인 오르바이스의 고데스칼크(고트샬크라고도 불린다)약 808-867는 훗날 칼뱅 및 그의 동료들이 주장한 견해와 비슷한 이중 예정론을 펼쳤다. 고데스칼크는 하나님이 어떤 사람들은 영원한 형벌로 예정하셨다는 주장에 담긴 의미를 논리적으로 집요하게 파헤치면서, 그것을 근거로 그리스도가 그 사람들을 위해서도 죽었다고 말하는 것은 완전히 잘못된 것이라고 주장하였다. 만약 그리스도가 그 사람들을 위해서도 죽었다면, 그들의 운명에 아무런 영향도 끼치지 못한 까닭에 그리스도가 헛되이 죽은 것이 된다.

이 주장이 함축하는 의미를 두고 망설이던 고데스칼크는 그리스도가 **선택된 사람들만을 위해** 죽었다고 제안하였다. 그리스도의 구속 사역이 미치는 범위는 그의 죽음에서 은택을 얻도록 예정된 사람들만 포함하는 것으로 한정되었다. 9세기의 저술가들은 대부분 이 주장에 비판적으로 대응하였다. 그러나 이 주장은 나중에 칼뱅주의의 '제한적 속죄'나 '특정한 구속'이라는 교리의 형태로 다시 등장한다. 이에 대해서는 뒤에서 살펴본다.

가톨릭의 논쟁들: 토마스주의·몰리니즘·얀센주의

가톨릭 신학자들은 대체로 예정론이 별로 중요한 것이 아니라고 생각했지만 중세와 그 이후에는 이 문제를 두고 격렬한 논쟁이 벌어졌다. 이런 논쟁들은 흔히, 중세 전반에 걸쳐 신학의 권위자로 인정받았던 히포의 아우구스티누스의 견해를 명료하게 밝혀내는 형태로 이루어졌다.

토마스 아퀴나스는 아우구스티누스의 생각을 이어받아, 예정이란 인간이 은총에 보일 반응이나 인간 개인의 도덕적 상태를 하나님께서 예지하셔서 그 결과로 이루어지는 것이 아니라고 주장하였다. 가장 중요한 사실은 예정이 하나님의 자유로운 선택에 근거한다는 것이다. 아퀴나스는 영원한 삶이 "창조된 본성의 규모와 역량"에 달려 있다고 하였다. 따라서 인간이 영원한 삶에 이르고자 한다면 지도와 도움이 필요하다. 활 쏘는 사람이 화살을 메어 목표를 겨냥하듯이 하나님은 인간의 영혼이 구원을 향하도록 지도하신다. "우리는 이성적 존재가 영원한 삶으로 이끌리는 이유를 가리켜 '예정'이라고 부른다." 이러한 '지도 행위'는 유별나거나 기이한 것이 아니며 인간을 구원하려는 하나님의 열망의 표현이다.

중세 후기에 와서 훨씬 더 급진적인 견해를 주장한 사상가들이 있었다. 예를 들어, 리미니의 그레고리우스Gregorius of Rimini, 약 1300-1358는 이중 예정론을 펼치면서 하나님은 선택된 사람과 버림받은 사람을 미리 결정하셨다고 주장하였다. 그렇지만 대부분의 중세 저술가들은 이 교리에 대해 신중한 태도를 보였는데, 이 교리가 목회에 미치는 영향을 꿰뚫어 보았던 것이 그 한 이유였다. 예를 들어 트리엔트 공의회는 당시 프로테스탄트 개혁자들이 제기한 이 문제 때문에 소란이 일어난 상황에서도 이 주제를 다루어 명확한 공식으로 가르치기를 주저하였다.

17세기에 와서 가톨릭교회 안에서 이 교리를 둘러싸고 새로운 논쟁이 터져 나왔다. 몰리니즘(스페인의 예수회 신학자 루이스 데 몰리나약 1300-1358의 이름에서 왔다)Molinism을 따르는 사람들은 하나님의 예정이 인간의 자유를 부정하지 않는다고 주장하였다. 그들의 주장에 의하면, 하나님은 있을 수 있는 모든 상황에서 인간이 특정한 자원을 제공받을 때 어떻게 자유롭게 행동할지를 아신다. 따라서 예정이란 개인이 하나님께서 원하시는 일을 자유롭게 선택할 수 있는 상황을 하나님이 조성하는 것이라고 볼 수 있다. 예를 들어, 사도 베드로의 경우를 생각해 보자. 그는 영원한 구원으로 예정되었기에 하나님의 은총에 응답할 자유를 박탈당한 것인가? 대부분의 몰리니즘 주장자들은, 하나님께서 베드로가 은총에 어떻게 응답할지를 앞서 예지하시고 그에 맞춰 세상을 창조하기로 선택하셨다고 주장하였다. 하나님은 베드로가 자유롭게 응답할 수 있는 환경을 조성할 수 있으며, 그렇게 해서 하나님의 자유와 인간의 자유를 모두 지켜낸다.

이 사상에 대응하여 얀센주의Jansenism로 알려진 운동이 터를 다지기 시작하였다. 이 운동은 코르넬리우스 얀세니우스1585-1638가 그의 유작인 『아우구스티누스』Augustinus, 1640에서 제시한, 히포의 아우구스티누스에 대한 영향력 있는 해석을 기초로 형성되었다. 이 저술에서는 인간이 거스를 수 없는 '유효한 은총'efficacious grace이라는 개념을 강조하였다. 예정은 하나님의 자유로운 결정의 결과이며, 그 결정에 의해 인간의 일부만이 구원받도록 예정되었다. 얀센주의를 반대하는 사람들은 이 견해가 칼뱅주의와 동일한 것이라고 비판했으며, 그로 인해 이 견해는 가톨릭교회에 받아들여질 수 없었다.

이 논쟁들은 완전히 해결되지 않은 채, 1700년 이후로 가톨릭교회 안에서 더 이상 중요한 주제로 다루어지지 않고 뒤로 밀려나게 되었다. 그러나 개신교 쪽에서는 이와 관련한 논쟁이 훨씬 더 심각하고 중요한 문제로 등장했다.

개신교의 논쟁들: 칼뱅주의·아르미니우스주의

프로테스탄트 종교개혁자 장 칼뱅을 가리켜 흔히들 예정론을 신학 체계의 중심으로 삼은 사람이라고 말한다. 하지만 그의 『기독교 강요』를 자세히 읽어 보면, 자주 언급되는 이런 주장에 대한 증거를 찾아볼 수가 없다. 칼뱅은 이 교리를 아주 신중하게 다루고, 이 교리를 논하는 데 단지 넉 장(3권 21-24장)을 할애한다. 그의 정의에 의하면, 예정이란 "하나님의 영원한 작정으로, 하나님 자신이 각 사람에게 일어나기 원하는 것을 결정하는 것이다. 하나님은 모든 사람을 동일한 조건으로 창조하지 않고 어떤 사람들은 영원한 생명에, 다른 사람들은 영원한 형벌에 이르도록 정하였다."

예정에 관한 칼뱅의 분석은 관찰 가능한 사실들에서 출발한다. 복음을 믿는 사람들이 있는가 하면 믿지 않는 사람들도 있다. 예정론의 일차적인 기능은, 왜 어떤 사람은 복음에 응답하는데 다른 사람은 그러지 않는지 그 이유를 설명하는 것이다. 예정론이란 사람들이 은총에 보이는 응답의 다양성을 해명하고자 하는 시도다. 칼뱅의 예정 이론predestinarianism은 하나님의 전능 개념을 전제로 삼아 추론해 낸 이론이 아니라 인간의 경험을 성서에 비추어 해석하고 성찰한 것이라고 보아야 한다. 예정에 대한 믿음은 그 자체로 신앙의 조항에 속한 것이 아니며, 이해할 수 없는 경험들 앞에서 은총이 개인들에게 미치는 영향을 성서적으로 성찰하여 도출해 낸 결론이다.

예정은 칼뱅의 사상에서 결코 핵심적인 전제가 아니며, 오히려 은총의 복음을 선포하는 가운데 마주치는 목회적인 난점을 설명하고

자 고안된 부수적인 이론이라고 할 수 있다. 하지만 칼뱅의 추종자들이 새롭게 발전하는 지식에 맞추어 그의 사상을 개조하고 발전시키고자 애쓰게 되면서, 그가 세운 기독교 신학의 구조가 어쩔 수 없이 바뀌게 되었을 것이다. 이번 항목의 나머지 부분에서는, 칼뱅이 죽은 후에 칼뱅주의 안에서 강조된 예정론, 곧 '칼뱅주의 5대 강령'이라고 불리는 것을 살펴본다.

'칼뱅주의 5대 강령'이란 도르트 종교회의[1618-1619]에서 확정된 개혁주의 구원론(즉 칼뱅주의 학자들이 체계화한 구속 이해)의 다섯 가지 원리를 편의를 위해 간단하게 요약한 것이다. '5대 강령'은 흔히 기억하기 쉽도록 튤립[TULIP]이라는 말로 표기된다(이 유명한 꽃의 원산지인 네덜란드에서 회의가 열렸으니 이 표현이 딱 어울린다고들 생각한다).

> Total depravity, **전적 타락**: 죄에 물든 인간 본성을 가리킨다.
> Unconditional election, **무조건적 선택**: 인간은 어떤 예견된 공로나 특성, 업적을 근거로 예정되지 않았다는 것을 말한다.
> Limited atonement, **제한적 속죄**: 그리스도는 선택된 사람들만을 위해 죽었다는 것을 말한다(앞에서 살펴보았듯이 고데스칼크가 이 개념을 주장했다)633쪽.
> Irresistible grace, **불가항력적 은혜**: 선택된 사람들은 반드시 부름 받고 구속을 얻게 된다는 것을 가리킨다.
> Perseverance of the saints, **성도의 견인**: 하나님이 참으로 예정한 사람들은 그 부르심에서 어떤 식으로든 벗어날 수 없다는 것을 말한다.

이 견해는 후에 나온 대부분의 개혁주의 신앙고백들 속에 포함되었으며, 저 유명한 '웨스트민스터 신앙고백'[1646]에서는 다음과 같은 형태로 표현되었다.

하나님은 세상을 지으시기 전에 인류 가운데 일부를 생명으로 예정하셨다. 이 일은 그들의 믿음이나 선행, 인내 혹은 피조물 속의 어떤 것을 하나님을 감동시키는 조건이나 원인으로 예견해서 이루어진 것이 아니라, 당신의 영원하고 변치 않는 목적과 비밀스런 계획과 기뻐하시는 선한 뜻에 따라, 그리스도 안에서 값없이 주시는 은혜와 사랑으로 그들을 영원한 영광에 들어가도록 선택하신 것이다. 그러함으로 모든 것이 그분의 영화로운 은혜를 찬송하도록 하셨다.……그 외의 나머지 인류는 그대로 내버려 두어 자기들의 죄로 인한 수치와 형벌에 떨어지도록 정하셨다. 이 일은 원하시는 대로 긍휼을 베풀기도 거두기도 하시는 자기 뜻의 신비한 계획에 따라, 자기 피조물을 다스리시는 그분의 주권적 권능의 영광을 나타내기 위하여 하신 것이다. 그러함으로 그분의 영화로운 공의를 찬양하게 하셨다.

17세기 초에 칼뱅주의 진영에서 '선택의 작정'decrees of election 의 논리적 순서와 관련해 중요한 논쟁이 일어났다. 흔히 신학적인 몽매함의 표본으로 거론되는 이 관념적인 논쟁에서는 다음과 같은 두 가지 고전적인 견해를 볼 수 있다.

❶ **타락 후 선택설**infralapsarianism : 프랑수아 투레티니1623-1687 와 관계가 있는 이 이론에서는 선택이 인간의 타락을 전제해서 이루어진다고 주장한다. 따라서 선택의 작정은 '타락한 무리'massa perditionis인 인간 전체를 대상으로 이루어진다. 달리 말해, 하나님이 어떤 사람은 선택하고 다른 사람은 지옥의 형벌로 예정한 것은 타락 사건에 대한 대응으로 이루어진 것이었다. 이 결정은 타락한 인류를 대상으로 내린 것이다.

❷ **타락 전 선택설**supralapsarianism : 테오도르 베자1519-1605 와 관련된 이 견해에서는 선택이 타락 이전에 일어났다고 본다. 하나님은 타락 이전의 인간을 대상으로 예정을 결정하였다. 그래

서 타락은 선택의 결정을 성취하는 수단이라고 여겨진다.

또 세 번째 견해도 살펴볼 수 있는데, 이 이론은 모세 아미로 Moses Amyraut, 1596-1664 와 프랑스 소뮈르에 있던 칼뱅주의 학교와 밀접한 관계가 있다. 이 견해는 흔히 '조건적 보편구원론'으로 불리며, 칼뱅주의 내에서 비교적 미미한 영향을 미쳤다.

'칼뱅주의 5대 강령'을 비판한 가장 중요한 견해를 아르미니우스주의로 알려진 운동에서 볼 수 있다. 이 명칭은 개혁주의의 '특정한 구속' particular redemption 이론에 반대했던 네덜란드의 저술가 야코부스 아르미니우스 Jacobus Arminius, 1560-1609 의 이름에서 왔다. 아르미니우스는 그리스도가 선택된 사람들만 아니라 모든 사람을 위해 죽었다고 보았다. 이러한 생각은 도르트 종교회의의 여파로 네덜란드 개혁주의 진영에서 인기를 얻었으며, 1610년에 「항의서」 Remonstrance 로 알려진 반박문의 출간으로 이어졌다. 이 문서에서는 그리스도의 사역의 특성과 범위가 보편적이라고 주장했다.

> 하나님은, 세상이 존재하기 전에 그리스도 안에서 영원하고 불변하는 뜻을 정하셔서, 타락하고 죄에 물든 인류 가운데서 은총을 입어 예수 그리스도를 믿고 순종하며 신앙을 지키는 모든 사람들을 택하여 영원한 생명으로 이끄시기로 결정하셨다.……세상의 구주이신 그리스도는 모든 이들을 위해 죽으셨으며, 그 결과 그의 십자가 죽음을 통해 모든 사람을 위한 화해와 죄 용서를 이루셨다. 그러나 그 일은 실제로 신실한 사람들만이 온전히 누릴 수 있는 것이다.

이렇게 해서 예정의 개념은 그대로 유지되면서도 그 근거가 되는 뼈대는 완전히 바뀌었다. 도르트 종교회의는 예정을 개인적인 문제로 보아, 하나님이 특정한 개인들은 구원으로 예정하고 다른 사람들은 영원한 형벌로 예정했다고 주장하였다. 아르미니우스주의는 예정을 집단적인 것으로 이해해, 하나님은 특정 집단의 사람들, 곧 예수 그리스도를 믿는 사람들을 구원으로 예정했다고 주장하였다. 믿음으로 개인은 하나님이 구원하기로 정한 그 집단에 들어가게 되며, 그렇게 해서 예정된 구원의 조건을 성취하게 된다.

아르미니우스주의는 곧바로 18세기 복음주의에서 중요한 위치를 차지하였다. 조지 윗필드George Whitefield, 1714-1770 가 칼뱅주의 쪽으로 기운 견해를 보이기는 했지만, 아르미니우스주의 개념들은 찰스 웨슬리1707-1788에 의해 감리교회 안에서 힘 있게 주장되었다. 예를 들어, 찰스 웨슬리의 찬송가, '예수가 죄인들을 모른 체하실까'Would Jesus Have the Sinner Die? 에서는 인간의 보편적 구속 교리를 매우 힘주어 외치고 있다(굵은 글씨는 저자의 강조).

> 오, 당신의 사랑으로 내 마음 품어 주소서.
> 당신의 사랑으로 **모든** 죄인들 풀어 주소서.
> 타락한 **모든** 영혼들로
> 나를 품으신 그 은총 맛보게 하소서.
> 온 백성 나와 함께 일어나
> 당신의 크고 영원한 사랑 증거하게 하소서.

이 견해는 또 18세기에 북미에서도 커다란 힘을 발휘하였다. 조나단 에드워즈1703-1758 의 저술들을 보면, 그가 맞서는 아르미니우스주의 사람들의 모순과 약점이 어떤 것인지를 계속해서 지적하고 있다. 비판자들로부터 계속해서 의심스러운 것으로 지적당하기는 했지만, 아르미니우스주의는 널리 인기를 얻었던 이론이었음이 분명하다.

칼 바르트

칼 바르트˙의 신학에서 발견하는 가장 흥미로운 특성 하나는 개혁

˙ 바르트주의
Barthian

스위스 신학자 칼 바르트(1886-1968)의 신학 이론을 가리키는 말로, 계시의 우위성과 예수 그리스도의 중심성을 강조한 것으로 유명하다. 이와 관련된 것으로 '신정통주의'와 '변증법적 신학'이라는 용어가 있다.

파 정통주의 시대의 신학과 밀접하게 연계되어 있다는 점이다. 바르트가 이 시대의 저술들을 중요하게 여겼던 것이 그의 사상 전반을 가리켜 '신정통주의'183-185쪽라고 부르게 된 한 원인이다. 특히 바르트가 개혁주의 예정론을 다룬 방식이 흥미로운데, 그는 전통적인 용어들을 기꺼이 받아들여서는 자기 신학의 맥락 안에서 그 용어들에다 완전히 다른 의미를 부여하였다. 『교회 교의학』에서 바르트는 다음과 같은 두 가지 핵심 주장을 근거로 예정에 관하여 논한다.

❶ 예수 그리스도는 선택하는 하나님이다.
❷ 예수 그리스도는 선택받은 인간이다.

이렇게 예정을 그리스도 중심적으로 이해하는 방식은 그의 예정론 분석 전체에 걸쳐 이어진다. "예정론을 일반화해서 가장 간단하게 말하면, 하나님의 예정이란 예수 그리스도의 선택이라고 정리된다. 그런데 여기서 선택이라는 개념은, 선택하는 이와 선택받은 이라는 이중적 의미에서 생각할 수 있다." 그렇다면 정확히 말해 하나님이 예정한 것은 무엇인가? 이 물음에 대한 바르트의 대답은 여러 가지 요소로 이루어지며, 그중에 다음의 것들이 중요하다.

❶ "하나님은 스스로 인간의 친구이자 협력자가 되기로 선택하셨다." 하나님은 자유롭고 존엄한 결정을 내려 인간과 교제하기로 선택하셨다. 이렇게 해서 바르트는 인간이 타락한 죄인임에도 불구하고 하나님께서 인간과 함께하신다고 주장하였다.
❷ 하나님은 이렇게 함께하신다는 것을 증명하고자 그리스도를 인간의 구속자로 내어주시기로 선택하셨다. "성경에 따르면, 이 일은 하나님의 아들의 성육신과 수난, 죽음, 부활을 통해 이루어졌다." 인간을 구속한 행위 그 자체가 하나님이 스스로 인간의 구속자가 되기로 선택한 일의 표현이다.

❸ 하나님은 구속에 따르는 고통과 대가를 완전히 감당하기로 선택하셨다. 하나님은 골고다의 십자가를 왕의 보좌로 삼기로 정하셨다. 하나님은 타락한 인간이 책임져야 할 몫을 고난과 죽음을 통해 끌어안기로 선택하셨다. 하나님은 인간을 구속하기 위해 자기 비하와 낮아짐의 길을 택하셨다.

❹ 하나님은 그의 심판의 부정적 측면들을 우리에게서 제하여 주기로 선택하셨다. 하나님은 우리가 버림받지 않도록 하기 위해 그리스도를 버리셨다. 예정의 부정적 측면은 죄인인 인간이 감당해야 마땅한데, 선택하는 하나님이면서 선택받은 인간이기도 한 그리스도가 인간 대신에 그것을 짊어진다. 하나님은 죄의 필연적 결과인 "버림받음과 영원한 형벌과 죽음"을 자신이 친히 담당하기로 정하셨다. 이렇게 해서 "이제부터는 버림받음이 인간의 운명이나 문제가 되지 않는다." 인간이 감당해야 마땅한 것을 그리스도가 받았으며, 그 결과 인간은 그 일을 다시는 짊어질 필요가 없게 되었다. 바르트에게 예정은 더 이상 인류에 대한 "부정"이 아니었다. 따라서 바르트에게서 인간이 "영원한 형벌로 예정되었다"는 개념은 완전히 폐기된다. 영원한 형벌로 예정된 사람은 "영원부터 우리를 위해 고난당하기로 정해진" 예수 그리스도뿐이다."

이 이론의 귀결은 분명하다. 겉으로 드러난 것과는 달리, 인간은 영원한 형벌에 처해지지 않는다. 결국에는 은총이 불신앙까지도 이기고 승리할 것이다. 바르트의 은총론은 인간이 버림받을 가능성을 완전히 차단한다. 하나님께 버림받는 형벌과 고통을 그리스도가 감당하였기에 인간은 더 이상 그 일을 겪지 않는다. 바르트의 예정론을 그가 특히 강조하는 '은총의 승리'와 함께 묶어 놓고 보면 인간의 보편적 회복과 구원이 분명하게 모습을 드러낸다. 바르트의 사상 전반에 공감했을 만한 많은 사람들이 이 이론 때문에 그를 크게 비판하였다. 스위스의 개혁주의 신학자인 에밀 브루너[1889-1966]는 바르트의 견해가 밝혀낸 의미를 다음과 같이 설명한다.

> "실제로 버림받은 사람은 예수뿐이다"라는 말이 인간의 상황과 관련해 의미하는 것은 무엇인가? 그것은 분명, 영원한 형벌의 가능성이 전혀 없다는 것이다.……이 결정은 그리스도 안에서 이미 모든 인간을 위해 이루어졌다. 인간이 그것을 아느냐 모르느냐, 믿느냐 믿지 않느냐는 중요하지 않다. 그들은 요동치는 바다에 빠져 죽음을 두려워하는 사람들과 같다. 그러나 사실 그들이 빠진 곳은 모든 것을 삼키는 깊숙한 바다가 아니라 몸 하나도 채 뒤덮지 못하는 얕은 물가다. 그들이 그 사실을 모를 뿐이다.

예정과 경제학: 베버의 논제

칼뱅주의에서 예정을 크게 강조한 일은 예정론을 받아들인 사람들의 태도와 관련해 매우 흥미로운 결과를 낳았다. **확신의 문제**, 곧 어떻게 신자들은 자기가 선택받은 사람에 속하는지 알 수 있겠는가라는 문제가 특별히 중요했다. 칼뱅은 행위가 구원의 근거가 아니라는 점을 강조하면서도 다른 한편으로는 행위가 희미하게나마 확신의 근거가 될 수 있다고 생각할 여지를 남겨 놓았다. 행위는 "하나님께서 우리 안에 거하시며 다스린다는 증거"로 생각되었다. 신자들은 행위로 구원받지 않지만, 행위는 그들이 구원받았음을 입증해 준다. "착한 행위의 은총은……양자의 영spirit of adoption이 우리에게 부어졌음을 입증한다." 이렇게 행위를 선택의 증거라고 여기는 사고방식이 목회적 특성이 두드러진 노동윤리를 형성하는 데서 첫 단계가 되었다고 볼 수 있다. 세상 속에서 펼치는 활동이 신자들의 불안한 양심에다 자기들이 선택받은 사람이라는 확신을 심어 줄 수 있다.

이 선택의 문제에 관한 불안감은 칼뱅주의 영성의 끈질기고 두드러진 특징으로 이어져 왔으며, 칼뱅주의 설교자와 영성 저술가들이 길게 다루는 주제가 되었다. 하지만 이 문제에 대한 기본적인 대답은 대체로 동일한 모습으로 나타났다. 착한 행동을 실천하는 신자는 확실히 선택받은 사람이라는 것이었다. 이 논의는 흔히 '실천적 삼단논법'이라고 불리는데, 아래와 같은 절차로 논증이 이루어진다.

❶ 선택받은 사람은 누구나 그 선택의 결과로 분명한 표지를 지닌다.
❷ 그런데 나는 그러한 표지가 있다.
❸ 따라서 나는 선택받은 사람에 속한다.

그러므로 선택의 확실성은 신자의 삶에 '확실한 표지들'이 존재하느냐에 따라서 분명해진다. 그래서 자신이 선택되었다는 사실을 분명한 표지들을 통해 자기 자신과 세상에 증명해 보여야 한다는 커다란 심리적 압박이 따르게 되었다. 그러한 표지들 가운데 하나가 세상에서 노동을 통해 하나님을 섬기고 영화롭게 하는 일에 온전히 헌신하는 일이었다. 사회학자인 막스 베버 Max Weber, 1864-1920 는 바로 이러한 심리적 압박이 칼뱅주의 사회들에서 자본주의가 등장하게 된 바탕이었다고 보았다.

베버의 논제를 따르는 대중적인 이론에서는 자본주의를 프로테스탄트 종교개혁의 직접적인 결실이라고 주장한다. 하지만 이런 주장은 역사적으로 지지할 수 없으며 또 어떤 형태로든 베버가 실제로 말한 것도 아니다. 베버는 다음과 같이 분명하게 말한다.

[나는] 어떤 식으로든 자본주의 정신이……종교개혁의 뚜렷한 영향을 받고 나서야 비로소 등장하게 되었다고 보는 어리석고 비현실적인 논제를 주장할 생각이 없다. 종교개혁이 일어나기 오래전부터 중요한 형태의 자본주의식 기업체들이 존재해 왔다는 사실은 이러한 주장이 확

실히 틀렸다는 것을 보여준다.

그와는 달리, 베버는 16세기에 새로운 '자본주의 정신'이 등장한 것이라고 주장했다. 중심 문제로 다루어야 할 것은 자본주의가 아니라 **특정한 형태의** 자본주의다.

베버는, 근대 자본주의가 발전하는 데 꼭 필요한 심리적 전제조건을 프로테스탄티즘이 제공했다고 주장하였다. 실제로 베버는 칼뱅주의가 그 믿음 체계를 바탕으로 심리적인 추동력을 불러일으킨 것이 칼뱅주의의 근본적 공헌이라고 여겼다. 베버는 '소명'이라는 관념을 특히 강조하면서 이 관념을 칼뱅주의의 예정 개념과 연결시켰다. 자신들이 구원받았음을 확신한 칼뱅주의자들은 구원의 결말에 대해서는 염려하지 않으면서 세상 속의 활동에 적극적으로 참여할 수 있었다. 자기가 선택받았음을 입증해야 한다는 압박감이 세상에서 성공을 적극적으로 추구하게 만드는 결과를 낳았다. 그리고 역사가 증명하듯이 그 성공은 얼마 안 있어 현실로 나타났다.

여기서 우리의 관심은 베버의 논제를 비판하는 데 있지 않다. 그의 논제를 전혀 신뢰할 수 없는 것으로 여기는 사람들이 있는가 하면 적극적으로 받아들이는 사람들도 있다. 여기서 우리는, 근대 초기의 유럽에서는 종교사상이 경제와 사회에 매우 강력한 영향을 끼칠 수 있었다는 사실을 베버가 옳게 밝혀냈다는 점만 언급한다. 베버가 주장한 대로 종교개혁의 종교사상이 근대 자본주의가 발전하는 데 필요한 동력을 제공해 줄 수 있었다는 엄연한 사실은 인간의 역사를 온전히 이해하기 위해서는 신학을 공부하는 것이 필요하다는 점을 분명히 보여준다. 이 사실은 또 예정과 같은 극히 추상적인 개념도 역사에 매우 구체적으로 영향을 끼칠 수 있다는 점을 보여준다.

다원주의 논쟁과 인간의 본질

현대 기독교 사상에서 가장 뜨거운 논쟁 가운데 하나는 다원주의가 종교 믿음에 대해 지니는 함의에 관한 것으로, 특히 인간 본질의 신학적 지위와 관련된 문제가 심각하게 다루어진다. 전통적인 기독교 신학에서는 하나님의 형상대로 창조된 인간이 창조세계의 나머지 것들과 구별되며 피조물 가운데서 최고의 자리를 차지하는 것으로 보았다. 이러한 전통적인 해석에 의하면, 인간은 전체 창조 질서 안에 속하면서도 하나님과의 독특한 관계를 나타내는 하나님의 형상*imago Dei*741-745쪽으로 인해 그 창조 질서의 최정상에 위치한다. 하지만 다윈은 『종의 기원』1859에서 함축적으로, 『인간의 유래와 성 선택』1871에서는 노골적으로 이 견해에 도전하였다. 인간은 방대한 시간에 걸쳐서 자연 질서 내부에서 생겨났다.

찰스 다윈이 자신의 진화론에서 곤란을 느낀 것이 있다면, 이 이론이 인간의 지위와 정체성에 관련해 지니는 함의였다. 다윈은 『종의 기원』의 모든 판에서 잊지 않고, 자기가 주장한 자연선택설은 점진적 발달progressive development을 결코 확정되거나 보편적인 법칙으로 내세우지 않는다고 말하였다. 그것은 다윈이나 그의 시대로서는 인정하기가 쉬운 결론이 아니었다. 『인간의 유래와 성 선택』의 결론 부분을 보면, 고상한 용어들을 동원해 인간에 관해 말하면서도 인간이 '저급한' 생물학적 기원에서 나왔음을 주장하고 있다.

> 인간은 비록 자신의 노력으로 이룬 일이 아니긴 하지만 생물계에서 가장 높은 곳에 오르게 된 것에 대해 자부심을 느껴도 괜찮을 것이다. 그리고 인간이 원래부터 그 자리에 있었던 것이 아니라 올라섰다는 사실에서 먼 미래에는 훨씬 더 고차적인 단계에 오르게 되리라는 희망을 가져도 좋을 것이다. 그러나 여기서 우리가 관심을 두는 일은 희망이나 두려움 같은 것이 아니라 우리의 이성이 허락하는 한에서 사실을 밝히는 것

찰스 다윈(1809-1882).
그가 주장한 자연선택 이
론은 성경 해석, 우주의
나이, 인간의 기원과 지
위 등과 관련해 커다란
신학적 논쟁을 불러일으
켰다.

이며, 따라서 나는 능력이 미치는 한 그 증거를 제시
하였다. 하지만 우리는, 고귀한 많은 특성을 지닌 인간
이……그럼에도 자기 신체구조 안에 그 저급한 기원
을 보여주는, 지워지지 않는 흔적을 지니고 있다는 사
실을 인정해야 한다.

대부분의 다윈주의자들은, 우리가 동물이
며 진화 과정의 일부라는 사실을 인정해야 한
다는 것이 진화론적 세계관의 필연적 결론이라
고 주장한다. 따라서 다윈주의에서는 자연 내
의 인간의 위치를 절대적인 것으로 주장하는 가정들, 곧 종차별주의
speciesism 의 배후에 버티고 서 있는 가정들을 비판한다. 종차별주의라
는 용어는 리처드 라이더 Richard Ryder, 1940 출생가 고안하고 현재 프린스
턴 대학교에 재직 중인 피터 싱어 Peter Singer, 1946 출생가 널리 유행시킨
말이다. 이 비판은 전통적인 종교의 테두리를 넘어서까지 커다란 문
제를 제기하였다. 정치와 윤리 이론들은 대체로 인간이 자연 안에서
특권적 지위를 차지한다는 가정을 기초로 세워진 까닭이다. 물론 이
가정을 정당화하는 근거가 종교적인 것이냐 세속적인 것이냐는 별개
의 문제다.

그러면 다윈주의에 대해 기독교는 어떻게 대응했는가? 다윈의
『종의 기원』이 출간된 지 한 세기 반이 지났다. 그 사이에 최소한 네
가지 유형의 이론이 등장했는데, 다음으로 그 각각을 간략하게 살펴
본다.

젊은 지구 창조설

이 이론은, 1800년 이전에 대중적인 저술과 일부 학술 서적을 통해
널리 퍼졌던, 창세기 '함께 읽기'common reading 의 연장선상에 있는 것

으로 볼 수 있다. 이 이론에 의하면, 지구는 6천 년에서 1만 년 전에 그 기본 형태가 창조되었다. 젊은 지구 창조설young earth creationism을 주장하는 사람들은 일반적으로 창세기의 처음 두 장을 읽으면서 에덴 동산 이전에는 어떠한 종류의 생명체도 없었고 타락 이전에는 죽음도 없었다는 식으로 해석하였다. 대체로 젊은 지구 창조설 옹호자들은, 창세기의 창조 이야기에서 히브리어로 24시간을 뜻하는 '욤'(날)yom 으로 설명하는 시간의 틀 안에서 모든 생명체가 동시에 창조되었다고 주장한다. 훨씬 더 긴 시간의 역사와 멸종한 종들의 존재를 가리키는 화석 기록은 노아의 홍수 때에 나온 것으로 본다. 이 견해는 흔히 144시간에 걸친 창조와 전 지구적인 홍수라는 형태로 표명되지만 일반화된 것은 아니다. 젊은 지구 창조설을 대표하는 인물에는 헨리 매디슨 모리스1918-2006와 더글러스 켈리Douglas F. Kelly 등이 있다.

오랜 지구 창조설

이 이론은 역사가 길고, 또 보수적인 개신교 진영에서 큰 비중을 차지하는 견해다. 이 견해는 세상의 장구한 역사를 다루는 데 특별한 어려움이 없으며, '젊은 지구' 이론은 적어도 두 가지 면에서 수정될 필요가 있다고 주장한다. 첫째, 히브리어 욤yom을 "기한을 정하지 않은 시간을 나타내는 분사"(영어 단어 while과 비슷하다)로 보아, 맥락에 따라 특수성을 지니게 되는 불확정적인 기간을 뜻하는 것으로 해석해야 한다. 달리 말해, 창세기의 창조 이야기에 나오는 '날'이라는 말은 확정된 24시간을 뜻하는 것이 아니라 긴 기간을 의미하는 것으로 보아야 한다. 둘째, 창세기 1:1과 1:2 사이에 커다란 시간 간격이 있을 수 있다고 본다. 달리 말해 이 이야기는 연속된 것으로 이해할 것이 아니라 원초적인 우주 창조 행위와 땅 위에 생명이 등장한 일 사이에 상당히 긴 기간이 존재하는 것으로 볼 수 있다. 이 견해는 1909년에 처음 발간된 『스코필드 관주성경』에서 강하게 주장하였으나, 그 개념은 19세기 초 스코틀랜드의 목사인 토머스 차머스^{Thomas Chalmers,} ¹⁷⁸⁰⁻¹⁸⁴⁷ 같은 저술가들에게서 처음 시작되었다.

지적 설계론

최근에 미국에서 커다란 영향을 미치고 있는 이 이론은, 생물권은 '환원 불가능한 복잡성'^{irreducible complexity}을 지니고 있으며, 그러한 까닭에 '지적 설계'^{intelligent design}를 가정하지 않고서는 어떤 방식으로도 그 기원과 발전을 설명하는 것이 불가능하다고 주장한다. 지적 설계론은 생물학적 진화를 부정하지 않는다. 이 이론에서 다윈주의를 비판하는 근본 이유는 목적론적인 것으로, 진화에는 어떤 목적도 없다고 말하는 점이다. 지적 설계론의 주장에 따르면, 표준 다윈주의 ^{standard Darwinism}는 설명상의 중요한 난점을 안고 있으며 이 난점들은 개체 종들이 의도적으로 창조되었다고 가정함으로써만 제대로 해결될 수 있다. 이 주장에 대해 반대자들은 그 난점이라는 것이 과장된 것이며, 또 머지않아 이론상의 진보가 이루어지면 해결될 수 있을 것이라고 주장한다. 지적 설계 운동에서는 노골적으로 지적 설계자가 하나님이라고 주장하기를 피하지만(정치적인 이유 때문인 것으로 보인다), 그들의 이론 체계에 따르면 지적 설계자는 당연히 하나님이라고 보아야 한다. 이 운동은 『다윈의 블랙박스』^{Darwin's Black Box, 1996}의 저자인 마이클 비히^{Michael Behe, 1952 출생}와 『지적 설계』^{Intelligent Design: The Bridge between Science and Theology, 1999}의 저자인 윌리엄 뎀스키^{William Dembski, 1960 출생}와 밀접한 관계가 있다. 뎀스키와 비히는 모두 시애틀에 있는 디스커버리 연구소^{Discovery Institute}의 연구원이다.

진화론적 유신론

마지막으로 살펴볼 이론에서는, 하나님께서 무기(無機) 재료를 사용해 생명을 짓고 복잡한 생명 체계를 창조하기 위해 사용한 방법이 진화라고 주장한다. 다윈주의에서는 진화 과정 내의 임의의 사건들을 중요하게 여기는 데 반해 진화론적 유신론evolutionary theism은 하나님이 그 과정의 방향을 정한 것이라고 본다. 이 이론의 뿌리는 히포의 아우구스티누스에게서 찾아볼 수 있으며, 특히 그의 창세기 1-2장 주석과 하나님이 이끄는 우주 발전 과정 안에 있는 '이성을 품은 씨앗'seed-bearing reasons이라는 개념에서 분명하게 나타난다449-451쪽. 어떤 진화론적 유신론자들은, 개별 수준의 복잡성을 설명하기 위해서는 총량 수준에서 "그 체계 내에서 일하는 하나님"을 근거로 삼아야 한다고 주장한다. 또 어떤 사람들은 '선물로 충만한 창조'라는 관점을 취하여, 하나님은 처음 창조할 때 생명의 발생과 복잡성을 가능성의 형태로 심어 놓았으며 그래서 더 이상 하나님이 개입할 필요가 없다고 주장한다. 이 견해와 밀접한 관계가 있는 사람이 영국의 생화학자이자 신학자인 아서 피코크Arthur Peacocke, 1924-2006다.

앞에서 살펴본 여러 이론들과 그 바탕에 놓인 종교적, 과학적 관심사들을 어떻게 평가해야 할까? 다음과 같이 핵심을 간략하게 정리할 수 있다. 다양한 형태의 다윈주의 이론까지 포함한 자연과학에서는 무신론이나 유신론, 불가지론의 해석들과 나아가 타협적 견해까지 모두 포용하며, 그러면서도 그중 어떤 것도 필수적이라고 주장하거나 앞세우지 않는다. 다윈주의는 기독교 믿음과 겉보기에 완전히 합치하는 형태로도, 완전히 대립하는 형태로도 '얽힐' 수가 있다. 기독교뿐만 아니라 다윈주의도 여러 가지 견해로 구성된 스펙트럼을 이루며, 특정한 쟁점과 관련해 양쪽이 견해를 일치시키거나 대립시키거나 철저히 의존하는 일이 있으면 문제가 발생하게 된다. 바로 이러한 이유 때문에 다윈주의는 좌파에 속하는 리처드 도킨스1941 출생 같은 학자들과 우파에 속하는 미국 내 창조론을 주장하는 개인 및 기관들에 의해 성급하고 경솔하게 '무신론'이라는 딱지가 붙게 되었으며, 이 현상에서 우리는 오늘날의 종교적 상황이 안고 있는 매우 흥미로운 역설을 보게 된다.

보수주의 개신교 신학자인 벤저민 워필드[1851-1921]가 제대로 지적했듯이, 이러한 논쟁의 밑바탕에는 흔히 성서 해석을 둘러싼 심각한 쟁점들이 깔려 있다. 또 워필드는 과학의 진보에 힘입어 교회는 자신의 성서 해석을 '점검'하고, 구식의 불가해한 성서 해석, 곧 전통이 권위로 성경의 자명한 의미라고 강요한 해석에 감금되지 않을 수 있는 수단을 얻게 되었다고 주장했는데, 논쟁의 여지가 없지는 않으나 거의 옳은 말이라고 할 수 있다. 이러한 이유 때문에 다윈주의는 미국의 보수적 개신교인들 사이에서 커다란 논쟁거리가 되었다. 그들의 일반적인 성서 해석 방식은 보통 '성경의 평범한 의미'plain sense of Scripture라고 불리는 겉보기에 간단한 (그러나 실제로는 복잡하고 미묘하게 얽힌) 개념에 근거한 것이었다(이와 유사한 다툼이 이슬람교도들 사이에서 코란의 해석을 둘러싸고 일어났다). 그런데 이와 동일한 이유로 해서, 가톨릭 사상가들은 다윈주의를 훨씬 더 쉽게 받아들일 수 있었다. 흔히 발견되는 모호한 성경 구절은 교도권이 해석한다는 관념 때문이었다.

끝으로 한 가지 살펴볼 것이 있다. 모든 점을 고려해 볼 때, 다윈주의는 잠정적인 하나의 과학 이론으로서, 과학이 계속 진보함에 따라 얼마든지 변경과 수정이 이루어지고 발전할 수 있으며 궁극적으로는 완전히 폐기될 수도 있는 것이다. 다윈주의는 우리 시대가 수용한 과학적 지혜일 뿐이며, 과학의 역사에 대해 무지하면 어리석게도 다윈주의가 과거에 과학이 발전하면서 겪은 급진적인 이론 변화 따위를 결코 겪지 않은 유일한 이론이라는 착각에 빠지게 될 것이다. 그렇다면 이 논쟁은 가까운 미래에 어떤 모습으로 나타날까? 우리는 과학적으로나 신학적으로 더욱 성숙하게 될까? 나는 예언자가 아니며, 따라서 이 물음에 대한 답을 알지 못한다. 하지만 현세대가 생명의 생물학적 기원을 다루는 과학 탐구와 종교적 신앙의 관계라는 문제를 해결했다고, 아니면 해결하기 시작했다고 생각하는 일은 극히 어리석은 태도일 뿐이다.

이번 장에서는 인간의 본성과 죄와 은총에 대한 기독교적 이해와 관련해 방대한 자료들을 간략하게 살펴보았다. 기독교 전통에서 이루어진 논쟁들 가운데 극히 일부분만을 탐구한 것이다. 그렇기는 하지만 지표가 되는 핵심적인 내용을 확인하였고, 이것들은 기독교 내에서 이 쟁점들을 둘러싸고 지속되는 논쟁에서 계속해서 중요한 문제로 다루어질 것이다.

돌아보는 질문

❶ 펠라기우스 논쟁에서 문제가 된 주요 쟁점들을 간략하게 요약하라.

❷ 아우구스티누스는 왜 원죄를 믿었는가?

❸ 신학을 알지 못하고 집중력이 부족한 사람에게 여러분이 '은총'(은혜)에 대해 설명한다고 가정해 보라. 200단어 이내로 은총 개념을 설명한다면 무엇이라고 말하겠는가?

❹ 마틴 루터는 '오직 믿음으로' 얻는 칭의 교리를 주장하였다. 그가 이 교리를 통해 말하고자 한 것은 무엇인가? 이 이론과 대립하는 견해들로 그가 거부한 것은 어떤 것인가?

❺ "당신이 예정되지 않았다면, 직접 당신이 가서 예정을 얻도록 하라." 이 칼뱅주의의 태도는 자본주의의 기원에 관한 베버의 논제와 어떤 관계가 있는가?

❻ 다윈주의가 왜 전통적 기독교 신앙에 그토록 위협적인 도전이 되었는가? 그리고 기독교 신학은 이 도전에 어떻게 대응해 왔는가?

교회론

15

기독교 신학에서 교회론을 다루는 분야를 영어로 보통 ecclesiology(그리스어로 *ekklēsia*는 "교회"를 뜻한다)라고 부르며, 어떤 형태로든 목회 사역에 참여하려고 하는 사람에게는 매우 중요하다. 사역의 매 순간마다 교회론의 문제가 등장하여 막아선다. 교회는 어떠한 성격의 조직체인가? 교회를 어떻게 보느냐는, 교회가 이루어야 할 사명이 무엇이냐에 어떠한 영향을 주는가? 교회론이란 오랜 세월에 걸쳐 변하고 발전해 온 제도를, 변화하는 사회정치적 상황에 비추어서 이론적으로 합리화하려고 노력하는 신학 분과다.

하지만 교회가 어떤 종류의 제도가 되어야 하는가에 대해 진지하고 체계적으로 고찰하기 전에 먼저 교회가 제도, 곧 역사적 실재로 존재했다는 점을 인정하는 것이 중요하다. 먼저 신앙 공동체로서의 교회가 존재했으며 그로부터 교회의 정체성과 소명을 이론적으로 성찰하는 일이 시작되었다. 교회에 대한 기독교적 이해를 연구하는 일은 교회의 여러 제도들이 살아남고 발전하기 위하여 채용했던 방식에 대해 통찰하는 것이다. 이번 장의 목표는 오랜 세월에 걸쳐 이루어진 교회의 놀라운 발전 역사에서 등장한 여러 쟁점들을 탐구하는 것이다.

성경에 나오는 교회 모델

기독교의 교회론이 발전해 온 과정을 연구하는 일은 신앙 공동체의 본질과 정체성에 대한 최근의 견해들뿐만 아니라 성경에 기록된 신앙 공동체의 기원을 살피는 일에서 시작해야 한다. 교회는 언제나 이스라엘 백성과 역사적으로나 신학적으로 연속성이 있음을 강조해 왔으며, 이러한 이유에서 우리의 탐구는 구약성경에서부터 시작해야 한다.

구약성경

이스라엘은 자신의 정체성을 어떻게 이해하였으며 또 그러한 이해는 이스라엘의 제도에 의해 어떻게 유지되었는가? 미국의 저명한 구약성서학자인 월터 브루그만Walter Brueggemann, 1933 출생은 이스라엘이 한 백성으로서 자신들의 정체성과 목적에 대한 의식을 발전시켜 간 과정에서, 그들이 처한 서로 다른 상황에서 형성된 세 개의 독특한 단계를 확인할 수 있다고 주장한다.

이스라엘이 존재한 첫 번째 단계는 기원전 1250년부터 1000년까지로, 사울의 지도로 군주국가를 세울 때까지의 기간이다. 이 기간에 이스라엘에는 성전과 제사장, 현자, 예언자들이 없었다. 백성으로서의 이스라엘의 정체성은 제도가 아니라 "이스라엘의 핵심 이야기를 향한 공통의 헌신"을 통해 다듬어졌다.

두 번째 단계는 기원전 1000년부터 587년까지다. 예루살렘 사람들이 바벨론 포로로 끌려가면서 끝나는 이 오랜 기간 동안에, 이스라엘은 군주정치의 지배를 받았다. 브루그만은 이스라엘이 자신의 정체성을 굳게 지켜 나갈 수 있었던 비결을 다음과 같은 네 가지 특성으로 설명한다.

❶ 성전과 그 제사장들은 오랜 기간 합법적이고 확고한 지도력의 원천이 되었다.

❷ 왕들은 국가의 세속적 지도력을 주도하였으며, 그와 동시에 성전 및 제사장들과 동일한 종교적 이념과 가치에 헌신하였다.

❸ 잠언은 '현자들'의 집단에 대해 말해 주는데, 이 사람들은 서구의 '지식인 계급'과 유사한 사람들로서 국가에 지적 합법성을 제공하였다.

❹ 이 기간 동안에 예언자들은 국가에 특별한 어려움이나 혼란이 있을 때 하나님의 인도를 베푸는 대리자로 활동하였다.

브루그만은 세 번째 단계가 예루살렘 주민들이 바벨론 포로생활에서 돌아온 후에 나타났다고 본다. 이 '포로기 이후' 또는 '두 번째 성전' 시대에 이스라엘은 상당히 작은 국가였으며, 페르시아와 그 뒤를 이은 그리스의 지배를 받게 되면서 자신의 정체성을 지켜 나가는 일에 큰 어려움을 겪었다. 이처럼 세상을 휩쓰는 문화들로 인해 자신의 독특한 정체성이 부식되는 것을 목격한 이스라엘은 과거와의 연결고리를 되찾음으로써 자신의 정체성을 지키고자 노력하였다. 브루그만은 이 기간에 문헌들이 중요한 역할을 하였다고 강조하는데, "위기에 처한 현세대"를 "과거의 준거 지평"에 이어주는 일을 그 문헌들이 하였다고 주장한다.

신약성경

신약성경은 이스라엘과 기독교 교회의 연속성을 강조하면서, 교회의 신학적 본질을 밝혀 주는 여러 가지 모델을 제시한다. 여기서는 그러한 모델 가운데 다섯 가지를 살펴본다.

❶ **하나님의 백성인 교회**: 이 이미지는 교회와 이스라엘이 아브라함의 언약을 공유하면서 연속성을 지닌다고 강조한다. 바울의 경우, 이렇게 기독교인들이 아브라함의 믿음과 같은 믿음을 지니는 것은 특히 중요하다(롬 4:1-16, 갈 3:6-18). 저 옛날 하나님이 이스라엘을 선택하셨던 것처럼 교회는 하나님의 백성으로 선택되고 부름 받았다. "너희는 택하신 족속이요 왕 같은 제사장들이요 거룩한 나라요 그의 소유가 된 백성이니 이는 너희를 어두운 데서 불러내어 그의 기이한 빛에 들어가게 하신 이의 아름다운 덕을 선포하게 하려 하심이라"(벧전 2:9).

❷ **구원의 공동체인 교회**: 이 이미지에서는 교회가 하나님의 구원 사역에 응답함으로써 시작되었으며 또한 그 구원 사역을 세상에 선포하고 전파하는 도구로서 존재하게 되었다는 점을 강조한다. 이 주제는 신약성경의 복음전도 명령 속에서 분명하게 언급된다. 그 전도 명령들은 교회가 "세상의 소금과 세상의 빛"이 되어 증언하고(마 5:13-16), 땅 끝까지 나아가 "모든 민족을 제자로 삼는"(마 28:19) 책임을 맡은 무리라고 말한다.

❸ **그리스도의 몸인 교회**: 이 이미지는 주로 바울서신 속에서 발견된다(특히 고전 12:12-31을 보라). 그리스도의 몸과 연합되었음을 보증해 주는 것은 신자 개인의 믿음과 세례(롬 6:3-5)다. 이 공동체적인 교회 이해는 신약성경에 나오는 다른 유형의 이미지들, 예를 들어 신자는 "참 포도나무"인 예수 그리스도에게 연결되어 있다고 보는 요한복음의 이미지(요 15:5)에 의해 재차 강화된다.

❹ **종 된 백성인 교회**: 이 이미지 역시 옛 언약과 새 언약의 연속성을 강조한다. 하나님은 이스라엘을 선택하고 부르셔서 당신을 섬기게 하셨다. 이와 동일하게 하나님은 교회를 선택하여 섬기도록 부르셨다. 이 주제는 초대교회에서 교회 지도자들에게 사용한 용어 속에 반영되어 있다. 교회의 지도자를 가리키는 두 개의 중요한 그리스어 단어는 둘로스(종 혹은 노예) *doulos*와 디아코노스(식탁에서 시중을 드는 사람) *diakonos*다. 바울이 고린도에 있는 신자들에게 자기와 자기 동료들은 "오직 그리스도 예수의 주 되신 것과 또 예수를 위하여 우리가 너희의 종 된 것을 전파"한다고(고후 4:5) 말하는 곳에서 이 주제가 분명하게 드러난다.

❺ **성령의 공동체인 교회**: 교회의 초기 역사를 보면, 특히 사도행전에서 교회 내의 성령의 임재와 활동을 강조하고 있는 것을 볼 수 있다. 성령의 임재에 힘입어 교회는 증언하고 자라게 된다. 바울에게 성령은 목회 사역에 도움을 주는 신학적인 자원으로 끝나지 않는다. 교회 내의 성령의 임재는 하나님의 새 시대가 오고 있음을 알리는 표징이며 이 땅 위에 하나님 나라를 이루는 일에서 교회가 독특한 역할을 맡았음을 보이는 표지다. 성령은 개인의 구속과 교회의 선교를 보증해 주는 '증표'다(엡 4:30).

위에서 살펴본 것들은 신약성경에서 발견되는 교회의 모델 중 일부일 뿐이다. 게다가 이것들은 완전히 그 비밀이 밝혀지지도 않았다. 신약성경 저자들은 교회의 정체성에 대한 기독교의 비전을 넓혀야 할 과제를 뒷사람들에게 넘겨주었다. 이어서 그 계승자들이 이 과제를 수행한 방식들을 살펴본다.

교회론은 초대교회에서 주요 쟁점이 되지 못했다. 동방교회는 이 쟁점의 잠재적 중요성을 전혀 인식하지 못했다. 처음 다섯 세기 동안에 대부분의 그리스 교부 사상가들은 주로 성서적인 이미지를 사용하여 교회를 설명하는 것으로 만족했으며 더 깊이 탐구하는 일에는 관심이 없었다. 그래서 펠루시움의 이시도루스 Isidorus of Pelusium, 약 450 사망는 교회를 "바른 신앙과 탁월한 삶의 방식으로 하나 된 성도들의 모임"이라고 정의했다. 그 당시에 폭넓게 의견의 일치를 이룬 견해들을 정리하면 다음과 같다.

❶ 교회는 영적인 사회이며, 이스라엘을 대신해 이 세상에서 하나님의 백성이 된다.
❷ 모든 기독교인은 서로 다른 출신과 배경에도 불구하고 그리스도 안에서 하나가 된다.
❸ 교회는 참된 기독교 가르침을 간직한 보고다.
❹ 교회는 전 세계의 신실한 이들을 하나로 묶어서 그들이 신앙과 성결함으로 성숙할 수 있도록 이끈다.

그러나 이 주제들은 처음 4세기 동안 교회의 본질에 대한 포괄적인 이론으로 짜여지지 못했다. 교회론을 세우는 데 이처럼 관심이 부족했던 이유는 일부분 그 시대의 정치적 상황 때문이었다. 적대적인 이교도 나라, 로마제국의 권위적 환경 속에서 교회는 최선의 경우 겨우 용인받는 것이 고작이요, 최악의 경우는 극심한 박해를 당하는 처지에 놓여 있었다.

콘스탄티누스의 회심과 더불어 상황은 완전히 역전되었다. 점차 신학자들은 로마제국과 기독교 교회를 대등하게 비교하기 시작하였는데, 부정적으로 보기도 했고(이에 대한 사례가 히폴리투스[170-235]로,

그는 사탄이 교회를 흉내 낸 것이 로마제국이라고 보았다) 긍정적으로 보기도 했다(이에 대한 사례가 로마의 유세비우스약 263-339로, 그는 로마제국을 하나님께서 인정하시고 그리스도의 나라가 임하는 것에 대비해 세상을 준비시키는 사명을 맡기신 제도라고 보았다).

한 가지 실제적인 쟁점으로 인해 교회론의 문제들에 대한 연구가 활기를 띠게 되었다. 초기에는 로마 교회와 콘스탄티노플 교회의 지도자들 사이에 경쟁 관계가 형성되었다. 처음 4세기 동안에 많은 지역들이 크게 두드러졌는데, 그중에서도 알렉산드리아와 안티오키아, 콘스탄티노플, 예루살렘, 로마가 유독 중요하였다. 그러나 4세기 말에 이르러 로마제국의 중심이었던 로마가 점차 우월한 지위로 올라서게 되었다. 라틴어로 '아버지'를 뜻하는 *papa*에서 온 말인 pope(교황)는 처음에는 기독교의 모든 주교들에게 사용했었다. 그러던 것이 점차 교회에서 가장 중요한 주교, 곧 로마의 주교를 가리키는 말로 쓰이게 되었다. 1073년부터 이 *papa*라는 말은 오로지 로마의 주교를 가리키는 말로 사용되었다. 이렇게 해서 생겨난 문제가, 로마의 주교는 자기가 관할하는 주교 관구 밖에서 어떠한 권위를 지니는가라는 것이었다.

이 물음에 대한 답은 간단히 말해 "아주 많다"였다. 지중해 주변 세계의 교회들에서 다양한 논쟁이 발생했을 때 사람들은 빈번히 로마의 주교('교황'이라는 말이 시대착오적인 면이 없지 않지만 이후부터는 이 말을 사용하겠다)에게 중재자의 역할을 해줄 것을 요청하였다. 5세기에 네스토리우스약 386-451와 예루살렘의 키릴로스약 313-386가 끝없는 그리스도론 논쟁*에 휘말려 어떤 해결책도 찾을 수 없게 되자 두 사람은 모두 로마로 달려가 교황의 지지를 얻으려고 하였다.

그런데 이러한 우월성에는 어떤 신학적 근거가 있는가? 동방의 교회들은 주저 없이 아무런 근거도 없다고 단언하였다. 그러나 다른 교회들은 그렇게 생각하지 않았다. 교황은 로마에서 순교한 성 베드로의 계승자였다. 신약성경이 분명하게 증언하는 '베드로의 수위

● 테오토코스
theotokos

문자적으로 "하나님을 낳은 이"를 뜻하는 그리스어다. 성육신 교리의 핵심 내용인, 예수 그리스도가 바로 하나님이라는 점을 강조할 목적에서 예수 그리스도의 어머니 마리아를 가리키는 용어로 사용되었다. 네스토리우스 논쟁이 벌어지던 무렵에 동방교회 사상가들이 그리스도의 신성과 성육신의 사실성을 밝히려는 목적으로 이 용어를 폭넓게 사용하였다.

권'(마 16:18)에 비추어 볼 때, 베드로의 계승자는 다른 사람들을 능가하는 권위를 부여받은 것이 아닌가? 많은 사람들이, 심지어는 동방 교회에 속한 사람들까지도 베드로의 영적 권위가 그의 계승자인 로마 주교들에게 불가해한 방식으로 전해진 것이라고 보았다. 게다가 로마는 대 로마제국의 수도이자 '영원한 도시'였다. 이러한 정치적 권위가 어떻게 신학적 차원으로 변환될 수 있는지를 간파하는 것은 어렵지 않다. 카르타고의 키프리아누스[258 사망]는 기독교 세계 전체에 대한 로마 교황직의 수위권을 열렬히 옹호한 서방 사상가 가운데 한 사람이다. 이 문제는 교회사의 중대한 시기마다 거듭 새로운 중요성을 띠고 등장하는데, 특히 두드러진 예가 종교개혁이었다.

결국은 서방교회 쪽에서 교회의 본질과 정체성을 논하는 신학적 성찰에 속도를 내게 되었다. 논쟁이 발전을 낳는다는 것이 기독교 교리 발전의 일반 원칙처럼 보인다. 지속적인 신학적 성찰을 촉진하기 위해서 필요한 것이 자극이었을 것이다. 교회론의 경우, 로마가 지배한 북아프리카 지역에서 일어난 한 논쟁이 그러한 자극제가 되었다. 이 논쟁은 역사 속에 '도나투스 논쟁'으로 기록되었다.

로마 황제 디오클레티아누스[244-311; 재위 284-305]가 통치할 때 기독교 교회에 대한 박해가 다양한 규모로 이루어졌다. 박해는 303년에 시작되었으며, 콘스탄티누스의 회심과 313년에 있은 밀라노 칙령의 발표로 끝났다. 303년 2월에 나온 칙령은 기독교 서적을 불사르고 교회를 파괴하라고 명령했다. 이때 자기네 책을 불태우도록 내준 기독교 지도자들은 *traditores*—[자기의 책을] 넘겨준 자—로 불리게 되었다. 오늘날의 '변절자'[traitor]라는 단어가 같은 뿌리에서 나온 말이다. 그런 '변절자'들 가운데 한 사람이 압툰가의 펠릭스[Felix of Aptunga]로, 이 사람은 그 후 311년에 체칠리아누스[Caecilianus]를 카르타고의 주교로 임명하였다. 그 지역의 많은 기독교인들은 그런 사람이 성직 임명에 개입한 데 대해 분개했으며, 그 결과 케킬리아누스의 권위를 인정할 수 없노라고 주장하였다. 새 주교를 임명한 주교가 박해의 압력에 굴복했던 사람이기 때문에 새 주교의 권위가 더럽혀졌다는 주장이었다. 이러한 사태로 인해 가톨릭교회의 성직 체계가 오염되었다. 교회는 마땅히 순결해야 하며 그러한 사람들이 섞이는 것을 허용해서는 안 된다는 것이었다.

388년 아우구스티누스[354-430]가 아프리카로 돌아왔을 때, 그 지역에서는 한 분리파가 아프리카 지역민들의 강력한 지지에 힘입어 주도적 기독교 조직으로 자리 잡고 있었다. 사회적인 쟁점들이 신학적 논쟁을 뒤흔들었다. 도나투스주의자들(이탈한 아프리카 교회의 지도자인 도나투스약 355 사망의 이름을 따라 이렇게 불렸다)은 대체로 토착 주민들에게서 지지를 받았으며, 가톨릭 사상가들은 로마의 식민지 이주자들의 지지를 받았다.

이 일과 관련된 신학적 쟁점들은 매우 중요하고, 또 3세기에 아프리카 교회의 중심인물이었던 카르타고의 키프리아누스의 신학에서 발견되는 긴장과도 직접 관계가 있다. 키프리아누스는 『보편 교회의 단일성』251에서 서로 연관된 두 가지 중요한 신념을 옹호하였다. 첫째, 교회의 분열은 어떠한 일이 있어도 절대로 정당화될 수 없다. 교회의 통일은 그 어떤 구실로도 깨뜨려서는 안 된다. 교회의 울타리에서 벗어나는 것은 구원의 가능성을 완전히 잃어버리는 것이다. 둘째, 따라서 타락하거나 떨어져 나간 주교들은 성례전을 거행하거나 교회의 성직자로 일할 모든 자격을 박탈당한다. 그들은 교회의 테두리를 벗어남으로써 영적 은사와 권위를 상실하였다. 그러므로 그런 사람들을 사제나 주교로 임명해서는 안 된다. 또 그들에게 임명받은 사람은 누구든지 부당하게 임명된 것으로 보아야 하며, 그들에게 세례를 받은 사람은 모두 그릇된 세례를 받은 것으로 여겨야 한다.

그런데 어떤 주교가 박해를 받아 타락하고서는 곧바로 회개한다면 어떻게 해야 할까? 키프리아누스의 이론은 서로 다른 두 방향으로 해석이 가능하다.

❶ 그 주교는 타락함으로써 배교(문자적 의미는 "떨어져 나가다") apostasy의 죄를 지은 것이다. 따라서 그는 스스로 교회의 울타리 밖으로 나간 것이며 이제는 더 이상 성례전을 온전히 거행할 수 없다.

❷ 그 주교는 회개함으로써 은총에로 회복되었으며, 따라서 계속해서 성례전을 온당하게 거행할 수 있다.

도나투스주의자들은 첫 번째 견해를 따랐으며, 가톨릭 사람들은 (그들이 반대하는 도나투스주의자들이 유명해지자) 두 번째 견해를 받아들였다. 정상적인 신학 논쟁에 4세기 초의 정치적 문제가 얽히고 부차적 의미가 더해져 훨씬 더 복잡하고 미묘한 성격을 띠게 되었다. 도나투스파는 토착의 베르베르인들로 이루어지고 그에 반해 가톨릭파는 로마의 식민지 이주자들로 채워지는 경향이 있었다.

아우구스티누스는 도나투스주의자들의 가르침에 비해 훨씬 더 확고하게 신약성경에 근거했다고 생각한 교회론을 제시함으로써 그들의 도전에 대응하였다. 그는 특히 **기독교인의 죄성**을 강조하였다. 교회는 성도들의 공동체인 '순수한 몸'이 아니라 성도와 죄인들이 '섞인 몸'*corpus permixtum*이라고 보았다. 아우구스티누스는 성경에 나오는 두 가지 비유를 근거로 이 이미지를 주장한다. 물고기 잡는 그물의 비유와 곡식과 가라지의 비유가 그것이다. 두 번째 비유(마 13:24-31)가 특히 중요하며, 좀 더 깊이 살펴볼 필요가 있다.

이 비유를 보면 한 농부가 씨를 뿌리고 결실할 때를 맞아 밀과 가라지가 섞인 것을 알게 된다. 이 일을 어떤 식으로 처리해야 할까? 밀과 가라지가 한창 자랄 때 가라지를 뽑아내려다가는 밀을 상하게 하여 농사를 망칠 것이다. 그러나 추수 때가 되면 모두 베어내 밀과 가라지를 가르고 그렇게 해서 밀을 상하지 않게 할 수 있다. 이처럼 착한 사람과 악한 사람을 가르는 일은 역사 안에서가 아니라 마지막 때에 이루어 질 것이다. 아우구스티누스에 의하면 이 비유는 세상 속의 교회를 가리킨다. 교회 안에 성도와 죄인이 함께 있는 것은 어쩔 수 없는 일이다. 이 세상에서 그 둘을 나누는 것은 부적절하고 시기상조다. 그렇게 나누는 일은 하나님이 정하신 때인 역사의 마지막에 이루어질 것이다. 그 누구도 하나님을 대신해서 그렇게 가르거나 심판할 수 없다.

세례 요한이 장차 나사렛 예수가 심판을 할 것이며 그 심판은 타작마당에 비유할 수 있다고 예언하고 있는 성경 본문(마 3:11-12)에서 이와 비슷한 내용을 볼 수 있다. 타작마당에는 알곡과 쭉정이가 섞여 있으며 이제 곧 둘을 가르게 된다. 그러면 이 비유를 어떻게 해석할 것인가? 완전히 다른 두 가지 해석이 나왔다. 도나투스주의자들에게 타작마당은 세상 전체를 뜻하며 그 안에 알곡과 가라지가 섞여 있다. 둘을 분리하는 과정에서 순수한 공동체인 교회가 생겨나며 쭉정이는 그대로 세상 속에 있게 된다. 아우구스티누스에게는 타작마당이 곧 교회이며 알곡과 가라지가 모두 그 구성원에 포함된다.

그렇다면 교회를 어떤 의미에서 "거룩하다"고 말할 수 있겠는가? 아우구스티누스가 볼 때 그 거룩함이란 교회 구성원들의 거룩함이 아니라 그리스도의 거룩함이다. 교회는 이 세상 속에서는 성도들의 모임일 수가 없는데, 그 구성원들이 원죄에 오염되어 있기 때문이다. 하지만 교회는 그리스도에 의해 성화되고 거룩해지며, 이 거룩함은 최후의 심판 때에 완전해지고 최종적으로 실현된다. 아우구스티누스는 이렇게 거룩함을 신학적으로 분석하면서 그에 덧붙여 도나투스주의자들은 자기들이 내세우는 고결한 도덕 기준에 맞추어 살지 못한다고 비꼬았다. 그들도 자신들이 공격하는 사람들과 똑같이 도덕적으로 타락할 수 있다는 점을 지적하였다.

아우구스티누스는 성례전 신학과 관련해서도 비슷한 논점을 주장하였다. 도나투스주의자들이 볼 때, 세례와 성만찬 같은 성례전은 도덕과 교리에서 완벽하게 순수한 사람이 거행할 때에만 효과를 낼 수가 있다. 이러한 견해는 402년에 시르타의 도나투스파 주교인 페틸리아누스Petilianus of Cirta가 아우구스티누스에게 쓴 편지에서 볼 수 있다. 이 편지에서는 성례전의 타당성 여부는 전적으로 그것을 거행하는 사람의 도덕적 덕망에 달려 있다고 보는 도나투스파의 주장을 길게 논하고 있다. 이 점에 대해서는 다음 16장에서871-875쪽 자세히 살펴본다.

이에 응답하여 아우구스티누스는 도나투스주의가 인간 행위자의 자격은 지나치게 강조하면서도 예수 그리스도의 은총은 별로 중요하지 않게 다룬다고 주장하였다. 누가 순수한지 불순한지, 또 누가 덕망이 있고 덕망이 없는지를 타락한 인간이 구분하는 것은 불가능하다는 것이 그의 주장이다. 교회를 성도와 죄인이 '섞인 몸'이라고 보는 그의 생각과도 완전히 일치하는 이 견해는, 성례전의 효력은 그것을 거행하는 개인의 공로에 의해 결정되는 것이 아니라 처음에 그것을 제정한 분, 곧 예수 그리스도의 공로에 달린 것이라고 주장한다. 따라서 성례전의 타당성은 그것을 거행하는 사람의 공로와는 무관한 것이다. 온전한 덕성을 지닌 사람이 성례전을 거행할 때 목회적 이점이 있을지는 모르지만, 반드시 그러한 사람만이 거행해야 한다는 신학적 근거는 없다. 성례전의 효력을 최종적으로 보증하는 이는 그리스도이며, 성직자는 단지 이차적이고 보조적인 역할만 맡는다.

도나투스와 그의 추종자들은 교회와 성례전 제도의 효력이 교회를 대표하는 사람들의 도덕적·신앙적 순수함에 달렸다고 주장하였다. 따라서 기독교 복음의 은총과 치유 능력은 교회와 그 성직자들의 순수성에 의해 좌우되는 것으로 볼 수 있다. 아우구스티누스가 볼 때 이런 주장은 구원을 그리스도의 은총이 아니라 간접적으로 인간의 순수성에 의존하게 만드는 것이 된다. 성직자와 성례전은 하나님의 은총의 원인이 아니라 단지 그 통로일 뿐이다. 도나투스주의는 구원을 예수 그리스도의 죽음과 부활이 아니라 인간의 거룩한 행위에 근거한 것으로 만들 우려가 있었다. 그러면 그리스도는 구원을 이루거나 유지해 가는 일에서 부차적인 역할로 밀려나고 그에 반해 인간 행위자가 극히 중요한 일차적 역할을 맡게 된다.

여기서 우리는 히포의 아우구스티누스가 이해한 기독교 신앙의 핵심 주제를 만난다. 즉 인간의 본성은 타락하고 훼손되고 연약해져서 치유하시고 회복하시는 하나님의 은총을 필요로 한다는 믿음이다. 아우구스티누스에 의하면, 교회는 건강한 사람들의 모임보다는 병원에 비유하는 것이 더 옳다. 교회는 자기에게 죄 용서와 거듭남이 필요하다는 것을 아는 사람들이 치유받는 장소다. 기독교인의 삶은 죄가 없는 삶이 아니라 죄에서 치유받는 과정으로, 마치 치료가 끝난 환자가 온전한 건강으로 회복되는 것과 같다. 교회는 환자와 회복 중인 사람들을 위한 병원이다. 우리가 온전히 의롭고 건강하게 되는 것은 오직 하늘나라에서만 이루어진다.

따라서 아우구스티누스는 도나투스주의가 철저히 그릇된 것이라고 주장했다. 교회는 섞인 몸이며 본래 그렇게 세워진 것이다. 죄는 이 세상에 있는 교회의 삶에서 피할 수 없는 요소이며, 교회 분열의 원인도 아니고 분열을 정당화하는 근거도 아니다. 그러나 아우구스티누스가 그렇게도 염려하고 혐오했던 그 분열이 마침내 16세기에 일어나게 되는데, 서부 유럽에서 종교개혁의 결과로 개신교 교회들이 독립한 일이 그것이다. 이제 이 주요한 진전의 결과들을 살펴본다.

개신교 초기의 교회론

16세기는 기독교 교회의 본질과 정체성을 규명하는 일에서 매우 중요한 시기였다. 종교개혁자들은 그 시대의 교회가 은총론을 상실하였다고 확신했는데, 루터[1483-1546]가 기독교 복음의 핵심이라고 여겼던 것이 바로 이 은총론이었다. 루터는 자신이 제시한, 믿음으로만 의롭게 된다는 교리가 "교회의 존망을 좌우하는 신앙 조항"*articulus stantis et cadentis ecclesiae*이라고 단언하였다. 가톨릭교회가 이 교리를 잃어버렸다고 확신한 루터는 가톨릭교회는 더 이상 진정한 기독교 교회라고 주장할 수 없게 되었다고 (마지못한 듯 머뭇거리는 투로) 결론지었다.

루터를 반대한 가톨릭 사람들은 이 주장에 대해, 그가 한 일은 교회에서 떨어져 나가 분리파를 세우는 것에 불과하다고 경멸적으로 비난하였다. 달리 말해, 루터는 분열주의자이며 이러한 분열은 아우구스티누스가 분명히 정죄하지 않았느냐는 것이다. 아우구스티누스가 그토록 중요하다고 강조한 교회의 통일을 이제 루터가 무너뜨리려고 위협하고 있는 것 아닌가? 루터는 아우구스티누스의 교회론을 거부함으로써만 아우구스티누스의 은총론을 옹호할 수 있었던 것으로 보인다. 16세기에는 양립할 수 없는 것으로 확인된, 아우구스티누스 사상의 두 측면 사이의 이러한 갈등에 비추어 볼 때에야 종교개혁의 교회 본질 이해를 파악할 수가 있다.

이제 다음으로 개신교 초기의 교회론을 살펴보는데, 주류(또는 '제도권') 종교개혁과 비교적 작은 규모의 급진적 종교개혁 양편에서 이루어진 독특한 발전을 몇 가지 살펴본다. 먼저 마틴 루터의 저술에 나타난 새로운 발전의 흐름을 살펴보는 것으로 시작한다.

마틴 루터 1483-1546

교회의 본질을 밝힌 루터의 초기 견해에서는 루터 특유의 하나님 말씀에 대한 강조를 볼 수 있다. 정리하면 다음과 같다. 하나님의 말씀은 뻗어 나가 정복하며, 그렇게 말씀이 정복하여 하나님을 향한 참된 순종을 불러일으키는 모든 곳마다 교회가 존재한다.

> 이제, [하나님의 말씀이] 선포되고 믿어지고 고백되고 행해지는 것을 여러분이 듣거나 보는 모든 곳마다, 극히 소수일지라도 참되고 '거룩한 공교회' *ecclesia sancta catholica*가 반드시 존재한다는 사실을 의심하지 말라. 왜냐하면 하나님의 말씀은 "헛되이……되돌아오지 아니하고"(사 55:11) 그 밭에서 최소한 사분의 일이나 약간일지라도 반드시 손에 넣기 때문이다. 그리고 이 일 외에 다른 징표가 전혀 없다고 할지라도 그것만으로도 거룩한 기독교 백성이 그곳에 존재한다는 것을 입증하기에 족하다. 하나님의 말씀은 하나님의 백성이 없이는 있을 수 없으며, 역으로 하나님의 백성은 하나님의 말씀이 없이는 존재할 수 없기 때문이다. 하나님의 백성이 없다면 그 말씀을 누가 선포하며 또 선포되는 말씀을

누가 들을 수 있겠는가? 하나님의 말씀이 없다면 하나님의 백성이 무엇을 믿을 수 있으며 또 믿으려 하겠는가?

그러므로 주교가 임명하는 성직이라든가 사도적 교회와의 제도적 연속성이 교회의 존재를 보장하는 데 필수적인 것은 아니다. 오히려 복음의 선포가 교회의 정체성에 본질적 요소다. "말씀이 있는 곳에 신앙이 있으며, 신앙이 있는 곳에 참된 교회가 있다." 눈에 보이는 교회는 하나님의 말씀의 선포로 세워진다. 다시 말해 인간의 조직은 어떤 것이든 복음에 근거하지 않으면 결코 '하나님의 교회'라고 주장할 수 없다. 사도들이 선포한 것과 동일한 복음을 선포하는 것이, 역사적으로 사도들에게서 유래한 제도에 속하는 것보다 훨씬 더 중요하다. 이와 비슷한 교회관을 필리프 멜란히톤¹⁴⁹⁷⁻¹⁵⁶⁰에게서도 볼 수 있다. 비텐베르크 대학교에서 루터와 함께했던 그는 교회를 주로 은총의 수단을 베푸는 기능 면에서 이해하였다.

그런데 제도적인 요소가 아니라 복음의 선포를 교회를 규정하는 기준으로 삼았다면, 어떻게 루터는 급진적인 개혁자들의 견해와 자신의 견해를 구분할 수 있었을까? 루터는 "광신자들(루터가 급진주의자들을 부른 용어)이 득세한 곳에서라도 그들이 말씀과 성례전을 부정하지 않는 한 그 교회는 거룩하다"고 인정하였다. 루터는 제도적인 교회의 필요성을 인정하면서 교회의 역사적인 제도는 하나님께서 은총의 수단으로 세우신 것이라고 주장하였다. 그런데 교회는 진정 가시적이요 제도적이라는 주장을 내세워 급진주의자들에 맞대응하게 되면서 루터는 자신의 견해와 그를 공격하는 가톨릭의 견해를 구분하는 것이 어렵다는 사실을 깨달았다. 그래서 루터는 "거짓 교회가 기독교의 직무들을 지니고 있다고 해도 그것은 오직 겉모양일 뿐이다"라고 주장할 수밖에 없었다. 달리 말해, 중세의 교회는 참된 것처럼 보였을 뿐 실제로는 전혀 달랐다는 말이다.

따라서 루터의 견해에는 분명 난점과 약점이 얽혀 있다. 그 이유

가운데 하나는 1520년대의 종교개혁 진영에서 대체로 가톨릭교회와의 분리를 일시적인 현상이라고 생각했던 데서 비롯된 것이다. 가톨릭교회가 개혁되면 언제든지 다시 합치게 될 터인데, 갈라져 나온 개신교 분파를 정당화하고자 복잡한 교회 이론을 세우는 것이 무슨 유익이 있겠는가? 그러한 재결합이 꿈에 불과하다는 것을 깨닫게 된 1540년대에 들어와서야 비로소 개신교 신학자들은 개신교 고유의 교회론을 세우는 일에 관심을 기울이기 시작하였다. 이러한 신학자 중에 가장 중요한 사람이 장 칼뱅일 것이다.

장 칼뱅1509-1564

종교개혁에서 매우 중요한 한 사건이 1541년에 발생했다. 라티스본 회담이 깨졌다. 레겐스부르크에서 열린 이 회담은 가톨릭과 개신교 사이에 화해를 이루고 그래서 개신교도들을 잠시 떨어져 나온 교회로 다시 합치게 하려는 최후의 시도였다. 처음에 종교개혁자들은 자신들이 가톨릭교회에서 일시적으로 갈라져 나온 것이라고 생각했다는 점을 분명히 해둘 필요가 있다. 상황이 개선되기만 하면 다시 돌아간다는 기대가 일반적이었다. 라티스본 회담의 실패로 그러한 희망은 사라져 버렸다.

　이제 새로운 상황이 전개되었다. 1541년까지 개신교 사상가들은 교회에 관한 이론을 세울 실제적 필요를 느끼지 못했다. 가톨릭교회에서의 일시적인 이탈을 정당화하려는 의도로 고안된 루터의 초기 교회론만으로도 충분히 효과가 있었다. 루터는 교회에 관한 완벽한 이론을 세울 필요는 없다고 생각했으며, 바로 이 때문에 그의 초기 교회론에는 엄격함과 확신이 부족했다. 어쨌든 가톨릭교회로 돌아갈 때가 임박했다는 생각이 퍼져 있었다. 칼뱅이 주도적인 위치에서 활약한 2세대 종교개혁자들은 일관되고 체계적인 교회론을 세워야 하는 도전에 직면했는데, 이는 가톨릭교회라는 몸체로부터의 분리가 무한정 이어질 것이라는 인식에서 비롯되었다.

칼뱅은 이러한 도전에 대응하여 16세기 개신교 교회론에서 가장 정교한 것으로 인정되는 이론을 제시하였다. 칼뱅이 볼 때, 참 교회의 표지는 다음과 같았다.

❶ 하나님의 말씀이 선포되어야 한다.
❷ 성례전이 올바로 거행되어야 한다.

만약 어떤 공동체가 이 두 가지 기준을 충족하면 그 공동체는 진정한 기독교 교회라고 칼뱅은 주장했다.

> 하나님의 말씀이 순수하게 선포되고 받아들여지며 또 성례전이 그리스도께서 제정하신 그대로 거행되는 곳에서는 어디서나 하나님의 교회가 존재하는 사실을 결코 의심해서는 안 된다. "두세 사람이 내 이름으로 모인 곳에는 나도 그들 중에 있느니라"(마 18:20)고 하신 그분의 약속은 어김이 없기 때문이다.……만일 어떤 모임의 사역이 하나님의 말씀을 인정하고 경외하며 또 성례전을 거행한다면, 그 모임은 마땅히 교회라고 불리고 인정받을 자격이 있다.

따라서 참 교회는 복음이 바르게 선포되고 성례전이 온전히 거행되는 곳에서 발견된다.

칼뱅은 **보이는** 교회와 **보이지 않는** 교회로 구별하는 것을 중요하게 여겼다. 한편으로 교회는 기독교 신자들의 공동체로서 가시적 모임이다. 그러나 또한 교회는 성도들의 교제이자 선택받은 이들의 무리로서 비가시적 실체다. 비가시적인 면에서 볼 때 교회는 선택받은 이들로 이루어진, 하나님만이 아시는 보이지 않는 모임이며, 가시적인 면에서 볼 때 교회는 이 세상에 속한 신자들의 공동체다. 전자는 선택받은 사람들로만 이루어지며 후자는 착한 사람과 악한 사람, 선택받은 이들과 버림받은 이들로 이루어진다. 전자는 신앙과 희망의 대상이며 후자는 현재 경험하는 대상이다. 이 둘의 차이점은 종말론적인 성격을 띤다. 즉 보이지 않는 교회는 마지막 때에 하나님께서 최후의 심판으로 인간을 다스릴 때 이루어질 교회다. 칼뱅은 가시적 교회가 비록 약점이 있다고 해도 모든 신자가 존중하고 헌신해야 한다고 주장하면서 그 이유가 그리스도의 참된 몸인 비가시적 교회 때문이라고 밝힌다. 이러한 구분에도 불구하고 교회는 오직 하나이며, 예수 그리스도를 머리로 하는 단일 실체다.

보이는 교회와 보이지 않는 교회의 구분은 두 가지 중요한 결과를 낳는다. 보이는 교회는 선택받은 자와 버림받은 자를 모두 포함한다고 볼 수 있다. 앞에서 살펴보았듯이, 히포의 아우구스티누스는 도나투스주의자들에 맞서서 밀과 가라지의 비유(마 13:24-30)를 근거로 삼아 이러한 주장을 펼쳤다. 선택받은 자와 버림받은 자를 구분하는 것은, 하나님의 은혜와 인간의 자격(칼뱅의 예정론에서는 이러한 선택의 근거를 일체 인정하지 않는다)이 얽혀 있는 문제인 까닭에, 인간의 능력을 벗어나는 일이다.

칼뱅은 교회의 본질에 대해 정의하고 나서 뒤이어 교회의 중요성에 대해 논한다. 도대체 교회—건물이 아니라 제도로서—가 무엇 때문에 필요한가? 하나님은 성육신을 통해 역사 과정 속에서 인간을 구속하셨던 것처럼, 이제 구속 목적을 이루고자 설립된 제도를 통해 역사 과정 속에서 인간을 성화시킨다. 하나님은 선택된 사람들의 구원을 이루기 위해 이 세상에 속한 한정된 수단을 사용하신다. 따라서 교회는 곧 하나님이 세운 몸이며, 그 안에서 하나님은 선택받은 사람들의 성화를 이루신다. 이 개념을 칼뱅은 다음과 같이 설명한다.

먼저 교회에 관해 말하겠다. 하나님께서는 교회의 품 안에 당신의 자녀들을 모으시기를 기뻐하신다. 그 까닭은 그들이 유아기와 아동기에 교회의 목회와 지원을 통해 양육 받을 뿐만 아니라, 성장하여 신앙의 목표에 이를 때까지 어머니 같은 교회의 보살핌과 인도를 받게 하기 위해서이다. "하나님이 짝지어 주신 것을 사람이 나누지 못할지니라"(막 10:9). 하나님을 아버지로 모신 그들에게 교회는 또 어머니가 되신다.

칼뱅은 카르타고의 키프리아누스가 남긴 교회론의 공리 두 개를 인용하여 이 중요한 교회론을 확증한다. "교회를 어머니로 섬기지 않는다면 하나님을 아버지로 모실 수 없다"는 것과 "교회 밖에는 죄 용서의 소망도 없고 구원도 없다"838-840쪽는 공리다. 따라서 교회의 제도는 영적 성장과 발전을 위해 꼭 필요하고 유익한 것으로, 하나님께서 베푸시고 세우신 수단이다.

급진 종교개혁

제바스티안 프랑크1499-1543와 메노 시몬스1496-1551 같은 급진 종교개혁의 신학자들이 보기에, 사도적 교회는 국가와 밀접하게 결속함으로써 완전히 더럽혀졌는데, 이 일은 콘스탄티누스 황제의 회심 때부터 시작되었다. 제도로서의 교회는 인간의 권력 투쟁과 야망 때문에 타락하였다. 이에 대해 프랑크는 다음과 같이 말한다.

> 내가 보기에, 사도들이 죽은 직후에 적그리스도의 침입과 그에 따른 황폐화로 인하여 외형적인 그리스도의 교회는 그 모든 은사와 성례전과 함께 하늘로 올라가 성령과 진리 속에 숨겨지게 되었다. 그래서 지금까지 1,400년 동안, 모인 교회gathered Church나 그 어떤 성례전도 존재하지 않았다고 나는 확신한다.

참된 교회는 하늘에 있고 이 땅 위에는 그것을 모방한 어설픈 제도들만 있다. 교회와 세속 사회의 분리를 강조한 급진주의자들의 주장은 권위, 특히 집권자들의 권위에 대한 그들의 태도에서 분명하게 드러난다. 급진적 종교개혁에서는 교회를 16세기 유럽의 주류 문화 속에 있는 '대안 사회'로 이해하였다. 콘스탄티누스 이전의 교회가 로마제국 안에 있으면서도 제국의 규범에 순응하기를 거부했던 것처럼 급진적 종교개혁도 자신들이 16세기라는 동일한 상황에 존재하지만 그 안에 속한 것은 아니라고 보았다. 메노 시몬스에게 교회는 세상과 다투는 "의로운 자들의 모임"이지 "섞인 몸"이 아니었다.

> 사실 그의 이름을 그저 떠벌리기만 하는 사람들은 그리스도의 참된 회중이 아니다. 그리스도의 참된 회중은 참으로 회개한 사람들이요, 위에 계신 하나님으로부터 난 사람들이며, 하나님의 말씀을 들음으로써 성령의 일하심을 통해 거듭난 마음을 품어 하나님의 자녀가 된 사람들이다.

여기서 도나투스주의 교회관과 상당히 유사한 점을 볼 수 있다. 도나투스주의에서는 교회를, 세상의 타락시키는 영향을 멀리하고 또 필요하다면 어떤 징계 수단을 통해서라도 순결과 독특성을 지켜낼 각오가 되어 있는 거룩하고 순수한 몸811-815쪽이라고 보았다.

교회를 세상과 다투는 신실한 남은 자들이라고 보는 이 관념은, 집권자들로 의인화된 적그리스도 세력에게 박해를 당한 재세례파의 경험과 일치하였다. 급진 종교개혁●은 대체로 강압적인 힘을 사용하는 데 반대하였으며 무저항 정책을 옹호하였다. 야콥 후터Jakob Hutter, 약 1500-1536는 예수의 모범에 의지해 이러한 비정치적인 태도를 신학적으로 정당화하였다. "누구나 잘 알듯이 우리에게는 창이나 총 같은 물리적 무기가 없다. 우리는 말과 행동으로 우리가 그리스도의 참된 제자임을 보여주기를 원한다." 한스 덩크Hans Denck, 1495-1527는 그리스도의 온유함과 그가 고발자들 앞에서 침묵했던 것을 근거로 삼아 "폭력은 하나님의 속성이 아니다"라고 주장하였다.

세속 권위에 대한 재세례파의 일반적 태도를 가장 선명하게 보여주는 진술은 '슐라이트하임 신앙고백'1527에서 볼 수 있다. 이 신앙

● 급진 종교개혁
radical Reformation

재세례파 운동이라는 용어 대신에 점차 자주 쓰이는 말로, 루터와 츠빙글리의 사상에서, 그중에서도 특히 그들의 교회에 관한 이론에서 이탈한 종교개혁의 한 운동을 가리킨다.

고백의 6조와 7조에서는 세속 사건들에 대한 무간섭, 세속 권위에 대한 무저항의 정책을 설명하고 정당화하고 있다. 무력은 "그리스도의 완전 밖에"(즉 급진적 개혁 공동체 밖에) 있는 것이며, 이 공동체 안에는 물리적 힘이 들어설 여지가 없다.

> 하나님께서는 칼을 그리스도의 완전 밖에 두도록 정하셨다.……기독교인이 관료로 일하는 것은 적합하지 않은데, 그 이유는 다음과 같다. 정부의 통치는 육의 원리를 따르지만 기독교의 직책은 성령의 뜻을 따른다. 그들의 집과 거처는 이 세상에 있으나 기독교인의 집과 거처는 하늘에 있다. 그들의 시민권은 땅에 속하나 기독교인의 시민권은 하늘에 속한다. 그들이 전쟁과 다툼에서 드는 무기는 물리적인 것이요 육체와 싸우는 것이지만, 기독교인의 무기는 영적인 것이며 악마의 요새를 공격하는 것이다. 세상에 속한 사람들은 강철과 쇠로 무장하지만 기독교인들은 하나님의 전신 갑주, 곧 진리와 의, 평안, 믿음, 구원, 하나님의 말씀으로 무장한다.

재세례파는 '출교'—교인들을 재세례파 공동체에서 쫓아내는 조치—를 통해 공동체 내부의 규율을 유지하였다. 이렇게 규율을 다지는 수단들은 참된 교회를 확고히 세우는 데 필수적인 것으로 인정되었다. 재세례파가 주류에 속하는 교회들과 철저한 분리(이 관행은 펜실베이니아 주, 랭커스터에 있는 아미쉬 공동체에서 지금도 고수하고 있다)를 주장하는 근거 가운데 하나가 그 교회들이 교회 내에 제대로 된 규율을 유지하지 못하고 있다는 점이다. 슐라이트하임 신앙고백에서는 이 출교 교리의 근거를 마태복음 18:15-20에 나오는 그리스도의 말씀에 두고 있다.

> 주님께 헌신하여 주님의 명령을 따라 사는 사람들과 세례를 받아 그리스도의 한 몸에 속하고 형제자매로 불리게 된 사람들이 어쩌다 잘못에

빠지고 무심코 실수와 죄를 저질렀을 때는 출교를 명할 수 있다. 그런 사람들에 대해서는 그리스도께서 명하신 대로(마 18장) 두 번까지는 은밀하게 타이르고 세 번째는 교회 앞에서 징계하거나 출교해야 한다.

출교는 억제 효과와 교정 효과가 모두 있어서, 출교당한 사람에게는 생활 방식을 고치도록 자극하고 다른 사람들에게는 그들의 죄를 본받지 않도록 차단하는 기능을 한다. 폴란드의 '라코우 교리문답'은 재세례파 공동체 내에 엄격한 규율을 유지해야 하는 이유로 다섯 가지를 들고 있는데, 전체적으로 그 바탕에는 철저한 분리 정책이 깔려 있다.

❶ 타락한 교인들을 치유해서 다시 교회에 속하도록 하기 위해
❷ 다른 사람들이 똑같은 잘못을 저지르지 못하게 하기 위해
❸ 교회에서 혼돈과 무질서를 제거하기 위해
❹ 교회 밖에서 주의 말씀이 조롱당하는 것을 방지하기 위해
❺ 주의 영광이 더럽혀지는 것을 막기 위해

출교는 그 목회적 의도에도 불구하고 너무 가혹하게 해석되어서, 그 결과 교인들이 출교당한 사람이나 그 가족과 완전히 사회적 접촉을 끊어 버리는(소위 '따돌림'이라는) 결과를 낳을 때가 많았다.

───────── 그리스도와 교회: 20세기의 주제들

20세기에 들어와 교회론 분야에서 새로운 관심이 크게 늘었다. 그렇게 된 데는 에큐메니컬 운동(기독교의 일치를 촉진하는 일에 관심을 쏟는다)의 발전이 한몫을 했으며 또 한편으로는 제2차 바티칸 공의회 1962-1965, 특히 교회에 관한 교의헌장인 「인류의 빛」*Lumen Gentium*에서 비롯된 갱신과 개혁운동을 통해 교회론 분야가 크게 자극을 받았기

때문이다(가톨릭 공의회나 교황이 발표한 권위 있는 문서들은 대체로 본문의 첫 라틴어 구절로 제목을 삼는다). 이 공의회에 대해서는 조금 뒤에 살펴볼 것이다.

20세기 교회론에서 다루는 여러 주제들을 하나로 묶기에 편리한 방법은 1세기 신학자인 안티오키아의 이그나티우스약 35-110가 남긴 명언을 이용하는 것이다. 그는 "그리스도가 있는 곳에 보편 교회도 있다"는 말을 남겼다. 이 인상적인 경구는 기독교 역사를 거쳐 오면서 개신교나 가톨릭, 정교회의 울타리를 넘어 교회론 성찰에 커다란 영향을 끼쳤다. 아래에서 우리는 20세기에 이 경구를 이해하는 세 가지 다른 방식을 살펴본다.

그리스도는 성례전을 통해 현존한다

제2차 바티칸 공의회가 교회론의 발전에 끼친 가장 독특한 공헌 하나는 교회의 성례전적 특성을 강조한 것이다. 교의헌장 「인류의 빛」에 기록된 대로 "그리스도 안에서 교회는 일종의 성례전이다. 즉 교회는 하나님과의 교제를 보여주고 모든 인간이 하나 됨을 드러내는 징표이자 도구가 된다." 이 공의회는 "교회가 성례전이다"라고 단정 지어 말하지 않는다. 성례전을 일곱 가지로 보는 전통적인 견해866-871쪽가 유지된다. 그와는 달리 교회는 "성례전과 유사한" 것이다. 이러한 진술을 통해 공의회는 하나님의 말씀에 의해 세워진 교회라는 개념과 가시적 실체로서의 교회 개념을 하나로 통합하려고 시도한 것으로 보인다. 이러한 사고는 성례전을 '가시적 말씀'이라고 본 아우구스티누스의 개념에 분명하게 나타나 있다.

교회를 성례전으로 보는 개념은 20세기의 가톨릭교회론에 커다란 영향을 주었다. 이 개념은 제2차 바티칸 공의회가 열리기 전부터도 교회 안에서 힘을 얻고 있었다. 이러한 현상에 일부분 영향을 준 것이 '복원의 신학'theology of retrieval이 등장한 일이었다. 복원의 신학이란 기독교 역사의 초기 시대, 그중에서도 특히 교부시대로부터 여러 가지 독창적인 주제들을 다시 발굴해 이용하고자 한 신학으로, 16세기 이래로 주도적인 지위를 누려온 제도적 교회 개념과는 분명히 대조되는 교회의 본질 이해를 교부시대에서 복원해 냈다.

성례전으로서의 교회 개념은 제2차 바티칸 공의회 이전의 신학자이자 권위 있는 교부학 연구가인 앙리 드 뤼박Henri de Lubac, 1896-1991의 저술들을 통해 분명하게 확인할 수 있다. 그는 『가톨리시즘』 Catholicism이라는 중요한 저술에서 다음과 같이 말했다.

> 그리스도가 하나님의 성례전이라면 교회는 우리를 위한 그리스도의 성례전이다. 교회는 온전하고 고전적인 의미에서 그리스도를 대리하며, 진정 그분을 현존하게 한다. 교회는 그리스도의 사역을 수행할 뿐만 아니라, 인간의 제도를 그 설립자의 연장(延長)이라고 볼 수 있다는 의미에서, 아니 그 보다 훨씬 더 실제적인 의미에서, 교회는 그리스도의 참된 연장이 된다.

드 뤼박은 제도적인 교회관을 유지하면서도 가톨릭의 교회 개념에다 새로운 목적과 정체성을 덧붙여, 교회는 예수 그리스도를 이 세상에 현존하게 한다고 주장하였다. 이렇게 해서 이그나티우스가 남긴 경구는 교회의 역할에 대한 성례전적 이해를 통해 새로운 의미를 얻게 되었다.

이 개념은 큰 인기를 얻었다. 독일의 예수회 신학자인 오토 제멜로트Otto Semmelroth, 1912-1979는 1953년에 아주 중요한 연구를 『원초적 성례전인 교회』The Church as Primordial Sacrament라는 제목으로 출간하였다. 이 책에서 그는 교회를 '원초적 성례전'Ursakrament이라고 주장하면서, 하나님이 물적 질서를 사용해 영적 질서를 드러내실 수 있음을 증명하였다. 도미니크회 신학자인 에드바르트 스힐레벡스1914-2009는 『하나님과의 만남의 성례전인 그리스도』Christ, The Sacrament of the

Encounter with God, 1963에서 비슷한 생각을 주장하였다. 이 개념의 포괄적인 영향으로 말미암아 그리스도론과 교회론과 성례전론의 분야가 일관성을 지닌 전체로 통합되는 결과를 낳았다. 한스 우르스 폰 발타자르[1905-1988]는 성육신의 관점에서 자신의 교회론을 세웠으며, 교회란 그리스도가 시공간 안으로 연장된 것*elongetur Christi*이라고 주장하였다. 예수회 신학자인 칼 라너[1904-1984]도 이러한 성례전적 교회 이해를 받아들여, 교회는 그리스도를 역사적이고 가시적이며 구체적인 형태로 이 세상 속에 현존하게 한다고 주장하였다.

라너의 견해는 커다란 관심을 불러일으켰다. 라너가 볼 때, "하나님의 구원 의지는 그리스도를 통해 세상 속에 종말론적인 승리로서 확고하게 현존하는데, 그러한 현존의 연장과 현재적 현존"이 교회다. 따라서 교회는 "하나님께서 이루시는 인간 구원의 구체적 표명"이며 하나님의 지속적인 세계 내 현존이다(이 개념은 16세기 스페인의 신비주의자 아빌라의 테레사[1515-1582]의 저술에서 이미 등장했다). 그리고 교회는 역사를 통해 세상 속에 실제로 현존하는 까닭에 교회에 조직들이 필요하다는 결론이 나온다.

이 점을 근거로 라너는 가톨릭의 교회 본질 이해에서 제도가 항구적인 요소로 강조되는 것을 정당화할 수 있다고 주장하면서도, 동시에 그러한 특별한 구조가 반드시 결정적인 중요성을 지니는 것은 아니라고 강조한다. 이에 더해 라너는 그런 구조들도 어느 정도 융통성을 지닌다고 서슴없이 인정한다. 과거의 특정한 역사 환경에서 타당했던 구조가 오늘날에는 타당하지 않을 수 있다. 교회는 새로운 역사적 구조를 통해 그 성례전적 사명을 성취할 수 있어야 한다.

스힐레벡스는 몇 가지 중요한 점에서 라너와 의견이 다른데, 무엇보다도 교회를 '원초적 성례전'(앞서 살펴보았듯이, 이 개념은 오토 제멜로트가 처음 제안하였다)이라고 본 라너의 견해를 거부했다는 점에서 그렇다. 스힐레벡스는 그리스도를 원초적 성례전이라고 보아야 한다고 주장한다. 교회가 지니는 성례전적 특성들은 모두 교회가 그리스도와 맺는 관계로부터 나오는 것으로 보아야 마땅하다.

이 이론에 대해 개신교 비판자들은, 이 이론을 받쳐 주는 성서적 근거가 상대적으로 빈약하고 또 설교신학이 들어설 여지가 비교적 좁다는 우려를 나타냈다. 이와 같은 지적이 중요하기에 다음으로 우리는 이그나티우스의 경구를 개신교 쪽에서 어떻게 해석하는지 살펴본다. 개신교에서는 하나님의 말씀의 선포를 통한 그리스도의 현존에 초점을 맞춘다.

그리스도는 말씀을 통해 현존한다

개신교에서 교회의 본질을 파악할 때 중심이 되는 주제는 설교와 성례전에서 선포되는 그리스도의 말씀을 통해 이루어지는 그리스도의 현존이다. 예를 들어, 앞서 살펴본 칼뱅의 견해819-822쪽에 의하면 말씀의 설교와 성례전의 올바른 거행은 그리스도의 현존과 밀접하게 얽혀 있으며, 따라서 그리스도가 계신 곳이면 어디서나 그의 교회 역시 존재한다.

이 케리그마(그리스어 kerygma는 "전령"을 뜻한다)라는 주제는 20세기에 한결같이 커다란 중요성을 지녔으며 특히 칼 바르트의 저술에서 두드러지게 나타난다. 바르트에게 교회는 하나님의 말씀 선포에 응답해서 이루어지는 공동체다. 교회란 하나님께서 인간을 위해 그리스도 안에서 행하신 일을 기쁜 소식으로 선포하는 공동체이며, 또한 하나님의 말씀이 충실하게 선포되고 수용되는 곳이면 어디서나 존재하게 되는 케리그마 공동체다. 바르트가 1948년에 세계교회협의회에서 행한 연설에서 한 말처럼, 교회란 "살아계신 주 예수 그리스도께서 부르셔서, 당신이 거둔 승리의 증언자가 되고 또 그 미래의 완성을 알리는 전령이 되라고 택하신 사람들fidelium의 모임congregatio 이다." 이런 점에서 바르트의 교회론은 철저하게 삼위일체론적 특성을 지니며, 성부와 성자와 성령을 통해 역동적으로 교회의 본질을 이해한다. 바르트가 볼 때, 교회는 그리스도의 연장이 아니라 그리스도와 연합되어 이 세상을 섬기도록 그에게 부름 받고 위임 받은 실체다. 그리스도는 성령을 통하여 당신의 교회 안에 현존한다.

성령의 역할이 특별히 중요하다. 바르트가 교회를 '카리스마*적'으로 이해했다고까지는 말할 수 없어도, 그리스도론적 관점에서 교회의 정체성을 파악하는 그의 견해는 성령에게 독특하고 분명한 역할을 부여한다. 바르트는 이러한 견해를 『교의학 개요』 *Dogmatics in Outline*, 1947에서 다음과 같이 요약해 밝혔다.

> "나는 교회를 믿습니다" *Credo ecclesiam*라는 고백이 뜻하는 것은 여기 이곳, 이 모임 안에서 성령의 역사가 일어남을 믿는다는 말이다. 이렇게 말한다고 해서 피조물을 신격화하는 것은 아니다. 교회는 신앙의 대상이 아니다. 우리는 교회를 믿는 것이 아니라, 이 회중 안에서 성령의 사역이 사건이 됨을 믿는 것이다.

이렇게 해서 교회는 제도가 아니라 사건으로 파악된다. 바르트는 성령을 교회와 동일시하지 않으며 성령의 활동을 교회 제도의 울타리 안에 제한하지도 않는다. 성령은 교회에 능력을 부여해 새롭게 하고, 십자가 위에서 이루어진 그리스도의 구속 사역과 교회를 하나로 묶으며, 부활한 그리스도가 하나님의 백성에게 현존하게 하는 도구가 된다고 그는 주장한다. 이러한 방식으로 성령은 교회가 자신의 정체성과 사명을 순전히 세속적인 방식으로 이해하는 오류에 빠지지 않도록 보호한다.

루돌프 불트만 1884-1976도 케리그마적인 교회 본질 이해를 온전히 받아들여, 바르트가 근본적으로 중요하다고 강조한 '선포'를 '사건으로서의 교회' 개념과 연계하였다.

하나님의 말씀과 교회는 나뉠 수 없다. 교회는 선택받은 사람들의 모임

• 카리스마
은사, charisma

성령의 은사와 밀접하게 관련된 용어. 중세 신학에서 '카리스마'라는 용어는 하나님께서 은혜로 각 사람에게 부어 주는 영적 은사를 뜻하는 말로 사용되었다. 20세기 초 이후로 '카리스마'라는 말은 성령의 직접적 임재와 체험을 크게 강조하는 신학이나 예배 형태를 가리키는 말이 되었다.

으로 하나님의 말씀에 의해 세워지며, 하나님의 말씀은 추상적인 진리들의 진술이 아니라 진정 권위가 있어서 그에 합당한 사람들이 맡아 전해야 하는 선포다(고후 5:18-19). 하나님의 말씀이 사건 속에서만 그분의 말씀이 되는 것과 마찬가지로 교회도 역시 사건이 되는 한에서만 진정 교회일 수 있다.

그리스도는 성령을 통해 현존한다

20세기 교회론에서 중요한 세 번째 주제는 교회의 구성요소로서의 성령의 역할을 강조한 것이다. 여기서는 이그나티우스의 경구가 그리스도의 현존을 이루는 데 성령이 필수적이라는 점을 강조하는 방식으로 해석되었다. 우리는 바르트의 교회론을 다루면서 이미 이 점의 중요성을 살펴보았다. 그러나 이 견해는 브라질의 가톨릭 신학자인 레오나르도 보프[1938 출생]와 정교회 신학자인 요한 지지울라스[1931 출생] 같은 신학자들의 저술을 통해 훨씬 더 발전된 형태로 나타났다. 두 사람은 성령론[pneumatology, 그리스어 *pneuma*는 "영"을 뜻한다]적 교회 이해를 서로 다른 방식으로 해석한다. 보프는 성령을 강조하면서도 그리스도 중심성을 유지하는데, 그 까닭은 그가 서방교회의 삼위일체 이해 방식에 크게 의존하기 때문이다. 지지울라스는 카파도키아 교부들이 신격 내의 성령의 역할을 이해한 방식을 따라 정교회 쪽으로 기운 견해를 주장한다.

해방신학을 대표하는 인물인 레오나르도 보프에 의하면, 성령은 예수 그리스도의 영이며 이 사실 때문에 교회를 이해하는 데서 성령이 뼈대 역할을 한다. 라너와 폰 발타자르 같은 사상가들은 그리스도가 이 세상 속에 물리적으로 구현되거나 '재현'된 것이 교회라고 주장한 데 반해, 보프는 교회가 일차적으로 그리스도의 영적인 몸이며 따라서 기존의 특정 조직의 울타리 안에 국한되지 않는다는 견해를 펼쳤다. 이런 점에서 보프는 제도주의적인 교회 이론, 그중에서도 특히 제2차 바티칸 공의회 이전에 번창했던 이론들에 비판적 견해를 제시한다고 볼 수 있다.

보프는 『새롭게 탄생하는 교회』*Ecclesiogenesis: The Base Commu-nities Reinvent the Church*, 1986에서, 여러 가지 점에서 케리그마적 교회 이해와 유사한 교회관을 제안하였다.

> 사람들이 그리스도 안에서 구원에의 초청을 듣게 되고, 공동체 안에서 하나가 되고, 하나의 신앙을 고백하고, 동일한 종말론적 해방을 축하하고, 예수 그리스도의 제자로 살려고 노력할 때 교회는 존재하게 된다. 이러한 교회 의식ecclesial consciousness에 대한 물음이 있을 때에야 비로소 우리는 **제대로 된 의미에서** 교회에 관해 말할 수 있다.

보프가 볼 때, 이 '교회 의식'은 성령의 사역으로 나타난 결과이며, 성령의 인격과 사역은 부활한 그리스도와 나눌 수 없는 것이다. 보프는 성령이 성부와 성자로부터 발현하였다고 가르치는 신조가 이 점을 지지해 준다고 해석한다.

하지만 지지울라스는 성령이 전혀 다른 역할을 한다고 보았다. 지지울라스는 교회 안에서 성령이 어떠한 식으로 뼈대 역할을 하는지 바울이 고린도전서 12장에서 펼친 논의를 인용해 설명한다. 그러므로 성령론은 "교회의 번영과 관련된 것이 아니라······그 자체가 교회의 핵심이다." 지지울라스의 독특한 견해를 간략하게 요약하면 다음과 같이 말할 수 있다. 예수 그리스도가 교회의 터를 놓았다면 그것을 세우는 이는 성령이다.

제2차 바티칸 공의회의 교회론

제2차 바티칸 공의회는 교회론 논의에 새로운 활력을 불어넣었다.

공의회에서 성서 속의 교회 이미지들을 다시 발굴해 받아들였던 것
이 그러한 활력을 일으킨 한 이유였다. 공의회 이전에 가톨릭 학자들
은 교회를 '완전한 사회'라는 측면에서 생각하는 경향이 강했다. 이
이미지는 16세기 후반에 생겨났으며, 특히 유럽에서 민족 국가들의
힘이 점차 커가는 상황에 대응해 교회의 제도적 특성을 강조하게 되
었다. 갈수록 강력해지는 국가 권력에 맞서 교회의 독립성을 확보하
기 위한 전략 가운데 하나가 교회의 정체성을 하나의 사회로서 확고
히 밝히는 일이었다.

이 견해는 특히 로베르토 벨라르미노[1542-1621]의 저술에서 분명
하게 드러나는데, 그는 가톨릭 종교개혁*을 이끈 가장 중요한 인물
가운데 한 사람으로 "교회는 프랑스 왕국이나 베네치아 공화국처럼"
가시적이고 현실적인 사회 실체라고 주장하였다. 이러한 제도주의적
인 교회론이 19세기 후반에서 20세기 초반까지 오랜 기간 동안 가
톨릭 사상을 지배하였다. 그래서 아돌프 탕크레[Adolphe Tanquerey, 1854-
1932]의 신학 교과서 표준판에서는 64쪽 분량을 할애해 교회는 다음
과 같다고 주장하였다. (1) 무오한 사회 (2) 완전한 사회 (3) 계층구
조적 사회 (4) 군주적 사회. 이처럼 강력한 제도주의적 교회론은 당
연히 교회를 주로 가시적인 측면에서 정의하였으며 특히 가시적인
통치구조 및 믿음과 행위의 규약을 강조하게 되었다. 사실상 교회는
16세기 후반의 사회 제도들을 모범으로 삼았다.

여기서 분명히 기억해야 할 사실은 개신교와 가톨릭을 망라해
기독교의 모든 교회론은 항상 제도적인 측면을 지녀 왔다는 점이다.
루터와 칼뱅 역시 적합한 교회 통치체제의 중요성을 강조하였다. 그
러나 이 두 개혁자 가운데 아무도 제도적 요소를 "결정적인" 중요성
을 지니는 것으로 보지는 않았다. 가장 중요한 것은 제도가 아니라
복음이었다. 교부시대와 그 후 14세기까지 이어지는 중세시대의 사
상가들에게서도 이와 유사하게 제도를 중요하게 여기는 사고가 분명
하게 나타난다. 교황의 정치적 권력이 점차 강력해지고 교회 제도(특

● 가톨릭 종교개혁
  Catholic Reforma-
  tion

대체로 트리엔트 공의회
가 시작된 1545년 이후
의 기간에 가톨릭교회 내
에서 일어난 부흥운동
을 가리킨다. 예전의 학
문 저술들에서는 흔히
'반종교개혁'(Counter-
Reformation)이라고
부르는데, 이 운동은 프
로테스탄트 종교개혁에
대한 반동일 뿐만 아니라
그에 못지않게 가톨릭교
회 자체의 종교개혁이었
다고 할 수 있다.

히 교황권과 계층체제)에 대한 공격을 무력화하려는 의지가 갈수록 커지면서, 그러한 제도들을 올바른 교회 이해에 필수적인 요소로 편입해 옹호하려는 추세가 확고해졌다.

이러한 흐름은 19세기에 와서 절정에 이른 것으로 판단된다. 유럽에서 정치 상황이 점차 불안해지고 세속주의와 반가톨릭주의가 갈수록 증가하는 현실에 맞서 제1차 바티칸 공의회는 아주 견고한 계층체제적 교회 개념을 세웠는데, '목자와 양무리'를 엄격하게 구분한 데서 이러한 면모를 분명하게 확인할 수 있다.

이와 같은 일반적인 교회론이 제2차 바티칸 공의회 이전의 가톨릭 신학을 지배하였다. 이런 시각에서 보면, 그리스도의 교회는 모든 신자들이 동등한 권리를 행사하는 평등한 공동체가 아니다. 교회는 불평등한 공동체인데, 불평등은 교회의 신실한 자들 중 일부는 성직자이고, 일부는 평신도라는 것만을 가리키지 않는다. 오히려 불평등의 주된 이유는 하나님의 능력이 교회 안에서 일부 사람에게만 가르치고 다스릴 권한을 주고, 다른 사람들에게는 주지 않는다는 사실이다. 이 견해는 흔히 '가르치는 교회'(성직 계급을 가리킨다)*ecclesia docens*와 '배우는 교회'(평신도를 가리킨다)*ecclesia discens*라는 구분으로 표현되었다(평신도들의 책임은 일차적으로 윗사람을 존경하고 그들에게 순종하는 것이다).

그런데 20세기 중반에 이르러 가톨릭 학자들과 신학자들이 이 모델에 대해 점차 큰 우려를 나타냈다. 이러한 분위기가 형성된 한 가지 이유는, 초대교회가 일관되고 획일적인 구조로 이루어진 것이 아니라 제도와 질서라는 면에서 상당히 융통성이 있었다는 사실을 확인해 주는 많은 증거들을 발견한 데 있었다. 철저히 조직화된 제도적 교회는 사도 시대 이후에 나타난 현상으로, 콘스탄티누스가 지배할 때 로마제국이 기독교를 인정하면서 형성된 정치적인 압력에 대응하여 등장한 것이 분명하다. 벨기에의 성서학자인 루시앙 세르포 Lucien Cerfaux, 1883-1968 와 몇몇 학자들은 제도화로 치닫던 흐름 때문에 못 보고 지나쳤던 성서와 교부 신학자들의 통찰을 되찾는 길을 열었다. 이브 콩가르1904-1995 같은 다른 학자들은 제도적인 교회 모델에서 평신도들이 과소평가된 것에 관심을 기울이고, 평신도 신학을 회복하기 위해 노력했다. 그 결과로 제2차 바티칸 공의회에서는 이 중요한 신학 분야, 그리고 이 분야와 연관된 에큐메니즘과 복음전도에 관한 논의가 다시 활기를 띠게 되었다. 이러한 노력의 결실을 교회에 관한 교의헌장인 「인류의 빛」에서 볼 수 있다.

앞에서 우리는 제2차 바티칸 공의회가 '성례전으로서의 교회'에 대해 가르친 것826쪽과 칼 라너 같은 신학자들이 그 가르침을 발전시킨 방식에 대해 살펴보았다. 다음으로 공의회에서 교회의 본질에 대해 가르친 것 가운데 세 가지 요소를 좀 더 깊이 살펴본다.

친교로서의 교회

1943년에 독일의 가톨릭 신학자인 루트비히 폰 헤르틀링Ludwig von Hertling, 1892-1980은 『친교: 초기 기독교의 교회와 교황제도』Communio: Church and Papacy in Early Christianity라는 책을 펴냈다. 이 책에서 그는 '친교'communion, 그리스어 koinonia라는 주제가 교회의 본질을 올바로 파악하는 데 중요하다는 주장을 폈다. 이 책은 공의회의 사고 과정에 커다란 영향을 끼쳤으며, 교회에 관한 최종 선언문에 그 독특한 주제들이 담기게 되었다. 오늘날 communion이라는 용어가 여러 가지 미묘한 의미로 얽혀 있는 까닭에, 여기서 다루는 쟁점을 분명히 하기 위해 좀 더 오래된 단어인 fellowship을 사용하는 것이 도움이 될 것이다. 이 용어가 담고 있는 성서적인 기본 의미는, 삼위일체 자체의 삶이나 교회 안에서 신자들이 이루는 공동체의 삶에서 볼 수 있듯이, 공동의 삶을 함께 이룬다는 것이다. 이 용어는 수직적인 면과 수평적인 면을 지니는데, 앞의 것은 신자와 하나님의 관계를 다루며 뒤의 것은 신자들 개개인의 관계를 가리킨다.

이러한 성서적 개념을 회복한 것이 19세기에 주도권을 쥐고 있던 강력한 제도적 교회 개념을 근본적으로 수정할 수 있는 길을 연 것으로 확인되었다. 규정을 통해 강요되었던 친교가 이제는 그리스도의 죽음과 부활을 통해 성취되고 교회의 삶 속에서 구체화된, 하나님과 신자 사이의 친교라는 훨씬 더 근본적인 개념으로 다루어지게 되었다.

하나님의 백성인 교회

제2차 바티칸 공의회가 제시한 다양한 교회 모델 가운데서 가장 중요한 것은 교회를 '하나님의 백성'으로 보는 모델이다. 이 모델은 구약과 신약 양쪽에 깊이 뿌리내린, 고유한 성서적 개념이다. 제2차 바티칸 공의회는 '하나님의 백성'을 '가톨릭교회'와 동일시하거나 교회가 이스라엘을 대신하여 하나님의 백성이 되었다고 주장하는 일을 조심스럽게 피하였다. 교회 안의 삶을 다룬 공의회 문헌 2장에서는 교회를 이스라엘과 연속성을 지닌 '하나님의 새 백성'이라고 설명하였다. 교회를 하나님의 백성으로 규정한 것은 이스라엘을 배제하는 것이 아니라 하나님 나라의 확장을 의미한다.

이 내용은 공의회의 「비그리스도교와 교회의 관계에 대한 선언」 *Nostra Aetate*, 1965에서 특히 명료하게 다루는데, 이 선언은 하나님의 구원 목적에서 유대인들이 여전히 특별한 위치에 있음을 인정한다.

> 그리스도의 교회는, 하나님의 구원 계획에 따라 족장들과 모세와 예언자들에게서부터 교회가 선택되고 교회의 신앙이 시작되었음을 인정한다. 신실하게 그리스도를 따르는 사람은 누구나 믿음으로 아브라함의 후손이 되어(갈 3:7 참조) 아브라함이 받은 것과 동일한 소명을 받았다는 점과, 또 하나님께서 선택하신 이스라엘 백성이 노예의 땅에서 구원받은 일에는 신비로운 방식으로 교회의 구원이 예표되었다는 사실을

교회는 인정한다. 그러므로 교회는, 그지없는 은혜를 힘입어 하나님과의 옛 언약에 들게 된 이스라엘 백성을 통해 구약의 계시가 교회에 전달되었다는 사실을 분명히 기억한다. 또 교회는, 야생 올리브 가지인 이방인들이 접붙여진 그 좋은 올리브 나무로부터(롬 11:17-24 참조) 교회가 양분을 공급받고 있다는 사실을 잊지 않는다. 우리의 평화이신 그리스도께서 십자가를 통하여 유대인과 이방인을 화해시키시고 당신 안에서 하나가 되게 하셨음을(엡 2:14-16 참조) 교회는 믿는다.

은사 공동체인 교회

제2차 바티칸 공의회가 열렸던 무렵에는 은사 운동638, 659쪽에 대한 관심이 널리 확산하고 있었다. 이러한 흐름이 가톨릭교회의 일부 영역에 강한 영향을 끼쳤다. 그래서 벨기에의 추기경인 레오 요제프 수에넨스Leo-Josef Suenens, 1904-1996는 공의회에서 교회의 본질에 관해 성찰할 때 이 운동에 대해 다루어 줄 것을 강력하게 호소하였다. 그 결과로 교의헌장인 「인류의 빛」에서는, 카리스마 은사들이 교회의 삶에 중요하다는 점을 분명하게 인정하게 되었다. 공의회는 개인들에게 부어져 특정한 봉사를 온전히 감당할 수 있게 해주는 은사나 능력을 가리키는 말로 '카리스마'("은사"를 뜻한다)charism, 그리스어 *charisma*를 사용하였다. 이 말은 오랜 세월 사용되어 온 것으로, 특별히 은사 운동*과 연관된 '영적 은사들'(방언이나 신유의 은사 같은 것)을 가리키는 말은 아니었다. 그렇기는 하지만 바울이 카리스마라는 그리스 말을 사용할 때는 분명 그러한 은사들까지 포함하고 있으며, 그에 영향을 받아 공의회는 20세기에 기독교인의 체험에서 중요한 것으로 등장한 이러한 측면을 적극적으로 받아들이게 되었다.

* **은사 운동**
Charismatic movement

개인과 공동체의 삶 속에서 성령의 인격적 체험을 크게 강조하는 기독교 형태로, 보통 방언과 같은 다양한 은사 현상들을 중요하게 여긴다.

교회론의 핵심 주제는 교회의 네 가지 '표지'로 설명된다. 네 가지 표지란 기독교의 여러 신조들에서 제시하는, 기독교 교회를 규정하는 네 가지 특성을 말한다. 이 신조들은 "하나의 거룩하고 보편적이며 사도적인 교회"에 대한 믿음을 선언한다. 이 구절에 나오는 "하나의," "거룩한," "보편적인," "사도적인"이라는 네 형용사가 교회의 '표지'로 불리게 되었으며, 4세기 이래로 교회론에 관한 논의에서 중요성을 인정받고 있다. 아래에서는 그것들을 하나씩 간략하게 살펴본다.

하나의

교회의 단일성unity은 교회론에 관한 기독교 사유에서 핵심적인 중요성을 지녀 왔다. 오늘날 기독교의 일치를 위해 일하는 중요한 기구들 가운데 하나인 세계교회협의회는 자신을 가리켜 "우리 주 예수 그리스도를 하나님과 구주로 고백하는 교회들의 친교"라고 정의한다. 그런데 이 정의 자체가 다양한 교회들—가톨릭교회, 감리교회, 루터교회, 성공회, 장로교회, 정교회, 침례교회 등등—의 존재를 인정한다. 이렇게 많은 교회들이 있는데 어떻게 '하나의 교회'라고 말할 수 있을까? 또 교회가 제도적으로 그렇게 확연하게 갈라져 있는데 어떻게 교회의 '단일성'에 대해 말할 수 있을까?

이 문제와 관련해서 교회사에서 일어난 중요한 두 사건을 살펴볼 필요가 있다. 첫 번째 사건은 3세기 때 북아프리카에서 있었던 일로, 교회 안에서 빚어진 작은 의견 차이가 파괴적인 힘을 지닌 쟁점으로 발전했다. 데키우스 황제의 박해 때[250-251] 많은 기독교인이 핍박을 당해 믿음을 버리거나 배교했다. 이 사람들을 어떻게 처리할 것인가의 문제로 의견이 분열되었다. 그러한 배교 행위로 그들의 신앙이 끝났다고 보아야 하는가, 아니면 그들도 회개하면 교회로 돌아올 수 있는가? 의견이 날카롭게 갈렸으며 그 결과 심각한 논쟁과 갈등이 빚어졌다(앞에서 살펴본 도나투스 논쟁은 이때 해결되지 않은 문제가 후에 디오클레티아누스 황제의 박해에 대응하게 될 때 곪아 터진 것이라고 볼 수 있다).

카르타고의 키프리아누스는 데키우스 황제의 박해로 빚어진 위기에 정면 대응하고자 저술한 논문 「보편 교회의 단일성」251에서 교회의 절대적 단일성을 주장하면서, 그 단일성을 위에서부터 통으로 짜서 분리되지 않는 '그리스도의 솔기 없는 예복'에 비유하였다. 교회의 단일성을 깨뜨려 보라, 그러면 교회의 정체성도 동시에 허물어진다.

> 교회로부터 이탈하여 음녀와 하나가 된 자는 누구나 교회의 보증에서 제외되며, 그리스도의 교회에게 등을 돌리는 자는 누구나 그리스도의 상급을 얻지 못한다. 그런 사람들은 이방인이요 버림받은 자이며 원수다. 교회를 어머니로 섬기지 않는다면 하나님을 아버지로 모실 수 없다. 노아의 방주 밖에서 아무도 살아나지 못했던 것처럼 교회 밖에서는 누구도 살길을 얻을 수 없다.

오직 하나의 교회가 있으며, 그 울타리 밖에서는 구원이 불가능하다. "교회 밖에는 구원이 없다"*Extra ecclesiam nulla salus*. 그 후 258년에 키프리아누스는 로마 당국에 의해 순교를 당했으며 그 결과로 교회의 단일성을 논한 그의 독특한 사상은 그 지역에서 상당한 권위를 얻게 되었다. 카르타고의 순교자인 키프리아누스의 인품에 바쳐진 존경과 숭상은 그대로 그의 신학 개념에도 실리게 되었다. 이 때문에 아우구스티누스도 교회론을 다룬 저술에서 키프리아누스의 개념들을 비중 있게 다룰 수밖에 없었다.

16세기의 종교개혁 때에도 역시 이 쟁점을 둘러싸고 논쟁이 일어났다. 종교개혁을 비판하는 사람들은 물었다. 어떻게 개혁가라는 사람들이 기존 교회를 박차고 나가 분파를 세우면서도 정당하다고 할 수 있겠는가? 그것은 교회의 단일성에 대한 도전이 분명하지 않은가?(여기서 기억해야 할 것은, 단일 가톨릭교회만이 진정한 교회 조직체로 인정되는 16세기 초의 서유럽에서 종교개혁이 일어났다는 점이다.) 앞에서도 언급했듯이, 이 중요한 비판에 대해 종교개혁자들은 중세 교회가 개혁이 불가피할 정도로 타락했다는 주장으로 맞섰다. 종교개혁자들이 보기에도 중세 교회는 여전히 **기독교 교회**였다. 하지만 그 교회가 고유한 본질과 소명을 상실할 위기에 처했으며 그렇기에 개혁과 갱신이 필요했다. 이 일을 교회 내부에서 이룰 수 없다면, 중세 기독교의 거대한 흐름을 박차고 나가 외부에다 개혁된 교회를 세워서라도 성취해야만 했다.

교리적인 이유로 모교회의 조직에서 이탈한다는 원칙이 정해진 이상 그 일을 저지할 방도는 없었다. 이 분열이 계기가 되어, 그렇게 이탈한 조직들 내에서 연쇄적인 분열이 일어났다. 16세기에 가톨릭 교회에서 영국 교회가 떨어져 나왔으며, 영국 교회 내의 논쟁으로 인해 일부 성직자와 신자들이 이탈하여 감리교회를 세웠고, 19세기에 감리교회 안에서 발생한 논쟁으로 말미암아 웨슬리 계열의 집단과 칼뱅 계열의 집단으로 갈라져 제각기 '감리교회'라고 주장하였다. 16세기 이후로, 신조에서 표명된 '하나의 교회'라는 고전적 개념이 더 이상 제도적 의미로는 통할 수 없다는 것이 분명해졌다. 그렇다면 이 개념이 처음부터 이런 식으로 이해되었을까? 기독교 초기, 그중에서도 특히 교부시대 초반의 신학자들도 이러한 갈등에 대해 알았으며, 사리에 맞게 풀 수 있었다.

'하나의 교회'라는 원론적 믿음과 다수의 교회라는 눈앞의 잔인한 현실이 빚어내는 명백한 모순에 직면해서 기독교 사상가들은 뒤의 현실을 앞의 틀 속에 끼워 넣어 다루는 방법을 고안하였다. 교회의 단일성이라는 쟁점을 다루는 중요한 이론으로 다음과 같은 네 가지를 들 수 있는데, 각각은 그 나름의 장점과 약점을 지닌다.

❶ **제국주의적 이론**: 이 이론에서는 오직 하나의 경험적인—관찰 가능한—교회가 존재하며 그 교회만이 참된 교회로 인식되고 대접받을 자격이 있다고 주장한다. 다른 모든 교회들은 부당하게 교회라는 명칭을 사칭한 것이거나 잘해 봤자 참된 실재의 유사품에 불과한 것들이다. 이 견해는 제2차 바티칸 공의회[1962-1965]가 열리기 전까지 가톨릭교회에서 주장했으며, 그 후 공의회에 와서는 다른 기독교 교회들을 "갈라진" 기독교 형제자매로 인정하는 획기적인 진전을 이루었다.

❷ **플라톤적 이론**: 이 이론에서는 경험적 교회(가시적이고 역사적인 실재로서의 교회)와 이상적 교회를 철저하게 구별한다. '보이는' 교회와 '보이지 않는' 교회로 구분한 칼뱅의 사고 바탕에 이와 유사한 개념이 놓여 있다고 보는 학자들도 있기는 하지만 이 견해는 기독교 주류 신학에서는 비교적 지지를 얻지 못했다. 그러나 앞서 살펴보았듯이 이러한 구분은 종말론적 관점에 비추어서 해석하는 것이 더 낫다.

❸ **종말론적 이론**: 이 이론에서는 현재의 교회 분열은 마지막 날에 해소될 것이라고 말한다. 현재의 상황은 일시적인 것이며 종말론적 완성의 때에 해결될 것이다. '보이는' 교회와 '보이지 않는' 교회로 나눈 칼뱅의 구분[820-821쪽] 바탕에 놓여 있는 것이 이러한 이해다.

❹ **생물학적 이론**: 이 이론에서는 교회가 발전한 역사 과정을 나뭇가지가 뻗어 나가는 것에 비유한다. 이 이미지는 18세기의 독일 경건주의자 니콜라우스 폰 친첸도르프[1700-1760]가 고안하였으며 그 후의 성공회 학자들이 적극적으로 받아들였다. 이 견해에서는 서로 다른 경험적 교회들(가톨릭교회, 정교회, 성공회* 등)이 그 제도에서는 차이가 있을지라도 유기적인 일치를 이루는 것으로 인정한다.

● **성공회**
영국 국교회, Anglicanism

영국의 종교개혁에 역사적 뿌리를 두고 있는 교회 조직. 16세기 헨리 8세의 이혼 문제를 계기로, 1534년에 로마가톨릭교회에서 갈려 나와 영국의 국왕을 수장으로 하여 성립된 교회.

그런데 근래에 와서 에큐메니즘("온 세상"을 뜻하는 그리스어 *oecumene*에서 온 말로, 오늘날에는 대체로 "기독교의 일치를 이루기 위해 힘쓰는 운동"이라는 의미로 쓰인다)*ecumenism*에 관심을 쏟는 많은 신학자들이, 오랜 세월 이어져 온 혼돈을 끝내고 '교회일치'의 진정한 기초를 회복할 필요가 있다고 주장하였다. 안티오키아의 이그나티우스가 말한 "그리스도가 있는 곳에 보편 교회도 있다"*ubi Christus, ibi ecclesia*라는 경구825쪽는 교회일치의 근거가 어떤 역사적이거나 문화적인 요인에 있지 않고 그리스도에게 있음을 가리킨다. 이 신학자들은, 신약성경 어디를 보아도 지역 교회들의 다양성이 교회의 단일성을 깨뜨리는 것으로는 가르치지 않는다고 주장하였다. 교회는 하나님으로부터 공통된 부름을 받은 것으로 인해 이미 단일성을 지니고 있으며, 이 부름은 다양한 문화와 상황 속에서 다양한 공동체를 통해 구현되는 것이다. '단일성'은 사회학적 의미나 조직적인 의미로 이해할 것이 아니라 **신학적**으로 이해하여야 한다. 가톨릭 신학자 한스 큉 1928 출생은 자신의 권위 있는 저서, 『교회』*The Church, 1967*에서 이 점에 대해 다음과 같이 지적한다.

> 교회의 단일성은 영적 실재다. 하나이며 동일하신 하나님께서는 모든 시대, 모든 곳에서부터 흩어진 사람들을 불러 모으셔서 하나님의 한 백성을 세우신다. 하나이며 동일하신 하나님께서는 말씀과 성령을 통해 모든 이들을 하나로 엮으셔서 그리스도의 동일한 몸으로 이루어진 친교의 한 울타리 안에 들어가게 하신다.……교회는 하나이며, 따라서 마땅히 하나가 되어야 한다.

큉이 주장하는 요점은, 교회의 단일성은 그리스도 안에 나타난 하나님의 구원하시는 사역에 근거한다는 것이다. 이 주장은 하나인 교회가 지역의 문화적 상황에 적응하여 그 결과 지역 교회들이 세워지는 것과 결코 모순되지 않는다. 큉은 이 점을 다음과 같이 말한다.

교회의 단일성은 교회들의 다양성을 전제로 한다. 각각의 다양한 교회들은 그들의 뿌리나 그들이 처한 특수한 상황을 부정할 필요가 없다. 각 교회의 언어, 역사, 관습과 전통, 삶의 형태와 사고방식, 인적 구성은 근본적으로 다를 수가 있으며, 그 누구도 그들에게서 이런 것을 빼앗을 권리가 없다. 어느 한 가지가 모든 시대, 모든 지역, 모든 사람에게 똑같이 적합한 것은 아니다.

이에 대한 실례를 영국의 종교개혁에 역사적 뿌리를 두고 있는 교회 조직인 성공회에서 찾아볼 수 있다. 이 운동의 정체성을 확실하게 밝혀 놓은 39개조 신앙고백[1563]을 보면, 기독교 신앙의 핵심 사항들을 인정하는 것 이외에는 어떠한 것도 성공회 교인들에게 강요하지 않으며, 또 의견이 분열될 가능성이 있는 영역에 대해서는 상당한 자유를 허용하고 있다(논쟁의 여지가 많은 '예정' 문제를 다루는 제17조에서 이러한 특성이 분명하게 드러난다). 만일 성공회가 지닌 '본질 요소'를 밝혀야 한다면, 성공회도 한 부분으로 소속된 하나님의 전체 교회에 공통된 '본질 요소'를 제시할 수 있다. 성공회의 고유한 특성을 들자면 영국 및 영국의 식민지들이라는 특수한 역사적 상황에다 성공회가 복음을 적용한 일에서 찾아야 할 것이다. 미국의 성공회 신학자 루이스 와일[Louis Weil, 1935 출생]은 이 점에 대해 다음과 같이 말한다.

그러므로 성공회의 복음은 거대한 모자이크 속의 한 조각이다. 본질적인 면에서 이 복음은 지금까지 전 세계에서 선포되고 믿어져 왔던 그 복음과 일치한다. 하지만 성공회의 복음은 또 특정한 문화 속에서 하나님의 구원 사역을 체험한 것이라는 점에서 특수성을 지니며, 특정 상황에서 복음을 따라 살고자 애쓴 사람들의 통찰과 한계에 의해 그 모양이 정해진다.

위의 인용구는 기독교 교회의 근본적인 단일성을 긍정하면서 동시에 지역적인 환경에 맞추어 적응할 필요성도 분명히 말하고 있다.

현대 교회에서 복음주의가 빠르게 성장한 일은 교회론과 관련해서도 커다란 의미가 있다. 복음주의는 교파를 초월하여 전 세계에 확산된 운동으로, 가톨릭교회를 포함해 서구 교회의 모든 교파들 속에서 활동한다. 복음주의는 어떤 특정 교파와도 배타적일 정도로 결속하지 않는다. 복음주의는 기독교의 공동체적 삶이라는 개념을 강조하면서, 명료하게 정의된 교회론을 주장하지 않는다. 개성이 분명하고 뚜렷한 교회론이 없다는 바로 그 이유 때문에 복음주의는 사실상 거의 모든 교회 조직들과 쉽게 어울릴 수 있다.

복음주의 운동의 역사를 살펴보면 이 점을 확실히 알 수 있다. 개신교 흐름은 1520년대에서 1530년대 사이에 이탈리아 교회 내에 깊숙이 자리 잡았으며, 이탈리아의 저명한 교회 지도자들(추기경도 몇 명 동참했다)이 성서와 프로테스탄트 개혁자들의 저술을 연구하기 위해 여러 도시에서 정기적으로 모임을 가졌었다는 사실이 최근에 밝혀졌다. 개신교의 영성과 가톨릭교회의 교회론 사이에서 아무런 갈등도 일어나지 않았다. 개신교가 이탈리아 교회 내에서 파괴적인 영향을 끼친다고 생각된 일은 1540년대에 제국의 정치가 신학적인 논쟁에 개입하면서 상황이 급하게 정치화되고 나서부터였다.

오늘날 미국의 가톨릭교회 안에서도 유사한 현상이 일고 있는 것을 볼 수 있다. 갈수록 많은 가톨릭 교인들이 복음주의를 자기네 영적 필요에 도움이 되는 것으로 받아들이고 있는데, 그러면서도 복음주의 영성을 지지하는 것이 가톨릭교회 조직에 대한 충성을 포기하는 것이라고 생각하지 않는다(또는 그렇게 생각하도록 압력을 받지 않는다). 여기서 교회의 단일성은 어떤 특정한 교회 조직에 근거하는 것이 아니라 예수 그리스도의 기쁜 소식인 **복음**에 대한 공통된 헌신에 근거한다.

거룩한

앞에서 우리는 교회의 단일성이라는 이념이 교파주의의 만연으로 인해 치명적인 손상을 입었다는 사실을 살펴보았다. 찢기고 분열된 교회라는 경험적 현실로 인해 교회의 이론적인 단일성이 부정되는 것 같았다. 이론과 경험 사이의 이러한 갈등은 교회를 "거룩하다"고 말하는 주장에서도 똑같이 일어난다. 과거의 역사나 현재의 경험을 통해 교회 제도를 볼 때 교회나 교인들이나 똑같이 죄에 젖어 있음이 분명하게 드러나기 때문이다.

교회의 이론적인 거룩성과 기독교 신자들의 죄성이 어떻게 양립할 수 있을까? 이론과 경험을 일치시키려했던 중요한 시도들을 도나투스주의나 재세례파 같은 분파주의* 운동에서 볼 수 있다. 이 두 운동은 모두 교회 구성원들의 실제적 거룩성을 크게 강조하였으며, 공식적인 성결의 기준에서 이탈한 것으로 여겨지는 사람들을 교회에서 출교하기까지 했다. 엄격하기 짝이 없는 이 이론은 신자들의 타락가능성과 사죄가능성(이 둘은 저자가 고안한 용어다)을 인정하는 신약성경의 많은 부분과 모순되어 보였다. 또 어떤 사람들은 교회의 거룩성과 교인들의 죄성을 별개의 것으로 나눌 수 있다고 주장했다. 이 주장은 교회가 교인이 없이도 존재할 수 있는가라는 이론적인 난제를 낳으며, 또 인간과 실제적으로 아무런 연관이 없는 공중에 뜬 교회를 주장하는 것처럼 보인다.

또 다른 견해로 종말론적인 관점에서 보는 방법이 있다. 교회는 그 구성원들과 마찬가지로 죄를 지닌 상태로 현존한다. 그러나 마지막 날에 이르러서는 결국 성결하게 될 것이다. "내가 교회를 가리켜 흠 없고 티 없는 것이라고 말한 것은 교회가 이미 그렇게 되었다는 의미가 아니라, 교회가 영광 중에 드러나게 될 때에 그렇게 되도록 준비해야 한다는 뜻으로 말한 것이다"(아우구스티누스). "교회가……흠 없고 티도 없게 되는 것은……우리의 영원한 고향에서만 가능한

● **분파주의**
schism

고의로 교회의 단일성을 깨뜨리는 행위로, 카르타고의 키프리아누스(258 사망)와 히포의 아우구스티누스(354-430) 같은 초기 교회의 중요한 사상가들이 강하게 비판하였다.

일이지 그리로 가는 도중에 그러한 것이 아니다. 요한1서 1:8에서 말하는 대로, 만일 우리가 죄가 없다고 말하면 스스로 속이는 일이다"(토마스 아퀴나스^{약 1225-1274}).

교회의 거룩성 표지를 이해하는 데 가장 도움이 되는 방법은 '거룩한'이라는 말의 의미를 상세하게 살펴보는 일일 것이다. 일상 용어에서 이 말은 덕성이나 고결함, 순수함이라는 의미를 지니게 되었는데, 이런 의미들은 타락한 인간의 행실과는 거리가 먼 것이라 할 수 있다. 신약성경에서 '거룩함'이라는 개념의 바탕이 되는 히브리어 카다드 *kadad*는 "잘리다" 또는 "나뉘다"라는 의미를 지닌다. 이 말에는 "헌신"이라는 깊은 의미가 담겨 있다. 풀어 말해 "거룩하다"는 말은 하나님을 섬기는 일을 위해 따로 떼어 놓거나 바쳐졌다는 것이다.

구약성경의 거룩 개념에서 근본이 되는 요소—**유일한** 근본 요소—는 "하나님께서 구별하신 사람이나 사물"이라는 의미다. 신약성경에서는 이 개념을 오로지 인간의 거룩함에만 한정해서 사용한다. 신약성경은 이 개념을 개인들에게만 사용하며, '거룩한 장소'라든가 '거룩한 물건'이라는 개념은 인정하지 않는다. 신자들이 거룩한 까닭은 하나님께 바쳐졌으며 또 하나님께 부름 받아 세상에서 구별되었기 때문이다. '교회'(교회를 가리키는 그리스어는 "불러낸 사람들"이라는 의미다)라는 개념과 '거룩'(하나님께 부름 받아서 세상에서 분리된 사람들)이라는 개념 사이에 밀접한 관계가 있음을 많은 신학자들이 주장한다.

따라서 "교회가 거룩하다"고 말하는 것은 일차적으로 교회 및 그 구성원들을 부르신 분이 거룩하다고 말하는 것이다. 교회가 세상에서 구별된 목적은 하나님의 은혜와 구원을 증언하는 데 있다. 이러한 의미에서, 교회의 '거룩성'과 교회의 '사도성' 사이에는 명백한 연관성이 있다. '거룩한'이라는 용어가 함축하는 의미는 도덕적인 것이 아니라 신학적인 것으로서, 교회와 그 구성원들의 소명을 밝혀 주고 장차 교회가 하나님의 삶과 영광에 참여하게 되리라는 소망을 보여준다.

『가톨릭교회 교리서』¹⁹⁹⁴는 교회의 거룩성에 관해 설명하는 부분에서 이러한 믿음의 신학적 근거와 실제적 적용을 분명하게 밝히고 있다.

> 그리스도는 거룩하고 순결하며 흠이 없는 까닭에 죄를 알지 못하지만 사람들의 죄를 없애러 오셨다. 하지만 죄인들을 포함하고 있기에 거룩하면서도 늘 정화될 필요가 있는 교회는 멈추지 않고 참회와 쇄신의 길을 간다. 성직자를 포함해 교회의 모든 구성원은 자신이 죄인이라는 사실을 인정해야 한다. 세상 끝날까지, 모든 사람 속에는 죄라는 잡초와 복음의 좋은 싹이 섞여 있을 수밖에 없다. 그러므로 교회는, 이미 그리스도의 구원에 속하였으나 아직 거룩함을 향해 나아가는 죄인들을 포함한다.

여기서 교회의 거룩성은 그리스도의 인격에 근거를 둔다. 거룩함을 추구하여 교회 속에 모인 사람들은 변화와 참회와 쇄신의 여행을 시작한다. 그러나 그 과정은 끝난 것이 아니라 아직 진행 중이다.

보편적인

현대 영어에서 '가톨릭'(보편적인) catholic 이라는 말은 흔히 '(로마)가톨릭' Catholic 이라는 말과 혼동되는데, 종교 밖의 영역에서 특히 그런 현상이 두드러진다. 이처럼 혼동하는 것이 이해가 되기는 하지만 분명하게 구분할 필요가 있다. 동방정교회 Orthodox 신학자들만 신학에서 정통적 orthodox 이 아닌 것과 마찬가지로 가톨릭교회 Catholics 만이 보편적 catholic 인 것은 아니다. 많은 개신교 교회들이 신조들을 외우면서 '가톨릭'이라는 말을 사용하는 데 대해 매우 당혹스러워했으며 그래서 그 말을 논란의 여지가 적은 '보편적' universal 이라는 말로 대체하였다. 그러면서 이렇게 바꾸어 "하나의 거룩하고 보편적이며 universal 사도적인 교회"라고 믿는 것이 훨씬 더 이해하기에 쉽다고 주장하였다.

'가톨릭'이라는 말은 그리스어 *kath'holou*("전체로 보아")에서 왔다. 이 그리스어가 라틴어 *catholicus*로 번역되어 "보편적인" 또는 "일반적인"이라는 의미를 지니게 되었다. 이러한 의미는 영어의 catholic taste라는 어구에 보존되어 있는데, 물론 이 어구의 의미는 "가톨릭교회의 일들에 대한 취향"이 아니라 "폭 넓은 취향"이다. 오래된 영어성경에서는 신약성경의 일부 서신(야고보나 요한의 서신들)을 보통 '가톨릭 서신'(공동서신)이라고 부르는데, 이는 그 서신들이 모든 기독교인에게 보낸 것이라는 의미다(이와는 달리 바울서신은 이름이 알려진 개체 교회들, 예를 들어 로마나 고린도에 있는 교회들의 필요와 형편을 돌보기 위해 보낸 것이다).

신약성경은 어디에서도 전체 교회를 가리키는 말로 '가톨릭'이라는 표현을 쓰지 않는다. 신약성경은 에클레시아*ekklesia*를 지역 교회나 예배 공동체들을 뜻하는 말로 사용하는데, 그러면서도 이 말이 지역적인 조직을 넘어서는 것을 가리키거나 나타낸다고 생각한다. 개체 교회는 전체로서의 교회가 아니지만 그 전체성에 참여한다. 바로 이 '전체성'이라는 개념이 나중에 '가톨릭'이라는 용어 속에 흡수되었다. 후대에 와서 신약성경의 핵심 가르침들을 하나로 묶어 단일 용어로 담아내고자 시도하면서 이 가톨릭이라는 용어가 도입되었다. 최초로 '가톨릭 교회'라는 표현이 사용된 것은 안티오키아의 이그나티우스의 저술에서라고 알려져 있는데, 110년경에 로마에서 순교한 그는 "그리스도가 있는 곳에 가톨릭 교회(보편 교회)도 있다"는 말을 남겼다. 2세기 때의 다른 문헌들에서는 이 용어가 지역의 회중체들과 병존하는 보편 교회를 가리키는 말로 사용되었다.

313년 콘스탄티누스의 회심과 함께 이 용어의 의미가 근본적으로 바뀌었다. 4세기 말경에 이르러 *ecclesia catholica*(가톨릭 교회)라는 말은 '제국 교회', 곧 로마제국에서 유일하게 합법적인 종교를 의미하는 말이 되었다. 주류에서 갈라져 나간 기독교 믿음을 포함해서 여타의 신앙 형태들은 모두 불법적인 것으로 단정 지어졌다.

이 시기에 교회가 크게 확장된 것이 '가톨릭'이라는 용어의 의미가 발전하는 데 영향을 끼쳤다. 5세기가 시작될 때쯤, 기독교는 지중해 주변 세계 전체에 걸쳐 튼튼히 자리 잡았다. 이러한 발전에 따라 가톨릭이라는 말은 "전 세계를 포괄하는"이라는 뜻으로 해석되기에 이르렀다.

그러므로 초기의 발전 과정을 놓고 볼 때, 교회에 적용된 '가톨릭'이라는 용어의 의미는 세 단계로 이루어졌다.

❶ **보편적이며 모든 것을 포괄하는 교회**: 이 교회는 개별적인 지역 교회들의 바탕이 되어 그 교회들을 튼튼히 받쳐 준다. 이러한 의미로 사용된 가톨릭이라는 말은 단지 서술적인 것이요 논쟁의 여지가 없으며, 지역 교회가 보편 교회를 대변한다는 사실을 말해 준다. 이 말은 '단일성'과 '보편성' 개념의 밀접한 연관성을 보여준다.

❷ **신학에서 정통적인 교회**: 이러한 의미에서 가톨릭이라는 용어는 강하게 규범적인 성격을 지니고, 논쟁적인 특성을 드러낸다. 여기서는 '가톨릭주의'와 '분리주의' 및 '이단'으로 분명하게 구별되며, 분리주의나 이단을 따르는 사람은 교리적인 정통 교회의 울타리 밖으로 벗어나는 것이다.

❸ **전 세계로 확장된 교회**: 기독교 교회의 초기에는, 기독교가 특정 지역에 한정되었던 까닭에 가톨릭이라는 용어를 이러한 의미로 받아들이기가 어려웠을 것이다. 그러나 기독교의 강력한 선교적 기질로 인해 (이에 더해 뒤에서 살펴볼 '사도성'이라는 특성으로 인해) 교회는 지중해 주변의 문명 세계 전체로 뻗어 나갔다. 이렇게 해서 가톨릭이라는 용어에 처음에는 없었던 지리적인 의미가 더해졌다.

이렇게 발전된 가톨릭이라는 말의 의미를 4세기에 예루살렘의 키릴로스가 쓴 교리문답 문서들에서 분명하게 찾아볼 수 있다. 키릴로스는 18번째 교리문답 강의에서 그리스어 카톨리코스*katholikos*의 다양한 의미들을 자세히 밝혔다.

> 이렇게 교회는 '가톨릭'이라고 불리는데, 그 이유는 교회가 이 끝에서 저 끝까지 사람 사는 온 세상*oikoumene*에 두루 퍼져 있기 때문이며, 또 하늘에 있는 것이나 땅에 있는 것, 보이는 것이나 보이지 않는 것과 관련해 사람들이 알아야 할 교리 전체*katholikos*를 하나도 남김없이 교회가 가르치기 때문이다. 또한 교회가 '가톨릭'이라고 불리는 이유는, 지배자든 피지배자든 배운 이든 못 배운 이든 모든 부류의 사람들이 교회에 충성해야 하기 때문이다. 게다가 교회는 영혼이 범한 것이든 몸이 저지른 것이든 가리지 않고 모든 종류의 죄에 대한 보편적인*katholikos* 치료와 회복을 베풀어 준다.

위의 인용문에서 '가톨릭'이라는 말을 설명하는 다음과 같은 의미에 주목해 보라.

- ❶ **사람 사는 온 세상에 두루 퍼져**: 여기서 키릴로스는 가톨릭이라는 말의 지리적 의미를 설명한다. 그래서 '전체성'이나 '보편성' 개념은 교회에게 세계 모든 곳으로 나아가라는 명령으로 이해된다.
- ❷ **하나도 남김없이**: 이 구절로 키릴로스는 교회의 '가톨릭성'에는 기독교 신앙의 완벽한 선포와 해명이 포함된다는 점을 강조한다. 가톨릭성에서는 확실하게 복음 전체를 선포하고 가르치라고 요구한다.
- ❸ **모든 부류의 사람들**: 여기서 키릴로스는 본질적으로 사회학적인 논점을 펼친다. 복음과 교회는 인종과 성과 사회적 지위를 초월해 모든 부류의 사람들을 위한 것이다. 우리는 바울이 선

언한 "너희는 유대인이나 헬라인이나 종이나 자유인이나 남
자나 여자나 다 그리스도 예수 안에서 하나이니라"(갈 3:28)
는 유명한 구절이 분명하게 울려 나오는 것을 볼 수 있다.

❹ **모든 종류의 죄에 대한 보편적인 치료와 회복**: 여기서 키릴로스
는 구원론적 논지를 펼친다. 복음과 그 복음을 선포하는 교회
는 인간의 모든 필요와 고통을 해결해 줄 수 있다. 어떠한 죄
이든지 교회는 그에 대한 답을 줄 수 있다.

토마스 아퀴나스도 사도신경의 교회론 부분을 논하는 중에 '가톨
릭'이라는 용어의 다양한 의미를 분명하게 설명하고 있다. 이 분석에
서 아퀴나스는 '가톨릭성' 개념의 본질적 측면을 세 가지로 정리한다.

교회는 가톨릭, 곧 보편적인데, 그 근거는 첫째, 장소라는 면에서 교회
가 도나투스주의자들의 주장과는 달리 세상 전체에*per totum mundum* 두
루 퍼져 있기 때문입니다. "여러분의 믿음이 온 세상에 널리 알려지고
있다"라고 말하는 로마서 1:8과 "온 세상에 나가서, 만민에게 복음을
전파하여라"라고 말하는 마가복음 16:15을 보십시오. 옛적에 하나님
은 유대 지역에만 자신을 알리셨으나 지금은 세계 전체에 널리 자신을
알리십니다. 게다가 이 교회는 세 부분으로 이루어집니다. 하나는 땅 위
에, 다른 하나는 하늘에, 그리고 세 번째는 연옥에 있습니다. 둘째, 교회
는 사람들의 조건과 관련하여 보편적입니다. 주인이든 종이든 남자든
여자든 그 누구도 거부하지 않기 때문입니다. "남자나 여자나 아무런
차별이 없습니다"라고 말하는 갈라디아서 3:28을 보십시오. 셋째, 교회
는 시간과 관련해서 보편적입니다. 어떤 사람들은 교회가 특정한 때까
지만 존속할 것이라고 말하는데 이는 그릇된 주장입니다. 우리의 교회
는 아벨의 때에 시작되어 세상이 끝나는 날까지 존속할 것이기 때문입
니다. "내가 세상 끝날까지 너희와 항상 함께 있을 것이다"라고 말하는
마태복음 28:20을 보십시오. 또 세상이 끝난 후에 교회는 하늘에서 지

속될 것입니다.

위의 글에서 가톨릭성이 지리적, 인류학적, 연대기적 보편성이라는 면에서 어떤 식으로 파악되고 있는지 주목하라.

앞서 살펴보았듯이, 종교개혁 시대에 와서 '보편성' 개념이 근본적으로 재검토되었다. 교회의 보편성과 단일성은 16세기에 서유럽의 교회가 분열되는 것과 동시에 무너져 버렸다고 많은 사람들이 생각한다. 개신교 사상가들은 보편성의 본질은 교회 제도가 아니라 교리에 달린 것이라고 주장하였다. 5세기 사상가인 레랭의 빈켄티우스Vincentius of Lérins, 약 445 사망는 보편성을 "모든 시대에 모든 곳에서 모든 사람이 믿는 것"이라는 의미로 정의하였다. 종교개혁자들은 자신들이 중세 교회에서 갈라져 나왔지만, 보편적으로 인정되는 핵심 기독교 교리 요소들을 지니고 있기 때문에 여전히 보편적이라고 주장하였다. 역사적이거나 제도적인 연속성은 교리적인 일치성에 비하면 부차적인 것이다. 이러한 근거에서 주류 개신교 교회들은 자기들이 보편적이며 동시에 개혁파라고 주장하였다. 다시 말해, 가르침의 차원에서는 사도적 교회와 연속성을 지니며 그와 동시에 비성경적이고 거짓된 관습과 믿음은 폐기한 교회라고 주장하였다.

최근에 들어와 특히 제2차 바티칸 공의회를 뒤이은 에큐메니컬 논의에서 표면화된 '보편성' 개념에서는 이 용어의 여러 가지 의미 중 가장 오래된 '전체성' 개념을 강조하였다. 지역 교회와 특정 교파들은 하나의 보편적 교회를 구현하고 구체화한 것이요, 그 교회의 대리자라고 볼 수 있다. 한스 큉은 이 점을 다음과 같이 설명한다.

그러므로 교회의 가톨릭성은 전체성이라는 개념에 근거하는 것으로서, 동일성을 바탕으로 삼으며 또한 보편성으로 귀결된다. 이 사실에서 단일성과 보편성이 하나라는 점이 분명해진다. 교회가 하나라면 당연히 보편적인 것이다. 교회가 보편적이라면 틀림없이 하나다. 단일성과 보편성은 서로 엮여서 하나의 동일한 교회를 이루는 두 차원이다.

20세기에 들어와 서구의 신학자들 사이에서, 정교회 쪽 교회들이 중요하게 여기는 '보편성' 개념을 관심 있게 다루기 시작했다. 이 개념은 흔히 소보르노스트Sobornost 라는 러시아어로 표현되는데, 다른 언어에서는 이 말과 일치하는 말을 찾을 수 없다. 이 용어는 넓게는 '보편성'이라는 개념을 뜻하지만 다른 한편으로는 교회의 친교 안에서 신자들의 일치를 강조한다. 알렉세이 호먀코프Aleksei S. Khomyakov, 1804-1860 와 세르게이 불가코프Sergei Bulgakov, 1871-1944 의 저술들에서 가장 분명하게 볼 수 있는 이 개념은, 교회의 공동체적 삶의 전체적 조화와 더불어 신자 개개인의 독특성을 공평하게 다루고자 애쓴다. 이 개념은 '공의회 정신'conciliarity, 러시아어 sobor는 공의회나 협의회를 뜻한다이라는 관념과 밀접한 관계가 있는데, 이 개념에 의하면 교황 같은 지위에 있는 단일 인물이 권위를 독점하는 방식이 아니라 모든 신자들이 함께 권위를 나누는 방식으로 교회를 다스린다.

사도적인

'보편적'이라는 개념과 마찬가지로 '사도적'이라는 말도 신약성경 속에서는 교회를 가리키는 말로 사용되지 않는다. 앞의 것과는 달리 이 말은 기독교에만 한정해서 사용하며, 따라서 다른 표지들에서 언급했던 식의 세속적 개념과 혼동되는 일이 따르지 않는다. 이 용어의 근본 의미는 "사도들에게서 유래한" 혹은 "사도들과 직접 관련된"이다. 이 말은 교회가 사도들의 증언과 증거 위에 세워진 것임을 기억하게 해준다.

'사도'라는 용어는 설명이 필요하다. 신약성경에서 이 말은 두 가지 서로 연관된 의미로 사용된다.

❶ 그리스도가 임명한 사람으로, 하나님 나라의 기쁜 소식을 전

할 사명을 받은 자

❷ 부활한 그리스도의 목격자, 혹은 부활한 그리스도를 친히 만
난 사람

따라서 신조에서 교회가 '사도적'이라고 선언하는 것은 복음의
역사적 뿌리, 그리스도가 임명한 사도들을 통한 교회와 그리스도의
연속성, 교회의 지속적인 복음전파와 선교사명을 강조하는 것이라고
볼 수 있다.

교회의 '사도성' 개념은 1870년 무렵부터 제1차 세계대전이
시작된 1914년까지 영국의 신학계에서 중요한 주제로 논의되었다.
H. B. 스웨트Swete, 1835-1917는 케임브리지 대학교에서 1913년에서
1914년에 걸쳐 행한 강의에서, 성서적 관점에서 다듬고 초기 교부
시대 자료를 폭넓게 사용한 교회론의 뼈대를 제시하였다. 1890년에
서 1915년까지 케임브리지 대학교의 신학담당 교수였던 스웨트1835-
1917는 교회의 '사도성' 개념에 포함되는 세 가지 기본 주제를 다음과
같이 제시하였다. "보편 교회는 사도들에 의해 세상 속에 세워졌고,
사도들의 가르침과 일치하며, 사도적 목회를 계승하여 보존한다는 세
가지 점에서 사도적이다." 스웨트에 의하면, 첫 번째 특성은 신약성경
자체에서, 특히 사도행전에 기록된 교회의 확장 역사에서 볼 수 있다.

우리 주님은 승천하기 전에 사도들에게 유대와 사마리아와 땅 끝까지
나아가 복음을 선포하라는 사명을 주셨다. 사도행전에서 볼 수 있듯이
유대와 사마리아에 대한 복음전도는 열두 사도와 그 동료들이 수행하
였다. 이방인에 대한 선교는, 서방 지역 쪽으로는 주로 다른 사람의 손
에 맡겨졌다. 그러나 사도 바울은 첫 사도들의 완전한 인정을 받아 선교
를 하였으며, 사도의 사명 가운데서 그들에게 맡겨지지 않은 부분을 완
수한 것이다. 열두 사도는 사도 바울과 의견을 같이하고 교제함으로써
"애석하게도 자기네 마음에서 지워버려야 했던 지역에 대한 선교를 바

울을 통해서 이룬 것이라고 생각할 수 있었다"(H. J. A. 호트). 그러므로 우리가 사도의 수를 열두 명으로 한정한다고 해도, 이방 지역에 세워진 기독교 세계는 근본적으로 사도들이 세운 것이라고 말할 수 있게 되었다. 바울과 그의 동료들이 세운 교회들은 사도적 근거 위에 세워진 것인데, 그 이유는 바울이 사도이기 때문이기도 하지만 그의 사역이 첫 사도들과 하나 되어 이루어졌기 때문이기도 하다.

기독교 교회의 역사적인 뿌리가 사도들에게 있음을 확증하고 나서 스웨트는 한 걸음 더 나아가 그 교회의 가르침 역시 사도적이었다는 사실을 증명한다.

사도행전에서 볼 수 있듯이 초기의 회심자들은 열심히 "사도의 가르침을 받아"들였다(행 2:42). 사도들과 바울의 가르침 위에 전통이, 혹은 서신들에 나오는 표현으로 말하면 '유전'이 형성되었으며 교회의 영구한 보화로 물려졌다(살후 2:15, 3:6). 전통의 알맹이는 '신앙의 규범'으로 알려지고 초기의 신조들 속에서 구체적으로 표현되었다.……사도 시대의 증언은 보편 교회의 유산이었으며, 교회는 모든 사도적 가르침을 자신의 소유라고 주장하고 그 외의 어떠한 진리 체계도 인정하지 않았다.

이어서 스웨트는 기독교 교회가 실천하는 목회 유형 문제로 관심을 돌렸다. 여기서도 그는 역사적 고찰과 신학적 성찰을 뒤섞어 논점을 펼쳐, 교회에 위탁된 목회는 사도적 기원을 지닌다고 보았다.

보편 교회는 사도전승에 더해 사도 직분도 소유하였다. 직무상의 권위가 사도들로부터 규칙 바르게 물려지는 것이 첫 시대의 분명하고도 확고한 원칙이었다. 전체 제자들의 모임에서 일곱 집사가 선출되었지만, 선택받은 사람들은 사도들 앞에 세워지고 사도들에게서 직무를 부여받았다. 이방인들 가운데 세워진 새 교회에서는 바나바와 바울이 장로들을 세웠다. 또한 사도 바울은 사도들이 없는 에베소와 그레데에서 장로와 감독들을 세우는 일을 동료인 디모데와 디도에게 위임하였다. 디모데 자신도 사도 바울의 안수를 통해 목회자로서의 은사를 받았다(딤후 1:6).

여기서 살펴본 스웨트의 논의에는 후기 빅토리아 시대에서 이 주제를 다룬 일반적 경향이 반영된 것을 볼 수 있다. 스웨트가 밝히는 사도성의 세 범주는 다음과 같다.

❶ 사도들에 의해 세상 속에 세워졌다.
❷ 사도들의 가르침과 일치한다.
❸ 사도적 목회를 계승하여 보존한다.

이러한 개념은 영국 교회 내에서 특별히 큰 영향을 끼쳤지만(영국 교회에서 이 개념들은 19세기 초 옥스퍼드 운동의 여파로 빚어진 교회론 논쟁과 어느 정도 관련이 있었다) 영국의 국가교회 울타리를 벗어나 멀리까지 퍼져 나갔다.

하지만 여러 쟁점들이 해결되지 않은 채 남았으며 계속해서 예민한 논쟁거리로 다루어지고 있다. 예를 들어, 교회의 사도성은 사도적 교회와의 역사적 연속성을 통해 제도적으로 확보되는가? 아니면 역사적이거나 제도적인 연속성이 없더라도 이러한 개념과 실천을 그대로 따름으로써 교회의 사도성이 확보될 수 있는가? 앞의 견해는 가톨릭교회와 정교회의 사고에서 두드러지고 뒤의 견해는 개신교에서 두드러진다.

───────── 사제직과 교회 사역: 주요 주제들

교회의 본질에 관한 기독교의 사상을 논하면서 결코 빠뜨릴 수 없는 것이 교회의 목회 사역에 관한 문제들을 살펴보는 일이다. 그러면 교회의 목회 사역에서 중심을 이루는 요소들은 무엇인가? 이번 장의 마지막 항에서 우리는 목회 사역의 본질을 논하는 기독교의 사고에서 폭넓은 주제 몇 가지를 살펴본다.

이 책의 독자들 가운데는 특정 기독교 교단에서 성직자가 되기 위해 신학을 공부하는 이들도 있을 것이다. 여기서 간략하게 소개할 내용으로는 주요 교단들에서 요구하는 성직 안수 및 사역과 관련한 상세한 신학적 내용을 다 다룰 수 없으며, 따라서 그런 정보를 얻기 위해서는 좀 더 전문적인 저술을 의지할 필요가 있다. 여기서는 기독교의 목회 사역과 밀접한 관계가 있는 몇 가지 주요한 신학적 주제들을 개략적으로 살펴본다.

신약성경에서는 '지도력'leadership(그리스어의 경우는 *archon*)이라는 세속적인 단어를 사용하지 않고, '봉사'나 '사역'(그리스어로는 *diakonia*)이라는 말을 즐겨 사용한다. 이 말은 회중을 지도하는 공직자의 업무가 아니라, 성령께서 모든 신자들을 통해 공공의 유익을 위해 일하시는 것(고전 12:7; 14:4)을 의미한다. 신약성경에서는 집사와 장로, 목사, 사도, 감독, 복음 전하는 자와 같은 여러 가지 '직무'나 '역할'을 언급한다. 하지만 이런 다양한 역할을 포괄하는 틀은 찾아보기 힘들다.

구약성경에서는 예배와 희생제사와 관련된 특정 업무를 수행하도록 공동체 가운데서 구별된 공직자를 가리키는 말로 '제사장'(히브리어로 *kohen*)이라는 말을 사용하는 데 반해, 신약성경에서는 이 특수한 용어를 기독교의 사역자를 가리키는 말로는 사용하지 않는다. 오히려 '제사장'이라는 용어는 구약성경에 나오는 제사장의 이상을 성취한 분으로 여겨지는 예수 그리스도571-573쪽를 가리키거나 아니면 제사장의 직무를 수행하는 전체 교회를 가리키는 말로 사용된다. 그리스도인들을 하나로 묶어서 "왕 같은 제사장들"(벧전 2:9)이라고 부른다.

신약성서 학자들의 전반적인 견해에 따르면, 기독교 역사 초기인 이 시대는 제도상의 구조가 대체로 지역적인 환경이나 신자들의 소모임에 따라 변하는 유동적인 특성을 지녔었다. 예를 들어, 고린도나 로마에서는 큰 주택 소유자들이 기독교인의 모임을 주관하고 손님들을 환대하여 애찬 식사를 베풀었을 것이라고 추정할 수 있다. '감독'(그리스어로는 *episkopos*)과 '장로'(그리스어로 *presbyteros*)의 역할은 1세기 동안에는 대체로 서로 바꿔 생각할 수 있었던 것으로 보인다. 그러나 기독교가 확장됨에 따라 보다 더 체계적인 구조를 갖춘 사역이 필요하게 되었다. 지도력이라는 모델이 생겨난 원천으로 세 가지를 생각해 볼 수 있다. 초기 기독교인들이 자주 모임의 장소로 사용했던 큰 집안의 조직, 유대교 배경을 지닌 많은 기독교인에게 친숙했던 회당들의 '장로회의', 그리고 그리스-로마 시대의 사적인 종교 모임의 조직이 그것이다.

2세기 초반에 전문적 형태의 사역이 점차 모양을 갖추어 가면서 감독과 장로, 집사의 세 가지 주요 역할로 이루어졌다. 규모가 큰 회중은 감독이 이끌었으며, 장로회의와 집사들이 힘을 보태 가난한 사람들을 위해 봉사하거나 성찬 예식을 보조하는 일을 했다. 이러한 제도는 3세기에 이르러 카르타고의 키프리아누스에 의해 한층 더 발전했는데, 키프리아누스는 감독을 사제(라틴어로 *sacerdos*)로 보아야 한다고 주장했다.

4세기에 이르러 서방교회는 교회 안에 '주교 계급', '장로 계급', 그리고 집사들로 구성된 '사역자 계급'으로 이루어진 세 "계급"을 인정했다. 평신도들도 교회 안에서 뚜렷이 구별되는 집단으로 여겨졌으며, 라틴어 용어인 *ordinatio*('안수/서품' 또는 '임명')는 개개 그리스도인들이 여러 가지 등급의 사역에 참여하게 되는 일을 가리키는 말로 사용되었다.

아우구스티누스는 안수가 사역자들에게 어떤 영구한 변화를 일으키거나 '표식'을 남기며, 그래서 그들이 자신들의 지위—예를 들어 감독의 지위—에 합당한 기능을 더 이상 수행할 수 없게 되더라도 그 지위를 계속 유지한다고 주장했다. 중세에는 서품식이 교회 내 성례전으로 받아들여졌고, 안수를 통해 성직에 임명되는 사람에게 존재론적 변화를 일으키는 것으로 이해되었다. 예를 들어 제2차 바티칸 공의회는 사제의 서품에 대하여 다음과 같이 말한다.

> 안수와 축성의 말씀으로 성령의 은총이 부여되고, 거룩한 인호가 새겨져, 주교들은 탁월하고 가시적인 방법으로, 스승이시고 목자이시며 대사제이신 그리스도를 대리하고 그분을 대신해 일하게 된다.

개신교의 사역 이해는 그 자체로도 여러 가지 변형된 형태가 있지만 가톨릭교회의 이해와 비교해서 두 가지 큰 차이가 있다. 첫째, 개신교는 모든 신자의 사제됨을 강조하는 경향을 보인다. 이 말의 의미는 모든 개인이 사제로서 일한다는 뜻이 아니고, 좀 더 깊은 의미에서 교회의 사제적 역할이 평신도를 포함해 교회의 모든 지체들에게 부여된다는 것이다. 이 개념은 개신교 종교개혁의 초기 단계를 이끌었던 마틴 루터가 강조한 것이다. 루터는 신자들을 "왕과 같은 제사장"이라고 부르는 베드로전서 2:9을 인용하여 모든 신자가 사제의 지위를 지닌다고 주장하였다. 일부 사람들이 구체적인 "사제의 직책과 업무"를 맡도록 부름 받은 것은 편의와 바른 질서를 위한 것이다.

둘째, 루터는 안수가 "존재론적 변화"를 일으킨다는 생각을 전혀 인정하지 않는다. 루터가 볼 때 성직자는 단지 '직무 수행자'이며, 그 직무에서 물러난 후에는 그 역할에 독특한 특성을 벗게 된다.

이 책의 독자들이 매우 다양하기 때문에 교단에 따라 독특한 성격을 지니는 목회 사역에 관한 신학들을 상세하게 분석하는 것은 불가능하다. 만일 이 책을 목사 안수를 받는 과정으로 사용하는 독자가 있다면, 각 사람이 속한 학교의 교사들에게 더 공부할 내용에 대해 지도를 받기 바란다.

지금까지 기독교 교회론의 여러 면모들을 살펴보았으며, 다음으로 이와 연관된 신학 분야인 '성례전'에 대해 살펴본다.

돌아보는 질문

❶ 도나투스 논쟁에서 쟁점으로 다루어진 문제들을 간단하게 요약하라.

❷ 히포의 아우구스티누스는 기독교 교회를 병원과 비슷하다고 말했다. 그 이유는 무엇인가?

❸ 교회론을 흔히 "종교개혁의 아킬레스건"이라고 말한다. 그 이유는 무엇인가?

❹ "기독교에 수많은 교파들이 존재하는데 어떻게 '하나의 교회'라고 말할 수 있는가?" 이러한 비판에 맞설 수 있는 답을 간단하게 정리하고 평가하라.

❺ "교회 안에 죄인들이 많은데 어떻게 교회가 거룩할 수 있는가?" 이 질문에는 어떻게 답할 수 있겠는가?

❻ 교회의 '사도성'을 인정한다는 말은 무슨 의미인가?

성례전

16

앞장에서 우리는 기독교 교회의 본질과 관련된 다양한 주제들을 살펴보았다. 이어서 이번 장에서는 성례전을 둘러싼 여러 쟁점들을 살펴본다. 교회론과 마찬가지로 여기서 다루는 주제들도 목회 사역에 헌신할 목적으로 신학을 공부하는 사람들에게 매우 중요하다. 그러나 이 쟁점들은 또한 학구적인 이유로 신학을 연구하는 사람들에게도 흥미가 있다.

곧 자세히 살펴보겠지만, 기독교 교회 안에서 성례전의 숫자와 본질을 둘러싸고 벌어졌던 논쟁을 생각하면, '성례전'sacrament 866-871쪽이라는 용어를 정의하기가 그리 만만치 않다는 것이 확실해진다. 넓은 의미에서 성례전은 신자들에게 은총을 전달해 주고 신앙을 강화시켜 주는 외적인 의례나 표징sign이라고 말할 수 있다. 도나투스 논쟁871-875쪽에서 성례전의 효력과 관련해 여러 중요한 문제들이 논의되기도 했지만, 교회 안에서 성례전의 본질과 기능을 두고 벌어진 가장 끈질긴 논쟁은 16세기에 일어났다. 이런 이유에서 성례전 신학에 대한 논의에서는 이 시대에 일어난 논쟁의 자료들을 폭넓게 다룰 것이다. '성례전 신학'을 가리키는 말로 종종 '성례론'sacramentology이라는 용어가 사용되기도 하지만 일반적으로 인정받지는 못한다. 따라서 이번 장에서는 '성례전 신학'이라는 표현을 사용한다.

기독교 역사에서 성례전을 중심 주제로 삼은 논쟁은 다음과 같은 쟁점들을 다루었다.

❶ 성례전이란 무엇인가?

❷ 성례전의 수는 몇 개인가?

❸ 기독교인들 사이에서 '미사'와 '성체성사', '성만찬', '주의 만찬', '떡을 뗌' 등 다양한 이름으로 불려온 성례전에 합당한 이름은 무엇인가?

❹ 그리스도가 성만찬에 임재한다는 것은 어떤 의미인가?

세 번째 물음에는 정답이 없다! 관례상 '미사'the mass라는 용어는 가톨릭에서, '주의 만찬'은 개신교에서 즐겨 사용한다. 이 책에서는 편의상 절충안으로 '성만찬'the Eucharist이라는 용어를 사용한다. 그 이유는 이 단어에만 형용사형eucharistic이 있기 때문이다. 독자 중에서 이 용어에 거부감을 느끼거나 문제가 있다고 생각하는 분들은 위에서 언급한 용어들 가운데서 자신이 적합하다고 생각하는 말을 대신 사용해도 좋다. 이 책에서는 성만찬이라는 용어만을 옳거나 표준이 되는 것으로 고집하지 않는다.

———————————————— 초기의 성례전 신학

신약성경에서는 '성례전'이라는 독특한 용어를 사용하지 않는다. 그 대신에 그리스어 뮈스테리온(이 말은 당연히 "신비"로 번역된다)

*mysterion*이 하나님의 구원 사역 일반을 가리키는 말로 사용되는 것을 볼 수 있다. 이 그리스 단어는 오늘날 성례전에 속하는 것(예를 들어 세례)을 가리키는 말로는 사용되지 않는다. 하지만 초대교회의 역사를 살펴볼 때, 그리스도 안에 나타난 하나님의 구원 사역의 '신비'가 세례나 성만찬의 '성례전'들과 일찍부터 연결되었다는 사실을 분명히 알 수 있다.

성례전 신학에서 가장 의미 있는 발전은 3세기와 4세기에 로마령 북아프리카 지역에서 이루어졌으며, 이에 대해서는 테르툴리아누스약 160-220, 카르타고의 키프리아누스258 사망, 히포의 아우구스티누스354-430의 저술을 통해 알 수 있다. 왜 이러한 발전이 이처럼 특정 지역의 교회와 관계가 있는지 살펴보는 것은 흥미롭다. 한 가지 개연성 있는 원인으로 이 지역의 교회가 박해를 포함해 여러 가지 문제로 특히 어려운 처지에 있었다는 점을 생각해 볼 수 있다(키프리아누스가 258년에 로마 당국의 손에 순교 당했다는 사실을 기억할 필요가 있다). 이렇게 어려운 형편에 맞서 강력한 연대감을 키우는 것이 북아프리카 교회의 특징이 되었다. 그 결과 아프리카 교회는 신자들의 연대를 크게 강조했고 또 이러한 연대를 유지하고 강화할 수 있는 수단을 중요하게 여겼다. 뒤에서 보겠지만 이러한 연대 전략 가운데 극히 중요한 것 중의 하나가 성례전이었다.

테르툴리아누스가 성례전 신학의 발전에 남긴 공헌은 다음과 같이 세 가지로 요약할 수 있다.

❶ 그는 그리스어 뮈스테리온을 라틴어 사크라멘툼*sacramentum*으로 번역하였다. 그가 기존의 라틴어역 신약성경에서 이미 이렇게 번역된 말을 알았을 가능성도 적지 않다. 하지만 앞에서 살펴보았듯이690쪽 테르툴리아누스는 그리스어로 된 신학용어 대신 라틴어 용어를 고안하는 능력이 뛰어났으며 따라서 이 번역어는 그의 독창적인 생각에서 나왔을 가능성이 매우 크다.

❷ 그는 '성례전'이라는 단어를 복수형으로 사용하였다. 신약 성경에서는 '신비'mystery를 단수형으로 사용하였다. 방금 살펴보았듯이 테르툴리아누스는 이 말을 sacrament로 번역하였으며, 또한 **복수형**으로도 사용하여 이 신비와 연계되어 있는 개별 성례전들을 가리켰다. 이렇게 테르툴리아누스는 *sacramentum*이라는 라틴어를 서로 다르면서도 밀접하게 연관된 두 가지 의미로 사용하였다. 첫째는 하나님의 구원의 신비를 가리키며, 둘째는 그 구원을 교회의 삶 속에서 회상하고 누릴 수 있게 해주는 상징이나 의례를 가리킨다.

❸ 그는 성례전과 군인의 맹세 사이의 유사성에서 신학적 의미를 발굴하였다. 테르툴리아누스는 일상생활에서 사용하는 라틴어 *sacramentum*이 로마 병사들에게 요구되는 충성과 헌신의 맹세, 곧 '신성한 맹세'를 뜻한다는 사실을 지적하였다. 그는 이러한 유사성을 근거로 성례전이 교회 안에서 기독교인의 헌신과 충성을 불러일으키는 데 중요한 도구가 된다고 보았다. 사실 교회가 박해를 당하고 있는 상황에서 교인들의 충성은 극히 중요한 문제였다. 이 주제는 나중에 살펴보게 될 스위스 종교개혁자 울리히 츠빙글리¹⁴⁸⁴⁻¹⁵³¹의 성례전 신학 881-884쪽에서도 발견된다. 츠빙글리는 성례전에서 중요하게 강조하는 것이 신앙 공동체의 굳건한 연대, 그리고 하나님과 교회에 대한 신자들의 신성한 책임이라고 보았다.

성례전 신학은 도나투스 논쟁871-874쪽을 거치면서 아우구스티누스에 의해 한층 더 발전하였다. 그가 고찰한 중요한 주제 가운데 하나가 표징과 그 표징이 가리키는 사물의 관계다. 아우구스티누스가 볼 때, 세상은 다양한 실재들을 가리키는 수많은 표징을 담고 있다. 예를 들어, 연기는 불을 나타내는 표징이며, 말은 그것이 말하고자 하는 대상을 지시하는 표징이다. 그런데 영적인 실재로 나아가는 물리

자크 루이 다비드의 「호라티우스 형제의 맹세」(1784-1785). 호라티우스의 세 아들이 군인이 되어 로마에 충성할 것을 엄숙히 서약하는 신성한 맹세를 그리고 있다. 이 '신성한 맹세'(라틴어 *sacramentum*)라는 개념이 기독교 사상에 들어와, 특히 서방교회에서, 신자들이 하나님에게 그리고 서로에게 헌신을 맹세한다는 의미로 사용되면서 중요한 역할을 하게 되었다.

적인 통로나 문으로 작용해서 하나님과 우리 사이의 간격을 이어주는 '신성한 표징들'도 존재한다. 아우구스티누스는 이 점을 설명하기 위해 성례전을 여러 가지로 정의하는데, 그 가운데 가장 유명한 것이 성례전을 "불가시적 은총의 가시적 형태"라고 본 개념일 것이다. 그러나 아우구스티누스는 성례전이 단지 은총을 가리켜 보이는signify 것에서 끝나지 않는다는 점을 분명히 밝히고 있다. 성례전은 자기가 가리켜 보이는 것을 특정한 방식으로 재현하고 가능하게 해준다. 어떻게 보면, 그 후의 성례전 신학은 표징과 그 표징이 가리켜 보이는 대상이 서로 관계를 맺는 방식에 대한 논의를 중심으로 발전해 왔다고 할 수 있다.

이제 이 쟁점에 대한 논의를 시작하면서 먼저 성례전의 정의 문제를 살펴본다.

15장에서 우리는 기독교 교회의 초기 시대에는 교회론에 대한 관심이 비교적 적었다는 점을 살펴보았다. 성례전에 대해서도 거의 같은 말을 할 수 있다. 2세기 초기 기독교에서 도덕과 교회 관행을 다룬 짧은 안내서나 리옹의 이레나이우스약 130-202의 저술에서 성례전의 일반적 본질에 대한 논의가 약간 이루어졌다. 성례전에 관한 쟁점들이 그에 대한 정의까지 포함해서 제대로 논의된 것은 아우구스티누스에 와서야 시작되었다.

아우구스티누스는 성례전을 정의하는 일반 원칙을 세운 사람으로 인정된다. 그 원칙들은 다음과 같다.

❶ 성례전은 **표징**이다. "신성한 것들에 적용된 표징을 가리켜 성례전이라고 부른다."
❷ 표징은 그것이 가리켜 보이는 대상과 일정한 관계가 있어야 한다. "만일 성례전이 자기가 가리켜 보이는 것들과 일정한 유사성을 지니지 못한다면, 그것은 결코 성례전일 수가 없다."

위의 정의는 여전히 애매하고 부적합하다. 예를 들어, "성스러운 것을 가리키는 표징"은 모두 성례전이라고 보아야 하는가? 실제로 아우구스티누스는 성례전의 자격을 지녔다고 볼 수 없는 많은 것들을 '성례전'이라는 말로 설명하였다. 신조와 주의 기도가 그 예다. 시간이 흐르면서 성례전을 단순히 "성스러운 것을 가리키는 표징"이라고 보는 개념이 부적합하다는 사실이 점차 분명해졌다. 중세 초기─성례전이 탁월하게 발전한 시기─를 거치면서 훨씬 더 개념적으로 명료화되었다.

12세기 전반에 파리의 신학자 생 빅토르의 위그1096-1141는 아우구스티누스의 다소 애매한 정의를 다음과 같이 수정하였다.

성스러운 것을 가리키는 표징이라고 해서 모두 성례전이라고 부르기에 합당한 것은 아니다. 성서의 글자들이나 조각상과 그림들이 모두 "신성한 것을 가리키는 표징"이기는 하지만 그렇다고 해서 그것들을 성례전이라고 부를 수는 없다.……성례전을 좀 더 온전하고 바르게 정의 내리기를 원하는 사람이라면 다음과 같은 정의를 따라야 할 것이다. "성례전이란 외적 감각 앞에 놓인 물리적 또는 물질적 요소로서, 그 요소가 지닌 유사성을 통해 눈에 보이지 않는 영적 은총을 표현하고, 그 제정된 형식을 통해 그 은총을 드러내 보이고, 그 요소를 성별함으로써 은총을 담아내는 것이다."

따라서 성례전의 정의는 다음과 같은 네 가지 기본 내용으로 이루어진다.

❶ **물리적 또는 물질적 요소**: 세례에 사용하는 물, 성만찬의 빵과 포도주, 종부성사에 쓰는 기름 같은 것들을 말한다('종부성사'란 임종이 가까운 환자들에게 성스러운 올리브유를 바르는 의식을 말한다).

❷ **가리켜 보이는 대상과의 유사성**: 이러한 유사성을 지님으로써 가리키는 대상을 대리할 수 있다. 따라서 성만찬의 포도주는 그리스도의 피와 유사성을 지니기 때문에, 성례전이 베풀어지는 자리에서 그리스도의 피를 대리한다고 말할 수 있다.

❸ **문제의 그 대상을 가리켜 보일 수 있는 권한**: 달리 말해, 문제의 표징이 자기가 지시하는 영적 실재를 대리할 권한이 있다고 믿을 만한 충분한 근거가 있어야 한다. 이러한 권한의 사례로서 가장 중요한 것이 예수 그리스도가 직접 그것을 제정했다는 사실이다.

❹ **효력**: 성례전이 그 예식에 참여한 사람들에게 자기가 가리켜 보이는 유익을 베풀어 줄 수 있는 능력을 말한다.

여기서 네 번째 항목이 특별히 중요하다. 중세 신학에서는 '옛 언약의' 성례전(할례와 같은 것)과 '새 언약의' 성례전(세례와 같은 것)을 분명하게 나누어 구분하였다. 중세 초기의 신학자들이 그 둘 사이에 발견한 근본적 차이점은, 옛 언약의 성례전은 영적 실재들을 가리켜 보이기만 했을 뿐인 데 반해 새 언약의 성례전은 자기가 가리켜 보이는 대상을 **현실화**하였다는 점이다. 13세기 프란체스코회 사상가인 보나벤투라[1221-1274]는 의학적 유비*를 사용해서 이 점을 다음과 같이 주장하였다.

> 옛 율법에는 연고 비슷한 것들이 있었으나, 그것들은 화려하기만 할 뿐 병을 고치지는 못했다. 병이 중한데 기름을 바르는 것으로는 아무런 효과를 얻을 수 없었다.……진정 병을 고치는 연고는 영혼에 기름을 부어 줄 뿐만 아니라 생명을 회복시키는 능력을 보여주어야 한다. 이 일을 할 수 있는 분은 오직 우리 주 그리스도뿐인데……그분의 죽음으로 인해 성례전들이 생명을 일으키는 능력을 지니기 때문이다.

그러나 생 빅토르의 위그가 내린 성례전 정의도 여전히 만족스럽지 못하다. 위그의 정의에 의하면, 성육신, 교회, 죽음 같은 것들도 성례전이 된다. 여전히 무엇인가가 빠져 있다. 그 무렵, 성례전의 수가 다음과 같은 일곱 가지로 거의 정해졌다. 세례성사·견진성사·성체성사·고해성사·혼인성사·성품성사·종부성사. 그러나 위그의 정의를 따르면 고해성사는 성례전이 될 수가 없는데, 거기에는 물질적 요소가 없기 때문이다. 따라서 이론과 실제가 심각하게 어긋났다. 이 난제를 해결하는 것이 긴급한 일이 되었다.

그 후 얼마 안 있어 페트루스 롬바르두스[약 1100-1160]가 이 정의를 최종적으로 손보았다. 그는 위그의 정의에서 중요한 한 가지를 생략함으로써 이론과 실제를 합치시킬 수 있었다. 페트루스는 "물리적 또는 물질적 요소"라는 언급을 완전히 빼고 자신의 견해를 다듬어 다음과 같이 설명하였다.

> 성례전은 자기가 가리켜 보이는 대상과 유사성을 지닌다. "만일 성례전이 자기가 가리켜 보이는 것들과 일정한 유사성을 지니지 못한다면, 그것은 결코 성례전일 수가 없다"(아우구스티누스).……만일 어떤 것이 하나님의 은총의 표징이자 보이지 않는 은총의 형태이고 그래서 그 은총의 형상을 지니고서 그 은총을 낳는 원인이 될 때, 비로소 그것을 성례전이라고 부를 수 있다. 그러므로 성례전은 가리켜 보여줄 뿐만 아니라 성화시키는 목적으로 제정된 것이다.……가리켜 보여줄 목적으로만 제정된 것들은 결코 성례전이 아니며 표징에 불과하다. 그런 표징들은 옛 율법의 물질적 희생제물이나 제의 관례처럼 그것을 행하는 사람을 의롭게 해주지 못한다.

이 정의는 위에서 언급한 일곱 가지 성례전 모두와 일치하고, 신조나 성육신 같은 것들은 배제한다. 이 정의는 유명하고 권위 있는 신학 교과서인 페트루스 롬바르두스의 『네 권의 명제집』[1147-1151]에 실린 것으로서 중세 후기의 신학에서 널리 통용되었으며 종교개혁이 시작되기 전까지는 아무런 도전도 받지 않았다.

프로테스탄트 종교개혁은 당시 기독교 사상의 많은 부분에 대해, 그중에서도 특히 교회와 성례전 이론에 대해 도전하였다. 루터[1483-1546]는 1520년에 펴낸 세 편의 개혁 논문 가운데 하나인 「바빌론의 포로가 된 기독교 교회」에서 가톨릭교회의 성례전 이론을 본격적으로 공격하였다. 가톨릭교회는 성례전을 일곱 개로 인정하였는 데 반해 루터는 처음에는 세 개(세례, 성만찬, 고해), 그 후 곧바로 두 개(세례와 성만찬)로 정하였다. 루터의 견해가 바뀐 것을 「바빌론의 포로가 된 기독교 교회」에서 볼 수 있다. 여기서 잠시 멈추어 그렇게 변한 내용과 그 근거에 대해 살펴본다.

루터는 단호하게 원칙을 밝히는 것으로 이 논문을 시작하는데, 그의 원칙에 의하면 성례전에 관해 중세 때 정해졌던 합의는 파기된다.

우선 성례전이 일곱 개라는 주장을 분명히 부정하고, 지금으로서는 세례와 고해와 성만찬 세 개뿐이라는 점을 분명히 해두겠다. 가련하게도 이 세 가지는 모두 로마 교황청에게 포로로 잡혀 있으며 교회는 그 자유를 완전히 강탈당했다.

그러나 논문의 끝부분에서 루터는 물리적이고 가시적인 표징을 크게 강조한다. 루터는 자신의 견해에 나타난 이러한 중요한 변화를 다음과 같은 말로 암시한다.

하지만 성례전이라는 이름은, 표징을 가지고 있는 하나님의 약속들에 국한하여 사용하는 것이 옳다는 생각이 든다. 표징을 갖지 못한 나머지 것들은 그저 약속일 뿐이다. 그러므로 엄격하게 말해, 하나님의 교회 안에는 세례와 성만찬의 두 가지 성례전만 있을 뿐이다. 이 두 가지에서만 하나님께서 제정하신 표징과 죄 용서에 대한 약속을 볼 수 있기 때문이다.

루터의 견해에 따르면 고해는 성례전의 지위를 가진 것으로 더 이상 간주될 수 없는데, 그 이유는 성례전이 다음과 같은 두 가지 본질적 특성에 의해 이루어지기 때문이다.

❶ 하나님의 말씀
❷ 외적인 성례전적 표징(세례에 사용하는 물이나 성만찬의 빵과 포도주 같은 것)

그러므로 신약성경을 따르는 교회에서는 세례와 성만찬만이 참된 성례전이며, 고해는 외적 표징을 갖지 못해서 더 이상 성례전으로 인정받을 수 없게 되었다.

루터와 마찬가지로 스위스 종교개혁자 울리히 츠빙글리[1484-1531]도 '성례전'이라는 말 자체에 대해 적지 않은 의혹을 품었다. 그는 이 용어가 기본적으로 '맹세'라는 의미를 지닌다고 주장하였으며, 처음에는 세례와 성만찬의 성례전을 교회를 향한 하나님의 신실하심과 하나님의 은혜로운 사죄 약속을 가리키는 표징으로 다루었다(가톨릭의 성례전 가운데 나머지 다섯 가지는 부정했다). 1523년에 츠빙글리는 성례전이라는 말을 "하나님께서 말씀으로 제정하시고 명하시고 규정하신 것들, 따라서 하나님께서 맹세하신 만큼 그 효과가 확실하고 분명한 것들"을 가리키는 데 사용할 수 있다고 썼다. 하지만 나중에는 성례전을 신자들을 향한 하나님의 충실하심이 아니라 교회에 대한 신자들의 충성을 상징하는 것으로 보게 되었다[881-884쪽].

개신교의 성례전 이해에 맞서 가톨릭교회는 트리엔트 공의회에서 페트루스 롬바르두스의 견해를 재차 확인하는 것으로 대응하였다.

> 만일 새로운 법의 성례전 모두가 우리 주님 예수 그리스도께서 제정하신 것이 아니라고 말하거나, 성례전이 세례, 견진, 성체, 고해, 종부, 신품, 혼인의 일곱 가지보다 많거나 적다고 말하거나, 이 일곱 가지 가운데 어느 것 하나라도 참되고 본질적인 성례전이 아니라고 말하는 사람이 있다면, 그런 자들은 정죄당해 마땅하다.

이 기본 견해가 16세기 이후 가톨릭 신학의 특징으로 자리 잡았다.

도나투스 논쟁: 성례전의 효력

앞 장에서 우리는 도나투스 논쟁과 관련된 쟁점들을 몇 가지 살펴보았다[811-816쪽]. 이번 장에서 다루는 주제와 밀접한 관계가 있는 핵심 쟁점은 성례전을 거행하는 성직자의 개인적 덕망이나 거룩함에 관한 것이다. 도나투스주의자들은 **변절자**—디오클레티아누스 황제의 박해 때 로마 관원에게 협력함으로써 개인적인 자격이 손상을 입거나 더럽혀진 성직자—가 성례전을 거행할 수 있다는 생각을 인정하지 않았다. 그래서 그런 성직자가 베푼 세례나 성직 안수, 성만찬은 효력이 없다고 주장하였다.

이 주장은 일부분 카르타고의 키프리아누스의 권위에 의지해 힘을 얻었다. 키프리아누스는 교회 밖에는 참된 성례전이 있을 수 없다고 주장하였다. 교회의 신앙을 인정하지 않는 이단자들은 교회의 울타리 밖에 있으며 그 때문에 이단이 베푼 세례는 효과가 없다. 키프리아누스의 견해는 논리적으로 나무랄 것이 없었지만 도나투스 논쟁을 야기했던 상황, 곧 정통적인 신앙을 지녔으나 개인적인 행위로 인해 그들의 소명에 합당하지 않게 된 성직자들의 상황을 제대로 고려하지 못했다. 교리적으로는 정통이지만 도덕적으로 흠이 있는 성직자가 성례전을 거행할 자격이 있는가? 그리고 그러한 사람이 거행한 성례전은 효력이 있는가?

도나투스주의자들은 키프리아누스의 견해를 그 본래의 의도 너머까지 밀어붙이면서 교회의 의례는 그것을 거행하는 사람이 개인적으로 완전하지 못하면 효력이 없는 것으로 보아야 한다고 주장하였다. 그래서 도나투스주의자들은 도나투스파 밖의 가톨릭 사제나 주교들에게 세례나 성직 안수를 받은 사람들은 도나투스파 성직자들에게 다시 받아야 한다고 주장하였다. 성례전의 타당성은 그것을 거행하는 사람의 개인적 특성에 좌우된다는 것이다.

이러한 태도는 도나투스파이자 시르타의 주교인 페틸리아누스가, 성직자의 도덕성에 대한 아우구스티누스의 생각을 비판한 내용을 담아 402년에 아우구스티누스에게 보낸 편지에서도 볼 수 있다. 이 편지를 보내기 얼마 전에 페틸리아누스가 자기 성직자들에게 가톨릭교회의 부도덕성과 교리적 오류를 경계하라는 편지를 보냈었다.

아우구스티누스가 보내 온 답장에 만족하지 못했던 페틸리아누스는 그를 좀 더 자세하게 반박하는 편지를 쓰게 되었다. 바로 이 편지에서 아우구스티누스가 발췌한 글을 보면, 페틸리아누스는 성례전의 타당성은 전적으로 그것을 거행하는 사람의 도덕적 성품에 좌우된다는 도나투스파의 주장을 그대로 펼친다. 아래 인용한 아우구스티누스의 글에서 큰따옴표로 표시한 부분이 페틸리아누스의 편지에서 발췌한 내용이다.

"우리가 요구하는 것은 [성례전을] 베푸는 사람의 양심인데, 성결한 상태에서 거행할 때에야 받는 사람의 양심을 깨끗하게 할 수가 있다. 신앙이 없는 사람이라는 사실을 알면서도 그에게서 신앙을 받아들이는 사람은 신앙이 아니라 죄를 받는 것인 까닭이다"라고 [페틸리아누스는] 말한다. 이어서 그는 이렇게 말한다. "그렇다면 당신은 이것을 어떻게 확인하겠는가? 모든 것에는 기원과 뿌리가 있기 마련인데, 만일 그것이 자기의 근원으로서 무엇인가를 갖지 않는다면 그것은 아무것도 아니다. 또 그 어떤 것도 좋은 씨앗에서 다시 태어나지 않고서는 참으로 두 번째 출생을 누릴 수 없다."

이 주장에 맞서 아우구스티누스는 도나투스주의가 인간 행위자의 자질을 지나치게 강조해 예수 그리스도의 은총을 하찮게 여긴다고 주장하였다. 타락한 인간이 순결한 사람과 불결한 사람, 자격이 있는 사람과 없는 사람을 구분하는 것은 불가능하다는 것이 아우구스티누스의 생각이었다. 교회를 성도와 죄인이 '섞인 몸'이라고 본 그의 생각과 완전히 일치하는 이 견해는, 성례전의 효력이 그것을 거행하는 개인의 공로에서 오는 것이 아니라 처음에 그것을 제정하신 예수 그리스도의 공로에서 온다고 주장한다. 성례전의 타당성은 그것을 거행하는 사람의 공로와는 아무런 관계가 없다.

이러한 기본 원리를 제시하고 나서 아우구스티누스는 이 원리를 중요한 맥락에서 구체적으로 확정 짓는다. 그는 '세례'와 세례를 베풀 '자격'을 분명하게 선을 그어 구분할 필요가 있다고 주장한다. 이단이나 분리주의자들이 거행한 세례라 해도 타당한 것으로 받아들일 수 있지만, 이 사실이 세례를 베풀 자격이 무분별하게 아무에게나 허용된다는 의미는 아니다. 세례를 베풀 자격은 오직 교회에만 있다. 궁극적으로는 교회가 선택하여 성례전을 거행할 권리를 부여한 성직자들에게만 있다. 그리스도의 성례전을 거행하는 권위는 그리스도께서 사도들에게 위임한 것이며, 또한 사도들과 그들의 계승자인 주교들을 통해 가톨릭교회의 성직자들에게 맡긴 것이다.

문제가 되는 이 신학적 쟁점은 두 개의 라틴어 구호로 표현되었는데, 그 각각은 성례전의 효력의 근거와 관련해 서로 다른 견해를 보여준다.

❶ 성례전은 인효적(人效的) *ex opere operantis* 으로 효력을 지닌다. 문자적으로는 "사역을 행하는 그 사람 때문에" 효력이 있다는 의미다. 이 견해에서는 성례전의 효력이 성직자의 개인적 덕성에서 나온다고 주장한다.

❷ 성례전은 사효적(事效的) *ex opere operato* 으로 효력을 지닌다. 문자적으로는 "거행되는 그 사역 때문에" 효력이 있다는 의미다. 이 견해에서는 성례전의 효력이 그리스도의 은총에서 나오며 이 은총을 드러내고 전달하는 것이 성례전이라고 주장한다.

성례전의 인과관계와 관련해 도나투스주의의 견해는 인효론과 일치하며 아우구스티누스의 견해는 사효론과 일치한다. 사효론은 서방교회에서 표준적인 이론으로 자리 잡았으며 16세기에 와서는 주류 종교개혁자들이 받아들였다.

12세기 후반에 교황 인노켄티우스 3세 *Innocentius III, 1160-1216* 는 성례전의 효력과 관련해 사효론을 적극적으로 옹호하였다. 인노켄티우스가 볼 때, 사제의 공로와 과실은 성만찬의 효력과 관련해서 중요한 것이 아니었다. 궁극적으로 성례전은, 인간의 약점이나 과실에 의해 제한당하지 않는 하나님의 말씀에 근거한 것이다.

> 훌륭한 사제라고 해서 더 나은 것을 성취하는 것이 아니며 악한 사제라고 해서 더 나쁜 일을 이루는 것은 아닌 이유는 성례전이 사제의 공로가 아니라 창조주의 말씀에 의해 이루어지기 때문이다. 따라서 의사가 악해서 그가 처방하는 약의 효력이 없어지지는 않는 것과 마찬가지로 사제가 악하다고 성례전의 효과가 사라지는 것은 아니다. 비록 '행위자'*opus operans*의 행실이 깨끗하지 못할지라도 '거행되는 일'*opus operatum*은 항상 깨끗하다.

16세기의 주류 개신교 사상가들도 이와 유사한 견해를 받아들였다. 영국 교회의 39개조 신앙고백[1563]은 다음과 같이 분명하게 밝히고 있다.

> 성례전에 참여하여 믿음과 올바른 태도로 받는 사람들에게, 그리스도께서 정하신 예식의 효과는 성직자의 악함에 의해서 사라지지 않으며 하나님의 은혜로 베푼 은사들도 역시 그러하다. 이 예식들은 악한 사람이 거행한다 할지라도 그리스도께서 제정하시고 약속하신 것이기 때문에 효력이 있다.

──────────── 성례전의 다양한 기능

기독교 신학의 역사를 통해 성례전의 역할을 이해하는 다양한 견해가 발전하였다. 여기서 우리는 성례전의 기능과 관련해 주요한 견해 네 가지를 살펴본다. 이 견해들이 서로 모순되는 것이 아님을 분명히 해둘 필요가 있다. 예를 들어, 성례전이 은총을 전달한다는 견해는 성례전이 신자들에게 하나님의 약속을 재차 확증해 준다는 견해와 상충하지 않는다. 여러 기능들 가운데 어떤 것이 성례전을 올바로 이해하는 데 본질적인지를 중심으로 삼아 논쟁이 이루어져 왔다. 대체로 신학자들은 이 주제 전체를 통합하여 포괄적으로 성례전을 연구하는 방법을 취한다. 물론 그들이 어디에 강조점을 두느냐는 다를 수 있다.

성례전은 은총을 전달한다

앞에서 우리는 중세 저술가들이 성례전은 그것이 가리켜 보이는 은총을 **전달해 준다**고 주장하는 것을 살펴보았다. 이러한 견해의 흔적을 1세기 말과 2세기 초에서 찾아볼 수 있다. 안티오키아의 이그나티우스약 35-110는 성만찬이 "우리로 예수 그리스도 안에서 영원히 죽지 않고 살게 해주는 불멸의 약이요 죽음의 해독제"라고 선언하였다. 이 개념에는 분명 성만찬이 영원한 생명을 **상징**하는 데서 끝나는 것이 아니라 생명을 **낳는**effecting 수단이 된다는 의미가 있다. 그 후 많은 저술가들이, 그중에서도 특히 밀라노의 암브로시우스약 337-397가 이 개념을 발전시켰다. 4세기에 활동한 암브로시우스는, 세례를 베풀 때에 성령이 "세례반(洗禮盤)이나 세례 받는 사람 위에 실제로 임하여 거듭남을 이루신다"고 주장하였다.

아우구스티누스는 이 점과 관련해 중요한 차이를 보인다. 그는 성례전과 성례전의 '능력'virtus을 구분한다. 앞의 것은 상징에 불과한 데 반해 뒤의 것은 그 상징이 가리키는 효과를 낳는다. 아우구스티누스와 그 뒤를 이은 중세 사상가들은, 성례전의 주된 기능이 은총의 효과적인 수여라고 보았음이 분명하다.

둔스 스코투스1266-1308의 견해를 따르는 중세 사상가들은 성례전이 은총을 일으킨다causing고 말하는 것이 딱 맞는 것은 아니라고 주장하였다. 14세기의 저술가 아퀼라의 페트루스Petrus of Aquila, 1300-

1361는 이 점을 다음과 같이 말하였다.

> 페트루스 롬바르두스가 성례전은 그것이 가리켜 보이는 것을 낳는다고 말하는데, 이것을 성례전 자체가 엄밀한 의미에서 은총을 일으킨다는 의미로 이해해서는 안 된다. 그와는 달리 하나님께서 성례전의 자리에서 은총을 낳는다.

그러므로 성례전은 엄밀한 의미에서의 원인이 아니라 필수조건 *causa sine qua non*이라는 의미에서의 원인이라고 볼 수 있다. "은총을 일으킨다"는 개념은, 하나님의 주도권과 행위와는 상관없이 성례전 그 자체가 은총을 낳는다는 의미가 아니다. 가톨릭 신학에서는, 성례전의 인과율을 다루는 합당한 이론에서는 (고전적인 인과율의 범주를 사용해서) 하나님을 은총의 행위자이자 간접적인 동력인 remote efficient cause 이며 목적인 final cause 으로 보아야 한다고 언제나 주장해 왔다.

이러한 견해는 프로테스탄트 개혁자들에게 배척당했다. 개혁자들은 성례전, 그중에서도 특히 세례의 '유효적 본질'을 주장한 아우구스티누스의 견해를 못마땅하게 여겼다. 이 점과 관련해 아우구스티누스를 비판했던 16세기 프로테스탄트 사상가 가운데 한 사람이 피에트로 마르티레 베르밀리 Peter Martyr Vermigli, 1499-1562 다.

> 아우구스티누스는 세례에다 너무 많은 것을 집어넣음으로써 이 교리와 관련해 심각한 오류를 범했다. 그는 세례가 거듭남에 대한 외적 상징에 불과하다는 점을 인정하지 않으며, 오히려 세례 받는 행위 그 자체에 의해 우리가 거듭나고 아들로 인정받아 그리스도의 가족에 속하게 된다고 주장한다.

트리엔트 공의회는 성례전의 유효적 본질을 다시 확증했으며, 성례전을 은총의 원인이 아니라 은총의 표징에 불과하다고 본 개신교의 주장(베르밀리에게서 볼 수 있다)을 거부하였다.

> 만일 새로운 법의 성례전이 그것이 가리켜 보이는 은총을 담고 있지 않다고 말하거나, (성례전을 마치 믿음으로 받는 은총이나 의로움을 가리켜 보이는 외적 표징으로 생각하거나, 신자들을 인간적 수준에서 비신자들과 구분하는 기독교 신앙고백[•]의 한 표지와 같은 것으로 여겨서) 어떤 사람들이 은총의 통로를 막아 버리지 않았는데도 성례전이 그 사람들에게 은총을 부여하지 않는다고 말하는 사람이 있다면, 그런 자들은 정죄당해 마땅하다.

트리엔트 공의회는 성례전이 (은총을 "일으킨다"는 말 대신) 은총을 "베푼다"는 말을 택하였으며, 그렇게 해서 앞서 언급한 스코투스의 견해를 계속 유지하였다.

● 신앙고백
    confession

이 용어는 원래 죄의 고백을 가리키는 말이었지만, 16세기에 와서 그 의미가 크게 달라져 프로테스탄트 교회의 신앙 원리를 담은 문서를 가리키는 전문용어가 되었다. 초기 루터주의 이념을 담은 루터교의 아우크스부르크 신앙고백(1530)과 개혁교회의 제1헬베티아 신앙고백(1536) 등이 그 예다.

성례전은 신앙을 강화한다

성례전의 역할을 이렇게 이해한 견해는 기독교 역사 전체에 걸쳐서 발견된다. 이 견해는 특히 16세기 종교개혁에서 두드러졌는데, 그 까닭은 일부분 주요 개신교 사상가들이 '신뢰'*fiducia*라는 개념을 의롭게 하는 신앙의 결정적 특징으로 보아 중요하게 여긴 데 따른 것이었다. 1세대 종교개혁자들은 성례전을 인간의 약함에 대한 하나님의 응답이라고 보았다. 하나님은 우리가 그분의 약속을 받아들이고 응답하는 데 어려움이 있다는 것을 아시고 자비로운 은총을 나타내는 가시적이고 구체적인 표징들로 당신의 말씀을 보완하였다. 성례전은 일상 세계의 물질을 매개로 삼아 하나님의 약속들을 보여준다. 독일의 루터파 신학자인 필리프 멜란히톤[1497-1560]은 『미사에 대한 제안』 *Propositions on the Mass*, 1521에서, 성례전이란 하나님께서 은혜롭게 당신을 인간의 연약함에 맞추신 것이라고 강조하였다. 멜란히톤은 65개

제안을 통해, 기독교 영성에서 성례전이 차지하는 위치에 대해 신뢰할 만하고 책임 있는 견해라고 여겨지는 주장을 펼쳤다. "표징이란 우리가 믿는 말씀을 되새기고 다시 확신하게 해주는 수단이다."

이상적인 세계에서라면 인간은 말씀만 의지해서도 하나님을 신뢰할 수 있다고 멜란히톤은 주장한다. 그러나 타락한 인간의 본성은 연약하며, 그런 연약한 본성이 표징을 필요로 한다는 점이다(멜란히톤은 구약성경에 나오는 기드온 이야기를 근거로 삼아 이 논점을 펼친다). 멜란히톤이 보기에, 성례전은 표징이다. "다른 사람들이 성례전이라고 부르는 것을 우리는 표징이라고 부르는데, 혹 당신이 원한다면 성례전적 표징이라 불러도 좋다." 이러한 성례전적 표징들은 하나님에 대한 우리의 신뢰를 키워 준다. "인간의 마음에서 불신을 제거하기 위해 하나님은 말씀에 더해 표징들을 주셨다." 따라서 성례전은 하나님의 은총에 대한 표징으로서, 타락한 인간의 신앙을 다시 다지고 강화할 목적으로 은총의 약속에 덧붙여진 것이다.

> "할례 받는 것도 아무것도 아니요"(고전 7:19)라고 사도 바울이 말했듯이 표징은 의롭게 하지 못한다. 따라서 세례는 아무것도 아니며 주의 만찬*mensa domini*에 참여하는 일도 아무것도 아니다. 오히려 이것들은 여러분을 향한 하나님의 뜻을 보이는 증거이자 '증표'로서, 여러분을 향한 하나님의 은총과 자비에 의심이 생길 때 여러분의 양심에 확신을 심어 주는 것들이다.……표징에 대한 지식은 아주 유익하며, 따라서 나는 이 표징들을 사용하는 것보다 더 효과적으로 양심을 위로하고 강화시켜 줄 만한 다른 것이 있는지 알지 못한다. 다른 사람들이 성례전이라고 부르는 것을 우리는 표징이라고 부르는데, 혹 당신이 원한다면 성례전적 표징이라 불러도 좋다.……이 표징들을 다른 상징이나 군대의 암호에 비교해 온 사람들은 그렇게 하도록 권한다. 표징은 단지 하나님의 약속을 받은 사람들이 누구인지를 보여주는 표지에 불과한 것이기 때문이다.

루터도 이와 비슷한 주장을 펼치면서, 성례전을 가리켜 "표징이 딸린 약속들" 또는 "하나님이 제정하신, 죄 용서에 대한 약속과 표징들"이라고 정의한다. 흥미롭게도 루터는 안전을 베푸는 성만찬의 특성을 강조하기 위해 '보증'이라는 말을 사용한다. 떡과 포도주는 하나님께서 하신 죄 용서의 약속이 사실임을 우리에게 거듭 확신시켜 주어, 우리가 그 약속을 쉽게 받아들이게 해주고 그러고 나서는 확고하게 붙잡도록 해준다.

20세기에 가톨릭교회 내에서 일어난 성례전 신학의 부흥에서도 이와 유사한 견해를 볼 수 있다. 가톨릭에서 성례전 신학에 대한 관심이 다시 일어난 일은 독일의 베네딕트회 학자 오도 카젤 Odo Casel, 1886-1948 의 저술로 거슬러 올라간다. 그는 두 차례 세계대전의 기간에 이 주제에 대해 폭넓게 글을 썼다. 이러한 관심사는 칼 라너 1904-1984 와 에드바르트 스힐레벡스 1914-2009 같은 학자들이 이어받아 발전시켰으며 제2차 바티칸 공의회 1962-1965 에서도 구체화되어 나타났다. 이 공의회의 가르침 가운데 가장 탁월한 한 가지 면모는 교회를 성례전적으로 이해한 데서 볼 수 있다. 이에 대해서는 이 책의 앞 장에서 상세하게 다루었다 825-829쪽.

제2차 바티칸 공의회는 또 인격적 헌신과 기독교 신앙의 바른 이해라는 두 측면의 신앙 성장과 관련해서도 성례전이 중요하다고 강조하였다. 기독교 신학은 언제나 기독교 신앙의 행위와 내용을 구분 지어 인식해 왔다. 전통적으로 이 구분을 나타내는 말로 다음과 같은 두 개의 라틴어 구절이 사용되고 있다.

❶ *fides qua creditur*: 문자적으로 "믿는 신앙"을 뜻하는 이 말은 기독교 믿음의 핵심을 이루는 신뢰와 동의의 행위를 가리킨다.

❷ *fides quae creditur*: 문자적으로 "믿게 되는 신앙"을 뜻하는 이 말은 다양한 신조와 고백, 교리 및 기타 신앙 진술로 표현

되는 기독교 신앙의 특별한 내용을 가리킨다.

제2차 바티칸 공의회는, 성례전이 위의 두 가지 의미에서 신앙을 지탱해 주고 키워 준다고 주장하였다.

성례전은 표징으로서……교육에도 기여한다. 성례전은 신앙을 전제할 뿐만 아니라 말씀과 사물을 통해 신앙을 양육하고 강화하며 표현하기도 한다. 이 때문에 '신앙의 성례전들'이라고 불린다. 성례전은 은총을 전해 주며, 그에 더해 성례전을 거행하는 바로 그 행위가 신자들로 하여금 은총을 알차게 받고 하나님을 바로 예배하며 사랑을 실천하도록 매우 효과적으로 준비시켜 준다.

성례전은 교회 안에서 일치와 헌신을 키운다

교부시대에, 특히 데키우스와 디오클레티아누스 황제의 박해에 대처하면서 일어난 분열로 인해 교회의 단일성이 큰 관심사로 떠올랐다. 앞서 살펴보았듯이 839쪽 카르타고의 키프리아누스는 교회의 단일성을 크게 강조하였으며, 교인들에게 교회의 온전한 화합을 위해 애쓰고 교회에 헌신하라고 가르쳤다. 아우구스티누스는 이러한 생각을 특히 성례전과 연관지어서 발전시켰다. 어느 사회가 일정한 수준의 결속을 이루기 위해서는 모든 구성원이 함께 참여하면서 단일성을 키우고 증명해 보일 수 있는 어떤 행위가 필요하다. "참이냐 거짓이냐를 가릴 것 없이 어느 종교에서든, 사람들이 특정한 가시적 표징이나 성례전에 함께 참여하여 하나 되지 않고서는 결코 하나로 결속된 모임을 세울 수 없다." 이 사실은 중세 사상가들도 알았지만 종교개혁 시대에 와서 울리히 츠빙글리가 특히 강력하게 주장하였다.

루터는 성례전의 핵심 기능이, 신자들에게 그들이 그리스도의 몸의 참 구성원이며 하나님 나라의 상속자라는 사실을 재차 확신시키는 데 있다고 주장하였다. 그는 1519년에 쓴 논문인 「그리스도의 거룩하고 참된 몸의 복된 성례전」*The Blessed Sacrament of the Holy and True Body of Christ*에서 이 점을 자세히 논하면서, 성례전이 신자들에게 주는 심리적인 확신을 강조하였다.

> 따라서 빵과 포도주로 된 이 성례전을 받는 것은 곧 그리스도 및 모든 성도들과 연합하고 교제를 이룬다는 확실한 표징을 받는 것이다. 그것은 마치 시민들이 한 도시의 시민이며 특정한 공동체의 일원이라는 것을 확증해 주는 징표나 문서, 기타 표시를 받는 것과 같다.……그러므로 우리는 이 성례전 안에서 우리가 그리스도 및 성도들과 연합되어 있으며 그들과 함께 모든 것을 소유하고 있다는 것, 그리고 그리스도의 고난과 생명은 우리를 위한 것이라는 사실을 보이는 확실한 표징을 하나님께로부터 받는다.

곧 밝혀지겠지만, 이렇게 성례전을 기독교 공동체에 대한 소속의 표지로 강조하는 것은 루터보다는 츠빙글리에게 두드러진 특성이라고 할 수 있다. 그렇기는 해도 이 견해는 루터의 사상에서도 중요한 요소였다.

츠빙글리가 볼 때, 성례전의 목적은 일차적으로 한 개인이 신앙 공동체에 속한다는 것을 입증하는 데 있다. 세례는 한 아이가 하나님의 집에 속한 식구라는 사실을 공적으로 선언하는 행위다. 츠빙글리는 구약성경에서 사내아이가 태어난 후 며칠 안에 이스라엘 백성에 속한다는 징표로서 할례를 받았다는 사실을 지적하였다. 할례는 구약성경의 언약에 따라 할례 받은 아이가 언약 공동체에 속한다는 사실을 입증하고자 제정된 의식이었다. 아이는 공동체 속에서 태어나 이제 그 공동체에 소속되었으며, 할례란 바로 그 공동체에 소속되었음을 보이는 표징이었다.

기독교에서 할례에 해당하는 일이 세례라고 보는 것은 기독교 신학의 오랜 전통이었다. 츠빙글리 또한 이런 생각을 펼쳐서 구약성 경의 할례 의식과 대등한 것이 신약성경의 세례라고 주장하였다. 세 례는 고통이나 피를 흘리는 일이 없기 때문에 할례에 비해 훨씬 더 온건하고 또 남자아이와 여자아이 모두를 받아들이기 때문에 훨씬 더 포괄적이다. 나아가 츠빙글리는 세례가 교회 공동체에 소속됨을 보이는 징표라고 강조하였다. 아이가 이러한 소속을 인식하지 못한 다는 사실은 중요하지 않았다. 어쨌든 아이는 기독교 공동체의 일원 이었으며 세례는 이러한 회원 자격을 공적으로 알리는 일이었다. 이 점에서 츠빙글리는 루터와 분명한 차이를 나타낸다.

이와 비슷하게, 성만찬에 참여하는 일도 교회에 대한 충성심을 지속적이고 공적으로 선언하는 일이 된다. 츠빙글리는 스위스 연방 의 종군사제로 일한 경험에서 얻은 군사적 유비를 사용해 성만찬의 이러한 의미를 설명하였다.

> 만일 어떤 사람이 흰 십자가를 단다면 스위스 연방의 지지자가 되기 원 한다는 것을 밝히는 것이다. 그런데 그가 네엔펠스로 순례를 가서 하나 님을 찬양하고 우리 조상에게 베푸신 승리에 대해 감사드린다면 진정 으로 자기가 연방에 속한 사람임을 증명하는 것이다. 이와 마찬가지로 세례의 표지를 받는 사람은 누구나 하나님께서 자기에게 하신 말씀에 귀 기울이고, 하나님의 계명을 배우고, 거기에 맞추어 삶을 살기로 결심 한 사람이다. 또 회중 가운데서 이 기념식 곧 성만찬에 참여하여 하나님 께 감사하는 사람은 누구나 진심으로 그리스도의 죽음 안에서 기뻐하 고 그 일을 베푸신 하나님께 감사한다는 것을 증언하는 것이다.

이 글의 배경이 된 사건은 1388년 4월 9일, 스위스의 글라루스, 슈비츠, 우리 주의 주민들이 힘을 합쳐 글라루스 주 네엔펠스(네펠스 로도 불린다) 근처에서 합스부르크 왕가에 맞선 싸움에서 거둔 승리 이다. 이때의 승리가 스위스(또는 헬베티아) 연방의 출발점이 된 것으로 여겨지며, 4월 첫째 목요일에 이 전투 지역으로 순례 방문을 함으로써 그 승리를 기념했다.

츠빙글리는 두 가지 점을 주장한다. 첫째, 스위스 병사들은 연방에 대한 충성을 공적으로 선언하는 '헌신의 표지'*Pflichtszeichen*로 흰 십자가를 달았다(지금은 스위스 국기에 들어 있다). 이와 마찬가지로 기독교인들도 먼저 세례를 통해, 이어서 성만찬에 참여함으로써 교회에 대한 자신의 충성을 공적으로 증명해 보인다. 세례는 "그리스도에게 속하였음을 드러내어 확증하는 것"이다.

둘째, 연방을 탄생시킨 역사적 사건을 기념함으로써 연방에 대한 충성의 표시를 보인다. 이와 마찬가지로 기독교인들은 기독교 교회를 있게 한 역사적 사건(예수 그리스도의 죽음)을 기념함으로써 자신이 교회에 헌신한다는 표시를 보인다. 따라서 성만찬은 기독교 교회를 세운 역사적 사건을 기념하는 일이요, 신자들이 교회와 교인들에게 충성한다는 것을 보이는 공적 선언이다. 이것은 츠빙글리가 성만찬 기념설*을 주장한 것과도 관계가 있다. 이에 대해서는 뒤에서 좀 더 자세히 살펴본다903쪽.

● 츠빙글리주의
Zwinglianism

일반적으로 츠빙글리의 사상을 가리키는 말이지만 특별히 '실제적 임재'와 관련된 그의 견해를 가리키는 말로도 사용된다(츠빙글리의 견해는 '실제적 부재'에 속한다).

성례전은 우리를 향한 하나님의 약속을 재확증한다

성례전의 이 기능 역시 종교개혁자들과 밀접한 관계가 있다. 종교개혁자들은 하나님의 약속과 그에 대한 인간의 응답으로서의 신앙을 특별히 강조하였다. 종교개혁자들은 타락한 인간 본성의 약점을 깊이 꿰뚫어 보았으며, 그러한 인간에게 필요한 것은 하나님의 사랑과 약속을 다시 굳게 확신하는 것이라는 사실을 알았다. 루터는 그리스도의 죽음을 하나님의 은총의 무한한 가치와 신뢰성을 보여주는 표지라고 생각했다. 루터는 유훈이나 유언이라고 말할 때의 '유언'testament이라는 개념을 사용해서 이 점을 설명하였다. 이러한 그의 생각은 1520년에 쓴 「바빌론의 포로가 된 기독교 교회」에 자세히 실려 있다.

유언은 임종을 맞은 사람이 남기는 약속으로, 그 속에는 유산의 내용과
상속자가 누구인지 밝혀 놓는다. 그러므로 유언을 통해 알 수 있는 내용
은 첫째, 유언자의 죽음이며 둘째, 재산 상속의 약속과 상속자의 지명이
다.······그리스도는 "이것은 너희를 위하여 주는 내 몸이다.······이 잔은
너희를 위하여 흘리는 내 피로 세우는 새 언약이다"(눅 22:19-20)는 말
로 자신의 죽음을 확증하였다. "죄를 사하여 주려고"(마 26:28)라는 말
로는 유산이 무엇인지 밝혔다. 그리고 "너희를 위하여"(눅 22:19-20,
고전 11:24), "많은 사람을 위하여"(마 26:28, 막 14:24)라는 말로 유언
자의 약속을 믿고 받아들이는 사람들을 지명하여 상속자로 삼았다.

여기서 루터가 강조하는 것은 유언에 담긴 약속은 그 약속을 한
사람이 죽은 후에야 효력이 있다는 사실이다. 이렇게 해서 성만찬 예
식은 세 가지 매우 중요한 요소로 이루어진다.

❶ 성만찬 예식은 은총과 죄 사함의 약속을 확증한다.
❷ 성만찬 예식은 그 약속을 받은 사람이 누구인지 밝혀 준다.
❸ 성만찬 예식은 그 약속을 한 사람의 죽음을 선언한다.

따라서 성만찬은 은총과 죄 사함의 약속이 지금 이 순간에 효력
을 발생한다는 점을 극적으로 선포한다. 성만찬은 "하나님께서 우리
에게 하신 죄 사함의 약속이며 하나님의 아들의 죽음으로 확증된 약
속"이다. 신앙 공동체는 그리스도의 죽음을 선포할 때 죄 사함과 영
원한 생명의 고귀한 약속이 그 순간 신앙을 지닌 사람들에게 효력을
내고 있음을 선언한다. 이 점을 루터는 다음과 같이 설명한다.

그러므로 여러분이 알다시피 우리가 미사라고 부르는 것은 하나님께

서 우리에게 주신 죄 사함의 약속이며 하나님의 아들의 죽음으로 확증 된 약속이다. 약속과 유언의 차이점이라면 단지 유언에는 그것을 남긴 사람의 죽음이 따른다는 것뿐이다. 유언자는 이제 곧 죽게 되어서 약속을 하는 사람이며, 반면에 약속하는 사람은 (내식대로 표현해) 죽음과는 상관없는 유언자라고 할 수 있다. 그리스도의 이 유언은 태초부터 하나님의 모든 약속 가운데 예시되어 왔다. 그 옛적 약속들이 지닌 가치가 무엇이든 그것들은 전부 그리스도 안에 나타난 새 약속에서 온 것이다.……이제 하나님께서 유언을 하셨으며, 따라서 하나님이 죽으셔야 마땅하다. 그런데 하나님은 인간이 되지 않고서는 죽을 수 없다. 따라서 성육신과 그리스도의 죽음이 모두 참으로 귀한 단어인 '유언'이라는 말 속에 포함된 것으로 보아야 한다.

성만찬의 기능

이번 항목에서 지금까지 우리는 성례전 자체의 다양한 기능을 중심으로 살펴보았다. 이제 이 항목을 마치면서, 기독교 사상에서 다루어 온 성만찬의 여러 기능을 돌아보고 지금까지 논한 주제들을 통합하는 것이 도움이 될 것이다. 다음에 나오는 도표에서 볼 수 있듯이 성만찬—미사나 성체성사, 주의 만찬으로도 불린다—은 현재 행하면서도 동시에 과거와 미래의 차원을 지니는 행위다. 다음으로 이 차원들을 좀 더 자세히 살펴본다.

회고: 뒤를 돌아보기 | 첫째, 성만찬은 신자들을 인도해 과거를 돌아보게 하며, 하나님의 구원 행위 전체와 특히 그리스도의 십자가와 부활을 회고하게 한다. 하나님의 구원 행위를 회상한다는 이 일반 원리는 구약성경 속에 견고하게 확립되어 있다. 예를 들어, 많은 시편들 (시편 136편이 한 예다)이 예전에 이스라엘을 이집트에서 해방하여 약속의 땅으로 인도하신 하나님의 행위를 기억하라고 초청한다. 기본

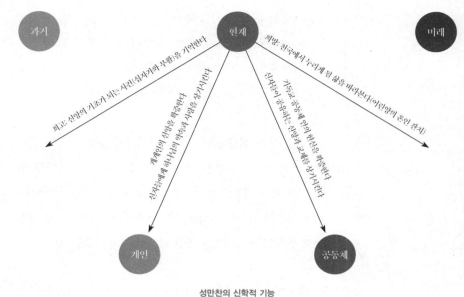

성만찬의 신학적 기능

주제는 간단하다. 과거에 신실하게 행하신 하나님께서는 현재와 미래에도 똑같이 행하실 것이라고 믿어도 좋다는 것이다.

과거를 회고하는 일은 또한 교회와 이스라엘, 새 언약과 옛 언약의 연속성을 강조한다. 기독교에서 유월절에 해당하는 것이 성만찬(정확하게 일치하지는 않더라도)이라고 말한다. 유월절은 출애굽 사건을 기념하는, 유대인의 중요한 연례 축제다. 유월절 축제는 식사를 곁들여 치러졌다. 공관복음서에 따르면 '최후의 만찬'은 유월절 식사였으며, 예수는 그의 제자들이 이스라엘을 이집트에서 해방했던 과거의 행위와 이제 곧 일어나게 될 훨씬 더 큰 구원 행위를 연결하여 보기를 원했다는 사실을 말해 준다.

성만찬의 핵심 물품은 빵과 포도주로, 이 두 가지는 십자가에서 그리스도가 몸이 찢기고 피를 흘린 것을 기억하게 해준다. 이 음식들은 최후의 만찬에서 중요한 역할을 담당했다. 그때 있었던 일에 대해 누가는 다음과 같이 기록했다.

또 떡을 가져 감사 기도 하시고 떼어 그들에게 주시며 이르시되 이것은 너희를 위하여 주는 내 몸이라. 너희가 이를 행하여 나를 기념하라 하시고 저녁 먹은 후에 잔도 그와 같이 하여 이르시되 이 잔은 내 피로 세우는 새 언약이니 곧 너희를 위하여 붓는 것이라(눅 22:19-20).

따라서 성만찬은 뒤를 돌아보아 하나님께서 행하신 모든 일을 기억하라는 초청이다. 성만찬은 과거에 있었던 하나님의 위대한 행위들, 곧 이스라엘을 이집트의 포로생활에서 구원한 일과 무엇보다도 예수 그리스도의 죽음을 돌아보도록 이끈다. 예수의 죽음은 성경에 나오는 최후의 만찬 이야기로 짜인 예전에 의해 회상된다.

희망: 앞을 내다보기 | 신자들을 초청하여 기억을 통해 뒤를 돌아보게 하는 성만찬은 이어서 미래를 가리키며 기독교인들로 하여금 아직 일어나지 않은 일을 희망하도록 초청한다. 이 주제는 신약성경 속에 깊숙이 자리 잡고 있다. 예를 들어, 성만찬에 대한 바울의 말을 보면 장차 그리스도가 돌아올 것에 대한 희망이 두드러진다.

내가 너희에게 전한 것은 주께 받은 것이니 곧 주 예수께서 잡히시던 밤에 떡을 가지사 축사하시고 떼어 이르시되 이것은 너희를 위하는 내 몸이니 이것을 행하여 나를 기념하라 하시고 식후에 또한 그와 같이 잔을 가지시고 이르시되 이 잔은 내 피로 세운 새 언약이니 이것을 행하여 마실 때마다 나를 기념하라 하셨으니 너희가 이 떡을 먹으며 이 잔을 마실 때마다 주의 죽으심을 그가 오실 때까지 전하는 것이니라(고전 11:23-26).

이 희망이라는 주제는 다른 성경적 주제, 곧 새 예루살렘에 대한 희망이라는 주제와도 밀접한 관계가 있다. 기독교 성경의 마지막 책인 요한계시록이 보여주는 새 예루살렘의 비전은 "어린양의 혼인 잔치"(계 19:9)에 대해 말한다. 이것이 가리키는 것은 "세상 죄를 지고 가는 하나님의 어린양"(요 1:29)인 예수 그리스도다. 성만찬을 미래의 사건을 현재 미리 맛보는 것으로 이해하는 것이 중요하다. 이러한 근거에서 제2차 바티칸 공의회는 성만찬을 가리켜 "하늘나라의 만찬을 미리 맛보는 것"이라고 말했다. 이 점을 특히 분명히 보여준 사람이 안티오키아 학파의 성서 해석을 따랐던 저술가인 몹수에스티아의 테오도루스약 350-428 다. 테오도루스에게 성만찬은 우리로 천국의 실재를 어렴풋이 보게 해주고 장차 우리가 그곳에 있게 되리라는 것을 예견하게 해준다.

> 천국의 실재를 비추어 주는 이 놀라운 희생 제의가 거행될 때마다, 우리는 천국에 있는 우리의 모습을 그려볼 수 있다.……지금은 천국에 계신 그리스도께서 이러한 상징들을 통해 [지금 이 순간에] 현존하신다는 것을 생각하면서, 우리는 신앙으로 그러한 천국의 실재를 우리 마음속에 그려볼 수 있다. 그래서 믿음으로 눈을 열어 지금 일어나고 있는 일을 관상하게 되면, 우리를 위해 전에 일어났던 그리스도의 죽음과 부활과 승천을 다시 볼 수 있게 된다.

개인의 신앙을 확증 | 앞에서 우리는 성례전이 신자 개개인의 현재 신앙을 확증해 준다는 것을 살펴보았다875-881쪽. 이러한 확증 과정은 마음과 상상을 통해 이루어진다. 현재에 살고 있는 신자는 하나님께서 과거에 행하신 일을 성찰할 수가 있으며, 장차 행하실 일을 예견할 수 있고, 그 결과 하나님에 대한 자신의 신앙과 신뢰를 깊게 다질 수 있다.

공동체 소속을 확증 | 앞에서 언급했듯이881-884쪽 성례전은 기독교 공동체 구성원들의 상호 헌신과 지지를 강화시켜 주는 것이라고 볼 수 있다. 어떤 면에서는 이것이 사크라멘툼(복종과 헌신의 엄중한 맹세)

레오나르도 다빈치가 밀라노의 산타마리아 델레 그라치 수도원에 그린 「최후의 만찬」(1498). 복음서에 기록된 대로, 전통적인 유월절 식사의 음식들이 식탁에 놓인 것을 볼 수 있다.

*sacramentum*이라는 말의 본래 의미라고 할 수 있다.

신학자들에 따라 강조점이 다르다는 사실을 아는 것이 중요하다. 어떤 학자들은 성만찬이 하나님께서 과거에 행하신 일을 기념하는 것이라고 강조한다. 다른 학자들은 성만찬에 교회 내의 일치와 헌신을 강화하는 잠재력이 있음을 강조한다. 하지만 성만찬에는 이 요소들이 모두 들어 있으며, 문제는 단지 어떤 것을 더 강조하느냐일 따름이다.

지금까지 성만찬의 네 가지 특성을 다루어 오면서 독자들은 우리가 성만찬의 특성 가운데서 가장 흥미 있으면서도 큰 논의를 불러일으킨 것을 다루지 않았음을 눈치챘을 것이다. 바로 '실재적 임재'라는 특성이다. 성만찬은 어떻게 그리스도가 신자들 가운데 임재하게 해주는가? 다음으로 이 문제를 둘러싸고 일어난 논쟁을 살펴본다.

기독교에서 성례전이 순전히 이론적으로만 중요하게 다루어진 적은 없었다. 초기부터 성례전은 기독교의 예배와 삶에서 핵심적인 중요성을 지녀 왔다. 이러한 사실은 특히 성만찬에서 두드러진다. 신약성경에서도 우리는 첫 기독교인들이 떡과 포도주로 자기를 기념하라고 한 예수 그리스도의 명령을 따랐다고 말하는 것을 본다(고전 11:20-27).

그러므로 이러한 관례의 의미를 신학적으로 해명하는 데 큰 관심을 쏟은 것은 불가피하면서도 극히 당연했다. 성만찬을 통해 얻는 것은 무엇인가? 성만찬의 빵과 포도주가 일반적인 빵과 포도주와 어떻게 다른가? 최후의 만찬에서 예수 그리스도가 빵을 두고 한 말, 그래서 교회의 예전에서 되풀이되는 그 말은 분명 근본적 중요성을 지닌 것이었다.

그렇다면 "이것은 내 몸이니라"(마 26:26)는 말의 의미는 무엇인가? 이 구절은 분명 성만찬에서 빵이 쪼개질 때 예수가 실제로 임재한다는 점을 시사한다. 이 개념을 보통 '실재적 임재'real presence 라고 부른다. 이번 항목에서 우리가 다루려는 것이 이 문제다. 이 문제는 그 자체로도 꽤 흥미 있을 뿐만 아니라 종교개혁 시대 이래로 기독교 내에서 제기된 상이한 주장들과 관련해서도 중요하다.

초기 기독교에서 빵과 포도주의 위치를 어떻게 이해했는지를 알려주는 중요한 자료는 예루살렘의 키릴로스약 313-386 의 '교리문답 강의'다. 350년 무렵, 세례 준비자들을 대상으로 24차례에 걸쳐 기독교 교회의 신앙과 실천에 대해 가르친 이 강의는 그 당시의 예루살렘 교회에 널리 퍼져 있던 개념들을 확인할 수 있는 중요한 자료다. 키릴로스는 빵과 포도주가 어떤 식으로든 그리스도의 몸과 피가 되는 것이라고 생각했음이 분명하다.

[예수 그리스도는] 갈릴리의 가나에서 자기 뜻대로 물을 포도주로 바꾸었습니다. 그렇다면 그가 포도주를 피로 바꿀 수 있다고 믿지 못할 이유가 어디에 있겠습니까?……따라서 우리는 그리스도의 몸과 피에 참여한다는 온전한 확신을 가져야 합니다. 그의 몸은 빵의 모양으로, 그의 피는 포도주의 형태로 여러분에게 허락되었으며 그 결과 여러분은 그리스도의 몸과 피를 받음으로써 그와 하나의 몸이 되고 같은 피가 될 수 있기 때문입니다.

이러한 변화가 어떻게 일어나는지가 교부* 사상가들이 크게 관심을 기울인 문제였다. 위대한 그리스 신학자 다마스쿠스의 요하네스약 676-749처럼 8세기 초에 활동했던 학자들은 대체로 그와 같은 신비를 선언하는 것만으로도 충분하다고 생각했다.

그런데 여러분은 어떻게 빵이 그리스도의 몸이 되고 포도주와 물이 그리스도의 피가 되느냐고 묻는다. 내가 여러분에게 말하겠다. 그것들 위로 성령이 임하셔서 일체의 말과 사고를 초월하는 일을 이루신다.…… 주님께서 성령에 의해, 거룩하신 테오토코스(theotokos)의 몸을 취하여 입으신 것처럼 그 일이 성령에 의해 일어난다는 것을 아는 것만으로도 여러분에게 충분하다.

그러나 이보다 훨씬 더 생각이 많은 사람들도 있었으며, 그래서 9세기에 서방교회 내에서 이 쟁점을 둘러싸고 커다란 논쟁이 일어났다. 다음으로 이에 대하여 살펴보자.

실재적 임재를 둘러싼 9세기의 논쟁

9세기에 프랑스 피카르디에 있는 코르비 수도원을 배경으로, 예정론과 실재적 임재의 본질을 중심으로 몇 가지 신학적인 논쟁에 불이 붙었다. 맞서 싸운 주요한 두 인물은 똑같이 이 수도원에 속한 수도사로, 파스카시우스 라드베르투스Paschasius Radbertus, 785-865 와 코르비의 라트람누스Ratramnus of Corbie, 약 868 사망 였다. 두 사람이 똑같이 「그리스도의 몸과 피에 대하여」Concerning the Body and Blood of Christ 라는 제목으로 글을 썼는데, 실재적 임재에 대해 전혀 다른 견해를 주장하였다. 844년 무렵 저술을 끝낸 라드베르투스는 빵과 포도주가 실제로 그리스도의 몸과 피가 된다고 주장하였다. 곧 이어 글쓰기를 마친 라트람누스는 빵과 포도주는 단지 몸과 피를 나타내는 상징일 뿐이라는 견해를 옹호하였다.

라드베르투스는 평범한 빵이 어떻게 그리스도의 몸으로 바뀌는 지에 관해서는 정확하게 설명하지 않았지만 그러한 변화가 물리적으로 사실이며 또 영적으로도 중요하다는 점을 확신했다.

어떤 인간의 씨도 없이 동정녀의 태 안에서 인간 예수 그리스도를 창조하신 바로 그 성령께서 이 성례전이 성별될 때마다 그의 보이지 않는 능력으로 그리스도의 살과 피를 창조하신다. 물론 이 일은 외적으로 시각이나 미각을 통해서 파악할 수 없는 것이다.

라트람누스는 이에 수긍하지 않고 전혀 다른 논점을 주장했다. 평범한 빵과 성별한 빵의 차이는 신자들이 그것을 어떻게 인식하느냐에 달렸다. 성별된 빵도 여전히 빵이다. 그러나 그렇게 성별된 결과로 신자들은 깊은 영적인 의미를 파악할 수 있게 된다. 그러므로 차이는 빵이 아니라 신자에게 있는 것이다.

사제의 집례를 통해 그리스도의 몸이 된 빵은 외적으로 인간의 감각이 보는 것과 내적으로 신자의 정신이 보는 모습이 서로 다르다. 겉보기에 빵은 형태와 색과 냄새에서 이전과 다를 것이 없다. 그러나 내적으로 볼 때는 전과는 전혀 다르게 훨씬 더 귀하고 탁월한 것으로 드러난다. 그 까닭은 하늘에 속한 거룩한 것, 곧 그리스도의 몸이 계시되기 때문이다. 이것을 이해하거나 받거나 흡수하는 일은 육체적인 감각으로는 불가능하며 오직 믿음의 눈으로만 가능하다.

이 시대에 제3의 견해 또한 발전하였다. 그 당시 가장 유명했던 독일 수도원 가운데 하나인 풀다 수도원의 신학자 칸디두스^{Candidus of Fulda}는 "이것은 내 몸이니라"(마 26:26)는 구절이 **기독교 교회**라는 의미의 그리스도의 '몸'을 가리키는 것이라고 주장하였다. 그리스도의 몸과 피로 이루어진 이 성례전의 목적은 그리스도의 몸인 교회를 양육하고 온전하게 하는 데 있다.

> 이것은 여러분을 위해 주신 몸이다. 그는 많은 인간 중에서 그 몸을 취하였고 고난을 통해 그것을 깨뜨렸으며, 깨뜨린 후에는 다시 죽은 자들 가운데서 일으키셨다.……그는 우리로부터 취한 것을 이제 우리에게 주셨다. 그러므로 여러분은 그것을 '먹어야' 한다. 다시 말해 여러분은 교회의 몸을 완전하게 세워야 하며 그래서 그 몸이 하나의 온전하고 완벽한 빵, 곧 그리스도가 머리가 되시는 빵이 되도록 해야 한다.

중세의 '표징'과 '성례전' 관계

중세 시대에 성례전 교리가 발전하면서 독자들이 성례전을 이해하는 데 도움을 주는 전문적인 용어들이 등장했다. 비록 많은 사람들이 '표징'과 '표징이 가리켜 보이는 것'으로 구분하여 성례전을 이해하는 것이 가장 쉽다고 생각했지만, 중세의 신학자들은 세 가지로 분류하는 방식을 발전시켰다. 다음으로 이것에 대해 살펴본다.

12세기 신학의 르네상스 기간 동안, 히포의 아우구스티누스의 저술에서 비롯된 삼중 구분을 도구로 삼아 성례전의 다양한 측면들을 명료하게 다듬었다. 성만찬에 관해 숙고하는 중에 성례전을 세 가지 다양한 측면으로 구분할 필요가 제기되었다. 스콜라 철학자들은 성례전의 표징 자체$^{sacramentum\ tantum}$와 성례전에 의해 생성되는 중간 효과$^{res\ et\ sacramentum}$, 성례전의 궁극적 효과 또는 '결실'$^{res\ tantum}$로 나누어 구분하였다. 아래에서 이러한 구분을 살펴보는데, 여기 나오는 용어들은 여러분이 더 전문적인 논의에서 마주치게 될 것이기 때문에 그대로 사용하여 설명한다.

❶ **표징 자체**^{sacramentum} 또는 $^{sacramentum\ tantum}$: 이 말은 성만찬의 빵과 포도주를 가리킨다. 이것은 여기서 살펴보는 세 가지 개념 중에서 이해하기가 가장 쉽다. 이 개념의 기본 의미는 물질적 요소(예를 들어 빵)가 그 자체를 넘어서는 어떤 것을 가리켜 보이고 무엇인가를 일으키는 능력을 지닌다는 것이다.

❷ **실재이면서 동시에 표징인 것**$^{res\ et\ sacramentum}$: 성만찬의 경우, 이 말은 성별된 빵과 포도주, 곧 그리스도의 몸과 피가 된 빵과 포도주를 가리킨다. 빵과 포도주는 여전히 표징으로 남아 있지만 이제 새로 첨가된 실재(라틴어 *res*는 "사물"을 뜻한다)가 존재하는데, 그것은 지금까지는 존재하지 않았던 그리스도의 몸과 피다.

❸ **성례전적 실재**$^{res\ tantum}$ 또는 $^{res\ sacramenti}$: 이 말은 성례전의 결과인 내적이고 영적인 은총을 가리킨다. 성만찬의 경우, 이것은 성만찬을 받는 사람이 그리스도의 죽음과 부활에 참여하는 것을 말하며, 이것이 바로 성만찬이 주는 유익이다. 중요한 점은 이 성례전적 실재가 한편으로는 단순한 표징(빵과 포도주)과 구별되고 다른 한편으로는 그리스도의 몸과 피와도 구별되어야 한다는 것이다. 여기서 제기되는 문제는 "빵과 포도주가 무엇으로 변하느냐?"가 아니라 "그리스도의 몸과 피가 그것을 받는 사람들에게 어떤 유익을 주느냐?"이다.

이 난해한 구분을 이해하는 데 도움이 되도록 중세의 성만찬이 어떻게 이루어지는지, 그리고 예식 중에 빵과 포도주의 지위가 어떻게 변하는지 살펴본다. 아래에서 살펴볼 내용은 토마스 아퀴나스약 1225-1274가 『신학대전』에서 설명한 개념을 간략하게 정리한 것이다.

❶ 성별하기 전의 빵과 포도주는 그저 몸과 피를 나타내는 표징일 뿐이며, 나중에 가서야 몸과 피로 변한다. 그러므로 빵과 포도주는 단순한 하나의 표징, 곧 *sacramentum tantum*이다.

❷ 성별한 후에도, 빵과 포도주의 '우유성'(偶有性)accidents, 곧 외적 형태는 여전히 그리스도의 몸과 피라는 실체의 실재를 가리키는 표징으로 남는다. 그러나 이제 빵과 포도주의 실체가 변해서 나타난 몸과 피는 외적인 표징 아래에 실제로 현존하게 된다. 이때 빵과 포도주는 두 가지 기능res et sacramentum을 수행하게 된다. 첫째, 우유성, 곧 외적인 형태의 수준에서 빵과 포도주는 그리스도의 몸과 피를 가리키는 외적 표징으로 작용한다. 둘째, 실체, 곧 내적 본질의 수준에서는 실제로 그리스도의 몸과 피가 된다. 따라서 빵과 포도주는 성례전적 **표징**이면서 동시에 성례전적 **실재**로 작용한다. 그러나 이것이 성례전이 의도하는 궁극적 효력은 아니다. 성례전의 목적은 그리스도를 물리적으로 임재하게 하는 데 있는 것이 아니라 거기서 나오는 특별한 은총을 전달하는 것이다. 이것이 바로 성례전적 실재이며, 다음으로 이에 대해 살펴본다.

❸ 성례전적 실재res tantum라는 개념을 파악하기 위해서는 성만찬에서 이루고자 하는 것이 무엇인지 물을 필요가 있다. 성만찬의 목표는 무엇인가? 그것이 의도하는 결과는 무엇인가? 성례전적 표징이면서 동시에 성례전적 실재인 빵과 포도주를 먹어서 얻는 효력은 무엇인가? 빵과 포도주는 그것을 받는 사람들에게 어떤 변화를 낳는가? 성만찬의 경우 성례전적 실재

는 신자와 그리스도의 교제, 그리고 장차 하늘에서 누리게 될 영광에 대한 보증이다. 그리스도는 실제로 성만찬에 임재하지만, 그의 임재는 그 자체가 목적이 아니라 신자들을 변화시키는 효력을 낳는 데 목적이 있다. 성만찬의 의도된 기능, 곧 최종 효과는 그리스도의 신비한 몸인 교회의 구성원들이 그 머리이신 그리스도와 연합하고 또 서로 간에 연합하게 하는 것이며, 나아가 천국에서 누릴 영광에 대한 희망을 다시 확증해 주는 것이다.

실재적 임재를 둘러싼 논쟁은 그 후에도 계속되었고 특히 중세 때의 신학 논의에서 두드러졌다. 이 쟁점은 종교개혁 시대에 들어와 커다란 논쟁거리가 되었으며, 오늘날에도 여전히 기독교인들 사이에서 다투는 문제가 되고 있다. 다음으로 우리는 현대 기독교에서 마주치는 세 가지 주요 견해를 간단히 정리하고, 그 견해들이 발전한 역사를 살펴본다.

화체설(化體說)

앞에서 우리는 이미 파스카시우스 라드베르투스가, 빵과 포도주를 성별할 때 그것들이 그리스도의 몸과 피로 바뀐다고 주장한 것에 대해 살펴보았다. 물론 그는 이러한 변화를 개념화하는 데 어려움을 겪기도 했다. 이러한 견해가 발전하고 강화된 것을 화체설(실체변화) transubstantiation 이라고 한다.

16세기의 트리엔트 공의회 이전에 열린 것으로는 가장 큰 공의회라고 할 수 있는 제4차 라테란 공의회[1215]에서 이 교리가 공식적으로 확정되었다. 이 공의회에서는 실체변화의 과정에 대해서는 정식으로 자세히 논의하지 않았지만, 그 본질적 특성에 대해서는 명확하게 진술하였다.

신실한 자들로 이루어진 하나의 보편적 교회가 있고, 그 밖에서는 누구도 구원받을 수 없으며, 그 안에서는 예수 그리스도가 사제이자 희생제물이시다. 신적 권능에 의해 빵은 몸으로 실체변화하고 transsubstantis pane in corpus 포도주는 피로 실체변화함으로써 그리스도의 몸과 피가 참으로 빵과 포도주의 형상으로 제단의 성례전 안에 현존한다.

이 인용문을 보면 라테란 공의회가 논의 전체에 걸쳐 아리스토텔레스의 용어를 사용했다는 것을 알 수 있다. '실체'(내적 본질)와 '형상'(외적인 모양)이라는 말을 사용하고 있음에 주목하라. 그러나 이 교리의 체계는 13세기 말에 이르러 토마스 아퀴나스에 의해 아리스토텔레스 사상을 확고한 기초로 삼아 명료하게 다듬어졌다. 아퀴나스는 아리스토텔레스가 '실체' substance 와 '우유성' accident 으로 구분한 것을 이용하여 성별할 때 무슨 일이 일어나는지 설명하였다. 어떤 것의 **실체**란 그것의 핵심적 본질을 가리키며, 반면에 **우유성**은 그것의 외적인 모양(색깔, 형태, 냄새 등)을 말한다. 화체설이 주장하는 것은, 빵과 포도주의 우유성(겉모양과 맛, 냄새 등)은 성별의 순간에도 변하지 않고 그대로 남는 데 반해 그 실체는 빵과 포도주에서 예수 그리스도의 몸과 피의 실체로 변한다는 것이다. 아퀴나스는 빵과 포도주의 실체는 성별 후에 남지 않는다고 단호하게 주장하였다. 그것들의 외적인 모양은 바뀌지 않고 그대로 남을 수 있지만 빵과 포도주로서의 원래 본질은 소멸되어 버린다.

종교개혁 시대에 이 이론은 아리스토텔레스의 개념들을 기독교 신학에 끌어들였다는 이유로 개신교 신학자들에게서 크게 비판받았다. 그런데 루터가 화체설 개념을 주장한 아퀴나스를 공격했음에도, 어떤 면에서 보면 루터 자신의 견해도 많은 사람이 생각했던 것보다 화체설에 더 가까웠다. 화체설에 대한 루터의 주된 비판은 그것이 이교의 철학 범주(즉 아리스토텔레스의 실체와 우유성 개념)를 사용하였다는 것이다. 이제 곧 살펴보겠지만, 루터 자신의 이론(흔히 '공재설'•이

• 공재설
共在說, consubstan-
tiation

성만찬에서 빵과 포도주의 실체가 그리스도의 살과 피의 실체와 동시에 존재한다고 주장하는 실제적 임재 이론으로 마틴 루터가 주장하였다.

기독교 신학

라고 불렸지만 루터 자신은 그렇게 부르지 않았다)에서는 그리스도의 몸과 피가 빵과 포도주와 나란히 또는 그 아래에 주어진다고 주장한다. 이 개념에 대해서는 다른 개신교 사상가들, 특히 울리히 츠빙글리가 크게 비판하였다.

마침내 1551년에 이르러 트리엔트 공의회는 '거룩한 성례전인 성만찬에 대한 교령'을 통해 가톨릭교회의 적극적인 견해를 표명하였다. 그전까지 공의회는 그저 종교개혁자들을 비판만 했을 뿐 체계적인 대안을 제시하지 않았다. 그런데 이제 부족했던 것이 개선되었다. 이 교령은 그리스도의 실체적이고 참된 임재를 강하게 긍정하는 것으로 시작한다. "빵과 포도주를 성별한 후에 우리 주 예수 그리스도는 이 거룩한 성만찬 예식 안에서 그러한 물질들의 외형 아래 참되고 실제적이며 실체적으로 현존하신다." 트리엔트 공의회는 화체설 교리와 그 용어들을 적극적으로 옹호하였다. "빵과 포도주를 성별함으로써 빵의 전체 실체가 그리스도의 몸의 실체로, 포도주의 전체 실체가 그리스도의 피로 바뀌는 변화가 일어난다. 거룩한 가톨릭교회는 이러한 변화를 합당하고도 적절하게 실체변화transubstantiation라고 부른다."

트리엔트 공의회 이후로 실체변화 개념은 가톨릭교회의 확정된 견해로 인정되었으며, 1960년대까지 가톨릭교회 안에서 주요한 논쟁거리가 되지 않았다. 이 교리도 나름대로 난점을 지녔는데 특히 그 바탕에 깔려 있는, 직관에 크게 반하는 개념들을 제대로 설명하기가 어려웠다. 프랑스의 가톨릭 철학자인 르네 데카르트1596-1650가 이 교리를 옹호하는 아주 흥미로운 주장을 폈다. 1645년에 쓴 한 편지에서 데카르트는 인간의 소화기 계통이 실체변화에 대한 자연스러운 유비를 제공해 준다고 주장하였다. 그의 주장에 따르면, 인간의 몸은 실체변화의 과정을 보이는 유기적인 모델이 된다. 자연적인 소화 과정을 통해 빵이 인간의 몸으로 변화되는 것이 아닌가? 기적과 같은 것에 호소할 필요가 전혀 없다. 만일 성만찬의 실체변화에서 기적이라고 할 만한 것이 있다면, 그것은 인간의 몸의 장기들이 작용하지 않고서도 빵이 소화되어 그리스도의 몸이 된다는 의미의 기적이다. 이 주장이 흥미롭기는 하지만 당시의 교회 지도자들에게 환영받지는 못하였다.

의미변화와 목적변화

가톨릭교회 안에서 신학이 크게 부흥하던 시기인 1960년대에 화체설은 에드바르트 스힐레벡스 같은 가톨릭 신학자들에 의해 심각한 비판을 받게 되었다. 실체변화 개념의 변증론적인 타당성에 대해 우려의 목소리가 커지는 상황에서 그것을 새롭게 파악하는 두 가지 견해가 등장하였다. 두 개념의 지지자들은 각각 그 개념이 옛 교의의 핵심적인 특성은 그대로 간직하면서도 그 시대의 형이상학적 회의론에 대응할 수 있는 것으로 보았다.

목적변화transfinalization라는 개념은 성별에 의해 빵과 포도주의 목적이나 용도가 변한다고 보는 견해다. 이와 연관된 **의미변화**transignification라는 개념은 성별이 주로 빵과 포도주의 의미변화와 관계가 있다고 보는 견해다. 두 개념은 모두, 갈수록 회의적으로 바뀌던 그 당시 문화에서 용납할 수 없다고 보았던, 빵과 포도주의 내적 본질에서 일어나는 불가사의한 변화라는 관념을 일체 배제하였다. 목적변화 개념은 빵과 포도주의 목적이 근본적으로 바뀌는 것을 뜻한다(예를 들어, 몸에 영양을 공급하는 목적이 영적인 양분을 공급하는 목적으로 대체된다). 의미변화 개념은 빵과 포도주가 상징하거나 가리켜 보이는 것이 완전히 바뀌는 것을 뜻한다(예를 들어, 음식을 가리키는 것에서 그리스도를 가리키는 것으로 바뀐다). 이 두 개념은 모두 빵과 포도주의 본질은 그것이 놓인 맥락이나 용도와 분리해서 생각할 수 없다는 가정을 근거로 한다.

'의미변화'와 '목적변화'라는 용어는 1960년대에 들어와, 전통적인 화체론을 불편하게 여겼던 벨기에 가톨릭 신학자들에 의해 두드러지게 사용되었다. 에드바르트 스힐레벡스는 그의 중요한 저술인 『성만찬』*The Eucharist*, 1968에서, 화체론의 바탕에 놓인 아리스토텔레스 철학의 뼈대가 많은 현대인들을 어렵게 하는 원인이라고 주장하였다. 트리엔트 공의회가 밝힌 기본적인 신학 통찰을 그대로 유지하면서도 그러한 통찰을 시대에 뒤지고 허약한 철학적 틀로 담아내지 않는 새로운 이론이 필요하다고 그는 보았다.

제2차 세계대전 후에 가톨릭 진영에서 성만찬을 존재론적 혹은 '물질적'으로 해석하는 방식에 대해 반감이 늘어난 일은 "상징적인 성례전 행위의 재발견", 곧 "성례전이란 무엇보다도 상징의 행위이자 표징으로서의 행위"라는 사실을 인식한 것과 맞아떨어진다고 스힐레벡스는 지적하였다. 스힐레벡스에 따르면, 이탈리아 학자 조셉 데 바치오키 Joseph de Baciocchi가 1950년대에 새롭게 이런 사고방식을 제시했으며 그가 염두에 둔 이론을 설명하기 위해 '목적변화'와 '의미변화', '기능변화'transfunctionalism 같은 용어를 도입하였다. 스힐레벡스는 피트 스호넨베르흐 Piet Schoonenberg, 1911-1999와 루케시우스 스미츠 Luchesius Smits, 1918-2010 같은 학자들 또한 이 사고방식에 크게 기여했다고 밝히면서, 이 쟁점에 대한 자신의 견해를 다음과 같이 주장하였다.

> 그러나 그리스도께서 자신을 선물로 주시는 것은 궁극적으로 빵과 포도주를 위한 것이 아니라 신자들을 위한 것이다. 실재적 임재가 신자들 가운데 이루어지지만 이 일은 이러한 빵과 포도주의 선물 안에서, 그리고 그 빵과 포도주의 매개를 통해서 이루어진다. 달리 말해, 이렇게 자기 자신을 내어주시는 주님은 **성례전적으로** 임재하신다. 이러한 기념식사 안에서 빵과 포도주는 새로운 **의미 형성**의 주체가 되는데, 이는 인간이 이루는 것이 아니라 교회 안에 살아계신 주님에 의해 이루어지는 것이며, 이 일을 통해 빵과 포도주는 우리에게 자기 자신을 내어주시는 그리스도의 실재적 임재를 가리키는 표징이 된다.

스힐레벡스가 주장하는 요점은 성만찬의 빵과 포도주의 의미는 사람이 독단적으로 해석하거나 인간의 마음대로 덧씌울 수 있는 것이 아니라는 것이다. 그 의미 해석은 교회가 행하는 판단 행위이며, 교회가 이 일을 행할 권위는 그리스도로부터 온다.

스힐레벡스가 보기에는 빵과 포도주 실체가 물리적으로 변한다는 개념을 끌어들일 필요가 전혀 없었다. 그리스도의 의도는 성만찬에 쓰이는 빵과 포도주의 형이상학적 특질을 바꾸는 것이 아니라, 신자들의 공동체인 교회 안에 그리스도가 항상 임재하신다는 사실을 빵과 포도주를 통해 확실하게 보장하는 데 있다.

> 어떤 물질이 물리적이거나 생물학적인 성질을 바꾸지 않고서도 본질적으로 변하는 것이 가능하다. 사람들 사이의 관계에서, 빵은 물리학자나 형이상학자가 생각하는 의미와는 전혀 다른 의미를 지닌다. 빵은 그것이 지녀온 물리적 성질을 그대로 유지하면서도 생물학적인 것과는 전혀 다른 의미 체계 속으로 들어갈 수 있다. 빵이 사람과 맺는 확고한 관계가 지금 우리가 말하는 것의 실재를 확정 짓는 역할을 하며 그렇게 해서 빵은 과거의 것과는 다른 것이 된다.

이 견해에 대한 가톨릭교회의 공식적인 반응은, 그러한 논의가 전통적인 화체론의 테두리를 벗어나지만 않는다면 받아들일 수 있다는 것이었다. 빵과 포도주가 전통적인 가르침이 주장하는 방식대로 변한다면, 당연히 빵과 포도주의 목적과 의미도 바뀐다는 결론이 나온다. 교황 바오로 6세[1897-1978]는 회칙, 「신앙의 신비」*Mysterium fidei, 1965*에서 이 점에 대해 다음과 같이 말했다.

> 실체변화가 일어날 때 빵과 포도주의 형상은 확실히 새로운 의미와 목적을 취하게 된다. 이제 그것은 더 이상 평범한 빵과 포도주가 아니며 성스러운 요소와 영적 음식의 표징이기 때문이다. 하지만 그것이 새로

운 의미와 목적을 취할 수 있는 까닭은 새로운 '실재'를 내포하기 때문이다.……이제 앞에서 언급한 형상 아래 있는 것[즉 그 요소들의 새로운 실체가 된 것]은 전에 거기에 있던 것이 아니라 완전히 다른 것이다.……바로 그리스도의 몸과 피다.

공재설(共在說)

마틴 루터와 밀접한 관계가 있는 이 견해에서는 빵과 그리스도의 몸이 동시에 현존한다고 주장한다. 실체에는 아무런 변화가 일어나지 않으며, 빵과 그리스도의 몸이라는 두 실체가 함께 존재한다. 루터는 화체설*이 불합리한 것이요 신비를 합리화하려는 시도라고 보았다.

    루터에게 중요한 것은 그리스도가 성만찬에 실제로 임재한다는 사실이었지 그가 어떻게 임재하느냐를 따지는 특별한 이론이 아니었다. 루터는 자신의 논점을 주장하기 위해 오리게네스약 185-254에게서 빌려온 다음과 같은 이미지를 사용하였다. 만일 불 속에 철을 넣어 달군다면, 뜨거워진 철 속에 철과 열이 동시에 존재하게 된다. 루터는 성만찬에 임재하는 그리스도의 신비를 설명하기 위해 난해한 형이상학을 동원해 따지기보다는 이처럼 간단하고 일상적인 유비를 이용하는 것이 훨씬 더 낫다고 생각하였다. 루터의 주장에 의하면, 우리가 믿어야 할 것은 실체변화라는 특별한 교리가 아니라 그리스도가 실제로 성만찬에 임재한다는 사실이다. 그러한 임재의 사실에 부차적으로 덧붙이는 어떠한 이론이나 설명보다도 그 사실이 훨씬 더 중요하다고 그는 주장한 것이다.

실재적 부재: 기념설

'실재적 임재'를 형이상학적으로 가장 혹독하게 다룬 견해는 스위스

* 화체설
transubstantiation
성만찬에서 빵과 포도주가 그 겉모습은 그대로 유지하면서도 그리스도의 살과 피로 변한다고 가르치는 교리.

의 개신교 종교개혁자인 울리히 츠빙글리와 밀접한 관계가 있다. 츠빙글리에게 성만찬(그는 이것을 '기념'이라고 부르기를 좋아한다)은 "그리스도의 고난을 기념하는 것이지 희생제사가 아니다." 여기서 살펴볼 여러 가지 이유로 인해, 츠빙글리는 "이것은 내 몸이니라"는 말을 문자적으로 이해해서는 안 된다고 주장하며, 그렇게 해서 성만찬에서 그리스도의 '실재적 임재'라는 개념을 완전히 제거했다. 집을 떠나 먼 여행길에 오르는 남자가 아내에게 자기가 돌아올 때까지 기억하라고 반지를 건네주는 것처럼, 그리스도께서도 자신이 영광스럽게 돌아오는 그날까지 그를 기억할 표를 교회에게 주셨다.

그렇다면 가톨릭의 전통적 견해인 실재적 임재의 토대가 되어 왔고 또한 루터가 실재적 임재를 옹호하면서 굳게 붙잡았던, "이것은 내 몸이니라"(마 26:26)는 말씀은 어떻게 이해해야 하는가? 츠빙글리는 "성경에는 '이다'is라는 말이 '상징하다'signify를 뜻하는 구절이 셀 수 없을 정도로 많다"고 주장하였다. 따라서 다루어야 할 문제는,

> 마태복음 26장의 "이것은 내 몸이니라"는 말씀을 은유나 상징이라는 관점에서 이해해도 되겠는가 하는 것이다. 이러한 맥락에서 "이다"라는 말을 문자적으로 받아들일 수 없다는 것은 이미 확실히 밝혀졌다. 그러므로 그 말은 은유나 비유로 해석되어야 마땅하다는 결론이 나온다. "이것은 내 몸이니라"는 말씀에서 "이것"은 빵을 뜻하고, "몸"은 우리를 위해 죽으신 몸을 뜻한다. 따라서 "이다"라는 말을 문자적으로 해석해서는 안 된다. 빵은 몸이 아닌 까닭이다.

이렇게 해서 츠빙글리는, 빵과 포도주가 성만찬 예식 속에 놓일 때 그 의미가 바뀐다는 '의미변화' 이론을 주장한다. 이 의미변화는 객관적인 것이 아니라 주관적인 것이며, 여기서 중요한 것은 빵과 포도주의 실제 본질이 아니라 예배자들이 빵과 포도주를 어떻게 받아들이느냐이다. 그래서 빵과 포도주는 그리스도가 계시지 않는 동안

에 그를 기억하게 해주는 장치가 되며, 교회로 하여금 언젠가 다시 오실 주님을 바라보게 하는 소망의 원천이 된다. 이 견해에서는 임재는 전혀 논하지 않으며, 바로 그 때문에 그리스도가 성만찬에 임재하는 문제를 둘러싼 형이상학적 난점이 없다.

유아세례에 관한 논쟁

기독교 전체에서 거의 보편적으로 인정되는 두 번째 중요한 성례전이 세례다. 이 성례전을 두고 빚어진 가장 중요한 논쟁은 유아에게 세례를 베푸는 것이 합당한가, 만일 합당하다면 그 관례를 어떠한 신학적 근거에서 정당화할 수 있겠는가라는 것이다. 초대교회가 유아세례를 베풀었는지는 분명하지 않다. 신약성경은 유아세례에 대해 특별히 언급하지 않는다. 하지만 그 관례를 딱히 금지하지도 않으며 또 유아세례를 묵인하는 것으로 해석할 수도 있는 구절을 다수 포함하고 있다. 온 가족(유아도 포함되었을 것이다)이 세례 받는 것을 가리키는 구절들(행 16:15, 33, 고전 1:16)이 그 예다. 바울은 세례를 할례에 상응하는 영적인 짝이라고 보았으며(골 2:11-12), 그 유사성을 근거로 세례가 유아까지 포함하는 것으로 시사한다.

기독교인 부모들이 자녀에게 세례를 받게 하는 전통—흔히 유아세례paedobaptism로 불린다—은 많은 고난을 당하면서 그에 대한 대응으로 나타난 것으로 보인다. 유대교의 할례 의식에 비추어서 기독교인들이 자녀들을 위해 그와 유사한 통과의례를 고안했을 수도 있다. 더 넓게 보아, 믿는 가정에서 아이가 출생했을 때 부모들을 도와주고 축하하는 목회적 행위였을 수도 있다. 부분적으로는 이러한 필요 때문에 유아세례가 시작되었다고 볼 수 있다. 그러나 분명히 밝혀둘 사실은 이 관습의 역사적인 기원과 사회적 혹은 신학적 동기가 무엇인가에 대해서는 전혀 확인할 수 없다는 점이다.

우리가 말할 수 있는 것은 유아세례의 관습이 2세기나 3세기 때에 비록 보편적이지는 않더라도 널리 퍼지게 되었으며, 중요한 신학 논쟁인 펠라기우스 논쟁에 커다란 영향을 끼쳤다는 사실이다. 3세기에 와서 오리게네스는 유아세례를 보편적인 관례로 인정하였으며, 인간은 누구나 그리스도의 은총을 필요로 한다는 점을 근거로 이 관례를 정당화하였다. 후에 아우구스티누스도 그와 유사한 주장을 폈다. 그리스도는 만인의 구주시기 때문에, 이 사실에서 어린아이를 포함해 모든 사람이 구속의 대상이 된다는 결론이 나오고 이 구원을 부분적으로나마 세례가 제공해 준다고 그는 주장하였다. 유아세례에 반대하는 견해를 테르툴리아누스의 저술에서 볼 수 있는데, 그는 어린아이에게 세례를 주는 일은 그 아이가 "그리스도를 안다"고 인정할 때까지 미루어야 한다고 주장하였다.

훨씬 후대에 이르러 유아세례는 칼 바르트[1886-1968]의 저술을 통해 부정적인 관점에서 혹독하게 파헤쳐졌다. 그는 이 관례에 대하여 다음과 같이 세 갈래의 주요한 비판을 제기하였다.

❶ 유아세례는 성경적인 근거가 없다. 역사의 증거들이 한결같이 가리키는 것은 유아세례가 신약성경 시대가 아니라 사도 시대 이후에 규범이 되었다는 사실이다.

❷ 유아세례의 관례로 말미암아 사람들은 출생하는 순간에 기독교인이 된다는 끔찍한 가정이 퍼지게 되었다. 바르트는 유아세례가 하나님의 은총의 가치를 훼손하고 기독교를 완전히 사회적인 현상으로 끌어내린다고 주장하였다. 이 생각은 분명 디트리히 본회퍼[1906-1945]가 주장한 '싸구려 은혜'라는 유명한 개념과 유사하다. 본회퍼는 싸구려 은혜를 "회개를 요구하지 않는 사죄 선언, 교회의 훈련이 생략된 세례"라고 정의하였다.

❸ 유아세례 관례는 세례와 기독교 제자도를 이어주는 핵심 고

리를 허약하게 만든다. 세례란 하나님의 은총에 대한 증언이며 또 그 은총에 대한 인간의 응답의 출발점이다. 어린아이는 이러한 응답을 의미 있게 할 수 없기 때문에 세례의 신학적 의미가 흐려진다.

이러한 바르트의 주장에 일일이 반박하는 것도 가능하겠지만, 달리 생각하면 그의 주장은 적어도 일부 주류 교회들에서는 유아세례 관습의 오용 가능성에 대해 염려하고 있었다는 사실을 여실히 보여주는 증거가 된다.

기독교 전통에서 유아세례 문제에 대한 세 가지 주요한 견해를 볼 수 있다. 그 세 가지를 차례대로 살펴본다.

유아세례는 원죄의 죄책을 없애 준다

이 견해는 카르타고의 키프리아누스[258 사망]에게서 처음으로 나왔는데, 그는 유아세례에 의해 원죄와 죄의 행위들이 모두 제거된다고 주장하였다. 유아세례를 신학적으로 정당화하는 과정의 최종 마무리는 히포의 아우구스티누스가 펠라기우스 논쟁을 둘러싼 쟁점들에 대응하는 과정에서 이루어졌다. 신조(니케아-콘스탄티노플 신조를 말한다—옮긴이)에서는 "죄 사함을 위한 하나의 세례"가 있다고 증언하지 않았는가? 따라서 유아세례는 원죄를 없애 준다는 결론에 이르게 된다.

이러한 견해는 잠재적인 난점을 제기하였다. 세례에 의해 원죄가 없어진다고 하는데, 그렇다면 왜 세례 받은 아이들은 훗날 살아가면서 죄짓는 행동을 하는가? 이 반론에 대해 아우구스티누스는 원죄의 **질병**disease 과 **죄책**guilt 을 구분함으로써 대응하였다750-752쪽. 세례는 원죄의 죄책은 제거하지만 원죄의 결과는 없앨 수 없으며, 이 원죄의 결과는 신자 안에서 지속되는 은총의 사역을 통해서만 제거할 수 있다고 보았다.

이 견해가 함축하는 중요한 문제 가운데 하나는, 유아기 때든 인생의 후기에든 세례를 받지 않고 죽은 사람들의 운명이 어떻게 되느냐는 것이었다. 세례가 원죄의 죄책을 제거해 주는 것이라면, 세례 받지 않고 죽은 사람은 그대로 죄책이 남게 된다. 그렇다면 그들에게 어떤 일이 일어나는가? 아우구스티누스의 견해에 따르면 그런 사람들은 당연히 구원받지 못한다. 아우구스티누스 자신이 분명 이러한 믿음을 가졌으며 세례 받지 않고 죽은 유아들은 영원한 형벌에 처해진다고 강력히 주장하였다. 하지만 그런 유아들은, 어른이 되어 실제로 죄를 지은 사람들이 당하게 되는 지옥의 고통은 겪지 않는다고 보았다. 이러한 논의로 말미암아 지옥 개념에 대한 이론들이 놀랍게 증가하였다. 이에 대해서는 나중에 다시 살펴본다987-990쪽.

하지만 아우구스티누스의 이론은 그 부당성을 강하게 주장하는 폭넓은 압력에 밀려 수정되었다. 페트루스 롬바르두스는 세례 받지 못한 유아들이 '유죄 판결의 벌'만 받을 뿐 커다란 고통이 수반되는 '온몸의 벌'은 받지 않는다고 주장하였다. 그런 아이들은 유죄로 판결 받기는 하지만 그 판결에는 지옥에서 겪는 육체적인 고통이 포함되지 않는다. 이 개념을 가리켜 흔히 '림보'("가장자리"나 "경계선"을 뜻하는 라틴어 *limbus*에서 왔다)limbo 라고 부르는데, 이 개념은 꽤 모호한 개념으로서 어떤 기독교 단체에서도 공식적인 가르침에 포함하지 않았다. 단테1265-1321 의 지옥 이야기에서 이 림보 개념을 볼 수 있는데, 이에 대해서는 나중에 살펴본다970쪽. 2007년에 국제신학위원회(교황 바오로 6세가 처음 조직한 단체)ITC 가 림보 개념에 관한 보고서를 제출하였다. 이 위원회는 림보가 여전히 "신학적으로 가능한 의견"이라고 인정하면서도 "우리가 유아들에게 해주기를 바라는 것, 곧 그들에게 세례를 베풀어 교회의 삶과 신앙 안에 받아들이는 일을 할 수 없을 때에라도, 하나님께서는 그들을 구원하시리라는 희망을 지닐 확고한 근거"가 있다고 강조하였다.

유아세례는 하나님께서 교회와 맺은 언약에 근거한다

앞에서 우리는 많은 신학자들이 성례전을 **공동체에 소속됨을 확증해 주는 것**이라는 의미로 해석했다는 사실을 살펴보았다881-884쪽. 많은 개신교 신학자들이 유아세례를 하나님과 그의 백성 사이의 언약을 가리키는 표징으로 이해하여 유아세례 관례를 정당화하려고 애썼다. 교회에서 행하는 유아세례는 유대교의 할례 의식과 직접 상응하는 것으로 생각되었다.

이 견해는 츠빙글리에게서 시작되었다고 볼 수 있다. 츠빙글리는 일부 교부 신학자들, 그중에서도 특히 동방교회 신학자들과 마찬가지로 '원 죄책'original guilt 개념을 상당히 회의적으로 보았다. 어떻게 갓난아이에게 무언가에 대한 죄책이 있다고 말할 수 있겠는가? 죄책이란 어느 정도 도덕적 책임을 함축하는 것으로, 유아들에게는 그러한 책임이 있을 수 없다. 츠빙글리는 아우구스티누스의 '원 죄책' 개념을 거부함으로써—일시적으로나마—자신에게서 유아세례 관례를 정당화할 근거가 없어졌다는 사실을 알았다. 그는 신약성경을 근거로 해서 이 관례를 정당화했던 것이다. 그렇다면 어떻게 이 관례를 이론적으로 정당화할 수 있겠는가?

츠빙글리는 이스라엘의 울타리 안에서 태어난 사내아이들은 하나님의 백성에 속한다는 외적 표징을 지녀야 한다고 규정한 구약성경에서 답을 찾아냈다. 그 외적 표징이란 바로 포피를 제거하는 의식인 할례였다. 그래서 유아세례를 할례와 유사하게 언약 공동체에 속했음을 보이는 표징이라고 볼 수 있게 되었다882-884쪽. 츠빙글리는 유아세례가 기독교의 포용적이고 온건한 성격을 공적으로 더 확실하게 보여준다고 주장하였다. 남자와 여자 아이들 모두에게 세례를 베푸는 데서 기독교의 **포용적인** 특성이 분명하게 드러난다. 이에 비해 유대교는 사내아이들에게만 할례를 베풀었다. 세례가 고통이나 피 흘리는 일 없이 이루어지는 데서 복음의 **온건한** 특성이 확연하게 드러난다. 그리스도는 십자가의 죽음뿐만 아니라 할례를 받은 일을 통해서도 고통당하였으며, 그렇게 해서 자기 사람들은 그러한 고통을 당할 필요가 없게 하였다.

유아세례는 정당하지 않다

16세기의 급진 종교개혁과 뒤이어 17세기에 영국에서 등장한 침례교회에서는 유아세례라는 전통적 관례를 거부하였다. 은총이나 회개, 신앙의 표지를 보이는 개인에게만 세례를 베풀어야 한다. 신약성경이 유아세례에 대해 침묵하는 것은 성경이 그 관례를 전혀 보증하지 않는다는 의미로 받아들여야 한다.

이러한 견해가 형성된 바탕에는 전체 성례전, 그중에서도 특히 세례의 기능을 이해하는 독특한 방식이 자리 잡고 있다. 기독교 전통에서는 성례전이 **원인적**causative인 것인지 아니면 **선언적**declarative인 것인지와 관련해 오랫동안 논쟁이 이루어져 왔다. 즉, 세례는 죄의 용서를 낳는 원인이 되는가? 아니면 죄 용서가 이미 이루어졌음을 선언하거나 나타내 보이는 것인가? '신자의 세례'라는 관례는 회심한 사람 편에서 신앙을 공적으로 선언한다는 것을 전제로 한다. 회개는 이미 이루어졌으며, 세례는 회개가 이루어졌음을 공적으로 선언하는 것이다.

앞에서 언급했듯이, 이 견해는 츠빙글리의 견해와 유사하다. 츠빙글리의 견해와 위의 침례교회 견해 사이의 근본적 차이점은 세례에서 공적으로 선언되는 사건을 서로 다르게 해석한다는 점이다. 츠빙글리는 그 사건을 **믿음의 공동체 안에 태어나는 것**이라고 본다. 침례교회 학자들은 그 사건을 **개인의 삶 속에서 인격적 신앙이 돋트는 것**이라고 이해한다.

텍사스 주 남침례교회의 대표적 인물인 베나야 하비 캐롤Benajah Harvey Carroll, 1843-1914이 이 견해를 간명하게 설명해 준다. 캐롤은 세례가 타당하기 위해서는 다음과 같은 네 가지 요소가 충족될 필요가 있다고 주장하였다.

❶ 합당한 **권위**—교회—가 성례전을 거행해야 한다.
❷ 합당한 **주체**—회개하는 신자—가 성례를 받아야 한다. 캐롤은 회개가 세례에 선행해야 한다고 주장한다.
❸ 합당한 **행위**가 이루어져야 한다. 즉 세례는 물속에 완전히 잠김으로써 행해진다.
❹ 합당한 **의도**가 밝혀져야 한다. 즉 세례는 상징적인 것이며 따라서 세례 받는 개인의 회개를 이루어 주는 것으로 이해되어서는 안 된다.

위의 네 가지 요소는 남침례회연맹 초기에 지적으로 큰 영향을 끼친 인물인 제임스 로빈슨 그레이브스James Robinson Graves, 1820-1893가 세운 표준을 약간 발전시킨 것이다. 그레이브스는 세례의 본질적 특성을 다음과 같은 세 가지로 밝혔다. 합당한 주체(믿음을 지닌 기독교인), 물속에 완전히 잠기고 삼위일체의 이름으로 세례를 받는 합당한 양식, 그리고 "침례를 받은 신자로서 복음적 교회의 권위를 위임 받아 예식을 행하는" 합당한 집례자가 그것이다.

지금까지 우리는 교회와 성례전이 복음과 어떠한 관계가 있는가라는 문제를 포함해서 기독교 교회의 삶을 구성하는 여러 가지 중요한 신학적 문제들을 살펴보았다. 하지만 한 무더기 새로운 문제들이 우리를 기다리고 있다. 기독교 공동체는 기독교 신앙 밖의 다른 공동체들과는 어떠한 관계가 있는가? 이 문제는 서구 사회가 자신의 다문화적 본질을 인식하면서 매우 중요한 것으로 떠올랐다. 기독교 교회는 기독교 이외의 종교들과 자신의 관계를 어떻게 이해해야 하는가? 다음 17장에서는 이러한 쟁점들을 살펴본다.

돌아보는 질문

❶ "성례전은 신성한 것들의 표징이다." 이러한 초기의 정의가 결국 적합하지 않은 것으로 드러난 이유는 무엇인가?

❷ 중세 교회가 인정한 일곱 가지 성례전은 무엇인가?

❸ 종교개혁자들이 성례전의 숫자를 일곱 개에서 두 개로 줄이는 데 사용한 기준이 무엇인지 설명하라.

❹ 츠빙글리가 성만찬에서 그리스도의 '실재적 임재'라는 개념을 거부한 근거는 무엇인가?

❺ '의미변화' 개념은 '실체변화'(화체설) 개념과 어떤 관계가 있는가? 후자 없이도 전자가 유지될 수 있는가?

❻ 유아세례를 찬성하는 사람들과 반대하는 사람들의 핵심 주장을 간단하게 요약하라. 각 주장은 세례 받는 아이들에게 어떤 차이를 낳는가?

기독교와
세계 종교들

17

기독교는 팔레스타인에서 시작되어 세계로 뻗어 나가 거의 모든 지역에 뿌리를 내린 세계 종교다. 이렇게 확장되는 과정에 다른 종교 전통들과 마주치면서 당연히 그 종교들과의 관계를 숙고하게 되었다. 기독교는 유대교를 모체로 삼아 탄생했다는 점과, 기독교의 배경이 된 유대교와 복음의 관계를 분명히 밝히는 데 신약성경의 많은 부분이 할애되었다는 사실을 기억하는 것이 중요하다.

기독교인들은 언제나 기독교가 유대교와 밀접한 관계가 있다고 확신했다. "아브라함과 이삭과 야곱의 하나님"은 "우리 주 예수 그리스도의 아버지 하나님"과 동일한 분이다. 초대 기독교는 유대교 안에서 발생하였으며, 최초로 이 운동으로 개종한 사람들은 유대인들이었다. 신약성경에는 기독교인들이 마을 회당에서 설교했다는 이야기가 빈번하게 나온다. 로마 관리 같은 외부의 관찰자들이 기독교를 독특한 정체성을 지닌 새 운동이 아니라 유대교의 한 종파로 여길 만큼 두 운동은 많은 유사성을 지녔다.

기독교와 유대교의 연속성을 강조하면서 초기 기독교인들은 여러 가지 심각한 난제를 안게 되었다. 첫째로 기독교인의 삶에서 유대 율법의 역할이 무엇인가라는 문제가 생겨났다. 유대교의 전통적 제의와 관습들을 기독교 교회 안에서도 계속 지켜야 하는가? 증거에 의하면, 기독교로 개종한 비유대인들이 유대계 기독교인들로부터 그러한 제의와 관습을 지키라는 압력을 받았던 기원후 50년대와 60년대 사이에 이 쟁점이 특히 중요한 문제가 되었다. 할례가 특히 예민한 문제였는데, 이방인이었다가 기독교로 개종한 사람들이 율법에 순종하여 할례를 받아야 한다는 압박을 자주 받았기 때문이다.

그러나 세계로 퍼져 나가면서 기독교는 역사적·문화적으로 완전히 낯선 신앙 체계들과 만나게 되었다. 기독교와 신비 종교들은 어떤 관계가 있는가? 영지주의와는? 확산이 계속되면서 만나게 된 이슬람교와의 관계는 어떤가? 힌두교와의 관계는? 아프리카의 토착 종교들과는? 다양한 형태의 불교와는 어떤 관계가 있는가? 기독교 신학의 역사를 공부하는 것은 곧 이러한 물음들의 점증하는 중요성을 헤아리는 것이라고 할 수 있다. 서구 신학 전통에서는 18세기에 와서야 이러한 쟁점에 대해 진지한 논의가 시작되었다.

중세와 종교개혁 시대의 신학 문헌들 속에는 이러한 쟁점에 대한 관심이 놀라울 정도로 빈약하게 나타난다. 하지만 개별 사상가들이 이 쟁점을 의식하고 있었다는 점을 분명하게 보여주는 실마리들이 있다. 페트루스 아벨라르두스[1079-1142]는 욥이나 노아, 에녹 같은 '이교 출신 성도들'에 관하여 썼다. 교황 그레고리우스 7세[약 1025-1085]는 코란을 믿는 이슬람교도들이 아브라함의 품속에서 구원을 얻을 수 있는 가능성을 인정하였다. 13세기에 파리 대학교에서 활동하면서 유대교와 이슬람 철학의 중요성을 분명하게 인식했던 토마스 아퀴나스[약 1225-1274]는, 아직 복음을 듣지 못했으나 들었더라면 받아들였을 사람들을 위해 '암묵적 신앙'implicit faith과 '원의(願意)의 세례'baptism of desire라는 개념을 고안하였다. 하지만 이 쟁점은 우리가 기대하는 만큼 진지한 성찰을 이끌어 내지 못했다.

이렇게 관심이 빈약했던 이유 가운데 하나는 기독교 세계의 형성 때문이었다. 1000년경부터 1800년경까지 전 세계 기독교인의 대부분이 살았던 서유럽은 대체로 획일적인 기독교 사회체제를 이루었으며, 종교적 다원성에 대해서는 거의 알지 못했다. 중요한 예외가 중세 스페인인데, 여기서는 기독교인과 유대인과 이슬람인들이 1492년까지, 언제나 평화롭지는 못했지만 함께 어울려 살았다. 소수의 예외가 있기는 해도 1000년에서 1800년까지의 서구 교회 신학은 대체로 다른 종교의 문제가 중요하다고는 생각하지 못했다. 두 가지 현상이 이러한 인식에 변화를 일으켰다.

첫째, 서구의 식민지가 확장되면서 기독교는 다른 종교, 특히 동남아시아와 아프리카의 종교들과 직접 만나게 되었다. 전형적인 사례를 영국의 인도 점령에서 볼 수 있다. 영국이 점령한 인도에서는 교육 수준을 끌어올리려는 목적으로 많은 학교와 대학이 세워지게 되었다. 인도에서 가르쳤던 영국 신학자들은 특히 19세기의 어떤 서구 사회에서도 유사성을 찾아볼 수 없는, 지배적인 힌두교 문화에서 생겨나는 쟁점들과 씨름할 수밖에 없었다. 그러한 힌두교의 문화를 어떻게 기독교의 시각에서 받아들일 수 있을까?

둘째, 제2차 세계대전이 끝난 후 힌두교와 이슬람교 문화가 지배하는 지역에서 서구로 이민 온 사람들이 사회적으로 중요한 주제가 되었다. 서구에 비기독교 공동체가 증가하면서 기독교가 이 신앙 공동체들을 어떻게 이해해야 하는가라는 포괄적인 문제가 제기되었다. 예를 들어 종교철학자인 존 힉1922-2012은 영국 제2의 도시인 버밍엄에서 다른 종교인들과 맺었던 인격적인 우정이 자신의 독특한 종교 이론을 발전시키는 데 도움이 되었다고 밝혔다.

기독교의 복음선포는 언제나 경쟁 관계에 있는 종교적·지적 신념 체계들과 겨루며 다원적 세계 안에서 이루어졌다. 유대교라는 모태 안에서 복음의 등장, 그리스 문화 환경 속에서 이루어진 복음전파, 이교의 땅 로마제국 안에서 초기 기독교의 확장, 인도 동남부에 마르 토마Mar Thoma 교회의 설립 등, 이 모든 일에서 평범한 기독교 신자들은 물론 변증가나 신학자들도 기독교에 맞설 만한 대안들이 존재한다는 사실을 깨닫고 그러한 형편에 적합하게 대응해야만 하는 경험을 하게 되었다.

19세기 말과 20세기 초, 북아메리카와 서유럽의 기독교인들은 대체로 세상의 종교적 다양성에 대한 경험이 없었으며 따라서 이와 같은 쟁점들이 중요하다는 점은 미처 생각하지 못했을 것이다. 그런 사람들에게 '다른 종교'란 개신교와 가톨릭 사이의 오랜 갈등을 가리키는 말 정도로 보였을 것이다. 동양의 주요 종교들에 대해서는 거의 알지 못했다. 이러한 형편은 독일의 동양학 연구자인 막스 뮐러Max Mueller, 1823-1900가 방대한 연작인 『동양의 성스러운 책들』The Sacred Books of the East, 1875년 첫 권 출간을 펴내면서 바뀌게 되었다.

하지만 20세기 후반에 이르러 서양에서 상황이 완전히 바뀌게 되었다. 미국과 캐나다의 해안 지역과 오스트레일리아의 많은 도시들로 동양 종교를 믿는 사람들이, 특히 중국 문화에서 자라난 사람들이 몰려들었다. 영국에서는 인도 아대륙에서 이민자들이 몰려들고 힌두교와 이슬람교가 소수 민족들의 존재를 대변하는 중심이 되면서 상황이 급변하여, 이전의 북아프리카 식민지에서 이주한 사람들과 함께 이슬람교가 유입되면서 뒤흔들렸던 프랑스의 사회 형태와 같은 일이 일어났다. 그 결과, 서양의 신학자들(이들은 여전히 이 쟁점에 대한 논의 전체를 주도하는 사람들이다)은 세계 도처에서 기독교인들이 일상적인 현실로 경험하는 쟁점들을 점점 더 분명하게 인식하게 되었다. 기독교와 다른 종교와의 관계를 신학적으로 해명하는 것이 현대 세계에서 매우 중요한 일이 된 것이다.

종교를 연구하는 방법에는 근본적으로 성격이 다른 두 가지가 있으며, 그 각각은 현대 서구 학계에서 쉽게 찾아볼 수 있다.

객관적 접근법

이 방식에서는 기독교를 포함해 종교를 철학이나 사회과학의 시각에서 또는 (현대 미국의 많은 '종교학부'에서 하는 것처럼) 폭넓게 '종교적인' 관점에서 설명한다. 이 방식을 분명하게 보여주는 예가 앤서니 기든스Anthony Giddens, 1938 출생의 유명한 교과서 『현대사회학』Sociology, 1989 인데, 이 책은 사회학의 관점에서 종교적인 문제를 다룬다. 그의 이론은 유익한 점이 많다. 예를 들어, 그는 종교를 연구할 때 서구의 문화적 편견이 상당 부분 끼어들 수 있다는 점을 분명히 하기 위해 어떤 것이 종교가 아닌지를 네 가지로 설명한다. 기든스는 사회학적 관점에서 어떤 것이 종교가 아닌지를 다음과 같이 밝힌다.

❶ 종교는 **일신론**과 동일시되어서는 안 된다.
❷ 종교는 **도덕적 규범**과 동일시되어서는 안 된다.
❸ 종교가 반드시 **세계를 해명**해야 하는 것은 아니다.
❹ 종교는 **초자연적인 것**과 동일시되어서는 안 된다.

너무 안일하게 종교를 일신론과 동일시하는 것에 대한 기든스의 논평은 참 흥미롭다.

종교는 일신론(유일신을 믿는 신앙)과 동일시되어서는 안 된다. 니체가 주장한 '신의 죽음'이라는 명제는 극히 자기 민족 중심적이고 또한 서구의 종교사상에만 한정된 것이다. 대부분의 종교가 여러 신을 믿는다.……어떤 종교에는 아예 신이 없다.

사회학자인 기든스의 관심은 한정적이고 해석적인 틀 안에 종교를 욱여넣지 않고 단지 종교 현상을 상세히 열거하는 것이었다.

신앙적 접근법

이 방식에서는 확고하게 기독교적인 시각에서 종교의 기원과 기능을 설명한다. 이 책에서 우리가 주로 취하는 방법은 바로 이 접근법이다. 이 책은 종교 일반에 관한 이론이 아니라 구체적으로 기독교 신학을 다루기 때문이다.

그러나 현대 문화에서 종교가 매우 중요한 문제인 까닭에, 기독교 중심적인 접근법을 다루기에 앞서 세계 종교에 대한 '객관적' 접근법을 몇 가지 살펴보는 것으로 논의를 시작하는 것이 옳겠다.

───────────────────── 다양한 종교 이론

'기독교와 타종교'라는 주제를 다룰 때 곧바로 따라 나오는 문제가 종교를 어떻게 정의할 것인가이다. 이 문제는 아직 보편적으로 통하는 정의가 나오지 않았다는 사실로 인해 해결하기가 참 까다롭다. 19세기와 20세기에, 종교의 본질을 전혀 다르게 이해하면서 제각각 '과학적'이라거나 '객관적'이라고 주장하는 여러 이론들이 등장하였다. 이러한 이론 가운데 어떤 것들(칼 마르크스[1818-1883]와 지그문트 프로이트[1856-1939], 에밀 뒤르켐[1858-1917]의 이론 등)은 두드러지게 환원주의적인 특성을 지녔으며, 대체로 그 이론을 세운 개인이나 제도의 의제를 반영해 다듬어졌다. 이러한 환원주의적인 방법은 미르체아 엘리아데[1907-1986] [930쪽] 같은 학자들에게 명백한 약점을 지닌 것으로 크게 비판

받았다.

토마스 루크만Thomas Luckmann, 1927 출생의 책, 『보이지 않는 종교』 The Invisible Religion, 1967 는 종교라는 말을 "초자연적이거나 초경험적인 지시체referent가 없는 믿음들"을 가리키는 뒤르켐식의 의미로 사용하는 종교사회학에 크게 기여한 주요 작품으로 간주되었다. 그때 많은 학자들은 종교라는 용어를 "초자연적인 지시체를 지닌 믿음이나 실천들"을 가리키는 말로 사용하고 있었다. 하지만 앤서니 기든스의 논평에서 분명하게 밝혀졌듯이(앞 항목을 보라), 이런 생각은 결코 보편적인 것으로 인정받지 못하고 있으며, 특히 종교를 사회현상이자 인간의 산물로 다루는 데 확고한 관심을 가진 사회학자들 사이에서 그렇다.

종교에 대한 정의 가운데서는 중립적인 것을 거의 찾아볼 수 없으며, 오히려 자기가 공감하는 제도나 신념을 편들고 자기가 싫어하는 것에는 불리하게 정의가 이루어진다는 사실을 분명히 해둘 필요가 있다. 종교에 대한 정의는 분명 개별 학자들의 특별한 목적이나 선입견에 따라 좌우되는 경향이 있다. 따라서, 모든 종교는 동일한 신적 실재로 인도한다는 점을 입증하는 데 크게 관심을 둔 학자라면 바로 그러한 신념을 반영한 종교 정의를 내놓을 것이다(예를 들어, 막스 뮐러1823-1900의 유명한 종교 정의는 "다양한 이름과 모습으로 나타나는 무한한 존재를 인식하는 인간의 능력"이다). 종교란 각 문화가 자기의 특정한 조건에 맞추어, 동일하고 근원적인 초월적 궁극자에게 보이는 응답이라고 주장하는 최근의 저술들에도 이와 유사한 개념이 깔려 있다. 이러한 이론은 '현상'phenomena과 '본체'noumena를 나누고, 종교는 전자에 속하며 '궁극적 실재'는 후자에 해당하는 것이라고 주장하는 한물간 칸트식의 구분에 지나치게 의존한 것이라고 볼 수 있다. 이런 식의 구분은 도널드 데이비슨Donald Davidson, 1917-2003 같은 학자들이 펼친 전체적이고 언어적인 해석 이론이 등장함으로써 크게 도전받았다. 이 해석에서는 종교에다 칸트의 이론을 적용하는 것은 일관성과 관련해 심각한 문제가 있을 수 있다고 보았다.

현장인류학을 전공하는 학자들(에번스 프리처드[1902-1973]와 클리포드 기어츠[1926-2006] 등)은 훨씬 더 복잡하고 사려 깊은 종교 모델을 제시하였다. 현대 인류학과 종교사회학에서 논의하는 중요한 문제가 종교를 '기능적으로'(종교를 어떤 개념과 제의들이 사회나 개인의 삶에서 담당하는 기능이라는 관점에서 이해한다) 정의할 수 있는지 아니면 '본질적으로'(종교는 신성하거나 영적인 특정 존재들에 관한 믿음과 관계가 있다) 정의할 수 있는지의 문제다. 사용하는 용어는 크게 차이가 있지만('초자연적'이나 '영적', '신비적인' 등의 핵심 용어의 적합성을 두고 학자들이 의견을 달리한다), 어떻게 이해하든 종교는 초자연적 영역에 속한 신적이거나 영적인 존재들과 연계된 믿음과 행동을 다루는 것이라는 데는 대체로 의견이 일치한다.

아래에서 우리는 세계 종교들을 설명하는 주요한 이론 몇 가지를 살펴본다. 몇 가지는 세속적인 관점을 따르고, 몇 가지는 분명하게 기독교적인 관점에 근거한다. 먼저, 계몽주의 시대에 나타난 이론부터 살펴본다.

계몽주의: 종교는 원초적 자연종교가 타락한 것이다

계몽주의 시대에 이르러, 종교란 근본적으로 원초적인 합리적 세계관이 타락한 것으로, 사제들이 사회 속에서 자신들의 지위를 보존하고 강화하려는 수단으로 꾸며낸 것이라는 개념이 등장하였다. 이신론자 작가 랠프 커드워스[Ralph Cudworth, 1617-1688]는 『우주의 참된 지적 체계』[True Intellectual System of the Universe], 1678에서 주장하기를, 모든 종교는 궁극적으로 공통된 윤리적 일신론에 기초한다고 하였다. 여기서 윤리적 일신론이란 기독교나 유대교의 독단적인 교리나 종교 제의 같은 것이 전혀 없이 기본적으로 윤리적 특성을 지니는 단순한 자연종교를 말한다. 원시의 합리적인 자연종교는 그 초기 해석자들의 손에서 타락하였다. 이러한 견해는 매튜 틴들[1657-1733]의 유명한 저술인『창조만큼이나 오래된 기독교』[1730]에서도 볼 수 있다. 이 책에서는 실재의 합리성, 그리고 이러한 합리성을 드러내고 파악하는 인간의 능력이라는 계몽주의의 기본 가정을 기초로 해서, 다양한 세계 종교의 근간을 이루는 것은 그것이 어떤 것이든 궁극적으로 합리적인 특성을 지니며 따라서 인간이 이성으로 밝혀내고 묘사하고 분석할 수 있는 것이라고 주장하였다.

그러나 보편적인 합리적 종교라는 개념은 다양한 세계 종교들과 충돌을 일으켰다. '항해 문학'이라는 장르가 성장하고, 점차 중국과 인도, 페르시아, 베다의 종교 문헌들을 손에 넣게 되면서 이러한 종교에 대한 유럽인의 지식이 깊어지자, 인간의 종교적 믿음과 실천이 놀라울 정도로 다양함을 보여주는 증거들 앞에서 보편적인 이성의 종교라는 관념은 어려움에 봉착하게 되었다. 경험적인 증거와 씨름하기보다는 이성을 옹호하는 데 관심이 더 컸던 많은 계몽주의 사상가들은 이러한 다양성을 해명하는 종교 이론을 발전시켰다.

특히 큰 인기를 끌었던 이론에서는, 다양한 세계 종교들은 제의 지도자나 사제들이 주로 자기의 이익이나 지위를 보존하려는 동기에서 고안해 낸 것에 불과하다고 보았다. 로마의 역사가 타키투스[56-약 120]는 모세가 이집트에서 추방당한 후에 종교적 결속을 이룰 수단으로 유대의 종교 제의를 고안해 냈다고 주장하였다. 계몽주의 초기의 많은 사상가들도 이러한 생각을 펼치면서, 다양한 모습으로 나타난 인간의 종교적 제의와 관습은 특정한 역사적 상황에 대응하고자 인간이 고안한 것이라고 주장하였다. 그런데 마침내 보편적이고 원초적인 자연종교를 회복하는 길—보편적 이성의 길—이 열리고 인류의 종교적인 논쟁에 마침표를 찍을 수 있게 되었다는 것이다.

이 시대에 '미신'이라는 개념이 중요한 것으로 등장했는데 흔히 경멸적인 의미에서 '종교'와 동일한 말로 사용되었다. 존 트렌차드[John Trenchard, 1662-1723]는『미신의 자연사』*Natural History of Superstition,*

1709에서 인간의 타고난 경신성(輕信性)credulity이라는 개념을 제안하고는, 경솔하게 믿음에 빠지는 이러한 기질로 인해 자연적 일신론이 인류의 다양한 종교 전통들로 타락하게 되었다고 주장하였다. 이 개념이 얼마나 열렬한 관심을 불러일으켰는지는 「인디펜던트 휘그」 *Independent Whig*, 1720년 12월 31일 발행에서 "인간의 고유한 결함은 미신, 곧 눈에 보이지 않는 미지의 존재 앞에서 기질적으로 혼돈 상태에 빠지는 공포감이다"라고 평한 데서 잘 알 수 있다.

트렌차드에게, 종교란 이성에 대한 미신의 승리를 뜻했다. 그러한 미신적 믿음과 제의를 제거함으로써 보편적이고 단순한 자연종교로 돌아갈 수 있다. 프랑스 계몽주의 기간에 폴 앙리 티리 돌바흐Paul Henri Thiry d'Holbach, 1723-1789가 이와 유사한 개념을 주장했다. 그는 종교란 일종의 병적인 무질서에 불과한 것이라고 보았다. 프랑스혁명은 이러한 무질서를 제거하기 시작한 운동으로 받아들여졌다. 하지만 프랑스혁명은 이 일에서 완전히 실패했으며, 그 결과 종교에 대한 계몽주의 이론 전반에 심각한 문제가 제기되었다. 이러한 형편에서, 루트비히 포이어바흐가 주장한 이론은 그 당시 유럽의 종교적 상황에 불만을 품을 사람들에게 새로운 가능성을 열어주는 것으로 보였다.

루트비히 포이어바흐1804-1872: 종교는 인간의 감정을 객체화한 것이다

루트비히 포이어바흐1804-1872는 『기독교의 본질』1841 초판 서문에서 자기 저술의 목표는 "종교의 초자연적 신비들이란 사실 아주 간단한 자연적 진리에 기초한 것이라는 점을 입증"하는 데 있다고 말한다. 이 책의 중심 개념은 믿기지 않을 정도로 간단하다. 즉 인간이 자기 신과 종교를 창조했으며, 신과 종교는 인간의 갈망과 필요와 두려움을 이상화한 개념들이 구체적인 모습으로 나타난 것이다. 우리는 앞에서 포이어바흐의 이론 가운데 몇 가지 면모를 살펴보았다308-310쪽. 이제 그것을 좀 더 자세히 다룰 필요가 있다.

포이어바흐가 신성한 것을 자연적인 것으로 끌어내렸을 뿐이라고 말하는 것은 옳지 않다. 포이어바흐의 저작이 지니는 불변의 중요성은, 인간의 의식 안에서 종교적인 개념이 생겨나는 방식을 정교하게 분석했다는 데 있다. 인간이 자기의 모양대로 신을 창조했다는 논제는, 헤겔의 '자기 소외'와 '자기 대상화' 개념을 근거로 삼아, 종교의 개념 형성을 철저하고 날카롭게 비판해서 얻은 결론일 뿐이다.

인간의 의식에 대한 헤겔의 분석은 주체와 객체의 형식적 관계가 존재한다는 사실을 전제로 한다. '의식'이라는 개념은 추상적인 관념으로 분리할 수 없는데, 그 까닭은 의식이 필연적으로 객체와 연결되어 있기 때문이다. 다시 말해 "의식한다"는 것은 곧 **어떤 것**을 의식하는 것이기 때문이다. 두려움이나 사랑 같은 감정에 대한 인간의 의식은 그것의 객체화로 이어지며 나아가 그 감정의 외화externalization로 이어진다. 이렇게 해서 신적 술어predicates가 인간적인 술어로 인식된다.

> 하나님 의식은 인간의 자의식이며, 하나님에 대한 지식은 인간의 자기인식이다. 우리는 하나님을 통해 인간을 알며 역으로 인간을 통해 하나님을 안다. 이 둘은 하나다.……옛 종교에서 객관적이라고 생각했던 것이 나중에는 주관적인 것으로 인식되고, 전에는 하나님이라고 보아 경배했던 것이 지금은 인간적인 것으로 인식된다. 예전에는 종교였던 것이 나중에 와서는 우상으로, 곧 인간이 자기의 본질을 경배했던 것으로 인식된다. 인간이 자기 자신을 객체화했지만 이러한 객체로서의 자신을 인식하는 데는 실패했다. 후기의 종교는 이러한 절차를 밟는다. 그러므로 종교에서의 모든 진보는 자기인식의 심화다.

포이어바흐는 『기독교의 본질』 전체에 걸쳐 '기독교'와 '종교'라는 말을 서로 바꾸어 쓸 수 있는 말로 사용하며, 따라서 그의 이론이 신이 없는 종교들을 설명하는 것에 여러 가지 난점을 지닌다는 사실은 대충 얼버무리고 있음이 분명하다. 그렇기는 하지만 그가 기독교 신학을 인간학으로 바꾼 것은 분명 매우 의미 있는 일이다.

『기독교의 본질』에서 이루어진 가장 중요한 인식론적 분석은 종교적 개념 형성의 과정에서 감정이 담당하는 역할을 다룬 것으로, 이러한 분석은 슐라이어마허1768-1834와 후기자유주의 전통의 특징인, '종교 감정'에 기초한 이론들에 중요한 영향을 끼쳤다. 포이어바흐가 볼 때, 기독교 신학에서는 '감정'이나 '자의식'이 외화된 이미지를 가리켜 완전히 다른 절대적 실체라고 해석해 왔는데, 사실 그것은 "자기감정에 대한 감정"self-feeling feeling이다. 즉 인간의 종교적인 감정이나 경험은 하나님에 대한 인식이라고 해석할 수 있는 것이 아니며, 단지 잘못 파악한 자기인식일 뿐이다. "만일 감정이 종교의 본질적인 수단이나 도구라면, 하나님의 본질은 감정의 본질이 표현된 것에 불과하다.……감정에 의해 포착되는 신의 실체는 사실 그 자체로 기뻐하고 만족하는 감정의 실체 이외에 아무것도 아니며, 자아에 도취하고 자기만족에 빠진 감정일 뿐이다."

포이어바흐의 분석도 중요했지만 칼 마르크스의 분석에 의해 가려지고 말았다. 다음으로 마르크스의 분석에 대해 살펴본다.

칼 마르크스: 사회경제적 소외의 산물인 종교

헤겔 좌파의 정치사상가인 칼 마르크스1818-1883는 1844년에 쓴 『경제학–철학 수고』에서 포이어바흐에게서 온 것이 분명한 개념들을 기초로 종교 이론을 펼쳤다. 종교는 독립적인 실체가 없다. 종교는 물질세계의 반영이며 인간의 사회적인 필요와 희망에서 생겨난 것이다922-924쪽. "종교의 세계는 현실 세계의 반영일 뿐이다." 마르크스는 "종교는 인간이 보기에 자기 주위를 돌고 있는 것처럼 보이는 상상의 태양일 뿐이다. 자기 자신이 이러한 회전의 중심이라는 사실을 깨닫기 전까지는 결코 사라지지 않는다"라고 주장하였다. 달리 말해,

하나님은 단지 인간의 관심사의 투사일 뿐이다. 인간은 "천국이라는 공상의 실재 속에서 초인간적 존재를 찾는데, 거기서 인간 자신의 반영 외에는 아무것도 발견하지 못한다."

칼 마르크스(1818-1883). 종교를 사회적, 경제적 요인의 산물이라고 비판한 것으로 유명하다.

하지만 종교적 개념을 낳는 인간 본성은 **소외되어** 있다. 소외 alienation 개념은 종교적 신앙의 뿌리를 설명하는 마르크스의 논의에서 매우 중요하다. "인간이 종교를 만드는 것이지 종교가 인간을 만들지 않는다. 종교는 자기 자신을 발견하지 못했거나 아니면 자기 자신을 잃어버린 사람들의 자의식이며 자존심이다." 종교는 사회경제적 소외의 산물이다. 종교는 그러한 소외에서 생겨나며, 그와 동시에 대중으로 하여금 자신들의 상황을 인식하고 그에 대해 무언가를 행하는 것을 불가능하게 만드는 정신적 중독의 형태로 소외를 조장한다. 종교는 사람들이 자신들의 경제적 소외를 묵묵히 참아 내게 하는 위안거리다. 만일 그런 소외가 없다면 종교도 필요 없을 것이다. 노동 분업과 사유재산의 존재가 사회경제적 질서 속에 소외를 끌어들인다.

유물론 materialism 에서는 물질세계에서 일어나는 사건이 정신세계 안에다 그에 상응하는 변화를 일으킨다고 주장한다. 따라서 종교는 일련의 사회경제적 조건들이 낳은 결과다. 그러한 조건들을 바꾸고 그 결과로 경제적 소외가 없어진다면 종교는 사라질 것이다. 종교는 더 이상 유용한 역할을 담당하지 못하게 될 것이다. 불공평한 사회 조건이 종교를 낳으며, 그 다음에는 역으로 종교가 그런 사회 조건을 지속시킨다. "그러므로 종교에 맞서 싸우는 일은 종교를 정신적 향수로 사용하는 그 사회에 대항하는 간접 투쟁이다."

마르크스는, 종교가 소외된 사람들이 삶에서 느끼는 욕구를 충족시켜 주는 한 종교는 계속해서 존재할 것이라고 주장한다. "종교에 현실 세계를 반영하는 일은……일상생활의 실제적 관계 속에서 인간이 다른 인간 및 자연과 완전히 합리적이고 이성적인 관계를 맺을 수 있을 때에야 비로소 멈추게 된다." 포이어바흐는 종교란 인간의 소원의 투사이며, "영혼이 쏟아낸 슬픔"을 표현한 것이라고 주장했다.

마르크스는 이러한 해석에 동의한다. 그러나 그의 논점은 훨씬 더 과격하다. 슬픔과 불공평에서 어떻게 종교가 생겨나는지를 해명하는 것만으로는 충분하지 않다. 그 세상을 바꿈으로써 종교의 뿌리를 제거할 수 있다. 여기서 언급해야 할 중요한 사실은, 포이어바흐가 종교의 기원을 분석해 낸 데서는 옳았지만 그렇게 파악한 기원을 어떻게 종교를 제거하는 결과로 연결할 수 있겠는가에 대해서는 제대로 규명하지 못했다는 것이 마르크스의 판단이라는 점이다. 이러한 통찰이, 널리 인용되는 그의 포이어바흐에 관한 열한 번째 테제[1845]의 바탕에 깔려 있다. "철학자들은 세계를 여러 가지로 해석해 왔을 뿐이다. 그러나 중요한 것은 세계를 변화시키는 일이다."

지그문트 프로이트[1856-1939]: 소원 성취로서의 종교

앞에서 우리는 하나님 개념이란 인간의 근원적 열망과 욕구의 '투사'를 토대로 인간이 만들어 낸 것이라는 포이어바흐의 급진적 이론을 살펴보았다. 포이어바흐의 기본 개념을 오스트리아의 정신분석학자 지그문트 프로이트[1856-1939]가 받아들이고 새로운 방향으로 발전시켰다. "내가 한 일―그러니까 내가 펼친 이론에서 유일하게 새로운 것―은 나보다 앞선 선배들의 비판에다 약간의 심리학적 근거를 덧붙인 것이다." 사실 포이어바흐의 '투사'라든가 '소원 성취' 개념은 오늘날 포이어바흐의 원래 형태로보다는 프로이트식 개념을 통해 가장 잘 알려졌다고 보는 것이 공평할 것이다. 프로이트는, "종교는 환상이며, 그것이 큰 힘을 휘두르는 것은 우리의 본능적 욕망과 딱 맞아떨어지기 때문이다"라고 말했다.

프로이트의 이론에서 가장 힘 있는 논의는 『환상의 미래』*The Future of an Illusion*, 1927에서 볼 수 있는데, 이 책에서 그는 매우 강한 환원주의적 종교론을 펼친다. 프로이트에게, 종교적 개념은 "환상이며, 인간의 가장 오래되고 가장 강하고 가장 긴급한 소원의 성취다." 여기서 포이어바흐와의 분명한 유사성을 확인할 수 있다. 하지만 프로이트는 새롭게 등장한 정신분석학의 통찰을 기초로 해서 철저하고 독창적으로 종교를 해명하는 방향으로 나갔으며, 포이어바흐의 종교 비판을 새로운 차원으로 올려놓았다. 환상은 고의적인 속임수가 아니다. 그것은 인간의 무의식 속에서 자기의 깊은 갈망과 욕구를 성취하고자 애쓰는 중에 생겨난 개념들일 뿐이다. 마르크스는 이러한 갈망이 사회적 소외에서 비롯된 비극적 결과라고 보았으며, 이 갈망을 제거하기 위해서는 사회의 변혁이 필요하다고 주장하였다. 이에 반해 프로이트는 이러한 갈망의 뿌리가 사회가 아니라 인간의 무의식 속에 있다고 보았다.

종교의 기원을 다룬 프로이트의 이론에서 첫째로 중요한 논의—그는 이것을 나중에 '종교의 심리발생론'psychogenesis of religion이라고 불렀다—는 『토템과 터부』*Totem and Taboo*, 1913에서 볼 수 있다. 초기에 프로이트는 종교 제의들이 그의 신경증 환자들이 보이는 강박적 행동들과 비슷하다는 견해를 제시하면서, 종교란 기본적으로 강박신경증의 왜곡된 형태라고 주장하였다. 그는 주장하기를, 모든 종교에서 핵심이 되는 요소는 아버지상(하나님이나 예수 그리스도가 그 예다)father figure의 숭배, 능력 있는 영들에 대한 믿음, 적합한 제의에 대한 관심이라고 말하였다.

프로이트의 역사적 설명에 따르면, 종교는 내적인 심리적 압박들을 통해 나타나는데, 이러한 압박은 복잡하게 진화해 온 인간의 역사를 반영한다. 특히 프로이트는 하나님에 대한 믿음의 기원을 아버지상에 대한 인간의 욕구에서 찾는다. 그는 『환상의 미래』에서, 종교는 성인기의 삶 속에 유아기적 태도의 단편이 지속되고 있음을 나타내는 것이라고 주장하였다. 종교란 무력감을 느낄 때 그에 대하여 미숙하게 대응하는 것으로, 어린 시절에 경험한 아버지의 보호로 퇴행하는 것이다. "아버지가 나를 지켜주실 거야. 아버지는 힘이 있어." 따라서 인격적인 하나님에 대한 믿음은 유아적인 착각에 불과하다. 종교는 원망사고wishful thinking이며 환상이다. 그러므로 하나님에 대한 믿음의 심리적인 뿌리는 인간의 강력하고 무의식적인 욕구들의 투사 속에서 찾을 수 있다. 하나님은 보호와 안전을 바라는, 억압되고 무의식적인 유아기적 갈망에서 비롯되는 소원 성취라고 볼 수 있다. 따라서 종교적 믿음이란 어린아이가 겪는 무력감 같은 것에 뿌리를 두고 있으며, 이러한 감정은 외부의 위험이나 내적 충동, 죽음의 공포에 마주 설 때 생겨난다. 어린아이들이 부모에게 위험에서 보호해 주기를 바라는 것처럼 성인기에도 이러한 유아기적 사고방식이 나타난다. 어른들은 어린 시절 가정에서 '하나님' 비슷한 것을 가져본 경험을 기초로 자기들을 위한 하나님을 창조해 낸다.

프로이트의 이론이 문화에 끼친 영향은 참으로 방대하며, 특히 북미에서 두드러졌다. 1920년 무렵부터 프로이트의 종교 이론이 미국의 지식인들 사이에서 큰 힘을 발휘했으며, 더 최근에 와서는 폴 드 만1919-1983과 미셸 푸코1926-1984 같은 포스트모던 사상가들을 능가하는 인기를 끌었다. 프로이트는 당대의 문화적 의제를 새롭게 이끌었으며, W. H. 오든Auden, 1907-1973이 그를 가리켜 "일개 인물이 아니라 총체적인 여론 자체"라고 칭찬한 말이 헛되지 않을 정도로 한 세대를 넘어서까지 큰 영향을 끼쳤다. 프로이트는 억압되고 숨겨진 인간 정신의 비밀을 과학적으로 풀어 놓았으며, 그래서 인간이 확신과 희망을 품고, 게다가 종교 없이도 자신의 미래에 마주 설 수 있게 해준 사람으로 인정받았다. 지금은 종교의 기원에 대한 프로이트의 이론이 대체로 비과학적인 사변으로 여겨지고 있지만, 그의 영향력은 여전히 힘을 발휘하고 있으며 종교의 본질과 기원을 논하는 자리에서 심심치 않게 다루어지고 있다.

에밀 뒤르켐¹⁸⁵⁸⁻¹⁹¹⁷: 종교와 제의

프랑스의 사회학자 에밀 뒤르켐^{Emile Durkheim}은 『종교 생활의 원초적 형태』^{Elementary Forms of the Religious Life, 1912}에서 종교와 사회 제도 일반의 관계를 탐구하였다. 그의 개념은 대부분 오스트레일리아 원주민 사회의 **토테미즘**에 대한 사례 연구를 토대로 이루어진 것이다. 뒤르켐은 토테미즘이 "종교 생활의 원초적 형태를 대변"한다고 보았다. 원래 토템은 사람들에게 특별한 상징적 의미를 지니는 동물이나 식물이었다. 토템은 신성한 것으로 여겨져 인간 생활의 일상적인 측면들과는 철저히 구별되었다.

뒤르켐에 의하면, 그 이유는 토템이 한 사회의 핵심 가치들을 대변하는 것이기 때문이다. 그 결과 토템은 그 집단의 상징이 된다. 토템에게 바치는 숭배는 사실 그 집단 자체와 그 집단을 지탱하는 가치들에 대한 숭배다. 따라서 예배의 실제 대상은 토템이 아니라 그 사회다. 예배에서 이루어지는 의식과 제의는 사회 결속에 필요한 일들이 반영된 것이라고 볼 수 있다. 출생과 결혼, 죽음과 연계된 특별한 종교 의식들은 문화적으로 중요한 시기에 집단의 연대성을 재차 확증하는 것으로 여겨진다. 따라서 장례 의식은 한 사회의 가치가 구성원 한 사람의 죽음 이후까지도 계속 이어질 것임을 입증해 보인다.

뒤르켐은 과학적 세계관이 발전하는 미래에도 종교는 계속해서 중요한 역할을 맡게 될 것이라고 보았는데, 종교가 여러 사회 속에서 사회적 결속을 이루어 준다는 점(성례전과 관련하여 살펴보았던 견해 881-884쪽)을 근거로 들었다. 미국에서 대통령이라는 인물이나 성조기라는 상징을 중심으로 한 '시민 종교'의 등장은, 전에 레닌과 스탈린이 지배하던 소련에서 무신론적인 '국가 종교'가 그랬던 것처럼, 바로 이 이론을 확증해 주는 것이라고 할 수 있다.

미르체아 엘리아데 1907-1986 : 종교와 신화

루마니아 출신의 학자인 미르체아 엘리아데 Mircea Eliade, 1907-1986 는 체계적 종교 연구에서 선구적인 저술로 유명해졌다. 그는 폭넓은 분야에 두루 관심을 보였지만, 종교 문화의 본질을 집중적으로 연구하였으며 특히 신화와 신비 체험의 역할을 깊이 다루었다. '통과의례'(출생과 죽음을 포함해 인생의 중요한 전환기를 구별 짓는 예식들)에 대한 엘리아데의 분석은 많은 인류학자들에게 영향을 끼쳤다. 논쟁을 일으킨 그의 책으로는 『영원회귀의 신화』 The Myth of the Eternal Return, 1949 와 『성과 속』 The Sacred and the Profane, 1959 같은 학문적인 책들도 있다.

엘리아데의 사상에서 중요한 것이 '성스러운 것' the sacred 이라는 개념이다. 엘리아데는 '성스러운 것'이 의미와 가치, 힘, 존재의 원천이라고 본다. 또한 '성스러운 것'은 커다란 논쟁의 주제가 되어 왔다. 엘리아데의 이 개념은 독일 신학자 루돌프 오토 Rudolf Otto, 1869-1937 가 주장한 개념, 곧 거룩한 것의 경험은 '신비로운' numinous 것이며 '전적으로 다른' 것이라는 개념과 아주 유사하다. 에밀 뒤르켐이 사회적인 관점에서 논한 '성스러운' 것과도 유사성을 지닌다.

엘리아데는 계속해서 성스러운 것을 실재적인 것이라고 밝히면서도 다른 한편으로는 "성스러운 것은 인간 의식의 구조"라고 주장한다. 엘리아데에 의하면, 모든 현상적 실체―나무와 같은 것들―는 그것을 인지하는 사람이 적절한 준비만 되어 있다면 **신성현현**(성스러운 것의 계시) hierophany 으로 파악될 수가 있다. 어떤 사람에게 나무는 신성함을 드러내 보이지만, 다른 사람에게는 그저 한 그루의 나무에 불과할 뿐이다. 나무가 신성한 것의 계시가 될 수 있게 해주는 틀은 그 나무를 신성한 것으로 받아들이는 사람들의 경험에 의해 결정된다. 이 사실이 말해 주는 것은, '신성한 것'이 일정 부분 사회적 산물이요, 보편적이고 객관적인 관념이 아니라 경험자의 역사에 의해 규정된다는 점이다.

특히 흥미로운 사실은 엘리아데가 '신화'의 중요성을 강조한다

| 기독교 신학

는 것이다. 그의 주장에 의하면, 신화는 진리와 실재의 문제를 다루는 특별한 유형의 이야기로서, 삶의 심오한 문제들에 답을 줄 수 있는 능력을 지니고 있어서 역사적 실재에 대한 과학적인 설명을 훨씬 능가한다. "사물이 어떻게 존재하게 되었는가를 말하는 것은 그것을 설명하는 것임과 동시에 또 다른 질문인 그것이 왜 존재하게 되었는가라는 물음에 간접적으로 답하는 것이다." 그 자체로 진리를 지니고 있는 까닭에 신화는 신성현현, 곧 성스러운 것의 계시가 될 수 있다. 신화는 성스러운 역사를 이야기해 준다. 이러한 이유로, 엘리아데는 현대사회에서 신화를 제거하려는 모든 노력에 대해 부정적으로 생각한다. 성스러운 것은 인간 본성의 보편적 특성이며, 종교는 이것을 끊임없이 발전시키고 구체화한다. 엘리아데의 주장에 의하면, 우리는 성스러운 것을 제거하거나 합리적으로 해명하려고 할 것이 아니라 어떻게 그것이 인간의 본질을 밝혀 주고 인간의 깊은 열망에 빛을 비추어 주는지 이해하려고 노력해야 한다.

J.R.R. 톨킨[1892-1973]과 C.S. 루이스[1898-1963]: 신화로서의 종교

옥스퍼드의 평신도 신학자 톨킨과 C.S. 루이스는 종교를 신화로 보는 접근법을 발전시켰다. 이것은 종교가 상상력을 포착하고 정보를 전달하는 내러티브(서사)라고 보는 것이다. 톨킨은 우리의 기원과 참 운명에 관해 이야기하고자 하는 인간의 열망(바로 이것이 모든 종교의 중심에 자리 잡고 있다)이 하나님의 인간 창조에서 비롯된 것이라고 보았다. "우리는 우리 안에 있는 표준을 따라, 모방된 양식을 본받아 행동한다. 그 까닭은 우리가 지음 받았기 때문이다. 그것도 단순히 지음 받은 게 아니라 창조자의 형상과 모양을 따라 지음 받았기 때문이다." 톨킨은 기독교가 다른 종교에서 발견될 수 있는 모든 진리를 성취한 "진정한 신화"라고 보았다.

C. S. 루이스는 처음에 무신론자였다가 서서히 신에 대한 일반적

믿음을 지니게 되었으며 결국 기독교 신앙에 도달했다. 톨킨은 루이스의 이러한 회심 과정의 마지막 단계에서 중요한 대화 파트너였다. 루이스는 기독교가 단순히 교리나 도덕 원리들의 체계가 아니라 그런 개념이나 가치들을 산출하고 지탱하는 강력한 힘을 지닌 거대 서사—바르게 말해 신화—라는 결론에 도달하였다. 하나님은 "신화"의 형태로 자신을 나타내시기로 선택하셨다. 신학은 이 계시에 충실한 지적 응답이다.

루이스는 하나님이 인간의 상상력을 사로잡고 이성을 집중시키기 위한 수단으로 신화를 사용하는 것을 허락하셨다고 생각한다. 『순례자의 귀향』*The Pilgrim's Regress*, 1933에서 루이스는 하나님이 다음과 같이 말씀하시는 것으로 그렸다. "이것이 바로 내가 처음부터 지금까지 나타나고자 할 때 모습을 가렸던 베일이다." 기독교는 많은 신화 가운데 하나가 아니라 그 모든 신화의 성취를 나타낸다. 그것은 "진정한 신화"이며, 다른 모든 신화는 그것을 가리킬 뿐이다. 따라서 기독교는 인간에 관한 참된 이야기를 들려주며, 이 이야기는 인간이 자기 자신에 관해 말하는 모든 이야기들의 의미를 밝혀 준다. 그러므로 이교의 큰 신화들은 "기독교 복음이라는 훨씬 더 크고 온전한 진리"를 보이는 "흐릿한 꿈이나 예감"이었다.

> 우리는 하나님께서 빛을 "모든 사람에게 비춰 주신다"고 배웠다. 그렇기에 우리는 이교의 큰 스승들과 신화 창조자들의 상상력 속에서 우리가 전체 우주 이야기의 핵심 줄거리라고 믿는 주제—성육신과 죽음과 부활이라는 주제—에 대한 희미한 그림자를 발견할 수 있다고 여긴다.

기독교를 "진정한 신화"로 보는 루이스의 이해는 세 가지의 중요한 결과를 가져왔다.

❶ 이교를 기독교에서 절정에 이르게 되는 진리에 대한 불완전

한 포착이라고 볼 수 있게 되었다. 루이스와 톨킨 모두는 그리스와 특히 북유럽의 신화를 자신들의 글에서 광범위하게 사용하며, 그 신화를 "인간의 상상력 위로 떨어지는 신적 진리의 빛, 비록 초점은 맞지 않아도 참된 빛"(톨킨)으로 본다.

❷ 루이스에 따르면, 기독교 교리들은 기독교의 "신화" 곧 거대 서사에서 제시하고 있는 훨씬 더 큰 실재에 종속된다. 서사가 일차적인 것이고, 교리는—물론 현실적이고 중요하지만—이차적인 것이다.

❸ 루이스는 기독교의 개념이나 가치들을 그 신화로부터 분리할 수 있다는 생각을 거부한다. 기독교의 신화는 그 개념이나 가치들에게 특유의 정체성과 온전성을 부여한다. 루이스가 볼 때, 독일의 신약학자 루돌프 불트만[1884-1976]이 도발적으로 이름 붙인 "비신화화"demythologization는 문학이나 신학적인 면에서 불가능한 것이었다. "우리는 우리의 믿음을 은유나 상징이 없는 형태로 재진술하라는 요구를 받곤 한다. 그러나 우리가 그렇게 말하지 않는 이유는 그 일이 불가능하기 때문이다."

칼 바르트[1886-1968]와 디트리히 본회퍼[1906-1945]: 인간의 고안물인 종교

마지막으로 살펴볼 이론은 매우 중요한 것으로서, 기독교 안에서 시작되었으며 특히 칼 바르트[1886-1968]의 변증법적 신학과 관계가 있다. 이 이론에서는 '종교'를 전적으로 인간이 만든 것이요, 흔히 하나님에 맞서는 도전 행위라고 본다. 여기서는 종교를 인간의 편에서 위를 향해 하나님을 찾는 일로 이해한다. 종교는 하나님의 자기계시와 완전히 대립하며, 하나님의 계시는 종교가 인간의 조작일 뿐이라는 사실을 폭로한다.

앞에서 언급했듯이[172, 183-185쪽] 바르트는 독일의 자유주의 개신교 안에서 신학 교육을 받았다. 그 시대의 '문화 개신교'culture

Protestantism는 인간의 종교성을 중요하게 여겨 크게 강조하였다. 바르트는 1916년에 행한 '하나님의 의'라는 제목의 강연에서 인간의 종교성은 바벨탑과 다를 바 없는 것으로, 하나님에게 도전하는 인간이 세운 구조물일 뿐이라고 주장하였다. 인간을 향한 하나님의 자기계시는 '신앙'에 이르게 하고, 하나님을 향한 인간의 탐구는 '종교'를 낳는 것으로서, 이 둘은 철저하게 구별된다.

이런 맥락에서 바르트는 포이어바흐와 마르크스 계열에 속한 종교 비판을 지지할 수 있었다. 그러한 비판들이 인간의 고안물인 종교를 공격하는 것이라고 생각했던 까닭이다. 바르트가 볼 때, 그리스도 안에서 하나님을 분별할 수 있기 위해서 반드시 제거해야만 할 장애물이 종교다. 최악의 경우 종교는 사람들로 하여금 인간의 고안물을 예배하게 만든다는 점에서 우상숭배가 된다.

많은 저술가들이 바르트의 종교관을 '종교의 철폐'abolition of religion 라는 구절로 간단하게 정의하려고 했다.『교회 교의학』제I/2권 17항의 표제에 대한 표준 번역이 '종교 철폐로서의 하나님 계시'The Revelation of God as the Abolition of Religion인 것은 사실이다. 하지만 이 구절은 큰 오해를 낳을 수 있기에 신중하게 설명을 덧붙일 필요가 있다. 바르트가 이 책을 독일어로 썼다는 사실을 기억해야 한다. '철폐'로 번역된 독일어는 Aufhebung으로, 독일 철학 전통에서 특히 헤겔주의에서 오랫동안 사용되어 온 독특한 역사를 지닌 용어다. 이 말은 여러 가지 의미로 사용되는데, 그중에서도 기본적인 것이 "제거하다"와 "지양하다"는 두 의미다.

바르트의 초기 저술에서는 그가 종교를 인간의 고안물로 보아 매우 부정적인 태도를 취했던 것을 분명하게 확인할 수 있다. 하지만 거기서 바르트가 하려고 한 일은, 하나님에 관한 개념들을 세우고 그것을 정당화하려는 인간의 자연적 성향을 분명하게 밝히는 것이었다. 그는 다른 종교들을 비판한 것이 아니라 종교 일반을 비판하였다. 바르트는 다른 모든 곳에서 못지않게 기독교 안에서도 '종교 현상'이 작동하고 있다고 본다. 사회 문화의 가치들이 복음 속으로 침투하여 복음과 혼합된다. 이런 현상에 대해 우려했던 바르트의 태도는 특히 1930년대 독일 국가교회와 맞서는 투쟁에서 두드러지게 나타났다. 바르트는 이 일에서 독일의 국가적 이상(理想)들이 기독교 신앙과 혼합되었다고 보았다. 그러나 후기에 와서 바르트의 태도는 부드러워졌다. 그는 점차 종교의 필요성을 현세의 문제와 관련된 것으로 보게 되었다. 점차 종교는 "하나님이 어떤 존재인지를 결정하려는 인간의 노력"이 아니라 "인간의 제도"나 "예배의 형식들"을 의미하는 것이 되어 갔다.

바르트는 '종교'가 신앙에 필요한 버팀목으로서 세상이 끝날 때까지 존속할 것이라고 주장한다. 이 말로 바르트가 강조하려 했던 것은 하나님이 은총을 수단으로 이 '종교'를 초월하고 능가한다는 점이다. 종교는 부정적인 것이 아니라 중립적인 것이다. 그러므로 바르트가 말한 종교의 *Aufhebung*을 '철폐'라는 말로 번역한다면 말이 안 된다. 이 말은 종교의 '변형'이나 아니면 '승화'라고 옮겨야 마땅하다. 인간의 고안물로 여겨지고 하나님의 계시와 대립하는 것으로서의 종교는 분명 비판이 필요하지만 그럼에도 유용한 역할을 맡는다.

이러한 견해와 완전히 다른 생각을 디트리히 본회퍼[1906-1945]에게서 볼 수 있다. 본회퍼가 현대 신학에 기여한 가장 의미 있는 일이라면, 그리스도가 선포되어야 할 현대 세계의 문화 상황을 분석한 일이라고 할 수 있다. 1943년 4월 5일, 본회퍼는 아돌프 히틀러에 저항한 음모에 가담한 죄목으로 게슈타포에게 체포당했다. 베를린의 테겔 형무소에 갇혀 있는 18개월 동안, 그는 유명한 『옥중서신』을 썼다. 이 책에서 그는 '성년에 이른' 세상, '종교가 필요 없는' 시대에 대한 예수 그리스도의 정체성 문제를 성찰하였다. 그는 '종교성 없는 기독교'를 열렬히 주장하였다.

이 힘 있는 구절은 많은 오해를 받았는데, 특히 존 로빈슨[1919-1983]이 지은 인기 있는 책, 『신에게 솔직히』*Honest to God*, 1963에서 두드러진 오해를 볼 수 있다. 본회퍼가 비판의 대상으로 삼았던 것은, 인간이 천성적으로 종교적이라는 가정에 근거한 기독교 형태였다. 본회퍼는 새로운 무신적 godless 상황에서 볼 때 이런 가정이 사리에 맞지 않는다고 보았다. '종교성 없는 기독교'란, 인간의 '천성적인 종교성'이라는 사리에 맞지 않고 신뢰할 수 없는 개념에 근거한 신앙이 아니라 그리스도 안에 나타난 하나님의 자기계시에 근거한 신앙을 말한다. 따라서 문화나 형이상학, 종교를 근거로 삼아서는 안 되는데, 이것들은 새로운 세속 세상에서는 본질적으로 수용될 수 없는 것이요, 필연적으로 하나님에 대한 왜곡된 이해를 낳기 때문이다(이러한 면에서 본회퍼는 바르트와 상당히 유사하다).

본회퍼는 십자가에 달린 그리스도가 현대 세계에 적합한 하나님 모델을 제시한다고 보았다. 그 하나님은 "세상에서 쫓겨나 십자가에까지 밀려나도록 자신을 내주신 분"이다. 본회퍼의 이러한 개념은, 특히 새로운 세속주의가 등장하고 신학의 근거를 종교나 형이상학이 아닌 다른 곳에서 찾아야 할 필요성이 점증하는 상황에서 전후 독일 그리스도론의 중요한 가능성으로 인정받았으며, 1960년대 미국의 많은 사상가들에게 큰 영향을 끼쳤다.

하지만 여기에는 분명 혼동도 따랐다. 그 시대의 많은 급진적인 저술가들은 본회퍼의 '종교성 없는 기독교'라는 말과 바르트의 '종교의 철폐'라는 말을 기독교의 공동체적 삶의 완전한 종말, 또는 전통적인 기독교 개념의 폐기를 의미하는 것으로 받아들였다. 이런 식의 오해는 존 로빈슨의 『신에게 솔직히』와 1960년대에 대중적으로 인기를 끌었던 '신 죽음' 운동의 저술들에서 찾아볼 수 있다.

삼위일체론적 종교신학

앞에서 언급했듯이 732-738쪽, 새롭게 삼위일체론이 부흥함으로써 설명하고 규정하는 삼위일체론의 능력을 밝혀내게 되었으며, 나아가 그 능력을 지금까지 신학의 영역 밖에 있는 것으로 생각했던 분야와 타종교의 신학에까지도 확대하여 적용할 수 있게 되었다. 이 분야의 선구적인 저술은 라이문도 파니카의 『삼위일체와 인간의 종교경험』 1973이라고 볼 수 있다. 파니카는 삼위일체의 틀이 인간의 영성 및 종교경험과 종교적 표현의 복잡한 본질을 헤아릴 수 있는 도구를 제공해 준다고 주장하였다. 이러한 생각은 1991년에 니니안 스마트Ninian Smart, 1927-2001와 스티븐 콘스탄틴Stephen Konstantine에 의해 한층 더 발전하였다. 두 사람이 함께 지은 『세계적 맥락에서 본 기독교 조직신학』Christian Systematic Theology in World Context에서, 뛰어난 세계 종교 연구가인 스마트와 콘스탄틴은 '사회적 삼위일체' 개념은 인간의 모든 종교경험의 바탕을 이루는 궁극적인 신적 실재라고 주장하였다. 인간의 영성의 다양한 형태는 삼위일체 하나님의 '신성한 생명'의 세 가지 측면 가운데 하나를 경험한 데서 생겨나는 것이라고 볼 수 있다.

　　1996년, 자크 뒤피Jacques Dupuis, 1923-2004는 『종교 다원주의의 기독교 신학을 향하여』Toward a Christian Theology of Religious Pluralism에서 이와는 다른 이론을 제안하였다. 인도에서 의미 있는 경험을 쌓은 예수회 신학자인 뒤피는 삼위일체 교리가 "다른 종교 전통들이 증언하는 절대적 실재 경험을 이해하는 일에서 해석학*적 열쇠가 된다"고 주장하였다. 뒤피의 이러한 성찰은 그의 예수회 동료인 칼 라너가 앞서 제시한 사고 체계를 한층 더 깊이 발전시킨 것이다. "사람들이 자신에게 다가오는 신적 실재를 자기네 삶 속에 받아들이는 곳에서는 어디서나, 비록 '익명으로' 숨겨져 있긴 해도, 신적인 삼위일체를 경험하게 된다고 말할 수 있다. 참된 종교 체험이 이루어지는 곳에서 기독교 계시의 삼위일체 하나님이 현존하고 일하신다." 라너의 '익명의 기독교인' 개념에 대해서는 이번 장의 뒷부분에서 살펴본다945-949쪽.

　　가빈 드코스타는 『종교들의 만남과 삼위일체』2000에서, 삼위일체론적으로 다른 종교들을 이해하는 방법의 효율성을 더욱 분명하게 밝혔다. 드코스타는 기독교가 하나님의 구원에 이르는 유일한 통로라는 점을 신중하게 강조하면서도 성령의 보편적인 임재 안에서 다

● 해석학
　hermeneutics

신학 텍스트, 특히 성서의 텍스트를 주로 현재와의 연관성을 밝히려는 목적에서 해석하거나 주석하는 작업의 바탕에 놓인 원리들을 말한다.

른 종교들의 의미를 찾을 수 있다고 주장하였다. 예를 들어, 그는 기독교 교회가 다른 종교의 지지자들과 교류함으로써 하나님의 삶 속으로 더욱 깊이 들어갈 수 있으며, 또한 성령의 보편적인 임재와 사역으로 인하여 다른 종교인들 속에서도 '그리스도의 모습'을 발견할 수 있다고 주장하였다. 이와 유사한 이론을 오순절 교회 신학자인 에이머스 용^{1965 출생}의 저술, 『영(들)을 분별함』²⁰⁰⁰에서도 볼 수 있다.

이러한 삼위일체론적 타종교 이론들이 지니는 특별한 의의는, 바르트식의 '종교' 비판을 따르지 않고 삼위일체론적인 틀 안에서 타종교와 그들의 개념을 이해하려고 노력한다는 점이다.

일반적인 종교 이론(기독교의 이론을 포함해)과 관련된 몇 가지 견해를 살펴보았다. 계속해서 기독교에서 다른 종교를 이해하는 몇 가지 이론에 대해 살펴본다.

──────────── 타종교를 바라보는 기독교의 시각

먼저 기독교와 다른 종교들의 관계를 바라보는 기독교의 다양한 견해들에 대해 살펴본다. 예수 그리스도를 통해 알려진 하나님의 보편적 구원 의지를 믿는 기독교 틀 안에서 다른 종교들을 어떻게 이해할 수 있을까? 기독교 신학은 **기독교 자체의 관점에 따라** 다른 종교 전통을 평가한다는 사실을 분명하게 밝혀 둘 필요가 있다. 기독교 내에서 이루어지는 성찰은 다른 종교에 속한 사람들이나 그 전통을 바라보는 세속의 사람들을 대상으로 하는 것이 아니며, 그들의 인정을 받고자 하지도 않는다.

폭넓게 세 가지 이론으로 나눌 수 있다.

❶ **배타주의**: 이 이론에서는 기독교의 복음을 듣고 거기에 응답하는 사람만이 구원을 받는다고 주장한다. **특수주의**라고도 부

른다.

❷ **포괄주의**: 이 이론에서는 기독교가 하나님의 규범적인 계시를 대표하기는 하지만 다른 종교 전통에 속한 사람들도 구원받는 것이 가능하다고 주장한다. 이러한 유형에 속하는 이론으로 **병행주의**가 있다. 포괄주의의 한 형태인 병행주의는 종교들 간의 분명한 차이점을 긍정하고, 각 종교는 그들 나름의 고유한 목표를 성취한다는 점에서 정당한 것으로 인정되어야 한다고 주장한다.

❸ **다원주의**: 이 이론에서는 세계의 모든 종교들은 동일한 종교 실재의 핵심을 똑같이 바르게 구현한 것이요, 또한 그 핵심으로 인도하는 길이 된다고 주장한다.

이 세 가지 이론을 하나씩 살펴본다. 그런데 이렇게 배타주의, 포괄주의, 다원주의로 나누는 전통적인 삼중적 구분 방식에는 몇 가지 난점이 있다. 이러한 범주가 교육의 목적으로는 편하지만 현재 기독교 신학 안에서 발견되는 다양한 이론들을 구분하여 정리하는 데는 적절치 않을 때가 있다는 점을 기억할 필요가 있다. 이 세 가지 범주는 독특하고 일관성을 지닌 사상 학파들을 가리키는 것이 아니라 타종교를 바라보는 견해를 간편하게 정리한 것이라고 보는 것이 옳다.

예를 들어, 어떤 신학 이론은 다른 종교들에서 진리의 문제와 구원의 문제를 구분하지 않는 까닭에 이러한 삼중적인 틀 속에 배치하는 것이 매우 어렵다. 많은 학자들이 기독교 밖의 진리와 관련해서는 '포괄주의'를 주장하면서도 동시에 구원과 관련해서는 '배타주의'를 주장한다. 한 예로, 칼 바르트는 어정쩡하게 여러 범주들에 다리를 걸치면서, 그 범주들이 유용한 서술 도구가 되기 위해서는 수정이 필요하다고 말한다. 어느 한 범주를 강조하는 학자들도 경우에 따라서는 자기들의 논제를 펼치기 위해 전혀 다른 이론을 채용하기도 한다. 뿐만 아니라 어떤 점에서는 이 세 이론—배타주의, 포괄주의, 다원주의—이 그 나름으로 '배타적인' 특성을 지닌다고 볼 수 있다. 각 이론은 다른 견해들이 잘못된 것이라고 여기며, 결국은 그 자체가 배타적인 것이 되어 버린다.

이러한 문제점은 잘 알려져 있으며 분명 그에 대한 대안도 존재한다. 예를 들어, 핀란드 학자 벨리 마티 케르케이넨Veli-Matti Kärkkäinen은 '교회 중심주의', '그리스도 중심주의', '신 중심주의'로 이루어진 삼중적 틀을 제안하였다. 그러나 제시된 여러 대안 가운데 어느 것도 폭넓은 지지를 얻지 못하고 있다. 이러한 이유로, 우리는 비록 약점이 있기는 하지만 전통적인 틀을 그대로 사용한다.

먼저 전통적으로 '배타주의'라고 알려진 범주를 살펴본다.

배타주의

널리 배타주의exclusivism라고 알려진 이 견해는, 기독교 신앙의 특수하고 독특한 성격을 강조한다는 점에서 특수주의particularism라고 불리기도 한다. 이 견해를 가장 잘 제시한 진술을 헨드릭 크래머Hendrik Kraemer, 1888-1965의 저술, 특히 그의 『기독교 선교와 타종교』Christian Message in a Non-Christian World, 1938에서 볼 수 있다. 크래머는 "하나님은 예수 그리스도 안에서 유일한 길과 진리와 생명을 계시하였으며 이것이 온 세상에 알려지길 원하신다"고 주장하였다. 이 계시는 '독특한'sui generis 것으로서, 그 자체가 하나의 범주를 이루며 다른 종교 전통들에서 발견되는 계시 개념과 나란히 놓을 수 없는 것이다.

이 이론 안에서도 어느 정도 폭넓게 견해가 나뉜 것을 발견하게 된다. 크래머가 "이성과 자연과 역사 속에서도 단편적이고 뒤틀린 방식으로나마" 하나님이 빛을 비춘다고 말하는 것을 보면 그리스도 밖에도 하나님에 대한 참된 지식이 존재한다고 말하는 것 같아 보인다. 문제는 그러한 지식을 오직 그리스도를 통해서만 얻을 수 있느냐, 또는 다른 곳에서 그러한 지식을 분별하고 해석할 수 있는 틀을 그리스도만이 줄 수 있느냐는 것이다.

칼 바르트와 같은 일부 배타주의자들(그들이 좋아하는 이름으로 특수주의자들)은 그리스도 없이는 어떤 하나님 지식도 얻을 수 없다고 주장한다. 크래머 같은 다른 사람들은 하나님의 자기계시는 다양한 곳에서 다양한 방식으로 나타난다는 점을 인정하면서도, 그 계시는 그리스도 안에 나타난 하나님의 결정적 계시에 비추어서만 올바로 해석할 수 있고 그 진짜 내용을 알 수 있다고 주장한다(여기서 하나님에 대한 자연 지식과 계시 지식을 둘러싼 논쟁과의 분명한 유사성을 볼 수 있다).

그러면 그리스도의 복음을 전혀 듣지 못한 사람들은 어떻게 되는가? 그들에게는 어떤 일이 일어나는가? 배타주의자들은 그리스도에 대해 듣지 못한 사람들이나 기독교의 선포를 듣기는 했지만 거부한 사람들은 구원받지 못한다고 말하는 것 아닌가? 이 질문이 바로 배타주의를 공격하는 사람들이 흔히 퍼붓는 비판이다. 그래서 다원주의 관점에서 논지를 펴는 존 힉은, 오직 그리스도를 통해서만 구원이 가능하다는 교리는 하나님의 보편적 구원 의지에 대한 믿음과 모순된다고 주장한다. 그러나 사실은 그렇지 않다는 점을, 20세기에 이 이론을 옹호한 가장 탁월한 인물인 칼 바르트의 견해를 살펴보는 것으로 어렵지 않게 증명할 수 있다.

바르트는 구원이 오직 그리스도를 통해서만 가능하다고 단언한다. 그러면서도 그는 불신앙에 대한 은총의 종말론적이고 궁극적인 승리, 곧 역사의 마지막 때에 있을 승리를 주장한다(앞에서 바르트의 선택 교리와 관련해서 살펴보았던 논점이다)789-792쪽. 마침내 하나님의 은총은 완전한 승리를 거둘 것이며, 모든 사람이 그리스도를 믿게 될 것이다. 이것이 구원에 이르는 유일한 방법이지만 그 방법은 하나님의 은총을 통해 모든 사람에게 효력이 미친다. 바르트가 볼 때, 그리스도를 통한 하나님의 계시의 특수성은 구원의 보편성과 모순되지 않는다.

훨씬 더 최근에 등장한 배타주의 이론은 스티븐 니일Stephen C. Neill, 1900-1984 그리고 레슬리 뉴비긴1909-1998과 관계가 있는데, 두 사람은 모두 영국의 저술가로 생애의 상당 기간을 인도에서 성공회 주교로 일하였다. 니일은 기독교의 독특한 지위를 인정하는 것과 다른 종교를 존중하고 그들에게 관심을 기울이는 일 사이에 어떠한 갈등도 없다고 보았다. 그러면서도 기독교는 본성상 다른 종교의 진리성을 문제 삼는다고 분명하게 밝히고 있다.

> 기독교 신앙은 본질상 인간을 위한 유일한 진리라고 주장한다. 또 기독교 신앙은 그 자체가 진리인 까닭에 다른 모든 체계는 오류이며 잘해 봤자 불완전한 진리일 뿐이라는 사실을 폭로한다. 기독교의 이런 주장이 다른 종교를 믿는 사람들을 화나게 하는 것도 당연하다. 또 관용을 최고의 덕목으로 여기는 상대주의 환경에서 자라난 현대인들도 이 주장에 분개한다. 그렇다고 해서 우리가 이러한 보편타당성 주장을 복음에서 조용히 제거해 버릴 수 있는 것으로 생각해서는 안 된다. 그러할 경우 복음은 본래의 모습과는 전혀 다른 것이 되어 버리는 까닭이다.

니일은 이와 같은 주장이 비기독교인들에게 "얼빠진 과대망상이요 최악의 종교 제국주의"로 들릴 것이라는 점을 인정한다. 하지만 그는 기독교 신앙의 이러한 면모는 신중하게 진술하고 적용해야 할 일이지 부정하거나 약화시킬 수 있는 것이 아니라고 믿었다.

이와 비슷하게 레슬리 뉴비긴도 기독교 신앙의 유일성을 주장하고, 기독교 신앙의 독특한 실재관에 조화되는 방식으로 선교 활동을 해야 한다고 주장하였다. 배타주의 이론과 관련해 뉴비긴이 이룬 가장 중요한 공헌은 기독교 신앙의 특수성을 옹호한 일에서 찾을 수 있다. 뉴비긴은 기독교가 하나님을 이해하는 한 가지 관점에 불과하다거나 위대한 실재를 바라보는 한 가지 방식일 뿐이라고 주장하는 모든 견해를 철저히 거부하였다. 그는 다원주의에서 전통적인 사고방식의 대안으로 제시한 견해는 문제가 크다고 주장하였다. 뉴비긴은 모든 종교가 공통된 핵심 경험을 공유한다고 주장하는 윌프레드 캔트웰 스미스^{Wilfred Cantwell Smith, 1916-2000}의 다원주의 이론이 안고 있는 난점을 지적함으로써 이 문제를 설명한다.

> 스미스가 말하는 '초월자'는 형식적인 범주에 불과한 것이 확실하다. 그것은 예배자가 어떤 것을 선택하느냐에 따라 남성이나 여성, 아니면 사물로 파악될 수 있다. 그에 따르면, 예배가 가리키는 실재를 우리는 알수 없으며, 따라서 그릇되거나 길을 잘못 든 예배 같은 것은 있을 수가 없다. 스미스는 "내가 아는 한 신학적으로 가장 분별력 있는 견해 가운데 하나"라고 말하면서 『요가바시스타』^{Yogavasistha}에서 다음과 같은 말을 인용한다. "당신은 형체가 없습니다. 당신이 지닌 유일한 형체는 당신에 대한 우리의 지식뿐입니다." 초월자에 대한 한 가지 개념을 두고 유일한 것이라고 주장하는 일, 가령 예수가 초월자를 완전하게 현존한다고 말하는 기독교의 주장(골 1:19) 같은 것은 전혀 용납될 수 없다. 초월자에 대한 다른 개념들을 평가할 기준 같은 것은 아예 없다. 우리는 주관성의 굴레에 갇혀 버렸다. 초월자는 알 수 없다.

이렇게 해서 뉴비긴은 그 자신이 기독교 고전 이론이라고 여기는 것, 곧 예수 그리스도는 특별하고 오직 하나뿐인 신앙의 유일하고 독특한 근거이자 중심이라는 견해를 재차 확증한다.

포괄주의

포괄주의^{inclusivism} 이론에서는 기독교가 타종교들을 얼마든지 품을 수 있다고 주장한다. 다른 종교를 열등한 진리라거나 진리를 부정하는 것이라고 보는 것이 아니라, 기독교 신앙에 이르는 길 위에 있는 중요한 이정표라고 인정한다. 이 개념은 19세기 후반에 영국령 인도에서, 많은 영국 신학자들이 활발하게 힌두교와 접촉하면서 발전한 것이라고 볼 수 있다. 특히 J. N. 파쿼Farquhar, 1861-1929가 제시한 '완성 가설'fulfillment hypothesis에서는, 다른 종교들이 기독교 안에서 그들의 완성을 이룬다고 주장하였다.

기독교와 다른 신앙의 관계를 '완성'으로 보는 모델의 기초를 다진 사람은 영국의 신학자 F. D. 모리스Maurice, 1805-1872다. 모리스의 책 『세계 종교와 기독교』Religions of the World and their Relations to Christianity, 1846는, 기독교 선교에서 다른 종교 전통을 비하하는 일이 끝나기 시작했음을 알리는 표지가 되었다. B. F. 웨스트코트Westcott, 1825-1901가 이와 유사한 이론을 발전시켰는데, 그는 전 세계 종교들 속에서 이루어지는 "말씀의 혁신적 행위"와 "세계를 교육하는 하나님의 계획"에 관해 말했다. 이러한 개념은 인도의 상황 속에서 연구되기 시작했다. 선교사이며 사상가인 T. E. 슬레이터Slater는 1876년 마드라스에서 행한 여러 차례의 강연에서 '완성 모델'의 중심 원리를 다음과 같이 제시하였다.

> 기독교를 세계의 다른 종교들을 향해 대립적인 종교로 주장하거나 비기독교 국가들을 향해 울려대는 파멸의 종소리로 제시할 것이 아니라, 모든 사람이 본질상 기독교인이라는 사실을 힘 있게 설득하면서, 힌두교 현자들이 일찍이 가르친 숭고한 사상과 힌두 사람들이 지닌 지극히 참된 감성과 열망을 기독교 안에서 완성할 수 있는 것으로 기독교를 제시하는 것이다.

이러한 개념은 1890년대에 큰 인기를 얻었으며, 문화와 신학 양쪽에서 분위기를 쇄신하는 힘이 되었다. 「마드라스 기독교대학 회보」의 1908년도 사설에서는 산상설교*에 나오는 나사렛 예수의 말씀(마 5:17)을 인용하여, 점차 새로운 정통 선교 이론으로 자리 잡아가

● 진복팔단
眞福八端, the Beati-
tudes

팔복이라고도 하며, 산상설교의 앞부분에 나오는 여덟 가지 복의 약속(마 5:3-11). 예를 들어 "마음이 청결한 자는 복이 있나니 그들이 하나님을 볼 것임이요"라거나 "화평하게 하는 자는 복이 있나니 그들이 하나님의 아들이라 일컬음을 받을 것임이요"라고 말한다.

는 중심 원리를 다음과 같이 설명했다. "예수의 '폐하러 온 것이 아니요 완전하게 하려'고 왔다는 말씀은 유대교에만 적용되는 말씀이 아니다. 다른 종교들 안에 진리와 열망으로 간직되어 있는 모든 것이 예수 그리스도 안에서 완성된다고 보아야 한다."

제1차 세계대전의 발발로 인해 이러한 신학적 성찰이 중단되었다. 그 후 몇십 년 동안 이러한 개념이 간헐적으로 논의되기는 했지만 진정 필요한 체계적 연구는 전혀 이루어지지 못했다. '완성'의 관점에서 다른 종교를 이해하는 이 이론은 제2차 세계대전이 끝난 후 가톨릭 신학 안에서 다시 부흥하였다. 장 다니엘루1905-1974는, 기독교란 구원과 수용을 찾는 인간의 갈망을 완성한 것이라고 볼 수 있다고 주장하였다. 저명한 교부학 학자인 다니엘루는 순교자 유스티누스 같은 사상가들이 제시한 논증을 발전시켰으며, 기독교 밖의 종교들을 '하나님의 교수법'divine pedagogy으로 이해할 것을 제안하였다. 교회는 "이교의 가르침을 멸시하지 않으며 오히려 그것을 해방하고 완성시키고 나아가 영예롭게 해준다." 이 이론은 교회론과 관련해서도 중요한 함의를 지닌다. 즉 가시적인 교회에 속하지 않으면서도 그리스도를 통해 구원받는 사람들이 있다는 것이다.

> 그리스도와 교회의 영역은 그리스도의 명시적인 계시와 교회의 가시적인 테두리를 넘어서까지 뻗는다. 모든 시대와 모든 나라에서, 그리스도를 알지 못한 채 믿고 가시적인 교회의 눈에 띄지 않게 속한 사람들이 존재해 왔다.

저명한 예수회 신학자 칼 라너1904-1984는 이 견해를 수정해 힘 있는 이론으로 다듬어 내어, 빠르게 '포괄주의' 이론의 핵심 옹호자로 알려졌다. 라너는 단순했던 초기의 견해를 훨씬 폭넓은 이론으로 발전시켰다.

라너는 『신학논총』Theological Investigations 제5권에서, 기독교에 속

하지 않는 개인이 구원받을 수 있다는 사실뿐만 아니라 기독교 이외의 종교 전통 일반이 그리스도 안에 나타난 하나님의 구원 은총에 닿을 수 있다는 견해를 주장하면서 네 가지 논제를 제시하였다. 칼 라너의 종교신학이 기초로 삼은 핵심 공리는, 하나님의 보편적 구원 의지와 구체적인 기독교 신앙의 필요성이다.

❶ 기독교는 그리스도 안에 이루어진 하나님의 자기계시라는 유일무이한 사건에 기초를 둔, 절대적 종교다. 그러나 이 계시는 역사의 특정한 시점에 발생하였다. 그래서 이 사건이 있기 전에 살았던 사람들이나 아직 이 사건에 대해 듣지 못한 사람들은 구원에서 제외되는 것처럼 보인다. 하지만 이것은 하나님의 구원 의지와 상반된다.

❷ 따라서 기독교 이외의 종교 전통들은 비록 오류가 있고 부족하다고 해도, 복음이 그 전통에 속한 사람들에게 전해지기 전까지는 타당하며 하나님의 구원 은총을 매개할 수 있는 것들이다. 비기독교적인 종교 전통에 속한 사람들에게 복음이 선포된 후에는, 기독교 신학의 관점에서 보아 그 전통은 더 이상 정당한 것이 아니다.

❸ 그러므로 비기독교적인 종교 전통에 속한 신실한 사람들을 '익명의 기독교인'이라고 말할 수 있다.

❹ 다른 종교 전통들이 기독교로 대체되지는 않을 것이다. 종교적 다원주의는 인간 실존의 한 특성으로 계속 이어질 것이다.

이 논제들 가운데 앞의 세 가지는 좀 더 자세하게 살펴볼 필요가 있다.

기독교 전통에 비추어 라너를 판단하면, 분명 그는 그리스도를 통해서만 구원을 얻는다는 원리를 강하게 긍정한다. "기독교는 자신이 모든 사람에게 힘이 미치는 절대적 종교라고 여기며, 그 외의 어떠한 종교도 자기와 동등한 권리를 지닌다고 인정하지 않는다." 그러나 라너는 하나님의 보편적 구원 의지를 강조하여 이 주장을 보완한다. 하나님은 그리스도를 전혀 모르는 사람까지 포함해 모든 사람을 구원하기 원한다. "어떤 식으로든 모든 사람이 교회의 구성원이 될 수 있어야 한다."

이러한 근거에서 라너는 교회의 울타리 밖에서도, 곧 다른 종교 전통 안에서도 구원하는 은총을 만날 수 있다고 주장한다. 그는 다른 종교 전통들도 하나님에게서 온 것이라거나 다른 종교 전통은 참되지 못한 인간의 고안물에 불과하다는 식으로 지나치게 단순한 해법을 제시하는 사람들을 철저히 반대한다. 크래머가 기독교 이외의 종교 전통은 스스로 정당성을 주장하는 인간의 구조물에 불과하다고 주장하는 데 반해 라너는 그러한 전통들 역시 진리의 단편을 담을 수 있다고 주장한다.

라너는 구약과 신약의 관계를 살펴서 이 주장을 뒷받침한다. 엄격하게 말해 구약성경은 기독교가 아닌 종교(유대교)의 견해를 대변하지만 기독교인은 구약성경을 읽고 그 안에서 타당성을 지닌 요소들을 찾아낼 수가 있다. 신약성경에 비추어 구약성경을 평가하며, 그 결과 어떤 관습(예를 들어, 음식규정)은 인정할 수 없는 것으로 폐기하고, 반면에 다른 관습(예를 들어, 도덕법)은 받아들인다. 라너는 이와 동일한 방법이 다른 종교들의 경우에도 적용될 수 있으며 또 마땅히 적용되어야 한다고 본다.

따라서 다른 종교 전통들이 비록 결함이 있을지라도 그 안에서 하나님의 구원 은총을 만날 수 있다. 이렇게 해서 그 전통에 속한 많은 사람들이 은총이 어떠한 것인지 온전히 알지도 못한 채로 은총을 받아들였다고 라너는 주장한다. 바로 이 점을 근거로 라너는 하나님의 은총을 정확하게 알지 못하면서도 그 은총을 경험한 사람들을 가리키기 위해 '익명의 기독교인'이라는 용어를 도입하였다.

이 '익명의 기독교인'이라는 용어는 엄청난 비판을 받아 왔다.

예를 들어, 존 힉은 이 용어가 온정주의의 색채가 짙다고 지적하면서, "어떤 사람이 필요하다고 말한 적도 없는데 그에게 일방적으로 명예 직을 떠맡기는 것과 같다"고 주장하였다. 그러나 라너의 의도는, 기독교 이외의 전통에 속한 사람들의 삶에서도 하나님의 은총이 실제로 일한다는 사실을 인정하는 데 있었다. 하나님에 관한 진리를 온전히 아는 것(기독교 전통에서는 이것을 강조한다)이 하나님의 구원하는 은총을 받는 데 필수적인 전제조건은 아니다.

라너는 기독교와 타종교 전통을 대등한 것으로 보거나 그 전통을 하나님과의 일반적인 만남을 보여주는 특수한 사례로 여기는 주장을 인정하지 않는다. 라너가 볼 때, 기독교와 그리스도는, 다른 종교 전통에게는 허용되지 않는 배타적인 지위를 지닌다. 문제는 다음과 같다. 다른 종교들도 기독교에서 제공하는 것과 동일한 구원 은총을 베풀 수 있는가? 라너는, 기독교 이외의 종교의 믿음이 반드시 참된 것은 아니지만 그 종교들에서도 이타적인 이웃 사랑 같은 삶의 방식을 촉진하는 일을 통해 하나님의 은총을 매개할 수 있다고 인정한다. 그래서 라너는 타종교들이 '합법적'lawful이라고 주장하면서도, 이 합법성은 잠정적이고 일시적일 뿐이며 기독교와의 역사적이고 실존적인 만남을 이룰 때까지만 타당한 것이라고 주장한다.

제2차 바티칸 공의회1962-1965에서는 이와는 조금 다른 견해를 제시하였다. 공의회는 「비그리스도교와 교회의 관계에 대한 선언」1965에서 라너의 견해를 따라, 신적 진리의 광선을 다른 종교들 속에서도 발견할 수 있다고 인정한다. 하지만 라너가 다른 종교들의 구원론적 잠재력을 인정한 반면에 공의회는 기독교 신앙의 독특성을 주장하였다.

가톨릭교회는 이 종교들이 지니고 있는 참되고 거룩한 것 가운데 아무 것도 배척하지 않는다. 그들의 삶과 행동양식 및 계율과 교리도 진심으로 존중한다. 그것들이 비록 교회에서 가르치는 것과는 여러 가지로 다를지라도, 모든 사람을 비추는 참 진리의 빛을 담고 있을 때가 많다. 하지만 교회가 놓치지 말고 선포하고 증언해야 할 것은 그리스도께서 "길이요 진리요 생명"(요 14:6)이시라는 사실이다. 그리스도 안에서 하나님은 만물을 당신과 화목하게 하셨기에(고후 5:18-19), 그분 안에서 모든 사람은 자기네 종교가 가르치는 삶이 완성되는 것을 보게 된다.

라너와 제2차 바타칸 공의회의 차이점은 다음과 같이 요약할 수 있다. 라너는 계시와 구원론 모두에서 포용적이며, 이에 반해 제2차 바티칸 공의회는 계시에서는 포용적이지만 구원론에서는 배타주의적인 특성을 지닌다.

종교 다원주의라는 쟁점은 현재 복음주의 내에서 폭넓게 논의되고 있다. 현재 복음주의가 보이는 일반적인 의견은 두드러지게 배타주의적이다. 그러나 소수의 의견도 살펴볼 필요가 있다. 캐나다의 학자 클라크 피녹¹⁹³⁷⁻²⁰¹⁰은 2세기 변증가들의 사상과 유사한 로고스* 그리스도론을 바탕으로 보편 구원론을 펼치면서, 여러 가지 점에서 칼 라너의 이론과 비슷한 포괄주의적인 견해를 주장한다. 다음의 내용이 그의 사고에 영향을 준 것이 분명하다.

> 만일 하나님이 진정 온 세상을 사랑하고 모든 사람이 구원받기를 원한다면, 논리상 모든 사람이 구원에 이르러야 한다는 결론이 나온다. 모든 사람에게 하나님의 구원에 참여할 기회가 허락되어야 마땅하다. 만일 모든 사람이 아직 죄인일 때에 그리스도가 그들을 위해 죽었다면, 모든 사람이 자신들에게 이루어진 일에 관해 결단을 내릴 기회를 얻어야 할 것이다. 단지 누군가가 그들에게 그리스도의 복음을 전하지 않았다는 이유만으로 그들이 기회를 얻지 못해서는 안 된다. 하나님의 보편적 구원 의지란 곧 모든 사람에게 보편적으로 구원의 길이 열려 있다는 것을 의미한다.

● 로고스
logos

"말"을 뜻하는 그리스어로, 교부시대 그리스도론이 발전하는 데 결정적인 역할을 하였다. 예수 그리스도를 '하나님의 말씀'으로 인정하였다. 이 사실이 함축하는 의미, 그리고 특히 예수 그리스도 안의 신적 로고스가 그의 인성과 어떤 관계인지가 문제로 다루어졌다.

근래에 와서 다원주의 이론의 결함에 대한 불만이 증가하면서 변형된 형태의 포괄주의 이론이 등장하게 되었는데, 이를 가리켜 **병행주의**parallelism라고 부르기도 한다. 모든 종교를 기본적인 하나의 틀 속에 욱여넣으려는 다원주의의 시도에 염증을 느낀 조셉 디노이아Joseph DiNoia, 1943 출생와 마크 하임 같은 저술가들은 각 종교의 독특한 개성을 존중해야 한다고 주장하였다. 디노이아는 『종교의 다양성』*The Diversity of Religions*, 1992 에서, 종교의 다양성을 진지하게 인정할 것을 강변하고 또 그가 보기에 환원주의 이론의 약점이라고 생각되는 문제들을 비판하였다. 하임은 『구원: 종교의 차이와 진리』*Salvations: Truth and Difference in Religion*, 1995 에서, 다원주의의 대표적 사상가인 존 힉과 윌프레드 캔트웰 스미스, 폴 니터1939 출생를 비판하였다. 그는 이 세 사람이 모두 서구 세계의 자유주의 사상에 뿌리를 두고 그 체계를 원용한 패러다임을 만들어 냈다고 보았다. 당연한 결과이겠지만 그 패러다임은 여러 종교를 미리 확정된 틀 속으로 욱여넣었다.

하임은 종교들을 있는 그대로 존중하는 것이 중요하다고 보았다. 모든 종교가 궁극적으로 기독교의 진리로 연결된다(포괄주의의 견해)거나 모든 종교 전통을 초월하는 어떤 궁극적 실재로 연결된다(다원주의의 견해)고 주장할 것이 아니라, 각 종교가 나름대로 이해하는 믿음과 목표를 진지하게 받아들여야 한다는 것이 하임의 주장이다. 기독교의 믿음과 실천은 기독교의 목표인 새 예루살렘으로 통한다. 이슬람교도들은 자신들의 믿음과 실천을 통해 이슬람교의 천국에 이르게 된다. 불교의 믿음과 실천은 불교 고유의 목표로 이어진다. 다른 종교들도 그렇다고 말할 수 있다. 하임은 모든 종교를 한 울타리에 욱여넣는 것을 목표로 삼을 것이 아니라 각 종교들이 그들 나름대로 이루고자 하는 목표를 존중해야 한다고 주장한다.

하임의 이론은 그 자체가 종교적 특수주의의 한 형태다. 기독교의 시각에서 생각하는 하임은, 특수성을 지니는 다른 종교들의 **현실성**과 잠재적 **가치**를 인정해 주어야 하며 그것들을 거창하고 종교 중립적인 이론으로 묶으려고 해서는 안 된다고 주장한다. 하임의 주장에 의하면, 다원주의는 사실상 정체를 감춘 포괄주의인데, 그 까닭은 다원주의가 다양한 목표를 인정한다고 주장하지만 실제로는 오직 하나의 목표만을 인정하고 있기 때문이다. 예를 들어, 존 힉의 경우 그 목표는 '실재 중심성'reality-centeredness이며, 폴 니터에게는 사회적 억압으로부터의 해방, 윌프레드 캔트웰 스미스의 경우는 합리성과 보편적 신앙이다.

병행주의 사고방식에서는, 다른 종교들은 진짜로 완전히 다르며 그 종교에 속한 사람들에게 다른 종교에서는 줄 수 없는 탁월한 목표를 제공한다는 사실을 인정한다. 이것이 하임의 책 제목에서 복수 형태의 '구원들'이 두드러지게 사용되는 이유다. 모든 종교는 궁극적으로 동일한 구원으로 연결된다는 다원주의의 주장에 맞서 하임은 각종교가 주장하는 그들 나름의 독특한 구원 이해를 인정하고 존중해야 한다고 주장한다. "어떤 종교 전통은 기독교인들이 추구하는 것과는 달리, 인간의 실제적인 변형 상태를 종교적 목표로 삼는다는 점을 기독교인들도 충분히 인정할 수 있다." 그러므로 서로 다른 다수의 종교적 목표가 존재하며 따라서 서로 다른 다수의 구원이 있다는 사실을 기독교 신학은 적극적으로 인정해야 한다.

이 이론에도 여러 가지 문제가 있다. 이 이론의 기본 논점은 '다수의 절대성'plurality of absolutes이라는 말로 설명할 수 있다. 모든 종교를 그들 나름대로 절대적으로 옳은 것으로 인정해야 한다는 것이다. 그런데 이것이 어떻게 가능하겠는가? 모두가 옳을 수 있는가? 사실 하임이 주장하는 것은, 인식론적으로 말해 그들의 주장이 비록 그릇된 것이라 해도 모두 정당한 것으로 인정할 수 있다는 뜻이다. 이런 주장에서 우리는 믿음의 정당성을 판정하는 단일 표준을 주장한 모더니즘• 사고에 맞선 포스트모더니즘의 비판을 보게 된다. 종교는 제각각 믿음의 정당성을 확보하는 그들 나름의 표준을 세우며, 각 종교의 믿음은 그들 자체의 표준에 의해 정당화된다. 이 주장 자체에도

• **모더니즘**
근대주의, modern-
ism

19세기 끝 무렵에 활동한 가톨릭 신학자들은 전통적인 기독교 교리, 그 중에서도 특히 나사렛 예수의 정체성과 의미를 다룬 전통적 교리들에 비판적 태도를 취하였다. 이 운동은 급진적인 성서비평을 긍정적으로 보았으며, 신앙의 신학적 차원보다는 윤리적 차원을 더 강조하였다. 가톨릭교회 내의 일부 학자들이 그때까지 가톨릭교회가 전반적으로 무시해 오던 계몽주의와 타협하려고 했던 시도라고 말할 수 있다.

문제가 없다고는 할 수 없다. 하지만 이 주장은 다원주의를 지탱하는 모더니즘의 전제에서 우리를 벗어나게 해준다. 이 새로운 이론이 앞으로 어떻게 평가될지는 두고 보아야 할 일이다.

클라크 피녹을 비롯한 일부 포괄주의자들은, 기독교와 타종교의 관계에 대한 '특수주의'(배타주의) 모델이 안고 있는 난점들을 '포괄주의' 이론을 통해 해결할 수 있다고 분명히 믿는다. 이에 동의하지 않는 사람들도 있다. 이 사람들은 특수주의에 문제가 있다고 인정하면서도 그 난점들을 '다원주의' 이론을 통해 훨씬 더 효과적으로 해결할 수 있다고 주장한다.

다원주의

기독교와 타종교의 관계를 바라보는 다원주의pluralism 이론은 간단하게 다음과 같이 설명할 수 있다. 모든 종교는 제 나름의 독특한 방식으로 궁극적인 영적 실재를 파악하며, 이렇게 파악한 각각의 이해는 똑같이 타당한 것이다. 이 궁극적인 영적 실재를 가리켜 어떤 종교에서는 '신'이라고 말하고 다른 종교에서는 비유신론적이거나 무신론적인 용어로 규정한다. 이런 까닭에 다원주의자들은 모든 종교 배후에 있다고 보는 이 영적 실재를 가리키는 말로 '하나님' 대신에 '궁극적 실재' 또는 '실재'the Real 라는 용어를 쓰기 좋아한다.

다원주의 종교 이론을 대표하는 가장 중요한 인물이 존 힉이다. 존 힉은 『하나님과 신앙의 우주』God and the Universe of Faiths, 1973 와 『두 번째 기독교』The Second Christianity, 1983 같은 책에서, 그리스도 중심적 접근법을 버리고 신 중심적 접근법을 선택할 것을 주장하였다. 그는 이러한 변화를 '코페르니쿠스적 전환'이라고 묘사하면서, "기독교를 중심에 놓은 도그마에서 벗어나서, 하나님이 중심에 있음을 깨닫고⋯⋯우리의 종교를 포함해 모든 종교는 하나님 주위를 돌면서 하나님을 섬기는 것"이라는 사실을 인정할 필요가 있다고 강조하였다.

힉은 이 점을 다음과 같이 설명한다.

> 오늘날 많은 사람들이 우리의 종교관에서 코페르니쿠스적 전환이 필요하다고 생각하는 것 같다. 전통적인 교의에서는, 신앙의 우주에서 기독교가 중심이 되며 다른 모든 종교는 그리스도 안의 계시 둘레를 다양한 거리를 두고서 회전하고 있는 것이요, 그 계시까지의 거리의 원근에 따라 등급이 결정되는 것이라고 말해 왔다. 그러나 지난 백여 년 동안에 우리는 새로운 관찰을 통해서 다른 종교들에도 하나님에 대한 깊은 신앙과 참된 성인들, 깊은 영적 삶이 존재한다는 사실을 깨닫게 되었다. 그래서 우리는 익명의 기독교라든가 암묵적 신앙 같은 이론상의 주전원 epicycles 을 고안해 냈다. 그러나 이제는 기독교 중심적 사고에서 하나님 중심적 사고로 전환하여, 우리의 종교와 다른 위대한 종교들이 모두 이 하나의 신적 실재 둘레를 돌고 있는 것이라고 보는 것이 더 현실적이지 않을까?

그러면서 힉은 타종교 문제와 관련해서 살펴볼 가장 중요한 하나님 본성이 하나님의 보편적 구원 의지라고 주장한다. 만일 모든 사람이 구원받는 것이 하나님의 뜻이라면, 하나님의 자기계시가 소수의 사람만 구원받을 수 있는 방식으로 이루어진다는 것은 상상조차 할 수 없는 일이다. 앞에서 살펴보았듯이, 사실 배타주의나 포괄주의에서도 이런 생각을 절대적으로 고집하지는 않았다. 힉은 모든 종교가 한분 하나님께로 이어진다는 점을 인정하는 것이 필요하다고 결론짓는다. 특별히 기독교인들만 하나님께 이르는 것이 아니며, 하나님은 모든 종교 전통 속에서 보편적으로 만날 수 있는 분이다.

힉은 칸트의 핵심적인 철학 틀을 사용하여, 세계의 다양한 종교들 배후에 있는 궁극적인 영적 실재와, 각 종교가 그들 나름대로 표현한 그 실재에 대한 인식을 구분할 필요가 있다고 주장한다. 칸트 1724-1804 는 '물자체'(物自體)는 직접 알 수 없는 것이라고 주장했다. 인간은 현상계만 파악할 수 있으며, 따라서 그 실재에 대해서는 간접적인 지식을 얻을 수 있을 뿐이다. '실재'는 알 수 없는 것이며, 그 '실재'에 대한 인간의 다양한 반응으로 나타난 것이 종교인데, 이 반응에는 세계 종교들이 생성된 역사적이고 사회적인 상황이 반영되어 있다.

> 이렇게 구분함으로써 우리는 무한하고 궁극적인 하나의 신적 실재뿐만 아니라 그 실재에 대한 인간의 개념과 이미지, 경험, 응답의 다양성을 인정하게 되었다. 이렇게 다양한 형태를 띠는 인간의 실재 인식은 세상의 다양한 종교 전통을 통해 알려지며 또는 그 종교들에 의해 형성되기도 한다. 종교에는 세계 도처의 인간 집단에서 이루어지는 다양한 사고와 감정과 경험이 반영되어 있다.

이 제안에도 문제는 있다. 예를 들어, 세계의 종교 전통들이 그들의 믿음과 실천에 있어서 완전히 다르다는 것은 아주 분명하다. 힉은 이 점을 논하면서 그 차이점을 "이것이냐 저것이냐"가 아니라 "이것도 저것도"라는 측면에서 해석해야 한다고 주장한다. 차이점을 하나의 신적 실재에 대한 모순된 통찰로 볼 것이 아니라 보완적인 통찰로 이해해야 한다는 것이다. 모든 종교의 중심에는 이 실재가 존재한다. 그런데 "이 실재에 대한 각 종교의 상이한 경험이, 오랜 세월에 걸쳐 그 문화의 상이한 사고 체계와 상호작용하는 과정을 거치면서 각기 다른 차이점이 분명해지고 차별화된 이론으로 다듬어지게 되었다." 힉은 이 점에 대해 『두 번째 기독교』에서 다음과 같이 설명한다.

> 따라서 신성 개념은 다양한 신의 페르소나*personae*로 구체화되는데, 야훼, 하늘에 계신 아버지, 알라, 크리슈나, 시바 등이 그것이다. 이 각각의 페르소나는 인간의 경험 안에서, 신적 실재가 인간 삶의 특정 성향에 충격을 줄 때 생겨난 것들이다. 따라서 야훼는 유대인들이 만나

고 파악한 신의 얼굴이요, 좀 더 철학적인 언어로 말하자면 유대인들이 무한한 신적 실재를 경험하게 되는 구체적 형태다. 야훼는 본질적으로 히브리 민족과의 관계 속에, 곧 계약이라는 이름으로 불리는 관계 속에 존재한다. 야훼는, 히브리인들의 역사적인 경험 속에서 그가 담당하는 역할과 분리해서 생각할 수 없다. 야훼는 유대 역사의 일부이며, 유대인들은 야훼 역사의 일부이다. 또 야훼는 크리슈나와는 전혀 다른 페르소나이며, 크리슈나는 인도의 비슈누교

Vaishnavite 전통에 속한 수많은 사람들이 만나고 파악한 신의 얼굴이다.

존 힉(1922-2012). 다양한 종교 전통을 '다원주의' 이론으로 설명하면서, 모든 종교는 동일한 궁극적 실재에 대한 서로 다르면서도 똑같이 타당한 응답이라고 주장하였다.

이 개념은, 이신론• 사상가들이 주장했으나 시간이 흐르면서 잘못된 길로 빠진 '보편적이고 합리적인 자연종교'라는 개념과 매우 유사하다.

이러한 난점은 여러 종교들에서 분명하게 확인되는 특성과 관계가 있다. 달리 말해, 기독교 이외의 종교들의 믿음을 살펴보면 그 종교들이 모두 동일한 신에 관해 말하는 것이라고 보기가 어렵다. 그런데 신학적으로 훨씬 더 골치 아픈 문제가 있다. 정말 힉이 **기독교의 하나님**에 대해 말하는 것인가? 힉의 논리가 통하기 위해서는 기독교의 핵심 신념, 곧 하나님은 예수 그리스도 안에서 분명하게 계시되었다는 신념은 한편으로 제쳐 두어야 한다. 힉은 자기가 단지 그리스도 중심적 접근법이 아니라 **신 중심적** 접근법을 제시하는 것이라고 주장한다. 하지만 기본적으로 하나님은 그리스도를 통해 알려진다고 보는 기독교의 주장은, 기독교의 하나님 지식은 본래 그리스도로부터 온 것이라는 사실을 뜻한다. 많은 비평가들이 볼 때, 힉이 준거점이 되는 그리스도를 배제한 것은 곧 기독교의 시각에서 말하는 모든 주장을 포기했다는 것을 뜻한다.

• 이신론
Deism

주로 17세기에 활동한 일단의 영국 사상가들의 견해를 가리키는 말로, 이들의 합리주의는 여러 가지 면에서 계몽주의 사상을 이끄는 토대가 되었다. 이 용어는 보통 신이 세상을 창조했다는 것은 인정하지만 그 후 계속해서 세상에 관여한다는 생각은 거부하는 신관을 가리킨다.

여기서 진짜 문제는 힉과 같은 다원주의자들은 자기들로서도 해결하지 못하는 모순에 얽혀 있다는 점이다. 다원주의자들은 인간의 본성 및 운명에 관한 자신들의 견해가 전통적인 종교들의 견해보다 우월하다고 주장하고 싶어 하는데, 그렇게 주장하다 보면 그런 식의 우월성 주장을 타당하지 않은 것으로 보는 그들의 원리를 위배하는 것으로 비추어진다는 점이다. 다원주의자들은 기독교가 제국주의적이고 생색내는 태도로(다원주의자들이 보기에는 그렇다) 다른 종교를 마음대로 판단한다고 이의를 제기하고 비판한다. 그런데 그렇게 열심히 비판하다가 다원주의자들 자신도 자신들이 비판하는 바로 그러한 행동에 빠져 버린다. 하지만 기독교인들이 기독교적 개념을 주장하는 것이 왜 비판받아야 하는가? 그렇다면 이슬람교도들이 이슬람의 개념을 주장한다고 비판받아야 하는 것인가? 이런 식의 모순은 어떤 사상 체계에서도 용납되지 않는다.

　　더 중요한 것으로, 이 모델의 지적인 기반과 관련해 여러 가지 문제가 제기되었다. 가빈 드코스타는 철학자 알래스데어 매킨타이어1929 출생의 통찰에 근거하여, 종교에 대한 '공평한', 또는 '객관적인' 견해 같은 것은 아예 존재하지 않는다고 주장하였다. 종교에 관한 모든 성찰은 그 전통 자체 내에서 생겨나는 것인데도, 계몽주의에서는 이 문제와 관련해 객관성을 확보할 수 있다고 믿었다. 그래서 드코스타는 힉의 종교 다원주의 이론이라는 것이 사실은 "특성상 배타주의와 다를 것이 전혀 없는 전통 고유의 이론일 뿐이며, 다른 점이 있다면 서구의 자유주의적 모더니즘에 속한 배타주의라는 것이다"라고 주장하였다. 힉의 다원주의를 떠받치는 지적인 기반은 철저히 근대적인 것이다.

　　이러한 이유에서, 근래에 와서 다원주의 이론의 지적 결함을 극복할 수 있는 대안에 대한 관심이 점차 증가하고 있다. 이번 장의 앞부분950-952쪽에서 살펴본, 병행주의로 알려진 새 이론은 힉의 다원주의와 얽혀 있는 모더니즘의 약점을 극복하고, 포스트모던적 시각에서 이 쟁점을 다룰 수 있게 해준다.

기독교와 타종교의 관계를 둘러싼 논쟁은, 서구 사회 속에서 등장하는 다문화주의의 자극을 받아 앞으로도 오랫동안 지속될 것으로 예상된다. 앞에서 간단하게 살펴본 세 가지 대안이 한동안은 이 주제를 다루는 기독교의 연구에서 계속 두드러질 것으로 보인다.

이제 우리의 관심을 기독교 신학의 마지막 분야, 곧 전통적으로 '마지막 일들' 또는 **종말론**이라는 전문적인 용어로 다루어 온 분야로 돌린다.

돌아보는 질문

❶ 여러분은 '종교'를 어떻게 정의하겠는가?

❷ 디트리히 본회퍼는 왜 '종교성 없는 기독교'라는 개념을 그토록 중요하게 여겼는가?

❸ 모든 종교들이 다 하나님에게로 연결되는가?

❹ 최근에 기독교를 인류의 종교적인 열망을 성취한 것이라고 보는 개념이 큰 관심을 끌고 있는
이유는 무엇인가?

❺ 여러분은 칼 라너의 '익명의 기독교인' 개념이 얼마나 도움이 되고 설득력 있다고 생각하는가?

❻ 그리스도의 부활과 신성 같은 개념이 왜 종교 간의 대화에 그토록 방해가 된다고 여겨질까?
종교 간의 대화를 효과적으로 이루기 위해 그러한 개념들을 제거한 사례가 있는가?

마지막 일들

: 기독교의 희망

18

앞서 부활과 구원에 관해 논할 때 종말론—'마지막 일들'에 관한 기독교의 이론—의 몇 가지 측면을 간단하게 언급했다. 20세기에 와서 널리 사용된 종말론^{eschatology}이라는 용어는 '마지막 일들'을 뜻하는 그리스어 *ta eschata*에서 왔으며, 부활과 심판처럼 기독교인들이 장차 소망하는 일들을 다룬다. 이 주제의 여러 면모들, 예를 들어 기독교 구원론의 종말론적 차원들은 이미 이 책의 다른 곳에서 다루었다 567-569쪽. 이 책을 마무리하는 이번 장에서는 이 주제를 자세히 살펴본다.

종말론이라는 말은 넓은 의미에서 "마지막에 관한 담론"을 뜻한다. 여기서 '마지막'^{end}이란 개인의 생존을 가리킬 수도 있고 현시대의 종결을 가리킬 수도 있다. 이런 맥락에서 결정적으로 중요한 것이, 시간을 순환적인 것이 아니라 직선적인 것으로 보는 기독교의 독특한 믿음이다. 역사는 시작이 있으며 언젠가는 끝나게 된다. '종말론'은 개인에 관한 것이든 세계 전체에 관한 것이든 삶과 역사의 마지막과 관련된 믿음의 체계를 다룬다. 기독교에서 가장 창조적이고 환상적인 특성을 지닌 운동들은 대체로 종말론에 크게 고무되고 거기에서 큰 영향을 받았던 것들이다.

근래에 와서 '종말론적'이라는 말과 '묵시적'이라는 용어를 구분하게 되었다. 과거에는 이 두 용어가 대체로 동일한 의미로 사용되었다. 1980년 무렵부터 점차 이 두 용어의 다른 의미들을 인식하게 되었다. 종말론은 계속해서 죽은 자의 부활이나 천국, 지옥 같은 '마지막 일들'과 관련된 기독교 신학의 분과를 가리키는 말로 사용된다. 오늘날 '묵시적'이라는 말은, 폭넓게 마지막 일들에 관심을 갖지만 특별히 그러한 관심사에 의해서만 규정되지 않는 특별한 문학 장르나 양식을 가리키는 말로 사용되고 있다. 이 개념은 어렵기 때문에 좀 더 자세히 살펴본다.

오늘날 묵시적apocalyptic이라는 말("폭로"나 "드러냄", "계시"를 뜻하는 그리스어 *apocalypsis*에서 왔다)은 예수가 태어나기 약 200년 전부터 태어난 후 약 200년까지 유대교 집단 내에서 등장한 특별한 문헌 양식을 가리키는 말로 사용된다. 이 기간 동안에 유대교의 분파들은 독특한 세계관과 저술 양식을 지닌 문서들을 기록하였다. 묵시 문헌은 대체로 하나님이 세상일에 곧 개입할 것이라는 기대를 중심으로 삼고 있다. 하나님이 개입할 때 하나님의 백성은 구원받고 원수들은 멸망하며, 나아가 세상의 현 질서는 뒤집혀 구속된 창조세계로 대체될 것이다.

묵시 문헌에서는 환상과 꿈의 역할이 특별히 강조되는데, 환상과 꿈은 저자들이 하나님의 비밀스러운 계획을 알게 되는 통로였다. 따라서 묵시 문헌에서 관심을 두는 것은 '마지막 일들'이지만, '묵시적'이라는 말은 신학 양식이나 저술 양식을 가리키는 말로 사용된다고 보는 것이 옳다.

아래에서 우리는 종말론에 대한 신약성경의 근거를 간략하게 살펴보고 이어서 최근의 신학에서 나타난 여러 가지 해석을 살펴본다. 중세나 오늘날이나 인기 있는 신학은 언제나 마지막 일들을 논하는 데서 비교적 자유로웠고 훨씬 독창적이었다. 하지만 안타깝게도 그런 주제는 이 책의 한계를 벗어나는 것이다.

신약성경

신약성경에는 예수 그리스도의 삶과 죽음, 그리고 무엇보다 그의 부활을 통해 인간의 역사 속에 새로운 큰일이 일어났다는 믿음으로 가득 차 있다. 희망이라는 주제가 우뚝 솟아 있으며 오히려 죽음 앞에서 더욱 두드러진다. 신약성경은 기독교의 종말론을 구성하는 중요한 자료들의 출처인 까닭에 신약성경의 중심 주제들을 살펴볼 필요가 있다. 가장 중요한 두 가지 자료는 예수의 설교와 바울의 저작들이라는 데 대체로 의견이 일치한다. 이것들을 하나씩 살펴본다.

예수의 설교에서 중심 주제는 하나님 나라의 도래다. '하나님 나라'라는 용어는 그 당시의 유대교 저술 속에서는 찾아보기가 힘들며, 예수의 설교의 독특성을 가장 잘 보여주는 요소 가운데 하나로 여겨진다. 공관복음서*에는 이 용어 및 이와 밀접하게 관련된 개념들이 약 70번 나온다. 여기서 사용한 '나라'kingdom라는 단어는 사람들에게 오해를 살 가능성이 크다. 16세기 이후로 이 영어 단어가 그리스어 바실레이아basileia를 번역한 말로 꾸준히 사용되어 왔지만, '왕권'이라는 말이 더 합당하다. '나라'라는 말은 통치의 대상이 되는 한정된 지리적 공간을 뜻하는 데 반해 원래의 그리스어는 일차적으로 통치 행위 자체를 가리킨다. 신약성서 학계에서는 이 점을 분명히 하고자 '하나님의 왕권적 통치'라는 용어를 주로 사용한다.

* **공관복음서 문제**
synoptic problem

세 권의 공관복음서가 서로 어떤 관계인지를 다루는 학구적 문제.

예수의 설교에서 이 용어는 두드러지게 종말론적인 의미를 지닌다. 알브레히트 벤야민 리츨[1822-1889]과 같은 19세기의 많은 자유주의 사상가들이 이 용어를 현재의 도덕 가치체계라는 관점에서 해석하려고 했지만, 이 용어는 현재적 의미뿐만 아니라 미래적 의미도 지니는 것이 분명하다. 하나님 나라는 "가까이"(막 1:15) 온 것이면서도 그 완성은 미래에 이루어지게 된다. 기독교의 예배와 개인 및 공동의 기도에서 늘 중심에 놓이는 주기도문에서는 그 나라가 미래에 오게 된다고 말한다(마 6:10).

최후의 만찬에서 나사렛 예수는 제자들에게 장차 하나님 나라에서 포도주를 마시게 될 미래의 일에 대해 말하였다(막 14:25). 신약 학자들의 일치된 의견에 의하면, 겨자씨 비유(막 4:30-32)에서 말하는 것처럼 하나님 나라와 관련해 '지금'과 '아직 아니'는 팽팽한 긴장 상태를 이룬다. 하나님 나라가 현재 시작되었고 미래에 완성된다는 점을 가리키는 말로 널리 사용되는 용어가 '시작된 종말론'inaugurated eschatology 이다.

바울의 종말론 역시 '지금'과 '아직 아니'의 긴장에 대해 말한다. 이러한 긴장 상태는 여러 가지 중요한 이미지들을 통해 묘사되는데, 다음과 같이 요약할 수 있다.

❶ '새 시대'의 현존. 여러 곳에서 바울은 그리스도의 오심으로 새로운 때, 곧 새 '시대'그리스어 aionos가 시작되었다고 강조한다. 이 새 시대—바울은 "새로운 피조물"(고후 5:17)이라고 부른다—는 아직 완성되지는 않았지만 이미 현존하는 것으로 경험할 수 있다. 이를 근거로 바울은 그리스도 안에 나타난 말세(고전 10:11)에 대해 말할 수 있었다. 바울이 고린도전서 앞쪽의 몇 장에서 반박하고 있는 견해는 '실현된 종말론'realized eschatology에 해당하는 것이 분명한데, 이 종말론에서는 장차 올 시대의 모든 일들이 이미 현재에 완성되었다고 본다. 고린

도에서 활동한 바울의 반대자들은 마지막 시대가 이미 이루어졌으며 또 영원에 속한 모든 유익을 지금 여기에서 누릴 수 있게 되었다고 가르쳤던 것으로 보인다. 여기서 바울은 연기postponement라는 요소를 강조한다. 세상의 궁극적인 변화는 아직 이르지 않았으며 확신을 품고 기다려야 하는 것이다.

❷ 바울은 예수의 부활을, '새 시대'가 실제로 시작되었음을 확증해 주는 종말론적 사건으로 본다. 비록 이것이 그리스도의 부활(이 부활은 중요한 구원론적 의미을 함축한다578-586쪽)에 담긴 의미를 온전히 밝혀 주지는 않지만, 바울은 분명 그리스도의 부활이 신자들로 하여금 죽음('현시대'의 두드러진 특성이다)이 극복되었다는 지식을 지니고 살 수 있게 해주는 사건이라고 보았다.

❸ 바울은 마지막 날, 심판이 이루어질 때 예수 그리스도가 올 것을 기대하며, 신자들이 죄와 죽음을 물리치고 새로운 삶에 이르게 될 것을 확증한다. 이 사실을 말하고자 '주의 날'을 포함해 많은 이미지들이 사용된다. 한 곳(고전 16:22)에서 바울은 마라나타(문자적 의미는 "우리 주여, 오시옵소서")maranatha라는 아람어를 사용하여 기독교인의 희망을 표현한다. 그리스어 파루시아*는 흔히 장차 그리스도의 오심을 나타내는 말로 사용된다(고전 15:23, 살후 2:1, 8-9이 그 예다). 바울은 마지막 때에 그리스도의 강림과 최후의 심판이 밀접하게 연결되어 있다고 주장한다.

❹ 바울의 종말론에서 중심 주제는 성령의 오심이다. 이 주제는 유대교에서 오랜 세월 품어온 소망에서 끌어온 것으로서, 성령의 선물을 그리스도 안에서 새 시대가 밝았음을 확증해 주는 것으로 이해한다. 이 점과 관련해 바울 사상의 가장 중요한 요소 가운데 하나는 그가 신자들에게 허락된 성령의 선물을 아라본(고후 1:22, 5:5)arrabon으로 해석했다는 것이다. 신

● 파루시아
재림, *parousia*

문자적으로 "도래"나 "도착"을 뜻하는 그리스어로, 그리스도의 재림을 가리키는 말이다. 파루시아라는 관념은 '마지막 일들'을 논하는 기독교의 이론에서 중요한 요소다.

약성경에서 좀처럼 쓰이지 않는 이 말은 기본적으로 '보증'이
나 '맹세'를 의미하며, 신자들이 현재 성령을 소유함으로써 궁
극적 구원에 대한 확신을 지니고 살 수 있다는 사실을 가리킨
다. 구원이 장차 완성될 일이기는 하지만, 신자들은 성령의 내
주하심을 통해 지금 여기서 그 미래 사건에 대한 확신을 지니
게 된다.

이렇게 신약성경의 종말론이 복잡하다는 점이 분명해졌다. 하지
만 중심 주제는, 과거에 발생한 일이 새로운 일을 열어 놓았으며 이
새 일은 미래에 최종적으로 완성된다는 점이다. 따라서 기독교 신자
들은 '지금'과 '아직 아니' 사이의 긴장 속에 끼어 있다. 이러한 긴장
을 어떻게 이해하고 해명할 것이냐의 문제는 그 자체만으로도 꽤 흥
미로운 주제이며, 또 이번 장에서 계속해서 다룰 문제이다. 이제 우리
는 신약성경 이후 기독교 전통에서 종말론적 주제가 발전한 과정을
살펴본다.

죽은 후의 재결합: 로마와 초기 기독교의 믿음

죽음을 맞아 위로를 찾는 인간의 갈망은 저 멀리 거슬러 올라가 고대
에서도 찾아볼 수 있다. 죽음의 가장 비참한 면모는 **분리**separation, 곧
가까운 친구와 가족으로부터 강제로 그리고 돌이킬 수 없게끔 떨어
지고 다시는 볼 수 없게 된다는 점일 것이다. 고대의 장례식이나 제
사도구들을 보면 소중한 사람의 죽음에 대해 느끼는 비통한 감정이
반영되어 있는 것을 볼 수 있다. 헬레니즘 세계는 하데스 신화에 익
숙했다. 이 신화에는 시신의 입속에 뱃삯으로 넣은 한 오볼로스(6분
의 1 드라크마에 해당하는 은전)*obolos*를 받고 죽은 자를 스틱스 강 건너
지하 세계까지 실어다 주는 뱃사공 카론이 나온다. 죽은 자는 건너편
에 이르러 앞서간 가족과 재결합하게 된다.

이 기본적인 믿음이 로마 철학자 키케로BC 106-43가 지은 중요한 두 저술의 바탕에 놓여 있다. 대화록인 「노년에 관하여」On Old Age 와, 훨씬 더 중요한 글로 「국가에 관하여」On the Republic에서 '스키피오의 꿈'으로 알려진 마지막 부분이다. 뒤의 저술에서 키케로는 스키피오가 낙원에서 저명한 로마 시민들을 만나고 그들로부터 정치 윤리에 관한 강의를 듣는 모습을 그린다. 그런데 스키피오가 자기 아버지와 재회하는 장면에서 글의 분위기가 바뀐다. "그 순간 돌아가신 아버지 파울루스가 다가오는 것을 보았고 눈물이 터져 나왔다. 아버지는 팔로 나를 감싸 안고 입을 맞추면서 울지 말라고 말씀하셨다."

장차 이를 세상에서 가족의 재결합을 이야기하는 이 고전적 장면은, 신학적인 근거가 전혀 달랐음에도 당시 기독교 저술의 형식과 소재에 커다란 영향을 끼쳤다. 3세기에 순교한 카르타고의 키프리아누스 주교258 사망는 거듭되는 박해로 고난과 죽음에 직면해 있던 동료 기독교인들에게 천국을 설명하면서, 거기서 순교자와 사도들의 얼굴을 보게 될 것이라고 가르쳐 용기를 심어 주려고 애썼다. 그뿐만 아니라 그들은 마음에 담아놓은 사랑하는 이들과 다시 결합하게 될 것이다. 여기서 천국은 기독교인들의 '본향'이며, 그곳을 떠나 살아온 삶이 이 땅 위의 인생이었다. 자신들의 본향으로 돌아가 거기서 사랑하는 사람들과 다시 결합하게 된다는 소망은 시련과 고난의 시대를 이겨낼 만큼 큰 위로를 주었다.

우리는 우리 본향인 천국을 바라봅니다Patriam nostram paradisum computamus……사랑하는 많은 이들이 거기서 우리를 기다립니다. 그 안전한 곳에서 부모와 형제와 자녀들이 우리를 그리워하고 우리가 구원받기를 바라고 있습니다. 우리가 그들 가운데 참여하여 그들과 함께 어울리게 되는 일이 그들에게나 우리에게 얼마나 큰 기쁨일까요.

키프리아누스 자신도 신앙을 지키다 258년에 순교했으며, 다른 사람들을 위로하고자 가르쳤던 그 믿음으로 위로를 받았을 것이다.

이 주제는 또 395년에 밀라노에서 죽은 테오도시우스 황제를 기리는 밀라노의 암브로시우스^{약 337-397}의 추도문에서도 발견된다. 테오도시우스 황제는 390년에 로마 총독 뷰테릭을 살해한 일을 복수하기 위해 테살로니카 시민 7천 명을 학살하도록 명령했는데, 이 일을 두고 암브로시우스와 심한 언쟁을 벌였다. 암브로시우스는 동료 주교들과 상의한 후 테오도시우스에게 공적으로 엄중한 참회를 하기 전까지는 성례전에 참여하는 일을 금한다고 알렸다. 결국 테오도시우스는 모든 왕권을 벗어던지고 공적으로 자신의 죄를 참회하였다. 테오도시우스의 장례식 설교에서, 암브로시우스는 참석한 사람들에게 천국을 그려 보였는데, 거기서 테오도시우스는 아내 프라킬라와 딸 풀케리아를 껴안고 있으며 이어서 자기 아버지와 그의 전임자인 기독교인 황제 콘스탄티누스^{272-337; 재위 306-307}와 재결합한다.

아우구스티누스³⁵⁴⁻⁴³⁰ : 두 도시

신약성경의 종말론적 개념에서 공동체적 차원을 다시 밝혀낸 작품으로 가장 힘 있는 것이라면 히포의 아우구스티누스의 『하나님의 도성』을 들 수 있을 것이다. 이 책은 대도시인 로마가 파괴되고 로마제국이 멸망해 가던, '묵시적'이라 불러 마땅한 상황에서 저술되었다. 이 책에서는 두 개의 도시, 곧 '하나님의 도시'와 이 세상의 도시인 '세속 도시'의 관계를 중심 주제로 다룬다. 기독교인의 삶이 복잡하고 특히 정치적인 면에서 뒤얽히게 되는 것은 이 두 도시 사이의 갈등에서 연유한다.

신자들은 그리스도가 인간의 몸을 입고 온 때와 그가 영광스럽게 돌아오는 마지막 때를 가르는 '중간 시대'에 산다. 교회는 세상의 도시 안에서 나그네 상태로 살아간다고 할 수 있다. 교회는 세상 속에 있지만 세상에 속한 것은 아니다. 세상 안에서 나그네로 살면서 불신앙에 둘러싸인 형편에서도 어떻게든 자신의 기풍을 지켜가야 하는 교회의 현실과, 이 세상에서 해방되어 최종적으로 하나님의 영광에 참여하게 되는 미래의 희망 사이에는 강력한 종말론적 긴장이 존재한다. 아우구스티누스가 교회를 성도들의 조직이라고 본 도나투스의 견해811-816쪽를 인정하지 않았다는 것은 분명하다. 아우구스티누스가 볼 때, 교회에는 타락한 세상의 모습이 섞여 있으며 따라서 순결한 사람과 부정한 사람, 성도와 죄인이 공존한다. 마지막 때가 되어서야 이러한 긴장은 해소될 것이다.

하지만 아우구스티누스는 이러한 공동체적인 종말론 이해와 더불어 기독교 희망의 개인적 차원도 언급한다. 이 점은 특히 인간 본성의 현재 모습과 마지막 때의 모습 사이의 긴장을 다룬 그의 논의에서 분명하게 드러난다. 신자들은 구원받아 거룩하고 완전하게 되었다. 그러나 이것은 현재의in re 사실이 아니라 소망으로in spe 주어진 사실이다. 구원은 신자들의 삶 속에 이미 시작되었으나 역사의 마지막에 이르러서야 완성된다. 마틴 루터1483-1546도 이러한 견해를 주장하였는데, 이에 관해서는 앞에서 살펴보았다766-768쪽.

이렇게 해서 아우구스티누스는, 자신들의 삶의 악한 본성을 꿰뚫어 보면서 그러한 현실이 하나님처럼 거룩하라는 복음의 명령과 어떻게 조화될 수 있겠는지 염려하는 기독교인들에게 희망을 줄 수 있었다. 아우구스티누스가 볼 때, 신자들은 그들이 처한 현실의 조건을 뛰어넘어 희망을 품고 앞으로 나아갈 수 있다. 이것은 허황되거나 꾸며낸 희망이 아니라 그리스도의 부활에 근거한 확고하고도 분명한 희망이다.

아우구스티누스는 '끝' end 이라는 말이 두 가지 의미를 지닌다는 점을 알았다. '끝'이라는 말은 "존재했던 것이 존재하기를 멈추는 것이거나 또는 시작되었던 것이 완성됨"을 뜻할 수 있다. 영원한 삶이란, 이 세상의 삶에서 시작된 하나님을 향한 우리의 사랑이 마침내 그 사랑의 대상과 연합함으로써 정점에 이르러 완성된 상태라고 말할 수 있다. 또한 영원한 삶이란 기독교인들이 믿음으로 사는 평생 동안 추구하는 목표로, "완전에 이르게 하는 상급"이다.

피오레의 요아킴^{약 1132-1202} : 세 시대

아우구스티누스는 기독교의 역사를 비교적 간단한 도식으로 설명하였다. 그에 따르면 교회의 시대는 그리스도의 오심(강림)과 돌아오심(재림)을 가르는 시기가 된다. 하지만 이러한 구분은 그 이후의 해석자들의 불만을 샀다. 피오레의 요아킴 Joachim of Fiore 은 훨씬 더 사변적인 역사관을 제시하였는데, 그 이론은 종말론적 특성이 강하고 느슨하게나마 삼위일체론에 기초한 것이었다. 요아킴은 코라소의 베네딕트 수도원에 들어가 수도사가 되었으며, 1177년에는 그 수도원의 원장이 되었다. 그는 이 직책을 좋아하지 않았으며, 결국 실라 산지에다 그 자신의 종교 단체를 세웠다.

요아킴에 따르면, 세계사는 다음의 세 시대로 나눌 수 있다.

❶ **성부의 시대**: 이 시대는 구약성경 시대와 일치한다. 요아킴은 이 시대를 '결혼한 평신도 계급'*ordo conjugatorum*과 연관 짓는데, 이때 사람들은 구약성경 시대가 끝나는 날까지 율법 아래에서 살았다.

❷ **성자의 시대**: 이 시대는 교회까지 포함한 신약성경 시대와 일치한다. 요아킴은 이 시대를 '성직자 계급'*ordo clericorum*과 연관 짓는다.

❸ **성령의 시대**: 이 시대에는 새로운 종교 운동들이 일어나 교회의 갱신과 개혁으로 이어지고 마지막에는 이 세상에 평화와 일치가 성취된다. 요아킴은 이 시대를 '수도사 계급'*ordo monachorum*과 연관 짓는다.

요아킴의 견해에서 서둘러 풀어야 할 문제가 이 시대들의 정확한 날짜를 정하는 것이었다. 그는 주장하기를 각 시대는 한 세대를 30년으로 해서 42세대로 이루어졌다고 하였다. 그에 따르면 '성자의 시대'는 1260년에 끝나게 되고 곧바로 완전히 새로운 '성령의 시대'가 이어진다. 이러한 주장에서 현대에 나타난 천년왕국 운동의 많은 요소들을 발견할 수 있다.

요아킴의 이론은 그 당시에, 특히 1260년이 가까워지면서 커다란 소동을 일으켰으며, 그의 사상이 대중들에게 미치는 영향에 대해 교회가 염려하게 되었다. 1215년에 열린 제4차 라테란 공의회는 그의 견해를 정죄했으며, 토마스 아퀴나스약 1225-1274는 그 이론을 "추측에 불과한 것"이라고 단정했다. 요아킴이 주장한 성령의 시대를 불과 5년 앞둔 1255년에 교황청의 신학위원회는 그의 예언이 완전히 오류라고 견책했다. 그러나 요아킴의 주장에 큰 호감을 보인 사람들도 있었다. 지나치게 제도적인 특성을 강조한 교회에 반감을 품은 많은 사람들이 새로운 '성령의 시대'와 기존 교회를 대신할 '영적인 교회'의 도래를 주장한 요아킴의 비전을 기꺼이 받아들였다.

단테 알리기에리1265-1321 : 『신곡』

요아킴에게 큰 호감을 가졌던 사람 가운데는, 그를 천국에 속한 사람이라고 본 토스카나의 시인 단테 알리기에리가 있다. 피렌체에 근거를 둔 단테는 기독교의 희망을 시로 표현하고 그가 살던 피렌체와 교회의 삶을 비판하기 위해 『신곡』을 썼다. 이 시는 1300년에 시작되며, 단테가 이교도인 로마 시인 베르길리우스의 안내를 받아 땅속 깊은 곳으로 들어가 지옥과 연옥을 여행하는 일을 그리고 있다.

『신곡』은 중세의 세계관을 보여주는 중요한 작품으로, 그 세계관에 따르면 죽은 자의 영혼은 깨끗하게 씻겨 정결하게 하는 일련의 과정을 거치며, 그 후 기독교인의 삶에서 최고의 목표인 하나님의 모습

을 한순간 뵙게 된다. 이번 항목에서 다루는 주제와 관련해 이 작품이 중요한 까닭은 마지막 일들의 영적 지리spiritual geography를 생생하게 묘사하고 있기 때문이다.

『신곡』은 서로 연결된 세 개의 주요한 부분으로 구성되었으며, 각각 '지옥'Inferno, '연옥'Purgatorio, '천국'Paradiso이라는 제목이 붙어 있다. 이 작품은 기독교 신학과 영성의 중요한 주제들을 꽤 많이 사용하고 있으며 또 당시의 정치·사회적 사건들에 대한 비판도 담고 있다. 이 작품은 1300년의 고난주간—단테가 피렌체에서 추방당하기 전—에 시작된 여행에 대해 기술한다. 본문에 나오는 많은 실마리를 근거로 이 여행이 성금요일 해질 무렵에 시작되었음을 알 수 있다. 지옥으로 들어간 후 단테는 하루 온종일 아래를 향해 내려가며, 그 후 연옥을 향해 위로 오르기 시작한다. 연옥을 지난 후에 단테는 한참을 더 위로 올라가 마침내 하나님의 임재 속으로 들어간다.

층	이름
1	림보
2	음탕한 자들
3	탐욕스러운 자들
4	인색한 자들
5	화를 잘 내는 자들
6	이교도들
7	강포한 자들
8	사기꾼들
9	배신자들

단테의 『신곡』에 나오는 지옥의 아홉 환계

여행 처음부터 끝까지 단테는 안내자와 동행한다. 첫 안내자는 로마의 위대한 시인이자 『아이네이스』*Aeneid*의 저자인 베르길리우스다. 단테가 베르길리우스를 고전 학문과 인간 이성을 대표하는 상징으로 사용한 것이라고 여겨진다. 두 사람이 연옥의 정점에 가까워지자 베르길리우스는 뒤로 처지고 단테는 문득 자신이 베아트리체(단테의 숭고하고 이상적인 사랑의 대상이었던 여인으로 1290년에 사망한 베아트리체 포르티나리를 염두에 둔 것으로 보인다)와 함께 있는 것을 깨닫는다. 베아트리체는 단테를 안내하여 천국의 바깥 환계들circles로 인도한다. 마침내 단테는 중세의 위대한 사상가이자 현자인 클레르보의 베르나르두스와 만나며 그는 단테를 하나님 앞으로 데려간다.

이 시편의 구조는 굉장히 복잡하며, 다양한 방향으로 해석할 수 있다. 이 저술은 중세 이탈리아의 정치, 특히 1300년에서 1304년에 걸친 피렌체의 복잡한 정치 상황에 대한 해설로 읽을 수도 있고, 또는 죽음 이후의 삶에 대한 기독교 신앙의 시적 안내서로 볼 수도 있다. 좀 더 원초적으로, 시인 자신이 자아 발견과 영적 계몽의 여행을 떠나 마침내 내면의 열망을 발견하고 이루는 이야기로 읽을 수도 있다.

단테가 묘사하는 지옥의 지리가 특히 흥미로운데, 그는 지옥을 고대 기하학에서 완전형태라고 여기는, 여러 개의 동심원으로 이루어진 것으로 그린다. '지옥의 아홉 환계'는 위의 표와 같다.

단테는 아래로 지옥의 층들을 거쳐 가면서 각 환계에 갇혀 있는 각양각색의 사람들을 만난다. 단테를 연구하는 학문에서 가장 흥미로운 주제 가운데 하나가 단테가 왜 여러 종류의 사람들―대개 그 시대의 교황제도와 피렌체 정치의 여러 측면을 반영한다―을 다양한 운명에다 배치했는가 하는 문제다. 예를 들어, '림보'는 지옥 전 단계와 같은 것인데, 그곳에는 어떠한 고통도 없으며 인간 이성의 빛에 해당하는 '빛의 반구'가 빛을 비추고 있다. 단테는 이 영역에 고결한 비기독교인들, 특히 아리스토텔레스(단테는 이 사람을 최고의 철학자로 여겼다)와 세네카, 유클리드, 베르길리우스 같은 이교 철학자들을 배치한다. 이곳을 지나면 지옥의 두 번째 환계가 나오는데, 여기에는 "이성을 욕망의 노예로 내어준" 사람들을 배치한다. 단테가 이 영역에 넣은 사람 중에는 클레오파트라, 트로이의 아킬레우스와 헬레네, 트리스탄(중세의 많은 소설에 등장하는 영웅)이 있다.

단테의 『신곡』은 중세의 지옥관을 어느 정도 확인할 수 있게 도와준다. 단테의 이야기는 이 주제에 관해서 우리가 가지고 있는 극히 적은 성서 자료를 보완해 줄 만한 상당한 (그리고 꽤 사변적인!) 정보를 제공해 준다. 단테는 이런 식의 종말론적인 서술이 독자들의 마음을 끌고 또 그 시대의 세속과 교회 정치에 대한 비판을 담은 그의 글에다 활력을 불어넣는다는 사실을 알았다. 이 책은 문학작품으로나 중세의 세계관에 대한 증거자료로나 깊이 읽을 만한 가치가 있다.

계몽주의: 종말론은 미신이다

합리주의적 성격이 두드러진 계몽주의151-157쪽 환경 속에서, 마지막 일들에 관한 기독교 교리는 삶 속에 실제적 근거가 전혀 없는 무지한 미신일 뿐이라고 비판을 받게 되었다. 특히 크게 비판받은 것이 지옥의 개념이었다. 후기 계몽주의의 강력한 공리주의적 사고는 영원한 형벌이 아무 데도 쓸모가 없는 것이라는 확신을 더욱 키웠다. 루트비히 포이어바흐[1804-1872]는 '천국'이라든가 '영생'이라는 개념은 객관적인 근거가 전혀 없는 것으로, 단지 불멸을 향한 인간의 갈망을 투사한 것에 불과하다고 주장하였다. .

희망에 관한 기독교 교리를 훨씬 더 끈질기게 비판한 이론을 칼 마르크스[1818-1883] 924-926쪽의 저술들에서 볼 수 있다. 마르크스는 종교가 내세의 기쁨에 대한 확신을 심어줌으로써 현실에서 고통을 겪고 있는 사람들에게 위안을 주려고 한다고 주장하였다. 이렇게 해서 종교는 사람들이 현실 세계를 개혁하여 고난을 제거해야 하는 일에 관심을 기울이지 못하게 한다. 여러 가지 면에서 마르크스주의는 기독교의 종말론이 세속화된 형태이며, '혁명'은 천국을 세속의 형태로 바꾼 것이라고 말할 수 있다.

이와 연관된 견해들을 19세기 자유주의176-180쪽에서도 찾아볼 수 있다. 도덕적·사회적 완전을 향한 인간의 점진적 발전을 강조하는 희망의 교리를 선호하게 되면서 역사의 파국적 종말이라는 개념은 변두리로 밀려났다. 다윈의 자연선택설은, 대중적인 진화론 형태로 퍼지면서 인간의 삶 전체와 마찬가지로 인간의 역사도 훨씬 더 고상하고 정교한 형태를 향해 발전하는 것이라는 생각을 심어 주었다. 종말론은 신학적인 호기심거리로 추락하고 말았다. '하나님 나라'는, 신약성경의 묵시적 함의를 박탈당한 채, 도덕적 가치들로 이루어진 정적인 영역으로 이해되었으며, 사회는 계속되는 진화 과정을 거쳐 그곳을 향해 발전해 가는 것으로 설명되었다(알브레히트 리츨).

20세기: 종말론의 재발견

계몽주의의 접근법은 두 가지 발전으로 인해 신뢰성이 크게 무너지게 되었다. 첫째, 19세기의 마지막 10년 동안에, 요하네스 바이스[1863-1914]와 알베르트 슈바이처[1875-1965]가 예수 설교의 묵시적 특성을 재발견하여 '하나님 나라'를 종말론적 관념으로 보는 견해를 강하게 주장하였다542-545쪽. 예수는 인간의 도덕 교사가 아니라 종말론적 하나님 나라의 임박한 도래를 선포한 사람이었다. 이러한 새로운 지식이 20세기에 종말론을 재발견하는 데 결정적인 역할을 하였다.

신약학자들이 모두 바이스와 슈바이처가 발견한 것에 동의한 것은 아니라는 사실을 기억할 필요가 있다. 이를테면 영국의 신약성서학자인 찰스 다드Charles. H. Dodd, 1884-1973는, 예수가 선포한 하나님 나라는 아직 일어나지 않은 미래의 일이 아니라 '실현된 것', 곧 이미 이루어진 것이라고 주장하였다. 다드는 『사도적 설교와 그 발전』 Apostolic Preaching and its Development, 1936에서, 예수의 사역 속에서 '마지막 일들'이 실제로 일어났다고 주장하였다. 구약의 예언자들이 미래의 일로 여겼던 것들(예컨대 '주의 날'의 도래 같은 것)이 예수 그리스도의 삶과 죽음과 부활을 통해 완성되고 실현되었다는 것이다.

다드는 예수 자신이 "하나님의 나라가 가까이 왔다"고 선포했다는 사실을 지적한다. 하나님의 나라는 먼 미래에 일어날 일이 아니다. 그 나라는 이미 사람들 가운데 있다(마 12:28). 그 미래는 저 멀리 떨어져 있는 것이 아니라 예수의 오심으로 이미 이루어진 것이다.

이 이론을 비판하는 사람들은 다드가 자신의 견해를 지나치게 밀어붙였다고 보았다. 이를테면, 그리스어로 된 원래의 "하나님의 나라가 가까이 왔다"는 구절은 "하나님의 나라가 이전보다 더 가까워졌다"는 의미로 보는 것이 더 합당하다는 것이었다. 달리 말해, 하나님 나라는 아직 이르지 않았지만 전에 비해서는 훨씬 가까워졌다는 말이다. 다드는 후기에 쓴 몇몇 저술을 통해 이러한 비판에 응답하고 있다. 그는 하나님 나라에 대해 "이르렀다"는 말 대신에 "시작되었다"는 말을, "실현"이라는 말 대신에 "개시"라는 말을 쓰기 시작했다. 다시 말해, 다드는 '마지막 일들'이 이미 발생하기는 했지만 아직 완전하게 이루어지지는 않았다고 인정하였다.

20세기 기독교에서 신약성서의 종말론을 둘러싸고 일어난 논의는 다음과 같은 세 가지로 정리할 수 있다. 신약성서 학계에서 가장 널리 인정되는 견해는 셋 중에서 두 번째, 곧 '시작된inaugurated 종말론'이라고 부르는 것임을 밝혀 둔다.

- ❶ **미래적 종말론**: 하나님 나라는 미래에 이루어질 일로, 파괴적인 모습으로 인류의 역사를 뚫고 들어올 것이다(요하네스 바이스).
- ❷ **시작된 종말론**: 하나님 나라는 미래에 온전히 성취되고 완성되는 것이기는 하지만 이미 인간의 역사 속에서 영향을 미치기 시작했다.
- ❸ **실현된 종말론**: 하나님 나라는 예수의 오심으로 이미 실현되었다(찰스 다드).

두 번째로 살펴볼 발전은, 인간의 문명이 하나님 나라를 이루는 수단이 된다는 확신이 완전히 무너졌다는 점이다. 제1차 세계대전은 이러한 점에서 특히 엄청난 정신적 충격을 낳은 사건이었다. 유태인 대학살, 핵무기 개발과 핵전쟁의 위협, 인간의 자원 약탈로 인한 환경 파괴의 위협은 자유주의적이고 인본주의적인 당시 기독교 형태들의 신뢰성에 대해 갈수록 의혹을 품게 만들었다.

그렇다면 종말론 개념을 어떻게 이해해야 할까? 마르부르크 대학의 신약학자 루돌프 불트만1884-1976이 제시한 이론이 1950년대와 1960년대에 커다란 관심을 끌었다. 아래에서 이에 대해 살펴본다.

루돌프 불트만1884-1976 : 종말론의 비신화화

불트만의 '비신화화'265, 586쪽라는 논쟁적인 프로그램은 역사의 종말에 관한 믿음과 특히 밀접한 관계가 있는 것으로 확인되었다. 불트만은 이러한 종말에 관한 믿음이 '신화'이며 따라서 실존론적으로 해석할 필요가 있다고 주장하였다. 신약성경은 멀리 떨어져 알 수 없는 때와 장소("태초에"라든가 "천국에"라는 말처럼)와 초자연적인 인물이나 사건들에 관한 '이야기'를 담고 있다. 불트만은 이런 이야기들이 근원적인 실존적 의미를 지니고 있으며, 적절한 해석 과정을 거쳐 그 의미를 파악하고 이해할 수 있다고 주장한다.

이러한 이야기들 가운데 가장 중요한 것이, 종말의 때에 하나님이 직접 개입하여 심판을 행하고 그에 따라 보상과 형벌이 이루어진다는 내용을 담고 있는, 세상에 임박한 종말이라는 신화다. 이러한 통찰은 우리의 이야기에 매우 중요한데, 그 까닭은 이 통찰로 인해 불트만은 슈바이처가 신약성경의 '철저한 종말론의 조건'으로 입증한 것을 포괄적인 비신화화 과정으로 다룰 수 있게 되었기 때문이다. 불트만은, 이 '신화'와 더불어 그와 비슷한 신화들을 실존론적으로 재해석할 수 있다고 보았다.

그러므로 종말론적 신화를 다룰 경우, 실제로 역사가 종말을 맞지 않았다는 것을 확인한다고 해서 반드시 그 신화를 무효화해야 하는 것은 아니다. 실존론적으로 해석할 때, '신화'는 인간 실존의 '지금 여기'here and now와 연결되어 인간은 자신의 죽음이라는 현실에 직면할 수밖에 없으며, 따라서 실존적인 결단을 내려야 한다는 사실을 가리킨다. 이른바 '심판'이란 세상의 마지막 때에 일어나는, **하나님의 심판**이라는 미래적 사건이 아니라 하나님께서 그리스도 안에서 행하신 일에 대한 우리의 지식을 기초로 한, **우리 자신에 대한 우리의 심판**이라는 현재적 사건이다.

불트만은, 초기 기독교 공동체의 종말론적 기대가 시들어 가던 때인 1세기 끝 무렵에 기록된 요한복음에서 바로 이러한 비신화화demythologizing를 볼 수 있다고 주장한다. 불트만은 '심판'을 인간이 하나님의 케리그마*와 마주칠 때 경험하는, 실존적 위기의 순간이라고 해석한다. 요한복음의 '실현된 종말론'은 이 복음서의 편집자가 파루시아(재림)parousia를 미래의 사건이 아니라 신자들과 케리그마와의 만남 속에서 이미 이루어진 사건으로 인식했다는 사실에서 생겨난 것이다.

● 케리그마
kerygma

루돌프 불트만(1884-1976)과 그의 제자들이 주로 사용한 용어로, 신약성경에 나오는 예수 그리스도의 의미에 관한 핵심적인 메시지나 선포를 가리킨다.

계시자^{Revealer}가 도래하는 '지금'^{Now}에 정확히 상응하는 것이 말씀이 역사적 사실로서 선포되는 '지금', 곧 현재적 순간인 '지금'이다.……특정한 순간에 선포되는 이 '지금'은 종말론적인 '지금'이다. 그 안에서 삶과 죽음 사이의 결단이 이루어지기 때문이다. 그것은 오고 있는 시간이자 선포되는 시간이며, 현재인 시간이다.……그러므로 다른 사람들이 조만간 일어날 일로 기대한 파루시아를 요한이 부정하고 영혼 안에서 일어나는 과정과 경험으로 바꾼 것이 아니다. 그와는 달리 요한은 독자들의 눈을 열어서, 파루시아가 이미 일어났음을 보여준다.

이렇게 불트만은 요한복음*이 종말론적 신화를 인간 실존에 어떤 의미가 있느냐는 관점에서 재해석한 것이라고 보았다. 그리스도는 과거의 현상이 아니라 언제나 현존하는 하나님의 말씀이요, 일반적인 진리가 아니라 우리를 향한 구체적인 선포로서, 우리에게 실존적인 결단을 요청한다. 불트만에 의하면, 종말론적인 과정은 세계의 역사 속에서 사건이 되었으며 현재의 기독교 선포 속에서 한 번 더 사건이 된다.

하지만 이러한 이론은 많은 비평가들이 보기에 만족스럽지 못했으며, 그들은 불트만이 기독교의 희망 교리에서 핵심적인 내용을 너무 많이 포기했다고 생각한다. 이를테면 불트만의 종말론 개념은 순전히 개인주의적인데, 성경 속의 개념은 공동체적인 것이 분명하다는 것이다. 1960년대 후반에 다른 이론이 등장하기 시작했는데, 많은 사람들은 이 이론이 불트만이 불완전하게 그려낸 희망에 비해 훨씬 더 나은 것을 담고 있다고 생각한다.

위르겐 몰트만 $^{1926 출생}$: 희망의 신학

1964년, 독일 개신교 신학자 위르겐 몰트만은 커다란 반향을 불러일으킨 『희망의 신학』을 펴냈다. 이 책에서 몰트만은 에른스트 블로흐

● **제4복음서**
fourth gospel

요한복음을 말한다. 이 용어는 보통 '공관복음서'라고 불리는 세 권의 복음서가 공통된 구조로 이루어진 것과 구별해 요한복음의 독특한 문학적·신학적 특성을 강조하는 말이다.

1885-1977의 뛰어난 저술인 『희망의 원리』*The Principle of Hope, 1938-1947*의
통찰을 따르고 있다. 여기서 블로흐는 인간의 문화는 현재의 모든 소
외를 초월하는 미래에의 강렬한 희망에 의해 움직인다는 신념을 기
초로, 인간의 경험을 신마르크스주의적으로 분석하였다. 블로흐는
자신이 혁명적이고 묵시적인 희망이라는 성서적 관념의 직계라고 생
각하였다. 불트만이 비신화화를 통해 종말론을 납득할 만한 것으로
만들려고 애쓴 데 반해, 블로흐는 원래의 성서적인 맥락에 실려 있는
격렬한 사회비판과 예언자적인 사회변혁 비전을 밝혀내서 종말론을
옹호하였다. 1960년대는 유럽과 북미에서 모두 인류의 미래에 대한
낙관론이 팽배하였다. 모든 일에 희망이 가득해 보였다.

몰트만은 주로 마르크스주의에 기초한 세속적 희망 비전을 배
경 삼아, 기독교의 공동체적 희망 개념을 재발견하여 개인 및 교회의
삶과 사상의 핵심 동인으로 삼을 것을 주장하였다. 종말론을 "기독교
교의학의 결론 부분에 있는 무해하고 하찮은 장"(칼 바르트)의 처지에
서 구출해 영예로운 자리로 되돌릴 필요가 있었다. 몰트만은 종말론
이 기독교 사상에서 핵심적인 중요성을 지닌다고 주장한다.

하나님의 약속에 의해 다듬어지고 체계화된, 몰트만의 미래 지
향적 태도는 "이해를 추구하는 희망"*spes quaerens intellectum*과 "나는
이해하기 위하여 희망한다"*spero ut intelligam* 같은 구호로 요약된다. 이
것은 캔터베리의 안셀무스가 신앙을 중요하게 여겨서 자신의 견해를
"이해를 추구하는 신앙"*fides quaerens intellectum*과 "나는 이해하기 위
하여 믿는다"*credo ut intelligam*라는 구호로 요약한 것101쪽을 변형한 것
이다. 몰트만이 볼 때 기독교 신학은 하나님의 변혁하는 사역을 통해
희망의 비전을 제시하며, 이러한 견해는 세속적인 희망 개념이나 사
회변혁과는 분명하게 대비된다.

신앙을 지탱하고 계속 움직이도록 해주는 것이 희망이며 또 신자들이
사랑의 삶을 살 수 있도록 이끄는 것이 희망이라면, 신앙으로 하여금

사고하게 하고 또 인간의 본질과 역사와 사회에 관하여 성찰하여 지식을 얻게 하는 힘 역시 희망이다. 신앙은 그것이 믿는 것이 무엇인지 알기 위해 희망한다. 그러므로 신앙의 모든 지식은 약속된 미래의 서곡을 구성하는 예기적이고 단편적인 지식으로, 그 자체로 희망에 연결된다.……기독교의 희망은 '궁극적인 새 일'*novum ultimum*을 지향하며, 예수 그리스도를 다시 일으킨 하나님이 만물을 새롭게 창조하실 것을 바라본다. 이렇게 해서 희망은 죽음까지 포함해 모든 것을 포괄하는 미래에의 전망을 연다. 또 이러한 전망 안에서 희망은 새롭게 된 삶의 제한적인 희망들을 다루며 그것들을 자극하고 상대화하고, 그 희망에다 방향을 제시할 수 있으며 또 당연히 그래야 한다.

몰트만이 볼 때, 이 '희망'은 개인적인 것이거나 실존적인 것, 사사로운 것이 아니다. 희망은 전체 피조물의 공적인 희망이며, 전체 피조물이 '희망의 하나님'의 새롭게 하시는 사역을 갈망한다. 그러므로 무엇보다도 긴급한 과제는 기독교가 이 종말론을 새롭게 발견하는 것이요, 나아가 희망을 갈구하되 기독교 전통 밖에서 그 희망을 찾는 세상에게도 이 종말론이 참으로 중요하다는 사실을 분명히 인식하는 일이다. 교회는 자체의 희망의 신학을 새롭게 발견함으로써만 세속 문화에게 귀를 열고 들어 달라고 요청할 수 있다.

헬무트 틸리케 1908-1986 : 윤리와 종말론

현대에 종말론의 신학적 중요성을 둘러싸고 이루어진 중요한 논의 가운데 하나가 독일의 루터교회 신학자인 헬무트 틸리케Helmut Thielicke에게서 시작되었다. 틸리케는 그의 주저인 『신학적 윤리』*Theological Ethics*, 1958-1964에서 기독교 윤리의 신학적 근거를 탐구하였다. 틸리케의 윤리 이론의 바탕에는 윤리를 '두 왕국' 또는 '두 영역'으로 나누어 논하는 루터식 고전 윤리 이론에 대한 불만이 놓여 있다.

틸리케는 고전 윤리 이론이 종말론을 진지하게 다루지 못했다고 주장한다. 세 권으로 이루어진 이 저술 전체에 걸쳐서, 그는 '기독교 윤리의 종말론적인 특성'을 강조한다. 그럼으로써 그는, 현시대(틸리케는 에온[aeon]이라는 말로 표현한다)와 다가오는 시대의 긴장 관계 속에 신자와 교회가 존재한다고 보는 신약성경의 가르침을 기독교 윤리가 진지하게 받아들여야 한다고 주장한다. 이 두 시대는 신자들에게 동시에 현존하며, 기독교 윤리는 현시대의 실재와 미래에 대한 희망 사이의 긴장을 인정해야만 한다. 이 두 시대는 '동시에' 진행하며, 또 둘 다 신앙에 현존한다. 현재 시대는 흘러가고 있으며, 미래는 동트기 시작했을 뿐 아직 완전히 열리지 않았다. 하지만 그 미래적 현존은 이미 기독교의 윤리적 사고에 영향을 끼치고 있음이 분명하다.

> 그러므로 윤리는 옛 에온만도 아니고 새 에온만도 아니라 정확히 옛 에온과 새 에온 사이의 긴장이 이루어지는 자리에서 형성된다.⋯⋯윤리학의 문제는 이 '마지막 때'에, 곧 승천과 최후의 날 사이의 기간에 두 에온이 동시적으로 진행한다는 사실에서 비롯된다.⋯⋯이 사실에서 분명해지는 것은 엄격한 의미에서 윤리의 문제는 신학적인 문제라는 것이다. 윤리의 문제는 두 에온의 관계에서 제기되는 까닭이다.

틸리케에 의하면, 순전히 세속적인 표준(예를 들어 칸트주의)에 근거한 윤리 이론은 기독교적 시각에서 볼 때 필연적으로 결함이 있는 것으로 판정되는데, 그런 이론은 윤리의 종말론을 제대로 파악하지 못하기 때문이다. 틸리케가 종말론을 강조한 것이 실제적인 윤리적 결단에 어떻게 영향을 끼치는지에 관해서는 아직 확실하게 드러나지 않았다고 말하는 것이 공평하겠지만, 그의 분석이 지금까지 간과되어 온 기독교 신앙의 중요한 측면을 윤리학자와 신학자 모두에게 확인시켜 주었음은 분명하다.

세대주의: 종말론의 구조

세대주의dispensationalism는 20세기 북미의 복음주의 내에서, 특히 1920년에서 1970년 사이에 강력한 영향을 끼친 운동이다. 이 운동이 구원의 역사를 여러 '세대들'dispensations로 이해한 데서 세대주의라는 이름이 생겨났다. 이 운동의 뿌리는 영국의 존 넬슨 다비John Nelson Darby, 1800-1882에게서 찾을 수 있다. 그러나 이후 미국에서 사이러스 잉거슨 스코필드Cyrus Ingerson Scofield, 1843-1921의 노력으로 크게 발전하였으며, 그의 『스코필드 관주성경』1909은 세대주의 사상의 이정표가 되었다.

세대주의의 가장 두드러진 특징을 역사의 시대 구분에서 볼 수 있다. 스코필드는 구원사를 일곱 개의 시대(세대)로 구분하였으며, 각 시대는 하나님과 하나님의 백성 사이의 독특한 계약을 나타낸다. 일곱 시대는 다음과 같다.

- ❶ **무죄 시대**Innocence: 창조에서 인류 타락 전까지
- ❷ **양심 시대**Conscience: 인류의 타락에서 노아의 홍수 때까지
- ❸ **인간통치 시대**Human government: 노아의 홍수에서 아브라함이 부름 받을 때까지
- ❹ **약속 시대**Promise: 아브라함에서 모세 전까지
- ❺ **율법 시대**Law: 모세에서 그리스도의 죽음까지
- ❻ **교회 시대**The church: 그리스도의 부활에서 현재까지
- ❼ **천년왕국 시대**The millennium: 그리스도가 통치하는 천년의 기간

세대주의 내에서 다른 식으로 시대를 구분하는 틀이 제기되기도 했지만, 스코필드의 구분이 가장 중요한 것으로 널리 인정된다.

고전적 세대주의의 가장 중요한 특징 가운데 하나는 '이스라엘'이라는 말을 해석한 방식에서 볼 수 있다. 스코필드와 찰스 라이리

Charles C. Ryrie, 1925-2016 같은 세대주의자들에게, '이스라엘'이라는 말은 언제나 이 세상에 속한 유대인들을 가리키는 것이었지 결코 기독교 교회를 나타내는 말이 아니었다. 이스라엘과 교회는 각기 자체의 역사와 정체성을 지닌 전혀 별개의 두 실체다. '이스라엘'은 땅 위의 나라에 희망을 둔 이 세상의 백성을 가리키며, '교회'는 이 세상을 초월하는 곳에 목표를 둔 하늘의 백성을 가리킨다.

그래서 세대주의자들은 1948년에 세워진 이스라엘 국가의 현대사에 특별한 관심을 기울였으며, 그러한 국가 설립에서 세대주의식 구약성경 이해가 성취되었다고 보았다. 최근의 세대주의 저술가들은 이스라엘과 교회를 이렇게 구분하는 것을 완화하는 경향을 보이고 있다는 점을 알 필요가 있다.

세대주의의 핵심적이고 특징적인 두 개념은 '휴거'rapture와 '환난'이다. 휴거는 그리스도가 다시 올 때에 "구름 속으로 끌어 올려 공중에서"(살전 4:15-17) 그를 만나게 되는 일에 대한 신자들의 기대를 가리킨다. 환난은 다니엘서에 나오는 예언적 환상(단 9:24-27)에 근거한 것으로, 하나님이 세상을 심판하는 7년 기간을 말한다. 세대주의 저술가들은 '휴거'를 환난 이전에 있을 일(이때 신자들은 환난의 고통을 면하게 된다)로 보아야 하는지, 아니면 환난 이후의 일(이때 신자들은 그리스도와 곧 연합하게 된다는 확신을 품고 환난을 견뎌내야 한다)로 보아야 하는지의 문제로 분열되었다.

베네딕토 16세[1927 출생]: 「희망으로 구원된 우리」

2007년 말, 교황 베네딕토 16세는 "우리가 소망으로 구원을 얻었으매"라는 바울의 말(롬 8:24)에서 제목을 딴 회칙 「희망으로 구원된 우리」Spe salvi를 발표하였다(라틴어 번역판인 불가타 성서에서 이 구절은 spe salvi facti sumus이다). 이 문서는 근래에 기독교 희망에 관해 논한 가장 중요한 자료 가운데 하나로서, 세속적인 희망 개념과 문화적으로 교류할 수 있는 길을 열었으며 또 이 주제에 관한 기독교 고유의 이론을 새롭게 제시하였다.

이 회칙은 신약성경에 나오는 희망 개념의 본질을 논한 후에, 마르크스주의에서 발견되는 것 같은 세속적 희망 비전을 다룬다. 희망은 하나님에게서 인간에게로, 내세에서 현세로, 하나님 나라에서 사회주의혁명으로 전해졌다. 하지만 이러한 세속적인 희망 비전은 현재 무기력해졌으며, 인간의 본성이 여전히 변하지 않고 그대로라는 사실로 인해 혼란에 빠져 버렸다. "테오도르 아도르노는 진보에 대한 믿음이 지닌 문제점을 매우 과감하게 표현하였습니다. 그는 진보라는 것이 자세히 살펴보면 투석기에서 원자폭탄으로의 진보일 뿐이라고 말했습니다.……진보의 양면성이 분명하게 드러났습니다. 의심할 여지없이 진보는 선을 위한 새로운 가능성도 열어 주지만, 또한 악에 대한 끔찍한 가능성도 열어 놓습니다."

세속적인 진보의 비전에 대한 이러한 문화적 환멸감에 직면해서, 회칙 「희망으로 구원된 우리」는 기독교의 희망 비전을 새롭게 제안한다. 이 문서는 어떤 새로운 개념을 제시하는 것이 아니라 전통적인 종말론적 주제들을 상황화한다는 점에서 주목할 만하다. 이러한 주제 가운데서 두 가지를 살펴볼 필요가 있다. 첫째는 세속적 비전의 실패에 직면해서 다시 기독교의 희망을 현실적인 대안으로 제시하였으며, 둘째는 인간의 고난 앞에서 희망의 중요성을 재차 확증하였다.

회칙 「희망으로 구원된 우리」에서는 기독교의 희망을, 생명을 휘감은 어둠 속에 사랑하시는 하나님이 계심을 다시 보여줌으로써 인간이 실존의 모호성을 극복할 수 있게 해주는 원리라고 말한다. 믿는 사람들이 그리스도 안에서, 인간이 되시고 말만 아니라 행동으로도 신실하심과 자비하심을 보여주신 하나님의 무조건적인 사랑과 자비에 의지하여 신뢰를 품고 살아가게 해주는, 믿을 만하고 안전한 틀을 기독교의 희망이 제공해 준다. 구속받은 삶은 "저 멀리 있는, 세상의 '제일원인'인 하나님"이 아니라 사랑의 약속대로 역사 속에 들어오

교황 베네딕토 16세(재임 2005-2013). 교황으로 선출되기 전에는 요제프·라칭거 추기경이었으며 2013년에 사임하였다.

신 하나님에 대한 신앙으로 이루어진다. "어떠한 절망에도 흔들리지 않는 위대하고 참된 희망은 오로지 하나님, 우리를 사랑하시되 모든 일을 다 이루는 끝날까지 사랑하시는 하나님뿐이십니다."

이 회칙은 또한 인간의 고난이라는 주제를 다룬다. 니체[1844-1900]는 기독교가 고난을 자랑스럽게 여기는 사고를 조장한다고 고발하였다. 회칙 「희망으로 구원된 우리」에서는 훨씬 더 긍정적인 견해를 제시하여, 기독교 신앙은 우리의 인간다움에 없어서는 안 될, "그러한 고통에 맞서는 새롭고도 훨씬 더 깊은 능력"을 인간에게 심어 주는 탁월한 이점이 있다고 말한다. 하나님은 우리를 위해 우리와 함께 고난당하시는 분인데, 이 개념을 가리켜 회칙은 "나란히 고통당하는"이라는 의미의 *con-solatio*라는 말로 설명한다.

기독교 신앙은 진리와 정의와 사랑이 단순한 이상으로 끝나는 것이 아니라 매우 중요한 실재라는 사실을 우리에게 보여주었습니다. 기독교 신앙은 또 본질상 진리와 사랑이신 하나님께서 우리를 위하여 우리와 함께 고통당하기를 원하신다는 것을 보여주었습니다. 클레르보의 베르나르두스는 "하나님은 고난당하실 수 없지만, 함께 고난을 겪으실 수는 있다"*Impassibilis est Deus, sed non incompassibilis*는 놀라운 말을 했습니다.……그러므로 인간이 당하는 모든 고난 속에서 우리는 함께 그 고난을 겪으시고 감당하시는 분과 하나가 됩니다. 따라서 모든 고난 속에는, 함께 아파하시는 하나님의 사랑에서 비롯되는 위로*con-solatio*가 있습니다.

이 회칙은 매우 전통적인 기독교 개념을 계몽주의 이후의 세계에 어울리게 수정하여 새롭게 긍정한 것이라고 볼 수 있다. 위르겐 몰트만과 같은 사람들은 이 회칙이 희망을 교회의 영역 넘어서까지 확장하지 못했다는 점을 지적하였다. 몰트만은 "신음하는 피조물의 구원과 정의가 충만한 새 지구에 대한 희망"에 대한 언급이 빠졌다고 비판하였다. 이러한 비판이 분명 유익하기는 하지만 회칙 「희망으로 구원된 우리」는 기독교의 희망을 현대적으로 새롭게 진술한 것으로서 중요한 가치가 있다.

N.T. 라이트 1948 출생: 천국에 가기(가지 않기)

기독교 신학의 과제 가운데 하나는 끊임없이 그 전통을 재검토해서, 신학이 가령 몇몇 성경 구절을 오독함으로 인해 그릇된 길로 잘못 들어서지 않았다는 것을 확실하게 다지는 것이다. 신약성서학자인 N.T. 라이트는 『마침내 드러난 하나님 나라』*Surprised By Hope*, 2008에서 기독교 소망의 본질에 대한 자기 이해를 밝히고, 전통적인 천국 개념이 신약성경에 적절한 근거를 두고 있는지에 관해 질문했다. 라이트의 견해는 그 자체로도 중요하지만, 동시에 기독교 신학의 뚜렷한 특성을 구성하는 신학의 과거 "유산"을 탐구하고 수용하는 역동적 과정을 밝힌다. 그의 접근법은 또 기독교 신학이 왜 신약학 연구와 지속적인 대화를 유지할 필요가 있는지, 신약학 연구가 신학의 주제들과 독립적인 것이거나 심지어 무관한 것으로 다루어져서는 안 되는지를 분명하게 제시한다.

2003년에 나온 한 논문에서 라이트는 전통적으로 "구원받은 자의 궁극적 목표"를 가리키는 말로 사용해 온 "천국"이라는 말이 대중적으로는 잘 알려져 있음에도 불구하고 "심각한 오해의 소지"가 있고, "기독교 희망을 정당하게 평가하지 못했다"고 주장했다. 기독교 희망을 이해해 온 전통적 방식은 기독교인들이 신약성경을 읽는 렌즈 역할을 해왔다. 그 렌즈를 벗겨 내면 신약성경의 희망의 비전을 이해하는 다른 방식을 볼 수 있다. 그 희망의 주요 목표는 "죽어서 천국에 가는 것"이 아니라 여러분의 "몸으로 부활해서 예수 그리스도와 같은 영광스러운 모습으로 변화되는 것"이다.

이 개념들은 『마침내 드러난 하나님 나라』에서 한층 더 발전하였다. 신약성경의 핵심 개념인 "부활"은 단순히 죽음 후의 삶을 가리키는 것이 아니라 "어떤 형태로든지 간에 죽음 후의 삶이 있게 되고 그 후에 새로운 몸으로 이어지는 삶"을 가리킨다. 예를 들어 라이트는 나사렛 예수의 부활에 관한 복음서의 설명은 "죽음 이후의 삶"이라는 희망의 관점에서 다듬어진 것이 아니라, 그리스도가 "세상의 참된 주님"이심을 가리키는 것이라고 주장하였다. 복음서 저자들은 예수께서 하늘로 되돌아갔으며 그래서 우리도 그를 따라 거기에 가게 된다는 식으로 말하지 않는다. 오히려 그들은 "예수께서 하늘에서 세상을 다스리고 계시며, 언젠가는 그렇게 다스리는 일을 완성하기 위해 다시 오실 것이다"라고 말한다. 그래서 기독교인들은 그렇게 창조세계를 새롭게 하는 일에서 일정한 역할을 감당하도록 부름을 받는다.

> [예수께서] 그 미래와 관련해 약속하셨고 그 일을 위해 행하셨던 일은 영혼들을 육체를 벗어나 영원에 이르도록 구원하시는 것이 아니라, 사람들을 현재 세상이 처해 있는 부패와 타락에서 구속하여서, 하나님의 궁극적 목적인 창조세계의 갱신, 다시 말해 이미 현재 가운데 이루어지고 있는 그 갱신을 누릴 수 있게 하는 일이며, 더 나아가 그 큰 사업에 참여하는 동료와 협력자가 되게 하는 것이었다.

라이트가 볼 때, 기독교의 희망은 죽음 이후에 기독교인들에게 일어나는 일과 관련된 것이 아니라, 하나님이 세상을 새롭게 하는 일에서 기독교인들이 새롭게 맡은 역할과 관계가 있다.

예수의 설교에서 "하나님 나라"는 하나님의 전권적 통치가 "하늘에서처럼 땅 위에" 이루어지는 것을 말하는 것이지, 죽은 다음의 운명이라든가 이 세상에서 다른 세상으로 도피하는 것을 가리키지는 않는다. 이러한 오해의 뿌리는, 매우 깊이 퍼져서 기독교 사상 전반을 오염시킨 "플라톤주의의 잔재"에서 발견된다.

마지막 일들

이 마지막 장의 나머지 부분에서 우리는 '마지막 일들'에 관한 기독교 가르침의 구체적인 내용에 관해 살펴본다. 이것은 기독교인의 삶과 신앙에서 핵심적인 요소가 되며, 신학 성찰에서뿐만 아니라 대중적인 설교와 저술에서 중요한 주제로 다루어 왔다.

지옥

지옥에 대한 관심은 중세 때에 절정에 이르렀으며, 이 시대의 화가들은 화형이나 고문을 당하는 죄인들을 의인이 지켜보는 그림을 그리는 데서 어떤 쾌감을 느끼지 않았나 하는 생각마저 든다. 로테르담의 에라스무스[1466-1536]는 파리 신학자들이 지옥에 관한 글을 쓰는 데에 열심을 내는 것을 두고, 그 사람들은 분명 거기에 가봤을 것이라고 꼬집었다. 중세의 지옥관을 가장 생생하게 묘사한 것은 단테의 작품으로, 세 권으로 된 그의 『신곡』 중 첫째 권에서 볼 수 있다. 단테는 지옥을 지구의 중심부에 있는, 사탄이 거주하는 아홉 개의 환계circles로 묘사한다. 단테는 지옥문 앞에다 "여기에 들어오는 모든 이들이여, 희망을 내려놓아라!"는 명문을 달아 놓았다.

지옥의 첫 번째 환계에는 세례 받지 않고 죽은 기독교인들과 고결한 이교도들이 속한다(이 환계는 '림보'라는 개념에 해당한다)971쪽. 단테는 그리스도가 십자가 처형과 부활 사이에 "지옥에 내려간" 동안 방문했던 곳이 바로 이 환계라고 주장한다. 이 환계에서는 어떤 고문도 이루어지지 않는다. 아래로 내려갈수록 단테는 더 큰 죄를 지은 사람들을 만나게 된다. 두 번째 환계에는 음탕한 자들이 거하며, 세 번째 환계는 탐욕스러운 자들, 네 번째 환계는 인색한 자들, 다섯 번째 환계는 화를 잘 내는 자들이 살고 있다. 이 환계들이 하나로 묶여 '상부 지옥'을 이룬다. 단테는 이 상부 지옥 어디에서도 불에 관해 언급하지 않는다. 이어서 단테는 그리스로마 신화에 의지해서 스틱스 강이 '상부 지옥'과 '하부 지옥'을 가른다고 말한다. 이제 드디어 불을 보게 된다. 여섯 번째 환계에는 이교도들이 살며, 일곱 번째 환계는 강포한 자들이, 여덟 번째 환계는 사기꾼들(교황도 몇 명 있다)이, 아홉 번째 환계는 배신자들이 있다.

이와 같은 중세의 정적인 지옥관은 당시에 커다란 영향을 끼쳤으며 현대에 들어와서까지 계속해서 중요하게 여겨졌다. 이러한 견해는 조나단 에드워즈[1703-1758]가 1741년 7월 8일에 한 유명한 설교, '진노하시는 하나님의 손안에 있는 죄인'에 분명하게 나타나 있음을 볼 수 있다.

전능하신 하나님의 이런 격한 진노를 단 한순간만 당하더라도 끔찍할 터인데 여러분은 그 일을 영원히 겪어야만 합니다. 이 혹독하고도 두려운 고통은 결코 끝이 없을 것입니다.……여러분은 아주 오랫동안, 억겁의 세월을 이어가며 그 강력하고 무자비한 복수를 견디며 씨름해야 할 것입니다.

그러나 이러한 지옥 개념은 점차 많은 비판을 받게 되었으며, 그 비판 가운데 다음과 같은 것들을 눈여겨볼 필요가 있다.

❶ 지옥의 존재는 악에 대한 하나님의 최후 승리를 믿는 기독교의 주장과 모순되어 보인다. 이러한 논지의 비판은 교부 사상가인 오리게네스[약 185-254]와 특히 밀접한 관계가 있다. 그는

만인의 회복이라는 교리에서 악에 대한 하나님의 궁극적이고 최종적인 승리를 강조한다. 근대에 와서는 철학자 라이프니츠가 이러한 사고야말로 지옥 교리가 안고 있는 가장 큰 난제라고 주장하였다.

지고의 선이시며 최고 권위이신 분이 다스리는 영원하고 장엄한 미래에서조차, 악이 선을 누르고 승리해야 한다는 것은 기이해 보인다. 결국 부름 받은 사람은 많을지 모르나 선택받거나 구원받는 사람은 극히 적게 되는 것 아니겠는가.

❷ 보복적 정의vindictive justice라는 개념은 특히 하나님의 자비를 강조하는 신약성경의 여러 구절들에 비추어 볼 때 비기독교적인 것이라고 많은 사람들이 주장한다. 특히 19세기의 많은 저술가들이, 죄인에게 계속해서 보복적 또는 인과응보적 형벌이 가해진다는 개념과 사랑이신 하나님 개념이 조화하기가 어렵다고 생각했다. 주된 난점은 유죄 판결을 받은 사람들이 당하는 고난에 어떠한 목적도 없어 보인다는 점이었다.

이러한 반론에 답을 하기도 전에, 기독교의 대중들과 학문 분야 양쪽에서 지옥 개념에 대한 관심이 식어버렸다. 오늘날 복음적 설교는 하나님의 사랑을 가리는 부정적 의미보다는 적극적으로 긍정하는 쪽에 힘을 쏟는 것으로 보인다. 이와 관련해 복음주의 진영에서 '조건적 불멸' 이론이 등장하였는데, 다음으로 이에 대해 살펴본다.

1980년대 초 이래로 복음주의 내부에서 종말론의 쟁점들과 관련한 논쟁이 증가했으며 특히 불멸의 문제가 중요한 쟁점으로 다루어졌다. 현대에 지옥 교리에 제기된 비판들에 대응해 많은 복음주의 학자들이 '조건적 불멸' 이론을 주장하였다. 이에 대한 한 사례를 필립 에지컴 휴즈Philip Edgcumbe Hughes, 1915-1990의 책, 『참된 형상』The True

Image, 1989 에서 볼 수 있다. 휴즈는 인간이 불멸에의 **잠재성**을 지니고 창조되었다고 주장한다.

> 불멸, 곧 불사는 육체적·영적 피조물인 인간의 본질에 내재된 것이 아니다. 그렇기는 하지만, 하나님의 형상대로 지음 받은 까닭에 그 잠재성은 있었다. 죄로 인해 잃어버렸던 이 잠재성은 그리스도를 통해 회복되고 실현되었다.

휴즈는, 구원이란 불멸에의 잠재성이 현실화된 것이며, 이 현실화는 복음에 응답함으로써 이루어진다고 주장한다. 복음에 응답하지 않는 사람은 불멸에 이를 수 없다. 따라서 죽은 후에는 선한 사람과 악한 사람, 믿는 사람과 믿지 않는 사람 사이에서 어떠한 구분도 없다는 결론이 나온다. 아우구스티누스는 "부활 후에 최후의 우주적 심판이 완료되면 두 왕국으로 나뉘게 될 것이며, 두 왕국은 고유의 영역으로 구분되어 하나는 그리스도의 영역이요 다른 것은 악마의 영역이 될 것"이라고 주장하였다. 휴즈는 단 하나의 왕국만 존재할 것이라고 주장한다. "그리스도가 만물 속에 충만한데……어떻게 피조물 가운데서 이러한 충만함에 들지 않는 영역이나 부분이 있을 수 있고 그래서 그 충만함에 모순되는 일이 벌어질 수 있겠는가?"

이러한 조건론, 곧 '조건적 불멸론'의 흐름은 복음주의 내에서 커다란 저항에 부딪혔으며, 제임스 패커 1926-2020 와 같은 저술가들은 논리적으로 모순되고 성경적으로 합당한 근거가 없다는 사실을 들어 이 이론을 공격하였다. 이 논쟁은 앞으로 기독교 공동체 내에서 지속되며 훨씬 더 폭넓게 확장될 것이다.

연옥

'마지막 일들'에 관한 개신교의 견해와 가톨릭의 견해 사이에 보이는 주요한 차이점 가운데 하나가 연옥의 문제와 관계가 있다. 연옥은 은총 안에서 죽은 사람들이 최종적으로 천국으로 들어가기에 앞서 자신들의 죄에 대한 죗책을 깨끗하게 씻는 중간 단계라고 보는 것이 가장 합당하다. 마카베오하 12:39-46에 보면 유다 마카베오가 "죽은 자들을 죄에서 벗어나게 하려고 그들을 위한 속죄의 제물"을 바치는 일에 대해 말하고 있지만(개신교 사상들은 이 책을 외경이라고 보고 권위를 인정하지 않는다), 이 개념은 성경이 확고하게 보증하는 것이 아니다.

연옥 개념은 교부시대에 등장하였다. 알렉산드리아의 클레멘스^{약 150-215}와 오리게네스는 똑같이, 참회할 기회도 누리지 못하고 죽은 사람들은 다음 생애에서 "불로 정결케 될 것"이라고 가르쳤다. 처음 네 세기 동안에 동방교회에 널리 퍼졌던 죽은 자를 위한 기도 관습은 신학의 발전에 커다란 영향을 끼쳤는데, 예전*이 신학에 어떤 영향을 미치는지를 잘 보여주는 사례가 된다. 만일 그런 기도가 죽은 자들이 처한 상태를 변화시킬 수 없다면, 죽은 자를 위해 기도하는 일이 무슨 효용이 있는가라는 물음이 제기되었다. 이와 비슷한 생각을 아우구스티누스에게서 찾아볼 수 있는데, 그는 다음 생애의 기쁨 속으로 들어가기에 앞서 현생의 죄에서 정결케 될 필요가 있다고 가르쳤다.

죽은 자를 위한 기도 관습은 4세기 무렵에 확고히 세워진 것으로 보이나, '연옥'이라는 개념을 분명하게 다듬은 일은 그로부터 2세기가 지난 후, 교황 그레고리우스 1세^{약 540-604}의 저술에서 시작되었다고 볼 수 있다. 593년이나 594년에 펴낸 마태복음 12:32에 관한 주해에서 그레고리우스는 다가오는 세상에서 용서받을 수 있는 죄라는 개념을 제시한다. 그는 이 개념을 이 세상에서 용서받지 못한 죄들을 나중에 용서받게 되는 미래라는 측면에서 해석한다. 특별히 '정화하는 불'*purgatorius ignis*이라는 말에 주목할 필요가 있다. 이 말은 중세 때 연옥에 관해 언급하는 대부분의 글에 들어 있으며, 바로 이 말

● 예전
禮典, liturgy

공적 예배, 그중에서도 특히 성만찬을 규정한 형식 또는 그것을 기록한 문서. 그리스정교회에서는 예전이라는 말이 보통 성만찬[의 예전]을 뜻한다.

에서 '연옥'purgatory이라는 용어가 생겨났다.

> 비교적 작은 죄들에 대해 말하자면, 최후의 심판이 있기 전에 정화하는 불이 있다는 것을 믿어야 한다. 진리이신 그분께서 "누구든지……성령을 거슬러 말하는 사람은 이 세상과 오는 세상에서도 사하심을 얻지 못하리라"(마 12:32)고 선언하셨기 때문이다. 이 말씀을 근거로 어떤 죄들은 이 세상에서 용서를 받을 수 있으며, 반면에 다른 어떤 죄들은 다가오는 세상에서 용서받게 된다는 사실을 알 수 있다.

심판의 불과 대조되는 정화하는 불이라는 주제는 제노바의 카테리나Catherine of Genoa, 1447-1510가 1490년 무렵에 쓴 「연옥에 관한 논고」Treatise on Purgatory에서 좀 더 깊이 있게 다루었다.

> 연옥에 있는 영혼들은 죄책이 없기 때문에 그들과 하나님 사이에는 그들이 겪는 고통 외에는 아무런 장애물이 없다. 이 고통이 그들을 꼼짝 못하도록 묶어 놓아 이 지복적 본능을 통해 완전에 도달하지 못하도록 막는다. 그들은 또한 이 본능이 의로움에 대한 요구에 의해서도 묶인다는 것을 안다. 이러한 까닭에 혹독한 불이 필요하다. 이 불은 죄책을 제외하고는, 지옥의 불과 같다. 이것이 바로 지옥의 형벌에 떨어진 사람들의 의지를 악하게 만드는 것이며, 이들에게 하나님은 그의 선하심을 베풀어 주시지 않는다. 따라서 그들은 계속해서 악한 의지를 지니며 하나님의 뜻에 반항하게 된다.

16세기에 종교개혁자들은 연옥 개념을 거부했다. 연옥 개념에 대해 두 가지 중요한 비판이 제기되었다. 첫째, 연옥 개념은 본질상 성경적 근거가 전혀 없는 것이다. 둘째, 연옥 개념은 신앙에 의한 칭의 교리와 모순된다. 이 교리에서는 개인이 믿음을 통해 하나님과 의로운 관계에 이를 수 있으며, 그러한 관계에서는 연옥이 전혀 필요 없다고 주장한다. 연옥 개념을 필요 없는 것으로 제거함으로써 종교 개혁자들은 죽은 자들을 위한 기도 관습을 유지해야 할 이유가 없었으며, 그 결과 개신교 예전에서 제외되었다. 가톨릭교회에서는 연옥 개념과 죽은 자들을 위한 기도 관습을 계속 인정하고 있다.

천년왕국

초기 기독교의 천국 논의에서 중요한 것으로, 천국과 밀접한 관련이 있으면서도 별개인 개념이 천년왕국millennium이다. 즉 그리스도가 다시 오시는 때로부터 완전히 새로운 우주적 질서가 세워지는 때까지의 사이에 이 땅 위에 회복되어 천 년간 계속되는 왕국이다. 일부분 요한계시록의 구절(계 20:2-5)에 근거하는 이 개념은 초기 기독교 저술가들의 관심을 사로잡았다. 2세기 리옹의 이레나이우스약 130-202에게서 뛰어난 사례를 볼 수 있다. 이레나이우스는 이 땅 위의 천년왕국 개념을 여러 가지 고찰을 통해 확증하는데, 특히 최후의 만찬 때 그리스도가 제자들과 다시 포도주를 마시게 될 것이라고 한 약속을 근거로 삼는다. 만일 제자들이 육체를 벗어난 영혼이라면 어떻게 이것이 가능하겠느냐고 이레나이우스는 묻는다. 장차 포도주를 마시겠다는 말은 분명 최후의 심판이 있기 전에 이 땅 위에 세워지는 하나님 나라가 있을 것이라는 사실을 가리킨다. 이 개념을 가장 명료하게 진술한 글을 3세기 초의 테르툴리아누스약 160-220의 저술에서 볼 수 있다.

> 또 우리는 천국에 앞서서 이 땅 위에 세워지는 나라가 우리에게 약속되어 있다는 것을 확신한다. 그러나 그 나라는 부활 후에 있게 되는 것으로 현재의 상태와는 다른 나라다. 이 나라는 하나님께서 친히 세우시는 도시로, 사도 바울이 "위에 있는……우리 어머니"(갈 4:26)라고 말한 천국이 이 땅 위에 내려와 예루살렘으로 천 년 동안 이어질 것이다. 그가 "우리의 시민권은 하늘에 있는지라"(빌 3:20)고 말할 때, 그것은 분

명 하늘의 도시를 가리키는 것이다.……우리는 이 도시가, 하나님께서 부활한 성도들을 영접해 들이고, 그들이 세상에서 포기하거나 이루지 못한 복에 대한 보상으로 풍성하고 영적인 모든 복을 베푸시고 그들을 새롭게 하기 위해 하나님께서 세우신 것임을 확신한다. 하나님의 종들이 그분의 이름으로 고난을 당했던 그곳에서 기쁨을 누려야 하는 것은 하나님 보시기에 당연하고 소중한 일이기 때문이다. 이것이 바로 그 나라의 목적이며, 이 나라는 천년 동안 계속될 것이다. 그 기간 동안에 성도들은 그들의 공로에 따라 앞서거나 뒤서거나 부활하게 될 것이다. 성도들의 부활이 완료되면 불로 세상을 심판하고 파괴하는 일이 시작될 것이며, 우리는 "썩지 아니할 것을 입겠고" 그리하여 천사 같은 실체로 "홀연히 다 변화되어"(고전 15:51-53) 하늘나라로 옮겨지게 될 것이다.

테르툴리아누스에 의하면, 천년왕국은 의인들이 최종적으로 천국으로 옮겨지기 전에 그들의 신앙으로 견뎌낸 고난에 대해 보상받는 기간이다.

그러나 3세기에 이러한 천년왕국 개념에 대한 반대가 점차 증가했다. 예를 들어, 로마의 히폴리투스 Hippolytus of Rome, 170-235는 천 년이라는 기간은 이 땅 위에 세워진 나라가 지속되는 시간을 문자적으로 예언한 것이라고 이해해서는 안 되고 장엄한 천상의 왕국을 묘사한 유비로 보아야 한다고 주장했다. 이렇게 해서 부활이라는 주제가 곧바로 교부 사상가들에게 훨씬 더 큰 중요성을 지니게 되었다.

그런데 최근에 와서 천년왕국 개념이 개신교의 대중적인 신학과 설교에서 큰 인기를 끌게 되었다. 아래에서 우리는 독자들이 마주치게 될 가능성이 큰 세 가지 주요 견해를 각각의 대표자들과 함께 간단히 살펴본다.

무천년설 | 앞에서 언급했듯이, 대부분의 학자들은 천년왕국이 기독교의 미래 사상에서 중요한 역할을 하는 것으로 보지 않았다. 이러

한 견해가 400년 무렵 이후로 1,500여 년 동안 기독교 사상을 주도해 왔다. 서유럽과 그 너머에서까지 기독교 영역이 확고하게 다져지면서 종말론에 대한 관심은 전반적으로 사라져 버렸다. 가끔 피오레의 요아킴 같은 저술가들이 이 쟁점을 주장해 관심을 끌었지만, 주류에 속한 신학자들은 이 주제를 자세히 논하는 일에 관심을 거의 쏟지 않았다. 예를 들어, 프로테스탄트 종교개혁에서는 종말론적 쟁점에 관한 논의를 놀라울 정도로 찾아보기 힘들다. 주류에 속한 프로테스탄트 개혁자들은 요한계시록에 대한 주석을 전혀 쓰지 않았다. 몇몇 예외가 있기는 하지만 천년왕국 개념은 대부분의 기독교 저술가들에게 거의 아무런 영향을 끼치지 못했다.

그러나 점차 천년왕국의 중요성을 크게 강조하는 여러 이론들이 등장하면서, 이 견해를 가리켜 '무천년설'amillennialism이라는 이름으로 부르게 되었는데, 우리가 다음으로 살펴볼 두 가지 이론과 구분하기 위해서였다.

전천년설 | 세대주의와 관계가 있는 (그러나 그것을 넘어서는) 이 견해에서는 '적그리스도'라는 인물이 세상에 등장하게 될 것이며 '환난'이라 불리는 7년 동안의 고난 시기를 열 것이라고 주장한다. 앞에서 말했듯이 '전천년설'premillennialism은 초기 교회에서 400년 무렵까지 지배적인 견해였다. 이 이론의 종말에 대한 설명에 따르면, 지상에서 파괴와 전쟁과 재앙으로 이루어지는 그 엄청난 기간은 하나님께서 아마겟돈 전투에서 악을 물리침으로 끝나게 된다. 그 후에 그리스도가 세상으로 돌아와서 천년 동안 다스리며(천년왕국) 이 기간에 악의 세력이 완전히 정복된다. 이 이론은 흔히 '환난 전 휴거'에 대한 믿음을 동반하는데, 이 믿음에 의하면 기독교인들은 환난의 시기와 예수의 재림이 있기 전에 세상에서 끌어올림을 받는다. 여기서 분명히 기억해야 할 사실은, 전천년설은 하나님이 역사를 끝낼 때까지 이 세상의 모든 것이 계속해서 타락해 간다고 주장해서 매우 비관적인 세

계관을 내세운다는 점이다. 이 이론에 대해 좀 더 깊이 알기 원하는 독자들은 베스트셀러가 된 소설인 『레프트 비하인드』 *Left Behind* 시리즈를 읽어 보기를 권한다. 팀 라헤이 Tim LaHaye 와 제리 젠킨스 Jerry B. Jenkins 가 쓴 이 소설에는 이러한 견해가 담겨 있다.

후천년설 | 이 견해는 19세기에 미국 개신교에서 유명해졌다. 이 이론에서는 보통 천년왕국이라고 불리는, 정의와 평화로 이루어지는 긴 기간(꼭 천년 동안 지속되는 것은 아니다)이 끝날 때 그리스도의 재림이 있게 된다고 주장한다. 프린스턴 신학교의 교수인 찰스 하지 1797-1878 와 벤저민 워필드 1851-1921 같은 보수주의 개신교 신학자들은, 인간이 악을 누르고 꾸준히 진보하여 결국에는 기독교화된 세상이 이루어짐으로써 하나님의 목적이 성취된다고 주장하였다. '후천년설' postmillennialism 에서는 예수의 재림이 있기 전에 교회가 전체 사회 구조를 변혁하고 교육과 예술, 과학, 의학에서 커다란 진보를 이룬 평화와 번영의 '황금시대'를 세우는 일에서 주도적인 역할을 수행한다고 본다. 전천년설이 대체로 비관적인 전망을 지닌 데 반해, 후천년설은 훨씬 더 낙관적이다. 이 이론을 비판하는 사람들의 주장에 의하면, 두 차례의 세계대전의 피해와 고난으로 인해 이 이론의 신뢰성이 크게 손상되었으며 그 결과로 전천년설은 특히 미국에서 힘을 얻게 되었다.

천국

기독교의 천국 개념은 기본적으로 종말의 때에 하나님의 권능과 현존이 실현되고 악이 궁극적으로 소멸된다는 개념이다. 천국 개념을 살피는 가장 좋은 방법은 이 개념을 구원론의 완성으로 보는 것이다. 천국에서 죄의 존재와 권세와 형벌은 하나도 남김없이 소멸되고 신앙 공동체와 개인들 속에 하나님의 온전한 현존이 이루어진다 567-569쪽.

신약성경의 천국 비유들이 두드러지게 공동체적 특성을 지닌다는 사실에 주목할 필요가 있다. 예를 들어, 천국은 혼인 잔치나 만찬, 도시(새 예루살렘)의 모습으로 그려진다. 천국이나 영생에 대한 개인주의적 해석들도 하나님을 삼위일체로 파악하는 기독교의 시각에서 보면 부적합한 것이라고 말할 수 있다. 따라서 영생이란 인간 개인의 실존이 투사된 것이 아니라 구속받은 전체 공동체와 함께 사랑이신 하나님의 교제에 참여하는 것이라고 보아야 한다.

'천국'이라는 용어는 신약성경의 바울서신 속에 자주 등장한다. 천국을 미래의 실체로 생각하는 것이 당연하기는 하지만, 바울의 사고에는 미래의 실재뿐만 아니라 시공간의 물질세계와 공존하는 영적 영역까지 포함된다. 따라서 '천국'은 신자들이 미래에 살 집(고후 5:1-2, 빌 3:20)과 예수 그리스도가 최후의 심판을 위해 강림하실 때까지 현재 거하는 자리(롬 10:6, 살전 1:10, 4:16)라는 두 가지 의미를 지닌다.

천국에 관한 바울의 증언 중에서 가장 중요한 것 하나는 신자들이 천국의 시민(빌 3:20)이며 어떤 의미에서는 현재 천국의 삶을 누리고 있다는 개념이다. 천국에 관한 바울의 진술 속에는 '지금'과 '아직 아니' 사이의 긴장 567-569, 614-616쪽이 분명하게 나타나 있으며, 따라서 천국을 미래에야 이루어지는 것으로 또는 현재에는 경험할 수 없는 것으로 보는 단순한 개념은 인정되지 않는다.

특히 그리스어를 사용하는 교회에서는 부활한 몸의 본질을 집중적으로 성찰하였다. 마지막 날에 신자들이 죽은 자들 가운데서 다시 일어날 때, 그들은 어떤 몸을 지니게 될까? 천년왕국을 강조하는 사람들은 이 문제에 관심이 없었는데, 천년왕국 개념에서는 신자들이 몸으로 부활하여 이 세상 속에서 인간의 몸을 계속 지니게 된다는 점을 강조했던 까닭이다. 그런데 오리게네스약 185-254가 이 쟁점과 관련해 주요 사상가로 우뚝 서게 되면서 초점이 부활로 옮아가게 되었다.

오리게네스는 기독교 신앙을 왜곡한 것으로 판단되는 두 가지 경쟁적 이론에 맞서 부활 교리를 옹호해야 할 책무를 느꼈다. 먼저, 부활이란 마지막 날에 인간의 몸이 그 신체의 모든 부분과 기능과 함께 원래대로 되돌려지는 것이라고 주장한 사람들이 있었다. 또 다른 편에서, 기독교를 비판하는 영지주의자들은 물질이 모두 악한 것이라고 주장하면서 물적 요소를 포함한 부활 이해를 거부하였다. 오리게네스에게, 부활한 몸은 온전한 영적 실체가 분명했다. 부활한 몸은 이 세상의 삶에 어울리는 신체적 요소들을 지니는 것이 아니라 천국의 영적인 삶에 맞도록 바뀐다. 그의 이런 생각에는 일부분 그가 지닌 플라톤주의의 전제들, 그중에서도 특히 플라톤의 영혼 불멸 이론이 영향을 끼쳤다.

> 하나님의 명령에 따라, 땅에 속하고 동물이었던 몸은 영적인 몸으로 대체될 것이며 그렇게 해서 천국에 거할 수 있게 된다. 별 가치가 없는 사람들, 한심스럽고 이렇다 할 공로도 없는 사람들에게까지 영광스럽고 귀한 몸이 각 사람의 삶과 영혼의 가치에 비례하여 부어질 것이다.

그러나 오리게네스는 또 부활한 몸이 이 세상에서 지녔던 몸과 동일한 '형상'그리스어 *eidos* 을 지닌다고 주장하였다. 따라서 부활은 개인의 정체성은 상실하지 않은 채 영적인 변형을 가져온다. 하지만 이러한 오리게네스의 주장은 많은 사람들에게 몸과 영혼의 철저한 분리를 뜻하는 것으로 받아들여졌다. 이런 식의 이원론은 성경이 아니라 그리스 철학에서 온 것이었다.

훗날 오리게네스를 비판한 사람들에 의하면, 그의 플라톤주의적 사고는 부활한 몸에 대한 가르침의 다른 측면에서도 그 모습을 드러낸다. 6세기에 로마 황제 유스티니아누스[483-565; 재위 527-565]는 오리게네스가 부활한 몸은 둥근 모양이라고 가르쳤다고 비판하였다. 플라톤이 그의 대화편 「티마이오스」에서 구가 완전형태라고 가르쳤는데, 오리게네스가 이러한 생각을 자신의 이론에 받아들였을 가능성이 있다. 하지만 오리게네스의 알려진 저술에서는 어디서도 이와 같은 개념을 주장한 것을 찾아볼 수 없다.

이러한 견해는 오리게네스를 혹독하게 비판한 사람 가운데 하나인 올림푸스의 메토디우스Methodius of Olympus, 약 311 사망의 저술 속에서 변형된 형태로 발견된다. 메토디우스는 오리게네스가 가르친 것은 진정 '몸의 부활'이라고 말할 수가 없는데 그 까닭은 그것이 다시 살아난 몸이 아니라 모호한 '형상'이기 때문이라고 주장하였다. 300년경에 나온, 아글라오폰과의 대화에서 메토디우스는 다른 이론을 제시하였다. 이 이론에서는 철제 조각상을 녹여 다시 제작하는 일을 유비로 사용하여 장차 이루어질 몸의 부활의 물리적 실재를 강조하고 있다.

그것은 마치 뛰어난 조각가가 금이나 기타 재료를 녹여서, 모든 부분이 아름답게 조화된 고귀한 조각상을 제작한 것과 같다고 할 수 있습니다. 그런데 어떤 시기심 많은 사람이 그 조각상을 망가뜨렸습니다. 그 조각상의 아름다움을 보고 질투심이 동한 그 사람이 그것을 파괴해 쾌감을 얻고자 하는 헛된 마음에 저지른 일이지요. 그래서 조각가는 그 조각상을 다시 제작하기로 하였습니다. 자, 지혜로운 아글라오폰이여, 생각해 보기 바랍니다. 만일 그 조각가가 그토록 많은 노력과 애정과 땀을 들여 만든 그 조각상을 다시 완전한 상태로 되돌리려고 한다면, 그것을 녹여서 이전의 모습 그대로 만들어야 마땅하겠지요.……내가 보기에 하나님의 계획은 이런 인간의 사례와 완전히 동일합니다.……하나님은 인간을 본래의 재료로 해체하여 모든 흠을 제거해 없앤 후 다시 지으시는 것입니다. 조각상을 녹이는 일은 인간의 몸이 죽어 해체되는 것에 해당하고, 재료들을 다시 주조하는 일은 죽음 이후의 부활에 해당합니다.

오리게네스의 이론은 히포의 아우구스티누스에게도 비판을 받았는데, 아우구스티누스는 부활한 몸의 영적 본질에 대한 바울의 말을 순전한 영적 몸이 아니라 성령에의 순종이라는 측면에서 해석하였다.

그런데 부활한 몸은 어떤 모습을 지니게 될까? 천국에서 사람들은 어떤 모습을 띠게 될까? 만일 어떤 사람이 60세에 죽었다면, 새 예루살렘의 거리에 그는 60세의 모습으로 나타나게 될까? 어떤 사람이 열 살 때 죽는다면 그는 어린아이와 같은 모습으로 나타날까? 중세 때는 이런 쟁점들을 논하느라 많은 정력이 허비되었다. 13세기 말에 이르러 점차 의견의 일치가 이루어졌다. 사람은 30세쯤 되어서 최고의 완전한 수준에 도달하는 까닭에, 사람들이 그 나이에 도달하지 못하고 죽었더라도 부활할 때는 그 나이에 상당하는 모습으로 나타나게 될 것이다. 그래서 새 예루살렘의 주민들은 30세쯤의 사람들로, 그것도 모든 흠이 사라진 사람들로 채워지게 될 것이다. 그리스도가 죽었을 때의 나이가 30세 정도였기에 이 나이가 완전한 나이라고 여겨졌으며, 따라서 영광 중에 천국에 오른 사람은 이 나이 때의 모습이 된다. 이 문제를 논한 페트루스 롬바르두스^{약 1100-1160}의 글이 그 당시에 널리 퍼졌던 견해를 잘 보여준다.

> 태어나자마자 죽은 아이는 그가 살아서 30세에 도달했다면 지녔을 만한 모습으로, 몸에 아무런 흠집도 없는 상태로 부활하게 될 것이다. 그러므로 출생 시에는 매우 작은 이 실체가 스스로 그 자체 내에서 증식함으로 말미암아 부활 때에는 그렇게 온전하게 나타나는 것이라고 말할 수 있다. 이 사실로부터, 비록 그 아이가 계속 살았더라도 그의 실체는 어떤 다른 원천에서 오는 것이 아니라 그 자체가 증가해 이루어지는 것이라고 말할 수 있다. 그것은 아담의 갈비뼈에서 여성이 만들어지거나 또는 복음서에 나오는 빵이 늘어났던 일과 같은 것이다.

한 세기 후에 오퇭의 호노리우스^{Honorius of Autun, 1080-1154}가 동일한 논점을 더 깊이 다루었다. "한 살짜리 유아에서 90살 노인에 이르기까지, 죽은 사람은 누구나 그리스도가 부활했을 때와 같은 나이와 크기로, 즉 서른 살의 나이로 부활하게 될 것이다. 프란체스코회의 탁월한 신학자인 바뇨레조의 보나벤투라Bonaventura of Bagnoregio, 약 1217-1274는 이러한 개념이, 신약성경에서 신자들이 궁극적으로 "그리스도의 장성한 분량"을 따라 "온전한 사람"에 이르게 된다고 말하는 구절(엡 4:13)에 담겨 있다고 보았다. 보나벤투라는 이 구절을 나사렛 예수가 죽었을 때의 육체적 상태가 부활한 몸에 대한 규범이 된다는 가르침으로 해석했다. "완전한 은총은 우리 모양을 우리의 머리이신 그리스도와 일치시킨다. 그때 그분은……완전한 나이, 적당한 키, 수려한 외모를 지니셨다." 육체의 모든 흠과 장애는 부활을 통해 치유되거나 제거된다.

> 어린 시절에 죽은 사람은 부활할 때 하나님의 능력을 통해 그리스도가 부활했을 때와 비슷한 나이로 일으켜질 것이다(정확하게 같은 물리적 크기는 아니다). 늙고 쇠약하여 죽은 이들도 각자 그 나이 때의 모습으로 회복될 것이다. 거인들과 난쟁이들도 적절한 신장을 부여받아 소유하게 될 것이다. 그리하여 모든 사람이 온전하고 온전하게 완성되어 완전한 인성으로 나아갈 것이며, "그리스도의 장성한 분량의 충만함"에 이르게 될 것이다(엡 4:13).

그 이후로도 계속된 부활한 몸에 관한 기독교의 논의에서는 이러한 물리적 이론과 영적 이론 사이의 긴장을 해결하고자 애썼다. 하지만 일반적으로 이러한 논쟁은 사변적이고 무의미한 것으로 여겨지고 있다는 점을 분명히 밝힐 필요가 있다. 이런 식의 사고에서 이루어진 또 다른 논쟁에서는 천국에 있는 사람들 사이에 상대적인 등급이나 계급이 존재하는가의 문제를 두고 다투었다. 5세기의 저술가, 키루스의 테오도레투스Theodoretus of Cyrrhus, 약 393-457는, "아버지 집에 거할 곳이 많기" 때문에(요 14:2) 천국에 든 사람들의 상대적인 지위와 특권은 그들이 살아생전에 이룬 업적에 따라 결정된다는 결론에 이르게 된다고 주장하였다. '공로에 합당한 지위'라는 이 교리는 밀라노의 암브로시우스의 저술에서도 나타나며 중세의 신학 속에 널리 퍼졌다.

종교개혁 시대에 와서 이 교리는 크게 비판을 받게 되는데, 개신교가 '공로' 개념 일반을 혐오했던 것이 그 한 이유였다. 하지만 다양한 등급의 복이라는 개념은 16세기 말과 17세기 초의 청교도 경건 서적들 속에서 계속 퍼져 나갔다. 그래서 윌리엄 풀크^{William Fulke, 1539-1589}는 천국에서 누리는 영광에는 등급의 차이가 있다고 인정하면서도, 이러한 등급은 특별히 사랑받는 사람의 공로 때문이 아니라 하나님께서 은혜로이 정하신 만물의 질서에 따라 이루어지는 것이라고 주장하였다.

> 별들이 그것의 공로 때문이 아니라 하나님께서 그것을 지으실 때 베푸신 은사에 따라 각기 다른 영광을 누리는 것처럼, 성도들의 몸이 서로 다른 영광을 누리는 것은 그들의 공로 때문이 아니라 부활의 때에 하나님께서 그들에게 자유롭게 베푸시는 은사 때문이다.

기독교의 천국 소망에서 다루는 주제들 가운데 이 책을 마무리지으며 살펴보기에 딱 어울리는 주제가 바로 지복직관*이다. 기독교인은 마지막 때에 이르러, 이제껏 부분적으로만 보아 왔던 하나님을 온전히 마주 뵐 수 있게 된다. 이처럼 찬란하게 빛나며 신성한 위엄 가운데 계신 하나님을 뵙는 것이 지금까지 수많은 신학과 특히 중세 신학이 한결같이 다루어 온 주제였다. 단테의 『신곡』은 마침내 하나님의 모습을 흘끗 뵙고는 그것을 "태양과 여러 별들을 움직이시는 사랑"이라고 노래하는 시편으로 끝을 맺고 있다. 이러한 놀랍고도 영광스러운 뵘에 대한 소망은 기독교인이 삶을 계속 이어가게 하는 강력한 동기가 된다. 그로부터 3세기 후, 영국의 시인 존 던¹⁵⁷²⁻¹⁶³¹은

● **지복직관**
至福直觀, beatific vision

하나님을 온전히 뵙는 것으로, 사람이 죽은 후에 인간 본성의 제약들에서 풀려날 때 이루어진다. 토마스 아퀴나스 같은 일부 사상가들은, 모세나 바울처럼 은혜를 입은 사람들은 살아있을 때도 이렇게 직접 하나님을 뵈었다고 주장했다.

귀스타브 도레가 그린 단
테의 『신곡』 삽화 중 「최
고천」(1861). 순례의 마
지막에 이른 단테와 베
아트리체가 모든 빛의
원천인 하나님을 바라보
고 있다.

이렇게 노래했다. "지금까지 하나님을 뵈옵고 살아남은 사람이 없다.
하지만 나는 하나님을 뵈올 때 비로소 살 것이요, 또 그분을 뵘으로
써 영원히 죽지 않으리라."

　　이렇게 하나님을 뵙는 일을 기독교 신학이 온전히 담아낼 수는
없다. 그러나 신학은 적어도 우리가 하나님에 관해 좀 더 깊이 생각
하도록 자극하고 또 우리를 부추겨 그 주제들에 관해 씨름하도록 격
려할 수는 있다. 한 걸음 더 나아가 장차 이루어질 일들에 대한 열망
으로 가슴이 뜨거워지도록 이끄는 것 또한 신학이 해야 할 일이라는
점을 밝히면서, 기독교 신학으로의 첫걸음을 연 이 책을 마친다.

돌아보는 질문

❶ 다음의 개념들 가운데서 하나를 택하여 신약성경 속에서 그 개념이 어떻게 사용되고 있는지 조사하라.

— 하나님 나라, 천국, 부활, 영생 (성경 용어 사전을 이용하면 도움이 될 것이다.)

❷ 루돌프 불트만이나 볼프하르트 판넨베르크가 부활을 해석한 방식에 대해 간략하게 요약하라. (답을 찾는 데 필요한 자료는 10장에서 얻을 수 있다.)

❸ 이번 장에 나온 '성령의 시대, 비신화화, 휴거, 환난, 두 도성'을 공부하라. 또 이 용어들이 아래의 사상가나 운동 가운데서 어떤 것과 관련되는지 연결하라. (앞서 제시한 용어 가운데 둘은 어느 한 저술가나 운동과 연결된다.)

— 히포의 아우구스티누스, 루돌프 불트만, 세대주의, 피오레의 요아킴

❹ 왜 오늘날 많은 기독교 진영에서(전부는 아니다) 지옥에 관한 논의가 인기를 잃어 가고 있는가?

❺ 모든 사람이 다 천국에 가게 되는가? (답을 찾는 데 필요한 자료는 17장에서 얻을 수 있다.)

❻ 기독교의 희망은 현재와 관계가 있는가, 아니면 미래와 관계가 있는가?

신학용어 해설 · 인용 자료 출전 · 찾아보기

신학용어 해설

신학과 관련된 글을 읽을 때 자주 마주치게 되는 전문용어와 이 책에서 중요하게 논의된 용어를 간략하게 설명한다.

ㄱ

가톨릭(catholic)

시공간 면에서 교회의 보편성을 가리키며, 또한 이런 특성을 중요하게 여기는 구체적인 교회 조직(흔히 가톨릭교회라고 불린다)을 지칭하는 형용사.

가톨릭 종교개혁(Catholic Reformation)

대개 트리엔트 공의회가 시작된 1545년 이후의 기간에 가톨릭교회 내에서 일어난 부흥운동을 가리킨다. 예전의 학문 저술들에서는 흔히 '반종교개혁'(Counter-Reformation)이라고 부르는데, 이 운동은 프로테스탄트 종교개혁에 대한 반동일 뿐만 아니라 그에 못지않게 가톨릭교회 자체의 종교개혁이었다고 할 수 있다.

가현설(Docetism)

초기 시대의 그리스도론 이단으로, 예수 그리스도는 인간의 '겉모습'만을 지닌(인간이 아닌), 온전한 신적 존재라고 주장하였다.

감리교회(Methodism)

존 웨슬리는 영국 교회 안에서 메소디스트 운동을 일으켰으며, 이 운동이 나중에 독자적인 힘을 지닌 교파인 감리교회(Methodism)를 낳게 되었다. 기독교인의 삶에는 '살아있는 신앙'이 필요하다는 점과 경험이 중요한 역할을 한다는 사실을 강조했다. 이러한 감리교는 그 당시 영국의 무기력했던 이신론(Deism)과는 분명하게 대조를 이루었으며 영국에서 주요한 종교 부흥을 낳게 되었다.

개신교(복음주의, evangelical)

처음에는 1510년대와 1520년대에 독일과 스위스에서 두드러졌던 개혁운동들을 가리켰으나, 지금은 주로 영어권 신학에서 성경의 절대적 권위와 그리스도의 대속적 죽음을 크게 강조하는 운동을 가리킨다.

개혁주의(Reformed)

장 칼뱅(1510-1564)과 그의 계승자들의 저술에서 영감을 받은 신학 전통. 문헌 속에서 '칼뱅주의'라는 말이 자주 나타나지만, 오늘날에는 이 말 대신에 개혁주의라는 말을 더 즐겨 사용한다.

겸허설(kenoticism)

그리스도가 인간의 몸을 입을 때 신적 속성을 모두 '포기'하거나 '자기를 비워' 전지나 전능 같은 신적 속성을 버렸다는 점을 강조하는 그리스도론의 한 형태.

경건주의(Pietism)

17세기의 독일 사상가들과 밀접한 관계가 있는 기독교의 한 운동으로, 신앙을 인격적으로 받아들이는 일과 기독교인의 삶에 성결이 필요함을 강조하였다. 이 운동은 영어권 세계에서 감리교회를 통해 가장 잘 알려졌다.

● 계몽주의(the Enlightenment)

서구 문화에서 1750년 무렵에 시작된, 인간의 이성과 자율성을 강조하는 운동. 18세기 서유럽과 북아메리카 사상의 대표적인 특성으로 자리 잡았다.

● 공관복음서(synoptic gospels)

복음서의 첫 세 권(마태·마가·누가복음)을 가리키는 말. 이 용어("개요"를 뜻하는 그리스어 *synopsis*에서 유래)는 세 권의 복음서가 예수 그리스도의 삶과 죽음과 부활에 대해 비슷한 개요를 제시하는 것을 가리킨다.

● 공관복음서 문제(synoptic problem)

세 권의 공관복음서가 서로 어떤 관계인지를 다루는 학구적 문제.

● 공의회 우위설(conciliarism)

교회나 신학과 관련된 권위를 이해하는 방식으로, 신앙과 행위의 문제들을 결정하는 데서 보편 공의회의 역할을 중요하게 여기는 이론.

● 공재설(共在說, consubstantiation)

성만찬에서 빵과 포도주의 실체가 그리스도의 살과 피의 실체와 동시에 존재한다고 주장하는 실제적 임재 이론으로 마틴 루터(1483-1546)가 주장하였다.

● 관상(contemplation)

명상과는 구별되는 기도의 한 형태로, 이 기도에서 개인은 하나님의 임재를 직접 체험하기 위해 말이나 개념들의 사용을 최소화하거나 포기한다.

● 교리문답(catechism)

기독교 교리를 쉽게 설명한 입문서로, 보통 질문과 답의 형태로 이루어져 있으며 종교 교육을 위한 용도로 사용된다.

● 교부들(fathers)

'교부 사상가들'을 가리키는 다른 용어.

● 교부의(patristic)

교회사에서 신약성경이 저술된 시기에 이어지는 초기 몇 세기를 가리키거나(교부시대), 이 기간에 저술 활동을 한 사상가들(교부 사상가들)을 가리키는 형용사. 따라서 많은 학자들은 이 시대가 약 100년에서 451년까지(신약성경의 최종 문헌이 완료된 때부터 칼케돈 공의회 때까지)라고 판단한다.

● 교파화 과정(신앙고백의 형성, confessionalization)

'제2차 종교개혁'으로 알려진 기간에 프로테스탄트 운동 초기에 거둔 성과와 깨달음을 확고하게 다듬는 노력이 이루어졌다. 그리고 기독교 신학을 체계화하는 여러 노력을 통해 개혁자들의 통찰들을 통합하고 정리했다. 이 과정이 흔히 '교파화 과정'이라고 불리는데, 이것은 곧 아우크스부르크 신앙고백(1530)과 같은 '신앙고백들'을 앞세워 자신의 정체성을 밝히는 형태로 교회들이 발전했음을 의미한다.

● 교회론(ecclesiology)

기독교 신학에서 교회에 관한 이론을 다루는 분야.

● 구원론(soteriology)

기독교 신학에서 구원(그리스어 *soteria*)에 관한 이론을 다루는 분야.

● 그리스도론(Christology)

예수 그리스도의 정체성, 그중에서도 특히 그의 신성과 인성 문제를 중점적으로 다루는 기독교 신학의 한 분야.

● 근본주의(fundamentalism)

미국에서 시작된 프로테스탄트 기독교의 한 형태로, 무오한 성경의 권위를 특히 강조한다.

● 급진 종교개혁(radical Reformation)

재세례파 운동이라는 용어 대신에 점차 자주 쓰이는 말로, 루터(1483-1546)와 츠빙글리(1484-1531)의 사상에서, 그중에서도 특히 그들의 교회에 관한 이론에서 이탈한 종교개혁의 한 운동을 가리킨다.

급진 정통주의(radical orthodoxy)

1990년대에 영어권 신학에서 등장해 중요한 논쟁과 논의를 일으키는 운동. 이 운동의 의제는 복잡하고 어려운데, 기독교에서 근대성과 탈근대성 모두에 대한 대안으로 일어난 운동이라고 이해하는 것이 가장 적합하다. 근대의 것이든 탈근대의 것이든 모든 세속주의를 폐기하고 대신 히포의 아우구스티누스의 저술에서 본받을 만한 모델을 발굴해 포괄적인 기독교의 관점을 확고히 다지는 것이다.

ㄴ

낭만주의(Romanticism)

계몽주의의 중추를 이루는 핵심 주제들, 그중에서도 특히 인간 이성을 통해 실재를 알 수 있다는 주장에 반하여 나간 운동. 낭만주의는 실재를 일련의 합리적 단순성들로 끌어내리는 모든 시도에 대해 저항하였다. 그 대신 인간의 상상력에 호소하였으며, 상상력이 자연과 인간의 감정에서 관찰되는 복잡성과 긴장들의 종합을 이루어 낼 수 있다고 주장하였다.

ㄷ

다섯 가지 길(The Five Ways)

토마스 아퀴나스(약 1225-1274)가 주장한 다섯 가지 '신 존재 증명'을 말한다. 경험 지식-인과관계-우연적 존재-진리와 가치-목적론적 논증.

단성론(monophysitism)

그리스도 안에는 오직 하나의 본성, 곧 신성만 존재한다고 주장하는 이론(그리스어로 "오직 하나"를 뜻하는 monos와 "본성"을 뜻하는 physis에서 왔다). 이 견해는 칼케돈 공의회(451)에서 주장한, 그리스도는 신성과 인성의 두 본성을 지닌다는 정통적인 견해와 달랐다.

데카르트주의(Cartesianism)

르네 데카르트(1596-1650)와 관련된 철학사상으로, 특히 인식 주체와 인식 대상의 분리를 강조하고, 사유하는 개별적 자아의 존재가 철학적 성찰의 올바른 출발점이 된다고 주장한다.

도나투스주의(Donatism)

4세기에 로마가 지배하던 북아프리카를 중심으로 일어난 운동으로, 교회와 성례전에 대해 엄격한 주장을 펼쳤다.

동일 본질의(consubstantial)

그리스어 호모우시오스(homoousios)에서 유래한 라틴어로, 문자적으로 "동일한 본질을 지닌"이라는 의미다. 이 용어는 특히 아리우스주의에 맞서 예수 그리스도의 완전한 신성을 주장하는 데 사용되었다.

두 본성의 교리(doctrine of two natures)

예수 그리스도가 신성과 인성의 두 본성을 지닌다는 교리. 이와 관련된 용어로는 '칼케돈 신조'와 '위격의 연합'이 있다.

ㄹ

로고스(logos)

"말"을 뜻하는 그리스어로, 교부시대 그리스도론이 발전하는 데 결정적인 역할을 하였다. 예수 그리스도를 '하나님의 말씀'으로 인정하였다. 이 사실이 함축하는 의미, 그리고 특히 예수 그리스도 안의 신적 로고스가 그의 인성과 어떤 관계인지가 문제로 다루어졌다.

루터주의(Lutheranism)

마틴 루터(1483-1546)와 관련된 종교사상으로, 특히 '소교리문답'(1529)과 '아우크스부르크 신앙고백'(1530)에 잘 나타나 있다.

르네상스(문예 부흥, Renaissance)

14-16세기에, 이탈리아를 중심으로 하여 유럽 여러 나라에서 일어난 인간성 해방을 위한 역동적 문화 프로그램. 과거 고전 시대를 창조적으로 다시 수용해서 사회와 교회 전반의 사상과 삶을 되

살리고자 애썼다. 도시의 발달과 상업자본의 형성을 배경으로 하여 개성·합리성·현세적 욕구를 추구하는 반(反) 중세적 정신 운동을 일으켰으며, 문학·미술·건축·자연과학 등 여러 방면에 걸쳐 유럽 문화의 근대화에 사상적 원류가 되었다.

ㅁ

● **마니교(Manicheism)**

마니교도들을 중심으로 형성된 운명론적 특성이 강한 이론으로, 히포의 아우구스티누스(354-430)가 젊은 시절 이 운동에 가담했었다. 성격이 다른 두 신이 존재한다고 보며, 하나는 악한 신으로 다른 하나는 선한 신으로 생각한다. 그래서 악한 신이 직접 힘을 미친 결과로 악이 존재한다고 보았다.

● **모더니즘(근대주의, modernism)**

19세기 끝 무렵에 활동한 가톨릭 신학자들은 전통적인 기독교 교리, 그중에서도 특히 나사렛 예수의 정체성과 의미를 다룬 전통적 교리들에 비판적 태도를 취하였다. 이 운동은 급진적인 성서 비평을 긍정적으로 보았으며, 신앙의 신학적 차원보다는 윤리적 차원을 더 강조하였다. 가톨릭교회 내의 일부 학자들이 그때까지 가톨릭교회가 전반적으로 무시해 오던 계몽주의와 타협하려고 했던 시도라고 말할 수 있다.

● **모범론(exemplarism)**

속죄를 설명하는 특별한 방식으로, 예수 그리스도가 신자들에게 보인 도덕적·종교적 모범을 강조한다.

● **모형론(typology)**

구약성경에 나오는 특정 인물이나 사건이 복음서의 내용을 예시한다고 보는 성경 해석 방식이다. 예를 들어, 노아의 방주는 교회의 '모형'(그리스어 typos, "표상")이 된다고 본다.

● **무흠수태(immaculate conception)**

예수의 어머니인 마리아가 어떤 죄에도 오염되지 않고 수태하였다는 믿음.

● **묵시적인(apocalyptic)**

세상의 종말과 마지막 일들을 집중적으로 다루는 저술이나 종교적 사유 양식을 가리키며, 흔히 복잡한 상징체계를 통해 제시된 비전의 모양을 띤다. 이 유형의 저술로 다니엘서(구약)의 후반부와 요한계시록(신약)을 들 수 있다.

ㅂ

● **바르트주의(Barthian)**

스위스 신학자 칼 바르트(1886-1968)의 신학 이론을 가리키는 말로, 계시의 우위성과 예수 그리스도의 중심성을 강조한 것으로 유명하다. 이와 관련된 것으로 '신정통주의'와 '변증법적 신학'이라는 용어가 있다.

● **반(反) 펠라기우스 저작들(anti-Pelagian writings)**

펠라기우스 논쟁에 대처해 히포의 아우구스티누스(354-430)가 저술한 글들로, 여기서 그는 은총과 칭의에 관한 자신의 견해를 옹호하였다. ('펠라기우스주의'를 참조하라.)

● **변증론(apologetics)**

기독교 신앙을 옹호하는 일을 중점적으로 다루는 신학 분야로서, 특히 기독교의 믿음과 교리를 합리적으로 정당화하고자 노력한다.

● **변증법적 신학(dialectical theology)**

1920년대에 스위스 신학자 칼 바르트와 그의 동료들이 중심이 되어 이룬 신학 이론으로, 하나님과 인간의 관계를 긴장과 역설, 모순으로 파악하고 하나님과 인간 사이에 놓인 절대적 간격을 강조하였다.

● **보편 공의회(ecumenical council)**

전 세계 기독교계에서 소집된 주교들의 회합. 여기서 내린 결정을 지금도 여러 교회들이 규범으로 인정하고 있다.

● **복음주의(개신교, evangelical)**

처음에는 1510년대와 1520년대에 독일과 스위스

에서 두드러졌던 개혁운동들을 가리켰으나, 지금은 주로 영어권 신학에서 성경의 절대적 권위와 그리스도의 대속적 죽음을 크게 강조하는 운동을 가리킨다.

- **부정의(apophatic)**
인간의 범주를 사용해서는 하나님을 알 수 없다고 강조하는 신학의 한 방법. 신학에 대한 부정적("부정"이나 "부인"을 뜻하는 그리스어 *apophasis*에서 왔다) 방법들은 동방정교회의 수도원 전통과 깊은 관계가 있다.

- **분파주의(schism)**
고의로 교회의 단일성을 깨뜨리는 행위로, 카르타고의 키프리아누스(258 사망)와 히포의 아우구스티누스(354-430) 같은 초기 교회의 중요한 사상가들이 강하게 비판하였다.

- **불가타 성서(Vulgate)**
대부분 히에로니무스(약 347-420)가 라틴어로 번역한 성경으로, 중세의 신학은 주로 이 성경을 기초로 삼았다.

──────────────────────────── ㅅ

- **사도 시대(apostolic era)**
대체로 기독교 역사에서 예수 그리스도가 부활한 때(AD 약 35)로부터 마지막 사도가 사망한 때(약 90)까지의 기간을 가리킨다. 많은 교회들이 이 시대에 형성된 개념과 관례를 그들 나름의 의미와 관점에 따라 규범적인 것으로 인정하고 있다.

- **사벨리우스주의(Sabellianism)**
기독교 초기의 삼위일체 이단으로, 한분 하나님이 역사 과정에 다른 모양으로 나타난 것을 삼위일체의 세 위격이라고 보았다. 대체로 '양태론'의 한 유형으로 간주된다.

- **삼위일체(Trinity)**
하나님에 관한 기독교 특유의 교리로서, 하나님이

성부·성자·성령으로 복잡하게 체험되는 방식을 다룬다. 이 교리는 흔히 '세 위격이신 한분 하나님'과 같은 간략한 공식으로 표현된다.

- **상호내주(*perichoresis*)**
삼위일체론과 관련된 용어로 라틴어로 흔히 '상호침투'(*circumincessio*)라고 표기하기도 한다. 삼위일체의 세 위격 모두가 서로 다른 위격들의 삶에 참여하며 그래서 어느 위격도 나머지 위격들의 활동에서 분리되거나 고립되지 않는다는 개념이다.

- **성공회(영국 국교회, Anglicanism)**
영국의 종교개혁에 역사적 뿌리를 두고 있는 교회 조직. 16세기 헨리 8세의 이혼 문제를 계기로 하여, 1534년에 로마가톨릭교회에서 갈려 나와 영국의 국왕을 수장으로 하여 성립된 교회.

- **성례전(sacrament)**
예수가 친히 제정한 것이라고 여겨지는 교회의 예식 또는 예전. 가톨릭교회의 신학과 실천에서는 일곱 개의 성례전(세례, 견진, 성체, 고해, 혼인, 신품, 종부성사)을 인정하지만, 개신교는 대체로 두 개의 성례전(세례와 성만찬)만을 신약성서에서 발견할 수 있다고 주장한다.

- **성만찬(Eucharist)**
'미사', '주의 만찬', '성체성사' 등 다양한 이름으로 불려온 성례전을 가리키는 말로, 본서에서는 이 성만찬이라는 말을 사용한다.

- **성부수난설(patripassianism)**
3세기 때 노에투스와 프락세아스, 사벨리우스 같은 저술가들이 이끈 이단 신학으로, 성부가 성자로서 고난을 당했다는 믿음을 강조하였다. 달리 말해, 그리스도의 십자가 고난은 아버지가 당한 고난으로 보아야 한다는 것이다. 이들의 주장에 의하면, 신성 안의 구분은 양태 혹은 활동의 변화일 뿐이며 따라서 성부·성자·성령은 동일한 신적 실재의 다른 양태 또는 다른 표현이라고 보아야 한다.

- **성상파괴(iconoclastic)**

  로마 황제 레오 3세(재위 717-742)가 유대인과 이슬람교도들이 개종하는 데 성상이 장애가 된다고 판단하여 성상을 파괴하도록 결정한 일. 가장 중요한 문제로 하나님을 형상의 모양으로 나타내는 것을 성육신 교리가 어디까지 정당화할 수 있느냐의 쟁점을 다루기도 했지만, 논쟁의 성격은 다분히 정치적이었다.

- **성서 원리(Scripture principle)**

  교회의 믿음과 실천들은 성서에 근거해야만 한다는 이론으로, 주로 개혁주의 신학자들과 관계가 있다. 성서에 근거한 것으로 입증되지 않는 것은 신자들에게 구속력이 있는 것으로 받아들일 수 없다. 이 원리를 한마디로 요약해서 표현한 것이 "오직 성서로만"(*sola scriptura*)이다.

- **성육신(incarnation)**

  하나님이 예수 그리스도의 인격 속에서 인간의 본성을 입은 것을 가리키는 용어. 하나님이 인간이 되었다는 점을 크게 강조하는 신학적 견해를 가리켜 흔히 '성육신주의'(incarnationalism)라고 부르기도 한다.

- **소치누스주의(Socinianism)**

  기독교의 한 이단으로, 이탈리아의 파우스토 파올로 소치니(Fausto Paolo Sozzini, 1539-1604)와 밀접한 관계가 있다. 그는 '소치누스'라는 라틴식 이름으로 더 잘 알려졌다. 소치누스는 삼위일체와 성육신 이론을 강하게 비판한 일로 유명하지만, '소치누스주의'라는 용어는 주로 그리스도의 십자가 죽음은 초자연적이거나 초월적인 함의를 전혀 지니지 않는다는 사상을 가리키는 말로 사용된다. 이 이론에 의하면, 그리스도가 죽은 것은 인간의 죄를 배상하기 위해서가 아니라 인간이 죄를 이길 수 있도록 격려하려는 탁월한 도덕적 모범이 되기 위한 것이었다.

- **속죄(atonement)**

  1526년 윌리엄 틴데일(William Tyndale)이 라틴어 rec-onciliatio를 영어로 번역하기 위해 최초로 고

안한 용어다. 그 후 이 용어는 "그리스도의 사역"이나 "그리스도가 죽음과 부활을 통해 신자들에게 베푸는 은택"이라는 의미를 지니게 되었다.

- **송영(doxology)**

  기독교의 공적 예배와 특별한 관계가 있는 찬양의 형식을 가리킨다. '송영적' 신학 이해에서는 찬양과 예배가 신학적 성찰에서 중요하다고 강조한다.

- **스콜라주의(scholasticism)**

  중세와 밀접한 관계가 있는 독특한 기독교 신학 이론으로 기독교 신학을 합리적으로 정당화하고 체계적으로 제시하는 것을 중요하게 여겼다.

- **신수난설(theopaschitism)**

  6세기에 등장해 논쟁을 일으킨 이론으로, 일부 사람들은 이단이라고 보았다. 요한 막센티우스 같은 사상가들과 관계가 있으며 "삼위일체 중 한 분이 십자가에 달렸다"는 주장을 펼쳤다. 이 공식은 완전히 정통적인 의미로 해석할 수 있으며, 비잔티움의 레온티우스(약 500-543) 같은 사람이 옹호하였다. 그러나 교황 호르미스다스(450-523) 같은 신중한 사상가들은 이 공식이 혼란을 일으키고 잘못된 길로 이끌 가능성이 있다고 보았으며, 그래서 점차 힘을 잃게 되었다.

- **신(新)신학(*La nouvelle théologie*)**

  이 '원천으로 돌아가기'의 핵심 주제는 초대교회의 원전과 전승과 신조로 돌아가는 것이었다.

- **신앙고백(confession)**

  원래 죄의 고백을 가리키는 말이었지만, 16세기에 와서 그 의미가 크게 달라져 프로테스탄트 교회의 신앙 원리를 담은 문서를 가리키는 전문용어가 되었다. 초기 루터주의 이념을 담은 루터교의 아우크스부르크 신앙고백(1530)과 개혁교회의 제1헬베티아 신앙고백(1536) 등이 그 예다.

- **신앙 유비(*analogia fidei*)**

  창조세계의 질서와 하나님 사이의 일치점은 오로

지 하나님의 자기계시를 통해서만 확인할 수 있다는 이론으로, 특히 칼 바르트(1886-1968)와 관계가 있다.

● **신앙주의(fideism)**

기독교 신학에서 기독교 신앙 외에 어떠한 외부 자료의 비판이나 평가도 필요하지 않다고 (또는 가능하지 않다고) 보는 견해.

● **신인동형론(anthropomorphism)**

(손이나 팔 같은) 인간의 모습이나 기타 인간적 특징을 하나님에게 덧씌우는 견해.

● **신정론(theodicy)**

독일의 철학자 고트프리트 빌헬름 라이프니츠(1646-1716)가 고안한 용어로, 세상에 악이 존재하는 문제에 맞서 하나님의 선하심을 정당화하는 이론을 가리킨다.

● **신정통주의(neo-orthodoxy)**

칼 바르트(1886-1968)의 사상 일반을 가리키는 용어로, 특히 그가 개혁과 정통주의 시대의 신학적 주제들을 근거로 삼아 펼친 논의 방식을 가리킨다.

● **신조(신경, creed)**

모든 기독교인이 공통적으로 인정하는 기독교 신앙을 간단하게 정의한 것. 대표적인 신조로는 '사도신경'과 '니케아 신조'를 들 수 있다.

● **실천(프락시스, praxis)**

문자적으로 "행동"을 뜻하는 그리스어로, 칼 마르크스가 사유에 비해 행동의 중요성을 강조하기 위해 사용하였다. 이렇게 실천(프락시스)을 강조한 것은 라틴아메리카의 해방신학에 커다란 영향을 끼쳤다.

───────────────────────── ○

● **아리우스주의(Arianism)**

교회 초기의 대표적인 그리스도론 이단으로, 예수 그리스도를 하나님의 피조물 가운데 으뜸가는 존재로 여기며 그의 신적 지위를 부정한다. 아리우스 논쟁은 4세기에 그리스도론이 발전하는 데 중요하였다.

● **아조르나멘토(aggiornamento)**

가톨릭교회의 교회 갱신운동으로서, 교황 요한 23세(1881-1963) 및 제2차 바티칸 공의회(1962-1965)와 밀접한 관계가 있다. 이 이탈리아어는 "현대화"나 "갱신"으로 옮길 수 있으며, 제2차 바티칸 공의회의 결실로 나온 신학적·영적·제도적 갱신 운동을 가리킨다.

● **안티오키아 학파(Antiochene School)**

오늘날의 터키에 위치한 도시 안티오키아를 중심으로 활동한 교부들의 학파로, 그리스도론(특히 그리스도의 인간성을 강조하였다)과 성서 해석 방법(문자적 주석 방법을 채용하였다)으로 주목을 받았다. '알렉산드리아 학파'가 이 두 분야에서 안티오키아 학파와 경쟁하였다. ('알렉산드리아 학파'를 참조하라.)

● **알레고리(풍유, allegory)**

성서 본문을 어떻게 해석해야 할 것인가를 다루는 한 방식으로, 이 이론에서는 성서 이미지들이 깊고 영적인 의미를 지닌다고 보며 그 의미를 성서 해석자들이 밝혀낼 수 있다고 주장한다.

● **알렉산드리아 학파(Alexandrian School)**

교부들의 학파 중에서 특히 이집트의 알렉산드리아와 관계가 있는 학파로서, 그리스도론(그리스도의 신성을 강조한다)과 성서 해석 방법(알레고리 주석 방법을 채용하였다)으로 유명하다. 이 두 분야와 관련해 경쟁적 이론을 펼친 학파가 '안티오키아 학파'다. ('안티오키아 학파'를 참조하라.)

● **양자론(養子論, adoptionism)**

예수가 그의 사역 기간 중 어느 시점에 (보통 그의 세례 때에) 하나님의 아들로 "입양되었다"고 보는 이단적 견해. 이에 반해 정통 이론에서는 예수가 본래 잉태되는 순간부터 하나님의 아들이었다고 가르친다.

- **양태론(modalism)**

  삼위일체론에 관한 이단으로, 삼위일체의 세 위격을 신성이 서로 다르게 나타난 '양태'(modes)라고 보았다. 양태론의 전형적인 이론에서는 하나님이 창조에서는 아버지로, 구속에서는 아들로, 성화에서는 성령으로 활동한다고 주장하였다.

- **에비온주의(Ebionitism)**

  초기 시대의 그리스도론 이단으로, 예수 그리스도가 다른 인간과는 달리 특별한 카리스마적 은사를 받기는 했지만 어디까지나 완전한 인간일 뿐이라고 주장하는 이론이다.

- **역사비평적 방법(historico-critical method)**

  성경을 포함해 역사적 문헌을 이해하는 방법으로, 그 문헌들의 바른 의미는 그것들이 기록되던 때의 특수한 역사적 조건에 비추어서 확정되어야 한다고 주장한다.

- **역사적 예수(historical Jesus)**

  주로 19세기에 나사렛 예수라는 역사적 인물을 탐구하고 지칭하는 데 사용된 용어로, 신약성경과 신조들에서 그 인물을 해석해 낸 전통적인 모습과는 대조를 이룬다.

- **영지주의(Gnosticism)**

  선택받은 자에게만 주어지는 영적인 지식 또는 그 지식 위에 형성된 종교 체계를 주장한 종교 사상.

- **예전(禮典, liturgy)**

  공적 예배, 그중에서도 특히 성만찬을 규정한 형식 또는 그것을 기록한 문서. 그리스정교회에서는 예전이라는 말이 보통 성만찬[의 예전]을 뜻한다.

- **예정(predestination)**

  아우구스티누스가 처음 사용한 '예정'이라는 용어는 하나님께서 처음에 그리고 영원히 어떤 사람들은 구원하고 다른 사람들은 구원하지 않기로 정하셨다는 것을 뜻한다. 아우구스티누스의 후계자들은 말할 것도 없고 그와 동시대의 많은 사람들은 이러한 생각을 받아들일 수 없었다. 펠라기우스의 사상에서도 당연히 이와 유사한 개념을 찾아보기 힘들다.

- **오캄의 면도날(Ockham's razor)**

  보통 '절약의 원리'라고도 불린다. 오캄은 단순성이 신학의 미덕이자 철학의 미덕이라고 주장하였다. 그는 이 '면도날'을 사용해서 꼭 필요하지 않은 가정들을 모두 제거하였다.

- **위격의 연합(hypostatic union)**

  예수 그리스도 안에서 신성과 인성이, 각자의 실체가 혼동되지 않고서도 하나로 연합한다는 이론.

- **은사 운동(Charismatic movement)**

  개인과 공동체의 삶 속에서 성령의 인격적 체험을 크게 강조하는 기독교 형태로, 보통 방언과 같은 다양한 은사 현상들을 중요하게 여긴다.

- **이데올로기(ideology)**

  어떤 사회나 집단의 행동과 사고방식을 지배하는 신념과 가치체계를 말하며 주로 세속적인 의미로 쓰인다.

- **이신론(Deism)**

  주로 17세기에 활동한 일단의 영국 사상가들의 견해를 가리키는 말로, 이들의 합리주의는 여러 가지 면에서 계몽주의 사상을 이끄는 토대가 되었다. 이 용어는 보통 신이 세상을 창조했다는 것은 인정하지만 그 후 계속해서 세상에 관여한다는 생각은 거부하는 신관을 가리킨다.

- **이신칭의 교리(doctrine of justification by faith)**

  기독교 신학에서 죄인이 어떻게 하나님과의 교제를 회복할 수 있는지를 다루는 분야. 이 교리는 종교개혁 시대에 매우 중요한 주제로 다루어졌다.

- **이콘(성상, icons)**

  성스러운 그림, 그중에서도 특히 예수를 그린 그림을 말한다. 정교회 영성에서는 '신성을 향한 창문'으로서 중요한 역할을 담당한다.

• 인문주의(humanism)

엄밀한 의미로 유럽의 르네상스와 연관된 지적 운동을 가리킨다. 이 운동의 핵심 요소는 세속적이거나 세속화하는 사상 체계(오늘날에는 흔히 이런 의미로 쓰인다)가 아니라 고대의 문화적 업적에 대한 새로운 관심이었다. 이 고대의 문화는 르네상스 시대에 유럽 문화와 기독교의 갱신을 위한 주요 자원으로 인정되었다.

ㅈ

• 자유주의 개신교(liberal Protestantism)

19세기 독일을 중심으로 일어난 운동으로, 종교와 문화의 연속성을 강조한다. 슐라이어마허(1768-1834) 때부터 폴 틸리히(1886-1965)의 시대까지 번성하였다. 동시대의 문화에 적합하도록 믿음을 재구성하는 데 관심을 가진다.

• 재림(파루시아, parousia)

문자적으로 "도래"나 "도착"을 뜻하는 그리스어로 그리스도의 재림을 가리키는 말이다. 파루시아라는 관념은 '마지막 일들'을 논하는 기독교의 이론에서 중요한 요소다.

• 재세례파(Anabaptism)

"다시 세례를 베푸는 사람들"을 뜻하는 그리스어에서 온 말로, 16세기 종교개혁의 급진파를 가리키는 말이다. 메노 시몬스(1496-1551)와 발타자르 후브마이어(1480-1528) 같은 사상가들이 기초를 놓았다.

• 전유(專有, 귀속, appropriation)

삼위일체론의 한 면모로서, 삼위일체의 모든 외적 행위 속에서는 세 위격이 다 활동하지만 그러한 행위들을 특별히 어느 한 위격의 사역으로 보는 것이 적합하다고 주장하는 이론. 이 이론에 의하면, 세 위격이 모두 창조와 구속 사역에 임재하여 활동하는 것이 맞지만, 창조는 성부의 사역이며 구속은 성자의 사역으로 보는 것이 적합하다.

• 정경(canon)

이 말은 그리스어 카논(kanōn, 규칙이나 규범, 잣대)에서 온 것으로, 기독교 공동체의 합의를 통해 '성서에 속하는' 것으로 확정한 문헌, 곧 기독교 신학을 위해 권위가 있는 것으로 확정한 문헌을 가리킨다.

• 정통(orthodoxy)

여러 가지 의미로 사용되는 말로, 그 가운데 다음의 것들이 가장 중요하다. 이단과 대비되는 말로 "올바른 신앙"을 뜻하는 정통신앙, 러시아와 그리스에서 두드러진 기독교의 형태를 가리키는 정교회, 16세기 말과 17세기 초에 프로테스탄티즘 내에서 일어난, 교리를 정의하는 일을 중요하게 여겨 강조했던 운동을 가리키는 정통주의.

• 제4복음서(fourth gospel)

요한복음을 말한다. 이 용어는 보통 '공관복음서'라고 불리는 세 권의 복음서가 공통된 구조로 이루어진 것과 구별해 요한복음의 독특한 문학적·신학적 특성을 강조하는 말이다.

• 존재론적 논증(ontological argument)

하나님의 존재를 증명하는 방법 가운데 하나로, 스콜라주의 신학자인 캔터베리의 안셀무스(약 1033-1109)와 밀접한 관계가 있는 이론을 가리키는 말이다. 이 논증에 따르면, 하나님은 생각해 낼 수 있는 그 어떤 존재보다 더 큰 존재이므로 관념으로서만 존재하는 어느 존재보다 더 큰 것이 분명하며 따라서 하나님은 실제로 반드시 존재하는 것이 분명하다.

• 존재 유비(analogia entis)

토마스 아퀴나스(약 1225-1274)와 밀접하게 관련된 이론으로, 하나님께서 세상을 창조하셨기 때문에 창조세계의 질서와 하나님 사이에 일치점이나 유비가 존재한다는 개념이다. 이 개념은 이미 알려진 자연 질서의 대상과 관계로부터 하나님에 관한 결론을 도출하는 방식들에다 이론적 타당성을 제공해 준다.

종교사학파(history of religions school)

종교의 역사, 그중에서도 특히 기독교의 기원을 논하는 이론으로, 이 이론에서는 구약과 신약성경이 영지주의와 같은 다른 종교들과 만나 그에 대응하면서 발전한 것으로 다룬다.

종말론(eschatology)

기독교 신학에서 부활과 지옥, 최후의 심판, 영원한 삶 같은 '마지막 일들'을 다루는 분야.

주석(exegesis)

문헌 해석의 학문으로, 주로 성경에 관련된 말로 쓰인다. 성경 주석이라는 말은 기본적으로 "성경을 해석하는 과정"을 의미한다. 성경 주석에 사용되는 특수한 기술은 보통 '해석학'이라고 부른다.

주의설(主意說, voluntarism)

하나님은 신적인 의지의 행동에 의해 어떤 행동의 공로적 가치를 판정한다는 견해. 오캄의 윌리엄이 볼 때, 주지설 이론은 하나님에게 공로에 따라 도덕적 행위를 보상해야 하는 의무를 지우며, 그 때문에 하나님의 자유를 훼손하였다. 오캄은 하나님의 자유를 옹호하여, 하나님은 어떤 식으로든 인간의 행동에 합당하게 보상하는 일에서 자유로워야 한다고 주장하였다. 따라서 인간 행동의 도덕적 가치와 공로적 가치 사이에는 직접적인 관계가 없다.

지복직관(至福直觀, beatific vision)

하나님을 온전히 뵙는 것으로, 사람이 죽은 후에 인간 본성의 제약들에서 풀려날 때 이루어진다. 토마스 아퀴나스(약 1225-1274) 같은 일부 사상가들은, 모세나 바울처럼 은혜를 입은 사람들은 살아있을 때도 이렇게 직접 하나님을 뵈었다고 주장했다.

진복팔단(眞福八端, 팔복, the Beatitudes)

산상설교의 앞부분에 나오는, 여덟 가지 복의 약속(마 5:3-11). 예를 들어 "마음이 청결한 자는 복이 있나니 그들이 하나님을 볼 것임이요"라거나 "화평하게 하는 자는 복이 있나니 그들이 하나님의 아들이라 일컬음을 받을 것임이요"라고 말한다.

ㅊ

청교도주의(Puritanism)

16세기 후반에 영국에서 영어권 세계를 대표하는 유명한 신학이 등장했다. 청교도주의는 신앙의 경험적 측면과 목회적 측면을 특히 강조한 개혁파 정통주의의 한 형태라고 보는 것이 가장 타당할 것이다.

츠빙글리주의(Zwinglianism)

일반적으로 츠빙글리의 사상을 가리키는 말이지만 특별히 '실재적 임재'와 관련된 그의 견해를 가리키는 말로도 사용된다(츠빙글리의 견해는 '실재적 부재'에 속한다).

ㅋ

카리스마(은사, charisma, charismatic)

성령의 은사와 밀접하게 관련된 용어. 중세 신학에서 '카리스마'라는 용어는 하나님께서 은혜로 각 사람에게 부어 주는 영적 은사를 뜻하는 말로 사용되었다. 20세기 초 이후로 '카리스마'라는 말은 성령의 직접적 임재와 체험을 크게 강조하는 신학이나 예배 형태를 가리키는 말이 되었다.

카타르시스(catharsis)

개인의 영적 성장과 발전에서 부딪히는 장애물에서 벗어나게 해주는 정화 과정이나 마음을 비우는 과정.

카파도키아 교부들(Cappadocian fathers)

교부시대에 그리스어권에서 활동한 세 명의 주요 사상가들로, 카이사레아의 바실리우스(약 330-379), 나지안주스의 그레고리우스(329-389), 니사의 그레고리우스(약 335-394)를 말한다. 세 사람 모두 4세기 말에 활동하였다. '카파도키아'는 세 사람이 근거지로 삼았던, 소아시아(오늘날의 터키)에 있는 지역이다.

칼뱅주의(Calvinism)

전혀 다른 두 가지 의미로 사용되는 애매한 용

어다. 첫째, 이 말은 장 칼뱅(1509-1564)이나 그의 저술에 큰 영향을 받은 종교 단체(예를 들면 개혁주의 교회)와 개인(예를 들면 테오도르 베자[1519-1605] 등)의 사상을 가리킨다. 둘째, 이 말은 장 칼뱅 자신의 사상을 가리킨다. 첫 번째 의미가 훨씬 더 널리 사용되기는 하지만 이 용어가 잘못된 것이라는 인식이 늘고 있다.

● **칼케돈 신조(Chalcedonian definition)**
칼케돈 공의회(451)에서 예수 그리스도는 인성과 신성의 두 본성을 지닌 것으로 인정한다고 공식적으로 선언한 규정.

● **케리그마(kerygma)**
루돌프 불트만(1884-1976)과 그의 제자들이 주로 사용한 용어로, 신약성경에 나오는 예수 그리스도의 의미에 관한 핵심적인 메시지나 선포를 가리킨다.

● **콰드리가(Quadriga)**
성경을 해석하는 4중적 방식을 가리키는 라틴어로, 문자적 의미, 풍유적 의미, 교훈적 의미, 종말론적 의미로 구분한다.

ㅌ

● **테오토코스(theotokos)**
문자적으로 "하나님을 낳은 이"를 뜻하는 그리스어다. 성육신 교리의 핵심 내용인, 예수 그리스도가 바로 하나님이라는 점을 강조할 목적에서 예수 그리스도의 어머니 마리아를 가리키는 용어로 사용되었다. 네스토리우스 논쟁이 벌어지던 무렵에 동방교회 사상가들이 그리스도의 신성과 성육신의 사실성을 밝히려는 목적으로 이 용어를 폭넓게 사용하였다.

● **토마스주의(토미즘, Thomism)**
중세의 대표적인 신학자이자 철학자인 토마스 아퀴나스(약 1225-1274)의 사상을 가리키는 용어. 이와 연관된 용어인 "신토마스주의"는 고전적 토

마스주의가 다양하게 변형된 이론들을 가리키는 말로, 그중에서도 특히 20세기에 활동한 조셉 마레샬(1878-1944)과 자크 마리탱(1882-1973), 에티엔 질송(1884-1978)에 의해 다듬어진 이론을 가리킨다.

ㅍ

● **페미니즘(feminism)**
여성의 해방을 추구하는 전 세계적 운동으로, 현대 신학과 실천이 성평등을 인정하고 남녀 간의 올바른 관계를 인식해야 한다고 주장한다. 오랫동안 이를 가리켜 온 용어인 '여성해방'에서 알 수 있듯이 이 운동은 실질적인 해방운동이며, 현대사회에서 여성의 평등을 성취하기 위해 애쓰면서 그 과정을 가로막는 신념, 가치, 사고방식 등의 장애물을 무너뜨리기 위해 싸운다.

● **펠라기우스주의(Pelagianism)**
인간이 어떻게 구원에 합당한 자격을 얻게 되는가라는 문제에서 히포의 아우구스티누스(354-430)와 정반대되는 견해로, 하나님의 은총 개념을 중요하게 여기지 않고 인간의 행함을 크게 강조하였다.

● **포스트모더니즘(postmodernism)**
20세기 후반에 시작된 문화 현상으로, 계몽주의의 보편적이고 합리적인 원리들에 대한 신뢰가 전반적으로 붕괴한 결과로 등장하였다. 이 운동의 특징으로는 절대적인 것을 부정하고, 객관적이고 합리적으로 실재를 규정하는 시도를 거부한 일 등을 들 수 있다.

● **프로테스탄티즘(Protestantism)**
스파이어 의회(1529)가 열린 후에 가톨릭교회의 믿음과 실천에 '항거한' 사람들을 가리키는 용어. 1529년 이전에 그러한 운동을 펼친 개인과 집단은 자신들을 '개신교인'이라고 불렀다.

● **필리오케(filioque)**
문자적으로 "그리고 아들로부터"를 뜻하는 라틴

어로, 서방교회판 니케아 신조에 나온다. 이 견해에 따르면, 성령은 (동방교회에서 말하는 대로) 아버지로부터만 나오는 것이 아니라 아버지와 아들 모두로부터 나온다.

ㅎ

● **하나님의 두 가지 능력(two power of God)**

하나님의 '절대적 능력'(*potentia absoluta*)은 하나님이 어떤 행동 과정이나 세계의 질서를 세우는 일을 시작하기 전에 존재했던 대안들을 가리킨다. 하나님의 '한정된 능력'(*potentia ordinata*)은 창조자 하나님이 신적 본성과 성품을 따라 세워놓은 창조 질서를 가리킨다. '하나님의 두 가지 능력'은 현재 하나님이 마음대로 선택할 수 있는 서로 다른 두 개의 대안을 가리키는 것이 아니다. 그와는 달리 이것은 구원의 역사 속에 있는 서로 다른 두 계기를 뜻한다.

● **합리주의(rationalism)**

진정한 인식은 경험이 아닌 생득적인 이성에 의하여 얻어진다고 하는 태도. 데카르트, 스피노자, 라이프니츠 등이 이러한 태도를 보인다.

● **해방신학(liberation theology)**

원래는 복음의 해방하는 능력을 강조하는 모든 신학 운동을 가리키지만, 1960년대 후반 이후 라틴 아메리카에서 일어난 운동을 가리키는 말이 되었다. 이 운동은 정치적 행동을 강조하고, 가난과 억압에서 정치적인 해방을 쟁취하는 것을 목표로 삼는다.

● **해석학(hermeneutics)**

신학 텍스트, 특히 성서의 텍스트를 주로 현재와의 연관성을 밝히려는 목적에서 해석하거나 주석하는 작업의 바탕에 놓인 원리들을 말한다.

● **헤시카즘(hesychasm)**

동방교회와 밀접한 관계가 있는 전통으로, 하나님을 뵙는 수단으로서의 '내적 고요'(그리스어 hēsychia)라는 관념을 크게 강조하였다. 특히 신신학자 시메온(949-1022)과 그레고리우스 팔라마스(약 1296-1357) 같은 학자들과 관계가 있다.

● **호모우시온(*homoousion*)**

문자적으로 "동일한 본질의"라는 뜻을 지닌 그리스어로, 4세기 때 예수 그리스도가 하나님과 동일한 본질을 지녔다고 주장한 주류 그리스도론 믿음을 가리키는 말로 널리 사용되었다. 이 용어는 그리스도가 "하나님과 유사한 본질(*homoiousios*)을 지녔다"고 본 아리우스의 견해와 충돌하여 큰 논쟁에 휘말렸다. '동일 본질의'를 참조하라.

● **화체설(transubstantiation)**

성만찬에서 빵과 포도주가 그 형태는 그대로 유지하면서도 그리스도의 살과 피로 변한다고 가르치는 교리.

● **후기자유주의(postliberalism)**

1980년대에 듀크 대학교와 예일 대학교 신학부를 중심으로 일어난 신학 운동. 인간의 경험에 의존하는 자유주의를 비판하고 공동체의 전통이 신학에서 주도적인 역할을 한다고 주장하였다.

● **흑인신학(black theology)**

1960-1970년대에 미국의 흑인 공동체 내에서 신학적인 면에서 해방을 도모했던 운동. 흑인들이 경험하는 현실을 신학적으로 해명하고자 애썼다.

각 자료의 끝부분에 덧붙인 대괄호 안의 숫자는 이 책의 자매편인 알리스터 맥그래스의 『신학이란 무엇인가 Reader』 5판(*The Christian Theology Reader*, 2017)에 실려 있는 자료를 뜻하는 것으로, 각 읽을거리마다 논평과 분석을 덧붙인 그 자료들을 이용해 좀 더 깊이 연구할 수 있다. 예를 들어, [2.7]은 『신학이란 무엇인가 Reader』의 2장, 7번째 독서 자료인 "Cyril of Jerusalem on the Role of Creeds"를 가리킨다. 영어로의 번역은 따로 밝힌 경우를 제외하고 모두 저자의 번역이다.

서론

Karl Barth, *Die Protestantische Theologie im 19. Jahrhundert* (Zurich: Evangelischer Verlag, 1952), p. 3. | p. 38-39

03

Jacques-Bénigne Bossuet, *Première instruction pastorale*, xxvii; cited in Owen Chadwick, *From Bossuet to Newman: The Idea of Doctrinal Development* (Cambridge: Cambridge University Press, 1957), p. 17 | p. 123

05

W. H. Griffith-Thomas, *The Principles of Theology* (London: Longmans, Green & Co., 1930), p. xviii. | p. 203-204

Catechism of the Catholic Church (Collegeville, MN: The Liturgical Press, 1994), §154. | p. 205

John Calvin, *Institutes of the Christian Religion*, III.ii.7. [1.13] (『기독교 강요』 크리스찬다이제스트) | p. 205

Karl Rahner, "Theology"; in Karl Rahner(ed.), *Encyclopaedia of Theology: The Concise Sacramentum Mundi* (New York: Seabury Press, 1975), p. 1687. | p. 211

John Macquarrie, *Principles of Christian Theology* (London: SCM Press, 1966), p. 1. | p. 211

Karl Barth, *Evangelical Theology: An Introduction* (Grand Rapids, MI: Eerdmans, 1979), pp. 49-50. (『개신교 신학 입문』 복 있는 사람) | p. 211

Stephen Pattison and James Woodward, "Introduction"; in James Woodward and Stephen Pattison(eds), *The Blackwell Reader in Pastoral and Practical Theology* (Oxford: Blackwell, 2000), p. 7. (『목회신학과 실천신학의 이해』 대한기독교서회) | p. 224

Friedrich Schleiermacher, *The Christian Faith*, trans. M. R. Mackintosh and J. S. Stewart (Edinburgh: T. and T. Clark, 1928), pp. 98-99. [4.23] (『기독교 신앙』 한길사) | p. 236

Augustine of Hippo, *De doctrina Christiana*, II. xl. 60-61. [1.4] (『기독교 교육론』 크리스찬다이제스트) | p. 243-244

06

Second Vatican Council, *Nostra aetate*, October 28, 1965, §4; in H. Denzinger(ed.), *Enchiridion symbolorum*, 39th edn (Freiburg im Breisgau: Herder, 2001), §4198; p. 1248. [9.7] (『제2차 바티칸 공의회 문헌』 CBCK) | p. 258-259

Christian Smith, *Moral, Believing Animals:*

Human Personhood and Culture (Oxford: Oxford University Press, 2009), p. 64. | p. 265

Augustine of Hippo, *De utilitate credendi*, III, 9. [2.8] | p. 272

Bernard of Clairvaux, *Sermones super Cantico Canticorum*, XL.vi.2. [2.11] (『내 사랑아 네 눈이 비둘기 같구나』 은성) | p. 274

Catechism of the Catholic Church (Collegeville, MN: The Liturgical Press, 1994), §§101-108. | p. 281

Johann Gottfried Herder, *Briefe, das Studium der Theologie betreffend*; in Werke, ed. Martin Bollacher et al. (Frankfurt am Main: Deutscher Klassiker Verlag, 1993), vol. 9, part 1, p. 145. | p. 282

Irenaeus, *Adversus haereses*, II.ii. 1-iv. 1. [2.2] | p. 284

Vincent of Lérins, *Commonitorium*, II, 1-3. [2.10] | p. 286

Johann Adam Möhler, *Symbolism: or Exposition of the Doctrinal Differences between Catholics and Protestants* (New York: Dunigan, 1844), pp. 351-352 (translation modified at points). [2.30] | p. 287

Catechism of the Catholic Church (Collegeville, MN: The Liturgical Press, 1994), §§74-82. | p. 287-288

John Meyendorff, *Living Tradition: Orthodox Witness in the Contemporary World* (Crestwood, NY: St. Vladimir's Seminar Press, 1978), p. 8. [2.46] | p. 288

Council of Trent, Session IV; in H. Denzinger (ed.), *Enchiridion symbolorum*, 39th edn (Freiburg im Breisgau: Herder, 2001), §1501; p. 496. [2.19] | p. 290-291

Michael Polanyi, *Personal Knowledge* (London: Routledge and Kegan Paul, 1958), p. 269. (『개인적 지식』 아카넷) | p. 292

Alasdair MacIntyre, *Whose Justice? Which Rationality?* (Notre Dame, IN: University of Notre Dame, 1988), p. 6. | p. 301

Karl Marx, *Theses on Feuerbach* (1845); in Marx-ngels Gesamtausgabe, vol. 1, part 5, ed. A. Adoratskii (Berlin: Marx-Engels Verlag, 1932), 533.14-555.35. [9.3] (『칼 맑스 프리드리히 엥겔스 저작 선집 제11권』 백종철출판사) | p. 310

─────────────────────────────── 07

"A Six-Year-Old Girl Writes a Letter to God," *Daily Telegraph*, April 22, 2011. | p. 312

First Vatican Council, *Constitution on the Catholic Faith*, chapter 3; in H. Denzinger (ed.), *Enchiridion symbolorum*, 39th edn (Freiburg im Breisgau: Herder, 2001), §3011; p. 816. (『보편 공의 회 문헌집 제3권』 가톨릭출판사) | p. 317

Thomas Michael Loome, "'Revelation as Experience': An Unpublished Letter of George Tyrrell," *Heythrop Journal* 12, no. 2 (1971): 117-149; quote at p. 138. | p. 322

Thomas Aquinas, *Summa contra Gentiles*, II.2.2-4. (『대이교도대전2』 분도출판사) | p. 329

First Vatican Council, "Dogmatic Constitution on the Catholic Faith," 2; in H. Denzinger (ed.), *Enchiridion symbolorum*, 39th edn (Freiburg im Breisgau: Herder, 2001), §3004; p. 813. (『보편 공의 회 문헌집 제3권』 가톨릭출판사) | p. 330

John Calvin, *Institutes*, I.iii.1-2. [2.17] (『기독교 강요』 크리스챤다이제스트) | p. 332

Belgic Confession of Faith (1561), 2. [2.21] | p. 334-335

Sir Thomas Browne, *Religio medici* (London, 1642), I.16. [2.26] | p. 336

Basil of Caesarea, *Homilia de gratiarum actione*, 2. | p. 336

Dumitru Stăniloae, *The Experience of God: Orthodox Dogmatic Theology - Revelation and Knowledge of the Triune God* (Brookline, MA: Holy Cross Orthodox Press, 1998), p. 1. | p. 337

John Polkinghorne, *Science and Creation: The Search for Understanding* (London: SPCK, 1988), p. 20. | p. 342

Jonathan Edwards, *The Images of Divine Things*, ed. Perry Miller(New Haven, CT: Yale University Press, 1948), p. 134. [2,28] | p. 343

08

Basil of Caesarea, *On the Right Use of Greek Literature*, 4. | p. 353

John Paul II, *Fides et ratio*(1998), Introduction, 5. | p. 354

Ludwig Wittgenstein, *Culture and Value*, ed. G. H. von Wright, trans. Peter Winch (Oxford: Blackwell, 1980), pp. 82-86. [1.26] (『문화와 가치』 책세상) | p. 358

Anselm of Canterbury, *Proslogion*, 3. [1.7] (『모놀로기온 프로슬로기온』 아카넷) | p. 361

Gaunilo, *Responsio Anselmi*, 6. [1,8] | p. 362

Immanuel Kant, *Kritik der reinen Vernunft*, 2 vols. (Frankfurt am Main: Suhrkamp Verlag, 2000), vol. 2, pp. 533-534. [1,19] (우리말 번역문은 백종현이 옮기고 아카넷 출판사에서 나온, 『순수이성비판』 2권 775쪽에서 인용하였다―옮긴이) | p. 364

Alvin Plantinga, *The Nature of Necessity*(Oxford: Oxford University Press, 1974), p. 221. | p. 365

Thomas Aquinas, Summa theologiae, Ia q. 2 a. 3. (『신학대전』 바오로딸) | p. 367

William Lane Craig, *The Kalam Cosmological Argument*(London: Macmillan, 1979), p. 149. | p. 371-372

William Paley, *Works*, 6 vols. (London: Rivington, 1830), vol. 4, pp. 16, 34-35. [2,29] | p. 374-375

N. T. Wright, *The New Testament and the People of God*(London: SPCK, 1992), 35. (『신약성서와 하나님의 백성』 크리스챤다이제스트) | p. 378-379

Basil of Caesarea, *Epistle*, 234. | p. 381

Sallie McFague, Models of God: Theology for an Ecological Nuclear Age(Philadelphia: Fortress Press, 1987), pp. 32-34. [1.31] (『어머니, 연인, 친구: 생태학적 핵 시대와 하나님의 세 모델』 뜰밖) | p. 388-389

Ian G. Barbour, Myths, *Models and Paradigms: The Nature of Scientific and Religious Language*(New York: Harper and Row, 1974), p. 15. | p. 390

09

Wolfhart Pannenberg, *Systematic Theology*, trans. Geoffrey W. Bromiley(Grand Rapids, MI: Eerdmans, 1991), pp. 260-261. (『조직신학』 새물결플러스) | p. 401

Sallie McFague, *Models of God: Theology for an Ecological Nuclear Age*(Philadelphia: Fortress Press, 1987), pp. 122-123. (『어머니, 연인, 친구: 생태학적 핵 시대와 하나님의 세 모델』 뜰밖) | p. 401

Catechism of the Catholic Church(Collegeville, MN: The Liturgical Press, 1994), §239. | p. 402

Julian of Norwich, *Revelations of Divine Love*, trans. Clifton Wolters(London: Penguin, 1958), pp. 151, 174. [3,23] (『하나님 사랑의 계시』 은성) | p. 403

C.C.J. Webb, *God and Personality*(London: Allen and Unwin, 1919), pp. 74-75. | p. 406-407

Spinoza, *Ethics*, V, 17. [3.27] (『에티카』 비홍출판사) | p. 407-408

Martin Buber, *I and Thou*(New York: Charles Scribner's Sons, 1958), p. 61. (『나와 너』 대한기독교서회) | p. 410

Anselm of Canterbury, *Proslogion*, 8. [3.18] (『모놀로기온 프로슬로기온』 아카넷) | p. 415

Jürgen Moltmann, *The Crucified God*(London: SCM Press, 1974), p. 222. (『십자가에 달리신 하나님』 한국신학연구소) | p. 421

Charles Wesley, "And Can It Be?"; in John Wesley and Charles Wesley, *Hymns and Sacred Poems*(London:William Strahan, 1739), pp. 117-119. The hymn was originally entitled "Free Grace." [5,23] | p. 423-424

William Hamilton, "The Death of God Theology,"

Christian Scholar 48(1965): 27-48; quote at pp. 31, 41, 45. | p. 425

C. S. Lewis, *The Problem of Pain*(London: Fontana, 1967), pp. 14, 16. (『고통의 문제』 홍성사) | p. 428

Thomas Aquinas, *Summa theologiae*, Ia, q. 25, a. 3. [3.21] (『신학대전』 바오로딸) | p. 429

Dietrich Bonhoeffer, "Letter to Eberhard Bethge," July 16, 1944; in Dietrich Bonhoeffer, *Letters and Papers from Prison*, ed. E. Bethge, trans. Reginald Fuller(New York: Macmillan, 1971), pp. 359-361. [1.28] (『옥중서신』 복 있는 사람) | p. 433

Synod of Toledo(400), Canons 1, 9; in H. Denzinger(ed.), *Enchiridion symbolorum*, 39th edn(Freiburg im Breisgau: Herder, 2001), §§191, 199; p. 97. [3.17] | p. 448

Irenaeus, *Demonstration of the Apostolic Preaching*, 12. [3.2] | p. 463

Priebe(Philadelphia: Westminster Press, 1968), pp. 38-39. [5.31] | p. 514-515

Charles Gore, "Our Lord's Human Example," *Church Quarterly Review* 16 (1883): 282-313; quote at p. 298. [5.26] | p. 515-516

Maurice F. Wiles, *The Making of Christian Doctrine*(Cambridge: Cambridge University Press, 1967), p. 106. | p. 517

Irenaeus, *Adversus haereses*, V.ii.1-2. | p. 518

Simeon the New Theologian, *Hymns of Divine Love*, 7. [5.12] | p. 519

John of Damascus, *Contra imaginum calumniators*, I, 16. [4.16] | p. 520

Francis, *Evangelii Gaudium*, §233. (『복음의 기쁨』 CBCK) | p. 520-521

Wolfhart Pannenberg, *Jesus: God and Man*, trans. Lewis L. Wilkins and Duane A. Priebe(Philadelphia: Westminster Press, 1968), pp. 69, 129-130. | p. 525

10

John Paul II, *Fides et ratio*(1998), I.12. | p. 472-473

Karl Barth, *Church Dogmatics*, 14 vols., ed. and trans. G. W. Bromiley and T.F. Torrance (Edinburgh: T. and T. Clark, 1936-1975), II, part 2, pp. 52-53. (『교회 교의학』 대한기독교서회) | p. 475

Justin Martyr, *Apologia*, II.x.2-3. [1.1] | p. 493

Cyril of Alexandria, Letter IV, 3-5 (Second Letter to Nestorius). [4.13] | p. 502-503

Gregory of Nazianzus, *Letter* 101. [4.10] | p. 504

Nestorius, according to Cyril of Alexandria, Fragment 49; Friedrich Loofs, *Nestoriana: Die Fragmente des Nestorius*(Halle: Niemeyer, 1905), p. 280. | p. 505

Thomas Aquinas, *Summa theologiae*, IIIa q.1 a.3. [4.18] (『신학대전』 바오로딸) | p. 512-513

Wolfhart Pannenberg, *Jesus: God and Man*, trans. Lewis L. Wilkins and Duane A.

11

Irenaeus, *Adversus haereses*, V.i.1. | p. 559-560

Constitution of the Presbyterian Church(USA): *Book of Confessions*(Louisville, KY: General Assembly, 1991), p. 254. | p. 563-564

Irenaeus, *Adversus haereses*, V.i.1. | p. 564-565

John Macquarrie, *Principles of Christian Theology*, 2nd edn(London: SCM Press, 1977), p. 269. | p. 565

Athanasius, *Contra Arianos*, II, 9. | p. 571-572

Athanasius, *Epistolae festales*, vii. | p. 572

Augustine of Hippo, *De civitate Dei*, X, 20. (『신국론』 분도출판사) | p. 573

Hugh of St. Victor, *De sacramentis*, I.viii.6-7, 10. [5.15] | p. 573-574

François Turrettini, "Institutio theologiae elencticae," topic 14, q. 5; in *Institutio theologiae elencticae*, 3 vols.(Rome: Trajecti, 1734), vol. 2, pp. 424-427. [4.21] (『변증신학 강

요, 부흥과개혁사) | p. 574-575

John Pearson, *Exposition of the Creed* (London, 1659), p. 348. | p. 575

Joseph Butler, The Analogy of Religion; in *Works*, 3 vols. (Oxford: Oxford University Press, 1897), vol. 1, p. 221. | p. 576

Horace Bushnell, The *Vicarious Sacrifice* (New York: Charles Scribner, 1866), p. 91. | p. 577

Rufinus of Aquileia, *Expositio symboli*, 14. [5.7] | p. 580

Fulbert of Chartres, "Chorus novae Ierusalem"; in F.J.E. Raby (ed.), *Oxford Book of Medieval Latin Verse* (Oxford: Clarendon Press, 1959), p. 179. | p. 581

William Langland, *Piers the Ploughman*, trans. J.F. Goodridge (London: Penguin Books, 1959), pp. 226-227. | p. 581

Gustaf Aulén, *Christus Victor: An Historical Study of the Three Main Types of the Idea of the Atonement* (London: SPCK, 1931), pp. 17-22. [5.28] (『승리자 그리스도』 정경사) | p. 584

Paul Fiddes, *Past Event and Present Salvation* (London: Darton, Longman and Todd, 1989), p. 136. | p. 586

Thomas Aquinas, Summa theologiae, IIIa, q. 48, a. 2. [5.17] (『신학대전』 바오로딸) | p. 591

P.T. Forsyth, *The Justification of God* (London: Duckworth, 1916), p. 136. | p. 596

Karl Barth, *Church Dogmatics*, 14 vols., ed. and trans. G. W. Bromiley and T. F. Torrance (Edinburgh: T. and T. Clark, 1936-1975), vol. 4, part 1, pp. 222-223, 296. (『교회 교의학』 대한기독교서회) | p. 597-598

James I. Packer, "What Did the Cross Achieve? The Logic of Penal Substitution," *Tyndale Bulletin* 25 (1974): 3-45; quote at pp. 16-22. [5.32] | p. 598

Clement of Alexandria, *Quis dives salvetur*, 37. [5.3] | p. 599

Peter Abelard, *Expositio in epistolam ad Romanos*, 2. [5.14] | p. 600-601

Juana de la Cruz, Libro de conorte, fol. 451v; cited in Ronald E. Surtz, *The Guitar of God: Gender, Power, and Authority in the Visionary World of Mother Juana de la Cruz* (1481-1534) (Philadelphia: University of Philadelphia Press, 1990), p. 42. | p. 602

F. D. Schleiermacher, *The Christian Faith*, trans. M.R. Mackintosh and J.S. Stewart (Edinburgh: T. and T. Clark, 1928), pp. 429-431. [5.24] (『기독교신앙』 한길사) | p. 604

Hastings Rashdall, *The Idea of Atonement in Christian Theology* (London: Macmillan, 1920), p. 463. | p. 606

René Girard, *I See Satan Fall Like Lightning* (Maryknoll, NY: Orbis Books, 2001), pp. 154-156. (『나는 사탄이 번개처럼 떨어지는 것을 본다』 문학과지성사) | p. 609

Janet Martin Soskice, "Blood and Defilement: Reflections on Jesus and the Symbolics of Sex"; in Gerald O'Collins, Daniel Kendall, and Stephen T. Davis (eds), *The Convergence of Theology* (Mahwah, NJ: Paulist Press, 2001), pp. 285-303; quote at p. 289. [4.36] | p. 612

Vladimir Lossky, "Redemption and Deification"; in *In the Image and Likeness of God*, trans. John Erickson and Thomas Bird (New York: St. Vladimir's Seminary Press, 1974), pp. 97-98. [5.29] | p. 617

Charles Wesley, "And Can It Be?"; in John Wesley and Charles Wesley, *Hymns and Sacred Poems* (London: William Strahan, 1739), pp. 117-119. The hymn was originally entitled "Free Grace." [5.23] | p. 619

E. P. Sanders, *Paul and Palestinian Judaism* (London: SCM Press, 1977), pp. 467-468. (『바울과 팔레스타인 유대교』 알맹e) | p. 628

12

Basil of Caesarea, *De spiritu sancto*, IX, 23. [3.8]

(『성 바질의 성령에 관하여』 올리브나무) | p. 646

Gregory of Nazianzus, *Oratio theologica*, V, 26 (Oratio XXXI, 26). [3.9] | p. 647

Augustine of Hippo, *De Trinitate*, XV.xvii.27-xviii.32. [3.13] (『삼위일체론』 분도출판사) | p. 648-649

Ephrem the Syrian, *Hymns de fide*, 49.4. | p. 650

Augustine of Hippo, *De Trinitate*, IV.xx.28-29. (『삼위일체론』 분도출판사) | p. 655

Augustine of Hippo, *De Trinitate*, XV.xvii.29. [3.13] (『삼위일체론』 분도출판사) | p. 655

Eleventh Council of Toledo, *Symbolum fidei de Trinitate et incarnatione*, 10-14; in H. Denzinger(ed.), *Enchiridion symbolorum*, 39th edn(Freiburg im Breisgau: Herder, 2001), §§522-528; pp. 242-243. [3.17] | p. 657

Jonathan Edwards, *Works of Jonathan Edwards*, 25 vols. (New Haven, CT: Yale University Press, 1994), vol. 13, p. 529. | p. 660

Lumen Gentium, 4. (『제2차 바티칸 공의회 문헌』 CBCK) | p. 662

Ad Gentes, 4. (『제2차 바티칸 공의회 문헌』 CBCK) | p. 662

Aphrahat the Syrian, *Demonstrations*, XVIII, 10. | p. 666

Redemptoris Missio, 28. (『교회의 선교 사명』 CBCK) | p. 670

Redemptoris Missio, 29. | p. 671

Martin Bucer, *Commentary on the Gospels*(Basel, 1536), p. 85. | p. 671

Gallic Confession(1559), article 4. [2.20] | p. 672

John Calvin, *Institutes*, III.ii.7. [1.13] (『기독교 강요』 크리스챤다이제스트) | p. 673

Basil Krivocheine, *St. Symeon the New Theologian*(Crestwood, NY: St. Vladimir's Seminary Press, 1986), p. 389. | p. 673

Belgic Confession of Faith(1561), 22. [2.21] | p. 674

Cyril of Alexandria, *In Joannis evangelium*, XVI, 20. [3.15] | p. 675

F.J.E. Raby(ed.), *The Oxford Book of Medieval Verse*(Oxford: Clarendon Press, 1961), pp. 88. | p. 675

Martin Bucer, *Commentary on the Gospels*(Basel, 1536), p. 124. | p. 676

Catechism of the Catholic Church(Collegeville, MN: The Liturgical Press, 1994), §737. | p. 676

13

Emil Brunner, *Dogmatik I: Die christliche Lehre von Gott*(Zurich: Zwingli-Verlag, 1959), p. 241. | p. 682

Charles Gore, *The Incarnation of the Son of God*(London: John Murray, 1922), pp. 105-106. | p. 683

Irenaeus, *Demonstration of the Apostolic Preaching*, 6. [3.3] | p. 688-689

Augustine of Hippo, *De vera religione*, vii.13. (『참된 종교』 분도출판사) | p. 694

Epiphanius of Constantia, *Panarion*, lxii, 1. [3.14] | p. 702

Gregory of Nyssa, *Ad Ablabium: quod non sint tres dei*; in Werner W. Jaeger, Hermann Langerbeck, and Heinrich Dörrie(eds), *Gregorii Nysseni opera*, 3 vols. (Leiden: E. J. Brill, 1996), vol. 3, part 1, pp. 37-52. [3.7] | p. 704

Eleventh Council of Toledo, Symbolum fidei de Trinitate et incarnatione, 10-14; in H. Denzinger(ed.), *Enchiridion symbolorum*, 39th edn (Freiburg im Breisgau: Herder, 2001), §§522-528; pp. 242-243. [3.17] | p. 705

Karl Rahner, *The Trinity*(London: Burns and Oates, 1970), pp. 22, 82-83, 99-100. | p. 717

Jürgen Moltmann, "The Reconciling Power of the Trinity in the Life of the Church and the World"; in *The Reconciling Power of the Trinity: Report of the Study Consultation of the Conference of European Churches*(Geneva: Conference of European Churches, 1983), pp. 53-

54. | p. 725

Catherine Mowry LaCugna, God for Us: The Trinity and Christian Life(San Francisco: HarperSanFrancisco, 1991), p. ix. (『우리를 위한 하나님』 대한기독교서회) | p. 729

Sarah Coakley, "'Batter My Heart……'? On Sexuality, Spirituality, and the Christian Doctrine of the Trinity," Graven Images 2(1995): 74-83. | p. 731

Colin E. Gunton, The Promise of Trinitarian Theology(Edinburgh: T. and T. Clark, 1991), p. 4. | p. 732

George Dragas, "Orthodox Ecclesiology in Outline," Greek Orthodox Theological Review 26 (1981): 3. | p. 737

14

Tertullian, De baptismo, 5. [6.2] | p. 742

Origen, De principiis, III.iv.1. [6.3] (『원리론』 아카넷) | p. 742

Lactantius, Divinae institutiones, VI, 10-11. [6.4] | p. 743-744

Augustine of Hippo, De Trinitate, XII.vii.10. (『삼위일체론』 분도출판사) | p. 744-745

Pelagius, Letter to Demetrias, 16. [6.11] | p. 750

Augustine of Hippo, De natura et gratia, iii, 3-iv, 4. [6.9] | p. 753

Thomas Aquinas, Summa theologiae, IaIIae, q. 110, a. 1. [6.17] (『신학대전』 바오로딸) | p. 761

Martin Luther, Preface to the Latin Works(1545); in D. Martin Luthers Werke: Kritische Gesamtausgabe(Weimar: Böhlau, 1938), vol. 54, pp. 185-186. [6.23] (『루터 선집』 CH북스) | p. 766-767

Martin Luther, Lectures on Romans(1515-1516); in D. Martin Luthers Werke: Kritische Gesamtausgabe(Weimar: Böhlau, 1938), vol. 56, pp. 269, 272. [6.24] (『루터: 로마서 강의』 두란노아카데미) | p. 770-771

John Calvin, Institutes, III.xi.2, 23. [6.27] (『기독교강요』 크리스챤다이제스트) | p. 773

Council of Trent, Session VI, Chapter 4; in H. Denzinger(ed.), Enchiridion symbolorum, 39th edn(Freiburg im Breisgau: Herder, 2001), §1524; p. 504. [6.28] | p. 775

Council of Trent, Session VI, Chapter 7; in H. Denzinger(ed.), Enchiridion symbolorum, 39th edn(Freiburg im Breisgau: Herder, 2001), §1529; p. 506. | p. 777

Augustine of Hippo, De dono perseverantiae, XIV, 35. | p. 781-782

Westminster Confession of Faith(1646), III.5, 7. | p. 787

Remonstrance(1610), 1-2. | p. 788

Charles Wesley, "Would Jesus Have the Sinner Die?"; in F. Whaling(ed.), John and Charles Wesley: Selected Writings and Hymns(London: SPCK, 1981), p. 183. | p. 789

Emil Brunner, The Christian Doctrine of God: Dogmatics, vol. 1, translated by Olive Wyon(London: Lutterworth Press, 1949), pp. 346-351. [6.36] | p. 792

Max Weber, The Protestant Ethic and the Spirit of Capitalism, trans. Talcott Parsons (London: Allen and Unwin, 1930), p. 91. (『프로테스탄티즘의 윤리와 자본주의 정신』 문예출판사) | p. 793-794

Charles Darwin, The Descent of Man, 2nd edn (London: John Murray, 1882), p. 619. (『인간의 유래』 한길사) | p. 795-796

15

Martin Luther, On the Councils and the Church (1539); in D. Martin Luthers Werke: Kritische Gesamtausgabe (Weimar: Böhlau, 1914), vol. 50, pp. 628-630. [7.12] | p. 817-818

John Calvin, Institutes, IV.i.9-10. [7.17] (『기독교강요』 크리스챤다이제스트) | p. 820

John Calvin, Institutes, IV.i.1. (『기독교 강요』 크리스

찬다이제스트) | p. 821-822

Sebastian Frank, letter to John Campanus(1531); in B. Becker, "Fragment van Francks latijnse brief aan Campanus," *Nederlands Archief voor Kerkgeschiedenis* 46(1964-1965): 197-205. [7.15] | p. 822

Menno Simons, *Complete Writings*, ed. John C. Wenger(Scottdale, PA: Herald Press, 1956), p. 300. | p. 823

Schleitheim Confession(1527), 6. | p. 824

Schleitheim Confession(1527), 2. | p. 824-825

Henri de Lubac, *Catholicism*(London: Burns and Oates, 1950), p. 29. | p. 827

Karl Barth, *Dogmatics in Outline*, trans. G. T. Thomson(London: SCM Press, 1949), p. 143. (『교의학 개요』 복 있는 사람) | p. 830

Rudolf Bultmann, *Jesus Christ and Mythology*(London: SCM Press, 1959), pp. 82-83. (『예수 그리스도와 신화』 한국로고스연구원) | p. 830-831

Leonardo Boff, *Ecclesiogenesis: The Base Communities Reinvent the Church*, trans. Robert R. Barr (Maryknoll, NY: Orbis Books, 1986), p. 11. (『새롭게 탄생하는 교회』 성요셉출판사) | p. 832

Second Vatican Council, Nostra aetate, October 28, 1965; in *Vatican II: Conciliar and Postconciliar Documents*, ed. Austin Flannery, OP(Northport, NY: Costello; Dublin: Dominican, 1975), pp. 738-742. (『제2차 바티칸 공의회 문헌』 CBCK) | p. 836-837

Cyprian of Carthage, *De catholicae ecclesiae unitate*, 5-7. [7.3] | p. 839

Hans Küng, *The Church*(London: Search Press, 1978), pp. 273-274. (『교회』 한들출판사) | p. 842-843

Louis Weil, "The Gospel in Anglicanism"; in Stephen Sykes and John Booty(eds), *The Study of Anglicanism*(London: SPCK, 1988), p. 75. | p. 843

Catechism of the Catholic Church (Collegeville, MN: The Liturgical Press, 1994), §827. | p. 847

Cyril of Jerusalem, *Catechetical Lecture* XVIII, 23, 26. [7.4] | p. 850

Thomas Aquinas, *In symbolum apostolorum*, 9. [7.9] | p. 851-852

Hans Küng, *The Church*(London: Search Press, 1978), p. 303. (『교회』 한들출판사) | p. 852-853

H. B. Swete, *The Holy Catholic Church: The Communion of Saints, A Study in the Apostles' Creed*(London: Macmillan, 1915), pp. 44-48. [7.23] | p. 854-856

Lumen Gentium, 21. (『제2차 바티칸 공의회 문헌』 CBCK) | p. 859

16

Hugh of St. Victor, *De sacramentis*, IX, 2. [8.15] | p. 867

Bonaventure, *In IV Sent.*, preface; in *Opera theologica selecta*, 5 vols. (Quaracchi: Editiones S. Bonaventurae, 1934-1964), vol. 1, p. 15. | p. 868

Peter Lombard, *Sententiarum libri quatuor*, IV.i.4; ii.1. [8.16] | p. 869

Martin Luther, *The Babylonian Captivity of the Church*(1520); in *D. Martin Luthers Werke: Kritische Gesamtausgabe*(Weimar: Böhlau, 1888), vol. 6, pp. 509-512, 513-514. [8.19] (『루터 선집』 CH북스) | p. 870

Council of Trent, Session VII, Canon 1; in H. Denzinger(ed.), *Enchiridion symbolorum*, 39th edn(Freiburg im Breisgau: Herder, 2001), §1601; pp. 522-523. | p. 871

Petilian, Letter to Augustine(402); in Augustine of Hippo, *Contra litteras Petiliani*, III.lii.64; in *Corpus scriptorum ecclesiasticorum latinorum*, M. Petschenig(Vienna: Tempsky, 1909), vol. 52, pp. 462-463. | p. 873

Innocent III, *De sacro altaris mysterio*, iii, 6. | p. 875

The Thirty-Nine Articles, 26. | p. 875

Peter of Aquila, *In IV Sent.* IV, dist. I, q. 1, c. 1. |

p. 877

Peter Martyr Vermigli, *Loci communes*(London, 1583), IV.ix.ll. | p. 877

Council of Trent, Session VII, Canon 6; in H. Denzinger(ed.), *Enchiridion symbolorum*, 39th edn(Freiburg im Breisgau: Herder, 2001), §1606; p. 523. | p. 878

Philip Melanchthon, *Loci communes*(1521); in *Melanchthons Werke in Auswahl*, ed. H. Engelland(Gütersloh: Bertelsmann Verlag, 1953), vol. 2, pp. 140-144. (『신학총론』 크리스챤다이제스트) | p. 879

Second Vatican Council, *Sacrosanctum concilium*, December 4, 1963; in *Vatican II: Conciliar and Postconciliar Documents*, ed. Austin Flannery, OP(Northport, NY: Costello; Dublin: Dominican, 1975), p. 20. (『제2차 바티칸 공의회 문헌』 CBCK) | p. 881

Martin Luther, *Ein Sermon von dem Hochwürdigen Sakrament*, 5-8; in *Luther's Works*, 54 vols. (Philadelphia: Muhlenberg Press, 1960), vol. 35, pp. 51-52. | p. 882

Huldrych Zwingli, "On Baptism," in *Corpus reformatorum: Huldreich Zwinglis sämtliche Werke*, vol. 91 (Leipzig: Heinsius, 1927), pp. 217-218. [8.22] | p. 883

Martin Luther, *The Babylonian Captivity of the Church*(1520); in *D. Martin Luthers Werke: Kritische Gesamtausgabe*(Weimar: Böhlau, 1888), vol. 6, pp. 513-514. [8.19] (『루터 선집』 CH북스) | p. 885-886

Theodore of Mopsuestia, *Catechetical Homily* 15.20; in *Katechetische Homilien*, ed. Peter Bruns, 2 vols. (Freiburg: Herder, 1994-1995), vol. 1, p. 404. | p. 889

Cyril of Jerusalem, *Fourth Address on the Mysteries*, 2-6. [8.5] | p. 892

John of Damascus, *De fide orthodoxa*, IV, 13. [8.10] | p. 892

Paschasius Radbertus, *De corpore et sanguine Christi*, III.l; III.4; IV.I. [8.11] | p. 893

Ratramnus, *De corpore et sanguine Christi*, 2, 9-11, 16. [8.12] | p. 893-894

Candidus of Fulda, *De passione domini*, 5. [8.13] | p. 894

Fourth Lateran Council, cap. 1; in H. Denzinger(ed.), *Enchiridion symbolorum*, 39th edn(Freiburg im Breis gau: Herder, 2001), §802; p. 358. | p. 898

Edward Schillebeeckx, *The Eucharist*(London: Sheed and Ward, 1968), pp. 137, 131. | p. 901-902

Paul VI, *Mysterium fidei*(1965), 46. | p. 902-903

Huldrych Zwingli, *On the Lord's Supper*(1526); in *Corpus reformatorum: Huldreich Zwinglis sämtliche Werke*, 92 vols. (Leipzig: Heinsius, 1927), vol. 91, pp. 796-800. [8.21] | p. 904

17

Anthony Giddens, *Sociology*(Cambridge: Polity Press, 1989), p. 452. (『현대사회학』 을유문화사) | p. 917-918

Ludwig Feuerbach, *The Essence of Christianity; in Gesammelte Werke*, ed. W. Schuffenhauer, 21 vols. (Berlin: Akademie Verlag, 1973), vol. 5, pp. 46-47. [9.2] (『기독교의 본질』 한길사) | p. 923

C. S. Lewis, "Is Theology Poetry?" In *Essay Collection*(London: HarperCollins, 2002), p. 16. [9.5] | p. 932

Stephen Neill, *Christian Faith and Other Faiths: The Christian Dialogue with Other Religions*(London: Oxford University Press, 1961), p. 16. | p. 942

Lesslie Newbigin, *The Gospel in a Pluralist Society*(Grand Rapids, MI: Eerdmans, 1989), pp. 168-170. [9.11] (『다원주의 사회에서의 복음』 IVP) | p. 943

T. E. Slater, *God Revealed: An Outline of Christian Truth*(Madras: Addison and Co., 1876), p. iii. | p. 944

Jean Daniélou, *Holy Pagans of the Old Testament*(London: Longmans, Green and Co., 1957), p. 9. | p. 945

Second Vatican Council, *Nostra aetate*, October 28, 1965; in *Vatican II: Conciliar and Postconciliar Documents*, ed. Austin Flannery, OP(Northport, NY: Costello; Dublin: Dominican, 1975), pp. 738-742. [9.7] (『제2차 바티칸 공의회 문헌』 CBCK) | p. 948-949

Clark H. Pinnock, *A Wideness in God's Mercy: The Finality of Jesus Christ in a World of Religions*(Grand Rapids, MI: Zondervan, 1992), p. 157. [9.8] | p. 949

John Hick, *The Second Christianity*(London: SCM Press, 1983), pp. 82-83, 82-83, 84-85. (『새로운 기독교』 나단) | p. 953-955

18

Cyprian of Carthage, *De mortalitate*, 26. [10.6] | p. 965

Rudolf Bultmann, "The Eschatology of the Gospel of John"; in Rudolf Bultmann, *Faith and Understanding*, ed. R. W. Funk(London: SCM Press, 1966), pp. 165-183; quote at p. 175. | p. 977

Jürgen Moltmann, *Theology of Hope: On the Grounds and Implications of a Christian Eschatology*, trans. James W. Leitch(London: SCM Press; New York: Harper and Row, 1968), pp. 32-36. (『희망의 신학』 대한기독교서회) | p. 978-979

Helmut Thielicke, *Theological Ethics*, 3 vols., ed. and trans. William H. Lazareth(Grand Rapids, MI: Eerdmans, 1978), vol. 1, pp. 43-44. (『기독교 신학적 윤리』 화평앤샬롬) | p. 980

Spe salvi, 39. | p. 984

N.T. Wright, *Surprised by Hope: Rethinking Heaven, the Resurrection, and the Mission of the Church*(San Francisco: HarperOne, 2008), pp. 192, 18. (『마침내 드러난 하나님 나라』 IVP) | p. 986-987

Jonathan Edwards, "Sinners in the Hands of an Angry God"; in *The Works of President Edwards*, 10 vols., ed. S. B. Wright(New Haven, CT: Yale University Press, 1929-1930), vol. 7, pp. 163-177. [10.18] (『진노하시는 하나님의 손 안에 있는 죄인』 부흥과개혁사) | p. 988

Gottfried Wilhelm Leibniz, *Essais de theodicée*(Amsterdam, 1734), part 1, p. 82. | p. 989

Philip E. Hughes, *The True Image: The Origin and Destiny of Man in Christ*(Grand Rapids, MI: Eerdmans, 1989), pp. 404-407. | p. 990

Gregory the Great, *Dialogia* IV.xli.3. [10.12] | p. 992

Catherine of Genoa, *Treatise on Purgatory*, iii, v. [10.15] | p. 992

Tertullian, *Adversus Marcionem*, III.xxiv.3-6. [10.4] | p. 993-994

Origen, *De principiis*, II.x.3. [10.5] (『원리론』 아카넷) | p. 998

Methodius of Olympus, *De resurrectione*, I.xlii.1-xliii.4. [10.7] | p. 999

Peter Lombard, *Sententiarum libri quatuor*, II.xxx.15. [10.13] | p. 1000

Bonaventure, *Breviloquium*, vii, 5. | p. 1001

William Fulke, *The Text of the New Testament*(London, 1589), p. 300(English modernized). | p. 1002

찾아보기

ㄴ